地球の歩き方 C11　2024-2025 版

オー[illegible]リア

地球の歩き方編集室

AUSTRALIA  CONTENTS

222 ニューサウスウエールズ州

314 オーストラリア首都特別区

324 ビクトリア州

406 タスマニア州

454 南オーストラリア州

502 

ノーザンテリトリー（北部準州）

552

西オーストラリア州

625 旅の準備と技術

Column & Topics

出発前に必ずお読みください! **旅のトラブルと安全対策…673**

歩き方の使い方

本書で用いられる記号・略号

- 住 ……住所
- ☎ ……電話番号
- FREE ……オーストラリア国内の無料電話番号
- FREE ……日本国内の無料電話番号
- FAX ……ファクス番号
- URL ……ホームページの URL (http:// は省略)
- 開 ……開館時間
- 営 ……営業時間
- 休 ……休業日
- 時 ……ツアーなどの催行時間／交通機関の運行時間

大都市および有名な観光地の場合、最初のページには、おおよその場所を示す地図、州名、電話の州外局番を都市タイトル内に示し、脇にはその都市のユースフルインフォメーションを紹介しています。

人口約 530 万を数えるオーストラリア随一の大都市シドニー。英国調の町並みとモダンな高層ビル、緑まばゆい広々とした公園、入江を行き交うフェリーやクルーズ

中小都市の場合、最初のページの欄外に、主要都市からのアクセス方法を紹介しています。

グレートオーシャンロード
Great Ocean Road

アクセス
●グレートオーシャンロード
グレートオーシャンロードへは、メルボルンからバスツアーかレンタカーがおすすめだ。
メルボルンからは、日帰りの日本語ツアー（→ P.371）がいくつか出ている。オーストラリア周遊途中にグレートオーシャンロードを観光するつもりなら、メルボルン～アデレードの移動と途中の観光・宿泊（バックパッカータイプ）がセットになった移動型ツ

ポートキャンベル国立公園の絶景ポイント、12人の使徒

見どころやツアー、アクティビティなどの詳細データ

■アクアアベンチャー
住95 Marine Pde., Southport, 4215
☎(07)5591-7117
URL aquaadventures.com.au
●ホエールスイム
時2024 年 6/3 ～ 10/13 予定：期間中毎日 8:30 ～ 11:30（ピーク時は土日 12:00 ～ 15:00 もある）
料1 人 $249（ボートの上から見学のみは 1 人 $119）
●スクーバダイビング
料体験ダイビング（全器材込み）$129／ファンダイビング 1 ダイブ $119 ～ 149（ダイブサイトにより異なる／全器材込み）／3 日間ライセンス取得

ホエールウオッチング以上に貴重な体験
ホエールスイム（アクアアドベンチャー）
Swim with Whales Gold Coast / Aqua Adventures

長年クジラにできるだけ影響を与えないように保護・観察を続けてきたゴールドコーストで、2022 年から解禁となったのがザトウクジラと一緒に泳ぐホエールスイム（アクアアドベンチャー 1 社のみ許可を持っている）。クジラへの負荷を考え 12 人乗り小型ボートを使った少人数制ツアーとなっている。ボートがゆっくりとクジラに

●各データにおいて

- 料 ……入場料、料金
- CC ……利用可能クレジットカード
  - A：アメックス
  - D：ダイナースクラブ
  - J：JCB
  - M：マスターカード
  - V：ビザカード

●ツアーにおいて

時 ……ツアー＆アクティビティ開始・終了時間および所要時間

●ツアー＆アクティビティ、テーマパークなどの料金において

大人 大人料金　子供 子供料金
家族 通常大人 2 人＋子供 2 人の家族割引料金

●ホテルのデータにおいて

- D　ドミトリー
- S　シングルルーム
- T　ツインルーム
- W　ダブルルーム
- 1B　1 ベッドルーム
- 2B　2 ベッドルーム
- 3B　3 ベッドルーム
- WiFi　Wi-Fi の有料／無料

●レストランのデータにおいて

酒 ……酒類ライセンスの有無および BYO の可否
※ BYO について→ P.666

ほとんどの部屋から海が望める MAP P.69/2B
Riley A Crystalbrook Collection Resort
ライリー・クリスタルブルックコレクション・リゾート
URL www.crystalbrookcollection.com
住131-141 The Esplanade, 4870
☎4252-7777　WiFi 無料
料TW $266 ～ 1795　CC ADJMV
エスプラネード沿いに建つ、ケアンズ市中

新鮮なシーフードを手軽にローカル気分で MAP P.69/3B
Prawn Star
プロウンスター
URL www.prawnstarcairns.com
住Marlin Marina, E31 Berth, Pier Point Rd., 4870
☎0497-007-225　営毎日 11:00 ～ 21:00
休クリスマスデー　CC MV　酒 BYO
マーリンマリーナの E フィンガーに停泊し

ここでしか購入できないおみやげがいっぱい MAP P.69/3B
OK Gift Shop
オーケーギフトショップ
URL www.okgift.com.au
住61 Abbott St., 4870
☎4031-6144　営毎日 9:00 ～ 21:00
CC ADJMV
ケアンズでおみやげ探しをするなら真っ先に訪れたいのがオーケーギフトショップ

ホテル、レストラン、ショップは色分けして表示しています。

奇数ページの右肩には、州名（色分けされています）と都市名を表示。目的地を探しやすいようにしています。

クイーンズランド

ケアンズ

●地名用語の略記

St.	Street	Mwy.	Motorway
Sts.	Streets	Drv.	Drive
Rd.	Road	Cnr.	Corner of ～
Rds.	Roads	Bldg.	Building
Ave.	Avenue	NP	National Park
Tce.	Terrace	CP	Conservation Park
Blvd.	Boulvard		
Hwy.	Highway		

地図の記号

- ホテル
- レストラン
- ショッピングセンター
- ショップ
- ナイトライフスポット
- 博物館／美術館
- インフォメーション
- ゴルフ場
- 郵便局
- レンタカー会社
- ライトレール（路面電車）駅
- バスターミナル
- ダイブショップ
- スノーケリングサイト
- ダイブサイト
- 展望地
- 映画館
- 病院
- 両替所
- 教会
- 学校
- 墓地
- 方位マーク
  ※N印の方角が北
  ※色が変わっている部分が地図エリアを表す州

●建物の色分け

- ホテル
- ショッピングセンター
- 上記以外の建物

新型コロナウイルス感染症について

新型コロナウイルス（COVID-19）の感染症危険情報について、全世界に発出されていたレベル1（十分注意してください）は、2023年5月8日に解除されましたが、渡航前に必ず外務省のウェブサイトにて最新情報をご確認ください。

◆外務省 海外安全ホームページ・オーストラリア危険情報

URL www.anzen.mofa.go.jp/info/pcinfectionspothazardinfo_071.html#ad-image-0

掲載情報のご利用に当たって

編集部では、できるだけ最新で正確な情報を掲載するよう努めていますが、現地の規則や手続きなどがしばしば変更されたり、またその解釈に見解の相違が生じることもあります。このような理由に基づく場合、または弊社に重大な過失がない場合は、本書を利用して生じた損失や不都合について、弊社は責任を負いかねますのでご了承ください。また、本書をお使いいただく際は、掲載されている情報やアドバイスがご自身の状況や立場に適しているか、すべてご自身の責任でご判断のうえでご利用ください。

現地取材および調査時期

本書は、2023年11～12月の現地取材および2024年1～2月の調査データを基に編集されています。しかしながら時間の経過とともにデータに変更が生じることがあります。特に現地ツアー、ホテル、レストランなどの料金は、旅行時点では変更されていることも多くあります。したがって、本書のデータはひとつの目安としてお考えいただき、現地ではできるだけ新しい情報を入手してご旅行ください。

発行後の情報の更新と訂正情報について

本書発行後に変更された掲載情報や訂正箇所は、「地球の歩き方」ホームページの本書紹介ページ内に「更新・訂正情報」として可能なかぎり最新のデータに更新しています（ホテル、レストラン料金の変更などは除く）。下記 URL よりご確認いただき、ご旅行前にお役立てください。

URL www.arukikata.co.jp/travel-support/

電話番号について

本書に紹介してある現地の電話番号表記において、日本の市外局番に当たる州外局番はすべてカッコ付きで表記してあります。同一州内であっても現地で市外へ電話をかける場合は、念のため州外局番からダイヤルしてください。また現地無料電話は 1800、もしくは大部分の 1300 から始まる 10 桁の番号です。現地均一料金ダイヤル（オーストラリア国内もしくは同一州内であればどこからかけても最低料金 50¢）は 13 から始まる 6 桁、もしくは一部の 1300 から始まる 10 桁の番号です。ただし現地無料電話、現地均一料金ダイヤルは、日本からはつながりません。

地名・人名表記

本書では原則として原音に近いカタカナ表記にするよう努めました。しかしなかにはカタカナ表記の難しいものもあります。その場合は、日本の各書物で一般的となっていると思われるものを採用しています。

投稿記事について

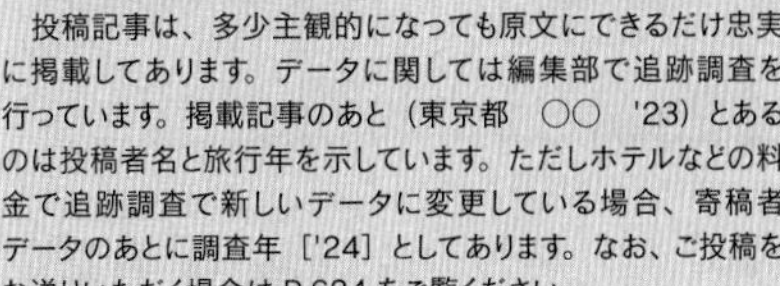

投稿記事は、多少主観的になっても原文にできるだけ忠実に掲載してあります。データに関しては編集部で追跡調査を行っています。掲載記事のあと（東京都　○○　'23）とあるのは投稿者名と旅行年を示しています。ただしホテルなどの料金で追跡調査で新しいデータに変更している場合、寄稿者データのあとに調査年［'24］としてあります。なお、ご投稿をお送りいただく場合は P.624 をご覧ください。

ジェネラルインフォメーション

基本情報

国旗

国章

▶旅の会話→P.674

国旗
左上がイギリス連邦を示すユニオンジャック。左下の大きな七稜星がオーストラリア6つの州（クイーンズランド、ニューサウスウエールズ、ビクトリア、タスマニア、南オーストラリア、西オーストラリア）と特別地域（ノーザンテリトリーとオーストラリア首都特別区）、右の5つの星が南十字星を表している。

正式国名
オーストラリア連邦
Commonwealth of Australia

国歌
アドバンス・オーストラリア・フェア
Advance Australia Fair

面積
約769万2024km²（日本の約20倍）

人口
約2664万人（オーストラリア統計局による2023年6月末時点での推計）

首都
キャンベラ Canberra　人口約46万人

元首
国王チャールズ3世 King Charles Ⅲ。国王は国民が選んだ政府の助言に基づき、オーストラリア総督（Governor-General）を任命する。オーストラリア総督は、首相の助言に基づいて各大臣を任命する。

政体
議会制民主主義。連邦議会は下院（House of Representatives）と上院（Senate）からなる2院制。

民族構成
イギリス系33.0%、オーストラリアン29.9%、アイルランド系9.5%、スコットランド系8.6%、イタリア系4.4%、中国系5.5%、インド系3.1%、先住民2.9%、不明4.7%など。※オーストラリア統計局2021データ（複数民族回答可）による

宗教
キリスト教43.9%、イスラム教3.2%、ヒンズー教2.7%、仏教2.4%、無宗教38.9%、その他の宗教2.0%、不明6.9%。※オーストラリア統計局2021データによる

言語
公用語として英語が使われている。

通貨と為替レート

各コインの表面、$5紙幣はエリザベス2世崩御により、チャールズ3世に順次図案変更予定。2023年末に新$1コインがリリースされている。

オーストラリアはキャッシュレス決済化が進んでおり、タッチ決済のクレジットカードやデビットカードでの支払いが一般的。現金不可のところも増えている。

通貨単位はオーストラリアドルA$とオーストラリアセントA¢（本書では$と¢と表記）。紙幣は$5、10、20、50、100（すべてポリマー幣）で、硬貨は5、10、20、50¢、$1、2の6種類（表面はエリザベス2世）。$1＝100¢。2024年2月20日現在$1=約98円。

1ドル

2ドル

5ドル

10ドル

20ドル

50ドル

100ドル

5セント

10セント

20セント

50セント

電話のかけ方

▶電話とインターネット、郵便→P.670

日本からオーストラリアへかける場合　例 ケアンズの(07)1234-5678へかける場合

事業者識別番号		国際電話識別番号		オーストラリアの国番号		州外局番（頭の0は取る）		相手先の電話番号
0033（NTTコミュニケーションズ） 0061（ソフトバンク） 携帯電話の場合は不要	＋	010※	＋	61	＋	7	＋	1234-5678

※NTTドコモは事前にWORLD CALLに登録が必要。
※携帯電話の場合は010のかわりに「0」を長押しして「+」を表示させると、国番号からかけられる。

祝祭日（おもな祝祭日）

祝祭日

祝日は年によって変わるものがある（★印）。また日にちが決まっていても、その祝日が土・日曜の場合は、月曜に変わり3連休となるのが一般的。オーストラリア大使館のウェブサイト（URL japan.embassy.gov.au）で確認しよう。

新年	New Year's Day	1/1
オーストラリアデー	Australia Day（建国記念日）	1/26
グッドフライデー	Good Friday ★	4/18 ('25)
イースターサタデー	Easter Saturday ★	4/19 ('25)
イースターマンデー	Easter Monday ★	4/21 ('25)
アンザックデー	Anzac Day	4/25
国王誕生日	Kings Birthday ★	6/10 ('24)・6/9('25)
毎年6月第2月曜（クイーンズランド州は10月第1月曜、西オーストラリア州は9月最終日曜）		
クリスマスデー	Christmas Day	12/25
ボクシングデー	Boxing Day	12/26

▶クイーンズランド州祝祭日→ P.62
▶ニューサウスウエールズ州祝祭日→ P.222
▶オーストラリア首都特別区祝祭日→ P.314
▶ビクトリア州祝祭日→ P.324
▶タスマニア州祝祭日→ P.406
▶南オーストラリア州祝祭日→ P.454
▶ノーザンテリトリー祝祭日→ P.502
▶西オーストラリア州祝祭日→ P.552

ビジネスアワー

以下は一般的な営業時間の目安。

一般企業・官庁

月〜金曜 9:00 〜 17:00

銀 行

月〜木曜 9:30 〜 16:00、金曜 9:30 〜 17:00　※9:00から営業する銀行もある。

郵便局

月〜金曜 9:00 〜 17:00　※中心部では土曜の午前に営業する郵便局もある。

ショップ

一般に月〜金曜の 9:00 〜 17:30。ただしケアンズ、ゴールドコーストなど観光地では年中無休というところも多く、一部みやげ物屋は 21:00 過ぎまで開いている。また主要都市には毎週1回レイトナイト・ショッピングデーが設定されており、その日はほとんどの商店が 21:00 まで営業する。

レストラン

昼食 12:00 〜 14:30、夕食 18:00 〜 22:00　※店によって異なる。

電気＆ビデオ

電圧とプラグ

電圧は 220/240V、周波数は 50Hz。プラグは O タイプ。高圧のため、コンセントに付いているスイッチを入れないと電気は流れない。日本の電気製品を利用する場合、その製品の電圧範囲を調べ 240V まで対応していなければ変圧器を用意する。変換プラグは常に必要。

DVD・ブルーレイ・ビデオ方式

オーストラリアの場合、DVD リージョンコードは 4、ブルーレイ・リージョンコードは B、テレビ・ビデオは PAL 方式。日本とは、DVD リージョンコード、ブルーレイ・リージョンコード、テレビ・ビデオ方式が異なる。そのため、オーストラリアで購入するほとんどのソフトは、一般の日本の機器では再生できない。

コンセントの差込口は三つ又

プラグは O タイプ

インターネット

主要ホテルでは、Wi-Fi 接続を提供しているので、スマートフォン、タブレット、パソコンを持っていけば接続可能（原則無料だが、一部有料のホテルもある）。また主要都市中心部のカフェやファストフード店などでは無料の Wi-Fi ホットスポットを用意しているところも多い。

▶電話とインターネット、郵便→ P.670

オーストラリアから日本へかける場合　例 (03) 1234-5678 へかける場合

国際電話識別番号		日本の国番号		市外局番と携帯電話の最初の0を除いた番号		相手先の電話番号
0011	+	81	+	3	+	1234-5678

※ホテルの部屋からは、外線につながる番号を頭につける。

▶オーストラリア国内通話

オーストラリアの公衆電話は数がひじょうに少なくなっているが、国内通話はすべて無料となっている。市内へかける場合、州外局番は不要。市外へかける場合は州外局番からダイヤルする。

チップ

▶チップとマナー
→ P.669

オーストラリアはチップを渡す習慣はないとされているが、シドニーやメルボルンなど都市部の高級なホテルやレストランなどでは、特別なサービスを受けたと感じたときには、チップを渡すのが一般的。

タクシー

料金の端数を切り上げた程度の額。トランクに荷物を入れて、出し入れを手伝ってくれた場合は、やや多めに。

レストラン

高級レストランで、サービス料が加算されないときには、10 ～ 15%程度。伝票の合計額にチップ相当額を自分で書き足して支払う。

ホテル

ルームサービスなど特別なサービスをお願いしたときに、$2 ～ 5 程度。

飲料水

水道水は飲料としては問題ないが、胃腸の弱い人はミネラルウオーター、スプリングウオーターを購入しよう。600 ㎖で店により $2 ～ 4 前後。

気候

▶旅のシーズン
→ P.628

広大なオーストラリアにはさまざまな気候が存在する。一般的に北部沿岸は熱帯で雨季と乾季に分かれ、中・南部沿岸は温帯～冷温帯で四季があり、大陸中央部は乾燥した砂漠気候となっている。年間をとおして日差しが強いので、サングラスと日焼け止めクリームは必需品。

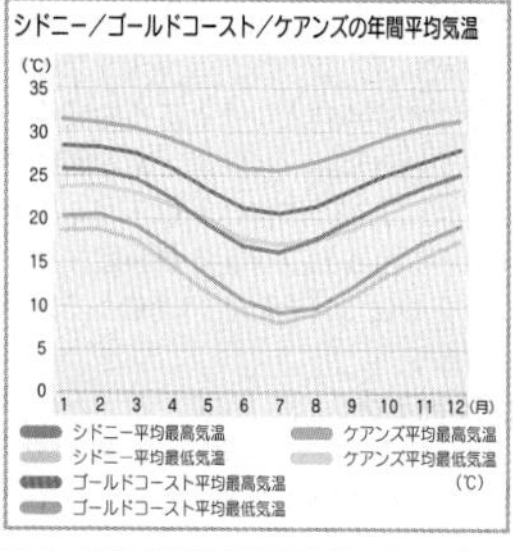

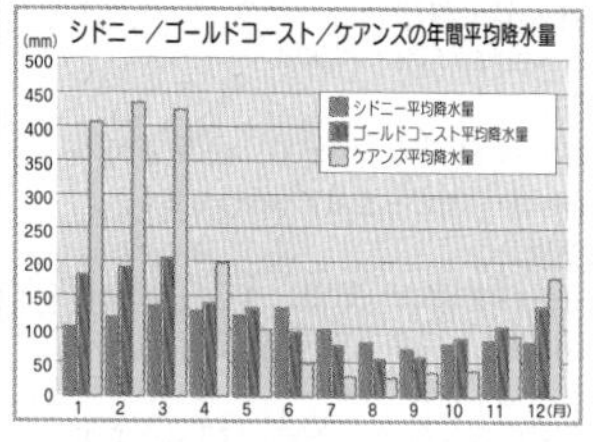

日本からのフライト時間

▶航空券の手配
→ P.638

2023 年 3 月現在、日本から 5 都市にノンストップ直行便が就航。ケアンズまで約 7 時間、ブリスベンまで約 8.5 時間、シドニーまで約 9.5 時間、メルボルンまで約 10.5 時間、パースまで約 10.5 時間。

時差とサマータイム

オーストラリアには通常 3 つの時間帯がある。東海岸の各州は日本と＋ 1 時間の差（日本時間に 1 時間プラス）、中央部は東部と－ 30 分の差（日本時間に 30 分プラス）、西部（西オーストラリア州）は東部と－ 2 時間の差（日本時間から 1 時間マイナス）となっている。また、原則として 10 月の第 1 日曜から 4 月の第 1 日曜まで、ニューサウスウエールズ州、ビクトリア州、オーストラリア首都特別区（キャンベラ）、タスマニア州）、南オーストラリア州ではサマータイム（デイライトセービングと呼ばれる）を実施。これらの州は、この期間さらにプラス 1 時間となる。ただし、デイライトセービングの採用や期間は各州が毎年決めているので事前に確認すること。

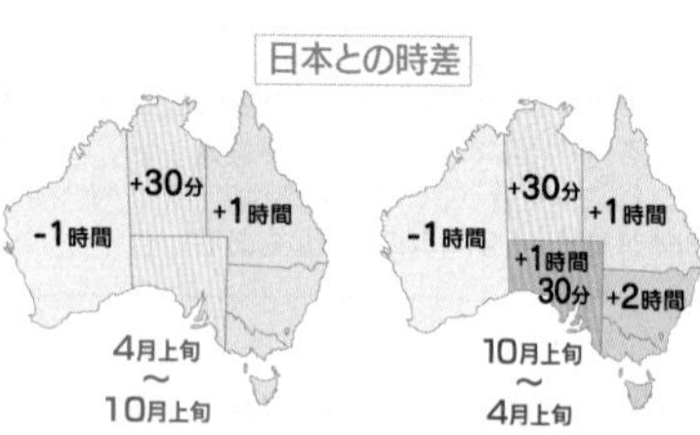

郵便

▶電話とインターネット、郵便→ P.670

普通の手紙は赤いポストへ。黄色は速達用

郵便局 Australia Post（オーストラリア・ポスト）は赤い P のマークが目印。窓口業務時間は月～金曜の 9:00 ～ 17:00 で、土・日曜、祝日は休み（中心部では土曜の午前も営業する郵便局がある）。切手は窓口のほか、郵便局設置の自動販売機などで購入できる。日本まで航空便なら 5 ～ 7 日で届く。小包は 1 個当たり 20kg まで OK。

郵便料金

〈**日本までの航空便の料金**〉(2024 年 2 月)

封書（はがきを含む）250g（大きさ 130mm × 240mm、厚さ 5mm 以内）まで $3.10。

入出国

▶出発までの手続き
→ P.636

パスポート

パスポートの残存有効期間は滞在日数分あればOK。

ビ ザ

日本人がオーストラリアへ入国する場合はビザ、もしくはETA登録が必要。

空港諸税

空路オーストラリアを出国する場合の**出国税(PMC)$60**（2024年7月から$70の予定）、および各空港の各種空港税は、原則として航空券の購入時にそのぶんも請求されることになっている。空港税・手数料については下表を参照のこと。

税関・検疫

旅行者が身につけたり手荷物として携行する商業目的以外の身の回り品と個人で使うためのスポーツ用品、また、成人（18歳以上）ひとりにつき、たばこ25gと開封した1箱まで、2.25 ℓまでの酒類、$900相当の一般財（みやげ物、革製品、電子機器、カメラ、ジュエリーなど）は無税で持ち込める。なお検疫はとても厳しい。詳しくは下記ホームページ参照。

URL japan.embassy.gov.au

主要空港　出国税・空港税（各種手数料含む）一覧　（2023年7月現在）

空港名	国際線出発		国際線到着	国内線出発	国内線到着
	出国税	空港税	空港税	空港税	空港税
ケアンズ	$60.00	$31.58	$25.08	$17.47	$14.37
ハミルトン島	---	---	---	$26.41	$26.41
ブリスベン	$60.00	$41.96	$41.96	$18.27	$11.70
ゴールドコースト	$60.00	$16.45	$16.45	$6.50	$6.50
シドニー	$60.00	$55.60	$55.60	$9.81	$9.81
メルボルン	$60.00	$25.00	$21.00	$14.20	$8.00
アデレード	$60.00	$26.00	$21.81	$15.75	$9.69
エアーズロック	---	---	---	$38.78	$32.72
ダーウィン	$60.00	$43.00	$18.78	$24.24	$18.18
パース	$60.00	$27.27	$20.00	$12.01	$5.51

※利用航空会社により空港税は多少異なる。表内の料金はカンタス航空利用の場合のものです。

出国税・空港税追加料金計算例

東京→ケアンズ→エアーズロック→シドニー→東京　という航空券の場合

ケアンズ国際線到着....................$25.08
ケアンズ国内線出発....................$17.47
エアーズロック国内線到着..........$32.72
エアーズロック国内線出発..........$38.78
シドニー国内線到着......................$9.81
シドニー国際線出発....................$55.60
オーストラリア出国税................$60.00

合計　$239.46

この金額と、日本の出国税・空港諸費用・航空燃料サーチャージを合わせた金額を航空運賃とは別に支払う

税　金

▶出入国の手続き
→ P.641

オーストラリアではほとんどの商品にGSTと呼ばれる消費税10%がかかる。旅行者は、30日以内に出国する、手荷物として未使用未開封で持ち出す、同じ店で合計$300以上購入という条件の下、帰国の際に空港のTRSブースで所定の手続きをすれば、この税金が戻ってくる。

安全とトラブル

▶旅のトラブルと安全対策→ P.673

比較的安全とされるオーストラリアだが、外務省の海外安全ホームページには窃盗被害などの事件・事故に関する注意が記載されている。出発前に確認しておこう。

URL www.anzen.mofa.go.jp

また外務省の**旅レジ**に登録しておけば、出発前、旅行中に最新安全情報がメールで送られてくる。登録しておこう。

URL www.ezairyu.mofa.go.jp/tabireg/index.html

オーストラリアの警察、消防、救急車　000

年齢制限

オーストラリアでは、アルコール類とたばこの購入は18歳以下不可。若年者でこれらを購入する場合、IDが必要となることもあるので、予定のある人は用意を忘れずに。レンタカーを借りる場合も年齢制限があり（25～60歳という会社もある）、身分証明書代わりにクレジットカードの提示を要求される。カードを所有していない場合、かなりのデポジット（預かり金）が必要となる。

度量衡

長さ…メートルm　　重さ…キログラムkg　　距離…キロメートルkm

その他

マナー

エスカレーターでは左側に立ち、右側を空ける。列を作るときは一列に並び、先着順に前に進む。タクシーを停めるときは手を横に出す。

2024
特集 1

セブンサミットのひとつを極める
オーストラリア大陸最高峰
マウント・コジウスコへ登ろう！

MT. Kosciuszko 2228m

オーストラリア大陸最高峰マウント・コジウスコ（2228m）。オーストラリア南東部、大分水嶺の一角にあり、冬季はスキーリゾートとして賑わうスノーウィマウンテンズ地区に聳える山だ。一帯は2000m級の峰が連なる雄大な景観が広がっており、夏季にはトレッキングルートも整備され、美しい景色を楽しみながらハイキング気分で登ることができる。
決して高山ではないが、山頂に立ち、眼下の景色を見渡すと「セブンサミットのひとつを制した！」
という達成感が味わえる。

オーストラリア大陸最高峰を目指し、整備された登山道を歩く

セブンサミットとは？

ユーラシア大陸をウラル山脈を境にヨーロッパ大陸とアジア大陸とふたつに分け、オーストラリア大陸、アフリカ大陸、北アメリカ大陸、南アメリカ大陸、南極大陸と合わせ世界を七つの大陸と考えたとき、各大陸の最高峰を総称してセブンサミットと呼ぶ。1985年、アメリカの実業家リチャード・ディック・バスが世界最初のセブンサミット登頂者となり（『Seven Summits』という書籍の共著者だ）、その後、世界の登山家たちがその栄誉を目指すようになった。

バスらが著した『Seven Summits』の表紙

大陸最高峰と言うことで、通常は本格的な登山家が目指すべき山。しかし、ひとつだけ、オーストラリア大陸最高峰マウント・コジウスコだけは標高2228mと決して高くなく、しかも登山ルートが整備されていることもあって、一般旅行者でも気軽に山頂を目指して登ることができる山なのだ。

なおマウント・コジウスコがあまりに登頂がたやすいという理由で、一部登山家の間ではオーストラリア大陸のみ「オセアニア区」と例外として、インドネシアのニューギニア島にあるプンチャック・ジャヤ（別名カルステンツピラミッド）4884mを最高峰と考える説もある。

登山ができる季節は？　装備は？

マウント・コジウスコがある**コジウスコ国立公園 Kosciuszko NP** を含む一帯は**スノーウィマウンテンズ Snowy Mountains** と呼ばれており、冬季は雪に覆われるオーストラリア有数のスキーリゾート地帯。そのため実際にマウント・コジウスコ山頂を目指す登山は、スキーシーズン以外の、頂上へのウオーキングルートからほぼ雪がなくなる10月下旬～5月初旬。特にマウンテンバイクなどのアクティビティが盛んな初夏の11月下旬から晩夏の4月上旬が登山にベストなシーズンだ。

また、2000mを超える高地で天候は変わりやすく風が強いことも多い。真夏でも山頂付近は10℃以下のことが多く、悪天候だと0℃近い気温になることもあるほど。登山経験がほとんど無い旅行者が登山する場合は、天気予報をチェックし、荒天時には登山を延期できるようなスケジュールを組もう。天気がよければハイキング気分で登れるが、気温や天候の急変を考えると防寒具や雨具は必須。途中に売店などないことから、1ℓ以上の水、軽食なども必ず持っていこう。好天時ならスニーカーでの登山でもまったく問題なし。雨天などでどうしても登る人は防水加工したトレッキングシューズがあったほうがいいだろう。

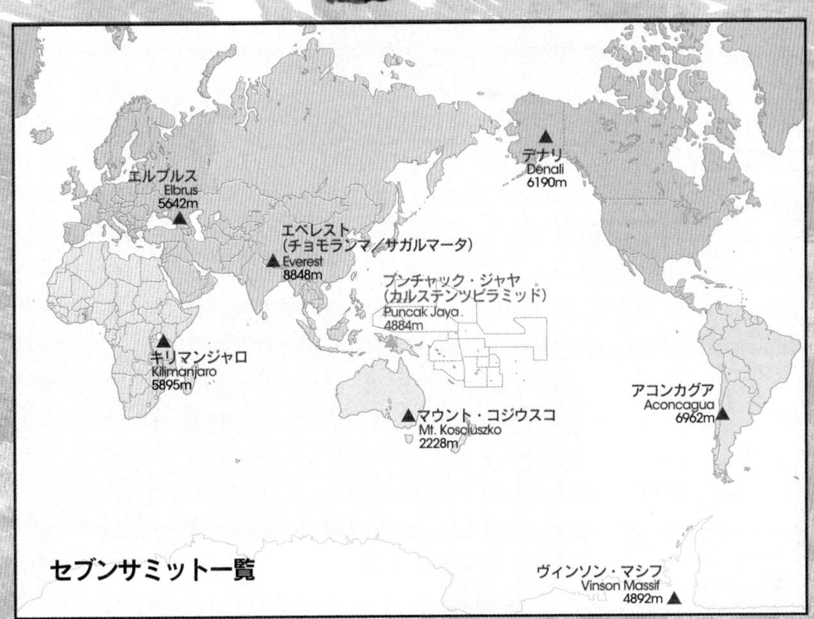

セブンサミット一覧

Memo 七大陸最高峰をすべて制覇した人をセブンサミッターと呼ぶ。日本では田部井淳子、三浦雄一郎、野口健、山田淳、南谷真鈴、田中康典（敬称略）など20数名が達成している。

マウント・コジウスコ登山はスレドボからがおすすめ

マウント・コジウスコへの登山口は**スレドボ Thredbo**、もしくは**シャーロッテパス Charlotte Pass** となる。どちらからも登山道はよく整備されているが、本書は、気軽にセブンサミットのひとつに登る一般旅行者を対象としているので、より距離が短くハイキング気分で登れるスレドボからの登頂をおすすめする。登山ルートはよく整備されており、しかも急斜面のほとんど無いゆるやかな登り（往復約13km）。ゆっくり往復して5～6時間だ。そのルートを紹介しよう。

子連れで登山を楽しむハイカーもいる

▶スレドボ（1365m）からリフトでイーグルネスト（1930m）へ

通年で運行されているコジウスコ・チェアリフトに乗って、スレドボから一気に550m近く登ってしまおう。約15分間、雄大な山岳景観を楽しんでいるうちに登山出発点**イーグルネスト Eagle Nest** に到着。チェアリフトの運行時間は夏季9:00～16:30（最終乗車は16:00）となっているので、帰りの時間を考えると、遅くとも10:30にはスタートしたい。

なおリフトを使うのは「どうしても納得がいかない」と言う人は、スレドボからイーグルネストまでの**メリッツ・ネイチャートラック Merritts Nature Track**（約4km）を歩いてみるのも悪くはない。ユーカリ林や草原地帯などを抜けるトレイルだ。ずっと登りでややハード（片道2～3時間）。帰路リフト乗車が間に合わなかった場合の下山道にもなっている。

リフトに乗って一気に登山起点のイーグルネストへ

▶イーグルネストからマウント・コジウスコ・ルックアウト（2000m）へ

距離：約2km　所要時間：30～45分

イーグルネストまで来ると一帯の森林限界を超えており、ところどころごつごつした岩がむ

コジウスコ山頂へスタート。目の前には氷河で削られた岩山が見える

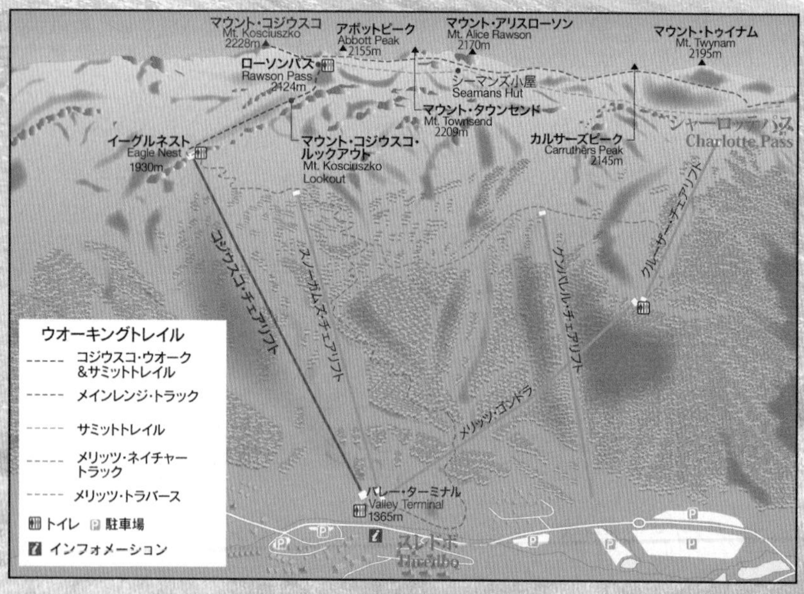

Memo シャーロッテパスからのルートはふたつ。最もポピュラーなのが緩やかな上り坂がずっと続くサミットトレイル（往復約19km、所要6～7時間）。もうひとつがメインレンジ・トラックで、最初に大きく下っ ↗

1 マウント・コジウスコ・ルックアウトからの眺め 2 夏季によく見られるアネモネキンポウゲ 3 つやのある花が特徴的な花崗岩キンポウゲ 4 草地を黄色く染めるビリーボタン

き出しになった草地が広がっている。ここからはコンクリートトレイルが延びており、途中の小川を渡ったところからは自然保護のため底上げされた鉄網製トレイルルート（メタルパス）となる。基本的には緩やかな登りがずっと続く。登る時期にもよるが、白や黄色、紫色など、高山地域のワイルドフラワーが草原を染める様子も見られる。

登り切ったところが**マウント・コジウスコ・ルックアウト Mt. Kosciuszko Lookout** と名付けられた展望台。ここではじめてマウント・コジウスコの雄姿を望むことができる。周囲のピークが岩がゴツゴツした様子を見せているのに対し、マウント・コジウスコだけは丸いお椀を伏せたような形をしているのが印象的。また真夏でもあちらこちらに雪渓が残っているのを確認できる。

▶マウント・コジウスコ・ルックアウトからローソンパス（2100m）へ

距離：約 2.5km　所要時間：40 分～ 1 時間

展望台からは最初ゆるやかな下りが続き、その後ジグザグにやや急な登りとなる（ルート上で最も急な登攀はこのエリアだ）。それでも登り切ってしまえば、あとは平坦なルートが続いている。左手に岩肌に残る雪渓とオーストラリアで最も標高の高い場所にある氷河湖**クータパタンバ湖 Lake Cootapatamba**（標高2050m）を眺めながらの気持ちのいいウオーキングが楽しめる。

平坦なルートが少し下りになるとすぐに、眼前にコジウスコ山頂が見える尾根上に出る。ここが**ローソンパス Rawson Pass**。シャーロッテパスからのサミットトレイル Summit Trail との合流地点で、トイレも設置されている。ひと休みするのにちょうどいい場所だ。

5 マウント・コジウスコ直下にある氷河によって形成されたクータパタンバ湖。オーストラリアで最も高い場所にある湖だ 6 ローソンパスの先には雪渓が残るコジウスコ山頂が聳えている。ここまで来ればもう一息だ 7 ローソンパスにはトイレもあって、ほとんどのトレッカーがここで休憩。シャーロッテパスからの長距離ルートを上ってきた人たちの姿も多い

スレドボの平均気温・降雨量（春～秋）

	10月	11月	12月	1月	2月	3月	4月	5月
平均最高気温（℃）	13.5	16.6	19.3	21.6	21.0	18.1	13.9	10.0
平均最低気温（℃）	1.8	3.9	5.6	7.5	7.0	4.9	1.7	-0.5
降雨量（mm）	183.4	168.4	124.9	114.5	88.0	117.5	113.2	152.2

↘ たあとに、大きな登りがありやや上級者向け。ブルー湖やアルビナ湖などの氷河湖近くを通ることからアルパインレイク・ハイクの通称ももつ（往復約 27km、所要 8 ～ 10 時間）。

1 マウント・コジウスコ山頂。ケルンの前に立ち、360度、オーストラリア大陸を眼下に望むのは爽快な気分だ　2 ローソンパスから山頂への途中、春や秋には雪渓の上を歩かなくてはいけないこともある　3 山頂のケルンの上には三角点が置かれている　4 山頂下の石には頂上を示すプレートが埋め込まれている

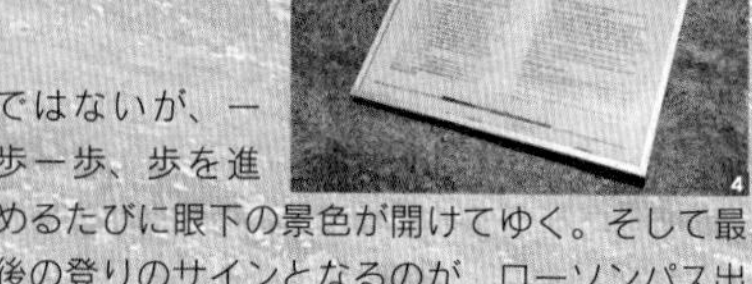

▶ローソンパスからマウント・コジウスコ山頂（2228m）へ

距離：約1.7km　所要時間：30～50分

ローソンパスからは石をモザイク状に敷き詰めたトラックが少し続いたあと砂利道タイプの遊歩道へと変わる。砂利の間には古タイヤを再利用したゴムチップも砂利止めとして撒かれている。雪渓が遊歩道脇まで迫っているので（時期によっては一部雪渓の上を歩くことも……）、標高がだいぶ高くなったことを実感できるはずだ。

ルートは、シャーロッテパスからのメインレンジ・トラック Main Range Track との合流地点辺りから、山頂付近の裏側をぐるっと回るようらせん状に造られている。それほど急な登りではないが、一歩一歩、歩を進めるたびに眼下の景色が開けてゆく。そして最後の登りのサインとなるのが、ローソンパス出発地点と同じような石をモザイク状に組んだトレイル。いよいよ山頂だ。

大きく開けた場所の中央に三角点をのせたケルン（石積み）がおかれていて、誰もがうれしそうに記念撮影を楽しんでいる。決してハードな登山ではないし、高山病の心配をするほどの高地でもない。それでもここまで来ると「オーストラリア最高峰に登った」という大きな達成感が得られるはずだ。

Memo コジウスコ国立公園は、ニューサウスウエールズ州内、ビクトリア州、オーストラリア首都特別区との州境に広がっている。コジウスコ登山以外にもウオーキングトレイルが整備されており、カンガルーやワラ↗

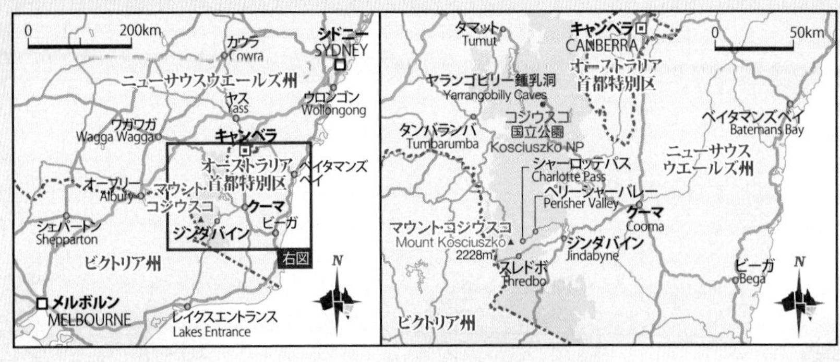

マウント・コジウスコ登山の基本情報

●滞在場所は？

大きな湖沿いの町ジンダバイン

一番便利なのはスレドボ滞在。ただし夏季は山岳アクティビティが気軽に楽しめる高級リゾート地のため、ホテル代はどこも高い。ホテル代を抑えたい場合はコジウスコ国立公園の玄関口である**ジンダバイン Jindabyne** 滞在がおすすめ（スレドボから約35km、車で約30分）。ダムによってできた湖の周りに開けた高原の町で、ホテルの数も多く、ショッピングセンターやスノーウィリージョン・ビジターセンターなどもある。ジンダバインにはコジウスコの名前を冠したビール「コジウスコ・ペールエール Kosciuszko Pale Ale」のブリュワリーもあるので、ぜひ訪ねてみたい（コジウスコ・ペールエールはスレドボ・ビレッジのパブでも飲むことができる）。

登頂記念に絶対飲みたいコジウスコ・ペールエール

●登山口へのアクセスはレンタカーが基本

最寄りの大都市はキャンベラとなるが、キャンベラからバスでアクセスできるのはジンダバインまで。ジンダバイン〜スレドボは公共交通機関がなく、またジンダバインではレンタカーを借りることもできない。そのため基本はキャンベラもしくはシドニー、メルボルンでレンタカーを借りて向かうことになる。キャンベラからジンダバインまでは約180km（約2時間30分）、シドニーからは約465km（約6時間）、メルボルンから約590km、（約8時間）となる。

●国立公園入園料およびリフト料金

スレドボへ向かう途中にある国立公園ゲート

ジンダバインからスレドボへ向かう途中に国立公園ゲートがあり、ここで24時間入園パスを購入する（シールタイプでフロントガラスに貼り付ける）。またスレドボではバレーターミナルでリフトの1日券が購入可能。なお夏季の最盛期にはコジウスコ・チェアリフト以外にメリッツ・ゴンドラが登山客用にも運行される（ほかのリフトはマウンテンバイク専用）。

DATA

料 国立公園24時間入園パス：車1台 $24（クレジットカード購入のみ CC AMV）／ジンダバインのスノーウィリージョン・ビジターセンターでも購入可能 URL www.nationalparks.nsw.gov.au/things-to-do/visitor-centres/snowy-region-visitor-centre）／チェアリフト1日券 大人$55 子供$17（3日前までのオンライン購入で割引あり） URL www.thredbo.com.au

---

オーストラリア最高峰
マウント・コジウスコの基礎知識

マウント・コジウスコのある一帯を含む南部大分水嶺は、オルドビス紀からデボン紀（4億9000〜3億5500万年前）にかけて堆積した花崗岩層が、造山運動などによって隆起、その後の浸食によって形作られたと考えられている。さらに7万〜1万年前の寒冷期に山頂地帯に巨大な氷河が形成され、その後氷河が岩肌を削り出して現在のような姿となった。登山途中に見られるコジウスコ山頂直下にあるクータパタンバ湖は、氷河が岩を削り出したくぼみにできたカール湖だ。

コジウスコという名称は、1840年、この地を探検していたポーランド人探検家パウル・ストツェレッキによって名付けられた。ポーランドのコシチュシュコ塚（ポーランド・リトアニア軍の英雄的司令官タデウシュ・コシチュシュコ将軍に由来する）に形が似ていることから、その英語読みのコジウスコとなったのだ。

↘ ビー、ウォンバット、エミューなどとの遭遇率が高い（一部の川にはカモノハシも生息）。また北部には幻想的なヤランゴビリー鍾乳洞があり、時間があったら訪れてみたい。

先住民ガイドツアーでのみ訪れることができる場所で、養殖システムの解説をしてくれる

オーストラリアには2024年4月現在、20の世界遺産がある。
その中で唯一、「貴重な先住民文化」だけを理由に
世界遺産登録されているのが
ビクトリア州南西部にある「バジ・ビムの文化的景観」だ。
ここでは少なく見積もっても6600年以上前から
溶岩大地の地形を利用した世界最古の水産養殖システムを
生み出していたことが分かっている。
養殖していたのはウナギだ。
この地の先住民グンディッチマラ族は、
ウナギの養殖システムを開発したことで、
ほかの先住民とは違う定住生活を行っていたのだ。

2024 特集 2

世界最古の水産養殖システムが残る

バジ・ビムの文化的景観

Memo 2024年には先住民文化の世界文化遺産として、新たに「ムルジュガの文化的景観 Murujuga Calutural Landscape」（西オーストラリア州北西部カラーサ近く）が登録される予定となっている。

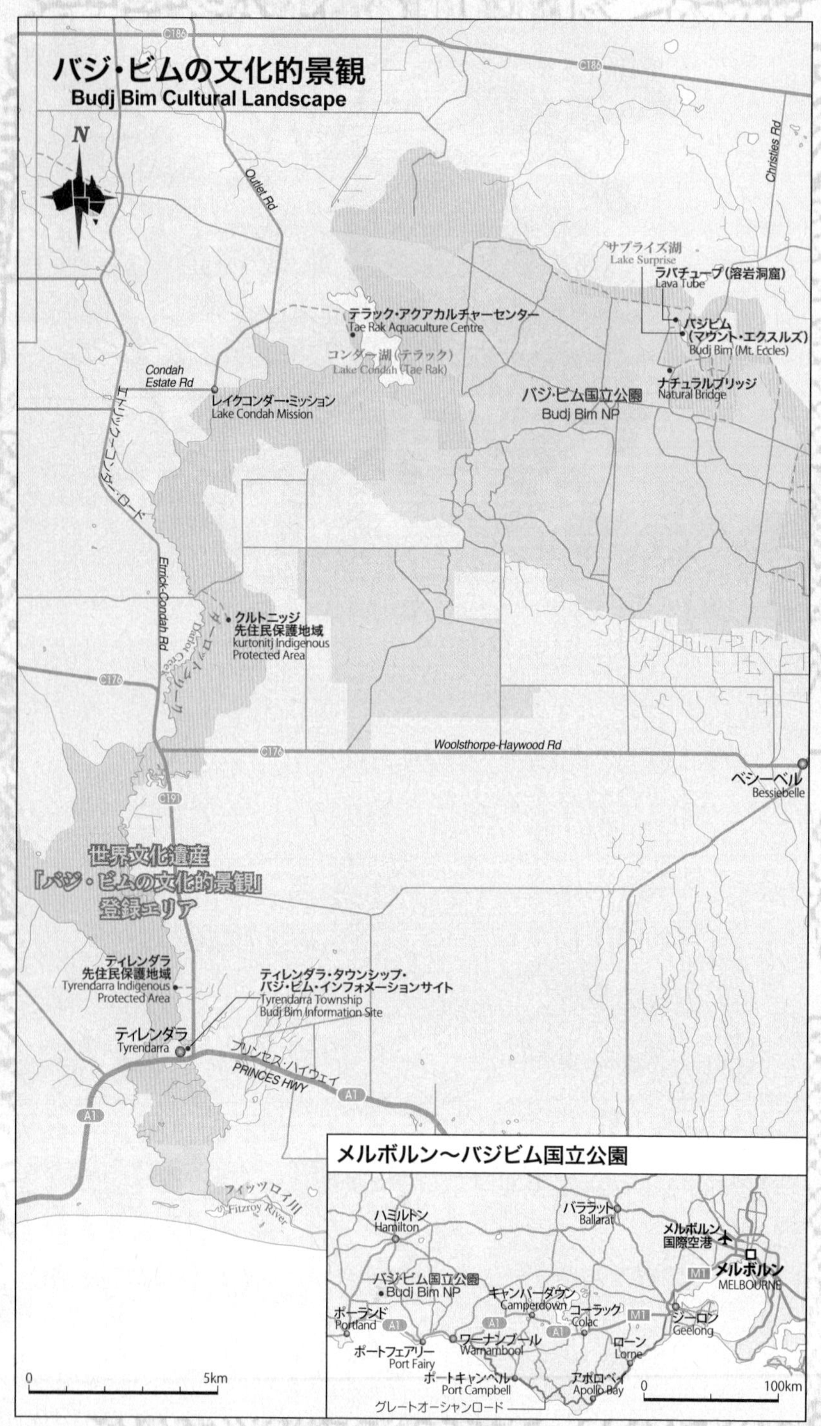

Memo グンディッチマラ族は6600年以上前からウナギの養殖システムを用いていたが、これはイギリスのストーンヘンジやエジプトのピラミッド建築よりも古い文化システムだ。

この地に伝わる
バジ・ビムのドリームタイムの物語

オーストラリアの先住民の創世記神話は、ドリームタイム（あるいはドリーミング）の物語というふうに呼ばれる。各地の部族により少しずつ内容は違うが、ビクトリア州のグンディッチマラ族の創世記の物語は、この地の成り立ちについて次のように伝えている。

大地の景観を造るため４人の創造主が生まれた。そのうちのひとりバジ・ビム（「高い頭」という意味）がこの地に現れ、地表から巨大な顔を突き出し、口から大量の血（溶岩）を吐き出した。溶岩は周囲に丘を造り、海に流れ込み、沿岸部には入り組んだ地形を造り出した。その後、海が盛り上がり入り組んだ地形の場所には湿地が現れたのだという。

バジ・ビム国立公園の北東側には、グンディッチマラ族がバジ・ビム（英語名マウント・エクスルズ Mt. Eccels）と呼ぶ標高178mの円錐形火山があり、その最後の噴火は３万7000年前頃と推測されている。

バジ・ビム世界遺産観光は
コンダー湖から

バジ・ビムの水産養殖システムは沿岸部**フィッツロイ川 Fitzroy River**と、そこに流れ込む支流の**ダーロットクリーク Darlot Creek**周辺、および噴火の止まっているバジ・ビムとその溶岩大地が造り出した森林地帯（**バジ・ビム国立公園 Budj Bim NP**）と**コンダー湖 Lake Condah**からなる。小さな村**ティレンダラ Tyrendarra**が入口で、村の脇にはバジ・ビムのジオラマ展示や解説ボードからなる**ティレンダラ・タウンシップ・バジ・ビム・インフォメーションサイト Tyrendarra Township Budj Bim Information Site**がある。ここと バジ・ビム国立公園北東部の、かつての火山であるバジ・ビム周辺は個人でも観光可能だが、それ以外の水産養殖などに関わる施設はすべてグンディッチマラ族の保護地域にあり、ツアーに参加しなくては見ることができない。

すべてのツアーの出発地点となるのがコンダー湖脇の**テラック・アクアカルチャーセンター Tae Rak Aquaculture Centre**だ。数種類のツアーがあるが、ベストは主要施設をすべて回る**クーヤン・ヤナ１日ツアー Kooyang Yana Full Day Tour**だ。

ティレンダラ・タウンシップ・バジ・ビム・インフォメーションサイト。２つの円形展示サイトがあり、ひとつにはストーンカントリーのジオラマ、もうひとつには世界遺産登録にまつわる解説ボードがある

コンダー湖にはウナギ捕獲方法
解説用の水上施設もある

1 サプライズ湖を見下ろすバジ・ビム展望台で、西欧人入植当時、グンディッチマラ族との間にどのようなことがあったのかという話を聞く 2 クルトニッジ先住民保護地域に残る玄武岩石を使った養殖用水路跡 3 グンディッチマラ族の季節感を示すカレンダー 4 葦で編んだウナギ捕獲用の道具（オーストラリア国立博物館所蔵）

クーヤン・ヤナ1日ツアーで巡る場所

バジ・ビム Budj Bim

この地域の特異な溶岩地形を造り出したとされるバジ・ビムの火口跡を訪問。グンディッチマラ族のガイドが、散策路を歩きながらドリームタイムの伝説や、薬草となる植物や補助食料となる植物（ブッシュタッカー）について説明してくれる。また火口湖サプライズ湖 Lake Surprise を見下ろす展望台では、西欧人によるこの地域の開拓時の絵と現在の様子を比べながら、グンディッチマラ族が1800年代に他地域への移住を余儀なくされそうになった時に抵抗し、コンダー湖周辺に留まり、1987年に一帯がグンディッチマラ族に返還されるまでの歴史を、簡潔に教えてくれる。

クルトニッジ先住民保護地域 Kurtonitij Indigenous Protected Area

ダーロットクリーク脇の湿地帯で、実際にウナギの養殖が行われていた痕跡が残る場所。クルトニッジとは「交差する場所」という意味がある。

グンディッチマラ族はウナギをクーヤンと呼ぶ。バジ・ビム周辺はグンディッチマラ族がツゥンガット・ミリン（ストーンカントリー＝石の地域という意味）と呼ぶ溶岩大地で、ウナギを捕獲、飼育するための水路や堰を造るのに適した玄武岩石が数多くあった。ウナギを大きさにより選別できるよう湿地帯に造った水路の幅を調整し、周囲に数多く生えている葦で造った仕掛けで貯水堰に入ったウナギを捕まえた。グンディッチマラ族のガイドが実際の跡地を案内し、仕掛けの方法などを説明。また保存食、そして他部族との重要な交換交易品として利用するため、ウナギは燻製にされた。その際に用いたとされる神聖なスモーキングツリーの大木も見ることができる。

なお定住生活を行う上で重要だったのが季節の移り変わりと、それぞれの時期に何を行うかを知ること。ウナギの捕獲はもちろん、鳥類や爬虫類などの捕獲、ミツバチからの蜜の採集に適した時期など、グンディッチマラ族は季節を6つに分けて考えていた。彼らの季節に関する考え方を示す地上に描かれたカレンダーも見逃せない。

テラック・アクアカルチャーセンター Tae Rak Aquaculture Centre

ツアーの出発地点であるアクアカルチャーセンター内カフェで、ウナギ料理を盛り付けたテイスティングプレートを食べる。伝統的な燻製のほか、コロッケ風にしたものや、クラッカーに塗るペーストなど、日本とは違ったウナギ料理が味わえる（オーストラリアでは一般的にウナギを食べる習慣はない）。なお燻製ウナギだ

Memo ウナギは1属15～19種といわれ、世界各地に生息している。ヒレの長さや背骨の数の違いなどで分類される。

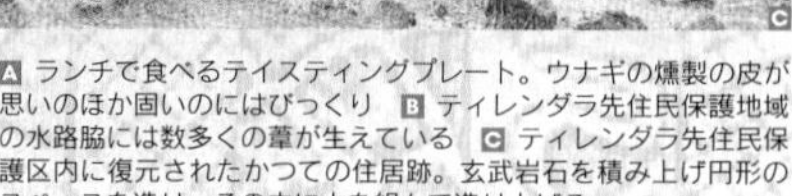

A ランチで食べるテイスティングプレート。ウナギの燻製の皮が思いのほか固いのにはびっくり B ティレンダラ先住民保護地域の水路脇には数多くの葦が生えている C ティレンダラ先住民保護区内に復元されたかつての住居跡。玄武岩石を積み上げ円形のスペースを造り、その中に木を組んで造り上げる

が、日本の蒲焼きなどとは違いかなり皮は固く、味も淡泊だ。

食後はセンター内でウナギの生態についての説明。この地域のウナギは 4000km 以上離れたニューカレドニアやバヌアツ周辺のコーラルシー Coral Sea で産卵。孵化後のシラスウナギは東オーストラリア海流（ディズニー映画『ファインディング・ニモ』にも登場）に乗って南下し、ビクトリア州南部に到着する。そして 3 ～ 5 年かけてゆっくりとフィッツロイ川、ダーロットクリークを遡上。およそ 10 ～ 15 年で大きく育ち食べ頃となる。養殖、捕獲して食べなかったウナギは罠を外し再び川へと返すのだという（ウナギの寿命は約 20 年）。ウナギの捕獲はおもに老人と子供が行い、老人たちが子供に、取り過ぎないよう教えたのだ。

ティレンダラ先住民保護地域 Tyrendarra Indigenous Protected Area

夏季、冬季に川の水量が大きく変わることを知っていたグンディッチマラ族が、水路を人工的に改良し、隣接する沼地に効率よくウナギを導けるようにした跡地。また、ここにはグンディッチマラ族がかつてどのように生活していたかを示す復元住居も残されている。住居の周りには石を積み上げているのが特徴的。グンディッチマラ族ガイドの説明によれば、冬季にはポッサムの皮を縫い合わせた上着で寒さをしのいでいたという。縫い合わせたポッサム皮のデザインは、テラック・アクアカルチャーセンター内カフェに展示されている。

DATA

バジ・ビムの文化的景観ーストーンカントリー Budj Bim Cultural Landscape - Stone Country

住 Tae Rak Aquaculture Centre, Vaughans Rd., Breakaway Creek, VIC 3303 ☎ (03)4504-2193
URL www.budjbim.com.au 営 ツアー催行日：水～日
料 クーヤン・ヤナ1日ツアー（9:30 ～ 16:00）大人$199 子供$159 ／ツンガットミリン半日ツアー（バジ・ビム、クルトニッジ先住民保護地域／ 9:30 ～ 13:00）大人$159 子供$119 ／テラック・ガイドカルチャーウオーク（10:00 ～ 12:00、14:00 ～ 16:00）大人$89 子供$69 CC MV 行き方 送迎がないためレンタカー利用が基本。ポートランド、ポートフェアリーなど近隣の町に宿泊して観光するのがおすすめ。

バジ・ビム周辺はオーストラリア有数のコアラ生息地

バジ・ビム国立公園はもちろん、その周辺の地域は自然が多く、数多くの野生動物の生息地となっている。特に野生のコアラの生息数が多く、クーヤン・ヤナ1日ツアー中はもちろん、この地域をドライブしているときにもコアラを目撃することが多い。森の大きさに対しコアラが増えすぎると、結果的にコアラ減少につながることから、定期的にコアラの個体数把握が行われており、場合によってはメスの不妊治療なども行われているほどだ。

Memo ウナギはオーストラリア各地の川で遡上する。タスマニアやビクトリア南東部では量は少ないが捕獲したウナギを日本に輸出。貴重な天然ウナギとして日本市場にも出回っている。

AUSTRALIA FOOD GUIDE

オーストラリアでこれ食べよう！

ゴールドコーストのクリフォーズ・グリル＆ラウンジ名物 1kgのトマホークステーキ

ビーフステーキ Beef Steak

最高級のオーストラリア和牛、ブラックアンガスビーフ、産地限定の特選ビーフなどオージービーフもいろいろ。サーロインやヒレ、ランプステーキはもちろん、日本ではなかなか食べられないボリューム満点のTボーンステーキ（T形の骨の片側がサーロイン、片側がヒレ肉）、エビのグリルを上にのせたサーフ＆ターフ・ステーキなどもぜひ試してみたい！

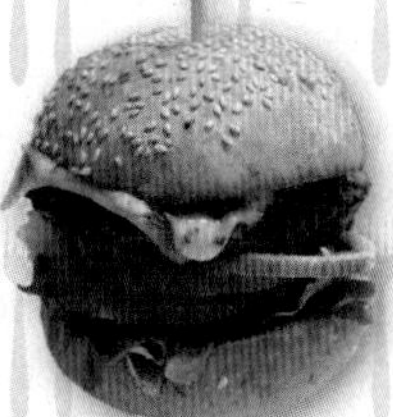

オーストラリア主要都市でグルメバーガーチェーンとして人気があるグリルドのバーガー

ハンバーガー Hamburger

お肉のおいしいオーストラリアだけあって、バーガーは種類も豊富。お店によって趣向を凝らした具材を使用しているところも多い。定番なのはビーフパテにレタス、ビートルート（赤カブのシロップ漬け）、チーズが入ったもの。

ケアンズのギリシア料理店フェッタズ・グリークのラムチョップ

ラムチョップ Lamb Chop

オーストラリアで食べるラムは臭みが強くないので、羊肉が苦手な人でも大丈夫。骨付きのラムチョップはオージーにとっても定番の料理だ。

ミートパイ Meat Pie

オーストラリアの国民食ミートパイ。ぐつぐつ煮込んだお肉たっぷりのビーフシチューがパイ生地の中に入っているのが定番だ。

見た目におしゃれで美味と評判のタンクストリームホテル・シドニー内カフェのミートパイ

オーストラリアのワインとビール Australia Wines & Beers

世界中で高評価を得ているオーストラリアワイン。ハンターバレー、バロッサバレー、ヤラバレー、マーガレットリバーなど産地は多く、それぞれの気候や土壌に合ったさまざまな品種のワインが楽しめる。またビールも各州ごとの代表的な銘柄からクラフトビールまで種類が豊富だ。

オーストラリア No.1 の赤ワイン、ペンフォールズ・グランジ

左からビクトリア州のブイヴィー、クイーンズランド州のフォーエックス・ゴールド、南オーストラリア州のクーパーズ・エール

オージーアニマル・ミート
Aussie Animal Meats

オーストラリアに生息する動物の肉を使った、オーストラリアならではの料理。ただし一般のオージーが好んで食べるわけではなく、あくまで観光客向け。オーストラリアのブッシュフードを食べさせてくれるレストランやツアーに含まれるディナーなどで味わえる。オーストラリア滞在中、一度はトライして「○○食べたよ！」と日本に帰ってから自慢してみよう！

ケアンズやアリススプリングスではオージーアニマル・ミートの盛り合わせを出すレストランもある

カンガルー。赤身で低脂肪。それほどクセがないので、普通に食べられる。高級レストランでは野性味をソースで少し消したステーキなどで出されることも多い。

クロコダイル。オーストラリア北部はクロコダイルの一大生息地で、食用になっているのは養殖物。鶏のささみに似た味で食べやすい。

エミュー。ダチョウに似た世界で２番目に大きな飛べない鳥。高タンパク、低脂質のヘルシーな赤身肉。独特の臭みがあるが、スパイスを使った味つけなら気にならず、おいしく食べられる。

バラマンディ。スズキ目アカメ科に属する大型の川魚で、北部オーストラリアでは人気のある食材。ここではフィッシュケーキにしてあるが、姿焼きや切り身のソテーなどさまざまな料理で食べられる。

フィッシュアンドチップス
Fish 'n' Chips

英国の影響を強く受けるオーストラリアでは、白身魚のフライに山盛りポテトを合わせたフィッシュアンドチップスも人気。英国ではビネガーと塩で食べるのが一般的だが、オーストラリアでは全体にシーズンソルトを振りかけ、タルタルソースとトマトケチャップにつけて食べるのが一般的だ。

フリーマントルのベザーズ・ビーチハウスのフィッシュアンドチップス。衣がサクッとしていて美味

カキ
Oyster

オーストラリア南部は世界的に知られるカキの産地。特にシドニー郊外やタスマニア州、南オーストラリア州エアー半島では養殖が盛んだ。1年中食べられる生ガキはもちろん、グリルしても美味！

カキの前菜は、パームコーブにあるブティックホテル、リーフハウスのレストランで人気

マッドクラブ
Mud Crab

クイーンズランド州のマングローブにすむマッドクラブ。ツメが大きく身がぷりぷりで、ゆでても焼いても美味。特に中華風に味つけしたマッドクラブは絶品だ。

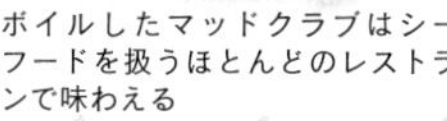

ボイルしたマッドクラブはシーフードを扱うほとんどのレストランで味わえる

タスマニアンサーモン
Tasmanian Salmon

新鮮な魚介の宝庫タスマニアを代表する食材がタスマニアンサーモン。グリルやコンフィなどのメインコースで、あるいはスモークサーモンとして前菜やオードブルで食べられる。

タスマニアンサーモンはおもなファインダイニングで欠かせないメインコースになっている

折りたたみできるヘレンの代表作プロヴァンス $375～。

ラフィアでできたバッグも大人気。最新デザインのものがお手頃価格で手に入る。$425～

クランプラーの定番メッセンジャーバッグ $170～

ヘレン・カミンスキー Helen Kaminski

東京・銀座にコンセプトショップがあるなど、日本でも大評判のブランド。シドニーの自然とライフスタイルからインスピレーションを得るというヘレンの帽子は、とてもエレガント。ヒラリー・クリントンなどセレブのファンも多い。特にマダガスカル産のラフィアヤシから作られるラフィアハットは、ヘレンの名前を世界に知らしめた名品。ラフィア素材のバッグも大人気だ。

アグブーツ UGG Boots

アグブーツはムートンブーツの総称で、オーストラリアには80社以上のメーカーがある。日本で最もよく知られているアグ・オーストラリア UGG Australia は、オーストラリア発祥だが、現在はアメリカのデッカーズ社が中国で製造している。デッカーズ社のアグ・オーストラリアと並ぶ高級アグブーツブランドのエミュー Emu も、オーストラリア国内でのみ購入可能なオーストラリア製のプラチナライン（タグがメタル製）と日本でも購入可能な中国製のものがある（こちらは革のタグ）。こうしたメジャーブランド以外にも、全品オーストラリア製のアグ・シンス 1974 UGG since 1974、シェアラーズ・アグ Shearers UGG、ジャンボ・アグブーツ Jumbo UGG Boots、チックエンパイア Chic Empire、アグ・プレミアム UGG Premium などが人気。各社デザイン、カラー、ボアの品質、軽さなどが違うので、いろいろ履き比べてみるのがおすすめ。

人気のエミューはミニブーツが $170～、ローブーツが $200～、ハイブーツが $250～

パーツごとにカスタマイズして、自分だけのオリジナルブーツも作れるゴールドコーストのアグ・シンス 1974 $329～

クランプラー Crumpler

メッセンジャーバッグのブランドとしてメルボルンで創業。レディス向けのファッションバッグなどもラインに加わり、日本をはじめ海外でも大人気となっている。

イソップ Aesop

オーストラリアはメルボルン発のスキンケアブランド。最高品質の植物性成分をベースに作られており、日本にも多くのファンをもっている。ほとんどの製品が日本より10～20%ほど割安。

おみやげに手頃なイソップの歯磨きペースト $17

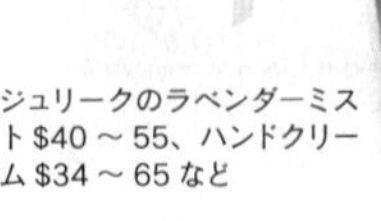

ジュリークのラベンダーミスト $40～55、ハンドクリーム $34～65 など

ジュリーク Jurlique

オーストラリアを代表する自然派コスメブランド。ドイツ出身の夫妻が、世界中からハーブを育てるのに最適な場所として選んだ南オーストラリア。そこで育てられたオーガニックハーブを使ったスキンケアグッズは、肌に優しく潤いを与えてくれる。藤原紀香、平子理沙、佐々木希など日本にも愛用者が多い。

ナチュラルボディケアグッズ Natural Body Care Goods

オーストラリアならではの自然素材を使った石鹸は、おみやげに大好評。万能スキンケアオイルとして評判のホホバオイルやアンチエイジング効果＆美白効果に優れたプラセンタも、オーストラリア特産品。

ホホバオイルは人間の肌の主成分に近いオイルで、美肌効果、保湿効果、肌荒れ防止や抗菌作用がある。大手ホホバカンパニーのこのオイルは 35mℓ $33.95

羊の胎盤から採取したプラセンタは今、注目のボディケアグッズ。ボディ＆ヘルスのプラセンタクリームは 50g$33

オーストラリアのエコバッグ Eco Bag

キャメロン・ディアス愛用で一躍有名になったゴールドコースト発エコバッグのエンビロサックス Envirosax はもちろん、可愛いデザインのアナベルトレンド Annabel Trends、メルボルンのアーティストが手がけるキュートなスキ・マクマスター Suki McMaster など、おみやげによろこばれそうなエコバッグがいっぱい。

アナベルトレンドのご当地柄エコバッグ $17.95

スキ・マクマスターのオーストラリアっぽい柄のエコバッグ $15

T2 T2

日本未入荷のメルボルン発紅茶ブランド。フレーバーティーの種類が多く、おみやげに大人気。

人気フレーバーを集めた5個セット $60

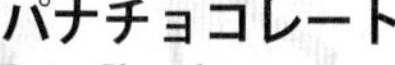

パナチョコレート Pana Chocolate

メルボルン発のオーガニック・ローチョコレート。乳製品や動物性原料を一切使わず、低温、ハンドメイドで作る体に優しいチョコレート。チョコスプレッドもあって人気。スーパーで購入可能。

パナチョコは1箱 $6.90、スプレッドは $9.90

ルピシアのオーストラリア限定フレーバーティー 50g 各 $18.50

ティムタムはオーストラリア各地のスーパーで簡単に手に入る。1袋 $4.50 ～ 5.50 だが、セール時には $4 ほどに

ティムタム TimTam

オーストラリアみやげの定番中の定番。日本の輸入食料品店などでも大人気のチョコレートだ。オリジナル以外にダブルコーティングやホワイトチョコなど、さまざまな味がある。

ルピシア LUPICIA

オーストラリア限定フレーバーティーがある。ウルルがレモンマートル、サザンクロスがユーカリフレーバー。

コーヒー Coffee

日本ではまだあまり知られていないが、オーストラリアは高品質コーヒーの産地としても注目を集めている。ただ収穫量が多くないため、ほとんどオーストラリア国内で消費されており、日本で手に入れるのは難しい。産地はニューサウスウエールズ州北部とクイーンズランド州。バイロンベイコーヒー、ケアンズ近郊マリーバのコーヒーワークスのコーヒーがおみやげ店などで手に入れやすい。

シドニーやゴールドコーストのおみやげ店で手に入るバイロンベイコーヒーは 250g$15。ケアンズのおみやげ店で販売されているのは地元産コーヒーワークスのコーヒー 250g$19

ハチミツ Honey

自然がいっぱいのオーストラリアはハチミツ天国。さまざまな味があり、お店によってはテイスティングもできる。またオーストラリアン・マヌカハニー（ジェリーブッシュハニー）や西オーストラリア産ジャラハニーは、抗菌力の高い上質品。

左：オーストラリアン・マヌカハニー MGO220＋ 250g$39.60 ～
右：ジャラハニー TA45+ 250g$38.50 ～

マカダミアナッツ各フレーバー $12.95 ～

マカダミアナッツ Macadamia Nuts

マカダミアナッツはオーストラリアが原産。日本人好みのワサビフレーバーやアワビフレーバーなどもある。

ジャーキー各 $12.95 ～

ジャーキー Jerky

ビーフジャーキーはもちろん、カンガルージャーキー、クロコダイルジャーキーといったオーストラリアならではのものもある。

PLANNING

オーストラリア
旅のプラン

徹底研究オーストラリアを知る

なんと日本の 20 倍！

日本のほぼ真南、赤道を越えた向こうに 1 大陸 1 国家という世界でも稀有な国がある。それがオーストラリアだ。面積は日本の約 20 倍、南北に約 3700km、東西に約 4000km というスケールだ。国内に時差をもつ世界でも数少ない国でもある。また内陸部や北西部の自然は厳しく開発が進まなかったこともあり、国の大きさに比して町は少ない。そのため人口は現在 2600 万人余り。しかも人口の大部分は気候のよい東海岸に集中している。

内陸部は乾燥した赤土の大地が広がっている（ウルル - カタジュタ国立公園）

気候

場所によって大きく異なる!!

オーストラリアは東西南北に巨大であるがゆえ、北は熱帯から南は冷温帯までさまざまな気候をもつ。また世界一乾燥した大陸でもあり、大陸中央部は砂漠地帯になっている。多様な気候をもつ国だけあって、どんな時期にどこを旅するかで印象もガラッと変わってしまう。

⇒主要都市の平均気温・降雨量は→ P.629
右記地図の各都市の色は、おおまかな気候を表している。各気候の特徴は次のとおり。

熱帯性気候

乾季（5 ～ 11 月）と雨季（12 ～ 4 月）をもつ熱帯性気候。暑さも和らぎ天気も安定する乾季の旅行がおすすめ。雨季には一部観光できない地域もある。

亜熱帯性気候

1 年を通じ温暖で晴天率も高く、いつ旅行しても楽しめる。ただし南部は 5 ～ 9 月の間、海水温が低くなるため海水浴にはあまり適さない。

温帯性気候

日本とは逆の四季をもつ温帯地域。春から秋（10 ～ 5 月）にかけてが旅行に適している。6 ～ 9 月は山間部に雪が降りスキーもできる。

冷温帯性気候

夏（12 ～ 3 月）でも涼しく、冬（6 ～ 9 月）はかなり冷え込む。旅行は夏に。冬には催行されない現地ツアーも多い。

砂漠気候

大陸内陸部のほとんどが乾燥した砂漠気候。11 ～ 4 月は気温が高いので水分補給を忘れずに。日中の観光なら 6 ～ 9 月が過ごしやすくていい。ただし、夜間は寒いので防寒具が必要。

バングルバングル
オーストラリアの秘境キンバリー観光の目玉である、スケールの大きな山脈。

エクスマウス
沖合のニンガルーリーフに、3 月中旬～6 月前半にジンベエザメがやってくることで知られている。

西オーストラリア州 (WA)

モンキーマイア
野生のイルカに餌づけができる世界でも数少ない場所。また、世界有数のジュゴン生息地でもある。

パース
気候もよく、町も美しく、世界で最も住みやすい都市ともいわれている。周囲にはダイナミックな自然をもつ観光地も数多い。

タスマニアでは緑豊かな自然体験を満喫できる

8つの独立国？

広大であるがゆえ、18世紀後半から始まった英国人の入植地は点在した。その名残から、オーストラリアには現在、6つの州とふたつの特別区がある。それぞれの州や特別区は、日本の都道府県とは比べものにならないほど強い自治権をもち、さながらひとつの国のようでもある。

世界最大の珊瑚礁地帯グレートバリアリーフでは、ぜひスノーケリングを楽しみたい

最短で7時間。意外に近い国

北の玄関口であるケアンズまで日本から飛行機で約7時間。ハワイやタイ、シンガポールなどとほぼ同じ距離にある。2024年3月現在、日本からケアンズ、ブリスベン、シドニー、メルボルン、パースへ直行便が就航している。ゲートウェイが多いのでオーストラリア各地への旅もしやすい。

約4000km（赤道の1/10）

オーストラリアの首都
各州の州都
主要観光地

ダーウィン
世界遺産カカドゥ国立公園などへの拠点となる町だ。

カカドゥ国立公園
手つかずの大自然のなかに、先住民アボリジナルの数多くの壁画が残っている。

グレートバリアリーフ
南北約2000kmにも及ぶ世界最大の珊瑚礁地帯。ダイバー、スノーケラー、アングラーにとっては憧れの地で、リゾートアイランドも多い。

ケアンズ
日本から約7時間と最も身近なオーストラリアの町。世界遺産のグレートバリアリーフや熱帯雨林への拠点で、オーストラリアの自然を満喫するのに最適な場所だ。

ノーザンテリトリー（NT）

クイーンズランド州（QLD）

ハミルトン島
リゾートアイランドのなかで、唯一ジェット機の離発着が可能。一帯はウィットサンデー諸島と呼ばれ、いくつかのリゾートアイランドがある。

ウルル（エアーズロック）
世界遺産にも登録されている世界最大級の一枚岩。オーストラリアのシンボルだ。

ブリスベン
オーストラリア第3の都市で、2032年夏季オリンピック開催地。

ゴールドコースト
オーストラリアを代表するリゾート地。約60kmものサーフビーチ、世界遺産登録されている亜熱帯雨林など、海と山が楽しめる。またテーマパークの数も多い。

南オーストラリア州（SA）

ニューサウスウエールズ州（NSW）

シドニー
オーストラリア最大級の都市。美しい港をもち、新旧の町並みの調和の取れた魅力的な都市だ。世界遺産のオペラハウスやブルーマウンテンズ、ワインの産地ハンターバレーなど観光資源も豊富。

オーストラリア首都特別区（ACT）

ビクトリア州（VIC）

キャンベラ
オーストラリアの首都。
スキー場の多いスノーウィマウンテンズも近い。

アデレード
野生動物の宝庫カンガルー島や、オーストラリア最大のワイン産地バロッサバレーへの拠点。

メルボルン
シドニーと並ぶオーストラリア最大級の都市。英国風の町並みが美しく、オーストラリアの文化の中心地だ。ペンギンパレードで知られるフィリップ島や景勝地グレートオーシャンロードへの拠点でもある。

タスマニア州（TAS）

ホバート
美しい自然が残るタスマニア州観光の拠点。

徹底研究 オーストラリアを動く

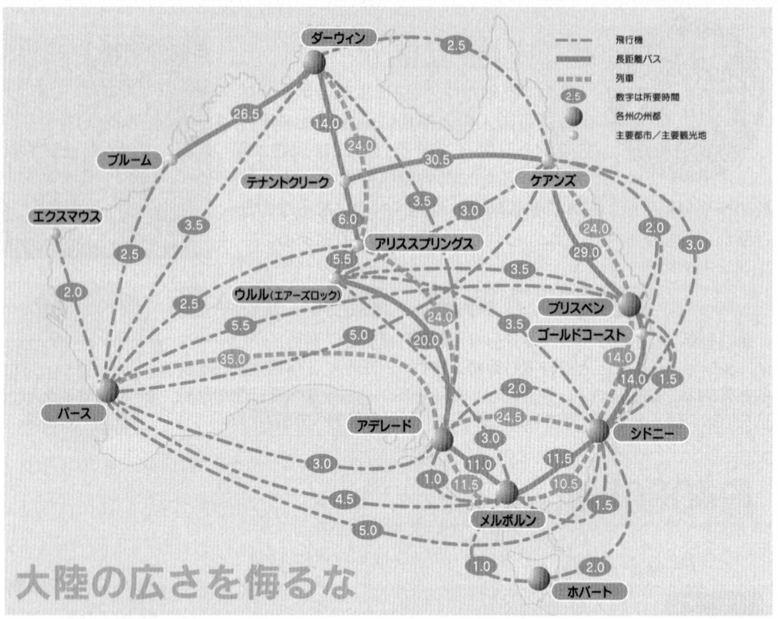

オーストラリアは広いと頭で理解していても、都市間の距離や所要時間はなかなか把握しきれない。例えば２大都市シドニーとメルボルン。地図上では何となく近く感じるが、飛行機でも１時間30分、長距離バスや列車ならひと晩の距離だ。シドニー～パースの大陸横断ともなると、列車で４日がかりの行程となる。出発前のプランニングの段階で、時間と運賃、それに乗り物の魅力を考慮に入れて、どの区間を何で移動するかを決める必要がある。

短時間で距離を克服する

飛行機

→現地での国内移動／飛行機　P.646

オーストラリア国内線はフラッグキャリアのカンタス航空以外にヴァージン・オーストラリア、ローコストキャリアのジェットスターなどが運航。ローコストキャリアを利用すれば、驚くほど低料金で長距離移動が可能となる。

オーストラリア国内線も充実しているカンタス航空

メリット

▲かぎられた時間内で効率よく周遊できる。

▲主要路線でチケットを早期購入すると、ほかの交通機関より格安な場合が多い。

デメリット

▼路線によってはほかの交通機関より運賃が高い。

▼路線によっては便数が少なく、短時間のメリットが生かせない。

大陸の大きさを実感しながら陸路を旅する

長距離バス

→現地での国内移動／長距離バス　P.655

真っ赤なボディのグレイハウンド

グレイハウンド・オーストラリアがオーストラリア東半分および西オーストラリア北部の都市間に路線をもっている。じっくりと大陸を旅するバックパッカーに最適の移動手段だ。

メリット

▲通常運賃が比較的安い。バスパスを利用すればさらに安い。

▲路線が充実しており、どこへでも行ける。

デメリット

▼時間がかかり、長時間乗るとかなり疲れる。

▼主要都市間以外は便数が極端に少ない。

移動と観光をセットにした

移動型ツアーバス

→長距離バス（移動型ツアーバス） P.656

西オーストラリアでポピュラーな移動型ツアーバスのキンバリー・ワイルドエクスペディション

都市間に見どころが多いタスマニアや、南オーストラリア、ノーザンテリトリー、西オーストラリアでは、移動と観光がセットになったツアーを利用するのが人気だ。

メリット

▲移動と観光が一緒にできる。
▲宿泊料金も込みで料金も手頃。
▲世界中から参加する旅行者と仲よくなれる。

デメリット

▼毎日出発はまれで、ほとんどのルートで週2～3回しか催行されない。
▼バスの座席が狭いので、混んでいるツアーだと長時間移動で疲れる。

のんびり贅沢に

列車

→現地での国内移動／鉄道 P.659

オーストラリア最長路線を走るインディアンパシフィック号

世界的に有名な大陸横断鉄道インディアンパシフィック号、大陸縦断鉄道ザ・ガン号など、長距離を走る豪華列車がある。ファーストクラスは、寝台もゆったりしており、乗車中の食事も付いている。まさに走るホテルだ。

メリット

▲移動そのものが旅の醍醐味。
▲安全で快適。豪華列車も多い。

デメリット

▼路線が少ない。
▼豪華列車の運賃はひじょうに高額。

都市周辺を自在に回る

レンタカー

→現地での国内移動／レンタカー P.649

都市間距離の長いオーストラリアでは、レンタカーは長距離移動には不向きだ。しかし、ケアンズやゴールドコースト、シドニーなどゲートウェイ都市でレンタカーを借りれば、周辺地への観光は驚くほど効率よく楽しめる。

メリット

▲日本と交通ルールが似ているので運転しやすい。
▲自由気ままに観光が楽しめる。

デメリット

▼観光地でガイディングが受けられない。
▼野生動物などが飛び出してくることがあるので、運転には細心の注意が必要。

COLUMN

日本にも予約代理店がある

オーストラリアの移動型ツアーバス

オーストラリアでバックパッカーに人気の移動型ツアーバス。なかでも人気なのがコンチキツアーとＧアドベンチャーズ。若者の参加が多く、移動は専用バス、宿泊施設は若者向けロッジのドミトリーとなっている。ひとりで参加してもすぐに知り合いができ、楽しく過ごせるのがいい。しかも日本に予約代理店（STA トラベル）があって予約も簡単だ。

日数は4～15日間、コースもオーストラリア全土にある。ツアー中、ブッシュウオーキングやダイビング、乗馬などさまざまなオプションも用意されている。少しは英語力も要求されるが、内容、楽しさを考えると、かなりお得なツアーだ。

エアーズロックへのツアーもあるコンチキツアー

●コンチキツアー URL www.contiki.com
●Ｇアドベンチャーズ URL www.gadventures.com
〈日本での予約先：STA トラベル〉
☎ 東京 (03)4361-2706／大阪 (06)7712-4382
URL www.statravel.co.jp

徹底研究オーストラリアを観る

絶景ポイントとして知られるキングスキャニオンのリムウオーク

見どころの多くは自然の真っただ中にある

今から2億年ほど前。超大陸パンゲアが分裂を始め、世界が北の大陸ローラシアと南の大陸ゴンドワナとなった。その後も大陸分裂が続いたが、最後までゴンドワナ大陸で南極と陸続きだったのがオーストラリア大陸。そして分裂後、いまだ一度も他の大陸と陸続きになっていない。そのため、この大陸でしか見られない動植物は数多く、自然のスケールもとてつもなく大きい。大陸の古い歴史がある一方で、西欧文明の影響を受けた歴史は、英国人の入植以後のわずか240年ほどしかない。つまりオーストラリアでは、ヨーロッパやアジア諸国のような史跡巡りの旅は成立しにくい。見どころの多くは、公共交通機関では行きにくい、あるいは行けない、大自然のなかにある。

自然の魅力を伝える

現地ガイド

ガイドと一緒に歩けば、森のすばらしさが実感できる

例えば世界自然遺産に登録されているウルル（エアーズロック）。スケールの大きさは、目の前に立てば誰でも感じることができる。また周囲を歩けば岩肌に残る先住民アボリジナルの壁画を見ることもできる。

しかし……それだけだ。

ところが現地ガイドについてウルルを観光するとしよう。地質学的な岩の説明はもちろん、先住民に聖地として崇められる理由、まつわる神話、壁画が意図することなど、より興味深いウルルの話を聞くことができる。そのことにより、ウルルがいかに重要な岩であるかを知ることになるのだ。

森にしてもそうだ。知識がなければ木々がうっそうと茂っていることしかわからないが、ガイドの説明を聞くことで、そこがさまざまな特性をもつ植物の集まりで、耳を澄まし、目を凝らせばたくさんの生き物のすみかとなっていることがわかるだろう。

自然を楽しむためには、観光する側にもそれ相応の知識が要求される。そしてその手助けをしてくれ、さらなる興味を膨らませてくれるのが現地ガイドなのだ。

ガイドならこんな珍しい昆虫も見つけてくれる

拠点都市発着ツアーに参加する

オーストラリアの旅のスタイル

グレートバリアリーフへのツアーは、ケアンズの定番

ケアンズやゴールドコースト、ウルル（エアーズロック）はもちろん、シドニー、メルボルン、ホバート、アデレード、パースなど、この国の主要観光都市からは「自然を楽しむ」ためのさまざまなツアーが企画・催行されている。観光地への移動手段に徹したものから、自然をじっくり見て回るもの、自然のなかで遊ぶものまでバラエティ豊かなツアーが揃っている。

個人でのアクセスが難しい見どころへの足が確保でき、さらに、説明を専門知識豊富なガイドから受けられること、また少人数ツアーなら参加者同士仲よくなれることなど、ツアーに参加するメリットは多い。

ツアー参加者みんなでワイワイさわぎながら、自然のなかのアクティビティを楽しむ

旅のプランニングの時点で、各都市起点のお気に入りのツアーを見つけておき、申し込む。それがこの国の旅のスタイルだ。

野生動物との触れ合いが楽しめる、ケアンズ発の動物探検ツアー

自分で観光地を巡るなら

フライ&ドライブ

ツアー客の少ない時間に雄大な自然を満喫できるのもレンタカーならでは

公共交通機関の乏しい観光地へ自分でアクセスするなら、レンタカーだ。特にテーマパークのように専門的な知識がなくても十分楽しめる場所、あるいは観光地に着いてからガイディングが受けられる場所なら、レンタカー利用のメリットは大きい。

ノーザンテリトリーのカカドゥ国立公園やニューサウスウエールズ州のマンゴー湖国立公園など、一部の国立公園では、現地でレインジャーによる本格的なガイドツアーがある。英語に自信があったら、こうしたガイドツアーに参加することで、主要都市発ツアーと同様の説明を聞くことが可能。しかもレンタカー利用なら、気に入った観光地に好きなだけいられる、旅のルートを選べる、など、旅の自由度が大幅に増す。

1週間程度かけてのんびりドライブするならキャンピングカーのレンタルもおすすめ

ただし、広大なオーストラリアでの長距離都市間移動にレンタカーを使うのは考えもの。かなりハードで、危険もともなうからだ。安全に車の利点を享受するならフライ&ドライブがいい。長距離移動には飛行機を使い、着いた空港を起点に車で観光地を巡るというやり方だ。

郊外へ出たら野生動物の飛び出しに注意して運転しよう。特に夕暮れ時や朝方は要注意だ

ENCYCLOPEDIA

オーストラリア 百科

オーストラリアの動物

広さはもちろんのこと、季節が、風土が、日本とはまったく異なる南半球の大陸オーストラリア。そこにすむ動物や鳥たちは、世界でも類を見ない珍しいものが多い。オーストラリアの動物だけを取り上げてみても、最も進化した動物である胎盤をもった哺乳類（有胎盤目）がほとんど見あたらず、カンガルーやコアラなどの有袋目、カモノハシなどの単孔目がすんでいる。これは、この地が地理学的に大昔から「ひとつの島」であったことを物語っている。これらの珍しい動物に出合ったとき、その名前や生態を知っておけば、旅の感動はより大きくなるはずだ。

哺乳類有袋目

子供はできるだけ小さく産み、袋の中でおっぱいをあげながら育てる、それが有袋目だ（一般に有袋類とも呼ばれる）。

カンガルー Kangaroo

最も一般的なグレイカンガルー

オーストラリアの動物のなかで最もよく知られているのがカンガルー。ひと口にカンガルーといってもその仲間は60種類余り、そのうち一般にイメージするカンガルーだけでも40種以上いる。最も一般的な体長1～1.5mのグレイカンガルー（オオカンガルー）や最大2mにもなるアカカンガルーから、中型のワラルー（別名ユーロ）、小型のワラビー、木の上で生活するツリーカンガルーと見た目もさまざまだ。共通しているのは、前肢が短く、後肢はふくらはぎがなくほとんどがアキレス腱となっていること（そのため跳躍力に優れている）。また大型のものは尻尾も太く強靱に発達している。そしてオーストラリアのほかの動物同様夜行性だ。グレイカンガルーの場合、野生では10～12頭の群れで生活し、そのうち2～3頭だけが大人のオス。コアラと同様に赤ちゃんは生後6～8ヵ月ほど母親の袋の中で育ち、その後も出たり入ったりしながら独立していく。

岩場に生息するロックワラビー

見られたらラッキーなツリーカンガルー

いつも笑っているように見えてかわいいクォッカ

カンガルーという名前の由来だが、諸説あるなかで最も有名なのは次の話。

キャプテンクック一行が先住民アボリジナルを案内人として探検中のこと。目の前を珍しい動物が走り去るのを見た一行が、案内人に「あの動物は何だ？」と尋ねた。案内人が答えた言葉は「カンガルー」。そしてクック一行は動物名として「カンガルー」と記録した。しかし案内人は実は英語がわからず「あんたの言ってることわかんないよ」という意味でカンガルーと言ったというのだ。つまりカンガルーは「わからない」という意味の先住民のある部族の言葉から来ている。

しかしこの説を裏づける証拠はまだ出ていない。最近では、オーストラリア北東岸の先住民部族が「灰色の背中の生き物」という意味で使っている「ガウルー ga-urru」がなまってカンガルーとなったという説のほうが有力だ。

カンガルーはオーストラリアのほとんどの動物園で放し飼いになっており、簡単に餌をあげられる。また郊外に出ると、朝、夕には野生のカンガルーを目にすることもある。なおカンガルーはエミューとともにオーストラリアの国章にも描かれている。常に前進し続けるオーストラリアの代表として、前進しかできない動物であるこのふたつが選ばれているのだ。

旅の思い出になるコアラを抱いての記念写真

コアラ
Koala

一番人気のコアラ

生きたぬいぐるみといわれるほどかわいらしい動物コアラ。名前は「水を飲まない」という先住民の言葉に由来する。実際にコアラがまったく水を飲まないわけではないのだが、1日1kgもユーカリの葉（これ以外は食べない。しかもコアラが食べるのは500種以上あるユーカリのうちのほんの数十種類だ）を食べ、その葉が大量の水分を含んでいるので、水を飲む必要がないのだ。しかもユーカリ自体それほど多くのエネルギー分がないこと、オイル分を含むことなどさまざまな要因で、コアラはあまり動かない。実に1日20時間も眠っており、起きている時間の大半もユーカリの葉を食べるのに費やしている。起きている時間は夜が多いので一応夜行性ということになっているが、本当は夜でも大半の時間は寝ている薄暮性だ。

コアラが生息するのはオーストラリア大陸東海岸部のみ。北部にすむコアラは体も小さく毛足が短く毛色はグレーがかっているが、南部へ行くほど大きく、毛足も長く、毛色は茶色っぽくなってくる。その大きさからクイーンズランドコアラ（体重約6.5kg）、ニューサウスウエールズコアラ（体重約9kg）、フルフェイエストコアラ（体重約13.5kg）の3種類に分けられる。

コアラは腹部の袋の中で約6ヵ月間育児をする。袋の中で大きくなった子は、母親の背中の上や腹部に抱きついて生活し、およそ1年でやっと独立する。

オーストラリアへ行ったら、コアラを抱いてみたいと思う人も多いだろう。しかしコアラを抱けるかどうかは州によって異なる。現在、動物園でコアラを抱くことを認めているのはクイーンズランド州、南オーストラリア州、西オーストラリア州。これらの州でも動物園によって抱けるところと抱けないところがあるので注意しよう。

コアラにまつわる先住民の伝説

昔、ある部族に、食料も水もほとんど与えられないクーボーという孤児がいた。ある日、部族の人たちが狩りに出払ったすきに、おなかをすかせたクーボーは部族の水や食料を持って高い木の上に逃げた。だが、狩りから帰ってきた人たちは怒り、クーボーを木の上から落としてしまった。その様子を見ていた精霊が地面の上で動けなくなったクーボーを小動物の姿に変え、ユーカリの木の上へと導いた。精霊は、その小動物だけが、ほかの動物が食べないユーカリの葉を食べられるようにし、決しておなかをすかせることのないようにしたという。この小動物がコアラといわれている。

コアラが抱ける主要動物園&テーマパーク

都市名	施設名	本文ページ
クイーンズランド州		
ケアンズ	ハートリースアドベンチャーズ	P.89
	ケアンズ・コアラズ&クリーチャーズ	P.91
キュランダ	レインフォレステーション・ネイチャーパーク	P.88
	キュランダ・コアラガーデン	P.91
ポートダグラス	ワイルドライフハビタット	P.90
タウンズビル	ビラボン・サンクチュアリ	P.129
ヤプーン	クーベリーパーク・ワイルドライフサンクチュアリ	P.147
サンシャインコースト	オーストラリア動物園	P.162
ブリスベン	ローンパイン・コアラサンクチュアリ	P.174
ゴールドコースト	パラダイスカントリー	P.198
	カランビン・ワイルドライフサンクチュアリ	P.199
	ドリームワールド	P.200
南オーストラリア州		
アデレードヒルズ	クリーランド・ワイルドライフパーク	P.469
	ゴージ・ワイルドライフパーク	P.470
カンガルー島	カンガルーアイランド・ワイルドライフパーク	P.488
西オーストラリア州		
パース	コフヌ・コアラパーク	P.583

※各施設とも抱っこできるコアラ頭数はかぎられている。そのため観光シーズンには人数制限によりコアラを抱けない場合がある。
※世界中の動物愛護団体の声により2032年ブリスベン万博を機に「コアラ抱っこ」が禁止される可能性が取り沙汰されている。

ウォンバット Wombat

体長70～120cm、体重30～40kg。穏やかな動物で、昼間は穴にこもり、夜になってから草や根、木の皮、キノコなどを食べる。頑丈な爪をもっており、穴掘りが大得意。どんなに険しい道でも戦車のごとく突き進む。そのため、おなかの袋は土が中に入らないよう反対向きに付いている。通常は単独で生活しているが、繁殖期はつがいで暮らす。一見のろまそうに見えるが、走り出すと最高時速40キロも出るという。オーストラリア南東部からタスマニアにかけて生息するコモンウォンバット（ヒメウォンバット）と、南オーストラリアやクイーンズランド内陸部に生息するヘアリーノーズウォンバット（ケバナウォンバット）がいる。なおウォンバットの名前の由来も諸説あるが、先住民の言葉で「平べったい鼻をもつ生き物」という説が有力だ。

珍しいケバナウォンバット

人気者のヒメウォンバット

ポッサム Possum

別名フクロギツネで十数種類いる。最も一般的で、オーストラリア東海岸のいたるところに生息しているのがブラッシュテイルポッサムだ。昼間は木の上で生活し、夜になると地上に下りてくることも。木の室（むろ）に巣を作り、木の葉や皮、果実などを食べる。子供は育児嚢で育てたあと、背中に背負って育てる。市街地や公園でも見かけることがある。体長は40cmくらい。熱帯雨林の森には、リングテイルポッサムやゴールデンポッサムなど珍しいポッサムも多い。

野生でもよく見られるブラッシュテイルポッサム

コアラとウォンバットの祖先 ディプロトドン

南オーストラリア博物館で見られるディプロトドンの骨化石

意外に知られていないことだが、コアラとウォンバットは祖先を同じくする親戚同士だ。その祖先とはディプロトドン。鮮新世前期（約1000万～360万年前）～更新世後期（9万～1万年前）にオーストラリア南部に生息していた史上最大の有袋目だ。4つ足で歩行し、体長は約3m、肩までの高さ約2m、重さは1tを超えたという。性格は穏やかだったらしく、塩水湖周辺の草原で草を食べて生きていたとされている。

その顔や姿だが、どちらかといえばコアラよりもウォンバットに近い。ディプロトドンから進化していく過程で、木の上で暮らせるように体を小さく軽くしたのがコアラ、地上生活に適するよう小型化したのがウォンバットと考えれば、さもありなん、といった感じだ。

シュガーグライダー Sugar Glider

オーストラリア東部の森の中に生息する小型有袋類で、和名フクロモモンガ。体長20cmほど、体重も百数十gとひじょうに小型で、名前からわかるように四肢の間に薄い皮膜があり、木から木へと滑空することができる。

木から木へと飛び移る

バンディクート
Bandicoot

熱帯雨林内にあるリゾートホテルの敷地でも見られるバンディクート

オーストラリアではポッサムと並び、頻繁に見られる体長30～40cmの小型有袋目。ちょっと見には大型のネズミに見えるためいやがる人もいるが、実は日本のプレイステーションのゲームソフト「クラッシュバンディクー」のモデルとなったほど日本人には身近だ。ケアンズ周辺ではノーザンバンディクートとロングノーズドバンディクートがよく見られる。

ナンバット
Numbat

西オーストラリア州の動物になっている

西オーストラリア州南部のごくわずかな森にのみ生息しているのがナンバット（フクロアリクイ）。体長は尻尾まで入れて35～50cm。長い舌でシロアリをなめるように食べる。有袋目に属しているが、育児嚢は退化しており、生まれたばかりの子供はむき出しの乳首に吸い付いて過ごす。またオーストラリアの有袋目のなかでは唯一の昼行性。昼に餌を探し、夜になると倒木の穴や土を掘って作った巣に戻り寝てしまう。

タスマニアンデビル
Tasmanian Devil

個体数が減り、野生で見かけることが少なくなったタスマニアンデビル

デビルとはご存じのように悪魔のこと。かつて開拓民が、この動物が死肉を奪い合うときに発する鳴き声を聞いて「この島は悪霊に取り憑かれている」と思い込んだのが名前の由来。確かにタスマニアンデビルが歯をむき出しにしたときなどは恐ろしい感じがするが、性格はどちらかというと素直で愛情深い。体長60cmほどで、ずんぐりしているが、歯は鋭く、獲物の毛皮、羽、骨にいたるまで食い尽くしてしまう。ただし生きている動物を襲うことはない。

現在タスマニア州内に生息するタスマニアンデビルの多くが、伝染性の皮膚病（ガンの一種）にかかっており、絶滅が心配されている。

哺乳類有胎盤目

人間と同じように胎盤をもっている哺乳類。子供はある程度の大きさになるまでおなかで育てる。

ディンゴ
Dingo

フレーザー島などでは野生で見かけることも多い

先住民が今から8000年ほど前にオーストラリアへ渡ってくるときに連れてきた犬が野生化し、現在のディンゴになったといわれている（4000年ほど前にアジアの海上交易民などによって連れてこられた家畜犬が野生化したとする説もあり、最近ではこちらの説のほうが有力だ）。一見、普通の犬のようだが、歯は鋭く肉食で、オオカミのような鳴き声を発する。オーストラリア全土に生息しているため、野生で見る機会の多い動物のひとつだ。

メガネオオコウモリ
Flying-fox

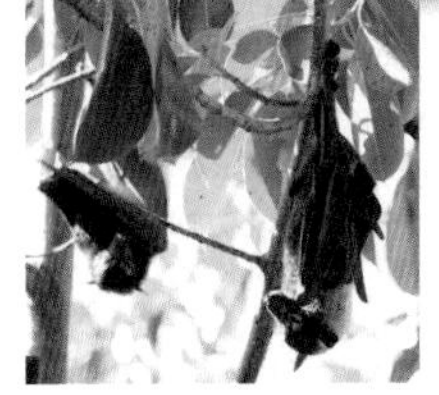

オーストラリアには数多くの種類のコウモリが生息している。特に東海岸一帯の、果物を主食とする大型のメガネオオコウモリは通称フライングフォックスと呼ばれ、超音波に頼らず目で見て飛行する。体長20～30cmで、羽を広げると1m以上にもなる。日中は群れで木にぶら下がっている。

哺乳類単孔目

哺乳類の仲間だが、子は卵で産み孵ったらおっぱいで育てるという珍種中の珍種。「単孔」というのは、排泄、排便、生殖すべてをひとつの穴で行っているということだ。世界中に２種類しかいない。

カモノハシ Platypus

オーストラリアにのみ生息している珍獣。体長 30 ～ 40cm、カモのようなくちばしと長く平べったい尾、水かきをもつ水陸両生で、その奇妙な姿から初めて英国に剥製が持ち帰られたときには「いくつかの動物をつなぎ合わせたまがい物」とまで思われたほど。水辺の近くに巣穴を作り、朝夕に巣穴から出てザリガニやエビ、貝や水生昆虫などを食べる。水中では目を閉じていて、くちばしが触角となって餌を探す。通常産卵時に２個の卵を産み、卵から孵った赤ちゃんは母親の腹の乳腺からにじみ出てくる乳を飲んで育つ。オスは後肢のけづめに毒をもっている。ひじょうに臆病な動物のため野生で見るのは難しい。

珍獣カモノハシはぜひ見てみたい動物のひとつ

ハリモグラ（エキドナ） Echidna

全身が針毛で覆われ、危険が迫ると体を丸めて針毛を逆立て身を守り、それでもだめな場合は土を掘って体を土中に潜り込ませ、針毛のある背中だけを外に出す。モグラと名がつくが土の中に入るのはこうした場合だけだ。草原や森に暮らす夜行性で、夜になると巣穴から出てきて、土中のアリを優れた嗅覚で見つけ出す。メスは１回に１個の卵を産み、産卵時に自然に下腹部にできる育児嚢で育てる。体長 40 ～ 50cm。オーストラリア全土に生息している。

夕暮れ時の森でよく見かけるハリモグラ

爬虫類

トカゲをはじめとする数多くの爬虫類がオーストラリアには生息している。

ワニ Crocodile

口が細いオーストラリアワニ

おもに北部の水域に生息する。大きく分けると淡水にすむフレッシュウオータークロコダイル（オーストラリアワニ／淡水ワニ）と海水、汽水、淡水域にすむソルトウオータークロコダイル（イリエワニ／海水ワニ、通称ソルティ）の２種類。オーストラリアワニは群れをなし、人間を襲うことはまずないが、全長 7m にまで達する巨大なイリエワニは獰猛で、餌になりそうな動物なら何にでも（つまり人間にも）襲いかかってくる。

ウミガメ Sea Turtle

世界的に絶滅危惧種となっているウミガメだが、オーストラリアではグレートバリアリーフ海域やニンガルーリーフ海域を産卵場所としているため、ひじょうによく目にする。特にアオウミガメに出合う確率が高い。

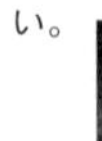

スノーケリングで出合うことも多いアオウミガメ

トカゲ Lizard

オーストラリアはトカゲの宝庫だ。体長数 cm の小さなトカゲから 2m を超えるオオトカゲまで種類も多い。人気なのは、かつて日本でも一世を風靡したエリマキトカゲ（ノーザンテリトリー、西オーストラリア州に生息）。首の周りの襟は普段は折りたたまれていて、敵を威嚇したり、求愛するときに大きく広げる。勝ち目がないとわかるとすっくと２本足で立って、スタスタと一目散に走り出す。また熱帯雨林にすむアガマの仲間のレインフォレストドラゴン、ウオータードラゴン、ウルル近くの内陸部にすむ小さいがいかつい格好のソニーデビル（モロクトカゲ）なども、ユニークで人気だ。ほかにも体長 1m を超える通称ゴアナは大陸全土でごく普通に見られる。

木にとまっていることが多いエリマキトカゲ

エミュー
Emu

子育てはオスが行うエミュー

ダチョウに次いで大きな鳥（体長1.6～1.9m）だが、翼は退化して小さくなり20cmくらいしか飛び上がることができない。その代わり、時速50キロのスピードで走ることができる。水浴が好きで、泳ぐことも。メスは繁殖期に7～18個の卵を産むが、抱くのはオスの仕事。ヒナの子育ても父親の役目。鳴き声は太鼓をたたくようなポンポンという音。北部熱帯雨林を除き、オーストラリアほぼ全域に生息している。

ワライカワセミ
Laughing Kookaburra

オーストラリアのほぼ全土で見られるワライカワセミ

オーストラリア東部と南西部、タスマニアの一部に分布する大型のカワセミ。人間の笑い声に似た奇妙な鳴き方をするため、この名前がついている。群れで行動し、ちょっとハスキーな声の合唱はなわばりを主張するため。ヘビやネズミが好物で、オーストラリアでは益鳥とされている。ニューサウスウエールズ州の州鳥。なおクイーンズランド州北部には青い羽をもつ珍しいアオバワライカワセミもいる。

ヒクイドリ（カソワリィ）
Cassowary

家族で行動することが多いカソワリィ

オーストラリア北東部の熱帯雨林に生息する飛べない巨鳥（体長1.2～1.5 m）。硬いトサカをもち、首は鮮やかなブルー、首筋は真っ赤。黒い毛で覆われ、足は太く爪も鋭い。ひじょうに珍しい鳥で、野生で見られたら幸運。ただし警戒心が強く、攻撃してくることも少なくないので注意が必要だ。ケアンズ近郊、ミッションビーチやケープトリビュレーション、アサートンテーブルランド付近に生息している。

鳥類

オーストラリアには珍しい鳥がいっぱいだ。特にインコ／オウム類が多い。

アカクサインコ
Crimson Rosella

深い森の中でも深紅の胴体はひときわ目立つ

オーストラリア南東部沿岸に広く生息しているインコ。群れで生活していることが多く、ゴールドコースト山間部にあたるラミントン国立公園やスプリングブルック国立公園でひじょうによく目にする。体長は30～35cm。

ゴシキセイガイインコ
Rainbow Lorrikite

鮮やかな色が印象的

オーストラリアには数多くのインコ、オウム類が生息しており、野生でもごく当たり前に見かける。なかでもよく知られているのがゴシキセイガイインコ（英名のレインボーロリキートや通称のナナイロインコと説明を受けることが多い）。オーストラリア東海岸の亜熱帯から熱帯にかけて広く生息しており、名前のとおり青や緑、黄色、オレンジなどカラフルな色をしている。動物園などでよく餌づけされている。

キンショウジョウインコ
Australian King Parrot

オーストラリア南東岸の森林地帯にすむ大型のインコで、体長は40～45cm。オスとメスでは大きく色が異なり、オスは頭から胴にかけて真っ赤で羽が緑、メスは全体が黄緑でおなかの部分だけが赤色となっている。

キンショウジョウインコのオス（左）とメス（右）

キバタン
Sulphur-crested Cockatoo

ハミルトン島ではそこら中でキバタンを見かける

オーストラリアの東海岸およびトップエンド、キンバリーに生息するシロオウム。頭に角のような黄色い羽が出ているのが特徴。シドニーなどでも頻繁に目にするが、鳴き声はかなりうるさい。

ガマグチヨタカ
Tawny Frogmouth

サイフのガマ口に似た大きな口をもっているので、和名をオーストラリアガマグチヨタカという。その名のとおりヨタカ目に属する鳥で、体長は35～45cm。体の半分が顔といったユーモラスな体型が観光客に人気だ。なおヨタカなので完全夜行性。昼はじっとしていてほとんど動かない。

夜行性動物探検などで見かけることがあるガマグチヨタカ

ヤブツカツクリ
Australian Brush-turkey

日中、亜熱帯雨林の中を歩き回っている姿をよく目にする

一見すると七面鳥のようだが、実は別種でオーストラリア区にしか生息していないツカツクリ亜目の鳥。枯れ草をたくさん集めてマウンド（塚）のような巣を作る習性があるのでこうした和名がつけられている。卵はマウンドの中約60cmほどの深さの所に置かれ、枯れ草の盛り具合で巣の中の温度を一定（約33～35℃）に保ち、卵が孵るのを待つ。くちばしの先が敏感な温度センサーになっていて、ときどきマウンドに口を突っ込んで温度を測っている。なおマウンドを管理するのはオスの役目だ。

コシグロペリカン
Australia Pelican

世界に7種いるペリカンの仲間で最大級なのがコシグロペリカン。体長は160～190cmにもなる。オーストラリア中央部を除くほぼ全域に生息していて、ケアンズのトリニティ湾、ゴールドコーストのブロードウオーターなどでごく普通に見られる。

野生で見かけることも多いコシグロペリカン

黒鳥
Blackswan

オーストラリアには白鳥がほとんどおらず、代わりに黒鳥が生息している。特に西オーストラリアでは州鳥になっているほどポピュラーだ。

大きさも白鳥とほぼ同じくらいだ

コビトペンギン（フェアリーペンギン）
Little Penguin (Fairy Penguin)

オーストラリアが南極の隣であると実感させられるのは、ペンギンがすんでいること。オーストラリアでは11種類のペンギンが確認されているが、大陸本土およびタスマニアで見られるのはコビトペンギンの名称で知られるフェアリーペンギンだ。ビクトリアのフィリップ島、タスマニアのビシェノ、南オーストラリアのカンガルー島、西オーストラリアのロッキンハムあたりが、観光客でも比較的簡単にペンギンを見にいける場所だ。特にフィリップ島で、夕方隊列をなして海から浜へと帰ってくるペンギンパレードは有名だ。

世界最小のコビトペンギン

海洋哺乳類

オーストラリア沿岸部は海洋哺乳類の宝庫であり、数多くのポイントで野生の姿を観察できる。

イルカ Dolphin

イルカが間近に見られるスポットは数多い

オーストラリア沿岸部で最もよく目にするのがバンドウイルカ Bottlenose Dolphin。日本の水族館などでもおなじみのイルカだ。体長は2～4mほどで、とても人懐こい。オーストラリア沿岸部にはドルフィンウオッチングができる場所は無数にあるし、クイーンズランド州南部のモートン島や西オーストラリア州中部沿岸のモンキーマイアでは餌づけもできる。また西オーストラリア州のロッキンハム、バンバリー、ビクトリア州のモーニントン半島、南オーストラリア州のグレネルグでは一緒に泳ぐこともできる。

ジュゴン Dugong

胸元で子供を抱えるよう授乳するその姿から「人魚伝説」のモデルになったといわれるジュゴン。実際には体長約3m、体重約400kgという大きさで、全世界合わせても数十万頭しか生息していないといわれる希少動物だ（そのなかでオーストラリア沿岸部には8～10万頭も生息している）。ジュゴンを高確率で見られる場所は、クイーンズランド州モートン島沖合、西オーストラリア州モンキーマイア沖合だ。

世界最大のジュゴン生息地域であるオーストラリア

アシカ／アザラシ／オットセイ Sealion ／ Seal ／ Fur-seal

カンガルー島のシールベイはオーストラリアアシカの大コロニーだ

オーストラリア南岸に多数生息している。最も一般的なのがオーストラリアアシカで、南オーストラリアのカンガルー島、西オーストラリアのロッキンハムやカルナック島、ジュリアンベイなどで間近に観察できる。またビクトリア州南岸からタスマニアにかけてはオーストラリアオットセイが、南オーストラリア南岸と西オーストラリアのエスペランス周辺ではニュージーランドオットセイが見られる。

クジラ Whale

間近で見るザトウクジラの姿に感激

オーストラリア沿岸地域は南極海にすむクジラが、夏に子育てと交尾にやってくることで知られている。オーストラリア東岸や西岸などのホエールウオッチングなどでよく見かけるのはザトウクジラ。ビクトリア、南オーストラリア、西オーストラリア南岸ではミナミセミクジラが見られる。また、グレートバリアリーフではミンククジラを目撃することもある。

昆虫

オオルリアゲハ（ユリシス） Ulysses

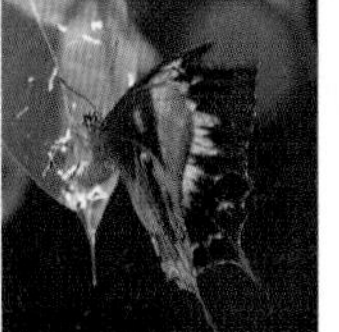
ケアンズからの熱帯雨林ツアーでは見かけることもある

ノースクイーンズランドを代表するコバルトブルーの羽が鮮やかなチョウで、開長約11cmと比較的大きい。ひじょうにすばしっこい動きをすることから、見つけるのが難しいとされ、「一度見たら幸せになれる」などいくつかの伝説がある。ケアンズ周辺に比較的多く生息している。

ツチボタル Glowwarm

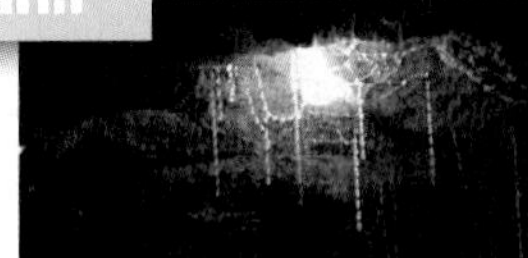
ゴールドコースト近郊のナチュラルブリッジはツチボタルの名所として知られる

オーストラリアやニュージーランドの適度な湿度をもつかぎられた森や洞窟にのみ生息する、ハエや蚊、アブなどと同じ双翅目の昆虫。日本の甲虫ホタルのように光りながら空を飛ぶのとは異なり、基本的に幼虫時に餌となる虫をおびき寄せるために光っている。光は青緑色の連続発光で、宮崎アニメ『天空の城ラピュタ』の飛行石の光によく似ていると評判になっている。

オーストラリアの植物

動物同様、植物も原生種が数多くあるのがオーストラリア。はるか１億数千万年前から続く森が大陸のあちこちに残っており、貴重な自然景観を見せている。ここではその代表的な植物をいくつか紹介しよう。

延々と続くユーカリの森

ユーカリ Eucalyptus

こんなユニークな花を咲かせるユーカリもある

ピクトリア州やタスマニア州など南部のユーカリは樹高が高くなる種類が多い

オーストラリアの植物といえば、真っ先に名前が出てくるのがユーカリ（現地ではガムツリー Gum Tree という呼び方が一般的）。その種類はオーストラリアだけで 500 種を超える（亜種も含めると 1000 種ともいわれる）。オーストラリアが原産で、全種類の 95％はオーストラリアで確認できるという。ちなみにユーカリを主食とするコアラだが、これだけ種類があるなかでわずか数十種類しか食べようとしない。

ユーカリは温暖な気候の東海岸南部から、年間降雨量 50mm の砂漠、5000mm を超える熱帯、そして冬には雪が積もるほど寒い高地まで、オーストラリアのほぼ全域に生えている。多様な自然環境に適応しながら進化し、一見、それが同じユーカリの仲間なのか判別がつかないほど。高さ 100 m近くになる大木マウンテンアッシュ、樹皮がペラペラとむけてくるメラルーカ、30m ほどの高さまで真っすぐ伸びるブルーガム、枯れ木のように見えるマリー、内陸部の乾燥地で白いペンキでも塗ったような樹皮色のゴーストガム、小さな葉からさわやかな匂いを発するティーツリー……といった具合なのだから。

ユーカリ全体におおむね共通する特徴は、葉に油分をたっぷり含んでいること。しかも光合成によってその油が蒸発する。ユーカリの森は引火性ガスが常に充満している状態なのだ。また常緑種なので葉は通年生え替わり、古い葉が地面に積もっている。夏になると気温が 30 度を超え、ガスが充満したなかでカラカラに乾いた枯葉が燻されていく。そこに雷が落ちるとオーストラリアの夏の風物詩とでも呼びたくなるようなブッシュファイアーが起きるのだ。ときには東京区部並みの広さを焼き尽くす。なおブッシュファイアーが起きても、実際に燃えるのは木の下の部分だけで、芯まで燃え尽きることは少ない。それゆえユーカリは数週間でほぼもとどおりの姿になるのだ。

なおユーカリの油分は抽出され、薬や健康食品、アロマテラピー用品などに利用されている。抗菌、抗ウイルス作用があって、風邪やのどの痛みによく効くそうだ。また材木は重く堅い材質のため建築材料として重用されている。

春になるとオーストラリアのあちらこちらでさまざまなワトルが開花する

ワトル（アカシア／ミモザ） Wattle

日本ではミモザと呼ばれるアカシア属の植物は、オーストラリアではワトルという名前で知られている。アカシア属はオーストラリアをはじめとするかつてのゴンドワナ大陸が原産地。世界中に1300種以上あり、オーストラリアではそのうち約 1000 種が確認されている（ワイルドフラワーの宝庫、西オーストラリアだけで約 500 種もある）。オーストラリアの国花はゴールデンワトルで、その花と葉の色の組み合わせが、ラグビーやサッカーなどスポーツの代表チームのユニフォームに使われている。

グラスツリー
Grasstree

黒っぽい幹の上にふさふさした緑の葉を茂らせるユニークな姿のユリ科の植物（和名はススキノキ）。幹には堅い殻に覆われた種を付けている。ブッシュファイアーが種をはじき飛ばし、新しい芽を出す手助けをしている。

枯れた葉がまるで洋服のようにグラスツリーの幹を包み込んでいる

ボトルブラシ
Bottlebrush

いろいろな色のボトルブラシがあるが、特に目立つのは鮮やかな赤

その名のとおりグラスやボトルを洗うときに使うブラシによく似た花をつけるフトモモ科の植物。日本ではカリステモン、あるいはブラシの木として知られている。25種あり、すべてオーストラリア原産。

生きている化石といわれる ウオレマイパイン

シドニー近郊のウオレマイ国立公園（世界遺産グレーター・ブルーマウンテンズの一角）で、1994年に発見されたのがウオレマイパイン（ジュラシックツリーという愛称がつけられている）。それまで化石でしか残っていないと考えられていたナンヨウスギ科の仲間で、2億年ほど前の中生代ジュラ紀に数多く繁っていたものに極めて近い種類だ（まったく同じかどうかは今後の研究結果による）。野生の生木はウオレマイ国立公園内に100本程度しかなく、その正確な場所は一般に公開されていない。

シドニーのボタニックガーデンには、この木が植えられているので、太古の雰囲気を残す植物が見たかったらぜひ出かけてみたい。

シドニーのボタニックガーデンで見ることができるウオレマイパイン

バンクシア
Banksia

オーストラリア原産のヤマモガシ科の植物で、約70種が確認されている（オーストラリア以外ではニューギニアに少数生えている）。円筒状の花が特徴的で、色は種類によってさまざま。ちなみに名称はキャプテンクックとともに航海をした高名な英国人植物学者ジョセフ・バンクに由来する。

あちこちでよく目にするバンクシア

絞め殺しのイチジク
Strangler Fig Tree

多雨林地帯の代表的着生植物。鳥や小動物が種を食べ、糞と一緒にほかの木に種を落とす。そこから芽を出し、根を地面へと伸ばしていき、地表から養分が採れるようになると、幹を着生した宿木に巻きつけていき殺してしまう。

最大級の絞め殺しのイチジクとして知られるカーテンフィグツリー

木生シダ
Tree Farn

かつて草食恐竜の餌であったという木生シダ

日本で一般的に見られるシダと違い、木のように茎を伸ばす。多雨林地帯で多数見られる。恐竜がいた時代から今に残る植物のひとつだ（日本でも沖縄や小笠原諸島などで同種のヘゴがある）。

■ オーストラリアの世界遺産
❶ 1981 グレートバリアリーフ（自然遺産）
❷ 1988 クイーンズランドの湿潤熱帯地域（自然遺産）
❸ 1992 ガリ＝フレーザー島（自然遺産）
❹ 1986 オーストラリア・ゴンドワナ多雨林地域（自然遺産）
❺ 2000 グレーター・ブルーマウンテンズ地域（自然遺産）
❻ 1982 ロードハウ諸島（自然遺産）
❼ 1981 ウィランドラ湖群地域（複合遺産）
❽ 1982 タスマニア原生地域（複合遺産）
❾ 1994 オーストラリアの哺乳類化石地帯〈リバースレー／ナラコーテ〉（自然遺産）
❿ 1987 ウルル - カタジュタ国立公園（複合遺産）
⓫ 1981 カカドゥ国立公園（複合遺産）
⓬ 1991 シャークベイ（自然遺産）
⓭ 2011 ニンガルーコースト（自然遺産）
⓮ 2003 パヌルル国立公園（自然遺産）
⓯ 1997 ハード島とマクドナルド諸島（自然遺産）
⓰ 1997 マックォーリー島（自然遺産）
⑰ 2007 シドニー・オペラハウス（文化遺産）
⑱ 2010 オーストラリアの囚人史跡群（文化遺産）
⑲ 2004 王立展示館とカールトンガーデンズ（文化遺産）
⑳ 2019 バジ・ビムの文化的景観（文化遺産）
世界遺産候補地 ㉑ ムルジュガの文化的景観（文化遺産候補 2024 年審議）

■ 世界遺産に関する詳細
URL whc.unesco.org（英語）
URL www.unesco.or.jp/activities/isan/worldheritagelist/（日本語）

オーストラリアの 世界自然遺産巡り

世界的にも貴重な自然が数多く残るオーストラリア。それゆえこの国には、2024 年 3 月現在、4 つの世界複合遺産と 12 の世界自然遺産、4 つの世界文化遺産がある。なかでも複合・自然遺産は観光的にもオーストラリアのハイライト。ここでは、観光客も訪れやすい 14 ヵ所の複合・自然遺産について紹介しよう。

❶ グレートバリアリーフ
Great Barrier Reef

詳細→P.66 ～ 156

オーストラリア東海岸北部に、延々 2000km 以上にもわたって続く大珊瑚礁地帯グレートバリアリーフ（実際には約 250 の珊瑚礁が連なっている）。日本の国土に匹敵する約 35 万 km² の面積をもち、350 種ともいわれるサンゴ、1500 種を超える魚類が生息している。

グレートバリアリーフは海を愛する人々にとっては天国のような場所。ダイビングポイント、スノーケリングポイントは数知れず、カジキを追ってのゲームフィッシングポイントとしても世界的に知られている。一帯には大小 600 余りの島があり、そのいくつかはリゾートアイランドとして開発されている。グレートバリアリーフ北部への起点となるのはケアンズ。ほかにもハネムーナーに人気のヘイマン島、ハミルトン島があるウィットサンデー諸島、世界中のダイバーが憧れる島、ヘロン島、レディエリオット島があるカプリコーン＆バンカー諸島など、全域に観光客向け施設が点在している。

延々と続く珊瑚礁の一角にはハート形のリーフもある

❷ クイーンズランドの湿潤熱帯地域／ウエットトロピックス
Wet Tropics of Queensland

詳細→P.66 ～ 132

ケアンズを中心に、南はタウンズビルから北はクックタウンまでの間に点在する 11 の国立公園を含む約 9000km²（鹿児島県の面積とほぼ同じ）の熱帯雨林が、ウエットトロピックス。ゴンドワナ大陸から続く世界最古の森で、その起源は実に 1 億数千万年前といわれている。貴重な動植物の宝庫で、絶滅の危機に瀕しているものも数多い。ケアンズから半日／1 日ツアーが多数出ている。なかでも人気なのが世界第 2 の長さを誇るゴンドラ式ロープウエイ、スカイレールで、眼下に熱帯雨林を眺めるというツアー。また日本語ガイドの案内で夜の熱帯雨林を夜行性動物を探しながら歩くツアーも評判。

ウエットトロピックス有数の見どころカーテンフィグツリー

※名称の前の丸数字は P.50 の地図上の番号を示しています。

❸ ガリ＝フレーザー島
K'gari = Fraser Island

詳細→P.153～156

ガリ中央部で幻想的な美しさを見せるマッケンジー湖

クイーンズランド州南部、先住民の言葉で「楽園」を意味するガリと名付けられたフレーザー島は、全長124km、最大幅20km、総面積18.4万haという世界最大の砂の島だ。大陸東岸を襲った豪雨により海に流れ出た砂が、貿易風や海流によって現在の地に集まった（現在も年数mmずつ移動しているという）。いたるところに砂丘があり、長い年月をかけて亜熱帯雨林も形成された。ハービーベイなどから日帰りのツアーが出ているが、この島の魅力をとことん味わいたかったら宿泊することをすすめる。いくつか宿泊施設はあるが、オーストラリアを代表するエコリゾートとして知られるキングフィッシャーベイ・リゾートに泊まり、リゾート発の各種ツアーで島巡りをするのがいちばんだ。なお8～10月には、ガリ（フレーザー島）沖合のハービーベイがザトウクジラの休息地となり、ホエールウオッチングも楽しめる。

❹ オーストラリア・ゴンドワナ多雨林地域
Gondwana Rainforest of Australia

詳細→P.181～218、303～309

グリーンマウンテンズ一帯には整備されたウオーキングトラックが数多い

ニューサウスウエールズ州東部からクイーンズランド州南東部にかけて茂る50ヵ所もの国立公園と自然保護区で、総面積は36万6455km²にも及ぶ。これらの地域へは、ニューサウスウエールズ州北東岸の町やゴールドコーストから、数多くのツアーが出ている。観光客が訪れやすいのはゴールドコースト近郊のラミントン国立公園。グリーンマウンテンズ（オライリーズ）とビナブラの2ヵ所に観光客用の施設がある。特に人気があるのがグリーンマウンテンズ。亜熱帯雨林の間に張り巡らされたつり橋を歩くツリートップウオーク、野鳥の餌づけが楽しめるほか、数多くのウオーキングトラックも用意されている。ゲストハウスもあり、夜間のガイドウオークに参加すれば、ポッサムやワラビーなど夜行性動物本来の生きいきした姿に出合える可能性が高い。

❺ グレーター・ブルーマウンテンズ地域
Greater Blue Mountains Area

詳細→P.263～267

ブルーマウンテンズのシンボル的存在のスリーシスターズ

ブルーマウンテンズとは、シドニーの西約100km、車で約1時間ほどの所にある、標高1500mほどの山並みが続く一帯の総称だ。ユーカリ林がうっそうと茂る森が続き、そのユーカリが含む油分が揮発し、一帯に青いフィルターがかかったように見えることからこの名がついたといわれている。この地域には全世界の13%に当たる約90種のユーカリが生えており、数多くの野生動物も生息している。また、一帯は変化に富んだ地形をもち、壮大な峡谷や滝、洞窟などの見どころも多い。シドニーからの日帰りツアー先としてポピュラーで、壮大な峡谷美を眼下にできるスカイウェイやケーブルウェイといったロープウェイ、世界一の傾斜角を誇るトロッコ列車のシーニックレールウェイなどの観光施設も多い。ウオーキングトラックもよく整備されているのでブッシュウオークを楽しむのにもおすすめのエリアだ。

❻ ロードハウ諸島
Lord Howe Island Group

詳細→P.312～313

ロードハウ島のシンボル、ガウア山とリッジバード山

約700万年前に隆起した海底火山が浸食されてできあがったのがロードハウ諸島。大小28の島からなり、241種ある植物の113種が固有種で、渡り鳥も含めて130種以上の鳥が見られるなど、貴重な生態系をもっている。また沿岸には世界最南端の珊瑚礁が広がり、コーラルシーの暖流とタスマン海の寒流がぶつかり合う海域には、熱帯魚から回遊魚まで500種の魚と90種類のサンゴが見られる。ダイバーやアングラー、バードウオッチャーなど自然を愛する人々の楽園のような場所だ。

❼ ウィランドラ湖群地域
Willandra Lakes Region

詳細→P.404～405

ウオールオブチャイナの奇観

オーストラリア内陸部にある太古の湖の痕跡を残す場所がウィランドラ湖群地域だ。過去200万年以上かけて形成された更新世の湖水系で、いまでは干上がったその湖の一角には、風化によって現れた異星空間のような景観ウオールオブチャイナが見られる。また、約4万2000年前に埋葬された人骨化石や貝塚、約4万年前の世界最古の女性火葬化石、約2万年前の人の足跡化石などが見つかっており、この地で生きてきた先住民の様子をうかがい知ることができる場所だ。観光的にはまだそれほど開発されておらず、ビクトリア州ミルドゥラからのツアー参加が一般的だ。

❽ タスマニア原生地域
Tasmanian Wilderness

詳細→P.406～453

ダブ湖からクレイドル山を望む

オーストラリア大陸の南に浮かぶ島タスマニア。この島の大部分には今も太古の自然が残っている。氷河によって形成された険しい山々や谷間、湖、そして大地を覆う冷温帯雨林……。特にこの冷温帯雨林は、オーストラリアと亜南極の固有種からなる特異な植生をもち、ナンキョクブナやシダの深い森が続いている。世界遺産観光の中心となるのは、島のほぼ中央にあるクレイドル山／セントクレア湖国立公園だ。ツアーはホバート、ロンセストンからいくつも出ている。なお、6～8月の冬季には催行されないツアーもある。

❾ オーストラリアの哺乳類化石地帯〈リバースレー／ナラコーテ〉
Australian Fossil Mammal Sites (Riversleigh / Naracoorte)

詳細→P.221、494～495

オーストラリア大陸の歴史をひも解くのに重要な哺乳類化石が数多く発見されている、リバースレー（クイーンズランド州）とナラコーテ（南オーストラリア州）。特にナラコーテは、アデレードから車で4時間ほどのビクトリア州との州境にほど近い場所にあり、観光しやすい。ナラコーテの世界遺産地区は町外れにあるナラコーテ洞窟群で、その中心となるビクトリア洞窟では、チラコレオカルニフェクスというフクロライオンの完全骨格化石や、巨大カンガルーのプロコプトドンゴリア、コアラ、ウォンバットの祖先ディプロトドンなど数多くの化石が発掘されている。ナラコーテ洞窟群ではビクトリア洞窟をはじめとする化石が発掘された洞窟へのガイドツアーが毎日催行されている。

ビクトリア洞窟内に展示されているチラコレオカルニフェクスの化石のレプリカ

❿ ウルル - カタジュタ国立公園
Uluru-Kata Tjuta National Park

詳細→P.506～519

大陸中央部に忽然とそびえる巨大な一枚岩ウルル（エアーズロック）。ウルルとは先住民の言葉で「日陰の場所」を意味する。オーストラリアのシンボルとして知られるこの岩と、その西約45kmにある大小36もの岩山が集まったカタジュタ（オルガ岩群）――先住民の言葉で「たくさんの頭」の意味――をもつ一帯は、特異な自然景観と先住民の重要な聖地であることから、世界複合遺産に登録されている。観光客はウルルから約30km離れたリゾートエリアに滞在し、ツアーやレンタカーで見学する。ウルルの岩肌は太陽光によって1日のうちに七色に変化するといわれるが、最も美しいとされるのが早朝の淡いピンク色と夕刻の激しい赤色だ。

荘厳なウルル（エアーズロック）の夕暮れ

ノーランジーロックに残る先住民の壁画

⓫ カカドゥ国立公園
Kakadu National Park

詳細→P.533～537

ノーザンテリトリー最北部に位置するカカドゥ国立公園は、日本の四国に匹敵する2万km^2もの敷地をもっている。ここではマングローブの林、大湿原、熱帯雨林、草原、さらに断崖絶壁といった5つの異なった自然景観が楽しめ、イリエワニやオーストラリアワニ、アジアスイギュウ、カンガルーやワラビーなどの動物、ジャビルー（セイタカコウ）やトサカレンカク、オーストラリアヅルなどの珍しい鳥に出合える。

この地はまた先住民の生活の場であった所。ノーランジーロックやウビルーでは、狩猟採集民として生きてきた先住民が描き残した独特の壁画が数多く見られる。ダーウィンから1～3日のツアーが数多く出ている。なお、雨季に当たる11～4月は、一部道路が水没することがあり、見どころのいくつかへは行けないことがある。

⓬ シャークベイ
Shark Bay

詳細→P.609～610

大気に酸素を送り続けるストロマトライト

パースから北へ約800kmの場所にあるシャークベイは、地球生命の起源を解き明かすといわれるストロマトライトの世界最大の群生地だ。ストロマトライトは藍藻などの微生物が海中の砂などを集めて造った岩のこと。そしてストロマトライトが形成される過程で酸素が大気中に供給されることが、かつて陸上生物進化に大きな役割を果たしたのではないかと考えられているのだ。

シャークベイはまた海洋生物の宝庫でもある。約1万頭にも及ぶ世界最大のジュゴン生息地であり、8～10月にはザトウクジラも現れる。またシャークベイに突き出た半島の一角モンキーマイアでは、野生のバンドウイルカへの餌づけも楽しめる。

ニンガルーコースト
Ningaloo Coast

詳細→P.611～614

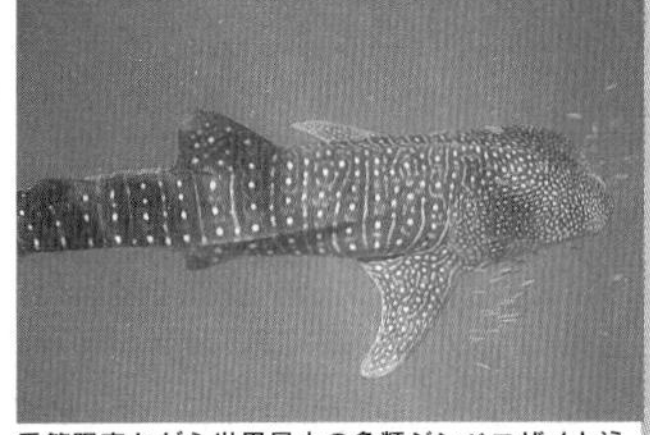
季節限定ながら世界最大の魚類ジンベエザメと泳げる世界的に希少な海だ

西オーストラリア州北中部のノースウエスト岬。この岬西部のケープレンジ国立公園と、岬沿いに南北260kmにもわたって連なる巨大珊瑚礁群ニンガルーリーフが世界自然遺産に登録されている。特にニンガルーリーフは、200種以上のサンゴと300種以上の魚類が生息する貴重な海。毎年3月中旬～7月前半には世界最大の魚類ジンベエザメが回遊してきて、ほぼ確実に一緒に泳ぐことができる。また通年で巨大オニイトマキエイ（マンタ）とも泳げるとあって、世界中のダイバー、スノーケラー憧れの場所となっている。

パヌルル国立公園
Purnululu National Park

詳細→P.620～621

パヌルル国立公園随一の絶景を誇るバングルバングルの奇岩山脈

西オーストラリア州北部キンバリー地区にあるパヌルル国立公園は、オーストラリアでも秘境中の秘境といわれている所だ。その中心となるバングルバングルは、3億5000万年も前から堆積した砂岩が隆起し、さらに長年にわたる風雨の浸食によってできあがった奇岩山脈だ。現在は自然遺産として登録されているが、一帯は先住民文化が多数残る場所であるため、現在複合遺産登録への準備も進められている。パヌルル国立公園へはブルームやカナナラから数泊のツアーで訪れるのが一般的（ただし雨季は催行されない）。

オーストラリアで見られる星空

Stars in Southern Hemisphere

南半球の星座

せっかく南半球に来たからには、北半球では見えない星座を見てみたい。空気が澄んでいるオーストラリアではちょっと見上げただけできれいな星空が見渡せ、肉眼で天の川がはっきりわかる。都心を離れると、星が多すぎて星座を探すのが困難なくらいだ。

南半球では、天の南極を中心に日周運動をしているため、星が日本と同じ形で見えるわけではなく、季節や時間によって逆に見えることもある。季節も逆となるため、日本では夏の星座として宵の南の空低くでしか見られない、いて座が冬の星座として頭上高くに見える。

南十字星の見つけ方

やはり、ぜひ見ておきたいのが南十字星。北半球の北極星と違い、真南にあるのではなく、天の南極からかなり離れて南の空を大きく回転するため意外に見つけにくい。案内役となるのは、南十字星の左にあるケンタウルス座のアルファ（α）とベータ（β）というふたつの１等星。これらの星の間隔を２倍した所に南十字星を見つけることができる。南十字星を挟んでアルファとベータの反対側には、天文ファンには肉眼で見える散光星団として有名なりゅうこつ座のエータ（η）カリーナ星雲がある（赤っぽいのですぐわかる）。これも目印にするといい。

さて南十字星から天の南極を探す方法だが、これは簡単。南十字星の十字型のうち長い一辺（γとαを結んだ辺）をα方向に約５倍延ばす、そこが天の南極になる。なお、十字の真ん中には５等星がひとつある。これが裸眼で見えたら、かなりの視力のよさといえる。

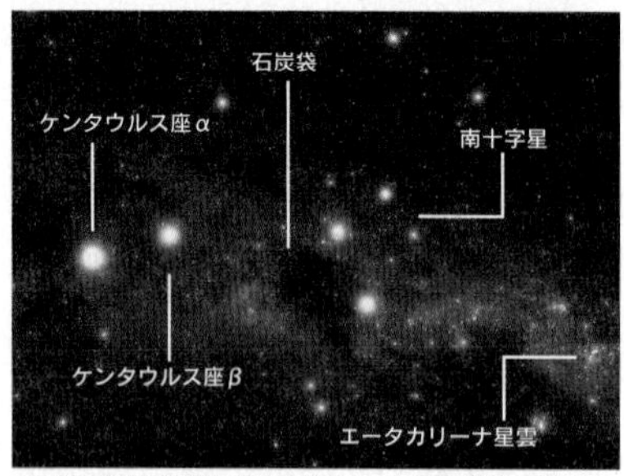

天の川のなかで左端に明るく輝くふたつの星がケンタウルス座のアルファ、ベータで、その右側にあるのが南十字星。南十字星の左脇の黒くなっている部分が石炭袋。南十字星の右側にある赤っぽい星団がエータカリーナ星雲だ

南十字星を探すときに、ニセ十字との区別ということがいわれる。本物より、りゅうこつ座とほ座に属する星のニセ十字のほうが大きいために間違えやすい。やはり目印はサザンポインターズと呼ばれるケンタウルス座のアルファとベータ。十字の左側に１等星がふたつ並んでいたら本物。また南十字星のすぐ脇には石炭袋（コールサック）と呼ばれる真っ黒な部分がある。天の川のなかで、そこだけ沈んだように黒くなっている場所なので、これも本物の目印となる。前もって南十字星の写真を見て、星座の形を頭の中に入れておくことが簡単に探すためのコツだ。また、月明かりのない新月が星の観測には最適。満月のときはひと晩中月が沈まず、半月でも上弦は真夜中に月が沈み、下弦のときは真夜中に月が昇る。半月は新月、満月のそれぞれ７～８日後。

南十字星とは

正式には「みなみじゅうじ座」という星座で、1627年フランスの天文学者ロワイエによって設定された。全天88星座のなかで一番小さく、星座を構成する４つの星のうちふたつが１等星で、ほかも２等星と３等星とかなり明るい。天の川にあり、星の少ない部分が黒く浮かび上がって見える暗黒星雲コールサック（石炭袋）や、散開星団ジュエルボックス（NGC4755）がある。オーストラリア先住民は南十字星を「赤エイ」、コールサックを「エミューが卵を抱く姿」、ケンタウルス座のアルファとベータを「サメ」に見立てたという。

星の雲、大小マゼラン雲

夜空のきれいな郊外で空を見上げると、晴天でも大小ふたつの小さな雲の切れ端がぽっかり浮かんでいるのに気づくはず。これが南天の奇観大マゼラン雲、小マゼラン雲。実体は、銀河系のお供（地球と月のような関係）のような星の大集団で、地球からそれぞれ15万光年、17万光年の所に浮かんでいる。世界１周の途中、マゼランが見つけたところから、この名がついた。

南半球星座図の見方

この星座図は、南半球の南側の星空の様子を示している。内側の円内は、南緯35度付近（シドニーあたり）では、１年中地平線下に沈むことのない星空の部分だ。

外周の四方に春、夏、秋、冬とあるのは、

星座写真提供：星空写真館　小山弘宣　URL www.dab.hi-ho.ne.jp/hirok/

春9～11月
ポンプ座
ケンタウルス座
おおかみ座
みなみじゅうじ座
ほ座
石炭袋
じょうぎ座
コンパス座
はえ座
ニセ十字
りゅうこつ座
とも座
さそり座
みなみの
さんかく座
さいだん座
カメレオン座
とびうお座
ふうちょう座
冬6～8月
夏12～2月
カノープス
テーブルさん座
ぼうえんきょう座
天の南極
大マゼラン雲
はちぶんぎ座
かが座
みなみの
かんむり座
かじき座
はと座
くじゃく座
みずへび座
レチクル座
小マゼラン雲
ちょうこくぐ座
いて座
きょしちょう座
とけい座
アケルナル
インデアン座
エリダヌス座
けんびきょう座
つる座
ほうおう座
ろ座
みなみのうお座
ちょうこくしつ座
秋3～5月

南半球のこの季節（日本とは逆）の宵の頃に見える状態であることを示している。

例えば、秋の頃（日本では春）の星空を見上げるときには、秋と書いてある方向を下に持ち、南の方向に向かって立ち、星座図と実際の夜空を見比べながら星座を確かめる。このとき、内側の円の下側に接線を引くと、これが南の地平線の目安になる。これより下の部分は地平線下で見えていない。一方、上側にきた円に近い星は、南の地平線からおよそ70度の高角度に見えていることになる。真上が90度だから、これはほとんど真上に近いといった印象だ。

秋の宵を星座図から再現してみると、南十字星やケンタウルス座、天の川などが真上近くに見え、大小マゼラン雲が低くかかり、エリダヌス座のアケルナルが地平線のあたりに見えていることになる。反対に春の宵なら、南十字は地平低くて見にくく、大小マゼラン雲が高く上がって見やすいことがわかるだろう。

ただし星座は日周運動なので、天の南極を中心に1時間に15度のわりで時計の針と同じ方向に回転している。宵の頃見えない星座でも時間がたつと見えてくるのだ。その様子は、本を少しずつ回転させてみるとよくわかる。

なお、この図では、丸の大きいほど明るい星であることを表している。小さくて暗い星や天の川、大小マゼラン雲はネオンや街灯の明るい都会では見えないことがある。

大マゼラン雲

小マゼラン雲

オーストラリアの人気スポーツ

Popular Sports of Australia

オーストラリアはスポーツのひじょうに盛んな国だ。自分たちでスポーツをするのはもちろん、観るのも大好き。ここでは、特に人気のある観るスポーツをいくつか紹介しよう。

■スポーツ観戦のチケット

ほとんどのチケットはチケット販売会社「チケットマスター Ticketmaster」で購入可能。クレジットカードがあればウェブから予約・購入ができ、一部のチケットは電子メールで送られてくるeチケットだ。

●チケットマスター Ticketmaster URL www.ticketmaster.com.au

■テニス Australian Open & Other Tournaments

オーストラリアは毎年1月に世界4大トーナメント（グランドスラム）のシーズン最初の大会**全豪オープン**の開催地だ。100年以上の歴史をもつ大会で、メルボルン市内のメルボルンパーク内ナショナルテニスセンターにあるロッド・レイバー・アリーナ（センターコートで1万5000人収容）、マーガレットコート・アリーナ（7500人収容）、ジョンケイン・アリーナ（9600人収容）という3つの屋根付きアリーナコートとショーコート2面、屋外コート20面で行われる。日本でも注目試合はWOWOWでTV中継されている。世界中から集まるトッププロの試合は、まさに息をのむほど。この時期は日本からはもちろん、世界中のテニスファン約80万人が全豪オープン目的でメルボルンを訪れる。

ロッド・レイバー・アリーナで行われる全豪決勝戦

全豪オープンが開催されることでもわかるように、オーストラリアは世界的なテニス強国のひとつだ。1960年代、年間グランドスラムを2度達成するという偉業（まだこの記録は破られていない）を成し遂げたロッド・レイバー、世界4大トーナメント歴代5位の12勝を挙げているロイ・エマーソン、世界ランク1位で引退表明した2022年全豪オープン女子優勝者アシュリー・バーティーなど、数多くの名選手を輩出している。

全豪オープン以外にも、新シーズン開幕に当たる全豪オープンの前哨戦が1月初旬〜中旬に各地で開催されている。特にブリスベン国際トーナメント（ブリスベン・クイーンズテニスセンターで開催／ATP250・WTA500）や全豪オープン直前に行われるアデレード国際トーナメント（メモリアル・ドライブパークで開催／ATP250・WTA500）は、トップ選手たちが調整の場として参加するもの。全豪オープンよりもチケットが手に入りやすく、気軽に見にいけるのがうれしい。

●テニス・オーストラリア（連盟）
URL www.tennis.com.au
●全豪オープン
URL ausopen.com

※全豪オープンテニスについてはP.328〜329でも特集しています。

オーストラリアンフットボールAFL

オーストラリアンフットボール（通称ルールズ）は、オーストラリア生まれのオーストラリアでしか行われていないスポーツで、1850年代のビクトリア州で冬季のクリケットグラウンドの有効活用法として始められたといわれている（諸説のなかの一説）。現在、ビクトリア州を中心に行われている。

オーバルグラウンドで1チーム18人、25分クオーターで行われる。両脇に立てられた4本のポールの間にボールを通すことで得点する。ボールはキックや拳でたたくようにするハンドパスで前へ進める。またボールを持った選手は15m以上走ってはいけないし、ボールを持った選手がタックルされた場合は、持っている側が反則を取られるので、とにかく早くパスしなくてはいけない。

オーストラリアンフットボールリーグ AFL加盟のチームは、全国に18チーム。3月後半～8月後半毎週末がリーグ戦。9月中旬から上位8チームによるファイナルシリーズがある。ちなみに2023年シーズンの優勝はコリングウッド・マグパイズ。

激しいぶつかり合いが見られるルールズ

● AFL URL www.afl.com.au

AFL 参加チーム

VIC	ノースメルボルン・カンガルーズ
	メルボルン・デーモンズ
	リッチモンド・タイガース
	カールトン・ブルーズ
	コリングウッド・マグパイズ
	エッセンドン・ボンバーズ
	セントキルダ・セインツ
	ウエスタン・ブルドッグス
	ホーソン・ホークス
	ジーロン・キャッツ
SA	アデレード・クロウズ
	ポートアデレード・パワー
WA	ウエストコースト・イーグルス
	フリーマントル・ドッカーズ
NSW	シドニー・スワンズ
	グレーター・ウエスタンシドニー・ジャイアンツ
QLD	ブリスベン・ライオンズ
	ゴールドコースト・サンズ

ラグビーリーグNRL

ルールズがビクトリア州中心なのに対し、ラグビーリーグ（通称リーグ）はニューサウスウエールズ州、クイーンズランド州を中心に人気がある。1890年代に英国のラグビーユニオン（一般的なラグビー）所属の選手たちが、協会側の負傷者に対する補償に不満をもち、プロスポーツとして独自に始めたもの。現在ヨーロッパ各地、オセアニア、南アフリカなどで盛んに行われている。

1チームは13人。攻撃側にはインターセプトされないかぎり5回の攻撃権が認められており、その間にトライ、もしくはゴールを目指す。攻撃権はタックルなどによってゲームの動きが止められるまでを1回と数える。ラックやモールが少なく、スピーディな試合運びが人気だ。

ナショナル・ラグビーリーグ NRLには、ニューサウスウエールズ州のチームを中心に全17チームが加盟（1チームはニュージーランドから加盟）。リーグ開催期間は3月後半～9月前半の週末で、上位8チームによるプレミアシップチャンピオンを決めるファイナルシリーズは9月下旬の週末。ちなみにペンリス・パンサーズが2021年から3連覇中だ。

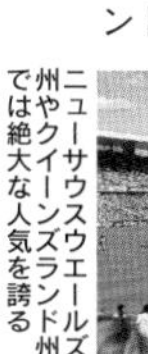
ニューサウスウエールズ州やクイーンズランド州では絶大な人気を誇る

世界的にみてもオーストラリアはラグビーリーグ強国で、代表チームの**カンガルーズ**は5年に一度開催されるワールドカップで、過去16大会中9度の優勝を誇る。2022年イギリスで開催されたワールドカップでも見事優勝している。

● NRL URL www.nrl.com
●ラグビーリーグ国際連盟 URL www.intrl.sport

NRL 参加チーム

NSW	シドニー・ルースターズ
	カンタベリー・バンクスタウン・ブルドッグス
	セントジョージ・イラワラ・ドラゴンズ
	マンリー・ワリンガ・シーイーグルス
	ウエスツ・タイガース
	パラマッタ・イールズ
	ペンリス・パンサーズ
	クロナラ・サザランド・シャークス
	サウスシドニー・ラビットーズ
	ニューカッスル・ナイツ
ACT	キャンベラ・レイダース
QLD	ブリスベン・ブロンコス
	ノースクイーンズランド・カウボーイズ
	ゴールドコースト・タイタンズ
	ドルフィンズ
VIC	メルボルン・ストーム
NZ	ニュージーランド・ウォリアーズ

迫力満点の試合が楽しめるスーパーラグビー

ラグビーユニオン
Super Rugby & The Rugby Championship

日本で一般的なラグビーは、オーストラリアではラグビーユニオンと呼ばれている。代表チームの**ワラビーズ**は世界有数の強豪で、過去10回のワールドカップで2度優勝しているほどだ。

オーストラリアでラグビーユニオンの試合といえば、2016～20年に日本から**サンウルブズ**が参加したことで日本での注目度も上がった世界有数プロリーグ戦の**スーパーラグビー**だ。もともとはオーストラリア、ニュージーランド、南アフリカの期間限定プロチームによって行われていた大会。サンウルブズは2020年に参戦を終えており、2021～22シーズンからは地域的ハンデがあった南アフリカのチームも抜け、新たにフィジーのチームが加わった。2月中旬～7月上旬の週末にレギュラーシーズンを行い、7月中旬から上位6チームによるファイナルシリーズ（トーナメント）が行われる。

また8～10月には、オーストラリア、ニュージーランド、南アフリカ、アルゼンチンの代表チームがホーム＆アウェイで試合を行う**ラグビーチャンピオンシップ**（4ヵ国対抗）があり、世界中のラグビーファンの注目を集める。ラグビーチャンピオンシップのワラビーズとニュージーランドのオールブラックスの対戦は、2国間対抗**ブレデスローカップ**も兼ねており、特に注目が高い。

●オーストラリア・ラグビー協会
URL australia.rugby
●スーパーラグビー
URL super.rugby/superrugby

■2024年スーパーラグビー加盟オーストラリアチーム

NSW	ニューサウスウエールズ・ワラターズ
ACT	ACTブランビーズ
QLD	クイーンズランド・レッズ
VIC	メルボルン・レベルス
WA	ウエスタン・フォース

サッカー A League

ラグビー大国オーストラリアにおいて、人気上昇中なのがサッカー。現在、アマチュアからプロまでの総競技人口ではオーストラリアで一番で、近い将来、オーストラリア人気ナンバーワン・スポーツになる可能性が高いといわれている。

オーストラリア代表**サッカルーズ**は、FIFAワールドカップ（本戦＆予選）やAFCアジアカップにおいて幾度となく日本と激闘を繰り広げているので、日本のサッカーファンに強い印象を残している。

オーストラリアのサッカーのプロリーグは**Aリーグ**。これまで本田圭佑（メルボルン・ビクトリー）や三浦知良（シドニーFC／現・鈴鹿ポイントゲッターズ）、小野伸二（ウエスタンシドニー・ワンダラーズ）、高萩洋次郎（ウエスタンシドニー・ワンダラーズ／現・栃木SC）らもプレー、2023-24シーズンも指宿洋史（アデレード・ユナイテッド）など4人がプレーしている。

Aリーグは、毎年10～4月の週末にオーストラリア各地とニュージーランドの12チームによるリーグ戦を行い、4～5月に上位6チームによるファイナルシリーズが行われる。

なお優勝チームがAFCチャンピオンズリーグ・エリート（ACLE）に参加できる。2022-23シーズンは、リーグ戦1位、ファイナルシリーズともにメルボルン・シティとなっている。

アジアを代表するプロリーグとしてオーストラリア国内でも人気上昇中

●Aリーグ URL aleagues.com.au
●オーストラリア・サッカー協会
URL www.footballaustralia.com.au

■Aリーグ参加チーム

NSW	シドニーFC
	ウエスタンシドニー・ワンダラーズ
	セントラルコースト・マリナーズ
	ニューカッスル・ジェッツ
	マッカーサーFC
QLD	ブリスベン・ロアーFC
VIC	メルボルン・ビクトリー
	メルボルン・シティFC
	ウエスタン・ユナイテッドFC
SA	アデレード・ユナイテッド
WA	パース・グローリー
NZ	ウエリントン・フェニックス

イギリスとのテストマッチ、ジ・アッシズ

クリケット Cricket

　野球の祖先といわれるイギリス発祥のゲームで、英連邦諸国では国技として親しまれている（世界の競技人口はサッカーに次いで多いといわれている）。オーストラリアでは夏のスポーツとして大人気。オーストラリア代表チームは名実ともに世界トップクラスで、4年に一度開催されるワールドカップでの最多優勝5度を誇っている（2019年ワールドカップは残念ながら準決勝でイギリスに惜敗）。

　クリケットのゲームは､伝統的な3～4デーマッチと試合時間を短縮した1デーマッチがある。オーストラリア国内では1892年から続く伝統ある州対抗大会**シェフィールドシールド**（10～3月）が人気で、西オーストラリアが2021-22、2022-23シーズンを連覇している。また、同期間に国際試合も数多く行われ、特に**ジ・アッシュズ**と名づけられたオーストラリア vs イギリスのテストマッチは世界中のクリケットファンの注目を集めるほどだ。

●**オーストラリア・クリケット協会**
URL www.cricket.com.au

サーフィン World Surf League (WSL)

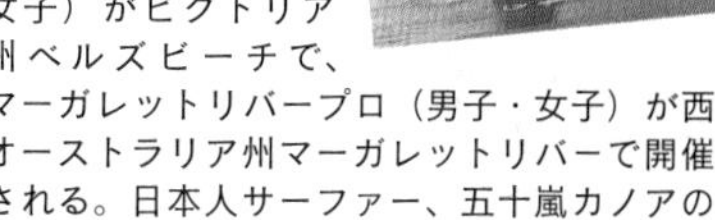

　オーストラリアは世界的に知られるサーフィン大国。男子では2023年度世界ランク2位のイーサン・ユーイングをはじめ、かつての世界王者ミック・ファニング（現役引退）やジュエル・パーキンソン、女子でも7度世界王者になったステファニー・ギルモア、2度世界王者になったタイラー・ライト、さらに伝説的王者のレイン･ビーチリー（現役引退）などスーパースターを数多く輩出している。

　オーストラリアでは数多くのサーフィン大会が実施されているが、特に世界トッププロが世界中を転戦するワールドサーフリーグ（WSL）は見逃せない。例年4月頃にリップカールプロ（男子・女子）がビクトリア州ベルズビーチで、マーガレットリバープロ（男子・女子）が西オーストラリア州マーガレットリバーで開催される。日本人サーファー、五十嵐カノアの活躍も注目だ。

●サーフィンプロフェッショナル協会 ASP
URL www.worldsurfleague.com

ゴルフ Golf

名ゴルファーがレイアウトをしたコースも多い（ロイヤルパイン・ゴルフコース）

　往年の名ゴルファー、グレッグ・ノーマン、グラハム・マーシュ、さらに最近では男子のキャメロン・スミス、女子のシンジ・リーなど世界で活躍するゴルファーが多い。例年11月後半～12月前半に開催される男子・女子のトーナメント、**オーストラリアンオープン**（シドニーもしくはメルボルン）は注目の試合。男子はヨーロッパのDPワールドツアーの一試合として開催される。

●**ゴルフ・オーストラリア**
URL www.golf.org.au

モータースポーツ F1 Australian Grand Prix & Others

　モータースポーツもひじょうに盛ん。特に3月にメルボルンでF1シリーズ前半の重要な一戦として開催される**F1オーストラリア・グランプリ**は、世界中の注目を集める（DAZNで放送）｡2024年シーズンも日本人ドライバー角田裕毅が参戦しており、日本人F1ファンの注目度も高い。

メルボルンのアルバートパークで行われるF1グランプリ

　また10月にはゴールドコーストでV8スーパーカーの**ゴールドコースト500**を開催。ほかに10月にビクトリア州フィリップ島で開催されるバイクのワールドグランプリシリーズ、**モトGPオーストラリア・グランプリ**も、日本でCS放送されるほど注目度が高い。

●F1オーストラリア・グランプリ
URL www.grandprix.com.au
●ゴールドコースト500
URL www.supercars.com/events/2024-boost-mobile-gold-coast-500
●モトGPオーストラリア・グランプリ
URL www.motogp.com.au

＼日本のよさを再発見！／

地球の歩き方 国内版シリーズ

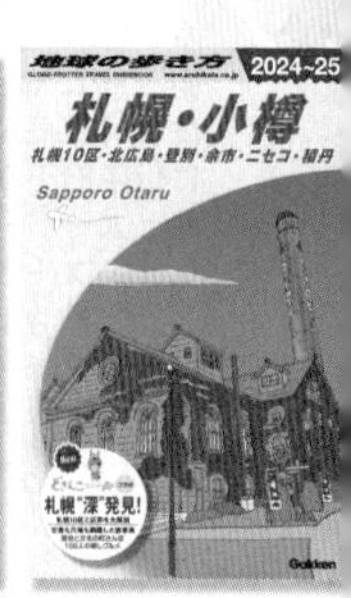

地球の歩き方国内版シリーズ
定価：2020円（税込）～
https://www.arukikata.co.jp/web/catalog/directory/book/guidebook-j/

ヒットの秘密

1979年創刊、海外旅行のバイブル「地球の歩き方」。2020年に初の国内版「東京」を創刊。これまでの海外取材で培った細かな取材力、その土地の歴史や文化、雑学などの情報を盛り込むことで、地元在住者に支持され大ヒット。次の新刊もお楽しみに！

AREA GUIDE

オーストラリア エリアガイド

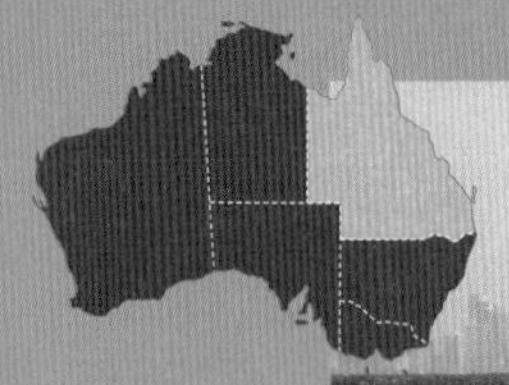

クイーンズランド州

まぶしい太陽の光が注ぐ オーストラリア観光の中心地

サーフビーチでのアクティビティが盛んなゴールドコースト

観光のポイント

1 世界自然遺産グレートバリアリーフ。沿岸の町から数多くのアウターリーフ・クルーズが出ているので必ず参加したい。珊瑚礁の海でスノーケリングやダイビング、半潜水艦での海中探検など楽しみがいっぱい。

2 北部ケアンズ周辺にある熱帯雨林、南部ゴールドコースト周辺にある亜熱帯雨林はともに世界自然遺産。これら太古の森を訪ねるツアーがたくさん出ているので参加しよう。さまざまな夜行性動物にも出合える。

ケアンズ近郊の世界遺産の森

3 コアラが抱ける動物園が多いのもクイーンズランド州の特徴。なかでもブリスベン郊外のローンパイン・コアラサンクチュアリは、世界最多 130 頭以上のコアラがいる老舗だ。

基本データ

面積	172 万 974km^2	州の動物	コアラ
人口	約 546 万人	州花	クックタウンオーキッド
州都	ブリスベン（人口約 263 万人）	電話	州外局番　07
時差	オーストラリア東部標準時（日本より 1 時間早い） サマータイムは実施していない。		

おもな祝祭日（2024 年 5 月～ 2025 年 4 月）

2024 年

- 5 月 6 日 勤労感謝の日 Labour Day
- 7 月 19 日 ケアンズ・ショーデー Cairns Show Day（ケアンズ地域のみ）
- 8 月 14 日 ロイヤル・クイーンズランド・ショーデー Royal Queensland Show Day（ブリスベン地域のみ）
- 8 月 30 日 ゴールドコースト・ショーデー Gold Coast Show Day（ゴールドコースト地域のみ）
- 10 月 7 日 国王誕生日 King's Birthday
- 12 月 25 日 クリスマスデー Christmas Day
- 12 月 26 日 ボクシングデー Boxing Day

2025 年

- 1 月 1 日 新年 New Year's Day
- 1 月 26 日 オーストラリアデー Australia Day
- 1 月 27 日 オーストラリアデーの休日 Australia Day Holiday
- 4 月 18 日 グッドフライデー Good Friday
- 4 月 19 日 イースターサタデー Easter Saturday
- 4 月 21 日 イースターマンデー Easter Monday
- 4 月 25 日 アンザックデー Anzac Day

スクールホリデー（2024 年 5 月～ 2025 年 4 月）

6/22 ～ 7/7、9/14 ～ 9/29、12/14 ～ 2025 年 1/27、4/5 ～ 4/21

クイーンズランド州主要観光地の平均気温・降水量

	1月	2月	3月	4月	5月	6月	7月	8月	9月	10月	11月	12月
ケアンズ												
平均最高気温（℃）	31.5	31.2	30.6	29.2	27.6	26.0	25.7	26.6	28.1	29.6	30.7	31.4
平均最低気温（℃）	23.7	23.8	23.1	21.6	19.9	17.9	17.1	17.4	18.7	20.6	22.3	23.4
平均降雨量（mm）	391.8	451.8	421.7	197.4	91.4	45.6	29.2	26.7	33.4	46.0	93.7	175.9
ハミルトン島（ウィットサンデー諸島）												
平均最高気温（℃）	30.4	30.1	28.8	27.1	24.8	22.4	21.9	22.9	25.4	27.6	29.1	30.0
平均最低気温（℃）	24.9	24.9	24.0	22.6	20.8	18.4	17.6	18.1	19.8	21.8	23.3	24.4
平均降雨量（mm）	247.9	336.1	282.5	200.0	125.4	87.3	63.5	42.4	26.5	44.9	112.1	192.6
サンシャインコースト												
平均最高気温（℃）	28.9	28.8	27.8	25.9	23.3	21.3	20.9	22.0	24.2	25.6	27.0	28.2
平均最低気温（℃）	21.3	21.2	20.0	16.9	13.6	11.3	9.5	9.9	12.9	15.6	17.9	19.7
平均降雨量（mm）	150.2	198.1	159.1	164.6	160.1	119.1	67.7	79.1	55.9	72.9	84.0	150.0
ブリスベン												
平均最高気温（℃）	30.2	29.9	28.9	27.1	24.4	21.9	21.9	23.2	25.7	27.1	28.0	29.3
平均最低気温（℃）	21.5	21.3	20.0	17.3	13.5	11.7	10.1	10.7	13.7	16.3	18.7	20.3
平均降雨量（mm）	153.9	142.5	109.2	65.8	58.5	57.6	24.7	42.1	28.8	72.5	106.6	138.7
ゴールドコースト												
平均最高気温（℃）	28.7	28.6	27.8	25.9	23.4	21.3	21.1	21.9	23.9	25.3	26.7	27.8
平均最低気温（℃）	21.9	21.8	20.8	18.3	15.3	13.1	12.0	12.5	14.8	16.9	18.9	20.5
平均降雨量（mm）	139.9	177.7	110.8	125.8	112.2	112.8	48.8	62.6	44.4	91.5	119.0	139.3

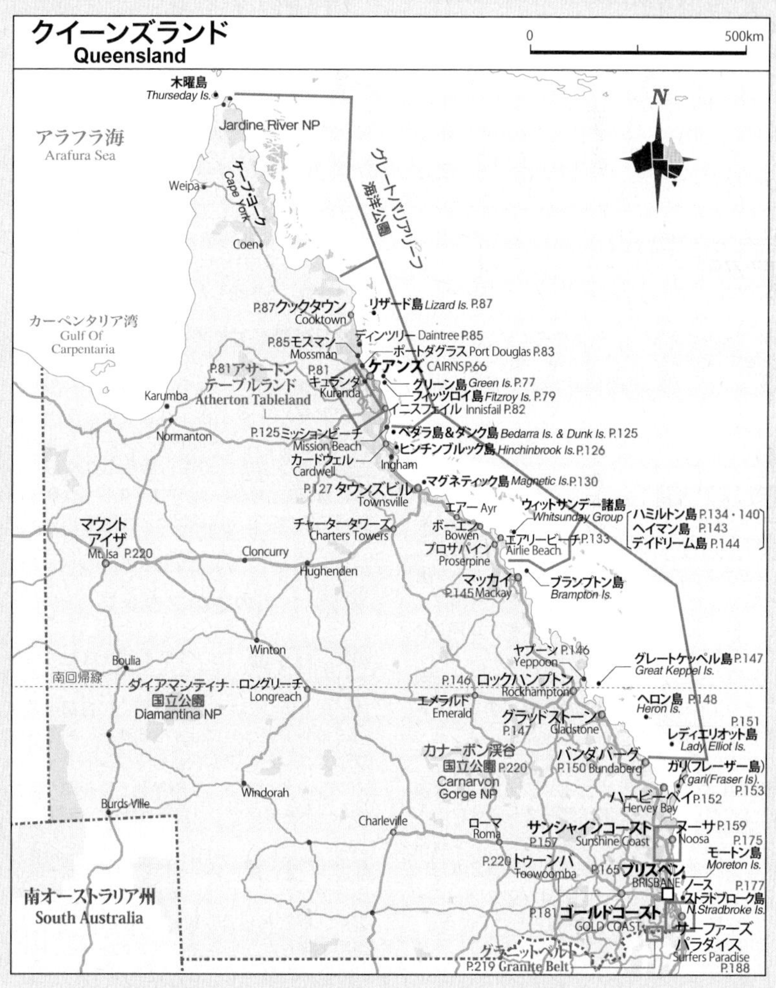

クイーンズランド州概要

ケアンズ近郊のフランクランド諸島では透明度の高い海でスノーケリングが楽しめる

西オーストラリア州の次に大きな州で、面積は日本の約5倍。州都ブリスベンはもちろん、北部ケアンズへも日本から直行便があり、日本人観光客にとってはオーストラリアの玄関口となっている。

州内にはグレートバリアリーフ、世界最古の熱帯雨林や亜熱帯雨林、国際的リゾート地ゴールドコースト、サンシャインコーストなど、オーストラリアを代表する観光地が多く、観光業が盛んだ。州全域が熱帯、亜熱帯に属しており、通称サンシャインステイトとも呼ばれる。その気候を生かし、沿岸地帯ではサトウキビやトロピカルフルーツなどの農業、広大な大地を生かした牧畜業、さらに内陸部でのボーキサイト、ウラン、銅などの鉱業と、オーストラリア経済の一翼を担っている。

この州は、もともとはニューサウスウエールズの一部だった。ブリスベン川河口近くまで北上してきた人々によって植民が始まり、クイーンズランドとして分割されたのは1859年のこと。日本とのつながりも古く、パプアニューギニア近くのトレス海峡に浮かぶ木曜島には、1874年以降、南洋真珠を取るために数多くの日本人ダイバーが住み着いた。そのため北部最大の町タウンズビルには、1896年にオーストラリアで初めて日本の在外公館がおかれた。

オーストラリアを代表する航空会社、カンタス航空の発祥地もクイーンズランド州。QANTASという呼び名は、Q（クイーンズランド）A（アンド）NT（ノーザンテリトリー）AS（エリアルサービス）の組み合わせ。中西部の町ロングリーチで、クイーンズランドとノーザンテリトリー一帯の輸送の連絡、救急のため、1922年に設立された。ロングリーチ空港脇に今も残るカンタス航空の格納庫は、オーストラリアで初めて飛行機（DH50型機6機）を製造した場所でもある。

アクセス

州外からのアクセス

飛行機　北部ケアンズ、ウィットサンデー諸島のハミルトン島、州都ブリスベン、南部ゴールドコーストが飛行機利用時の州の入口（ケアンズへのアクセス→P.71／ハミルトン島へのアクセス→P.135／ブリスベンへのアクセス→P.166／ゴールドコーストへのアクセス→P.184）。カンタス航空、ジェットスター、ヴァージン・オーストラリアが、これらの都市とオーストラリア主要都市間に多くのフライトをもっている。

長距離バス　シドニー～ブリスベン路線には、グレイハウンド・オーストラリアはもちろん、それ以外の小さなバス会社も多数運行。グレイハウンド・オーストラリアはアリススプリングス／ダーウィン～マウントアイザ～タウンズビルという路線ももっている。

列　車　シドニー～ブリスベン間に高速列車XPTが1日1往復運行。ほかにはシドニーからニューサウスウエールズ北端に近い町カジノまでXPTが毎日1往復している。カジノからゴールドコーストへは列車に接続するバスで1時間ほどの距離だ。

州内でのアクセス

飛行機　カンタス航空（含むカンタスリンク）、ジェットスター、ヴァージン・オーストラリアが、東海岸沿いの各都市間やハミルトン島へのフライトを運航。内陸へはブリスベンとケアンズからマウントアイザへのフライトがある。陸路移動では時間がかかるルートも多いので、飛行機利用が有効だ。

長距離バス　グレイハウンド・オーストラリアがゴールドコースト～ブリスベン～ケアンズ間に毎日長距離バスを走らせている。途中下車しながら、主要観光地を巡るのがコスト的にも安くておすすめだ。

列　車　クイーンズランドレールが、ブリスベン～ケアンズ間に飛行機のビジネスクラスやプレミアムエコノミーのような座席を使用した高速列車スピリット・オブ・クイーンズランド（週４便）を走らせている。ほかにブリスベン～ロックハンプトンにもティルトトレインが、タウンズビル～マウントアイザには夜行寝台インランダー号などが走っている。

プランニングのヒント

愛らしいロックワラビーへの餌づけはケアンズ近郊アサートンテーブルランドで

ケアンズ起点の旅

ケアンズでは基本的にグレートバリアリーフへのクルーズや、周辺に広がる熱帯雨林の森を楽しむ。時間に余裕があるなら、グレートバリアリーフのリゾート、グリーン島やフィッツロイ島、ベダラ島、リザード島、近郊リゾートタウンのパームコーブ、ポートダグラス、熱帯雨林のディンツリー国立公園やアサートンテーブルランドなどのリゾートホテルにも滞在したい。

ゴールドコースト起点の旅

ゴールドコーストでは、まずその美しいビーチを楽しみたい。そして、ゴールドコースト西側一帯の高原地帯にある亜熱帯雨林の国立公園へのツアーやドライブもぜひ体験してみたい。また人気があるのがモートン島へのエクスカーション。野生イルカへの餌づけが楽しめる島で、日帰りも可能だが、時間に余裕があったら１～２泊はしたいところだ。またクイーンズランド州ではないが、ニューサウスウエールズ州北部のリゾート、バイロンベイもゴールドコーストからのツアー＆ドライブ先として一般的だ。

モートン島で楽しめる野生イルカへの餌づけ

クイーンズランド州アクセス図

バス
列車
飛行機
船
○内数字は所要時間：単位は時間

クックタウン
ケープトリビュレーション
ポートダグラス
グリーン島
キュランダ
ケアンズ
ミッションビーチ
フィッツロイ島
マウントアイザ
タウンズビル
マグネティック島
ハミルトン島（ウィットサンデー諸島）
エアリービーチ
グレートケッペル島
マッカイ
ロックハンプトン
ヘロン島
レディエリオット島
グラッドストーン
バンダバーグ
ハービーベイ
フレーザー島
サンシャインコースト
ブリスベン
トゥーンバ
ゴールドコースト

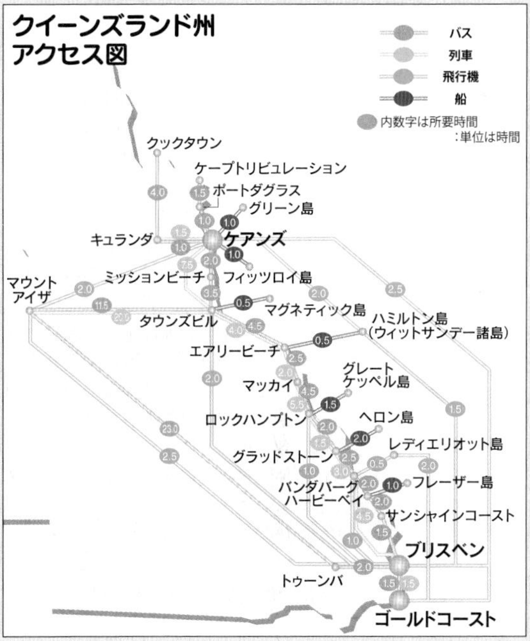

クイーンズランド州周遊

クイーンズランド州沿岸部には数多くのリゾートタウンがあり、それらの町から沖合に浮かぶリゾートアイランドへのクルーズが催行されている。ケアンズ、ブリスベンからこれらの町へのフライトが数多く出ている。もちろん長距離バスや列車を使い途中下車しながらの旅も楽しい。なおハミルトン島やヘイマン島があるウィットサンデー地域は、グレートバリアリーフを代表する景観ホワイトヘブンビーチやハートリーフへの起点となる場所で、ぜひ訪れてみたい所だ。

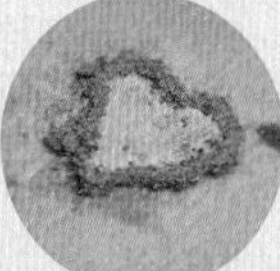
一度は見てみたいハートリーフ

ケアンズ
Cairns

クイーンズランド *Queensland*　州外局番 (07)

ユースフルインフォメーション

■ケアンズ＆トロピカルノース観光局
Tourism Tropical North Queensland
URL tropicalnorthqueensland.org/jp/

■日本国領事館ケアンズ出張官事務所
Consulate-General of Japan, Branch Office in Cairns MAP P.69/3A
住 Level 15, Cairns Corporate Tower, 15 Lake St., 4870
☎ (07)4051-5177
URL www.brisbane.au.emb-japan.go.jp/itpr_ja/about_cairns.html
開 月～金 9:00～12:30、13:30～17:00
休 土日祝および年末年始

日本語の通じる病院

●CTL メディカルサービス
CTL Medical Service MAP P.69/3A
住 Cairns Corporate Tower, Ground Fl., 15 Lake St., 4870
☎ (07)4041-1699
FREE 1800-450-110
URL www.ctlmedical.com.au

●ケアンズ 24 時間日本語医療センター
Cairns 24HR Medical Centre MAP P.69/2A
住 Cnr. Florence & Grafton Sts., 4870
☎ (07)4052-1119
URL www.cairns24hourmedical.com.au

主要航空会社連絡先

●カンタス航空 Qantas Airways
☎ 13-13-13
●ジェットスター Jetstar
☎ 13-15-38
●ヴァージン・オーストラリア Virgin Australia
☎ 13-67-89
●リージョナルエクスプレス Regional Express (REX)
☎ 13-17-13
●シンガポール航空 Singapore Airlines
☎ (02)7209-4388

熱帯雨林を眼下に眺めるスカイレール

美しいラグーンをもつグリーン島

ケアンズは日本から一番早く到着できるオーストラリア、北の玄関口である。グレートバリアリーフ、ノースクイーンズランド各地への出発基地であり、さらにオーストラリア大陸を1周する世界最長の国道1号線（約1万4000km／ただし現在はその一部が州道扱い）の北東岸の出発地点でもある。

今でこそオーストラリア有数のリゾートエリアとして注目されているが、その歴史は浅い。西欧人による第一歩は1770年にキャプテンクック一行が印しているが、本格的に開発が始まったのは19世紀末、砂糖の積み出し港ができてからのことだ。今も郊外に足を運ぶと、見渡すかぎり広がるサトウキビ畑を目の当たりにすることになる。また郊外ではバナナ、マンゴー、パイナップルといったトロピカルフルーツの栽培も盛んだ。

ケアンズを語るうえで欠かせないのがふたつの世界自然遺産だ。ひとつは言わずと知れた世界最大の珊瑚礁群グレートバリアリーフ（G.B.R.）。毎日マーリンワーフから数多くのクルーズが、G.B.R.を満喫しようとするお客を乗せて出航していく。そしてもうひとつが、町の西に連なる大分水嶺一帯に広がる世界最古の熱帯雨林ウエットトロピックス。熱帯雨林を散策するツアーや、熱帯雨林を俯瞰する総距離世界最長のケーブルウエイ、スカイレールなど、こちらの観光方法も充実している。さらにラフティングや熱気球、乗馬、ゴルフ、スカイダイビングなどさまざまなアクティビティも可能なのだ。

さあ、ケアンズへ出かけ、思いっきり大自然に抱かれ、アクティブに過ごしてみよう。

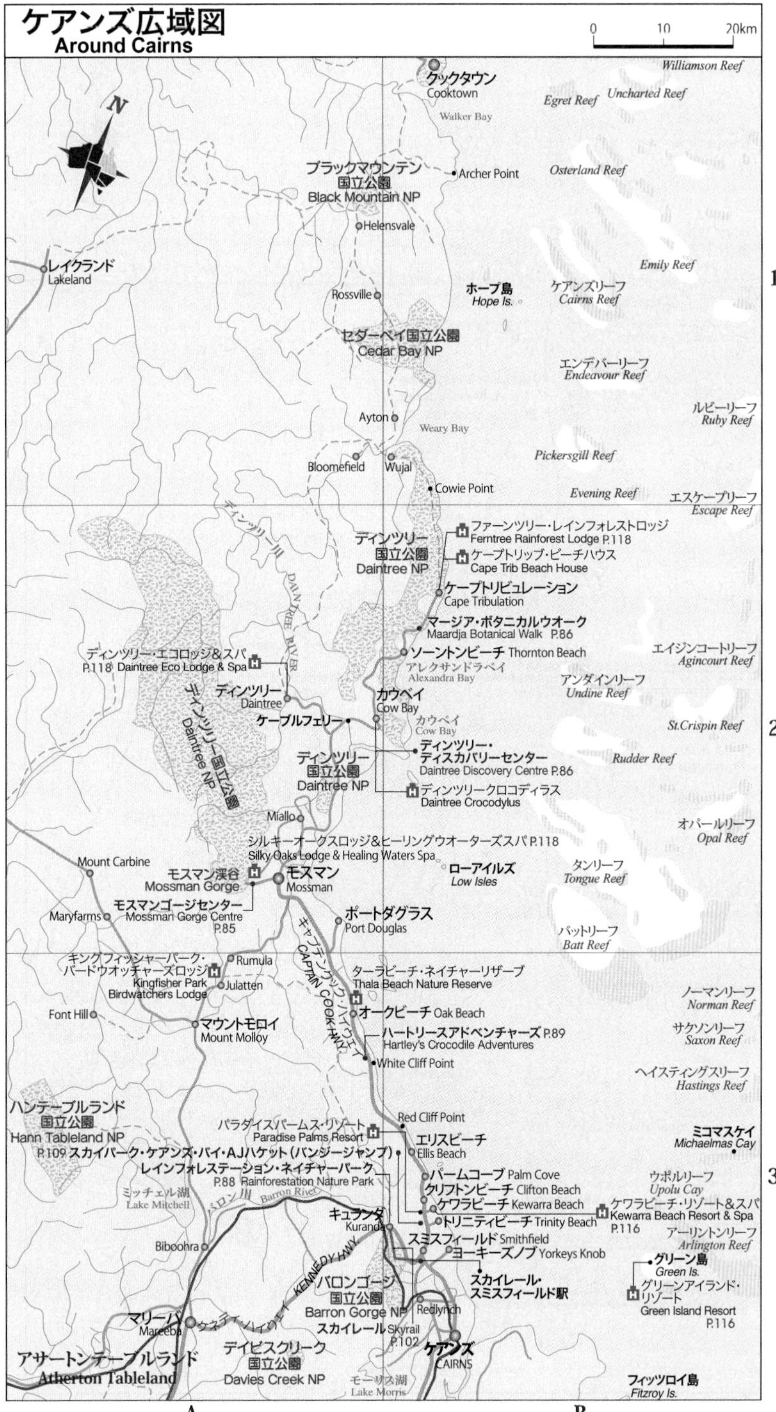
ケアンズ広域図
Around Cairns
0 10 20km
N
クックタウン
Cooktown
Williamson Reef
Egret Reef
Uncharted Reef
Walker Bay
ブラックマウンテン
国立公園
Black Mountain NP
Archer Point
Osterland Reef
Helensvale
レイクランド
Lakeland
Emily Reef
Rossville
ホープ島
Hope Is.
ケアンズリーフ
Cairns Reef
セダーベイ国立公園
Cedar Bay NP
エンデバーリーフ
Endeavour Reef
ルビーリーフ
Ruby Reef
Ayton
Weary Bay
Pickersgill Reef
Bloomefield
Wujal
Cowie Point
Evening Reef
エスケープリーフ
Escape Reef
ディンツリー川
ファーンツリー・レインフォレストロッジ
Ferntree Rainforest Lodge P.118
ディンツリー
国立公園
Daintree NP
ケープトリップ・ビーチハウス
Cape Trib Beach House
ケープトリビュレーション
Cape Tribulation
DAINTREE RIVER
マージア・ボタニカルウオーク
Maardja Botanical Walk P.86
ディンツリー・エコロッジ&スパ
P.118 Daintree Eco Lodge & Spa
ソーントンビーチ Thornton Beach
アレクサンドラベイ
Alexandra Bay
エイジンコートリーフ
Agincourt Reef
アンダインリーフ
Undine Reef
ディンツリー
Daintree
ディンツリー国立公園
Daintree NP
カウベイ
Cow Bay
ケーブルフェリー
カウベイ
Cow Bay
St.Crispin Reef
ディンツリー・
ディスカバリーセンター
Daintree Discovery Centre P.86
Rudder Reef
ディンツリー
国立公園
Daintree NP
ディンツリークロコディラス
Daintree Crocodylus
Miallo
オパールリーフ
Opal Reef
シルキーオークスロッジ&ヒーリングウオーターズスパ P.118
Silky Oaks Lodge & Healing Waters Spa
Mount Carbine
モスマン渓谷
Mossman Gorge
モスマン
Mossman
ローアイルズ
Low Isles
タンリーフ
Tongue Reef
モスマンゴージセンター
Mossman Gorge Centre
P.85
Maryfarms
ポートダグラス
Port Douglas
キャプテンクック・ハイウエイ
CAPTAIN COOK HWY
バットリーフ
Batt Reef
キングフィッシャーパーク・
バードウオッチャーズロッジ
Kingfisher Park
Birdwatchers Lodge
Rumula
Julatten
ターラビーチ・ネイチャーリザーブ
Thala Beach Nature Reserve
ノーマンリーフ
Norman Reef
Font Hill
マウントモロイ
Mount Molloy
オークビーチ Oak Beach
ハートリースアドベンチャーズ P.89
Hartley's Crocodile Adventures
サクソンリーフ
Saxon Reef
White Cliff Point
ヘイスティングスリーフ
Hastings Reef
ハンテーブルランド
国立公園
Hann Tableland NP
Red Cliff Point
パラダイスパームス・リゾート
Paradise Palms Resort
エリスビーチ
Ellis Beach
ミコマスケイ
Michaelmas Cay
P.109 スカイパーク・ケアンズ・バイ・AJハケット（バンジージャンプ）
レインフォレステーション・ネイチャーパーク
P.88 Rainforestation Nature Park
パームコーブ Palm Cove
ウポルリーフ
Upolu Cay
ミッチェル湖
Lake Mitchell
バロン川
Barron River
クリフトンビーチ Clifton Beach
ケワラビーチ Kewarra Beach
ケワラビーチ・リゾート&スパ
Kewarra Beach Resort & Spa
P.116
キュランダ
Kuranda
トリニティビーチ Trinity Beach
アーリントンリーフ
Arlington Reef
Biboohra
スミスフィールド Smithfield
ヨーキーズノブ Yorkeys Knob
KENNEDY HWY.
グリーン島
Green Is.
スカイレール・
スミスフィールド駅
グリーンアイランド・
リゾート
Green Island Resort
P.116
バロンゴージ
国立公園
Barron Gorge NP
Redlynch
マリーバ
Mareeba
ケネディ・ハイウエイ
スカイレール Skyrail
P.102
ケアンズ
CAIRNS
アサートンテーブルランド
Atherton Tableland
デイビスクリーク
国立公園
Davies Creek NP
モーリス湖
Lake Morris
フィッツロイ島
Fitzroy Is.
1
2
3
A
B

ケアンズ
Cairns

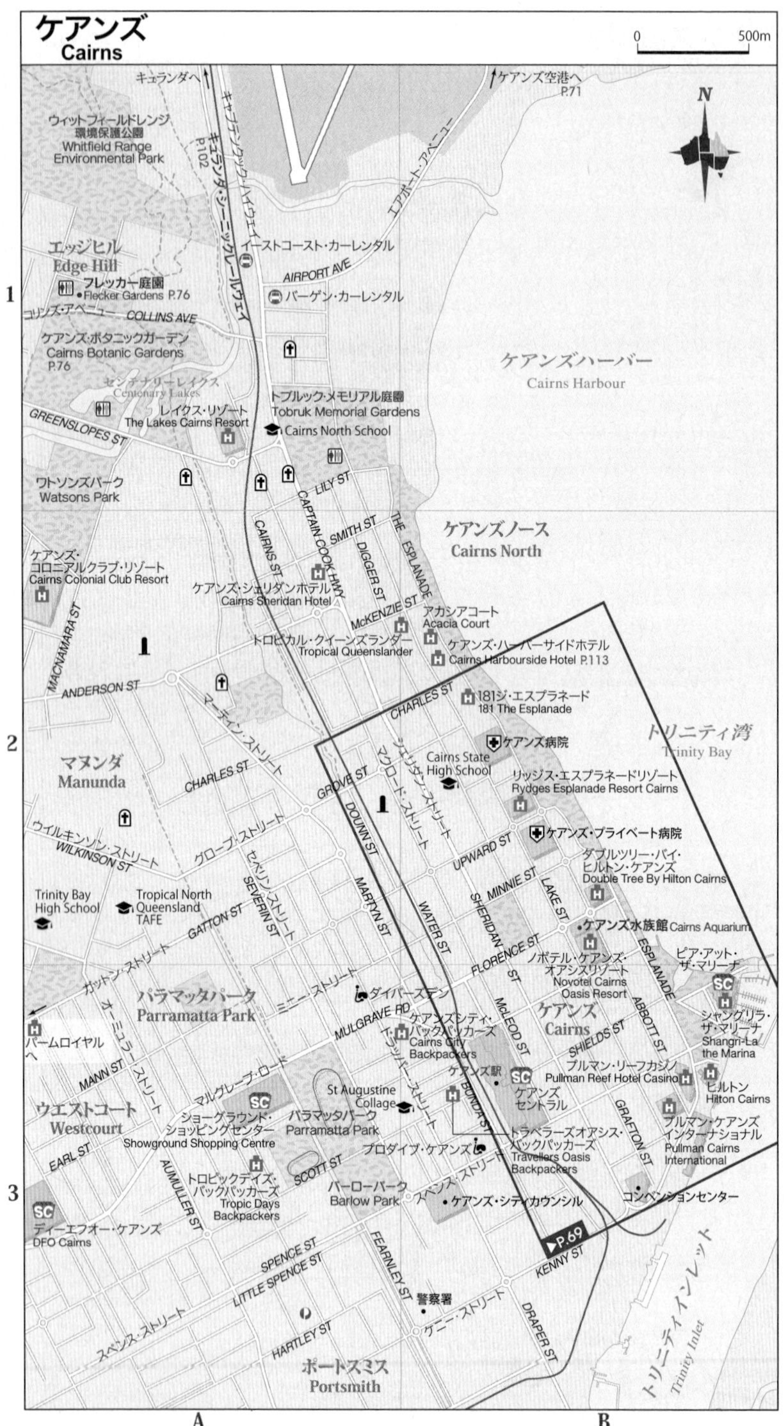
0
500m
N
キュランダへ
ケアンズ空港へ
P.71
ウィットフィールドレンジ
環境保護公園
Whitfield Range
Environmental Park
キャプテンクック・ハイウェイ
キュランダ・シーニックレールウェイ
P.102
エアポート・アベニュー
イーストコースト・カーレンタル
AIRPORT AVE
エッジヒル
Edge Hill
フレッカー庭園
Flecker Gardens P.76
バーゲン・カーレンタル
コリンズ・アベニュー
COLLINS AVE
ケアンズ・ボタニックガーデン
Cairns Botanic Gardens
P.76
ケアンズハーバー
Cairns Harbour
センテナリーレイクス
Centenary Lakes
トブルック・メモリアル庭園
Tobruk Memorial Gardens
レイクス・リゾート
The Lakes Cairns Resort
GREENSLOPES ST
Cairns North School
LILY ST
ワトソンズパーク
Watsons Park
CAIRNS ST
CAPTAIN COOK HWY
SMITH ST
DIGGER ST
THE ESPLANADE
ケアンズノース
Cairns North
ケアンズ・
コロニアルクラブ・リゾート
Cairns Colonial Club Resort
ケアンズ・シェリダンホテル
Cairns Sheridan Hotel
McKENZIE ST
アカシアコート
Acacia Court
MACNAMARA ST
トロピカル・クイーンズランダー
Tropical Queenslander
ケアンズ・ハーバーサイドホテル
Cairns Harbourside Hotel P.113
ANDERSON ST
マーティン・ストリート
CHARLES ST
181ジ・エスプラネード
181 The Esplanade
トリニティ湾
Trinity Bay
ケアンズ病院
マヌンダ
Manunda
Cairns State
High School
シェリダン・ストリート
マクロード・ストリート
CHARLES ST
GROVE ST
DOUNN ST
リッジス・エスプラネードリゾート
Rydges Esplanade Resort Cairns
ウィルキンソン・ストリート
WILKINSON ST
グローブ・ストリート
ケアンズ・プライベート病院
UPWARD ST
ダブルツリー・バイ・
ヒルトン・ケアンズ
Double Tree By Hilton Cairns
セバリン・ストリート
SEVERIN ST
MARTYN ST
Trinity Bay
High School
Tropical North
Queensland
TAFE
GATTON ST
WATER ST
SHERIDAN ST
MINNIE ST
LAKE ST
ケアンズ水族館 Cairns Aquarium
ESPLANADE
ガットン・ストリート
FLORENCE ST
ノボテル・ケアンズ・
オアシスリゾート
Novotel Cairns
Oasis Resort
ピア・アット・
ザ・マリーナ
パラマッタパーク
Parramatta Park
ミニー・ストリート
ダイバーズデン
オーミュラー・ストリート
MULGRAVE RD
ケアンズシティ・
バックパッカーズ
Cairns City
Backpackers
McLEOD ST
ケアンズ
Cairns
ABBOTT ST
シャングリラ・
ザ・マリーナ
Shangri-La
the Marina
パームロイヤルへ
MANN ST
マルグレーブ・ロード
ブンダ・ストリート
SHIELDS ST
プルマン・リーフカジノ
Pullman Reef Hotel Casino
ケアンズ駅
ケアンズ
セントラル
ヒルトン
Hilton Cairns
ウエストコート
Westcourt
ショーグラウンド・
ショッピングセンター
Showground Shopping Centre
St Augustine
Collage
パラマッタパーク
Parramatta Park
BUNDA ST
GRAFTON ST
トラベラーズオアシス・
バックパッカーズ
Travellers Oasis
Backpackers
プルマン・ケアンズ
インターナショナル
Pullman Cairns
International
EARL ST
AUMULLER ST
トロピックデイズ・
バックパッカーズ
Tropic Days
Backpackers
SCOTT ST
プロダイブ・ケアンズ
スペンス・ストリート
バーローパーク
Barlow Park
ケアンズ・シティカウンシル
コンベンションセンター
ディーエフオー・ケアンズ
DFO Cairns
P.69
KENNY ST
SPENCE ST
LITTLE SPENCE ST
FEARNLEY ST
警察署
ケニー・ストリート
スペンス・ストリート
HARTLEY ST
DRAPER ST
トリニティインレット
Trinity Inlet
ポートスミス
Portsmith
1
2
3
A
B

ケアンズ中心部
Central Cairns

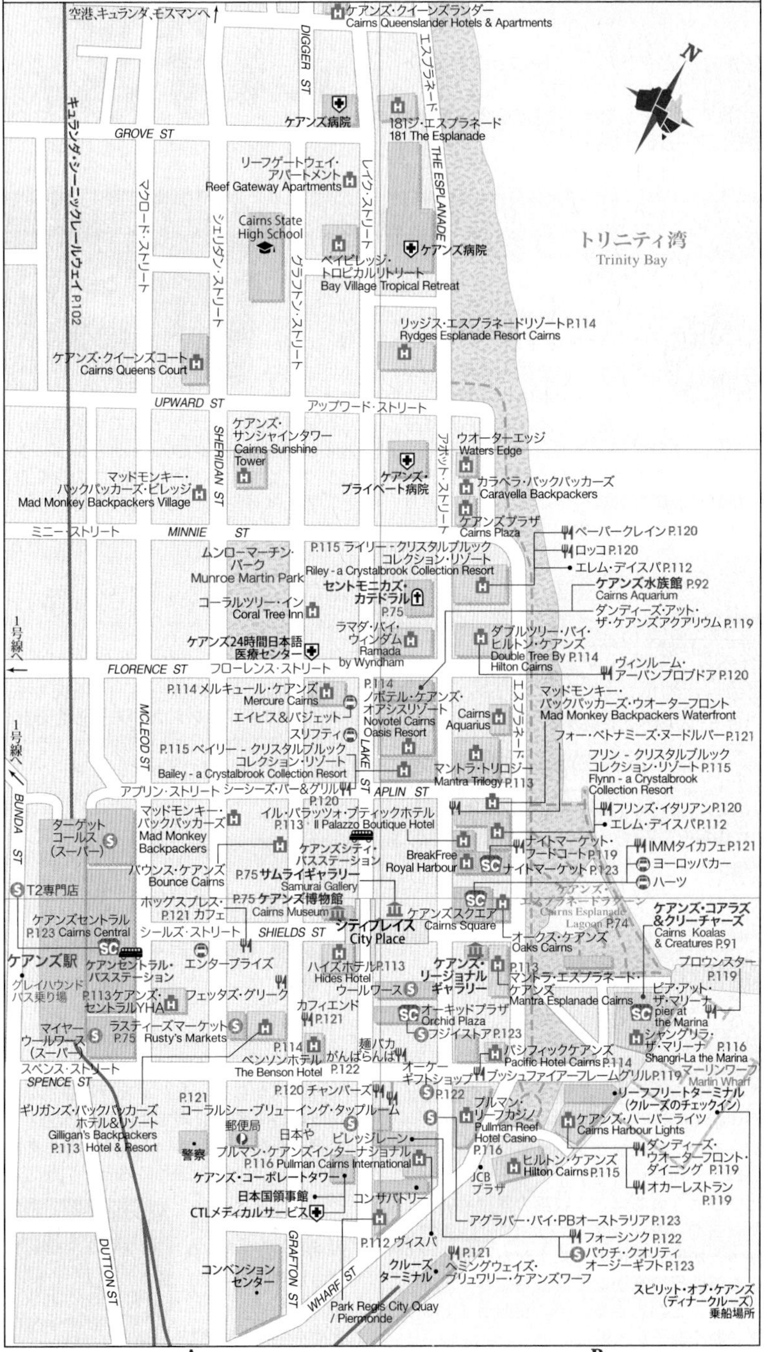

ケアンズで絶対 コレを見る! コレをする!

世界遺産グレートバリアリーフとウエットトロピックスをもつケアンズ。
この町では、そんな世界遺産の自然を満喫できるツアーがいっぱい。

グレートバリアリーフ・クルーズ

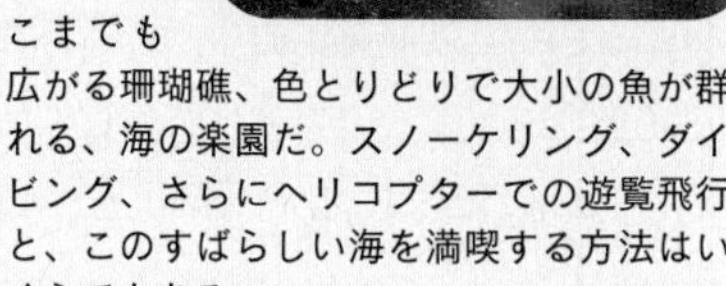
大型船クルーズの場合ポントゥーンと呼ばれる浮島をベースにアクティビティを楽しむ

ケアンズ観光の目玉はやっぱり世界遺産グレートバリアリーフ。一番人気はサンゴのかけらが堆積してできたグリーン島。ケアンズから高速船でわずか1時間弱と近く、ケアンズからの日帰り先として大人気だ。グリーン島からさらに足を延ばせば、そこはグレートバリアリーフの真っただ中（地元ではアウターリーフと呼ばれる）。どこまでも広がる珊瑚礁、色とりどりで大小の魚が群れる、海の楽園だ。スノーケリング、ダイビング、さらにヘリコプターでの遊覧飛行と、このすばらしい海を満喫する方法はいくらでもある。

ケアンズ名物となっているスカイレール

キュランダ1日ツアー

世界遺産の熱帯雨林の森を上から眺めることができるスカイレール、年代物のレトロな列車に乗りながら森の中を進むキュランダ・シーニックレールウェイ。このふたつを組み合わせたツアーも、ぜひ体験したい。途中キュランダではローカルな雰囲気いっぱいのマーケット散策、水陸両用車での熱帯雨林散策もできる。

歴史を感じさせるキュランダ・シーニックレールウェイ

パロネラパーク

夜のライトアップツアーに参加したい

ケアンズから南へ車で1時間30分ほどの所にあるパロネラパークは、宮崎アニメファンの間で『天空の城ラピュタ』のモデルになったのでは？とウワサされるほど、映画の雰囲気によく似た古跡（あくまでウワサです）。廃墟となった城跡、その周りに広がるうっそうとした雰囲気の庭園などを日本語ガイドと見て回ることができる。特に夜間ライトアップされる様子が人気だ。

夜行性動物探検ツアー

ロックワラビーの餌づけを楽しむ

オーストラリアはユニークな動物の宝庫。しかもそのほとんどが夜行性。ケアンズからは、そんな夜行性動物の元気いっぱいの姿を観察できる、日本語ガイドツアーが数多く出ている。もちろん動物たちがすむのは世界遺産の森とその周辺。動物ウオッチングを楽しみながら、世界最古の熱帯雨林も満喫できるのだ。

ポッサムに出合える確率大

アクセス ACCESS

行き方

日本から

ジェットスターが東京（成田）・大阪から、ヴァージン・オーストラリアが東京（羽田）から直行便を運航している（所要約7時間）。またカンタス航空の東京（成田）～ブリスベン便を利用しブリスベンから国内線で入る方法も人気だ。ほかに、時間はかかるがシンガポール航空の経由便を利用する方法もある。

オーストラリア国内から

ブリスベン、ゴールドコーストをはじめクイーンズランド州沿岸部の町との間には頻繁にフライトがある。またシドニー、メルボルン、ダーウィン、アデレード、パースとの間にも直行便が就航している。ケアンズは、長距離バスのグレイハウンド・オーストラリアの北の折り返し地点。列車もブリスベンからのスピリット・オブ・クイーンズランドが週4便運行している。

空港 ↔ 市内

国際線（T1）と**国内線（T2）**のふたつのターミナルからなる**ケアンズ空港** Cairns Airport(CNS) は、町の北およそ8kmの所にある。空港からのアクセスは**1～2人ならタクシー利用もしくはウーバー利用**がお得。市中心部までタクシーだと$25～40、ウーバーだと$20～35。ウーバーなどライドシェア利用でケアンズ北部へ向かう場合は、パームコーブまで$90～150、ポートダグラスまで$150～250。T1出口東側、T2出口北側にライドシェア利用専用乗降場がある。

人数がある程度まとまったらエクセレンスコーチ Excellence Coachesのシャトルサービスも便利。国際線、国内線とも到着ロビー前に乗り場がある。ケアンズ中心部まで約20分。市内から空港へ向かう場合は、電話しておけばホテルでピックアップしてもらえる（半日以上前までに予約をしておくのが望ましい）。同社はポートダグラス方面へもシャトルサービスを運行している。

バスターミナル ↔ 市内

グレイハウンド・オーストラリアの長距離バスは、下記ケアンズ駅1番プラットフォーム前（ブンダ・ストリート Bunda St. 沿い）が発着場所となっている。ホテルの集まるエスプラネード周辺までは徒歩15分ほど。少し町から離れたバックパッカーズホステルなどの場合は、たいてい送迎バスが出ている。

鉄道駅 ↔ 市内

ケアンズ駅 Cairns Station は、マクロード・ストリート McLeod St. に面したショッピングセンター、ケアンズ・セントラル Cairns Central 内にある。繁華街のシティプレイスへは徒歩5分、エスプラネードへも歩いて10分程度の距離だ。

ケアンズ空港国内線ターミナルの預託手荷物受け取りカルーセルはとてもユニーク

■ケアンズ空港
URL www.cairnsairport.com.au

■ケアンズ空港からのシャトルサービス
●エクセレンスコーチ＆ツアー
☎ (07)3012-7400
URL www.excellencecoaches.com
料 ケアンズ［( ) 内は往復］: 1人$35(45)、2人$38(50)、3人$40(55)、4人$45(55)、5人$65(100)、6人$80(130)
※子供は1人$10(18)
ポートダグラス［( ) 内は往復］: 1人$50(95)、2人$95(189)、3人$140(235)、4人$170(280)、5人$190(324)、6人$215(380)
※子供は1人$20(40)

ケアンズやポートダグラスへのシャトルサービスを行うエクセレンスコーチ

■ケアンズのタクシー
●ケアンズタクシー
Cairns Taxis
☎ 13-10-08 / (07)4048-8311
URL cairnstaxis.com.au
料 初乗り1kmが月～金7:00～19:00が$3.40、毎日0:00～5:00が$6.60、それ以外の時間が$5.50。以後1kmごとに$2.58。また待ち時間など1分ごとに$0.93加算される。タクシーを電話で呼ぶ場合はさらに$1.70追加料金が必要。

■ウーバー Uberについて
(→ P.649)
利用はあくまで自己責任で。

■ケアンズ駅 MAP P.69/2・3A

ケアンズ・セントラルを抜けるとケアンズ駅に出る

ケアンズ駅とケアンズ・セントラルはつながっており、通り抜けできます。ただし6:00～18:00のみ。日曜日の7:00前に入ろうとしたところ自動ドアが開かず入れませんでした。（神奈川県　さくら　'24）

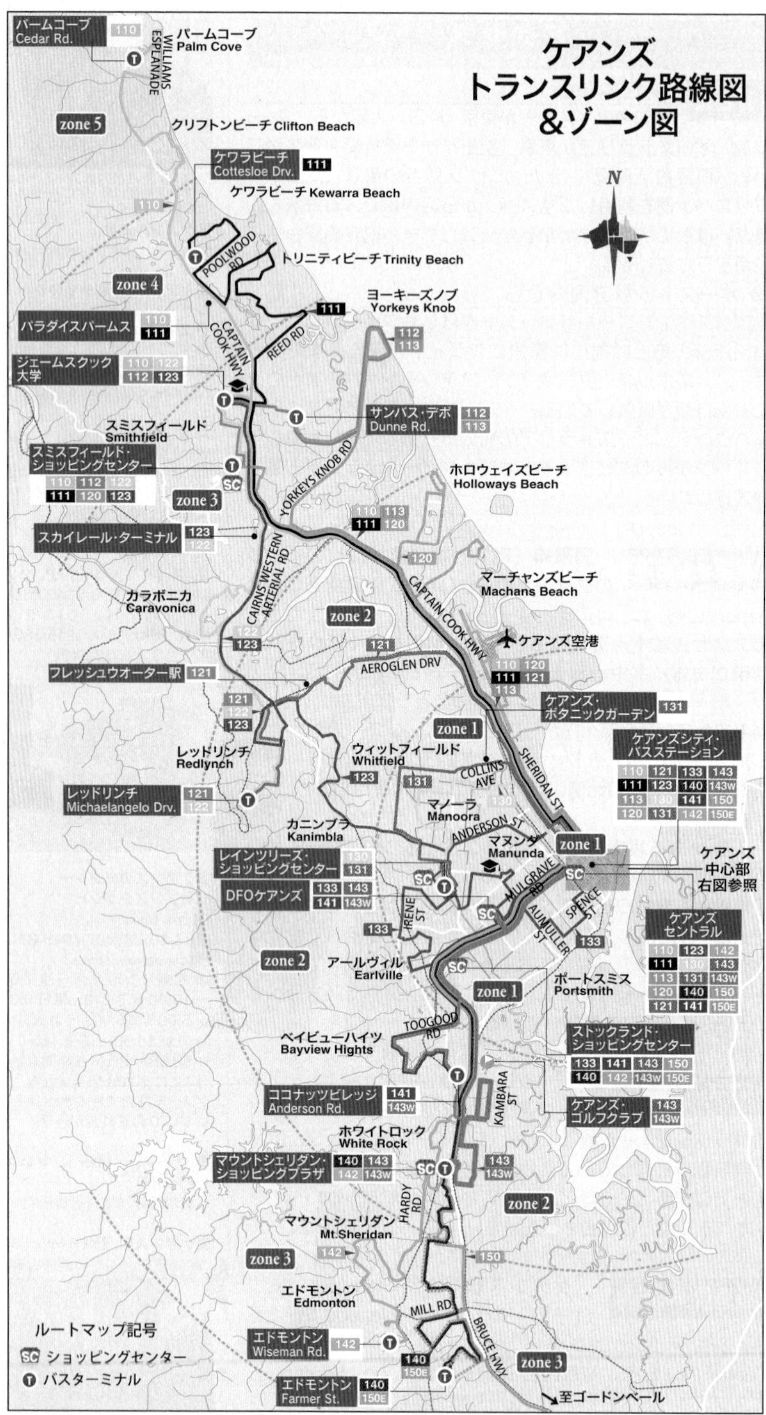
ケアンズ
トランスリンク路線図
&ゾーン図
パームコーブ Cedar Rd. 110
パームコーブ Palm Cove
WILLIAMS ESPLANADE
zone 5
クリフトンビーチ Clifton Beach
ケワラビーチ Cottesloe Drv. 111
ケワラビーチ Kewarra Beach
POOLWOOD RD
トリニティビーチ Trinity Beach
zone 4
ヨーキーズノブ Yorkeys Knob
パラダイスパームス 110 111
CAPTAIN COOK HWY
REED RD
ジェームスクック大学 110 122 112 123
サンバス・デポ Dunne Rd. 112 113
スミスフィールド Smithfield
スミスフィールド・ショッピングセンター 110 112 122 111 120 123
YORKEYS KNOB RD
ホロウェイズビーチ Holloways Beach
zone 3
スカイレール・ターミナル 123 122
CAIRNS WESTERN ARTERIAL RD
マーチャンズビーチ Machans Beach
カラボニカ Caravonica
zone 2
ケアンズ空港
フレッシュウオーター駅 121
AEROGLEN DRV
ケアンズ・ボタニックガーデン 131
zone 1
ケアンズシティ・バスステーション 110 121 133 143 111 123 140 143W 113 130 141 150 120 131 142 150E
レッドリンチ Redlynch
ウィットフィールド Whitfield
SHERIDAN ST
COLLINS AVE
レッドリンチ Michaelangelo Drv. 121 122
マノーラ Manoora
カニンブラ Kanimbla
ANDERSON ST
マヌンダ Manunda
ケアンズ中心部 右図参照
レインツリーズ・ショッピングセンター 130 131
DFOケアンズ 133 143 141 143W
MULGRAVE RD
SPENCE ST
IRENE ST
AUMULLER ST
ケアンズセントラル 110 123 142 111 130 143 113 131 143W 120 140 150 121 141 150E
アールヴィル Earlville
ポートスミス Portsmith
TOOGOOD RD
ベイビューハイツ Bayview Hights
ストックランド・ショッピングセンター 133 141 143 150 140 142 143W 150E
KAMBARA ST
ココナッツビレッジ Anderson Rd. 141 143W
ケアンズ・ゴルフクラブ 143 143W
ホワイトロック White Rock
マウントシェリダン・ショッピングプラザ 140 143 142 143W
HARDY RD
マウントシェリダン Mt.Sheridan
エドモントン Edmonton
MILL RD
BRUCE HWY
ルートマップ記号
ショッピングセンター
バスターミナル
エドモントン Wiseman Rd. 142
エドモントン Farmer St. 140 150E
至ゴードンベール

市内交通
LOCAL TRANSPORT

青いボディが目印のトランスリンクバス

シティ内を動き回るだけなら徒歩で十分だが、ちょっと郊外へ、あるいはビーチへと思ったら、バス利用となる。

一番身近なのが、青いボディが目印の**トランスリンクバス** Translinkbusだ。シティプレイス脇、レイク・ストリートのアプリン・ストリート側の**ケアンズシティ・バスステーション** Cairns City Bus Stationとショッピングセンターの**ケアンズセントラル前** Cairns Centralがメインのバス発着場所で、市中心部を通るバスはすべてこの2つの場所を通る（ケアンズセントラル前が終点で、乗り場はスペンス・ストリートとなる）。スカイレールのスミスフィールド駅やパームコーブなどのノーザンビーチエリアへの足としてひじょうに便利だ。料金はゾーン制。運行エリアをケアンズ中心部から同心円状に1～5ゾーンに分けており、いくつゾーンを通過したかで料金が変わる。またトランスリンクバスを1日に2度以上利用する人は1日乗り降り自由の**デイリーチケット** Daily Ticketがお得なので、手に入れておこう（運転手から購入できる）。

内陸のアサートンテーブルランド方面および北部のディンツリー国立公園やクックタウンをカバーしているのが**トランスノース・バス＆コーチサービス** Trans North Bus & Coach Service。アサートンテーブルランドではキュランダはもちろん、マリーバ、アサートン、ヤンガバラ、マランダへ路線をもっており、特にキュランダ路線は値段も安く使い勝手がいい。このほか、ケアンズ中心部から空港を経由してポートダグラスへのバスを運行するのが空港シャトルバスも運行する**エクセレンスコーチ** Excellence Coashesだ。

■トランスリンクバス
☎13-12-30
URL translink.com.au
時 ほとんどのルートで月～土の早朝～深夜を30分～1時間ごとに運行。金土は一部路線で真夜中まで運行している。また日曜は大幅に本数が減るので注意。

■トランスノース・バス＆コーチサービス
☎(07)3036-2070
URL www.transnorthbus.com
料 ケアンズ～キュランダ：片道 大人$14.70 子供$12.50
※ケアンズ発着場所はケアンズ駅1番プラットホーム前。

■エクセレンスコーチ
☎(07)3012-7400
URL www.excellencecoaches.com
料 ポートダグラス［( )内は往復］：1人$50(95)、2人$95(189)、3人$140(235)、4人$170(280)、5人$190(329)、6人$215(380)
※子供は1人$20(40)

■『リビング・イン・ケアンズ』
(→P.74)
同内容の情報をホームページにも掲載している。
URL www.livingincairns.com.au

ケアンズ　バス運賃 (2024年2月現在)

通過ゾーン	シングルチケット運賃		デイリーチケット運賃	
	大人	子供	大人	子供
1	$2.40	$1.20	$4.80	$2.40
2	$3.00	$1.50	$6.00	$3.00
3	$3.60	$1.80	$7.20	$3.60
4	$4.20	$2.10	$8.40	$4.20
5	$4.80	$2.40	$9.60	$4.80

エスプラネード沿いにはゆったりしたベンチも設置されるなど旅行者がくつろげる雰囲気になっている

■ケアンズのレンタカー会社
●ハーツ Hertz
☎(07)4046-8701
●エイビス AVIS
☎13-63-33
●バジェット Budget
☎1300-362-848
●スリフティ Thrifty
☎1300-367-227
●ヨーロッパカー Europcar
☎(07)4033-4800
●イーストコースト・カーレンタル East Coast Car Rentals
☎1800-028-881
●バーゲン・カーレンタル Bargain Car Rentals
☎1300-729-230
●エンタープライズ・レンタカー Enterprise Rent-A-Car
☎(07)4249-3331

エスプラネードにある Citizens Gateway to the Great Barrier Reef と名づけられたアート

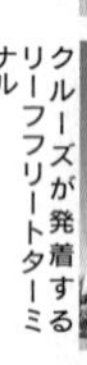

クルーズが発着するリーフフリートターミナル

夜遅くまでにぎわうナイトマーケット

■ケアンズ・エスプラネードラグーン
☎(07)4044-3715
URL www.cairns.qld.gov.au/experience-cairns/Cairns-Esplanade
開 毎日 6:00 ～ 21:00
休 メンテナンスのため毎週水の午前中
料 無料

ラグーン脇の芝生では肌を焼く人がいっぱい

ケアンズの歩き方
OUTLINE OF CAIRNS

クルーズ船が発着するマーリンワーフ

ケアンズはさまざまなツアーやアクティビティが楽しめる場所だけあって、そのための情報が重要になってくる。日本語情報誌**『リビング・イン・ケアンズ』**はツアー、レストラン、買い物情報が満載の月刊誌。市内の詳しい地図も付いてとても便利。ホテルやショッピングアーケードで無料で手に入る。

また、町のなかには私設インフォメーションを兼ねた旅行会社がいたるところにあり、滞在中のツアー相談などにも気軽に応じてくれる。積極的に活用しよう（日本語で相談できる旅行会社→ P.93 欄外）。

町の概観をつかもう

ケアンズの町の中心は、**シールズ・ストリート** Shields St. と**レイク・ストリート** Lake St. の交差する**シティプレイス** City Place。一部がれんが敷きのモールで、近くにはケアンズシティ・バスステーションがある。シティプレイスから**ワーフ・ストリート** Wharf St. の間には、ショッピングアーケードやレストランが集まっている。また**アボット・ストリート** Abbott St. は高級ホテルやさまざまなお店が建ち並んでいる。

海岸通りの**エスプラネード** The Esplanade は、レストラン、ホテルが集まる旅行者にとってのメインストリート。エスプラネードとシールズ・ストリートの交差点付近は**メインプラザ** Main Plaza と呼ばれ、巨大な人工ラグーンプールのケアンズ・エスプラネードラグーンがある。またエスプラネードに沿って遊歩道が整備されており、散歩するのにも最適だ。夜のショッピングの中心、**ナイトマーケット** Night Market もこの通りにある。

なお G.B.R. へのクルーズ船はエスプラネードの東側**マーリンワーフ** Marlin Wharf が発着場所。大手クルーズの場合、マーリンワーフ前にある**リーフフリートターミナル** Reef Fleet Terminal が乗船手続き場所となっている。

ケアンズ中心部のおもな見どころ
SIGHTSEEING SPOTS

時間が空いたら迷わず直行！ MAP P.69/2・3B

ケアンズ・エスプラネードラグーン
Cairns Esplanade Lagoon

市民の憩いの場にもなっているエスプラネードラグーン

エスプラネード沿いにある 4.8ha の広さをもつ人工プール。砂を敷き詰めたビーチもあり、プール自体の深さも 80cm ～ 1.6m がほとんどなので、大人から子

エスプラネード沿いのボードウオークでは、夜明けとともに市民たちのランニング、ウオーキングが始まる。ランニングできる服装を準備していけば、観光前に運動できます。（広島県　苦悩揩蔵　'17)['24]

供まで思う存分楽しめる。ライフガードがいるので家族連れも安心だ。またラグーンの周りには無料の BBQ サイトも用意されている。エスプラネードラグーンから海沿いに続くボードウオークは、ケアンズ市民の憩いの場。途中にはアスレチック場や子供向け遊び場の**ムディーズ・プレイグラウンド** Muddy's Playground などもある。ボードウオークは水鳥ウオッチングにも最適な場所で、オーストラリアペリカン、リーフヘロンなどを見ることができる。

ボードウオークから間近に見られるオーストラリアペリカン

■ラスティーズマーケット
住 57-89 Grafton St., Cairns, QLD 4870
☎ (07)4040-2705
URL www.rustysmarkets.com.au
営 金土 5:00 ～ 18:00、日 5:00 ～ 15:00

ケアンズ市民の台所 MAP P.69/3A

ラスティーズマーケット
Rusty's Markets

金曜と週末に開かれるラスティーズマーケットは、ケアンズ市民が新鮮な食材を求めて、あるいは朝食やカフェタイムを楽しみにやってくる場所。1975 年にたった 6 軒の露店でオープンしたのが、いまや 180 を超える店舗が並ぶほどになった。アサートンテーブルランドで収穫された季節ごとの果実（バナナやマンゴー、ライチーなど）が格安で販売されている。

新鮮な野菜や果物がいっぱい

■ケアンズ博物館
住 Cnr. Lake & Shields Sts., Cairns, QLD 4870
☎ (07)4051-5582
URL www.cairnsmuseum.org.au
開 月～土 10:00 ～ 16:00
休 日、ニューイヤーズデー、グッドフライデー、クリスマスデー、ボクシングデー
料 大人 $15 子供 $6 家族 $30
※ 14 歳以下無料

ケアンズの成り立ちを知る MAP P.69/3A

ケアンズ博物館
Cairns Museum

シティプレイスに面して建つ 1902 年建造のクイーンズランド様式の建物（旧アートスクール）を改装し、隣接する近代的なビルとコンプレックスをなすよう造られたのがケアンズ博物館。3 階から下って見るよう展示が行われている。ケアンズの成り立ちをまとめたケアンズ・オーバータイム Cairns Overtime、開拓時代の様子をパネル展示で紹介するオールドケアンズ Old Cairns、熱帯地域での生活に関する紹介のリビング・イン・トロピックス Living in Tropics、ケアンズの今後についての紹介のチェンジングケアンズ Changing Cairns の 4 つのテーマの展示となっている。

建物自体も歴史的なケアンズ博物館

■サムライギャラリー
住 Level 1, 22 Shields St., Cairns, QLD 4870
☎ 0417-642-921
URL samuraigalleryaustralia.com
開 火～金 11:00 ～ 16:00、土 10:30 ～ 15:30 休 日月
料 大人 $10 子供 $5 家族 $25

ケアンズで日本の歴史を再発見 MAP P.69/3B

サムライギャラリー
Samurai Gallery

シティプレイスにある日本の刀、甲冑、槍、掛け軸などを展示するユニークなギャラリー。ケアンズを訪れるすべての人に、日本の重要な文化財、歴史を知ってほしいという願いを込めて、オーナーのジョンさんが収集したものだ。

大きなギャラリーではないがコレクションは充実

世界最大のテーマステンドグラスを見にいこう MAP P.69/2B

セントモニカズ・カテドラル
St Monica's Cathedral

第 2 次世界大戦時のケアンズ沖コーラルシー海戦での戦死者の供養のために建設された教会。ここには世界最大の「物語を描いたテーマステンドグラス」がある。

ラスティーズマーケットで買ったフルーツは、ホテルの朝食で出ているものよりも美味だった。（広島県　苦悩摺蔵　'17）['24]

じっくりとステンドグラスを眺めてみたい

■セントモニカズ・カテドラル
住 183 Abbott St., Cairns, QLD 4870 ☎(07)4046-5620
URL www.cairns.catholic.org.au
開 月～金 7:00～17:00、土 7:00～20:00、日 6:00～18:00

数多くの熱帯植物が植えられているフレッカー庭園

■ケアンズ・ボタニックガーデン
住 Collins Ave., Edge Hill, Cairns, QLD 4870
☎(07)4032-6650
URL www.cairns.qld.gov.au/experience-cairns/botanic-gardens
開 インフォメーションセンター：月～金 8:30～16:00、土日祝 9:30～14:00／フレッカー庭園：毎日 7:30～17:30／センテナリーレイクス：毎日 24 時間
料 無料
●フレッカー庭園無料ガイドツアー
時 日～金 10:00～11:00
※シティプレイスからトランスリンクバス No.131 利用、約 10 分

アクセス

●**パームコーブとノーザンビーチ**
　ケアンズ中心部からノーザンビーチ・エリアへは、トランスリンクバス Route110～113 利用。パームコーブまで行くのは Route110 のみなので注意。

静かな雰囲気のパームコーブビーチ

　入口上、東側はピースウインドー Peace Window と名づけられており、第 2 次世界大戦終戦 50 周年を記念して造られたもの。そしてその両脇の壁一面を埋めるのが世界最大のクリエーションウインドー Creation Window だ。北側奥の創世記から天地創造へといたるステンドグラスで、ケアンズらしく、この世に現れた大地にはカンガルーやカソワリィの姿も描かれている。

気軽に熱帯雨林を散策 MAP P.68/1A

ケアンズ・ボタニックガーデン
Cairns Botanic Gardens

　ケアンズ中心部から 4km ほど北のエッジヒル Edge Hill にある 38ha の敷地をもつ植物園。中心が**フレッカー庭園** Flecker Gardens で、1886 年にレクリエーション保護区として開園し、1971 年に現在のようなかたちとなった。園内には多様なシダを集めたムンローマーティン・ファーンハウス Munro Martin Fern House や、ランをコレクションしたジョージワトキンス・オーキッドハウス George Watkins Orchid House などもある。またコリンズ・アベニュー Collins Ave. から向かいの**センテナリーレイクス** Centenary Lakes まで熱帯雨林ボードウオークがあり、湖ではペリカンや黒鳥、シラサギなども観察できる。

ケアンズ近郊の町と島
AROUND CAIRNS

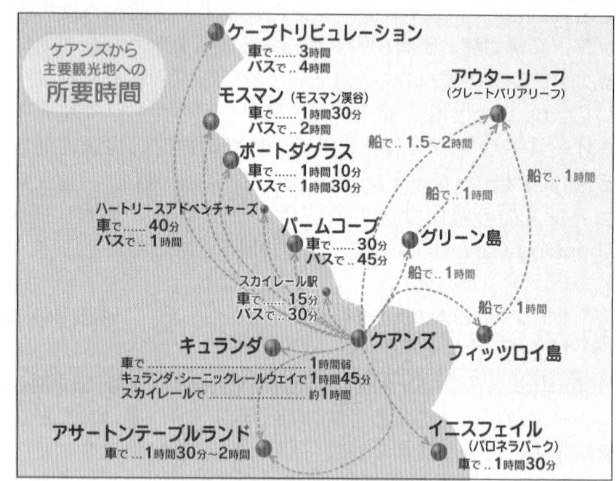

パームコーブとノーザンビーチ
Palm Cove & Northern Beach

ケアンズ北のビーチエリア

　ケアンズ中心部に自然のビーチはないが、北へ向かうとノーザンビーチと呼ばれるエリアにいくつものビーチがある。ケアンズから近い順に、**マーチャンズビーチ** Machans Beach、**ホロウェイズビーチ** Holloways Beach、**ヨーキーズ**

ノブ Yorkeys Knob、**トリニティビーチ** Trinity Beach、**ケワラビーチ** Kewarra Beach、**クリフトンビーチ** Clifton Beach、**パームコーブ** Palm Cove、**エリスビーチ** Ellis Beach と続く。ノーザンビーチの海は比較的穏やかだが、海水浴をする場合は注意が必要。夏季にはボックスジェリーフィッシュ（通称スティンガー）やイルカンジと呼ばれる毒クラゲが大量発生する。そのためビーチの一角にはクラゲよけネットが張られるので、このネットの外では絶対に泳がないこと。

パームコーブのウイリアムズ・エスプラネードにあるパームコーブ・ショッピングビレッジ

パームコーブ
Palm Cove

0　200m
栈橋
キャプテンクックハイウエイ
シーベル・パームコーブ・コーラルコースト The Sebel Palm Cove Coral Coast
サンクチュアリー・パームコーブ Sanctuary Palm Cove
CEDER RD
パラダイス・デイスパ
ペッパーズビーチクラブ&スパ·パームコーブ P.117 Peppers Beach Club & Spa Palm Cove
郵便局
パームコーブ・ショッピングビレッジ Palm Cove Shopping Village
P.117 リーフハウス・ブティックホテル&スパ The Reef House Boutique Hotel & Spa
リーフハウススパ
メラルーカリゾート Melaleuca Resort
リーフリトリート The Reef Retreat
ウイリアムズ・エスプラネード WILLIAMS ESPLANADE
TEREBRA ST
VEIVERS RD
マントラ・アンフォラ Mantra Amphora
イマジンドリフト・パームコーブ Imagine Drift Palm Cove
チリカフェ
P.117 アラマンダ・パームコーブ・バイ・ランスモア Alamanda Palm Cove by Lancemore
ヌヌ
P.112 アラマンダスパ
プルマン・パームコーブ・シーテンプルリゾート&スパ P.117 Pullman Palm Cove Sea Temple Resort & Spa
ヴィスパ P.112
DEEP ACRES DRV
CAPTAIN COOK HWY
ARGENTEA BLVD
N

人気のリゾート、パームコーブ

ビーチの続くマーリンコーストのなかでも人気があるのが、ケアンズから車で 30 分ほどのパームコーブ。ケアンズに次ぐリゾートとして開発されたが、規模は小さくのんびりとしている。にぎやかなのはレストランやコンドミニアムが並ぶビーチ沿いの**ウイリアムズ・エスプラネード** Williams Esplanade 周辺。ビーチは人もまばらだが、マリンアクティビティの設備は整っている。

グリーン島
Green Is.

ケアンズの人気 No.1 アイランド

ケアンズの沖合に浮かぶ、コーラルケイ（サンゴのかけらが堆積してできた島）がグリーン島。1 周歩いて 40 分ほどの小さな島の上は緑に覆われている。

1770 年、キャプテンクック一行がエンデバー号に乗ってオーストラリア東海岸を北上中にこの島を「発見」。その船には英国王立地理学会の天文学者グリーンが同乗しており、彼の名前がついたのだ。しかし、そんな歴史的な由来よりも、緑の多さから名づけられたように思えるほど、島の上はうっそうとしている。 また島の周囲には広大なラグーンが広がっており、スノーケリングやダイビングなどのマリンアクティビティが気軽に楽しめるようになっている。

空から眺めるグリーン島の美しさは格別

アクセス

●グリーン島
ケアンズから日帰りクルーズを利用するのが一般的 (→ P.93)。日帰りクルーズはグレートアドベンチャーズ、ビッグキャットが運航している。なお、グリーンアイランド・リゾート宿泊客の場合、宿泊料金にグレートアドベンチャーズの往復クルーズ代が含まれている。

高級リゾートホテルのグリーンアイランド・リゾート（→ P.116）もあるので、アイランドリゾート滞在を満喫したかったら宿泊してみるといい。

海中世界をのぞいてみよう！

マリンアクティビティ
Marine Activities

桟橋近くがスノーケリングのスポットとして人気

最も手軽にできるのがスノーケリング（島内ダイブショップで器材レンタルできる）。ビーチからのスノーケリングの場合、桟橋の南側がサンゴが多く魚もたくさん見られる好ポイントだ。日本人スタッフがたくさんいるダイブショップ主催の**ボートで行くスノーケルトリップ**なら、さらにサンゴのきれいな場所でスノーケリングが楽しめる。もちろん魚の数もひじょうに多い。

ダイブショップではほかにも**体験ダイビング**、**ファンダイビング**も行っている。体験ダイビングは最初にプールで講習してから海へ向かうので安心。海中ではインストラクターが手をつないでくれるので、まったく初めてでも問題なし。すばらしい海中世界を楽しめるはずだ。このほか泳げない人のためのグラスボトムボート遊覧も手配してくれる。

また人気なのが、ダイブショップ脇の小ブースで受け付けているヘルメットダイビングの**シーウォーカー**。ビーチから専用ボートで5分ほどのサンゴのきれいなポイントで、顔をまったくぬらすことなく海中散歩が楽しめるのだ。

気軽に海中世界が楽しめるシーウォーカー

ほかにもグラスボトムボートでの珊瑚礁観察（グラスボトムボートはグリーン島が発祥地）、パラセイリングなどのアクティビティが楽しめる。

■マリンアクティビティ
URL www.green-island.com.au
料 スノーケリングセット：1日$30／ボートで行くスノーケルトリップ：大人$58 子供$42 家族$162／体験ダイビング：1本$184／ファンダイビング：1本$136（全器材込み）／シーウオーカー：1人$194（12歳以上）／グラスボトムボート：大人$26 子供$14 家族$66／パラセイリング：約7分1人$150

日本人インストラクターと一緒に体験ダイビング

ワニの餌づけショーが観られる　MAP P.78

マリンランドメラネシア
Marineland Melanesia

入口付近はミニ水族館と、南太平洋地域から集めたさまざまな工芸品や美術品の展示だが、目玉はその奥、ウミガメのプールとイリエワニの飼育場だ。毎日10:30、13:30の2回、ウミガメ、イリエワニへのフィーディングショーがあり、特にイリエワニが棒からつり下げた餌にかぶりつくさまは壮観だ。

またショーの時間には子ワニを抱いて記念撮影もできる。飼育されているワニは50頭以上いて、なかには推定110歳以上で飼育下では世界最大のイリエワニ（体長5.5m）のカシウスもいる。

■マリンランドメラネシア
☎(07)4051-4032
URL www.greenislandcrocs.com.au 営 毎日9:30～16:00 料 大人$28 子供$14 家族$70
●ショー
時 毎日10:30～11:15、13:30～14:15

子ワニを抱いて記念撮影もできる

フィッツロイ島

Fitzroy Is.

熱帯雨林の島

穏やかな湾に面したサンゴのかけらでできたビーチ

ケアンズから比較的簡単に行ける島として、グリーン島と並び人気があるのがフィッツロイ島。大陸からわずか 6km、ケアンズから東南東に 26km の所に位置している。グリーン島がサンゴでできた小さなコーラルケイであるのに対し、フィッツロイ島は熱帯雨林の生い茂る比較的山がちな島だ。そのためマリンスポーツ以外にもブッシュウオーキングや、バードウオッチングなども楽しめる。

フィッツロイ島の楽しみ方

ケアンズからのカタマランは島の西側、ウエルカムベイ Welcome Bay に突き出た短い桟橋に着く。ウエルカムベイに面した一画はレストラン、アクティビティセンターなどが集まるリゾートエリアで、施設の充実した 4 つ星クラスのフィッツロイアイランド・リゾート (→ P.117) もある。また、ビーチもサンゴの細かいかけらでできていて、浅瀬にも珊瑚礁が点在している。スノーケリングにベストだ。

フィッツロイ島ではスノーケリングやグラスボトムボート、シーカヤックなどのアクティビティが楽しめる。日帰りならケアンズ発着でこれらのアクティビティがセットされたツアーに参加するのがお得。特にフィッツロイアイランド・アドベンチャーは、さまざまなアクティビティを組み合わせたパッケージをもっている。

灯台前の展望台からの眺めも壮大だ

またブッシュウオーキングにもトライしたい。健脚派には北端にある灯台を経由し島の頂上まで登り、その後リゾートへ戻ってくる**ライトハウス＆ピーク・サーキット** Lighthouse & Peak Circuit が、気軽なハイキングなら熱帯雨林のすばらしさを味わえる**シークレットガーデン** The Secret Garden がおすすめだ。

ケアンズ・タートル・リハビリテーションセンター Cairns Turtle Rehabilitation Centre にも立ち寄りたい。ボートのスクリューやサメに襲われて傷ついたウミガメの治療・リハビリを行い再び海に返す活動を行う施設で、1 日 1 回 15 人限定のツアーに参加する形で、ガイドの説明を聞きながら、リハビリ中のウミガメの観察ができる。

アクセス

●フィッツロイ島

ケアンズのリーフフリートターミナルから 3 社がフェリーを運航（所要約 45 分）。

●フィッツロイフライヤー

☎ (07)4044-6700

URL www.fitzroyisland.com

時 ケアンズ発 8:00、11:00*、13:30／フィッツロイ島発 9:30、12:15*、17:00

*：2～3 月の金～日のみ運航

料 往復：大人 $99 子供 $49.50 家族 $269

●フィッツロイアイランド・アドベンチャー（Experience Co.）

☎ (07)4030-7990

URL www.fitzroyislandadventures.com

時 ケアンズ発 8:30、10:45／フィッツロイ島発 14:00、16:00

料 往復：大人 $95 子供 $58 家族 $248 ※ 4/24 ～ 6/24、11/1 ～ 12/20、1/16 ～ 3/28 はオフピークとなり 大人 $89 子供 $56 家族 $234／スノーケルセット 大人 $30 子供 $20 家族 $80、グラスボトムボート 大人 $30 子供 $20 家族 $80、スノーケルエクスペリエンスツアー 大人 $55 子供 $45 家族 $160、スノーケルサファリツアー 大人 $65 子供 $55 家族 $190

●サンラバーリーフクルーズ

☎ (07)4050-1333

URL www.sunlover.com.au

時 ケアンズ発 8:45／フィッツロイ島発 16:00

料 往復：大人 $93 子供 $53／スノーケルセット＆グラスボトムボート付きツアー 大人 $129 子供 $79 家族 $337

■スノーケリング

リゾートでスノーケルセットが借りられる。料 1 日 $15

■ケアンズ・タートル・リハビリテーションセンター

時 毎日 13:00 ～ 13:45

料 大人 $20 子供 $12

キュランダ（クランダ）
Kuranda

0 500m

キュランダ・レインフォレスト・アコモデーションパーク
Kuranda Rainforest Accommodation Park
P.81 キュランダ・オリジナル・レインフォレストマーケット
Kuranda Original Rainforest Market
KENNEDY HWY
レインフォレステーション・ネイチャーパークへ
HERBOHN ST
ジャパニーズ・ティーハウス・バスク
カクーブラ・ロッジ
Kakooburra Lodge
ハヤブサ・オブ・キュランダ
ゴールデンドロップ・ワイナリー試飲販売所
キュランダ・レインフォレストコーヒー
キュランダ・ニューマーケット
Kuranda New Market
キュランダ・コアラガーデン
P.91 Kuranda Koala Gardens
セティ・バスショップ
警察
キュランダホテル
Kuranda Hotel
バードワールド・キュランダ
P.91 Birdworld Kuranda
キュランダ・リバーボート発着場所
THOOREE ST
THERWINE ST
COONDOO ST
P.81
キュランダ・ヘリテージマーケット
Kuranda Heritage Market
スカイレール駅
キュランダ・ホテル・ビストロ
キュランダ鉄道駅
P.91 オーストラリアン・バタフライ・サンクチュアリ
Australian Butterfly Sanctuary
KURANDA HEIGHTS RD
THONGON ST
BARANG ST
MEEROO ST
ARARA ST
バロン川
Barron River
レインフォレステーション・ネイチャーパーク送迎バス発着所
ピコ・イン・キュランダ P.123
キュランダ・インフォメーションセンター
ケネディ・ハイウェイ
キュランダビレッジセンター
Kuranda Village Centre
BARRON FALL RD
バートリーパーク
Bartley Park
ジャーマンタッカー
スカイレール
P.102
ROB VEIVERS DRV
ジュムラムクリーク・ウオーキングトラック
ジュムラムクリーク・エンバイロメンタル・パーク
Jumrum Creek Environmental Park
N
A
B

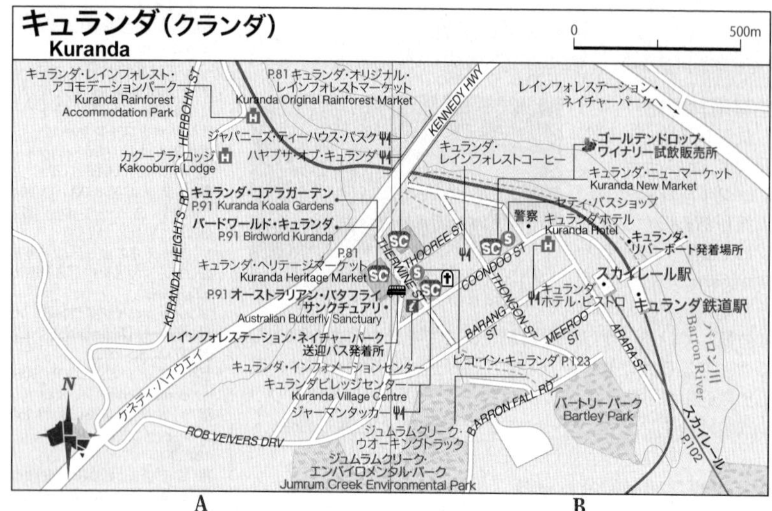

アサートンテーブルランド
Atherton Tableland

0 50km

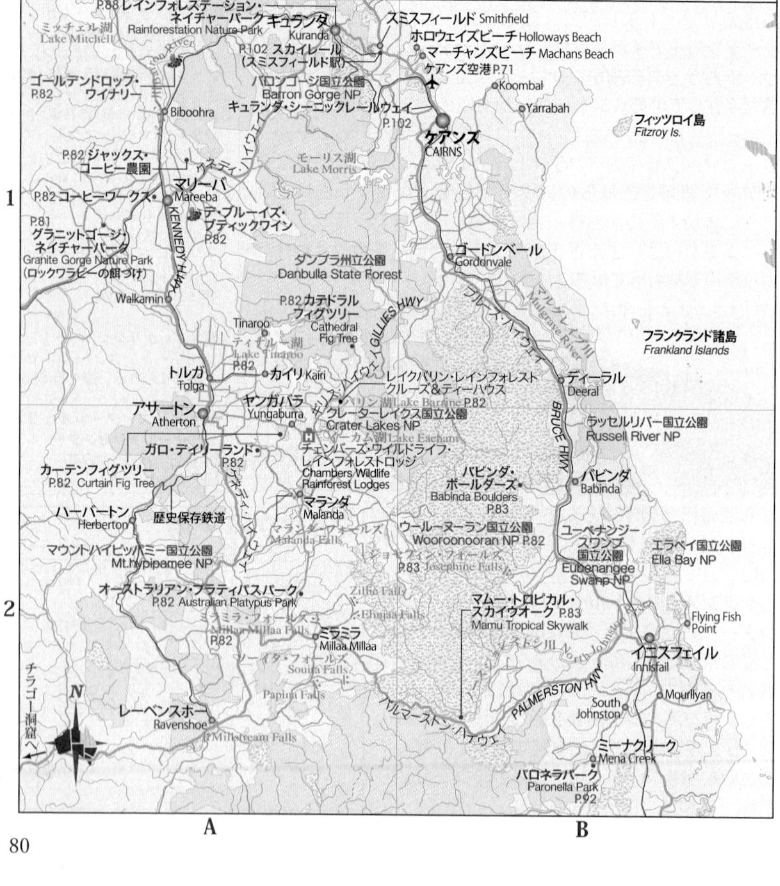

P.88 レインフォレステーション・ネイチャーパーク
Rainforestation Nature Park
キュランダ
Kuranda
スミスフィールド Smithfield
ミッチェル湖
Lake Mitchell
ホロウェイズビーチ Holloways Beach
P.102 スカイレール（スミスフィールド駅）
マーチャンズビーチ Machans Beach
ケアンズ空港 P.71
ゴールデンドロップ・ワイナリー
P.82
バロンゴージ国立公園
Barron Gorge NP
Koombal
キュランダ・シーニックレールウェイ
P.102
Yarrabah
Biboohra
ケアンズ
CAIRNS
フィッツロイ島
Fitzroy Is.
P.82 ジャックス・コーヒー農園
モーリス湖
Lake Morris
マリーバ
Mareeba
P.82 コーヒーワークス
KENNEDY HWY
デ・ブルーイズ・ブティックワイン
P.82
P.81 グラニットゴージ・ネイチャーパーク
Granite Gorge Nature Park
（ロックワラビーの餌づけ）
ダンブラ州立公園
Danbulla State Forest
ゴードンベール
Gordonvale
Walkamin
P.82 カテドラルフィグツリー
Cathedral Fig Tree
GILLIES HWY
Tinaroo
ティナルー湖
Lake Tinaroo
ブルース・ハイウェイ
マルグレイブ川
Mulgrave River
フランクランド諸島
Frankland Islands
トルガ
Tolga
P.82
カイリ Kairi
レイクバリン・レインフォレストクルーズ&ティーハウス
バリン湖 Lake Barrine P.82
ディーラル
Deeral
アサートン
Atherton
ヤンガバラ
Yungaburra
クレーターレイクス国立公園
Crater Lakes NP
イーカム湖 Lake Eacham
BRUCE HWY
ラッセルリバー国立公園
Russell River NP
ガロ・デイリーランド
P.82
チェンバーズ・ワイルドライフ・レインフォレストロッジ
Chambers Wildlife Rainforest Lodges
カーテンフィグツリー
P.82 Curtain Fig Tree
バビンダ・ボールダーズ
Babinda Boulders
P.83
バビンダ
Babinda
ハーバートン
Herberton
歴史保存鉄道
マランダ
Malanda
マランダ・フォールズ
Malanda Falls
ウールーヌーラン国立公園
Wooroonooran NP P.82
ユーベナンジー・スワンプ国立公園
Eubenangee Swamp NP
エラベイ国立公園
Ella Bay NP
マウントハイピッパミー国立公園
Mt.hypipamee NP
ジョセフィン・フォールズ
P.83 Josephine Falls
オーストラリアン・プラティパスパーク
P.82 Australian Platypus Park
Zillie Falls
Ellinjaa Falls
マムー・トロピカル・スカイウオーク P.83
Mamu Tropical Skywalk
Flying Fish Point
ミラミラ・フォールズ
Millaa Millaa Falls
P.82
ミラミラ
Millaa Millaa
ジョンストン川
North Johnstone River
イニスフェイル
Innisfail
ソーイタ・フォールズ
Souita Falls
Papina Falls
PALMERSTON HWY
パルマーストン・ハイウェイ
Mourilyan
チラゴー洞窟へ
レーベンスホー
Ravenshoe
South Johnston
Millstream Falls
ミーナクリーク
Mena Creek
パロネラパーク
Paronella Park
P.92
N
1
2
A
B

キュランダ（クランダ）とアサートンテーブルランド

Kuranda & Atherton Tableland

熱帯雨林に囲まれたキュランダ

キュランダ・シーニックレールウェイでキュランダへ

キュランダはケアンズの北西30km（車で約40～50分）に位置する人口約4800人の高原の町。その昔は先住民がこの地域に暮らしており、キュランダという名前はこの地の先住民の言葉で「熱帯雨林の村」という意味。19世紀には鉱山の町として栄え、1886年には鉱山で働く人のために鉄道が敷かれた。これが現在、観光用のキュランダ・シーニックレールウェイ（→P.102）となっている。キュランダへは、この鉄道と世界有数の長さを誇る熱帯雨林俯瞰用ケーブルウェイのスカイレール（→P.102）を組み合わせて訪れるのが一般的となっている。

工芸品がいっぱいのキュランダ・ヘリテージマーケット

キュランダの町は、鉱山鉄道が利用されなくなったあとの1960年代から、ヒッピーが自由を求めて集まっていた。

現在では町には多くのアーティストが住み、**キュランダ・ヘリテージマーケット** Kuranda Heritage Marketや**キュランダ・オリジナル・レインフォレストマーケット** Kuranda Original Rainforest Marketで、彼らの作品を観ることができる。また、蝶や鳥の飼育施設や小さな動物園（→P.91）もあり、のんびり散策するには最適だ。またキュランダから車で5分ほどの場所には、レインフォレステーション・ネイチャーパーク（→P.88）がある。人気の水陸両用車アーミーダックに乗れたり、コアラを抱いて記念撮影できたり、先住民のショーが観られたりする人気の熱帯雨林テーマパークだ。

高原地帯と熱帯雨林が楽しめる アサートンテーブルランド

キュランダから西は大分水嶺（グレートディバイディングレンジ）に開けた高原地帯で、アサートンテーブルランドと呼ばれている。この一帯の気候は複雑で、キュランダ同様の熱帯雨林があるかと思えば、わずか数km先が降雨量の少ない乾燥気候となっていたりする。こうした特異な気象条件と標高の高さを利用し、牧畜業、農業（コーヒーや紅茶、マンゴー、ライチー、バナナなど）が盛んだ。

見どころは点在しており、レンタカー利用が基本だ（ケアンズ発のツアーも多い）。よく知られているのが、**マリーバ** Mareeba近郊の花崗岩渓谷**グラニットゴージ・ネイチャーパーク** Granite Gorge Nature Park。ここには固有のイワワラビーであるマリーバロックワラビーが生息しており、入口で餌を買っておけば誰でも簡単に餌づけが楽しめる。

アクセス

●キュランダ（クランダ）とアサートンテーブルランド

アクセスは、ケアンズ郊外のカラボニカレイクス発のゴンドラから熱帯雨林を眼下に望めるスカイレールと、1880年代製のクラシックな列車、キュランダ・シーニックレールウェイを組み合わせるのが一般的。ほかにケアンズからはトランスノース・バス＆コーチサービス（→P.73）が1日数便のバスを運行している。

■キュランダ・インフォメーションセンター MAP P.80上/B
住 Therwine St., Kuranda, 4881 URL www.kuranda.org
開 毎日 10:00～16:00
休 クリスマスデー

■キュランダ・ヘリテージマーケット MAP P.80上/A
住 2-4 Rob Veivers Drv., Kuranda, 4872
☎ (07)4093-8060
URL kurandamarkets.com
営 水～日 10:00～15:30

■キュランダ・オリジナル・レインフォレストマーケット MAP P.80上/B
住 7/13 Therwine St., Kuranda, 4881 ☎ (07)4095-2991
URL www.kurandaoriginalrainforestmarket.com.au
営 水～日 10:00～15:00

オリジナルマーケット内にあるハヤブサではどら焼きが食べられる

オリジナルマーケット内バスクは、日本茶所として大人気

■グラニットゴージ・ネイチャーパーク MAP P.80下/1A
住 332 Peglietta Rd., Chewko via Mareeba, QLD 4880
☎ (07)4093-2259
URL www.granitegorge.com.au
料 大人$15 子供$8（高校生）、$5（小中学生）／ワラビーの餌$1

■**コーヒーワークス**
MAP P.80 下 /1A
住 136 Mason St., Mareeba, QLD 4880 ☎(07)4092-4101
URL coffeeworks.com.au
営 毎日 8:00 ～ 15:00

■**ジャックス・コーヒー農園**
MAP P.80 下 /1A
住 137 Leotta Rd., Mareeba, QLD 4880 ☎(07)4093-3284
URL www.jaquescoffee.com
※ 2024 年 4 月まで休業
料 プレミアムコーヒーツアー 大人 $75 子供 $50（コーヒーギフト付き）

■**ゴールデンドロップ・ワイナリー**
MAP P.80 下 /1A
住 227 Bilwon Rd., Biboohra, QLD 4880 ☎(07)4093-2750
URL www.goldendrop.com.au
営 毎日 9:00 ～ 16:30

■**デ・ブルーイズ・ブティックワイン**
MAP P.80 下 /1A
住 189 Fichera Rd., Mareeba, QLD 4880 ☎(07)4092-4515
URL www.debrueys.com.au
営 毎日 10:00 ～ 16:00

■**ガロ・デイリーランド**
MAP P.80 下 /2A
住 1 Malanda Rd., Atherton, QLD 4883 ☎(07)4095-2388
URL gallodairyland.com.au
営 水～日 10:00 ～ 16:00

■**レイクバリン・レインフォレストクルーズ＆ティーハウス**
MAP P.80 下 /1A
住 Gillies Hwy., Yungaburra, QLD 4884 ☎(07)4095-3847
URL www.lakebarrine.com.au
営 月木金 9:00 ～ 14:30、土日祝 8:30 ～ 15:00 ／レインフォレストクルーズ：土日祝 10:00 ～ 13:00 の 1 時間ごと
休 クリスマスデー
料 レインフォレストクルーズ（30 分）大人 $22 子供 $10 家族 $60

■**オーストラリアン・プラティパスパーク**
MAP P.80 下 /2A
住 912 Millaa Millaa-Malanda Rd., Minbun, QLD 4885
☎(07)4097-2713
営 木金日 10:00 ～ 16:00
料 プラティパスビューイング（セルフウオーク）大人 $10 子供 $8.50

見逃したくないカーテンフィグツリー

またマリーバの町では**コーヒーワークス** The Coffee Works、**ジャックス・コーヒー農園** Jaques Coffee Plantation などのコーヒー農園、**ゴールデンドロップ・ワイナリー** Golden Drop Winery や**デ・ブルーイズ・ブティックワイン** de Brueys Boutique Wines といったフルーツワイナリーがあり、試飲などが楽しめる。

アサートンテーブルランド随一の滝ミラミラ・フォールズ

ヤンガバラ Yungaburra の村外れにある巨大な絞め殺しのイチジクの**カーテンフィグツリー** Curtain Fig Tree と**カテドラルフィグツリー** Cathedral Fig Tree や、カンタス航空の CM 撮影にも使われた熱帯雨林の中の美しい滝**ミラミラ・フォールズ** Millaa Millaa Falls もぜひ見ておきたい。

ほかにも火山湖のひとつ**バリン湖** Lake Barrine でのクルーズとバリン湖ティーハウスでのアフタヌーンティー、アサートン近郊**ガロ・デイリーランド** Gallo Dairyland でのチーズやチョコレート購入、さらに**オーストラリアン・プラティパスパーク** Australian Platypus Park でのカモノハシ・ウオッチングなどは外せない。ほかにも、ケアンズの水源**ティナルー湖** Lake Tinaroo でのウオータースポーツなどが人気だ。週末にアサートン Atherton ～ハーバートン Herberton ～レーベンスホー Ravenshoe を結ぶ歴史保存鉄道の蒸気機関車、鍾乳洞の**チラゴー洞窟** Chillagoe Caves なども見どころだ。

イニスフェイルとウールーヌーラン国立公園
Innisfail & Wooroonooran NP

イタリア系移民の多いイニスフェイル

イタリア系カフェが多いイニスフェイル

ケアンズの南約 90km にあるのがイニスフェイル。アサートンテーブルランド南部への入口、さらにラフティングで有名なタリー Tully やダンク島への船が出るミッションビーチへの起点となる町だ。人口約 7500 人とさほど大きな町ではないが、近郊には宮崎アニメファンに人気の古城パロネラパーク（→ P.92）があり、訪れる観光客は少なくない。

イニスフェイルの町は、ヨーロッパが戦火に見舞われた第 1 次世界大戦から第 2 次世界大戦にかけて多くのイタリア系移民が住み着き、その礎が築かれた。今もその名残で、町で見かける人の多くはイタリア系で、町には美味なイタリア料理店も何軒かある。

水遊びを楽しむならジョセフィン・フォールズへ

巨石が造る不思議な渓谷バビンダ・ボールダーズ

人気の世界遺産の森 ウールーヌーラン国立公園

ケアンズの南部からイニスフェイルにかけての大分水嶺がウールーヌーラン国立公園となっている。その広さは実に798km^{2}で、東京23区をひと回り大きくしたほどの面積だ。クイーンズランド州の2大高山であるマウント・バートルフレア Mt.Bartle Frere (1622m)、マウント・ベレンデンカー Mt.Bellenden Ker (1592m) も、この国立公園内にある。一帯は世界遺産に登録されている熱帯雨林の森だ。

観光客に人気のスポットはおもに3ヵ所。ケアンズ市民が休日にピクニックにやってくる場所として知られる**バビンダ・ボールダーズ** Babinda Boulders (バビンダとは先住民の言葉で「滝」を意味する)。熱帯雨林に囲まれた美しい湖とそこから流れ出す川。川には巨石が転がり急流を造り出している。湖の透明度はひじょうに高く、スイミングスポットとして人気が高い。

ウールーヌーラン国立公園の自然観光スポットとして人気なのが、**ジョセフィン・フォールズ** Josephine Falls。美しい熱帯雨林散策路をもち、その先にはジョセフィン・フォールズがある。階段状になった岩の上からウオータースライダー気分で滑り降りることができる。

またイニスフェイルからミラミラへ向かうパルマーストン・ハイウェイ沿いにある熱帯雨林観察用施設**マムー・トロピカル・スカイウオーク** Mamu Tropical Skywalk もぜひ訪れたい。ウールーヌーラン国立公園南部の熱帯雨林内にウオーキングトレイルとツリートップウオーク (エレベイテッド・ウオークウェイ) を張り巡らせており、普段なかなか目にすることができない、森の林冠部分を観察できるようになっている。またツリートップウオークの最後の折り返し地点には高さ37mのタワーがあり、ジョンストン渓谷のすばらしい景観を堪能できる。

ポートダグラス
Port Douglas

高級感漂う大人のリゾートタウン

ケアンズの北70kmの所に位置するポートダグラスは、6.4kmもの長さをもつ4マイルビーチ 4 Mile Beach に面した港町だ。町は太平洋とディクソンインレット Dickson Inlet という入江に挟まれた半島にあり、グレートバリアリーフ北部へのクルーズ船の発着地、ゲームフィッシングの基地として昔から知られている。また、豪華ホテル&コンドミニアムが集まったオーストラリア有数の高級リゾート地区としても評判だ。

アクセス

●イニスフェイルとウールーヌーラン国立公園

ケアンズ市中から、公共の交通機関はないのでレンタカーもしくはツアー利用となる。

■ゴールデンガンブーツ

タリー、イニスフェイル、バビンダで競われている「オーストラリアで最も降水量の多い町競争」の勝者に贈られる、金色のブーツ (ゴム製)。1950年に7900mmもの降水量を記録したタリーに、2003年に巨大なゴールデンガンブーツの記念碑が建てられている。実際のゴールデンガンブーツは年により置かれている町が異なる。

■マムー・トロピカル・スカイウオーク MAP P.80下/2B
住 Palmerston Hwy., Innisfail, QLD 4860
☎ (07)4064-5294
URL mamutropicalskywalk.com.au
開 毎日9:00～15:30 (最終入園16:30) 休 クリスマスデー
料 大人$30 子供$18 家族$90

ツリートップウオーク形式のマムー・トロピカル・スカイウオーク

アクセス

●ポートダグラス

ケアンズからエクセレンスコーチ (→P.73) のシャトルバスが出ている。ケアンズ国際空港も経由するので、空港から直接ポートダグラスへ入ることも可能だ。ケアンズからの所要時間は約1時間10分。

開放感いっぱいの4マイルビーチ

高級ヨットハーバーのリーフマリーナ

ケアンズからやってくると、ポートダグラスの町へといたるポートダグラス・ロード沿いの整然としたヤシ並木が印象的だ。この並木道の両側には動物園のワイルドライフハビタット（→ P.90）、オーストラリア有数の豪華リゾート、シェラトン・グランドミラージュ・ポートダグラスをはじめとする高級ホテルやコンドミニアム、さらにゴルフ場などが続き、やがてデビッドソン・ストリートと名前を変えて町へ入っていく。

町の中心はマクロッサン・ストリート

町の中心は、4 マイルビーチとディクソンインレットを結ぶマクロッサン・ストリート Macrossan St. だ。通りの両側にはブティックやカフェ、レストラン、おみやげ物店などが並んでいる。なかでもスーパーのコールスが入った**ポートビレッジ** Port Village はポートダグラスいちのショッピングセンターで、地元の人、観光客でいつもにぎわっている。

マクロッサン・ストリートのディクソンインレット側にある小さな公園が**アンザックパーク** Anzac Park。第 1 次、第 2 次世界大戦で亡くなったオーストラリア兵を祀る記念碑があり、献花が絶えない。公園脇にある海の見える小さなチャペルが、**セントメアリーズ・バイ・ザ・シー** St Mary's

日曜に開かれるマーケットはローカル色いっぱい

■ポートダグラス・マーケット MAP P.84
☎ 0459-999-078
URL douglas.qld.gov.au/port-douglas-markets
開 日 8:00 ～ 13:30

COLUMN ポートダグラスで味わうクラフトビール

各種クルーズが発着するリーフマリーナ（クリスタルブルック・スーパーヨットマリーナ）にはケアンズのクルーズターミナルにあるヘミングウェイズ・ブリュワリーの支店があり、クラフトビールが楽しめる。モスマン渓谷の清らかな水、オーストラリア産ホップを使用して作られた 6 種類のビールを提供。小さなグラスでの飲み比べセットもあり人気だ。

●ヘミングウェイズ・ブリュワリー Hemingway's Brewery MAP P.84
住 Crystalbrook Superyacht Marina, 44 Wharf St., Port Douglas, 4877 ☎ 0482-173-337
URL www.hemingwaysbrewery.com
営 水～日 12:00 ～ 21:00（5 ～ 12 月は毎日営業予定）
●ヘミングウェイズ・ブリュワリー・ケアンズワーフ MAP P.69/3B データの詳細→ P.112

by the seaで、ここはオージーはもちろん日本人ハネムーナーにも人気の挙式場だ。またこの公園では毎週日曜に**ポートダグラス・マーケット** Port Douglas Markets も開かれるので覚えておくといい。

各種クルーズ発着場所のリーフマリーナ

アンザックパークに沿ってディクソンインレット沿いを通るのがワーフ・ストリート Wharf St.。ショッピングセンター兼アウターリーフクルーズ発着マリーナである**クリスタルブルック・スーパーヨットマリーナ** Crystalbrook Superyacht Marina もこの通りにある。

町の中にはさしたる見どころがないのだが、半島の突端にある、**フラッグスタッフヒル展望地** Flagstaff Hill Lookout へはぜひ出かけてみたい。特に早朝は、朝日に輝く南太平洋がキラキラと美しく、思わず見とれてしまうほどだ。

モスマンとディンツリー国立公園
Mossman & Daintree NP

モスマン渓谷の清流で水遊び

最古の熱帯雨林エリアへ

ケアンズから日帰りで、徹底的に熱帯雨林を満喫したいなら、ポートダグラスのさらに北、世界遺産に登録されている熱帯雨林のひとつディンツリー国立公園を目指そう。ディンツリー川を挟み大きく南側と北側に分かれており、南側の中心地がモスマン、北側が**ケープトリビュレーション** Cape Tribulation となる。レンタカーで訪れることも可能だが、ケアンズから出ている日本語ガイド付きツアーに参加したほうがより興味深く森に親しめるはずだ。

モスマン渓谷ではモスマンゴージセンターを起点に熱帯雨林散策

モスマンの町から西へ 15km ほど、モスマン渓谷の手前約 2km の場所にあるのが**モスマンゴージセンター** Mossman Gorge Centre。モスマン渓谷を観光するには、まずここに立ち寄らなくてはいけない（一般車両はここまでしか入ることができない）。センター内にはこの地の先住民ククヤランジ族のアートを展示するギャラリーやカフェ、レストランなどがある。センターからモスマン渓谷へは、歩くか**シャトルバス** Shuttle Bus を利用するかのいずれかとなる。

シャトルバスのモスマン渓谷側バス停からは森の中に分け入るボードウオークが整備されている。約 30 分で 1 周できるショートウオークでは、熱帯植物のすばらしさを実感できるし、途中モスマン川でのスイミングスポットもある。さらに森に興味がある人は 1 周 2.4km のレインフォレストサーキット Rainforest Circuit を歩いてみるといい。

アクセス

●モスマンとディンツリー国立公園

ケアンズからトランスノース・バス＆コーチサービス（→ P.73）がモスマン、ディンツリー、ケープトリビュレーションへバスを運行している（火木土の週 3 便）。モスマンまではケアンズ発の日帰りツアーも多いので参加するのもおすすめだ。なおケープトリビュレーションへのバスは道路状況により運休になる場合あり。

●トランスノース・バス＆コーチサービス
☎ (07)3036-2070
URL www.transnorthbus.com
料 ケアンズ～モスマン片道：大人 $41 子供 $35 ／ケアンズ～ケープトリビュレーション片道：大人 $62.70 子供 $53.30

■モスマンゴージセンター
MAP P.67/2A
住 212r Mossman Gorge Rd., Mossman 4873
☎ (07)4099-7000
URL www.mossmangorge.com.au
開 月～土 8:00 ～ 18:00、日 8:00 ～ 17:00

●シャトルバス
時 毎日 8:00 ～ 17:30 の間 15 分ごとに運行
料 大人 $14 子供 $7 家族 $35
※同日内であれば何度でも利用可能

●ドリームタイム・ゴージウオーク
時 毎日 10:00、11:00、13:00、14:00 スタート（所要 1 時間 30 分）
料 大人 $90 子供 $45 家族 $225
※シャトルバス込み

森散策の起点
モスマンゴージセンター

また熱帯雨林はもちろん先住民文化にも興味があったら、ククヤランジ族のガイドが案内する**ドリームタイム・ゴージウオーク** Dreamtime Gorge Walksに参加するといい。神聖な森へ入る煙の儀式後、このガイドツアーでのみ入ることができる森で、ガイドが森での生活の方法や植物から恵みを得る方法などを詳しく教えてくれる。オカーと呼ばれるフェイスペインティングも体験できる。

熱帯雨林を満喫できるアクティビティが豊富なケープトリビュレーション

モスマンのさらに北ディンツリーの村では、ディンツリー川クルーズが人気。イリエワニのすむ川を1時間程度のクルーズで見て回るというものだ。

マングローブ茂るディンツリー川をクルーズ

ディンツリー川から北、ディンツリー国立公園北部にあたるケープトリビュレーションへは、ケアンズから多数のツアーが出ているが、日帰りだと移動時間が極端に長くなりおすすめできない。時間が取れるようならここに数泊して、ケープトリビュレーションの魅力をじっくり体験してみたい。

ディンツリー・ディスカバリーセンターのツリートップタワー

最初に訪れたいのがこの地区の南部**カウベイ** Cow Bayにある**ディンツリー・ディスカバリーセンター** Daintree Discovery Centre。5層23mの高さのツリートップタワーをもち、各層から高さに応じた熱帯雨林の様子を見学できる。熱帯雨林をぬうようにボードウオークが張り巡らされており、さまざまな植物を見ることができる。また**ソーントンビーチ** Thornton Beach近くの**マージア・ボタニカルウオーク** Maardja Botanical Walkも必見。板状根をもつ巨木や、さまざまなシダ類、着生植物、絞め殺しのイチジクなど、熱帯雨林特有の植物はもちろん、海沿いに広がるマングローブの森もじっくり観察できる800mほどのボードウオークだ。近くでは**ケープトリビュレーション・ウィルダネスクルーズ** Cape Tribulation Wilderness Cruisesも楽しめる。小型ボートでの日中2回のクルーズ(所要約1時間)。マングローブ林、野生のワニなどが観察できる。

ケープトリビュレーション（ケープトリップと略して呼ばれることも多い）は海に突き出した小さな岬で、1770年6月11日、この周囲に広がる珊瑚礁でキャプテンクックの乗ったエンデバー号が座礁してしまったため、「困難な岬」という意味のこの名前がつけられた。ケープトリビュレーションの北には白砂の美しいビーチが続く。岬に沿ったウオーキングトレイルが造られており、途中の見晴らし台に出れば、ビーチに面した湾がサンゴで埋め尽くされていることがわかるだろう。

ケープトリビュレーションビーチでのんびり

ドリームタイム・ゴージウオークで熱帯植物を見て回る

■ディンツリー川クルーズ
数社が催行しており、どこも似たような内容だ。

●ブルースベルカー＆サン・リバークルーズ
☎0459-241-899
URL www.daintreerivercruises.com.au
時 毎日9:30、11:00、12:00、13:30、14:30（所要1時間）
料 大人$35 子供$16 家族$89

●ディンツリー・リバークルーズセンター
☎(07)4098-6115
URL www.daintreerivercruisecentre.com.au
時 毎日9:30、11:00、12:00、14:00、15:30（所要1時間）
料 大人$35 子供$17.50 家族$90

■ディンツリー・ディスカバリーセンター MAP P.67/2A
住 Cnr. Cape Tribulation & Tulip Oak Rds., Cow Bay, 4873
☎(07)4098-9171
URL discoverthedaintree.com
開 毎日8:30～17:00
休 クリスマスデー
料 大人$39 子供$19 家族$95
※7日以内再入場可

■ケープトリビュレーション・ウィルダネスクルーズ
☎045-773-1000
URL www.capetribcruises.com
時 季節によって時間が変わるので事前に電話で確認のこと
料 デイクルーズ：大人$34 子供$24

■ケープトリビュレーションからの半日アウターリーフ・クルーズ
●オーシャンサファリ Ocean Safari
☎(07)4098-0006
URL www.oceansafari.com.au
時 ケープトリビュレーション発着：毎日7:45～12:30（7～10月は11:45～16:30もある）
料 大人$184 子供$118 家族$552

オーストラリア本土の海岸線で、これほど見事な珊瑚礁をもつ場所は少ない。ただし、ここの珊瑚礁はいわゆるバリアリーフではない。陸地沿いの海底にできるフリンジングリーフと呼ばれるものだ。

クックタウン
Cooktown

キャプテンクック上陸地近くに立つクックの銅像

ケアンズから北へ約200km。ケープヨークの入口に位置するノースクイーンズランド最古の町で、その名が示すとおり、ジェームズ・クックゆかりの町だ。クック一行は1770年8月17日、珊瑚礁海域で座礁。船の修理のために上陸したのが、エンデバー川の河口である現在のクックタウン。約100年後の1872年、近郊のパルマーリバーで金が発見され、ゴールドラッシュが起き、クックタウンの人口は急増。実に3万を超え、クイーンズランド第2の規模を誇るまでになった。しかしそんなにぎわいもわずか数年で幕を閉じ、また1907年、1949年の2度にわたる大型サイクロンの襲来なども原因となって、徐々に廃れていった。

現在は人口2600人ほどの静かな町。ゴールドラッシュ当時の建物がいくつか残っており、特に**クックタウン博物館** Cooktown Museumは見逃せない。1888年建造の尼僧院を改修。館内にはクックの生涯や航海に関する展示、ゴールドラッシュ時代の遺物、金鉱掘りとして大量に入ってきた中国人のコミュニティに関する展示がある。

リザード島
Lizard Is.

G.B.R.ケアンズセクション北端に位置するリザード島は、ダイバーとアングラー憧れの島。人気のダイビングポイント、コッドホールへの日帰りダイビングが可能で、近海はブラックマーリンを釣るゲームフィッシングのポイントとなっている。毎年9～12月のフィッシングシーズンには、世界中から数多くのアングラーがこの島に集まる。

この島は1770年にキャプテンクック一行がG.B.R.海域を北上しているときに重要な役割を果たした。G.B.R.から外洋へと抜ける航路をなかなか見つけられずにいた一行は、島の頂上から海域を眺め、外洋へと通じる水路を発見。そのときクックと行動をともにした医師ジョセフ・バンクが島に数多くいるオオトカゲを見て驚き、リザード（英語でトカゲという意味）島と名づけたという由来がある。島にはグレートバリアリーフ地区有数の超高級リゾート、**リザードアイランド・グレートバリアリーフ**がある。宿泊施設はこのリゾートのみで、各種サービスは基本的にリゾート滞在客用。ただし、一部ダイビングクルーズなどがこの島を訪れることがある。

アクセス
●クックタウン
ケアンズからトランスノース・バス＆コーチサービスが、キュランダやマリーバを経由する内陸ルートに水金日（所要約5時間）、ケープトリビュレーション経由の海岸ルート（道路状況により運休の可能性あり）に月水金にバスを運行。またケアンズから毎日ヒンターランドアビエーション Hinterland Aviation が3～4便フライトをもっている。

●トランスノース・バス＆コーチサービス
☎(07)3036-2070
URL www.transnorthbus.com
料 ケアンズ～クックタウン片道 大人$101.10 子供$86

●ヒンターランドアビエーション ☎1300-359-428
URL www.hinterlandaviation.com.au

■クックタウン＆ケープヨーク・ビジターインフォメーションセンター
Cooktown & Cape York Visitor Information Centre
住 Walker St., Botanic Garden, Cooktown, 4895
☎(07)4069-6004
URL www.cooktownandcapeyork.com
開 毎日8:30～16:00（季節により多少異なる）

■クックタウン博物館
住 Cnr. Helen & Furneaux Sts., Cooktown, 4895
☎(07)4069-5386
URL nationaltrustqld.org.au/visitor-sites/Cooktown-Museum
開 水～日9:00～14:00
休 月火、クリスマスデー、ボクシングデー、大晦日
料 大人$25 子供$15 家族$65

アクセス
●リザード島
リザード島滞在客向けにケアンズ～リザード島に小型飛行機を運航している。G.B.R.洋上を飛ぶので遊覧飛行も楽しめる。詳細は下記へ。
URL www.lizardisland.com.au

美しいラグーンに囲まれたリザード島

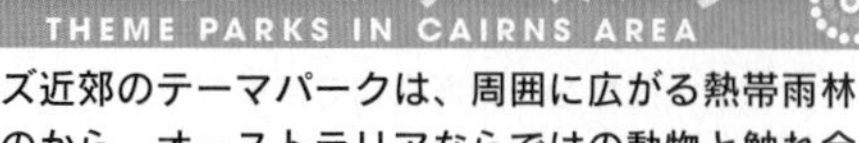

ケアンズとその近郊のテーマパーク
THEME PARKS IN CAIRNS AREA

ケアンズ近郊のテーマパークは、周囲に広がる熱帯雨林を楽しむものから、オーストラリアならではの動物と触れ合うもの、さらに太古から生きてきた先住民文化を知るものまで、さまざま。しかし基本は、あくまでナチュラル志向ということ。それだけに、一つひとつ、ゆっくり時間をかけて楽しみたい。

熱帯雨林のすばらしさを味わおう MAP P.67/3B

レインフォレステーション・ネイチャーパーク
Rainforestation Nature Park

アーミーダックで川の上から熱帯雨林観察

キュランダ郊外にある熱帯雨林テーマパーク。園内は3つのセクションに分かれている。特に人気があるのが**アーミーダック・ツアー**。1940年代にアメリカで軍用に造られた30人乗り大型水陸両用車（コードネーム DUKW／通称ダック）に乗って、熱帯雨林の森や水が満々と流れるクリークの中をアドベンチャー気分で見て回るというもの（所要約45分）。もちろんエコガイドが同乗するので、植物や動物、鳥などについての解説も詳しく聞ける（ケアンズ発着の日本語ツアーに参加すれば、日本語で解説が聞ける）。なおアーミーダック・ツアー発着場所の周りは、さまざまな熱帯フルーツが植えられた果樹園となっており、これらを見て回るのもお忘れなく。

この地の先住民パマギリ族の踊りのショーを観たり、ディジュリドゥ（先住民の木管楽器）演奏やブーメラン＆ヤリ投げなどの体験プログラム、ドリームタイムウオーク Dreamtime Walk が楽しめる**パマギリ・アボリジナルエクスペリエンス** Pamagirri Aboriginal Experience も見逃せない。オーストラリアの先住民文化体験施設はそれほど多くはないので、貴重な体験になるはず。またコアラやカンガルー、ワラビー、ワニなどのいる**コアラ＆ワイルドライフパーク** Koala & Wildlife Park はこぢんまりした動物園。ここでは、カンガルーやワラビーへの餌づけを楽しもう。なお別料金で、コアラを抱いての記念写真撮影も可能だ。

コアラ＆ワイルドライフパークではカンガルーが放し飼いになっている

■レインフォレステーション・ネイチャーパーク

住 1030 Kennedy Hwy. (P.O.Box 54), Kuranda, 4872

☎ (07)4085-5008

URL www.rainforest.com.au

開 毎日 9:00 ～ 15:30

休 クリスマスデー

料 すべての入園料を含むビッグネイチャーパッケージ：大人 $59 子供 $37 家族 $155 ／アーミーダックのみ：大人 $28 子供 $17 家族 $73 ／コアラ＆ワイルドライフパーク：大人 $20 子供 $12 家族 $52 ／パマギリ・アボリジナルエクスペリエンス：大人 $28 子供 $17 家族 $73 ／コアラを抱いて記念写真：$29 ／コアラと一緒に記念写真 $24

アクセス キュランダのオーストラリアン・バタフライサンクチュアリ前から 10:45、11:15、11:45、12:15、13:45、14:15 に送迎バスあり（往復 大人 $13 子供 $8 家族 $34）

●マルチパークパス

レインフォレステーション・ネイチャーパークのフルパッケージとオーストラリアン・バタフライサンクチュアリ、ワイルドライフハビタットの入園料がセットになった割引パス。大人 $99 子供 $62 家族 $260

パマギリ族の人に教えてもらいながらブーメラン投げに挑戦

パマギリで繰り広げられるコロボリーダンス

ケアンズ近郊最大の動物パーク

MAP P.67/3A

ハートリースアドベンチャーズ
Hartley's Crocodile Adventures

ボートクルーズで見られるジャンピングクロコダイルに大興奮

オーストラリアならではの動物と自然に近い環境で出合える動物園。ケアンズとポートダグラスの間にあり、1930年代にこの地で始まったクロコダイルファームがベース。その後、ワニ以外の動物エリアが大幅に拡張され現在のようになった。園内はハートリースラグーン（ほぼ野生状態でイリエワニのすむ池）を中心に、ワイルドディスカバリートレイル（コアラとオーストラリアならではの鳥や爬虫類が観察できる）、ゴンドワナ・ゲートウェイ（コアラ、カンガルー、ウォンバットなど愛らしいオーストラリアの動物に出合える）、カソワリィウオーク（カソワリィと熱帯植物が見られる）に分かれている。ここの敷地の大部分は世界遺産に登録されている森。動物を観察しながら、世界遺産の森も散策できるというのもうれしい。もちろんコアラと一緒に、さらに子ワニを抱いての記念写真撮影も可能（1日数回）。カンガルーやワラビーの放し飼いエリアでは、餌づけも楽しめる。

1日中さまざまなショーやアトラクションが行われているが、一番人気はジャンピングクロコダイルが見られる**ボートクルーズ**。ほかにもワニの餌づけショー、クロコダイルファーム見学などがある。

動物好きならぜひ参加したいのが**ズータスティック5** Zootastic 5。ウォンバットとの触れ合いやカソワリィの餌づけ、さらにハートリースで唯一コアラ抱っこ写真が撮れるなどアニマルエンカウンター・プログラムを5種類楽しめるのだ。このほか元クロコダイルファームだけあって、巨大イリエワニへ旅行者が自分で餌づけできるプログラム、**ビッグクロックフィード** Big Croc Feed もある。

早朝にはハートリースラグーンを望むレストランで、**コアラと一緒に朝食**というプログラムもある。ビュッフェ形式の朝食を食べ、コアラをゆっくり観察したり、コアラと一緒に写真を撮ったりできる人気プログラムだ。

ズータスティック5に参加すればコアラ抱っこ写真も撮れる

■**ハートリースアドベンチャーズ**
住 Captain Cook Hwy., Wangetti Beach (P.O.Box 171, Palm Cove), 4879
☎ (07)4055-3576
URL www.crocodileadventures.com
開 毎日 8:30 〜 17:00
休 クリスマスデー
料 大人 $45 子供 $22.50 家族 $112.50／コアラと一緒に記念写真1人 $24、2〜4人グループ $33／子ワニを抱いて記念写真 $26

●**ズータスティック5**（入園料込み／要予約）
時 毎日 9:30、13:30 スタート
料 1人 $140

●**ビッグクロックフィード**（入園料込み／要予約）
時 時間は要確認
料 1人 $140

●**コアラと一緒に朝食**（入園料込み／要予約）
時 毎日 8:30 スタート
料 大人 $73 子供 $36.50 ／ケアンズ＆ノーザンビーチ送迎付き 大人 $126 子供 $63
アクセス ケアンズ＆ノーザンビーチ送迎 大人 $112 子供 $56、ポートダグラス送迎 大人 $130 子供 $65

ほかにケアンズ〜ポートダグラス間を運行するエクスセレンスコーチ（→P.73）も利用可能。

●**どきどき半日コアラ観光**
ケアンズ市中発日本語ガイド付きでハートリースアドベンチャーズを楽しめるツアー。
☎ (07)4019-7789
URL dokidokitours.com
時 毎日 13:00 〜 17:30
料 コアラと一緒＆子ワニを抱いて記念写真付き：大人 $120 子供 $90

左：ズータスティック5の人気プログラムのひとつ、ウォンバットとの触れ合い
中：早朝のお楽しみ、コアラと一緒に朝食。ビュッフェ形式の朝ごはんだ
下：飼育員がカソワリィの生態を説明してくれるカソワリィトーク

■ワイルドライフハビタット
住Port Douglas Rd., Port Douglas, 4871
☎(07)4099-3235
URL www.wildlifehabitat.com.au
開 毎日 8:00 ～ 16:00
休 クリスマスデー
料 大人 $43 子供 $26 家族 $112 ／コアラと一緒に記念写真 $24、コアラを抱いて記念写真 $29 ※ 10:45 ～
●スイム・ウィズ・ソルティーズ（入園料込み／要予約）
時 毎日 10:45、11:30、12:45 スタート
料 1 人 $205、2 ～ 4 人グループ $150
●鳥と朝食（入園料込み／要予約）
時 毎日 8:00 ～
料 大人$77 子供$50 家族$237
※ナイトツアー（18:00 ～ 20:00）もある。大人$46 子供$33 家族$125（催行日は要確認）
※お得なマルチパークパスあり（→ P.88 欄外）
アクセス ポートダグラス入口にあり、ケアンズからはエクセレンスコーチ（→ P.73）のバスが便利だ。

熱帯雨林の中で動物と触れ合う　MAP P.84

ワイルドライフハビタット
The Wildlife Habitat

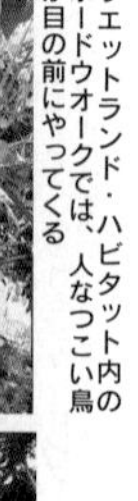
ウエットランド・ハビタット内のボードウオークでは、人なつこい鳥が目の前にやってくる

ポートダグラスの町の入口に位置するワイルドライフハビタットは、うっそうとした熱帯雨林や湿地、草地などを園内に再現し、そこに生きる動物たち本来の姿を見てもらえるよう考えられた動物園だ。運営にウエットトロピックス管理機構が協力していることからも、その施設の充実ぶりがわかるだろう。園内には 140 種を超える動物がおり、カンガルーやワラビー、カラフルな鳥などは放し飼い、さらに貴重なキノボリカンガルーの展示や小形夜行性動物の生態観察が楽しめるノクターナルハウスもある。

カンガルーへの餌やりは楽しい

熱帯雨林にすむさまざまな種類の鳥が自由に飛び回る巨大エイビアリーをもつウエットランド・ハビタットエリア Wetland Habitat Area は必見。エイビアリー内に植えられた熱帯樹木の林冠部分（キャノピー）の様子も見られるようタワーも造られている。

鳥との朝食はいい旅の記念になる

またアクティブ派に大人気なのが、獰猛なイリエワニのいるプールで一緒に泳ぐ**スイム・ウィズ・ソルティーズ** Swim with the Salties。体長 3.5m 以上の 2 頭のイリエワニの餌づけを行う屋外シアターのプールで開催。同じプールといってもアクリルガラスで仕切られているので安全。目の前で餌づけをするので、大口を開けたワニが迫ってくる。スリルも味わえる注目のアトラクションだ。

ほかにもコアラを抱いて記念写真を撮るサービスが人気。なお早朝には園内の鳥放し飼いエリアで**「鳥と朝食」**というプログラムも組まれている。食事はビュッフェ形式で、食事していると、すぐ近くにインコやオウムがやってくるという感じだ。また食事の時間にはコアラも目の前に展示される。

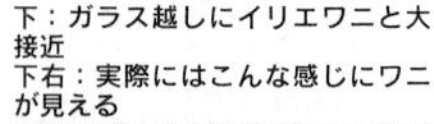
下：ガラス越しにイリエワニと大接近
下右：実際にはこんな感じにワニが見える

キュランダで動物と触れ合おう MAP P.80 上/A

キュランダ・ワイルドライフ・エクスペリエンス Kuranda Wildlife Experience

キュランダ・ヘリテージマーケット内および隣接する3つの動物パークを総称してキュランダ・ワイルドライフ・エクスペリエンスと呼ぶ。それぞれじっくり見学したいほど内容は充実している。

●キュランダ・コアラガーデン Kuranda Koala Gardens

ケアンズで唯一クォッカがいるコアラガーデン

ヘリテージマーケット内にある動物園で、ハートリースアドベンチャーと同系列。コアラの飼育に力を入れており、コアラを抱いて記念写真を撮ることもできる。ゆったりとした園内ではワラビーが放し飼いになっているほか、コアラの飼育舎近くではケアンズ近郊で唯一クォッカが見られたり、珍しいビルビー（ミミナガバンディクート）やフクロムササビの飼育も行われている。

●バードワールド・キュランダ Birdworld Kuranda

ヘリテージマーケット内にある（ハートリースアドベンチャーと同系列）。75種450羽もの鳥を、大きなエイビアリー（巨大な囲いのことで、中を歩きながら自由に飛び回る鳥を見学できる）内で観察できる。

●オーストラリアン・バタフライサンクチュアリ Australian Butterfly Sanctuary

ヘリテージマーケット隣に建つ世界最大級の蝶園（レインフォレステーション・ネイチャーパークと同系列）。熱帯雨林の環境を再現した温室内では、この地域の固有種ケアンズバードウイング（ケアンズトリバネアゲハ）など、ケアンズ近郊で見られるさまざまなチョウを飼育。併設のラボでは運が良ければチョウの羽化の様子なども見学できる。1時間ごとにガイドツアーあり。なお観光客に人気のユリシス(オオルリアゲハ)は、以前は園内に数多くいたが、2024年1月現在、羽化を試みてはいるものの園内では見ることはできない。

■キュランダ・ワイルドライフ・エクスペリエンス
料3施設すべてが見られるコンビネーションチケットあり。大人$57 子供$31.50

●キュランダ・コアラガーデン
☎(07)4093-9953
URL www.koalagardens.com
開 毎日 10:00 ～ 16:00
休 クリスマスデー
料 大人 $21 子供 $10.50 家族 $52.50／コアラを抱いて記念写真 $31（11:30、12:30、13:30）、コアラと一緒に記念写真 $24（11:00、14:30）

●バードワールド・キュランダ
☎(07)4093-9188
URL www.birdworldkuranda.com
開 毎日 10:00 ～ 16:00
休 クリスマスデー
料 大人 $21 子供 $10.50

●オーストラリアン・バタフライサンクチュアリ
☎(07)4093-7575
URL australianbutterflies.com
開 毎日 9:30 ～ 15:30
休 クリスマスデー
料 大人 $22 子供 $14 家族 $58
※お得なマルチパークパスあり（→ P.88 欄外）

色とりどりの鳥に餌づけが楽しめるバードワールド

オーストラリアン・バタフライサンクチュアリではケアンズバードウイングが花の蜜を吸う様子も観察できる

ケアンズ市中でコアラ抱っこ写真が撮れる MAP P.69/3B

ケアンズ・コアラズ&クリーチャーズ Cairns Koalas & Creatures

コアラ抱っこは人数制限があるので予約して出かけよう

ケアンズ中心部、シャングリラ・ザ・マリーナとコンプレックスをなすピア・ショッピングセンター1階にあり、2024年2月現在はコアラ抱っこ写真専用施設としてオープンしている。時間の少ない旅行者にとってケアンズの町なかでコアラと記念写真が撮れる貴重な場所だ。なお2024年中にはオーストラリアならではの動物が見られるこぢんまりとした屋内型動物園となる予定だ。

■ケアンズ・コアラズ&クリーチャーズ
住 The Pier Shopping Centre, 1 Pierpoint Rd., 4870
☎(07)4020-8200
URL cairnskoalas.com.au
開 毎日 9:30 ～ 16:30 の1時間ごと（各回20名限定）
休 クリスマスデー
料 コアラ抱っこ写真 $33、コアラと一緒に写真 $27
※全館オープン後は開館時間の変更、また館内見学のための入園料が設定される可能性あり

トンネルスタイルの水槽ではさまざまな魚類を間近に観察できる

タートルリハビリテーション・センターで傷つきやすいウミガメの生態を知る

■ケアンズ水族館
住 5 Florence St., 4870
☎ (07)4044-7300
URL www.cairnsaquarium.com.au
開 毎日 9:30 ～ 15:30
料 大人 $52 子供 $30 家族 $147
●タートルリハビリテーション・ツアー（入館料込み）
時 毎日 11:30、12:30
料 大人 $72 子供 $44 家族 $215
●ナイト・アット・アクアリウム
時 毎日 18:00 ～ 19:30
料 大人 $79 子供 $49 ／ダンディーズ・アット・ザ・アクアリウムでの 2 コースディナー付き 大人 $139 子供 $69

■パロネラパーク
住 1671 Japoonvale Rd., Mena Creek, QLD 4871
☎ (07)4065-0000
URL www.paronellapark.com.au
開 毎日 9:00 ～ 19:30
休 クリスマスイブ、クリスマスデー
料 大人 $55 子供 $31 家族 $162（2 年間有効）
アクセス ケアンズからの公共交通機関のサービスはないので、レンタカーかツアー（→ P.106）利用となる

夜のライトアップはパロネラパークのハイライトだ

グレートバリアリーフのことをもっと知りたいなら MAP P.69/2B

ケアンズ水族館
Cairns Aquarium

G.B.R. の魚を間近に観察

ケアンズ中心部にある水族館。熱帯雨林の小川に生息する魚類や爬虫類の展示に始まり、汽水域のマングローブ林（ビラボン）、グレートバリアリーフ、コーラル海に生息する珊瑚礁海域の魚類まで、ケアンズの自然と珊瑚礁海域のつながりについて系統立てて知ることができる。高さ 10m を超える巨大タンクで泳ぎ回るサメやエイ、アクリルガラス製トンネル内から見る海中世界、子供が喜ぶタッチタンクなど、展示方法にも趣向が凝らされている。またぜひ参加したいのが**タートルリハビリテーション・ツアー**。けがをしたウミガメを保護し、治療、リハビリをして海に返す施設（フィッツロイ島にも同施設がある→ P.79）をガイド付きで見学できる。このほか夕方からガイド付きで水族館見学を楽しむ**ナイト・アット・アクアリウム** Night at the Aquarium も人気だ（併設レストランのダンディーズでの夕食付きオプションがおすすめ）。

スペイン移民が造り上げた夢の庭園 MAP P.80 下 /2B

パロネラパーク
Paronella Park

保存状態のいい軽食堂跡

ケアンズの南約 126km のイニスフェイル郊外にある熱帯雨林の庭園と城跡のテーマパーク。森の中に残る小さな城が宮崎アニメ『天空の城ラピュタ』の城に似ていることから、日本人旅行者に大人気（モデルとなった事実はないようです）。そのすばらしい建築、熱帯雨林をベースにした手入れされた庭園、そして美しい滝などは一見の価値ありだ。

この城と庭園は、スペインから移民してきたホゼ・パロネラが 1929 年から 6 年の歳月をかけて、数人の労働者や技術者と協力して完成させたもの。庭園にはケアンズ地域の熱帯植物のほか、カエデや松、カシなどの植物も植えられている。

城は洪水や火事によって朽ちてしまっているが、その様子がうっそうとした森の中で独特の風情をもっている。ミーナクリークの滝、丘の上と下を結ぶ末広がりとなった階段、噴水の水音が絶えない軽食堂跡、カウリパインの大木が並ぶカウリの並木道、コウモリの巣がある愛のトンネルなど、園内には見どころが多い。自由散策もできるが、園内では個人で訪れた観光客用に、毎日 9:30 ～ 16:30 の間 30 分ごとにガイドツアー（所要 45 分）が催行されるので、まずそれに参加するのがいいだろう。なお夜間のライトアップツアーは 18:00 ～ 18:30 頃スタートとなる。

ケアンズのツアー&アクティビティ
TOURS & ACTIVITIES IN CAIRNS AREA

ケアンズからのツアー&アクティビティは、そのほとんどがグレートバリアリーフ（G.B.R.）、ウエットトロピックスというふたつの世界自然遺産を楽しむもの。一見似たようなツアーでも、内容はさまざま。じっくり自分の好みにあったツアーを探して参加しよう！

グレートバリアリーフ・クルーズ

気軽に行けるG.B.R.

グリーン島クルーズ
Green Island Cruises

●グレートアドベンチャーズのクルーズ

遠浅の海なので初めてのスノーケリングも安心

G.B.R.上にある島で、日帰りクルーズ先として人気のグリーン島（→P.77）。島にあるリゾートホテルと同系列、ケアンズ最大手のクルーズ会社クイックシルバーグループが手がけているのがこのクルーズ。高速カタマランを利用し、ケアンズ～グリーン島は約50分だ。

グリーン島ディスカバリーGreen Island Discovery、**グリーン島エコツアー**Green Island Eco Tourのふたつのコースがある。グリーン島ディスカバリーは、グリーン島でのグラスボトムボート乗船料、スノーケリングセット、リゾートプール利用料、ビーチバッグが含まれているお得なパッケージ。さらに安くグリーン島を満喫したい人は、エコツアーがいい。グラスボトムボート乗船もしくはスノーケリングセットのいずれか一方と、リゾートプール利用料が含まれる。このほか島までのんびりしたい人向けに、**往復のフェリーサービスのみ**の設定もある。どのプランにもランチは付いていないが、島内では手頃な料金でビュッフェランチが食べられるし、サンドイッチやホットドッグなどの軽食も購入可能だ。

■EMCとは

EMCはG.B.R.の環境保護税で、ひとり1日$7。クルーズによっては、料金とは別にEMCを徴収している場合がある。

■割引料金が出ることもある日本語オンライン・オプショナルツアー・サイト

●ホットホリデー
URL www.hotholiday.jp

●あっ！ケアンズ
URL www.a-cairns.com

●ナビツアー
URL www.navitour.com.au

●ベルトラ
URL www.veltra.com/jp/oceania/australia

■グレートアドベンチャーズ（クイックシルバーグループ）

住 Reef Fleet Terminal, 1 Spence St., 4870
☎ (07)4044-9944
URL greatadventures.com.au/ja
時 ケアンズ発着8:30、10:30、13:00のいずれか選択、ケアンズ帰着15:20、17:20のいずれか選択

●グリーン島ディスカバリー
グラスボトムボート乗船、スノーケリングセット、ビーチバッグ付きパッケージ
料 大人$140 子供$76 家族$360

●グリーン島エコツアー
グラスボトムボート乗船もしくはスノーケリングセット付きパッケージ
料 大人$110 子供$58 家族$282

●グリーン島往復のみ
料 大人$96 子供$49 家族$249

●オプション
料 体験ダイビング1本$184、ファンダイビング1本$136（全器材込み）、シーウォーカー$194、ヘリコプター遊覧飛行10分$205

下：長い桟橋の周りに広がる美しいラグーン
左：グリーン島のビーチはのんびりくつろぐのに最適

■ビッグキャット・グリーン島クルーズ（エクスペリエンス・コ）
住Reef Fleet Terminal, 1 Spence St., 4870
☎(07)4231-9484
URL greenisland.com.au
●1日グリーン島クルーズ
時 ケアンズ発着 9:00～17:00 もしくは 11:00～17:00
料 大人 $110 子供 $55 家族 $275
●半日グリーン島クルーズ
ケアンズ発着 9:00～13:00 もしくは 13:00～17:00
料 大人 $110 子供 $55 家族 $275
●グリーン島往復のみ
時 ケアンズ発 9:00 もしくは 13:00、ケアンズ着 13:00 もしくは 17:00
料 大人 $99 子供 $49 家族 $247
●オプション
料 半潜水艦乗船 大人 $19 子供 $14、スノーケルサファリ $60、スノーケル体験ツアー $50、ランチ 大人 $30 子供 $17 家族 $76
●送迎
料 ケアンズ市中 大人 $27 子供 $17、ノーザンビーチ 大人 $38 子供 $25

体験ダイビングはボートでベストポイントへ

また島では体験＆ファンダイビングやヘルメットダイビングのシーウォーカー、ボートスノーケリングツアー、ヘリコプター遊覧飛行などのアクティビティも用意されている。

グリーン島へは1日3往復ある船のなかから、好みの時間の船をチョイスできるので、ほかのツアーと組み合わせて1日を有効に使うことが可能だ。

●ビッグキャット・グリーン島クルーズ

グリーン島への1日、半日ツアーを行っているビッグキャット。半日ツアーはグリーン島まで片道50分ほどの高速船利用、1日ツアーは大型のゆっくりした船（片道1時間30分）を利用する。スノーケルセットもしくグラスボトムボート乗船のどちらか一方が含まれている。またオプションで半潜水艦乗船やスノーケルサファリ、スノーケル体験ツアー、ランチなどがある。なおビッグキャットではヘルメットダイビングのシーウォーカーや体験＆ファンダイビングなどは扱っていないが、これらはグリーン島到着後にリゾートにて手配可能だ。

ビッグキャットの半日クルーズに利用される高速ボート

COLUMN

ケアンズでダイビングのライセンスを取ろう！

ケアンズでは、日本人のインストラクター指導の下、ダイビングライセンスを取得することができる。PADIを例にコースの流れを紹介しよう。なおNAUI、SSIともほぼ同内容だ。

オープンウオーター・ダイバーコース（OW）は2～5日間で修了できる。最初の1～2日間は講義（日本語のテキストを使用）とプールでの基礎トレーニング。最後にテストがあり50問中38問正解で筆記は合格。なおこの間、指定の病院で健康診断（$60ほど）を受ける必要がある。

その後G.B.R.での海洋実習ダイビング。ショップにより日帰り2日間（全4ダイブ）の場合と、1泊2日のオーバーナイトクルーズ（全5ダイブ）の場合がある。規定のダイビングが終わるとオープンウオーター認定証が渡される。詳しくは下記ダイブショップへ。

※日本語コース開催は不定期のため、各ダイブショップで開催日を確認のこと。

●ダイバーズデン Divers Den
住319 Draper St., 4870 ☎(07)4046-7333
URL www.diversden.com.au
料 日本語4日間オープンウオーターコース：海洋実習2日間日帰り $945

●プロダイブ・ケアンズ Pro Dive Cairns
住116 Spence St., 4870 ☎(07)4031-5255
URL www.prodivecairns.com.au
料5日間オープンウオーターコース（船上2泊3日）$1120／4日間eラーニングコース $1025
※eラーニングはケアンズ到着前に自宅学習で済ませておく必要がある
※海洋実習時のEMCと燃油サーチャージ $90 別。

大型カタマランヨット利用のクルーズで知られる
オーシャンスピリット・クルーズ
Ocean Spirit Cruises

サンゴでできたミコマスケイの周りには透明度抜群のラグーンが広がる

クイックシルバーグループがケアンズ発着で催行する大型カタマランヨットクルーズがオーシャンスピリットで、G.B.R. はもちろんクルーズ自体も存分に楽しもうという趣向だ。目的地はケアンズからゆったりしたクルーズで約2時間のミコマスケイ Michaelmas Cay（ケイとはサンゴのかけらが堆積してできた小さな島のことをいう）。

ミコマスケイの周囲には美しい珊瑚礁ミコマスリーフ Michaelmas Reef が広がり、砂浜はすべてサンゴの細かなかけらでできている。そのためどんなに日差しが強くても砂浜は熱く焼けることがなく、ハダシで歩き回ることができるのだ。また海鳥たちの営巣地としても保護されており、ビーチ以外の島の大部分は人が立ち入ることが禁止されているほど。数千、数万の海鳥たちが飛び交う自然の楽園でもある。

大型カタマランヨットはミコマスケイの沖合に停泊し、そこからビーチバギーと呼ばれるグラスボトムボートを使って島へ上陸。ここでの滞在時間は約4時間で、その間ビーチバギーは船との間を何度も往復している（船上でのランチやトイレなどのときに利用できる）。

島での滞在方法は基本的に自由。のんびり肌を焼くのもいいが、やっぱりすばらしい海中世界を満喫したい。サンゴが密集する海中では、ナンヨウブダイやベラ、チョウチョウウオ、そしてウミガメなどを見ることができる。そんな様子は、スノーケリングや体験ダイビング（日本人インストラクターがガイドしてくれる）はもちろん、半潜水艦に乗って、じっくり眺めることができる。

ランチはシーフードやチキンをメインとしたビュッフェで美味と評判。また帰路のクルージング時にはスパークリングワインのサービスもある。

■オーシャンスピリット・クルーズ（クイックシルバーグループ）
住 Reef Fleet Terminal, 1 Spence St., 4870
☎ (07)4044-9944
URL oceanspirit.com.au
●ミコマスケイ・ダイビング&スノーケリング
時 ケアンズ発着 8:30～17:00
料 大人 $250 子供 $130 家族 $638
●オプション
料 体験ダイビング1本 $150／ガイド付きスノーケリングツアー 大人 $76 子供 $40 家族 $192

大型カタマランヨットのオーシャンスピリットI号

ミコマスケイでは運がいいとスノーケリングでもウミガメが見られる

右：ミコマスケイ上陸にはビーチバギーを利用
左：ミコマスケイの透明度の高い海で体験ダイビングにトライ

美しい無人島で過ごす１日

フランクランド諸島リーフクルーズ

Frankland Islands Reef Cruises

上下船時にはビーチに横付けされるクルーズ船

ケアンズから車で南へ 30 分ほどの、ディーラル Deeral 沖合に浮かぶ４つの島々がフランクランド諸島。１日に訪問できる人数制限がある諸島で、クルーズで訪れるのは、北から２番目に位置する中心の島ノーマンビー島 Normanby Is.。

ケアンズのマーリンワーフ発着でないこともあり、ディーラルからのクルーズも他のクルーズとは違った魅力がある。最初は両岸を熱帯雨林の森とマングローブ林に覆われたマルグレイブ川 Mulgrave River のリバークルーズ。30 分ほどのクルーズ途中で、運がよければイリエワニも見ることができる。海に出ると前方にフランクランド諸島が姿を現す。目的地ノーマンビー島までさらに 30 分ほどだ。

ノーマンビー島は１周歩いて 30 分ほどの無人島。島での過ごし方は基本的に自由。クルーズにはボートスノーケルツアーや半潜水艦乗船、アイランドウオーク、ランチが含まれているので、それらの催行時間をチェックしておくのを忘れずに（もちろん参加せずにのんびり過ごすのもいい）。

フランクランド諸島はもともとオーストラリア大陸と陸続きだった場所で、ノーマンビー島の周囲に広がる珊瑚礁はフリンジングリーフ（裾礁）だ。しかもケアンズ周辺のフリンジングリーフとしては、最も美しいといわれているほど。ビーチからの浅瀬のスノーケリングで、珊瑚礁の合間にニモ（カクレクマノミ）はもちろん、ウミガメに遭遇することも珍しくない。**無料のボートスノーケリングツアー**に参加すれば貴重なキャベツサンゴやテーブルサンゴ、エダサンゴの群生地帯で数多くの魚を見ることができる。５～７月にはときおりマンタやジュゴンが姿を見せることもあるほどだ。もっとじっくり海中散策を楽しみたい人は体験ダイビング付きを最初に申し込んでおこう。

また 12 ～２月は島がウミガメの産卵場所にもなる。この時期にアイランドウオークをするとウミガメの産卵跡も見学できる。アイランドウオークではほかにも潮が引いたあとの浅瀬でクモガイやナマコに触ってみたり、まれに潮だまりに取り残されたウミガメを見つけたり……思いのほか楽しい体験ができるのだ。

■フランクランド諸島クルーズ（エントラーダトラベル・グループ）

住 319 Drapper St., Parramatta Park, 4870
☎ (07)4046-7333
URL www.franklandislands.com.au
時 ケアンズ発着 7:15 ～ 17:00
料 大人 $219 子供 $129 ／体験ダイビング１本付き $379
※ケアンズ市中送迎込み

スノーケルでも見られることが多いウミガメ

キャベツサンゴの群生地もある

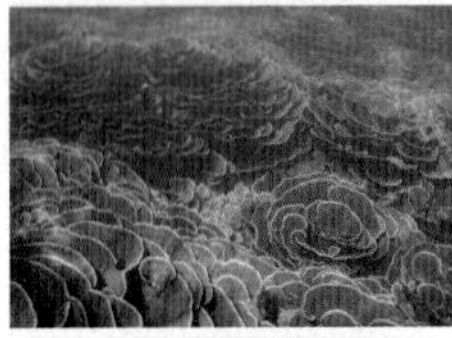

下：ビーチは遠浅で海の透明度も高い
右：アイランドウオークで潮だまりの生き物の豆知識を教えてもらおう

アウターリーフへの大人気クルーズ

グリーン島& G.B.R. アドベンチャー (グレートアドベンチャーズ)

Green Island & G.B.R. Adventure / Great Adventures

ノーマンリーフに浮かぶポントゥーン

クイックシルバーグループのクルーズ会社で、ケアンズ発着のアウターリーフクルーズを催行している。コースは2種類あるが、最も人気があるのが**グリーン島&グレートバリアリーフ・アドベンチャー**だ。このクルーズでは、往路グリーン島で約2時間の滞在時間がある。島滞在中にはパラセイリングにチャレンジしたり、マリンランドメラネシアでのワニの餌づけショーを観たり、遠浅のビーチで遊んだりできる。またアウターリーフでの体験ダイビングを申し込めば、グリーン島のプールで簡単な講習が受けられるので安心だ。

11:30 頃にグリーン島からアウターリーフへ向けて出発。目的地は当日の海況により北のノーマンリーフ Norman Reef か南のモアリーフ Moore Reef かのいずれかとなる。どちらも約1時間のクルーズだ。リーフには2階建ての大型ポントゥーンがあり、スノーケリングや体験&ファンダイビング、半潜水艦などによる海中散策、ヘリコプター遊覧飛行が楽しめる。ポントゥーン周辺には、ウォーリーと名づけられた巨大なナポレオンフィッシュがすみ着いていて、スノーケリングでも触れそうな距離まで近づける。ポントゥーンで人気なのがスクーバドゥー。空気が送られてくるフルフェイスのヘルメット付き水中スクーターで、スノーケリングよりも間近にサンゴの海が満喫できるのだ。ポントゥーン滞在時間はたっぷり3時間30分。

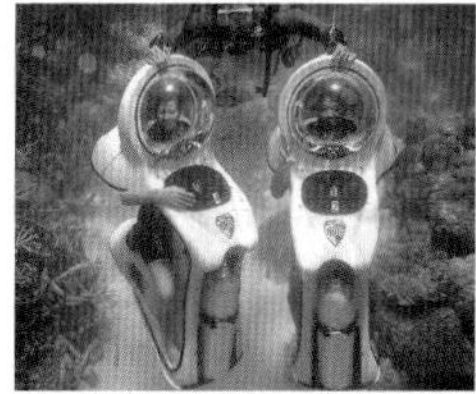
人気のスクーバドゥー

なお同社では、グリーン島に寄らずに直接アウターリーフへ向かう**グレートバリアリーフ・アドベンチャー**も催行している。グリーン島は日帰りで別に行くという人におすすめだ。

■グレートアドベンチャーズ(クイックシルバーグループ)
住 Reef Fleet Terminal, 1 Spence St., 4870
☎ (07)4044-9944
URL greatadventures.com.au/ja
●グリーン島&グレートバリアリーフ・アドベンチャー
時 ケアンズ発着 8:30~17:30
料 大人 $304 子供 $164 家族 $780
●グレートバリアリーフ・アドベンチャー
時 ケアンズ発着 10:30~17:30
料 大人 $274 子供 $149 家族 $705
●オプション
料 スクーバドゥー$185、体験ダイビング1本$184、ファンダイビング1本$136(全器材込み)、ガイドスノーケルツアー 大人 $72 子供 $38 家族 $182、ヘリコプター遊覧飛行10分 $199

ポントゥーン周辺にすむナポレオンフィッシュのウォーリーくんはとても人なつこい

(右)半潜水艦に乗っての珊瑚礁散策も楽しい
(左)ポントゥーンの周りは透明度の高いサンゴの海

G.B.R. 滞在時間が長めの

モアリーフクルーズ（サンラバーリーフクルーズ）

Moore Reef Cruise / Sunlover Reef Cruises

モアリーフの好スポットにポントゥーンがある

ハードコーラルが美しいモアリーフへのG.B.R. クルーズを催行している。モアリーフのポントゥーンまではフィッツロイ島を経由して約２時間。スノーケリングはもちろん、半潜水艦、グラスボトムボート、シーウォーカーや体験＆ファンダイビング（有料）などが楽しめる。またヘリコプター遊覧飛行がセットになった設定もある。

気軽に海中世界が楽しめるシーウォーカー

ポントゥーンにはタッチタンクがあって、ナマコやヒトデに触れられるほか、ウオータースライダーも付いていて、子供はもちろん大人にも大人気だ。またポントゥーン付近にはウミガメ、ナポレオンフィッシュがすみ着いていて、スノーケルエリアに出てくることもある。

スノーケルエリアによく顔を見せるナポレオンフィッシュ

サンラバーリーフクルーズではほかにもモアリーフクルーズにフィッツロイ島滞在をセットにした**モアリーフ＆フィッツロイ島クルーズ**も催行（時期により催行されない期間もある）。こちらは早朝にケアンズを出発し、モアリーフで２時間スノーケルを始めとするアクティビティを楽しんだ後、昼過ぎにフィッツロイ島到着。船でのランチ後、島に約２時間滞在できる。

ウオータースライダーは絶対体験したい！

人数限定でのんびりできる

マリンワールドクルーズ（リーフマジッククルーズ）

Marine World Cruise / Reef Magic Cruises

リーフマジックⅡ Reef Magic Ⅱを利用して。2023 年に造られたモアリーフの２階建てポントゥーン「マリンワールド」へ向かう。船の定員よりも少ない数しか予約を受け付けないこともあって、クルーズ中はゆったり、ポントゥーンも混み合うことがほとんどない。スノーケリングエリアはひじょうに広く、しかも一帯の珊瑚礁はとてもきれいで魚影も濃い。大型のナポレオンフィッシュを高確率で見られるし、リーフトップやリーフエッジへ行けば人気のクマノミ数種をはじめとする数多くの魚を観察できるのだ。グラスボトムボートや海中観測室の設備もあるので、泳ぎの苦手な人は利用するといいだろう。もちろん体験＆ファンダイビング、ヘルメットダイビングなどオプションアクティビティも充実している。

ダイバーに人気のポイントに停泊

■サンラバーリーフクルーズ
住 Reef Fleet Terminal, 1 Spence St., 4870
☎ (07)4050-1333
URL sunlover.com.au
●モアリーフクルーズ
時 ケアンズ発着 9:30 ～ 17:20
料 大人 $265 子供 $155 家族 $685 ／ 10 分ヘリコプター遊覧飛行付きクルーズ 大人 $441 子供 $331 家族 $1389
●モアリーフ＆フィッツロイ島クルーズ
時 ケアンズ発着 8:00 ～ 16:30
料 大人 $265 子供 $155 家族 $685
●オプション
料 シーウォーカー $149、体験ダイビング１本 $149、ファンダイビング１本 $149（全器材込み）、ガイドスノーケルツアー 大人 $52 子供 $32 家族 $136
●送迎
料 ケアンズ市内 大人 $32 子供 $20、ノーザンビーチ・エリア 大人 $46 子供 $35

■リーフマジッククルーズ（エクスペリエンス・コ）
☎ (07)4231-1588
URL www.reefmagic.com.au
●マリンワールド・クルーズ
時 ケアンズ発着 9:00 ～ 17:00
料 大人 $289 子供 $149 家族 $727
●オプション
料 体験ダイビング１本 $119、ファンダイビング１本（全器材込み）$109、ヘルメットダイビング $119、ガイドスノーケルツアー 大人 $50 子供 $40、スノーケルサファリ 大人 $60 子供 $50
●送迎
料 ケアンズ市内 大人 $25 子供 $15、ノーザンビーチ・エリア 大人 $35 子供 $20

日帰り最北端のベストポイントを目指す

アウターバリアリーフ・クルーズ（クイックシルバークルーズ）
Outer Barrier Reef Cruise / Quicksilver Cruises

高速カタマランのウエーブピアサー

スノーケリング用デッキは広々

クイックシルバーグループのメインクルーズで、ボートはポートダグラス発着。ケアンズから参加の場合は、バスでの送迎となる。クルーズに使用するのは、クイックシルバーの代名詞ともいえるジェット噴射エンジンの高速カタマラン、ウエーブピアサー。巡航速度30ノット以上で、海を疾走する。

クルーズで向かうのは、ケアンズから日帰り最北圏にあるエイジンコートリーフ Agincourt Reefだ（所要約90分）。ケアンズ近海有数の透明度、サンゴの美しさを誇るリーフで、スノーケリング、ダイビングの好スポットとして知られている。

広々としたスノーケリングエリアの珊瑚礁の美しさは、他のクルーズの追随を許さないほど。運がよければバラクーダやウミガメを見かけることもある。体験ダイビング＆ファンダイビングも可能で、日帰り最北端のこのポイントでぜひチャレンジしてみたい。日本人インストラクターもしくは日本語ができるインストラクターが乗船しており、細かな説明も日本語で受けられる。体験ダイビングでもインストラクターが手を握りっぱなしということはなく、スキルを見ながら自由に泳がせてくれるのもうれしい。このほかセミサブマーシブル乗船や、有料のヘルメットダイビング（オーシャンウオーカー）、ガイド付きスノーケリングツアー、ヘリコプターを使ってのG.B.R.遊覧飛行なども楽しめる。

ポートダグラス発のんびりクルーズ

ウエーブダンサー・ローアイルズ・クルーズ
Wavedancer Low Isles Cruise

大型カタマランヨットのウエーブダンサー

クイックシルバーグループの大型カタマランヨットがウエーブダンサー。ポートダグラス沖合にあるローアイルズ Low Islesへのクルーズを行っている。小さな灯台がひとつ建つだけの小さなコーラルケイの島ローアイランドとマングローブに覆われたウッディアイランドの2島で構成されており、特にローアイランドは島の周囲の珊瑚礁の状態がすばらしく、スノーケリングに最適。ほかにも、グラスボトムボート、リーフウオークなどが楽しめる。ポートダグラスから1時間ほどのセイリングなので、船酔いの心配をほとんどしなくていいのも魅力だ。

エイジンコートリーフの美しさにはただ驚かされる

体験ダイビングは個々のスキルを見ながら好ポイントを巡る

■クイックシルバークルーズ（クイックシルバーグループ）
住 Shop 43, 44 Wharf St., Port Douglas, 4871
☎ (07)4087-2100

●アウターバリアリーフ・クルーズ
URL www.quicksilver-cruises.com
時 ケアンズ発着8:00〜18:00／ポートダグラス発着10:00〜16:30
料 大人 $289 子供 $156 家族 $760

●アウターバリアリーフ・クルーズ・オプション
料 オーシャンウオーカー$194、体験ダイビング1本$194、ファンダイビング1本$206（全器材込み）、ガイドスノーケルツアー 大人 $76 子供 $42 家族 $194、アドバンススノーケルツアー 大人 $96 子供 $48 家族 $240、ヘリコプター遊覧飛行10分$199

●ウエーブダンサー・ローアイルズ・クルーズ
URL wavedancerlowisles.com
時 ケアンズ発着8:00〜18:00／ポートダグラス発着10:00〜16:30
料 大人 $242 子供 $128 家族 $620

●送迎
料 ケアンズ＆ノーザンビーチ・エリア 大人 $39 子供 $22 家族 $100、ポートダグラス 大人 $22 子供 $11 家族 $55

島の周りでスノーケリングを楽しむ

オールインクルーシブの豪華スノーケル&ダイブクルーズ
ツサ・リーフツアー
tusa Reef Tours

エントラーダグループのプレミアムクルーズ。出航前の朝食、クルーズ中の全ドリンク（ダイビング&スノーケリング後のビールやワインなどアルコールドリンク含む）、豪華なランチ、帰路のスナックがクルーズ料金に含まれるのはもちろん、スノーケルツアー、体験ダイビング（最大２本）、ファンダイビング（最大３本、水中ガイド代、全器材付き）がすべて同一料金。ダイブサイトもエントラーダ・グループの全27ポイントから、当日の海況を見てベストな２ヵ所を選択。ファンダイビングの場合は最初のポイントで１本、ランチをはさみ次のポイントで２本という流れだ。ボートは高速カタマランで、乗船人数をスノーケラー、体験ダイバー、ファンダイバー各10人の合計30人に抑えており、船内をゆったり使えるのも魅力だ。

■ツサ・リーフツアー（エントラーダトラベル・グループ）
☎(07)4047-9100
URL tusareeftours.com.au
時 ケアンズ発着水～日8:00～16:00
料 1人$420（スノーケラー、体験ダイバー、ファンダイバーすべて同一料金／全器材込み）

ベストポイントでスノーケリングやダイビングを満喫

最新高速カタマラン利用の
シルバーシリーズ・ダイブ&スノーケル
Silver Series Dive & Snokel

揺れ防止装置が付いて快適なシルバーシリーズのクルーズ船

クイックシルバーグループが行うケアンズ&ポートダグラス発着の高速カタマラン利用クルーズ（定員80名）。本格的にスノーケリングやダイビングをしたい人におすすめだ。もちろん日本人スタッフも乗船している。ケアンズ発の場合、シルバースイフトを利用し、珊瑚礁の美しさではケアンズ近郊有数といわれるミルンリーフMillin Reef、フリンリーフFlynn Reef、そしてテットフォードリーフThetford Reefを目指す。ポートダグラス発着の場合はシルバーソニックを利用し、エイジンコートリーフNo.1～No.4にある40ヵ所のポイントのなかから、当日の海況に合わせてベストな３ヵ所へ向かう。

■シルバーシリーズ・ダイブ&スノーケル（クイックシルバーグループ）
☎(07)4044-9944
URL www.silverseries.com.au
●シルバースイフト
時 ケアンズ発着8:30～16:30
料 大人$270 子供$200／体験ダイビング２本付き：1人$427／ファンダイビング３本付き（全器材込み）：1人$386
●シルバーソニック
時 ポートダグラス発着8:30～16:30
料 大人$289 子供$207／体験ダイビング２本付き：1人$443／ファンダイビング３本付き（全器材込み）：1人$402
●送迎
料 シルバーソニック：ケアンズ&ノーザンビーチ・エリア1人$35（ポートダグラス内送迎込み）

日本人スタッフ充実の快適クルーズ
ダイバーズデン　リーフクエスト
Divers Den Reef Quest

ケアンズの大手ダイビングショップ、ディープシー・ダイバーズデンが手がけるスノーケリング&ダイビング・クルーズ。ダイビング専用カタマランのリーフクエストを利用し、ノーマンリーフ、サクソンリーフ、ヘイスティングスリーフを目指す（1日に訪れるポイントは２ヵ所で最大３ダイブ可能）。ケアンズ出港後アウターリーフまでの所要時間は約１時間30分だ。当日の海況を見ながら厳選されたポイントを選ぶので、スノーケリング、ダイビングともに満足度が高い。

■ダイバーズデン　リーフクエスト（エントラーダトラベル・グループ）☎(07)4046-7333
URL www.diversden.com.au
時 ケアンズ発着8:00～16:30
料 大人$239 子供$169 家族$647／体験ダイビング１本付き：1人$319／ファンダイビング３本付き（器材込み）：1人$339（水中ガイドは別料金で１本につき$15）

ダイビング、スノーケリングしやすいよう設計されたリーフクエスト号

数日ダイビングクルーズ

ケアンズの老舗ダイブショップ
プロダイブ・ケアンズ
Pro Dive Cairns

豪華ダイビングボートのスクーバプロ号

ケアンズ近郊で最も外海に近いフリンリーフ、ミルンリーフ、ペローリーフ、テットフォードリーフに16の専用ポイントをもつプロダイブ。豪華ダイビングボートのスクーバプロ号Scubaproを利用して2泊3日のダイブクルーズを催行している。ほぼ毎日出航しているので、利用しやすい。

■プロダイブ・ケアンズ（クイックシルバーグループ）
住116 Spence St., 4870
☎(07)4031-5255
FREE 1800-353-213
URL www.prodivecairns.com.au
料2泊3日ダイブクルーズ（水〜月発）：$1025（最大11ダイブ）
※ダイビング器材レンタル料込み

日本人ダイバーの乗船も多い
スピリット・オブ・フリーダム
Spirit of Freedom

人気ポイントのコッドホール

コーラルシーのシャークフィーディングは大迫力

リザード島沖合〜ポートダグラス沖合へと続くリボンリーフRibbon Reefへの3泊4日、外洋のコーラルシーCoral Seaへ4泊5日のクルーズを催行。リボンリーフ・クルーズでは巨大ハタが群れる世界的なポイント、コッドホールCod Holeほかサンゴが美しく魚影の濃い数多くのポイントへ、コーラルシー・クルーズではリボンリーフ主要ポイントと透明度40m以上という絶海の珊瑚礁群でのシャークフィーディング見学などが楽しめる。なお6〜8月のリボンリーフ・クルーズではミンククジラを海中で見られる可能性も高い。いずれのクルーズも片道リザード島まで飛行機を利用する。

■スピリット・オブ・フリーダム（エントラーダトラベル・グループ）
☎(07)4047-9150
URL www.spiritoffreedom.com.au
料4泊5日コーラルシー＆リボンリーフ（日発）$2800〜4150／3泊4日コッドホール＆リボンリーフ（木発）$2200〜3250
※ダイビング器材レンタル料別：3日間$140、4日間$185

老舗ダイブクルーズとして世界的に評判
マイクボール・ダイブ・エクスペディション
Mike Ball Dive Expedition

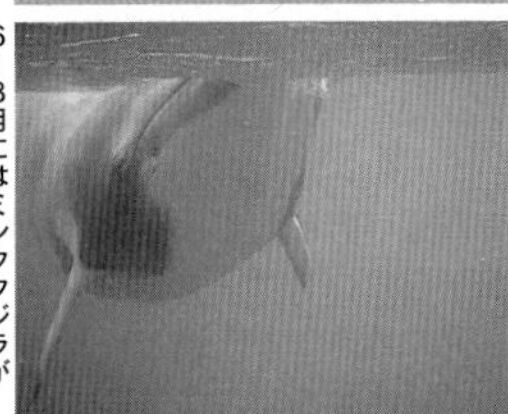
6〜8月にはミンククジラが見られるポイントを巡る

スピリット・オブ・フリーダムとほぼ同内容のクルーズを催行。グレートバリアリーフ北部のコッドホール＆リボンリーフ、コーラルシーへのクルーズとしては世界的に最もよく知られている。ダイビング専用高速ボートを使ったクルーズで、特に欧米人の人気が高い。

■マイクボール・ダイブ・エクスペディション
☎(07)4053-0500
URL www.mikeball.com
料3泊4日コッドホール＆リボンリーフ（月発）$2250〜3211／4泊5日コッドホール＆コーラルシー（木発）$2547〜3545
※ダイビング器材レンタル料別1日$44

透明度の高いリボンリーフでのダイビング

ザ・エッジ展望台からバロンフォールズを望む

■スカイレール
住6 Skyrail Drv., Smithfield, 4878
☎(07)4038-5555
URL www.skyrail.com.au
営9:00 ～ 17:15（時期により多少異なる）
料片道：大人$62 子供$31 家族$135 ／ 往復：大人$93 子供$46.50 家族$232.50 ／ 往復＋送迎付き：大人$117 子供$70.50 家族$304.50 ／ 片道スカイレール＋片道キュランダ・シーニックレールウェイ：大人$122 子供$66 家族$310 ／ 片道スカイレール＋片道スミスフィールド駅送迎＋片道キュランダ・シーニックレールウェイ：大人$124 子供$68 家族$316
※ダイヤモンドビューは片道 大人$28 子供$14 追加

■キュランダ・シーニックレールウェイ
☎(07)4031-9045
FREE 1800-577-245
URL www.ksr.com.au
時ケアンズ→キュランダ：ケアンズ発 9:30・フレッシュウオーター発 9:55 ／キュランダ着 11:25 ／キュランダ→ケアンズ：キュランダ発 15:30・フレッシュウオーター発 17:02・ケアンズ着 17:25
料片道：大人$50 子供$25 家族$125 ／ 往復：大人$76 子供$38 家族$190
※片道スカイレール＋片道キュランダ・シーニックレールウェイの料金はスカイレールのデータ参照

熱帯雨林ツアー

世界最古の熱帯雨林を見下ろす MAP P.80 下/1A

スカイレール
Skyrail

熱帯雨林を俯瞰できる

ゴンドラの床が透明なダイヤモンドビュー

スミスフィールド Smithfield の外れにあるスミスフィールド駅とキュランダを結ぶケーブルウエイ。世界自然遺産に登録された熱帯雨林の上を総距離 7.5km にわたって運行している。途中乗り換えのためふたつ駅がある。**レッドピーク駅** Red Peak Station では熱帯雨林散歩用ボードウオークで、定期的にレインジャーによるガイドツアーが行われている。**バロンフォールズ駅** Barron Falls Station には**ザ・エッジ展望台** The Edge Lookout があり、雨季には水しぶきを上げる瀑布バロンフォールズを間近に眺めることができる（乾季はあまり水量がないのでそのつもりで）。また熱帯雨林情報センターもあり、対話式ディスプレイを使って熱帯雨林の動植物について学べる。静かで安定感のあるゴンドラからは、樹冠の高い所に大きな鳥の巣のように茂るシダ植物や、森の上を飛び回る色鮮やかな鳥を眺められる。途中駅での停止時間も含めて片道 90 分ほどの行程だ。なお、ゴンドラの床が透明な強化ガラスになった**ダイヤモンドビュー**が 10 台に 1 台の割合で運行しており（要追加料金）、さらにすばらしい景観が楽しめる。

熱帯雨林の森を駆け抜ける歴史的鉄道 MAP P.80 下/1A・B

キュランダ・シーニックレールウェイ
Kuranda Scenic Railway

ストーニークリークに架かる橋を渡る

19 世紀後半の木造車両内はレトロな風情で、牽引するディーゼル機関車の車体には、熱帯雨林にすむカーペットスネーク（ニシキヘビの仲間）をモチーフにした先住民アボリジナルの絵が描かれている。もともとは 1886 年にアサートンテーブルランドへの物資輸送手段として敷設開始された鉄道で、完成まで 5 年の歳月をかけ 29 人もの人命を失うほどの難工事だった。

先頭車両にはカーペットスネークが描かれている

熱帯雨林へ入る前の大きなカーブ、ホースシューベンド

■優雅な鉄道の旅が楽しめるゴールドクラス

ケアンズ発 9:30、キュランダ発 15:30 の列車に連結される豪華に改修された客車。各種ドリンクや軽食のサービスが受けられ、乗車記念にピンバッジやレターセットももらえる。
料 片道：大人$99 子供$74 家族$321 ／ 往復：大人$174 子供$136 家族$582

ゴールドクラスの車内

バロンフォールズ駅の展望デッキから雄大な景色を楽しむ

現在この列車が走るのはその一部であるケアンズ～キュランダ約 34km。車窓には、熱帯雨林の山の斜面に開けた景色のよい場所が次々と現れる。レトロな雰囲気の**フレッシュウオーター駅 Freshwater Station** を出て、サトウキビ畑の中をしばらく走ると線路が大きくカーブを切る**ホースシューベンド Horse Shoe Bend**。ここを抜けるとゆっくりと勾配を上げながら世界遺産の熱帯雨林の森の中へと入っていく。

山を上り始めていくつかのトンネルを抜けたあとに現れるのが**ストーニークリーク峡谷 Stoney Creek Valley**。峡谷に架かる大きく弧を描くストーニークリーク橋を渡るときは、橋のすぐ脇に 45m もの落差をもつストーニークリーク滝が見える。ルート内で最も人気のあるポイントだ。またキュランダ到着前には**バロンフォールズ駅 Ballon Falls Station** に停車し、展望台風に造られたプラットホームやすぐ脇にある見晴らし台から迫力あるバロンフォールズの瀑布を見ることができる。

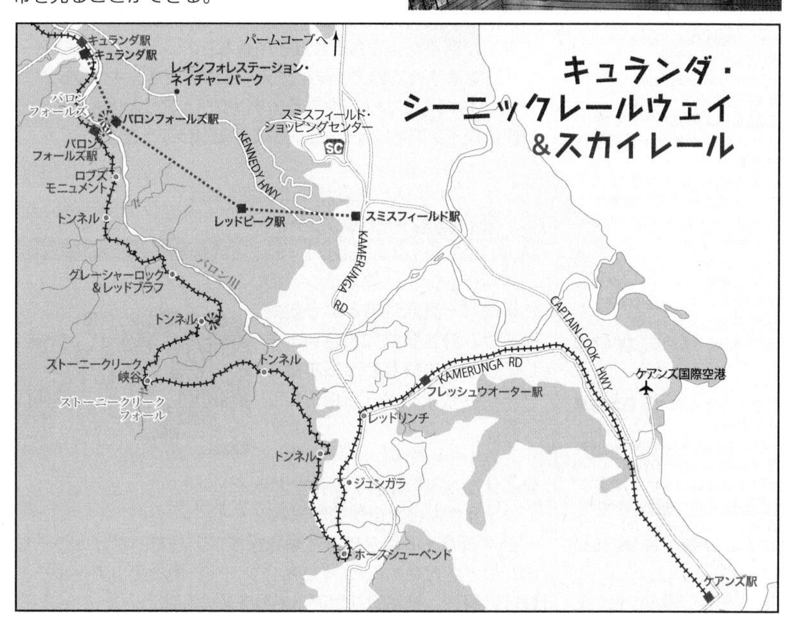

スカイレール＋キュランダ観光鉄道の定番ツアー

キュランダ 1 日観光ツアー

Kuranda 1 Day Tour

アーミーダック乗車は貴重な体験

ケアンズ近郊の代表的な観光地キュランダの散策に、片道スカイレール＋片道キュランダ・シーニックレールウェイを利用。さらに人気テーマパークのレインフォレステーション・ネイチャーパーク（→ P.88）をセットしたツアー。スカイレール駅の送迎やキュランダ到着後の移動手段などを考えると、スケジュールに無駄がなく、じっくりキュランダ観光ができるのでおすすめだ。スカイレール＆キュランダ・シーニックレールウェイ＋ホテル送迎のみのフリーコースもある。

●どきどきキュランダ 1 日観光デラックスコース（日本語）

レインフォレステーション･ネイチャーパークでは、まずアーミーダック乗車。その後コアラ抱っこ写真、コアラ＆ワイルドライフパーク、パマギリ・アボリジナルエクスペリエンス（先住民ダンスショー、先住民文化体験のいずれか）のどれかひとつを選択する。キュランダホテルでのオージーバーガーもしくはバラマンディフィッシュ & チップスのランチ付き。

●ジェイさんのキュランダ観光＋選べるプラン（日本語）

レインフォレステーション・ネイチャーパークでは、コアラ＆ワイルドライフパーク見学とアーミーダック乗車。ランチは付かないが、おすすめレストランを紹介してくれる。

●トロピックウイングス・グランドキュランダ

レインフォレステーション・ネイチャーパークを運営するウエットトロピックスの英語ツアー。日本語解説シートがあるので英語が苦手な人でもそれほど問題なし。レインフォレステーションではすべてのアクティビティが体験でき、キュランダではオーストラリアン・バタフライサンクチュアリ入場も OK。ランチはレインフォレステーションでのビュッフェだ。

■どきどきキュランダ 1 日観光デラックスコース
催行：Doki Doki Tours
📞(07)4019-7789
URL dokidokitours.com
時 毎日 9:00 ～ 17:30
料 大人 $295 子供 $185 ／フリーコース 大人 $195 子供 $145

■ジェイさんのキュランダ観光＋選べるプラン
催行：Mighty Aussie Adventures
📞(07)4041-2583
FREE 1800-444-154
URL www.mightyaussie.com
時 毎日 8:35 ～ 17:30
料 大人 $268 子供 $195 家族 $845 ／フリープラン 料 大人 $185 子供 $135 家族 $565

■トロピックウイングス・グランドキュランダ
催行：Tropic Wings
📞(07)4041-9400
URL tropicwings.com.au/tours/grand-kuranda
時 毎日 8:00 ～ 17:30
料 大人 $270 子供 $148 家族 $688

どきどきツアーのランチのひとつ、キュランダホテルの名物オージーバーガー

オーストラリアの夜行性野生動物を観察

夜行性動物探検ツアー

Wild Animal Watching Tour

巨大アリ塚の前で記念写真

アサートンテーブルランドの熱帯雨林・高原地帯という自然を巡り、野生動物に出合い、そしてときには触れ合う日本語ツアー。数社がツアーを催行している。

●どきどき夜行性動物探検ツアー／ジェイさんの大自然動物探検ツアー

日本語ガイド付き夜行性動物探検ツアーで、ポピュラーなのが「どきどき」「ジェイさん」ツアー。両社のツアールートはほぼ同じ。基本的なツアー内容を紹介しよう。

■どきどき夜行性動物探検ツアー
催行：Doki Doki Tours
📞(07)4019-7789
URL dokidokitours.com
時 毎日 14:00 ～ 21:30
料 大人 $195 子供 $125 家族 $515

●キュランダ観光＋夜行性動物探検

同社のキュランダ観光デラックスコースで、往路キュランダ・シーニックレールウェイを利用。レインフォレステーション観光、ランチ、キュランダ散策後にキュランダから動物探検ツアーに合流する。
時 毎日 9:00 ～ 21:30
料 大人 $295 子供 $180 家族 $770

■ジェイさんの大自然動物探検ツアー
催行：Mighty Aussie Adventures
📞(07)4041-2583
FREE 1800-444-154
URL www.mightyaussie.com
時 毎日 13:00 ～ 21:30
料 大人 $190 子供 $130 家族 $550

ケアンズからキュランダを抜け、最初に向かうのが巨大なアリ塚が点在するアサートンテーブルランド。アリ塚見学のあとは、マリーバへ。ジェイさんツアーはここで、ゴルフ場に数多くやってくるカンガルーを、どきどきツアーは草原で双眼鏡を使ってのカンガルーウオッチング。その後、グラニットゴージ・ネイチャーパーク（→ P.81）へ移動し、最初のハイライト。マリーバロックワラビーの餌づけを楽しむ。

餌づけを満喫したら、季節により湿原での野鳥観察、道路脇に現れる小動物観察などをしながら、湖や牧草地、果樹園など変化に富んだ光景が広がるアサートンテーブルランドを巡る。もちろん両ツアーともアサートンテーブルランド随一の見どころ、カーテンフィグツリー（→ P.82）も訪れる。

夕暮れ前にキャンプサイトに到着したら、近くの川辺での野生のカモノハシ観察。野生だが、ひじょうに高確率で、オージーでもなかなか見たことがないというカモノハシを見ることができるのだ。ジェイさんツアーではこのあとキャンプサイト脇の広場で、ブーメラン投げを楽しむこともできる。

日が暮れたあとは、キャンプサイトでのBBQディナー。運がいいとかわいいポッサムやメロミー、バンディクート、パディメロンがやってくるほど。食後は夜の熱帯雨林散策をしながら動物探し。そして最後に天体観察（好天時のみ）をしてケアンズへ戻るという盛りだくさんの内容だ。

誰もが喜ぶロックワラビーへの餌づけ

カーテンフィグツリーの幻想的な光景に感動！

野生のカモノハシを見るチャンス

南半球の星空と動物ウオッチング
満天の星空とワイルドアニマル探検ツアー
Southern Nightsky & Wild Animal

夕食後に参加できるケアンズならではのツアー。まずケアンズ郊外でスナイロワラビーを見学。住宅街に近い場所でも野生動物を観察できることにびっくり。その後ゴードンベール郊外にあるサトウキビ畑近くでメインイベント、南天の星空観察となる。大きく開けた夜空に天の川や南十字星、さらに季節ならではの星を眺める。星にまつわるユニークな話も教えてもらえる。

■満天の星空とワイルドアニマル探検ツアー
催行：Doki Doki Tours
☎(07)4019-7789
URL dokidokitours.com
時 毎日 19:30 ～ 22:00
料 大人$79 子供$55

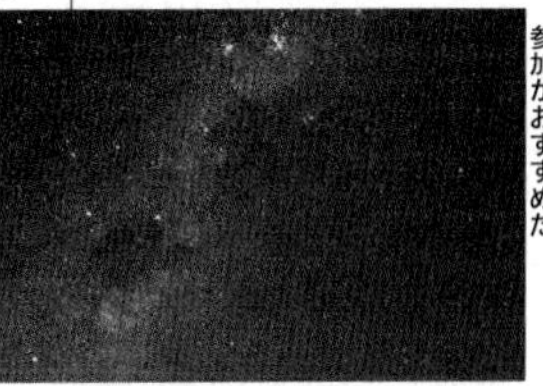
南半球の星空の美しさには声を失うほど。新月付近の日の参加がおすすめだ

COLUMN
先住民文化体験もぜひ体験したい！

ケアンズ周辺では、さまざまな先住民文化体験ができる。手軽なのはレインフォレステーション・ネイチャーパーク（→ P.88）だが、それ以外にもいくつかユニークなツアーがある。

●ウンヤミ・カルチュラルウオーキングツアー Wunyami Cultural Walking Tour
グリーン島で行われている１時間ツアー。島を「精霊の棲む場所」と称えるこの地の先住民が、島内散策しながら島の伝説、植物の使い方、火起こしの方法などを教えてくれる。
DATA
☎(07)4052-0242
URL blackseahorse.com.au/pages/tour
時 月水金～日 9:45、13:00 スタート
料 大人$39 子供$19.50

●ウオークアバウト・カルチュラルエクスペリエンス Walkabout Cultural Experience
ククヤランジ族によるツアーで、モスマン近郊のマングローブ林でのマッドクラブ探しやモスマン渓谷での散策などを行う。
DATA
☎0429-478-206 URL walkaboutadventures.com.au
時 1日ツアー：8:00 ～ 17:30／半日ツアー：9:00 ～ 13:00、12:30 ～ 17:30 ※催行日はウェブサイト参照 料 1日ツアー１人 $245／半日ツアー１人 $180
※ポートダグラス、モスマンからの送迎のみ

人気テーマパークでアニメの世界に浸る
パロネラパーク・ツアー
Paronella Park Tour

熱帯雨林の中で朽ちかけた姿を見せる軽食堂跡

ケアンズから車で1時間ほどの場所にあるパロネラパーク（→P.92）。ここの魅力を満喫するなら、下記のツアーがおすすめだ。

●ジェイさんの昼と夜のパロネラパーク／ジェイさんのアサートン高原とパロネラパーク

ジェイさんツアーのオーナーガイド、ジェイさん

昼と夜のパロネラパークツアーは半日で楽しめて人気がある。往路にウールーヌーラン国立公園内の名所ジョセフィン・フォールズ（→P.83）に立ち寄ったあと、まだ明るいうちにパロネラパークに到着。夕暮れ前に一度パロネラパーク散策をしたあとに、夜間ナイトツアーに参加してライトアップされた光景を見て回る。イニスフェイルでのイタリアンビュッフェディナー付き。

アサートンテーブルランドの見どころも一緒に楽しんでしまおうというのが「ジェイさんのアサートン高原とパロネラパーク」。アサートンテーブルランドでは、グラニットゴージでのロックワラビーの餌づけ、幻想的なカーテンフィグツリー、熱帯雨林の美しい滝ミラミラ・フォールズを訪れる。その後の行程は昼と夜のパロネラパークと同じだ。

●パロネラパーク半日ツアー

時間があまりないけれどパロネラパークは絶対見たい、という人におすすめのツアー。パロネラパークでの日本語ガイド散策はもちろん、約1時間30分の自由散策時間があるのもうれしい。パロネラパーク内カフェでのランチ付き。

●アサートンテーブルランドとパロネラパーク

英語ガイドツアーの日中のみのツアーで、パロネラパークはもちろん、アサートンテーブルランド南部の見どころもじっくり観光する。アサートンテーブルランドではバリン湖のティーハウスでデボンシャーティーを楽しみ、カーテンフィグツリーやミラミラ滝を見学。ランチはイニスフェイルのイタリアンビュッフェ。その後パロネラパークをガイド付きで散策して、ケアンズへの帰路バビンダ・ボールダーズ（→P.83）へ立ち寄る。

バリン湖ティーハウスの名物デボンシャーティー

■ジェイさんツアー
催行：Mighty Aussie Adventures
☎(07)4041-2583
FREE 1800-444-154
URL www.mightyaussie.com
●昼と夜のパロネラパーク
時 金～水 15:10～22:00
料 大人$249 子供$219
●アサートン高原とパロネラパーク
時 毎日 13:10～22:00
料 大人$279 子供$244

■パロネラパーク半日ツアー
催行：True Blue Tours
☎0401-491-598
URL www.truebluetours.com
時 毎日 8:00～14:40
料 大人$200 子供$165

■アサートンテーブルランドとパロネラパーク
催行：Northern Experience Eco Tours
☎(07)4058-0268
URL www.northernexperience.com.au
時 毎日 7:30～18:00
料 大人$205 子供$155

つり橋を渡って園内へ

城の説明をじっくり日本語で解説

アサートンテーブルランドでおいしいものに出合う
アサートン高原テーブルランドツアー
Atherton Tableland & Gourmet Tour

バリン湖畔のジャイアントカウリパイン

1日かけてアサートンテーブルランドをぐるっとひと回りし、熱帯雨林散策、野生動物探しと、ケアンズ近郊で取れる特産品を味わうユニークなツアー。

まず向かうのがアサートンテーブルランド南部のバリン湖。湖沿いのボードウオークを歩いて樹齢1100年といわれる夫婦松風のジャイアントカウリパインを見学。その後ティーハウスでケアンズ近郊No.1と評判のスコーンをいただく。バリン湖のあとは人気観光地のカーテンフィグツリーに立ち寄り、チーズ&チョコレート工場のガロ・デイリーランドでランチ。地元の食材を使ったランチはもちろん、人気のチーズテイスティングもできる。もちろんおみやげのチョコレート選びの時間も十分だ。さらにトルガのピーナッツショップで、さまざまな味つけのピーナッツの試食をし、午後は動物探しにグラニットゴージへ。愛らしいロックワラビーと触れ合ったあとは、マリーバのデ・ブルーイズ・ブティックワインでフルーツワインの試飲、さらにコーヒーワークスでのコーヒー飲み比べ（有料）となる。ケアンズへ帰る頃には動物との思い出はもちろん、おなかもいっぱいになっているというツアーだ。

トゥルーブルーツアーのオーナーガイド、シェーンさん

■アサートン高原テーブルランドツアー
催行：True Blue Tours
☎0401-491-598
URL www.truebluetours.com
時 毎日8:15～17:15
料 大人$175 子供$105 家族$485

ガロ・デイリーランドで味わえるいろいろな種類のチーズ

その他のツアー&アクティビティ

世界有数のポイントで激流下り
ラフティング（レージングサンダー）
Rafting / Raging Thunder

みんなで力を合わせて激流を下る

ゴムボートで急流を下るラフティングは、ケアンズで大人気。レージングサンダーが、日本人リバーガイド付き（日本人リバーガイドが付かない場合は詳細な日本語説明書で対応）で催行している。

1日ラフティングで訪れるケアンズの南（車で約2時間）の**タリー川 Tully River**は、世界有数のレジャーラフティング・コースとして知られている。一帯は国立公園のため釣り人やキャンパーがおらず、水も澄んでいる。しかも約5時間、全長13kmのラフティングで44もの激流ポイントが楽しめる。1～6で表される急流のグレードも、タリー川はアマチュアが参加できる最高の4。迫力満点だ。

■レージングサンダー
年齢制限：13歳以上
☎(07)4042-7300
FREE 1800-801-540
URL www.ragingthunder.com.au
●**ラフティング**
時 タリー川1日ツアー：毎日6:00～18:00もしくは10:00～22:00（時期により催行時間が異なる）／バロン川半日ツアー：毎日8:00～11:00(*1)、14:00～17:00
(*1)12～4月のみ催行
料 タリー川1日ツアー：1人$225／バロン川半日ツアー：1人$158
※冬は水温が下がるので、ウインドブレーカーを持参するといい

早瀬をクリアできるごとに喜びも増す

丸1日時間が取れないという人には、ケアンズから全行程4時間で行ける**バロン川 Barron River** での半日ラフティング（グレード3）もある。タリー川に比べると多少迫力に欠けるが、おもしろい早瀬が多くラフティングの満足度はかなり高い。しかも周囲に広がるバロンゴージ国立公園の景観もすばらしい。半日で楽しむアクティビティとしては1、2を争うほど人気も高い。

アクティブ派に大人気のキャニオニング

■ケアンズ・キャニオニング
☎(07)4243-3242
URL www.cairnscanyoning.com
時 毎日6:30～12:00（クリスタルキャニオン）、12:30～18:00（ベハナゴージ）
※午後のツアーは季節により催行されないことがある
料 大人$224 子供$184 家族$699
※クリスタルキャニオンは12歳以上、ベハナゴージは8歳以上から参加可能
※子供料金は8～11歳
※時計やジュエリー、カメラなどツアーに持ち込めないものがあるので確認すること。

スリル満点の渓流遊び
キャニオニング（ケアンズ・キャニオニング）
Canyoning / Cairns Canyoning

日本でも最近、渓流遊びとして人気上昇中のキャニオニング。ケアンズ北部、熱帯雨林の森の中にあるバロン川の渓流地帯奥のクリスタルカキャニオン Crystal Canyon と、ケアンズ南部マルグレイブ川が造る渓流ベハナゴージ Behana Gorge でツアーがある。30 mの崖を懸垂下降したり、35mのジップラインを滑空したり、10 m上から滝つぼに飛び込んだりと、スリルと爽快さ満点だ。

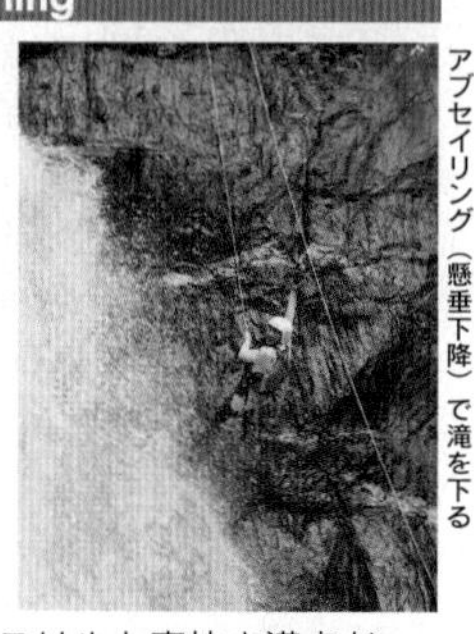
アブセイリング（懸垂下降）で滝を下る

■バックカントリーブリス・アドベンチャーズ
☎(07)4099-3677
URL www.backcountrybliss.com.au/tours/river-drift-snorkelling
●リバードリフト・スノーケリング
時 毎日9:00～12:30、14:00～15:30
料 大人$139 子供$110 家族$450
※ポートダグラス送迎無料／ケアンズ送迎は午前中ツアーのみで 大人$70 子供$50

川の流れに身を任せながら世界遺産の森を満喫
リバードリフト・スノーケリング（バックカントリーブリス・アドベンチャーズ）
River Drift Snorkelling / Back Country Bliss Adventures

川の流れに身をまかせてのんびり下る

モスマン渓谷を流れるモスマン川での川下り体験。のんびり自然に親しんでもらうことを目的としており、フロートベッドに乗りながら川を下る。寝そべりながら森を見上げたり、フロートベッドを降りてスノーケルをつけて川の流れに任せて泳いだり……運が良ければカモノハシに出合えることもあるほどだ。

■マウントンライド・アドベンチャー
住 60 Irvin Access, Little Mulgrave, Gordonvale, 4865
☎(07)4056-5406
URL www.mountnride.com.au
●半日乗馬ツアー
時 毎日9:00～11:00、13:00～15:00、15:00～17:00
料 軽食付き 大人$140 子供$110
※原則現地集合。ケアンズ送迎は要問い合わせ

熱帯雨林での乗馬体験
半日乗馬ツアー（マウントンライド・アドベンチャー）
Half Day Horse Riding / Mount-n-Ride Adventures

毎日3回、半日でできる乗馬ツアーを催行している。目的地はケアンズの南ゴードンベール近郊のリトルマルグレイブリバーにある観光ファーム。ファーム

熱帯雨林内のクリークを進む

周辺の森は世界遺産に登録されており、約1時間30分の乗馬で巡るのもそうした森の中だ。途中クリークを渡るなど、ちょっとアドベンチャーな体験もできる。また乗馬経験者には、途中でトロッティング（早足）にもチャレンジさせてくれるのがうれしい。

大空の上で日の出を迎えられる

熱気球ツアー（ホットエアー・ケアンズ）

Hot Air Balloon / Hotair Cairns

夜明け前に気球に乗り込み大空へ

早朝、熱気球に乗って、朝日に輝くアサートンテーブルランドの山々を眺めてみよう。アサートンテーブルランドは年間を通して晴天率が高く、しかも朝は風が穏やか。熱気球には最高の条件の場所だ。

日の出の1時間30分ほど前にケアンズのホテルを出発。約1時間かけてアサートンの出発場所へ。凛とした空気のなかでの大空の散歩は、ここが熱帯であることを忘れてしまうほど。空中で記念撮影もある。大空で迎える日の出や眼下の草原を走り回るカンガルーの群れなど、その光景は忘れられないものになるはずだ。約1時間のフライトだが、大空の上にいることがあっという間に感じるほど濃密な時間だ。

フライトを楽しんだあとは、参加者みんなで熱気球をたたむバルーンパッキング。これが思いのほか楽しいと評判だ。その後はフライトの成功を記念し、軽食をつまみながらスパークリングワインで乾杯となる。なお夏でも上空は冷えるので上着を用意するといい。

運がよければ眼下にカンガルーの群れも

■ホットエアー・ケアンズ
年齢制限 :5 歳以上
☎(07)4039-9900
URL www.hot-air.jp
時 毎日 4:00 頃～ 9:30 頃
※ケアンズ出発午後のフライトであれば出発当日参加が可能だ
料 月～金1人 $440、土日祝1人 $495
※ケアンズ＆ノーザンビーチ・エリア送迎付き

コアラ柄の気球もある

熱帯雨林で究極のスリルを味わう

バンジージャンプ（スカイパーク・ケアンズ・バイ・AJ ハケット）

Bungy Jump / Skypark Cairns by AJ Hackett

ケアンズから北へ車で10分ほど行った山の中腹が、オーストラリア最初のバンジージャンプが行われた記念すべき場所。熱帯雨林内に高さ44mのバンジー専用タワーがあり、タワー下に造られた小さな池めがけてジャンプする。バンジージャンプのほか、ジャイアント・ジャングルスイングと呼ばれるアトラクションもできる。こちらは1～3人がタワーから宙づりになり、時速約100キロで大きくスイングするものだ（人間宙づりブランコと考えるとわかりやすい）。

■スカイパーク・ケアンズ・バイ・AJ ハケット
住 Lot 2、End of McGregor Rd., Smithfield, 4878
☎(07)4057-7188
URL www.skyparkcairns.com
営 毎日 10:00 ～ 16:30
料 バンジージャンプ: 大人 $149 子供 $99 ／ジャイアント・ジャングルスイング 大人 $99 子供 $69 ／バンジージャンプ＋ジャイアント・ジャングルスイング: 大人 $209 子供 $149　※子供は10～14歳／※写真、ビデオをセットにしたパッケージもある／※ケアンズ＆ノーザンビーチ・エリア送迎付き

勇気を出して
バンジージャンプ！

宙づりブランコのジャイアント・ジャングルスイング

パラセイリング、ジェットスキー、チューブライドにまとめてチャレンジ

マリンアクティビティ（ノースクイーンズランド・ウオータースポーツ）

Marine Activities / North QLD Water Sports

ノースクイーンズランド・ウオータースポーツがケアンズの町の真ん前、トリニティ湾でパラセイリング、ジェットスキー（日本では免許が必要だがオーストラリアではインストラクターの監視内なら誰でも乗れる）を行っている。日本語による詳しい説明があり、初心者でも安心して楽しめる。

なお同社ではジェットスキーに乗ってガイドと一緒に野生のクロコダイルを見にいく**クロックスポッティング・ジェットスキーツアー** Croc Spotting Jet Ski Tour（所要2時間）も催行している。

湾内で爽快なジェットボート体験

ジェットボーティング（バッドフィッシィ・ケアンズ）

Jet Boating / Bad Fishy Cairns

乗船中歓声が絶えないジェットボーティング

トリニティ・インレット内をスピード満点のジェットボートで駆け巡るツアー。約70キロ以上というスピードだけでも迫力満点なのに、途中で豪快に波しぶきをあげてスピンをするなど、絶叫系ライド好きなら絶対試したいアクティビティだ。キャプテンがインレット内にすむイリエワニを探したりもしてくれる。

インストラクターと一緒に大空ジャンプ

タンデムスカイダイビング（スカイダイブケアンズ）

Tandem Skydiving / Skydive Cairns

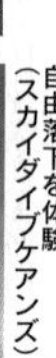
自由落下を体験（スカイダイブケアンズ）

タンデムスカイダイビングはインストラクターが一緒に飛ぶもので、初心者でも楽しめるスカイダイビング。ケアンズ市内では**スカイダイブケアンズ**がツアーを催行している。出発前に空中での基本姿勢の簡単なトレーニングを受けてから、セスナに乗り込む。人気があるのは1万5000フィート（約4500m）からのタンデムジャンプ。約60秒間自由落下を体験したあとにパラシュートが開くようになっている。空中遊覧はわずか4分ほどだが、スリル、爽快感は十分すぎるほど。日本ではなかなか味わえない体験だ。

セスナに乗って人気のコアラリーフを見にいこう！

セスナ遊覧飛行（フライシーイーグル）

Scenic Flight / Fly Sea Eagle

ケアンズ国際空港からセスナ機で出発する遊覧飛行。出発ターミナルは国内線や国際線ターミナルと滑走路を挟んだ反

ゆったりとした大空散歩のパラセイリング

■ノースクイーンズランド・ウオータースポーツ
☎0411-739-069
URL www.nqwatersports.com.au
時 毎日9:00、11:00、13:00、15:00マーリンワーフ出発
料 1人乗り：パラセイリング$145、ジェットスキー$100／2人乗り（2人分）：パラセイリング$160、ジェットスキー$160／クロックスポッティング・ジェットスキーツアー：1人乗り$190、2人乗り$260

■バッドフィッシィ・ケアンズ
☎(07)4042-7320
URL www.badfishy.com.au
時 毎日11:30、14:00、15:00マーリンワーフ出発（所要約35分）
料 大人$79 子供$59 家族$229
※安全のため身長110cm以上

■スカイダイブケアンズ（エクスペリネンス・コ）
☎1300-815-245
URL www.skydive.com.au/locations/cairns/
料 1万5000フィート$359
※4人以上のグループ申し込みで1人$339
※スカイダイビング中の写真$129、写真＋ビデオ$179
※ケアンズ＆ノーザンビーチ・エリア送迎付き

スカイダイブケアンズはサトウキビ畑の中の草原に着地する

対側で、歩いてセスナ機の前まで行くだけでワクワクするほどだ。45分フライトで、離陸後グリーン島上空を抜けてG.B.R.エリアに入り、その後巨大なアーリントンリーフ、ミコマスケイとミコマスリーフ、ヘイスティングスリーフ、ブラソフケイとブラソフリーフ、オイスターリーフ、ウポルリーフ上空を通り戻ってくる。途中アーリントンリーフ内では、コアラの顔に似ていると評判になった通称コアラリーフも見られる。

遊覧飛行のあとはパイロットと記念写真

アーリントンリーフ内にあるコアラリーフ

アウターリーフ・クルーズとジョイントできる

ヘリコプター遊覧飛行（ノーチラスアビエーション）

Heli Scenic Flight / Nautilus Aviation

空から眺めるG.B.R.の壮大さに圧倒される

最新の6人乗りヘリを使ったノーチラスアビエーションが、G.B.R.のさまざまな遊覧飛行を催行している。30分のフライトでも、グリーン島、ウポルリーフ、ミコマスリーフ、ブラソフケイ、アーリントンリーフ上空をひと回り。すばらしい景色が楽しめる。お得なのが各フライトに追加できる**ブラソフケイ・タッチダウン** Vlasoff Cay Touchdown。干潮時に姿を現すサンゴのかけらが堆積した砂州（コーラルケイ）のブラソフケイに途中で着陸できるオプション（海況によるため100%ではない）。砂州の上に立つとG.B.R.を自分たちだけで独占したような気分になれるほど。また提携しているクルーズ会社との間で、G.B.R.上ポントゥーンまでの片道、往復フライトサービスがある。

ケアンズで人気のフィッシングツアー

フィッシング（オールタックル・スポーツフィッシング）

Fishing / All Tackle Sportfishing

ケアンズで釣りツアーを行っているのがオールタックル・スポーツフィッシング。値段も手頃な半日湾内フィッシングサファリから外洋トローリング、ルアーフィッシング、ゲームフィッシングまで、何でも手配可能だ。

ケアンズで楽しむリゾートゴルフ

ゴルフ

Golf

ケアンズ近郊の代表的なゴルフ場はローカルに人気の**ケアンズ・ゴルフコース** Cairns Golf Course、ノーザンビーチ地区（ヨーキーズノブ）にある**ハーフムーンベイ・ゴルフクラブ** Half Moon Bay Golf Club、ポートダグラスにある**パルマーシーリーフ・ゴルフコース** Palmer Sea Reef Golf Course、**ミラージュ・カントリークラブ** Mirage Country Clubなど。各ゴルフ場への予約・送迎手配を行っているのが**ポートダグラスコネクションズ** Port Douglas Connections。ゴルフ場は車がないと行きにくいので、送迎サービスを利用したい。

■フライシーイーグル
☎0448-531-704（日本語）
URL www.seaeagleadventures.com
時 毎日7:00～随時（日によってフライト出発時間が異なるため、できれば前日までに予約のこと）
料 45分フライト：1人$249

■ノーチラスアビエーション
☎(07)4034-9000
URL www.nautilusaviation.com.au
料 30分G.B.R. $399／45分リーフ＆レインフォレスト$499／ブラソフケイ・タッチダウン$80
※グレートアドベンチャー、サンラバーリーフクルーズとのフライ＆クルーズパッケージあり（要問い合わせ）

■オールタックル・スポーツフィッシング
☎0408-774-902
URL alltacklesportfishing.com
料 内海半日フィッシングサファリ（7:30～12:00、13:00～17:30）大人$120 子供$100

■ポートダグラスコネクションズ
住 9 Plath Close, Cairns, 4870
☎(07)4051-9167
URL www.portdouglas-c.com
料 ケアンズからの送迎付きツアー：ケアンズ・ゴルフコースおよびハーフムーンベイ・ゴルフクラブ：2～3人参加1人$220、4人以上参加1人$160／パルマーシーリーフ・ゴルフコース：2～3人参加1人$450、4人以上参加1人$295／ミラージュ・カントリークラブ：2～3人参加1人$410、4人以上参加1人$260

ケアンズ近郊で体験する
スパ・リラクセーション

ケアンズ近郊のリゾートホテルに、
最近スパトリートメント施設を併設するところが増えてきている。
一応はホテルゲスト用施設なのだが、
ほとんどの場合ビジターも歓迎（もちろん予約は必要だ）。
ここでは、そのなかで代表的なところを紹介しよう。

アラマンダスパ（L.M. スパ）
Alamanda Spa (L.M Spa)

パームコーブの高級コンドミニアムホテルのアラマンダ・パームコーブ・バイ・ランスモア内にある。屋内外にトリートメントルームをもつ。涼しい時期に屋外トリートメントルームでマッサージを受けるのは極上の気分だ。

落ち着いた雰囲気でゆったりトリートメントが受けられる

DATA MAP P.77
住 Alamanda Palm Cove by Lancemore, 1 Veivers Rd., Palm Cove, 4879
☎ (07)4055-3000
URL www.lancemore.com.au
営 月～土 9:00 ～ 19:00
料 フェイシャル 60 分 $170 ／シグニチャーマッサージ 60 分 $170 ～など
CC ADJMV

屋外にあり、風が吹き抜ける、アラマンダスパの人気トリートメントルーム
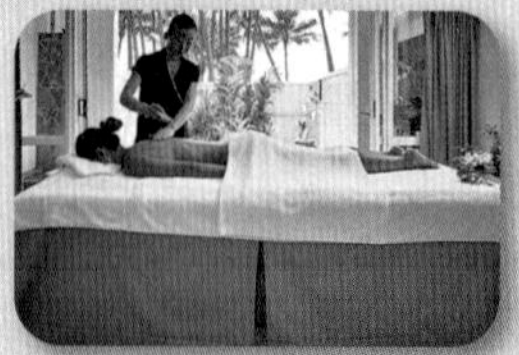

エレム・デイスパ
Eléme Day Spa

ケアンズ市中、クリスタルブルックコレクションのライリーとフリン内にある。ケアンズ市中のスパのなかで、トリートメントルームのゆったりした雰囲気は随一。カップル用ルームももちろん完備。使用するスパプロダクトは、オーストラリアのヴィーガンスキンケアプロダクトとして世界中で評判のソダシ、さらにエレムスパのオリジナルプロダクトだ。

フリンのカップル用トリートメントルーム

DATA
URL www.crystalbrookcollection.com/eleme-spa/cairns
料 フェイシャル 30 分 $85 ～／ボディマッサージ 60 分 $160 ～／スパパッケージ 90 分 $225 ～など
CC ADJMV
●ケアンズ・ライリー MAP P.69/2B
住 Crystalbrook Riley, 131-141 Esplanade, Cairns, QLD 4870
☎ (07)4252-7700
営 火～日 9:00 ～ 18:00
●ケアンズ・フリン MAP P.69/2B
住 Crystalbrook Flynn, 85 Esplanade, Cairns, QLD 4870
☎ (07)4253-5035
営 木～日 9:00 ～ 18:00

ヴィスパ
Vie Spa

オーストラリアの高級ホテル、プルマンホテルズ&リゾーツで展開される豪華スパ。ケアンズ市中のプルマン・ケアンズインターナショナル内と、パームコーブとポートダグラスにあるプルマン・シーテンプルリゾート&スパ内にある。世界の一流スパで人気のトリートメントプロダクト、ペボニア・ボタニカやオーストラリア発オーガニックトリートメントプロダクトの ikou を使用している。

DATA
URL viespa.com.au
営 毎日 9:00 ～ 19:00
料 フェイシャル 60 分 $180 ～／マッサージ 30 分 $65 ～／各種パッケージ 90 分 $270 ～など
CC ADJMV
●ケアンズ MAP P.69/3B
住 Pullman Cairns International , 17 Abbott St., Cairns, QLD 4870
☎ (07)4050-2124
●パームコーブ MAP P.77
住 Pullman Palm Cove Sea Temple Resort & Spa, 5 Triton St., Palm Cove, QLD 4879
☎ (07)4059-9613
●ポートダグラス MAP P.84
住 Pullman Port Douglas Sea Temple Resort & Spa, Mitre St., Port Douglas, QLD 4877
☎ (07)4084-3515

カップル用トリートメントルームは広々

ケアンズのホテル
ACCOMMODATION

州外局番(07)

ケアンズ市中

バジェットタイプ

快適さで選ぶなら MAP P.69/3A

Cairns Central YHA
ケアンズ・セントラルYHA

URL www.yha.com.au 住 20-26 McLeod St., 4870 ☎ 4051-0772 WiFi 無料 料 D $48.60 ～ 75、TW $153 ～ 154 ※YHA会員以外は追加料金必要 CC MV

ゆったりしたプールサイド

ケアンズ・セントラルの近くにあり、清潔で落ち着いた雰囲気。シャワー、トイレ共同。全室エアコン付き。

一級ホテル並みの設備をもつバックパッカーズ MAP P.69/3A

Gilligan's Backpackers Hotel & Resort
ギリガンズ・バックパッカーズホテル&リゾート

URL www.gilligans.com.au 住 57-89 Grafton St., 4870 ☎ 4041-6566 WiFi 無料 料 D $41 ～ 58、TW $190 ～ 210 CC ADJMV

設備のいいバックパッカーズだ

全室エアコン、シャワー、トイレ完備。ドミトリーには専用のロッカーもある。サッカーコート半面、ラグーンプールなど設備も充実。ラグーンプールにはスクリーンがあって毎夜映画上映も行われている。隣にはラスティーズマーケットもある。

コンドミニアム

おしゃれなブティックホテル MAP P.69/2B

Il Palazzo Boutique Hotel
イル・パラッツォ・ブティックホテル

URL ilpalazzo.com.au 住 62 Abbott St., 4870 ☎ 4041-2155 FREE 1800-813-222 WiFi 無料 料 1B $175 ～ 450 CC ADJMV

アボット・ストリートに面して建つ南欧風ホテル。ベージュ系で統一された壁や家具、落ち着いた雰囲気のベッドカバーなど室内もおしゃれ。

イタリアのプチホテルをイメージさせる

目の前はエスプラネードラグーン MAP P.69/3B

Mantra Esplanade Cairns
マントラ・エスプラネード・ケアンズ

URL www.mantraesplanadecairns.com.au 住 53-57 The Esplanade, 4870 ☎ 4046-4141 WiFi 有料 料 ホテルルーム：TW $232 ～ 273 ／ 1B $292 ～ 359、2B $500 ～ 588 CC AMV
日本での予約先：アコーカスタマーサービス ☎ (03)4578-4077

エスプラネードの一等地に建つ。客室はホテルルームとアパートメントルームに分かれているが、どちらの部屋もゆったりしたバルコニーが付いている。

便利な場所に建っている

エスプラネード沿いの人気コンドミニアム MAP P.69/2B

Mantra Trilogy
マントラ・トリロジー

URL www.mantratrilogy.com.au 住 101-105 The Esplanade, 4870 ☎ 4080-8000 WiFi 有料 料 ホテルルーム：TW $229 ～ 277 ／ 1B $300 ～ 362、2B $504 ～ 592 CC AMV
日本での予約先：アコーカスタマーサービス ☎ (03)4578-4077

屋外プールも広々としている

エスプラネードとアプリン・ストリートの角に建つ。客室は現代的なインテリアでまとめられており、キッチンには食器洗い機も完備。リビングスペースの広さもケアンズ有数だ。

一級以上のホテル

のんびり派におすすめの MAP P.68/2B

Cairns Harbourside Hotel
ケアンズ・ハーバーサイドホテル

URL cairnsharboursidehotel.com.au 住 209-217 The Esplanade, 4870 ☎ 4080-3000 WiFi 無料 料 TW $190 ～ 259 CC ADJMV

プールはエスプラネード沿いにある

町の中心まで徒歩約20分だが日中は本数は限られるが無料シャトルバスあり。オーシャンサイドとマウンテンサイドに分かれており、レストランやプールはオーシャンサイド側。客室は明るくモダン。

町の真ん中にある歴史的ホテル MAP P.69/3A

Hides Hotel
ハイズホテル

URL www.hideshotel.com.au 住 87 Lake St., 4870 ☎ 4058-3700 WiFi 無料 料 TW $89 ～ 169 CC ADMV

コロニアルな外観が特徴

シティプレイスに建つ歴史的建造物を利用したホテル。ケアンズ最古のエレベーターや天井の高いバジェットルーム（バス、トイレ共同）に開拓当時の面影を知ることができる。一般的な部屋はモダンで、使い勝手がいい。

エスプラネードに面して建つ大型ホテル。客室はシックで、広いバルコニーが付いている。レストラン、バー、ジム、テニスコート、プールなど設備も充実。ゲスト用に貸自転車も用意している。

エスプラネード沿いの大型ホテル

リーフカジノの目の前に建つ
Pacific Hotel Cairns
パシフィックケアンズ

MAP P.69/3B

URL pacifichotelcairns.com.au
住 43 The Esplanade (Cnr. Spence St.), 4870
☎ 4051-7888　WiFi 無料　料 T W $239 ～ 329
CC ADJMV

スーペリアの客室

1982 年オープンの 11 階建てケアンズ老舗高級ホテル。3 階吹き抜けで籐のソファセットが置かれたロビーはいかにも南国的。全館改装されており、部屋もモダンで明るく快適だ。

町の真ん中でショッピングに便利
The Benson Hotel
ベンソンホテル

MAP P.69/3A

URL www.thebensonhotel.com.au
住 50 Grafton St., 4870　☎ 4046-0300
WiFi 無料　料 T W $177 ～ 339　CC ADJMV

中層階にあって眺めの良いプールエリア

中心部にある 10 階建てホテル。2022 年に全館改装が行われており、シック＆モダンなスタイリッシュホテルとなっている。客室は最新の AV 設備をもちゆったりとしていて快適。プールエリアにはガゼボもあり、ゲストがくつろいで滞在できるよう配慮されている。ルーフトップバーを併設したレストランも人気だ。

コロニアル調のお手頃ホテル
Mercure Cairns
メルキュール・ケアンズ

MAP P.69/2A

URL www.mercurecairns.com.au
住 Cnr. Florence & Lake Sts. (15 Florence St.), 4870　☎ 4051-5733　WiFi 無料
料 T W $157 ～ 192　CC ADJMV
日本での予約先：アコーカスタマーサービス ☎ (03)4578-4077

熱帯ケアンズらしい雰囲気のホテル

ケアンズ水族館近くにあるコロニアルな建物を改装した 4 つ星ホテル。2022 年に全面改装されており、室内設備は最新で、ミニバーにはエスプレッソマシンがあるほど。プールはこぢんまりしているが南国植物で彩られてトロピカルな雰囲気だ。

客室のバリエーションが多い
Rydges Esplanade Resort Cairns
リッジス・エスプラネードリゾート

MAP P.69/1B

URL www.rydges.com　住 209-217 Abbott St., 4870　☎ 4044-9000　WiFi 無料
料 T W $181 ～ 242、2B $323 ～ 359　CC ADJMV

珊瑚礁をイメージした明るい空間
Novotel Cairns Oasis Resort
ノボテル・ケアンズ・オアシスリゾート

MAP P.69/2B

URL www.novotelcairnsresort.com.au
住 122 Lake St., 4870　☎ 4080-1888
WiFi 無料　料 T W $223 ～ 375　CC ADJMV
日本での予約先：アコーカスタマーサービス
☎ (03)4578-4077

自慢のラグーンプールはケアンズ中心部では最大級の広さを誇る

広い敷地に大きなラグーンプールを囲むように宿泊棟が建てられている。このクラスのホテルとしては客室も広々していて、内装は明るい雰囲気だ。もちろんバルコニー完備。

機能的でサービスも充実
Double Tree By Hilton Cairns
ダブルツリー・バイ・ヒルトン・ケアンズ

MAP P.69/2B

URL www.hilton.com　住 122-123 The Esplanade (Cnr. Florence St.), 4870　☎ 4050-6070　WiFi 有料（ヒルトン会員無料）　料 T W $177 ～ 387
CC ADJMV　日本での予約先：ヒルトン・ワールドワイド ☎ (03)6864-1633

エスプラネードに建つ円形のホテル。チェックイン時のサービスでダブルツリーオリジナルクッキーがもらえるのがうれしい。建物の中央に造られた池や熱帯の植物が生い茂るトロピカルガーデンが新鮮。池にはバラマンディがいて、月～金曜の 13:00 から餌づけが行われている。客室は海側か山側の眺めによって分けられているが、基本設備は同じ。家族向けのコネクティングルームも多い。

プールも思いのほか広い

モダンデザインのゆったりとした客室

熱帯植物が植えられた中庭にはバラマンディがいる池もある

ダブルツリーの名物クッキー

✉ Travellers Oasis が安くて居心地がよくおすすめ。エスプラネードからは徒歩 20 分ほどと少し遠いですが、ケアンズ・セントラルが目の前でスーパーでの買い物などに大変便利。敷地内にプールがあり、椰子の木もたくさん植えられていてまさしくオアシス。URL travellersoasis.com.au　住 8-10 Scott St., 4870 ↗

マーリンワーフ隣に建つ豪華ホテル MAP P.69/3B
Hilton Hotel Cairns
ヒルトン・ケアンズ

URL www.hilton.com 住 34 The Esplanade, 4870
☎ 4050-2000 WiFi 有料（ヒルトン会員無料）
料 T W $269 ～ 1000 CC ADJMV
日本での予約先：ヒルトン・ワールドワイド
☎ (03)6864-1633

開放感あふれるロビーエリア

広さもあって快適な客室

リーフフリートターミナルすぐ近くに建つケアンズを代表する5つ星ホテル。外光をうまく取り入れた吹き抜けのロビーはトロピカルムード満点。熱帯植物を周りに配した南国ムード満点のプールやウエディングに人気の白亜のチャペル、さらにジムなど設備も充実。部屋はスパルームとスイートを除きほぼ同じ造りで、広さも全室30㎡以上。明るい雰囲気で、クローゼットやテーブル、椅子などモダンデザインの家具が配置されている。レストランは、モダンインターナショナルのシグニチャーが入っている。

ほとんどの部屋から海が望める MAP P.69/2B
Riley A Crystalbrook Collection Resort
ライリー - クリスタルブルックコレクション・リゾート

URL www.crystalbrookcollection.com
住 131-141 The Esplanade, 4870
☎ 4252-7777 WiFi 無料
料 T W $266 ～ 1795 CC ADJMV

エスプラネード沿いに建つ、ケアンズ市中で最もリゾートらしい雰囲気と評判の5つ星ホテル。ホテルでのんびり楽しんでもらうことをコンセプトに、ケアンズ市中唯一の広々としたインフィニティプールや本格的デイスパのエレムスパ、さらにレストラン、バーなどを充実させている。客室はメインビルディングとタワー棟に分かれており、明るくおしゃれなリゾートスタイルとなっている。全室ネスプレッソコーヒーマシンやT2の紅茶などが用意されているのもうれしい。また客室に設置されたiPadでホテル内レストランの予約や各種ツアー予約も可能（日本語対応）。

ケアンズ市中でリゾート感No.1のホテルだ

リゾート感いっぱいの客室

エスプラネードの最新リゾート MAP P.69/2B
Flynn A Crystalbrook Collection Resort
フリン - クリスタルブルックコレクション・リゾート

URL www.crystalbrookcollection.com
住 85 The Esplanade, 4870 ☎ 1300-002-050（予約） WiFi 無料 料 T W $230 ～ 975
CC ADJMV

アートな雰囲気が楽しい

エスプラネードとアボット・ストリートの間に建つ最新5つ星ホテル。シービューのエスプラネードサイド、マウンテンビューのアボット・ストリートサイドの2つの棟に分かれている。チェックインはアボット・ストリートサイドだ。アートが描かれたクッションやシック＆モダンな調度品……デザインセンスに優れた客室は居心地もいい（バスルームはシャワーオンリー）。モダンイタリアンが味わえるフリンズ・イタリアンやカジュアルに美食とお酒が楽しめるソーシャル・ボードウオーク、さらにハードリカー好きに大人気のウイスキー＆ワインなどのレストラン＆バー、さらにエスプラネードを望む開放的なプールと施設も充実。ライリー同様ホテル内施設の予約は客室にあるiPadで行うようになっている。

熱帯雨林をイメージした MAP P.69/2B
Bailey A Crystalbrook Collection Resort
ベイリー - クリスタルブルックコレクション・リゾート

URL www.crystalbrookcollection.com
住 163 Abbott St., 4870 ☎ 1300-002-050（予約） WiFi 無料 料 T W $212 ～ 585 CC ADJMV

プールエリアは広々としている

熱帯雨林をモチーフにした5つ星ホテル。開放的で広々としたエントランスに足を踏み入れた瞬間から熱帯らしさを感じられる。建物全体をグリーン系で統一。現代的なインテリアの部屋も居心地がいい（バスルームはシャワーオンリー）。併設レストランのシーシーズはケアンズNo.1と評判のクラシックなステーキハウス。通りに面した屋外バーエリアも人気がある。ライリー同様ホテル内施設の予約は客室内iPadで行う。

↘ ☎ (07)4052-1377 料 D $49 ～ 53、T W $129 ～ 139（神奈川県　さくら　'24）

カジノ併設の豪華ホテル　MAP P.69/3B
Pullman Reef Hotel Casino
プルマン・リーフカジノ

中層階にあるプールエリア

URL www.reefcasino.com.au
住 35-41 Wharf St., 4870
☎ 4030-8888　WiFi 無料
料 T W $237 ～ 887
CC ADJMV
日本での予約先：アコーカスタマーサービス ☎ (03)4578-4077

カジノを併設するケアンズを代表する５つ星ホテル。セキュリティ重視のためホテル棟はカジノとは別の入口で、ロビーでのチェックインも着席スタイル。部屋はオフホワイトを基調として上品。レストランはモダンタイ料理のタマリンドが入っている。

ケアンズ有数の高級ホテル　MAP P.69/3B
Pullman Cairns International
プルマン・ケアンズインターナショナル

URL www.pullmancairnsinternational.com.au
住 17 Abbott St., 4870　☎ 4031-1300
WiFi 無料　料 T W $231 ～ 490
CC ADJMV　日本での予約先：アコーカスタマーサービス ☎ (03)4578-4077

リゾートらしいプールエリア

３階まで吹き抜けのコロニアル風ロビー、ボードウオークと熱帯植物を配したプールサイドなど南国らしさいっぱいだ。部屋はパステルを基調としたカラーコーディネートで、さわやかな感じ。高級デイスパ（ヴィスパ）やレストランのココス、バーなどの設備も充実。

ピアの５つ星ホテル　MAP P.69/3B
Shangri-La Hotel the Marina
シャングリラ・ザ・マリーナ

URL www.shangri-la.com　住 Pierpoint Rd.(P.O. Box 7170), 4870　☎ 4052-7500　WiFi 無料
料 T W $270 ～ 1130　CC ADJMV
日本での予約先：シャングリラ・ワールドワイドリザベーション FREE 0120-944-162

プールエリアは静かでゆったりとくつろげる

リーフフリートターミナル脇に建つ。客室は洗練されたインテリアで、全室バスタブとシャワーブースが別、ゆったりとしたバルコニーが付いている。特に２階側、マリーナを見下ろす広々としたバルコニーを持つ客室はホライズンクラブと名付けられ、カップルに大人気だ。ホテルとコンプレックスをなすピア内にはコアラ抱っこができるケアンズ・コアラ・クリーチャーズもある。

パームコーブとノーザンビーチ

大人のための隠れ家リゾート　MAP P.67/3B
Kewarra Beach Resort & Spa
ケワラビーチ・リゾート＆スパ

URL www.kewarra.com　住 80 Kewarra St., Kewarra Beach, Smithfield, 4879
☎ 4058-4000
WiFi 無料

客室は木のぬくもりがいっぱい

泊まってみたい
ケアンズ郊外のリゾート

珠玉の珊瑚礁リゾート
グリーンアイランド・リゾート
Green Island Resort

グリーン島にあるG.B.R.有数の豪華リゾート。滞在することで、ビーチに打ち寄せる波音を聞く夕暮れや早朝、満天の星を眺める夜など、日帰りでは味わえない自然のすばらしさを実感できる。リゾートゲストエリアには、２階建ての宿泊棟と専用プール、リラクセーションスペースを完備。ウッディな内装の客室は、落ち着いた雰囲気だ。ディナーと朝食はファインダイニングのエメラルドで。特にディナーは本格的なモダンオーストラリア料理となっている。

宿泊客向けのアクティビティも充実。桟橋での魚の餌づけ、夕方の無料サンセットバー、さらにガイド付き星空観察が楽しめる。またデイゲストは有料の島内アクティビティも、一部は宿泊客無料となっている。

美しい珊瑚礁の島の上にある

左：広々としたリーフスイートの客室
右：無料ドリンクを片手にサンセットを楽しむ

DATA　MAP P.78
URL www.greenislandresort.com.au
住 P.O.Box 898, Cairns, 4870
☎ 4031-3300　WiFi 無料　料 T W $835 ～ 935
※３泊以上で割引あり　CC ADJMV

日本からケアンズへの電話のかけ方
国際電話会社の番号＋010＋61（国番号）＋7（0を取った州外局番）＋電話番号

CC ADJMV
※改修中で 2024 年後半再オープン予定

ケアンズから車で約 20 分。ビーチに面して広大な熱帯雨林の敷地をもつ。客室は戸建てバンガローで、カーテンやベッドカバーなどのファブリック類にはアボリジナルやアイランダーのアートをあしらうなどエキゾチックだ。

パームコーブ有数の豪華コンドミニアム MAP P.77
Pullman Palm Cove Sea Temple Resort & Spa
プルマン・パームコーブ・シーテンプルリゾート&スパ

URL www.pullmanpalmcove.com.au
住 5 Triton St., Palm Cove, 4879 ☎ 4059-9600
WiFi 無料 料 ステューディオ $230 ～ 309 ／ 2B $474 ～ 559 CC ADJMV 日本での予約先：アコーカスタマーサービス ☎ (03)4578-4077

パームコーブ有数の敷地面積を誇る

広々とした敷地に巡らされたプール、水路の周りに 3 階建ての客室棟や庭園、レストラン、デイスパなどの施設を配している。ほとんどの客室がコンドミニアムスタイル。アジアンテイストのインテリア、スパバス完備のバスルームなど、優雅な滞在が楽しめる。

白亜の豪華リゾート MAP P.77
Peppers Beach Club & Spa Palm Cove
ペッパーズビーチクラブ&スパ・パームコーブ

ラグーンプールでのんびり過ごそう

URL www.peppers.com.au
住 123 Williams Esplanade, Palm Cove, 4879
☎ 4059-9200
WiFi 無料 料 ホテルルーム：TW $315 ～ 366 ／ 1B $404 ～ 474、2B $659 ～ 729 CC ADJMV

巨大なラグーンプールを囲むように 4 階建ての白亜の宿泊棟が建ち、ほとんどの客室のバルコニーにスパバスが付くという贅沢さ。パラダイス・デイスパも併設している。

カップルなら一度は泊まってみたい MAP P.77
The Reef House Boutique Hotel & Spa
リーフハウス・ブティックホテル&スパ

URL www.reefhouse.com.au 住 99 Williams Esplanade, Palm Cove, 4879 ☎ 4080-2600
WiFi 無料 料 W $719 ～ 2079 ※朝食付き ※ 16 歳未満の宿泊不可 CC ADJMV

客室はすべてダブル仕様で基本的にゲストはカップルのみ。全室に DVD プレーヤーを装備。一部の部屋のベッドには天蓋風の蚊帳も付いている。ほかにもケアンズ有数のスパ設備がある。

天蓋付きベッドが特徴的だ

豪華スパ設備で人気を誇る MAP P.77
Alamanda Palm Cove by Lancemore
アラマンダ・パームコーブ・バイ・ランスモア

URL www.lancemore.com.au
住 1 Veivers Rd., Palm Cove, 4879
☎ 4055-3000 WiFi 無料 料 2 泊パッケージ 1B $698 ～ 1098、2B $798 ～ 1248 CC ADJMV

広々としたベッドルーム

人気のアラマンダスパ併設の最高級コンドミニアムリゾート。客室は最も狭い 1 ベッドルームでも 85m² という広さだ。レストランのヌヌは、コンチネンタル料理ではパームコーブ随一。

フィッツロイ島

熱帯雨林の島に建つ 4 つ星リゾート MAP P.79
Fitzroy Island Resort
フィッツロイアイランド・リゾート

URL www.fitzroyisland.com
住 P.O.Box 3058, Cairns, 4870
☎ 4044-6700 WiFi 有料
料 TW $189 ～ 379、2B $485 ～／キャンプサイト $39
CC AJMV

リゾートプールでのんびりするのもおすすめ

フィッツロイ島のビーチに面して建ち、ほとんどの部屋から海を望むことができる。一般的なホテルルームから簡易キッチンが付いた部屋まであって、さまざまなスタイルの滞在に利用できる。プール、レストラン、バー、ゲームルームなどの設備もある。

ポートダグラス

オーストラリアを代表する高級リゾート MAP P.84
Sheraton Grand Mirage Port Douglas
シェラトン・グランドミラージュ・ポートダグラス

URL www.marriott.com 住 Port Douglas Rd., Port Douglas, 4877 ☎ 4099-5888 WiFi 無料
料 TW $420 ～ 1500 CC ADJMV 日本での予約先：マリオットボンヴォイ FREE 0120-925-659

広大なラグーンプールに面してホテル棟が、また緑豊かな庭園内にヴィラがある。一般的なホテルの客室は、白を基調としたインテリアで、居心地も抜群。18 ホールのゴルフコース、テニスコート、フィットネスセンターなど設備も充実している。

ゴージャスな雰囲気のリゾート

トロピカルリゾート感いっぱいの Oaks Resort Port Douglas オークスリゾート・ポートダグラス

MAP P.84

URL www.oakshotels.com 住 87-109 Port Douglas Rd., Port Douglas, 4877 ☎ 4099-8900
WiFi 無料 料 TW $209 ～ 271、1B $262 ～ 313、2B $420 ～ 481
CC ADJMV

客室のデザインはポップで現代的

ポートダグラスの高級ホテルエリアにある。コロニアルスタイルのロビー、蓮池をもち風の通るオープンエアのレストラン、広々としたラグーンプール、そしてモダンなデザインの客室……。ホテル内どこにいても南国リゾートを実感できるのがうれしい。ゲスト用貸自転車もあり。

ディンツリー国立公園

世界遺産の熱帯雨林を堪能できる Silky Oaks Lodge & Healing Waters Spa シルキーオークスロッジ＆ヒーリングウオーターズスパ

MAP P.67/2A

URL www.silkyoakslodge.com.au
住 423 Finlayvale Rd., Mossman, 4871
☎ 4098-1666 WiFi 無料
料 TW $1800 ～ 6000 ※朝・夕食付き ※最低2泊から CC ADJMV

モスマン川に面して建物が建っている

ヴィラ内は現代的

モスマンの町から離れた世界遺産の森に隣接するリゾート。モスマン川沿いに高床式のヴィラやレストラン、バー、ライブラリーが入ったメインビルディング、デイスパ、プールなどが点在。ヴィラ内はナチュラルな雰囲気。バルコニーにはハンモックもある。ゲスト向けにモスマン渓谷のガイドウオーク、モスマン川でのカヌーなどのアクティビティもあり。

ディンツリーエリアの中心に建つ Daintree Eco Lodge & Spa ディンツリー・エコロッジ＆スパ

MAP P.67/2A

URL www.daintree-ecolodge.com.au
住 3189 Mossman-Daintree Rd., Daintree, 4873
☎ 4098-6100 WiFi 無料 料 TW $600 ～ 794
※最低2泊から ※朝食付き CC ADJMV

客室は熱帯雨林内に造られた15室の独立した高床式のロッジ。スパ設備も充実。

ロッジの中は思いのほか豪華

ケープトリビュレーションのリゾートなら Ferntree Rainforest Lodge ファーンツリー・レインフォレストロッジ

MAP P.67/2B

URL www.ferntreerainforesthotel.com
住 36 Camelot Close, Cape Tribulation, 4873
☎ 4098-0000 WiFi 有料 料 TW $160 ～ 310
CC ADJMV

ケープトリビュレーション・ビーチから車で5分ほど。客室はガーデン、プールサイドに分けられる。

森に溶け込むような造り

リザード島

G.B.R. 最北の高級リゾート Lizard Island Great Barrier Reef リザードアイランド・グレートバリアリーフ

MAP なし

URL www.lizardisland.com.au
住 PMB 40, Cairns, 4871 ☎ 4043-1999
FREE 1800-837-204（予約） WiFi 無料（ただし離島のためアクセスは限定的） 料 TW $2049 ～ 6999
※滞在中の全食事付き
CC ADJMV

珊瑚礁の海に囲まれたG.B.R.有数のリゾート。行き届いたサービス、宿泊料金に含まれる食事など、どれをとっても最高級。本格的なデイスパ設備もある。

静かな時間が流れるリザード島

COLUMN

おしゃれな雰囲気の海上ディナー スピリット・オブ・ケアンズ

大型カタマランヨットで、波が穏やかで夜景が楽しめるエリアをクルーズ。船内ではビュッフェスタイルで食事が提供され、生演奏などのエンターテインメントもある。乗船時にはウエルカムドリンクのサービスもあるなど、優雅に、ディナータイムを過ごしたい人にぴったり。

●スピリット・オブ・ケアンズ Spirit of Cairns（エントラーダトラベル・グループ）
URL www.spiritofcairns.com.au
☎ 4047-9170 時 ディナークルーズ：月～土 18:30 ～ 21:00 料 ディナークルーズ：大人 $119 子供 $69
CC ADJMV 酒 ライセンスド

大型カタマランでのんびりディナークルーズ

ケアンズのレストラン RESTAURANT

州外局番(07)

ケアンズ市中

これぞオーストラリアの味 MAP P.69/3B

Ochre Restaurant
オカーレストラン

URL ochrerestaurant.com.au
住 Cairns Harbour Lights, Shop 6, 1 Marlin Pde., 4870 ☎4051-0100 営 月 ～ 土 11:30 ～ 15:00、17:30 ～ 21:30 休 日 CC ADJMV 酒 ライセンスド

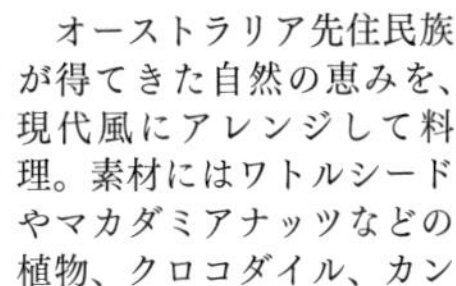
珍しいワラビーの料理がメニューに出ることも

オーストラリア先住民族が得てきた自然の恵みを、現代風にアレンジして料理。素材にはワトルシードやマカダミアナッツなどの植物、クロコダイル、カンガルー、エミューなどの肉、近海で取れる魚介などが使われる。

これぞオーストラリアというメニューがいっぱい MAP P.69/3B

Dundee's Waterfront Dining
ダンディーズ・ウオーターフロント・ダイニング

URL www.dundees.com.au
住 Cairns Harbour Lights, Shop 3, 1 Marlin Pde., 4870 ☎4051-0399 営 毎日 11:30 ～ 14:30、17:00 ～ 22:00 CC ADJMV 酒 ライセンスド
● Dundee's at the Cairns Aquarium（ケアンズ水族館内支店 MAP P.69/2B） 住 5 Florence St., 4870 ☎4276-1855 営 カフェ：毎日 11:00 ～ 15:00／レストラン：毎日 11:00 ～ 15:00、火～土 17:00 ～ 21:00、日 17:00 ～ 18:00

人気メニューのバラマンディ

自社養殖場で育てたバラマンディのグリル $48 やシーフードを盛り合わせたテイスト・オブ・シー $44 などシーフードから、各種ステーキ（サーロイン 200g$44 ～ランプ 500g$56）、さらにバラマンディ、カンガルーの串焼き、エミューソーセージなどワイルドミートの盛り合わせのオーストラリア・サンプルプレート $59 などまでオーストラリアならではの味が満喫できる。ケアンズ水族館支店には限定メニューもある。

新鮮なシーフードを手軽にローカル気分で MAP P.69/3B

Prawn Star
プロウンスター

URL www.prawnstarcairns.com
住 Marlin Marina, E31 Berth, Pier Point Rd,, 4870
☎0497-007-225 営 毎日 11:00 ～ 21:00
休 クリスマスデー CC MV 酒 BYO

マーリンマリーナのＥフィンガーに停泊した船がレストラン兼シーフードの卸となっている。地元では新鮮なシーフードが買える場所として有名だ。船上に相席のテーブルがあり、手頃な値段で美味なシーフード（基本生かゆでたもの）が味わえる。人気のジャンボプラッター（$130）は３人ぐらいでちょうどいい量。最も小さなエビの盛り合わせ（$35）も 800g もある。

ボリューム満点のジャンボシーフードプラッター

シュラスコで大人気の MAP P.69/3B

Bushfire Flame Grill
ブッシュファイアーフレームグリル

URL bushfirecairns.com
住 43 The Esplanade (Cnr. Spence St.), 4870
☎4044-1879 営 火～土 17:30 ～ 21:30
休 日月祝 CC ADJMV

パシフィックケアンズにある。ブラジル風バーベキューのシュラスコを提供。ビーフ、ラム、ポークはもちろんカンガルー肉も味わえる。シュラスコは 大人 $68.50 子供〈4 ～ 12 歳〉$20 子供〈5 ～ 8 歳〉$15。

シュラスコが大人気

COLUMN ランチ&ディナーに使える ナイトマーケット・フードコート

便利な場所にあるナイトマーケットのフードコート

夜のショッピングスポットとして人気のナイトマーケットのエスプラネード側入口はフードコートになっている。ここはマーケット内ショップと違い、夜はもちろん、ランチタイムもオープン。和食、タイ料理、中華料理などアジア系が多い。食費を安く抑えたい人たち、あるいはカジュアルかつ簡単に食事を済ませたい人たちでいつもにぎわっている。バーカウンターもあるのでアルコール類も飲める。

●ナイトマーケット・フードコート Night Markets Food Court MAP P.69/2B
URL www.nightmarkets.com.au
時 ランチタイム毎日 10:00 ～ 14:00、ディナータイム 16:30 ～ 22:00（店舗により営業時間が異なる）

Wharf One Cafe の Lunch Bowl が旅のハイライトでした。湾を眺めながら食事できます。Lunch Bowl は海外では珍しく品目数が多いサラダプレートで、味の組み合わせ方も新鮮かつ驚くほどの美味しさです。
URL wharfonecafe.com.au 住 Wharf St. On Trinity Wharf, 4870 ☎(07)4031-4820（こまめぞう '24）

ニューヨークスタイルのステーキハウス MAP P.69/2B
CC's Bar & Grill
シーシーズ・バー＆グリル

URL www.crystalbrookcollection.com
住 Bailey A Crystalbrook Collection Resort, Ground floor A, 163 Abbott St., 4870
☎ 4253-4000 営 火～土 16:00～22:00 休 日月祝 CC ADJMV 酒 ライセンスド

熟成肉なので赤身本来のうま味が凝縮

ケアンズ No.1 ステーキハウスと評判のレストラン。店内はクラシックなニューヨークのステーキハウスをイメージ。自社で牧場をもつだけあって、肉のクオリティはどれも高い。うま味を出すためにステーキは熟成肉で提供している。ステーキはサーロイン 200g$38～。おすすめは 2 コースメニュー $85 で、アミューズ、メインコース（サーロインステーキ 200g もある）と前菜もしくはデザートとなっている。

洗練されたイタリア料理が味わえる MAP P.69/2B
Flynn's Italian
フリンズ・イタリアン

URL www.crystalbrookcollection.com
住 Flynn A Crystalbrook Collection Resort, 85 The Esplanade, 4870 ☎ 4253-5000
営 火～日 17:30～22:00 休 月 CC ADJMV 酒 ライセンスド

フリン自慢のクイーンズランド産エビを使ったリングイネ

フリン - クリスタルブルック・リゾートのエスプラネード・サイド 2 階にある。ケアンズ近郊やクイーンズランド州内で採れた食材を使ったイタリア料理を提供。どの料理も洗練された味わいだ。前菜のビーフカルパッチョ $22 やセコンドのホームメイドニョッキ $35、クイーンズランド産エビを使ったリングイネ $38 などが人気だ。

アジアンフュージョンが人気の MAP P.69/2B
Paper Crane
ペーパークレイン

URL www.crystalbrookcollection.com 住 Reily A Crystalbrook Collection Resort, 131-141 The Esplanade, 4870
☎ 4252-7777 営 火～土 17:30～20:30 休 日月
CC ADJMV 酒 ライセンスド

味つけに驚かされる料理がいっぱい

アジア各国料理を現代風にアレンジした料理が自慢のレストラン。特に日本、タイ料理の影響を強く受けた料理が多い。おすすめは前菜のキングフィッシュの刺身 $24、日替わり点心 $16、メインのアンガスビーフ・ステーキ 300g$42、クリスピースキン・バラマンディ $36 など。

ケアンズ随一の眺めを誇る MAP P.69/2B
Rocco
ロッコ

URL www.crystalbrookcollection.com
住 Level 12, The Tower, 131-141 The Esplanade, 4870 ☎ 4252-7777 営 日～火 16:00～22:30、金土 16:00～23:30（ディナーメニューは 16:00～21:00） 休 水木 CC ADJMV 酒 ライセンスド

見た目も美しく写真映えする料理が多い

ライリーのタワー棟最上階にあり、日没前ならトリニティ湾が一望でき、特に晴れた日はグリーン島まで見ることができるほど。コンセプトはミドルイースト＆メディタレニアン。おつまみに人気なのはピタパンと 3 種類のディップソース 1 人 $22、メインコースにはバラマンディのサフランソース $38 などが人気。店名が付いたロッコ・エスプレッソマティーニなどカクテルも豊富。

食事前におしゃれにワインタイム MAP P.69/2B
The Vine Room Urban Provedore
ヴィンルーム・アーバンプロブドア

URL www.facebook.com/thevineroomurbanprovedore/ 住 Double Tree by Hilton, 121-123 The Esplanade, 4870 ☎ 4050-6070
営 毎日 16:30～21:30
CC ADJMV 酒 ライセンスド

ワインとおつまみを楽しみたい

ダブルツリー・バイ・ヒルトンのエスプラネード沿いのテラスバー＆レストラン。シャルキトリーの盛り合わせやピザなどワインによく合うメニューがいろいろ。食事前、ケアンズの夕暮れを楽しみながら一杯楽しむのにおすすめだ。

コロニアルな雰囲気の MAP P.69/3A
The Cambers
チャンバーズ

URL www.the-chambers.com.au 住 21 Spence St., 4870
☎ 4041-7302
営 毎日 7:00～14:00
CC AMV 酒 ライセンスド

盛り付けもおしゃれな料理がいっぱい

1920 年代に建造されたコロニアルな銀行の建物を改修したカフェレストラン。ブランチ利用にお

すすめで、エッグベネディクト$18、スマッシュアボカド$24、ブレックファストバーガー$21などブランチメニューが充実している。4人以上でオーダーできるハイティー($55／人)も人気。屋内席のほかレイク・ストリートに面したテラス席もある。

人気チェーンのステーキファミレス　MAP P.69/3A
Hog's Breath Cafe
ホッグスブレス・カフェ

URL www.hogsbreath.com.au
住 39 Sheridan St., 4870　☎ 4222-0020
営 月～木11:30～14:00、17:00～20:30、金土11:30～21:30、日11:30～20:30
CC ADJMV　酒 ライセンスド

人気のプライムリブ

オーストラリア各地にあるステーキがメインのファミリーレストラン。プライムリブ・グリル($33.95～42.95)は、十数種類あり、オーストラリア風のステーキの上にガーリックプロウンをのせたメニューやイカリングを添えたメニューなどが人気だ。

手頃な値段でタイ料理　MAP P.69/2・3B
IMM Thai Cafe
IMMタイカフェ

URL www.facebook.com/Imm-Thai-Cafe-1238711132911282
住 60 Abbott St., 4870
☎ 4041-7761　営 毎日11:00～14:00、17:00～20:30　CC MV
酒 BYO

人気のシーフードパッタイ

ケアンズ・スクエアのアボット・ストリート側にある。フライドライスやパッタイから、野菜と肉のオイスターソースやスイート&サワーソースなどの定食まで、どれも本場タイと同じ味。夜のメニューも$15～30と手頃だ。

ケアンズで評判のベトナム料理店　MAP P.69/2B
Pho Viet Vietnamese Noodle Bar
フォー・ベトナミーズ・ヌードルバー

URL phovietvietnamesenoodlebar.com.au
住 Shop 5, 78 Abbot St., 4870
営 毎日11:00～21:00
CC ADJMV　酒 BYO

フォーと生春巻きでお腹いっぱいになる

ケアンズに増えているベトナム料理店の中でも、ボリューム満点の美味しいベトナムヌードルのフォーを手頃な値段で食べられると評判になっているお店。具材にビーフ、ポーク、シーフードを使ったフォーがいろいろ($17.90～22.90)。生春巻き$9.90やフライドライス$18.90、各種フルーツジュース($7.90～8.90)も人気だ。

おしゃれカフェで朝ごはん　MAP P.69/3A
Caffiend
カフィエンド

URL www.caffiend.com.au
住 72 Grafton St., 4870
☎ 4051-5522　営 月～金6:30～14:30、土日7:00～14:00　CC AMV　酒 なし

トロピカルフレンチトースト

おしゃれなカフェが増えているケアンズで、特にフードメニューも充実していて美味しいと評判なのがここ。フルーツたっぷりのトロピカルフレンチトースト$26.50や、ヘルシーなアボカドトースト$24、味噌を使ったミソスクランブルエッグなど朝食メニューが大充実。もちろんコーヒーメニューも豊富だ。

COLUMN
ケアンズで クラフトビール工房巡り

ローカル感いっぱいのコーラルシー

ケアンズ市中に最近増えているクラフトビール工房（ブリュワリー）。ビール好きなら何軒かはしごして好みのビールを見つけてみたい。おすすめのブリュワリーを紹介しよう。

●コーラルシー・ブリューイング・タップルーム
Coral Sea Brewing Taproom　MAP P.69/3A
URL www.coralseabrewing.com.au　住 Bank Lane (40 Lake St.), 4870　☎ 0401-745-531　営 月～木16:00～24:00、金～日12:00～24:00　CC MV

CC AMV

●ヘミングウェイズ・ブリュワリー・ケアンズワーフ
Hemingway's Brewery Cairns Wharf　MAP P.69/3B
URL hemingwaysbrewery.com　住 Wharf St., 4870
☎ 0482-173-756　営 毎日12:00～22:00　CC AMV

ヘミングウェイズのビールのテイスティングパドル。飲み比べも楽しい

✉ エスプラネードのMuddy's Cafeというカフェがおすすめです。海を見ながらハンバーガーやフィッシュ＆チップスなどおいしい食事がとれますし、フルーツを使ったスムージーが非常においしいです。
URL www.muddyscafe.com　住 174 Esplanade, 4870　☎ (07)4051-0388（神奈川県　さくら　'24）

ケアンズで本格ラーメンを味わう MAP P.69/3B

Ganbaranba Noodle Collosseum

麺バカ がんばらんば

URL www.instagram.com/Cool_Ganba
住 Shop 7, 12-20 Spence St., 4870
☎ 4031-2522 営 木～火 11:30 ～ 14:00、17:00 ～ 20:00 休 水 酒 なし

人気の「いけめん」$16

じっくり煮込んだ豚骨スープを使った博多ラーメンから、こくのある醤油、塩、さらに冷やしラーメンまで、いろいろな種類のラーメンが食べられる。特に味玉入り豚骨ラーメンの「いけめん」が人気。ランチタイムには餃子とのセットもある。

おしゃれカフェでラーメンを食べる MAP P.69/3B

Four Cinq

フォーシンク（フォーサンク）

URL four-cinq.com.au 住 Shop 6, Village Lane, 20 Lake St., 4870 ☎ 4031-7744
営 火～土 11:30 ～ 14:00、17:30 ～ 20:30
休 日月祝 CC ADJMV 酒 ライセンスド

コンセプトはラーメン＆定食屋とカフェの融合。特にランチタイムのワンプレート弁当定食や各種ラーメン＋餃子メニューなどが人気。カフェメニューでは抹茶ラテやチャイラテなどもある。

人気の和牛ビーフ弁当ランチ$19.50

ケアンズのショップ

GIFT SHOP 州外局番（07）

ここでしか購入できないおみやげがいっぱい MAP P.69/3B

OK Gift Shop

オーケーギフトショップ

URL www.okgift.com.au
住 61 Abbott St., 4870
☎ 4031-6144 営 毎日 9:00 ～ 21:00
CC ADJMV

ケアンズでおみやげ探しをするなら真っ先に訪ねたいのがオーケーギフトショップ。広々とした店内には、オーストラリアの定番＆ユニークみやげがいっぱい。オーケーギフトオリジナルで、ケアンズ在住デザイナーの手による逆さコアラグッズ（T シャツ、財布、エコバッグ、缶バッジなど）は他では手に入らない逸品。ほかにもオーストラリア名物ベジマイトをデザインした各種グッズ、オーストラリア産マヌカから採れた抗菌作用のあるハチミツ、オーストラリアの万能軟膏ポーポークリーム（パパイヤ成分の入ったクリーム）のクイーンズランド産オーガニック商品(他ではめったに手に入らない)、オーストラリア限定フレーバーのルピシアのお茶、オーストラリア限定マンゴー味のコアラのマーチなどが人気。さらにミッションビーチで作られている高品質チョコブランドのチャーリーズ、アサートンテーブルランドのコーヒー＆チョコメーカー、スカイバリーの各種商品、アサートンテーブルランドのスティルウオーター社製造トロピカルフルーツのノーウォーリー・ローリーキャンディ、また地元キャンドルメーカー、26 キャンドル・カンパニーのアロマキャンドル、地元で人気の BBQ チリソース、フェンガルホーン Fengalehorn など、ケアンズ地域の名産品も数多く揃えている。なお 12 ～ 2 月にはアサートンテーブルランドで収穫される高級マンゴーの日本宅配も行っている。

逆さコアラグッズは OK 専売

オーストラリアならではのベジマイトグッズ

オーガニックポーポークリームはおみやげに最適

Koh Living の 先住民アートがデザインされたスキンケアグッズもいろいろ扱っている

売上の一部がコアラ保護基金に使われるロッテ/コアラノマーチ（オーストラリア限定マンゴー味）

地元チョコメーカーのチャーリーズ

ケアンズ近郊で作られているスカイブリューのコーヒー

ロコに人気のオーストラリア商品が買える MAP P.69/3B

Fujii Store
フジイストア

URL www.facebook.com/CairnsFujiiStore 住 Shop 5A Orchid Plaza, 58 Lake St., 4870 ☎ 0466-849-023 営 毎日 10:00 ～ 19:00 CC ADJMV

こだわりのおみやげ品を扱うセレクトショップ。タウン用ワーキングブーツが人気のブラッドストーン、100％植物原料のハウスクリーニングブランドのマーチソンヒューム、オーストラリアの動物やモチーフを愛らしいデザインで表現したスキ・マクマスターのエコバッグやポーチなど、ケアンズの他店では手に入らない商品も多い。また地元アーティストの絵が描かれたPOLKAのエコバッグやポーチ、地元で作られている自然派石鹸コハルなど、地元に根ざした商品も多い。

ブラッドストーンのワークブーツは売れ筋商品が揃う

スキ・マクマスターのエコバッグ

ケアンズのこだわり商品がいっぱい MAP P.69/3B

Pouch Quality Aussie Gifts
パウチ・クオリティオージーギフト

住 Shop 11, Village Lane, 20 Lake St., 4870 ☎ 4028-3670 営 火～土 11:00 ～ 17:00 休 日月 CC MV

コーヒー、紅茶、チョコレート、ハチミツなどケアンズ近郊産のさまざまな商品を集めたセレクトショップ。店内ではおみやげ販売の他、日本人によるオリジナルジュエリー制作があり、簡単なものであれば1～2日で対応してもらえる。また日本人によるネイルサービス（要予約）もある。

こだわりのあるすてきな商品がいっぱい

アグブーツ専門店 MAP P.69/3B

UGG Lover by PB Australia
アグラバー・バイ・PBオーストラリア

URL www.ugglover.com.au
住 53 Abbott St., 4870 ☎ 4028-3573
営 毎日 12:00 ～ 18:30 休 日 CC ADJMV

日本で一番人気のアグブーツブランド、アグ・オーストラリア（アメリカのデッカーズ社製）をケアンズで唯一扱うのがここ。アグ・オーストラリア以外にもオーストラリアNo.1ブランドのエミューのアグブーツも扱っている。明るい店内には、デザイン豊富なアグブーツがいっぱい。

アグブーツ好きなら絶対行きたいお店だ

地元の人でいつもにぎわう MAP P.69/3A

Cairns Central Shopping Centre
ケアンズセントラル

URL www.cairnscentral.com.au
住 1-21 McLeod St., 4870
☎ 4041-4111 営 一般ショップ：月～土祝 9:00 ～ 17:30（木～ 21:00）、日 10:30 ～ 16:00 ／スーパー（コールス＆ウールワース）：毎日 7:00 ～ 22:00
CC 店舗により異なる

大きな吹き抜けをもつショッピングセンターだ

ケアンズ駅とコンプレックスをなすショッピングセンター。大手デパートのマイヤー、大手バラエティショップのターゲット、大手スーパーのコールス、ウールワースから、各種専門店まで約180店舗が入っている。2階にはフードコートあり。また1階にはオーストラリアみやげで大人気となっているメルボルン発の紅茶専門店T2も入っている。

定番みやげから掘り出し物まで MAP P.69/2B

Night Markets
ナイトマーケット

URL nightmarkets.com.au
住 71-75 The Esplanade, 4870 ☎ 4051-7666
営 店舗によるがおおむね毎日 16:30 ～ 23:00
CC 店舗により異なる

たくさんの店舗が並ぶナイトマーケット内

エスプラネードとアボット・ストリートを結ぶ巨大マーケット。定番みやげから先住民グッズ、工芸品店、衣料品店まで約40店舗が入っている。地元産コーヒーやスキンケアグッズ、おみやげチョコなどを手頃な値段で手に入れたいときにもおすすめだ。

オーストラリアを代表するサーフアクセサリー MAP P.80上/B

BICO in Kuranda
ビコ・イン・キュランダ

URL bico-in-cairns.shop
住 2/15 Thewin St., Kuranda, 4881 ☎ 040-938-131 営 毎日 10:30 ～ 15:00 CC ADJMV

日本にもファンが多いビコ専門店でキュランダにある。ペンダントトップはピューター製と日本未発売のスターリングシルバー製がある。

最新デザインのペンダントトップがいっぱい

Memo ケアンズには日本食材（カップヌードルやお菓子、アイスなど）を扱う「日本や Nipponya」がある。
住 Shop 4, 21 Lake St., 4870 営 月～金 11:00 ～ 17:30、土 11:00 ～ 16:00

グレートバリアリーフの各エリア

ハミルトン島を起点とした遊覧飛行で見られるハートリーフ

クイーンズランド州東海岸——ここには北はケープ・ヨークの先、ニューギニアとの間に横たわるトレス海峡から南はバンダバーグの沖合まで、延々2000km以上も珊瑚礁の連なる場所がある。それがグレートバリアリーフ（略してG.B.R.と呼ばれる）だ。ひと口に2000kmというが、その長さは日本列島がまるごと入ってしまうほどだ。

グレートバリアリーフは、50～60万年前に堆積したサンゴの骨格土台の上に、2万年ほど前からサンゴが少しずつ成長してできあがったものだといわれる。ここで見られるサンゴの種類は実に350種以上で、それらのサンゴの周りにはいつも色とりどりの魚が群れ、神秘的な世界を造り出している。

海を愛する人たちにとって、グレートバリアリーフは憧れの場所だ。ダイビングのポイントは数知れず、1000ポンド以上のブラックマーリンを追ってのゲームフィッシングも盛んだ。グレートバリアリーフの内側には大小700を超える島々が浮かび、そのいくつかはリゾート地としていつも観光客でにぎわっている。

グレートバリアリーフ——大堡礁。オーストラリアでは古くからエアーズロックと並ぶ観光地として、多くの観光客を魅了してきた場所。ここでは誰もが海とサンゴと魚たちが造り出す「楽園」のなかに身を委ねることができるのだ。

映画『ファインディング・ニモ』で一躍人気者となったカクレクマノミ

ファーノーザン・セクション

Far Northern Section

リザード島の北からトレス海峡にいたる一帯。観光客にはほとんどなじみのないエリアだが、かつて日本人真珠取りダイバーが多く住んでいた木曜島などはここにある。

ケアンズ・セクション

Cairns Section

日本からのG.B.R.の玄関口ケアンズを中心に、北はクックタウン沖合までを含むエリア。観光インフラがひじょうによく整備されている。起点となる町はケアンズのほか、ポートダグラス、クックタウン。おもなリゾートアイランドにはグリーン島、フィッツロイ島、リザード島がある。

海中は美しいサンゴの森

セントラル・セクション

Central Section

ミッションビーチ沖合からウィットサンデー海域までの広範囲がこのエリア。ミッションビーチ、タウンズビル、アーリービーチ、ハミルトン島などが起点となる。特にアーリービーチとハミルトン島を起点とするウィットサンデー諸島は、G.B.R.随一のリゾートエリアで、ハミルトン島のほかへイマン島、ロング島、デイドリーム島など、数多くのリゾートが並ぶ。ほかにマグネティック島、ヒンチンブルック島、ダンク島、ベダラ島などがリゾートアイランドとして知られている。

マッカイ／カプリコーン・セクション

Mackay & Capricorn Section

G.B.R.最南部の南回帰線付近からマッカイ沖合までのエリア。起点となる町はマッカイ、ロックハンプトン、グラッドストーン、バンダバーグで、沖合に浮かぶリゾートにはレディエリオット島、ヘロン島、グレートケッペル島などがある。

カソワリィコースト
Cassowary Coast

広々としたミッションビーチ

ケアンズの南およそ110km、ミッションビーチからインガムIngham にかけての一帯は、世界で2番目に大きな鳥で、しかもノースクイーンズランドとニューギニア島の一部にしかいない珍鳥ヒクイドリ（カソワリィ）が多数生息する場所として知られている。そのためこの一帯はカソワリィコーストの通称で呼ばれている。なかでも観光客に人気があるのはミッションビーチ、ダンク島、ベダラ島。ケアンズあたりに比べると、まだまだのどかなリゾートといった雰囲気で、のんびりと日差しを浴びて過ごすには、最高の場所といえるだろう。

ミッションビーチ
Mission Beach

ミッションビーチは、北から**ビンギルベイ** Bingil Bay、**ミッションビーチ** Mission Beach、**ウォンガリンビーチ** Wongaling Beach、**サウスミッションビーチ** South Mission Beach の4つのエリアに分かれている。バックパッカーズホステルはバスターミナルから無料送迎サービスをもっているので、どこに滞在していても不便さを感じることはないだろう。もちろん、各エリアはビーチ伝いに歩いていくことも可能。端から端まで約14km、歩くとおよそ3時間かかる。

ダンク島へのフェリーは、ミッションビーチ北の外れ**クランプポイント** Clamp Point から出ている。ほかにも各エリアのビーチからウオータータクシーが利用できる。

ダンク島&ベダラ島
Dunk Is. & Bedarra Is.

ミッションビーチ沖合に浮かぶ島々がファミリー諸島。その中心となるのがダンク島とベダラ島だ。どちらも白砂のビーチと熱帯雨林の森をもつ島で、高級リゾート施設がある（ダンク島のリゾート施設は2011年の大型サイクロン直撃後に復旧作業が行われているが、デイビジター施設以外はできあがっておらず、2024年2月現在リゾートとしては休業中）。

アクセス
●ミッションビーチ
ミッションビーチは、ケアンズ～タウンズビルを走るグレイハウンド・オーストラリアのバスが停車する。

ミッションビーチのいたるところで目にするカソワリィ注意の標識

ミッションビーチの沖合にはダンク島が間近に見える

アクセス
●ダンク島&ベダラ島
ダンク島へはミッションビーチからクイックコーストQuickCoast のフェリーが利用できる。キャンプ場に宿泊する場合は、戻りの日時を伝えておいて迎えにきてもらうこと。ベダラ島へはミッションビーチからベダラアイランドリゾート宿泊客専用のフェリーがある。

●クイックコースト
URL quickcoast.com.au
☎ 0493-101-030
時 火木土日催行／ミッションビーチ発9:00、ダンク島発16:30（所要約30分）
料 往復 大人 $75 子供 $37.50

ベダラ島のビーチはいつも静かな雰囲気

ダンク島のブラモーベイに面したビーチ

ダンク島のリゾート施設（現在は日帰り施設およびキャンプ場のみ）は、島の北側ブラモーベイ Brammo Bay に面した場所に集まっている。島自体大きく、それ以外の場所はほとんどがうっそうとした熱帯林だ。島のシンボルイメージとなっている蝶、ユリシスが数多く見られることでも知られている。

ベダラ島はダンク島をひと回り小さくしたような島で、島の南側に G.B.R. 有数の高級リゾート、ベダラアイランドリゾートがある。英国王室をはじめ世界各国の上流階級に愛されている島としても知られており、リゾートゲスト以外は原則島へ渡ることができない。

ヒンチンブルック島

Hinchinbrook Is.

東京都区部をひと回り小さくしたほど（面積 393km²）の広さをもつヒンチンブルック島は、「島」の国立公園としてはオーストラリア最大。クイーンズランド州第 3 の高峰のマウントボーウェン（標高 1121m）をはじめとする急峻な峰がいくつもそびえる島内には、熱帯雨林、熱帯ユーカリ林がうっそうと茂り、海辺にはマングローブ林が続く。

カードウェル Cardwell からの日帰りクルーズも可能だが、自然愛好派なら 3 日～ 1 週間のブッシュウオーキングにチャレンジしてみるのもいい。島内には 6 ヵ所のキャンプ場がある。

アクセス

●ヒンチンブルック島

ケアンズの南 230km ほどの町カードウェルのポートヒンチンブルックからヒンチンブルックアイランド・クルーズ Hinchinbrook Island Cruises が毎日キャンパー向けフェリーサービスを催行している。

●ヒンチンブルックアイランド・クルーズ

TEL 0499-335-383

URL www.hinchinbrookislandcruises.com.au

料 カードウェル～ヒンチンブルック島：往復 1 人 $185

ブッシュウオーカーに人気の島だ

カソワリィコーストのホテル

ACCOMMODATION

州外局番 (07)

ミッションビーチ

ウォンガリンビーチに歩いて 3 分の近さ　MAP なし

Mission Beach YHA - Scottys

ミッションビーチ YHA スコッティーズ

URL www.yha.com.au

住 76 Holland St., Wongaling Beach, 4852

TEL 4068-8676　WiFi 無料

料 T W $89 ～ 99　CC MV

大きなプール、清潔なキッチン、さらにインターネット設備やツアーセンターなど、設備充実の人気バックパッカーズ。ビーチフロントにはビストロ＆バーもある。

設備の整った　MAP なし

Jackaroo Treehouse Mission Beach

ジャカルー・ツリーハウス・ミッションビーチ

URL www.jackarootreehouse.com

住 13 Frizelle Rd., Bingil Bay, 4852

TEL 4210-6008　WiFi 無料

料 D $39、W $88　CC MV

熱帯雨林に囲まれた高台にあるホステル。森を見渡すプールや庭園内のハンモック、ジャングルバーと名づけられたクラシックなオージースタイルのバーなど、のんびり滞在するのに最適。庭にはときおりヒクイドリが現れることもある。

ベダラ島

熱帯雨林に囲まれた豪華アイランドリゾート　MAP なし

Bedarra Island Resort

ベダラアイランドリゾート

URL www.bedarra.com.au

住 Bedarra Is., Mission Beach, 4852

TEL 4068-8233　WiFi 無料　料 W $1890 ～ 3150（サウスミッションビーチ送迎：フェリー片道 $250、ヘリコプター片道 $400）※滞在中の全食事付き　CC ADJMV

世界中のセレブが休息を求めてやってくるリゾート。島でできるアクティビティもカタマランセイリングやパドルスキーなどエンジンを使わないものが基本だ。客室は大部分がバルコニー付き 2 階建てのヴィラ。一部には海を望むプライベートプールも付いている。滞在費に含まれる食事も豪華で、バーでの飲み物代もすべて込みとなっている。

タウンズビルとマグネティック島

Townsville & Magnetic Is.

キャッスルヒルから眺めたタウンズビルの町並み

クイーンズランド州の州都ブリスベン以北で、一番大きい町がタウンズビル（人口約20万人）。1864年（日本の幕末の頃）、ロバート・タウンズが北部開発の拠点に町づくりを行った。日本人には知名度の点でケアンズに劣っているが、日本とのかかわり合いの歴史はひじょうに古い。1890年代、ノースクイーンズランドのサトウキビ畑の労働者として、多くの日本人がこの地を訪れ、最盛期には約900人もの日本人が住んでいたという。1896年（明治29年）にはオーストラリアで最初の日本領事館もおかれ、1908年にシドニーに領事館ができるまでは、日本の旗が翻っていたのだ。今もビクトリア・ストリート11番地に当時の建物が残っており、史跡記念物に指定されているほどだ（一般家庭のため内部見学はできない）。

町の主産業はサトウキビ産業とボーキサイト（アルミニウムの原料）、食肉牛などの輸出業。また軍の駐留地でもあり、それが町に富をもたらしている。

マグネティック島は、そんなタウンズビルの沖合に浮かぶ島。標高494mのマウントクックを島の中央にもち、入江沿いにいくつもの村が点在している。リゾート開発はまだそれほど進んでいないが、それだけに手つかずの自然のなかでのアイランドステイが楽しめるというわけだ。

タウンズビル

Townsville

ロスクリーク Ross Creekに沿って町は開けており、おもに西側が町の中心部となっている。メインストリートは、**フリンダーズ・ストリート** Flinders St.。ストークス・ストリート Stokes St.との交差点付近はブレティン・スクエア Bulletin Sq.と呼ばれ、**タウンズビル・ビジターインフォメーションセンター** Townsville Visitor Information Centreやサンバスの主要路線発着場所となっている。

アクセス

●タウンズビル

■空路タウンズビルへ

ブリスベン、ケアンズ、シドニー、メルボルンなどからカンタス航空、ジェットスター、ヴァージン・オーストラリアのフライトがある。**タウンズビル空港** Townsville Airport (TSV)は市の中心から6kmほど。市内（主要ホテル）へは飛行機の発着に合わせてタウンズビル・シャトルサービス Townsville Shuttel Serviceがシャトルバスを運行。タクシー利用だと市中心部まで$30ほど。

●タウンズビル空港
URL www.townsvilleairport.com.au

●タウンズビル・シャトルサービス
URL shuttletsv.com.au
☎ 0478-160-036
料 1人$10、2～3人$15、4人$20 ※予約が望ましい

■陸路タウンズビルへ

ブリスベン～ケアンズ間と、内陸部マウントアイザ方面からの長距離バスは、シーリンクのフェリーが発着するブレークウオーター・ターミナル発着。列車スピリット・オブ・クイーンズランド号が発着するタウンズビル駅は中心部から車で5分ほど南のフリンダーズ・ストリート沿いにある。町の中心へはタウンズビル・サンバスのNo.200、202、204などが利用できる。

■タウンズビル・ビジターインフォメーションセンター MAP P.129/2A
住 Bulletin Square, 340 Flinders St., 4810
☎ (07)4721-3660
URL www.townsvillenorthqueensland.com.au
開 月～金 9:00～17:00、土日 9:00～13:00 休 クリスマスデー、グッドフライデー

タウンズビルの市内交通

市内を走るバスはタウンズビル・サンバス Townsville Sunbus（トランスリンク）。ターミナルは市中心部のフリンダーズ・ストリートモール脇。料金はゾーン制で、中心部のみ$2.40～4ゾーン$4.20まで。1日券もある。

●タウンズビル・サンバス
☎ 13-12-30
URL www.translink.com.au

■タウンズビルのタクシー
● Townsville Taxi
☎13-10-08
URL www.tsvtaxi.com.au
料 初乗り 1km が月～金 7:00～19:00 が $3.40、それ以外の時間は $5.50。以後 1km ごとに $2.58。待ち時間など 1 分ごとに $0.93 加算される。タクシーを電話で呼ぶ場合は $1.70 追加料金が必要。

■タウンズビルのレンタカー会社
●ハーツ Hertz
☎(07)4441-4890
●エイビス AVIS
☎13-63-33
●バジェット Budget
☎1300-362-848
●ヨーロッパカー Europcar
☎(07)4762-7050
●スリフティ Thrifty
☎13-61-39

■リーフ・エイチキュー G.B.R. 水族館
住 2-68 Flinders St., 4810
☎(07)4750-0700
URL www.reefhq.com.au
※大規模改装中。2026 年再オープン予定。

G.B.R. を再現した巨大水槽がある MAP P.129/2B

リーフ・エイチキュー G.B.R. 水族館
Reef HQ G.B.R. Aquarium

グレートバリアリーフ海洋公園機構（GBRMPA）が、運営する水族館。サンゴの研究も同時に行われており、縦 18m、横 37m、深さ 5m もの巨大水槽には、実際に G.B.R. から運んできた本物の珊瑚礁があり、ハードコーラル約 120 種類、ソフトコーラル約 30 種類が生育。その周囲を 150 種 1000 匹以上もの魚が泳いでいる。水槽内部にはアクリルトンネルが造られていて、海中の珊瑚礁が楽しめるようになっている。

海事から動植物まで充実の展示 MAP P.129/2B

クイーンズランド博物館トロピックス
Queensland Museum Tropics

リーフ・エイチキュー隣にある博物館で、メイン展示は 1791 年に G.B.R. 海域で座礁した HMS パンドラ号に関するもの。実物大に再現された船首、遺留品、パネルなど見応えがある。ほかにもノースクイーンズランドの動植物や G.B.R. の魚類、鳥類、さらに恐竜化石の発掘などの展示がある。

実物大のパンドラ号船首

COLUMN

世界が注目する海底美術館と憧れのダイビングスポット

MOUA コーラル・グリーンハウス＆ヨンガラレック
MOUA Coral Greenhouse & Yongala Wreck

タウンズビル北東沖合約 80km のジョンブルワー・リーフ John Brewer Reef に 2020 年に南半球最初の海底美術館 MOUA（The Museum of Underwater Art）コーラル・グリーンハウス Coral Greenhouse がオープンした。リーフの一角の水深 16m ほどの砂地に建物と彫像などが置かれた神秘の空間だ。リーフ自体サンゴが美しく魚影も濃い。そのためスノーケル、ダイビングでアウターリーフの海と海底美術館見学が楽しめるのだ。タウンズビルからダイブボートで約 2 時間だ。

またタウンズビルの南エアー Ayr 沖合に、1911 年のサイクロンによって沈んだ全長 110m の船 SS ヨンガラ号があり、世界的な沈船ダイビングポイントとなっている。船は水深 12～30m に横たわっており、あたりにはナポレオンフィッシュ、ジャイアントポテトコッド、グルーパ、さらにウミガメ、マンタ、ツバメウオ、チョウチョウウオなど、G.B.R. の人気者たちが群れている。水深や潮の流れなどの関係で、中級者以上におすすめのポイントだ。

これらのポイントへは、タウンズビルのアドレナリンダイブ、エアーのヨンガラダイブがツアーを催行している（ヨンガラダイブの MOUA クルーズはタウンズビル発着）。ヨンガラレックへはヨンガラダイブ利用が近く、ボートで約 30 分となる。

DATA

■アドレナリンダイブ Adrenalin Dive
住 2/39 Plume St., South Townsville, 4810
☎(07)4724-0600 URL adrenalindive.com.au
料 MOUA ツアー（火木日）：スノーケル 大人 $295 子供 $245、2 ダイブ（全器材込み）$390 ／日帰りヨンガラレック（水土）：2 ダイブ $390（全器材込み）

■ヨンガラダイブ Yongala Dive
住 36 Braby St., Alva Beach, Ayr, QLD 4807
☎(07)4783-1519 URL yongaladive.com.au
料 MOUA ツアー（金土／タウンズビル発着）：スノーケル 大人 $274 子供 $224、1 ダイブ（全器材込み）$364 ／ヨンガラレック 2 ダイブ（水～月）$312（全器材込み） ※ヨンガラダイブにはダイバー向けホステルがあり、格安で宿泊できる。D $45、S T W $130

ダイビングポイントとして知られるヨンガラ号の謎に迫る MAP P.129/2B

タウンズビル海事博物館
Maritime Museum of Townsville

ロスクリーク沿いにある小さな博物館で、3 つのギャラリーと古い灯台（1886 年建造）で構成されている。ギャラリー内には、タウンズビル近海での海事に関するさまざまな展示が行われている。特に、現在は世界的な沈船ダイビングポイントとして知られる SS ヨンガラ号（1911 年にタウンズビルの南エアー Ayr 沖合で沈没）に関する展示は興味深い。

オーストラリアのユニークな動物に大接近！ MAP 地図外

ビラボン・サンクチュアリ
Billabong Sanctuary

ズーキーパーのアニマルトークも楽しい

タウンズビルからブルース・ハイウェイを南に 17km の所にある動物園。園内には熱帯雨林、ユーカリ林、ウエットランドが再現されており、それぞれのエリアで自然に近いかたちでオーストラリアの動物が見られるようになっている。

■クイーンズランド博物館トロピックス
住 70-102 Flinders St., 4810
☎ (07)4726-0600
URL www.museum.qld.gov.au/tropics
開 毎日 9:30 ～ 16:00
休 グッドフライデー、アンザックデー、クリスマスデー、ボクシングデー
料 無料／特別展示は 大人 $15 子供 $10 家族 $45

■タウンズビル海事博物館
住 42-68 Palmer St., South Townsville, 4810
☎ (07)4721-5251
URL www.tmml.org.au
開 月～土 9:30 ～ 14:00
休 日祝
料 大人 $12 子供 $6 家族 $20

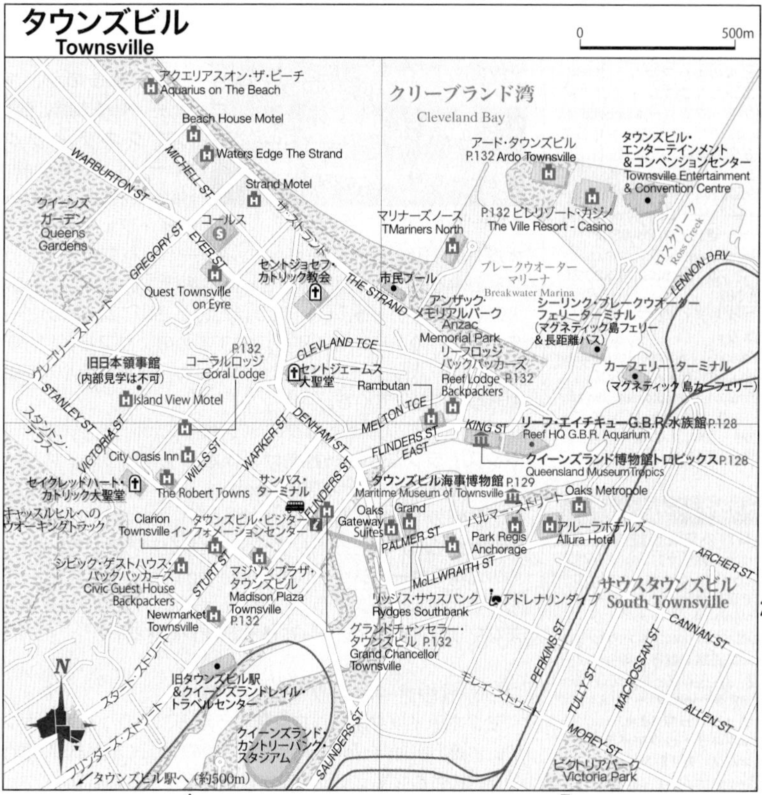

タウンズビル Townsville

0 500m

クリーブランド湾 Cleveland Bay
アクエリアスオン・ザ・ビーチ Aquarius on The Beach
Beach House Motel
Waters Edge The Strand
Strand Motel
WARBURTON ST
MICHELL ST
クイーンズガーデン Queens Gardens
コールス
ザ・ストランド
GREGORY ST
EYER ST
セントジョセフ・カトリック教会
Quest Townsville on Eyre
THE STRAND
市民プール
アード・タウンズビル P.132 Ardo Townsville
タウンズビル・エンターテインメント&コンベンションセンター Townsville Entertainment & Convention Centre
マリナーズノース TMariners North
P.132 ビレリゾート・カジノ The Ville Resort - Casino
ロスクリーク Ross Creek
LENNON DRV
ブレークウオーターマリーナ Breakwater Marina
アンザック・メモリアルパーク Anzac Memorial Park
シーリンク・ブレークウオーターフェリーターミナル（マグネティック島フェリー&長距離バス）
グレゴリー・ストリート
CLEVELAND TCE
旧日本領事館（内部見学は不可）
P.132 コーラルロッジ Coral Lodge
セントジェームス大聖堂
リーフロッジバックパッカーズ Reef Lodge Backpackers P.132
カーフェリー・ターミナル（マグネティック島カーフェリー）
STANLEY ST
Island View Motel
Rambutan
MELTON TCE
DENHAM ST
スタントン・テラス
VICTORIA ST
WARKER ST
KING ST
リーフ・エイチキュー G.B.R.水族館 P.128 Reef HQ G.B.R. Aquarium
FLINDERS ST EAST
City Oasis Inn
WILLS ST
クイーンズランド博物館トロピックス P.128 Queensland Museum Tropics
セイクレッドハート・カトリック大聖堂
The Robert Towns
サンバス・ターミナル
FLINDERS ST
タウンズビル海事博物館 P.129 Maritime Museum of Townsville
Oaks Metropole
キャッスルヒルへのウオーキングトラック
Clarion
タウンズビル・ビジターインフォメーションセンター
Oaks Gateway Suites
Grand
パルマー・ストリート
Park Regis Anchorage
アルーラホテルズ Allura Hotel
PALMER ST
ARCHER ST
シビック・ゲストハウス・バックパッカーズ Civic Guest House Backpackers
STURT ST
マジソンプラザ・タウンズビル Madison Plaza Townsville P.132
McLLWRAITH ST
サウスタウンズビル South Townsville
リッジス・サウスバンク Rydges Southbank
アドレナリンダイブ
Newmarket Townsville
グランドチャンセラー・タウンズビル P.132 Grand Chancellor Townsville
CANNAN ST
PERKINS ST
MACROSSAN ST
スタート・ストリート
旧タウンズビル駅&クイーンズランドレイル・トラベルセンター
モレイ・ストリート
TULLY ST
ALLEN ST
フリンダーズ・ストリート
クイーンズランド・カントリーバンク・スタジアム
SAUNDERS ST
MOREY ST
ビクトリアパーク Victoria Park
タウンズビル駅へ（約500m）
N
A B 1 2

■ビラボン・サンクチュアリ
住 2 Muntalunga Drv.(17km South of Townsville), Nome, 4816
☎ (07)4778-8344
URL www.billabongsanctuary.com.au
開 毎日 9:00 ～ 16:00
休 クリスマスデー
料 大人 $46 子供 $31 家族 $140／コアラ抱っこ写真 $32、コアラと一緒に写真 $22、爬虫類と記念写真 $32（記念写真時間 10:30 ～ 11:00、14:45 ～ 15:15）

キャッスルヒルの展望台から景色を眺めてみよう

アクセス

●マグネティック島
タウンズビルのブレークウオーター・ターミナルからネリーベイまでシーリンク Sealink が毎日 17 便を運航（所要 25 分）。またサウスタウンズビルのカーフェリーターミナルからマグネティックアイランド・フェリー Magnetic Is. Ferries のカーフェリーが毎日 7 ～ 8 便を運航。

●シーリンク
住 Breakwater Terminal, Sir Leslie Thiess Drv., Townsville, 4810 ☎ (07)4726-0800
URL www.sealinkqld.com.au
料 往復：大人 $38 子供 $20.30 家族 $88

●マグネティックアイランド・フェリー
住 Ross St., Southe Townsville, 4810 ☎ (07)4796-9300
URL magneticislandferries.com.au
料 往復：車 1 台（4 人まで）$266 ～ 294、車なし 大人 $38 子供 $22 家族 $88

マグネティック島の島内交通

島内の交通機関はマグネティックアイランド・サンバス Magnetic Is. Sun Bus。フェリーの発着に合わせて、ネリーベイ～アルカディア～ホースシューベイ、ネリーベイ～ピクニックベイの路線を運行。料金はゾーン制（1 ～ 4 ゾーン）で 1 ゾーン $2.40 ～ 4 ゾーン $4.20。全ゾーン 1 日券 $8.40。

●マグネティックアイランド・サンバス ☎ 13-12-30
URL www.translink.com.au

もちろんカンガルーは放し飼いなので餌をやれるし、コアラや子ワニ、パイソンを抱っこしたりするアニマルエンカウンター・プログラムが用意されている（記念写真も撮影できる）。毎日 13:00 からのイリエワニへの餌やりの時間は、迫力満点なのでお見逃しなく。

タウンズビルとマグネティック島の眺めを楽しもう　MAP 地図外

キャッスルヒル
Castle Hill

タウンズビルの町の西側にあるはげ山のキャッスルヒルは、その眺望のよさで人気がある。車で上るルートもあるが、健脚派なら歩いて登ってみたい。登り口（ウオーキングトラック）はスタントン・テラス Stanton Tce. にある。登り口から頂上（標高 286m）までは、普通の人で 1 時間ほどだ。頂上からは整然と並ぶタウンズビルの町並み、沖合に浮かぶマグネティック島の姿がよく見える。

マグネティック島
Magnetic Is.

マグネティック島のおもな村

海水浴に適したアルカディアのアルマベイ

タウンズビルからシーリンクのフェリーが到着するのは、**ネリーベイ** Nelly Bay の**マグネティックハーバー** Magnetic Harbour にある**ネリーベイ・フェリーターミナル** Nelly Bay Ferry Terminal。ネリーベイはマグネティック島の中心的な村で、各種ショップや銀行、学校などがある。人口もこの村が一番多い。2km ほどの長さのすばらしいビーチがあり、のんびり過ごすのにおすすめのエリアだ。ビーチ沿いには一級リゾートからバックパッカーズホステルまで宿泊施設も点在している。

ネリーベイの南側が**ピクニックベイ** Picnic Bay。ホテルやレストランなど観光客向けの施設が比較的多い。ネリーベイの東側**アルカディア** Arcadia は、落ち着いた雰囲気の村。数軒の中級ホテルと美しいビーチ（ジェオッフリーベイ Geoffrey Bay）がある。ネリーベイと並び旅行者が多いのが、島の北側の**ホースシューベイ** Horseshoe Bay。美しいビーチ沿いにホテルやレストラン、カフェが並び、湾内ではさまざまなマリンアクティビティにチャレンジできる。

ブッシュウオーキングを楽しもう

マグネティック島らしさを味わうならブッシュウオーキング。片道 600m ～ 8km までいくつかのトレイルがあり、個々の体力に合わせてブッシュウオーキングが楽しめる。

島内散策に人気のモーク

どのトレイルもそれなりに起伏に富んでおり、斜面を登り切ると、緑豊かな島全体と、それを取り囲むように広がる海の光景を見ることもある。

おすすめなのは島の北東部を歩く**フォーツ・ウオーク**The Forts Walkだ。往路はずっと上りでちょっとつらいが、往復で2時間ほどのウオーキングとなる。このルートを歩いていると野生のコアラに遭遇することがある。ルートの最高地点には三重の鏡餅のような岩があり、岩の上には第2次世界大戦時に使われた砲台の跡などがある。そこが展望台になっていて、ラディカルベイ、フローレンスベイなどの美しい入江が見渡せる。

オーストラリアの動物たちに出合える小動物園 MAP P.131

セリーナ・コアラパーク
Selina Koala Park

ホースシューベイのホテル、セリーナ・マグネティックアイランド敷地内にある動物園。1日2回レインジャーによるツアー時のみオープンし、コアラ、パディメロン、パイソン、フレッシュウオータークロコダイルなどを間近に観察したり、触ったりできる。このほか自然のままの森では、先住民の生活についての解説もある。

マグネティック島の未知の魅力を満喫 MAP P.131

マグネティック・ジェットスキーツアーズ
Magnetic Jet Ski Tours

アクセスの難しい北部のハンティングフィールドベイHuntingfield Bay、西部のボルガーベイ Bolger Bay、クリーブランドベイ Cleveland Bay、コックルベイ Cockle Bay、ベーコンベイ Bacon Bayをジェットスキーで周遊。滝を見て、浜辺で泳ぎ、スノーケリングするなど充実の内容。ホースシューベイ発着となっている。

スノーケルツアーなら

アクアシーン
Aquascene

ネリーベイのマリーナ出発のスノーケルツアーがアクアシーンの**マグネティック・ディスカバリーツアーMagnetic Discovery Tour**。当日の海況に合わせて湾を選び、ビーチ近くの美しいフリンジングリーフで思いきりスノーケルが楽しめる。船自体がグラスボトムボートスタイルなので、泳ぎが苦手でも珊瑚礁観察ができる。ガイドによる海中生物の紹介や、キャッチ&リリースでの釣り体験、SUPも楽しい。

■トロピカルトップレス・カーレンタル Tropical Topless Car Rental
ネリーベイのフェリーターミナル近くにあり、オープンエアのモーク Moke、トップレスカー Topless Car が借りられる（ギアはマニュアル）。マグネティック島では旅行者に人気の車だ。
住138 Sooning St., Nelly Bay, 4819 ☎(07)4758-1111
URL www.facebook.com/tropicaltoplesscars
営 毎日8:00～17:00
料1日モーク$95、トップレスカー$105

■セリーナ・コアラパーク
住40 Horseshoe Bay Rd., Horseshoe Bay, 4819
☎0475-219-295
URL www.selina.com/australia/magnetic-island
時 毎日10:30～12:00、12:00～13:30
料 大人$50 子供$30 家族$145

■マグネティック・ジェットスキーツアーズ
住9 Pacific Drv., Horseshoe Bay, 4819 ☎0488-941-556
URL magneticjet.com.au
時9:30～13:00（催行日は要問い合わせ）
料1～2人：2時間ツアー$280、3時間ツアー$400

■アクアシーン
☎0439-785-216
URL www.aquascenemagneticisland.com.au
●マグネティック・ディスカバリーツアー
時 毎日8:30～13:00
料 大人$150 子供$109

タウンズビルとマグネティック島のホテル ACCOMMODATION

州外局番(07)

タウンズビル

バジェットタイプ

フェリーターミナル近くの MAP P.129/1B

Reef Lodge Backpackers

リーフロッジバックパッカーズ

URL reeflodge.com.au 住 4 Wickham St., 4810
☎ 4721-1112 FAX 4721-1405 WiFi 無料
料 D $37 ~ 42、T W $82 ~ 125 CC MV

南国らしい雰囲気のバックパッカーズだ

キッチン、冷蔵庫、ランドリー、トイレ、シャワーは共同になっている。フェリーターミナルに近く、マグネティック島に行くときに便利。フェリーチケットの割引もある。

ノースクイーンズランド風の外観の MAP P.129/2A

Coral Lodge

コーラルロッジ

URL www.corallodge.net.au
住 32 Hale St., 4810 FREE 1800-614-613
WiFi 無料 料 S T W $95 ※朝食付き CC MV

2階建てのコロニアルな雰囲気漂うホテル。2階の部屋はキッチン、シャワー付き、1階の部屋は共同となっている。

一級以上のホテル

手頃な値段でリッチな気分が味わえる MAP P.129/2A

Madison Plaza Townsville

マジソンプラザ・タウンズビル

URL madisonhotels.com.au/madison-plaza-townsville 住 409 Flinders St., 4810
☎ 4772-1888 WiFi 無料
料 T W $131 ~ 158 CC ADJMV

フリンダーズ・ストリートモールとスタンレイ・ストリートの角に建つモダンなホテル。レセプションは24時間なので夜遅く着いても安心。ホテルの設備にインドアプールやスパ、サウナもある。

ロケーション抜群の一級ホテル MAP P.129/2A

Grand Chancellor Townsville

グランドチャンセラー・タウンズビル

URL www.grandchancellorhotels.com
住 334 Flinders Mall, 4810
☎ 4729-2000 WiFi 無料
料 T W $220 ~ 270 CC ADJMV

ショッピング、観光に便利なフリンダーズ・ストリートモールの真ん中、ブレティン・スクエア Bulletin Square に建つ、20階建ての円柱形ホテルで、目の前にビジターインフォメーションセンターもある。レストラン、バー、プールやジム、ゲストランドリーなど施設も充実している。

タウンズビルの人気高級リゾート MAP P.129/1B

The Ville Resort - Casino

ビレリゾート・カジノ

URL www.the-ville.com.au
住 67 Sir Leslie Thiess Drv., 4810
☎ 4722-2333 WiFi 無料
料 T W $310 ~ 580、2B $625 CC ADJMV

設備充実の大型ホテルだ

クリーブランド湾に面した場所に建つ高級ホテルで、カジノを併設している。客室からは海側ならマグネティック島が、陸側ならキャッスルヒルがよく見渡せる。プールも広く、ヘルスセンターやスパ、サウナ、テニスコートなどの設備もある。

タウンズビルで優雅に滞在したいなら MAP P.129/1B

Ardo Hotel Townsville

アード・タウンズビル

URL ardohotel.au 住 Sir Leslie Thiess Drv., 4810
☎ 4722-2333 WiFi 無料 料 T W $$415 ~ 885
CC ADJMV

プールはルーフトップと屋外ガーデンエリアの2ヵ所

2023年オープンしたタウンズビル随一の高級ホテル。海を見渡す好立地にあり、ルーフトップにあるプールはインフィニティスタイル。レストラン&バーは6ヵ所あり、ほかにも優雅な雰囲気のデイスパも入っている。最も狭い部屋でも33㎡とゆったりしており、部屋のデザインはシンプルモダンだ。

マグネティック島

動物園併設のネイチャーリゾート MAP P.131

Selina Magnetic Island

セリーナ・マグネティックアイランド

URL www.selina.com/australia/magnetic-island
住 40 Horseshoe Bay Rd., Horseshoe Bay, 4819
☎ 4778-557 WiFi 無料 料 D $95、T W $125 ~ 143、グランピング $144、キャンプサイト $55
CC MV

人気動物園セリーナ・コアラパーク(→ P.131)を併設しているユニークなホテル。宿泊施設はコテージ形式で、プールやバー、ビストロ、ナイトクラブ、キオスクなど設備も充実。ネリーベイのフェリーターミナルへの無料送迎あり。

エアリービーチとハミルトン島&ウィットサンデー諸島
Airlie Beach, Hamilton Is. & Whitsunday Group

壮大で美しいホワイトヘブンビーチ

G.B.R. セントラル・セクション随一の観光地がウィットサンデー諸島だ。74 のトロピカルアイランドからなる諸島で、世界中のリゾート好きに知られるハミルトン島、ヘイマン島をはじめ、数多くのアイランドリゾートが集まっている。さらに**ホワイトヘブンビーチ** Whitehaven Beach や**ハートリーフ** Heart Shape Reef といった G.B.R. を代表する光景が見られる場所でもある。

ウィットサンデー諸島滞在・観光の拠点となるのがハミルトン島とエアリービーチだ。ハミルトン島はジェット機が発着できる空港をもち、空路アクセス時のゲートウェイ。一方エアリービーチは大陸側のリゾートタウン。一般的には陸路でやってくる場合のゲートウェイ都市だ。ハミルトン島およびエアリービーチからは、各アイランドリゾートへ数多くのフェリーが運航している。

エアリービーチ
Airlie Beach

エアリービーチは、**パイオニアベイ** Pioneer Bay に面した小さな町で、町を貫く**シュートハーバー・ロード** Shute Harbour Rd. 沿いに、私設のインフォメーション兼旅行会社、バックパッカーズホステルから一級コンドミニアムリゾート、おみやげ屋、ダイブショップなどが並んでいる。また町の南側は小高い丘になっており、海を望む高級コンドミニアムの多くはこのエリアにある。

シュートハーバー・ロードのエアリーベイに面した一帯は公園やビーチになっている。公園内には巨大な人工ラグーンプールの**エアリービーチ・ラグーン** Airlie Beach Lagoon があり、いつも大勢の人でにぎわっている。ラグーンは子供用と一般用に分かれており、周りの芝生には子供用プレイグラウンドもある。

エアリービーチ・ラグーン

アクセス

●エアリービーチ

■陸路でエアリービーチへ

ブリスベン～ケアンズ路線のグレイハウンド・オーストラリアのほとんどのバスがエアリービーチを通る。エアリービーチのバスターミナルは町外れにあり、バスの発着に合わせてほとんどの安宿が無料送迎バスを運行している。

またブリスベン～ケアンズを結ぶ列車がプロサパイン駅に停車するので、こちらを利用するのもおもしろい。

■空路でエアリービーチへ

ウィットサンデー諸島のメイン空港はハミルトン島空港。そのほか、鉄道駅のあるプロサパインにもウィットサンデーコースト空港の別名がある**プロサパイン空港** (PPP) がある。ジェットスターがブリスベン、シドニー、メルボルンから、ヴァージン・オーストラリアがブリスベンから、ボンザがゴールドコーストからフライトをもっている。空港からエアリービーチへは、ウィットサンデートランジットのシャトルバス(→下記)を利用する。

南国らしさいっぱいのエアリービーチの町

エアリービーチの市内交通

プロサパイン空港および鉄道駅からエアリービーチへはウィットサンデートランジット Whitsunday Transit のシャトルバスが出ている。またこの地域の路線バス(1日券あり)も同社が運行している。

●ウィットサンデートランジット

☎(07)4946-1800

URL www.whitsundaytransit.com.au

料 プロサパイン空港～エアリービーチ&シュートハーバー片道：大人$22 子供$12／プロサパイン駅～エアリービーチ&シュートハーバー片道：大人$15 子供$7.50

上：開放的な雰囲気のエアリービーチのビーチエリア
右：クルーズウィットサンデーが発着するポート・オブ・エアリー

エアリービーチの高台エリアにはたくさんのコンドミニアムが建ち並ぶ

また、公園内には遊歩道ビーチウオーク Beach Walk も整備されており、気持ちのいい散策が楽しめる。

ウィットサンデー諸島へのフェリーやクルーズの発着場所は、町の東端にある**ポート・オブ・エアリー** Port of Airlie、町の西端にある**コーラルシー・マリーナ** Coral Sea Marina、もしくはエアリービーチから 8km 東にある天然の良港**シュートハーバー** Shute Harbour かのいずれか（シュートハーバー発着は少ない）。ハミルトン島やデイドリーム島との間のフェリーはポート・オブ・エアリーから出ている。

ハミルトン島

Hamilton Is.

G.B.R. 地区を代表するリゾートアイランド、ハミルトン島。オーストラリアのアイランドリゾートのなかで唯一ジェット機が発着できる空港をもち、リゾート滞在客以外のデイビ

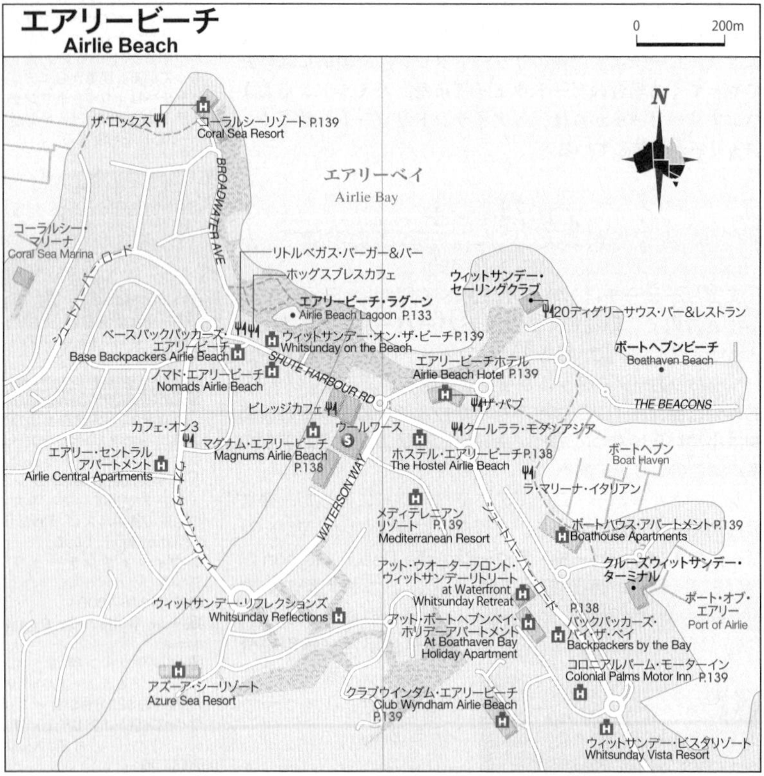

エアリービーチ Airlie Beach

リゾートサイドが面するキャッツアイベイ

ジターも数多く受け入れる島だ。実際この島は高級別荘地としても知られており、住人も多く、町もある。そのにぎわいはエアリービーチ以上だ（リゾートとしての詳細は→ P.140）。

ポート・オブ・エアリーやシュートハーバー、ほかのアイランドリゾートからのフェリーが発着する**マリーナビレッジ** Marina Village が、ハミルトン島の町だ。おみやげ店やスーパーマーケット、各種レストラン、ベーカリーやバーが港沿いに並んでいる。

リゾート施設のある**リゾートサイド** Resort Side との間は徒歩でも５分ほど。島内を循環する**ハミルトンアイランドシャトルバス** Hamilton Island Shuttle Bus を利用することも可能だ。デイビジターでもリゾートサイドのプールや各種アクティビティは利用できる。エアリービーチに滞在しながら、アイランドリゾートを体験したい、という人にもおすすめだ。

ハミルトン島内を無料で巡回するハミルトンアイランドシャトルバス

アクセス

●**ハミルトン島**

空路でハミルトン島へ

ブリスベン、シドニ、メルボルンからカンタス航空とヴァージン・オーストラリアが、シドニー、メルボルンからジェットスターが**ハミルトン島空港** (HTI) にフライトをもっている。

海路でハミルトン島へ

ハミルトン島とポート・オブ・エアリー間にクルーズウィットサンデーがフェリーサービスを運航している（1日10便）。また同社はハミルトン島空港桟橋からフライトに接続するかたちでデイドリーム島へのフェリーサービス（1日7便）も運航している。

●**クルーズウィットサンデー**
Cruise Whitsundays
(07)4846-7000
URL www.cruisewhitsundays.com
料 ハミルトン島・ハミルトン島空港～ポート・オブ・エアリー片道：大人$65 子供$54.50／ハミルトン島・ハミルトン島空港～デイドリーム島片道：大人$45 子供$37

ハミルトン島リゾートサイドのキャッツアイビーチ

ハミルトン島では野生のワラビーを見かけることも多い

エアリービーチ&ウィットサンデー諸島のツアー&アクティビティ
TOURS & ACTIVITIES IN AIRLIE BEACH & WHITSUNDAY GROUP

エアリービーチからのツアー&アクティビティ

思う存分ジェットスキーが楽しめる

ウィットサンデー・ジェットスキーツアー
Whitsunday Jetski Tours

コーラルシー・マリーナ発着でジェットスキーのロングライドを楽しむツアー。気軽に参加できるのがエアリー・アドベンチャー Airlie Adventure。エアリービーチ沖合を約1時間30分かけてジェットスキーで周遊するツアー。アクティブ派ならツーアイランド・サファリ Two Island Safari。デイドリーム島、サウスモール島周囲をジェットスキーで約2時間30分かけてクルージング。初心者でもインストラクターがていねいに操作方法を教えてくれるので安心だ。

■**ウィットサンデー・ジェットスキーツアー**
住Shop 3, Coral Sea Marina, Airlie Beach, 4802
☎0459-538-754
URL jetskitour.com.au
時 エアリー・アドベンチャー：毎日7:30～10:30、14:30～17:00／ツーアイランド・サファリ：毎日9:30～12:30、12:00～15:00
料 エアリー・アドベンチャー：2人$250／ツーアイランド・サファリ：2人$320

野生のワニを見に出かけよう！

ウィットサンデー・クロコダイルサファリ
Whitsunday Crocodile Safari

亜熱帯雨林の森が残るコンウェイ国立公園 Conway NP。南部を流れるプロサパイン川は野生のイリエワニの生息地として知られている。ツアーではプロサパイン川周辺の湿原に設けられたキャンプサイトをベースにリバークルーズを行い、イリエワニ・ウオッチングをしたり、マッドクラブの生態観察をしたりする。キャンプサイト周辺ではワラビーやさまざまな野鳥見学も楽しめる。

■**ウィットサンデー・クロコダイルサファリ**
☎(07)4948-3310
URL crocodilesafari.com.au
時 毎日9:15～15:00
料 大人$150 子供$90（5～17歳）$50（1～4歳）

ウィットサンデー諸島&アウターリーフ・クルーズ

バリエーション豊富なクルーズを催行

クルーズウィットサンデー
Cruise Whitsundays

●**グレートバリアリーフ・アドベンチャー**

ポート・オブ・エアリー発着、ハミルトン島経由のアウターリーフクルーズで、デイドリーム島滞在者もハミルトン島接続フェリーで参加可能だ。目的地はハーディリーフ Hardy Reef もしくはナックルリーフ Knuckle Reef に浮かぶ**リーフワールド** Reefworld と名づけられた2階建てポントゥーン(浮き桟橋)。ポート・オブ・エアリーからは約2時間～2時間15分だ（ハミルトン島から約1時間30分）。

ポントゥーンを起点にスノーケリングやダイビング、セミサブマーシブル（半潜水艦）による海中観察が楽しめる。また、日本人インストラクターによる体験ダイビング&ファンダイビングも可能だ。

ポントゥーン付近にすみ着いているナポレオンフィッシュに、高

■**クルーズウィットサンデー**
住Maritime Terminal, Port of Airlie, Airlie Beach, 4802
☎(07)4846-7000
URL www.cruisewhitsundays.com
●**グレートバリアリーフ・アドベンチャー**
時 ポート・オブ・エアリー発着毎日8:00～18:10／ハミルトン島発着毎日9:00～17:00／デイドリーム島発着毎日7:45～17:50
料 大人$309 子供$149
追加オプション：体験ダイビング$165／ファンダイビング（全器材付き）1本$120／ガイドスノーケリングツアー 大人$69 子供$39／ヘリコプター遊覧飛行10分$175

下：グレートバリアリーフ・アドベンチャーで利用されることが多いシーフライト号
右：リーフワールドからの遊覧飛行で見ることができるハートリーフ

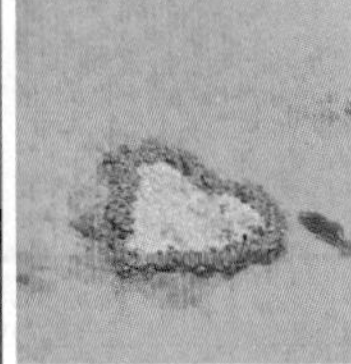

確率で出合えるのも体験ダイビングの醍醐味だ（約25～30分）。またヘリコプターによる遊覧飛行に参加すれば、ハートリーフ（世界でも珍しいハート形のリーフ）も見ることができる。

上：グレートバリアリーフのポントゥーン、リーフワールド

●ホワイトヘブンビーチクルーズ

ホワイトヘブンビーチは、ウィットサンデー島東側に約8kmも続くシリカサンドの真っ白なビーチ。その美しさはオーストラリア随一といわれている。同社では3パターンのホワイトヘブンビーチクルーズを行っている。

最もポピュラーなのは**ホワイトヘブンビーチとヒルインレット・チル&グリル** Whitehaven Beach, Hill Inlet Chill & Grill。ホワイトヘブンビーチとその周辺で1日を過ごすクルーズで、ホワイトヘブンビーチでののんびり滞在に加え、すばらしい眺めが楽しめるヒルインレット展望台を訪れるという内容だ。もちろんビーチでの時間も十分にあり、スタッフやクルーズ参加者と一緒にクリケットやタッチラグビーなども楽しむことができる。ビーチでのBBQランチも美味だ。

眺望抜群のヒルインレット展望台

白い砂と透明度の高い海がすばらしいホワイトヘブンビーチ

もうひとつが**半日ホワイトヘブンビーチクルーズ** Whitehaven Half Day Cruise。午前／午後に出発のクルーズで、ヒルインレット展望台訪問やスノーケリングツアーは付かない。とにかくホワイトヘブンビーチへ行ってみたい、という人向けツアーだ。

そして3つめが全長85フィートの大型カタマランヨット、カミーラ号でホワイトヘブンビーチを目指す**カミーラセイリング・アドベンチャー** Camira Sailing Adventure。最高速度30ノットの高速セイリングも楽しみ、ウィットサンデー島周辺のリーフではスノーケリングもできる。ホワイトヘブンビーチでの滞在時間もたっぷりだ。

カミーラ号でのクルーズも楽しい

リーフワールドでスノーケリングを楽しもう

●ホワイトヘブンビーチとヒルインレット・チル&グリル
時 ポート・オブ・エアリー発着毎日7:15～18:15／ハミルトン島発着毎日8:30～17:00／デイドリーム島発着毎日7:45～17:45
料 大人$259 子供$135

●半日ホワイトヘブンビーチクルーズ
時 ポート・オブ・エアリー発着毎日7:15～14:30、11:35～18:15／ハミルトン島発着8:30～12:30、13:10～17:00／デイドリーム島発着毎日7:45～14:00、12:10～17:45
料 大人$145 子供$59

●カミーラセイリング・アドベンチャー
時 ポート・オブ・エアリー発着毎日8:15～17:30／デイドリーム島発着毎日7:35～19:30
料 大人$239 子供$199

高速ボートでウィットサンデー諸島を周遊

ウィットサンデー・オーシャンラフティング
Whitsundays Ocean Rafting

ラフトスタイルのボート

船外機付き25人乗りラフティングボートを使ってウィットサンデー海域を疾走するアドベンチャークルーズ。最高時速65キロというスピードは、海面すれすれではかなり高速に感じられる。

2 種類のクルーズを日替わりで催行。**ノーザンエクスポージャー** Northern Exposure はフック島とヘイマン島沖のブルーパールラグーン、ラングフォードリーフ、マンタレイベイ、ナラインレットにある先住民の壁画が残る洞窟を訪れる盛りだくさんのコース。**サザンライツ** Southern Lights はウィットサンデー島を周遊（ホワイトヘブンビーチでの滞在時間もある）するコースだ。

ヒルインレットでのんびりできるサザンライツ

■ウィットサンデー・オーシャンラフティング
☎(07)4946-6848
URL oceanrafting.com.au
時 コーラルシー・マリーナ発着：ノーザンエクスポージャー毎日 8:45 ～ 15:30 ／サザンライツ毎日 10:00 ～ 16:30
●ノーザンエクスポージャー／サザンライツ
料 各ツアーとも 大人 $199 子供 $131 家族 $605 ／ランチ $20 ※デイドリーム島からの参加も可能。各ツアーとも 大人 $228 子供 $151 家族 $704

ハミルトン島発の高速ボートでホワイトヘブンビーチへ

リーフライダー
Reef Ryder

ハミルトン島で各種マリンアクティビティツアーを行っているハミルトンアイランド・ウォータースポーツ催行で、強力エンジンを積んだ高速ボート、リーフライダーを使用する。ツアーは数種類あるが、人気なのは**ウィットサンデー・エクスプローラー** Whitsunday Explorer。ウィットサンデー島向かいのハッスルウッド島チョーキーズビーチでスノーケリングを楽しみ、ヒルインレット展望台からホワイトヘブンビーチのパノラマを満喫。その後ホワイトヘブンビーチに上陸してリラックスタイム。さらにフック島リゾート施設でのランチビュッフェとスノーケリングタイムという 1 日ツアーだ。時間がない人には、チョーキーズビーチでのスノーケリング＋ホワイトヘブンビーチでのリラックスという半日ツアーの**ツーインワン** 2 in 1 もおすすめ。

ヒルインレット展望台からホワイトヘブンビーチを望む

■リーフライダー
催　行：Hamilton Island Watersports
☎(07)4946-9934
URL www.hiwatersports.com.au
●ウィットサンデー・エクスプローラー
時 ハミルトン島発着：月水金 9:30 ～ 16:30
料 大人 $210 子供 $165 家族 $700
●ツーインワン
時 ハミルトン島発着：毎日 9:00 ～ 12:00、13:30 ～ 16:30
料 大人 $130 子供 $110 家族 $420

エアリービーチのホテル

ACCOMMODATION　州外局番 (07)

バジェットタイプ

こぢんまりとした　MAP P.134/2B
The Hostel Airlie Beach
ホステル・エアリービーチ

URL thehostelairliebeach.com.au　住 394 Shute Harbour Rd., 4802　☎4946-6312　WiFi 無料
料 D $45.60 ～ 47.50、TW $137.75　CC MV

トロピカルな雰囲気のホステル

エアリービーチの東の外れにあるバックパッカーズ。中庭には小さなプールもある。ビーチやポート・オブ・エアリーも近い。

バンガロー風バックパッカーズの　MAP P.134/2A
Magnums Airlie Beach
マグナム・エアリービーチ

URL magnums.com.au
住 370 Shute Harbour Rd., 4802
☎4964-1199　FREE 1800-624-634
WiFi 無料
料 TW $89 ～ 153　CC MV

便利な場所にある

エアリービーチの町の真ん中にある。ヤシの木の生い茂る敷地内にバンガローが建ち並んでいる。各バンガローには TV やキッチン、シャワー、トイレの設備がある。

清潔！ 快適！ 安い！ と 3 拍子揃った　MAP P.134/2B
Backpackers by the Bay
バックパッカーズ・バイ・ザ・ベイ

URL www.backpackersbythebay.com
住 12 Hermitage Drv., 4802　☎4946-7267
WiFi 無料　料 D $48 ～ 50、TW $96　CC MV

エアリービーチの町からシュートハーバーのほうへ歩いて 7 ～ 8 分。プールや BBQ 設備があってこの値段は格安。エアリービーチのバス停まで送迎あり。

一級以上のホテル

ロケーションのいい Airlie Beach Hotel エアリービーチホテル
MAP P.134/1B

URL www.airliebeachhotel.com.au
住 16 The Esplanade, 4802 ☎ 4946-1999
WiFi 無料 料 T W $175～390 CC AMV

エアリービーチの中心部に建つ

メインストリートのすぐ裏側、ビーチフロントにある。客室はホテルルーム、モーテルルームの2タイプ。地元で大人気のパブ&ビストロの、その名もザ・パブが入っている。

ビーチフロントの Whitsunday on the Beach ウィットサンデー・オン・ザ・ビーチ
MAP P.134/1A

URL www.whitsundayonthebeach.com
住 269 Shute Harbour Rd., 4802
☎ 4946-6359 WiFi 無料
料 T W $150～300 CC AMV

ヤシの木をあしらったレセプションや中庭がトロピカル。ビーチに面した部屋が取れたら、いながらにしてエアリーベイの青い海が眺められる。全部で18室ある部屋には、キッチンなどの設備が揃っている。

海が目の前のリゾート Coral Sea Resort コーラルシーリゾート
MAP P.134/1A

URL coralsearesort.com
住 25 Oceanview Ave., 4802
☎ 4964-1300 WiFi 無料 料 T W $305～625、1B $415～、2B $545～ CC ADMV

優雅なリゾート気分に浸れるコーラルシー

ビーチフロントに建つリゾートホテル。シュートハーバー・ロードの喧騒から離れてゆったりと滞在できる。レストラン、バー、プールなど海を目の前にしたロケーションはこのホテルならではだ。

高級コンドミニアム Mediterranean Resort メディテレニアンリゾート
MAP P.134/2B

URL www.medresorts.com.au
住 14 Golden Orchid Drv., 4802
☎ 4946-6391 FREE 1800-802-089 WiFi 無料
料 1B $130～230、2B $170～300 CC MV

エアリービーチを見下ろす高台に建つコンドミニアムタイプのリゾート。広々としたリビング、清潔感あふれるベッドルーム、もちろんキッチンやランドリーなどの設備も充実。すべての部屋が2ベッドルーム以上なので、家族連れ、グループ旅行などにおすすめ。

海を見ながらのんびり過ごそう Colonial Palms Motor Inn コロニアルパーム・モーターイン
MAP P.134/2B

URL colonialpalmsmotorinn.com.au
住 2 Hermitage Drv., 4802
☎ 4946-7166 WiFi 無料
料 T W $190～229、1B $239 CC ADJMV

エアリービーチの町から700mほど離れた静かな場所にある。白を基調とした明るくモダンな客室は居心地がよく、2階の部屋ならバルコニーから海を眺めることもできる。プールやスパの周りにはヤシの木が植えられており、リゾートっぽい雰囲気だ。

ポート・オブ・エアリーが目の前 Boathouse Apartments ボートハウス・アパートメント
MAP P.134/2B

URL theboathouseapartments.com.au
住 33 Port Drv., 4802 ☎ 4841-4100
WiFi 無料 料 2B $457～、3B $585～ ※季節により最低宿泊数の制約あり CC MV

ポート・オブ・エアリー脇のハーバーに面して建つ豪華コンドミニアム。2ベッドルーム以上の客室のみで、家族連れやグループ旅行に最適。ハーバーに面したエリアにはレストランやスパなどもあり、リゾート気分を味わいながら滞在できる。

ハーバー沿いで雰囲気もいい

高台からの眺めがすばらしい Club Wyndham Airlie Beach クラブウインダム・エアリービーチ
MAP P.134/2B

URL www.clubwyndhamairliebeach.com.au
住 9A Hermitage Drv., 4802 ☎ 4962-5100
WiFi 無料 料 1B $369～391、2B $479～499
※季節により最低宿泊数の制約あり CC AJMV

エアリービーチを代表する高級コンドミニアムリゾート。町から離れた高台にあるが、エアリービーチやポート・オブ・エアリーまで送迎バスも出ている。部屋はもちろん、レストラン、インフィニティプールなど、とにかく優雅な雰囲気だ。

プールからの眺めもすばらしいクラブウインダム

ハミルトン島
Hamilton Is.

ハミルトン島はG.B.R.のリゾートアイランドのなかで、唯一ジェット機が直接乗り入れることができる大型リゾートだ。そのアクセスのよさから、世界中からG.B.R.でのアイランドステイを楽しみたいゲストが大勢訪れ、日本人旅行者にとってもひじょうにポピュラーな旅先として認知されている。さらに大きな空港をもつことから、ウィットサンデー地域のリゾートへのアクセス拠点でもある。

島内散策方法

ハミルトン島にはバギーがよく似合う

島内は広いので、滞在中はバギーをレンタルしておきたい（国際運転免許証が必要。24時間$130）。バギーがあることで、島内観光エリアは自由自在に動き回れるし、なんといってもハミルトン島の雰囲気にバギーはよく似合う。バギー運転はちょっと、という人は、島内の主要ポイントを周遊している無料の**アイランドシャトルバス**を利用するといい。路線はふたつでリゾートサイドとマリーナビレッジの主要ポイントを回るグリーンシャトルは10分間隔、ワンツリーヒルやパームバレーまで回るブルーシャトルは40分間隔で運行している。

島内の見どころ＆アクティビティも豊富

大海原が見渡せる絶景ポイントの**ワンツリーヒル** One Tree Hill は滞在中必ず訪れてお

ハミルトンアイランド・ワイルドライフにはコアラがいっぱい

キャッツアイベイではいろいろなマリンアクティビティにチャレンジできる

ホワイトヘブンビーチは遊覧飛行で見てみたい場所だ

陽気な遊覧飛行のパイロット

きたいポイント。特に夕暮れ時はサンセットカクテルバーがオープンして、夕日を眺めながら各種ドリンクが楽しめる。

またオーストラリアの動物が集められた動物園の**ハミルトンアイランド・ワイルドライフ** Hamilton Is. Wildlife (大人$35 子供$25 家族$95) も人気。コアラやワラビー、ウォンバット、さらにイリエワニやエリマキトカゲまで、たくさんの動物を見ることができる。

島内でのアクティビティメニューもいろいろ。キャッツアイベイではパラセイリングやチューブライド、ジェットボートライドなどができるし、リゾート滞在ゲストはさらに無料でカタマランセイリングやパドルスキーも楽しめる。ほかにも本格的なゴーカートや森の中へ分け入る4輪バイクATV、テニス、隣のデント島にある18ホールの本格的なゴルフコースなど、何日いても遊びきれないほどだ。

ハミルトン島発のクルーズ&遊覧飛行

ハミルトン島はG.B.R.を代表する観光ポイントのホワイトヘブンビーチ、ハートリーフへのアクセス拠点でもある。これらを楽しむクルーズや遊覧飛行も数多い。クルーズウィットサンデー (→P.136〜137)、ハミルトンアイランド・ウオータースポーツ (リーフライダーを催行→P.138) の拠点なので、滞在中ぜひ参加したい。

ヘリコプターや水上飛行機を使った遊覧飛行も試してみたい。日本人に人気なのは、クルーズウィットサンデーのグレートバリアリーフ・アドベンチャーの片道にヘリコプターを利用する**グレートバリアリーフ・フライ&クルーズ** Great Barrier Reef Fly & Cruises (大人$600 子供$550)、ハートリーフ、ハーディリーフなどを空から眺めたあとホワイトヘブンビーチでのんびりする**ハートリーフ&ホワイトヘブンビーチ・ストップオーバー・バイ・ヘリコプター** Heart Reef & Whitehaven Beach Stopover by Helicopter (1人$800) などだ。

ただのんびりとビーチで過ごすのもおすすめだ

ハミルトン島のお隣デント島にはウィットサンデー諸島随一のチャンピオンシップコースがある。ゴルフ好きなら迷わずコースに出てみたい

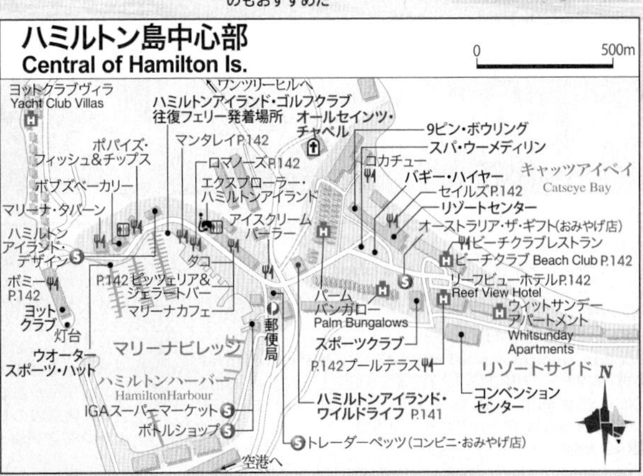

メインプールは広々としている

キャッツアイビーチに面して主要な宿泊施設が並んでいる

高級リゾートからバンガローまで

さまざまなスタイルの滞在ができるのもハミルトン島の魅力。**ビーチクラブ**は18歳以上限定という大人のためのリゾートで、58室すべてがビーチに面している。プライバシー重視の造りはハネムーナーにおすすめ。

日本人旅行者に最も一般的なのは**リーフビューホテル**。キャッツアイベイを見下ろす19階建てで、全386室がビーチフロント。なかでも5～19階のコーラルシービュールームからの景観が自慢。高層階には各種スイートルームを備えている。ロビーエリアには日本語サービスデスクもあり、何かと便利だ。

パームバンガローは、ヤシの木に囲まれたトロピカルなバンガローだ。ほかにも別荘感覚で滞在できるコンドミニアムやレンタルヴィラもある。

またハミルトン島最北端には、G.B.R. 地域最高級のリゾート、**クオリア・グレートバリアリーフ**がある。全客室が高級ヴィラタイプで、一部にはプライベートプランジプールも付いている。クオリアの敷地内には宿泊客以外入ることができないなど、セレブなゲストへのプライバシー面での配慮も行われている。

リゾートサイド＆マリーナビレッジにレストランが点在

セイルズのハミルトンアイランドバーガー

大きな島なのでレストランも充実している。リゾートサイドでは、リーフビューホテル1階にあるファインダイニングの**プールテラス** Pool Terrace、ランチタイムのハミルトンアイランドバーガーが人気の**セイルズ** Sails がおすすめ。マリーナビレッジでは、カジュアルイタリアンの**マンタレイ** Manta Ray やかまど焼きピザとジェラートでいつも混んでいる**ピッツェリア＆ジェラート・バー** Pizzeria & Gelate Bar、本格的イタリアンの**ロマノーズ** Romano's がポピュラー。また岬突端にあるヨットクラブ内**ボミー** The Bommie は、ハミルトン島随一のファインダイニング。ハネムーナーなら滞在中一度はその雰囲気、そしてすばらしい料理を味わいたい。

家族連れにも安心のリーフビューホテルのプール

広々としたリーフビューの客室

ボミーの料理は味の良さはもちろん、盛り付けも美しい

DATA

■**ハミルトンアイランド Hamilton Island**

☎(02)9433-3112（予約） FREE 1800-370-800（予約）

WiFi 無料

URL www.hamiltonisland.com.au

料 Palm Bungalows：Ⓣ Ⓦ $423 ／ Reefview Hotel：Ⓣ Ⓦ $423 ～ 756、1B $891、2B $1080 ～1710 ／ Beach Club：Ⓣ Ⓦ $891 ／ Qualia G.B.R.：Ⓣ Ⓦ $1640 ～ 5940

※ Qualia G.B.R. のみ滞在中の朝食付き

CC ADJMV

アクセス カンタス航空がブリスベン、シドニー、メルボルンから、ジェットスターがシドニー、メルボルンから、ヴァージン・オーストラリアがブリスベン、シドニー、メルボルンから直航便を運航。またエアリービーチから1日9便、シュートハーバーから1日3便クルーズウィットサンデーのフェリーがある（所要約1時間）。ウィットサンデー諸島内のリゾートアイランドからは、ハミルトン空港桟橋へのフェリーサービスもある。

ヘイマン島
Hayman Is.

ヘイマン島はウィットサンデー諸島最北の島で、1950年代にリゾート施設をオープンさせた。英国王室関係者から高い評価を得るリゾートとして知られており「ロイヤルヘイマン」の愛称をもっているほどだ。今でもグレートバリアリーフ地域を代表する優雅なリゾートとして世界中から高評価を得ている。

優雅なリゾート滞在を

インターコンチネンタル・グループを代表する豪華リゾートホテル。プールウイング、ヘイマンウイング、セントラルウイングと大きく3つのウイングに分かれている。プールウイングはヘイマン島で最もフォトジェニックな巨大なヘイマンプールに面した建物で、客室はすべてスイートタイプ。どの部屋のバルコニーからもヘイマンプールが眺められ、特に1階の客室はバルコニーから直接プールに入れるプールアクセスとなっている。ヘイマンウイングはアクアズーアプールと池に面した建物で、プールウイングよりも明るい感じのインテリアが特徴的だ。セントラルウイングはレセプションやレストラン、バー、スパ、ブティックなどが入った建物となっている。また、プライベート感あふれるビーチヴィラやバトラー付きのペントハウスもあり、こちらではさらにゴージャスな滞在ができる。

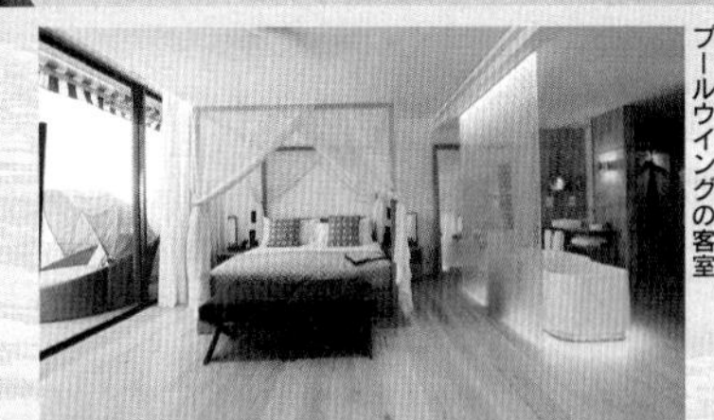
プールウイングの客室

レストランは6軒あり、モダンオーストラリア、オーセンティックなイタリアン、モダンアジアなどの料理が味わえる。もちろん味のレベルもひじょうに高い。

グレートバリアリーフの海を満喫

アクティビティは各種マリンスポーツ（エンジンを使わないアクティビティはすべて無料）のほか、リゾート発ツアーが盛りだくさん。

ぜひ参加してみたいのが**ブルーパールベイ・ノースエスカペーデ** Blue Pearl Bay North Escapede（ひとり $50）。エコガイドと一緒

プールウイング1階はプールアクセスの客室

宿泊客のためだけのプライベートビーチ

サンゴがいっぱいのブルーパールベイ

ヘイマン・スパでリラクセーション

ゆったりとした雰囲気のアクアズーアプール

メインダイニング、ファイヤのディナー

にサンゴがきれいなブルーパールベイまでスピードボート（約 10 分）で向かい、思いきりスノーケリングを楽しむといった内容だ。

またクルーズ、水上飛行機やヘリコプターでのアウターリーフツアーもある。おすすめは豪華ボートでホワイトヘブンビーチとヒルインレットを訪れる**ホワイトヘブンビーチ・エクスペリエンス** Whitehaven Beach Experience（大人 $350 子供 $275）、ヘリコプターでハートリーフを見たあとホワイトヘブンビーチへ着陸し、ビーチを満喫する**ドリームツアー** Dream Tour（1 人 $1155）、アウターリーフでのスノーケルが楽しめる**ダイブ & スノーケル・ツアー** Dive & Snorkel Tour（スノーケラー 大人 $250 子供 $195、体験ダイバー 1 人 $450、ファンダイバー (ダイビング 2 本付き) 1 人 550）など。

極上のリラクセーションタイムが体験できるヘイマン・スパも自慢のひとつ。専用トリートメントルームはもちろん、希望すればガーデン内の東屋やビーチフロントなどでトリートメントを受けることもできる。

DATA

■インターコンチネンタル・ヘイマンアイランド・リゾート InterContinental Hayman Island Resort

住 Hayman Is., Whitsunday Islands, QLD 4801

☎ (07)4940-1234　WiFi 無　料　URL haymanisland.intercontinental.com　料 T W $750〜5357　※朝食付き　CC ADJMV

日本での予約先：インターコンチネンタルホテルグループ ☎ (03)4520-3207

アクセス ハミルトン島から専用高速船で約 1 時間（大人 $220 子供 $110）。

■ウィットサンデー諸島のアイランドリゾート

デイドリーム島

Daydream Is.

ウィットサンデー諸島のなかで最も本土寄りにある小さな島がデイドリーム島。家族連れ、カップル、ハネムーナーに人気のカジュアルリゾートだ。客室棟や各種レストラン、スパがあるノースセクションと、カフェやショップがあってデイビジターが多いサウスセクションに分かれており、その間は徒歩 10 分程度だ。島にはワラビーやバンディクートが数多く生息しており、朝夕あちらこちらで見かけるなどナチュラルな雰囲気もいっぱいだ。またサウスセクション中央棟の周りには本物の珊瑚礁を置いた巨大なラグーン、リビングリーフ Living Reef が造られており、100 種あまりの海洋生物ウオッチングが楽しめる。

島内でのマリンアクティビティも豊富。無料でできるカヤックや SUP、カタマラン、フィッシュフィーディングから、有料のサンセットカヤックツアー、ガイド付きスノーケリングツアー、ジェットスキーまでいろいろ。またクルーズウィットサンデー(→ P.136 〜 137)のクルーズ）にも参加可能だ。

明るく開放的な客室

カタマランセイリングは人気アクティビティ

部屋は広く、家族連れがエキストラベッドを入れたりベビーコットを入れたりしても余裕だ。カップルには眺めのいいオーシャンバルコニールームがおすすめだ。

DATA

■デイドリームアイランド・リゾート Daydream Island Resort

住 PMB 22, Mackay, QLD 4740

☎ 1800-888-288

WiFi 無料　料 T W $298〜1071

URL www.daydreamisland.com

CC ADJMV

アクセス ハミルトン島空港、エアリービーチからクルーズウィットサンデーのフェリーが利用できる。

カプリコーンコースト
Capricorn Coast

クイーンズランド州中部、南回帰線（南緯23度26分30秒）付近の海岸地帯を通称カプリコーンコーストと呼ぶ。ロックハンプトンを中心とした一帯で、沖合にはいくつかのリゾートアイランドもあり、ホリデー好きのオージーたちには人気の旅行先だ。ウィットサンデー諸島のリゾートほどの華やかさはないが、自然の美しさでは決して引けをとらない島々。自然に抱かれ、自然の豊かさを感じることができる、そんなリゾートライフを楽しみたい。

珊瑚礁でできたヘロン島

マッカイ
Mackay

マッカイハーバー Mackay Harbour へと続くパイオニア川 Pioneer River 沿いに開けた、人口約7万8000人を数えるこの地域有数の町で、マッカイハーバーは、一帯で収穫されるサトウキビの重要な積み出し港となっている。

近郊には訪れてみたい国立公園がいくつかある。なかでも**ユンゲラ国立公園** Eungella NP（名前の由来はアボリジニの言葉で「雲の落ちた場所」）はクイーンズランド最大規模の亜熱帯雨林が茂る自然の宝庫だ（マッカイの西約80kmの場所にある）。いくつかウオーキングトレイルが整備されているが、ぜひ訪れたいのはブロークンリバー・ビジターエリア Broken River Visitor Area。ここでのショートウオーキングでアクセスできるブロークン川は、オーストラリア有数のカモノハシ・ウオッチングポイントとして有名だ。原則レンタカー利用となるが、マッカイから**マッカイ・アドベンチャー** Mackay Adventure が日帰りツアー（プラティパス・パラダイスツアー Platypus Paradise Tour）を催行しているので、参加するのもおすすめだ。もちろんツアーでは、高確率で野生のカモノハシを見ることもできる。

ユンゲラ国立公園では高確率でカモノハシが見られる

またマッカイの北西約50km、ハイビスカスコースト Hibiscus Coast と名づけられた一角にある**ケープヒルズボロー国立公園** Cape Hillsborough NP もおすすめの場所。ビーチ前まで亜熱帯雨林の森が続き、ビーチには朝夕にはカンガルー、ワラビーがやってくる場所だ。ビーチ周辺にはキャンプ場もあるので、1泊してカンガルーウオッチングするのもおすすめだ。

ヒルズボロービーチにやってくるワラビー（© Tourism & Events Queensland）

アクセス

●**マッカイ**

カンタス航空がタウンズビル、ロックハンプトン、ブリスベンから、ジェットスターがブリスベンから、ヴァージン・オーストラリアがブリスベンから、ボンザがゴールドコースト、サンシャインコーストから**マッカイ空港** (MKY) へフライトをもっている。空港は町の南約3kmの所にあり、市内へトランスリンクのバス No.303 が利用できる（大人$2.40 子供$1.20）。タクシー利用の場合は片道 $25 ～ 30。長距離バスは、グレイハウンド・オーストラリアのブリスベン～ケアンズのルートを利用。バスは中心部のビクトリア・ストリートに停車する。一部のバスはマッカイ空港を経由する。またブリスベン～ケアンズを結ぶ列車を利用する方法もある。

■**マッカイ・ビジターインフォメーションセンター**
住 Bluewater Lagoon, Matsuura Drv., Mackay, 4740
☎ (07)4837-1228
URL www.mackayisaac.com/travel-information/visitor-information-services
開 月～金 9:00 ～ 16:00、土日 9:00 ～ 14:00

■**マッカイのタクシー**
●**マッカイタクシー**
Mackay Taxi ☎ 13-10-08
URL www.mackaytaxi.com.au

■**マッカイ・アドベンチャー**
FREE 1800-622-529
URL www.mackayadventure.com.au
●**プラティパス・パラダイスツアー**
時 火木 10:00 ～ 15:00
料 1人 $159

アクセス

●ロックハンプトン

ブリスベン、タウンズビル、マッカイからカンタス航空が、ブリスベンからヴァージン・オーストラリアが、ケアンズ、タウンズビル、ゴールドコーストからボンザが**ロックハンプトン空港**(ROK)への直行便を運航。ロックハンプトン空港～市内はヤング・バスサービス Young Bus Service がシャトルバスを運行(片道大人$6 子供$3)。タクシーでも約$20。長距離バスは中心部南ジョージ・ストリート George St. のターミナルを発着。またブリスベンから毎日高速列車ティルトトレインが運行。ロックハンプトン駅は中心部の南側にある。

■ロックハンプトンのタクシー
● Rocky Cabs:☎13-10-08
● Rockhampton Yellow Cabs:☎13-19-24

■カプリコーンスパイア・ビジターインフォメーションセンター
住The Spire, 176 Gladstone Rd., 4700 ☎(07)4936-8000
URL www.explorerockhampton.com.au
開 月～土 9:00～17:00、日 9:00～13:00 休 グッドフライデー、クリスマスデー

■ドリームタイム・カルチュラルセンター
住703-751 Yaamba Rd., Parkhurst, 4700
☎(07)4936-1655
URL www.dreamtimecentre.com.au
開 月～金 9:00～15:00
料 大人$16 子供$12

■ロックハンプトン・ボタニックガーデン
住100 Spencer St., 4700
☎1300-225-577
URL www.rockhamptonregion.qld.gov.au 開 毎日 6:00～日没時
●ロックハンプトン動物園
☎1300-225-577
開 毎日 10:00～16:00
料 無料($5 程度の寄付が望ましい)

アクセス

●ヤプーン

ロックハンプトンからヤプーンへバスがある。所要約1時間。

■カプリコーンコースト・インフォメーションセンター
住Ross Creek Roundabout, Scenic Hwy., Yeppoon, 4703
FREE 1800-675-785
URL www.visitcapricorn.com.au
開 毎日 9:00～17:00

ロックハンプトン

Rockhampton

町の中心にある旧郵便局。中にはフィッツロイ川地域の地質や歴史をインタラクティブに体験できる FLOW という博物館がある

カプリコーンコーストの中心都市ロックハンプトン(人口約8万3000人)。町のすぐ北を南回帰線が通ることでも知られており、地元の人たちには「ロッキー Rockys」という愛称で呼ばれている。1858年に近郊で金の採掘が始まりゴールドラッシュを迎えたことで発展した町で、現在は近郊に250～300万もの牛が放牧されている、オーストラリアの Beef Capital となっている。

ロックハンプトンの中心部は、フィッツロイ川 Fitzroy River 沿い 2km 四方の中にすっぽり入ってしまう。しかも、道路は碁盤の目状になっていて、とてもわかりやすい。カプリコーンコースト全体の観光情報を提供する**カプリコーンスパイア・ビジターインフォメーションセンター** Capricorn Spire Visitor Information Centre は、町の郊外ブルース・ハイウェイ Bruce Hwy. 沿い、南回帰線上にある。ここには**南回帰線の碑** Tropic of Capricorn Spire も立っている。

ロックハンプトンで見逃せないのが、南回帰線の碑からさらにブルース・ハイウェイを北へ行った所にある**ドリームタイム・カルチュラルセンター** Dreamtime Cultural Centre。園内の博物館では、セントラルクイーンズランドの生活、伝説などをジオラマ形式で展示。屋外には、かつて先住民がどのように生活していたかを伝える家屋が建てられ、その中に当時の道具が置かれている。また、海洋先住民の生活を伝えるジュゴン館もある。10:30 からのガイドツアーに参加すれば、ブーメラン投げ体験もできる。

町の南、マリーラグーン Murry Lagoon に面した**ロックハンプトン・ボタニックガーデン** Rockhampton Botanic Gardens も訪ねてみたい。園内には鹿児島県指宿市との姉妹都市提携を記念して造園された**日本庭園** Japanese Garden や、**ロックハンプトン動物園** Rockhampton Zoo がある。

動物園ではコアラやカンガルー、ウォンバット、フレッシュウオータークロコダイル(オーストラリアワニ)などオーストラリアならではの動物が見られる。

ヤプーン

Yeppoon

ロックハンプトンの東 40km にある、美しいビーチをもつリゾートタウン。近くにはこの地域最大規模の高級リゾート、カプリコーンリゾート・ヤプーンがあり、またグレートケッペル島への船が出るロズリンベイも近い。

この町の北の山あいにある**クーベリーパーク・ワイルドライフサンクチュアリ** Cooberrie Park Wildlife Sanctuary は、自然の森を生かした動物園。園内には 300 匹以上の動物が飼育されており、コアラを抱いて写真を撮ったり（時間が決まっている）、放し飼いのカンガルーに餌をやったりして楽しむことができる。ほかにもエミューやカソワリィ、ディンゴ、クロコダイルなどさまざまな動物が見られる。

■**クーベリーパーク・ワイルドライフサンクチュアリ**
住 9 Stone St., Cooberrie, 4703
☎ (07)4939-7590
URL www.cooberriepark.com.au
営 毎日 10:00 ～ 15:00
料 大人 $40 子供 $20 家族 $100 ／コアラを抱いて記念写真 $30（11:30 ～、13:30 ～）

グレートケッペル島
Great Keppel Is.

フィッシャーマンズビーチでマリンアクティビティを楽しむ

ロズリンベイから 40 分余りで到着するグレートケッペル島。約 1400ha もの広さをもつ島で、周囲には特徴のあるビーチが 17 ヵ所。フェリーが発着し、宿泊施設やショップ、レストランなどがあるメインとなるビーチが**フィッシャーマンズビーチ** Fisherman's Beach だ（2024 年 3 月現在、4 つ星のグレートケッペル・アイランドリゾートは改修のため休業中）。

ジェットスキーやパラセイリング、バナナボートライド、カタマランセイリングなどさまざまなアクティビティを受け付けているアクティビティセンターがある。またユニークなキャメルライドもこのビーチで楽しめる。スノーケリングを楽しみたい人は、入江の浅瀬に珊瑚礁がたくさんある**モンキービーチ** Monkey Beach がおすすめ。また広々としたビーチで心ゆくまでのんびりしたい人は、少し遠いが**ロングビーチ** Long Beach へ行ってみよう。

アクセス

ヤプーンの隣、ロズリンベイ Rosslyn Bay からフリーダム・ファストキャット Freedom Fast Cat のフェリーを利用。
●**フリーダム・ファストキャット**
☎ (07)4933-6888
URL freedomfastcats.com
時 ロズリンベイ（ケッペルベイ・マリーナ）発：月火 9:00 & 10:30、水～日 9:15、土 7:30 ／グレートケッペル島発：月火 9:30、月水木土日 15:45、火金 14:30、土 8:00
料 往復：大人 $55 子供 $38 家族 $160 ／日帰りクルーズ（グラスボトムボート乗船付き）大人 $94 子供 $60 家族 $259 ／アドベンチャークルーズ（グラスボトムボート＆スノーケリング＆ランチ付き／水木土日のみ）大人 $159 子供 $107 家族 $449

グラッドストーン
Gladstone

人口 3 万 4000 人余りのグラッドストーンは、天然の良港をもつことから、この地域一帯の農産物の積み出し港として栄えてきた。観光的にはヘロン島への起点として知られるほか、近郊のビーチでのサーフィンや、ゲームフィッシング、ダイビングなどマリンアクティビティが盛んだ。

グレートケッペル島でバナナボートに挑戦

アクセス

●グラッドストーン

グラッドストーン空港 (GLT) へはブリスベンからカンタス航空とヴァージン・オーストラリアのフライトがある。空港から市内へはタクシーで約$25。また、グレイハウンド・オーストラリアのブリスベン～ケアンズのバスは、すべてこの町を通る。バスの発着場所は町の中心から300mほど離れたガソリンスタンドだ。

■グラッドストーン・ビジターインフォメーションセンター
住 Marine Ferry Terminal, 72 Bryan Jordan Drv., 4680
☎ (07)4972-9000
URL www.gladstoneregion.info
開 月～土 8:30～16:30、日 8:30～12:30
休 クリスマスデー

アクセス

●ヘロン島

グラッドストーンのフェリーターミナルから高速カタマランが出ている（グラッドストーン空港～フェリーターミナル無料送迎あり）。所要約2時間で片道 大人 $85 子供 $45。月水金～日グラッドストーン発9:30、ヘロン島発12:45。

またグラッドストーン空港からヘリコプターを使ってのアクセスも可能（片道約30分）。片道1人$470。
URL www.heronisland.com

町は丘の上にあり、中心部からはどの方角へ行く通りも緩やかな斜面となっている。なおヘロン島フェリーターミナルは町の中心から約1.5km離れており、ターミナル内には**グラッドストーン・ビジターインフォメーションセンター** Gladstone Visitor Information Centreが入っている。

ヘロン島
Heron Is.

美しいコーラルケイの島ヘロン島

世界中のダイバーが憧れるヘロン島は、グラッドストーンの沖合約80kmに位置している。G.B.R.洋上のコーラルケイで、1周歩いて45分ほどの小ささ。しかし、島の周りには24km^{2}ものラグーンが広がり、ウミガメやマンタ、サメ、各種コーラルフィッシュが悠々と泳いでいる。11～2月の夏季にはウミガメの産卵場所となっており、自然が見せる神秘的なドラマに感動を呼び起こされるほど。ヘロン島はまた、その名前からもわかるように、野鳥たちの楽園でもある。

ヘロン島のおもなアクティビティは、ダイビング、スノーケリング、半潜水艦＆グラスボトムボート乗船、リーフウオーキング、アイランドウオーキングなど。特にダイビング、スノーケリングは絶対にトライしたい。島の周りすべてがスノーケリングポイントだが、よりきれいなサンゴや数多くの魚を見たかったらボートスノーケリングツアーに参加するのがおすすめだ。ダイビングは数多くあるラグーンエッジのポイントのなかから、当日の海況に合わせてポイントを選択。各ポイントまでボートで5～15分と近いので船酔いの心配もなし。ウミガメやマンタといった人気者に出合う確率も大だ。もちろん初心者のための体験ダイビングも盛んに行われている。

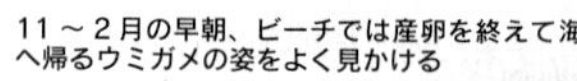
11～2月の早朝、ビーチでは産卵を終えて海へ帰るウミガメの姿をよく見かける

カプリコーンコーストのホテル

ACCOMMODATION

州外局番(07)

マッカイ

ユンゲラ国立公園ツアーも催行する MAP なし

Mackay Adventure Lodge

マッカイ・アドベンチャーロッジ

URL www.mackayadventure.com.au
住 2 Poco Place, Andergrove Lakes, 4740
FREE 1800-622-529 WiFi 無料 料 D $60、TW $120 ～ 150 ※朝食付き CC MV

町の中心から車で北へ 10 分ほどの閑静な場所にある。部屋は清潔で全室エアコン完備。

ロックハンプトン

市内で手頃な値段の MAP なし

The Criterion Hotel Motel

クリテリオン・ホテルモーテル

URL thecriterion.com.au 住 150 Quay St., 4700
☎ 4922-1225 WiFi 無料 料 ヘリテージホテル：W $95 ～ 115 ／モーテルルーム：W $140
CC ADJMV

ナショナルトラストにも指定されている 1889 年建造の建物を利用したホテル。宿泊施設は歴史的建造物内のヘリテージホテルと、併設する近代的モーテルに分かれている。

中心部の北の閑静な場所にある MAP なし

Rockhampton Backpackers YHA

ロックハンプトン・バックパッカーズ YHA

URL www.rockhamptonbackpackers.com.au
住 60 MacFarlane St., Berserker, 4701 ☎ 4927-5288 FREE 1800-617-194 WiFi 無料 料 D $28、TW $45 ～ 68 CC MV

シティからフィッツロイブリッジを渡って Queen Elizabeth Rd. を北へ徒歩 20 分（約 2.5km)。。

フィッツロイ川を望む一級ホテル MAP なし

Mercure Rockhampton

メルキュール・ロックハンプトン

URL all.accor.com 住 86 Victoria Pde., 4700
☎ 4994-5000 WiFi 無料 料 TW $189 ～ 249
CC ADJMV 日本での予約先：アコーカスタマーサービス FREE 0120-993-130

歴史的建物のカスタムハウスや旧郵便局の近くにあり、ひじょうに便利。部屋は現代的で、プールやレストランなど設備もいい。

グレートケッペル島

テントからコンドミニアムまで MAP P.147

Great Keppel Island Holiday Village

グレートケッペルアイランド・ホリデービレッジ

URL gkiholidayvillage.com.au
住 80 The Esplanade, Great Keppel Island, 4700
☎ 4939-8655 FREE 1800-537-735 WiFi なし
料 TW $120 ～ 220、グランピングテント TW $145
※季節により最低宿泊日数あり CC MV

木立の中に建つキャビンスタイルの宿泊施設

テントスタイルからロッジまで客室のバリエーションが豊富で、スタイルに合わせた滞在が可能。レストラン設備はないので（自炊設備あり)、宿泊する人は基本的に食料持参となるので注意。

グレートケッペルの自然を満喫するのに最適 MAP P.147

Great Keppel Island Hideaway

グレートケッペルアイランド・ハイダウェイ

URL greatkeppelislandhideaway.com.au
住 The Esplanade, Great Keppel Is., 4703
☎ 4939-2050 WiFi なし 料 TW $180 ～ 315、Cabin TW $335 ～ CC MV

ミドル島を目の前に望む岬にある 3 つ星リゾート。敷地内にキャビンスタイルの宿泊棟が並んでいる。バーやビストロの設備もある。

グラッドストーン

町のランドマーク MAP なし

Silkari Gladstone Central Hotel

シルカリ・グラッドストーン・セントラルホテル

URL www.silkarihotels.com.au 住 100 Goondoon St., Gladstone, 4680 ☎ 4970-0000 WiFi 無料
料 TW $139 ～ 159 CC ADJMV

町の中心にある。室内は明るく、とても快適。また併設の CBD レストラン＆バーは、炭火焼きステーキとシーフードが地元の人にも評判だ。

ヘロン島

自然派志向の人におすすめの MAP P.148

Heron Island Great Barrier Reef

ヘロンアイランド・グレートバリアリーフ

URL www.heronisland.com 住 via Gladstone, 4680
☎ 4972-9055 FREE 1800-875-343 WiFi 有料
料 TW $376 ～ 799 ※朝食付き CC ADJMV

G.B.R. のリゾートのなかでも珍しい純サンゴの島にできた豪華リゾート。ガイド付きネイチャーウオークなどをゲスト用に無料で行っている。また本格的デイスパのアクアソウルスパもある。滞在費にビュッフェスタイルの朝食が含まれている。

美しい白砂のビーチでのんびりくつろぐ

11 ～ 2 月にはウミガメの産卵も見られる

フレーザーコースト
Fraser Coast

アクセス

●バンダバーグ

ブリスベン～ケアンズ間のバスを使うのが一般的。バスターミナルは町の中心近くのターゴ・ストリート Targo St. にある。またブリスベン～ロックハンプトン～ケアンズを走るティルトトレイン利用もおすすめだ。

飛行機はカンタス航空がブリスベンとの間に直行便を運航。**バンダバーグ空港** (BDB) は町から 6km 離れているが、飛行機の到着に合わせてタクシーが客待ちをしている。

■ダフィーズ・シティバス（トランスリンク）Duffy's City Buses (Translink)

バンダバーグを中心にバーガラ、バーネットヘッズに 11 路線をもっている。各路線とも月～土のみ運行で 1 日 5 ～ 9 便。料金はゾーン制。バンダバーグとその周辺を 5 ゾーンに分けており、いくつのゾーンにまたがって乗車したかで決まる。なお同一区間往復と同運賃となる 1 日券もある。

☎13-20-30

URL www.translink.com.au

料
1 ゾーン 大人 $2.40　子供 $1.20
2 ゾーン 大人 $3.00　子供 $1.50
3 ゾーン 大人 $3.60　子供 $1.80
4 ゾーン 大人 $4.20　子供 $2.10
5 ゾーン 大人 $4.80　子供 $2.40

ガリ（フレーザー島）の人気観光スポット、マッケンジー湖

G.B.R. 最南部からサンシャインコーストの北にかけての海岸沿いは、通称フレーザーコーストと呼ばれている。その名のとおり、この一帯の中心は先住民がガリと呼ぶフレーザー島だ。オーストラリアにいくつかある「世界最大」という冠がつく自然のひとつで、世界最大の砂の島だ。南北約 124km、東西は広い所で 20km ほど、面積 18 万 4000ha で、日本でいえば大阪府をひと回り小さくしたほどの大きさをもつ。広大な砂丘と延々と続くビーチ、そしてうっそうとした亜熱帯雨林の森、コバルトブルーの水面が鮮やかな湖など、自然愛好家には見逃せない島だ。

ガリ（フレーザー島）周辺の見どころも、とにかく自然が豊か。例えば G.B.R. の南端に位置するレディエリオット島。1 周歩いてわずか 1 時間ほどの小さな島で、周囲は珊瑚礁でぎっしりと覆われている。ほかの G.B.R. のリゾートとは違い、船でのアクセスはできず、すべてのゲストは小型飛行機を利用することになる。飛行機から眺めるこの島は、あたかも絶海の孤島のようだ。そしてガリ（フレーザー島）とレディエリオット島の間、プラティパス湾は、オーストラリア随一のホエールウオッチング・ポイント。毎年 7 月後半～ 10 月にかけて、南極から北上してきたザトウクジラがこの湾で休息することで知られているのだ。クジラ以外にも 1 年を通じてイルカの群れが見られることでも知られている。

バンダバーグ
Bundaberg

フレーザーコースト北部の町バンダバーグ（人口 10 万 2000 人）は、サトウキビ産業、農業、漁業で栄えており、クイーンズランドのサラダボウル、オーストラリアのシュガータウンと呼ばれている。観光的には G.B.R. の南の玄関口でもある。

バンダバーグの町は、バーネット川 Burnett River 沿いに広がっており、町の中心部は川の南側 1km 四方ほどの狭いエリアだ。また中級以上のモーテルが並ぶのは、町の中心からメインストリートのバーボン・ストリート Bourbong St. を西へ向かった街道沿いだ。なおバンダバーグのインフォメーション（**バンダバーグ・ビジターインフォメーションセンター** Bundaberg Visitor Information Centre）は町の東側、バンダバーグ・ラム蒸留所（→ P.151）近くにある。

バーボン・ストリートに建つアンザック・モニュメント

なおバンダバーグの北約 120km の所には、1770 年にキャプテンクックが現在のクイーンズランド州内で初上陸した場所がある。**タウン・オブ・1770**Town of 1770 と名づけられた町で、最近はリゾートタウンとして注目を集めている。

グレートバリアリーフを丸 1 日で満喫できる

レディマスグレイブ島クルーズ
Lady Musgrave Is. Cruises

レディマスグレイブ島のラグーンでスノーケリング

ヘロン島とレディエリオット島の間に点在する島々をバンカー諸島 Banker Group という。その南部に位置するのがレディマスグレイブ島。島は 1 周 30 分で歩けてしまうほどの小ささだが、島を囲むラグーン内のサンゴの美しさは G.B.R. でも有数だ。レディマスグレイブ島へのクルーズは、バンダバーグ郊外のバンダバーグ・ポートマリーナ発着の**レディマスグレイブ・エクスペリエンス** Lady Musgrave Experience とタウン・オブ・1770 が発着の **1770 リーフクルーズ** 1770 Reef Cruise がある。レディマスグレイブ・エクスペリエンスのクルーズでは有料で体験＆ファンダイビングなども楽しめる。

ウミガメの産卵が見られる

モンレポーズ・コンサベーションパーク
Mon Repose Conservation Park

バンダバーグ郊外、町から約 12km のモンレポーズ・ビーチには、毎年 11 月～ 3 月上旬にかけアカウミガメが産卵にやってくる。この時期、ウミガメの産卵を見るガイドツアー（モンレポーズ・タートルエンカウンター）が行われている。チケットはオンラインで当日 15:00 まで購入可能。ただし当日だと予約がいっぱいでチケットが買えない場合が多いので、予定が決まったら早めにチケットを手に入れよう。

オーストラリア No.1 ブランドのラム酒製造工場を見学

バンダバーグ・ラム蒸留所
Bundaberg Rum Distillery

バンダバーグはサトウキビの一大生産拠点で、その砂糖を使ったお酒ラムも、バンダバーグ・ラムが No.1 といわれている。工場は町から少し離れた所にあり、ラム酒の製造工程を見学できる。そして最後にはラム酒の試飲もできるのだ。

レディエリオット島
Lady Elliot Is.

G.B.R. 最南端の島レディエリオット島。島はサンゴが堆積してできたコーラルケイで、滑走路を除いた大部分が渡り鳥の生息地。また島の周囲の珊瑚礁はまったくといっていいほど荒らされておらず、海の透明度もひじょうに高い。

■バンダバーグ・ビジターインフォメーションセンター
住 Spring Hill House, 36 Avenue St., Bundaberg, 4670
☎ (07)4153-8888
FREE 1300-722-099
URL www.bundabergregion.org
開 月～土 9:00 ～ 16:00、日祝 10:00 ～ 15:00
休 ニューイヤーズデー、グッドフライデー、アンザックデー、クリスマスデー、ボクシングデー

■レディマスグレイブ島クルーズ
●レディマスグレイブ・エクスペリエンス
☎ (07)4151-5225
URL ladymusgraveexperience.com.au
時 バンダバーグ・ポートマリーナ発着：毎日 7:15 ～ 17:15
料 大人 $255 子供 $175 家族 $730 ／体験ダイビング 1 本（全器材込み）$140、ファンダイビング 1 本（全器材込み）$70
● 1770 リーフクルーズ
☎ (07)4972-7222
URL www.1770reef.com.au
時 タウン・オブ・1770 発着：毎日 8:30 ～ 17:00
料 大人 $249 子供 $169 家族 $699

■モンレポーズ・コンサベーションパーク
住 141 Mon Repos Rd., Bundaberg, 4670
☎ 13-74-68
URL parks.des.qld.gov.au/parks/mon-repos
料 ウミガメ産卵見学：大人 $29.30 子供 $15.10 家族 $70.65

一度は見てみたいウミガメの産卵

■バンダバーグ・ラム蒸留所
住 Bundaberg Rum Distilling Company, Hills St., 4670
☎ (07)4348-3443
URL www.bundabergrum.com.au
時 蒸留所ツアー：月～金 10:00 ～ 15:00、土日祝 10:00 ～ 14:00 の 1 時間ごと
料 蒸留所ツアー：大人 $30 子供 $15 家族 $75

アクセス

●レディエリオット島

ハービーベイ、バンダバーグからシーエアパシフィック Seair Pacific が毎日3便ずつ**レディエリオット空港**(LYT)へフライトをもっている。ハービーベイから45分、バンダバーグから30分のフライトだ。料金は往復 大人$545 子供$399。このほか同社ではゴールドコーストから毎日日帰りツアーを催行している。料金は 大人$990 子供$699。

●シーエアパシフィック(レディエリオットアイランド・エコリゾート)

☎(07)5536-3644

FREE 1800-072-200

URL ladyelliot.com.au

高確率でマンタと出合えるレディエリオット島だ(Photo by Takato Okohira)

空から眺めると絶海の孤島といった感じだ

G.B.R.のアイランドリゾートのなかでも、際立ってナチュラルな雰囲気の島といえ、ここでのポピュラーなアクティビティはスクーバダイビングとスノーケリングとなる。ダイビングポイントは20以上。島のモチーフがマンタ(オオイトマキエイ)となっているほどで、島のほとんどのポイントで1年中マンタが見られる。さらにウミガメもほとんどのポイントに顔を出す。もちろん多様なサンゴも美しく、愛らしいチョウチョウウオやクマノミなども数多い。スノーケリングも島の周りなら、どこででも可能。スノーケリングでもマンタやウミガメに合えるほどだ。このほか、グラスボトムボートやリーフウオーキングなどのツアーもある。また11〜2月の夜には、島のあちらこちらにウミガメが産卵に上がってくる。

ハービーベイ
Hervey Bay

ハービーベイには海水浴に適したビーチが多い

ガリ(フレーザー島)対岸の人口約6万人の町がハービーベイ。ハービーベイと総称される一帯は、湾(ハービーベイ)に面して東西に長く、西から**ピアルバ** Pialba、**スカーネス** Scarness、**トーキー** Torquay、**ユーランガン** Urangan という町になっている。宿泊施設やレストランなどが多く便利なスカーネス、トーキーが中心地だ。このあたりは波も穏やかで、海水浴スポットとしてもいい。

この町を訪れるほとんどの人が、ガリ(フレーザー島)へ向かう。この町発着で、日帰りから2、3泊、高級リゾートのキングフィッシャーベイに宿泊するものからキャンプするものまで、ツアーはよりどりみどりだ。

ハービーベイの町の入口にあるインフォメーションセンターや泊まる宿のレセプションで相談して、自分に合ったツアーを選ぶといい。また、毎年8〜10月はホエールウオッチング・クルーズの発着港として大にぎわいとなる。ハービーベイの沖合**プラティパス湾** Platypus Bay は冬でも水温が25℃と温かく、湾内の深さも200mほど、大陸棚も3〜5kmの幅をもつ、ザトウクジラにとっては最高の休息地。南半球の夏の間、南氷洋で餌を食べ、冬のこの時期、子を産み育てるために、このあたりにやってくるといわれているのだ。

アクセス

●ハービーベイ

カンタス航空がブリスベンから、ジェットスターがシドニーから**ハービーベイ空港**(HVB)へフライトをもっている。陸路はブリスベン〜ロックハンプトンを結ぶ高速列車ティルトトレインのメアリーバラウエスト駅から、列車に接続するバスが出ている。またグレイハウンド・オーストラリアのブリスベン〜ケアンズ間のバスのほとんどが停車する。いずれの場合も発着場所はピアルバの町外れにあるストックランド・ショッピングセンター Stockland Shopping Centre だ。ほとんどのバックパッカーズでは、バスの発着に合わせて無料送迎をしている。

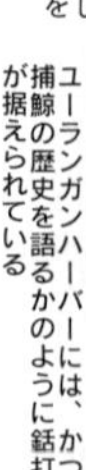

ユーランガンハーバーには、かつて捕鯨の歴史を語るかのように銛打ち機が据えられている

海洋哺乳類の一大生息地で

ホエール&ドルフィン・ウオッチング
Whale & Dolphin Watching

豪快なブリーチングが見られることもある

ハービーベイでは7月中旬～10月にホエールウオッチングが、通年でドルフィンウオッチングが楽しめる。

人気はやはりホエールウオッチング。10隻以上のクルーズ船が期間中毎日ツアーを催行。ザトウクジラは、ブロウ（潮吹き）、テイルスラップ（尾ビレで海面をたたく）、スパイホップ（海面上に顔を突き出す）、そしてブリーチ（海の上に跳び上がる）などさまざまなパフォーマンスをする。ただし環境保護の立場から、船のほうからクジラの100m以内に近づくことは禁止されており、1頭のクジラの周り300m以内に4隻以上のクルーズ船が入ってもいけない。またクジラを追いかけて船を動かしてもいけないことになっている。

またドルフィンウオッチングでは、運がよければ3種類のイルカ（マイルカ Common Dolphin、バンドウイルカ Bottlenose Dolphin、シナウスイロイルカ Indo Pacific Humpback Dolphin）が見られる。イルカは好奇心旺盛で、船の近くまでやってくることが多い。ホエールウオッチング期間中は、クジラを探す途中でイルカが現れるのを待つという感じで、本格的なドルフィンウオッチング・クルーズはホエールウオッチング時期以外となる。

ガリ（フレーザー島）
K'gari (Fraser Is.)

世界最大の砂の島ガリ（フレーザー島）。ガリとは先住民の言葉で「楽園」を意味し、その起源は今から14万年以上も昔に遡る。その頃オーストラリア大陸東海岸を襲った豪雨が、大分水嶺（グレートディバイディングレンジ）の砂を削り取り、沿岸部へと押し流した。その後は貿易風や海流の影響で少しずつ流され、現在のガリのある場所に堆積していったといわれている。今でこそ島の表面には緑鮮やかな亜熱帯雨林が見えるが、土台は完全な砂でできている。長く延びたビーチや、島の随所に見られる砂丘からその様子をうかがい知ることができるだろう。一方、森の中は野生動物のパラダイス。森へちょっと足を踏み入れるだけで、ディンゴやポッサム、ワラビー、240種を超える野鳥などに出合う可能性が高い。その貴重な自然ゆえ、世界自然遺産に登録されている。

島内観光はツアー利用がおすすめだ。宿泊施設のある**ユーロン** Eurong、**キングフィッシャーベイ** King-fisher Bay から、専門エコガイドによる4WDツアーやウオーキングツアーが出ている。

■ハービーベイ・ビジターインフォメーションセンター Hervey Bay Visitor Information Centre
住 227 Maryborough - Hervey Bay Rd., Hervey Bay, 4655
FREE 1800-811-728
URL www.visitfrasercoast.com
W 毎日 9:00 ～ 17:00
休 グッドフライデー、クリスマスデー

■おもなホエール&ドルフィンウオッチング・クルーズ会社

●スピリット・オブ・ハービーベイ Spirit of Hervey Bay
FREE 1800-642-544
URL www.spiritofherveybay.com
時 半日ホエールウオッチング：シーズン中の毎日 8:30 ～ 13:00、13:30 ～ 17:30
料 半日ホエールウオッチング：午前 大人$140 子供$70 家族$380 ／午後 大人$130 子供$70 家族$360

●ホエールソング・クルーズ Whalesong Cruises
☎ (07)4125-6222
URL whalesong.com.au
時 半日ホエールウオッチング：期間中毎日 8:00 ～ 13:00
料 半日ホエールウオッチング：午前 大人$145 子供$85 家族$430

●ブルードルフィン・マリンツアー Blue Dolphin Marine Tours
☎ (07)4124-9600
URL www.bluedolphintours.com.au
時 ホエールウオッチング：期間中毎日 6:30 ～ 16:00 ／ドルフィンウオッチング：11 ～ 7月の毎日 8:15 ～ 12:30
料 ホエールウオッチング：大人$185 子供$150 家族$590 ／ドルフィンウオッチング：大人$100 子供$65 家族$300

ガリの遊覧飛行。滑走路は75マイルビーチ

アクセス

●ガリ（フレーザー島）

島内に公共交通機関がないのでツアー利用が一般的。または、キングフィッシャーベイ Kingfisher Bay 往復フェリーを利用し、そこからツアーに参加する方法もある。ハービーベイ発着ツアーは種類が多く日帰り $200 ～、1 泊 2 日ツアー $500 ～、2 泊 3 日ツアーは $600 ～。なお、4WD セルフドライブの場合は、リバーヘッズ、インスキップポイントからカーフェリーが利用可能（4WD 往復 $130 ～）。ただし、クイーンズランド環境保護局のウェブサイトで許可申請・承認を得なくてはならない。

■クイーンズランド環境保護局
Environmental Protection Agency QLD
URL parks.des.qld.gov.au
時 1 ヵ月以内車 1 台 $57.80

■エアーフレーザーアイランド
☎ 1300-172-706
URL airfraserisland.com.au
料 1 人 $100（15 分）

ガリ(フレーザー島) K'gari(Fraser Is.) 0 20km

Sandy Cape
N
Lake Marong
Lake Wanhar
難破船マールー号
プラティパス湾 Platypus Bay
グレートサンディ国立公園 Great Sandy NP
Bimjella Hill (174m)
Bowarrady (244m)
75マイルビーチ P.154
カテドラル P.154 The Cathedrals
Moon Point
ハービーベイ Hervey Bay
P.154 エリクリーク Eli Creek
難破船マヘノ号 The Wreck of the Maheno P.154
Lake Garawongera
Happy Valley
キングフィッシャーベイ・リゾート&ビレッジ P.156 Kingfisher Bay Resort & Village
リバーヘッズ River Heads
ワビー湖 Lake Wabby P.155
マッケンジー湖 P.155 Lake McKenzie
Boomanjin Hill (211m)
Eurong
ガリビーチ・リゾート P.156 K'gari Beach Resort
ブーマンジン湖 P.155 Lake Boomanjin
セントラルステーション Central Station P.155
Yankee Jack Lake
Figtree Lake
Poona
Hook Point
Inskip Point

島内巡りはまずここから MAP P.154

75 マイルビーチ
75 Miles Beach

かつて爆撃機の練習用標的に使われたマヘノ号

俯瞰するとガリの壮大さがよくわかる

島の東側には、外洋に面して延々と続く美しいビーチが広がっている。そのなかでも南部に 100km 以上にわたって続く 75 マイルビーチの波打ち際を 4WD の車で駆け抜けるのは、ガリ（フレーザー島）観光のハイライトのひとつだ。島には舗装された道路はなく、最もいい「道」はこの浜辺だ。

なおこのビーチ沿いには、森から海へと流れる清流**エリクリーク** Eli Creek（浅いので子供でも安心して泳げる）、ティワーサンドという粘土質のさまざまな色の砂が固まった奇岩**カテドラル** The Cathedrals、浜辺に打ち上げられた**難破船マヘノ号** The Wreck of the Maheno などの見どころも点在している。

また 75 マイルビーチを滑走路として利用するシーニックフライトを、**エアーフレーザーアイランド** Air Fraser Island が催行している。ユーロン Eurong もしくはハッピーバレー Happy Valley が発着場所で約 10 分間のフライトが楽しめる。延々と続くビーチ、うっそうとした亜熱帯雨林、美しい湖など、空の上から眺めると、そのスケールの大きさ、美しさがさらによくわかる。ほとんどの島内ツアーでは、オプションでこのフライトを組み込むことができる。

泳ぐのに最適なエリクリーク。澄んだ水の小川が続いている

カテドラルでは堆積層による砂の色の違いを見てみよう

シリカサンドと澄んだ湧き水が造る湖を訪ねる MAP P.154

マッケンジー湖と周囲の湖
Lake McKenzie & other lakes

ガリ人気ナンバーワンの湖、マッケンジー湖

ガリ（フレーザー島）内にはいくつもの湖がある。代表的なものは南部では**マッケンジー湖**、**ブーマンジン湖** Lake Boomanjin、**ビラビーン湖** Lake Birrabeen、中部では**ガラウォンゲラ湖** Lake Garawongera、**ワビー湖** Lake Wabby といったところだ。いずれの湖も純白のシリカサンドのビーチをもち、湖の青色も絵のようなグラデーションを見せる。特に美しいとされるのがマッケンジー湖だ。日中この浜辺を訪れると、まず白と青のコントラストに感嘆する。さらに泳ぐと、その水の透明度の高さに驚くはずだ。

亜熱帯雨林の散策 MAP P.154

ウオーキングトレイル
Walking Trail

島内にはいくつものウオーキングトレイルが造られており、歩きながら亜熱帯雨林の森を見て回ることができる。特にマッケンジー湖の近くにある**セントラルステーション** Central Station を中心としたトレイルは、カウリの大木や、ほかの木の幹に根を張るスタグホーンプラントなどを見て回るのに最適だ。

■ガリ（フレーザー島）上陸者への注意事項
- 野生動物に餌を与えない
- ペットを持ち込まない
- 指定されたエリア以外での宿泊はしない
- 島の中を流れる水路は決して汚さない

■キングフィッシャーベイ発エコツアー（ビューティスポットツアー）
1日で75マイルビーチの主要な見どころとセントラルステーション、マッケンジー湖を巡る。
☎(07)4120-3333
FREE 1800-372-737
URL www.kingfisherbay.com
時 毎日 9:00 ～ 17:00
料 大人$273 子供$169
※9～10月、12～1月のスクールホリデー時期はピーク料金となり 大人$299 子供$199

セントラルステーションで美しい森を見て歩く

フレーザーコーストのホテル
ACCOMMODATION 州外局番(07)

バンダバーグ中心部

バーネット川の北側にある MAP なし
North Bundaberg Backpackers
ノースバンダバーグ・バックパッカーズ

URL northbundybackpackers.com.au
住 12 Queen St., Bundaberg North, 4670
☎ 042-779-5276 WiFi 無料 料 D $35～
CC MV

ピッキング目当てのワーキングホリデーメーカーが多い（仕事斡旋あり）。ほとんどの部屋にシャワー、トイレが付いており、プールも完備。市中心部から歩くと10分ほど。

中心部近くのバックパッカーズなら MAP なし
Bunk Inn Hostel
バンクイン・ホステル

URL www.bunkinnhostel.com.au
住 25 Barolin St., Bundaberg, 4670
☎ 0422-183-107 WiFi 無料 料 D $38～42
CC MV

建物も新しく、無料の貸自転車やゲームルームなど設備もいい。

バンダバーグの人気一級ホテル MAP なし
Bundaberg International Motor Inn
バンダバーグ・インターナショナル・モーターイン

URL bundaberginternational.com.au 住 73 Takalvan St., Bundaberg, 4670 ☎ 4151-2365
WiFi 無料 料 T W $159～240 CC AMV

空港、町の中心とも車で5分という場所にある。プール（冬季は温水）やコインランドリー、レストラン＆バーの設備もある。

モーテルスタイルのゆったりとした客室

バンダバーグ近郊

ゴルフ場の目の前にある MAP なし
Bargara Blue Resort
バーガラブルーリゾート

URL www.bargarablue.com.au
住 4 Baxter St., Bargara, 4670 ☎ 4159-1691
WiFi 無料 料 1B $265～299、2B $295～325、3B $335～345 ※ピーク時は2泊以上
CC AMV

隣接してバーガラ・ゴルフコースもあるので、ゴルフ好きの人にもおすすめ。リゾート内にはプール（冬季は温水）、スパ、サウナ、ジムなどの設備もある。

人気のバーガラビーチがすぐそば MAP なし
Kellys Beach Resort
ケリーズビーチリゾート

URL www.kellysbeachresort.com.au
住 6 Trevors Rd., Bargara Beach, 4670
☎ 4154-7200 FREE 1800-246-141 WiFi 無料
料 2B $188～206 CC MV

バーガラにあるヴィラスタイルのコンドミニアムリゾート。敷地内には亜熱帯の植物が数多く植えられ、その中にプール、スパ、サウナ、テニスコートなどを完備。

レディエリオット島

ナチュラルな雰囲気のアイランドリゾート MAP なし
Lady Elliot Island Eco Resort
レディエリオットアイランド・エコリゾート

URL ladyelliot.com.au
住 Southern Great Barrier Reef (P.O.Box 348, Runaway Bay, 4216)
ゴールドコースト・ヘッドオフィス ☎ 5536-3644
FREE 1800-072-200 WiFi なし 料 S $368～562、W $536～862／グランピングテント S $784～、W $936／2B $1028 ※朝・夕食付き CC ADJMV

海に面して建つリーフルーム

シャワー・トイレ共同で、大型テントスタイルのエコキャビンやグランピングテントから、2段ベッドとダブルベッドが入ったリーフルーム、ハネムーナーに人気のアイランドスイートまで滞在スタイルに合わせた部屋がある。

ハービーベイ

広い敷地にキャビンが点在 MAP なし
Harvey Bay YHA
ハービーベイ YHA

URL www.yha.com.au 住 820 Boat Harbour Drv., Hervey Bay, 4655 ☎ 4125-1844
FREE 1800-818-280 WiFi 無料 料 T W $69～99
※ YHA 会員以外は追加料金必要 CC MV

ホエールウオッチング・クルーズが出る港やビーチまで一本道で5～6分。広々とした敷地に建つ宿泊棟はとても清潔。プール、カフェレストラン、インターネット、貸自転車など設備も充実している。

快適と評判の YHA

ハービーベイの人気ホステル MAP なし
Mango Tourist Hostel
マンゴーツーリストホステル

住 110 Torquay Rd., Hervey Bay, 4655
☎ 4124-2832 WiFi 無料
料 D $24～36、T W $61～64 CC MV

クイーンズランダー様式の古い建物を改装した、トロピカルムードいっぱいのバックパッカーズ。

ファーム滞在気分の MAP なし
Woolshed Eco Lodge
ウールシェッド・エコロッジ

URL woolshedecolodge.com.au
住 181 Torquay Rd., Hervey Bay, 4655
☎ 4124-0677 WiFi 無料 料 D $45、T W $100～135 CC MV

バックパッカーズの建物が羊牧場の小屋をイメージした独特の雰囲気。ホステル内に、牧場で使われていたさまざまな道具が飾られているのもおもしろい。

ガリ（フレーザー島）

世界の注目を集めるエコリゾート MAP P.154
Kingfisher Bay Resort & Village
キングフィッシャーベイ・リゾート&ビレッジ

URL www.kingfisherbay.com
住 PMB1, Urangan, 4655
☎ 4120-3333 FREE 1800-372-737
WiFi 有料 料 ホテルルーム：T W $319～576／ヴィラ：1B $409～、2B $479～、3B $519～（ヴィラは最低2泊より） CC ADJMV

1年中泳げる温水プールもある

建物自体、自然に溶け込むよう配慮されたエコリゾート。リゾート発で島内4WDツアーが出るほか、早朝に専門ガイド付きで行われるバードウオッチング・ツアーに参加できる。8月中旬～10月上旬にかけては、リゾート発のホエールウオッチング・クルーズも催行（大人$150 子供$95）。毎日数便ハービーベイからフェリーサービスあり。

75 マイルビーチに面した MAP P.154
K'gari Beach Resort
ガリビーチ・リゾート

URL www.eurong.com.au
住 P.O.Box 7332, Hervey Bay, 4655
☎ 4120-1600 FREE 1800-678-623（予約）
WiFi 有料 料 T W $247～359、2B $347～469
※朝食付き ※季節により2泊以上 CC MV

島の東側にある大型リゾート。プールやレストランなどの設備も充実。またリゾート発着での島内 4WD ツアーも催行している。

日本からフレーザーコーストへの電話のかけ方
国際電話会社の番号＋010＋61（国番号）＋7（0を取った州外局番）＋電話番号

サンシャインコースト
Sunshine Coast

ヌーサヘッズのメインビーチ

太陽の光が輝く海岸、サンシャインコースト。ブリスベンの北約 110km のブレイビー島 Bribie Is. から始まり、およそ 150km 先のティンカンベイ Tin Can Bay にいたる美しい海岸地帯。海沿いまで続く緑濃い森を内陸にたどると、そこは大分水嶺の一角ヒンターランド。飛びきりの海と森を抱えるリゾート地だが、ゴールドコーストほどの華やかさはなく、そのぶん、落ち着いた雰囲気でビーチライフ、ネイチャーライフが送れる。

サンシャインコーストで起点となるのは、海沿いでは南からカランドラ、マルーチー（観光の中心ムールーラバと行政の中心マルーチドールを含む一帯）、ヌーサ、内陸部ではナンブア、ヤンディーナ、ユームンディ、モンビル（ブラックオールレンジ）といったところだ。海沿いの町にはリゾート風のコンドミニアムが多く、海はサーフィンに適している。内陸部には亜熱帯雨林が残り、壮大な自然景観を見せるグラスハウスマウンテンズなどの見どころもある。

カランドラとマルーチー
Caloundra & Maroochy

キングビーチは家族連れに人気

サンシャインコースト南岸の観光の中心は**カランドラ**と**マルーチー**だ。このふたつの町の間は車で 15 分ほどで、美しいビーチが続いている。

カランドラはオーストラリア先住民の言葉で「すばらしい所」という意味をもつ、人口約 5 万人の町。中心のブルコック・ストリート Bulcock St. 沿いにショップ、カフェ、レストランが並んでおり、日中はなかなかのにぎわいを見せる。いくつかサーフビーチがあり、特に人気なのがキングビーチ King Beach とゴールデンビーチ Golden Beach。ビーチ周辺にはコンドミニアムなど宿泊施設も多い。

アクセス

●**サンシャインコースト**

■**空路**

サンシャインコースト空港 (MCY) へはカンタス航空、ジェットスター、ヴァージン・オーストラリアがシドニー、メルボルンから直行便を運航。またサンシャインコースト空港は新興 LCC ボンザの拠点空港で、タウンズビルやゴールドコースト、メルボルンなどへの直行便もある。空港はマルクーラにある。サンシャインコースト内ヌーサへは**コニクション** Con-X-ion が利用できる（約 30 分）。ヌーサ以外へはタクシーやライドシェア利用となる（ムールーラバまで $35 〜 60）

またブリスベン国際空港からも 1 日 8 〜 9 便、コニクションのシャトルサービスがある。マルーチーまで所要約 1 時間 30 分、ヌーサまで約 2 時間。

●**コニクション**

☎1300-266-946

URL www.con-x-ion.com

料 サンシャインコースト空港：ヌーサ片道 大人$39 子供$21 家族$100／ブリスベン空港：カランドラ＆マルーチー片道 大人$83 子供$27 家族$175、ヌーサ片道 大人$65 子供$31 家族$151

■**陸路**

グレイハウンド・オーストラリアがブリスベンからサンシャインコーストの主要な町へバスを走らせている。

サンシャインコーストの市内交通

トランスリンクバスがサンシャインコースト内にバス路線をもっている。ブリスベン近郊路線扱いで、5 〜 7 ゾーンが適用されている。もちろんゴーカードも使える（→ P.167）。

●**トランスリンクバス**

☎13-12-30

URL translink.com.au

シーライフ・サンシャインコーストのアシカショー

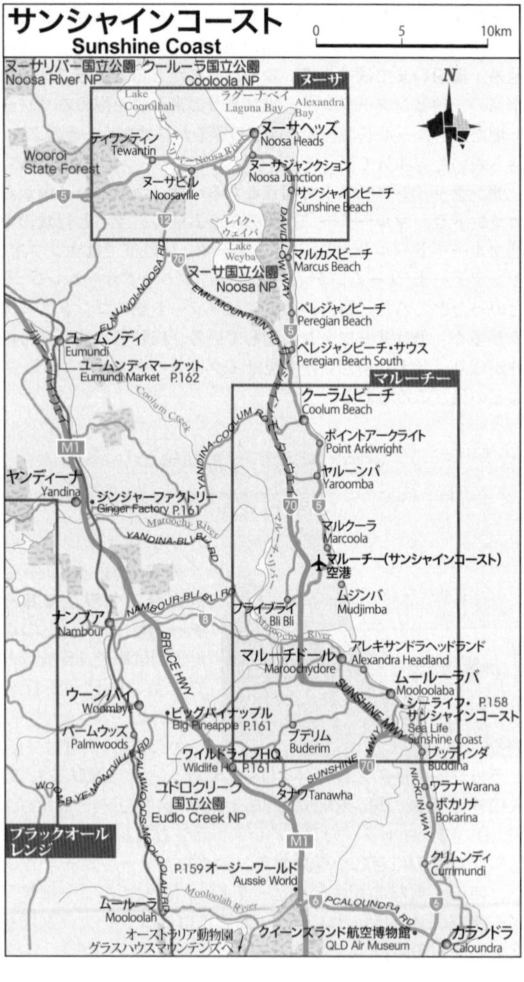

カランドラの北に広がる**マルーチー**（人口約15万人）は、**マルーチドール** Maroochydore を中心に、南の**ムールーラバ** Mooloolaba、**アレキサンドラヘッドランド** Alexandra Headland、北は**マルクーラ** Marcoola、**クーラム** Coolum と美しいビーチが連なる一帯の総称。特にビーチ沿いにコンドミニアムが建ち、ショップやレストランも数多いムールーラバはサンシャインコースト南部随一の観光エリア。ビーチライフを満喫したり、おしゃれなレストランでシーフードを味わったり、冬季にはホエールスイムやホエールウオッチングを楽しんだり……。ヨットハーバーのザ・ワーフにあるクイーンズランド州有数の水族館**シーライフ・サンシャインコースト** Sea Life Sunshine Coast もぜひ訪れたい。大水槽内を通るアクリルトンネルから、珊瑚礁、洞窟、サメの

■サンシャインコーストのタクシー
● Suncoast Cabs：
☎13-10-08
URL suncoastcabs.com.au

■サンシャインコーストの観光情報
☎1300-847-481
URL www.visitsunshinecoast.com

■マルーチーとは？
オーストラリア先住民の言葉で「赤いくちばしをもった黒鳥」（ブラックスワン）を意味する。

■シーライフ・サンシャインコースト MAP P.158
住 Parkyn Pde., Mooloolaba, 4557
☎(07)5458-6226
URL www.visitsealife.com/sunshine-coast
開 毎日 9:00 ～ 15:00
※クイーンズランド州のスクールホリデー時期は毎日9:00 ～ 17:00
休 火水、クリスマスデー
料 大人 $48 子供 $33
※ウェブ予約割引あり

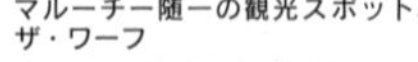

マルーチー随一の観光スポット、ザ・ワーフ

サンシャインコースト
Sunshine Coast

観光客が多いムールーラバビーチ

海と3つの海の世界を見ていく。1日5回のアシカショーなども楽しみたい。

マルーチドールにはタウンシップがあり、この地域最大のショッピングセンター、**サンシャインプラザ** Sunshine Plaza もある。またクーラムには総合高級リゾートのクーラム・ゴルフ&スパなど一級~高級ホテル、コンドミニアムが多い。

家族連れならカランドラ、ムールーラバから内陸へ車で15分ほど、高速道路M1沿いの場所にある**オージーワールド** Aussie World も訪ねてみよう。観覧車や各種カート、ちょっとしたスリルライドなどの乗り物があるファンパークだ。

マルーチドールにある大型ショッピングセンターのサンシャインプラザ

■オージーワールド MAP P.158
住 73 Frizzo Rd., Palmview, 4553
☎ (07)5494-5444
URL www.aussieworld.com.au
営 水~日 10:00 ~ 16:00 (スクールホリデー期間は毎日 10:00 ~ 16:00)
※乗り物スタート 10:00
休 クリスマスデー
料 1人 $46 家族 $166

ヌーサ
Noosa

ヌーサヘッズのメインビーチは大勢の人でにぎわっている

サンシャインコーストのツーリストシーンをリードするのがヌーサ。人口は約5万7000人で、木の高さ以上の建物を建ててはいけないという条令があり、町の景観は自然美にあふれている。高級ホテルやコンドミニアム、モーテル、バックパッカーズなどの宿泊施設が豊富で、美味なレストランやショッピングセンターもある。

ヌーサの町は、**ヌーサヘッズ** Noosa Heads、**ヌーサジャンクション** Noosa Junction、**ヌーサビル** Noosaville、**ティワンティン** Tewantin の4つのエリアに分かれている。ヌーサヘッズが中心で、波の穏やかな**メインビーチ** Main Beach に面した小粋なリゾートタウンだ。

■ヌーサ・ビジターインフォメーションセンター
MAP P.160/1B
Noosa Visitor Information Centre
住 61 Hastings St., Noosa Heads, 4567 ☎ (07)5430-5000 ☎ 1300-066-672
URL www.visitnoosa.com.au
W 毎日 9:00 ~ 17:00

COLUMN

注目のホエールスイムを体験しよう

ムールーラバのザ・ワーフにあるサンリーフ・ムールーラバでは、7月上旬から10月中旬に、沖合を通過するザトウクジラと泳ぐホエールスイム・ツアーを催行している。クジラの周り100m以内に船が近づくことはできないため、ツアー中はスノーケルをつけてけっこう泳がなければいけないが、世界的にもザトウクジラと泳げる場所は少なく、ぜひ体験したいアクティビティだ。

●サンリーフ・ムールーラバ Sunreef Mooloolaba
住 Shop 11&12, The Wharf Mooloolaba, 123 Parkyn Pde., Mooloolaba, QLD 4557
☎ (07)5444-5656 URL www.sunreef.com.au
時 2024年6月22日~10月13日(予定)/毎日7:00 ~ 10:00、11:30 ~ 14:30(各回15人限定) 料 1人 $249

メインビーチで人気のシェイブアイス屋さん

ヌーサヘッズにはインフォメーションセンターもある**ヘイスティングス・ストリート** Hastings St. 沿いにブティックやレストラン、カフェ、高級リゾートホテルなどが建ち並んでいる。

ヘイスティングス・ストリートにはおしゃれなカフェやレストランがいっぱい

町の東側は**ヌーサ国立公園** Noosa NP で、ユーカリの森を巡るウオーキングトレイルが設けられている。野生のコアラも生息しているので、歩いてみたい。また国立公園の一角には車でも上れる**ラグーナ展望台** Laguna Lookout がある。ここからはヌーサの町、グレートサンディ国立公園クールーラ・セクション Great Sandy NP Cooloola Section などが一望できる。このほかヌーサヘッズの南にある**サンシャインビーチ** Sunshine Beach は、サーフィンのポイントとして有名だ。

ヌーサビルから出ている**エバーグレイズ・エコサファリ** Everglades Eco Safaris が催行する

ラグーナ展望台からの眺め

■エバーグレイズ・エコサファリ
☎(07)5485-3348
URL evergladesecosafaris.com.au
●エバーグレイズ・エクスプローラー
時 毎日 8:45 ～ 15:00
料 大人 $139 子供 $99 家族 $439
※同社では3時間でクールーラ湿地帯をクルーズするセレニティクルーズ Serenity Cruise も催行している（月～木土 14:00 ～ 17:00 ／ 大人 $84 子供 $69 家族 $275）。

ヌーサヘッズ中心部
Noosa Heads (Central Area)

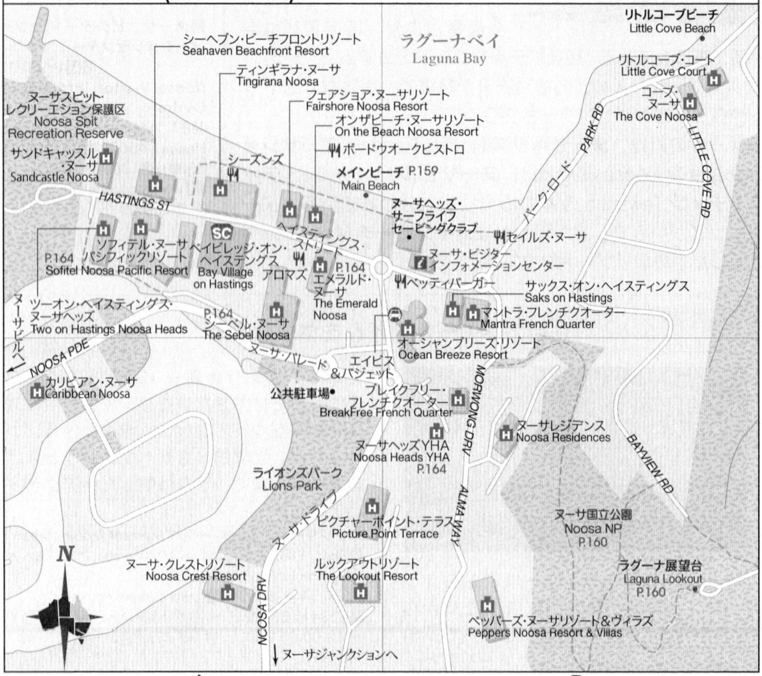

0 200m

リトルコーブビーチ Little Cove Beach
ラグーナベイ Laguna Bay
シーヘブン・ビーチフロントリゾート Seahaven Beachfront Resort
ティンギラナ・ヌーサ Tingirana Noosa
フェアショア・ヌーサリゾート Fairshore Noosa Resort
オンザビーチ・ヌーサリゾート On the Beach Noosa Resort
ボードウオークビストロ
リトルコーブ・コート Little Cove Court
コーブ・ヌーサ The Cove Noosa
ヌーサスピット・レクリーエション保護区 Noosa Spit Recreation Reserve
サンドキャッスル・ヌーサ Sandcastle Noosa
シーズンズ
メインビーチ P.159 Main Beach
HASTINGS ST
PARK RD パーク・ロード
LITTLE COVE RD
ヌーサヘッズ・サーフライフセービングクラブ
ヘイスティングス・ストリート
セイルズ・ヌーサ
ヌーサ・ビジター・インフォメーションセンター
ソフィテル・ヌーサ パシフィックリゾート P.164 Sofitel Noosa Pacific Resort
ベイビレッジ・オン・ヘイスティングス Bay Village on Hastings
アロマズ
エメラルド・ヌーサ P.164 The Emerald Noosa
ベッティバーガー
サックス・オン・ヘイスティングス Saks on Hastings
マントラ・フレンチクオーター Mantra French Quarter
ツーオン・ヘイスティングス・ヌーサヘッズ Two on Hastings Noosa Heads
シーベル・ヌーサ P.164 The Sebel Noosa
オーシャンブリーズ・リゾート Ocean Breeze Resort
ヌーサビルへ
NOOSA PDE ヌーサ・パレード
エイビス＆バジェット
カリビアン・ヌーサ Caribbean Noosa
公共駐車場
ブレイクフリー・フレンチクオーター BreakFree French Quarter
MORWONG DRV
ヌーサレジデンス Noosa Residences
BAYVIEW RD
ヌーサヘッズYHA Noosa Heads YHA P.164
ライオンズパーク Lions Park
ALMA WAY
ヌーサ国立公園 Noosa NP P.160
ヌーサ・ドライブ
ピクチャーポイント・テラス Picture Point Terrace
ヌーサ・クレストリゾート Noosa Crest Resort
ルックアウトリゾート The Lookout Resort
ラグーナ展望台 Laguna Lookout P.160
NOOSA DRV
ペッパーズ・ヌーサリゾート＆ヴィラズ Peppers Noosa Resort & Villas
ヌーサジャンクションへ
N
1 2 A B

ビーチでの乗馬はまた格別

エバーグレイズ・エクスプローラー Everglades Explorer も自然好きならぜひ参加したい。カヌーでヌーサ川を遡り**クールーラ湿地帯** Cooloola Everglades（グレートサンディ国立公園クールーラ・セクション）を目指す。川の両側を埋めるマングローブ林、オーストラリアの鳥の種類の44%が生息する湿原や森……美しく穏やかな自然が広がる。途中の上陸地ではオージースタイルのBBQを食べ、亜熱帯雨林散策も行う。

またティワンティンでは珍しい**ビーチ乗馬体験**（ホースライディング・ティーワービーチ Horse Riding Teewah Beach）もできる。

ナンブアとその周辺
Nambour & around

名物ビッグパイナップル

先住民の言葉で「赤い花をつける茶の木」という意味をもつナンブアは、人口１万人余りを抱える商業都市だ。ブリスベンからのシティトレインの駅があることから、内陸部と海岸部のジャンクションにもなっている。

ナンブアの南ウーンバイ Woombye には、サンシャインコーストのアイコン的存在の観光農園**ビッグパイナップル** Big Pineapple Sunshine Plantation がある。巨大なパイナップルの張りぼて内には、パイナップルを作る過程がパネル展示されている。上からはサンシャインプランテーションが一望できるので、ぜひ上ってみよう。農園の一角には動物園**ワイルドライフ HQ** Wildlife HQ があり、コアラやウォンバット、カンガルーなどを見ることができる。飼育係による動物の説明のあと、コアラやディンゴなど一部の動物と一緒に記念撮影できるアニマル・エンカウンタープログラムも用意されている（有料）。また土曜にはマーケットが開かれ、家族連れに人気だ。

ヤンディーナ&ユームンディ
Yandina & Eumundi

ブルース・ハイウェイ沿いにある町で、ブリスベンからのシティトレインが通っている。クーラム方面への分岐点がヤンディーナで、1870年代に入植が始まった一帯でも古い町だ。人気の見どころは、**ジンジャーファクトリー** Ginger Factory。生姜を使った製品を製造・販売しているところだが、自動車博物館、園内を回るサトウキビ列車のヒストリカル・ケーントレインなどアトラクションもある。

■**ビーチ乗馬体験（ホースライディング・ティーワービーチ）**
催行：Equathon Horse Riding Adventures
住 Beach Rd., Noosa North Shore, 4565
☎ 0455-305-084（要予約）
URL equathon.com
時 木～火 9:30、11:30、13:00スタート（所要約２時間）
料 2人 $460、3人 $690、4人 $920

■**ビッグパイナップル**
MAP P.158
住 76 Nambour Connection Rd., Woombye, 4559
URL www.bigpineapple.com.au
開 毎日 9:00～16:00
料 無料／ヘリテージトレイン乗車１人 $5（2024年２月現在改修のため運休）
●**ツリーチャレンジ**
ツリートップウオークやジップラインのアスレチックアクティビティ
☎ 1300-881-446
URL www.treetopchallenge.com.au/sunshine-coast-high-ropes-parke
料 大人 $65 子供 $55 家族 $220
※ジュニア向けコースがあり５～９歳 $40、３～５歳 $35
●**ワイルドライフ HQ**
☎ 0428-660-671
URL whqzoo.com
開 毎日 9:00～16:00
料 大人 $42 子供 $28 家族 $119／アニマル・エンカウンタープログラム１人 $50～100（動物によって料金が異なる）
※コアラの抱っこはできない
休 クリスマスデー

ワイルドライフＨＱは家族連れに人気の施設だ

■**ジンジャーファクトリー**
MAP P.158
住 50 Pioneer Rd., Yandina, 4561
FREE 1800-067-686
URL www.gingerfactory.com.au
営 毎日 9:00～17:00
休 クリスマスデー
料 入園は無料だが、一部アトラクションは有料となっている。すべて体験できるプレイ・テイスト&ディスカバー・バンドルは 大人 $52 子供 $43 家族 $198

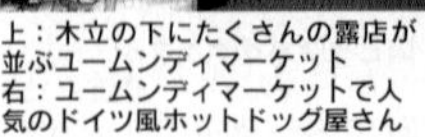
上：木立の下にたくさんの露店が並ぶユームンディマーケット
右：ユームンディマーケットで人気のドイツ風ホットドッグ屋さん

一方ユームンディは、「木の下のマーケット」と呼ばれるフリーマーケット、**ユームンディマーケット** Eumundi Market が開かれる町だ。

トンネルのように茂った木立の中に、工芸品や衣料品など 500 余りのストールが立つ。カフェや軽食の露店も数多くあり、1 日のんびり買い物を楽しむ人が多い。曜日が合うならぜひ出かけてみたい。

■ユームンディマーケット
MAP P.158
住 80 Memorial Drv., Eumundi, 4562 ☎ 0427-993-703
URL eumundimarkets.com.au
営 水 8:00 ～ 14:00、土 7:00 ～ 14:00
アクセス ナンブア～ヌーサを結ぶトランスリンクバス No.631 が利用できるほか、マルーチー、ヌーサからコースト・トゥ・ヒンターランドツアー Coast to Hinterland Tours がシャトルバスを運行している。
●コースト・トゥ・ヒンターランドツアー
☎ 1300-004-903
URL www.coasttohinterlandtours.com.au
料 往復：大人 $45 子供 $35

ブラックオールレンジとグラスハウスマウンテンズ
Blackall Range & Glasshouse Mountains

モンビルの町並み

サンシャインコースト内陸部丘陵地帯がブラックオールレンジ。豊かな自然、心地よい気候ゆえ、ブリスベンからの避暑地として知られている。ナンブアからつづら折りの山道を入った**メープルトン** Mapleton から南へ**フラックストン** Flaxton、**コンダライラ** Kondalilla、**モンビル** Montville、**マレニー** Maleny と小さな村が続く。なかでもモンビルは 1887 年に入植が行われた古い村で、しゃれたレストランやカフェ、ギャラリー、ホテルなどが多い。

グラスハウスマウンテンズの景観

グラスハウスマウンテンズ展望台

マレニーの南には**グラスハウスマウンテンズ国立公園** Glasshouse Mountains NP がある。ここでは、火山岩でできた奇妙な形をした標高 300m 以上の独立峰が、いくつも並ぶ光景に、目を奪われることだろう。車があれば、見る場所によって山々の景観が異なるのを楽しめる。なおビーラワ Beerwah から丘陵地帯を登った場所にグラスハウスマウンテンズの壮大な景観が楽しめる**グラスハウスマウンテンズ展望台** Glasshouse Mountains Lookout もある。

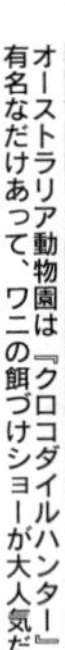
オーストラリア動物園は『クロコダイルハンター』で有名なだけあって、ワニの餌づけショーが大人気だ

このエリアでもうひとつ見逃せないのが**オーストラリア動物園** Australia Zoo。オーストラリアの TV 番組『クロコダイルハンター』で有名だった故スティーブ・アーウィンの動物園。園内にはコアラやカンガルー、エミュー、カソワリィ、クロコダイルなど 750 匹余りの動物が飼育されている。

飼育係による動物プレゼンテーションもお見逃しなく

オーストラリア動物園は広大な敷地に動物たちが自然を生かした形で飼育され、動物たちとの触れ合い、写真撮影、各種ショーなど見事です。きれいな設備の動物アミューズメントパークといった感じで、どの世代も一日楽しめます。おみやげ屋さん、カフェも充実しています。 （神奈川県　岡田 篤　'19）['24]

ショーアップされたクロコダイル・ハンドフィーディングやタイガーテンプルでのトラとスタッフとの触れ合いなど1日中さまざまなショーが行われている。放し飼いのカンガルーへの餌づけはもちろん、コアラを抱いて記念撮影（10:45、11:30、14:00、14:30）、ウォンバットとの触れ合い（9:30）などアニマルエンカウンター・プログラムから、ワイルドライフホスピタル・ツアー（10:00、14:30、15:30）といった野生動物保護の現場を知るプログラムまで、さまざまなアクティビティが充実している。

クールーラコースト
Cooloola Coast

野生のイルカに餌づけができるティンカンベイ

サンシャインコーストの北、ちょうどハービーベイとの間に位置するのがクールーラコースト。ガリ（フレーザー島）から続くグレートサンディ国立公園の南エリア、クールーラ・セクションをもつ自然豊かな場所で、観光的な中心地は**レインボービーチ** Rainbow Beach、**ティンカンベイ** Tin Can Bay となる。

レインボービーチは4WDでガリ（フレーザー島）へ渡る人にとって起点となる町（ガリへのカーフェリーが出航するインスキップポイントまで10km）。ガリ上陸許可証を発行するクイーンズランド環境保護局のオフィスもある。この町には一級リゾートホテルから中級クラスのモーテルまで宿泊施設も多く、またインスキップポイントまで約10km続く壮大なサーフビーチもある。

ティンカンベイは、内海ティンカンインレット Tin Can Inlet に面した小さなリゾートタウンで、野生のイルカと触れ合えることで知られている。町の突端ノーマンポイント・ボートランプ Norman Point Boat Ramp にある**バーナクルス・ドルフィンセンター** Barnacles Dolphin Centre 前に、毎朝7:30頃になると数頭の野生のイルカが現れる。ここではスタッフの指示のもと餌づけが楽しめるのだ（人数制限なし）。

サンシャインコーストからクールーラコーストへ向かう場合の入口となる**ギンピ** Gympie は、この一帯の中心都市。かつて金の採掘も行われていた場所で、その様子を伝える**ギンピ・ゴールドマイニング＆歴史博物館** Gympie Gold Mining & Historical Museum もある。また歴史保存鉄道**マリーバレー・ヘリテージ・レールウェイ** Mary Valley Heritage Railway も、家族連れに人気だ。

左：あまり混み合うことのないレインボービーチ
下：ギンピにあるギンピ・ゴールドマイニング＆歴史博物館

■オーストラリア動物園
MAP P.158外
住 1638 Steve Irwin Way, Beerwah, 4519
☎ (07)5436-2000
URL www.australiazoo.com.au
営 毎日9:00～17:00
休 クリスマスデー
料 大人$66.95 子供$39.95 家族$191.95／アニマルエンカウンター・プログラム：コアラを抱いて記念写真$124、ウォンバットとの触れ合い$69、ワイルドホスピタル・ツアー 大人$19 子供$9
アクセス ブリスベン～サンシャインコーストを結ぶブリスベン・シティトレインのビーラワ駅 Beerwah からオーストラリア動物園の送迎バスが出ている。バスが駅にいないときはオーストラリア動物園に電話すること。

アクセス

●クールーラコースト
レンタカー利用が一般的。ヌーサからレインボービーチ、ティンカンベイまでそれぞれ車で1時間30分ほど。またグレイハウンド・オーストラリアがブリスベン～ハービーベイの途中でレインボービーチへ立ち寄るバスを運行している。

■バーナクルス・ドルフィンセンター
住 Norman Point, Tin Can Bay, 4580 ☎ (07)5486-4899
URL www.barnaclesdolphins.com.au
営 毎日7:00～15:00（イルカの餌づけ8:00～）
料 1人$10

サンシャインコーストのホテル

ACCOMMODATION 州外局番(07)

マルーチー

バジェットタイプ

つい長居したくなる MAP なし

Abode Mooloolaba

アボデ・ムールーラバ

URL abodemooloolaba.com.au
住 75 Brisbane Rd., Mooloolaba, 4557
☎ 0488-692-099 WiFi 無料
料 D $65 ~ 70、W $140 ~ 160 ※季節により最低宿泊日数あり CC MV

ムールーラバビーチへ徒歩10分、ザ・ワーフへ徒歩5分という便利なバックパッカーズ。

一級以上のコンドミニアム&ホテル

マルーチドールビーチに面した MAP なし

The Sebel Maroochydore

シーベル・マルーチドール

URL www.thesebel.com
住 14-20 Aerodrome Rd., Maroochydore, 4558
☎ 5479-8000 WiFi 有料
料 2B $305 ~ 385 CC AMV
日本での予約先:アコーカスタマーサービス
☎ (03)4578-4077

上品で高級感あふれる客室、全室スパバス完備、また屋内・屋外プール(季節により温水)、レストランやカフェなどホテル内設備も充実している。

ヌーサ

バジェットタイプ

コロニアルな高床式建築の MAP P.160/2B

Noosa Heads YHA

ヌーサヘッズYHA

URL www.yha.com.au
住 2 Halse Lane, Noosa Heads, 4567
☎ 5447-3377 WiFi 無料
料 D $110 ~ 130、T W $177 ~ 189
※YHA会員以外は追加料金必要 CC MV

メインビーチ脇の小高い場所にある1880年代建造のクイーンズランド様式の建物を改装したユースホステル。テラスを利用したバー、レストランの設備もある。

一級以上のコンドミニアム&ホテル

ヌーサの豪華コンドミニアムといえば MAP P.160/1A

The Sebel Noosa

シーベル・ヌーサ

URL www.thesebel.com
住 32 Hastings St., Noosa Heads, 4567
☎ 5474-6400 WiFi 無料
料 1B $400 ~ 513、2B $514 ~ 594 CC ADJMV
日本での予約先:アコーカスタマーサービス
☎ (03)4578-4077

ヌーサ・パレードとヘイスティングス・ストリートの間に建つおしゃれなコンドミニアム。リビングルームが広々としており、全室にスパバスを完備するなど居住性も抜群。

ヘイスティングス・ストリートへは階段を下って出る

ヌーサの最高級リゾート MAP P.160/1A

Sofitel Noosa Pacific Resort

ソフィテル・ヌーサパシフィックリゾート

URL www.sofitelnoosapacificresort.com.au
住 14-16 Hastings St., Noosa Heads, 4567
☎ 5449-4888 WiFi 無料
料 T W $490 ~ 1328 CC ADJMV
日本での予約先:アコーカスタマーサービス
☎ (03)4578-4077

町の近くにありながら、ホテル敷地内はまるで別世界のように優雅な雰囲気。広々としたプールを囲むよう宿泊棟が建ち、施設もスパ、サウナ、フィットネスセンターなど充実。明るく現代的な部屋には先住民アートも飾られ、全室スパバス完備。

リゾートらしさあふれるソフィテル

繁華街の入口にある MAP P.160/1A

The Emerald Noosa

エメラルド・ヌーサ

住 42 Hastings St., Noosa Heads, 4567
☎ 5449-6100 WiFi 無料
料 1B $370 ~ 395、2B $380 ~ 625 ※季節により最低2泊から

ヘイスティングス・ストリートが最もにぎわうロータリー近く、ビーチもすぐという絶好のロケーション。白亜の4階建ての高級コンドミニアムで、部屋は広々としていて快適だ。中庭にあるプールは、冬季には温水となり1年中利用可能だ。

何をするにも便利なエメラルド・ヌーサ

日本からサンシャインコーストへの電話のかけ方
国際電話会社の番号 + 010 + 61(国番号)+ 7(0を取った州外局番)+ 電話番号

ブリスベン
Brisbane

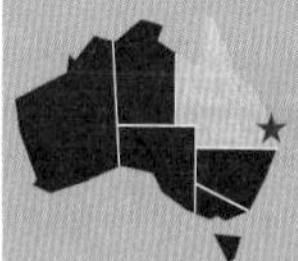

クイーンズランド *Queensland*　　州外局番 (07)

シティホール前のキングジョージ・スクエアにはクリスマス時期に巨大ツリーが飾られる

亜熱帯に位置するクイーンズランド州の州都ブリスベン。人口250万を数えるオーストラリア第3の都市で、2032年夏季オリンピック開催都市としても注目されている。人気のリゾート地ゴールドコースト、サンシャインコーストへのゲートウェイだが、素通りするだけではもったいないほど、街自体に魅力がある。

大きく蛇行するブリスベン川沿いに街が拓けており、中心部シティには近代的ビルに交じって、今もルネッサンス風、ゴシック風、コロニアル風の建物が数多く残っている。そんなシティの通り名がほかの街とはちょっと異なっている。シティをほぼ南北に走る目抜き通りは女性名、東西は男性名といった具合なのだ。例えば、女性名のほうはアリス、マーガレット、メアリー、シャーロッテ、エリザベス、クイーン、アデレード、アンとなる。クイーン・ストリートの一部はモールとなっており、1日中たくさんの人が集まってくる。

ブリスベンに滞在する観光客が必ず足を運ぶのが、シティの西郊外フィグツリーポケット地区にあるローンパイン・コアラサンクチュアリ。動物園としてはオーストラリア最大のコアラ飼育頭数約130頭を誇り、コアラを見るならオーストラリアではベストといえる場所だ。また1988年のオーストラリア建国200年祭時に、シティとはブリスベン川を挟んだ対岸で万博が開かれた。その跡地はサウスバンクパークランドとしてブリスベン市民の憩いの場となっている。

ユースフルインフォメーション

■ブリスベン・ビジターインフォメーション&ブッキングセンター Brisbane Visitor Information & Booking Centre MAP P.171/2A
住 The Regent, 167 Queen St. Mall, 4000 ☎(07)3006-6290
URL visit.brisbane.qld.au
開 月～金 9:00～16:00、土日祝 10:00～16:00
休 グッドフライデー、クリスマスデー

■日本国総領事館 Consulate-General of Japan MAP P.171/2B
住 Level 17, 12 Creek St., 4000
☎(07)3221-5188
FAX (07)3229-0878
URL www.brisbane.au.emb-japan.go.jp
開 月～金 9:00～12:00、13:30～16:00

日本語の通じる病院

●セントアンドリュース病院／24時間日本語医療センター（日本語クリニック）
St Andrew's War Memorial Hospital / 24HR Japanese Medical Centre (Nihongo Clinic) MAP P.171/1A
住 North St. Emergency Centre Entrance, Spring Hill, 4001
☎(07)3834-4290
FREE 1800-666-019
URL standrewshospital.com.au

●さくらファミリークリニック
Sakura Family Clinic MAP P.171/2A
住 Level 11, 116 Adelaide St., 4000
☎(07)3003-0100
URL www.sakuraclinic.com.au

●CBD7 デイメディカルセンター
CBD7 Day Medical Centre MAP P.171/2A
住 Level 1, 245 Albert St. (City Mall), 4000 ☎0410-834-563
URL cbdmedical.com.au

主要航空会社連絡先

●カンタス航空 Qantas Airways
☎13-13-13
●ジェットスター Jetstar
☎13-15-38
●ヴァージン・オーストラリア Virgin Australia ☎13-67-89
●シンガポール航空 Singapore Airlines
☎(02)7209-4388
●キャセイ・パシフィック航空 Cathay Pacific Airways
☎13-17-47
●大韓航空 Korean Air
☎(02)9313-4188
●ベトジェット VietJet
☎(02)8006-0586

国際線ターミナル到着ホールにあるインフォメーション

■ブリスベン国際空港
URL www.bne.com.au

■コニクション
☎1300-266-946
URL www.con-x-ion.com
時 毎日6:30～20:30の間30分～1時間に1本の割合で運行。
料 空港～トランジットセンター＆各ホテル：片道 大人$32 子供$8 家族$53／往復 大人$61 子供$19 家族$104

市内まで最速のエアトレイン

■エアトレイン
☎(07)3216-3308
FREE 1800-119-091
URL www.airtrain.com.au
時 5:04～22:04の間30分ごと（ピーク時は15分ごと）に運行。国内線ターミナルからローマ・ストリート駅まで約28分。
料 空港～市内片道：大人$21.90 子供 無料／空港～市内往復：大人$41.80 子供 無料
※子供無料は大人同伴のみ

■パークランド・クレセント・ブリスベン・コーチターミナル
URL crossriverrail.qld.gov.au

■ブリスベンのタクシー
● Black & White：
☎13-32-22
● Yellow Cab：☎13-19-24（クイーンズランド州内のみ）
料 初乗り1kmが月～金7:00～19:00が$3.40、それ以外の時間は$5.50。以後1kmごとに$2.48。また待ち時間など1分ごとに$0.93加算される。タクシーを電話で呼ぶ場合はさらに$1.70追加料金が必要。

■トランスリンク
☎13-12-30
URL translink.com.au

アクセス
ACCESS

行き方

➡日本から

東京（羽田）からカンタス航空が、東京（成田）・大阪からジェットスターが直行便を運航している。ほかに東南アジア系航空会社の経由便も多数ある。

➡オーストラリア国内から

各州都はもちろん、ケアンズ、タウンズビルなどクイーンズランド州沿岸の町にカンタス航空やジェットスター、ヴァージン オーストラリアが多数のフライトを運航。長距離バス、長距離列車はシドニー～ケアンズ間の乗り換え地点だ。

空港⇔市内

ブリスベン国際空港 Brisbane International Airport（BNE）は市中心部から約13kmに位置しており、国際線、国内線のふたつのターミナルがある。両ターミナル間は約2.5km離れており、国際線～国内線乗り継ぎ客は、各ターミナル到着ホールにある乗り継ぎカウンターでチェックインすれば、ターミナル間連絡バスが利用できる。

●エアポートバス

コニクション Con-X-ion が運行する**スカイトランス** Skytrans が市内主要ホテル、ブリスベン・トランジットセンターを結んでいる。所要時間は25～40分（滞在ホテルによる）。市内から空港へ向かう場合は電話しておけばホテルでのピックアップあり。

●電車

空港と市内を結ぶ最速移動手段が**エアトレイン** Airtrain と呼ばれる電車（シティまで約26分）。シティトレインが空港へ乗り入れているもので、両ターミナル前に駅がある。

●タクシー

シティまでおよそ$40。所要時間は25～40分。

ローマ・ストリート駅⇔市内

長距離列車はすべて**ローマ・ストリート駅** Roma St. Station が発着場所。長距離バスはローマ・ストリート駅北側に隣接した**パークランド・クレセント・ブリスベン・コーチターミナル** Parkland Crescent Brisbane Coach Terminal に着く。ローマ・ストリート駅から中心部までは歩いても5分ほど。

市内交通
LOCAL TRANSPORT

トランスリンク Translink 管轄の市バス、フェリー、シティトレイン（電車）を活用すれば、ほとんどの観光地へアクセスできる。チケットは共通で、料金はゾーン制となっている。ブリスベンを中心に北はサンシャインコースト、南はゴールドコーストまで8つのゾーンが設定されており、ブリスベン市内は1～3ゾーンだ。

Memo エアトレインはオンラインでチケットを購入すると割引が受けられる。

何ゾーンにまたがって乗車するかで料金が決まる。シングルチケットは2時間有効で、その間の乗り換えは自由だ。

ブリスベン バス / 電車 / フェリー運賃（2024年3月現在）

通過ゾーン	シングルチケット運賃		ゴーカード通常運賃		ゴーカード・オフピーク	
	大人	子供	大人	子供	大人	子供
1	$5.10	$2.60	$3.55	$1.78	$2.84	$1.42
2	$6.30	$3.10	$4.34	$2.17	$3.47	$1.74
3	$9.60	$4.80	$6.63	$3.32	$5.30	$2.65
4	$12.60	$6.30	$8.72	$4.36	$6.98	$3.49
5	$16.60	$8.30	$11.46	$5.73	$9.17	$4.58
6	$21.10	$10.50	$14.55	$7.28	$11.64	$5.82
7	$26.20	$13.10	$18.10	$9.05	$14.98	$7.24
8	$31.10	$15.60	$21.48	$10.74	$17.18	$8.59

●ゴーカード go card

リチャージ（トップアップ Top Up）可能なクイーンズランド南東部交通用スマートカードで、通常運賃の約30%割引き。乗り降りするときに専用機械にかざすだけでOKなので、いちいちチケットを買う手間が省けて便利。しかも平日8:30～15:30、19:00～翌6:00、土・日曜の全日は**オフピーク料金** Off Peak fare となり、通常運賃の20%以上の割引きとなる。

ブリスベン広域図 Around Brisbane

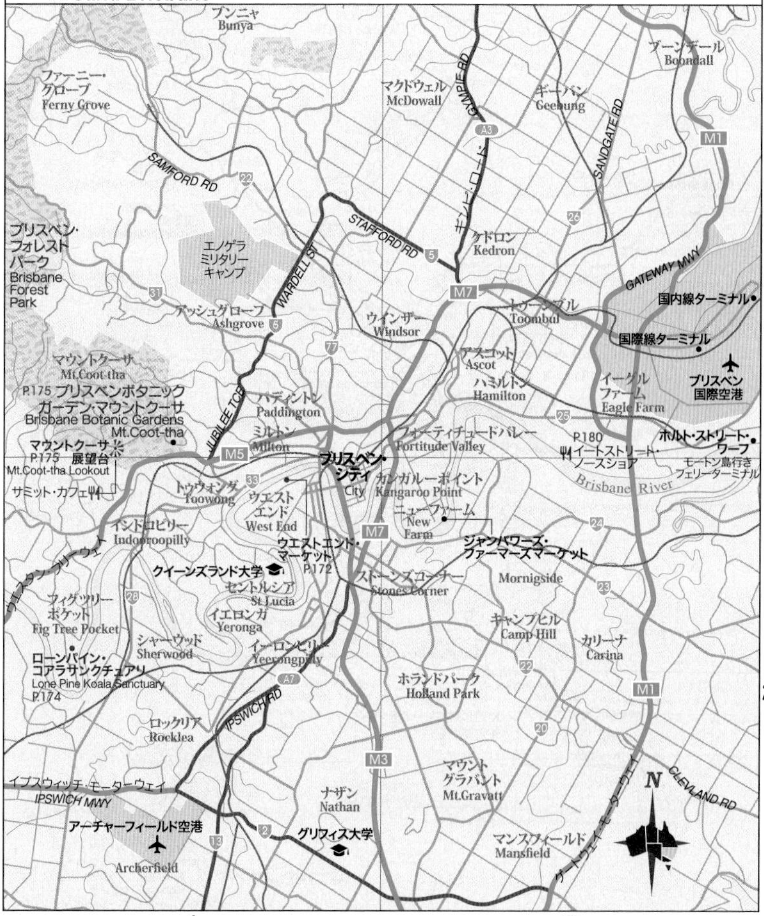

0　5km

1

2

A　B

Memo シティトレインは、タッチ決済可能なクレジットカード（AMEX、MASTER、VISA）をゴーカード同様に利用できる（Tap into Samrt Ticketing）。今後バスやフェリーでも利用できるようなる予定だ。

■ゴーカード購入時の注意
カード発行時に保証料として大人$10子供$5必要。大人用、子供用、学生用（オーストラリア国内の学生向け）がある。購入・リチャージ（トップアップという）は主要鉄道駅、およびコンビニエンスストアで。払い戻しは残金$50以下の場合のみ可能。

また月曜を起算日として８度利用すれば、以後７日目の日曜までは何度利用しても運賃は半額。降車時に専用機械にかざすのを忘れると、割引は適用されなくなるので注意が必要だ。公共交通機関を何度も利用するなら手に入れておきたい。

市バス **トランスリンクバス** Translink Bus が市内を網羅している。市中心部には**バスウェイ** Busway と

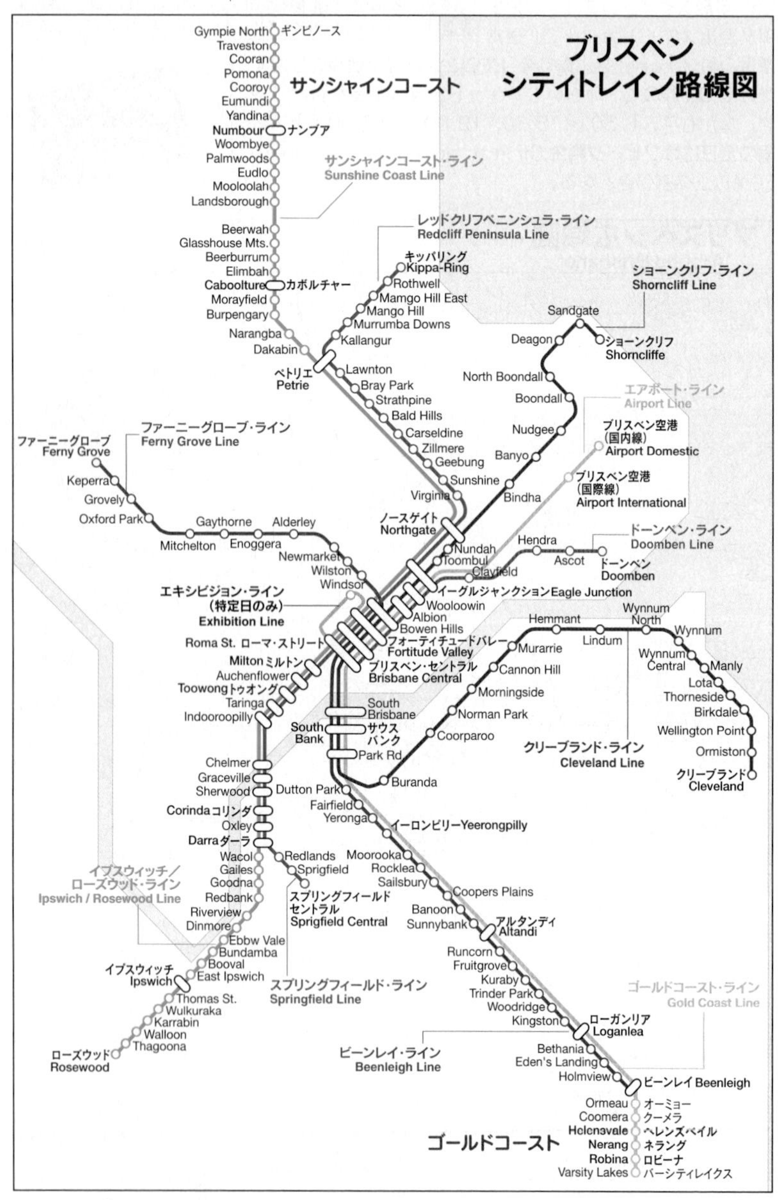

トランスリンクのバスや電車の乗り継ぎ調べに専用アプリが便利です。トランスリンクのサイトから無料ダウンロードできます。当日その場での遅延にも時刻が対応して表示されます。スマホにぜひ入れておくことをおすすめします。（神奈川県　岡田 篤　'19）['24]

呼ばれるバス専用地下道が設けられており、シティホールのあるキングジョージ・スクエア地下とクイーン・ストリートモール地下の2ヵ所に鉄道駅のようなバスステーションが設置されている。主要なバスはこの2ヵ所を通るので覚えておきたい。市中心部ではほかにもアデレード・ストリート沿いが、メインのバス発着場所となっている。

市バスには**ザ・ループ** The Loopと呼ばれる3路線の無料バスもある。**シティループ** No.40、50は市中心部からレストランの集まるイーグル・ストリート・ピアやリバーサイドセンターへのアクセスに便利。**スプリングヒルループ** No.30は、ローマ・ストリート・パークランドや手頃な値段のホテルが集まるスプリングヒル地区と市中心部を、**サウスブリスベン・ループ** No.86はサウスバンクと若者人気エリアのウエストエンドを結ぶ路線だ。

フェリー

ブリスベン川の両岸にはいくつものフェリー乗り場がある。観光客に人気なのが無料の**シティホッパー（キティキャット）** City Hopper (Kitty Cat)。サウスバンクからリバーサイドなどを経由してストーリーズ・ブリッジ近く、人気スポットのフェロンズ・ブリューイング前のハワードスミス・ワーブス・フェリーターミナル Howard Smith Wharves Ferry Terminalまでを往復している。市民の足として活躍するのが**シティキャット** City Cats。市東部ハミルトン Hamiltonにあるノースショア Northshoreから市中心部フェリー乗り場を経由し西部**クイーンズランド大学** University of Queenslandまでを往復している。

シティトレイン

ブリスベン市内と近郊を結ぶ6つの路線をもっている。トランジットセンター内のローマ・ストリート駅、シティ中心部にあるセントラル駅、フォーティチュードバレーにあるフォーティチュードバレー駅には、すべての路線の電車が停まる。市バスなどへの乗り換えにも、この3駅が便利だ。

ブリスベンの歩き方
OUTLINE OF BRISBANE

1日中人どおりが絶えないクイーン・ストリートモール

ブリスベンの中心は、**キングジョージ・スクエア** King George Sq.にある**ブリスベン・シティホール** Brisbane City Hallだ。高さ92mの時計塔が目印のネオクラシックな建物で、1920年代に建てられた。

キングジョージ・スクエアに面した**アデレード・ストリート** Adelaide St.から1ブロックの**クイーン・ストリート** Queen St.は、ショッピングの中心地。**ジョージ・ストリート** George St.と**エドワード・ストリート** Edward St.に挟まれたクイーン・ストリートの一画が、町いちばんのにぎわいを見せるモールだ。

■シーキューカード SeeQ Card
ゴーカードの短期滞在者向け期間限定トランスリンク乗り放題カード。使用開始日が1日目とカウントされる。特別料金のエアトレインにも2回乗車可能（つまり往復できる）。駅で購入可能だ。
料3日間：大人$79 子供$40／5日間：大人$129 子供$65

■ブリスベン中心部無料バス ザ・ループ
●シティループ（No.40、50）
時 月～金7:00～18:00の10分間隔
●スプリングヒルループ（No.30）
時 月～金6:00～21:15、土7:56～21:15、日8:00～18:46の10～20分間隔
●サウスブリスベンループ（No.86）
時 毎日8:00～19:00の10～12分間隔

クイーン・ストリートのバスウェイ出入口

意外に便利なシティキャット

無料フェリーのシティホッパー

■シティトレイン
☎13-12-30
URL www.translink.com.au

クイーン・ストリートモールのにぎわい

ブリスベン川を移動できる便利なシティホッパーですが、無料のためたいへん人気があります。乗り場によっては乗船客が多すぎて、係員が乗り降りする客をそれぞれ数えています。つまり定員があるため列に並んでも乗り切れない場合があるのでご注意を。（東京都　inu　'18）['24]

オーストラリアで一番クラシックな雰囲気のカジノだ

建物自体見応えがあるインフォメーションセンター

クイーン・ストリートモールに面して建つ、クラシックな旧劇場ザ・リージェントが**ブリスベン・ビジターインフォメーション&ブッキングセンター** Brisbane Visitor Information & Booking Centre となっている。クイーン・ストリートモールの先、ジョージ・ストリート側には、旧大蔵省の建物を改築したオーストラリアで最も格調高い雰囲気のカジノとして知られる**トレジャリーカジノ** Treasury Casino がある。

ブリスベン川沿いは大人気のイーティングゾーン

蛇行するブリスベン川に沿って広がる20haの**ブリスベンシティ・ボタニックガーデン** Brisbane City Botanic Gardens は市民の憩いの場。1825年に造園されたガバメントガーデンがもとになっている歴史ある庭園だ。

クイーン・ストリートの東側、ブリスベン川に面した場所には、しゃれたレストランが集まる**イーグル・ストリート・ピア** Eagle St. Pier、**リバーサイドセンター** Riverside Centre がある。ここから川沿いに遊歩道ががあり散歩コースとして人気だ。この散歩コースの先、ちょうどストーリーブリッジ（→ P.172）のたもとにはクラフトビール醸造所**フェロンズ・ブリューイング** Felons Brewing があり、一帯はフェロンズ経営のパブからブリスベンのトレンドになるようなレストランまでが大集合。ぜひ訪ねてみたい。

フェロンズ・ブリューイングは夜景を楽しむベストスポット

緑の多い高台スプリングヒル

市中心部の北西側、ローマ・ストリート駅裏側は16haの**ローマストリート・パークランド** Roma St. Parklands と呼ばれる広々とした公園。この公園の高台沿いを通る**ウィッカム・テラス** Wickham Tce. は暑い日差しを遮る木陰の多い散歩コースとして人気。通りに面して建つ**オールドウインドミル** Old Windmill は、1829年建設当時、風力を利用した粉ひき所にするはずだったが、うまく動かなかったため囚人が踏み車で作動させていた。懲罰用として14人の囚人が1日14時間、休みなしで車を回し続けた。その後は**観測所** Observatory に変更され、現在の姿となっている。

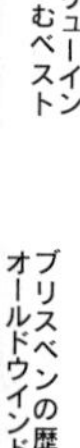
ブリスベンの歴史を感じさせるオールドウインドミル

ブリスベン川の南に集まる観光スポット

クイーン・ストリートモールを南に進み、ブリスベン川に架かる**ビクトリアブリッジ** Victoria Bridge を渡ると**サウスバンク** South Bank に出る。

■トレジャリーカジノ
MAP P.171/2A
住 Top of the Queen St. Mall, 4000 ☎(07)3306-8651
URL www.treasurybrisbane.com.au 営24時間
●ドレスコード：スマートカジュアル。また18歳未満は入場不可。

市民の憩いの場となっているブリスベンシティ・ボタニックガーデン

■ブリスベンシティ・ボタニックガーデン
MAP P.171/3B
URL www.brisbane.qld.gov.au
●ブリスベン・リバーマーケット
毎週日曜にボタニックガーデンで開催されるマーケット。工芸品やオーガニックグッズを扱う露店が出る。フードトラックも多い。
☎(07)3870-2807
URL queenslandmarkets.com.au/riverside-markets/faqs
営日 8:00 ～ 15:00

■ローマストリート・パークランド
MAP P.171/1・2A
URL visit.brisbane.qld.au/places-to-go/inner-city/roma-street-parkland

■ウィッカム・テラス&オールドウインドミル
MAP P.171/2A
URL visit.brisbane.qld.au/places-to-go/inner-city/roma-street-parkland

■エッカ EKKA（ロイヤル・クイーンズランドショー）を楽しもう!
シドニーのロイヤルイースターショー、メルボルンのロイヤルメルボルンショーと並ぶオーストラリアの3大農業祭。ショーグラウンドに牛や馬などの家畜、地元の作物などが大集合。期間中は競馬、花火、スタントショー、世界の食屋台、ゲーム、アトラクション、ドッグショーなどが会場で行われる。
URL www.ekka.com.au
開 2024年8月10～18日

ブリスベンで年始に開催されるテニスのATPブリスベン国際トーナメント。前売りチケット（eチケットも可）を持っていれば、乗車駅から会場のあるイーロンピリー駅間の電車は往復無料。セントラルなど改札のある駅で乗降する際は、駅員にチケットを見せれば改札を開けてくれます。改札のない駅から乗降す ↗

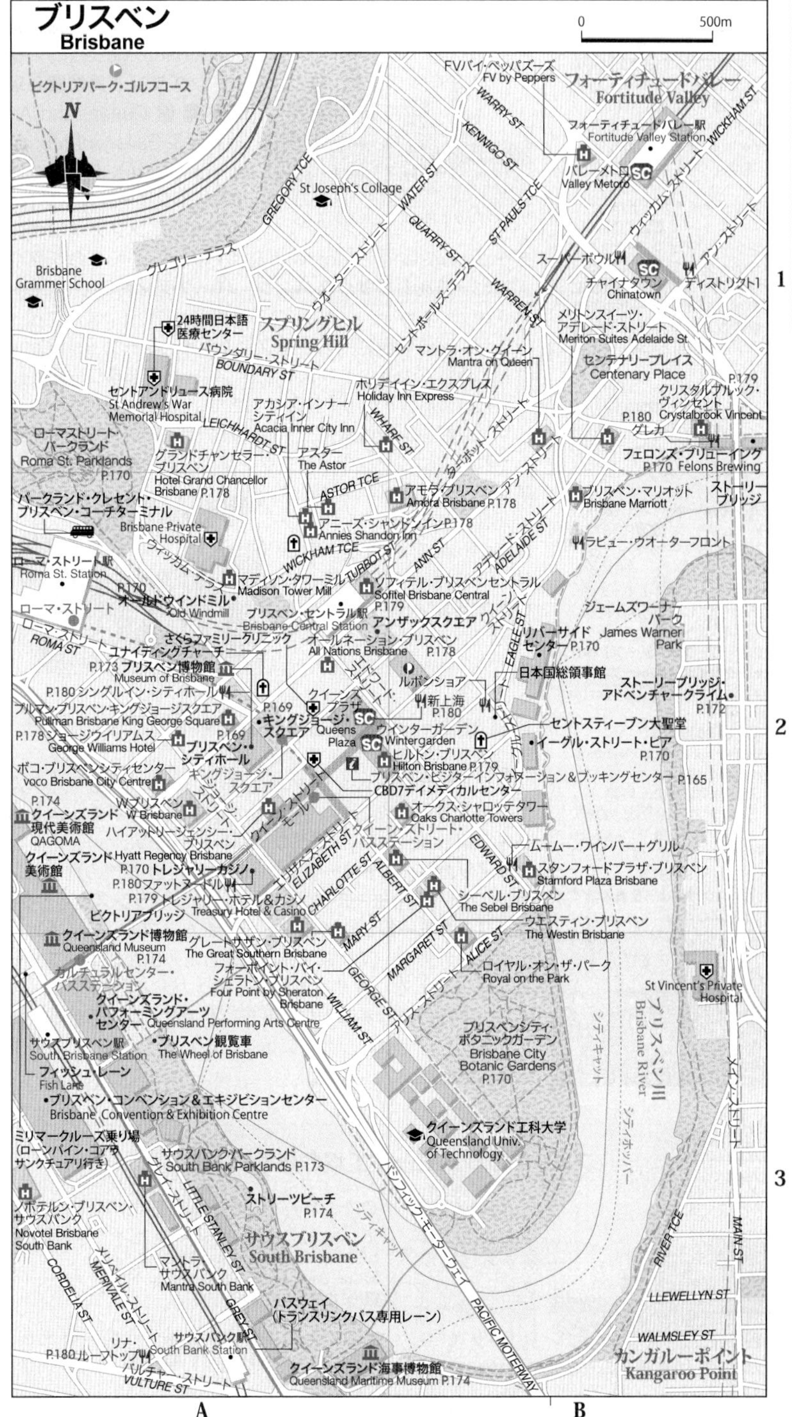
ブリスベン
Brisbane
0
500m
N
ビクトリアパーク・ゴルフコース
FVバイ・ペッパズーズ
FV by Peppers
フォーティチュードバレー
Fortitude Valley
WARRY ST
KENNIGO ST
フォーティチュードバレー駅
Fortitude Valley Station
WICKHAM ST
バレーメトロ
Valley Metoro
SC
St Joseph's Collage
GREGORY TCE
WATER ST
QUARRY ST
ST PAULS TCE
ウィッカム・ストリート
アン・ストリート
Brisbane
Grammer School
グレゴリー・テラス
ウォーター・ストリート
セントポールズ・テラス
WARREN ST
スーパーボウル
チャイナタウン
Chinatown
ディストリクト1
1
24時間日本語
医療センター
スプリングヒル
Spring Hill
メリトンスイーツ・
アデレード・ストリート
Meriton Suites Adelaide St
バウンダリー・ストリート
BOUNDARY ST
マントラ・オン・クイーン
Mantra on Queen
センテナリープレイス
Centenary Place
セントアンドリュース病院
St Andrew's War
Memorial Hospital
ホリデイイン・エクスプレス
Holiday Inn Express
P.179
クリスタルブルック・
ヴィンセント
Crystalbrook Vincent
アカシア・インナー
シティイン
Acacia Inner City Inn
WHARF ST
P.180
グレカ
ローマストリート・
パークランド
Roma St. Parklands
P.170
LEICHHARDT ST
ターボット・ストリート
フェロンズ・ブリューイング
P.170 Felons Brewing
グランドチャンセラー・
ブリスベン
Hotel Grand Chancellor
Brisbane P.178
アスター
The Astor
ASTOR TCE
アモラ・ブリスベン
Amora Brisbane P.178
アン・ストリート
ブリスベン・マリオット
Brisbane Marriott
ストーリー
ブリッジ
パークランド・クレセント・
ブリスベン・コーチターミナル
Brisbane Private
Hospital
アニーズ・シャンドンイン P.178
Annies Shandon Inn
アデレード・ストリート
ADELAIDE ST
ラビュー・ウオーターフロント
ローマ・ストリート駅
Roma St. Station
ウィッカム・テラス
WICKHAM TCE
TURBOT ST
ANN ST
P.170
オールドウインドミル
Old Windmill
マディソン・タワーミル
Madison Tower Mill
ソフィテル・ブリスベンセントラル
Sofitel Brisbane Central
P.179
ローマ・ストリート
ブリスベン・セントラル駅
Brisbane Central Station
アンザックスクエア
クイーン・ストリート
ジェームズワーナー
パーク
James Warner
Park
ローマ・ストリート
ROMA ST
さくらファミリークリニック
オールネーション・ブリスベン
All Nations Brisbane P.178
リバーサイド
センター P.170
EAGLE ST
ユナイティングチャーチ
P.173 ブリスベン博物館
Museum of Brisbane
ルボンショア
日本国総領事館
P.180 シングルイン・シティホール
クイーンズ
プラザ
Queens
Plaza
新上海
P.180
ストーリーブリッジ・
アドベンチャークライム
P.172
P.169
プルマン・ブリスベン・キングジョージスクエア
Pullman Brisbane King George Square
キングジョージ・
スクエア
ウインターガーデン
Wintergarden
セントスティーブン大聖堂
2
P.178 ジョージウイリアムス
George Williams Hotel
P.169
ブリスベン・
シティホール
ヒルトン・ブリスベン
Hilton Brisbane P.179
イーグル・ストリート・ピア
P.170
ブリスベン・ビジターインフォメーション＆ブッキングセンター P.165
ボコ・ブリスベンシティセンター
voco Brisbane City Centre
キングジョージ・
スクエア
CBD7デイメディカルセンター
P.174
クイーンズランド
現代美術館
QAGOMA
Wブリスベン
W Brisbane
クイーン・ストリート
モール
オークス・シャロッテタワー
Oaks Charlotte Towers
ハイアットリージェンシー・
ブリスベン
Hyatt Regency Brisbane
クイーン・ストリート・
バスステーション
EDWARD ST
ムームー・ワインバー＋グリル
クイーンズランド
美術館
P.170 トレジャリーカジノ
ELIZABETH ST
スタンフォードプラザ・ブリスベン
Stamford Plaza Brisbane
P.180 ファットヌードル
CHARLOTTE ST
ALBERT ST
P.179 トレジャリー・ホテル＆カジノ
Treasury Hotel & Casino
シーベル・ブリスベン
The Sebel Brisbane
ビクトリアブリッジ
ウエスティン・ブリスベン
The Westin Brisbane
クイーンズランド博物館
Queensland Museum
P.174
グレートサザン・ブリスベン
The Great Southern Brisbane
MARY ST
MARGARET ST
ALICE ST
カルチュラルセンター・
バスステーション
フォーポイント・バイ・
シェラトン・ブリスベン
Four Point by Sheraton
Brisbane
ロイヤル・オン・ザ・パーク
Royal on the Park
St Vincent's Private
Hospital
クイーンズランド・
パフォーミングアーツ
センター
Queensland Performing Arts Centre
WILLIAM ST
GEORGE ST
アリス・ストリート
ブリスベン川
Brisbane River
シティキャット
サウスブリスベン駅
South Brisbane Station
ブリスベン観覧車
The Wheel of Brisbane
ブリスベンシティ・
ボタニックガーデン
Brisbane City
Botanic Gardens
P.170
フィッシュ・レーン
Fish Lane
ブリスベン・コンベンション＆エキジビションセンター
Brisbane Convention & Exhibition Centre
シティホッパー
メイン・ストリート
ミリマークルーズ乗り場
（ローンパイン・コアラ
サンクチュアリ行き）
サウスバンク・パークランド
South Bank Parklands P.173
クイーンズランド工科大学
Queensland Univ.
of Technology
3
グレイ・ストリート
LITTLE STANLEY ST
パシフィック・モーターウェイ
ノボテルン・ブリスベン・
サウスバンク
Novotel Brisbane
South Bank
ストリーツビーチ
P.174
シティキャット
MAIN ST
RIVER TCE
サウスブリスベン
South Brisbane
メリベイル・ストリート
MERIVALE ST
CORDELIA ST
マントラ・
サウスバンク
Mantra South Bank
PACIFIC MOTERWAY
LLEWELLYN ST
バスウェイ
（トランスリンクバス専用レーン）
GREY ST
WALMSLEY ST
サウスバンク駅
South Bank Station
リナ・
P.180 ルーフトップ
カンガルーポイント
Kangaroo Point
クイーンズランド海事博物館
Queensland Maritime Museum P.174
バルチャー・ストリート
VULTURE ST
A
B

サウスバンクにある人気記念写真スポット

クイーンズランド博物館 Queensland Museum、**クイーンズランド美術館&現代美術館** Queensland Art Gallery & Gallery of Modan Art (QAGOMA)、巨大なホールをもつ**クイーンズランド・パフォーミングアーツセンター** Queensland Performing Arts Centre、さらに散策路や人工ビーチをもつ**サウスバンク・パークランド** South Bank Parklands などシティの見どころが集まっている。またクイーンズランド博物館近くの小道**フィッシュ・レーン** Fish Lane はおしゃれなカフェやレストラン、バーが集まるローカルに大人気のスポットなので覚えておきたい。

サウスバンクの西南エリアは最近クラフトジン蒸留所やおしゃれカフェ、セレクトショップなどが多く集まる**ウエストエンド** West End。ブリスベン川沿いのデイビスパーク Davis Park では毎週土曜日に 100 以上の露店が集まる**ウエストエンド・マーケット** West End Market が開催され、たくさんの市民で賑わう。

地元の人に愛されるウエストエンド・マーケット

中華街フォーティチュードバレーと若者に人気のニューファーム

シティの北、チャイナタウンがあり、おしゃれなナイトスポットが多い場所として人気なのが**フォーティチュードバレー** Fortitude Valley（通称**ザ・バレー** The Valley）。中心街は**ウィッカム・ストリート** Wickham St. と中華門の建つ**ダンカン・ストリートモール** Duncan St. Mall、**ブランズウィック・ストリートモール** Brunswick St. Mall だ。フォーティチュードバレーの東隣、ブリスベン川に面した一画が**ニューファーム** New Farm で、メインストリートのブランズウィック・ストリート両側には美味なレストランが並び、地元の若者に人気がある。バックパッカーズホステルもあり、バジェット旅行者に人気だ。

■ウエストエンド・マーケット
MAP P.167/2A
住 Davies Park, Cnr. Montague Rd. & Jane St., West End, 4101 ☎ 0435 840 810
URL goodwillprojects.com.au/markets/west-end
営 土 6:00 ～ 13:00

■フォーティチュードバレー
MAP P.171/1B
シティのアデレード・ストリートから頻繁に出ているバスを利用するのが一番便利。シティトレインならセントラル駅の次、フォーティチュードバレー駅利用となる。

■ニューファーム
MAP P.167/2B
シティのアデレード・ストリートから No.195、196、199 のバスを利用。所要 10 ～ 15 分。

■カンガルーポイント（次ページ）
MAP P.167/2B
シティのノースキー、イーグル・ストリート・ピアからのフェリー（シティホッパー、シティキャット）利用が便利。

■ストーリーブリッジ・アドベンチャークライム（次ページ）
住 170 Main St., Kangaroo Point, 4169
☎ (07)3188-9070
URL www.storybridgeadventureclimb.com.au
時 所要時間は約 2.5 時間
料 日中：大人 $129 子供 $109.65、／日没時：毎日 大人 $159 子供 $135.15 ／夜間：毎日 大人 $139 子供 $118.15
※ 子供：10 歳以上 16 歳未満で 10 歳未満は不可

ぜひ体験したいブリッジクライム

COLUMN

フォーエックスビール工場の見学ツアー

クイーンズランド州を代表するビール、フォーエックスの製造工程見学ツアー。見学後には 4 種類のビールの試飲ができるので、ビール好きにおすすめ。ローマ・ストリートからひと駅のミルトン下車すぐ。

●フォーエックスビール工場見学ツアー
住 Cnr. Black & Paten Sts., Milton, 4064
☎ (07)3361-7597（要予約）
URL www.xxxx.com.au
時 水木 10:00、13:00 から、金土 11:00 ～ 14:00 の 1 時間ごと（所要約 90 分） 休 日～火祝、12/23 ～ 1/5 料 大人 $37

コンドミニアムが多いカンガルーポイント

フォーティチュードバレーから長さ 1072m、幅 24m の巨大な**ストーリーブリッジ** Story Bridge（1940 年建造）を渡った一画、ちょうど蛇行するブリスベン川に突き出た半島のようになった地区が**カンガルーポイント** Kangaroo Point。モーテルやコンドミニアムが多く、旅行者に人気のある地区だ。ストーリーブリッジでは**ストーリーブリッジ・アドベンチャークライム** Story Bridge Adventure Climb が楽しめる。カンガルーポイントのオフィスから出発し、橋を上り、途中最高地点 79 m を通過して中央で折り返してくるという内容だ。

ストーリーブリッジはブリスベンのランドマーク的存在

覚えておきたいそのほかのエリア

まずシティの西**パディントン** Paddington。トレンディな地区として人気で、**ギブン・テラス** Given Tce.、**ラトローブ・テラス** Latrobe Tce. 沿いにブティック、アンティークショップ、カフェ、レストランなどが並んでいる。シティの南**ストーンズコーナー** Stones Corner も人気のエリア。おしゃれなカフェやレストランが多く、オーストラリアのカジュアルブランド（スポーツガール、カントリーロードなど）のアウトレットショップもある。

おしゃれなカフェが多いストーンズコーナー

ブリスベン西側にある小高い丘が**マウントクーサ** Mt.Coot-tha。市内を一望できる名所として人気だ。マウントクーサから南に下ると、ブリスベン川に沿って 114ha もの敷地をもつクイーンズランド大学のある**セントルシア** St Lucia、ローンパイン・コアラサンクチュアリのある**フィグツリーポケット** Fig Tree Pocket がある。

■パディントン MAP P.167/1A
キングジョージ・スクエア・バスステーションから No. 61、375 のバスを利用。所要 10 ～ 15 分。

■ストーンズコーナー MAP P.167/2A・B
シティのキングジョージ・スクエア・バスステーションから No. 61、222 のバス利用、約 15 分。

■マウントクーサ → P.175

■セントルシア MAP P.167/2A
クイーンズランド大学へはシティキャット利用が便利。

■クイーンズランド大学 MAP P.167/2A
☎(07)3365-1234
URL www.uq.edu.au
1910 年創立の由緒ある大学。

■ローンパイン・コアラサンクチュアリ → P.174

ブリスベン市内のおもな見どころ
SIGHTSEEING SPOTS

シティホールの時計塔にも上れる　MAP P.171/2A

ブリスベン博物館
Museum of Brisbane

ブリスベン・シティホールの 3 階にある博物館。ブリスベンの歴史・多様性などをテーマにした展示が行われている。また博物館主催で無料のツアーを開催。**シティホール・ツアー** City Hall Tour では 1920 年代に建てられたネオクラシックな建物について、館内を回りながらじっくり説明。**シティホール時計塔ツアー** Clock Tower Tour では、高さ 76m の展望台までエレベーターで昇りブリスベンの景色を楽しめる。

■ブリスベン博物館
住 Level 3, Brisbane City Hall, King George Sq., Cnr. Adelaide & Ann Sts., 4000
☎(07)3339-0800
URL www.museumofbrisbane.com.au
開 毎日 10:00 ～ 17:00
料 無料
●**シティホール・ツアー**
時 毎日 10:30、11:30、金～日 13:30 スタート
●**時計塔ツアー**
時 毎日 10:15 ～ 16:45 の 15 分ごと

ブリスベンの歴史をわかりやすく紹介している博物館内

エキスポ跡地にできた　MAP P.171/3A

サウスバンク・パークランド
South Bank Parklands

1988 年のエキスポ跡地 16ha を利用した公園・文化施設群がサウスバンク・パークランド。園内には緑が茂り、川沿いは散歩コースになっている。

夏は大勢の人でにぎわう ストリーツビーチ

■サウスバンク・パークランド
URL visit.brisbane.qld.au/places-to-go/inner-city/south-bank
●サウスバンクビジターセンター South Bank Visitor Centre
住Stanley St. Plaza, South Bank, 4101 ☎(07)3867-2111
開 毎日 9:00 ～ 17:00
●ストリーツビーチ
開 夏季：毎日 7:00 ～ 19:00／冬季：毎日 9:00 ～ 17:00
※例年 5 月中旬～ 7 月上旬はメンテナンスのため閉鎖
●コレクティブマーケット
☎0435-840-810
URL collectivemarkets.com.au
開 金 17:00 ～ 21:00、土 10:00 ～ 21:00、日 9:00 ～ 16:00
●クイーンズランド博物館
住Cnr. Grey & Melbourne Sts, South Bank, 4101
☎(07)3153-3000
URL museum.qld.gov.au/south-bank
開 毎日 9:30 ～ 17:00
料 無料／スパークラボ：大人$16 子供$13
●クイーンズランド美術館＆現代美術館
住Stanley Place, Cultural Precinct, South Bank, 4101
☎(07)3840-7303
URL www.qagoma.qld.gov.au
開 毎日 10:00 ～ 17:00
料 無料
●クイーンズランド海事博物館
住Cnr. Stanley & Sidon Sts., South Brisbane, 4101
☎(07)3844-5361
URL www.maritimemuseum.com.au
開 水～金 10:00 ～ 15:00、土日 9:30 ～ 15:30
休 月火祝
料 大人 $18 子供 $8 家族 $42

■ローンパイン・コアラサンクチュアリ
住708 Jesmond Rd., Fig Tree Pocket, 4069
☎(07)3378-1366
URL lonepinekoalasanctuary.com
開 毎日 9:00 ～ 17:00（アンザックデー 13:30 ～ 17:00／クリスマスデー 9:00 ～ 16:00）
料 大人 $54 子供 $39 家族 $166／コアラを抱いて写真 $45（11:00 ～ 12:30、14:00 ～ 15:00）

ブリスベン川を望むように造られた人工の**ストリーツビーチ** Streets Beach は、オリンピックサイズのプール 5 つぶんに相当するほどの広さ。週末には大勢の人でにぎわう。レストラン、フードコート、ショップが集まる**リトル・スタンレイ・ストリート** Little Stanley St. もあり、金曜の夜、土・日曜に**コレクティブマーケット** The Collective Markets が催される。

●クイーンズランド博物館 Queensland Museum

アボリジナルやトレス海峡民の伝統文化の紹介、クイーンズランドに生息する動物・昆虫のはく製、さらに恐竜の化石にいたるまでさまざまな展示がある。博物館内**スパークラボ** SparkLab は、科学を楽しく理解できるよう考えられたインタラクティブなアクティビティがたくさんあって、子供たちに人気がある。

恐竜化石は人気の展示だ

●クイーンズランド美術館＆現代美術館 Queensland Art Gallery & Gallery of Modan Art (QAGOMA)

博物館に隣接してふたつの美術館があり、合わせて通称クゥアゴマと呼んでいる。オーストラリアの芸術家による作品が主で、じっくり鑑賞したい作品も数多い。無料の館内ツアーがあるので、ぜひ参加したい。

●クイーンズランド海事博物館 Queensland Maritime Museum

ブリスベン川に浮かぶ蒸気船フォーシフル号やオーストラリア海軍のディアマンテ号など実際の船の展示から、1883 年にクックタウンに建てられた灯台（移築して内部見学できるようになっている）、船のエンジンなど、おもにクイーンズランド州の海事の歴史をひもとける博物館だ。

オーストラリア随一のコアラ飼育頭数を誇る MAP P.167/2A

ローンパイン・コアラサンクチュアリ
Lone Pine Koala Sanctuary

シティの南西約 11km の場所にある、1927 年開園の世界最大・最古のコアラ園（ギネスブックに認定されている）。園内には実に 130 頭を超すコアラが飼育されている。園内中央の一番大きなコアラ舎では、コアラの生態についての説明を聞いたり、コアラを抱いての写真撮影も可能（有料）。さらにより自然なかたちでコアラが見られるように、ユーカリの木にコアラを放し飼いにしたコアラキングダムも造られている。

愛らしい親子コアラが見られるのもローンパインならでは

コアラ以外にも、ウォンバットやタスマニアンデビル、ポッサム、カンガルー、カモノハシなど 80 種を超えるオーストラリア特有の動物が見られる。

カンガルーの餌づけエリアも広く、ゆっくりと触れ合える

滞在中多くの観光客が訪れるマウントクーサ展望台とローンパイン・コアラサンクチュアリですが、445 番、471 番、どちらのバスもアデレード・ストリート 41 番バス停を経由するので、あらかじめこの位置を覚えておくと便利です。（東京都　inu　'18）['24]

園内奥では、オオカンガルーやワラビー、エミューなどが放し飼いにされており、簡単に餌づけが楽しめる。ほかにもレインボーロリキートの餌づけ、シープドッグショー、スタッフによるカンガルートーク、ウォンバットトークなどのイベントがあり、1日中楽しめる動物園だ。

すばらしい景色が楽しめる MAP P.167/1A

マウントクーサ展望台
Mt. Coot-tha Lookout

展望台からの景色を楽しむ

ブリスベン川の複雑な蛇行がクリアに見えるのがマウントクーサ。展望台からの景色を堪能し、周辺をのんびり散歩するのがとても気持ちいい。展望台脇にある**サミットカフェ** Summit Cafe でデボンシャーティーを楽しむのもおすすめだ。夜景もすばらしく、町の明かりが、遠くモートンベイまで川の蛇行に沿って広がっているさまは、本当に美しい。

マウントクーサの麓には52haの敷地をもつ**ブリスベンボタニックガーデン・マウントクーサ** Brisbane Botanic Gardens Mt.Coot-tha もある。2万5000本を超える植物が植えられており、一角に日本庭園もある。なお不定期だがボランティアによる無料のガイドウオークもある。

ブリスベン近郊の町と島
AROUND BRISBANE

モートン島
Moreton Is.

モートン島は約20km²、同じオーストラリアのフレーザー島、ノースストラドブローク島に次ぐ世界第3の大きさの砂の島だ。海岸線は美しい白砂のビーチが続き、中央には高さ280mにも及ぶ巨大な砂丘がある。島の中ほどにある**タンガルーマ・アイランドリゾート** Tangalooma Island Resort には、宿泊施設（→P.179）のほか、プール、レストラン、バー、スーパー、スカッシュコート、テニスコートなどがある。日帰り客でも楽しめるリゾートだが、その魅力を存分に満喫するのなら、やはり1泊はしたい。

スノーケリングやダイビング、4WDでの砂丘ツアーや、砂丘での砂滑りなど、アクティビティには事欠かない。そしてこの島を特に有名にしているのが、夕方桟橋脇に現れる野生のバンドウイルカへの餌づけだ。リゾートスタッフが持ってくる餌の魚を自分の手から食べさせられる。また朝はビーチにやってくるペリカンの餌づけも楽しめる。

リゾート前には美しいビーチが広がっている

ローンパイン・コアラサンクチュアリのデータ続き
[アクセス] シティのクイーン・ストリート・バスステーション2CからバスNo. 430、アデレード・ストリートのStop 41からNo. 445を利用（3ゾーン）。所要約30分。タクシー利用の場合$35～45。

●**ミリマークルーズ**
ローンパインまでのブリスベン川クルーズ。クイーンズランド博物館脇が発着場所。
☎0412-749-426
URL mirimarcruises.com.au
時 コアラ＆リバークルーズ（片道約75分）毎日：シティ発9:00、ローンパイン発13:30
料 コアラ＆リバークルーズ（入園料込み）：往復 大人$99 子供$60 家族$270、片道のみ 大人$85 子供$50 家族$230

■**マウントクーサ展望台**
住 Sir Samuel Griffith Drv., Mt. Coot-tha Lookout, 4066
●**行き方**
アデレード・ストリートからNo. 471のバス利用、所要約35～40分。タクシーなら片道$25～30。
●**サミット・カフェ**
☎(07)3333-5535
URL www.summitbrisbane.com.au
営 日～金6:30～20:00、土6:30～22:00
●**ブリスベンボタニックガーデン・マウントクーサ**
住 Mt. Coot-tha Rd., Toowong 4066 ☎(07)3403-2535
URL www.brisbane.qld.gov.au
開 毎日8:00～17:30（4～8月～17:00）

アクセス
●**モートン島**
ゲートウェイブリッジ近くのホルト・ストリート・ワーフ Holt St. Wharf からタンガルーマ・ワイルドドルフィン・リゾートまで高速カタマランが運航（約75分）。バス送迎は片道ブリスベン市中から1人$20、ゴールドコーストから1人$40。
☎(07)3637-2000
☎1300-652-250
URL www.tangalooma.com
時 ホルト・ストリート・ワーフ発：毎日7:30、10:00、12:30、17:30(*)／タンガルーマ発：毎日9:30、14:30、16:00、19:00以降(*)（*春秋は19:30頃、夏は20:00頃、冬は19:00頃）
（フェリー料金は次ページ）

(前ページよりフェリー料金)
料 ホテルゲスト：往復 大人$88 子供$48／ビーチデイクルーズ（ランチ付き）：大人$95 子供$55／1アクティビティ付きデイクルーズ（ランチ＋指定アクティビティのなかからひとつ）：大人$145 子供$105（サンセットカクテル付は大人$195 子供$145）／イルカ餌づけ付きデイクルーズ（ランチ＋指定アクティビティのなかからひとつ）：大人$215 子供$165
※指定アクティビティ：デザート・サファリツアー、マリン・ディスカバリークルーズ、ホエールウオッチング・クルーズ、4輪バギー ATV(*)
*：大人$10 子供$20 追加料金が必要
※デイクルーズはホルト・ストリート・ワーフ発 7:30 もしくは 10:00、タンガルーマ発 16:00（イルカ餌づけ付きデイクルーズのみ帰路タンガルーマ発 19:00 以降）

■ドルフィン・エデュケーションセンター

桟橋の目の前にあり、毎日やってくるイルカの説明はもちろん、モートン島の海に生息するさまざまな生き物についてのパネル展示も充実している。

■デザート・サファリツアー

時 毎日 9:00、13:30 出発／所要約 1.5 時間
料 大人$55 子供$36

大型4WDバスでタンガルーマデザートへ出発

■マリン・ディスカバリークルーズ

時 毎日 9:30 ～ 11:00、12:30 ～ 14:00（時間は潮の状態により多少異なる）
料 大人$69 子供$49 家族$209

■ヘリコプター・ジョイフライト

いくつかコースがあるがドルフィンレイクが見られるのは 18 分および 30 分コース。
料 6 分：1 人 $99 ／ 12 分 $187 ／ 18 分 $280 ／ 30 分 $352

遊覧飛行ではドルフィンレイクも見られる

モートン島最大のお楽しみ

野生イルカへの餌づけ
Wild Dolphin Feeding

感動体験のイルカの餌づけ

野生のイルカに餌づけできる場所は、世界的に見てもまれ。1992 年 4 月に桟橋脇にやってきていたビューティーと名づけられたイルカが、偶然にもスタッフが投げ入れた魚を食べたのが餌づけの始まり。現在では毎夕約 8 頭のイルカがリゾートを訪れている。イルカの野生を保つため、与える餌の量は制限。そのため餌づけには人数制限を設けている。原則、リゾート滞在客（滞在中 1 回）、イルカ餌づけ付きクルーズ参加者が対象だ。イルカは日の暮れる頃に桟橋脇にやってくる。スタッフの指示に従い餌の魚をやる。人なつこいイルカの姿に感動するはずだ。餌づけの様子はスタッフが写真撮影しており、翌日島内の写真店で販売される。

広大な砂丘で砂滑りを楽しむ

デザート・サファリツアー
Desert Safari Tour

童心に返って砂滑りを楽しもう

リゾートの南側にある大砂丘地帯タンガルーマデザート Tangalooma Desert へ大型の 4WD で出かけ、サンドトボガン（砂滑り）を楽しむツアー。途中、ガイドが一見真っ白に見えるここの砂が、実はさまざまな色の砂が混じったものであること、あるいは 500 種にも及ぶモートン島の植物に関することなどを説明してくれる。

世界中のナチュラリスト注目の的

マリン・ディスカバリークルーズ
Marine Discovery Cruise

珍しいジュゴンに出合えることもある

モートン島周辺は世界的に貴重な海洋哺乳類ジュゴンの大生息地でもある（約 600 頭生息している）。そんなジュゴンの姿を 50% ほどの確率で見られるクルーズが人気。運がいいと数百頭のジュゴンが船の周りを埋め尽くすこともあるほどだ。

またこのクルーズは、マリン・ディスカバリーと銘打っているだけあって、ほかの海洋生物もいろいろ見られる。特にイルカやアカウミガメは高確率でボートの近くに現れる。クルーズ中、カメラが手放せなくなるほどだ。

穏やかな海で思いきり遊ぼう
マリンアクティビティ
Marine Activities

ビーチではさまざまなアクティビティにチャレンジできる

ダイビング、スノーケリング、カタマランセイリング、シーカヤックなどが楽しめる。特にガイド付きで行われるスノーケリングツアーはおすすめ。タンガルーマ・リゾートのすぐ沖合には実に12艘もの難破船が沈んでおり、それらすべてが魚礁と化している。スノーケリングツアーでは、難破船ポイントを訪れるため、信じられないほど多くの魚を見ることができるのだ。

沖合を通るクジラを見にいく
ホエールウオッチング・クルーズ
Whale Watching Cruise

巨大なクジラの姿に大興奮

6月中旬～10月中旬、モートン島沖合は南極方面からやってくるザトウクジラの通り道となる。この期間、リゾートから週3回、ホエールウオッチングのクルーズが出るのでぜひ参加したい。見られる確率は7～8割。運がよければ船のすぐ間近を通り過ぎたり、ブリーチしたりするクジラの勇姿も見られることだろう。

ノースストラドブローク島
North Stradbroke Is.

島のビーチは4WDで走るのがおもしろい

モートン島の南にある世界第2の大きさの砂の島。この島のすぐ南は、ゴールドコーストからのクルーズでよく訪れるサウスストラドブローク島となる。1896年まで、このふたつのストラドブローク島は陸続きだったのだが、大嵐により砂が吹き飛ばされ、現在のようになった。

巨大な砂の島といっても、島内はユーカリやグラスツリー、バンクシアなどの森に覆われ、野生のコアラやカンガルーも生息する。また、人口も2300人ほどで、小さな町や村が島内に点在している。もちろん砂でできた島だからビーチはすばらしい。特に島の東側に延々30kmにも及び広がるビーチは、太平洋の波が押し寄せ、絶好のサーフポイント、釣りのポイントとして知られている。

■マリンアクティビティ
時 各アクティビティとも当日の天候により催行時間が異なる
料 ガイド付き難破船スノーケリング：大人$69 子供$55／透明カヤックで行く難破船：1人乗り$79、2人乗り$119／体験ダイビング$169／難破船ファンダイビング$139（全器材込み）／水中スクーターサファリ：大人$99 子供$79／カタマランセイリング：1時間$79／SUP：1時間$35

■ホエールウオッチング・クルーズ
時6月中旬～10月下旬の毎日：タンガルーマ発12:00～15:30／ホルト・ストリート・ワーフ発着10:00～16:45
料 タンガルーマ発着：大人$75 子供$55／ブリスベン発着：大人$145 子供$105

アクセス

●ノースストラドブローク島
ブリスベンからシティトレインでクリーブランドCleveland へ行き、そこからバスでフェリーターミナルへ。フェリーターミナルからはストラドブロークフライヤーStradbroke Flyer（所要25分）、もしくはカーフェリーのシーリンクフェリー Sealink Ferriesを利用（所要約45分）。

●ストラドブロークフライヤー
☎(07)3821-3821
URL flyer.com.au
時 クリーブランド発4:55～13:55、15:25～19:25の1時間ごと／ダンウィッチ発5:25～14:25、15:55～19:55の1時間ごと
料 片道：大人$12 子供$6

●シーリンクフェリー
☎(07)3488-5300
URL www.sealink.com.au/north-stradbroke-island
時 クリーブランド発4:55～7:55、9:25～13:25、14:55～16:55、18:25～21:25の1時間ごと／ダンウィッチ発5:25～8:25、9:55～13:55、15:25～17:25、18:55～21:55の1時間ごと 料 車1台（乗客も含む）片道$73～83／車なし片道 大人$12 子供$7

ノースストラドブローク島の島内交通

ストラドブローク・アイランドバス Stradbroke Island Bus がダンウィッチ～アミティポイント～ポイントルックアウトを毎日24往復している。またポイントルックアウトにはレンタカー店もあり、4WDが1日$100程度で借りられる。これを利用するのが一番便利だ。

●**ストラドブローク・アイランドバス**
☎(07)3415-2417
URL www.stradbrokebus.com.au
料 ダンウィッチ～ポイントルックアウト（2ゾーン）片道：大人$5 子供$2.50／1日券：大人$10 子供$5

ポイントルックアウトを起点にしよう

ポイントルックアウトからの眺め

フェリーが発着する**ダンウィッチ** Dunwich、島の北端でモートン島を望む**アミティポイント** Amity Point、島の北東端**ポイントルックアウト** Point Lookout の3つの町がある。観光の中心は、ポイントルックアウトだ。周囲には美しいビーチが続き、冬季には沖合を通るザトウクジラの姿も見られる。宿泊施設も多い。またポイントルックアウトの町外れの断崖絶壁（その名もポイントルックアウト）が、展望地となっている。ここには遊歩道が造られており、眼下に見える海を泳ぐウミガメ、エイ、マンタ、イルカなどを高確率で見ることができる。またポイントルックアウトの南にある**メインビーチ** Main Beach はサーフィンの好スポットとして知られている。

ブリスベンのホテル&レストラン ACCOMMODATION RESTAURANT

州外局番(07)

ホテル

ブリスベン

バジェットタイプ

ブリスベンの人気ユース MAP 地図外
Brisbane City YHA
ブリスベンシティ YHA

URL www.yha.com.au 住392 Upp. Roma St., 4000 ☎3236-1004 WiFi 無料 料D$75～84、TW$220～258 ※YHA会員以外は追加料金必要 CC MV

トランジットセンターから徒歩7～8分。ドミトリーのある棟と2～3人部屋だけの棟があって、こちらは全室エアコン付き。

バックパッカー街の中心にある

町の真ん中にある MAP P.171/2A
All Nations Brisbane
オールネーション・ブリスベン

URL nomadsworld.com/australia/nomads-brisbane
住308 Edward St. (Cnr. Ann St.), 4000
☎3211-2433 WiFi 無料 料D$55～64、TW$180～202 CC MV

趣のある建物を使ったバックパッカーズ

セントラル駅が目の前。コロニアル建築の建物で、地下にはバー、1階にはカフェ、レトロなエレベーター。

120年の歴史を誇る MAP P.171/2A
Annies Shandon Inn
アニーズ・シャンドンイン

URL anniesbrisbane.com 住405 Upp. Edward St., Spring Hill, 4000 WiFi 無料 料S$79、TW$89～99 ※朝食付き CC JMV

ベッドカバーはパステルカラーで、出窓には鉢が飾られ、部屋の家具はすべて愛らしい雰囲気。

一級以上のホテル

基本設備が充実した MAP P.171/2A
George Williams Hotel
ジョージウイリアムス

URL www.georgewilliamshotel.com.au
住317-325 George St., 4000
☎3308-0700 FREE 1800-064-858 WiFi 無料
料TW$150～190 CC ADJMV

客室は狭いが清潔感いっぱい

キングジョージ・スクエア、トランジットセンターとも徒歩5分以内。レストラン、ツアーデスクなど設備も整っている。

眺めのいい MAP P.171/1A
Hotel Grand Chancellor Brisbane
グランドチャンセラー・ブリスベン

URL www.grandchancellorhotels.com
住23 Leichhardt St. (Cnr. Wickham Tce.), Spring Hill, 4000 ☎3831-4055 WiFi 無料
料TW$220～420 CC ADJMV

落ち着いた雰囲気の客室

ウィッカム・テラスを上り切った高台にある。市中心部から徒歩10分ほどだ。客室はモダンで、眺めもいい。バスルームはシャワーオンリー。レストラン、バー、プール、ジムなど設備も充実している。

セントラル駅近くの高台にある MAP P.171/2B
Amora Hotel Brisbane
アモラ・ブリスベン

URL www.amorahotels.com/brisbane
住200 Creek St., 4000 ☎3309-3309

日本からブリスベンへの電話のかけ方
国際電話会社の番号＋010＋61（国番号）＋7（0を取った州外局番）＋電話番号

ゆったり広々とした客室

📶 無料
料ⓉⓌ$228～498
CC ADJMV

ブリスベン中心部に近く、料金的にも比較的手頃な4つ星ホテル。部屋は明るくスタイリッシュなデザインの家具で統一。スタンダードでも32㎡あるなど広々としている。高台にあるので、ブリスベンシティの眺めもいい。プール（冬季は温水）やジムなどの設備もあり、また朝はカジュアルなビュッフェ、夜は本格的モダンオーストラリア料理が味わえるパントリーも人気がある。

ストーリーブリッジ脇のアートなホテル MAP P.171/1B

Crystalbrook Vincent
クリスタルブルック・ヴィンセント

URL www.crystalbrookcollection.com/vincent
住 5 Boundary St., 4000 ☎ 3515-0700
📶 無料 料ⓉⓌ$347～1067 CC AMV

アート感いっぱいの客室

フェロンズ・ブリューイングなどがあるハワードスミス・ワーブズにある。スタイリッシュな外観はもちろん、ロビー、ホテル内通路などを飾るさまざまなモダンアート作品、遊び心のある調度品や家具で統一された客室など、ホテル内どこでもアートを感じる。ストーリーブリッジ真下には屋上プールやルーフトップバーもある。

何をするにも便利な場所にある MAP P.171/2A

Hilton Brisbane
ヒルトン・ブリスベン

URL www.hilton.com 住 190 Elizabeth St., 4000
☎ 3234-2000 📶 無料 料ⓉⓌ$405～793
CC ADJMV 日本での予約先：ヒルトン・ワールドワイド ☎ (03)6864-1633

クイーン・ストリートモールに面したウインターガーデンショッピングセンターとコンプレックスをなす。ホテルに入ってまず目にするオセアニア最大級、高さ83mのアトリウムは圧巻。ビンテージ・バー&グリルもブリスベン有数のファインダイニングとして評判だ。

セントラル駅脇に建つ高級ホテル MAP P.171/2A

Sofitel Brisbane Central
ソフィテル・ブリスベンセントラル

URL www.sofitelbrisbane.com.au
住 249 Turbot St., 4000 ☎ 3835-3535
📶 無料 料ⓉⓌ$783～4824 CC ADJMV
日本での予約先：アコーカスタマーサービス
☎ (03)4578-4077

ブリスベン・セントラル駅とコンプレックスになっており、入口はターボット・ストリート側。まるでギャラリーのようなロビー、シックで落ち着いた客室など、ブリスベンを代表するホテルにふさわしい雰囲気だ。

クラシックホテルに滞在 MAP P.171/2A

Treasury Hotel & Casino
トレジャリー・ホテル&カジノ

URL www.treasurybrisbane.com.au
住 130 William St., 4000 ☎ 3306-8888
FREE 1800-506-889 📶 無料 料ⓉⓌ$393～590 CC ADJMV

19世紀後半の歴史的建造物を改築。カジノ棟とはクイーンズガーデンを挟んで対面に建ち、セキュリティ面でも安心。外観はもちろん内部もできるだけ当時の面影を残すよう改修されており、その雰囲気を味わうだけでも泊まる価値がある。客室は昔の建物らしくとにかく天井が高い。インテリアはもちろん、建物内のエレベーターやロビーエリアまで、すべてがクラシック。

天井の高さに驚かされる

モートン島

家族で楽しむのに最適な MAP P.183/1B

Tangalooma Island Resort
タンガルーマ・アイランドリゾート

URL www.tangalooma.com 住 P.O.Box 1102, Eagle Farm, 4009 ☎ 3637-2000 ☎ 1300-652-250
📶 無料 料ⓉⓌ$279～319、ヴィラ 2B $529～749 CC ADJMV

プールもゆったりとしたタンガルーマリゾート

イルカの餌づけで大人気のリゾート。敷地内にはレストラン、カフェ、バー、リゾートショップなどもある。プールは2ヵ所。ホテルタイプの客室からヴィラ、アパートメントまで部屋の種類も豊富だ。日本語スタッフもいる。

ノースストラドブローク島

バックパッカー、ダイバーにおすすめ MAP P.183/1B

Manta Lodge & Scuba Centre
マンタロッジ&スクーバセンター

URL www.mantalodge.com.au
住 132 Dickson Way, Point Lookout, 4183
☎ 3409-8888 📶 無料
料Ⓓ$44～49、ⓉⓌ$124 CC MV

ポイントルックアウトにあるダイブショップを兼ねたホステル。ダイビング以外にも島内での各種ツアーを催行している。

レストラン

古きよき時代にタイムスリップ　MAP P.171/2A

Shingle Inn City Hall
シングルイン・シティホール

URL www.shingleinncityhall.com
住 City Hall, King George Sq., 4000
☎ 3210-2904　営 火～土 9:00～15:00、日 10:00～14:30　休 月祝　CC MV

レトロな雰囲気のシティホール内シングルイン

1936年にレストラン兼ベーカリーとしてエドワード・ストリートに開業したカフェレストラン。現在ではブリスベン中心部の4店舗をはじめ、オーストラリア各地に支店をもつほど。なかでもシティホール内の店は、当時の雰囲気を残すクラシックな内装で大人気。トラディショナル・ハイティー（$44～）が評判だが、ほかにもオールドファッションのアップルパイやケーキ、ビスケットなども味わいたい。

陽気にギリシャ料理を……　MAP P.171/1B

GRECA
グレカ

URL www.greca.com.au
住 Howard Smith Whaf Precinct, 3/5 Boundary St., 4000　☎ 3839-1203　営 毎日 11:30～22:30
CC ADJMV　酒 ライセンスド

タコを使った料理があるのはギリシャ料理ならでは

フェロンズ・ブリューイングなどがあるハワード・スミス・ワーブスにある人気ギリシャ料理店。クイーンズランド産の食材を使っており、シーフードや名物サガナキなどが美味。スタッフも陽気で気さくに話しかけてくれる。

シティで気軽に中華料理なら　MAP P.171/2A

New Shanghai
新上海

URL www.newshanghai.com.au/queens-plaza
住 LG 23, Queens Plaza, 226 Queen St., 4000
☎ 3108-7652　営 月～水日 11:00～20:00、木土 11:00～20:30、金 11:00～21:00
CC AMV　酒 ライセンスド

人気メニューの小籠包

クイーン・ストリートモールに面したショッピングセンターの地下にある。店内はレトロな雰囲気で、メニューは各種点心から上海風ヌードル、一品料理まで豊富。お店の人気は小籠包($13)だ。

新上海にブリスベン在住の友人のすすめで行きました。それほど高くなく美味しいです。特にトリュフチャーハン（$24.90）が最高！ボリュームもあるので1人では食べきれないです。（北海道　JJ　'24）

アジアンヌードル専門店　MAP P.171/2A

Fat Noodle
ファットヌードル

URL www.treasurybrisbane.com.au/casino-restaurants/fat-noodle　住 Cnr. George & Queen Sts., 4000　☎ 3306-8502
営 火～日 12:00～22:00
休 月　CC MV　酒 ライセンスド

人気メニューのシンガポールラクサ

トレジャリーカジノ内にある大人気アジアンヌードルハウス。昼時はいつも行列ができるほどだ。おすすめはピリっと辛いシンガポールラクサ（$30）。

大人気のルーフトップレストラン　MAP P.171/3A

LINA Rooftop
リナ・ルーフトップ

URL linarooftop.com.au　住 74/80 Tribune St., South Brisbane 4101　☎ 3187-4590　営 水木 11:00～22:00、金土 11:00～24:00、日 11:00～19:00　休 月火　CC AMV　酒 ライセンスド

ルーフトップバーとしても評判だ

サウスバンクのすぐ近くにあり、インフィニティプール越しにブリスベンのパノラマが楽しめる。イタリアンテイストのシーフードや肉料理が美味。もちろんドリンクメニューも充実している。

お祭り気分で食事を楽しもう！　MAP P.167/1B

Eat Street Northshore
イートストリート・ノースショア

URL eatstreetmarkets.com
住 221D Macarthur Ave., Hamilton, 4007
営 金土 16:00～22:00、日 16:00～21:00
休 月～木祝　CC 店舗により異なる

週末の食事ならイートストリートへ

週末に開かれるグルメマーケット。フェリーのシティキャットを利用し終点ノースキー North Quay 下船すぐ。広い敷地内には、西欧料理、アジア料理、中近東料理など世界中の料理屋台が並び、いながらにして味の世界旅行が楽しめる。またライブミュージックなどのイベントもあるので、週末の夜の過ごし方としておすすめだ。入場料としてひとり $6 必要（12歳未満無料）。

ゴールドコースト Gold Coast

クイーンズランド Queensland　　州外局番 (07)

サーフビーチで波遊びを楽しむのがゴールドコースト流

ブリスベンから車で南へ約1時間。そこに、およそ60kmにも及ぶ黄金色のビーチをもつ世界でも有数のリゾート地、ゴールドコーストがある。南太平洋の白波が打ち寄せる海岸に沿って、高層のホテルやコンドミニアムが並ぶさまは壮観。もっともオージーには、高層コンドミニアムよりも、外洋へ続く運河沿いに別荘をもつほうが人気だ。各別荘に専用桟橋を造り、自家用ヨットやボートで海へ繰り出す、そうした趣向なのだ。

ゴールドコーストでの楽しみは、まず何といっても海。1年のうち300日が晴れといわれ、美しい砂浜で日光浴を楽しむにはベストな環境だ。ほとんどサーフビーチということもあって泳ぐには向かないが、ほてった体を冷やしに波と戯れるには最高だろう。サーフィンの好スポットがいくつもあり、浜辺にはサーフボードやブギーボードを抱えた大人や子供の姿も多い。ゴールドコースト南部バーレイヘッズやツイードヘッズでは、よくサーフィンの国際大会も開催されているほどだ。

サーフィン以外のアクティビティも盛んで、パラセイリングやジェットスキーなどほとんどのマリンアクティビティが可能。さらに大人から子供まで楽しめる各種テーマパークや動物園も充実、世界遺産のラミントン国立公園へ起点でもある。

何日いても遊び切れない。日いても楽しい。そんな魅力ふれるゴールドコーストを、思きり満喫してみよう。

サーフポイントとして知られるバーレイヘッズ

ハイクラスリゾートと評判のブロードービーチ

ユースフルインフォメーション

サーファーズパラダイス・ビジターインフォメーション&ブッキングセンター Surfers Paradise Visitor Information & Booking Centre
MAP P.189/左下
住 2 Cavill Ave., Surfers Paradise, 4217
☎ 1300-309-440
URL www.destinationgoldcoast.com
開 月～土 9:00～17:00、日 9:00～16:00

日本語の通じる病院

日本語医療センター International Medical Centre
MAP P.183/3B
住 Shop B002, Australia Fair Shopping Centre, 40 Marine Pde., Southport, 4215
☎ (07)5526-3532
URL www.nihongoiryo.com.au
営 毎日 9:00～18:00（要予約）
CC ADJMV

さくらクリニック Sakura Clinic
MAP P.183/3B
住 Level 1, 62-64 Davenport St., Southport, 4215
☎ 0487-119-119
URL www.goldcoastsakuraclinic.com
営 月～金 9:30～17:00　休 土日祝

マーメイドビーチ・メディカルセンター Mermaid Beach Medical Centre
MAP P.183/3B
住 Shop 23-24, Pacific Square, 2532 Gold Coast Hwy., Mermaid Beach, 4218　☎ (07)5572-1668
URL www.ipn.com.au/gp/qld-mermaid-beach-mermaid-beach-medical-centre/
営 月～金 8:00～20:00、土 9:00～18:00　休 日

主要航空会社連絡先

カンタス航空 Qantas Airways
☎ 13-13-13

ジェットスター Jetstar
☎ 13-15-38

ヴァージン オーストラリア Virgin Australia
☎ 13-67-89

ゴールドコーストで絶対 コレを見る！ コレをする！

延々 60km 以上にわたって続くサーフビーチをもつ、オーストラリア有数のリゾート地ゴールドコースト。ビーチライフやマリンアクティビティを満喫し、町の背後にある世界遺産の森をもつヒンターランドで、森林浴や高原の町を楽しむ。家族連れならテーマパーク巡りも楽しい。

ビーチ＆マリンアクティビティ

天気のいい日は大勢の人がビーチウオークを楽しんでいる

ゴールドコーストへやってきたら、まずビーチに出てみよう。鳴き砂のビーチでは、誰もがビーチウオークを楽しんでいる。ビーチと海がすばらしいゴールドコーストだから、マリンアクティビティメニューも豊富だ。日本人スタッフの指導で初心者から楽しめるサーフィン＆ボディボードは、サーフビーチが多いゴールドコーストならでは。また波の穏やかな内海のブロードウオーターでは、人気のパラセイリングやジェットスキーからスクーバダイビングまでトライできる。

上：初心者でもスクールに参加すればサーフィンが楽しめる
右：パラセイリングはゴールドコーストの定番アクティビティ

世界遺産の森を楽しむ

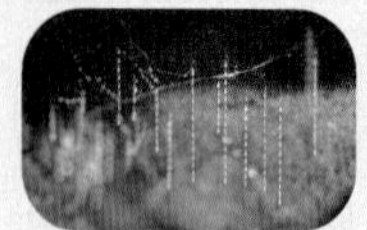

ツチボタルは実はこんな生き物

ゴールドコースト背後のヒンターランドは世界遺産に登録された森。そんな森へ出かける日本語ガイド付きツアーにぜひ参加したい。一番人気はナチュラルブリッジでのツチボタル見学。ツチボタルはオーストラリアやニュージーランドなどのごくかぎられた場所でしか観察できない虫で、夜間、青白く神秘的な光をともすさまは幻想的だ。日中は、ラミントン国立公園やスプリングブルック国立公園で森自体を楽しむツアーが多い。かつて南極と地続きだった頃の名残の植物を見たり、亜熱帯雨林の森を散策したりできる。

上：ラミントン国立公園では野鳥の餌づけもできる
下：南極と地続きだったことを示すナンキョクブナ

テーマパーク巡り

シーワールドのショーは大人気だ

オーストラリアらしい動物テーマパークのカランビン・ワイルドライフサンクチュアリ、牧場テーマパークのパラダイスカントリーから、イルカやアシカのショーが楽しめるシーワールド、映画テーマパークのムービーワールド、遊園地と動物園が一緒になったドリームワールドまで多種多様。小さな子供連れにおすすめだ。

ゴールドコースト広域図
Around Gold Coast

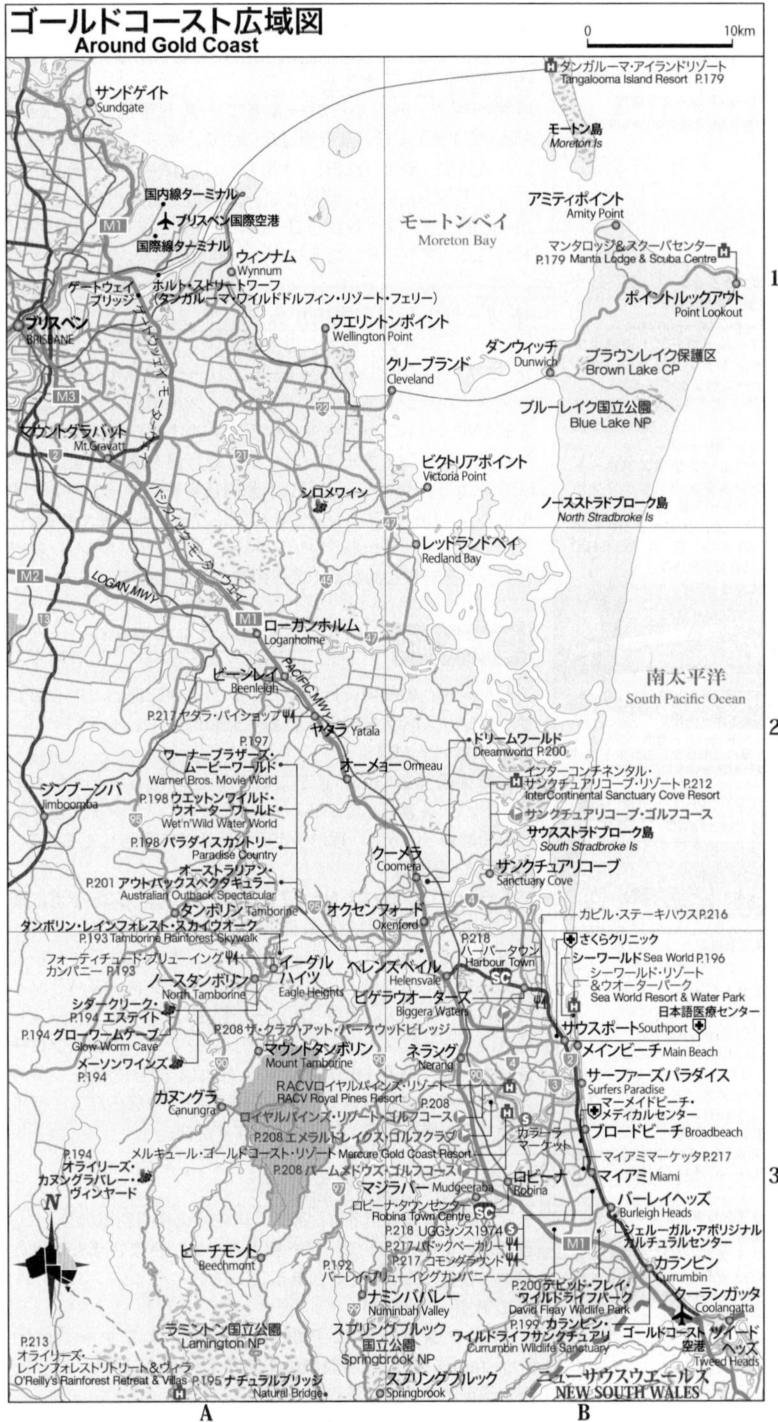

アクセス
ACCESS

行き方

日本から

日本から**ゴールドコースト空港** Gold Coast Airport(OOL) までの直行便はないので、東京（羽田）からカンタス航空、東京（成田）・大阪からジェットスターを利用してブリスベンに入り、陸路でゴールドコーストへ向かう方法が一般的。ブリスベンからゴールドコーストまでは、エアポートバス、エアトレインなどで約 1 時間 30 分だ。

オーストラリア国内から

ゴールドコースト空港へはケアンズ、シドニー、メルボルン、ホバート、アデレード、パース、ニューカッスルからジェットスターが、シドニー、キャンベラ、メルボルンからカンタス航空が、シドニー、キャンベラ、メルボルン、アデレードからヴァージン・オーストラリアが直行便を運航。また新興 LCC ボンザがクイーンズランド州内各都市やダーウィン、メルボルン、ロンセストンなどとの間にフライトを持っている。またシドニー～ゴールドコーストには、グレイハウンド・オーストラリアをはじめ数多くの長距離バスが走っている。

空港 ↔ 市内

ゴールドコースト空港から

ゴールドコースト空港はニューサウスウエールズ州との州境に近いクーランガッタにある。中心部のサーファーズパラダイスまでは約 30km。

●エアポートバス

飛行機の発着に合わせて**コニクション** Con-X-ion がエアポートバスを運行している。サーファーズパラダイスまで所要時間は約 30 分で、宿泊予定のホテル前で降ろしてくれる。

●公共交通機関

トランスリンクバス No.777 がゴールドコースト空港に乗り入れている。このバスは急行バスで終点ブロードビーチ・サウスまで約 30 分。ブロードビーチ・サウスはライトレールのターミナルなので、乗り換えればサーファーズパラダイスまでもアクセスは簡単（2 ゾーン料金）。ゴールドコースト空港内のツーリストインフォメーションで**ゴーエクスプローラーカード**（→ P.185）を手に入れれば $10 でサーファーズパラダイスまで行けるし、その後も同日中ならバス、ライトレールが使い放題になるのでおすすめだ。

ブリスベン国際空港から

ブリスベン国際空港は国際線、国内線の拠点空港のひとつ。それだけにゴールドコースト空港よりも、さまざまな都市との間に数多くのフライトがある。

●エアポートバス

コニクションが**エアポートトランスファー** Airport Transfers を運行。所要時間は 1 時間 15 分～1 時間 30 分で、宿泊予定ホテル前で降ろしてくれる。

■ゴールドコースト空港
URL www.goldcoastairport.com.au

■コニクション
☎1300-266-946
URL www.con-x-ion.com
●ゴールドコースト空港エアポートトランスファー（サーファーズパラダイスまで）
料 片道：大人$25 子供$15 家族$60 ／往復：大人$45 子供$30 家族$90
●ブリスベン空港エアポートトランスファー（サーファーズパラダイスまで）
料 片道：大人$50 子供$25 家族$125 ／往復：大人$100 子供$50 家族$250

ゴールドコースト空港、ブリスベン空港のどちらからもシャトルバスサービスを行うコニクション

トランスリンク No.777 のバスは通常 2 階建て

■エアトレイン
☎(07)3216-3308
FREE 1800-119-091
URL www.airtrain.com.au
時 5:04 ～ 22:04 の 30 分ごと
●サーファーズパラダイスまで（ヘレンズベイル駅からライトレール利用）
料 片道：大人$43.60 子供$10.90 ／往復：大人$85.20 子供$21.80

■空港からタクシー、ウーバーを利用
サーファーズパラダイスまでゴールドコースト空港からタクシーで約 $65 ～ 80。ウーバーなどライドシェア利用は $57 ～ 92。

●電車

エアトレイン Airtrain（ブリスベンの市内電車シティトレインが路線拡張したもの）がブリスベン市中を抜けてゴールドコーストまで走っている（所要約 90 分）。ゴールドコースト内の駅はヘレンズベイル Helensvale、ネラング Nerang、ロビーナ Robina、ヴァーシティレイクス Varsity Lakes。ヘレンズベイルでライトレール（→ P.187）に乗り換えればサーファーズパラダイス、ブロードビーチへ出ることができる。。

トランジットセンター ↔ 市内

グレイハウンド・オーストラリアなどの長距離バスは、サーファーズパラダイス中心部ビーチ・ロードにある**バス・トランジットセンター** Bus Transit Centre が発着場所だ。

市内交通
LOCAL TRANSPORT

ゴールドコーストの重要な足トランスリンクバス

ゴールドコーストの市内交通は、ブリスベン郊外路線として位置づけられており、料金システムはブリスベン同様（→ P.166 ～ 169）。ゴールドコースト地域はゾーン 4 ～ 7 の 4 つのゾーンに分けられており、いくつのゾーンにまたがって乗車したかで料金が変わってくる（乗車開始時から 2 時間以内なら乗り降り自由）。ブリスベン同様スマートカードスタイルの**ゴーカード** go card が利用便利で、通常料金の約 30%割引き (その他の特典→ P.167 ～ 168)。なおブリスベンからのシティトレインやヘレンズベイル駅～ブロードビーチ・サウスを結ぶライトレールは、**タッチ決済可能なクレジットカード（AMEX、Master、VISA）でゴーカード同様の割引が受けられる。**バスを利用しないのならこの方法が便利でお得だ。またバスも利用する短期滞在の旅行者に便利なのが**ゴーエクスプローラーカード** go explorer card。ゴールドコーストエリア内のトランスリンクバス、ライトレールが乗り放題になる 1 日券。使用日以後も 1 日券としてリチャージ（トップアップという）可能だ。

トランスリンクバス

路線バスはトランスリンクバス Translink Bus（運行会社のサーフサイドバス Surfside Bus の表示の場合もある）。北はドリームワールド、ヘレンズベイルから、南はクーランガッタ、ツイードヘッズを結んでいる。ゴールドコースト内陸部のネラング Nerang、マジラバー Mudgeeraba などへ行く路線ももっており、これらの路線へはサウスポートのオーストラリアフェア横、ブロードビーチのブロードビーチ・サウスで乗り換える。

ゴールドコースト バス / ライトレール運賃（2024 年 3 月現在）

通過ゾーン	シングルチケット運賃		ゴーカード通常運賃		ゴーカード・オフピーク	
	大人	子供	大人	子供	大人	子供
1	$5.10	$2.60	$3.55	$1.78	$2.84	$1.42
2	$6.30	$3.10	$4.34	$2.17	$3.47	$1.74
3	$9.60	$4.80	$6.63	$3.32	$5.30	$2.65
4	$12.60	$6.30	$8.72	$4.36	$6.98	$3.49

ネラング駅利用が便利なエアトレイン

■サーファーズパラダイス・バス・トランジットセンター
MAP P.189/ 左下

■ブリスベン～ゴールドコースト
ブリスベン・ローマ・ストリート駅（トランジットセンター）からシティトレインをヘレンズベイルまで利用（約 1 時間）。ライトレールに乗り換えれば、ブロードビーチ、サーファーズパラダイスへ行ける。
URL translink.com.au
時 日中 30 分に 1 本の割合で運行
料 ブリスベン・シティ～ヘレンズベイル、サーファーズパラダイス、ブロードビーチ（5 ゾーン）: 大人 $16.60 子供 $8.30
※ゴーカード利用時（通常時、オフピーク時）はさらに割安

■トランスリンクバス
Translink Bus
☎ 13-12-30
URL www.translink.com.au
料 ブリスベン市内と同じ料金体系（→ P.166 ～ 169）

■ゴーカード＆ゴーエクスプローラーカード
ゴーカードは発行時に $10 の保証料が必要。カードの購入、リチャージはコンビニエンスストアなどで。ゴーエクスプローラーカード（大人 $10 子供 $5）はゴールドコースト空港ビジターセンターや主要ホテルのレセプションで購入可能。

便利なゴーエクスプローラーカード

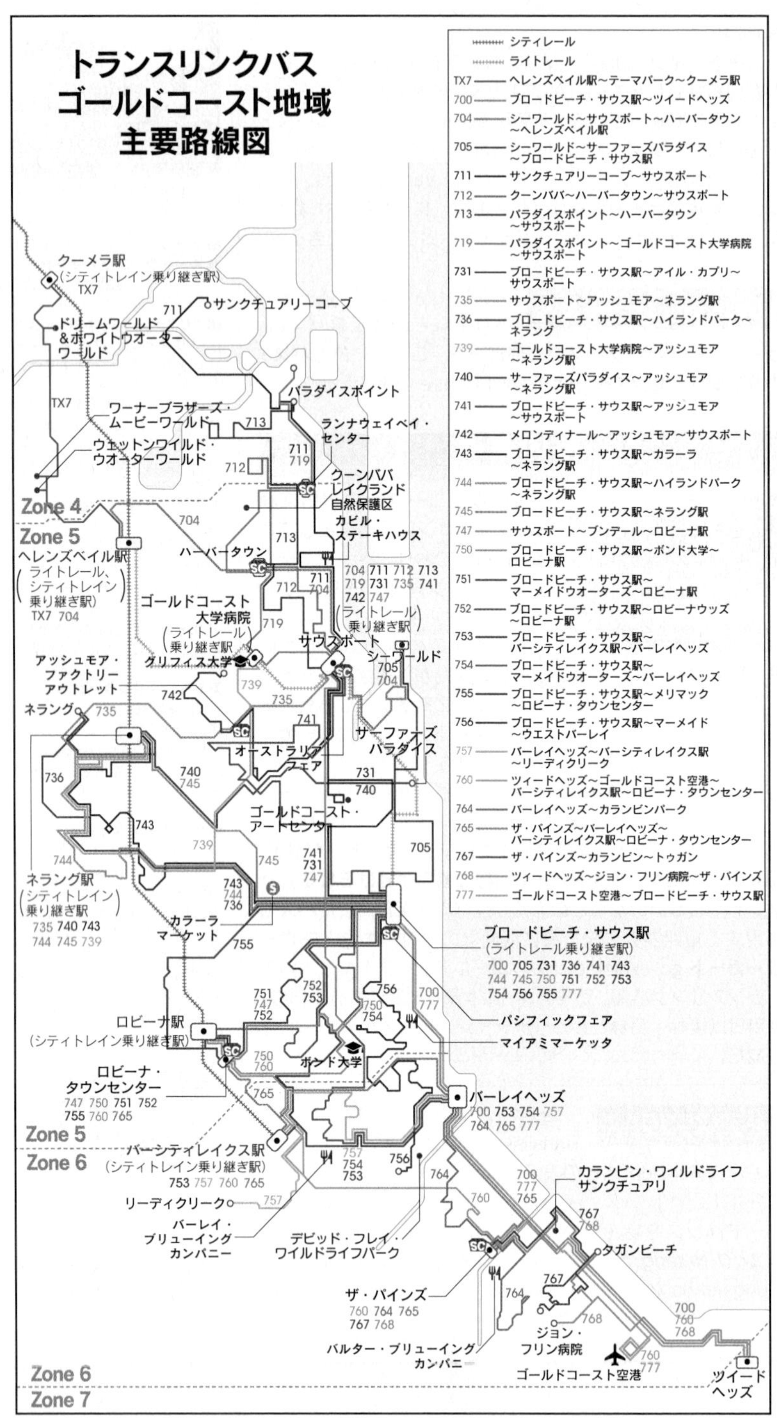

トランスリンクバス
ゴールドコースト地域
主要路線図
シティレール
ライトレール
TX7 ヘレンズベイル駅～テーマパーク～クーメラ駅
700 ブロードビーチ・サウス駅～ツイードヘッズ
704 シーワールド～サウスポート～ハーバータウン～ヘレンズベイル駅
705 シーワールド～サーファーズパラダイス～ブロードビーチ・サウス駅
711 サンクチュアリーコーブ～サウスポート
712 クーンババ～ハーバータウン～サウスポート
713 パラダイスポイント～ハーバータウン～サウスポート
719 パラダイスポイント～ゴールドコースト大学病院～サウスポート
731 ブロードビーチ・サウス駅～アイル・カプリ～サウスポート
735 サウスポート～アッシュモア～ネラング駅
736 ブロードビーチ・サウス駅～ハイランドパーク～ネラング
739 ゴールドコースト大学病院～アッシュモア～ネラング駅
740 サーファーズパラダイス～アッシュモア～ネラング駅
741 ブロードビーチ・サウス駅～アッシュモア～サウスポート
742 メロンディナール～アッシュモア～サウスポート
743 ブロードビーチ・サウス駅～カラーラ～ネラング駅
744 ブロードビーチ・サウス駅～ハイランドパーク～ネラング駅
745 ブロードビーチ・サウス駅～ネラング駅
747 サウスポート～ブンデール～ロビーナ駅
750 ブロードビーチ・サウス駅～ボンド大学～ロビーナ駅
751 ブロードビーチ・サウス駅～マーメイドウオーターズ～ロビーナ駅
752 ブロードビーチ・サウス駅～ロビーナウッズ～ロビーナ駅
753 ブロードビーチ・サウス駅～バーシティレイクス駅～バーレイヘッズ
754 ブロードビーチ・サウス駅～マーメイドウオーターズ～バーレイヘッズ
755 ブロードビーチ・サウス駅～メリマック～ロビーナ・タウンセンター
756 ブロードビーチ・サウス駅～マーメイド～ウエストバーレイ
757 バーレイヘッズ～バーシティレイクス駅～リーディクリーク
760 ツイードヘッズ～ゴールドコースト空港～バーシティレイクス駅～ロビーナ・タウンセンター
764 バーレイヘッズ～カランビンパーク
765 ザ・パインズ～バーレイヘッズ～バーシティレイクス駅～ロビーナ・タウンセンター
767 ザ・パインズ～カランビン～トゥガン
768 ツィードヘッズ～ジョン・フリン病院～ザ・パインズ
777 ゴールドコースト空港～ブロードビーチ・サウス駅
クーメラ駅
(シティトレイン乗り継ぎ駅)
TX7
サンクチュアリーコーブ
ドリームワールド
&ホワイトウオーター
ワールド
パラダイスポイント
ワーナーブラザーズ・
ムービーワールド
ウェットンワイルド・
ウオーターワールド
ランナウェイベイ・
センター
クーンババ
レイクランド
自然保護区
カビル・
ステーキハウス
Zone 4
Zone 5
ヘレンズベイル駅
(ライトレール、シティトレイン乗り継ぎ駅)
TX7 704
ハーバータウン
ゴールドコースト
大学病院
(ライトレール
乗り継ぎ駅)
704 711 712 713
719 731 735 741
742 747
(ライトレール
乗り継ぎ駅)
サウスポート
シーワールド
アッシュモア・
ファクトリー
アウトレット
グリフィス大学
ネラング
サーファーズ
パラダイス
オーストラリア
フェア
ゴールドコースト・
アートセンター
ネラング駅
(シティトレイン
乗り継ぎ駅)
735 740 743
744 745 739
カラーラ
マーケット
ブロードビーチ・サウス駅
(ライトレール乗り継ぎ駅)
700 705 731 736 741 743
744 745 750 751 752 753
754 756 755 777
パシフィックフェア
マイアミマーケッタ
ロビーナ駅
(シティトレイン乗り継ぎ駅)
ボンド大学
ロビーナ・
タウンセンター
747 750 751 752
755 760 765
バーレイヘッズ
700 753 754 757
764 765 777
Zone 5
Zone 6
バーシティレイクス駅
(シティトレイン乗り継ぎ駅)
753 757 760 765
リーディクリーク
バーレイ・
ブリューイング
カンパニー
デビッド・フレイ・
ワイルドライフパーク
カランビン・ワイルドライフ
サンクチュアリ
タガンビーチ
ザ・パインズ
760 764 765
767 768
ジョン・
フリン病院
バルター・ブリューイング
カンパニー
ゴールドコースト空港
ツイード
ヘッズ
Zone 6
Zone 7

便利なライトレール

ライトレール

路面電車**ゴールドコーストライトレール**（通称 **Gリンク G:link**）は観光客にも利用しやすい。ブリスベンからのシティトレイン＆エアトレインが通るヘレンズベイルが北の発着駅。グリフィス大学などを経由して海岸沿いのサウスポートへと出たあと、メインビーチ、サーファーズパラダイス、ブロードビーチと基本的にゴールドコースト・ハイウェイ上を通り、終点はブロードビーチ・サウス（パシフィックフェア前）となる。ヘレンズベイル、サウスポート、ブロードビーチ・サウスはバスとの乗り換えターミナルとなっている。

ゴールドコースト
ライトレール
路線図
G:link

ヘレンズベイル
Helensvale
エアトレイン／シティトレイン（ゴールドコースト・ライン）乗り換え
パークウッド
Parkwood
パークウッドイースト
Parkwood East
ゴールドコースト大学病院
Gold Coast University Hospital
グリフィス大学
Griffith University
クイーン・ストリート
Queen Street
ゴールドコースト病院
Gold Coast Hospital
オーストラリアフェア横
サウスポート
Southport
ブロードウオーター・パークランド
Broadwater Parklands
サウスポート・サウス
Southport South
メインビーチ
Main Beach
マントラ・サンシティ前
サーファーズパラダイス・ノース
Surfers Paradise North
アドレナリンパーク前
サイプレス・アベニュー
Cypress Avenue
ヒルトン・サーファーズパラダイス前
カビル・アベニュー
Cavill Avenue
Q1リゾート＆スパ前
サーファーズパラダイス
Surfers Paradise
ノースクリフ
Northcliffe
クラウンプラザ前
フロリダガーデンズ
Florida Gardens
ゴールドコースト・コンベンションセンター前
ブロードビーチ・ノース
Broadbeach North
パシフィックフェア前
ブロードビーチ・サウス
Broadbeach South
ネラング駅
（シティトレイン／エアトレイン）
Nerang Station

ライトレールの駅に設置されているゴーカードの読み取り機。乗車前、乗車後にタッチするのを忘れずに

■ライトレールの詳細
URL www.ridetheg.com.au

テーマパークシャトル

●コニクション・テーマパークトランスファー＆ルーパス
Con-X-ion Theme Park Transfer & Roo Pass

エアポートバスを運行しているコニクションが、主要テーマパーク、アウトレットショッピングセンターのハーバータウンへの送迎サービスを行っている。各テーマパーク送迎のほかにふたつのお得なパスを発行。**ルーパス**はテーマパーク送迎の回数（1～7回）をあらかじめ決め、それにブリスベン国際空港もしくはゴールドコースト空港の送迎をセットしたもの。有効期間も30日間と長い。空港送迎を外したタイプのパスもある。購入は原則ウェブサイトからだが、ブリスベン国際空港、ゴールドコースト空港でも可能だ。

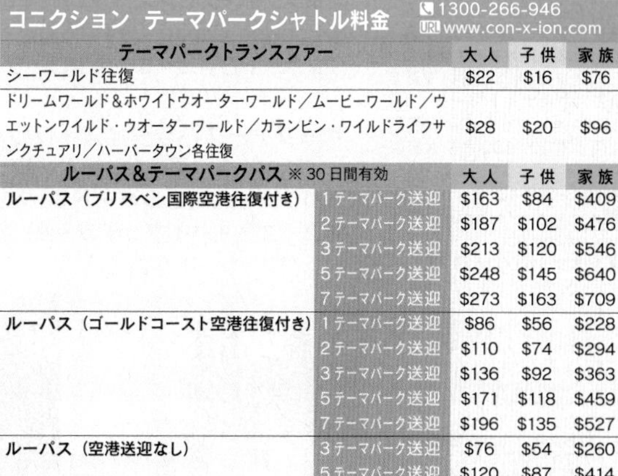

（2024年2月現在）

コニクション　テーマパークシャトル料金　☎1300-266-946　URL www.con-x-ion.com

テーマパークトランスファー		大人	子供	家族
シーワールド往復		$22	$16	$76
ドリームワールド＆ホワイトウオーターワールド／ムービーワールド／ウエットンワイルド・ウオーターワールド／カランビン・ワイルドライフサンクチュアリ／ハーバータウン各往復		$28	$20	$96
ルーパス＆テーマパークパス ※30日間有効		**大人**	**子供**	**家族**
ルーパス（ブリスベン国際空港往復付き）	1テーマパーク送迎	$163	$84	$409
	2テーマパーク送迎	$187	$102	$476
	3テーマパーク送迎	$213	$120	$546
	5テーマパーク送迎	$248	$145	$640
	7テーマパーク送迎	$273	$163	$709
ルーパス（ゴールドコースト空港往復付き）	1テーマパーク送迎	$86	$56	$228
	2テーマパーク送迎	$110	$74	$294
	3テーマパーク送迎	$136	$92	$363
	5テーマパーク送迎	$171	$118	$459
	7テーマパーク送迎	$196	$135	$527
ルーパス（空港送迎なし）	3テーマパーク送迎	$76	$54	$260
	5テーマパーク送迎	$120	$87	$414
	7テーマパーク送迎	$142	$109	$502

ゴールドコーストの歩き方
OUTLINE OF GOLD COAST

サーファーズパラダイス・ビーチへの入口

ゴールドコーストの中心 サーファーズパラダイス

ゴールドコースト最大の魅力は、美しいビーチ。なかでもサーファーズパラダイスは旅行者にとって長い間中心地として親しまれているエリアだ。ビーチには、ゴミひとつ落ちていないので、朝夕などには、裸足でただひたすらビーチを散歩するリゾート客、地元のオージーも多い。また、砂の粒子はとても細かく、ちょっと人混みを離れると、歩くたびに「キュッ、キュッ」と音のする鳴き砂だ。

カビル・モールを起点に町を把握する

カビル・モールには大勢の人が集まってくる

サーファーズパラダイスの繁華街はそれほど広くないので、簡単に概略をつかむことができる。起点になるのは**カビル・モール** Cavill Mall だ。**カビル・アベニュー** Cavill Ave. の一部で、**エスプラネード** The Esplanade（海岸通り）と**オーキッド・アベニュー** Orchid Ave. の間の歩行者天国。ここにはリゾート気分を満喫しようとやってくる人がいつも集まっている。両脇にはサーファーズパラダイスの老舗大型ショッピングセンターの**セントロ・サーファーズパラダイス** Centro Surfers Paradise（地下にスーパーのウールワースもある）や高級コンドミニアムのペッパーズ・ソウルとコンプレックスをなすショッピングセンターが建っている。

カビル・モールとオーキッド・アベニューの角近く、歩道上にあるブースが**サーファーズパラダイス・ビジターインフォメーション&ブッキングセンター** Surfers Paradise Visitor Information & Booking Centre（→ P.181）。各種パンフレットやトランスリンクの 1 日券ゴーエクスプローラーカードが手に入る。

サーファーズパラダイス・ブルバードでショッピング

オーキッド・アベニューと、最も車通りの多い**サーファーズパラダイス・ブルバード** Surfers Paradise Blvd.（ゴールドコースト・ハイウェイの一部）の間には、数多くのショッピングアーケードがある。

左：白砂のキメの細かなビーチは、ビーチウオークにも人気
右：人気ミーティングポイントのサークルオンカビル

■サーファーズパラダイスのタクシー

● Gold Coast Cabs
☎13-10-08
URL www.131008.com
● 13Cabs
☎13-22-27
URL 13cabs.com.au
料 初乗り 1km が月～金 7:00 ～ 19:00 が $3.40、それ以外の時間が $5.50。以後 1km ごとに $2.48。また待ち時間など 1 分ごとに $0.93 加算される。タクシーを電話で呼ぶ場合はさらに $1.70 追加料金が必要。

■サーファーズパラダイスのレンタカー会社

●ハーツ Hertz
☎(07)5531-3777
●スリフティ Thrifty
☎(07)531-3777
●エンタープライズ Enterprise
☎(07)5616-8495
※エイビス&バジェットやヨーロッパカーなど、そのほかのレンタカー会社はゴールドコースト空港がベースとなる。

■サーファーズパラダイス・ビーチフロントマーケット

エスプラネード沿いで週 3 回催されるナイトマーケット。おみやげになりそうな工芸品を扱う露店が 100 余りも出店する。
☎0403-696-432
URL www.surfersparadisemarkets.com.au
営 水金土 16:00 ～ 21:00

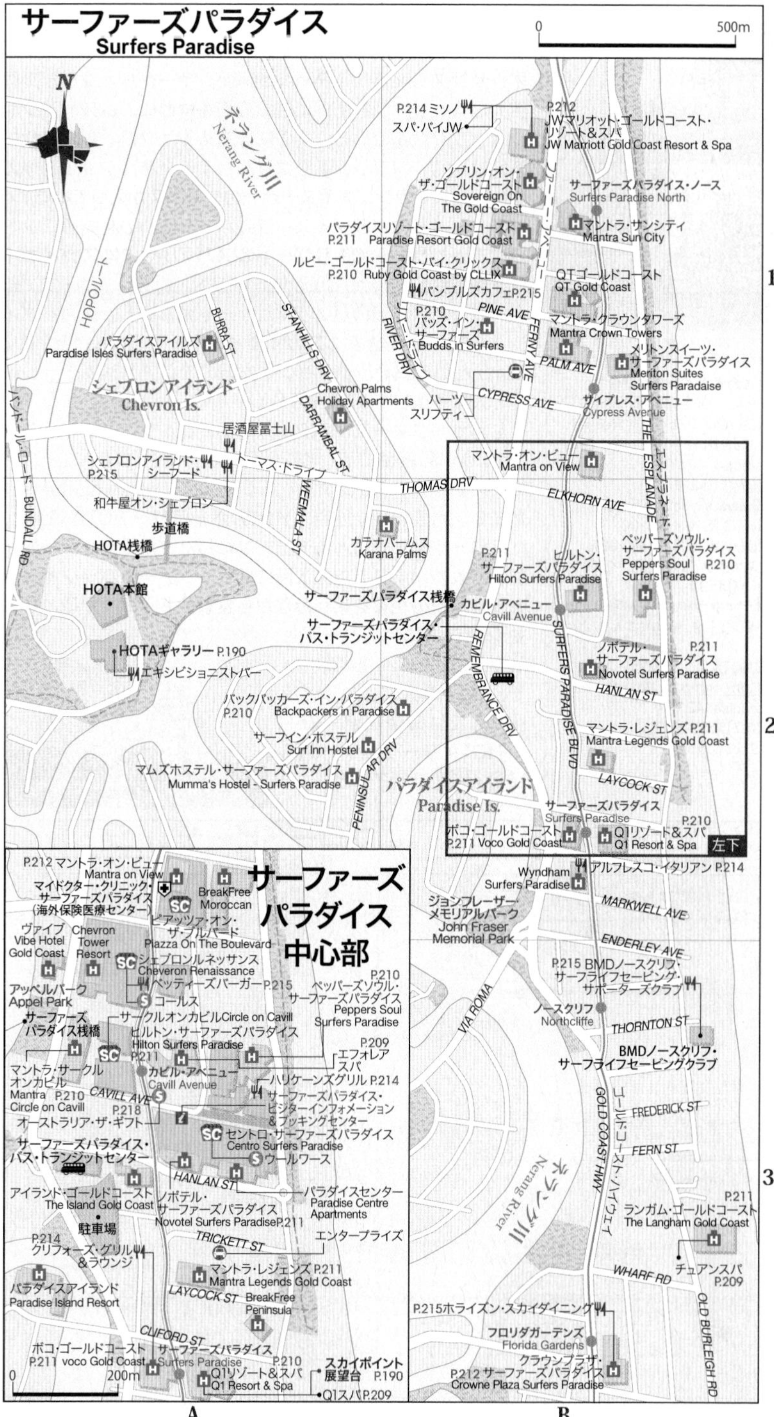
サーファーズパラダイス
Surfers Paradise
0 500m
N
ネラング川
Nerang River
P.214 ミソノ
スパ・バイJW
P.212
JWマリオット・ゴールドコースト・リゾート&スパ
JW Marriott Gold Coast Resort & Spa
ソブリン・オン・ザ・ゴールドコースト
Sovereign On The Gold Coast
サーファーズパラダイス・ノース
Surfers Paradise North
パラダイスリゾート・ゴールドコースト
P.211 Paradise Resort Gold Coast
マントラ・サンシティ
Mantra Sun City
ルビー・ゴールドコースト・バイ・クリックス
P.210 Ruby Gold Coast by CLLIX
QTゴールドコースト
QT Gold Coast
バンブルズカフェP.215
PINE AVE
P.210
バッズ・イン・サーファーズ
Budds in Surfers
マントラ・クラウンタワーズ
Mantra Crown Towers
メリトンスイーツ・サーファーズパラダイス
Meriton Suites Surfers Paradise
PALM AVE
HOPOルート
BURRA ST
STANHILLS DRV
リバー・ドライブ
RIVER DRV
FERNY AVE
パラダイスアイルズ
Paradise Isles Surfers Paradise
シェブロンアイランド
Chevron Is.
Chevron Palms Holiday Apartments
ハーツ・スリフティ
CYPRESS AVE
サイプレス・アベニュー
Cypress Avenue
バンドール・ロード
BUNDALL RD
居酒屋冨士山
DARRAMBAL ST
シェブロンアイランド・シーフード
P.215
トーマス・ドライブ
マントラ・オン・ビュー
Mantra on View
THOMAS DRV
ELKHORN AVE
THE ESPLANADE
エスプラネード
和牛屋オン・シェブロン
WEEMALA ST
歩道橋
HOTA桟橋
カラナパームス
Karana Palms
P.211
サーファーズパラダイス
Hilton Surfers Paradise
ヒルトン・
ペッパーズソウル・サーファーズパラダイス
Peppers Soul Surfers Paradise
P.210
HOTA本館
サーファーズパラダイス桟橋
カビル・アベニュー
Cavill Avenue
サーファーズパラダイス・バス・トランジットセンター
HOTAギャラリー P.190
エキシビショニストバー
REMEMBRANCE DRV
SURFERS PARADISE BLVD
ノボテル・サーファーズパラダイス
P.211
Novotel Surfers Paradise
HANLAN ST
バックパッカーズ・イン・パラダイス
P.210 Backpackers in Paradise
サーフイン・ホステル
Surf Inn Hostel
マントラ・レジェンズ P.211
Mantra Legends Gold Coast
PENINSULAR DRV
マムズホステル・サーファーズパラダイス
Mumma's Hostel - Surfers Paradise
LAYCOCK ST
パラダイスアイランド
Paradise Is.
サーファーズパラダイス
Surfers Paradise
ボコ・ゴールドコースト
P.211 Voco Gold Coast
Q1リゾート&スパ
Q1 Resort & Spa
P.210
左下
Wyndham Surfers Paradise
アルフレスコ・イタリアン P.214
ジョンフレーザー・メモリアルパーク
John Fraser Memorial Park
MARKWELL AVE
ENDERLEY AVE
P.215 BMDノースクリフ・サーフライフセービング・サポーターズクラブ
VIA ROMA
ノースクリフ
Northcliffe
THORNTON ST
BMDノースクリフ・サーフライフセービングクラブ
GOLD COAST HWY
ゴールドコースト・ハイウェイ
FREDERICK ST
FERN ST
ネラング川
Nerang River
P.211
ランガム・ゴールドコースト
The Langham Gold Coast
チュアンスパ
P.209
WHARF RD
OLD BURLEIGH RD
P.215ホライズン・スカイダイニング
フロリダガーデンズ
Florida Gardens
クラウンプラザ・サーファーズパラダイス
P.212
Crowne Plaza Surfers Paradise
サーファーズパラダイス中心部
P.212 マントラ・オン・ビュー
Mantra on View
マイドクター・クリニック・サーファーズパラダイス
(海外保険医療センター)
BreakFree Moroccan
ピアッツァ・オン・ザ・ブルバード
Piazza On The Boulevard
ヴァイブ
Vibe Hotel Gold Coast
Chevron Tower Resort
シェブロンルネッサンス
Cheveron Renaissance
ベッティーズバーガー P.215
P.210
ペッパーズソウル・サーファーズパラダイス
Peppers Soul Surfers Paradise
アッペルパーク
Appel Park
コールス
サーファーズパラダイス桟橋
サークルオンカビルCircle on Cavill
ヒルトン・サーファーズパラダイス
Hilton Surfers Paradise
P.211
P.209
エフォレアスパ
マントラ・サークルオンカビル
Mantra Circle on Cavill
P.210
カビル・アベニュー
Cavill Avenue
CAVILL AVE
ハリケーンズグリル P.214
サーファーズパラダイス・ビジターインフォメーション&ブッキングセンター
P.218
オーストラリア・ザ・ギフト
セントロ・サーファーズパラダイス
Centro Surfers Paradise
サーファーズパラダイス・バス・トランジットセンター
ウールワース
HANLAN ST
パラダイスセンター
Paradise Centre Apartments
アイランド・ゴールドコースト
The Island Gold Coast
ノボテル・サーファーズパラダイス
Novotel Surfers Paradise P.211
駐車場
エンタープライズ
TRICKETT ST
P.214
クリフォーズ・グリル&ラウンジ
マントラ・レジェンズ P.211
Mantra Legends Gold Coast
パラダイスアイランド
Paradise Island Resort
LAYCOCK ST
BreakFree Peninsula
CLIFFORD ST
ボコ・ゴールドコースト
P.211 voco Gold Coast
サーファーズパラダイス
Surfers Paradise
P.210
Q1リゾート&スパ
Q1 Resort & Spa
スカイポイント展望台 P.190
Q1スパP.209
0 200m
1
2
3
A
B

スカイポイントの展望台

スカイポイント展望台からのゴールドコーストの眺め

■スカイポイント展望台 MAP P.189/左下
住 Level 77 of Q1 Resort, 9 Hamilton Ave., Surfers Paradise, 4217
☎(07)5582-2700
URL www.skypoint.com.au
営 毎日 7:30 ～ 21:00
料 大人 $36 子供 $28 家族 $97
●スカイポイント・クライム
☎(07)5580-7700
料 デイクライム：1 人 $92 ／トワイライトクライム：1 人 $120

■HOTA MAP P.189/2A
住 135 Bundall Rd., Surfers Paradise, 4217
☎(07)5588-4000
URL hota.com.au

サーファーズパラダイス・ブルバード沿いで外せないアーケードが**サークルオンカビル** Circle on Cavill と**シェブロンルネッサンス** Cheveron Renaissance。サークルオンカビルは巨大なスクリーンを屋外にもつ広場を中心に、レストランやショップが並んでいる。その隣にあるシェブロンルネッサンスには、サーフブランドをはじめとする小粋なショップやカフェ、レストラン、大手スーパーのコールスが入っている。

サーファーズパラダイス・ブルバード沿いの超高層コンドミニアムリゾート **Q1 リゾート＆スパ** 78 階には**スカイポイント展望台** Skypoint Observation Deck があり、サーファーズパラダイス周辺のパノラマビューを楽しめる。スカイポイントの上、屋外を歩く**スカイポイント・クライム** Skypoint Climb というアトラクションもあるので、アドベンチャー好きの人は参加してみるといい。

なおサーファーズパラダイスの西、シェブロンアイランド Chevron Is. 経由で歩いて 20 分ほどの場所には、ゴールドコーストのアートセンターである **HOTA**（Home of The Art）がある。カラフルな外観の **HOTA ギャラリー** HOTA Gallery にはゴールドコーストをモチーフにしたさまざまなアートが展示されている。また最上階にはサーファーズパラダイスの高層ビル群の絶景を楽しみながら食事やドリンクが取れる**エキシビショニストバー** The Exhibitionist Bar もあって、地元の人に大人気だ。HOTA では毎週日曜午前中に **HOTA マーケット** HOTA Markets も開催される。

アートに興味があったらぜひ出かけたいHOTA

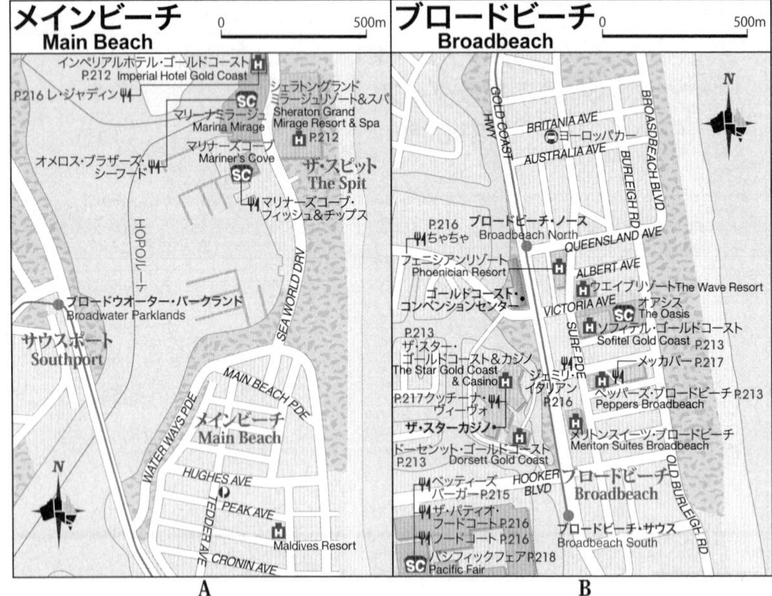

ラブラドールにある Charis Seafoods。ビーチ沿いにあり毎日野生のペリカンの餌づけが見られます。新鮮なシーフードはリーズナブルでおいしいです。サーファーズパラダイスからサウスポートまでトラム、そこからバス（Route 711 など）で。車ならサーファーズパラダイスから 15 分ほどです。住 371 ↗

高級ヨットハーバー＆ショッピングセンターのマリーナミラージュ

サーファーズパラダイスから北側のエリア

まずサーファーズパラダイスの北**メインビーチ** Main Beachの一画にある**ザ・スピット** The Spit。ここにはテーマパークのシーワールド、ブロードウオーター（内海）に面しヨットハーバーをもったショッピング＆グルメの複合施設、**マリーナミラージュ** Marina Mirage、**マリナーズコーブ** Mariner's Coveがある。

ブロードウオーターの対岸（本土側）はゴールドコースト行政の中心地**サウスポート** Southport。中心にある**オーストラリアフェア** Australia Fairは地元の人が集まる巨大なショッピング＆シネマコンプレックスだ。その北にはアウトレットショッピングで知られる**ハーバータウン** Harbour Townがある**ビゲラウオーターズ** Biggera Waters、高級別荘地の**サンクチュアリコーブ** Sanctuary Cove、ワーナーブラザーズ・ムービーワールドとウエットンワイルド・ウオーターワールドがある**オクセンフォード** Oxenford、ドリームワールド＆ホワイトウオーターワールドがある**クーメラ** Coomeraへと続く。

サーファーズパラダイスから南側のエリア

ゴールドコーストのビーチカルチャーが最も色濃く残るのがサーファーズパラダイスから南のエリア。観光客が少ないビーチには、地元の人が集まり、ビーチ沿いの町も少しずつ異なる雰囲気だ。世界的に有名なサーフポイントがいくつもあり、サーフィン目当てで滞在する場合は、南部エリアを目指すのがおすすめだ。

ライトレールの南の発着点ブロードビーチ

サーファーズパラダイスの南隣**ブロードビーチ Broadbeach**はハイエンド向けの施設が多い人気エリア。**観光の中心地もサーファーズパラダイスからブロードビーチへ徐々に移りつつある。**

● HOTAギャラリー（前ページ）
開 毎日10:00～16:00
料 無料
●エキシビショニストバー（前ページ）　☎(07)5588-7001
URL theexhibitionistbar.com.au
営 日～火10:00～16:00、水～土10:00～22:00
● HOTAマーケット（前ページ）
URL hotamarkets.com.au
営 日6:00～11:30

■ザ・スピット　MAP P.190/A
サーファーズパラダイスからトランスリンクバスNo. 705利用。約10分。

■サウスポート　MAP P.183/3B
サーファーズパラダイスからライトレール利用。約10分。

■ビゲラウオーターズ　MAP P.183/3B
サウスポートからトランスリンクバスNo. 704、712、713、719利用。サーファーズパラダイスから約40分。

■サンクチュアリコーブ　MAP P.183/2B
サウスポートからトランスリンクバスNo. 711利用。サーファーズパラダイスから約1時間。

■オクセンフォード　MAP P.183/2B
ムービーワールド、ウエットンワイルドへはヘレンズベイル駅からトランスリンクバスNo. TX7を利用。サーファーズパラダイスから所要約50分。

■クーメラ　MAP P.183/2B
ムービーワールド、ウエットンワイルドへはヘレンズベイル駅からトランスリンクバスNo. TX7を利用。所要約1時間。

■ブロードビーチ　MAP P.190/B
サーファーズパラダイスからライトレール利用。約10分。

COLUMN

運河沿いの見どころを行ったり来たり……
HOPOフェリー

サーファーズパラダイス～シーワールドをネラング川運河経由で結ぶフェリーがHOPOフェリー（シーワールドクルーズ運航）。途中HOTA、マリーナミラージュ、サウスポート・パークランドで上下船可能。1日乗り放題券があるので、それを利用してのんびり1日過ごすのがおすすめだ。

運河からの高層ビル群、運河沿いの豪邸など、ちょっと違った景色は格別。イルカもよく姿を見せる。

● HOPOフェリー
催行：シーワールドクルーズ Seaworld Cruises
URL hopo.com.au　☎(07)5655-3528　時 サーファーズパラダイス発（アッペルパーク）：毎日9:00～16:00の1時間ごと／シーワールド発：9:55～16:55の1時間ごと　料 1日券：大人$45 子供$25 家族$140（7日以内であればもう1日利用可能）／サーファーズパラダイス～HOTA1回乗船：大人$10 子供$8

➘ Marine Pde., Labrador, 4215　☎(07)5527-1100（東京都　依田孝子　'17）['24]

カジノ＆高級ホテルコンプレックスとして知られるザ・スター、ゴールドコースト No.1 ショッピングスポットの**パシフィックフェア** Pacific Fair など人気の施設も多い。またビーチ沿いの町の中心地であるサーフパレードとビクトリア・アベニュー交差点付近にはショッピングセンターの**オアシス** The Oasis があるほか、数多くの飲食店が軒を連ねる。さらにペッパーズ・ブロードビーチの間を抜ける**オラクル・ブルバード** Oracle Blvd. にレストランやカフェが多く、注目のグルメスポットだ。ライトレールの南の終点ブロードビーチ・サウス駅があり利便性も高いのも魅力的だ。

おしゃれなショッピングセンターのパシフィックフェア

ブロードビーチから内陸へ入った**ロビーナ** Robina にもオーストラリアブランドの店が数多く入ったショッピングセンターがある。買い物好きの人はチェックしておきたい場所だ。

ブロードビーチの南、**マイアミ** Miami は最近地元で注目のエリア。見晴らしのいいビーチはもちろん、裏通りにはおしゃれなカフェやレストランも多い。

マイアミの隣がサーフィンの世界的好ポイントとして知られ、オージーに人気のリゾートタウンの**バーレイヘッズ** Burleigh Heads だ。ビーチと海の向こうにサーファーズパラダイスの高層ビル群が望め、ビーチ前に建つバーレイパビリオンには、雰囲気のいいレストランやカフェも入っている。また岬の突端にはバーレイヘッズ国立公園があり、ブッシュウオーキングを楽しむ人もいっぱい。バーレイヘッズ近くには州政府が運営する動物テーマパークのデビッド・フレイ・ワイルドライフパーク、さらに美味なクラフトビールが楽しめると人気の**バーレイ・ブリューイングカンパニー** Burleigh Brewing Co. もある。

バーレイヘッズから南には、ゴールドコースト随一の動物パーク、カランビン・ワイルドライフサンクチュアリがある**カランビン** Currumbin、ゴールドコーストの空港がある州境の町**クーランガッタ** Coolangatta（QLD 側）、**ツイードヘッズ** Tweed Heads（NSW側）へと続いている。このエリアは**キーラ Kirra、グリーンマウント＆スナッパーロック Greenmount & Snapper Rocks など、世界的サーフポイントが続くエリアとしても有名**だ。

■ロビーナ MAP P.183/3B
ブロードビーチ・サウスからトランスリンクバス No.750 ～ 752 利用。サーファーズパラダイスから約 40 分。

■バーレイヘッズ MAP P.183/3B
ブロードビーチ・サウスからトランスリンクバス No. 700、777 を利用。サーファーズパラダイスから約 25 分。

■バーレイ・ブリューイングカンパニー MAP P.183/3B
住 2 Ern Harley Drv., Burleigh Heads, 4220
☎ (07)5593-6000
URL burleighbrewing.com.au
営 金 15:00 ～ 21:00、土 12:00 ～ 21:00、日 12:00 ～ 18:00

海の向こうにサーファーズパラダイスを望むバーレイヘッズ

地元の人でにぎわうバーレイ・ブリューイングカンパニー

■カランビン MAP P.183/3B
ブロードビーチ・サウスからトランスリンクバス No. 700、777 を利用。サーファーズパラダイスから約 50 分。

■クーランガッタとツイードヘッズ MAP P.183/3B
ブロードビーチ・サウスからトランスリンクバス No. 700 を利用。サーファーズパラダイスから約 1 時間。

ゴールドコースト近郊の町と島
AROUND GOLD COAST

タンボリンマウンテン
Tamborine Mountain

ゴールドコースト内陸部は**ヒンターランド** Hinterland と呼ばれる丘陵地帯の一部。その中心がタンボリンマウンテン。サーファーズパラダイスの西約 30km にある丘陵地の総称だ。大きく**イーグルハイツ** Eagle Heights、**ノースタンボリン**

タンボリンマウンテンの人気スポット、ギャラリーウオーク

✉ サーファーズパラダイスから路線バスで 1 時間ほどの所にあるクーンババ Coombabah（Coombabah Lakes Conservation Aria, 474 Pine Rd.）は野生のコアラやカンガルーが生息する公園です。 ボードウオークをしながらコアラを探してみてはどうでしょう。（東京都　依田孝子　'16）['24]

North Tamborine、**マウントタンボリン** Mount Tamborine の3つの町に分かれている。高原と森が楽しめるとあって日帰り観光地としてポピュラーだ。

タンボリンマウンテンの町

フォーティチュード・ブリューイングカンパニーでビールを楽しもう

観光客に最も人気のあるのがイーグルハイツで、アーティストが数多く住んでいることで知られる。**ギャラリーウオーク** Gallery Walk という500mほどの通り沿いに、自作の陶器や工芸品を売るギャラリーやおしゃれなカフェが並んでいる。どのカフェも、デボンシャーティーの看板を出しており、優雅なティータイムを過ごしたい人には最適だ。ギャラリーウオークの入口近くにある**フォーティチュード・ブリューイングカンパニー** Fortitude Brewing Co. も人気の施設。クラフトビールを飲みながら軽食を楽しむことができる。

ノースタンボリンには**タンボリンマウンテン・ビジターインフォメーションセンター** Tamborine Mountain Visitor Information Centre があり、一帯の詳しい情報が手に入る。マウントタンボリンはゴールドコースト（ネラング）方面からやってくると最初の町。ゴールドコーストを一望するなら、この町の展望地からがベストだ。

イーグルハイツとノースタンボリンの間にある**ジョアラ国立公園** Joalah NP には、亜熱帯雨林の美しい滝**カーティスフォールズ** Curtis Falls がある。気持ちのいいウオーキングルートが滝まで続いているのでぜひ歩いてみよう。またジョアラ国立公園沿いの森の中を北へ向かった所には、ツリートップウオークが楽しめる**タンボリン・レインフォレスト・スカイウオーク** Tamborine Rainforest Skywalk がある。高さ30m、長さ300mのツリートップウオークで、途中谷に突き出たエリアから眺める森の景観はすばらしい。入口にはレインフォレスト・エコギャラリー Rainforest Eco Gallery があり、この地域の自然と動植物に関するパネル展示が行われている。こちらも見逃さないように。

スカイウオークから亜熱帯の森をじっくり観察

高原の町でワインテイスティング

ヒンターランドワイナリー
Hinterland Wineries

ゴールドコースト・ヒンターランド地区はクイーンズランド州有数のワイン産地だ。ワイナリーはノースタンボリン、**カヌングラ** Canungra 周辺に集まっている。いくつか評判のワイナリーを紹介しよう。なおワイナリー巡りをメインに考えている人は、**コークンフォーク・ワイナリーツアー**（英語ガイドのみ）を利用するのがおすすめだ。

アクセス

●タンボリンマウンテン

現地では移動に車が必須のため、ゴールドコーストからはレンタカーかツアー利用が一般的だ。レンタカーの場合ゴールドコーストからネラング経由で約45分。JPTツアーズ（→P.206）など数社がツアーを催行している。

■タンボリンマウンテン・ビジターインフォメーションセンター

住 Doughty Park, North Tamborine, 4272
☎ (07)5545-3200
URL visittamborinemountain.com.au
開 月～金 9:30 ～ 15:30、土日 9:30 ～ 16:00

■フォーティチュード・ブリューイングカンパニー

MAP P.183/3A
住 165 Long Rd., North Tamborine, 4272
☎ (07)5545-4273
URL fortitudebrewing.com.au
営 月～木 11:00 ～ 15:00、金 11:00 ～ 21:00、日 11:00 ～ 17:00

亜熱帯雨林の中を10分ほどウオーキングすると現れるカーティスフォールズ

■タンボリン・レインフォレスト・スカイウオーク

MAP P.183/3A
住 333 Geissmann Drv., North Tamborine 4272
☎ (07)5545-2222
URL skywalktamborine.com
営 毎日 9:30 ～ 17:00（入園は16:00まで）
料 大人$19.50 子供$9.50 家族$49

■コークンフォーク・ワイナリーツアー

☎ 0415-454-313
URL corknforktours.com
料 半日ツアー $170、1日ツアー $190（1日ツアーはゴールドコースト送迎付き）

■シダークリーク・エステイト
MAP P.183/3A
住 104-144 Hartley Rd., North Tamborine, 4272
☎ (07)5545-1666
URL cedarcreekestate.com.au
営 月～金 10:00～15:00、土日 10:00～16:00／カフェ：毎日 10:00～15:00
料 テイスティング1人$10（ワイン購入者は無料）
●グローワームケーブ
時 毎日 10:00～15:30（30分ごとにガイドツアーで見学）
料 大人 $23 子供 $15

グラニットベルトのブドウを使ったワインが多いメーソン

■メーソンワインズ
MAP P.183/3A
住 32 Hartley Rd., North Tamborine, 4272
☎ (07)5545-2000
URL masonwines.com.au
営 水～日 10:00～16:00
休 月火

■オライリーズ・カヌングラバレー・ヴィンヤード MAP P.183/3A
住 852 Lamington NP Rd., Canungra, 4275
☎ (07)5543-4011
URL oreillys.com.au/canungra-valley-vineyards
営 毎日 10:00～16:00
休 グッドフライデー、クリスマスデー
料 オライリーズ・ワインパドル飲み比べセット $25

クラシックな建物が印象的なオライリーズ・カヌングラバレー

アクセス
●ラミントン国立公園
ツアー（→P.206）もしくはレンタカー利用が一般的。

一度は体験したいツリートップウオーク

●シダークリーク・エステイト Cedarcreek Estate

ノースタンボリンにある人気ワイナリー。美しい庭園をもち、ランチが楽しめるカフェも併設している。高品質なシャルドネとバデローが人気だ。テイスティングは有料。特にチーズプラッター付きのデラックステイスティングが人気だ。

また庭園内の一角には人工の洞窟**グローワームケーブ** Glow Worm Cave があり、ツチボタルの飼育が行われている。

●メーソンワインズ Mason Wines

シダークリーク・エステイトの近くにある。タンボリンマウンテンはもちろん、クイーンズランド州最大のワイナリー地区グラナイトベルトやサンシャインコーストにもワイナリーをもつ有名ワイナリーのひとつだ。シャルドネ、シラーズに評判のよいものが多い。

●オライリーズ・カヌングラバレー・ヴィンヤード O'Reilly's Canungra Valley Vineyards

カヌングラから Lamington NP Rd. を 8km ほど行った所にあるワイナリーで、オープンは 1998 年と比較的最近だ。上質のシラーズができると評判。また、ブドウ畑に面し、1858 年建造のクイーンズランド様式のしゃれたレストラン＆テイスティングルームをもっている。レストラン前では、週末のランチタイムにジャズのライブもある。また敷地内の一角には**マウンテン・アルパカファーム** Mountain Alpaca Farm があり、アルパカと触れ合うこともできる。

ラミントン国立公園
Lamington NP

ヒンターランドの一角、ラミントン国立公園は世界自然遺産に登録されている美しい自然が残る場所。ゴールドコーストのビーチエリアから数多くツアーが出ており、比較的観光もしやすい。観光起点は**グリーンマウンテンズ** Green Mountains と**ビナブラ** Binna Burra。特に豪華マウンテンリゾートの**オライリーズ** O'Reilly's（→P.213）があるグリーンマウンテンズが旅行者にはポピュラーだ。

野鳥の餌づけは楽しい

自然満喫アトラクションがあるグリーンマウンテンズ

グリーンマウンテンズで、まず出迎えてくれるのがクリムゾンロゼーラやキングパロットの群れ。オライリーズカフェ前広場では、こうした野鳥たちへの餌づけが楽しめる。

1周約 2km のレインフォレスト・サーキットは必ず歩きたい。途中、木々の間に地上 16m の高さで張り巡らされたつり橋**ツリートップウオーク** Tree Top Walk がある。普段下から見上げることしかできない森を鳥の視線で見下ろすことができ、さらに取りつけられたはしごで木の上を目指せば、すばらしい景色を堪能できる。グリーンマウンテンズにはほかにも、1.3km の周遊トラックから往復で 24km になるものまで、多数のコースがある。宿泊し、朝夕に森を散策すればパディメロンやポッサム、ツチボタルも見ることができる。

基本的に宿泊者向けだが、オライリーズが催行するさまざまなアクティビティにも、空いていれば誰でも参加できる。自然愛好家の間で人気が高いのは、4WDツアー。4WDバスで亜熱帯雨林内に分け入り、いくつかすばらしい展望地を訪れる。バードウオークではクリムゾンロゼーラやキングパロットはもちろん、オライリーズのシンボルにもなっているフウチョウモドキ Regent Bowerbird も見られる可能性が大だ。

ラミントン国立公園で朝夕目にするパディメロン

アクセス

●**スプリングブルック国立公園**
公共交通機関がないためレンタカーかツアー利用となる

スプリングブルック国立公園
Springbrook NP

ゴールドコースト・ヒンターランド南部、ニューサウスウエールズ州との州境にあるのがスプリングブルック国立公園だ。2300万年前の火山（マウント・ウォーニング）の大噴火によってできた巨大なカルデラ地形の北端部分にあり、標高は約700m。亜熱帯雨林、亜熱帯ユーカリ林の美しい森、断崖絶壁を流れ落ちる勇壮な滝、そしてクリムゾンロゼーラやキングパロットなどの美しい野鳥やパディメロン、ポッサムなどの有袋類がすむ、大自然が広がっている。

ナンキョクブナが見られるベストオブオール・ルックアウト

ベストオブオール・ルックアウトからマウント・ウォーニングを望む

壮大な景観が楽しめる展望地がいっぱい

国立公園内での楽しみは、カルデラ地形の突端に造られた展望地から景色を眺めたり、その周囲に造られたウオーキングトレイルを歩いたりすること。人気の展望地は**ベストオブオール・ルックアウト** Best of All Lookout。スプリングブルック国立公園最南部にあり、マウント・ウォーニングを中心とした壮大なカルデラ地形を一望にできる。展望地までのウオーキングトラック沿いの多雨林は、亜熱帯にありながら冷温帯雨林の特徴をもつ森となっていて、かつて南極と地続きであったことを示すナンキョクブナ Myrtle Beech も見られる。また**パーリングブルックフォールズ・ルックアウト** Purlingbrook Falls Lookout や**キャニオンルックアウト** Canyon Lookout には、亜熱帯雨林、温帯雨林が見られるウオーキングトラックがあり、週末は地元の自然愛好家などでにぎわっている。

■**ナチュラルブリッジ**
MAP P.183/3A
公共の交通機関では行くことができないので、車かツアーを利用することになる。ゴールドコーストからは数社がツアーを催行している（→P.205～206）。

ゴールドコースト名物ツチボタルの洞窟

ゴールドコーストからネラング、ナミンバレーを抜け、車で約1時間。スプリングブルック国立公園の別セクションに当たる**ナチュラルブリッジ** Natural Bridge には、ツチボタル Glow worms が多数生息している。ツチボタルは発光虫（蚊やハエの仲間の幼虫）で、ニュージーランドやオーストラリアの、かぎられた場所にのみ生息。駐車場から徒歩約10分、遊歩道を下り切った場所に滝があり、その裏側の洞窟がツチボタルの生息場所。洞窟の天井いっぱいを美しい光で埋め尽くすように見えるのは、日も暮れかかった頃からだ。暗くなってからのハイキングになるので、懐中電灯を忘れずに。

幻想的なツチボタルの青白い光

ゴールドコーストのテーマパーク
THEME PARKS IN GOLD COAST

ゴールドコーストには、さまざまなアミューズメントパークや動物園があり、オージーをはじめ世界中から観光客を集めている。ほとんどがトランスリンクのバスでアクセスできるし、時間を節約したければコニクション・テーマパークトランスファー（→ P.187）を利用するのもいい。

シーワールドの人気プログラム、イルカとの触れ合い体験

イルカやアシカ、水上スタントのショーが楽しい MAP P.183/3B

シーワールド
Sea World

●見逃せないショーがいっぱい

ザ・スピットにある、海をテーマにしたゴールドコーストのシンボル的テーマパーク。園内では1日中さまざまなショーが催されている。

イルカのショーは大人気

なかでも園内奥の人工ラグーンのイルカショー（アフィニティ・ドルフィンプレゼンテーション）は必見。イルカが繰り広げるすばらしいエンターテインメントで、会場はいつも満員になる。入場ゲート正面のラグーンで繰り広げられるのが、名物となっている水上スタント、サンダーレイク・スタントショー。水上スキーやウエイクボードを使った豪快なパフォーマンスが楽しめる。また、ゆかいなアシカのシールガーディアンズ・プレゼンテーション、子供に人気のニコロデオン・キャラクターとの触れ合い、ミュータントタートルズ・パワーライブショーなども要チェックだ。

シャークベイにも注目。この一角の人工ラグーン、トロピカルリーフでは、比較的おとなしいサメ（トラフザメ、ツマグロなど）と一緒にスノーケリングが楽しめるトロピカルリーフスノーケルが可能。またアクリルケージに入ってタイガーシャーク（イタチザメ）を間近で観察するプログラム、シャークベイ・ディスカバリーもある。海洋生物との触れ合いプログラムはサメ以外にも、イルカやアシカなど多数用意されているのでチェックしておきたい（要予約）。

シールガーディアンズ・プレゼンテーションでアシカのかわいらしさ、頭のよさに感激

ほかにも、32mの高さから最速80キロで900mのコースを滑り降りるリバイアサンコースター、ジェットスキーをモチーフにしたジェットコースターのジェットレスキューコースターなどスリリングなライド系アトラクションも豊富。またシーワールド発のヘリコプター遊覧は料金が手頃。5～30分と、コースはいろいろある。

スリル満点のジェットレスキューコースター

■シーワールド
住 Sea World Drv., The Spit, Main Beach, 4210
☎ 13-33-86
URL seaworld.com.au
開 毎日9:30～17:00（各アトラクションは10:00スタート）
※スクールホリデー時期は閉園時間を延長
休 クリスマスデー
料 大人$129 子供$109
※ウェブ割引あり
CC **ADJMV**
※各ショーの時間は季節によって異なる

●海洋生物との触れ合い体験
料 トロピカルリーフスノーケル：1人$69／シャークベイ・ディスカバリー：1人$229／イルカとの触れ合い体験：5～8歳$199、9歳以上$279（年齢によりコースが違う）／アシカとの触れ合い体験：1人$89

●シーワールド・ヘリコプター Sea World Helicopters
URL seaworldhelicopters.com.au
料 5分シーワールド上空遊覧飛行：大人$85 子供$75／10分サーファーズパラダイス＆ブロードビーチ遊覧飛行：大人$159 子供$145
CC **ADJMV**

ヘリコプターからはすばらしい景色が楽しめる

ゴールドコーストにできたハリウッド MAP P.183/3B

ワーナーブラザーズ・ムービーワールド
Warner Bros. Movie World

華やかなスターパレード

オクセンフォードにあるムービーワールドは、映画好きにはたまらないテーマパークだ。園内には、映画『ポリスアカデミー』や『バットマン』『カサブランカ』などに出てきた町並みがそのまま再現されている。

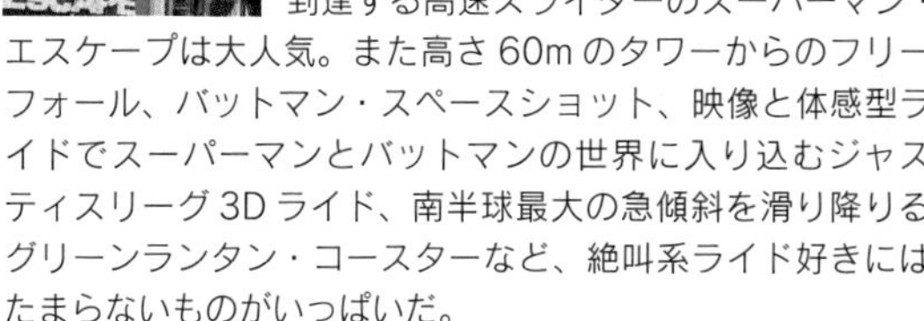
入口の目の前にあるスーパーマン・エスケープ

園内ではさまざまなライドアトラクションやショー、ツアーが用意されている。特に最速110キロ以上で最大4G、しかも長さ1kmを超えるというオーストラリア最大のハイパーコースターDCライバルズや、スタートから2秒で時速100キロに到達する高速スライダーのスーパーマン・エスケープは大人気。また高さ60mのタワーからのフリーフォール、バットマン・スペースショット、映像と体感型ライドでスーパーマンとバットマンの世界に入り込むジャスティスリーグ3Dライド、南半球最大の急傾斜を滑り降りるグリーンランタン・コースターなど、絶叫系ライド好きにはたまらないものがいっぱいだ。

またスタントドライバーたちによる迫力あるアクションが楽しめるハリウッド・スタントドライバーショーも要チェック。ルーニーチューンズ、バットマン、スーパーマンなどワーナーの人気者たちが勢揃いするスターパレードも見ておきたい。ほかにも園内中央の広場ではさまざまなショーが行われていて、1日中頻繁にワーナーのキャラクターたちが出てきて記念撮影に応じてくれる。

キャラクターに会えるのも楽しみ

最新コースターで南半球最大といわれるDCライバルズ

宙づり感が味わえるグリーンランタン・コースター

■ワーナーブラザーズ・ムービーワールド
住 Pacific Moterway, Oxenford, 4210 ☎13-33-86
URL movieworld.com.au
開 毎日9:30～17:00（各ライドは10:00スタート）
※スクールホリデー時期は閉園時間を延長
休 アンザックデー、クリスマスデー
料 大人$129 子供$109 ／ 8種類の人気ライドのファストトラック1人$179
※ウェブ割引あり
CC ADJMV

COLUMN

カシコク！ お得に！ テーマパーク巡り

ゴールドコーストのテーマパークでシーワールド、ワーナーブラザーズ・ムービーワールド、ウエットンワイルド、パラダイスカントリーの4ヵ所は同系列。これらをいくつか見て回る予定なら購入したいのが割引パス。5日間の内3日間3パーク（シーワールド、ムービーワールド、ウェットンワイルド）に何度でも入園できるエスケープパスEscape Passと、3パーク＋パラダイスカントリーに7日間何度でも入園できるスーパーパスSuper Pass、14日間何度でも入園できるメガパスMega Pass、さらに最初の利用開始日から1年間4パークに何度でも入場できるワンパスOne Passがある。

DATA
URL themeparks.com.au
料 エスケープパス：1人$189（179）／スーパーパス：1人$209（199）／メガパス$229（219）／ワンパス：1人$299
※（）内はウェブ購入時
※例年7月もしくは11月に料金改定

オーストラリア最大級のウオーターパーク　MAP P.183/3B

ウエットンワイルド・ウオーターワールド
Wet 'n' Wild Water World

■ウエットンワイルド・ウオーターワールド
住 Pacific Motorway, Oxenford, 4210
☎ 13-33-86
URL wetnwild.com.au
開 毎日 10:00 ～ 17:00（季節により多少閉館時間が異なる。通常 5 ～ 8 月の平日は 15:30、土日は 16:00 となる／ 12 月 27 日～ 1 月 21 日は 9:30 ～ 19:30）
休 クリスマスデー
料 大人 $119 子供 $109 ／主要スライダーのファストトラック付き $179
※ウェブ割引あり
CC ADJMV

絶叫スライダーのトルネード

ムービーワールドの隣にあるウオーターパーク。巨大な波のプール、子供用プール、各種ウオータースライダーがある。

エクストリウム H2O と名づけられたエリアには、70 度の斜面をチューブに乗って滑り降りる（最高時速約 50 キロ）のカミカゼ、15m の高さから渦を巻くようにしてトンネルに吸い込まれていくトルネードなど絶叫スライダーがいっぱい。ほかのエリアにもコークスクリュータイプの高速ウオータースライダーのアクアループ、6 人乗り大型チューブで滑り降りるオーストラリア最大級のウオータースライダー、マンモスフォールは大人気。ほかにも 8 レーン構成でスピードを競うスーパー 8 アクアレーサーなど、スリル満点の絶叫系スライダーの数は多い。また家族向けにはジャイアントウエイブプールや、流れるプールのあるカリプソビーチ、子供向けスライダーや水遊び場が集まるウエットンワイルド・ジュニアまで、まさに水遊び天国といった感じだ。

いつもにぎわう
ジャイアントウエイブプール

気軽にファーム体験　MAP P.183/3B

パラダイスカントリー
Paradise Country

■パラダイスカントリー
住 Entertainment Drv., Oxenford, 4210
☎ 13-33-86
URL paradisecountry.com.au
開 毎日 10:00 ～ 15:30（最終入園は 15:00）
休 クリスマスデー
料 入園券 大人 $54 子供 $44 ／砂金探し 1 人 $12 ／コアラを抱いて記念写真 1 人 $45（11:15 ～、13:00 ～）／コアラと朝食付き入園券 大人 $99 子供 $69
※ウェブ割引あり
CC ADJMV
アクセス ゴールドコースト主要エリアからの送迎はコニクションが運行（→ P.187）。

ショーの合間にコアラやカンガルーなども見て回ろう

ウエットンワイルド裏側にあるパラダイスカントリーは、「牧場」をテーマにしたアトラクション施設だ。訪れるのは、まさしく広々としたオーストラリアの牧場。のどかな雰囲気のなか、さまざまなアトラクションが体験できるようになっている。ストックマン（オーストラリアのカウボーイ）による乗馬と ATV のスタントショー、牧羊犬によるショー、牛の乳搾り、ビリーティー＆ダンパーによるお茶の時間、ブーメラン投げ、ワイプクラッキング（ムチで地面をたたき音を鳴らす）などがメインアトラクション。ほかにもコアラと一緒もしくはコアラを抱いて記念写真、放し飼いになっているカンガルーやエミューに餌をやる、砂金探しなどができる。園内で食べられるオージー BBQ ランチも美味。ランチ時にはカントリーミュージックの生演奏があり、オーストラリアらしい雰囲気がいっぱいだ。

牛の乳搾りをユーモラスに見せてくれる

ストックマンの乗馬の技術に歓声が上がる

広大な園内にオーストラリアの動物がいっぱい　MAP P.183/3B

カランビン・ワイルドライフサンクチュアリ
Currumbin Wildlife Sanctuary

名物となっているロリキートの餌づけ

放し飼いのカンガルーはとても人になれている

サーファーズパラダイスの南18kmの所にある、1400種ものオーストラリアの鳥、爬虫類、動物を集めた自然公園。最大限自然景観を残して造られていることもあり、園全体がナショナルトラストの指定を受けているほど。広さは27haもあり、園内をひととおり見学するなら最低でも半日は必要。広い園内を無料のミニトレインが1周している。途中停車するのは、コアラやウォンバット、ディンゴなどの観察に適したコアラ・ジャンクションと、カンガルーが放し飼いになっているカンガルークロッシングの2ヵ所。カンガルークロッシングからはゴンドワナ大陸ゆかりの動物を集めた最新エリアの**ロストバレー** Lost Valleyへもアクセスしやすい。ロストバレーではオーストラリア&ニューギニアのキノボリカンガルー、カソワリィからマダガスカルにすむワオキツネザルまで、さまざまな生物を見ながら古代大陸の時代に思いをはせることができるのだ。

ロストバレーではゴンドワナ大陸由来の動物を間近に観察／左：ワオキツネザル
右：カオグロキノボリカンガルー

1日中さまざまなショー&動物との触れ合いが行われている。なかでも、8:00～9:30と16:00～17:30の**ロリキートの餌づけ**は外せない（このエリアは入園料を払わなくても入れる無料ゾーン。$2程度の寄付を忘れずに）。餌スープの皿を持つと野生のロリキートがいっせいに集まってくる。有料でプロのカメラマンによる写真撮影もある。もちろん**コアラを抱いての記念写真**も可能（1日2回）。またワシやメンフクロウなどの生態を間近に見せてくれるワイルドスカイ・フリーフライトバードショー、先住民のダンスショー（木～日曜15:00～）なども行われている。英語圏の子供には、スマホのアプリを使って恐竜や恐竜が生きていた時代について学ぶ**エクステンション・トレイル** Extention Trailも人気だ。

園内の自然を生かした**ツリートップチャレンジ**もアクティブ派に人気。ユーカリ林内に設けられたアスレチック風のつり橋と150 mのワイヤーを滑車で滑り降りるアクティビティだ。また傷ついた野生動物の治療・リハビリを行う**動物病院**の見学も要チェックだ（ガイド付き見学は毎日11:30～）。

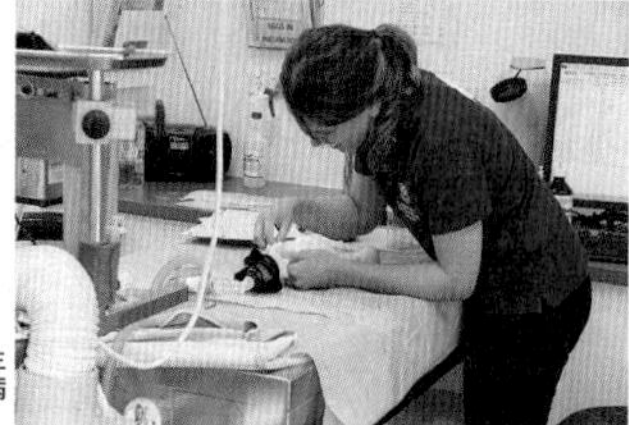
園内にはけがをした野生動物の治療を行う動物病院もあって見学できる

コアラを抱いて記念撮影できる

■カランビン・ワイルドライフサンクチュアリ
住 28 Tomewin St., Currumbin, 4223　☎(07)5534-0813
URL currumbinsanctuary.com.au
開 毎日8:00～17:00／ツリートップチャレンジ：月～金9:30、13:00スタート、土日9:30～13:00の30分ごとスタート／コアラと朝食：土～水8:00～9:00
休 アンザックデー、クリスマスデー
料 大人$64.95 子供$49.95 家族$202.95／ツリートップチャレンジ付き入園券：大人$109 子供$89 家族$379／コアラと朝食付き入園券（土～水）：大人$99 子供$89／ロリキートの餌づけ写真$25／コアラを抱いて記念写真（9:30～11:30、12:30～14:00）$49
CC ADJMV

●サンクチュアリマーケット
カランビン・ワイルドライフサンクチュアリ脇で毎週金曜16:00～21:00に開かれるフードマーケット。さまざまな料理を提供するフードストールが出店。夕方のロリキートの餌づけ後に出かけるのがおすすめだ。

サンクチュアリマーケットで屋台ご飯を楽しむ

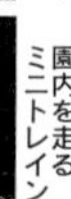
園内を走るミニトレイン

Memo カランビンのカンガルークロッシングにはロープで仕切られたカンガルー休憩エリアがある（観光客は入れない）。特に暑い日の日中はカンガルーがそのエリアから出てこないことも多い。カンガルーと触れ合いを楽しみたかったら朝早めや午後遅めがおすすめだ。

■ドリームワールド
住Dreamworld Parkway, Coomera, 4209
☎(07)5588-1111
URL www.dreamworld.com.au
開 毎日10:00～17:00（季節により16:00閉園の場合あり）
休 アンザックデー、クリスマスデー
料1日パス：大人$129 子供$119／2日間パス：1人$139／2日間ドリームワールド＋スカイポイント展望台（→P.190）：1人$129／ライドエクスペリエンス・アンリミテッド（ライド系アトラクションのファストパス）：$129.95（入園料別）／コアラを抱いて記念写真$29.95（11:00～15:30）
※ウェブ割引あり
CC ADJMV

オーストラリア最大規模のスライダー、グリーンルーム

■デビッド・フレイ・ワイルドライフパーク
住Cnr. West Burleigh Rd. & Loman Lane, Burleigh Heads, 4220
☎(07)5669-2051
URL parks.des.qld.gov.au/parks/david-fleay
URL www.fleayswildlife.com.au
開 毎日9:00～16:00
休 クリスマスデー
料大人$27.95 子供$12.25 家族$69.15
※原則オンラインでチケット購入
アクセス ブロードビーチ・サウスからトランスリンクのバスNo.756利用。タレブジェラクリーク・ドライブのバス停から徒歩約10分。

園内にはボードウオークが張り巡らされている

オーストラリア有数のファンパーク　MAP P.183/2B

ドリームワールド
Dreamworld

ゴールドコースト北部クーメラにある、20万km^{2}もの広さをもつファンパーク。遊園地＆動物園として人気のドリームワールドがメイン施設で、併設する形でウオーターパークのホワイトウオーターワールドがある。両方を行ったり来たりしながら1日過ごすことができるので水着を持って出かけたい。

カンガルーとの触れ合いも楽しい

最強絶叫マシンと評判のザ・クロウ

ドリームワールド側で日本人に人気のあるのは**コロボリー** Corroboreeというエリア。オーストラリアの代表的な4つの自然環境を再現し、そのなかでオーストラリアの動物を見て回るというもの。もちろんコアラを抱いて記念写真も撮れる。ほかにも世界でも珍しいホワイトタイガーが見られるタイガーアイランド、ドリームワークスのアニメーション映画でおなじみ『マダガスカル』のキャラクターが登場するマダガスカル・ライブショー、さらにハイスピードローラーコースターのゴールドコースター、フリーフォールのジャイアントドロップなどの各種絶叫マシンまで、アトラクションの種類は豊富だ。

ホワイトウオーターワールドは、スリルたっぷりのウオータースライダーを数多く揃えている。特に世界にふたつしかないというローラーコースタータイプのウオータースライダー、スーパーチューブズ・ハイドロコースターは大人気だ。ほかにも8レーンのコースを競争しながら滑り下りるオクトパスレーサー・ザ・ブロ、クローバー形チューブで大きなコースを滑り下りるグリーンルームなど、試してみたいスライダーは数多い。もちろん波の出るプール（ケイブ・オブ・ウエイブ）や巨大なバケツから水があふれ出すパイプラインプランジなどもあって、小さな子供連れでも安心して楽しめる。

動物たちが目の前までやってくる　MAP P.183/3B

デビッド・フレイ・ワイルドライフパーク
David Fleay Wildlife Park

バーレイヘッズ国立公園に隣接し、園内にはユーカリ林、湿地帯、熱帯雨林、マングローブ林の4つの代表的なオーストラリアの自然環境を再現している。園内にはボードウオークが造られていて、そこを歩いてコアラ、カンガルー、ウォンバット、エミュー、クロコダイルなどの動物を見て回るようになっている。

必ずチェックしておきたいのはショーの時間だ。入場の際にもらう園内のマップに時間と集合場所が書いてある。スタッフがいろいろ解説してくれ、動物たちにタッチする機会もある。この動物園の創始者であるフレイ博士は、50年ほど前、世界で初めて人工的にカモノハシの交尾に成功した人物として知られている。園内にあるノクターナルハウス（夜行性動物観察所）では、カモノハシをはじめ、クォールやシュガーグライダー、ビルビーといった絶滅の危機に瀕している動物を見ることができる。

オーストラリアの熱帯雨林にすむ珍しいカソワリィ

栽培されている果実の種類にびっくり　MAP 地図外

トロピカルフルーツ・ワールド
Tropical Fruit World

トラクタートレインで園内ツアーに出発

ゴールドコーストの南、ニューサウスウエールズ州ツイードバレーにある広大なフルーツ園。バナナ、マンゴー、パパイヤ、ジャックフルーツ、ドリアン、グアバ、パッションフルーツ……原産地ごとに仕切られたエリアには総数500種以上の果実が植えられており、トラクタートレインに乗ってガイド付きで見て回ることができる。また子供の遊び場やミニ動物園もあり、バギーを借りれば自由に見学することも可能だ。このほかフルーツに関するさまざまなプレゼンテーションも行われている。特にミラクルフルーツショーは、日本ではなかなか味わえないさまざまなフルーツの試食ができるのでぜひ参加したい。

■トロピカルフルーツ・ワールド
住 29 Duranbah Rd., Duranbah, Tweed Valley, NSW 2487
☎ (02)6677-7222
URL www.tropicalfruitworld.com.au
開 毎日 10:00 ～ 16:00（最終ファームツアーは 14:20 スタート）
※入園時間はクイーンズランド州時間
休 クリスマスデー
料 大人 $56 子供 $35 家族 $160
アクセス 公共交通機関によるアクセス方法はないので、レンタカー利用が現実的。

ミラクルフルーツショーは必見

COLUMN

オーストラリアの文化に触れる
おすすめショー＆ディナー

オーストラリアン・アウトバックスペクタキュラー
Australian Outback Spectacular

オーストラリアの荒野（アウトバック）で活躍するストックマン（カウボーイのことをオーストラリアではこう呼ぶ）。ストックマンが馬に乗って繰り広げるスペクタクルなショーを観ながら、ディナーを楽しむ。ショーは数年に一度刷新され、2024年2月現在行われているのは「ハートランド Heartland」。観ていてまったく飽きることのない充実した内容。ディナーも3コースで、前菜はサラダ、メインはボリューム満点のテンダーロインバーベキューステーキ、アウトバックの雰囲気を味わうためのダンパーブレッド、そしてデザートにはオーストラリア名物のスイーツであるパブロバとビリーティーがサーブされる。

場所はワーナーブラザーズ・ムービーワールドとウエットンワイルドの間だ。

DATA　MAP P.183/3B
住 Entertainment Drv., Oxenford, QLD 4210
☎ 13-33-86　URL outbackspectacular.com.au
営 火水金日 19:30 ～ 21:00、土（1ヵ月に1～3回）12:30 ～ 14:00　休 月木、クリスマスデー（日水は季節による）
料 一般席：火水金 大人 $109.99 子供 $79.99、土 大人 $119.99 子供 $89.99 ／トップレイル・プレミアム（正面席＋記念写真、食事中の飲み物無料＋バックステージツアー）火水金 大人 $149.99 子供 $139.99、土 大人 $159.99 子供 $149.99 ／ディスカバーラウンジ（トップレイルの食事が4コースの特別メニューとなり、開演前に VIP ラウンジ使用可）1人 $259.99
CC ADJMV
アクセス 往復トランスファーが利用可能（要問い合わせ ☎ 13-33-86）。ほかにもサーファーズパラダイス中心部からトランスリンクのバス No.TX7 が利用できる。

ストックマンによるショーを観ながら食事を楽しむ

■割引料金が出ることもある日本語オンライン・オプショナルツアー・サイト
●ホットホリデー
URL www.hotholiday.jp
●ナビツアー
URL www.navitour.com.au
●ベルトラ
URL www.veltra.com/jp/oceania/australia

■タンガルーマ・プレミアム・ドルフィンフィーディング
催行：JPT Tours
FREE 1300-781-362
URL www.jpttours.com
時 毎日6:15～21:30（夏季は～22:45）
料 大人$295 子供$245／ホエールウオッチング付き：大人$295 子供$245
※タンガルーマ・アイランドリゾートでもっとのんびりしたい人向けに宿泊付きツアーも催行している。詳細は要問い合わせ。

爽快な気分が味わえる砂滑り

■アクアダックツアー
☎(07)5539-0222
URL www.aquaduck.com.au
時 毎日9:45～12:15、14:15～16:45の間75分ごとに催行（所要約1時間）
※クイーンズランド州のスクールホリデー期間はツアー催行回数が増える
休 クリスマスデー
料 大人$50 子供$40（5～16歳）家族$169

ゴールドコーストのツアー&アクティビティ
TOURS & ACTIVITIES IN GOLD COAST

ゴールドコーストでは、海と世界遺産の亜熱帯の森を楽しむたくさんのツアー＆アクティビティが催行されている。しかも日本語ツアーが多いので安心だ。

海を楽しむツアー&アクティビティ

野生イルカの餌づけがしたいなら

タンガルーマ・プレミアム・ドルフィンフィーディング（JPTツアーズ）
Tangalooma Premium Dolphin Feeding / JPT Tours

感動的なイルカの餌づけ体験

野生のイルカへの餌づけができることで知られるモートン島（→P.175）。このツアーにはモートン島でのイルカへの餌づけはもちろん、砂滑りが楽しめるデザート・サファリツアーもしくはジュゴンやイルカ、ウミガメが見られる可能性大のマリン・ディスカバリークルーズのどちらかが含まれており、モートン島の魅力を満喫できる。なおタンガルーマ・アイランドリゾートでは、ほかにもオプションで、ATVツアーやスノーケリングなどさまざまなアクティビティが楽しめる。タンガルーマ・アイランドリゾートには日本語スタッフもいるので、安心だ。

なお7～10月にはデザート・サファリツアー、マリン・ディスカバリークルーズの代わりにタンガルーマ発のホエールウオッチング・クルーズが付いたタンガルーマ・ドルフィンアドベンチャー＋クジラウオッチングコースも催行されている。

水陸両用大型バスでゴールドコーストをひと回り

アクアダックツアー
Aquaduck Tours

家族連れに人気のツアーだ

水陸両用バスに乗ってゴールドコースト観光とブロードウオーター＆カナルクルーズを一度に楽しむというツアー。ルートは、サーファーズパラダイスから海岸通りをザ・スピットへ向かい、ここからブロードウオーターに入水。その後ネラング川を少しだけクルーズして、メインビーチへ上陸、サーファーズパラダイスへ戻るというものだ。

パラセイリングやジェットスキーを一度に楽しむ

マリンアクティビティ（ゴールドコースト・ウオータースポーツ）
Marine Activities / Gold Coast Watersports

パラセイリング、ジェットスキー、さらに強力な水圧を噴射して空中に浮かぶことができるフライボードが一度に体験できる（パラセイリングとフライボードの組み合わせ時には

大空高く舞い上がるパラセイリング

移動に時速80キロ近いスピードが出るジェットボート利用も可能)。波の静かな内海ブロードウオーターで行われている。

パラセイリングはふたり用ハーネス(体に直接パラシュートが付くタイプ)を使用しているので、カップルや友達同士で一緒に大空散歩ができる。最高50mの高度で約10分間のフライトだ。ジェットスキーは日本では船舶免許が必要だが、オーストラリアではインストラクターの指導下でなら誰でも楽しめる。

ゴールドコーストでサーフィンを習おう!

サーフィン・ボディボードレッスン(サンシャインステイト・サーフィンスクール)

Surfing & Body Board Lesson / Sunshine State Surfing School

初心者でも安心の日本語レッスンだ

オーストラリアサーフィン協会認定日本語スクールのサンシャインステイト・サーフィンスクール(通称4S)による、サーフィン初心者向けレッスン。安全に体験できるベストポイントで、日本人インストラクターによるサーフィンやボディボードのレッスン(約1時間)が受けられる。早く上達したい人は午前、午後と続けて参加するのもおすすめだ。またとりあえず体験したいという人向けに、1日レッスンとビーチBBQを組み合わせたツアーもある。

ゴールドコーストでザトウクジラに大接近

ホエールウオッチング・クルーズ

Whale Watching Cruises

冬季にゴールドコースト沖合を通るザトウクジラを見にいく半日クルーズが人気だ。外洋のウオッチングポイントまでは出港後わずか30分～1時間。運がいいと船に興味を示したクジラが、近くを並走したり、間近でジャンプ(ブリーチング)したりすることもあるほど。しかもシーズン中は90%以上の高い確率でクジラに遭遇するという。万一遭遇できなかった場合は、違う日のクルーズにもう一度参加可能だ。

左:ゴールドコースト沖合にやってくるザトウクジラ
右:シーワールド・ホエールウオッチングのクルーズ船

■マリンアクティビティ
催行:Gold Coast Watersports
☎0404-445-000
URL www.goldcoastwatersports.com
料 パラセイリング1人$140、2人$198/ジェットスキー30分$120、1時間$210/フライボード5分$135、10分$175/パラセイリング+ジェットスキー2人$280/パラセイリング+ジェットスキー+フライボード2人$630/パラセイリング+ジェットスキー+ジェットボート2人$420

■サーフィン・ボディボードレッスン
催行:サンシャインステイト・サーフィンスクール
☎(07)5520-0198
☎0408-022-544
URL www.sunshinestatesurfingschool.com
時 毎日9:00～11:45、14:00～16:45
料 1人$93(学生割引あり)/サーフィン・ボディボード体験&ビーチBBQ(9:00～17:00)1人$198

■ホエールウオッチング・クルーズ
催行時期は例年6月初旬～11月初旬

●シーワールド・ホエールウオッチ Sea World Whale Watch
☎(07)5539-9299
URL seaworldcruises.com.au
時 シーワールド発着:期間中毎日8:00、9:00、11:00、12:00、14:00、15:00出航(所要2.5時間)
料 大人$119 子供$79 家族$396

●ホエールズ・イン・パラダイス Whales in Paradise
☎(07)5538-2111
URL whalesinparadise.com.au
時 カビル・アベニュー突端サーファーズパラダイス桟橋発着:期間中毎日8:30～12:00
料 大人$119 子供$79 家族$396

●スピリット・オブ・ゴールドコースト The Spirit of Gold Coast
☎(07)5572-7755
URL www.spiritwhalewatching.com.au
時 マリナーズコーブ発着:期間中毎日9:30～12:00
料 大人$99 子供$59 家族$236

■アクアアベンチャー
住95 Marine Pde., Southport, 4215
☎(07)5591-7117
URL aquaadventures.com.au
●ホエールスイム
時2024年6/3～10/13予定：期間中毎日8:30～11:30(ピーク時は土日12:00～15:00もある)
料1人$249（ボートの上から見学のみは1人$119)
●スクーバダイビング
料 体験ダイビング（全器材込み）$129／ファンダイビング1ダイブ$119～149（ダイブサイトにより異なる／全器材込み）／3日間ライセンス取得コース$595（eラーニング費用別)

体験ダイビングでゴールドコーストの海を満喫

■ストラドブローク・アイランドサファリ＆4WDエコツアー
催行：Gold Coast Air Safaris
☎1300-312-735
URL goldcoastairsafaris.com.au/stradbroke-island-safari-4wd-ecotour
時 毎日8:45～15:30
料 大人$895 子供$655

ビーチを4WDで駆け抜けるのは爽快

ホエールウオッチング以上に貴重な体験

ホエールスイム（アクアアドベンチャー）

Swim with Whales Gold Coast / Aqua Adventures

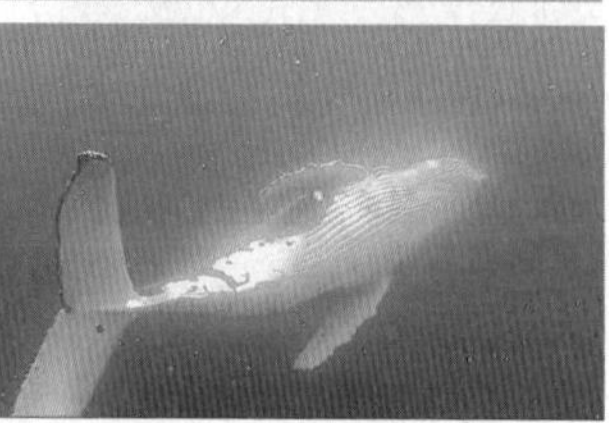

長年クジラにできるだけ影響を与えないように保護・観察を続けてきたゴールドコーストで、2022年から解禁となったのがザトウクジラと一緒に泳ぐホエールスイム（アクアアドベンチャー1社のみ許可を持っている)。クジラへの負荷を考え12人乗り小型ボートを使った少人数制ツアーとなっている。ボートがゆっくりとクジラに近づき、一緒に泳いでも大丈夫そうかを確認後、海面にロープを張り、それに捕まるようスノーケル道具をつけて海に入りクジラを観察する。人間を恐れることがないクジラが、すぐ近くにやってくることも多い。海中に響くクジラの鳴き声を聞き、目の前を泳ぐクジラを見る感動は、一生の宝物だ。

ゴールドコーストでダイビングライセンスを取ろう

スクーバダイビング（アクアアドベンチャー）

Scuba Diving / Aqua Adventures

ゴールドコースト周辺の海には、亜熱帯～温帯のさまざまな魚が生息している。初心者から上級ダイバーまで満足できるポイントも数多く、魚影もひじょうに濃い。ゴールドコーストの日本人スタッフ常駐ダイブショップは**アクアアドベンチャー**。初心者向け体験ダイビングから、ブロードウオーターやゴールドコースト周辺の人気ポイントへのファンダイビング、ライセンス取得コースを催行している。

巨大な砂の島を4WDで巡る

ノースストラドブローク島ツアー

North Stradbroke Is. Tour

ガリ（フレーザー島）に次いで世界で2番目に大きな砂の島ノースストラドブローク島（→P.177）を1日で満喫するツアー。早朝ゴールドコースト空港からセスナ機で出発。ゴールドコーストのビーチ沿いの高層コンドミニアム群を眼下に眺め、サウスストラドブローク島上空を抜けてノースストラドブローク島の空港へ。ここから地元の名物ガイド「はだしのデイブ Barefoot Dave」が案内する4WDツアーに参加する。野生のカンガルーやコアラを探し、ブラウンレイクへ立ち寄り、オーストラリアらしくダンパーとビリーティーのモーニングティーを堪能。その後、砂丘地帯やビーチをドライブ。ビーチでのBBQを楽しんだ後はポイントルックアウトでマンタやウミガメ、イルカ探し（秋～春はクジラも)。帰りもセスナでの遊覧飛行だ。

日帰りでグレートバリアリーフ・スノーケリング
レディエリオットアイランドG.B.R.日帰りツアー
Lady Elliot Is. G.B.R. Day Tours

ダイバー、スノーケラーならずとも憧れるG.B.R.。シーエアパシフィックでは、チャーター飛行機を利用して、G.B.R.最南端の島レディエリオット島(→P.151)を訪れる日帰りツアーを催行している。ゴールドコースト滞在にグレートバリアリーフを加えたいという旅行者に人気だ。レディエリオット島は島の周りすべてが珊瑚礁で埋め尽くされており、ウミガメやマンタが頻繁に現れることで知られている。島では専用ボートによるスノーケリングツアーやグラスボトムボートツアーを楽しんだり、ビーチでのんびりしたりして過ごす。

■レディエリオットアイランドG.B.R.日帰りツアー
催行：Seair Pacific
(07)5536-3644
FREE 1800-072-200
URL ladyelliot.com.au
時 毎日6:45～18:45
料 大人$990 子供$699

グレートバリアリーフでスノーケリング

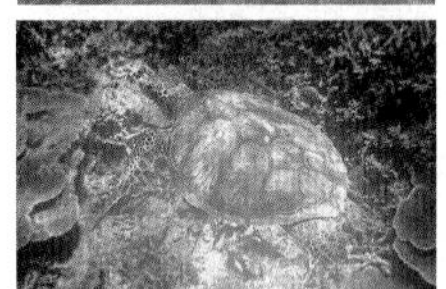

ウミガメやマンタに出合える可能性が高い

山と郊外を楽しむツアー＆アクティビティ

オセアニアだけで見られる神秘的な光
土ボタルツアー
Glowworms Tours

ゴールドコーストで最も人気のあるナイトツアー。オーストラリアとニュージーランドのかぎられた場所にしか生息していないツチボタル。なかでもゴールドコースト郊外、世界自然遺産にも登録されているスプリングブルック国立公園のナチュラルブリッジ（→P.195）は、オーストラリア有数の生息地で、数社がほぼ同内容でツアーを催行しており、いくつかの会社は日本語ガイド付きだ。

COLUMN
ツチボタルとは

ツチボタルGlow worms（glow＝光る／worm＝ミミズのような四肢のない虫）とは、オーストラリアとニュージーランドの、適度な湿度をもつかぎられた森や洞窟にすむ双翅目（ハエやカ、アブなどと同種）の昆虫で、ツチボタル科（アラクノカンパArachnocampa）に属している。日本で一般的にホタルと呼ばれる鞘翅目の甲虫ホタルとはまったくの別種で、光りながら空を飛ぶようなことはない。基本的に光を出すのは幼虫とメスのサナギだ。幼虫時には餌となる虫をおびき寄せるため（捕食活動）に光り、サナギのメスは成虫になった際にすぐに繁殖行動できるよう（つまりオスをおびき寄せるために）光っているといわれる。なおツチボタルの光は青緑色の連続発光で、その幻想的な色が宮崎アニメ『天空の城ラピュタ』に出てくる飛行石に似ていることから、「モデルでは？」とのウワサもあるほどだ（事実ではないようです）。

スプリングブルック国立公園などゴールドコースト一帯で見られるツチボタル（アラクノカンパフラバArachnocampa flava）のライフサイクルは約10ヵ月。そのなかで幼虫期間は実に9ヵ月にも及び、その間粘着性体液でコーティングされた糸を垂らし、光におびき寄せられてやってくる虫をつかまえ、ひたすら食べ続ける。サナギの期間は約1週間。やっと成虫になっても口がなく、オスはメスを求めて交尾し、メスは交尾後産卵を済ませるとすぐに死んでしまう。成虫の寿命はオスが4～6日、メスは1～3日といわれる。

なおツチボタルは、明るい場所では発光による捕食活動ができないと察知し、光るのをやめてしまう（生息場所に日の光が入る時間は発光しない）。生息場所ではフラッシュなどを使った写真撮影は厳禁だ。

8月のゴールドコーストの朝晩はとても寒いです。森などのツアーに行くときはしっかり着込むことをおすすめします。（東京都　クッキングサラダ　'17）['24]

ツアーは日暮れ時出発で、約1時間ほどでナチュラルブリッジに到着。ガイドと一緒にウオーキングトレイルを一周し、途中滝つぼ裏でツチボタルが洞窟内を埋め尽くす様子を観察する。どのツアーも天候がよければ星空観察あり。

まるで満天の星のように輝くツチボタル

動物探検＋ツチボタルというワイルドツアー

土ボタルと野生動物探検エコサファリツアー
Eco Safari Tour

ツチボタル見学前にオーストラリアならではの野生動物を探しに行こう、という日本語ツアー。サーファーズパラダイスから車で30分ほどのクーンババレイクランド自然保護区内で、約2kmのブッシュウオーキングを楽しみながらカンガルーやコアラを探す。野生なので100%ではないが、どちらも高確率で見ることができる。その後オージースタイルのディナーを楽しみ、ナチュラルブリッジでツチボタル見学をするという行程だ。

まず間違いなく見られる野生のカンガルー

人気の高原地帯の魅力を満喫

オライリーズとラミントン国立公園
O'reilly's & Lamington NP

ゴールドコースト内陸部ヒンターランドの世界遺産の森（ラミントン国立公園グリーンマウンテンズ地区）と高原の町マウントタンボリンを一緒に訪ねる人気ツアー。マウントタンボリンでは、ギャラリーやカフェが建ち並ぶギャラリーウオークでの自由行動。その後オライリーズ・カヌングラバレー・ヴィンヤードでワインテイスティングを楽しみ、うっそうとした森が茂るつづら折りの道を登ってラミントン国立公園（グリーンマウンテンズ）へ。亜熱帯雨林の森をエコガイドと一緒にじっくり散策。ツリートップウオークや野鳥の餌づけ（有料）など、楽しみもいっぱいだ。

ツリートップウオークで上から亜熱帯雨林を眺める

世界遺産ラミントン国立公園を満喫

世界自然遺産グリーンマウンテンズ・ツアー
Green Mountains Tours / QJS

世界遺産ラミントン国立公園のグリーンマウンテンズに的を絞った日本語ツアー。グリーンマウンテンズでは野鳥の餌づけ（有料）やツリートップウオークを楽しむ。オライリー

■土ボタルツアー
●ツアー・ゴールドコースト（日本語ツアー）
☎(07)5538-2800
URL www.tourgc.com.au/jpn
時 月～土 18:30～22:00（クリスマスデーは除く）
料 大人$135 子供$101
●キュージェイエス（日本語ツアー）
☎0412-756-251
URL www.qjs.com.au
時 毎日 17:30～21:00
料 大人$95 子供$60
※最少催行人数4名
● JPTツアーズ（多言語混載ツアー）
☎1300-781-362
URL www.jpttours.com
時 火木土 18:30～21:30
料 大人$100 子供$75

■土ボタルと野生動物探検エコサファリツアー
催行：Tour Gold Coast
☎(07)5538-2800
URL www.tourgc.com.au
時 火木土 15:00～21:30（クリスマスデーは除く）
料 大人$199 子供$149

運がよければ野生のコアラも見られる

■オライリーズとラミントン国立公園
催行：JPT Tours
FREE 1300-781-362
URL www.jpttours.com
時 8:30～17:15（催行日は要問い合わせ）
料 ランチ付き：大人$150 子供$100／ランチなし：大人$120 子供$90

■世界自然遺産グリーンマウンテンズ・ツアー
催行：キュージェイエス
☎0412-756-251
URL www.qjs.com.au
時 毎日 9:00～16:00
料 ランチ付き：大人$128 子供$70
※野鳥の餌づけは別料金
※最少催行人数6名

土ボタルツアーでは、まるで『ラピュタ』の飛行石の鉱山のような景色が見られました。（愛知県　けいす）['24]

ズでのランチも含まれている。帰路はオライリーズ・カヌングラバレー・ヴィンヤードに立ち寄りワインテイスティング。さらに併設のアルパカ牧場へも立ち寄る。

人気のバイロンベイでローカル気分を味わう

バイロンベイ・タウン&カントリー・ツアー
Byron Bay Town & Country Tour

大陸最東端の岬に建つバイロンベイ灯台

ボヘミアンな雰囲気が残るオーストラリア大陸最東端の町バイロンベイ(→ P.305)。ニューサウスウエールズ州にあるが、ゴールドコーストから車で約1時間30分と近いため、ゴールドコーストからの日帰り観光地としてもポピュラーだ。日本語ガイド付きでバイロンベイの魅力をたっぷり味わえるのがこのツアー。バイロンベイの町の入口にある観光牧場でのモーニングコーヒー(実費)、バイロンベイ灯台の散策、バイロンベイの町でののんびり自由時間(約2時間)、さらに人気バイロンベイクッキーやクラフトビールのストーンウェルなどが集まるインダストリアルエリアも訪れる。また希望者にはソーラーパワーで動くレトロな観光列車ソーラートレイン乗車の案内もしてくれる。

その他のツアー&アクティビティ

優雅に大空から日の出を見る

熱気球ツアー
Hot Air Balloon Tour

早朝の大空散歩は本当に気持ちがいい

ネラング地区では**ホットエアーバルーン・ダウンアンダー**と**バルーンアロフト・ゴールドコースト**の2社がほぼ同内容のツアーを催行。朝焼けで黄金色に輝くゴールドコーストの町並みや、霞がかったヒンターランドの山並みの両方のすばらしい景観が堪能できる。タンボリンマウンテン地区では**ホットエアー**がフライトを行っている。眼下には世界遺産の森であるラミントン国立公園やマウントタンボリンの高原地帯が望め、運がよければ野生のカンガルーの群れも見られる。ホットエアーはシャンパンブレックファスト付きで、ほかの2社はオプションとなっている。

すばらしい景色を眺めながら自由落下を楽しむ

タンデムスカイダイビング
Tandem Sky Diving

ゴールドコーストでもインストラクターと一緒に飛ぶタンデムスカイダイビングが楽しめる。ゴールドコースト空港出発で、ビーチの続く景色を眼下にダイブ。1万2000フィートから約45秒の自由落下を体験し、その後パラシュートを開いてのんびり降下。着地ポイントはキーラビーチとなる。

■バイロンベイ・タウン&カントリー・ツアー
催行：G'Day Gold Coast (TS Tours)
☎0401-877-178(日本語)
URL gday-goldcoast.com
時 月水金 8:00 ～ 15:00
料 大人$165 子供$135 ／ソーラートレイン乗車1人$10別(希望者のみ)

リゾートらしい雰囲気のバイロンベイの町

■熱気球ツアー
●ホットエアーバルーン・ダウンアンダー
Hot Air Balloon Down Under
☎(07)5500-4797
URL balloondownunder.com.au
時 毎日 5:00 ～ 9:30
料 60分フライト：1人$365／シャンパンブレックファスト付き：1人$395
●バルーンアロフト・ゴールドコースト
Balloon Aloft Gold Coast
☎(07)5531-5536
☎0438-819-788
URL www.balloonaloftgc.com.au
時 毎日 5:30 ～ 9:30
料 60分フライト：1人$268／60分フライト＋シャンパンブレックファスト1人$308
●ホットエアー Hot Air
☎(07)5636-1508
URL www.hot-air.jp
時 毎日 5:00 ～ 10:30
料 60分フライト：月～金1人$440、土日祝1人$495
※シャンパンブレックファスト付き
※ブリスベンからの送迎も可能

■タンデムスカイダイビング
催行：Gold Coast Skydive
☎(07)5599-1920
URL www.goldcoastskydive.com.au
料 タンデムスカイダイビング(1万2000フィート)$425／ビデオ&写真撮影$130

国際級コースで楽しくスコアメイク

ゴルフ
Golf

ゴールドコーストには数多くの国際級ゴルフコースがある。日本人に人気のコースをいくつか紹介しよう。

●パームメドウズ・ゴルフコース Palm Meadows Golf Course

サーファーズパラダイスから車で約10分。遠くにヒンターランドの山並みを望む、グラハム・マーシュ設計のコース。比較的フラットで、初心者から上級者まで対応している。

●ロイヤルパインズ・リゾート・ゴルフコース Royal Pines Resort Gold Course

リゾートコースとして人気のあるロイヤルパインズ

サーファーズパラダイスから内陸に10分ほどのアシュモア地区にあり、毎年2月にオーストラリア女子プロトーナメントALPGのオーストラリアン・レディスマスターズが開催されるコースとして有名。コースは18ホールのアルーナ&ビノウィーコース（パー72）と9ホールのワンガーラコース（パー36）のふたつ。

●ザ・クラブ・アット・パークウッドビレッジ The Club at Parkwood Village

サウスポートとヘレンズベイルの間に位置するチャンピオンシップコース。各ホールにウオーターハザードやユーカリ林が戦略的に配置されている。

●エメラルドレイクス・ゴルフクラブ Emerald Lakes Golf Club

ゴルフのプロトーナメントの開催地になることもある人気ゴルフコース。バック9はナイターも可能だ。

■ゴルフ

●**パームメドウズ・ゴルフコース**
住 Palm Meadow Drv., Carrara, 4211 ☎(07)5594-2450
URL palmmeadows.com.au
料 コースフィー：18ホール$89／13:00以降スタート$55 ※カート込み

●**ロイヤルパインズ・リゾート・ゴルフコース**
住 Ross St., Ashmore, 4214
☎(07)5597-8733
URL www.racv.com.au/travel-experiences/resorts/royal-pines-gold-coast/golf.html
料 コースフィー：ビジター月～木$105～125、金土日祝$110～135、ホテルゲスト毎日$74～89 ※カート込み

●**ザ・クラブ・アット・パークウッドビレッジ**
住 76-122 Napper Rd., Parkwood, 4214
☎(07)5563-3342
URL theclubparkwood.com.au
料 コースフィー：平日$49（カート付き$69）、週末$59（カート付き$79）

●**エメラルドレイクス・ゴルフクラブ**
住 Cnr. Nerang-Broadbeach Rd. & Alabaster Drv., Carrara, 4211
☎(07)5594-4400
URL emeraldlakesgolf.com.au
料 コースフィー：月～金$72、土日祝$81 ※カート込み

COLUMN

世界中から参加者が集まる ゴールドコーストマラソン

オーストラリアを代表する国際マラソンレース、ゴールドコーストマラソン。例年7月第1日曜開催で、2024年は7月6日（土）に各種ランやウオーク、7月7日（日）にフルマラソンなどメインのマラソンを行う予定。毎年約3万人（日本人参加者はコロナ禍前約1000人）もの参加者が集う大会で、平坦な美しい海岸線を走るレースとして人気を集めている。フルマラソン以外にもハーフマラソン、10kmラン、5kmファンラン、子供向けジュニアダッシュ（2kmもしくは4km）まで、個人参加から家族参加までに対応する種目を用意しているのが大きな特徴だ。走るのが大好きな人はもちろん、「一度マラソンを走ってみたかった」「運動不足解消に」「家族みんなで思い出をつくりたい」など、気軽な気持ちでぜひ参加してみよう。

DATA
●**ゴールドコーストマラソン日本事務局**
URL www.gcm.jp

ゴールドコーストで体験する
スパ・リラクセーション

ゴールドコーストの主要リゾートホテルには、
趣向を凝らしたデイスパが
数多く併設されている。
ホテルゲスト以外のビジターも
受け入れているので、
自分好みのスパを見つけ、
ぜひリラックスした時間を過ごしたい。

Q1 スパ
Q1 Spa
(Stephanies Wellness Spa)

クイーンズランド州南部で高級デイスパを展開するステファニーズ・ウェルネススパが運営。自然由来の自社オリジナルプロダクトを用いたボディケアを行っている。トリートメントルームは、まるで自然のなかにいるような心地よさを演出。ビシーシャワー設備もあるなど、最高のリラクセーションタイムを体験できる。

DATA MAP P.189/ 左下
住 Q1 Resort & Spa, 9 Hamilton Ave., Surfers Paradise, QLD 4217
☎ (07)5551-0910
URL www.q1.com.au/play/spa
URL www.stephanies.com.au
営 火～金 10:00 ～ 18:00、土 9:00 ～ 18:00、日 10:00 ～ 17:00
休 月
料 フェイシャル 30 分 $140 ～、60 分 $170 ～／マッサージ 60 分 $150 ～／パッケージ（シグニチャースキントリートメント）100 分 $220 など
CC ADJMV

エフォレア・デイスパ
eforea day spa

ヒルトン・サーファーズパラダイスにある。通常のマッサージのほか、体調を整えたり体の痛みを軽減するリメディアルマッサージ・プログラムもある。オーストラリアのオーガニックプロダクトのイコウ IKOU やフランスの高級タラソスパプロダクト、タルゴ THALGO を使用している。

DATA MAP P.189/ 左下
住 Level 2, Hilton Surfers Paradise, 6 Orchid Ave., Surfers Paradise, QLD 4217
☎ (07)5680-8000
URL hiltonsurfersparadise.com.au/eforea-spa-hilton
営 火～日 10:00 ～ 18:00 休 月
料 フェイシャル 60 分 $150 ～／マッサージ 50 分 $150 ～／ヴィシーシャワー 45 分 $135 ～／パッケージ各種 90 分 $215 ～
CC ADJMV

チュアンスパ
Chuan Spa

ランガム・ゴールドコーストにある高級スパで、カップル用２室を含む８室のトリートメントルームをもっている。チュアンとは中国語で「水の流れ」を意味し、中国の治癒哲学の五行（木、火、土、金、水）に沿った方法でさまざまなトリートメントを行っている。

DATA MAP P.189/3B
住 The Langham Gold Coast, 38 Old Burleigh Rd., Surfers Paradise, QLD 4217
☎ (07)5588-5000
URL www.langhamhotels.com/en/the-langham/gold-coast/wellness/chuan-spa
営 毎日 10:00 ～ 18:00
料 フェイシャル 60 分 $290 ～／リラクセーション・マッサージ 60 分 $220 ～／ホットストーンマッサージ 90 分 $300 ／チャンスパ・パッケージ 90 分 $370 ～
CC ADJMV

ビシーシャワー完備のカップルトリートメントルーム

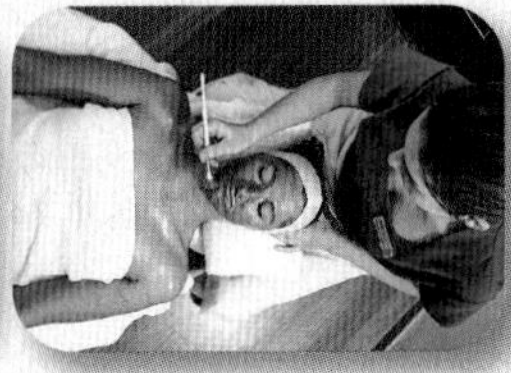
フェイシャルトリートメントのプログラムも充実している

ゆったりした気分でマッサージを受けよう

サーファーズパラダイス

バジェットタイプ

リゾート感があるバックパッカーズ MAP P.189/2A

Backpackers in Paradise

バックパッカーズ・イン・パラダイス

URL www.backpackersinparadise.com
住 40 Peninsular Drv., Surfers Paradise, 4217
☎ 5538-4344 FREE 1800-268-621 WiFi 無料
料 D $50 ~ 60、TW $110 ~ 135
CC MV

南国風のたたずまい

ペニンシュラ・ドライブにあるホステル。ゆったりした中庭には、プール、ハンモック、ピクニックテーブルなどがあって、リゾート気分が楽しめる。夜はTVラウンジの150インチスクリーンで映画上映もあり。バーを併設しており、夜遅くまでにぎやかな雰囲気だ。

ゴールドコーストの人気ホステル MAP P.189/1B

Budds In Surfers

バッズ・イン・サーファーズ

URL buddsinsurfers.com.au
住 6 Pine Ave., Surfers Paradise, 4217
☎ 5538-9661 WiFi 無料
料 D $65 ~ 70、TW $235 CC MV

サーファーズパラダイス中心部、ビーチとも徒歩5～6分の所にあるバックパッカーズ。部屋は明るく清潔で、一部のダブルルームには専用シャワー&トイレも付いている。中庭には椰子の木が茂るプールもある。ホステル主催のイベントも多く、夜遅くまでパーティ気分で過ごしたい人におすすめ。

コンドミニアム

超高層のモダンなコンドミニアム MAP P.189/左下

Q1 Resort & Spa

Q1リゾート&スパ

URL www.q1.com.au 住 9 Hamilton Ave. (Cnr. Surfers Paradise Blvd.), Surfers Paradise, 4217
☎ 5630-4500 ☎ 1300-792-008 WiFi 無料
料 1B $315 ~ 488、2B $384 ~ 602、3B $624 ~ 992 ※季節により最低2泊より CC ADJMV

広々としたリビングルーム

地上80階建てで、居住用ビルとしては世界有数の高さを誇る。コンテンポラリーモダンのインテリアをベースにしたリビング&ダイニングは広々としており、大きなバルコニースペースも併設(安全のため窓付き)。ベッドルーム脇のバスルームは全室スパバスタイプ。プールはラグーンタイプで、デイスパ(→P.209)やレストラン、展望デッキもある。

サーファーズパラダイスの町の真ん中 MAP P.189/左下

Mantra Circle on Cavill

マントラ・サークルオンカビル

URL www.mantracircleoncavill.com.au
住 9 Ferny Ave., Surfers Paradise, 4217
☎ 5582-2000 WiFi 無料 料 1B $247 ~ 275、2B $384 ~ 420 ※季節により最低2泊より
CC AMV 日本での予約先:アコーカスタマーサービス ☎ (03)4578-4077

ゆったりした雰囲気のプールエリア

カビル・アベニューとファーニー・アベニューの角という好立地にあり、49階建てサウスタワーと69階建てノースタワーからなる。現代風インテリアで、バルコニーからの眺めもすばらしい。

ビーチに面した豪華コンドミニアム MAP P.189/左下

Peppers Soul Surfers Paradise

ペッパーズソウル・サーファーズパラダイス

URL www.peppers.com.au
住 8 The Esplanade, Surfers Paradise, 4217
☎ 5635-5700 ☎ 1300-987-600
WiFi 無料 料 1B $388 ~ 443、2B $464 ~ 658、3B $618 ~ 1237 ※季節により最低3泊から
CC ADJMV 日本での予約先:アコーカスタマーサービス ☎ (03)4578-4077

サーファーズパラダイス・ビーチを望むペッパーズソウル・サーファーズパラダイス

サーファーズパラダイス・ビーチの前に建つ超高層コンドミニアム、ソウルの39階までの部分がペッパーズとなっている。全室ビーチビューで、白やベージュを基調としたインテリアが現代的で落ち着いた雰囲気をつくり出している。全室スパバス完備だ。

最新設備が整った MAP P.189/1B

Ruby Gold Coast by CLLIX

ルビー・ゴールドコースト・バイ・クリックス

URL www.cllix.com/ruby-gold-coast
住 9 Norfolk Ave., Surfers Paradise, 4217
☎ 5655-4324 WiFi 無料 料 1B $697 ~ 749、2B $799 ~ 849 CC ADJMV

ベッドルームは落ち着いた家具で統一されている

サーファーズパラダイスの町の北側に建つ最新コンドミニアム。明るく開放的なロビーにはセルフスタイルのチェックイ

ンブースが設けられており、必要に応じて24時間スタッフがチェックイン、チェックアウト手続きをサポート。部屋はゆったり広々としており、専用iPadでルームサービスやアクティビティの手配もできるなど、設備は最新。

一級以上のホテル

明るく快適な MAP P.189/左下

voco Gold Coast
ボコ・ゴールドコースト

URL goldcoast.vocohotels.com
住 31 Hamilton Ave., Surfers Paradise, 4217
☎ 5588-8333 WiFi 無料 料 T W $181～503
CC ADJMV 日本での予約先：インターコンチネンタルグループ ☎ (03)4520-3207

広さも十分で快適な客室

目の前にライトレールの駅があるので、公共交通機関を使ってあちこち動き回ろうという人にはとても便利。明るく高天井のロビーはリゾート感いっぱいで、日本語のできるスタッフがレセプションで応対してくれることも多い。客室はクラシックモダンといった雰囲気で、バスタブ完備の部屋が大部分。プールはそれほど広くないが中層階に2ヵ所あり、それぞれ眺めが異なる。ゴールドコースト有数の人気ステーキレストランのクリフォーズ・グリル&ラウンジ（→P.214）も入っている。

モールやビーチもすぐそば MAP P.189/左下

Novotel Surfers Paradise
ノボテル・サーファーズパラダイス

URL www.novotelsurfersparadise.com.au
住 3105 Surfers Paradise Blvd. (Cnr. Hanlan St.), Surfers Paradise, 4217 ☎ 5579-3400
WiFi 無料 料 T W $174～330 CC ADJMV 日本での予約先：アコーカスタマーサービス ☎ (03)4578-4077

屋外プールからの見晴らしも抜群

パラダイスセンターとコンプレックスをなす大型ホテル。客室は6階以上にあり、その8割がオーシャンビュー。プールやジムも完備。

ファミリーリゾートとして人気の MAP P.189/1B

Paradise Resort Gold Coast
パラダイスリゾート・ゴールドコースト

URL www.paradiseresort.com.au 住 122 Ferny Ave., Surfers Paradise, 4217 ☎ 5691-0000
WiFi 無料 料 T W $249～658 CC ADJMV

広々とした敷地に、スライダー付きプール、キッズクラブ、プレイグラウンドなど家族連れが楽しめる施設を配置。毎日催されるイベント&アクティビティも子供に大人気だ。

立地条件抜群の MAP P.189/左下

Mantra Legends Gold Coast
マントラ・レジェンズ

URL www.mantralegends.com.au
住 25 Laycock St. (Cnr. Surfers Paradise Blvd.), Surfers Paradise, 4217 ☎ 5588-7888
WiFi 無料 料 T W $180～280、2B $370～
CC ADJMV 日本での予約先：アコーカスタマーサービス ☎ (03)4578-4077

使い勝手のいい客室

明るいロビーからは、中庭にあるプールと滝が見える。プールに面してレストラン、カフェ、ヘルスクラブ、サウナがある。客室はバルコニー付きで、シックなカラーにまとめられている。

サーファーズ中心の高級ホテル&コンドミニアム MAP P.189/左下

Hilton Surfers Paradise
ヒルトン・サーファーズパラダイス

URL hiltonsurfersparadise.com.au
住 6 Orchid Ave. (3113 Surfers Paradise Blvd.), Surfers Paradise, 4217 ☎ 5680-8000
WiFi 無料 料 T W $265～429、2B $354～515
CC ADJMV 日本での予約先：ヒルトン・ワールドワイド ☎ (03)6864-1633

サーファーズパラダイスの真ん中に建つツインタワー

サーファーズパラダイス中心部に建つ高層ツインタワー。ホテルのゲストルームはモダンな家具、最新の設備で、部屋からの眺めもすばらしい。コンドミニアムは1～3ベッドルームがあり、さまざまな用途に対応できる。高級デイスパのエフォレア・デイスパ（→P.209）も入っている。

ゴールドコースト最新の豪華ホテル MAP P.189/3B

The Langham Gold Coast
ランガム・ゴールドコースト

URL www.langhamhotels.com/en/the-langham/gold-coast 住 38 Old Burleigh Rd., Surfers Paradise, 4217 ☎ 5638-8888 WiFi 無料
料 T W $806～1230、1B $770～105、2B $1031～1245 CC ADJMV

サーファーズパラダイスとブロードビーチの間に建つ3つのタワーをもつホテルで、この界隈で唯一オン・ザ・ビーチにある。客室も豪華で、全室50インチ以上のスマートTVを完備、バスルームはバスタブとシャワーブースが別になっている。豪華スパのチュアンスパ（→P.209）もある。

ビーチの真ん前というロケーション

サーファーズ中心の高級ホテル MAP P.189/左下

Mantra on View

マントラ・オン・ビュー

URL www.mantraonview.com.au
住 22 View Ave., Surfers Paradise, 4217
☎ 5579-1000 WiFi 有料 料ⓉⓌ$175～405
CC ADJMV 日本での予約先：アコーカスタマーサービス ☎(03)4578-4077

現代的なインテリアでまとめられた客室

サーファーズパラダイス・ブルバードとエルクホーン・アベニューの角という絶好の立地。客室はモダンな雰囲気で、どの部屋のバルコニーからもすばらしい眺めを満喫できる。ジム、サウナ、テニスコート、プールなどの設備も充実している。

設備充実の MAP P.189/3B

Crowne Plaza Surfers Paradise

クラウンプラザ・サーファーズパラダイス

URL www.crowneplazasurfersparadise.com.au
住 2807 Gold Coast Hwy., Surfers Paradise, 4217
☎ 5592-9900 WiFi 無料 料ⓉⓌ$192～564
CC ADJMV 日本での予約先：インターコンチネンタルグループ ☎(03)4520-3207

プールサイドは静かで落ち着ける

サーファーズパラダイスとブロードビーチの間に建つ4.5星ホテル。目の前にライトレールの駅（フロリダガーデンズ）がある。客室はゆったりしており、インテリアはシック。回転展望レストラン、ホライズン・スカイダイニング（→ P.215）も入っている。

優雅な雰囲気で滞在が楽しめる MAP P.189/1B

JW Marriott Gold Coast Resort & Spa

JWマリオット・ゴールドコースト・リゾート＆スパ

URL www.marriott.co.jp 住 158 Ferny Ave., Surfers Paradise, 4217 ☎ 5592-9800 WiFi 無料
料ⓉⓌ$450～3224 CC ADJMV 日本での予約先：マリオットボンヴォイ FREE 0120-925-659

サーファーズパラダイスの外れに建つ28階建ての豪華リゾート。熱帯魚の泳ぐ人工ラグーンではスノーケリングもできる。ジャクージやウオータースライダーなどプール周りの施設はゴールドコースト有数。部屋は明るく、バスルーム内にシャワー室が別にあるのもいい。人気鉄板焼きレストランのミソノ（→ P.214）などレストランも充実している。

魚の泳ぐラグーンプールをもっている

ザ・スピット

優雅にゴージャスにリゾート滞在 MAP P.190/A

Imperial Hotel Gold Coast

インペリアルホテル・ゴールドコースト

URL www.theimperialgc.com.au
住 94 Seaworld Drv., Main Beach, 4217
☎ 5509-8000 WiFi 無料 料ⓉⓌ$434～884、2B $1522～、3B $1758 CC ADJMV

ロビーに入った瞬間からその豪華さに驚かされる

ブロードウオーターを望む一等地にある。ホテル内はどこも上品な豪華さにあふれ、ホテル内そこかしこに美術品が飾られている。まるでアートにあふれた美術館のような装いだ。さらにすべての部屋にスパバスが付くという贅沢さ。レストランもレベルが高く、豪華ビュッフェが評判のイルブロッコ、優雅にハイティーが楽しめるレ・ジャディン（→ P.216）がある。

ビーチに面して建つ最高級リゾートホテル MAP P.190/A

Sheraton Grand Mirage Resort & Spa

シェラトン・グランドミラージュリゾート＆スパ

URL www.marriott.co.jp 住 71 Seaworld Drv., Main Beach, 4217 ☎ 5577-0000 WiFi 無料
料ⓉⓌ$1006～2989 CC ADJMV 日本での予約先：マリオットボンヴォイ FREE 0120-925-659

美しいラグーンに面して建つリゾート

まず目を引くのが、水をふんだんに使ったプールとラグーンの美しさ。明るくゆったりとしたロビーエリア、シックな装いの客室、ラグーンを望む優雅なレストラン……ホテル内どこでも高級リゾート気分が味わえる。

サンクチュアリコーブ

設備・雰囲気・サービス、すべてが最高級 MAP P.183/2B

InterContinental Sanctuary Cove Resort

インターコンチネンタル・サンクチュアリコーブ・リゾート

URL www.sanctuarycove.intercontinental.com
住 Manor Circle, Sanctuary Cove, 4212
☎ 5530-1234 WiFi 無料 料ⓉⓌ$348～2409
CC ADJMV 日本での予約先：インターコンチネンタルグループ ☎(03)4520-3207

古きよきオーストラリアをしのばせるカントリー調のホテル。庭には広大な人工ラグーンが造られ、プライベートビーチ気分も味わえる。また、サン

大きなラグーンプールをもっている

日本からゴールドコーストへの電話のかけ方
国際電話会社の番号＋010＋61（国番号）＋7（0を取った州外局番）＋電話番号

クチュアリコーブ内にはマリーナやふたつのゴルフ場、ショッピングセンター、レストランエリアなどがある。ホテル敷地内やゴルフ場では、朝夕野生のカンガルーを見かけることも多い。

ブロードビーチ

カジノ併設のエンターテインメントリゾート MAP P.190/B

The Star Gold Coast & Casino
ザ・スター・ゴールドコースト&カジノ

URL www.star.com.au/goldcoast/hotels-and-spa
住 1 Casino Drv., Broadbeach Is., Broadbeach, 4218 FREE 1800-074-344 WiFi 無料
料 The Star Grand: T W $308 ～ 981 ／ The Darling: T W $639 ～ 3151 ／ The Star Residences: 1B $259 ～ 348、2B $331 ～ 638
CC ADJMV

夜はホテル全体がライトアップされる

ブロードビーチを代表する豪華リゾートで、カジノ、デイスパ、9つのレストラン、7つのバーなど、その施設の充実度はゴールドコースト随一。ホテルはカジノとコンプレックスをなす5つ星のスターグランド The Star Grand、タワー型5つ星プラスの超高級リゾートのダーリング The Darling、高級コンドミニアムのスターレジデンス The Star Residences の3棟。

ザ・スターとコンプレックスをなす MAP P.190/B

Dorsett Gold Coast
ドーセット・ゴールドコースト

URL www.dorsetthotels.com/dorsett-gold-coast/index.html 住 5 The Darling Ave., Broadbeach, 4218 ☎ 5504-1000 WiFi 無料 料 T W $254.50 ～ 297 CC AJMV

リゾート感あふれるドーセットのプール

ザ・スターとコンコースで結ばれたホテルだが、経営は別となっている（ただしザ・スターとは提携関係にあり、レストラン&バーなどは部屋付けで利用可能だ）。部屋のインテリアはシンプルモダンで、全室コーヒーマシンを完備するなど設備は充実。エグゼクティブフロア利用者が使えるラウンジは、夕方に無料でシーフード中心の軽食が用意される。ドリンクメニューも豊富なので、サンセットを楽しみながらディナー前のひとときを楽しみに利用する人が多い。プールは中層階にあり、ブロードビーチのすばらしい眺めを楽しみながらリラックスできる。

買い物、食事に便利な MAP P.190/B

Sofitel Gold Coast
ソフィテル・ゴールドコースト

URL www.sofitelgoldcoast.com.au
住 81 Surf Pde., Broadbeach, 4218
☎ 5592-2250 WiFi 有料 料 T W $327 ～ 745
CC ADJMV 日本での予約先：アコーカスタマーサービス ☎ (03)4578-4077

ゆったりとしたプールエリア

ショッピングセンターのオアシス隣にある。ブラウンを基調とした客室は、高級感あり。またメインダイニングのルーム 81 Room 81 はゴールドコースト有数のファインダイニングとしても有名だ。

グルメゾーンにある高級コンドミニアムリゾート MAP P.190/B

Peppers Broadbeach
ペッパーズ・ブロードビーチ

URL www.peppers.com.au
住 21 Elizabeth Ave., Broadbeach, 4218
☎ 5635-1000 WiFi 無料 料 1B $299 ～ 347、2B $394 ～ 447、3B $933 CC ADJMV 日本での予約先：アコーカスタマーサービス ☎ (03)4578-4077

広々としたマスターベッドルーム

ブロードビーチ随一と評判のコンドミニアム。現代的な雰囲気の客室、和をテーマにした禅庭園、ミニシアター、高級デイスパなどの設備をもっている。なお敷地中央を通るオラクル・ブルバードはゴールドコースト随一のイートストリートだ。

ラミントン国立公園

亜熱帯雨林散策にベストな MAP P.183/3A

O'Reilly's Rainforest Retreat & Villas
オライリーズ・レインフォレストリトリート&ヴィラ

URL oreillys.com.au
住 3582 Lamington NP Rd., via Canungra, 4275
☎ 5502-4911 WiFi 無料
料 Retreat: T W $189 ～ 229、1B $399 ～、2B $499 ～ ／ Villas: 1B $419.50 ～ 459.50、2B $469.50 ～ 509.50 ／ Safari Tent: T W $105 CC AJMV

景色が見やすいよう高床式になったマウンテンヴィラ

グリーンマウンテンズにある1926年開業のホテル。山小屋風リトリート、豪華なマウンテンヴィラ、サファリテントの3タイプの宿泊施設がある。

サーファーズパラダイス

地元の人に大人気のイタリアン MAP P.189/2B
Alfresco Italian
アルフレスコ・イタリアン

URL alfrescogc.com
住 Shop 2/3, 3018 Surfers Paradise Blvd., Surfers Paradise, 4217 ☎ 5538-9333
営 毎日 17:00～22:00 CC MV 酒 ライセンスド

人気のパスタマリナーラ

ゴールドコーストで20年以上続く老舗イタリアン。ナポリ出身の家族経営で、ナポリ風ピザやパスタがメニューに並ぶ。人気メニューはパスタマリナーラ（$38）やピザ・アルフレスコ（レギュラー $22、ラージ $29）。

迫力満点のリブを食べに行こう！ MAP P.189/左下
Hurricane's Grill
ハリケーンズグリル

URL www.hurricanesgrillandbar.com.au/surfers-paradise 住 Soul Boardwalk, Level 2, 4-14 The Esplanade, Surfers Paradise, 4217
☎ 5503-5500 営 月～木 12:00～15:00、17:00～21:00、金土 12:00～22:00、日 12:00～21:00 CC ADJMV 酒 ライセンスド

巨大なリブが食べられるとオーストラリア各地で評判になっているレストランで、サーファーズパラダイス店はペッパーズソウルの裏側にある。骨付き巨大リブはハーフ $48～（ビーフ、ラム、ポークが選べる）。ほかにも数人でシェアしたい 800～900g の T ボーンステーキ（$135）など、お肉好きの人にはたまらないお店だ。

巨大リブにビックリ

豪華にステーキが食べたかったら MAP P.189/左下
Clifford's Grill & Lounge
クリフォーズ・グリル&ラウンジ

URL goldcoast.vocohotels.com/eat-drink/cliffords-grill-lounge
住 voco Gold Coast, 3032 Surfers Paradise Blvd., Surfers Paradise, 4217 ☎ 5588-3323 営 水～日 17:30～21:00 休 月火 CC ADJMV
酒 ライセンスド

ボコ・ホテル1階にあり、オープンキッチンで焼き上げるステーキが大評判。特に 1kg の T ボーンステーキ（$110）やトマホークステーキ（大きさにより料金は異なる）は名物料理。2～3人でシェアするのにちょうどいい量だ。

大迫力のトマホークステーキ

シェフのパフォーマンスに感激 MAP P.189/1B
Misono Japanese Steakhouse
ミソノ

URL www.misonorestaurant.com
住 Level 3, JW Marriott Gold Coast Resort & Spa, 158 Ferny Ave., Surfers Paradise, 4217
☎ 5592-9800 営 毎日 17:30～21:30
CC ADJMV 酒 ライセンスド

JW マリオット・ゴールドコースト・リゾート＆スパにある鉄板焼き店。シェフが目の前で見事な包丁さばきを交えながら肉や魚介を料理。鉄板焼きメニューはすべてスープやサラダが付いたバンケットと呼ばれるセットメニュー。スプラッシュメドゥ（フ

目の前でシェフが鮮やかな手さばきを披露してくれる

COLUMN

ゴールドコーストの夜景を楽しむ
サイトシーイング・ディナークルーズ

シーワールド発着でブロードウオーター、ネラング運河をのんびりクルーズしながら美味なビュッフェディナーを満喫できる。ビュッフェにはシーフード、オージービーフやラム、野菜などが並び、食後はデザートもある。しかもクルーズ中はライブ演奏も入って雰囲気もいい。途中デッキから眺めるサーファーズパラダイスの夜景は見事。地元の人たちがよく記念日に乗船するほどだ。

●シーワールドクルーズ Seaworld Cruises
URL seaworldcruises.com.au
☎ (07)5539-9299 時 毎日 19:00～21:30（シーワールド入口脇桟橋発着）
料 大人 $119 子供 $69 家族 $307

日本からゴールドコーストへの電話のかけ方
国際電話会社の番号 + 010 + 61（国番号）+ 7（0を取った州外局番）+ 電話番号

ィレステーキとエビ $67)、ミソノ・ゴールドコースト(フィレステーキとモートンベイバグ $82)など肉とシーフードの両方味わえるバンケットもある。

朝食メニュー大充実のおしゃれカフェ MAP P.189/1B

Bumbles Cafe
バンブルズカフェ

URL www.bumblescafe.com
住 19 River Drv., Surfers Paradise, 421
☎ 5538-6668 営 毎日 6:30 ～ 16:00 CC MV 酒 なし

美味な朝食で1日をスタートさせよう!

サーファーズパラダイス中心部から徒歩 10 分ほどのネラング川を望む場所にある人気カフェでハチのマークが目印。部屋ごとに趣向を凝らしたかわいいインテリアになっている屋内席と、地元の人に人気の屋外席がある。ポーチドエッグがのったトースト $12、ベーグルを使ったエッグベネディクト $26 など朝食メニューが充実。朝早起きして散歩しながら訪れたい。

ビーガンメニューもある MAP P.189/ 左下

Betty's Burgers
ベッティーズバーガー

URL www.bettysburgers.com.au
住 Shop 12-14, Chevron Renaissance Shopping Centre, 3240 Surfers Paradise Blvd., 4210
☎ 5538-6565 営 月 ～ 水 10:30 ～ 21:00、木 10:30 ～ 21:30、金土 10:00 ～ 22:30、日 10:00 ～ 22:00 CC AMV 酒 ライセンスド
● ブロードビーチ店 MAP P.190/B
住 Shop 1605C, Pacific Fair Shopping Centre, Hooker Blvd., Broadbeach, 4218 ☎ 5592-2754

野菜もたっぷりなベッティーズクラシックバーガー

ビーガンやベジタリアンにも配慮した、今クイーンズランド州南部で大注目のハンバーガーショップ。サーファーズパライス中心部の他ブロードビーチのパシフィックフェアにもある。ベッティーズ特製ソースがかかったパテとたっぷり野菜が入ったベッティーズクラシックバーガー $12.50 やクリスピーチキンバーガー $16.50、ライスパテに野菜たっぷりのクラシックビーガンバーガー $ 15.50 などが人気だ。

海好きが集まる MAP P.189/3B

BMD Northcliffe SLS Supporters Club
BMD ノースクリフ・サーフライフセービング・サポータースクラブ

URL bmdnorthcliffe.com.au
住 Cnr. Garfield Tce. & Thornton St., Surfers Paradise, 4217 ☎ 5539-8091
営 毎日 7:30 ～ 10:30、11:00 ～ 14:30、17:00 ～ 21:00 CC MV
酒 ライセンスド

海を眺めながら食事を楽しむ

サーファーズパラダイスの南側ノースクリフ・サーフライフセービングクラブ 2 階にあるビストロレストラン。日中は海を見ながら料理を食べたりビールを飲む人が多く、夜は地元の家族連れでにぎわう。バーガー類 $23.35 ～、フィッシュ&チップス $27. 75、サーモンのグリル $ 37.75、ステーキ $ 45.55 ～などメニューも豊富だ。

ゴールドコーストの景色を楽しむなら MAP P.189/3B

Horizon Sky Dining
ホライズン・スカイダイニング

URL crowneplazasurfersparadise.com.au/eat-and-drink/horizon-sky-dining
住 Crowne Plaza Surfers Paradise, 2807 Gold Coast Hwy., Surfers Paradise, 4217 ☎ 5592-9900
営 水 ～ 日 12:00 ～ 14:30 (ランチ)、17:30 ～ 19:30 (ファーストディナー)、20:00 ～ 21:30 (セカンドディナー) 休 月火
CC ADJMV 酒 ライセンスド 料 ランチ : $110、/ディナー : 木 $110、金～日 $125 /子供はランチ、ディナーとも $65

食事をしながら景色を堪能できる

クラウンプラザ・サーファーズパラダイスの 26 階にある回転展望レストラン。サーファーズパラダイス、ブロードビーチを一望できるここからの眺めは本当にすばらしい。料理はカキやエビ、モートンベイバグなどのコールドシーフードから、バラマンディの味噌風味、ビーフステーキ、BBQ チキン、タジン鍋までインターナショナル料理のビュッフェとなっている。

魚屋さんが作るシーフード MAP P.189/1A

Chevron Island Seafoods
シェブロンアイランド・シーフード

URL www.chevronislandseafoods.com.au
住 48-50 Thomas Drv., Surfers Paradise, 4217
☎ 5592-0027 営 火～日 10:00 ～ 20:00 休 月
CC JV 酒 なし

新鮮なシーフードを格安で!

サーファーズパラダイスから徒歩 10 分ほどのシェブロンアイランド中心街にある。イートイン&テイクアウェイ用メニューがあり、格安で新鮮なシーフードが味わえると評判だ。フィッシュ&チップス $10、フィッシュバーガー $9、フィッシャーマンズバスケット $14.50 など。

ザ・スピット&サウスポート

おしゃれアフタヌーンティーなら MAP P.190/A

Le Jardin
レ・ジャディン

URL www.theimperialgc.com.au/restaurants-and-bars/le-jardin 住 94 Seaworld Drv., Main Beach, 4217 ☎ 5509-8000 営 月～木日 11:00～22:00、金土 11:00～23:00（ハイティーは 11:00～17:00） CC ADJMV 酒 ライセンスド

ランチ代わりになるほどボリュームもある

インペリアル・ゴールドコーストの豪奢なロビーにあるカフェ。自慢は優雅な雰囲気を楽しみながらいただくハイティー。3段皿にはフィンガーフード、スコーン、デザートが盛りつけられ、見た目にも美しく味もいい。選べる紅茶以外にスパークリングワインも付いている（$79）。プラス $10 でシャンドンのシャンパンに変更も可能だ。

オージーに大人気ステーキレストラン MAP P.183/3B

Cavill's Steakhouse
カビル・ステーキハウス

URL cavssteakhouse.com
住 6 Bayview St., Runaway Bay, 4216
☎ 5532-2954 営 水～日 12:00～20:30
休 月火 CC ADJMV 酒 ライセンスド

1984 年のオープン以来、地元オージーに愛されてきた老舗ステーキレストラン。レストランといっても、実際に調理してもらう肉は店内入口脇にある肉屋のようなショーケースの中から自分で選ぶ。オージービーフはもちろん、ラム、チキンなどもある。特にオージービーフはリブフィレ、アイフィレ、ランプ、T ボーンが選べ、1 枚 180g 以上($47.50～64.50)。$9.90 のオプションでステーキの上に BBQ プロウンをのせてもらうこともできる。

ステーキはどれもボリューム満点

ブロードビーチ

ナポリスタイルの料理を満喫 MAP P.190/B

Gemelli Italian
ジェミリ・イタリアン

URL gemelliitalian.com.au/gemelli-broadbeach
住 Shop 2, 2685 Gold Coast Hwy., Broadbeach, 4218 ☎ 5504-7413 営 木～日 12:00～15:00、月～木 18:00～21:00、金土 17:00～21:00 CC AMV 酒 ライセンスド

絶対食べたいニョッキ

ブロードビーチパークに面した大人気イタリア料理店。スタッフは陽気で明るく、サービスもいい。前菜のブルスケッタ $18 やフォカッチャ $22 はもちろん、ピザ（各種 $26～30）やパスタ（$36～41）、水牛モッツァレラチーズを使ったニョッキ $37 までナポリスタイルの味付けで、とても美味しい。

オージーにも人気のカジュアルな和食店 MAP P.190/B

Cha-Cha Japanese Restaurant
ちゃちゃ

URL www.facebook.com/chachabroadbeach/
住 Shop 7, The Phenician Resort, 110 Surf Pde., Broadbeach, 4218 ☎ 5538-1131
営 火～日 17:30～22:00（ラストオーダー）
休 月、クリスマスデー

COLUMN

ゴールドコーストのフードコートなら パシフィックフェア・フードコート

ブロードビーチにある人気ショッピングセンターのパシフィックフェア。ここにはふたつのフードコートがある。

ザ・パティオ・フードコート The Patio Food Court

ザ・リゾート The Resort と名づけられたゆったりした中庭を見下ろす2階にある。ここには高級バーガーチェーンのグリルドバーガーや、人気シェフ監修のジェイミー・オリバー・ピザ、フィッシュ＆チップスの人気店、ファット・ア・キャッチ、日本料理のモットモットなどが集まり、少しだけ高級フードコートといった雰囲気。

フードコート Food Court

ターゲットの近くの2階にある。ここにはサブウェイやマクドナルドからラーメン屋イッピン、丼物と寿司のスモウ、点心のダンプリングギャラリー、ケバブやメメットなどが入っている

DATA
MAP P.190/B
住 Hooker blvd., Broadbeach, 4218
URL www.pacificfair.com.au
営 毎日 10:00～21:00（店舗により閉店時間は多少異なる）

日本の定食屋風メニューが多い

酒BYO

ブロードビーチ中心部入口にあり、いつも屋外席までいっぱいになってしまうほどの人気だ。おすすめは各種和風ステーキ（$22.90 ～）やちゃちゃステーキ丼（$19.90）など。味もよくボリュームも満点だ。

人気モロッコ料理のレストラン　MAP P.190/B

Mecca Bah Gold Coast
メッカバー

URL meccabah.com.au
住 3 Oracle Bvd., Broadbeach, QLD 4218
☎ 5504-7754　営 月火 17:00 ～ 22:00、水～日 12:00 ～ 22:00
CC AMV　酒 ライセンスド

名物タジン鍋料理を味わおう

ブロードビーチのペッパーズ敷地内を通るオラクル・ブルバードにある。モロッコ料理、トルコ料理を中心に地中海沿岸の料理をメニューに揃える。おすすめはタジン鍋（$30 ～ 35）。シーフード、チキン、ラム、ビーフ、ベジタリアンと種類も豊富だ。小皿料理（メッゼ）メニューも多く、お酒とおつまみといった利用もおすすめ。

オーセンティックなイタリアンディナーを楽しむ　MAP P.190/B

Cucina Vivo
クッチーナ・ヴィーヴォ

URL www.star.com.au　住 The Star Gold Coast & Casino, Broadbeach, 4218　FREE 1800-074-344
営 水～日 17:30 ～ 22:00　休 月火　CC ADJMV
酒 ライセンスド

窯焼き本格ピザが食べられる

ザ・スター・ゴールドコースト＆カジノの2階にあり、伝統的なイタリア料理をトラットリアのような雰囲気で味わわせてくれる。店内中央がオープンキッチンになっており、ピザ焼き用の大きなかまどが自慢だ。ピザは種類豊富で $26 ～ 30。ほかにもパスタ各種 $31 ～ 45、メインコース $36 ～ 62 など。

その他のエリア

地元の人に大人気のパイレストラン　MAP P.183/2A

Yatala Pie Shop
ヤタラ・パイショップ

URL www.yatalapies.com.au　住 48 Old Pacific Hwy., Yatala, 4207　☎ 3287-2468　営 毎日 7:00 ～ 20:30　休 クリスマスデー　CC MV　酒 なし

オーストラリア有数の人気パイ店だ

ゴールドコースト北部ヤタラの高速道路M1出口近くにある。人気のステーキパイ（$6.70）はビーフシチューソースで煮込まれた肉が入っていて美味。ほかにも、カレー味、ベジタブル、デザート系アップルパイまで種類豊富だ。レンタカー利用者はぜひ行ってみよう。

COLUMN

マイアミで注目の カフェ＆イーティングスポット

観光客よりも地元の人に人気があるのがマイアミ。ここにはローカル注目のおしゃれなカフェやイーティングスポットがいろいろ。特に人気の場所を紹介しよう。

アクセス マイアミへはライトレールの終点ブロードビーチ・サウスから No.700、756 のバス利用が便利。所要約 12 ～ 15 分。

朝食はもちろんランチも大人気。ベーグルを使ったエッグベネディクトも美味

パドックベーカリー
The Paddock Bakery

ゴールドコースト人気 No.1 のおしゃれカフェ。ベーカリーと名乗っているだけあってパンの種類やパン系食事メニューが豊富だ。

MAP P.183/3B
住 20 Hibiscus Haven, Burleigh Heads, 4220
URL www.paddockbakery.com　営 毎日 6:00 ～ 15:00

コモングラウンド
Common Ground

名物アボ・オン・トースト

パドックベーカリーと同じ通りにある朝食で人気のカフェ。アサイボウルや名物アボ・オン・トースト（トーストの上に赤カブ（ビートルート）のペーストを塗り新鮮なアボカドをのせた一品）を味わってみたい。

MAP P.183/3B
住 2 Hibiscus Haven, Burleigh Heads, 4220
URL www.facebook.com/commongroundburleigh/
営 毎日 6:30 ～ 14:00

マイアミマーケッタ Miami Marketta

地元で大人気のナイト・フードコート＆マーケット。ストリートフード・スタイルで世界各地の料理が味わえる。ライブエンターテイメントもある。

MAP P.183/3B
住 23 Hillcrest Pde., Miami 4220
☎ 0488-590-599　URL www.miamimarketta.com
営 水～土 17:00 ～ 22:00

サーファーズパラダイス

おみやげのまとめ買いに最適な　MAP P.190/B

Australia the Gift
オーストラリア・ザ・ギフト

URL www.australiathegift.com.au
住 Shop 2/3107-3109 Surfers Paradise Blvd., Surfers Paradise, 4217　☎ 5504-5933
営 毎日 8:00 ～ 22:00　CC ADJMV

中心部にあるので空き時間に立ち寄りやすい

サーファーズパラダイスの中心、カビル・アベニューとサーファーズパラダイス・ブルバードの交差点にある総合おみやげ店。コアラ型チョコ、ぬいぐるみ、アグブーツ、オーストラリアをモチーフにしたTシャツ、各種ジャーキーやスキンケアグッズまで、オーストラリアならではの定番みやげなら、ほとんどここで揃ってしまうほど。

カンガルーやエミュー、クロコダイルのジャーキーもある

ブロードビーチ

高級ブランド店も集まる　MAP P.190/B

Pacific Fair
パシフィックフェア

URL www.pacificfair.com.au　住 Hooker Blvd., Broadbeach, 4218　☎ 5581-5100　営 一般店舗：毎日 9:00 ～ 18:00（店舗により多少異なる）／スーパー（コールス＆ウールワース）：毎日 6:00 ～ 22:00　CC 主要クレジットカード可（店舗により異なる）

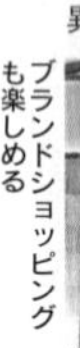

ブランドショッピングも楽しめる

ゴールドコースト有数の規模を誇る巨大なショッピングセンター。シャネルやルイ・ヴィトン、ティファニーなどの高級ブランドブティックから、紅茶のT2やスキンケアのパーフェクトポーションなどの専門店、さらにマイヤー、Kマート、コールス、ターゲット、トイザらスなどの大型店まで入っている。オーストラリアやゴールドコーストの人気店を集めたフードコートもおしゃれと評判だ。

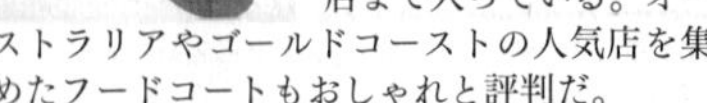
リゾートと名づけられた中庭はショッピング合間の休憩に最適

その他のエリア

ブランドアウトレット店が勢揃い　MAP P.183/3B

Harbour Town
ハーバータウン

URL www.harbourtowngoldcoast.com.au
住 147-189 Brisbane Rd., Biggera Waters, 4216
☎ 5529-1734　FAX 5529-2459
営 月～水金土 9:00 ～ 17:30、木 9:00 ～ 19:00、日 10:00 ～ 17:00（店舗により多少異なる）　休 グッドフライデー、アンザックデー、クリスマスデー　CC 主要クレジットカード可（店舗により異なる）

年々規模を拡大するハーバータウン

巨大アウトレットショッピングタウンで、欧米ブランド、オーストラリアンブランドなどが240店余り集まっている。ナイキ、アディダスなどスポーツ系カジュアルブランドから、ポロ・ラルフローレン、エスプリ、カルバン・クライン、アグ・オーストラリアまで各種ショップが勢揃い。旅行者向けサービスも充実しており、ツーリズムラウンジでは、冷たい飲み物、荷物預かりサービスも無料だ。またこのラウンジでツーリストカードを手に入れると、主要店舗で割引が受けられる。サウスポートからバス No.704、712、713 などで約 15 分。

ラウンジでツーリストカードを手に入れよう

オリジナルアグブーツがオーダーできる　MAP P.183/3B

UGG Since 1974
UGG シンス 1974

URL www.uggsince1974.com.au
住 23 Christine Ave., Miami, 4220
営 月～金 9:00 ～ 17:00　休 土日祝　CC JMV

ゴールドコーストのマイアミに工場をもつアグ・オーストラリアンメイド。その利点を生かしてアグブーツのカスタマイズに対応してくれる。各パーツごとに生地、柄、色などが選べ、自分だけのオリジナルアグブーツが作れるのだ。オーダーしてからできあがるまで最短 24 時間（土・日曜は工場が休みのためそのぶん時間がよけいにかかる）。値段はショートブーツ $269 ～、ミドルブーツ $289 ～、ロングブーツ $329 ～。なお水曜には工場見学ツアーも催行されている（1 人 $30）。

すべてのパーツを変えるとこんなブーツも作れる

グラニットベルト
Granite Belt

グラニットベルトは、大分水嶺の東側内陸部、ちょうどニューサウスウエールズ州との州境に位置する花崗岩大地の総称だ。一般的にクイーンズランド州南部は亜熱帯に属しワイン造りにはあまり向かないといわれているが、この一帯は標高600～1000mほどの高地となり、冬と春が涼しく、夏は暑いというブドウ栽培に適した気候となっている。イタリア系移民が多いことから、ワイン造りも1965年にはすでに行われており、現在では40を超えるワイナリーがあり、上質のワインを造り出している。もちろん、そのほとんどはドアセラーを行っていて、ワインテイスティングが可能だ。ワインの種類としては、白ワインはシャルドネ、セミヨン、ヴェルデーリョ（ヴェルデホ）によいものが多く、赤ワインではカベルネ・ソーヴィニヨン、シラーズの評価が高い。

グラニットベルト南部に広がるブドウ畑（バランシングハート・ワイナリー）

アクセス

ブリスベンからスタンソープへクリスプスコーチが毎日1～2便のバスを運行。ただし町に着いてから公共の交通機関がないため、移動に不自由する。そのためグラニットベルト観光にはレンタカー利用が一般的だ。ゴールドコーストから約3時間30分、ブリスベンから約3時間。

●**クリスプスコーチ Crisps Coaches** ☎(07)4661-8333
URL www.crisps.com.au

■**グラニットベルト・ワイン&ツーリズム・スタンソープ・ビジターインフォメーションセンター**
Granite Belt Wine & Tourism Stanthorpe Visitor Information Centre
住 28 Leslie Pde., Stanthorpe, 4380
☎(07)4681-2057
URL granitebeltwinecountry.com.au
URL southerndownsandgranitebelt.com.au
開 毎日 9:00～16:00
休 グッドフライデー、クリスマスデー

グラニットベルトの歩き方
OUTLINE OF GRANITE BELT

スタンソープを中心にワイナリー巡り

スタンソープの町

ニューイングランド・ハイウェイ New England Hwy. 沿い約60kmに、いくつかの村や町が点在し、ワイナリーも広範囲に散らばっている。その中心となるのがスタンソープ Stanthorpe。インフォメーションセンターがあり、この地域の情報収集には最適。なおワイナリーが特に集まっているのは南側**グレンアプリン** Glen Aplin から**バランディーン** Ballandean にかけて。

奇景が見られるギラウィーン国立公園

この一帯が花崗岩大地であることを示すような景観を楽しめるのが、グラニットベルト最南部にあるギラウィーン国立公園 Girraween NP だ。ユーカリ林の向こうに花崗岩むき出しの岩山がいくつも見え、その山の中腹から頂上にかけて、いまにも落ちてくるのではないかと思えるような岩がゴロゴロとしているのだ。早朝や夕方などは、国立公園内でカンガルーなどの野生動物も多く見られる。

朝や夕方はギラウィーン国立公園内でよくカンガルーを見かける

ギラウィーン国立公園ピラミッドマウンテン頂上のバランシングロック

クイーンズランド内陸部

Outback Queensland

アクセス

●トゥーンバ

ブリスベンのトランジットセンターからグレイハウンド・オーストラリアのバスがある(毎日4～5本)。ただし現地での移動を考えるとレンタカー利用が一般的だ。

☎13-14-99

■トゥーンバ・ビジターインフォメーションセンター Toowoomba Visitor Information Centre

住82-86 James St. (Cnr. Kitchener St.), Toowoomba, 4350 ☎(07)4688-6590

FREE 1800-331-155

URL www.visittoowoombaregion.com.au

開 月～金 9:00～16:00、土日 10:00～13:30

■トゥーンバ・フラワーカーニバル Toowoomba Carnival of Flowers

URL www.tcof.com.au

開 例年9月1～30日開催(2024年は9/13～10/7予定)

アクセス

●カナーボン渓谷国立公園

公共交通機関でアクセスできないためレンタカー利用が一般的。トゥーンバからワレゴ・ハイウェイ Warrego Hwy. をローマ Roma まで行き、そこからカナーボン・ハイウェイ Carnarvon Hwy. を北上。ローレストン Rolleston の手前の未舗装の道路を西へ向かう。

なおカナーボン渓谷ではオーストラリアン・ネイチャーガイド Australian Nature Guides が渓谷内さまざまなツアーを催行している。

●オーストラリアン・ネイチャーガイド

☎0408-741-292

URL carnarvongorge.info

アクセス

●マウントアイザ

ブリスベン、タウンズビルからノーザンテリトリーへ向かう長距離バスはすべてマウントアイザを通る。ブリスベンから約24時間、タウンズビルから約10時間。タウンズビルから週2便ある列車インランダー号利用もおすすめ(所要約21時間)。

トゥーンバ

Toowoomba

ピクニックポイントでくつろぐ

ブリスベンの西約118kmに位置する、クイーンズランド内陸部への入口の町。毎年9月にフラワーカーニバルが行われる通称「ガーデンシティ」で、大阪・高槻市と姉妹都市でもある。近郊には**クロウズネスト・フォールズ国立公園** Crows Nest Falls NP、**レイブンズボーン国立公園** Ravensbourne NP、**ブニャマウンテン国立公園** Bunya Mountains NPなど多数の国立公園がある。市内の見どころは、ボタニカルガーデン Botanical Gardens、駅馬車時代の様子を伝えるコブコ博物館 Cobb+Co Museum、ピクニックポイント Picnic Pointなど。特にピクニックポイントから、町を取り囲む山々の眺めはすばらしく、簡単なブッシュウオークも楽しめる。

カナーボン渓谷国立公園

Carnarvon Gorge NP

カナーボン渓谷でブッシュウオーキング

カナーボン渓谷国立公園はブリスベンの北西約600km、ロックハンプトンの南西400kmの所にある。切り立った絶壁が32kmも続き、最も高い岩壁は高さ183mに達する。メイン渓谷の両岩壁間は広く、数百mあるが、間を流れる川幅は狭く浅い。そのため、渓谷に沿う川岸から岩壁までの帯状地帯は、土地も肥沃で日当たりも悪くない。ガムやシュロなど亜熱帯植物が群生している。また、渓谷内とその周囲とでは、100m近い標高差や水量、土質の違いにより植物の種類はまったく異なっている。

カナーボン渓谷の入口にあるビジターセンターからメイン渓谷に沿って約13kmの遊歩道があり、そのあちらこちらに見どころが点在している。ビジターセンターで簡単な地図をもらい、丸1日かけて歩き回ってみるといい。

マウントアイザ

Mount Isa

クイーンズランド州～ノーザンテリトリーの中継地点となるのがマウントアイザ。銅、銀、亜鉛などを採掘している世界一の鉱山町で、周辺には煙突が建ち、黒ずんだ煙を上げている。ひとつの町としての広さも世界一で、その面積は実に約4万1000km²。これはスイス一国とほぼ同じだ。

この町で参加してみたいのが**ハードタイム・マイン** Hardtime Mine。人口2万2000人のうち、実に約4000人以上もの人が鉱山労働者という町だ。地下に掘られた坑道は1km以上に達し、このツアーに参加すればこれらを見て歩くことができる。ツアーを催行しているビジターインフォメーションセンターがあるのが**リバースレー・フォッシルセンター** Riversleigh Fossils Centre。クイーンズランド北西部にある世界遺産のひとつリバースレー（ゴンドワナ大陸時代の化石地帯）に関する展示が行われている。

マウントアイザの夕暮れ

太古の化石に興味があったら出かけたいリバースレー・フォッシルセンター

■リバースレー・フォッシル＆ツーリストインフォメーションセンター
住 19 Marian St., Mt.Isa, 4825
☎ (07)4749-1555
URL discovermountisa.com.au
開 毎日8:30～16:30（1・2月は9:00～16:00）
休 ニューイヤーズデー、グッドフライデー、クリスマスデー、ボクシングデー
●リバースレー・フォッシルセンター
料 大人$25 子供$12 家族$60／ガイドツアー付き（10:00、14:00）大人$38 子供$23 家族$99
●ハードタイム・マイン
時 毎日催行（時間は予約時に確認のこと）
料 大人$85 子供$50 家族$220

クイーンズランド内陸部のホテル ACCOMMODATION

州外局番(07)

トゥーンバ

手頃な値段で快適滞在 MAP なし
Downs Motel
ダウンズモーテル

URL downsmotel.com.au
住 669 Ruthven St., Toowoomba, 4350
☎ 4639-3811 WiFi 無料 料 TW $109～139、Family $149 CC ADJMV

町の中心にある。全室シャワー、トイレ、エアコン、TV付き。カフェ、ツアーデスク、ランドリー、プレイグラウンドも完備。

便利な場所にあるモーテルだ

カナーボン渓谷国立公園

公園の入口にある MAP なし
Carnarvon Gorge Wilderness Lodge
カナーボンゴージ・ウィルダネスロッジ

URL wildernesslodge.com.au 住 4034 O'Briens Rd., Carnarvon Gorge, 4702 ☎ 4984-4503 WiFi なし 料 TW $250～290 ※2泊以上 CC MV

自然のなかにサファリキャビンが点在している。各キャビンにはシャワー、トイレ、冷蔵庫などの設備もある。レストランはなく、基本は食料を持参することになる。キッチン付きの屋外BBQサイトもある。

キャビンの中はゆったりしており、バス、トイレも完備している

マウントアイザ

明るくモダンな MAP なし
ibis Styles Verona Hotel
イビススタイル・ヴェローナホテル

URL all.accor.com 住 Cnr. Rodeo Drv. & Camooweal St., Mt.Isa, 4825 ☎ 4743-3024 FAX 4743-8715 WiFi 無料 料 TW $205～220 CC ADJMV 日本での予約先：アコーカスタマーサービス ☎ (03)4578-4077

街の中心部にある4階建てのホテルで、リバースレー・フォッシルセンターまでも徒歩5分ほど。各部屋30m²以上あり、ゆったりしている。プールやレストランなどの設備もあり。

何をするにも便利なイビススタイル

マウントアイザの格安ホステル MAP なし
Travellers Haven Backpackers
トラベラーズヘブン・バックパッカーズ

URL travellershaven.com.au
住 75 Spence St., Mt.Isa, 4825 ☎ 4743-0313
WiFi 無料 料 D $35、TW $90 CC MV

長距離バスのターミナルを兼ねるツーリストインフォメーションから400mほど。部屋もきれいで、プールも完備している。

日本からクイーンズランド内陸部への電話のかけ方
国際電話会社の番号＋010＋61（国番号）＋7（0を取った州外局番）＋電話番号

ニューサウスウエールズ州

人口500万の大都市シドニーを州都とするオーストラリア最初の州

世界3大美港のひとつをもつシドニー

観光のポイント

POINT 1 220年余りの歴史をもつオーストラリア最初の町シドニー。新旧がミックスされた美しい港町で、ロックス地区を中心に、今も町のあちこちに開拓当時の古い建物が残っている。そんな町をゆっくり散策したり、週末に開かれるフリーマーケットを巡ったり……また、ハーバークルーズ、ショッピング、ダイニングなど町の楽しみがいっぱいだ。

ブルーマウンテンズ

POINT 2 シドニーから日帰りで行ける世界自然遺産ブルーマウンテンズは、ユーカリの原生林と美しい峡谷の景観が楽しめる場所。ブッシュウオーキングを楽しんだり、景色を眺めるアトラクションに乗車したりできる。またこのエリアには世界最古の鍾乳洞ジェノランケーブもある。少し距離があるが、時間に余裕があったら出かけてみたい。

POINT 3 ポートスティーブンスやポートマックォーリーなど沿岸部の町では、1年をとおしてドルフィンウオッチング･クルーズが催行されている。また、冬季にはホエールウオッチングも可能だ。

基本データ

面積	80万9400km²	州の動物	カモノハシ
人口	約813万人	州花	ワラタ（ヤマモガシ科の花）
州都	シドニー（人口約530万人）	電話	州外局番　02
時差	オーストラリア東部標準時（日本より1時間早い） またサマータイムを採用しており、通常10月最終日曜から4月第1日曜まではさらに1時間時計が進む（日本より2時間早くなる）。		

おもな祝祭日（2024年5月～2025年4月）

2024年

- 6月10日 国王誕生日 King's Birthday
- 8月5日 バンクホリデー Bank Holiday
- 10月7日 勤労感謝の日 Labour Day
- 12月25日 クリスマスデー Christmas Day
- 12月26日 ボクシングデー Boxing Day

2025年

- 1月1日 新年 New Year's Day
- 1月26日 オーストラリアデー Australia Day
- 1月27日 オーストラリアデーの休日 Australia Day Holiday
- 4月18日 グッドフライデー Good Friday
- 4月19日 イースターサタデー Easter Saturday
- 4月21日 イースターマンデー Easter Monday
- 4月25日 アンザックデー Anzac Day

スクールホリデー（2024年5月～2025年4月）

7/6～7/21、9/28～10/13、12/21～2025年2/2、4/12～4/27

ニューサウスウエールズ州主要観光地の平均気温・降水量

	1月	2月	3月	4月	5月	6月	7月	8月	9月	10月	11月	12月
シドニー												
平均最高気温（℃）	25.9	25.8	24.8	22.4	19.5	17.0	16.3	17.8	20.0	22.1	23.6	25.2
平均最低気温（℃）	18.7	18.8	17.6	14.7	11.6	9.3	8.1	9.0	11.1	13.6	15.6	17.5
平均降雨量（mm）	101.6	117.6	129.2	127.1	119.9	132.0	97.4	80.7	68.3	76.9	83.9	77.6
カトゥーンバ（ブルーマウンテンズ）												
平均最高気温（℃）	23.3	22.4	20.3	16.7	13.1	10.0	9.4	11.2	14.6	17.7	20.3	22.4
平均最低気温（℃）	12.8	12.9	11.4	8.7	6.1	3.7	2.6	3.3	5.4	7.7	9.9	11.7
平均降雨量（mm）	162.4	176.7	165.8	121.3	100.8	119.2	83.0	79.2	71.8	91.3	109.1	123.1
セスノック（ハンターバレー）												
平均最高気温（℃）	30.1	29.0	27.2	24.1	20.6	17.8	17.3	19.4	22.6	25.2	26.8	28.8
平均最低気温（℃）	16.8	16.8	14.5	10.4	7.4	5.7	4.0	4.5	7.0	9.6	13.0	14.9
平均降雨量（mm）	72.9	102.9	72.1	49.6	41.4	58.2	29.3	34.9	45.0	51.3	74.3	77.2
バイロンベイ（ホリデーコースト）												
平均最高気温（℃）	27.9	27.5	26.4	23.9	21.2	19.3	18.7	20.0	22.1	23.6	25.1	26.4
平均最低気温（℃）	21.2	21.0	19.9	17.6	14.9	13.1	12.0	13.1	15.3	16.8	18.6	19.8
平均降雨量（mm）	167.3	174.8	127.7	185.1	95.7	158.2	98.3	77.2	43.8	100.5	86.8	139.6
スレドボ（スノーウィマウンテンズ）												
平均最高気温（℃）	21.4	21.0	18.1	13.8	10.0	6.5	5.4	6.6	9.8	13.3	16.5	19.1
平均最低気温（℃）	7.3	7.0	4.7	1.6	-0.5	-2.4	-3.7	-2.5	-0.5	1.7	3.8	5.4
平均降雨量（mm）	105.7	87.7	116.0	109.8	150.1	163.3	161.1	194.3	213.1	181.9	162.7	123.9

ニューサウスウエールズ州概要

1788年1月26日、流刑囚を乗せたアーサー・フィリップ率いる船団がポートジャクソンに錨を下ろし、現在のシドニーに上陸した。オーストラリアの英国植民地としての歴史のスタートである。最初は流刑地として始まった植民地だが、1851年、内陸部バサーストで砂金が発見されたことがきっかけとなり、ゴールドラッシュを迎えた。白人はもとより、中国系などアジア各地からも多数の移民が入ってきて、大きな発展を遂げたのだ。

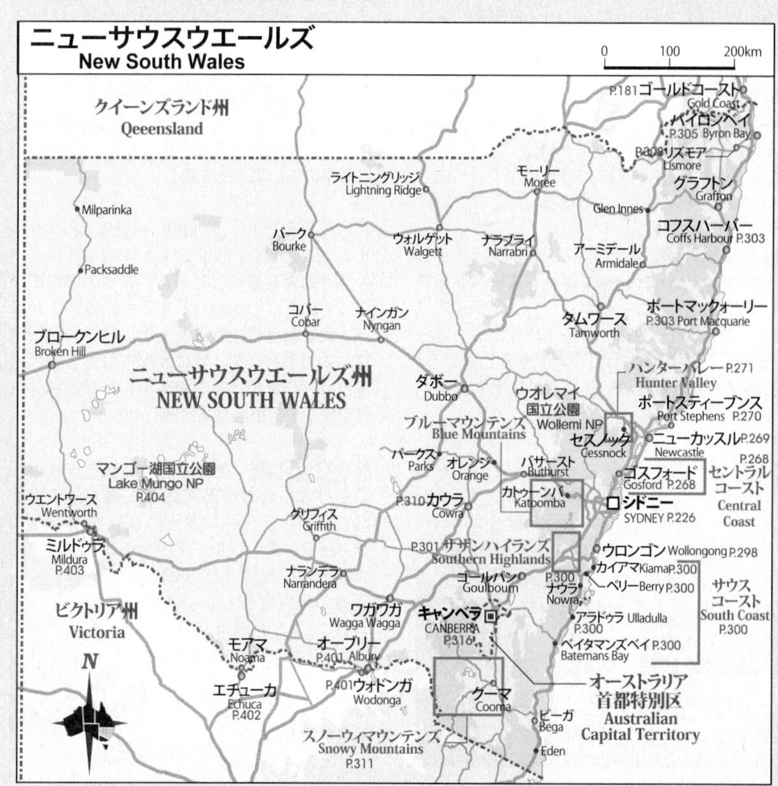

シドニーのロックス地区には、アーサー・フィリップ上陸を記念したファーストインプレッションの碑がある

また、南アフリカから輸入したメリノ種の羊をオーストラリアの風土に合うよう改良し、牧羊業も盛んになっていく。

ゴールドラッシュ、牧羊業と並ぶ発展のきっかけは、1813年にオーストラリア東部に連なる大分水嶺（グレートディバイディングレンジ）の一部、ブルーマウンテンズ越えのルートが見つかったことだ。山を越えると、そこには緑の大地が広がっていた。現在、広大な牧場での牧羊業、野菜、果物、麦、米などの農業が盛んで、オーストラリア有数の大農牧地帯となっている。しかし、その先には赤土の不毛の地アウトバックが広がっており、内陸部の開拓はほとんど進まなかった。逆に沿岸部には多くの移民が入り、数多くの町ができあがった。

こうしたニューサウスウエールズの歴史は、そのままオーストラリアの歴史に置き換えることができるほどだ。それだけに、この州の人たちは「自分たちの州こそオーストラリアを引っ張っているのだ」という意識が強い。もちろん、それは意識だけではない。オーストラリア最大の人口を抱え、現実にこの国の経済・金融をリードしている。

アクセス

州外からのアクセス

飛行機　ニューサウスウエールズ州のゲートウェイ都市はシドニー。州内唯一の国際線発着空港で、空港の規模もオーストラリア随一だ。また州外からのフライトも数多く発着している。（シドニーへのアクセス→ P.231）。そのほか、ニューカッスルへはブリスベン、ゴールドコースト、キャンベラ、メルボルンから、ポートマックォーリーへはブリスベン、メルボルンから、コフスハーバーへはブリスベン、メルボルンから、バイロンベイ（バリナ）へはメルボルンからのフライトがある。

長距離バス　シドニー～キャンベラ～メルボルン、シドニー～ゴールドコースト～ブリスベン、シドニー～タムワース～ブリスベンといったルートに、グレイハウンド・オーストラリアなど数社がバスを走らせている。各路線とも幹線なので、バスの本数も比較的多い。

列　車　シドニー～カジノ（ゴールドコースト）～ブリスベンおよびシドニー～メルボルンをXPTが毎日運行。また、シドニー～アデレード～パースには豪華寝台列車インディアンパシフィック号が週2便走っている。

高層ビルが林立するシドニー中心部

州内でのアクセス

飛行機　シドニー国際空港を起点に、ニューカッスルやコフスハーバー、ポートマックォーリー、バイロンベイ（バリナ）、さらに内陸部のダボーやブロークンヒルなどへのフライトがある。フライトはカンタス航空（カンタスリンク）、ヴァージン・オーストラリア、リージョナルエクスプレスなどが運航。ただし、長距離バスを利用したほうが時間的に効率のいい場合もある。

長距離バス＆列車　NSW州鉄道NSWトレインリンクNSW Trainlinkが州内主要都市への急行列車を運行している。途中の停車駅からはそのエリアをカバーする中距離バスが運行されており、これらを上手に使うのが州内移動のカギとなる。特に大都市以外を訪れる場合は、列車＆バスの組み合わせが最善の交通手段だ。列車とバスの通しのチケットあり。

レンタカー　東海岸沿いに都市が集中しており、しかも都市間距離も短く、道路状況もいい。またハンターバレーやポートスティーブンス、ブルーマウンテンズなどの観光地では、現地での移動手段の確保が難しい。こうしたことを考えると、ニューサウスウエールズでは、シドニーを離れての観光の場合、レンタカー利用が現実的だ。

町を離れると野生動物が多いので注意しよう

プランニングのヒント

シドニー起点の旅

ブルーマウンテンズ地区にある世界最古の鍾乳洞ジェノランケーブ

オーストラリア最大の都市だけあって町の楽しみはいっぱい。最低でも2～3日は滞在して、町の散策、観光（世界遺産のシドニー・オペラハウスやハイドパーク・バラックスからロックスなど歴史的建造物や水族館・動物園が充実）、ショッピング、グルメを楽しみたい。またシドニー市内でのアトラクションとして、名物ハーバーブリッジに登るブリッジクライムもぜひトライしたい。

シドニーからはブルーマウンテンズ、ポートスティーブンス、ハンターバレーなど郊外の観光地に多数のツアーが出ている。町での滞在以外にこうした場所へのツアーに参加する時間も確保しておこう。時間に余裕があったらブルーマウンテンズやハンターバレーの瀟洒なホテル、ポートスティーブンスのリゾートホテルなどに数泊するのも楽しい。

オーストラリアワインの名産地ハンターバレーの瀟洒なホテル

ニューサウスウエールズ州周遊

オーストラリア大陸最東端の岬に建つバイロンベイ灯台

シドニー～ゴールドコーストの東海岸沿いの旅、シドニー～キャンベラ～メルボルンの内陸の旅には、長距離バス、列車、レンタカーが利用できる。途中の観光地をゆっくり巡りながらの旅がおすすめだ。

またオーストラリア東海岸沿いの観光地を巡るバックパッカー向けの移動型バスツアー利用も、ニューサウスウエールズ州の主要観光地をおさえているのでおすすめ。数社が運行している。お得に、しかも主要な見どころを外さずに観光したい人におすすめだ。おもな移動型バスツアー会社は次のとおり。

● **アドベンチャーツアーズ・オーストラリア**
☎ (03)9125-3630
URL www.adventuretours.com.au

● **Gアドベンチャーズ**
URL www.gadventures.com/destinations/oceania/australia

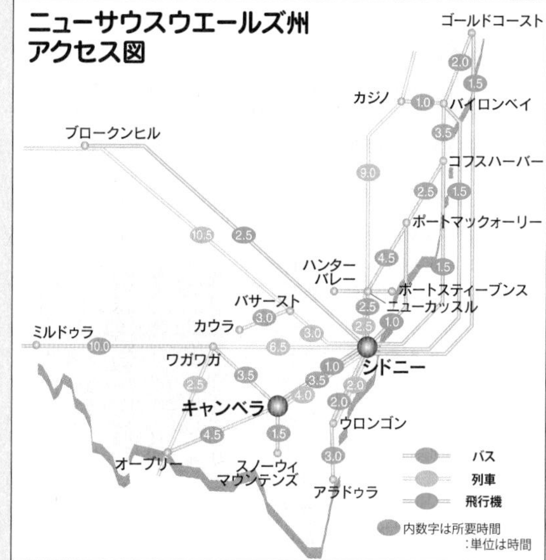

ポートスティーブンスにあるストックトンビーチ大砂丘

シドニー
Sydney

ニューサウスウエールズ *New South Wales* 州外局番 (02)

ユースフルインフォメーション

■ビジターインフォメーションセンター・アット・カスタムハウス
Visitor Information Centre at Customs House MAP P.239/2B
住 31 Alfred St., 2000
☎ (02)9265-4779
URL www.cityofsydney.nsw.gov.au
開 毎日 9:00 ～ 17:00
休 グッドフライデー、クリスマスデー

■日本国総領事館
Consulate-General of Japan MAP P.245/1A
住 Level 12, 1 O'Connell St., 2000
☎ (02)9250-1000
URL www.sydney.au.emb-japan.go.jp
開 窓口は月～金 9:30 ～ 11:00（電話応対：月～金 9:30 ～ 12:30、13:30 ～ 17:30）

日本語の通じる病院

●日本語医療サービス（タウンホールクリニック）Japanese Medical Service Town Hall Clinic MAP P.245/2A
住 Level 4, Town Hall Clinic, 50 York St., 2000
☎ (02)9299-4661
FREE 1800-355-855
URL www.townhallclinic.com.au
開 月～金 9:00 ～ 18:00
休 土日祝

●ワールドシティ日本語医療・歯科センター World Citi Medical MAP P.245/3A
住 Level 1&2, 722 George St., 2000
☎ (02)9281-0348
URL www.worldcitimedical.com.au/jp/
開 月～金 9:00 ～ 18:00、土 9:00 ～ 16:00 休 日祝

主要航空会社連絡先

●カンタス航空 Qantas Airways
☎ 13-13-13
●日本航空 Japan Airlines
FREE 1800-047-489
●全日空 ANA FREE 1800-941-007
●ジェットスター Jet Star
☎ 13-15-38
●ヴァージン・オーストラリア Virgin Australia
☎ 13-67-89
●シンガポール航空 Singapore Airlines
☎ (02)7209-4388
●キャセイ・パシフィック航空 Cathay Pacific Airways
☎ 13-17-47
●マレーシア航空 Malaysia Airlines
☎ 13-26-27
●タイ国際航空 Thai Airways
☎ (02)9844-0900
●エアアジア X Air Asia X
☎ (02)3813-8388

シドニーの象徴、オペラハウスとハーバーブリッジ

人口約 530 万を数えるオーストラリア随一の大都市シドニー。英国調の町並みとモダンな高層ビル、緑まばゆい広々とした公園、入江を行き交うフェリーやクルーズ船……こうした景観が見事な調和を見せる美しい町だ。

英国によるオーストラリア最初の入植地で、歴史的建造物も数多い。特に開拓民が最初に鍬を入れたロックスや、植民地の行政府がおかれたシティなど、町を歩き、建物を見ているだけで、ときおりタイムスリップしたような感覚を味わえるはずだ。

もちろんグルメ、ショッピングも楽しい。オーストラリア中から最高の食材とすばらしいシェフが集まる都市で、さまざまなタイプのレストランがある。また欧米の DC ブランドのブティックはもちろん、オーストラリアンデザイナーのブティックも数多い。週末には市内各地でフリーマーケットも開かれる。シドニーはまた、郊外にあるオーストラリア有数の観光地への起点でもある。世界自然遺産のブルーマウンテンズ、イルカやクジラが見られるポートスティーブンス、ワインの里ハンターバレーなどはエクスカーションにピッタリ。

さあ、シドニーで町を楽しもう！ 小旅行を満喫しよう！

ボンダイビーチでサーフィンにトライ

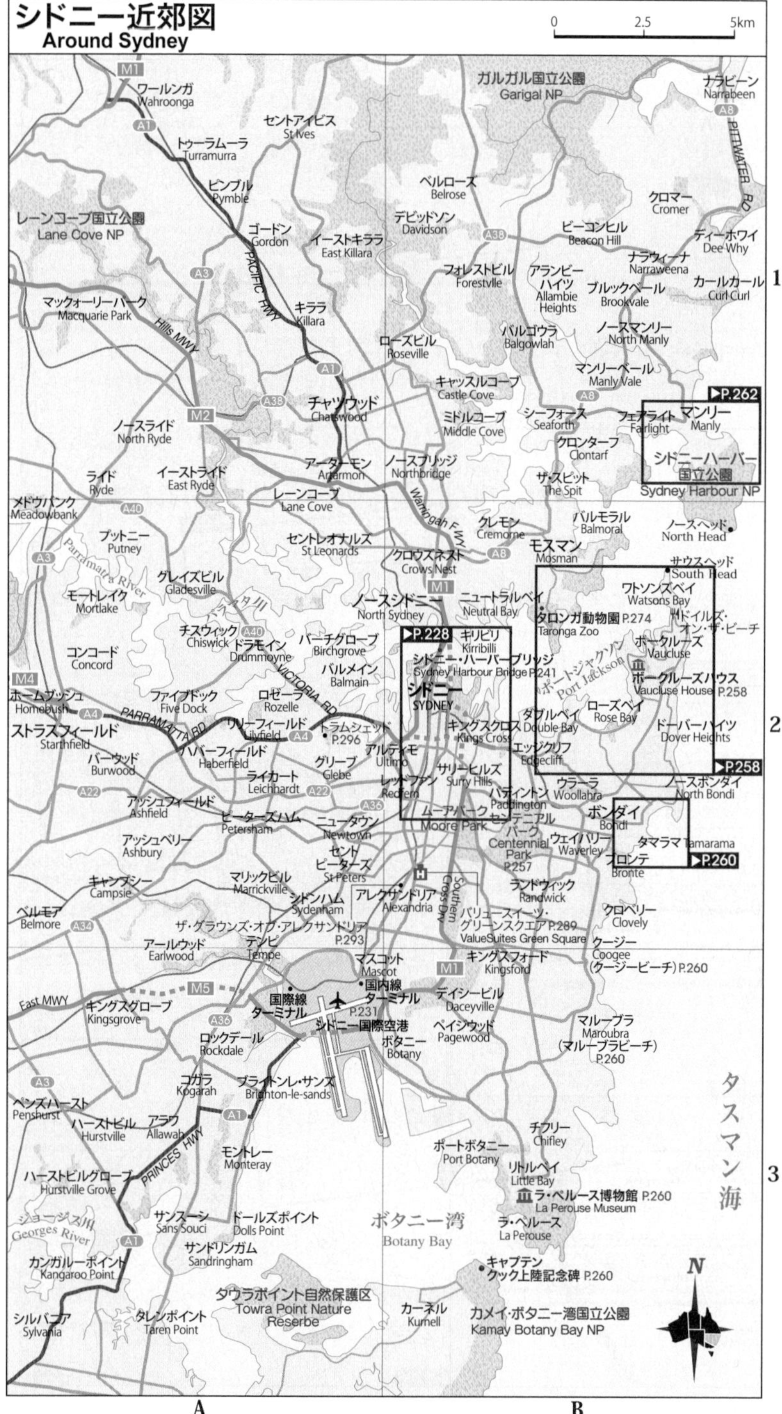
シドニー近郊図
Around Sydney
0 2.5 5km
ワールンガ Wahroonga
セントアイビス St Ives
トゥーラムーラ Turramurra
ピンブル Pymble
レーンコーブ国立公園 Lane Cove NP
ゴードン Gordon
イーストキララ East Killara
キララ Killara
マックォーリーパーク Macquarie Park
ガルガル国立公園 Garigal NP
ナラビーン Narrabeen
ベルローズ Belrose
デビッドソン Davidson
クロマー Cromer
ビーコンヒル Beacon Hill
ディーホワイ Dee Why
ナラウィーナ Narraweena
フォレストビル Forestvlle
アランビーハイツ Allambie Heights
ブルックベール Brookvale
カールカール Curl Curl
バルゴウラ Balgowlah
ノースマンリー North Manly
ローズビル Roseville
マンリーベール Manly Vale
キャッスルコーブ Castle Cove
チャツウッド Chatswood
ミドルコーブ Middle Cove
シーフォース Seaforth
フェアライト Fairlight
マンリー Manly
P.262
シドニーハーバー国立公園 Sydney Harbour NP
ノースライド North Ryde
クロンターフ Clontarf
ライド Ryde
イーストライド East Ryde
アータモン Artarmon
ノースブリッジ Northbridge
ザ・スピット The Spit
メドウバンク Meadowbank
レーンコーブ Lane Cove
クレモン Cremorne
バルモラル Balmoral
ノースヘッド North Head
プットニー Putney
セントレオナルズ St Leonards
モスマン Mosman
クロウズネスト Crows Nest
サウスヘッド South Head
グレイズビル Gladesville
ノースシドニー North Sydney
ニュートラルベイ Neutral Bay
ワトソンズベイ Watsons Bay
モートレイク Mortlake
タロンガ動物園 P.274 Taronga Zoo
ドイルズ・オン・ザ・ビーチ
チスウィック Chiswick
ドラモイン Drummoyne
バーチグローブ Birchgrove
P.228
キリビリ Kirribilli
シドニー・ハーバーブリッジ Sydney Harbour Bridge P.241
ボークルーズ Vaucluse
コンコード Concord
バルメイン Balmain
ボークルーズハウス Vaucluse House P.258
ポートジャクソン Port Jackson
パラマタ川 Parramatta River
ホームブッシュ Homebush
ファイブドック Five Dock
ロゼール Rozelle
シドニー SYDNEY
ダブルベイ Double Bay
ローズベイ Rose Bay
ストラスフィールド Starthfield
リリーフィールド Lilyfield
トラムシェッド P.296
キングスクロス Kings Cross
ドーバーハイツ Dover Heights
ハバーフィールド Haberfield
アルティモ Ultimo
エッジクリフ Edgecliff
P.258
バーウッド Burwood
グリーブ Glebe
サリーヒルズ Surry Hills
ライカート Leichhardt
レッドファン Redfern
パディントン Paddington
ウラーラ Woollahra
ノースボンダイ North Bondi
アッシュフィールド Ashfield
ムーアパーク Moore Park
センテニアルパーク Centennial Park P.257
ボンダイ Bondi
ピーターズハム Petersham
ニュータウン Newtown
アッシュベリー Ashbury
ウェイバリー Waverley
タマラマ Tamarama
ブロンテ Bronte
P.260
セントピーターズ St Peters
キャンプシー Campsie
マリックビル Marrickville
ランドウィック Randwick
シドンハム Sydenham
アレクサンドリア Alexandria
Southern Cross Dr
ベルモア Belmore
クロベリー Clovelly
バリュースイーツ・グリーンスクエア P.289 ValueSuites Green Square
ザ・グラウンズ・オブ・アレクサンドリア P.293
アールウッド Earlwood
テンピ Tempe
クージー Coogee (クージービーチ) P.260
マスコット Mascot
キングスフォード Kingsford
国内線ターミナル
国際線ターミナル
East MWY
キングスグローブ Kingsgrove
P.231
デイシービル Daceyville
シドニー国際空港
ロックデール Rockdale
ボタニー Botany
ペイジウッド Pagewood
マルーブラ Maroubra (マルーブラビーチ) P.260
コガラ Kogarah
ブライトンレ・サンズ Brighton-le-sands
ペンズハースト Penshurst
ハーストビル Hurstville
アラワ Allawah
モントレー Monteray
チフリー Chifley
ポートボタニー Port Botany
タスマン海
ハーストビルグローブ Hurstville Grove
リトルベイ Little Bay
ラ・ペルース博物館 P.260 La Perouse Museum
ジョージズ川 Georges River
サンスーシ Sans Souci
ドールズポイント Dolls Point
ボタニー湾 Botany Bay
ラ・ペルース La Perouse
サンドリンガム Sandringham
カンガルーポイント Kangaroo Point
キャプテンクック上陸記念碑 P.260
タウラポイント自然保護区 Towra Point Nature Reserbe
シルバニア Sylvania
タレンポイント Taren Point
カーネル Kurnell
カメイ・ボタニー湾国立公園 Kamay Botany Bay NP
N
M1 A1 A3 A38 M2 A40 A8 M4 A4 A22 A36 A34 M5 A1
PACIFIC HWY
Hills MWY
Warringah FWY
VICTORIA RD
PARRAMATTA RD
PITTWATER RD
PRINCES HWY
A
B
1
2
3

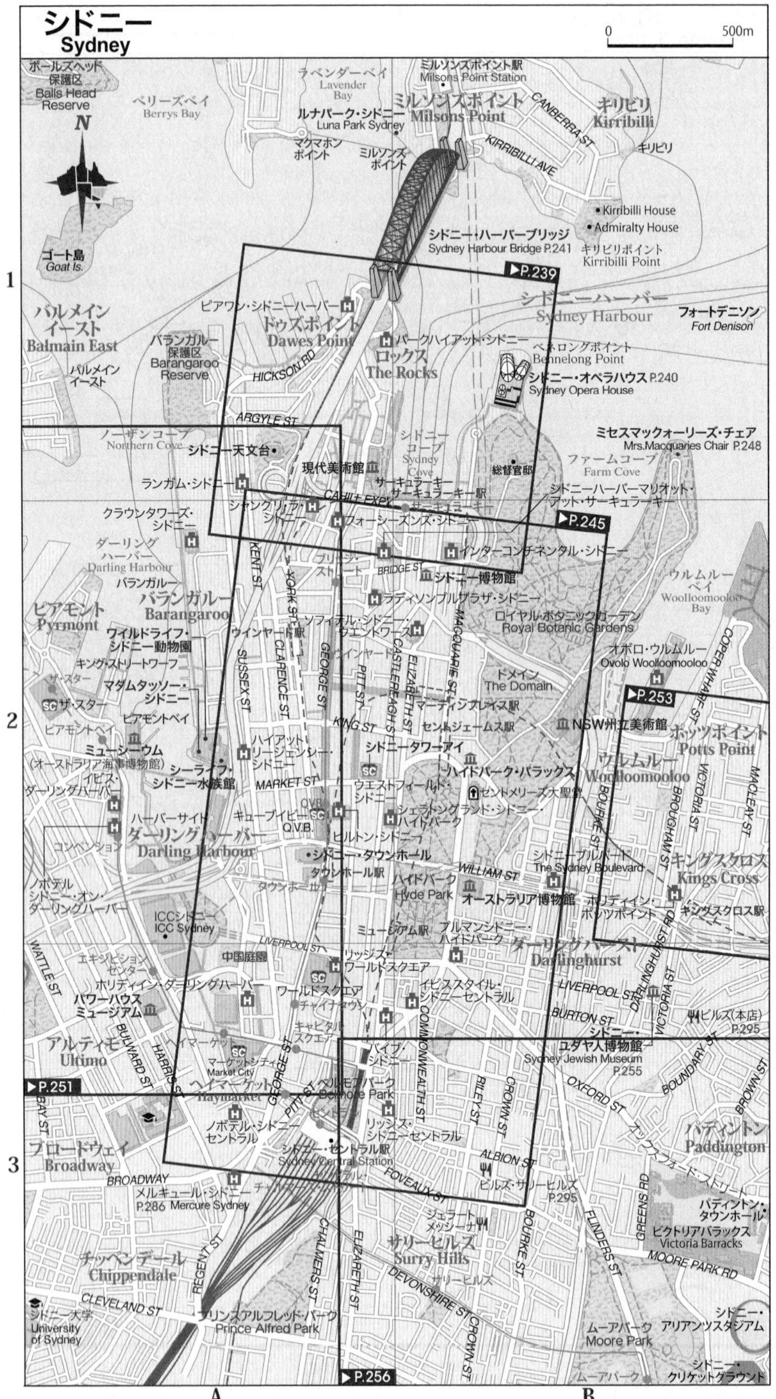
シドニー
Sydney
0
500m
N
1
2
3
A
B
ボールズヘッド保護区
Balls Head Reserve
ベリーズベイ
Berrys Bay
ゴート島
Goat Is.
ラベンダーベイ
Lavender Bay
ミルソンズポイント駅
Milsons Point Station
ミルソンズポイント
Milsons Point
ルナパーク・シドニー
Luna Park Sydney
マクマホンポイント
ミルソンズポイント
CANBERRA ST
KIRRIBILLI AVE
キリビリ
Kirribilli
キリビリ
Kirribilli House
Admiralty House
シドニー・ハーバーブリッジ
Sydney Harbour Bridge P.241
キリビリポイント
Kirribilli Point
▶P.239
バルメインイースト
Balmain East
バルメインイースト
ピアワン・シドニーハーバー
ドゥズポイント
Dawes Point
パークハイアット・シドニー
ロックス
The Rocks
シドニーハーバー
Sydney Harbour
フォートデニソン
Fort Denison
ベネロングポイント
Bennelong Point
シドニー・オペラハウス P.240
Sydney Opera House
バランガルー保護区
Barangaroo Reserve
HICKSON RD
ARGYLE ST
ノーザンコーブ
Northern Cove
シドニー天文台
シドニーコーブ
Sydney Cove
現代美術館
総督官邸
ファームコーブ
Farm Cove
ミセスマックォーリーズ・チェア
Mrs.Macquaries Chair P.248
ランガム・シドニー
サーキュラーキー
サーキュラーキー駅
シドニーハーバーマリオット・アット・サーキュラーキー
CAHILL EXPY
シャングリ・ラ・シドニー
フォーシーズンズ・シドニー
▶P.245
クラウンタワーズ・シドニー
ダーリングハーバー
Darling Harbour
インターコンチネンタル・シドニー
ブリッジ・ストリート
BRIDGE ST
シドニー博物館
KENT ST
YORK ST
バランガルー
Barangaroo
ラディソンブルプラザ・シドニー
ウルムルーベイ
Woolloomooloo Bay
ピアモント
Pyrmont
ワイルドライフ・シドニー動物園
ソフィテル・シドニー・ウエントワース
ロイヤル・ボタニックガーデン
Royal Botanic Gardens
MACQUARIE ST
ウインヤード駅
ウインヤード
キング・ストリートワーフ
SUSSEX ST
CLARENCE ST
GEORGE ST
PITT ST
CASTLEREAGH ST
ELIZABETH ST
オボロ・ウルムルー
Ovolo Woolloomooloo
COWPER WHARF RD
ザ・スター
マダムタッソー・シドニー
ドメイン
The Domain
▶P.253
ザ・スター
マーティンプレイス駅
ピアモントベイ
KING ST
セントジェームス駅
NSW州立美術館
ポッツポイント
Potts Point
ピアモントベイ
ミューシーウム
(オーストラリア海事博物館)
シーライフ・シドニー水族館
ハイアットリージェンシー・シドニー
シドニータワーアイ
ハイドパーク・バラックス
ウルムルー
Woolloomooloo
VICTORIA ST
MACLEAY ST
BROUGHAM ST
イビス・ダーリングハーバー
MARKET ST
ウエストフィールド・シドニー
セントメリーズ大聖堂
BOURKE ST
QVB
キューブイビー
Q.V.B.
シェラトングランド・シドニー・ハイドパーク
ハーバーサイド
ダーリングハーバー
Darling Harbour
ヒルトン・シドニー
コンベンション
シドニー・タウンホール
シドニーブルバード
The Sydney Boulevard
キングスクロス
Kings Cross
タウンホール駅
WILLIAM ST
ノボテル・シドニー・オン・ダーリングハーバー
タウンホール
ハイドパーク
Hyde Park
オーストラリア博物館
ホリディイン・ポッツポイント
キングスクロス駅
ICCシドニー
ICC Sydney
ミュージアム駅
プルマンシドニー・ハイドパーク
LIVERPOOL ST
ダーリングハースト
Darlinghurst
WATTLE ST
エキジビション・センター
中国庭園
リッジズ・ワールドスクエア
DARLINGHURST RD
VICTORIA ST
ホリディイン・ダーリングハーバー
ワールドスクエア
LIVERPOOL ST
パワーハウス・ミュージアム
イビススタイル・シドニーセントラル
チャイナタウン
BURTON ST
ビルズ(本店)
P.295
アルティモ
Ultimo
キャピタル・スクエア
COMMONWEALTH ST
シドニー・ユダヤ人博物館
Sydney Jewish Museum
P.255
BULWARD ST
HARRIS ST
ヘイマーケット
マーケットシティ
Market City
バイブ・シドニー
BOUNDARY ST
BROWN ST
▶P.251
ヘイマーケット
Haymarket
ベルモアパーク
Belmore Park
RILEY ST
CROWN ST
OXFORD ST
BAY ST
PITT ST
ノボテル・シドニー・セントラル
リッジズ・シドニーセントラル
オックスフォード・ストリート
パディントン
Paddington
ブロードウェイ
Broadway
シドニー・セントラル駅
Sydney Central Station
ALBION ST
BROADWAY
FOVEAUX ST
メルキュール・シドニー
P.286 Mercure Sydney
ビルズ・サリーヒルズ
P.295
パディントン・タウンホール
GREENS RD
ジェラート・メッシーナ
ビクトリアバラックス
Victoria Barracks
REGENT ST
CHALMERS ST
ELIZABETH ST
BOURKE ST
FLINDERS ST
MOORE PARK RD
チッペンデール
Chippendale
サリーヒルズ
Surry Hills
サリーヒルズ
DEVONSHIRE ST
CLEVELAND ST
シドニー大学
University of Sydney
プリンスアルフレッド・パーク
Prince Alfred Park
CROWN ST
ムーアパーク
Moore Park
シドニー・アリアンツスタジアム
▶P.256
ムーアパーク
シドニー・クリケットグラウンド

シドニーで絶対 コレを見る！コレをする！

オーストラリア最大の都市シドニーは、世界３大美港をもつ港町。
美しい湾に面して、開拓時代の建物から近代的なビルまでが建ち並んでいる。シドニーは、そんな「町歩き」の楽しみから、近郊の世界遺産ブルーマウンテンズでの自然満喫まで、さまざまな魅力にあふれている。

ロックスとその周辺の散策

古きよきシドニーの面影を残すロックス地区。開拓時代の建物が数多く残り、散策するだけでタイムスリップしたような気分になれるすてきな町だ。そんなロックスから海沿いを10分も歩けば、世界文化遺産のシドニー・オペラハウスに着く。オペラハウス内はガイドツアーがあるので、ぜひ参加して内部見学をしよう。

ハーバークルーズ

世界３大美港のすばらしさを知るにはクルーズに参加するのがいちばん。サーキュラーキーやダーリングハーバーから、数多くのクルーズが出港している。

最大手のキャプテンクック・クルーズ

いまやシドニーの定番アトラクション、ブリッジクライム

ブリッジクライム／シドニー・スカイウオーク

高い場所からシドニーの町を眺めるのは格別。しかもそれがシドニーの象徴的な建物なら文句なし。ブリッジクライムは名物ハーバーブリッジに登るアトラクションで、頂上からはシドニーハーバー、シティのすばらしい眺めが楽しめる。スカイウオークはシティ中心に建つシドニータワーの展望台の上を歩き、シティの絶景を堪能するというものだ。

ブルーマウンテンズ観光

町を離れ車で１時間30分ほどのブルーマウンテンズを目指そう。ユーカリ茂る大渓谷を眺め、気持ちのいいブッシュウオーキングを楽しむ。シドニーからたくさんのツアーが出ている。

代表的展望スポットの
エコーポイントからの眺め

EVENTS 見逃したくないシドニーの イベント

世界中から参加者が集まるマルディグラのパレード

1年をとおしてさまざまなイベントが開催されているシドニー。そのなかから「これは！」というイベントをピックアップ。
旅の時期を、こうしたイベントに合わせるのもおすすめだ。

シドニー・ゲイ＆レズビアン・マルディグラ
Sydney Gay & Lesbian Mardi Gras

2024年2月16日～3月3日／2025年開催日未定

約2週間にわたって行われる世界最大規模のゲイ＆レズビアンの祭典。国内外のアーティストによる演劇やコンサート、展覧会が期間中開催され、最終日には200団体以上による派手なコスチュームとパフォーマンスによるパレードが、オックスフォード・ストリートで行われ、毎年20万人上の観衆が集まる。2023年は南半球で初めて国際的プライドパレードと共催した。現地日本人のジェンダーフリー団体も参加している。URL www.mardigras.org.au

3月 4月

シドニー・ロイヤル・イースターショー
Sydney Royal Easter Show

2024年3月22日～4月2日／2025年日付未定

イースター・ホリデー時期（年によって異なり3月後半～4月中旬）に、オリンピックパークで開催されるオーストラリア最大規模の農業・酪農祭（毎年90万人以上が参加）。ミニ遊園地ができ、牛や馬などが登場するさまざまなショーが行われ、大勢のパフォーマーも芸を見せる。

URL www.eastershow.com.au

農業祭なので、動物との触れ合いも楽しめる

ビビッド・シドニーは光と音楽の祭典だ

ビビッド・シドニー
Vivid Sydney

5月 6月

2024年5月24日～6月15日

オペラハウスやサーキュラーキー、ロックス、ダーリングハーバーなどが光と音楽で彩られる約3週間。特にオペラハウスをキャンバスに仕立てて映し出される模様は、ビビッド・シドニーの代表的光景。

URL www.vividsydney.com

シドニーマラソン（シドニー・ランニングフェスティバル）
Sydney Running Festival

2024年9月15日

スタートしてすぐにハーバーブリッジを渡る

2000年にシドニーで開催されたオリンピックを記念して行われる南半球最大のマラソン大会（参加人数3万3000人以上）。日本からの参加者も多い。

URL www.sydneymarathon.com

ニューイヤーズイブ・ファイアーワークス
New Year's Eve Fireworks

2024年12月31日（予定）

年越しのカウントダウンとともに、シドニー・ハーバーブリッジから打ち上げられる大花火大会。

URL www.sydneynewyearseve.com

Photo : James Morgan, Destination NSW

アクセス ACCESS

行き方 ➡日本から

東京（羽田）からカンタス航空、日本航空、全日空が直行便を運航している。ほかにカンタス航空の東京～ブリスベン、メルボルン直行便を利用し乗り継ぐ方法もポピュラー。大阪からはジェットスターを利用してケアンズ、ブリスベンで乗り継ぐパターンもある。そのほかシンガポール航空やキャセイ・パシフィック航空、マレーシア航空などアジア系航空会社を利用した経由便も利用可能だ。

➡オーストラリア国内から

空路は各州の州都やゴールドコースト、ケアンズ、ウルル、ブルームなど主要観光地との間にカンタス航空、ジェットスター、ヴァージン・オーストラリアが運航。リージョナルエクスプレスもブリスベンやゴールドコースト、メルボルンとの間に路線がある。長距離バス、長距離列車もシドニーがオーストラリア国内の起点で、多くの都市との間に路線をもっている。

空港⇔市内

キングスフォードスミス空港 Kingsford Smith Airport の別名をもつ**シドニー国際空港** Sydney Airport(SYD) は市の中心部から約 10km 南に位置している。ターミナルは、**国際線ターミナル（T1）**と**国内線ターミナル（T2、T3）**に分かれており、両ターミナルの距離は約 2km。国内線ターミナルは T3 がカンタス航空、T2 がジェットスターやヴァージン・オーストラリア、リージョナルエクスプレス用のターミナルだ。なお国際線～国内線ターミナル間はオレンジ色の連絡バス（T バス）が頻繁に走っており、所要時間は約 10 分。乗り継ぎ客の場合、両ターミナル到着ホールにあるトランジットカウンターで手続きすれば無料だ。

メインの国内線ターミナルとなっているT2

空港ターミナル間移動に便利なTバス

●電車

シドニー市内を走るシドニートレイン運行の**エアポートリンク** Airport Link（T8 ラインの一部）。国際線ターミナル～国内線ターミナル～シドニー駅（セントラル）、さらにミュージアム、セントジェームス、サーキュラーキー、ウインヤード、タウンホールと回り、再びセントラルへ戻り、さらに郊外へ向かうルートを走っている（空港～市内および市中心部は地下鉄）。国際線ターミナル～セントラルは 13 分と最速。荷物が少なくて土地勘のある人には有効な手段だ。

■シドニー国際空港
MAP P.227/3A
URL www.sydneyairport.com.au

■国際線ターミナル⟷国内線ターミナル連絡バス（T バス）
時 毎日 6:00 ～ 20:50 の随時
料 無料

国際線到着ホールには携帯会社の SIM カード売り場がある（Optus、Vodafone）

国際線出発ロビーはショッピング、ダイニング施設が大充実している

■空港から格安で市内へ向かう方法

シドニーバス（市バス）Route 420 が空港（国際線＆国内線ターミナル／国内線ターミナルからは No.350 もあり）～マスコット駅 Mascot Station を結んでいる（T1 から約 20 分、T2・3 から約 7 分）。マスコット駅からシドニートレインを利用すれば、空港ゲートパス（→ P.234 欄外）が加算されないので安く済む。

料 シドニー空港～マスコット駅バス片道：大人$3.20（2.24）子供$1.60（1.12）／マスコット駅～シドニー中心部シドニートレイン片道：大人$4（$2.80）子供$2（$1.40）／シドニー空港～マスコット駅～シドニー中心部と乗り継ぎの場合片道：大人$5.20（$3.04）子供$2.60（$1.52）
※料金はすべてオーパルカード利用時のもの。( ) 内はオフピーク料金

■エアポートリンク
☎13-15-00
URL airportlink.com.au
料 国際線ターミナル～シティ：大人$21.65（$20.15）子供$17.40（$16.65）／国内線ターミナル～シティ：大人 $20.68（$19.48）子供 $16.92（$16.32）
※料金はすべてオーパルカード利用時のもの。( ) 内はオフピーク料金。なお滞在中公共交通機関を利用する予定のない人向けにオーパルシングルチケットがある。国際線ターミナル：大人$23 子供$18／国内線ターミナル：大人$21.80 子供$17.40

空港から T4 沿いの駅のマーチンプレイス、キングスクロス、ボンダイジャンクションまで行く場合、空港からひと駅南のウォリー・クリーク Wolli Creek 駅での乗り換えをおすすめします。セントラル駅よりもこぢんまりしており、ホームもふたつしかなく、混んでいない。（東京都　高橋未恵　'17）['24]

■エアポートシャトルバス
●レディ2ゴー
☎1300-246-669
URL www.redy2go.com.au
時 毎日6:00～21:00
料 片道：1人$23.32
●コニクション・エアポートシャトル
☎1300-266-946（要予約）
URL www.con-x-ion.com
料 片道：1人$29／往復：1人$55

■ウーバー Uber について
(→ P.649)
利用はあくまで自己責任で。

■シドニーのタクシー
初乗りが$3.60（金～土および祝日前22:00～翌6:00は$6.10）で、以後1kmごとに$2.29（22:00～翌6:00は$2.73）ずつ上がっていく。ほかに待ち時間として1分94.4¢。タクシーを予約する場合は$2.50追加。また空港発着は$4.10追加。タクシー会社は数多くあるが、呼ぶときや予約は下記の番号ですべて受け付けている。
☎会社によって異なる。以下代表的な電話番号：13-10-01／13-14-51／13-16-68／13-10-17
URL www.nswtaxi.org.au

■シドニー駅
シドニーで最初の列車は、1855年に今はレールウエイ・スクエア（市内バスターミナル）となっている当時のレッドファン駅から、西のパラマタ駅まで走った。現在のシドニー駅が完成したのは1906年のことで、開拓当時の面影を残した歴史のある建物である。

駅の西側が長距離バスターミナルだ

■オーパルカードの詳細
URL www.opal.com.au

●エアポートシャトルバス

国際線到着ホールにあるレディ2ゴーのチケットカウンター

数社運行しているが、空港到着ホール（国際線、国内線とも）で手配可能なのは**レディ2ゴー** Redy2Goのみ。他社（**コニクション・エアポートシャトル** Con-x-ion Airport Shuttleなど）を利用の場合は、予約が必要（到着後に電話予約も可能）。市内ならホテルや指定した場所などに直接行ってくれる。出発場所は各シャトルとも到着ロビーを出たターミナルの外れシャトル乗り場だ。市内ではホテルを巡回しながら行くので、所要時間は20分～1時間。市内から空港へは、前日までに予約をすればピックアップあり。

●タクシー＆ウーバー Taxi & Uber

タクシーは市中心部まで$60～100（道路の混雑状況、有料道路利用の有無などで料金は異なる）。有料道路未使用であれば、3人以上でならエアポートシャトルバスやエアポートリンクを利用するのとほぼ同料金。所要時間は20～30分。またウーバーなどライドシェアも利用可能で、市中心部まで$45～97。なおライドシェア利用時には、専用のピックアップポイントがあるので利用前に確認すること。

トランジットセンター ↔ 市内

シドニー中心部の南端、長距離列車が発着するシドニー駅が**シドニー・トランジットセンター** Sydney Transit Centreとなっている。長距離バスはシドニー駅西側レールウェイ・コロネード・ドライブ Railway Colonnade Drv.沿いを発着する。シドニー駅に隣接してシドニートレインのセントラル駅があるし、駅の周囲の道路は市内バスの起点。どこへ出るにも便利な場所だ。

歴史を感じさせる時計塔が印象的なシドニー駅

市内交通
LOCAL TRANSPORT

トランスポート・フォー・ニューサウスウエールズ Transport for NSW管轄のもと、シドニーバス、シドニートレイン（電車）、シドニーフェリー、シドニーライトレールが市内を縦横に結んでいる。

オーパルカード

バス、電車、フェリー、ライトレールすべてに使えるリチャージ式スマートカードの**オーパルカード** Opal Card（発音はあくまでオーパル）利用が一般的（大人用、子供用、学生用がある）。なお**タッチ決済機能付きAMEX、Master、VISAカード（クレジットカードもしくはデビットカード）があれば、大人用オーパル**

シドニー国際空港で売っているおみやげのチョコなどは、市内スーパーの2倍くらいの値段。シティ、タウンホール前のウールワースで購入するのがおすすめ。（千葉県　みかん　'16）['24]

カードの代わりに利用できる。下記にあげる各種割引特典も、もちろん受けられる。オーパルカード購入時にデポジットが必要だったり、リチャージ（オーストラリアでは**トップアップ** Top-Up という）や残金払い戻しの手間を考えると、旅行者はタッチ決済機能付きクレジットカード、デビットカード利用が現実的だ。日本出発前に必ず自分の持っているクレジットカード、デビットカードがタッチ決済可能かどうか確認し、だめな場合はタッチ決済機能付きに変更してもらおう（ほとんどのカードが変更に対応している）。

オーパルカードの利用方法は簡単。市バスやライトレールの場合は乗り降りするときに車内に設置されているオーパルカード読み取り機にカードをタッチするだけ（乗車時を**タップオン**、降車時を**タップオフ**という）。電車、フェリーの場合は乗降時に改札口でオーパルカードをタッチするという具合だ。気をつけなければいけないのはバスの降車時やちゃんとした改札のない郊外の駅やフェリーターミナルなど。うっかりタップオフするのを忘れると、最大距離乗車した場合の金額が引き落とされてしまうので注意しよう。

なおオーパルカードは、シドニー以外にもブルーマウンテンズやニューカッスル、ウロンゴンなどの市内交通でも利用可能だ。

オーパルカードの割引

- **月〜木曜は 1 日最大料金が** 大人 **$17.80**（子供 $8.90）。同日なら何度利用してもそれ以上チャージされることがない。なお月曜を起算とした **1 週間でも最大** 大人 **$50**（子供 $25）だ。
- **金〜日曜・祝日（金曜朝 4:00 〜月曜早朝 3:59）は最大料金** 大人 **$8.90**（子供 $4.25）。
- **フェリー以外は月〜木曜 6:30 〜 10:00、15:00 〜 19:00 を除く時間がオフピーク料金となり 30%割引き**が受けられる。
- **バス、フェリー、電車、ライトレールを乗り継ぎ（利用開始から 60 分以内）で利用する場合、**大人 **$2**（子供 $1）**割引。**
- **60 分以内の同一移動手段であれば、運賃は通しで 1 回としてのみ計算される**（マンリーフェリー利用の場合は 130 分で 1 回の運賃として計算）

市バス

青・水色系統を基調に塗り分けられた**シドニーバス** Sydney Bus。**ウインヤード** Wynyard、**ヨーク・ストリート** York St.（クイーン・ビクトリア・ビルディング前）、**レールウェイ・スクエア** Railway Sq.（セントラル駅脇）、**サーキュラーキー** Circular Quay（ヤング・ストリート）の主要ターミナル（たいていのバスはこの 4 つのターミナルのどこかから出る）には、切符販売所、時刻表や路線図が置いてある**シドニーバス・トランジットショップ** Sydney Bus Transit Shop がある。乗るバスがはっきりしないときは、ここで尋ねてみよう。

■オーパルカードのチャージしすぎに注意
シドニーを離れる際、オーパルカードは残金の払い戻し手続きを行うのがとても面倒。$5 以上の残金があり、原則オーストラリア国内の銀行口座をもつことが条件。一般旅行者には現実的ではない。

■公共交通機関に関する情報は？
公共のバス、電車、フェリー、オーパルカードに関する問い合わせは下記へ。
☎13-15-00（毎日 6:00 〜 22:00）
URL transportnsw.info

■シドニーのレンタカー会社
●**ハーツ Hertz**
☎13-30-39
●**エイビス AVIS**
☎13-63-33
●**バジェット Budget**
☎1300-362-848
●**スリフティ Thrifty**
☎13-61-39
●**ヨーロッパカー Europcar**
☎(02)8255-9050
●**シクスト SIXT**
☎(02)9221-2231

■シドニーバス
料
●0 〜 3km：
大人 $3.20(2.24) 子供 $1.60(1.12)
●3 〜 8km：
大人 $4.15(2.90) 子供 $2.07(1.44)
●8km 以上：
大人 $5.33(3.73) 子供 $2.66(1.86)
※ ( ) 内はオフピーク料金

バスに乗ったら、降りるときにタップオフするのを忘れずに

シドニーで最も便利な移動手段は市バスだ

2階がオープンデッキのビッグバス・シドニー

バスはワンマンの前乗りで、降車は前扉もしくは中央の扉から。乗車口と降車口近くに、それぞれオーパルカードの読み取り機械があるのでタップオン、タップオフするのを忘れないようにしよう。忘れてしまうと次の乗車時に、その前の乗車の最大料金が引かれてしまうなどペナルティが科せられる。バス停のアナウンスがないのでどこで降りていいかわからないときは、乗り込むときに運転手に頼んでおくか、周りの乗客に聞くようにしよう。

■ビッグバス・シドニー
催行：Big Bus Tours
URL www.bigbustours.com/en/sydney/sydney-bus-tours
料 1日チケット：大人$65 子供$45／2日チケット：大人$85 子供$55
●シドニー・シティツアー
時 毎日9:00～16:00の30～45分ごとに運行
●ボンダイ＆ベイズ・ツアー
時 毎日9:30～15:15の約1時間ごとに運行
※チケットは原則ウェブサイトで購入

ビッグバス・シドニー

公共交通機関ではないが、シドニー市内の見どころを効率よく観光するのに適しているのが、このホップオン・ホップオフ・スタイル（チケット有効期間中、何度でも乗り降り可能なスタイル）の周回バス。2階がオープンエアとなっているダブルデッカーで、晴れた日には2階が何とも気持ちがいい。一般のバスは行かないミセスマックォーリーズ・ポイントをはじめ、市内23ヵ所の観光ポイントを巡る**シドニー・シティツアー** Sydney City Tourと、シドニー中心部を出発し、パディントン、ボンダイビーチ、ローズベイ、ダブルベイなどのベイエリアを回ってくる**ボンダイ＆ベイズ・ツアー** Bondi & Bays Tour（11ヵ所に停車）の2種類のルートがある。しかも座席にある見どころ案内のオーディオチャンネルはマルチリンガルで、日本語も選べる。チケット有効期間内ならどちらも共通で乗り降り自由。チケットは使用開始時間から24時間（オプションで48時間）有効で、利用しやすい。

■シドニーフェリー
料
●0～9km未満：
大人$6.79 子供$3.39
●9km以上：
大人$8.49 子供$4.24

マンリーフェリーはほかより大型だ

シドニーフェリー

サーキュラーキーの桟橋（No.2～No.6ワーフまで5つの桟橋がある）は、市中心部と湾内各地やシドニー北部の中心地マンリー Manlyとを結ぶ**シドニーフェリー** Sydney Ferryの発着所。オーパルカードを利用する場合は、各ワーフに設置された読み取り機にタップオン、下船後に各フェリー乗り場に設置された読み取り機にタップオフする。

上：通勤などにも利用されるフェリー。一番多いのはこのタイプ
下：新型フェリーも徐々に増えてきている

■シドニートレイン
URL www.sydneytrains.info
料 乗車距離
●10kmまで：
大人$4.00(2.80) 子供$2.00(1.40)
●20kmまで：
大人$4.97(3.47) 子供$2.48(1.73)
●35kmまで：
大人$5.72(4.00) 子供$2.86(2.00)
●65kmまで：
大人$7.65(5.35) 子供$3.82(2.67)
●それ以上：
大人$9.84(6.88) 子供$4.92(3.44)
※( )内はオフピーク料金

■空港ゲートパス料金
シドニートレインでシドニー空港駅（国際線、国内線とも）で乗降する場合は、空港ゲートパス料金大人$16.68 子供$14.92が加算される

シドニートレイン

シドニーの電車が**シドニートレイン** Sydney Train。ほとんどが2階建てで、市内サークル（環状）を含む一部が地下鉄になっている。セントラル駅がその中心。隣接したシドニー駅が長距離や郊外電車の発着場所になっている。

シドニートレインの車両は近代的な2階建て

タウンホールなど比較的大きなバス停にはバス情報が記載された案内板 Find your wayがあるので活用するとよい。（島根県　板橋明吉　'24）

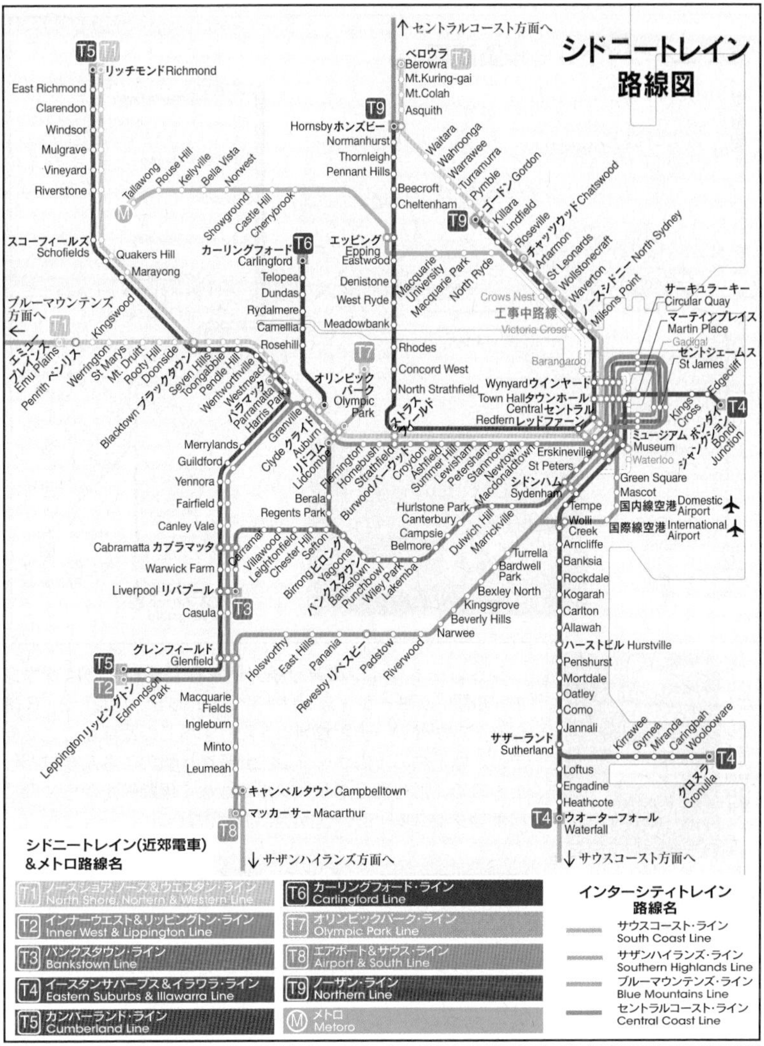

シドニートレイン
路線図
↑セントラルコースト方面へ
ベロウラ Berowra
Mt.Kuring-gai
Mt.Colah
Asquith
Hornsby ホンズビー
Normanhurst
Thornleigh
Pennant Hills
Beecroft
Cheltenham
エッピング Epping
Eastwood
Denistone
West Ryde
Meadowbank
Rhodes
Concord West
North Strathfield
ストラスフィールド
Waitara
Wahroonga
Warrawee
Turramurra
Pymble
ゴードン Gordon
Killara
Lindfield
Roseville
チャッツウッド Chatswood
Artarmon
St Leonards
Wollstonecraft
Waverton
ノースシドニー North Sydney
Milsons Point
Macquarie University
Macquarie Park
North Ryde
Crows Nest
工事中路線
Victoria Cross
Barangaroo
サーキュラーキー Circular Quay
マーティンプレイス Martin Place
Gadigal
セントジェームス St James
Wynyard ウインヤード
Town Hall タウンホール
Central セントラル
Redfern レッドファーン
ミュージアム Museum
Waterloo
Kings Cross
Edgecliff
ボンダイジャンクション Bondi Junction
Erskineville
St Peters
シドナム Sydenham
Green Square
Mascot
国内線空港 Domestic Airport
国際線空港 International Airport
Tempe
Wolli Creek
Arncliffe
Banksia
Rockdale
Kogarah
Carlton
Allawah
ハーストビル Hurstville
Penshurst
Mortdale
Oatley
Como
Jannali
サザーランド Sutherland
Kirrawee
Gymea
Miranda
Caringbah
Woolooware
クロヌラ Cronulla
Loftus
Engadine
Heathcote
ウオーターフォール Waterfall
↓サウスコースト方面へ
リッチモンド Richmond
East Richmond
Clarendon
Windsor
Mulgrave
Vineyard
Riverstone
スコーフィールズ Schofields
Quakers Hill
Marayong
Tallawong
Rouse Hill
Kellyville
Bella Vista
Norwest
Showground
Castle Hill
Cherrybrook
カーリングフォード Carlingford
Telopea
Dundas
Rydalmere
Camellia
Rosehill
オリンピックパーク Olympic Park
ブルーマウンテンズ方面へ
エミュープレインズ Emu Plains
Penrith ペンリス
Werrington
Kingswood
St Marys
Mt. Druitt
Rooty Hill
Doonside
Blacktown ブラックタウン
Seven Hills
Toongabbie
Pendle Hill
Wentworthville
Westmead
パラマッタ Parramatta
Harris Park
Granville
Clyde クライド
Auburn
リドコム Lidcombe
Flemington
Homebush
Strathfield
Burwood バーウッド
Croydon
Ashfield
Summer Hill
Lewisham
Petersham
Stanmore
Newtown
Macdonaldtown
Merrylands
Guildford
Yennora
Fairfield
Canley Vale
Cabramatta カブラマッタ
Warwick Farm
Liverpool リバプール
Casula
Berala
Regents Park
Carramar
Villawood
Leightonfield
Chester Hill
Sefton
Birrong ビロング
Yagoona
バンクスタウン Bankstown
Punchbowl
Wiley Park
Lakemba
Belmore
Campsie
Canterbury
Hurlstone Park
Dulwich Hill
Marrickville
Turrella
Bardwell Park
Bexley North
Kingsgrove
Beverly Hills
Narwee
Riverwood
Padstow
Revesby リベスビー
Panania
East Hills
Holsworthy
グレンフィールド Glenfield
Leppington リッピングトン
Edmondson Park
Macquarie Fields
Ingleburn
Minto
Leumeah
キャンベルタウン Campbelltown
マッカーサー Macarthur
↓サザンハイランズ方面へ
シドニートレイン(近郊電車)&メトロ路線名
T1 ノースショア,ノース&ウエスタン・ライン North Shore, Northern & Western Line
T2 インナーウエスト&リッピングトン・ライン Inner West & Lippington Line
T3 バンクスタウン・ライン Bankstown Line
T4 イースタンサバーブス&イラワラ・ライン Eastern Suburbs & Illawarra Line
T5 カンバーランド・ライン Cumberland Line
T6 カーリングフォード・ライン Carlingford Line
T7 オリンピックパーク・ライン Olympic Park Line
T8 エアポート&サウス・ライン Airport & South Line
T9 ノーザン・ライン Northern Line
M メトロ Metoro
インターシティトレイン路線名
サウスコースト・ライン South Coast Line
サザンハイランズ・ライン Southern Highlands Line
ブルーマウンテンズ・ライン Blue Mountains Line
セントラルコースト・ライン Central Coast Line

シドニーフェリー ルート図
F1 マンリー Manly
モスマンベイ Mosman Bay
F6
ニュートラルベイ Neutral Bay
North Sydney
F5
Kurraba Point
Old Cremone
South Mosman
キリビリ Kirribilli
Cremone Point
F2
タロンガ動物園 Taronga Zoo
F9
ワトソンズベイ Watsons Bay
ローズベイ Rose Bay
F7
ダブルベイ Double Bay
Darling Point
Garden Island
サーキュラーキー Circular Quay
バランガルー Barangaroo
ピアモントベイ Pyrmont Bay
F4
Balmain East
バルメイン Balmain
McMahons Point
ミルソンズポイント Milsons Point
Greenwich Point
Woolwich
Birchgrove
コカトゥアイランド Cockatoo Island
F8
Huntleys Point
Drummoyne
Chiswick
Abbotsford
Cabarita
Kissing Point
メドウバンク Meadowbank
ライダルメア Rydalmere
パラマタ Parramatta
F3
シドニーオリンピックパーク Sydney Olympic Park

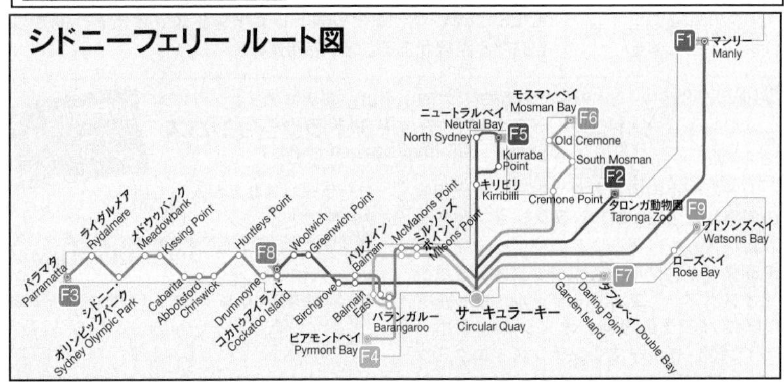

シドニーの電車内の椅子は日本の新幹線と同様に自分で向きを変えることができる。回転式ではなく、背もたれにある黄色のハンドルを前後に動かすだけなので簡単。(東京都　高橋未恵　'17) ['24]

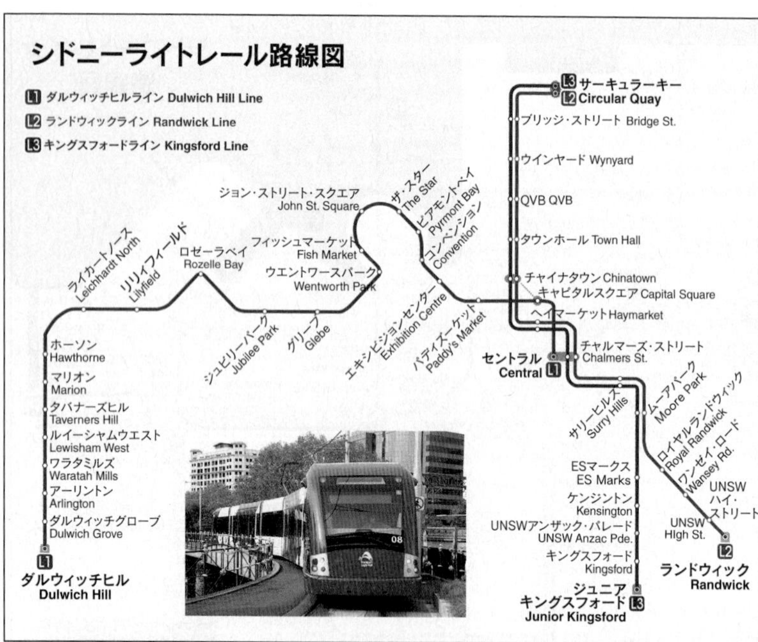

シドニートレインの改札にあるオーパルカード読み取り機

シドニートレインの乗り換え駅として便利なのはタウンホール駅。ジョージ・ストリート George St. の地下 2、3 階にホームが並び、長距離列車を除くすべての電車がここで停まる。地下鉄の市内サークルは全部で 5 駅のこぢんまりとしたもので、形も完全なサークルではなく馬蹄形だから、同じ電車でグルグル、というわけにはいかない。

ライトレール

シドニーライトレール Sydney Light Rail は、小型の電車で一部道路の上を走る路面電車。セントラル駅からダーリングハーバーを経由して西部ダルウィッチヒルまで向かう L1、サーキュラーキーからジョージ・ストリートを南下しセントラル駅、サリーヒルズ、ムーアパーク、ランドウィックへ向かう L2、ムーアパークまで L2 と同じでそこから南下してキングスフォードへ向かう L3 の 3 路線がある。24 時間運行。

■**シドニーライトレール**
URL transportnsw.info/travel-info/ways-to-get-around/light-rail
料
●0 ～ 3km：
大人$3.20(2.24) 子供$1.60(1.12)
●3 ～ 8km：
大人$4.15(2.90) 子供$2.07(1.44)
●8km 以上：
大人$5.33(3.73) 子供$2.66(1.86)
※( )内はオフピーク料金

COLUMN

シドニーを自力で目いっぱい観光する人に
シドニー・アンリミテッドアトラクションパス
Sydney Unlimited Attraction Pass

シドニー市内の主要なツアー、観光施設の入場料など 26 のアトラクションが含まれたパス。オペラハウスのツアーやキャプテンクック・クルーズのホップオン・ホップオフツアー、フェザーデール・ワイルドライフパーク入場料、オズジェットボーティング、ブルーマウンテンズ・エクスプローラーバスなどが入っている。

DATA
URL www.iventurecard.com/au/sydney 料 2 日パス 大人$199 子供$149 ／ 3 日パス 大人$269 子供$209 ／ 5 日パス 大人$399 子供$299
※パスの有効期間は 12 ヵ月で、その間に指定日数を飛び飛びに使える
※購入は原則オンラインで。

シドニーの歩き方
OUTLINE OF SYDNEY

シドニーの町はこうなっている

北はシドニーハーバーの交通の要衝**サーキュラーキー** Circular Quay、南はハイドパークの先シドニー駅までの一帯が通称シティ City。特に**タウンホール** Town Hall から北の**ジョージ・ストリート** George St.、**ピット・ストリート** Pitt St.、**キャッスルレイ・ストリート** Castlereagh St.、**エリザベス・ストリート** Elizabeth St. の 4 本の通り沿いはオフィス街、商業の中心地で **CBD**（Central Business District）と呼ばれている。

歴史的建造物を改修したレストランやショップが多いロックス

サーキュラーキーの西側一帯は、白人オーストラリア発祥の地**ロックス** The Rocks。古い建物の外観をそのまま残して改修されたホテルやレストラン、ショップが多く、シドニー観光の中心地。ロックスからポートジャクソンをまたぐようにノースシドニーへと通じるのが、**シドニー・ハーバーブリッジ** Sydney Harbour Bridge。サーキュラーキーの東側、**ベネロングポイント** Bennelong Point 突端にある**シドニー・オペラハウス** Sydney Opera House とともに、シドニーの顔となっている。ちなみにロックス、サーキュラーキー、オペラハウスに囲まれた湾が**シドニーコーブ** Sydney Cove で、今から 225 年ほど前、アーサー・フィリップ率いる最初の英国船団が入植の錨を下ろした場所だ。

オペラハウスの南側には、約 26ha の広さをもつ植物園**ロイヤル・ボタニックガーデン** Royal Botanic Gardens がある。植物園の北東端には、オペラハウスとハーバーブリッジを 1 枚の写真に収められるポイント、**ミセスマックォーリーズ・ポイント** Mrs. Macquaries Point がある。

シティの西側で美味な食事とショッピングを楽しむ

シティの南側、タウンホールとシドニー駅の間は**ヘイマーケット** Haymarket と呼ばれる地域。この地域のジョージ・ストリート沿いはシドニーの映画館街だ。映画館街の西側一帯が**チャイナタウン** Chinatown。ジョージ・ストリートと並行に走るディクソン・ストリート Dixson St. がその中心で、派手な中華門が通りに建ち、チャイニーズレストラン、中華雑貨店などが並んでいる。

チャイナタウンのさらに西隣が**ダーリングハーバー** Darling Harbour。シーライフ・シドニー水族館 Sea Life Sydney Aquarium やワイルドライフ・シドニー動物園 Wild Life Sydney Zoo、マダムタッソー・シドニー Madame Tussauds Sydney などの観光名所から、カジノをもつザ・スター The Star まで 1 日中にぎわいの絶えない所だ。

■日本語無料情報誌『move』を手に入れよう

シドニー国際空港はもちろん、ロックスやダーリングハーバーのビジターセンターでも手に入る無料情報誌。シドニー滞在中のハウツーから、見どころ、レストラン、ショッピングまで 110 ページ以上でガイドしている。下記サイトでは電子版もダウンロードできるので出発前に手に入れておくのもいい。
URL nichigopress.jp/backnumber/move

move は例年 6 月頃発行

■サーキュラーキー →P.239
■シティ →P.243
■ロックス →P.239
■シドニー・ハーバーブリッジ →P.241
■シドニー・オペラハウス →P.240
■ロイヤル・ボタニックガーデン →P.248
■ミセスマックォーリーズ・ポイント →P.248
■チャイナタウン →P.249

この中華門がチャイナタウンの目印

こんな写真が撮りたかったらミセスマックォーリーズ・ポイントへ

ダーリングハーバーはレストランが多いので夕方からもたくさんの人でにぎわう

新しいショップやレストランがどんどんできているバランガルー

ダーリングハーバーの北側は、今シドニーでもっともおしゃれな再開発地域**バランガルー** Barangaroo。新しいオフィスビルが次々と建設されており、海沿いにはしゃれたレストランが並んでいる。

■**ダーリングハーバー** → P.249

■**ウルムルー** → P.253

■**ダーリングハースト** → P.253

■**キングスクロス** → P.253

■**サリーヒルズ** → P.255

■**パディントン** → P.255

■**ベイエリア** → P.257

■**ボンダイ** → P.259

シティの東は歓楽街と高級住宅街

キングスクロスにはしゃれたカフェやレストランも多い

シティから東へ目を転じると、ウイリアム・ストリート William St. を挟むように北に**ウルムルー** Woolloomooloo、南に**ダーリングハースト** Darlinghurst がある。このあたりの路地沿いにはレストランやカフェが並んでいる。その東隣**キングスクロス** Kings Cross はカフェ、レストランからバー、キャバレーまで並ぶ歓楽街。バックパッカーたちのミーティングポイントにもなっている。

イーストシドニー、ダーリングハーストの南側、ハイドパークから南東へと延びるオックスフォード・ストリート Oxford St. には、世界各国料理のレストランが軒を連ねている。有名なゲイエリアでもあり、毎年２～３月のマルディグラ（→ P.230）の時期には、世界最大級のゲイパレードもこの通りで行われる。オックスフォード・ストリートの南側が、おしゃれカフェ＆レストラン街として人気のある**サリーヒルズ** Surry Hills だ。オックスフォード・ストリートを東へ。ビクトリアバラックス Victoria Barracks を越えると、テラスハウスが建ち並ぶおしゃれな住宅街**パディントン** Paddington に出る。このあたりから東側一帯は通称**ベイエリア** Bay Area と呼ばれ、**ウラーラ** Woollahra、**エッジクリフ** Edgecliff、**ダブルベイ** Double Bay、**ローズベイ** Rose Bay、**ボークルーズ** Vaucluse と高級住宅街が続く。そして高級住宅街を過ぎると、シドニーの代表的なビーチ、**ボンダイ** Bondi へといたる。

ウルムルーワーフにはホテル、レストランが入っている

シドニー人気 No.1 ビーチのボンダイビーチ

シティの南側はボヘミアンな雰囲気の学生街

シドニー駅の南には、広大なキャンパスに古い建物が並ぶシドニー大学 University of Sydney がある。そして、この一帯が学生街**グリーブ** Glebe だ。しゃれたカフェやレストランはもちろん、美味なテイクアウエイの店、自然食品店や品揃えのいい本屋などがあって街の雰囲気を保っている。

シドニー市内の町
SYDNEY SUBURBS

サーキュラーキーとロックス
Circular Quay & The Rocks

サーキュラーキーはシドニーの海の玄関口。きれいに並んだ5本の桟橋（ワーフ）からフェリーやクルーズ船が発着し、港には人影が絶えない。またシドニーバス、シドニートレイン、シドニーライトレールとシドニーフェリーの乗り継ぎポイントで、シドニーの交通の要衝でもある。

サーキュラーキーの西側、ハーバーブリッジの手前に広がるのはロックス。オーストラリア（正確には白人オーストラリア）発祥の地といわれるエリアだ。1788年1月、英国からやってきたアーサー・フィリップ率いる最初の移民船団（ファーストフリート）がポートジャクソン（シドニーハーバー）に入港。シドニーコーブにユニオンジャック旗を立ててこの地を英国領と宣言し、開拓の鍬は現在のロックスに初めて入れられたのだ。その名のとおり、このあたりは岩だらけの地質だった。現在は入植・開拓当時の歴史的建造物が並ぶ観光スポットとして知られている。

アクセス

●サーキュラーキーとロックス
サーキュラーキーへはセントラル駅からシティサークルCity Circle線で5分。ロックスへはサーキュラーキーから歩いてすぐ。

サーキュラーキーのフェリーターミナルから続く遊歩道

豪華客船の寄港地にもなっているシドニーのサーキュラーキー

サーキュラーキーとロックス
Circular Quay & The Rocks

0 100 200 300m

ドゥズポイント Dawes Point
ピアワン・シドニーハーバー・オートグラフ Pire One Sydney Harbour - Autograph
シドニー・ハーバーブリッジ Sydney Harbour Bridge P.241
パイロンルックアウト Pylon Lookout P.241
ウォルシュベイ Walsh Bay
HWY
ドゥズポイント・パーク Dawes Point Park
シドニー・ハーバートンネル
ベネロングポイント Bennelong Point
シドニー・オペラハウス Sydney Opera House P.240
シドニー・シアターカンパニー
HICKSON RD
ロックス The Rocks
パークハイアット・シドニー Park Hyatt Sydney
ドゥズポイント Dawes Point
キャンベルズコーブ Campbells Cove
LOWER FORT ST
BRADFIELD
ルナルー
ハウスカンティーン
メトカルフェストアズ
ハーバーフロント・シーフード
ベネロング
エレメンツシーフード・グリルハウス
キャンベル・ストアハウス
オペラバー P.240
ファーストインプレッション P.241
リッジス・シドニーハーバー Rydges Sydney Harbour
テラスハウスの町並み
キー・レストラン
外国船旅客ターミナル
オペラハウス・フォアコートマーケット（週末）
ウオータールーの英雄ホテル P.278
ブリッジクライム集合場所
ロックス・スクエア
ケン・ドーン・ギャラリー
WINDMILL ST
P.241 アーガイル デパートメントストア Argyle Department Store
ロックスセンター Rocks Centre
（オーストラリアン・スチーム・ナビゲーション・ビル）
ザ・ギャリソンチャーチ The Garrison Church
ロックス・ディスカバリー博物館 The Rocks Discovery Museum P.242
オズ・ジェット ボーティング発着所 P.284
P.242
ロードネルソン・ブリュワリー P.242
カドマンの家 Cadman's Cottage P.242
総督官邸
ARGYLE ST
郵便局
ロックスマーケット（週末）P.297
P.242 アーガイルカット Argyle Cut
MACQUARIE ST
フィッシュ・アット・ザ・ロックス P.291
シドニー天文台 Sydney Observatory P.243
クロックタワー Clock Tower
ラ・ルネッサンスカフェ&パテスリー P.291
シドニーコーブ Sydney Cove
ロイヤル・ボタニックガーデン Royal Botanic Gardens
スザンナプレイス博物館 Susannah Place Museum P.243
Harbour Rocks
GEORGE ST
現代美術館 Museum of Contemporary Art P.242
プルマン・キーグランド Pullman Quay Grand
ミラーズポイント Millers Point
シドニーハーバー YHA Sydney Harbour YHA P.285
ハーバークルーズ発着所
6 5 4 3 2
フェリー桟橋
サーキュラーキー Circular Quay
P.296 Tギャラリア・バイDFS
CAHILL EXP
サーキュラーキー駅 Circular Quay
ビジターインフォメーションセンター・アット・カスタムハウス P.226
ランガム・シドニー Langham Sydney P.285
シャングリ・ラ・シドニー Shangri-La Sydney P.285
ALFRED ST
サーキュラーキー
サースタンフォード・アット・サーキュラキー Sir Stamford at Circular Quay
P.291 カフェシドニー
YOUNG ST
PHILLIP ST
CUMBERLAND ST
フォーシーズンズ・シドニー Four Seasons Sydney P.285
犯罪博物館 Justice & Police Museum P.243
KENT ST
ESSEX ST
PITT ST
シドニーハーバー・マリオット・アット・サーキュラーキー Sydney Harbour Marriott at Circular Quay
P.285 インターコンチネンタル・シドニー InterContinental Sydney
Quay West Suites Sydney
音楽学校
N
1
2
A B

■シドニー・オペラハウス
☎(02)9250-7250
URL www.sydneyoperahouse.com

●**日本語ガイドツアー（30 分）**
時 毎日 11:00、12:00、13:30、14:30、15:30 スタート
※1 時間の英語ツアーもある
料 日本語ツアー：大人$33 子供$23 家族$89／英語ツアー：大人$45 子供$25 家族$115

●**バドゥギリ**
時 毎日 18:30 頃～22:00 頃の 30 分ごとで所要約 6 分（サンセットタイムにより時間は異なる）

●**オペラやコンサート鑑賞**
席の値段は最も高額なバルコニー席の Prem$200～、D 席 $60、立ち見席 $40 といったところ。なお服装はあまりカジュアルすぎなければ大丈夫だ。ただしドレスアップしている人も多いので、TPO をわきまえた服装で出かけたい。

建築年数が最も若い世界遺産登録シドニー・オペラハウス

毎晩行われているバドゥギリと名づけられたプロジェクションマッピング

陽光に輝くシドニーのシンボル

MAP P.239/1B

シドニー・オペラハウス
Sydney Opera House

大ホールはコンサートホールだ

世界文化遺産にも登録されているシドニーのシンボル、オペラハウス。シドニーハーバーを疾走するヨットの帆をイメージして造られたといわれるこの斬新な建物は、デンマークの建築家ヨーン・ウツソン Jorn Utzon の設計による。

ガイドと一緒にじっくりと館内を見学

1956 年、オペラハウス建築のため実施された国際デザインコンペにおいて選ばれたのが、当時 38 歳の若手建築家だったウツソンだった。彼の作品が推定建設費が最も安く、予想工期も 3 年ほどと考えられたことが、決め手のひとつとなったのだ。しかし 1959 年に始まった建築工事は想像以上に難航し、建築費用も当初の予算を大幅に超えた。工事は遅れ、政府と折り合いがつかなくなったウツソンはデンマークへ帰国。そのあとを 3 人のオーストラリア建築家チームが引き継ぎ、着工から 14 年経た 1973 年に完成。エリザベス女王臨席のもと落成式が行われたが、ウツソンは招待を辞し、その後オーストラリアを訪れてはいない。なお亡くなる前の 2000 年にはオペラハウス内レセプションホールの再デザインを行っており、その後オーストラリア勲章なども受章している（高齢のため渡豪できなかった）。

スウェーデンから運ばれた 105 万 6000 枚もの白いタイルが張り巡らされたその外観は印象的で、内部にはコンサートホール、オペラシアターなど大小 5 つの劇場、それにレストランやバーなどがある。館内見学ガイドツアー（日本語）があるので、ぜひ参加しよう。

毎日のようにオペラ、コンサート、ミュージカルなどさまざまなジャンルのイベントも行われている。気になるプログ

COLUMN

オペラハウスの人気パッケージ

オペラハウスツアー＆ダイン
Opera House Tour & Dine

オペラハウス内にいくつかあるレストラン＆バーで、カジュアルな雰囲気で人気があるのがハウスカンティーン House Canteen とオペラバー Opera Bar。日本語もしくは英語ツアーと，この 2 ヵ所のどちらかのランチを組み合わせたパッケージがツアー＆ダイン。

アジア系料理が多いハウスカンティーンではチキンカツやタイグリーンカレーなどが、オーストラリアっぽいメニューが多いオペラバーはバーガーやフィッシュ＆チップスなどが選べる。食事できる時間も 11:30～18:00 の随時となっている。午前中ガイドツアーに参加してからのランチや、ランチのあとにガイドツアー、あるいはガイドツアーと市内観光後の夕方早めのディナーといった利用も OK だ。

DATA
☎(02)9250-7250
URL www.sydneyoperahouse.com 料 オペラハウスツアー＆ダイン 大人$80 子供$45（通常のオペラハウスガイドツアーのチケットと一緒に申し込みできる）

Memo オペラハウス北西端によく現れてひなたぼっこをするオットセイがいる。ベニー Benny と名付けられていて、運がよければ見ることもできる。

ラムをチェックして、世界遺産で芸術に浸ってみるのもおすすめだ。またオペラハウスでは毎晩4回ベネロングレストラン脇の屋根にプロジェクションマッピングを映す**バドゥギリ** Badu Gili というイベントも行っている。

シドニー湾を彩るもうひとつのシンボル MAP P.239/1A

シドニー・ハーバーブリッジ Sydney Harbour Bridge

「巨大なコートハンガー」の異名をもつハーバーブリッジは、湾を挟んで南北に広がるシドニーの町の大動脈。最近では、巨大なアーチを歩いて登る大人気ツアー、**ブリッジクライム・シドニー**（→ P.278）のポイントとしても注目を集めている。この橋は1920～30年代に不況対策の公共事業として造られたものだ。建築開始は1923年、9年間かけて1932年3月19日に完成した。シングルアーチの橋としては、ニューヨークにあるベイヨン橋より60cm短い世界第2位の長さだ（1149m）。海面から最高部までは134m。橋の上には、8車線プラス電車、そして両側に歩道／自転車道があり、全幅は49mもある。

パイロンルックアウト Pylon Lookout

ハーバーブリッジの両端に計4本建つパイロンのひとつ、ロックスのオペラハウス側が博物館兼展望台になっている。館内では、建造中の写真や、ハーバーブリッジの構造などに関する詳細なパネル展示がある。また高さ87mの所に設けられた展望台はパイロンをひと回りできるようになっており、ハーバーブリッジ、オペラハウス、シドニーの摩天楼が望める（展望台までは200段の階段あり）。上り口はロックスのカンバーランド・ストリート Cumberland St. 沿い。

歴史的建物を見て回る

ヘリテージウオーク Heritage Walk

のんびり散策したいプレイフェア・ストリート

ロックスでの楽しみは、のんびり歴史的建造物を見て歩くことだ。

まず東西に走る目抜き通りのアーガイル・ストリート Argyle St. 沿いにある**アーガイルデパートメントストア** Argyle Department Store。その昔保税倉庫だった建物で、店内の造りも昔のままの雰囲気だ。この脇からジョージ・ストリートへと抜ける小道が**プレイフェア・ストリート** Playfair St.。モールになっており、一角にあるファーストフリート（最初の入植船団）上陸記念碑の**ファーストインプレッション** First Impressions は記念撮影場所として人気。また通り沿いに並ぶのは、かつて住居として使われていたテラスハウスで、現在ではカフェやおみやげ屋となっている。

シドニーハーバーをひとまたぎするハーバーブリッジ

■シドニー・ハーバーブリッジ
電車、徒歩／自転車で橋を渡るときは無料だが、車で北から市内に向かう際、$2.67～4.27の通行料（通過時間帯により異なる）が必要。日本のETCにあたる自動課金システムのみ対応。

●パイロンルックアウト
MAP P.239/1A
☎(02)8274-7777
URL pylonlookout.com.au
開 土～月 10:00～18:00、火～金 10:00～16:00
休 クリスマスデー
料 大人$24.95 子供$12
※ブリッジクライム参加者は無料

パイロンルックアウトでセルフィー

■シドニー・ハーバートンネル Sydney Harbour Tunnel
シドニーハーバーの下には、カーヒル・エクスプレスウェイとノースシドニーを結ぶ全長2280mのシドニー・ハーバートンネルが走っている。工事は熊谷組が担当し、ハーバーブリッジのパイロンを排気塔に利用するなど斬新なアイデアが生かされている。通行料はハーバーブリッジと同じ。

■ロックス・ウオーキングツアー The Rocks Walking Tours
クロックタワー・スクエア Shop 4A から、英語ガイド付きでロックスを巡るウオーキングツアーが催行されている（所要約90分）。
☎(02)9247-6678
URL www.rockswalkingtours.com.au
時 毎日10:30、13:30スタート
休 ニューイヤーズデー、グッドフライデー、クリスマスデー、ボクシングデー、大晦日
料 大人$35 子供$18 家族$88

✉ シドニー・ハーバーブリッジはランニングをしている人がたくさんいます。写真撮影に夢中になっていてぶつかりそうになりました。（栃木県　HIROKI-H　'17）['24]

見逃してしまいそうになるほど小さなカドマンの家

■**ロックス・ディスカバリー博物館** MAP P.239/2A
住 2-8 Kendle Lane, 2000
☎ (02)9240-8680
URL rocksdiscoverymuseum.com
開 毎日 10:00 ～ 17:00
料 無料

■**カドマンの家** MAP P.239/2A
住 110 George St., 2000
☎ (02)9337-5511
URL www.nationalparks.nsw.gov.au
※ 2024 年 2 月現在館内ツアーは休止中

■**ロックスマーケット The Rocks Markets**
アーガイル・ストリート、プレイフェア・ストリートには、土・日曜にマーケットが立つ。手工芸品が多く売られている。(→ P.297)

ロックスマーケットはのんびりした雰囲気だ

■**ザ・ギャリソンチャーチ** MAP P.239/2A
住 60 Lower Fort St., Millers Point, 2000
☎ (02)9247-1071
URL www.churchhillanglican.com
開 毎日 9:00 ～ 17:00（日曜の 16:00 にミサあり）
料 無料

■**ロードネルソン・ブリュワリーホテル** MAP P.239/2A
住 19 Kent St., The Rocks, 2000 ☎ (02)9251-4044
URL www.lordnelsonbrewery.com
営 バーエリア：月～土 11:00 ～ 23:00、日 12:00 ～ 22:00

■**現代美術館**
住 140 George St., The Rocks, 2000 ☎ (02)9245-2400
URL www.mca.com.au
開 水～月 10:00 ～ 17:00
休 火、クリスマスデー
料 無料

ウオーキングツアーでも訪れるファーストインプレッション

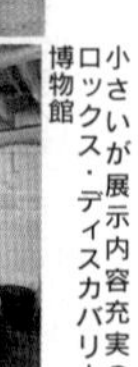
小さいが展示内容充実のロックス・ディスカバリー博物館

プレイフェア・ストリートと平行に走る小道ケンドル・レーン Kendle Lane には 1844 年建造の古い建物が残っており、**ロックス・ディスカバリー博物館** The Rocks Discovery Museum となっている。館内では入植当時からの開拓の様子をパネルや展示物で紹介している。

アーガイル・ストリートをシドニーコーブに向かって下った所には、1816 年に建てられた**カドマンの家** Cadman's Cottage がある。当時はこの建物の目の前が海岸で、船員だったジョン・カドマンはボートを係留していたという。19 世紀後半に行われたサーキュラーキー開発工事の際、海岸が 100m も遠のいたのだ。

ロックスを東西に分断するハイウェイをくぐるトンネル、**アーガイルカット** Argyle Cut も歴史的な場所。ハーバーブリッジが建設されるはるか前、囚人労働者たちがハンマーなどの粗末な道具だけで岩盤を切り出して掘ったもの。完成までは 1843 年から実に 10 年もの歳月を要した。

歴史的価値のあるザ・ギャリソンチャーチ

アーガイルカットをくぐって、**ウエストロックス** West Rocks へも足を延ばしてみよう。こちらは閑静な住宅街。おもに 1840 年代に建てられたテラスハウスが多く、タイムスリップしたような錯覚に陥る。ウエストロックスに入ってすぐの場所にある教会**ザ・ギャリソンチャーチ** The Garrison Church も見逃せない。1844 年建造の歴史的教会（英国国教会に属する）で、英国植民地時代に駐屯兵（ギャリソン Garrison）のための教会だったことから名づけられた。このステンドグラスはシドニーでも有数の美しさをもっている。

ウエストロックス散策の際に立ち寄りたいのが、**ロードネルソン・ブリュワリーホテル** The Lord Nelson Brewery Hotel。1841 年建造のシドニー最古のパブで、内部は砂岩と木の肌触りを残したアンティークな雰囲気。数多くの賞を受けたスリーシーツをはじめとする自家製ビールが自慢だ。

世界の最新アートを集めた MAP P.239/2A

現代美術館
Museum of Contemporary Art (MCA)

現代アートの数々が展示されている

サーキュラーキーの入江を見下ろす堂々とした構えの建物で、ジャンルや素材にこだわらず世界中から集められた斬新な趣向の芸術品を集めている美術館だ。ギャラリーは 1 階から 3 階まで。

アーガイルカットの近くにある Endeavor Tap Rooms は、併設の醸造所で造られたビールとお料理を楽しめる。窓際のテーブルからはロックスマーケットが見えて土曜はにぎやか。住 39/43 Argyle St., The Rocks, 2000 URL taprooms.com.au（千葉県　鈴木 美穂　'19）['24]

作品は基本的に2～3ヵ月ごとに入れ替わり、常に新しいものを展示している。また1階中央にあるMCAショップも見逃せない。有名なデザイナーによる工芸品や置物、絵本、写真集などの作品が売られている。

労働者街の雰囲気をいまに伝える MAP P.239/2A

スザンナプレイス博物館
Susannah Place Museum

1844年に建てられたテラスハウス（棟割り長屋）が博物館となっている。その昔営まれていた雑貨屋を再現させ、当時を彷彿させる食品や飲料、生活用品などを展示している。家具や調度品は当時のまま、ビデオや古い写真の展示もあり、かつての労働者たちの生活を垣間見ることができる。

■スザンナプレイス博物館
住 58-64 Gloucester St., The Rocks, 2000
☎ (02)9241-1893
URL mhnsw.au/visit-us
開 木～土 10:00～17:00／1時間ごとのガイドツアーで見学
休 日～水、グッドフライデー、クリスマスデー
料 無料

忌まわしい犯罪の歴史を展示した MAP P.239/2B

犯罪博物館
Justice & Police Museum

もともと水上警察署や裁判所として使われていた、歴史的にも貴重な建物。館内では過去200年の間に世間を騒がせ、人々を震撼させた犯罪の数々を紹介している。警官が使用していた道具、拷問に使われた器具、没収した凶器、犯罪者たちの顔写真なども展示されている。

■犯罪博物館
住 Cnr. Albert & Phillip Sts., Circular Quay, 2000
☎ (02)9252-1144
URL mhnsw.au/visit-us
開 土日 10:00～17:00
休 月～金、クリスマスデー
料 無料

高いビルの合間に残る犯罪博物館

南半球ならではの星空が観察できる MAP P.239/2A

シドニー天文台
Sydney Observatory

古くは、先住民が星を眺め伝説を語り合うのに集まっていたという丘に、1857年に建てられた。大気汚染や市街の照明のために観測が困難となり、現在は天文学に気軽に触れられる施設として一般公開されている。館内見学は原則夜間のナイトツアーで。最初に歴史的館内を巡り、その後最新の望遠鏡での天体観察（晴天時）を楽しむといった内容だ。

■シドニー天文台
住 Observatory Hill, 1003 Upper Fort St., The Rocks, 2000
☎ (02)9217-0111
URL powerhouse.com.au/visit/sydney-observatory
時 夏季の木～土 18:30、20:00、20:30、21:30、22:00スタート（所要約2時間）
※冬季は要問い合わせ
料 大人 $36 子供 $24

シティ
City

シドニーの経済、政治の中心地、**CBD**（セントラル・ビジネス・ディストリクト）は、サーキュラーキーからタウンホールあたりまでのジョージ・ストリートを中心とした一帯を指す。現代的な高層ビルが並ぶオフィス街という表情だが、ところどころにビクトリア調などの古い建物も残っている。市政の中心はタウンホール、州政の中心はマックォーリー・ストリートにあるNSW州議事堂。この通りにはほかにも歴史的建造物が並んでいる。

マーティンプレイスに建つ中央郵便局G.P.O.

シティの中心となるタウンホール

シティはまたショッピングにも最適。ライトレールが通りほとんど歩行者天国となっている**ジョージ・ストリート** George St. や**ピット・ストリート** Pitt St.、**キャッスルレイ・ストリート** Castlereagh St. 沿いにおしゃれなデパートやショッピングセンターが集まっており、ヨーロッパの有名ブランド、オーストラリアの高級ブランドから、おみやげ品まで揃っている。建物自体見応えのあるショッピングアーケードもある。

アクセス

●シティ

シドニートレインのシティサークル各駅利用やシドニーライトレールの L2 利用が便利。またシドニートレインのウインヤード、タウンホール、セントラル各駅に隣接してシドニーバスのターミナルもある。

■タウンホール
住 483 George St., 2000
☎ (02)9265-9189
URL www.sydneytownhall.com.au
※ 2024 年 2 月現在館内ガイドツアーは休止中

■セントアンドリュース大聖堂
住 Cnr. George & Bathurst Sts., 2000
☎ (02)9265-1661
URL sydneycathedral.com

■クイーンビクトリア・ビルディング
住 455 George St., 2000
☎ (02)9265-6800
URL www.qvb.com.au
営 1 階 & 地下：月～水金土 9:00 ～ 18:00、木 9:00 ～ 21:00 日 11:00 ～ 17:00 ／ 2・3 階：月～水金土 10:00 ～ 18:00、木 10:00 ～ 21:00、日祝 11:00 ～ 17:00
●ガイドツアー
URL www.qvb.com.au/qvb-history-tour
時 火～日 12:00 ～ 12:45、木土 14:00 ～ 14:45
料 1 人 $25（要ウェブ予約）

威風堂々とした外観の Q.V.B.

ランドマーク兼交通の要 MAP P.245/2A

タウンホール Town Hall

時計塔が目印のタウンホール（シドニー市役所）。19 世紀後半に建てられたビクトリアバロック風の建物だ。タウンホール内では、コンサートもよく行われているので要チェック。地下にあるタウンホール駅は、長距離を除くほとんどの路線が乗り入れている駅で、乗り換え駅として便利だ。

オーストラリア最古の聖堂 MAP P.245/2A

セントアンドリュース大聖堂 St Andrew's Cathedral

セントアンドリュース大聖堂前は市民の憩いの場となっている

タウンホール脇に建つゴシックリバイバル様式の大聖堂。1819 年に着工し、ほぼ現在の形に完成したのは 1868 年のことだ。大聖堂としてはオーストラリアで最も古い。それだけに老朽化も激しく、1999 ～ 2000 年には 300 万ドルをかけて大改修工事が行われ、外観、内装、ステンドグラスなど、すべてが往時の荘厳な姿に戻っている。

じっくり建物を見たいショッピングセンター MAP P.245/2A

クイーンビクトリア・ビルディング Queen Victoria Building (Q.V.B.)

ジョージ・ストリートでひときわ目立つタマネギ頭のショッピングセンター。1898 年にマーケットとして建てられた建造物を大改修し、当時の趣を残すショッピングセンターとしてよみがえらせた。ロマネスク様式の建物で、外壁は玄武岩、中の階段には大理石のモザイクタイルを使用するなど豪華な造りだ。天井からつり下がっているふたつの大きな時計も見逃せない。南側にあるのが**ロイヤルクロック** Royal Clock で、9:00 ～ 21:00 の間毎時仕掛けが動き出して買い物客の足を止める。北側にある**グレートオーストラリアンクロック** Great Australian Clock は重さ 4t、高さ 10m という世界最大のつり時計。時計にはオーストラリアの歴史を順を追って伝えるジオラマがはめ込まれ、装飾には 23 カラットの金が使われている。なお Q.V.B. では建物内を見て回るガイドツアーもある。

ぜひ見ておきたいグレートオーストラリアンクロック

ワールドスクエアから歩いてすぐのケント・ストリート Kent St. 沿いは、Kathmandu、macpac、Mountain Designs などをはじめアウトドア関連のお店がまとまっていて、はしごするのが楽しい。
（千葉県　神保みお　'17）['24]

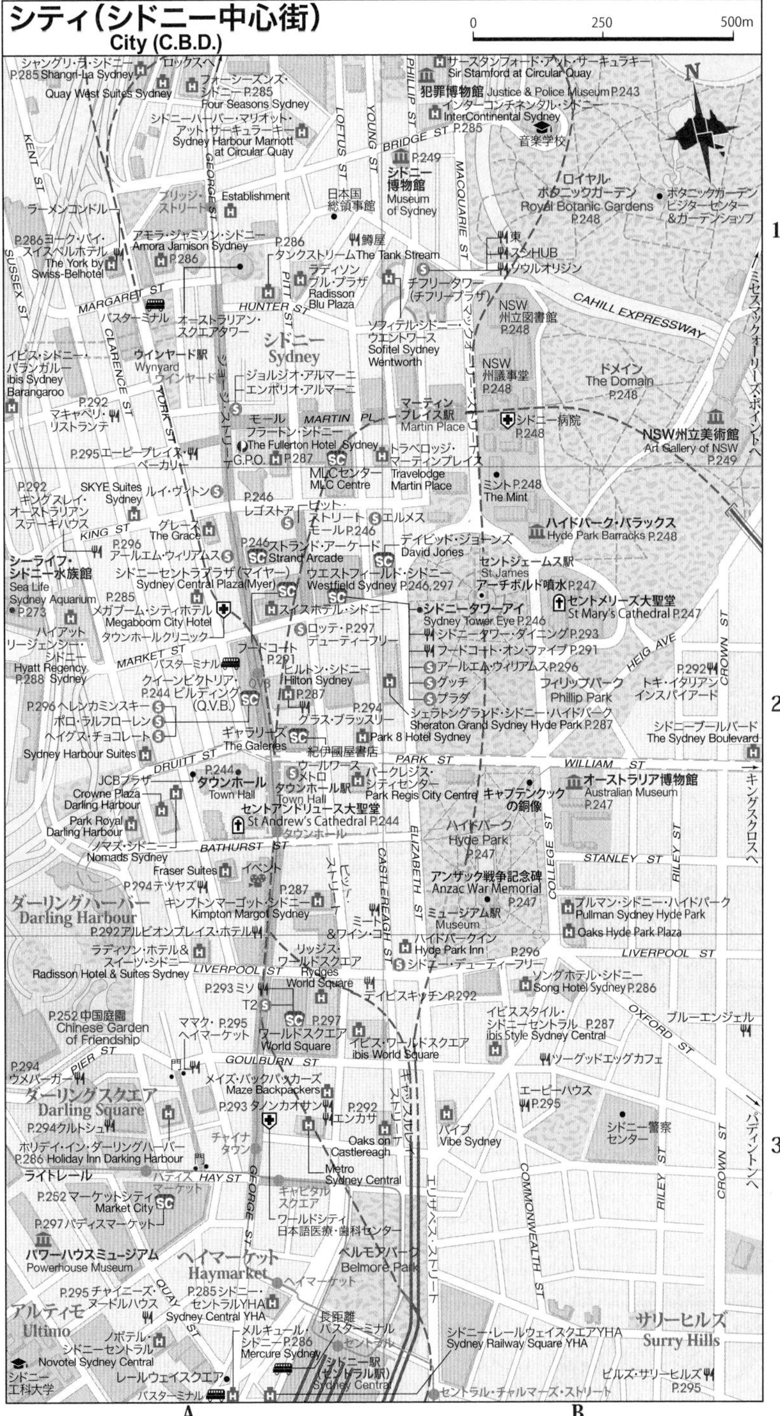
シティ（シドニー中心街）
City (C.B.D.)
0 250 500m
シドニー Sydney
ダーリングハーバー Darling Harbour
ダーリングスクエア Darling Square
ヘイマーケット Haymarket
アルティモ Ultimo
サリーヒルズ Surry Hills
ロイヤル・ボタニックガーデン Royal Botanic Gardens P.248
ドメイン The Domain P.248
NSW州立美術館 Art Gallery of NSW P.249
オーストラリア博物館 Australian Museum P.247
ハイドパーク Hyde Park P.247
パワーハウスミュージアム Powerhouse Museum
タウンホール Town Hall
セントアンドリュース大聖堂 St Andrew's Cathedral P.244
セントメリーズ大聖堂 St Mary's Cathedral P.247
シドニータワーアイ Sydney Tower Eye P.246
ハイドパーク・バラックス Hyde Park Barracks P.248
犯罪博物館 Justice & Police Museum P.243
シドニー博物館 Museum of Sydney P.249
アンザック戦争記念碑 Anzac War Memorial P.247
シーライフ・シドニー水族館 Sea Life Sydney Aquarium P.273
ミセスマックォーリーズポイントへ
キングスクロスへ
パディントンへ

1
2
3
A B

■シドニータワーアイ
住 Westfield Sydney, Podium Level, 100 Market St., 2000
URL www.sydneytowereye.com.au
営 毎日 10:00 ～ 20:00
料 大人 $33(26.40) 子供 $25(20) ／スカイウオーク（タワーアイ入場込み） 大人 $95 子供 $70
※ ( ) はウェブ割引

●シドニーアトラクションパス
オンライン購入が原則で、シドニータワーアイ、シーライフ・シドニー水族館、ワイルドライフ・シドニー動物園、マダムタッソー・シドニー入場券がセットになった割引チケット。
料 2 施設組み合わせ：大人 $65 子供 $48 ／ 3 施設組み合わせ：大人 $75 子供 $57 ／ 4 施設組み合わせ：大人 $90 子供 $70 ／ 4 施設＋ビッグバス 1 日券 大人 $139 子供 $105

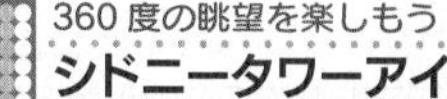

360 度の眺望を楽しもう　MAP P.245/2A

シドニータワーアイ
Sydney Tower Eye

オーストラリア随一の高さを誇る

ピット・ストリートモールに面したショッピングセンター、**ウエストフィールド・シドニー** Westfield Sydney。その上に建っているのが、海抜 324.8m と南半球ではニュージーランドのオークランドタワーに次いで第 2 位の高さのシドニータワーだ。

250m の場所にある展望台までは 2 層式エレベーターでわずか 40 秒足らず。東は太平洋、西はブルーマウンテンズ、北はパームビーチ、南はウロンゴンまで見渡すことができる。展望台見学とセットで楽しめるのが、3 階（シドニータワーのエレベーター乗り場前）にある 4D シネマ 4D Cinema。3D 映像に連動して動く座席をもつ劇場で、鳥になったつもりで大空からシドニーの町やビーチ、森などを見て回る内容のバーチャル体験だ。

またアトラクション好きの人に人気なのが**スカイウオーク** Skywalk。ハーネスを付けて展望台の上へ登り、一周してくるというもの。途中ガラス張りの部分もあってちょっとしたスリルもある。また展望台部分には回転レストランがあり、景色を眺めながら食事もできる（→ P.293）。

スカイウオークは爽快感とスリルが体験できる

展望台からシドニーのパノラマを楽しむ

絶対に見逃せないショッピングエリア　MAP P.245/2A

ピット・ストリートモール周辺
Around Pitt St. Mall

レゴストア入口にあるレゴで作ったユーカリの木。コアラやワライカワセミも留まっている

市内を南北に走るピット・ストリートの一部がモール（歩行者天国）になっている。両側には趣向を凝らしたショッピングアーケードやデパートが並び、1 日中人どおりの絶えない通りだ。

クラシックな雰囲気がたまらないストランド・アーケード

数あるショッピングアーケードのなかでも、特に注目したいのが**ストランド・アーケード** Strand Arcade。ビクトリア時代の建築様式をいまに伝える見応えのある商店街だ（1891 年オープン）。歴史と伝統を重んじる、そんな個性豊かな店が並ぶ。ストランド・アーケードのすぐ近くにある**レゴストア** LEGO Certified Store は世界最大規模で、1 ～ 2 階フロアにシドニーやオーストラリアをモチーフにしたレゴ作品も展示されている。レゴ好きじゃなくても一見の価値ありだ。またピット・ストリートモールではシドニータワーアイをもつ**ウエストフィールド・シドニー**にも注目。地下 2 階～地上 6 階にショップやレストランがいっぱい。プラダ、グッチ、シャネルといった高級ブランド、GAP、ZARA、クーカイなど人

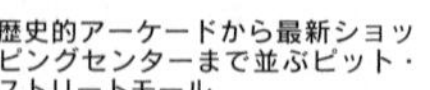

歴史的アーケードから最新ショッピングセンターまで並ぶピット・ストリートモール

キャピタル劇場でムーランルージュを楽しみました。劇場は美しく、ドアマンの制服はきまっているし、雰囲気もとてもよいので、気分がかなり盛り上がります。観劇前に劇場裏手のスタンでミートパイを食べるのもおすすめ。ホクホクした気分で思い出になる時間を過ごすことができます。（千葉県　コペラ　'23）['24]

気ファッションブランド、人気オーストラリアコスメのジュリーク、オーストラリア初上陸のラデュレのカフェ、シドニーの名店が揃ったフードコートまである。

マーケット・ストリート沿いはでは伝統ある百貨店**デイビッド・ジョーンズ** David Jonesを訪れたい。「世界一美しいデパート」といわれるほどの店。店内の装飾や造りにも目を凝らしてみたい。ピット・ストリートと並行に走るキャッスルレイ・ストリートは、欧米の有名ブランド直営店が軒を並べる。

■ストランド・アーケード
MAP P.245/2A
住 412-414 George St., 2000
☎ (02)9265-6800
URL www.strandarcade.com.au
営 月～水 金 9:00～17:30、木 9:00～21:00、土 9:00～16:00、日 11:00～16:00

市中心部に広がる緑豊かな公園 MAP P.245/2B

ハイドパーク
Hyde Park

ハイドパークは、1810年に造られた由緒ある公園で、今ではシティで働く人たちのランチスポットとして人気だ。公園はパーク・ストリートを挟んで南北に2分されている。見どころは南側にある第1次世界大戦で亡くなった兵士を祀る**アンザック戦争記念碑** Anzac War Memorial、キャプテンクックの銅像など。北側には、1932年に造られた**アーチボルド噴水** Archibald Fountainを中心とした美しい木立の道があり、のんびり散歩するのに最適だ。

日中くつろぐ人たちでにぎわうハイドパーク

アンザック戦争記念碑

オーストラリアについて知識を深める MAP P.245/2B

オーストラリア博物館
Australian Museum

ハイドパークのすぐ近くに、いかにも重厚な装いを見せるのがオーストラリア博物館。オーストラリア大陸特有の動物たちのジオラマから、オーストラリア先住民の美術・工芸品、さらには海や陸、地底などの地質学的なことまで、その展示内容の広さはまさに「博物」。手軽にオーストラリアに関する知識を掘り下げるのには絶好の場所だ。

■オーストラリア博物館
住 1 William St., 2010
☎ (02)9320-6000
URL australian.museum
開 月～水 9:00～21:00、木～日 9:00～17:00
休 クリスマスデー
料 無料　※特別展示は有料

さまざまな企画展も開催されるオーストラリア博物館

オーストラリアのカトリック教徒にとっての総本山 MAP P.245/2B

セントメリーズ大聖堂
St Mary's Cathedral

ハイドパーク脇にあり、1821年にその礎が築かれた。カトリック教神父が公式にオーストラリアにやってきたのが1820年のことだから、"Mother Church of Australian Catholicism" と呼ばれるだけのことはある。現在の建物は、1928年に約60年の歳月を費やして完成したもの。しかし当時、建設資金が足りなくなってしまい、正面の2本の尖塔は造られなかったという。その尖塔も1998年から2年がかりで2000年に完成。歴史的建造物の多いこのエリアでも、ひときわ美しく威厳のある姿を見せている。聖堂内部の見学は自由。荘厳な雰囲気のスケールの大きな堂内に入ると、身の引き締まる思いがするはずだ。

スケールの大きな大聖堂だ

■セントメリーズ大聖堂
住 2 St Marys Rd., 2000
☎ (02)9220-0400
URL stmaryscathedral.org.au
開 月～金 6:30～18:30、土日 6:30～19:00
料 無料／日曜 14:00からガイドツアーあり（金曜までにメールで予約）$5程度の寄付が望ましい
※堂内はフラッシュ撮影禁止。またミサや式典中の写真撮影も禁止。

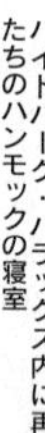

ハイドパーク・バラックス内に再現された囚人たちのハンモックの寝室

■ハイドパーク・バラックス
MAP P.245/2B
住 Queens Sq., Macquarie St., 2000
☎ (02)8239-2311
URL mhnsw.au/visit-us
開 毎日 10:00 ～ 18:00
休 グッドフライデー、クリスマスデー
料 無料

■ NSW 州議事堂 MAP P.245/1B
住 6 Macquarie St., 2000
☎ (02)9230-3444（無料ツアー問い合わせ）
URL www.parliament.nsw.gov.au
開 月 ～ 金 9:00 ～ 17:00 ／ 13:30 から無料ガイドツアーあり　休 土日祝

■ NSW 州立図書館
MAP P.245/1B
住 1 Shakespeare Place, 2000
☎ (02)9273-1414
URL www.sl.nsw.gov.au
開 月～木 9:00 ～ 20:00、金 9:00 ～ 17:00、土日 11:00 ～ 17:00 ／エキシビションギャラリー：月～木 9:00 ～ 20:00、金 9:00 ～ 17:00、土日 11:00 ～ 17:00 ／ライブラリーショップ：月～金 9:00 ～ 17:00、土日 11:00 ～ 17:00 ／ライブラリーカフェ：月～金 8:00 ～ 16:00、土日 9:00 ～ 16:00
休 一部の祝日
料 無料

シティ中心部の広々としたグリーンベルト

歴史的建造物がズラリ　MAP P.245/1B

マックォーリー・ストリート
Macquarie St.

開拓時代の暮らしぶりがうかがえるハイドパーク・バラックス

　セントメリーズ大聖堂の北に延びるマックォーリー・ストリート沿いには、まだシドニーが英国植民地だった 19 世紀の雰囲気を残す建物が並んでいる。

　まずセントメリーズ大聖堂の隣にあるのが**ハイドパーク・バラックス** Hyde Park Barracks。19 世紀初頭の囚人の宿泊施設として建てられたもので、囚人の過酷な暮らしぶりや建物のその後の推移などを、最新のオーディオビジュアルと当時の品物の展示などでわかりやすく紹介している。現在**「オーストラリアの囚人史跡群」**のひとつとしてユネスコ世界文化遺産に登録されている施設だ。

　ハイドパーク・バラックスの北側にあるのが**ミント** The Mint（旧造幣局）。現在はカフェやオフィスとして利用されているが、パブリックスペースがあり、一部だが建物内部の見学ができる。ミント隣の**シドニー病院** Sydney Hospital も歴史的価値ある建物。いまだに現役の病院で、映画『ベイブ都会へ行く』のロケ地にもなった所。病院前にはイボイノシシの銅像が立っており、鼻をさすりながら願うと希望がかなうといわれている。続いて **NSW 州議事堂** Parliament of NSW。議事堂内には博物館があり、議会が開かれていない平日に見学できる。その隣の重厚な建物が **NSW 州立図書館** State Library of NSW。400 万冊以上の蔵書を誇る巨大図書館だ。

シドニー病院前のイボイノシシの像

広大な公園巡りを楽しもう　MAP P.245/1B

ロイヤル・ボタニックガーデン&ドメイン
Royal Botanic Gardens & The Domain

　シティの東側一帯は 30ha にも及ぶ広大な公園となっている。ファームコーブ Farm Cove に面した場所から広がるのがロイヤル・ボタニックガーデン。1816 年に造営されたオーストラリア最古の植物園だ。

　敷地内にはオーストラリアをはじめ世界各地から集められた 4000 種を超す植物が植えられており、1 年をとおして鮮やかな緑を見せている。この植物園の東側、突き出た岬が**ミセスマックォーリーズ・ポイント** Mrs. Macquaries Point。ハーバーブリッジとオペラハウスを 1 枚の写真に収めることのできる人気の記念撮影ポイントだ。岬の一角は、かつての総督の妻エリザベス・マックォーリーお気に入りの場所で、彼女のために岩を削って造られたベンチ、**ミセスマックォーリーズ・チェア** Mrs. Macquaries Chair がある。

人気記念撮影ポイントのミセスマックォーリーズ・ポイント

散策の合間の芸術鑑賞に最適のNSW州立美術館

シドニーの明るい日差しの下、草間彌生の作品はよく映える

ロイヤル・ボタニックガーデン隣がドメイン。一面に芝生が広がる公園だ。園内にある**NSW州立美術館** Art Gallery of NSWはぜひ訪れたい。1906年建造の堂々たる旧館（サウスサイド）と、その隣のモダンな新館（ノースサイド）からなる。旧館入口にはルイーズ・ブルジョワ作の巨大なクモの彫刻「ママン」があり、旧館内にはおもに18～20世紀の世界各地から集められたアートが展示されている。中にはベラスケスからセザンヌ、ゴッホまで世界的にも重要なコレクションが多い。また先住民アートやアジアンアート（日本の武具まで展示）など展示内容も多岐にわたっている。新館はモダンアートと先住民アートをベースにした展示が充実。屋外にある草間彌生作「Flowers that Bloom in the Cosmos」もお見逃しなく。

新しい趣向でシドニーの歴史を紹介する　MAP P.245/1B

シドニー博物館
Museum of Sydney

じっくり時間をかけて見学したいシドニー博物館

サーキュラーキーにほど近いビジネス街の一角に、凝った装飾の外観を見せている博物館。館内も既存の博物館というイメージを打ち破るべく、映像やサウンドを織り交ぜた奇抜なディスプレイを多用している。テーマはシドニーの歴史。1788～1850年にかけての植民地時代の生活風俗など、庶民に密着した話題の多い展示は興味深い。1階にあるMOSカフェは、近くのビジネスマンに人気のスポットだ。

ダーリングハーバー&バランガルーとチャイナタウン
Darling Harbour & Barangaroo, Chinatown

ロックスがシドニーの歴史をしのばせる観光エリアとすれば、ダーリングハーバー&バランガルーはシドニーの現代を象徴するエリアだ。かつて貿易港として栄え、後に工場や造船所の残骸が建ち並ぶ廃墟と化した場所で、1988年、建国200年を記念して、まずダーリングハーバーの大規模再開発が行われた。その結果、コックルベイ Cockle Bayを取り囲むように、博物館や水族館、巨大展示会場、コンベンション施設などが集まる場所に生まれ変わったのだ。特に**シーライフ・シドニー水族館**と**ワイルドライフ・シドニー動物園**（テーマパークとして紹介→P.273～274）は、シドニーを代表する観光地として、世界中から大勢の観光客を集めている。

岩を削って造った
ミセスマックォーリーズ・チェア

■ロイヤル・ボタニックガーデン
住 Mrs. Macquaries Rd., 2000
☎ (02)9231-8111
URL www.botanicgardens.org.au
開 毎日7:00～／閉園時間：6～7月17:00、5・8月17:30、4・9月18:00、3月18:30、10月19:30、11～2月20:00
●ガーデンショップ
開 毎日9:00～17:00／無料ガイドツアー毎日10:00スタート（所要1.5時間）
休 グッドフライデー、クリスマスデー、ボクシングデー

■NSW州立美術館
MAP P.245/1B
住 Art Gallery Rd., The Domain, 2000 FREE 1800-679-278
URL artgallery.nsw.gov.au
開 毎日10:00～17:00（水のみ～22:00）
休 グッドフライデー、クリスマスデー
料 無料（特別展示のみ有料）

■シドニー博物館
住 Cnr. Phillip & Bridge Sts., 2000 ☎ (02)9251-5988
URL mhnsw.au/visit-us
開 毎日10:00～17:00
休 グッドフライデー、クリスマスデー　料 無料

アクセス

●ダーリングハーバー&バランガルーとチャイナタウン

シドニー中心部から徒歩でアクセス可能。またバランガルーやダーリングハーバーはサーキュラーキーからフェリーでのアクセスもおすすめ。ダーリングハーバーやチャイナタウンならシティからライトレール L1 のアクセスも便利。

ダーリングハーバーからバランガルーを望む

ダーリングハーバーやバランガルーからサーキュラーキーへ行くフェリーに乗ると、ハーバーブリッジとオペラハウスを眺めることができる。乗船時間は短いがおすすめ。（千葉県　神保みお　'17）['24]

バランガルーの湾沿いの遊歩道は散歩にも気持ちがいい

ダーリングスクエアの中心ザ・エクスチェンジ

そして2010年代に入りダーリングハーバーの北バランガルーの再開発がスタート。ダーリングハーバーから海沿いが一体となった形で、シドニー随一のおしゃれなダイニングゾーン＆ビジネスゾーンに生まれ変わった。ダーリングハーバー～バランガルーの海沿いは遊歩道になっていていつも大勢の人が行き交っている。

ダーリングハーバーの南は、再開発された新スポット**ダーリングスクエア** Darling Square。隈研吾設計で、まるで巨大な鳥の巣のようにも見える**ザ・エクスチェンジ** The Exchange（ダーリングスクエア図書館）を中心に飲食店やオフィスビルが集まっている。そしてダーリングスクエアの隣一帯がチャイナタウンだ。多民族国家を実感させるエキゾチックなエリアで、中国系だけではなく、アジア各国のレストランや食料品店、雑貨店が並んでいる。

世界的に有名なろう人形館 MAP P.251/2B

マダムタッソー・シドニー
Madame Tussauds Sydney

■マダムタッソー・シドニー
住 1-5 Wheat Rd., Darling Harbour, 2000
FREE 1800-195-650
URL www.madametussauds.com.au/sydney
開 毎日 10:00 ～ 17:00
料 大人 $40(32) 子供 $28(22.40)
※( )内はウェブ割引
※シドニータワーアイ、シーライフ・シドニー水族館、ワイルドライフ・シドニー動物園との組み合わせチケットあり（→ P.246 欄外）。

約200年前にロンドンでオープン以来不動の人気を誇るマダムタッソー。シドニーでは、ワイルドライフ・シドニー動物園脇にある（入口建物は同じだ）。ニコール・キッドマンやヒュー・ジャックマンなどオーストラリア出身の有名人はもちろん、ジョニー・デップ、レオナルド・ディカプリオ、オバマ元大統領などの世界的スター、歴史的人物や政治家、スポーツ選手までバラエティに富んだろう人形は、本物と見まごうばかりだ。

ニコール・キッドマンのろう人形と記念写真を撮ろう

植民地当時からのオーストラリア海事史を知る MAP P.251/2A

ミューシーウム（オーストラリア海事博物館）
MUSEAUM (Australian National Maritime Museum)

■ミューシーウム（オーストラリア海事博物館）
住 2 Murray St., Darling Harbour, 2000
☎ (02)9298-3777
URL www.sea.museum
開 毎日 10:00 ～ 16:00
休 クリスマスデー
料 一般展示無料／屋外展示の駆逐艦、潜水艦、帆船見学は別料金。すべて見学する場合は 大人 $25 子供 $15 家族 $70

ピアモントブリッジのたもとにある。植民地当時の、航海に使われた道具や資料、あるいは実際の船のレプリカなどが展示されている。屋内、屋外展示があり、館内では大航海時代にオーストラリアへやってきたヨーロッパ人の足跡から、海洋先住民の船や道具、オーストラリア海軍の歴史までを豊富なコレクションを基にわかりやすく展示している。屋外展示は見逃せないものばかり。キャプテンクックが航海に使ったエンディバー号の原寸レプリカ、オーストラリア海軍の駆逐艦バンパイヤ号、海軍の潜水艦オンズロー号が展示されている。いずれも船内でガイドが詳細な説明をしてくれる。

実際に航海もできるというエンディバー号のレプリカ

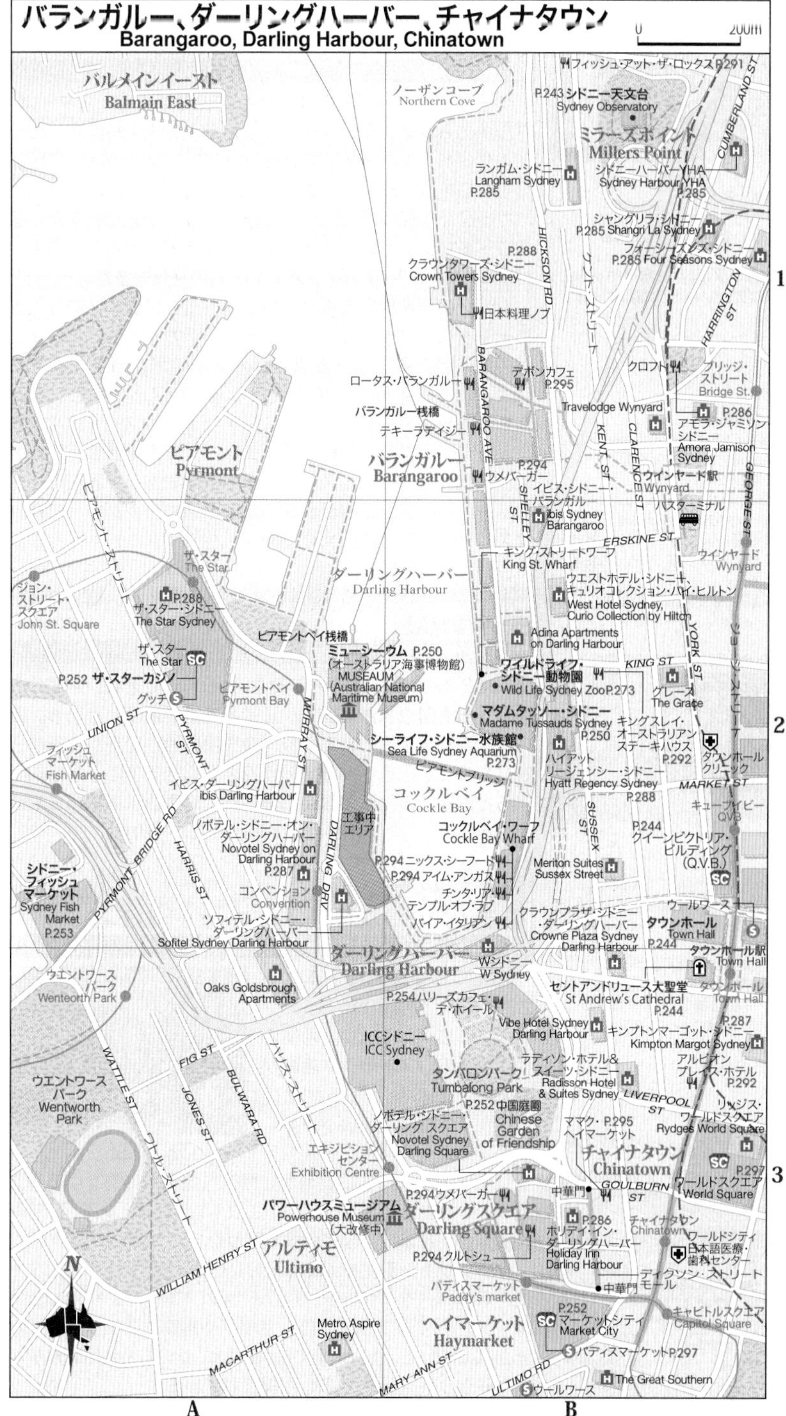
バランガルー、ダーリングハーバー、チャイナタウン
Barangaroo, Darling Harbour, Chinatown
0 200m
バルメインイースト
Balmain East
ノーザンコーブ
Northern Cove
フィッシュ・アット・ザ・ロックス P.291
P.243 シドニー天文台
Sydney Observatory
ミラーズポイント
Millers Point
ランガム・シドニー
Langham Sydney
P.285
シドニーハーバーYHA
Sydney Harbour YHA
P.285
シャングリラ・シドニー
P.285 Shangri La Sydney
フォーシーズンズ・シドニー
P.285 Four Seasons Sydney
P.288
クラウンタワーズ・シドニー
Crown Towers Sydney
日本料理ノブ
HICKSON RD
ケント・ストリート
CUMBERLAND ST
HARRINGTON ST
クロフト
ブリッジ・ストリート
Bridge St.
デボンカフェ
P.295
ロータス・バランガルー
バランガルー桟橋
テキーラデイジー
Travelodge Wynyard
P.286
アモラ・ジャミソン・シドニー
Amora Jamison Sydney
ピアモント
Pyrmont
バランガルー
Barangaroo
BARANGAROO AVE
P.294
ウメバーガー
KENT ST
CLARENCE ST
ウインヤード駅
Wynyard
GEORGE ST
SHELLEY ST
イビス・シドニー・バランガルー
ibis Sydney Barangaroo
バスターミナル
ERSKINE ST
ピアモント・ストリート
ザ・スター
The Star
キング・ストリートワーフ
King St. Wharf
ウインヤード
Wynyard
ジョン・ストリート・スクエア
John St. Square
P.288
ザ・スター・シドニー
The Star Sydney
ダーリングハーバー
Darling Harbour
ウエストホテル・シドニー、キュリオコレクション・バイ・ヒルトン
West Hotel Sydney, Curio Collection by Hilton
Adina Apartments on Darling Harbour
ピアモントベイ桟橋
ミューシーウム P.250
(オーストラリア海事博物館)
MUSEAUM
(Australian National Maritime Museum)
ザ・スター
The Star
P.252 ザ・スターカジノ
グッチ
ピアモントベイ
Pyrmont Bay
ワイルドライフ・シドニー動物園
Wild Life Sydney Zoo P.273
KING ST
グレース
The Grace
YORK ST
ジョージ・ストリート
マダムタッソー・シドニー
Madame Tussauds Sydney
キングスレイ・オーストラリアン・ステーキハウス
P.292
UNION ST
PYRMONT ST
MURRAY ST
シーライフ・シドニー水族館
Sea Life Sydney Aquarium
P.273
P.250
ハイアット・リージェンシー・シドニー
Hyatt Regency Sydney
P.288
タウンホール・クリニック
フィッシュマーケット
Fish Market
ピアモントブリッジ
イビス・ダーリングハーバー
ibis Darling Harbour
コックルベイ
Cockle Bay
MARKET ST
キューブイビー
QVB
ノボテル・シドニー・オン・ダーリングハーバー
Novotel Sydney on Darling Harbour
P.287
工事中エリア
DARLING DRV
コックルベイ・ワーフ
Cockle Bay Wharf
SUSSEX ST
P.244
クイーンビクトリア・ビルディング
(Q.V.B.)
PYRMONT BRIDGE RD
HARRIS ST
シドニー・フィッシュマーケット
Sydney Fish Market
P.253
P.294 ニックス・シーフード
P.294 アイム・アンガス
チンタ・リア
テンプル・オブ・ラブ
バイア・イタリアン
Meriton Suites Sussex Street
コンベンション
Convention
ソフィテル・シドニー・ダーリングハーバー
Sofitel Sydney Darling Harbour
クラウンプラザ・シドニー・ダーリングハーバー
Crowne Plaza Sydney Darling Harbour
ウールワース
タウンホール
Town Hall
P.244
ダーリングハーバー
Darling Harbour
Wシドニー
W Sydney
タウンホール駅
Town Hall
ウエントワースパーク
Wenteorth Park
Oaks Goldsbrough Apartments
セントアンドリュース大聖堂
St Andrew's Cathedral
P.244
タウンホール
Town Hall
P.254 ハリーズカフェ・デ・ホイール
Vibe Hotel Sydney Darling Harbour
P.287
キンプトンマーゴット・シドニー
Kimpton Margot Sydney
ICCシドニー
ICC Sydney
WATTLE ST
FIG ST
JONES ST
BULWARA RD
ハリス・ストリート
ウエントワースパーク
Wentworth Park
タンバロンパーク
Tumbalong Park
ラディソン・ホテル&スイーツ・シドニー
Radisson Hotel & Suites Sydney
アルビオンプレイス・ホテル
P.292
LIVERPOOL ST
P.252 中国庭園
Chinese Garden of Friendship
リッジス・ワールドスクエア
Rydges World Square
ノボテル・シドニー・ダーリングスクエア
Novotel Sydney Darling Square
ママク P.295
ヘイマーケット
チャイナタウン
Chinatown
エキジビションセンター
Exhibition Centre
P.297
ワットル・ストリート
中華門
GOULBURN ST
ワールドスクエア
World Square
P.294 ウメバーガー
パワーハウスミュージアム
Powerhouse Museum
(大改修中)
ダーリングスクエア
Darling Square
P.286
ホリデイ・イン・ダーリングハーバー
Holiday Inn Darling Harbour
チャイナタウン
Chinatown
ワールドシティ日本語医療・歯科センター
WILLIAM HENRY ST
アルティモ
Ultimo
P.294 クルトシュ
ディクソン・ストリートモール
中華門
パディスマーケット
Paddy's market
キャピトルスクエア
Capitol Square
Metro Aspire Sydney
ヘイマーケット
Haymarket
P.252
マーケットシティ
Market City
パディスマーケット P.297
MACARTHUR ST
MARY ANN ST
ULTIMO RD
The Great Southern
ウールワース
N
1
2
3
A
B

ザ・スターのカジノ入口はゴージャスな雰囲気だ

■ザ・スター
住80 Pyrmont St., Pyrmont, 2009 ☎(02)9777-9000
URL www.star.com.au/sydney
営 カジノ：24時間（18歳以下はカジノへの入場はできない）

カジノを中心としたエンターテインメントプレイス MAP P.251/2A

ザ・スター
The Star

ダーリングハーバーの北の外れに位置するザ・スターは、グルメ、カジノ、エンターテインメントが24時間楽しめる5スターホテルと一体になったコンプレックス。特に2階部分すべてを占めるカジノは、ルーレットやブラックジャック、バカラなど160にも及ぶゲームテーブル、1500台を数えるスロットマシンやケノマシン、オーストラリアならではのギャンブル、ツーアップコインまでゲームの種類も豊富。

グルメの充実度も見逃せない。シドニーのグルメ誌『シドニーモーニングヘラルド・グッドフードガイド』でミシュランの星に当たるハットを獲得しているシドニーを代表するシェフたちによる5つのシグニチャーレストランと、テーマ別のカジュアルダイニングエリア（カフェコート、フードクォーター、グランドビュッフェなど）が大集合しているのだ。また大物アーティストのブッキングもある世界的に人気のマーキー・クラブ Marquee Club やスポーツバー、ロレックスのブティックなどが入っている。

■中国庭園
住Pier St. (Cnr. Harbour St.), Darling Harbour, 2000
☎(02)9240-8888
URL www.darlingharbour.com/precincts/chinese-garden
開 毎日 10:00 ～ 17:00
休 グッドフライデー、クリスマスデー
料 大人$12 子供$8 家族$30

30分程度で1周できる庭園だ

中国本土以外で一番大きな広東スタイルの MAP P.251/3B

中国庭園
Chinese Garden of Friendship

1988年のオーストラリア建国200年のときに、中国の広東省から寄贈された庭園で、正式名称は「誼園」という。園内には池や塔が造られており、中国風の渡り廊下からそれらを見て歩く。永遠性と献納の気持ちを引き出すことを目的とすると同時に、孔子の教えに基づいた庭園哲学の精巧さや芸術性を見直すことを狙いとして造園されたものだ。

■マーケットシティ
住9-13 Hay St., Haymarket, 2000
☎(02)9288-8900
URL www.marketcity.com.au
営 一般店舗＆フードコート：毎日 10:00 ～ 19:00（木～20:00）／パディスマーケット：水～日祝 10:00 ～ 18:00

アジアのマーケットの雰囲気があるパディスマーケット

チャイナタウンの中心 MAP P.251/3B

ディクソン・ストリートとマーケットシティ
Dixon St. & Market City

シドニーとは思えない雰囲気のディクソン・ストリート

ふたつの中華門に挟まれた200mほどの通りがディクソン・ストリートモール。両側には中国系のレストランや店舗が並んでいる。並行するサセックス・ストリート Sussex St.、交差するゴールバーン・ストリート Goulburn St.、ヘイ・ストリート Hay St. もにぎやか。飲茶を扱う本格的な中華レストランからお粥や麺類専門の小さな食堂、日本、タイ、マレーシアなど、さまざまな店が軒を連ねる。

マーケットシティ Market City は大型ショッピングセンターで、スーパーマーケット、レストラン、フードコートのほか、オーストラリアブランドのショップや格安コスメショップなどが入っている。また1階では、毎週末、シドニー名物の**パディスマーケット**（→ P.297）が開かれている。

水揚げされる魚介類の豊富さにびっくり MAP P.251/2A

シドニー・フィッシュマーケット
Sydney Fish Market

一般小売りも行っているフィッシュマーケット

業者用に水揚げされたばかりのシーフードを卸す市場。シドニー名物のカキはもちろん、ロブスターやカニ、エビ、イカ、各種タイ、マグロまで、店には山となった魚介類が並ぶ。

一般の人でも市場内の店で買い物ができるので、シドニー在住者には評判の場所だ。また市場内にはシーフードレストランが何軒もあって、手頃な値段で豪華なシーフードランチが楽しめる。なお実際のセリに興味があったら、月・火・木・金曜に催行されている**ガイドツアー** Auction Tours に参加するといい。

■シドニー・フィッシュマーケット
住 Pyrmont Bridge Rd.（Cnr. Bank St.）, Pyrmont, 2010
☎ (02)9004-1100
URL www.sydneyfishmarket.com.au
営 毎日 7:00 ～ 16:00
休 クリスマスデー
●ガイドツアー
☎ (02)9004-1108
時 月火木金 6:40 ～ 8:30（6:30 メインホールのテーブル前集合／最大 12 名なので要予約）
料 大人 $50 子供 $20（10 歳以上）

キングスクロス、ダーリングハーストとウルムルー
Kings Cross, Darlinghurst & Woolloomooloo

南半球最大の歓楽街といわれるキングスクロス。このエリアは高台にあり、植民地時代には瀟洒な邸宅の並ぶお屋敷街だった所だ。1950 年代に入り、多くのヨーロッパ移民が流入し、作家や音楽家などを引きつけるボヘミアンな雰囲気の漂う町へと変わっていった。だが 1960 年代にベトナム戦争の帰還兵たちがやってくると、セックスショップやナイトクラブが並ぶ現在の歓楽街へと、その様相を変えていったのだ。シティから続くウイリアム・ストリート William St. と交差するダーリングハースト・ロード Darlinghurst Rd. の北側が、いわゆるキングスクロスと呼ばれる場所。

ダーリングハーストのカフェはどこもしゃれた雰囲気

アクセス

●キングスクロス、ダーリングハースト＆ウルムルー
シティからシドニートレイン利用キングスクロス下車。ダーリングハーストへはウイリアム・ストリートの交差点を渡ってすぐ、ウルムルーへは徒歩 15 分ほど。バス利用の場合は、キングスクロスへはヨーク・ストリートから Route 324、325 もしくはケント・ストリートから Route 311 利用。Route 311 はダーリングハースト、ウルムルーも通る。

キングスクロス、ダーリングハーストとウルムルー
Kings Cross, Darlinghurst & Woolloomooloo

0 100 200m

ザ・ワーフ The Wharf P.254
オボロ・ウルムルー P.288 Ovolo Woolloomooloo
P.254 ハリーズカフェ・デ・ホイール
ネスト・ウルムルー Nesuto Woolloomooloo
COWPER WHARF RWY
ウーリーベイ・ホテル（パブ＆ビストロ）
ウルムルー Woolloomooloo
BROUGHAM ST
FORBES ST
階段
ビクトリア・ストリート
CHALLIS AVE
ポッツポイント Potts Point
セントビンセント大学
キングスクロス Kings Cross
MACLEAY ST
Chateau Sydney
エリザベスベイ Elizabeth Bay
エリザベスベイ・ハウス Elizabeth Bay House P.254
アポロ
デ・ヴェラ De Vere
ONSLOW AVE
Blue Parrot Backpackers
GREENKNOWE AVE
Owell Lodge
HUGHES ST
レストラン＆ショップ街
格安～1級ホテル街
Spicers Potts Point
HARMER ST
ORWELL ST
マッドモンキー・ポッツポイント P.288 Mad Monkey Potts Point
フィッツロイガーデン Fitzroy Gardens
ELIZABETH BAY RD
スプリングフィールド・ロッジ Springfield Lodge
●エルアラメインの噴水 El Alamein Fountain P.254
オリジナル・バックパッカーズ Original Backpackers
ロンドンプラン・バックパッカーズ London Plane Backpackers
マッドモンキー・キングスクロス Mad Monkey Kings Cross
シドニー・ポッツポイントセントラル Sydney Potts Point Central
ROSLYN ST
Hump Backpackers
KELLETT ST
Trade Mark Hostel
ダーリングハースト・ロード DARLINGHURST RD
セントルークス病院
エッジクリフ、ダブルベイへ
ホリデイ・イン・ポッツポイント P.288 Holiday Inn Potts Point
シティへ
キングスクロス駅 Kings Cross（地下）
BAYSWATER RD
セントケイニシス教会
ウイリアム・ストリート WILLIAM ST
イビスバジェット・シドニーイースト Ibis Budget Sydney East
ザ・ベイズウオーター The Bayswater
KINGS CROSS RD
（トンネル）
歩道橋
ダーリングハースト Darlinghurst
CRAIGEND ST
VICTORIA ST
レストラン街
ホテルインディゴ・シドニー・ポッツポント Hotel Indigo Sydney Potts Point
SURREY ST
WOMERAH AV
テイラー・スクエアへ
A B 1 2

アダルトショップ、カフェ、レストランが混在するキングスクロス

毎週土曜にはエルアラメインの噴水の周りでフリーマーケットも開かれる

■エルアラメインの噴水
キングスクロスの中心、フィッツロイガーデン入口にある。第2次世界大戦中の1942年、北アフリカのエルアラメインで戦死した多くのオーストラリア兵のための記念碑（1961年に造られた）で、当時の著名な建築家ロバート・ウッドワード Robert Woodward によるデザイン。

ここにはアダルトショップやレストラン、カフェが並んでいる。ダーリングハースト・ロードの西側ビクトリア・ストリート Victoria St. はガラリと趣が変わり、閑静で落ち着いた雰囲気。バックパッカー向けの宿やカフェが多い。この一帯、通常は治安にそれほど気を使う必要はないが、裏通りには危ない所もあるので注意したい。

一方ウイリアム・ストリートの南側（この一帯をダーリングハーストと呼ぶ）には、昔ながらのテラスハウスの外観をそのままにして、内部を改装したおしゃれなカフェやレストランが多い。日本で評判になっているホットケーキと朝食の名店ビルズの本店も、このエリアにある。

キングスクロスとシティの間、海に面して開けた一角ウルムルーも観光客が増えている。特に旧旅客ターミナルを改装した**ザ・ワーフ** The Wharf はホテル、レストラン、プライベートヨットやクルーザーが係留されているマリーナをもつコンプレックスだ。

イギリス植民地時代の面影を残す豪華な館 MAP P.253/1B

エリザベスベイ・ハウス
Elizabeth Bay House

1835～39年にかけてオーストラリア植民地書記官だった、アレクサンダー・マクレー Alexander Macleay の邸宅。しかし多額の借財をかかえてしまったため、一家は完成後6年で屋敷を去らなければならなかったという。完成当時、広大な敷地に美しい庭園があったというが、現在はほとんど残っ

COLUMN

オーストラリア No.1 の有名パイ屋さん

ハリーズカフェ・デ・ホイール
Harry's Cafe de Wheels

1938年、移動式屋台を使い、ウルムルーのザ・ワーフ脇で営業を開始したミートパイ屋さんがハリーズ。第2次世界大戦時に一時休業はあったものの、今も当時の雰囲気のままにお店を営業（現在は移動式屋台ではなくなっている）。パイのおいしさにひかれ、オーストラリアの著名人はもちろん、海外からオーストラリアを訪れた多くの有名人も来店。古くはフランク・シナトラから、エルトン・ジョン、ケンタッキーフライドチキンのカーネル・サンダース、最近ではラッセル・クロウと、現在もその人気はとどまることがない。

このお店の人気メニューはチャンキービーフの入ったミートパイの上に、マッシュしたポテトとグリーンピースをのせ、その上からグレイビーソースをかけたタイガー Tiger（$11.50）。かなり濃いめの味なので好みは分かれるところだが、名物ということでシドニーにやってきたら一度は食べてみたい。ちなみにウルムルーまで足を延ばさなくてもダーリングハーバーに支店がある。

ウルムルー本店は観光名所にもなっている

DATA
URL www.harryscafedewheels.com.au
●ウルムルー本店 MAP P.253/1A
住 Cnr. Cowper Wharf Roadway & Brougham Rd., Woolloomooloo, 2011 ☎(02)9357-3074
営 月～木 9:00～22:00、金 9:00～翌 1:00、土 10:00～翌 1:00、日 10:00～22:00
●ダーリングクオーター店 MAP P.251/3B
住 Kiosk 1,1-25 Harbour St., Darling Harbour, 2000
☎ 0410 648 315
営 毎日 9:00～18:30

住宅地にあるエリザベスベイ・ハウス

ていない。屋敷はギリシア復興様式と呼ばれる建築様式で、各部屋の窓や扉の配置、輪郭などがすべて左右対称になっているのが特徴だ。内部の調度品は1835～50年当時に使われていたもので見応えがある。

オーストラリアへ移民してきたユダヤ人の足跡をたどる MAP P.228/3B

シドニー・ユダヤ人博物館
Sydney Jewish Museum

ダーリングハースト・ロード沿いグリーンパーク向かいにある。展示は「ホロコースト」(第2次世界大戦時、ナチスドイツによって行われた惨劇)と「ユダヤ人の文化と継続」が大きな柱となっている。またオーストラリアへのユダヤ人入植から現在にいたるまでの足跡についての展示も興味深い。

サリーヒルズとパディントン
Surry Hills & Paddington

サリーヒルズのクラウン・ストリートにはカフェがいっぱい

シティの東側一帯は**イースタンサバーブ** Eastern Suburbsと呼ばれている。なかでも**オックスフォード・ストリート** Oxford St.を中心とする一帯は、シドニーで最もファッショナブルなエリア。その中心となるのがサリーヒルズとパディントンだ。

シティのすぐ東サリーヒルズは、1850年代には労働者階級の住宅地として数多くのテラスハウスが建てられたエリア。シドニー中心部に近いことから、第2次世界大戦後にやってきた移民が数多く住むようになった。今も落ち着いた町並みが残っており、中心の**クラウン・ストリート** Crown St.には、シドニーで注目のおしゃれなカフェや新進シェフが腕を振るうレストラン、若手アーティストのギャラリーなどが集まっている。特に週末は大勢の若者でにぎわう場所だ。

オックスフォード・ストリートを五差路の**テイラー・スクエア** Taylor Sq.から東へ向かうとパディントン。市民から「パド」の愛称で呼ばれるトレンド発信地だ。入植当時は邸宅街だったが、1850年代のゴールドラッシュ以後急増した人口の受け入れ場所として、テラスハウス街へと変わっていった。

パディントンの入口に建つタウンホール

■エリザベスベイ・ハウス
住 7 Onslow Ave., Elizabeth Bay, 2011
☎ (02)9356-3022
URL mhnsw.au/visit-us
開 日月 10:00～16:00
休 火～土、クリスマスデー
料 無料

エリザベスベイ・ハウス内の調度品のすばらしさに息をのむ

■シドニー・ユダヤ人博物館
住 148 Darlinghurst Rd., Darlinghurst, 2010
☎ (02)9360-7999
URL www.sydneyjewishmuseum.com.au
開 日～木 10:00～16:00、金 10:00～15:00
休 土、ユダヤ教の祝日
料 大人$18 子供$11 家族$45

アクセス

●サリーヒルズとパディントン

サリーヒルズのクラウン・ストリートへはライトレールL2、L3利用でサリーヒルズ下車が便利。パディントンへはサーキュラーキー近くアルフレッド・ストリートもしくはエリザベス・ストリートからRoute 333のバスを利用するのが便利。時間があったらシティからのんびりと歩いていくのもいい。ハイドパークからサリーヒルズを通りパディントンまで、小1時間ほど。

右：土曜のお楽しみ、パディントンマーケット／左：テラスハウスが並ぶ裏通り

やがて安価なテラスハウスに若い芸術家たちが移り住むようになり、「コスモポリタンな芸術家の街」という今のイメージが定着していったのだ。

メイン通りのオックスフォード・ストリート沿いにはブティックやレストラン、カフェがたくさん並んでいる。インディペンデント系の映画館や古本屋、デザイナーズショップなども多く、アートな雰囲気だ。また、毎週土曜にはオックスフォード・ストリート沿いにあるユニティング・チャーチの敷地内で、シドニー人気 No.1 のフリーマーケット、**パディントンマーケット**（→ P.297）が開かれる。

■ゲイ＆レズビアン・マルディグラに注目

毎年2月に行われる同性愛者の祭り「シドニー・ゲイ＆レズビアン・マルディグラ Sydeny Gay & Lesbian Mardi Gras」。オックスフォード・ストリートを中心に町中がゲイカルチャー一色になる一大イベントとなっている。ハイライトは最終日（2月最終週もしくは3月第1週の土曜）に行われるパレード。趣向を凝らした衣装や山車で、オックスフォード・ストリートを練り歩くのだ。一見の価値あり！（→ P.230）

URL www.mardigras.org.au

オーストラリアで一番長い建物　MAP P.256/B

ビクトリアバラックス
Victoria Barracks

1840 年にイギリス植民地軍の兵舎として建てられ、現在はオーストラリア陸軍が使用している。ここの 2 階建て主兵舎は長さが 227m もある、オーストラリアで最も横に長い建物。敷地内には**軍事博物館** Army Museum of NSW があって見学できる。また木曜 10:00 には陸軍のバンド演奏による国旗掲揚式が行われ、またその後バラックス内を見て回る無料ツアーも催行されている。

軍事関係に興味があったら訪ねたいビクトリアバラックス

■ビクトリアバラックス軍事博物館

住 Oxford St., Paddington, 2021　☎(02)8222-9004
URL www.armymuseumnsw.com.au
開 木 10:00 ～ 14:00、毎月第3日曜 10:00 ～ 15:00
料 大人 $5 子供 無料
※オーディオガイドが無料で借りられる
※入場にはパスポートの提示が必要

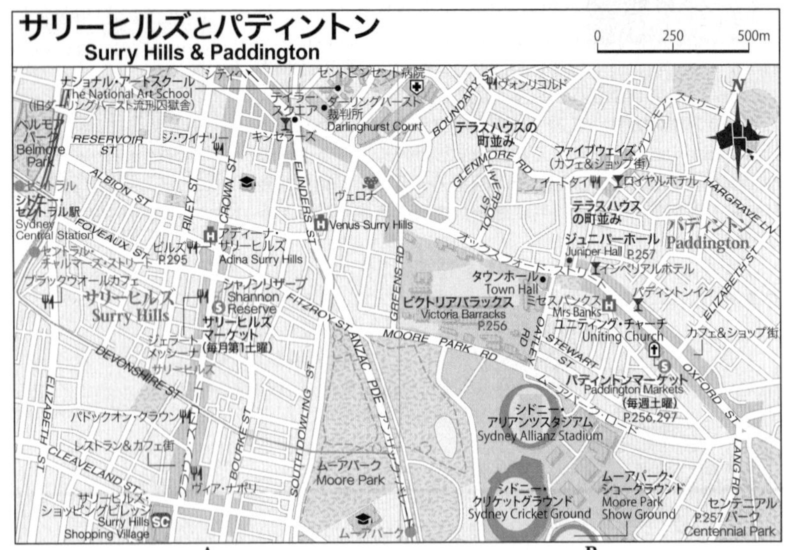

広大な公園で汗を流そう！ MAP P.227/2B

センテニアルパーク
Centennial Park

パディントンの南には、総面積 220ha（東京ドームの約 47 倍！）もの広さをもつセンテニアルパークがある。1888 年に建国 100 周年を記念して造られた公園で、市民の憩いの場として親しまれている。特に週末は、園内に造られた専用コースでジョギングやサイクリング、乗馬などを楽しむ人たち、広い芝生の上でラグビーやサッカーに興じる人たち、ピクニックにやってくる家族連れ……そんなシドニー市民の日常の様子が垣間見られて楽しい。

なおセンテニアルパークに隣接するかたちでムーアパーク Moore Park、クイーンズパーク Queens Park があり、3 つを総称して**センテニアル・パークランド** Centennial Parklands と呼ぶ。その総面積は実に 385ha にもなるというから驚きだ。

センテニアルパークでは乗馬も楽しめる

ベイエリア
Bay Area

キングスクロスからシドニーハーバーに沿って北東へ延びる地域には、小さな湾が続く。一帯はベイエリアと呼ばれ、入り組んだ海岸線と起伏の激しい地形に沿って、ハーバーを見下ろす邸宅が並ぶ高級住宅街となっている。

リッチな気分で町歩きが楽しめるダブルベイ

美しいヨットハーバーをもつ**ラシュカッターズベイ** Rushucutters Bay を抜けると、シドニーで随一の高級住宅地といわれる**ダブルベイ** Double Bay へと出る。

市民からは “Double Bay is Double Pay” などと羨望と皮肉の入り交じった声が聞かれるほどだ。繁華街は、**ベイ・ストリート** Bay St.、**ウイリアム・ストリート** William St.、そしてバス通りのニュー・サウスヘッド・ロードに囲まれた三角形のエリア。有名人御用達ブティックが軒を並べ、シドニー有数の高級レストランや、しゃれたオープンカフェも多い。

ダブルベイの東隣、通り沿いに広がるのが**ローズベイ** Rose Bay。繁華街のない高級住宅地ということもあり、ダブルベイよりも落ち着いた雰囲気だ。湾にはヨットやクルーザーが浮かび、遠くにあるシャーク島を背景にフェリーが行き交う。

ボークルーズから眺めるローズベイ

■邸宅街の名残ジュニパーホール Juniper Hall

タウンホールの斜め向かいにある。1824 年、酒造家ロバート・クーパーが一家の住まいとして建てたジョージア様式の屋敷で、当時このあたりに建てられた豪邸のなかで、唯一現在まで残っている。展示スペースとして利用されることが多く、そのときは内部を見学できる。

外観からでも優雅さがしのばれるジュニパーホール

■オールドビレッジ Old Village も散策しよう

ビクトリアバラックスの向かい側には、パディントンの町づくりに貢献した人や、兵舎建設にやってきていた工事関係者、労働者などの住居が残っている。これらの家はほとんど 1840 年代建築だから、有名なテラスハウスよりも 30 年も古いことになる。

■センテニアルパーク

MAP P.227/2B

住 Between Alison Rd. & Oxford St., Centennial Park, Paddington, 2021
☎ (02)9339-6699
URL www.centennialparklands.com.au
開 サマータイム時期 10 ～ 4 月 6:00 ～ 20:00、サマータイム以外 4・9 月 ～ 10 月 6:00 ～ 18:00、5 ～ 8 月 6:30 ～ 17:30 ／ビジターインフォメーションセンター：月～金 9:00 ～ 16:00、土日 10:00 ～ 14:00

アクセス

●ベイエリア

ロックスの外れウォルシュベイ Walsh Bay から出ている Route 324、325 のバスがシティ（ヨーク・ストリート）、キングスクロスを経て、ベイエリアへと走っている。ベイエリアではニュー・サウスヘッド・ロード New South Head Rd. を通ってワトソンズベイへといたる。また、サーキュラーキーからのフェリー利用も便利だ。

ワトソンズベイから眺める
シドニー中心部

湾に面するよう広がる憩いの場が**ラインパーク** Lyne Park で、ここには有名レストラン、**カタリナ・ローズベイ** Catalina Rose Bay がある。

美しい景色と高級住宅の調和

ローズベイを過ぎるとニュー・サウスヘッド・ロードは上り坂になり、左側にはまるで絵はがきのようなシドニーハーバーとシティの景色が望める。**ボークルーズ** Vaucluse の北、細長い岬にある**ワトソンズベイ** Watsons Bay は、シドニーハーバーの東側に位置する。バス停の前に芝生の公園が広がり、その先に小さなビーチがある。遠くにかすむシティの景色を眺めながら、シーフードを満喫できるレストラン、**ドイルズ・オン・ザ・ビーチ** Doyles on The Beach があり、シティから多くの人がやってくるのだ。

ワトソンズベイとは岬の反対側、太平洋に面した海岸線は、100m 近い高さの断崖絶壁で、荒々しい波が押し寄せている。ここは**ギャップブラフ** The Gap Bluff（通称ザ・ギャップ）と呼ばれ、崖沿いに遊歩道が続いている。対岸に見えるのはマンリーにあるノースヘッドだ。

歴史的な邸宅と庭園を散策しよう MAP P.258

ボークルーズハウス
Vaucluse House

シドニーでも指折りの高級住宅地ボークルーズに残る、歴史的建造物のボークルーズハウス。美しい庭園に囲まれたゴシック様式の屋敷だ。オーストラリア連邦成立以前の 19 世紀、ニューサウスウエールズ植民地で名を上げた政治家、探検家として知られる**ウイリアム・ウエントワース** William Wentworth の邸宅だったもの。NSW 植民地憲法のアイデアが練られたのも、この場所。建物内部は当時の家具など、そのままに保存されている。

屋敷を見たらぜひ庭園の散策と屋敷に併設する**エステイト・ボークルーズハウス** Estate Vaucluse House に立ち寄るのを忘れずに。庭園の美しい緑を眺めながらハイティーやランチが楽しめる。特にハイティーはセイボリーやスイートも美味しく、スパークリングワイン付きなので優雅なひとときが過ごせる。

■ボークルーズハウス
住 Wentworth Rd., Vaucluse, 2030
☎ (02)9388-7922
URL mhnsw.au/visit-us
開 水～日 10:00 ～ 16:00
休 月火、グッドフライデー、クリスマスデー
料 無料
●エステイト・ボークルーズハウス
☎ (02)9388-8188
URL www.estatevauclusehouse.com.au
営 ハイティー：水～金 11:30 ～ 15:00、土日 10:30 ～ 15:00 ／ランチ：水～金 11:30 ～ 15:00、土日 11:30 ～ 15:00
休 月火、グッドフライデー、クリスマスデー
料 ハイティーは 1 人 $70（2 人より）
アクセス ヨーク・ストリートから Route 325 のバス利用。

小さな塔をもつ建物は19世紀の流行だった

ボンダイビーチとサザンビーチ
Bondi Beach & Southern Beachs

シドニーの夏と切っても切り離せないのがビーチ。シティからバスでほんの 20 ～ 30 分の距離に、サーフィンや海水浴ができるビーチがたくさんあるのだ。シドニーハーバーの南側、南太平洋のタスマン海に面して点在するビーチは総称してサザンビーチと呼ばれ、その中心となるのがボンダイビーチだ。

美しい弧を描くボンダイビーチ

サザンビーチの王様ボンダイビーチ

ボンダイとは、先住民族アボリジニの言葉で「岩に砕け散る波」という意味をもっている。その名のとおり、青い海と白い波頭のコントラストは実に美しい。

キャンベル・パレードはリゾートっぽい雰囲気だ

太平洋に面した浜辺は 1km 近い長さをもっており、夏はもちろん、冬でも天気のよい週末には大勢の人が日光浴やピクニックを楽しんでいる。ちなみに、ボンダイビーチはオーストラリアで初めてトップレスが認められた場所でもある。また、1 年をとおしてサーファーを狂喜させるグッドウエイブが押し寄せるサーフィン天国としても有名だ。

ビーチ沿いに走るメインストリート、**キャンベル・パレード** Campbell Pde. は、リゾートの装いだ。通りに沿って開放的な雰囲気のレストランやカフェ、テイクアウエイ・ショップ、リゾートウエアショップなどが並んでいる。歩道も広く、歩きやすい。また週末には、繁華街の北寄りにある学校の敷地内でマーケットが開かれるので、ぜひのぞいてみよう。

なお、日差しの強さにはくれぐれも注意。オーストラリアはオゾンホールの影響を強く受けるため、日本とは比べものにならないほど紫外線が強い。日焼け止め、サングラス、帽子は必携だ。

庶民的でおおらかなローカルビーチ巡り

小さなビーチだが若者でにぎわうタマラマビーチ

ボンダイビーチの南に続くサザンビーチは、ボンダイビーチほどのにぎやかさはないが、ローカル度は満点。ビーチピクニックを楽しむ地元の家族連れや友人同士が多く集まる。

タマラマビーチ Tamarama Beach は、バスでのアクセスができず、しかも両側を岬に囲まれた小さな穴場的存在。波の引きが強いため家族連れが少なく、若者たちに人気だ。**ブロンテビーチ** Bronte Beach はバスでアクセスできるにもかかわらず、比較的すいていてのんびりしたい若者に人気。

アクセス

●ボンダイビーチ
ボンダイビーチへは、ヨーク・ストリートから Route 333 のバスを利用。もしくはシドニートレインでボンダイジャンクション Bondi Junction まで行き、そこから 333、379 のバスに乗り換える。

■コースタルウオーク Coastal Walk
ボンダイビーチ～タマラマビーチ～ブロンテビーチと続く海岸沿いの遊歩道。片道 3.5km、のんびり歩いて約 1 時間ほどの道のりで、タスマン海のすばらしい景色も楽しめる。ぜひ歩いてみたい。

よく整備された遊歩道が続くコースタルウオーク

■タイドプール
シドニーのほとんどのビーチにはビーチ脇に海水を使ったタイドプールが併設されている。ボンダイビーチの場合、眺めもよく、おしゃれなカフェレストランが入ったアイスバーグにタイドプールがある。

タマラマビーチへのアクセス

ボンダイビーチからコースタルウオークを徒歩約 30 分。

ブロンテビーチへのアクセス

ボンダイジャンクションから Route 379、381 利用。約 15 分。

サーファーも多いブロンテビーチ

シドニー市民に大人気のクージービーチ

クージービーチへのアクセス

シドニー博物館前から Route 373 のバス。もしくはボンダイジャンクションまでシドニートレインで行き、Route 350 のバスに乗り換える。

マルーブラビーチへのアクセス

サーキュラーキーから Route 396 のバス利用。

ラ・ペルースへのアクセス

シティからライトレール L3 の終点ジュニアキングスフォードまで行き Route 390X のバスに乗り換える。

キャプテンクック上陸記念碑へのアクセス

シドニートレインのクロヌラ Cronulla 駅から Route 987 のバスを利用。バスは 30 分に 1 本程度と少ない。

その南には、ボンダイビーチに引けを取らないほどのビーチ環境をもつ**クージービーチ** Coogee Beach がある。波は比較的穏やかで、ボンダイほど騒々しくないのもいい。ビーチの真ん前にあるクージーベイ・ホテルは、たまに有名アーティストがライブを行ったりもする。ランチにもおすすめだ。

クージーの南では、**マルーブラビーチ** Maroubra Beach が人気で、サーファーの間ではいい波が立つと評判だ。さらに南へ下ると、ボタニー湾に面した小さな半島**ラ・ペルース** La Perouse。フランスの探検家ラ・ペルースの航海記録を展示してある**ラ・ペルース博物館**が見どころだ。ここにはヌーディストビーチもある。ラ・ペルースとボタニー湾を挟んで対岸となる岬は、キャプテンクックが初めてオーストラリアに上陸した所。**キャプテンクック上陸記念碑**があり、カメイ・ボタニーベイ国立公園 Kamay Botany Bay NP の一部になっている。

ボンダイビーチ Bondi Beach

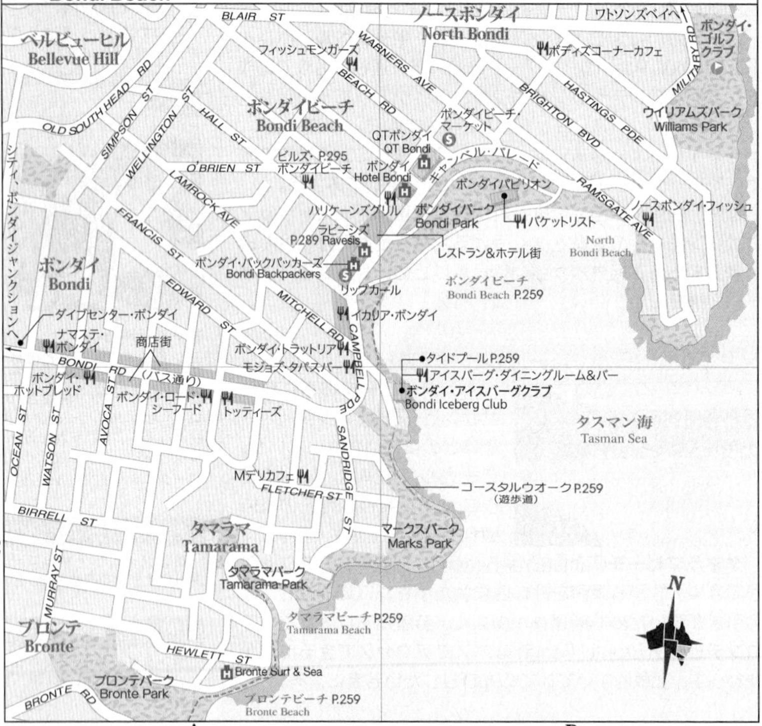

マンリー

Manly

サーファーも多いマンリー・オーシャンビーチ

天然の良港ポートジャクソン（シドニーハーバー）は、大陸から突き出たふたつの半島の内海だ。ふたつの半島は、北側をノースヘッド、南側をサウスヘッドと呼び、ともに断崖絶壁を南太平洋の荒波に向けている。

マンリーはノースヘッドのちょうど付け根のあたりに位置するリゾートタウン。第一移民船団が到着した 1788 年、この地に上陸した探検隊が、まったく物おじしない先住民族アボリジニたちを「Manly（男らしい）人々」と呼んだのが地名の由来だ。リゾート開発が始まったのは 1852 年以降。フェリーの船着場からビーチへの道はローマにある通りの名を取って**ザ・コルソ** The Corso と名づけられた。

現在のザ・コルソはシーフードレストランやおみやげ屋の建ち並ぶ、リゾートムードたっぷりのメインストリート。周辺にはビーチを見下ろすようにホテル、コンドミニアム、アパートなどが林立している。リゾートタウンとベッドタウン、ふたつの要素を兼ね備えているのもマンリーの魅力だ。

ノーザンビーチを代表するマンリー・オーシャンビーチ

サーファーに人気のノーススタインビーチ

太平洋に面したマンリー・オーシャンビーチは、1.5km にも及ぶ長さをもつ。ザ・コルソを出たあたりをマンリービーチ Manly Beach、その北側を**ノーススタインビーチ** North Steyne Beach と呼んでいる。水泳にはマンリービーチ、サーフィンやボディボードにはノーススタインビーチがいい。

海岸沿いには一列に杉の木が並んでおり、並木沿いに遊歩道が設けられている。早朝から夕方まで、ウオーキングやジョギングする人がいっぱいだ。なお海岸通りにはサンドイッチなどのテイクアウエイのお店や、食事をしながら海が眺められるレストランなどが並んでいる。

レトロ、ノスタルジックな　MAP P.262/A

マンリー美術館&博物館
Manly Art Gallery & Museum

海沿いの小さな建物が美術館&博物館になっている

フェリーターミナルのすぐそばに建つ小さな博物館。オーストラリアの絵画、イラスト、版画、写真などが展示されており、そのほとんどが、水着姿のカップルのイラストやビーチで遊ぶ子供たちの写真など、20 世紀初期から中期にかけてのビーチ風景。ノスタルジーを感じてしまうほどだ。

アクセス

●マンリー

サーキュラーキーからフェリー、もしくは高速船ジェットキャットを利用する。サーキュラーキーからならフェリーで約 20 分。

■マンリー・ビジターインフォメーションセンター
Manly Visitor Information Centre MAP P.262/A
住 The Forecourt, Manly, 2095
☎ (02)9976-1430
URL www.hellomanly.com.au
開 毎日 10:00 ～ 16:00
マンリーワーフ前にある。マンリーやノーザンビーチの詳細な地図や無料情報誌などがもらえる。またここの前はバスターミナルにもなっている。

■アート&クラフトマーケット
Arts & Crafts Market
MAP 地図外
ノーススタイン North Steyne 脇シドニー・ロード Sydney Rd. で毎週土・日曜 9:00 ～ 17:00（5 ～ 8 月は～ 16:30）に開かれるマーケット。手作りのアクセサリーや皮革製品、小物などが並ぶ。思いがけない掘り出し物が見つかるかも。
住 Cnr. Sydney Rd. & Market Lane, Manly, 2095
☎ 0435-388-410
URL manlymarkets2095.com.au

■マンリー美術館&博物館
住 1 West Esplanade Reserve, Manly, 2095
☎ (02)8495-5036
URL www.northernbeaches.nsw.gov.au
開 火～日 10:00 ～ 17:00
休 月祝
料 無料（特別展示 1 人 $5）

ノースヘッド突端の展望台

美しい自然のなか、オーストラリアの歴史をたどる MAP P.227/2B

ノースヘッド North Head

町の南側はシドニーハーバー国立公園の一部で、突端は断崖絶壁のノースヘッド。バスもあるが、遊歩道が造られているので歩いてみよう（片道約 1 時間）。緑の木々と真っ青な海のコントラストが美しく、爽快な気分が味わえるはずだ。

ノースヘッドにある**旧検疫所** Q (Quarantine) Station は、かつてシドニーへやってくる外国船の検疫所として使われた建物群。オーストラリアでは開拓当初から伝染病に冒される人々があとを絶たなかった。そのため外国船がやってくるとまずこの地で検疫を行った。そして伝染病が見つかると、この検疫所に併設された病院に隔離した。現在は博物館となっており、ガイド付きで当時の施設を見学できる。なお旧検疫所裏側には高級ホテルの Q ステーションもある。

ノースヘッドの大部分を占める**ノースヘッド保護区** North Head Sanctuary は、第 2 次世界大戦時に軍の砲撃訓練施設があった場所。現在はヒースやバンクシアが生い茂る敷地内に、当時の様子を伝える史跡が残る保護区となっている。

■ノースヘッド
マンリー・フェリーターミナルから Route 161 のバス利用。

■旧検疫所 MAP P.262/B
住 1 North Head Scenic Drv., 2095 ☎(02)9466-1500
URL www.qstation.com.au
時 クォランティンワンダー：毎日 11:00 ～ 12:00／家族向け夜間ゴーストトラッカー：金土 19:00 ～ 21:00／夜間ゴーストエンカウンター：水～日 20:00 ～ 22:30
料 クォランティンワンダー：大人 $30 子供 $15 家族 $80／家族向け夜間ゴーストトラッカー：大人 $50 子供 $40 家族 $170／夜間ゴーストツアー：大人 $65

■ノースヘッド保護区 MAP 地図外
住 Scenic Drv., North Head, 2095 ☎(02)8962-2100
URL www.harbourtrust.gov.au

歩いて眺めるシドニーハーバー

マンリー・シーニックウオークウェイ Manly Scenic Walkway

マンリーの西、ミドルハーバーに架かるスピットブリッジ Spit Bridge からマンリーまで、海岸沿いに続く約 10km（片道約 4 時間）のウオーキングトラック。さまざまな角度からシドニーハーバーの美観が楽しめる。ルートマップはマンリー・ビジターインフォメーションセンターで手に入る。

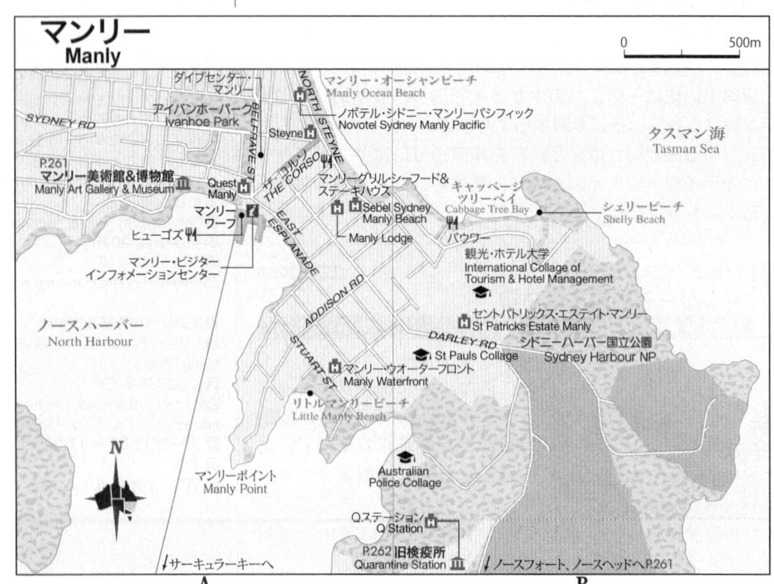

シドニー郊外の町
AROUND SYDNEY

ブルーマウンテンズ
Blue Mountains

エコーポイントから眺めるスリーシスターズとジャミソンバレー

シドニーの西、内陸に向かって70kmほど行くと、北はクイーンズランドから南はビクトリア州まで、延々4000km以上にわたって連なる山脈、グレートディバイディングレンジ（大分水嶺）がある。山脈といっても海抜1000m程度だが、人々が住む東海岸線に沿って立ちはだかっている。山脈の向こう側は、乾燥した大地が果てしなく続くアウトバック。ブルーマウンテンズ国立公園は、この山脈の一部にある。いくつもの滝や渓谷を有し、シドニー近郊随一の景勝地として知られるが、世界自然遺産に登録されたことでさらに脚光を浴びた。スリーシスターズなど中心部の有名な景勝ポイントだけでなく、ウエントワースフォールズやブラックヒースでのブッシュウオーキング、世界最古の鍾乳洞ジェノランケーブ見学など、幅広いエリアに観光客の注目が集まっている。

シドニーからの日帰りツアーとしても人気が高く、各旅行会社が趣向を凝らしたツアーを組んでいる。ゆっくり散策したいなら、電車やレンタカーで行く方法もある。

アクセス

●ブルーマウンテンズ

日帰りならシドニーからのツアー利用が便利（→ P.279 ～ 280）。数泊してブルーマウンテンズの魅力をさらに味わいたかったらレンタカーか電車を利用する。電車はシドニー・セントラル駅からカトゥーンバ駅まで約2時間。カトゥーンバ駅からすぐのキャーリントンホテル前からブルーマウンテントランジット Blue Mountain Transit のRoute 686のバスが、エコーポイント、シーニックワールドへと出ている（日中30分ごとに運行）。オーパルカード利用可能だ。

なお、観光ポイントをいろいろ周遊する場合は次ページで紹介するブルーマウンテンズ・エクスプローラーバスが便利だ。

美しい階段状の滝、ウエントワースフォールズもぜひ見てみたい

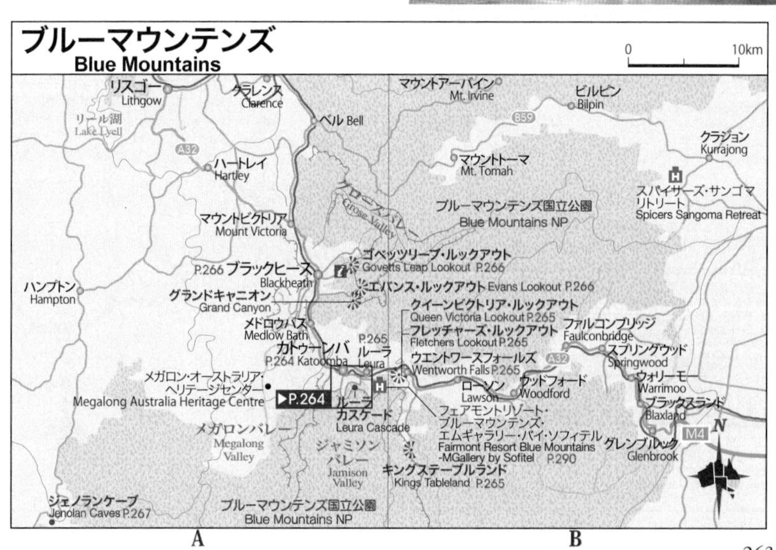

■ブルーマウンテンズ・エクスプローラーバス
カトゥーンバ周辺37ヵ所の見どころをカバーしている。
(02)4782-1866
1300-300-915
URL www.explorerbus.com.au
時 毎日9:00～16:00の1時間ごとにカトゥーンバ駅前を出発
料 大人$49 家族$98／シーニックワールド乗り物付き：大人$99 子供$33

Blue Mountains Explorer
ブルーマウンテンズ・エクスプローラーバス

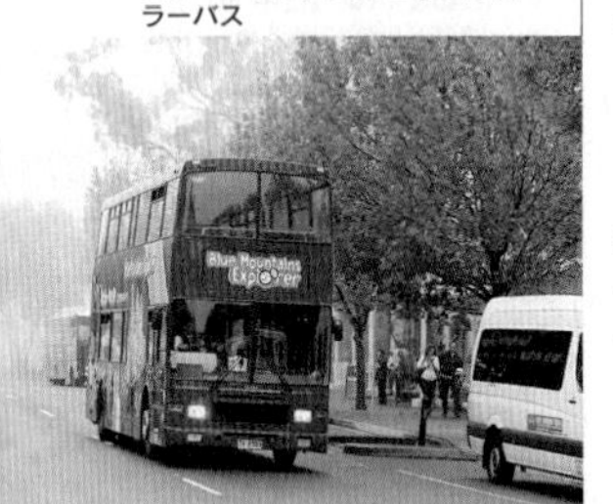

個人でエコーポイント、シーニックワールドだけへ行くのであれば公共バス利用で事足りるが、それ以外の見どころも回ろうとする場合は、カトゥーンバ駅前を発着する**ブルーマウンテンズ・エクスプローラーバス** Blue Mountains Explorer Busが便利。カトゥーンバ、ルーラを中心とした37ヵ所の見どころを巡回している。

観光の起点となるカトゥーンバ

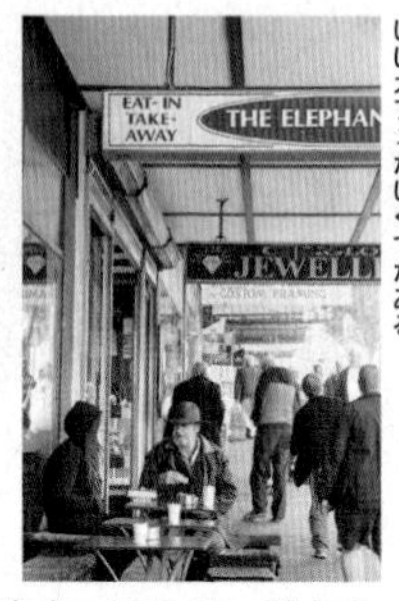

EAT-IN
TAKE-AWAY
THE ELEPHAN
JEWELL
カトゥーンバ・ストリート沿いには雰囲気のいいカフェがいくつかある

ブルーマウンテンズの玄関口として、また観光の中心地としてにぎわっているのがカトゥーンバKatoomba。1800年代中頃から石炭の採掘で栄え、以降、シドニーに住む上流階級の人たちが避暑や保養に訪れた地だ。駅周辺には当時の屋敷やホテルが点在し、今もパブやB＆Bとして使われている。特に駅のすぐ近く、キャーリントンホテルThe Carrington Hotelの優雅さは際立っている。駅から南へ延びる**カトゥーンバ・ストリート** Katoomba St.が、古きよき英国植民地時代の面影を残すギャラリーやアンティークショップ、レストラン、カフェなどが軒を連ねる繁華街。

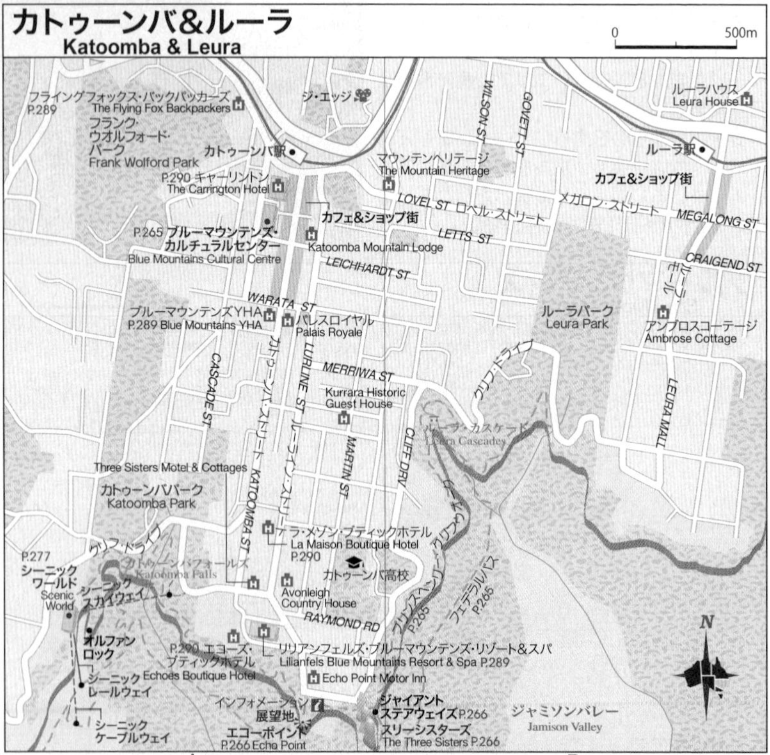
カトゥーンバ&ルーラ
Katoomba & Leura
0
500m
フライングフォックス・バックパッカーズ
P.289
The Flying Fox Backpackers
ジ・エッジ
ルーラハウス
Leura House
フランク・ウオルフォード・パーク
Frank Wolford Park
カトゥーンバ駅
WILSON ST
GOVETT ST
ルーラ駅
マウンテンヘリテージ
The Mountain Heritage
P.290 キャーリントン
The Carrington Hotel
カフェ&ショップ街
LOVEL ST ロベル・ストリート
メガロン・ストリート
MEGALONG ST
カフェ&ショップ街
P.265 ブルーマウンテンズ・カルチュラルセンター
Blue Mountains Cultural Centre
Katoomba Mountain Lodge
LETTS ST
LEICHHARDT ST
CRAIGEND ST
ルーラ・モール
WARATA ST
ブルーマウンテンズYHA
P.289 Blue Mountains YHA
パレスロイヤル
Palais Royale
ルーラパーク
Leura Park
アンブロスコーテージ
Ambrose Cottage
クリフ・ドライブ
MERRIWA ST
CASCADE ST
カトゥーンバ・ストリート
LURLINE ST ルーライン・ストリート
Kurrara Historic Guest House
MARTIN ST
CLIFF DRV
ルーラ・カスケード
Leura Cascades
LEURA MALL
Three Sisters Motel & Cottages
カトゥーンバパーク
Katoomba Park
KATOOMBA ST
ラ・メゾン・ブティックホテル
La Maison Boutique Hotel
P.290
クリフ・ドライブ
P.277
シーニックワールド
Scenic World
カトゥーンバフォールズ
Katoomba Falls
シーニックスカイウェイ
カトゥーンバ高校
Avonleigh Country House
プリンスヘンリー・クリフウオーク
P.265
フェデラルパス
P.265
RAYMOND RD
オルファンロック
P.290 エコーズ・ブティックホテル
Echoes Boutique Hotel
リリアンフェルズ・ブルーマウンテンズ・リゾート&スパ
Lilianfels Blue Mountains Resort & Spa P.289
Echo Point Motor Inn
シーニックレールウェイ
インフォメーション
展望地
ジャイアントステアウェイズ P.266
ジャミソンバレー
Jamison Valley
シーニックケーブルウェイ
エコーポイント
P.266 Echo Point
スリーシスターズ
The Three Sisters P.266
N
A
B

Route 686を利用する場合、オーパルカード利用ならエコーポイントでスリーシスターズを短時間見学したあとバスを乗り継いでシーニックワールドへ向かっても追加料金がかかりません（オーパルカードは60分以内の乗り継ぎは追加料金必要なし）。（東京都　AGT　'17）['24]

お気に入りのカフェやレストランでゆっくりお茶を楽しむのも一考。

カトゥーンバ・ストリートから路地を入った場所には**ブルーマウンテンズ・カルチュラルセンター** Blue Mountains Cultural Centre がある。この地域の若手アーティストたちの作品を展示するアートギャラリーと、迫力ある大画面とパネル展示でブルーマウンテンズの魅力を伝えている**イントゥ・ザ・ブルー** Into The Blue（ブルーマウンテンズ・ワールドヘリテージ・インタープリティブセンター Blue Mountains World Heritage Interpretive Centre）が入っている。

カトゥーンバの町の南側がブルーマウンテンズ観光のハイライトとなる場所。ブルーマウンテンズ最大の見どころ**エコーポイント** Echo Point（→ P.266）やブルーマウンテンズの自然のすばらしさを満喫できるアトラクション施設**シーニックワールド**（→ P.277）、ブルーマウンテンズを代表するマナーハウススタイルのホテル、リリアンフェルズ（→ P.289）などが集まっている。**ジャミソンバレー** Jamison Valley を望む崖の上に続く**プリンスヘンリー・クリフウオーク** Prince Henry Cliff Walk、崖の下のユーカリ林や温帯雨林内を歩きカトゥーンバフォールズなどの滝が見られる**フェデラルパス** Federal Pass など、ウオーキングトレイルも多い。

ブルーマウンテンズそのほかの町

愛らしい町ルーラの中心部

カトゥーンバの東隣の**ルーラ** Leura は「山の王冠に輝く宝石 The Jewel in the Mountains Crown」と称される町で、メインストリートに並ぶカフェ、レストラン、工芸品店のおしゃれさ、かわいらしさはカトゥーンバ以上。シドニー発ツアーではルーラでの町の散策を行程に組み込んでいるものもあるほど。

ルーラの東にはブッシュウオーキングポイントとして人気の**ウエントワースフォールズ** Wentworth Falls がある。ナショナルパス National Pass と名づけられたブルーマウンテンズ有数のウオーキングトレイルの起点。壮大な眺めが楽しめる**フレッチャーズ・ルックアウト** Fletchers Lookout、**クイーンビクトリア・ルックアウト** Queen Victoria Lookout などもある。またウエントワースフォールズ郊外にはまさに崖っぷちという人気展望地**キングステーブルランド** Kings Tableland もあり、ぜひ出かけてみたい。

ブルーマウンテンズ・カルチュラルセンターのイントゥ・ザ・ブルー

■ブルーマウンテンズ・カルチュラルセンター
Blue Mountains Cultural Centre
MAP P.264/A
住 30 Parke St., Katoomba, 2780 ☎(02) 4780-5410
URL bluemountainsculturalcentre.com.au
開 月～金 10:00 ～ 17:00、土日 10:00 ～ 16:00 休 祝
料 イントゥ・ザ・ブルーのみ有料：大人 $5.50 子供 無料

■ブルーマウンテンズ・ヘリテージセンター
Blue Mountains Heritage Centre
ブラックヒースのゴベッツリープ・ルックアウトのそばにある国立公園事務所が運営するインフォメーション施設。植物や動物に関する詳しい展示があるほか、ブッシュウオーキングに関するアドバイスも受けられる。
住 270 Govetts Leap Rd., Blackheath, 2785
☎(02)4787-8877
URL www.nationalparks.nsw.gov.au/things-to-do/visitor-centres/blue-mountains-heritage-centre
開 毎日 9:00 ～ 16:30
休 クリスマスデー

下左：キングステーブルランドの展望台はスリル満点
下中：ウエントワースフォールズのフレッチャーズ・ルックアウト
下：ウエントワースフォールズのウオーキングトラックの途中には絶景ポイントがいっぱい

ウエントワースフォールズには、総落差約 190m の滝があり見応えがあります。ハイキングコースが複数用意されており、1 ～ 2 時間程度でも充分満足できる。崖下まで降りていくコースは 5 時間程度。（島根県　板橋明吉　'24）

ブラックヒース郊外ゴベッツリープ・ルックアウトからの壮大な眺め

カトゥーンバから10kmほど北西へ向かった**ブラックヒース** Blackheath もブッシュウオーカーに人気の場所。すばらしい景観を誇る展望地も町の周りに数多くあり、ぜひ訪れたい。カトゥーンバやルーラ、ウエントワースフォールズ近郊の展望地はいずれもブルーマウンテンズの南側の谷ジャミソンバレーを望むのに対し、ブラックヒースの展望地は北側の谷**ゴベッツゴージ** Govetts Gorge を望む。

特に有名なのが**ゴベッツリープ・ルックアウト** Govetts Leap Lookout。目の前に開けるゴベッツゴージの壮大さには、ただただ驚嘆するのみ。**エバンス・ルックアウト** Evans Lookout も、ゴベッツゴージ、グランドキャニオン Grand Canyon 両渓谷のすばらしい景観が楽しめる。

■スリーシスターズの伝説について

本文で記した伝説のほかにも、いくつかの類型のバリエーションがある。

ブルーマウンテンズ随一の景勝ポイント　MAP P.264/A

エコーポイントとスリーシスターズ
Echo Point & The Three Sisters

エコーポイントの展望台。2層になっており、下の階まで下りればスリーシスターズがぐっと近くなる

カトゥーンバの町の南約1.5kmの所にあるのがエコーポイント。ブルーマウンテンズの雄大な景観が眺められる、この地域で一番人気の展望地だ。急激に落ち込んだ断崖絶壁の先には、ユーカリの原生林に埋め尽くされた広大なジャミソンバレーが広がり、すぐ東側には自然が造り出した奇岩スリーシスターズがそびえている。

スリーシスターズに架けられた小さな橋

この岩がスリーシスターズと呼ばれるのは、先住民の伝説による。かつて、この地で美しい3人姉妹と祈祷師の父親が平和な生活を営んでいた。ある日、バンイップ（伝説によく登場する魔物）が娘たちを襲いにやってきたため、父は娘たちを岩にして隠した。そのことを知ったバンイップが襲ったのが父親だった。父親は魔術で自分をコトドリに変身させ、岩穴の中に逃げ込んだのだ。しかし、コトドリになった父親は再びもとの姿に戻ることができず、娘たちも一生人間に戻ることができなくなってしまった。こうして残った岩、それがスリーシスターズというわけだ。

エコーポイントからスリーシスターズまでの平坦なウオーキングルートがあるので、ここはぜひ歩いてみたい（往復30分ほど）。一番手前の岩へは小さな橋が架かっていて渡ることもでき、実際にスリーシスターズに触れることもできるのだ。なお、ここからは、ジャミソンバレーに向かって下る約900段の階段**ジャイアントステアウェイズ** Giant Starways が造られている。下りた場所からはフェデラルパスへと続くウオーキングルートが整備されている。フェデラルパスを崖沿いに西へ向かうとシーニックワールドへといたる。健脚派におすすめのコースだ（所要約2時間30分）。

■ブルーマウンテンズ・ビジターインフォメーションセンター

住 18 Echo Point Rd., Katoomba, 2780
☎ 1300-653-408
URL www.bmcc.nsw.gov.au/visitor-information
開 毎日 9:00 ～ 16:00
休 クリスマスデー

崖沿いに急な石段が続くジャイアントステアウェイズ

✉ シーニックワールドから徒歩7分、イーグルホークルックアウトは穴場の展望台です。スリーシスターズがよく見れますが、少し外れた場所にあるので、ほかの観光客は来ず、絶景をひとり占めできました。（栃木県　HIROKI-H　'17）['24]

エコーポイントには**ブルーマウンテンズ・ビジターインフォメーションセンター** Blue Mountains Visitor Information Centre もあり、ブルーマウンテンズ国立公園内でのブッシュウオーキングの相談にも乗ってくれる。

見学可能な鍾乳洞としては世界最古 MAP P.263/A

ジェノランケーブ
Jenolan Caves

ジェノランケーブ入口エリアにあるホテル。テイクアウェイショップやレストランも入っている

カトゥーンバから南西に道路距離で約80km、車で約1時間30分の場所にある大鍾乳洞群。実に3億4000万年前の地層が長い年月をかけて削られできたとされる鍾乳洞で、世界第2位の古い地層（約2億2000万年前）をもつのがアメリカ、ニューメキシコ州のカールスバッド洞窟であることを考えると、ここがどれほど貴重なものか想像がつくだろう。

ジェノランケーブへ到着する際にまず驚かされるのが**グランドアーチ** Grand Arch と呼ばれる巨大なトンネル。それ自体がかつて鍾乳洞であった場所で、現在もいくつかの洞窟見学の入口となっている。またグランドアーチ脇のトレイルを歩いた場所には、ストロマトライト（太古の昔、酸素を含む大気を作るのに役だったシアノバクテリアで、現存する数少ないもの）も見られる。

幻想的なルーカスケーブの洞内

ガイド付きで一般見学できる洞窟は、**ルーカスケーブ** Lucas Cave、**インペリアルケーブ** Imperial Cave とその支洞の**ダイヤモンドケーブ** Diamond Cave、**オリエントケーブ** Orient Cave、**テンプル・オブ・バール・ケーブ** Temple of Baal Cave の5ヵ所（他の洞窟も時期により見学できることがある）。それぞれ内部は違った雰囲気をもつが、最もポピュラーなのがルーカスケーブ。壮大な鍾乳洞で、洞窟内のカテドラルという一角では、巨大な鍾乳石のカーテンが天井からたれ下がり、息をのむほどの美しさだ。また鍾乳石の美しさで評判なのがオリエントケーブで、洞内の見事な鍾乳石はジェノランケーブのマークにもなっているほどだ。

またジェノランケーブ周辺にはブッシュウオーキングルートも多く、宿泊施設のあるケーブハウスに滞在しながら森を散策するのもおすすめだ。

左：オリエントケーブ内では、さまざまな種類の美しい鍾乳石を見ることができる
下：ジェノランケーブ入口にある湖には時折カモノハシが姿を見せることがある

■**ジェノランケーブ**
住 4655 Jenolan Caves Rd., Jenolan Caves, 2790
☎ (02)6359-3911
☎ 1300-763-311
URL www.jenolancaves.org.au
開 毎日 9:00 ～ 16:30
料 グランドツアー（オリエントケーブ＆テンプル・オブ・バール見学）：1人 $100 ／インペリアルケーブ＆ダイヤモンドケーブ：大人 $52 子供 $37 家族 $160 ／ルーカスケーブ：大人 $52 子供 $37 家族 $160
アクセス 近年の大雨洪水や大規模森林火災の影響でジェノランケーブへの一般的なアクセス道路が通行止めとなっている。そのため2024年2月現在は大きく迂回して、南側から時間限定で通行できる道路を利用するようになっている。こうした状況のため多くのシドニー発着、カトゥーンバ発着ツアーは現在休止中だ。
※シドニーから週1回（土曜）だけだが日本語ガイド付きでグランドツアー見学付きツアーが出ているので利用するのもおすすめ（→ P.279 ～ 280）。

■**ジェノランケーブの名前の由来**
ジェノランとはこの地域一帯を指す先住民の言葉で「高い山」を意味する。なおこの洞窟群は先住民の人々がビノーメラ（「暗い場所」の意）と呼んでいた。

ジェノランケーブのなかでもオリエントケーブは美しい。解説も科学的。そしてネトルケーブにはストロマトライトがある。日本語の音声ガイドを借りておけば完璧。（兵庫県　rosegarden　'15）['24]

セントラルコースト

Central Coast

シドニー北部、**ホークスベリー川** Hawkesbury River から**レイクマックォーリー** Lake Macquarie の手前、**キャサリンヒル・ベイ** Catherine Hill Bay まで、およそ 80km に及ぶ海岸沿いを、セントラルコーストと呼ぶ。美しいビーチではサーフィン、釣り、ダイビング、ホークスベリー川ではクルーズ、さらに国立公園のブッシュウオーキングと、自然を楽しむアクティビティがいっぱい。人気動物園の**オーストラリアン・レプタイルパーク**（→ P.276）もある。中心となるのは人口約 17 万人の**ゴスフォード** Gosford（シドニーから電車で約 1 時間 30 分）。

アクセス

●**セントラルコースト**
シドニー・セントラル駅〜ゴスフォード駅は 1 時間に 2 〜 3 本電車がある。ゴスフォードからの足は、地元の路線バスであるレッドバス・サービス Red Bus Services（オーパルカード利用可）。ただし本数は少ない。現地での移動を考えるとレンタカー利用が現実的。

●**レッドバス・サービス**
☎(02)4332-8655
URL www.redbus.com.au

■**セントラルコーストの観光情報**
URL www.lovecentralcoast.com

大自然を感じながら乗馬や ATV が楽しめる MAP P.268/A

グレンワースバレー
Glenworth Valley

セントラルコーストのピーツリッジ Peats Ridge 近くに約 3000 エーカーもの大自然の敷地をもつのがグレンワースバレー。自然に親しみながら、さまざまなアクティビティが楽しめる場所として、シドニーっ子に大人気。週末やスクールホリデー時期には併設のキャンプ場がいっぱいになるほどだ。

景色を満喫しながら変化に富んだコースで乗馬が楽しめる

■**グレンワースバレー**
住 69 Cooks Rd., Glenworth Valley, 2250
☎(02)4375-1222
URL glenworth.com.au

セントラルコースト-ニューカッスル-ポートスティーブンス
Central Coast - Newcastle-Port Stephens

0 20km
ハンターバレー Hunter Valley ▶P.272
グレタ Greta
メイトランド Maitland
ポートスティーブンス Port Stephens P.271
ネルソンベイ Nelson Bay
オークベール・ワイルドライフパーク Oakvale Wildlife Park
アンナベイ Anna Bay
ポコルビン Pokolbin
クリークリー Kurri Kurri
セスノック Cessnock
ニューカッスル空港
ポートスティーブンス4WDツアー P.270
P.270 サンドデューン・アドベンチャー
ニューカッスル Newcastle
ウォロンビ Wollombi
P.270 ストックトンビーチ砂丘 Stockton Beach Dune
サムライビーチバンガローYHA Samurai Beach Bungalows YHA P.290
イェンゴ国立公園 Yengo NP
ワタガンズ国立公園 Watagans NP
マレーズブリュワリー&ポートスティーブンスワイナリー Murray's Brewery & Port Stephens Winery
クーランボン Cooranbong
ワイオング Wyong
P.276 オーストラリアン・レプタイルパーク Australian Reptile Park
メルキュール・クーインダウオーターズ・セントラルコースト Mercure Kooindah Waters Central Coast P.290
ダーラグ国立公園 Dharug NP
ジ・エントランス The Entrance
P.268 グレンワースバレー Glenworth Valley
ゴスフォード Gosford
セントラルコースト Central Coast
ブルーマウンテンズ国立公園 Blue Mountains NP
ウォイウォイ Woy Woy
ブリスベンウオーター国立公園 Brisbane Water NP
マラマラ国立公園 Marramarra NP
ブルックリン Brooklyn
ホークスベリー川クルーズ P.269 Hawkesbury River Cruise
リッチモンド Richmond
クーリンガイチェイス国立公園 Ku-ring-gai Chase NP
ホンズビー Hornsby
モナベール Mona Vale
N
A B

初心者でも安心のATV

ここでまず楽しみたいのが大自然を満喫できる乗馬だ。

シドニー近郊でベストといえる乗馬ポイントで、敷地内に張り巡らされたさまざまなコース（総延長約50km）のなかから、参加者の技量に合わせてコース取りをし、思う存分楽しませてくれる。森の中を抜け小川を渡ったり、開けた場所では馬を走らせてみたり……またコース脇にある先住民の壁画を観察したりできるのだ。

カヤックは両岸を森に囲まれた美しいクリークで、ATV（4輪バイク）はブッシュ内のコースを突っ走る（最初にちゃんとトレーニングしてくれる）。アクティブ派なら崖を下りおりるアブセイリングにチャレンジするのもいいだろう。

●乗馬ツアー
時 月～金 10:00、14:00、土日祝 9:00、11:00、14:00 スタート（所要2時間）
料 1人月～金 $120、土日 $125
●カヤックツアー
時 毎日 10:00、14:00 スタート（所要2時間30分）
料 1人 $80
●ATV（4輪バイク）ツアー
時 毎日 9:30 ～ 15:30 の間 4 ～ 8 回催行（所要1時間30分）
料 1人月～金 $115、土日 $120
●アブセイリングツアー
時 毎日 10:00、14:00 スタート（所要2時間30分）
料 1人 $115

郵便船でクルーズ MAP P.268/A

ホークスベリー川クルーズ
Hawkesbury River Cruise

ブロークンベイ Broken Bay に注ぐホークスベリー川両岸は、**ブリスベンウオーター国立公園** Brisbane Water NP、**クーリンガイチェイス国立公園** Ku-ring-gai Chase NP で、その景観はとても美しい。ユニークなのは沿岸住民の交通手段。車ではなくボートだ。また川沿いの家への手紙の配達手段も道路がないためボートとなっている。ホークスベリー川沿いの住宅へ郵便を配る郵便配達人が乗るボートに一緒に乗って、ホークスベリー川をクルーズするのが人気だ。ホークスベリー川上流の**ダーラグ国立公園** Dharug NP 近くまで遡る。ダーラグとは、この地に住んでいた先住民の部族名で、一帯の国立公園内では彼らの残した壁画を見ることもできる。

■**ホークスベリー川クルーズ**
● Hawkesbury Cruises
☎ 0400-600-111（要予約）
URL riverboatpostman.com.au
●**リバーポストマン・クルーズ**
時 月～金 10:00 ～ 13:15
休 土日祝
料 大人 $65 子供 $22
※ 2024年2月現在、予約状況により新型コロナウイルスのワクチン接種証明書が求められる場合がある

国立公園の奥深くへクルーズで出かけたい

ニューカッスル
Newcastle

ニューカッスル駅脇に建つ優美なカスタムハウス

セントラルコーストのさらに北（シドニーから約150km）の一帯は、ハンター川 Hunter River 沿いにあることからハンターリージョンと呼ばれている。その中心がNSW第2の都市ニューカッスル。19世紀半ば以降、近郊で採掘される石炭の積み出し港として急速に発展した工業都市だ。また地震には縁のないオーストラリアで、1982年に死者12名を出すという、オーストラリア史上最大の地震被害に見舞われた町でもある。そんなニューカッスルは、オーストラリア有数のサーフィンフェスティバルが行われるサーフタウンとしても知られている。

ニューカッスルの町の東側には歴史的建造物が多く、それらを見て歩くのが人気の観光となっている。インフォメーションでルートが載った地図がもらえるので、歩いてみよう。

アクセス

●**ニューカッスル**
シドニー・セントラル駅からシドニートレインが頻繁に運行している（所要2～3時間）。

■**ニューカッスル・ビジターインフォメーションセンター**
Newcastle Visitor Information Centre
住 430 Hunter St., Old Civic Railway Station, Newcastle 2300
☎ (02)4974-2109
URL www.visitnewcastle.com.au
開 毎日 9:30 ～ 17:00

このほか見逃したくないのが、**フォートスクラッチリー** Fort Scratchley。1882年にロシアの侵入を警戒して造られた砦だが、実際に使われたのは1942年、ニューカッスル沖に浮上した日本の潜水艦に応戦したときだった（オーストラリアで唯一実戦があった砦）。今は史跡博物館として一般公開されている。ガイドツアーもあるので、詳しい説明を聞きたい人はぜひ参加してみよう。

ポートスティーブンス

Port Stephens

シドニーから車で約2時間30分、ニューカッスル近郊のビーチリゾートがポートスティーブンスだ。ポートスティーブンスとは、**ネルソンベイ** Nelson Bayを中心とした湾、半島一帯の名称だ。深く入り込んだ入江には、ペリカンや野鳥が集まり、ネルソンベイでは、野生のイルカを見ることができる。カキの養殖も盛んで、新鮮なシーフードも味わえる。また半島内の**トマリー国立公園** Tomaree NPとその周囲は野生のコアラの生息場所として知られており、ウオーキングトレイル散策などで見かけることも少なくない。シドニーから比較的近く、のんびりした雰囲気が漂っていることもあり、シドニー市民の週末デスティネーションとして人気の場所だ。

ポートスティーブンスには野生のコアラが多数生息している

砂丘サファリやATVが楽しめる MAP P.268/B

ストックトンビーチ砂丘
Stockton Beach Dune

大型4WDで砂丘を駆け回る

ニューカッスルからアンナベイ Anna Bayまで、太平洋岸に長さ32kmにもわたって続く大砂丘がストックトンビーチ砂丘。古くから先住民が貝などの食料を得ていた場所で、現在も彼らが管理している。砂丘の一部はアクティビティ用に開放されており、数社が砂丘ツアーを行っている。ポピュラーなのが**ポートスティーブンス 4WD ツアー** Port Stephens 4WD Tour。砂丘を大型4WDで駆け巡り、途中、砂丘滑り（サンドボーディング）、先住民の貝塚見学や、砂丘を掘ると出てくる鉄分を含んだ水の観察などもできる。砂丘を管理する先住民団体が行う**サンドデューン・アドベンチャー** Sand Dune AdventuresのATVツアーも人気。自分の運転で広大な砂丘を駆け抜けるのは爽快。途中貝塚の見学や砂丘滑り（1時間ツアー）も楽しめる。

砂丘滑りに大興奮

時速50キロほどで大砂丘を駆け回るのは最高

■フォートスクラッチリー
住 1-3 Nobbys Rd., Newcastle, 2300 ☎(02)4929-3066
URL www.fortscratchley.org.au
開 水〜月 10:00〜16:00／ツアーは10:30、11:30、13:10、13:40、14:30スタート
休 火、ニューイヤーズデー、イースターホリデー、クリスマスデー
料 無料／トンネルツアー 大人$14 子供$7.50 家族$36.50

アクセス

●ポートスティーブンス
シドニーのセントラル駅前から毎日1便、ネルソンベイへの直通バスが出ている。またニューカッスルから1日7〜11便バス（Route 130、131）がある。

■ポートスティーブンス・ビジターズインフォメーションセンター Port Stephens Visitors Information Centre
住 60 Victoria Pde., Nelson Bay, 2315
FREE 1800-808-900
URL www.portstephens.org.au
開 月〜金 9:00〜16:00、土10:00〜14:00
休 日祝

■ポートスティーブンス 4WD ツアー
☎(02)4984-4760
URL www.portstephens4wd.com.au
時 アンナベイの砂丘入口出発 1時間サンドボーディングアドベンチャー：10:00〜15:30の15分ごと／1.5時間ビーチ&デューンツアー：10:00〜11:30、13:30〜15:00
料 1時間サンドボーディングアドベンチャー：大人$41.50 子供$36.50 家族$140／1.5時間ビーチ&デューンツアー：大人$52 子供$42 家族$170

■サンドデューン・アドベンチャー
☎(02)4033-8808
URL sanddúneadventures.com.au
時 1時間ツアー：毎日9:30、11:00、13:00、14:30
※ポートスティーブンスからニューカッスル方面へ向かうNelson Bay Rd.のムーロック・アボリジナルカルチュラルセンター Murock Aboriginal Cultural Centre出発
料 1時間ツアー：大人$119（2人乗り$220）

野生イルカやクジラに出合える
ドルフィン&ホエールウオッチング・クルーズ
Dolphin & Whale Watching Cruise

船のすぐ近くまでイルカがやってくることもある

この海域には、約70頭の野生のイルカがすむといわれている。クルーズに参加すれば、95%以上の確率で出合える。数社が運航しており、大手クルーズ会社では夏季にブームネッティングも楽しめるので、水着を忘れずに持っていこう。またドルフィンスイム・オーストラリアでは、週末にイルカと泳げるドルフィンスイム・クルーズも催行している。スノーケル、水中めがねを付けて船に取りつけられたロープにつかまり、近くを泳ぐイルカの姿を見るといったものだ。

この海域は、冬季にザトウクジラの回遊ルートにもあたり、ホエールウオッチングクルーズも盛ん。5月後半～8月頃までは北上するクジラが見られ、9月～10月前半にかけては南極方面へ南下するクジラが現れる。ドルフィンウオッチング・クルーズ催行会社がこの時期ホエールウオッチング・クルーズも行っている。

のんびりした雰囲気の動物園 MAP P.268/B
オークベール・ワイルドライフパーク
Oakvale Wildlife Park

カンガルー、ワラビー、ウォンバット、コアラ、エミューからウサギ、ラクダ、馬や羊、さらにロリキートやクッカブラ、アヒルまで74種の動物が広々とした敷地内で、のんびりした雰囲気のなか飼育されている。またコアラ舎に入り、コアラに餌のユーカリをあげたり一緒に記念撮影したりできるコアラ・エンカウンター Koala Encounter も催行している。

ハンターバレー
Hunter Valley

丘陵地帯にブドウ畑が広がるハンターバレー

シドニーの北西約160kmにあるオーストラリアを代表するワインの名産地。点在するワイナリーは、大手ワイン会社から家族経営のブティックワイナリーまで、実に150以上。地域の入口で中心となる町は**セスノック** Cessnockだが、ワイナリー地帯は**ポコルビン** Pokolbinを中心とする**ロウワーハンター** Lower Hunterと**デンマン** Denmanを中心とする**アッパーハンター** Upper Hunterに数多い。観光的にはロウワーハンターが人気だ。また、サラブレッドの飼育も盛んで乗馬もできるし、熱気球、サイクリングツアーなどのアクティビティも楽しめる。

■ドルフィン&ホエールウオッチング・クルーズ
●ムーンシャドー TQC クルーズ Moonshadow TQC Cruises
☎(02)4984-9388
URL moonshadow-tqc.com.au
時 毎日10:30、13:30出発／ドルフィンウオッチング所要1.5時間／ホエールウオッチング：5月後半～11月前半で所要約3時間
料 ドルフィンウオッチング：大人$40 子供$25 家族$105 ／ ホエールウオッチング：大人$75 子供$35 家族$185
●ドルフィンスイム・オーストラリア Dolphin Swim Australia
☎1300-721-358
URL www.dolphinswimaustralia.com.au
時 ドルフィンスイム：10～4月の火金～日6:00～10:00
料 1人$349

■オークベール・ワイルドライフパーク
住 3 Oakvale Drv., Salt Ash, 2318 ☎(02)4982-6222
URL oakvalewildlife.com.au
開 毎日10:00～17:00
料 大人$39 子供$25 家族$118 ／ コアラ・エンカウンター（10:40、14:00から所要約20分）1人$80（要予約）

アクセス
●ハンターバレー
現地での移動を考えるとレンタカーかツアー利用が現実的だ。

■ビンテージ・ハンターワイン&ビジターズセンター Vintage Hunter Wine & Visitors Centre MAP P.272
住 455 Wine Country Drv., Pokolbin, Hunter Valley, 2320
☎(02)4993-6700
URL www.winecountry.com.au
開 月～土9:00～17:00、日祝9:00～16:00
休 クリスマスデー

■おもなワイナリー
●タイレルズ・ヴィンヤード
(次ページ) MAP P.272
住 1838 Broke Rd., Pokolbin, Hunter Valley, 2320
☎(02)4993-7000
URL tyrrells.com.au
営 月～土10:00～17:00、日10:00～16:00（テイスティングセッション：10:00、11:15、12:30、13:45、15:00）
料 ジェネラルテイスティング$15（要予約）

Memo 一部ワイナリーではセラードア（ワイナリー内ワイン試飲・販売所）でのワインテイスティングは事前予約制となっている。訪問前にウェブサイトで確認しておこう。

ハンターバレーそのほかの主要ワイナリー

ワイナリー名	住所／URL	電話番号	営業時間
タンバーレイン・ワインズ Tamburlaine Wines	358 McDonalds Rd., Pokolbin, 2320 URL tamburlaine.com.au	(02)4998-4222	毎日 9:00 ~ 17:00
ペッパーツリーワインズ Pepper Tree Wines	86 Halls Rd., Pokolbin, 2320 URL www.peppertreewines.com.au	(02)4909-7100	毎日 10:00 ~ 16:00
ビンバジェンエステイト Bimbadgen Estate	790 Mcdonalds Rd., Pokolbin, 2321 URL www.bimbadgen.com.au	(02)4998-4600	月~土 10:00 ~ 16:00 日祝 11:00 ~ 15:00
スカボロー・ワイン Scarborough Wine	179 Gillards Rd., Pokolbin, 2320 URL www.scarboroughwine.com.au	(02)4998-7563	毎日 10:00 ~ 17:00
ブロークンウッド・ワインズ Brokenwood Wines	401-427 McDonalds Rd., Pokolbin, 2320 URL www.brokenwood.com.au	(02)4998-7559	月~金 11:00 ~ 16:00 土日祝 10:00 ~ 16:00
トゥーロックワインズ Tulloch Wines	638 DeBeyers Rd., Pokolbin, 2320 URL www.tullochwines.com	(02)4998-7580	毎日 10:00 ~ 17:00

試飲しながらお気に入りのワインを探す MAP P.272

ワイナリー巡り Exploring Wineries

1860 年代からワインを生産しているポコルビンには、ワイナリーの数が多く、ワイナリー巡りをするのに最適。ここではよく知られるいくつかのワイナリーを紹介しよう。

●タイレルズ・ヴィンヤード Tyrrell's Vineyard

ハンターバレー最古のワイナリーで 1858 年開業。シャルドネ、セミヨン、シラーズにいいものが多い。

タイレルズの気さくなスタッフ

●マクギガン・ワインズ McGuigan Wines

1880 年代からワイン造りを始めた歴史的ワイナリーのひとつ。ワイン造りの博物館、チーズ工場も併設。スパークリングシラーズ、シャルドネ、ピノグリージョが人気。

●ベンイアン Ben Ean

マクギガンが経営しており、ハンターバレー地区の主要ワイナリーのワインの試飲が可能。また併設のレストラン、バウメ Baume はカジュアルな雰囲気でワインと食事が楽しめると人気がある。

●マクギガン・ワインズ MAP P.272
住 Cnr. Broke & McDonalds Rds., Pokolbin, 2320
☎ (02)4998-4111
URL www.mcguiganwines.com.au
営 毎日 10:00 ~ 17:00
料 ティスティング $10

●ベンイアン MAP P.272
住 119 McDonalds Rd., Pokolbin, 2030
☎ (02)4993-3700
URL www.benean.com.au
営 月 ~ 土 9:00 ~ 15:00、日 10:00 ~ 15:00 の 1 時間ごと
料 ティスティング $10 ~ 15

手入れの行き届いた大庭園 MAP P.272

ハンターバレー・ガーデンズ Hunter Valley Gardens

ポコルビンの中心部にある 25ha の敷地の大庭園。英国風庭園、イタリア風庭園、オリエンタル庭園などさまざまな様式の庭園美が見られる。なおブローク・ロードから庭園のエントランスにかけては愛らしいおみやげ店やカフェなどが並んでいる。

さまざまなタイプの庭園が見られるハンターバレー・ガーデンズ

■ハンターバレー・ガーデンズ
住 2090 Broke Rd., Pokolbin, Hunter Valley, 2320
☎ (02)4998-4000
URL www.huntervalleygardens.com.au
開 毎日 9:00 ~ 17:00
料 大人 $36 子供 $28 家族 $98

ハンターバレー Hunter Valley

0 5km

NEW ENGLAND HWY / DALWOOD RD / ブランクストン Branxton / グレタ Greta / ハンターバレー・ホットエアバルーン（熱気球） / スパイサーズ・ヴィンヤード Spicers Vineyards / ボタニカ / BRANXTON RD / TUKEB LA / CAMP RD / ロッキンバー Lochinvar / HERMITAGE RD / ハンターバレー P.290 リゾート+ファーム Hunter Valley Resort + Farm / Grand Mercure The Vintage / ビンバジェン P.272 エステイト Bimbadgen Estate / アランデール Allandale / ハンターバレー・ガーデンズ P.272 Hunter Valley Gardens / スパイサーズ・ゲストハウス Spicers Guest House / ポコルビン Pokolbin / McDONALDS RD / P.290 コンベント・ハンターバレー The Convent Hunter Valley / スカボロー・ワイン P.272 Scarborough Wine / BROKE RD / マクギガン・ワインズ McGuigan Wines P.272 / P.272 タイレルズ・ヴィンヤード Tyrrell's Vineyard / ペッパーツリーワインズ Pepper Tree Wines P.272 / HALLS RD / ビンテージ・ハンターワイン＆ビジターズセンター / トゥーロックワインズ Tulloch Wines P.272 / タンバーレイン・ワインズ P.272 Tamburlaine Wines / Crown Plaza Hunter Valley / ブロークンウッド・ワインズ Brokenwood Wines P.272 / ベンイアン Ben Ean P.272 / OAKEY CREEK RD / WINE COUNTRY DRV / セスノック Cessnock / Mount Pleasant Wines / MARROWBONE RD / MAITLAND RD / Saddlers Creek Wine / MOUNT VIEW RD / WOLLOMBI RD / VINCENT ST / ABERDARE RD / KEELEND RD / KENDALL ST

Memo ロウアーハンターの北西デンマンの近くのアッパーハンターには、オーストラリアで唯一の日本人女性醸造家が開いたスモールフォレスト・ワイナリー Small Forest Winery がある。住 5052 Jerrys Plains Rd. (Golden Hwy.), Denman, 2328 URL smallforest.com.au

シドニーのテーマパーク
THEME PARKS IN SYDNEY

シドニー市内および郊外にはオーストラリアの生き物に出合える水族館や動物園がいっぱい。またブルーマウンテンズ地区には、世界遺産の森を満喫できるアトラクションをもつ施設もある。

オーストラリア近海にすむ魚が一度に見られる MAP P.251/2B

シーライフ・シドニー水族館
Sea Life Sydney Aquarium

シャークハーバーではさまざまな種類のサメが見られる

オーストラリアの近海や河川に生息する1万1300種を超える水生動物が集められている。館内はいくつかのテーマゾーンがあり、子供たちに人気なのがキングペンギン、ジェンツーペンギンのコロニーを再現したペンギンエクスペディションと人魚のモデルといわれる希少海洋哺乳類ジュゴンが見られるジュゴンアイランド。ジュゴンは世界中の水族館でわずか5頭しか飼育されていないが、2頭がここにいる。シャークバレーは、オーストラリア近海に生息するサメの生態をじっくり観察できる人気エリア。オーシャナリウム（実際に海の一部を仕切った展示館）スタイルで、さまざまなサメやエイを見ることができるのだ。グレートバリアリーフの海を再現したデイ&ナイト・オン・ザ・リーフでは、色とりどりのコーラルフィッシュ、ナポレオンフィッシュやウミガメ、リーフシャークまで、珊瑚礁海域の海中生物をじっくり観察できる。

スリルがあるシャークダイブ・エクストリーム

アドベンチャー好きならトライしたいのがサメの泳ぐ巨大水槽でダイビングを楽しむ**シャークダイブ・エクストリーム** Shark Dive Extreme。ほかにも飼育係と一緒にペンギンエクスペディション内でペンギンを観察する**ペンギンエンカウンター** Penguins Encounter などのアクティビティがある。

町の中心でオーストラリアの動物たちに出合える MAP P.251/2B

ワイルドライフ・シドニー動物園
Wild Life Sydney Zoo

シドニー水族館隣の屋内型動物園。オーストラリア特有の9つの異なる環境を再現している。オーストラリア内陸部アウトバックを再現したカンガルーウオークアバウトでは、内陸部に生息するオオカンガルーやスナイロワラビーを、ワラビークリフでは希少種イエローフットロックワラビーを見ることができる。珍しいケバナウォンバットも人気だ。また屋上のコアラエンカウンターズでは、コアラと一緒に記念写真もできる（有料）。

餌づけタイムを確認していけば、ハリモグラの餌やりも可能

■シドニーの動物園ではコアラ抱っこはできない

NSWでは州法でコアラの抱っこが禁止されている。なお動物園によってはコアラに触りながら写真を撮らせてくれるところもある。

■シーライフ・シドニー水族館
住 1-5 Wheat Rd., Darling Harbour, 2000
FREE 1800-195-650
URL visitsealife.com/sydney
開 毎日9:00～18:00
料 大人$51(38.40) 子供$38(28)
※( )内はウェブ割引
／シャークダイブ・エクストリーム（14歳以上）：木金1人$269、土日1人$329／ペンギンエンカウンター：1人$199（14歳以上）

珍しいジュゴンを見にいこう

■ワイルドライフ・シドニー動物園
住 1-5 Wheat Rd., Darling Harbour, Sydney, 2000
FREE 1800-195-650
URL www.wildlifesydney.com.au
開 毎日9:30～18:00／コアラと朝食：毎日7:15～
料 大人$50(38.40) 子供$36(28.80) ※( )内はオンライン割引
／コアラと記念写真（入園料別）：2人まで$30／コアラと朝食（入園料込み）：大人$90 子供$80

■シドニーアトラクションパス

オンライン購入が原則で、シドニータワーアイ、シーライフ・シドニー水族館、ワイルドライフ・シドニー動物園、マダムタッソー・シドニー入場券がセットになった割引チケット。
料 2施設組み合わせ：大人$65 子供$48／3施設組み合わせ：大人$75 子供$57／4施設組み合わせ：大人$90 子供$70／4施設＋ビッグバス1日券 大人$139 子供$105

亜熱帯雨林の森を再現したバタフライトロピックスで、カラフルなチョウが自分の肩や頭にとまるのもユニークな体験。

なお早朝に屋上のコアラ飼育スペースを使い、コアラと一緒に朝食を取るプログラムも行っている。

コアラにタッチできる記念写真スペース

愛嬌者の動物たちと「水の風景」が美しい MAP P.258

タロンガ動物園
Taronga Zoo

タロンガとはオーストラリア先住民族の言葉で「美しい水の眺め」という意味。その名のとおり、シドニーハーバーや対岸の市街の眺望が美しい。1916年開園とシドニーで最も古く、オーストラリアで最も有名な動物園だ。丘を利用した29haの広い園内には、オーストラリア固有の動物はもちろん、ライオンやトラ、ゾウやキリン、ゴリラなど世界各地からさまざまな動物が集められており、その数は実に380種2200頭にもなる。

歴史を感じさせる入園ゲートの建物

放し飼いエリアではカンガルーのこんな姿も

オーストラリアの動物は正面入口近くにまとまっており、カンガルー、ワラビー、エミューは放し飼いだ。また丘の麓側は、アシカやオットセイの泳ぐ水中の姿をガラス越しに見られたり、ペンギンやペリカンを間近に観察できたりするグレートサザンオーシャンズエリアだ。大きなシアタースペースでは、アシカのショーも行われる。また1日2回行われるフリーフライトバードショーも見逃せない。ウミワシやオオワシ、フクロウ、それにオーストラリア

■タロンガ動物園
住 Bradley's Head Rd., Mosman, 2088
☎ (02)9969-2777
URL taronga.org.au/sydney-zoo
開 毎日9:30～16:30（9～4月は9:30～17:00）
料 大人$45.90 子供$27 家族$129.60／ツリートップ・ワイルドロープ（入園料別）：2コース：大人$41 子供$36、4コース 大人$59 子供$49
アクセス サーキュラーキーから30分に1本フェリーサービスあり（所要約12分）。タロンガ動物園にはフェリーターミナル近くの入口と丘の上の正面入口がある。正面入口へはフェリー発着に合わせてバスが運行。

COLUMN

動物好きに評判！ タロンガ動物園宿泊プラン

タロンガ動物園内にはふたつのタイプの宿泊施設があり、動物好きが喜ぶようなパッケージを出している。

まず**ローアー＆スノアー Roare & Snore**。サファリテント型の宿泊施設で、チェックインは夕方。テント内に荷物を置いた後は、特設テント内でウエルカムドリンクとカナッペが振る舞われる。その後ナイトツアーで夜行性動物たちの活発な生態を観察。翌朝開園前に動物園ビハインドシーンツアーも楽しめる。ディナーと朝食はビュッフェ形式で提供。宿泊翌日のタロンガ日中入園券ももちろん含まれている。

ローアー＆スノアーで利用されるサファリテント。真ん中にウエルカムセレモニー用の特設テントがある

もうひとつは5つ星ホテルスタイルに宿泊する**ワイルドライフリトリート Wildlife Retreat**。こちらは到着日と宿泊翌日2日間のタロンガ動物園入園とセットになったもの。ホテルの部屋から動物たちの様子が眺められ、ゲスト専用の園内ガイドツアーも行われる（コアラ舎内にも入ることが可能）。食事はホテルゲスト専用のファインダイニングにて（朝食付き／夕食はアラカルトでオーダー）。

●タロンガ動物園宿泊プラン
☎ (02)9969-2777
URL taronga.org.au/accommodation
料 ローアー＆スノアー：S$407～686、TW$627～906 ※曜日により料金が異なる／ワイルドライフリトリート・クラシックパッケージ：S$550～1872、TW$635～1957 ※曜日、部屋のタイプにより料金が異なる

タロンガ動物園はアップダウンがあるので、サーキュラーキーからフェリーで行く場合は、船着き場からまずバスでMain Entranceに行き、そこから下りながら見学して船着き場に出るのがよいと思います。（東京都 ぐち '24）

ツル、オウムなどオーストラリアならではの鳥たちの優雅に飛ぶ姿がすばらしい。

ほかにも園内には、木々の間にロープを渡したアスレチックアトラクション、**ツリートップ・ワイルドロープ** Tree Top Wild Ropes があり、子供や家族連れに人気がある。

アジアエリアの中心の広い飼育スペースでアジアゾウがのんびりしている

シドニーでホットな動物園といえば　MAP 地図外

シドニー動物園
Sydney Zoo

飼育係の動物トークでは間近に動物観察もできる

先住民文化体験にはぜひ参加したい

シドニーとブルーマウンテンズの中ほどの町ブラックタウン近郊にある大型動物園。東京ドームの4倍近い広さ（約16.5ha）をもち、オーストラリア、東南アジア、アフリカ、プレミアム、アクアリウムの4つのエリアに分かれている。世界中の動物が飼育されているので、オーストラリアの家族連れに大人気の施設だ。海外からの観光客にはやはり入口すぐの所にあるオーストラリア・エリアが人気。カンガルーやワラビー、エミューは放し飼い、コアラやウォンバット、タスマニアンデビル、ディンゴなども見られる。オーストラリアの動物以外のアニマル・エンカウンター・プログラムも充実していて、特にレッサーパンダやミーアキャット、カピバラ、ライオンなどとのエンカウンタープログラムが人気だ。なお各エリアでは飼育係による動物トークが行われているほか、オーストラリア先住民による文化体験プログラムもあり、ディジュリドゥなどのパフォーマンスが見られたりもする。

のんびりした雰囲気の　MAP 地図外

フェザーデール・ワイルドライフパーク
Featherdale Wildlife Park

シドニー動物園同様、ブラックタウン近郊にある。こちらはオーストラリアの動物飼育（30種以上の有袋類、230種以上の鳥類、そして多数の爬虫類）を専門とした動物園で、園内はコアラサンクチュアリやウォンバットワールドなどのエリアに分かれている。カンガルー、ワラビー、エミューは放し飼いなので、入口で餌を買っておけば餌やりが楽しめる。

A 大迫力のクロコダイル・フィーディングショー
B カンガルーやワラビーへの餌やりは楽しい

■タロンガ動物園＋往復フェリー割引チケット

●キャプテンクッククルーズ・ズーエキスプレス Zoo Express

キャプテンクック（→P.283）のタロンガズーフェリー往復もしくはホップオン・ホップオフ・フェリー1日券＋入園料がセット。

料 大人 $69 子供 $40

●ファンタシークルージング・タロンガズー・コンボパス Fantasea Cruising Taronga Zoo Combo Pass

シドニーハーバー・ホッパー（→P.283）のホップオン・ホップオフ・パス＋入園料がセット。

料 24時間パス・コンボ 大人 $74 子供 $49 ／ 48時間パス・コンボ 大人 $78 子供 $59

■シドニー動物園

住 700 Great Western Hwy., Bungarribee, 2767
☎ (02)7202-2560
URL sydneyzoo.com
開 毎日 9:00 ～ 16:00
休 クリスマスデー
料 大人 $44.99 子供 $19.99
アクセス 市内からシドニートレイン T1 ウエスタンラインでブラックタウン Blacktown まで約40分。駅前から Route 723、729のバスで20分。

■フェザーデール・ワイルドライフパーク

住 217-229 Kildare Rd., Doonside, 2767
☎ (02)9622-1644
URL www.featherdale.com.au
開 毎日 8:00 ～ 17:00
休 クリスマスデー
料 大人 $42(37.80) 子供 $28(25.20) ／コアラ・エンカウンター1人 $30　※( ) 内はオンライン割引
アクセス 市内からシドニートレイン T1 ウエスタンラインでブラックタウン Blacktown まで約40分。駅前から Route 729のバスで10分。

もちろんウォンバットやタスマニアンデビルといった人気の動物も間近に見学できる。なお９～４月には、迫力満点のクロコダイル・フィーディングショーもある。また、より動物との触れ合いを楽しみたい人向けにアニマル・エンカウンター・プログラムがある。特に人気なのが、コアラに触ったり、一緒に記念撮影できる**コアラ・エンカウンター** Koala Encounter だ。

シドニーで最も歴史のある動物園　MAP 地図外

コアラパーク・サンクチュアリ
Koala Park Sanctuary

コアラの飼育頭数が多い

オーストラリア初のコアラ病院（1930 年設立）があることで知られている。コアラは１日４回(10:20、11:45、14:00、15:00) スタッフによるフィーディング＆トークショーがあり、そのあとで一緒に記念撮影が可能だ。

広々とした園内では、カンガルー、エミューは放し飼いになっており、誰でも気軽にフィーディングが楽しめる。もちろんウォンバット、ディンゴ、ハリモグラなどオーストラリアのユニークな動物たちにも出合える。

体験プログラムが人気の　MAP P.268/A

オーストラリアン・レプタイルパーク
Australian Reptile Park

セントラルコーストにある動物園。レプタイルパーク（爬虫類公園）と名づけられており、入口には大きなエリマキトカゲのゲートもあるが、園内にはコアラ、カンガルー、ワラビー、ウォンバット、タスマニアンデビル、ディンゴ、エミュー、カソワリィなどオーストラリアの人気動物がいっぱい（主要な動物は飼育係による説明ショーもある)。カンガルーへの餌づけももちろん楽しめ、エリマキトカゲやニシキヘビなどの爬虫類の展示も充実している。

この動物園で特に力を入れているのは、動物と触れ合えるエンカウンタープログラム。コアラやウォンバットの赤ちゃん、タスマニアンデビルの赤ちゃんなどと触れ合うプログラムがある（各動物と一緒に記念写真も可能)。それらすべてが楽しめるのが**プライベート・ビハインド・ザ・シーン・ツアー** Private Behind The Scenes Tours。約 90 分間、専任ガイドが園内および通常公開されていない動物園の裏側を案内してくれ、各動物とのエンカウンタープログラムも楽しめる内容だ。通常プログラムに

飼育係がウォンバットの赤ちゃんとの触れ合いをさせてくれるエンカウンタープログラム

■コアラパーク・サンクチュアリ
住 84 Castle Hill Rd., West Pennant Hills, 2125
☎ (02)9484-3141
URL koalapark-sanctuary.com.au
開 毎日 9:00 ～ 17:00
休 クリスマスデー
料 大人 $32 子供 $18 家族 $90
アクセス シティのウインヤードから Route 620X、642X のバスで約 30 分。

コアラパーク・サンクチュアリにも、もちろん放し飼いのカンガルーがいる

■オーストラリアン・レプタイルパーク
住 69 Pacific Hwy., Somersby, 2250 ☎ (02)4340-1022
URL www.reptilepark.com.au
開 毎日 9:00 ～ 17:00
休 クリスマスデー
料 大人 $47.99 子供 $30.99 家族 $134.99 ／コアラ・エンカウンター（10:30 ～）1 人 $90 ／ウォンバットの赤ちゃんエンカウンター（11:00 ～）1 人 $90 ／オージーアニマル・エンカウンター（15:00 ～／コアラ、ウォンバットの赤ちゃん、タスマニアンデビルの赤ちゃんと触れ合い体験）1 人 $125
●プライベート・ビハインド・ザ・シーン・ツアー
料 4 人 $700（入園料込み）
※要予約
●キッズ飼育係体験（入園料込み）
料 13 ～ 18 歳 $144.99 ／ 7 ～ 12 歳 子供 $99.99（入園料込み）
※キッズ飼育係体験の催行日は要問い合わせ
アクセス シドニーセントラル駅からゴスフォード駅までセントラルコーストライン利用。そこからタクシー利用が一般的。

入口ゲートは巨大なエリマキトカゲ

はない/ウガメの体を洗ったり、コアラにユーカリの葉っぱを食べさせてあげたりもできる。子供なら**キッズ飼育係体験** Kids Zoo Keepers も楽しい。年齢に合わせて安全を考慮したビハインド・ザ・シーン・ツアーといった感じだ。

のんびり動物と触れ合える MAP P.299/A

シンビオ・ワイルドライフパーク
Symbio Wildlife Park

シドニーとウロンゴンの間、ロイヤル国立公園に隣接した場所にある地元の人に人気の動物園。オーストラリアの動物以外にも、トラやレッサーパンダ、ミーアキャット、ワオキツネザルなども飼育している。

触れ合いプログラム時にはコアラとセルフィーも

広々とした園内では放し飼いにされているカンガルーやワラビーの餌づけも楽しめる。動物との触れ合いプログラムや飼育係による各動物のプレゼンテーションが大充実。特に**コアラ・エクスペリエンス** Koala Experience はコアラと間近に接して記念写真ができるので人気がある。ちなみに英国人が入植後に初めてコアラを見つけたのはこの動物園のすぐ近くだという。

ブルーマウンテンズのダイナミックな眺望を味わう MAP P.264/A

シーニックワールド
Scenic World

ブルーマウンテンズ随一のアトラクションスポットで、ブルーマウンテンズのパノラマが楽しめる乗り物と温帯雨林を満喫できるボードウオークがある。

まず、谷底から 270m、片道約 720m を往復する**シーニックスカイウェイ** Scenic Skyway（対岸カトゥーンバフォールズ駅で降りることも可能）。前方にスリーシスターズ、眼下に飛沫を上げるカトゥーンバフォールズ、そしてあたりを埋め尽くす広大な樹海ジャミソンバレーの景色を眺める。床の一部が透明なのもおもしろい。次に乗りたいのが、標高差 415m を下るトロッコ列車の**シーニックレールウェイ** Scenic Railway だ。世界最大といわれる最大斜度 52 度を滑り下りるのはかなり楽しい。谷側の駅に着いたら、そこからうっそうとした温帯雨林内に造られた遊歩道**シーニックウオークウェイ** Scenic Walkway を散策。途中にかつての炭坑跡が残っている。この一帯は石炭が豊富に産出された場所で、シーニックレールウェイはもともと炭坑夫を運ぶために敷設されたトロッコだったというわけだ。シーニックウオークウェイを 10 ～ 15 分歩くと、谷側の**シーニックケーブルウェイ** Scenic Cableway 駅に到着。ここから 84 人乗りの大型ゴンドラ、シーニックケーブルウェイに乗り、大きな窓からジャミソンバレーの青々としたユーカリ林を眺めながらターミナルへ戻るというのが一般的だ。

A

B

C

A 眺めもいいシーニックスカイウェイ B 急斜面を滑り下りるシーニックレールウェイ C 大型ゴンドラのシーニックケーブルウェイ

■**シンビオ・ワイルドライフパーク**
住 7-11 Lawrence Hargrave Drv., Helensburgh, 2508
☎ (02)4294-1244
URL symbiozoo.com.au
営 毎日 9:30 ～ 17:00
休 クリスマスデー
料 大人 $42 子供 $27 家族 $130 ／コアラ・エクスペリエンス（11:30、12:00、15:15、15:45、16:15）大人 $42 子供 $27
アクセス シティからシドニートレインのサウスコーストラインでヘレンズバラ Helensburgh へ行き、そこからスタンウェルトップス Stanwell Tops 行きバス（Route 15）に乗り換える。バス停から約 1km。所要約 1 時間 20 分。

■**シーニックワールド**
住 Cnr. Violet St. & Cliff Drv., Katoomba, 2780
☎ (02)4780-0200
URL scenicworld.com.au
営 毎日 10:00 ～ 16:00
料 1 日乗り物乗り放題：月～金 大人 $50 子供 $30 家族 $155、土日祝 大人 $55 子供 $33 家族 $170.50
アクセス ブルーマウンテンズの起点となるカトゥーンバの駅近くのキャーリントンホテル前からブルーマウンテントランジットのバス Route 686、686G 利用（約 10 分）。またブルーマウンテンズ・エクスプローラーバス利用も便利。なおシドニー市内からブルーマウンテンズのツアーは、ほとんどシーニックワールドを訪れる。

■**シーニックレールウェイは上りもある**
谷側の駅からターミナルへ戻ることもできる。ただスピード感や楽しさは下りのほうが上だ。

✉ シーニックワールド内ではなく、外側、バス停の前に蒸気時計があり、毎時、蒸気を噴出して音が鳴ります。ただそれだけですが……。（東京都　AGT　'17）['24]

■割引料金が出ることもある日本語オンライン・オプショナルツアー・サイト
●ホットホリデー
URL www.hotholiday.jp
●ナビツアー
URL www.navitour.com.au
●ベルトラ
URL www.veltra.com/jp/oceania/australia

■ブリッジクライム・シドニー
住 3 Cumberland St., The Rocks 2000
☎ (02)8274-7777
URL www.bridgeclimb.com
時 毎日7:00～深夜の間随時。所要約3時間
料 サミットクライム、サミットインサイダーとも同一料金／日中：大人 $354 子供（12～16歳）$149／夜間：大人 $294 子供 $149／夕方：大人 $394 子供 $219／アンリミテッドクライム（日中のみ）大人 $364 子供 $189
※パイロンルックアウト入場券付き
※時期により週末は追加料金が必要となることもある
※必ずゴム底の脱げにくい靴で参加すること

シドニーのツアー＆アクティビティ
TOURS & ACTIVITIES IN SYDNEY AREA

シドニー発着ツアーで一般的なものは、シドニー市内観光のほか、世界自然遺産のブルーマウンテンズへ向かうツアー、イルカが見られるポートスティーブンスへのツアー、ワインの里ハンターバレーのツアー、シドニーハーバー・クルーズなど。日本語ガイドが付くツアーも多い。

シドニー市内の人気ツアー

シドニーで一番エキサイティングな ブリッジクライム・シドニー Bridge Climb Sydney

MAP P.239/2A

アウターアーチを登るサミットクライム。時間に余裕があったらぜひこちらをチョイス

ハーバーブリッジの頂上では全員揃って記念撮影

シドニーのシンボルであるハーバーブリッジに登るアクティビティが大人気。ロックス側のパイロンからスタートして、ダブルアーチの外側（アウターアーチ）を登り、最も高い中間地点（海抜134m）で反対側に渡ってまた戻ってくるのが**サミットクライム** Summit Climb（もっとも一般的）。1グループ12～14人でクライムリーダーが先導してくれるので安心だ。頂上では360度何も遮るものがなくすばらしい眺め。歩く距離は1.5kmほどで、全行程約3時間。また時間があまりない人向けに、ダブルアーチの内側（インナーアーチ）を往復し、中央でアウターアーチの頂上へ登る**サミットインサイダー** Summit Insider（所要2時間30分）もある。このほか催行日限定だが真ん中のサミットまではインナーアーチを通り、サミットから橋の反対側までの両側往復をアウターアーチで通り、再びサミットからインナーアーチを通って戻ってくる（つまり橋のアーチを完全に往復する）**アンリミテッドクライム** Unlimited Climbもある（所要約3時間30分）。より達成感を求めるならアンリミテッドクライムがおすすめだ。

安全のためツアー出発前に、アルコールテスト（飲酒者の参加は不可）を行い、専用スーツに着替える。ツアー中に荷物を持つことは厳禁（カメラや財布も出発時に預ける）。登頂証明書、記念撮影付き。夜間にはさらにエキサイティングなナイトクライムも催行中。原則予約が必要で、予約時に指定された時間の15分前までにツアー出発地にてチェックインすること。空きがあれば予約なしでも受け付けてくれる。

ナイトクライムではシドニーの夜景も満喫できる

ブルーマウンテンズツアー

数多くの会社が催行しているブルーマウンテンズツアー。いくつものバリエーションがある。もちろん日本語ツアーもいくつか催行されている。

定番景勝スポットとアトラクションを楽しむ

ブルーマウンテンズ１日&半日日本語ツアー

Blue Mountains 1 Day & Harf Day Japanese Tours

●ジャックさんの楽しい日本語ツアー／ブルーマウンテンズ＋キングステーブルランド&ルーラとシドニー動物園

エコーポイントでスリーシスターズをバックに記念写真

ブルーマウンテンズの人気観光スポット、エコーポイント、シーニックワールド（乗り物は別料金）を訪れるほか、ブルーマウンテンズらしい壮大な景色が楽しめるキングステーブルランド、ルーラにも立ち寄る。ルーラでの自由散策時間に各自でランチ（ジャックさんのおすすめはミートパイ）。ブルーマウンテンズを満喫した後、シドニー動物園に立ち寄り、カンガルーなど触れ合ったり（餌付き）、コアラを見たり……。充実した内容の１日ツアーだ。

なお帰路のシドニー動物園を外した**ブルーマウンテンズ＋キングステーブルランド&ルーラ**というツアーもある。

●オーストラリアンツアーリンク／ブルーマウンテンズ&シドニー動物園１日ツアー

朝ゆっくり出発できるのが魅力のツアー。出発後最初にシドニー動物園に立ち寄り、カンガルーやワラビー、コアラなどオーストラリアの動物たちを見学。その後ブルーマウンテンズへ。キングステーブルランドで絶景を楽しみ、シーニックワールドでランチ後に、シーニックスカイウェイ、シーニックレールウェイ、シーニックケーブルウェイに乗車して、乗り物と森を満喫。その後エコーポイントからスリーシスターズを眺め、最後にルーラで自由散策（日本語マップ付き）。ツアー行程中のランチ、乗り物代が含まれているのもうれしい。

■ジャックさんの楽しい日本語ツアー
☎(02)9420-8055
URL www.jacksan.com
●ブルーマウンテンズ＋キングステーブルランド&ルーラとシドニー動物園
時 毎日 7:30 ～ 17:00
料 大人$185 子供$160
●ブルーマウンテンズ＋キングステーブル&ルーラ
時 毎日 7:30 ～ 14:45
料 大人$130 子供$100

■オーストラリアンツアーリンク（D.O.A. オーストラリア）
☎(02)9261-1736
URL www.doa.com.au
●ブルーマウンテンズ&シドニー動物園１日ツアー
時 毎日 8:30 ～ 17:30
料 1 人 $285

キングステーブルランドで絶景記念写真

世界最古の鍾乳洞を訪れる

ブルーマウンテンズとジェノランケーブ・ツアー

Blue Mountains & Jenolan Caves Tours

せっかくブルーマウンテンズまで出かけるのだから、個人では行きにくいジェノランケーブ観光も加えてみたい。かつてはブルーマウンテンズ・ツアーでいちばん人気があったのだが、近年の山火事や大雨などの影響により道路状況が悪くなり、遠回りかつ指定時間のみ通行可能道路を利用するためツアーがほとんどなくなった。

日本人エコガイドと一緒に、いざ鍾乳洞探検へ！

そんななか、日本人エコガイドによる詳細な説明が自慢の**IECオセアニア**が日本語ツアーとして唯一定期ツアー（ブルーマウンテンズ（山）エコツアー／土曜のみ催行）を催行している。

オリエントケーブの美しさには圧倒される

ブルーマウンテンズの自然はもちろん、ジェノランケーブについても博学になることができるほどガイディングがすばらしい。午前中にまず、キングステーブルランドの絶景とエコーポイントでのスリーシスターズ見学。その後ジェノランケーブへ向かう（到着後各自ランチ）。オリエントケーブを見学し、さらにテンプル・オブ・バールへと入り音楽とライトアップで幻想的に演出された鍾乳洞も満喫する（ふたつの鍾乳洞が見られるツアーはIECだけ！）。鍾乳洞見学後は、ブルーレイク周辺散策（運がよければカモノハシが見られる）など、さまざまなスポットを案内してくれる。

■**IECオセアニア**
☎(02)8214-6410（日本語）
URL www.iec-oceania.com.au
●**ブルーマウンテンズ【山】エコツアー**
時 土6:30～19:30
料 1人$330
●**ポートスティーブンス【海】エコツアー**
時 水日7:00～19:00
休 クリスマスデー
料 大人$295 子供$270／ホエールウオッチングへのアップグレードは 大人$40 子供$30追加

ポートスティーブンス&ハンターバレー・ツアー

ポートスティーブンスツアーの定番

野生のイルカウオッチング・クルーズ
Wild Dolphin Watching Cruise

●**IECオセアニア／ポートスティーブンス【海】エコツアー**

ポートスティーブンス日本語ツアーの老舗IECオセアニアによる見どころ満載ツアー。まずはポートスティーブンスでのドルフィンウオッチング・クルーズ。イルカが見られる確率は95%以上だ。夏季はブームネッティングも楽しめるので、水着を持っていこう。その後ランチを挟んで、ストックトンビーチ大砂丘を4WDで巡り、砂滑りを楽しむ。さらに、帰路にオークベール・ワイルドライフパークに立ち寄りコアラやカンガルーとも触れ合うという、盛りだくさんの1日だ。またポートスティーブンス沖では、毎年秋（6～7月）と春（9～11月）にクジラが現れる。この時期はドルフィンウオッチングの代わりにホエールウオッチングも選択可能だ。

野生のイルカが船の近くまでやってくる

●**ジャックさんの楽しい日本語ツアー／ドルフィンウオッチング**

ドルフィンウオッチングクルーズを手頃な料金で楽しみたい人に人気のツアー。約1時間30分のドルフィンウオッチング・クルーズのあと船内でランチ、その後ショールベイ、ガンガンヒル展望台などポートスティーブンス周辺の見どころを回る。有料だがストックトンビーチでの4WD砂丘ツアーもアレンジしてくれる。

■**ジャックさんの楽しい日本語ツアー**
☎(02)9420-8055
URL www.jacksan.com
●**ドルフィンウオッチング**
時 毎日7:00～18:00
料 昼食付き：大人$250 子供$215

ストックトンビーチでの砂滑りはぜひ体験したい

日本語ハンターバレーツアーなら
ハンターバレー日本語ワインテイスティングツアー
Hunter Valley Japanese Wine Tasting Tour

ジャックさんおすすめワイナリーのトゥーロックワインズ

シドニーの人気日本語ツアー、ジャックさんの日本語ツアーが、唯一ハンターバレーへの日本語ツアーを催行している。午前中マウントプレザント、トゥーロックワインズなど2ヵ所でワインテイスティング。ランチはハンターバレーリゾートで。ランチ後はリゾート内でワインテイスティングやビールの飲み比べ（有料）もできる。午後はスパークリングワインのテイスティングとチョコレートファクトリーへ。時間が許せばチーズファクトリーにも立ち寄るなど、グルメ気分いっぱいのツアーだ。

3つのブティックワイナリーを訪問
ハンターバレー・ワインツアー
Hunter Valley Wine Tours

ハンターバレーへの日帰り英語ツアーで人気なのがこれ。少人数制ツアーで、ハンドピッキングにこだわる厳選した3つのワイナリーを訪ね、ワインメーカーの話を聞きながらじっくりとワインテイスティングを楽しむ。ほかにもワインリージョンらしい美しい景色を楽しみながらのカフェランチや、チーズファクトリー見学＆チーズテイスティングなど、ワイン好きにはたまらない内容となっている。

ローカル気分で旅が楽しめる
列車で行くハンターバレー2泊3日
Train it to Hunter Vally 3 day 2 night

列車の旅が楽しめるのがうれしい

英語ツアーだが、ユニークな体験ができると評判なのがこのツアー。シドニーからの往復に列車を利用（シドニーセントラル～シングルトン Singlton 片道約3時間）。鉄道の旅を楽しみながらハンターバレーへ向かい、ハンターバレーでは**ハンターバレーリゾート** Hunter Valley Resort に2泊滞在しながら、この地域の魅力を満喫できるのだ。ハンターバレーリゾート内はもちろん、徒歩＆自転車圏内にはいくつかワイナリーがあり、それ以外のワイナリーへもホップオン・ホップオフ・バスの**アイホップ・ハンターバレー**を利用すれば訪れることができる。またリゾート内ではワインティスティングのイロハが学べるワインシアターやブドウ畑見学ツアーに参加も可能（ツアーに含まれる）。ほかにもリゾート内で乗馬やセグウェイを楽しんだり、併設のブリュワリーでクラフトビールの飲み比べをしたり……と楽しみ方はいろいろ。リゾート敷地内では朝夕、野生のカンガルーも見られる。

■ジャックさんの楽しい日本語ツアー
☎(02)9420-8055
URL www.jacksan.com
●ハンターバレー・ワインテイスティングツアー
時 毎日7:30～17:30
料 大人$230 子供$180

ツアーで訪れることが多いマウントプレザント・ワイナリー

■ハンターバレー・ワインツアー
催行：Autopia Tours
☎(08)6244-2065
URL autopiatours.com.au/eco-tours-australia/sydney/hunter-valley-wine-tours/
時 月～金7:30～18:00
料 1人$225

■列車で行くハンターバレー2泊3日
催行：Hunter Valley Resort
☎(02)4998-7777
URL huntervalley.com.au
時 毎日催行（シドニーセントラル駅発着9:29～翌々日16:38）
料 2人2泊$799～
●代表的なオプション
乗馬ツアー（30分）：1人$85／セグウェイツアー（40分）：1人$55／馬車ツアー（45分）：大人$55 子供$35／電動自転車貸し出し（4時間）：$60
●アイホップ・ハンターバレー iHop Hunter Valley
URL ihophuntervalley.com.au
料 1日 大人$75 子供$39、半日 大人$52.50 子供$25

ブドウ畑の中を巡るセグウェイツアー

そのほかのおすすめツアー

養殖場でオイスターを食べる！

シドニー・オイスターファーム・ツアー
Sydney Oyster Farm Tour

海の上にセッティングされたテーブルで取れたてオイスターを味わう

ホークスベリー川河口ムーニームーニー Mooney Mooney にはシドニーロックオイスターの一大養殖場が広がっている。このツアーはそのひとつブロークンベイ・オイスターファームで、ボートツアーで養殖場見学後、取れたてオイスターの試食をするというもの。いくつかコースがあるが、ぜひ体験したいのが養殖場の海の浅瀬にテーブルをセッティングして、その場で採取したオイスター 18 個を味わうイメース・ユアセルフ Immerse Yourself。ほかにオイスターファーム見学後に陸上で 12 個のオイスターが味わえるオイスターファームツアー Oyster Farm Tour、豪華なシーフードランチが付いたオイスターエレガンス Oyster Elegance がある。

シドニー近郊で熱気球体験

カムデンバレー熱気球ツアー
Hot Air Balloon / Balloon Aloft Camden

シドニー近郊の広大な牧草地の上での熱気球体験だ

シドニー近郊で熱気球体験ができるのは、カムデンバレーとハンターバレーの 2 ヵ所。このうち比較的アクセスしやすいのがシドニー近郊都市のカムデンだ。まだシドニー中心部からの送迎サービスが計画段階のため、現状参加するにはレンタカーが必要だ（早朝であればシドニー中心部から車で約 1 時間）。それでも、早朝の凛とした空気のなかでの熱気球体験は格別。気球は 16 人乗れる大型のもので、大空の上で夜明けを迎える。眼下には牧草地が広がり、運がよければカンガルーの群れを目にすることもある。また西に目を向けると、ブルーマウンテンズの美しい山並みが朝日に輝いている。フライトはたっぷり 60 分。着陸後は参加者みんなで気球の中へ入ったり、バルーンパッキングを体験したり。その後クラシックな雰囲気のカムデンバレー・インで、優雅な朝食を味わう。

シドニーハーバー・クルーズ

世界 3 大美港のひとつといわれるシドニーハーバー。これを実感するには、ハーバークルーズがいちばんだ。潮風が肌に快い晴れた日には、最高に贅沢なひとときになるはず。シドニーにはいくつかのクルーズ会社があり、内容、時間帯、

■シドニー・オイスターファーム・ツアー
住 Kowan Rd., Mooney Mooney, 2083
☎ 0402-686-267
URL www.sydneyoystertours.com
時 イメース・ユアセルフ：土日の日中 1 ～ 2 回／オイスターファームツアー：土日の日中 1 ～ 2 回／オイスターエレガンス：1 ヵ月に 1 ～ 4 回
※催行日・催行時間はウェブサイトで確認のこと。指定曜日以外にもツアーが催行される場合もある
料 イメース・ユアセルフ：1 人 $195 ／オイスターファームツアー：1 人 $90 ／オイスターエレガンス：$295
アクセス シティからシティトレイン T1 利用でベロウラ Berowra へ（約 1 時間）。駅前から Route 592 のバスを利用（約 20 分）。

■カムデンバレー熱気球ツアー
催行：Balloon Aloft Camden
☎ (02)4990-9242
URL balloonaloft.com/locations/camden-valley/exclusive-flights/
時 毎日 4:30 頃～ 9:00 頃（カムデン・バレーイン集合）
料 月～金：大人 $319 子供 $245 ／土日祝：大人 $349 子供 $245
※悪天候時は 36 ヵ月以内の別の日程に振替可能。1 人 $20 追加で悪天候時の払い戻しが受けられる。
※現在シドニー中心部からの送迎サービスも計画中。要問い合わせ。

カムデン・バレーインでの熱気球後の朝食

キャプテンクックのクルーズ船

Memo シドニー・オイスターファーム・ツアーの隣には、アコヤ貝での真珠養殖の様子見学やシドニーロックオイスターのテイスティングができるブロークンベイ・パールファーム Broken Bay Pearl Farm がある。

料金はもちろん、船の種類やルートもさまざまだ。どのクルーズもシドニーハーバー内を航行するので、あまり船が揺れる心配はない。とはいえ、海上は予想以上に風が強いことが多く、晴れた日には照り返しがすごい。特に日没後は夏でも涼しいので上着を忘れずに、また日焼け止めクリームも必携だ。

シドニーのクルーズの定番

キャプテンクック・クルーズ
Captain Cook Cruises

船の上から眺めるシドニーの景色は格別だ

シドニー最大手のクルーズ会社で、何種類ものクルーズを運航している。出発場所はサーキュラーキー Circular Quay の No.6 ワーフもしくはバランガルーとダーリングハーバーの間キング・ストリートワーフ King St. Wharf。

●プレミアム・ハーバーエクスペリエンス Premium Harbour Experience

シドニーハーバーの東部、北部を巡る約 1 時間 30 分のクルーズ。ハーバーブリッジ、オペラハウス、水面に濃い緑を映す岸辺の林、湾を見下ろす家々の美しさ。チーズやシャルキトリ、スパークリングワイン 1 杯付き。

●ホップオン・ホップオフパス Hop On Hop Off Pass

シドニーハーバー沿いサーキュラーキー、バランガルー（ダーリングハーバー）、マンリー、ワトソンズベイ、タロンガ動物園と湾内シャーク島の 6 ヵ所の観光地を途中下船しながら見て回る（1 日券、2 日券あり）。お得なタロンガ動物園入園券付きもある。

ホップオン・ホップオフに利用されるクルーズ船

●ハーバービュー・ランチクルーズ Harbour View Lunch Cruise

ハーバーエクスペリエンスと同じコースをゆっくりとクルーズしながら、2 コースもしくは 3 コースの料理を味わう。

●ディナークルーズ Dinner Cruise

ディナーの内容によりいくつか種類がある。最も人気があるのがスターライトディナー Starlight Dinner で、新鮮なオーストラリアの食材を使った本格的 4 コース洋風懐石メニューが楽しめる。

追加料金なしでマンリーも行けるホップオン・ホップオフ

シドニーハーバー・ホッパー（ファンタシークルージング）
Sydney Harbour Hopper (Fantasea Cruising)

シドニーハーバー沿いの見どころ（ダーリングハーバー、サーキュラーキー、タロンガ動物園、ワトソンズベイ、マンリー）を巡る、48 時間乗り降り自由のハーバークルーズ。マンリーへの高速フェリー代込み。

■キャプテンクック・クルーズ
℡(02)9206-1111
URL www.captaincook.com.au
●プレミアム・ハーバーエクスペリエンス
時 水〜日：サーキュラーキー 12:30、14:00、キング・ストリートワーフ 12:00、13:30
料 大人 $65 子供 $45
●ホップオン・ホップオフパス
料 1 日券 大人 $40 子供 $26、2 日券 大人 $56 子供 $36 ／タロンガ動物園入園付き（1 日、2 日とも同額）大人 $75 子供 $50
●ハーバービュー・ランチクルーズ
時 水〜日：サーキュラーキー 12:30 〜 14:15（3 コースは 15:30）／キング・ストリートワーフ 12:00 〜 15:00（3 コースは 16:30）、13:00 〜 14:45(2 コースのみ)
料 2 コース：大人 $95 子供 $45 ／ 3 コース：大人 $115 子供 $50
※フリードリンク付き 大人 $40 子供 $25 追加
●ディナークルーズ Dinner Cruise
時 金土：サーキュラーキー 19:30 発／キング・ストリートワーフ 19:00 発（所要 2 〜 2.5 時間）
料 スターライトディナー：大人 $139 子供 $55
※フリードリンク付き 大人 $40 子供 $25 追加

ディナークルーズのディナーも本格的だ

■シドニーハーバー・ホッパー
催行：ファンタシークルージング
FREE 1800-326-822
URL www.fantasea.com.au
※ダーリングハーバー、サーキュラーキー No.6 が発着場所
時 曜日・時間帯により異なるので時刻表でチェックすること
料 1 日券 大人 $38 子供 $24 家族 $80、2 日券 大人 $54 子供 $34 家族 $112

名物ショーボートに乗ってみよう

クルージングレストラン・・シドニー
Cruising Restaurant Sydney

パドルスティーマー風のショーボートと優雅なクルーズ船といった雰囲気のマジスティック2号の2艘でクルーズを運航している。クルーズ発着場所はキング・ストリートワーフ。

●ショーボート・クルージングレストラン Showboat Cruseing Restaurant

本格的なコース料理を堪能し、歌や踊り、マジックなど、インターナショナルなキャバレーショーを観劇。またゆったりとしたデッキから眺めるシドニーの夜景も美しい。料理の内容、席の場所により料金が異なる。

すてきな外観のショーボート

●マジスティック・ランチクルーズ Magistic Lunch Cruise

シドニーハーバーの眺めを満喫しながらシーフードたっぷりのビュッフェを味わうというクルーズ。

■クルージングレストラン・シドニー
☎(02)8296-7351
URL www.cruisingrestaurantsofsydney.com.au
●ショーボート・クルージングレストラン
時 キング・ストリートワーフ 月～土 19:30～22:00
料 大人 $200(175) 子供 $180(121) ／ドリンク付き1人$54追加
※( )内はウェブ割引
●マジスティック・ランチクルーズ
時 キング・ストリートワーフ 毎日 12:30～14:00
料 大人 $125(110) 子供 $112(74) ／ドリンク付き1人$42追加
※( )内はウェブ割引

スリル満点のジェットボート

オズ・ジェットボーティング／ハーバージェット
Oz Jet Boating / Harbour Jet

優雅なクルーズとはまったく逆の、スリルとエキサイティングあふれるクルーズ。最高時速80キロというジェットボートを利用してシドニーハーバーを疾走。ワインディングあり、急ターンありで、全身水しぶきを浴びながら爽快感を味わう。現在2社が運航中だ。

しぶきを上げて進むジェットボート

■オズ・ジェットボーティング
☎(02)9808-3700
URL www.ozjetboating.com.au
※サーキュラーキーのイースタンポントゥーン発着
●スリルライド
時 毎日 11:00～16:00（夏季は15:00）の1時間ごと（所要約30分）
料 大人 $89 子供 $59 家族 $239
※16歳以上で身長120cm以上

■ハーバージェット
FREE 1300-887-373
URL www.harbourjet.com
※ダーリングハーバー発着
時 毎日 11:30～15:30の30分ごと（所要約30分）
料 大人 $72.50 子供 $45 家族 $200
※身長120cm以上

COLUMN

シドニーでホエールウオッチング

オーストラリア東海岸沿いは秋～春にかけてザトウクジラが南極海からグレートバリアリーフを往復する通り道。シドニー沿岸でも6月頃～10月頃に多くのクルーズ会社がホエールウオッチングクルーズを催行する。特にファンタシークルージングは、毎日いくつかのパターンのクルーズを催行しており、参加しやすい。なおホエールウオッチングクルーズはシドニー湾の先の沖合まで出るので船は少し揺れやすくなる。

ファンタシークルージング Fantasea Cruising
FREE 1800-326-822
URL www.fantasea.com.au
● 2時間エクスプレスクルーズ 2hr Express Cruise
時 サーキュラーキー発：土～火 9:45、12:25、14:45 料 大人 $75 子供 $55 家族 $209
● 3時間ディスカバリークルーズ 3hr Discovery Cruise
時 ダーリングハーバー発：水～日 8:30、12:45／サーキュラーキー発：水～日 9:00、13:15 料 大人 $109 子供 $79 家族 $255

シドニーのホテル ACCOMMODATION

州外局番(02)

サーキュラーキーとロックス

バジェットタイプ

ロックス地区唯一のバックパッカーズ MAP P.239/2A

Sydney Harbour YHA
シドニーハーバーYHA

URL www.yha.com.au 住 110 Cumberland St., The Rocks, 2000 ☎ 8272-0900 WiFi 無料
料 D $57.70 ~ 60.30、T W $211 ~ 407 ※ YHA会員以外は追加料金必要 CC MV

眺めのいい場所に建つYHAだ

シドニーで一番人気のバックパッカーズ。ロックスの高台にあり、屋上からはオペラハウスやハーバーブリッジの眺めが満喫できる。1階部分は歴史的建造物の発掘場所になっており、2階にレセプションとツアーデスク、2階以上に部屋がある。

一級以上のホテル

ロックスの最高級ホテル MAP P.239/2A

Langham Sydney
ランガム・シドニー

URL www.langhamhotels.com
住 89-113 Kent St., The Rocks, 2000
☎ 9256-2222 FAX 8248-5205 WiFi 無料
料 T W $896 ~ 2792 CC ADJMV

シドニー有数の豪華さを誇る

手入れの行き届いたアンティークが置かれたロビー、暖炉のある応接室、客室はベージュとブラウンを基調としており、家具類の材質はマホガニー。またシドニー有数のレストランや、屋内プールなどの施設も充実している。

ロックスの高台に建つ MAP P.239/2A

Shangri-La Hotel Sydney
シャングリ・ラ・シドニー

URL www.shangri-la.com 住 176 Cumberland St., The Rocks, 2000 ☎ 9250-6000 WiFi 無料
料 T W $535 ~ 2000 CC ADJMV
日本での予約先：シャングリ・ラ ホテルズ＆リゾーツ FREE 0120-944-162

デラックスなホライズンクラブの客室

客室内のバスタブは深めになっており、日本人客に評判がいい。36階建ての高層ホテルで、最上階にあるアルティチュードレストランは絶景を楽しみながら食事ができると評判だ。

設備、立地ともシドニー随一 MAP P.239/2A

Four Seasons Sydney
フォーシーズンズ・シドニー

URL www.fourseasons.com 住 199 George St., The Rocks, 2000 ☎ 9250-3100 WiFi 無料
料 T W $655 ~ 4490 CC ADJMV

開放感あふれるロビーエリア

広々とした客室、シャワーブースとバスタブが別になったバスルームなど、誰もが快適に過ごすことができる。

歴史的建造物を改築した MAP P.239/2B

Hotel InterContinental Sydney
インターコンチネンタル・シドニー

URL www.sydney.intercontinental.com
住 117 Macquarie St., 2000
☎ 9253-9000 WiFi 無料 料 T W $676 ~ 4782
CC ADJMV 日本での予約先：インターコンチネンタルホテルズグループ ☎ (03)4520-3207

旧大蔵省ビルだった歴史的建造物を改修した5スターホテル。ロビーエリアのクラシックな雰囲気が人気だ。客室は明るく現代的な雰囲気のインテリアだ。

シティ

バジェットタイプ

セントラル駅とは目と鼻の先にある MAP P.245/3A

Sydney Central YHA
シドニー・セントラルYHA

URL www.yha.com.au
住 11 Rawson Place, Cnr. Pitt & Rawson Sts. (Opp. Central Station), 2000 ☎ 9218-9000
WiFi 無料 料 D $85.60 ~ 120、T W $241 ~ 295
※ YHA会員以外は追加料金必要 CC MV

ツアーデスクや娯楽室、図書館、ランドリー設備やミニマーケット、アルコール類も飲めるビストロ＆レストランと、設備大充実。

タウンホール近くのバジェットホテル MAP P.245/2A

Megaboom City Hotel
メガブーム・シティホテル

URL megaboomhotel.com.au
住 Level 1, 93 York St., 2000 ☎ 9996-8888
WiFi 無料 料 W $225 ~ 325 CC AMV

タウンホール駅から徒歩5分。部屋は狭いが、シティ中心部で値段を考えると格安。レセプションは2階にある。

落ち着いたインテリアの客室

便利な場所で女性ひとりでも安心 MAP P.245/3B

Song Hotel Sydney

ソングホテル・シドニー

URL songhotels.com.au 住 5-11 Wentworth Ave., 2000 ☎ 9285-6200 FREE 1800-994-994 WiFi 無料 料 T W $212.63 ～ 330.75 CC AMV

ハイドパーク向かいという好立地。ほとんどの部屋はシャワー、トイレが共同となる。全室セーフティボックス完備。全館禁煙。

一級以上のホテル

セントラル駅に近い MAP P.245/3A

Mercure Sydney

メルキュール・シドニー

URL www.mercuresydney.com.au 住 818-820 George St., 2000 ☎ 9217-6666 FREE 1800-633-948 FAX 9217-6616 WiFi 無料 料 T W $275.50 ～ 459 CC ADJMV 日本での予約先：アコーカスタマーサービス ☎ (03)4578-4077

セントラル駅裏側にある。最上階には屋内プールがあるほか、ジムやふたつのレストランなど設備もなかなか。

ダーリングスクエアのすぐそば MAP P.245/3A

Holiday Inn Darling Harbour

ホリデイ・イン・ダーリングハーバー

URL holidayinndarlingharbour.com.au 住 68 Harbour St., 2000 ☎ 9291-0200 WiFi 無料 料 T W $338 ～ 630 CC ADJMV 日本での予約先：インターコンチネンタルホテルズグループ ☎ (03)4520-3207

歴史的ビルを改装したホテル

部屋は比較的広く設備も最新

チャイナタウンの一角、ダーリングスクエアも目の前、タウンホールまでも徒歩10分ほどという好立地にある。1890年代に羊毛倉庫として建てられた歴史的建造物を改装しており、クラシックな外観はそれだけでも見ものだ。もちろんホテル内設備は最新。客室のTVはNetflixなど動画配信サイトがいくつか登録された30インチ以上のスマートTV。広さも最低25㎡とシドニー中心部のこのクラスのホテルではかなり広いほうだ。また24時間利用可能なジムのほか、コインランドリーがあるのは長期旅行者や家族連れにはありがたい。レストランは1階ロビー脇にあるシップレイズ Shipley's。あえて朝食ビュッフェのみ提供しているのは、周囲がシドニー随一のダイニングエリアで、食の楽しみがいっぱいだからだという。

便利な場所にある豪華ホテル MAP P.245/1A

Amora Jamison Sydney

アモラ・ジャミソン・シドニー

URL www.amorahotels.com 住 11 Jamison St., 2000 ☎ 9696-2500 WiFi 無料 料 T W $539.10 ～ 1049 CC ADJMV

シックなスタンダードルーム

シティレールのウインヤード駅、ライトレールのブリッジ・ストリート駅から徒歩3分ほどの場所にある5つ星ホテル。ロックス、サーキュラーキー、シティ中心部、バランガルーなど主要観光スポットはすべて徒歩圏内でとても便利だ。最も一般的な客室でも32㎡ありゆったりしている。バスタブも深めで日本人にはうれしい。ホテル内には、本格的デイスパも完備。屋内プール、ジムなどのフィットネス施設も充実している。レストラン＆バーはモダンオーストラリア料理のクロフト Croft、カクテルをおしゃれに楽しめるシロバー Silo Bar だ。

ロケーション、サービスで選ぶなら MAP P.245/1A

The Tank Stream

タンクストリーム

URL www.tankstreamhotel.com 住 97-99 Pitt St., 2000 ☎ 8222-1200 WiFi 無料 料 T W $363 ～ 431 CC ADMV

明るい雰囲気の客室

オーストラリアンスクエアの隣、ウインヤード、サーキュラーキー、マーティンプレイス各駅とも徒歩圏内。部屋の広さはシドニー中心部のホテルとしては一般的だが、ゲスト向け客室設備の充実度は目を見張る。全室にネスプレッソマシンが置かれ、紅茶は人気のT2。そして冷蔵庫内のソフトドリンクもすべて無料で楽しむことができるのだ。メインレストランは2階にあるル・プチフロット Le PrtiFlot で、カジュアルな雰囲気で本格フレンチが味わえると評判。1階ロビー脇にはサンドイッチなど軽食を取れるカフェもある。

暮らすように滞在できる MAP P.245/1A

The York by Swiss-Belhotel

ヨーク・バイ・スイスベルホテル

URL www.theyorkapartments.com.au 住 5 York St., 2000 ☎ 9210-5000 WiFi 無料 料 T W $378 ～ 399、1B $423 ～ 447、2B $596 ～ 629 CC ADJMV

ウインヤードにある、設備の充実した豪華コンドミニアム。スタジオタイプの部屋から1～2ベッドルームまであり、全室キッチン、洗濯機、バルコニー完備。ホテル内には屋外プールや駐車場（有料）もある。

日本からシドニーへの電話のかけ方
国際電話会社の番号 + 010 + 61（国番号）+ 2（0を取った州外局番）+ 電話番号

旧 G.P.O. の重厚な建物を利用した MAP P.245/1A
The Fullerton Sydney
フラートン・シドニー

URL www.fullertonhotels.com/fullerton-hotel-sydney 住 1 Martin Pl., 2000 ☎ 8223-1111
WiFi 無料 料 T W $347 ～ 2218 CC ADJMV

ロビーに入っただけで重厚な雰囲気に酔いしれるほど

マーティンプレイスに建つ旧 G.P.O.（19 世紀後半の砂岩造りの建物）を改修したヘリテージウイングと、隣接するモダンな高層タワーウイングのふたつの宿泊棟をもつ。最新設備をもつ客室は、1950 年代のデザインを意識したクラシックな雰囲気。

ゴージャスな雰囲気の MAP P.245/2B
Sheraton Grand Sydney Hyde Park
シェラトングランド・シドニー・ハイドパーク

URL www.marriott.com 住 161 Elizabeth St., 2000
☎ 9286-6000 WiFi 無料 料 T W $567 ～ 3219
CC ADJMV 日本での予約先：マリオットボンヴォイ FREE 0120-925-659

ハイドパーク沿いにあり、ショッピング、観光に絶好の立地。吹き抜けのロビーやふんだんに使われた大理石が豪華さを演出。客室も広々としていて実に快適。

町の中心に建つ MAP P.245/2A
Hilton Sydney
ヒルトン・シドニー

URL www.hiltonsydney.com.au
住 488 George St., 2000 ☎ 9266-2000
WiFi 無料 料 T W $558 ～ 1590 CC ADJMV
日本での予約先：ヒルトンリザベーションズ・ワールドワイド ☎ (03)6864-1633

ゆったりとしたゲストルーム

シドニーの老舗高級ホテル。室内はモダンな雰囲気で最新の設備をもつ。また人気レストラン、グラス・ブラッスリー（→ P.294）や 1893 年オープン当時の雰囲気を残すマーブルバーなど、シドニーの名所もホテル内にある。

優雅でクラシックな雰囲気 MAP P.245/2A
Kimptpn Margot Sydney
キンプトンマーゴット・シドニー

URL www.kimptonmargotsydney.com
住 339 Pitt St., 2000 ☎ 8027-8000
WiFi 無料 料 T W $505 ～ 2987 CC ADJMV
日本での予約先：インターコンチネンタルホテルズグループ ☎ (03)4520-3207

1930 年代のシドニー水道局のビルを改修した高級ブティックホテル。クラシック感あふれる広々としたロビーには、映画のセットになりそうなほど雰囲気のいいウィルモットバー Willmot Bar、ロビー脇には高級モダンオーストラリア料理の有名シェフ、ルーク・マンガンが手がけるルークス・キッチン Luke's Litchen がある。ホテル内のそこかしこにはモダンアートが飾られ、屋上にはゲスト専用のルーフトップバー＆プール。客室はゆったりとしており、全室にネスプレッソのコーヒーマシンが用意されるなど設備もいい。

歴史を感じさせるロビーエリア

値段も手頃で快適な4つ星ホテル MAP P.245/3B
ibis Style Sydney Central
イビススタイル・シドニーセントラル

URL all.accor.com 住 27 Wentworth Ave., 2010
☎ 7255-2100 WiFi 無料 料 T W $303 ～ 293
CC ADMV 日本での約先：アコーカスタマーサービス ☎ (03)4578-4077

ミュージアム駅から徒歩 5 分ほどの場所にあり、シティはもちろんサリーヒルズも徒歩圏内。部屋は現代的で明るく、バスルームはシャワーオンリー。レストランは朝食のみオープン。ジムの設備もある。

手頃な値段で泊まれる人気ホテル

ダーリングハーバーとバランガルー

一級以上のホテル

ダーリングハーバーを満喫するなら MAP P.251/2A
Novotel Sydney on Darling Harbour
ノボテル・シドニー・オン・ダーリングハーバー

URL www.novoteldarlingharbour.com.au
住 100 Murray St., Darling Harbour, 2000
☎ 9934-0000 WiFi 無料 料 T W $332 ～ 749
CC ADJMV 日本での約先：アコーカスタマーサービス ☎ (03)4578-4077

ダーリングハーバーにはアコー系列の 3 つのホテルが建ち並んでいるが、ノボテルはそのなかで最も規模の大きなホテル。ホテル全体が洗練されたインテリアで統一されており、客室もモダンな雰囲気。

ダーリングハーバー観光に便利なホテル

カジノを併設した MAP P.251/2A
The Star Sydney
ザ・スター・シドニー

URL www.star.com.au/sydney 住 80 Pyrmont St., Pyrmont, 2009 ☎ 9777-9000 FREE 1800-700-700 WiFi 無料 料 The Star Grand: T W $469 ～ 689、1B $504 ～ 614、2B $704 ～ 944 ／ Darling: T W $515 ～ 1371 CC ADJMV

24時間オープンのカジノや数多くのレストラン、バーなどをもつ。5スターホテルのThe Star Grandと5スター+を名乗るDarlingのふたつのホテルタイプをもっている。

シドニーを代表する豪華ホテル MAP P.251/1B
Crown Towers Sydney
クラウンタワーズ・シドニー

URL www.crownhotels.com.au/sydney/crown-towers 住 1 Barangaroo Ave., Barangaroo 2000 ☎ 8871-6371 WiFi 無料 料 T W $662 ～ 2179、1B $1699 ～ 3099、2B $3739 ～ 5349 CC ADJMV

インフィニティープールで過ごす優雅なひととき

スタンダードの客室でもこの広さ

バランガルーに建つ75階建ての最新高級ホテル。モダンで広々とした部屋、大理石張りのバスルーム、そして部屋から望むすばらしいシドニーの景色……インフィニティプールや本格的デイスパ、モダンジャパニーズのNOBU、モダンオーストラリアのWoodcut、中国料理のSilkなど一流シェフによるバラエティに富んだレストランなど、シティに滞在しながらリゾートにいるような気分も味わえる。

ダーリングハーバーを見下ろす好立地 MAP P.251/2B
Hyatt Regency Sydney
ハイアットリージェンシー・シドニー

URL www.hyatt.com 住 161 Sussex St., 2000 ☎ 8099-1234 WiFi 無料 料 T W $456 ～ 575 CC ADJMV 日本での予約先：ハイアット・ホテルズ＆リゾーツ FREE 0120-923-299

シドニー有数の巨大ホテルだ

シドニーでは最大規模の878室もの客室数を誇り、オープンキッチンのセイルメーカーレストランやルーフトップバーのゼフィール、24時間オープンのフィットネスセンターをもつなど設備も十分。ダーリングハーバー観光に便利な場所にある。

キングスクロスとウルムルー

バジェットタイプ

安全で便利な MAP P.253/1B
Mad Monkey Potts Point
マッドモンキー・ポッツポイント

URL www.madmonkey.com.au/locations/australia/sydney/mad-monkey-potts-point
住 27 Orwell St., Potts Point, 2011 ☎ 8363-3347 WiFi 無料 料 D $50.20 ～ 58.40 CC MV

シドニーやケアンズに数ヵ所のバックパッカーズホステルを展開するマッドモンキー。手頃なホテルの集まるポッツポイントにあるこのホステルは2022年に改修を終えており、新しくて快適。大きなクッションが用意されていてくつろげるTV＆ゲームルームや、広々としたキッチン、新型コインランドリーなど充実した設備も自慢だ。

一級以上のホテル

キングスクロスの入口に建つ MAP P.253/2A
Holiday Inn Potts Point
ホリデイ・イン・ポッツポイント

URL holidayinnpottspoint.com.au
住 203 Victoria St., Potts Point, 2011
☎ 9368-4000 WiFi 無料 料 T W $281 ～ 501
CC ADJMV 日本での予約先：インターコンチネンタルホテルズグループ ☎ (03)4520-3207

広くて明るいホリデイ・インの客室

キングスクロスの駅とはビクトリア・ストリートを挟んだ好立地にある。繁華街の入口にありながら、ホテル内はとても静かでセキュリティ面も万全。客室内は現代風でシンプル。

ザ・ワーフのデザインホテル MAP P.253/1A
Ovolo Woolloomooloo
オボロ・ウルムルー

URL ovolohotels.com
住 The Wharf at Woolloomooloo, 6 Cowper Wharf Rd., Woolloomooloo, 2011 ☎ 9331-9000
WiFi 無料 料 T W $764 ～ 1439 CC ADJMV

部屋ごとに色使いや展示アートが異なる

NSW州立美術館の東側、ザ・ワーフの2階以上に客室がある。ほとんどの部屋からロイヤル・ボタニックガーデンの美しい緑が望める。スタイリッシュなデザインホテルとして評判で、歴史的なザ・ワーフの建物を生かし、モダンな内装とアートの展示で、客室に滞在していること自体、とても楽しくなる雰囲気だ。1階にさまざまなタイプのレストランがあるのもうれしい。

ベイエリア&ボンダイとサザンビーチ

高級住宅街の優雅なリゾート
MAP P.258
InterContinental Sydney Double Bay
インターコンチネンタル・シドニー・ダブルベイ

URL doublebay.intercontinental.com
住 33 Cross St., Double Bay, 2028
☎ 8388-8388 WiFi 無料 料 TW $616 ~ 1595
CC ADJMV 日本での予約先：インターコンチネンタルホテルズグループ ☎ (03)4520-3207

ルーフトップにあるプール&バー

シドニーの最高級住宅地ダブルベイの一角にある。市中心部から車で10分ほどの場所にありながら、雰囲気は優雅なリゾート。ルーフトップにあるプール&バーからはシドニー湾の景色が望め、レストランやバーは格調高い雰囲気。部屋は広くインテリアは現代風。バルコニーもあり、ダブルベイの景観が楽しめる。

ボンダイビーチを望む
MAP P.260/1A
Hotel Ravesis
ラビーシズ

URL hotelravesis.com 住 118 Campbell Pde., Bondi Beach, 2026 ☎ 9365-4422 WiFi 無料
料 TW $303 ~ 529 CC ADJMV

ボンダイビーチ前に建つコロニアル調のブティックホテル（全12室）。室内はモダンで、アーチ型の大きな窓からはボンダイビーチを眺めることができる。1階のレストランもモダンオーストラリア料理で有名だ。

シドニーその他のエリア

空港とシティの間にある
MAP P.227/2B
ValueSuites Green Square
バリュースイーツ・グリーンスクエア

URL www.valuesuites.com.au
住 16 O'Riordan St., Alexandria, 2015
☎ 9699-9666 WiFi 無料
料 S $219、TW $229 ~ 289 CC MV

シングルの客室

空港からもシティからもアクセス至便なホテルで、グリーンスクエアの駅から徒歩3分。部屋は決して広くないが清潔で、キチネット完備。簡単な朝食も無料だ。シティ内にこだわらなければ、料金的にもメリットがあるのでおすすめだ。

ブルーマウンテンズ

カトゥーンバ駅に近い
MAP P.264/A
Blue Mountains YHA
ブルーマウンテンズYHA

URL www.yha.com.au 住 207 Katoomba St., Katoomba, 2780 ☎ 4782-1416 WiFi 無料
料 D $40 ~ 44.30、S $129、TW $160 ※YHA会員以外は追加料金が必要 CC MV

高原の宿といった趣のYHA

駅から徒歩6分。1930年代の建物を改築したホステル。ほとんどの部屋にシャワー、トイレが付いている。

アドベンチャーツアーも催行している
MAP P.264/A
The Flying Fox Backpackers
フライングフォックス・バックパッカーズ

URL theflyingfox.com.au 住 190 Buthurst Rd., Katoomba, 2780 ☎ 4782-4226 WiFi 無料
料 D $47、TW $112 ※朝食付き ※季節により最低宿泊日数制限あり CC MV

ブルーマウンテンズでのアドベンチャーツアーを催行しており、宿泊客は割引になる。また毎日ブッシュウオーキングのスタート地点までのバスを運行している。

泊まってみたい ブルーマウンテンズのホテル

豪奢な館で高原リゾートを楽しむ
リリアンフェルズ・ブルーマウンテンズ・リゾート&スパ
Lilianfels Blue Mountains Resort & Spa

デラックスルームのベッドには天蓋が付いている

19世紀後半のNSW州裁判官の夏の避暑地として建てられた館を改装した優雅なホテルで、スリーシスターズを望むエコーポイントのすぐそばにある。客室はいずれもビクトリア様式で、ホテル内にいるだけで贅沢な気分に浸れる。また別棟のダーレイズレストランはブルーマウンテンズ随一のファインダイニング。豪華な雰囲気のなかで食べるコース料理は絶品だ。またホテル内にはプールやジム、スパも完備。

ダーレイズレストラン

DATA MAP P.264/A
URL www.lilianfels.com.au
住 5-19 Lilianfels Ave., Katoomba, 2780
☎ 4780-1200 WiFi 無料
料 TW $489 ~ 739 ※朝食付き
CC ADJMV

見どころにもなっている MAP P.264/A
The Carrington Hotel
キャーリントン

URL thecarrington.com.au
住 15-47 Katoomba St., Katoomba, 2780
☎ 4782-1111 WiFi 無料 料 T W $160 ～ 300
※全室朝食付き ※週末は追加料金が必要
CC AJMV

グランド・オールドレディと呼ばれるキャーリントン

優雅なアールデコの客室、気持ちのよいサービス、雰囲気のいいダイニングルームで味わう朝食。客室はトラディショナル、コロニアル、コロニアルデラックス、プレミア、スイート、シグネチャースイートと6つのカテゴリーに分けられる。

レンタカー利用者におすすめ MAP P.264/A
La Maison Boutique Hotel
ラ・メゾン・ブティックホテル

URL lamaison.com.au 住 175-177 Lurline St., Katoomba, 2780 ☎ 4782-4996 WiFi 無料
料 T W $175 ～ 375 ※朝食付き CC MV

まるで別荘に泊まっているような気分になれる

エコーポイントから徒歩10分ほどの所にある、高原の館風のブティックホテル。ビリヤード台のあるバーエリアや気持ちのいいガーデンテラスなどもあって、のんびり過ごすのに最適。宿泊料金には簡単な朝食が付いているのもいい。

ブルーマウンテンズ有数の眺望を誇る MAP P.264/A
Echoes Boutique Hotel
エコーズ・ブティックホテル

URL echoeshotel.com.au 住 3 Lilianfels Ave.., Katoomba, 2780 ☎ 4782-1966 WiFi 無料
料 T W $499 ～ 619 ※朝食付き CC AJMV

決して華やかではないが高級感ある客室

リリアンフェルズと同系列の高級ブティックホテル。レストランや一部の部屋からはブルーマウンテンズの景色が堪能できる。客室はクラシックモダンといった雰囲気。レストランも評判で、すばらしい雰囲気のなかモダンオーストラリア料理を味わえる。

アクティビティ充実の MAP P.263/A
Fairmont Resort Blue Mountains-MGallery by Sofitel
フェアモントリゾート・ブルーマウンテンズ・エムギャラリー・バイ・ソフィテル

URL www.fairmontresort.com.au 住 1 Sublime Point Rd., Leura, 2780 ☎ 4785-0000 FAX 4785-0001 WiFi 無料 料 T W $331 ～ 499 CC AMV
日本での予約先：アコーカスタマーサービス
☎ (03)4578-4077

ルーラの町から2kmほど離れた場所にある、高級感ある大型リゾート。ジムやテニスコート、スカッシュコートなどを併設している。

セントラルコースト

セントラルコーストでリゾートを満喫 MAP P.268/B
Mercure Kooindah Waters Central Coast
メルキュール・クーインダウオーターズ・セントラルコースト

URL www.mercurekooindahwaters.com.au
住 40 Kooindah Blvd., Wyong 2259
☎ 4355-5777 WiFi 有料 料 T W $192 ～ 265、1B $230 ～ 265、2B $335 ～ 375 CC ADJMV
日本での予約先：アコーカスタマーサービス
☎ (03)4578-4077

ゴスフォードから車で10分ほどのワイオングにある。18ホールのゴルフ場を併設しているほか、屋外・屋内プール、ジム、デイスパなど施設も充実。

ポートスティーブンス

ポートスティーブンスの格安アコモ MAP P.268/B
Samurai Beach Bungalows YHA
サムライビーチバンガローYHA

URL www.samuraiportstephens.com.au
住 Cnr. Forest Rd. & Robert Connell Close, Anna Bay, 2316 ☎ 0418-464-134 WiFi 無料
料 D $50、W $199 ～ 269 CC MV

アンナベイにある。ホステルの周りの森にはコアラが現れるほど自然豊かだ。

ハンターバレー

アクティビティ施設充実 MAP P.272
Hunter Valley Resort+Farm
ハンターバレーリゾート+ファーム

URL huntervalley.com.au
住 Cnr. Hermitage Rd. & Mistletoe Lane, Pokolbin, 2320 ☎ 4998-7777 WiFi 無料 料 T W $199 ～ 299、2B $499 ～ ※朝食付き CC AMV

ワイナリー、ブリュワリー、レストラン、ワインシアター、さらに乗馬やセグウェイなどのアクティビティ施設をもつリゾート。

エレガントな雰囲気の MAP P.272
The Convent Hunter Valley
コンベント・ハンターバレー

URL convent.com.au
住 88 Halls Rd., Pokolbin, 2320 ☎ 4998-4999
WiFi 無料 料 W $399 ～ 549 ※朝食付き
CC ADJMV

かつての女子修道院の建物をブドウ畑の中に移築し改修したホテル。

オージーのカップルに人気のホテルだ

シドニーのレストラン RESTAURANT

州外局番(02)

サーキュラーキーとロックス

眺め抜群の大人気レストラン MAP P.239/2B
Cafe Sydney
カフェシドニー

URL cafesydney.com 住 5th Floor, Customs House, 31 Alfred St., Circular Quay, 2000 ☎ 9251-8683 営 月～土 12:00～22:30 休 日祝 CC ADJMV 酒 ライセンスド

アジアンテイストを取り入れ、味もいい

サーキュラーキーの駅前に建つクラシックな旧税関ビルの最上階にあるモダンオーストラリア料理のレストランで、店内は建物の外観とはまったく異なるほどモダンな雰囲気。窓側の席からはハーバーブリッジ、オペラハウスの両方を望むことができる。生ガキ半ダース $39、前菜各種 $28～35、メイン各種 $39～56。メインではタンドーリローストのキングサーモンやコーンベイ産バラマンディ、ビーフテンダーロインなどがおすすめ。

古い港町の雰囲気でシーフード MAP P.239/2A
Fish at the Rocks
フィッシュ・アット・ザ・ロックス

URL fishattherocks.com.au 住 29 Kent St., The Rocks, 2000 ☎ 9252-4614 営 月～金 12:00～14:00、毎日 17:00～20:30 CC ADJMV 酒 ライセンスド

タスマニアンサーモンのグリルはぜひ味わってみたい

シドニー近郊やタスマニアなどで水揚げされた新鮮なシーフードをいろいろなスタイルで味わわせてくれる。特にオントレのシドニーロックオイスター（半ダース $39)、メインのタスマニアンサーモン（$44）やバラマンディのグリル（$49）は人気メニューだ。アーガイルカットを通ってずっと進んだケント・ストリート沿い。老舗ブリュワリーのロードネルソンと高級ホテル、ランガム・シドニーの間にある。

在住日本人に大人気のケーキ屋さん MAP P.239/2A
La Renaissance Cafe & Patisserie
ラ・ルネッサンスカフェ&パテスリー

URL larenaissance.com.au 住 47 Argyle St., The Rocks, 2000 ☎ 9241-4878 営 毎日 8:00～16:00 休 ニューイヤーズデー、グッドフライデー、クリスマスデー、ボクシングデー CC JMV

ロックス中心部にあり、在住日本人の間で「ケーキを食べるならここ！」と評判のお店。ケーキ（$8.50～10.50）はどれも甘すぎず、大きさも日本人にはちょうどいいサイズ。

食べてみたいケーキがいっぱい

COLUMN ピット・ストリートモールの2大フードコート

物価高のオーストラリアで比較的手頃な値段で食事が楽しめるフードコート。観光客はもちろん、地元のオージーたちもランチによく利用している。シドニー中心部ピット・ストリートモールにも人気フードコートがあり、いつもにぎわっている。

シドニーセントラルプラザ・フードコート Sydney Central Plaza Food Court

アジア系の料理店が多い

大手デパートのマイヤーも入るシドニーセントラルプラザの地下にある。サンドイッチやバーガー類のほか、インド、中華、トルコ、日本までどちらかというとアジア系料理が豊富な印象。特にフードコート両端に2店舗をもつ和食のオオゼキは人気店。各種寿司から照り焼き風味の丼物まで $15 前後で食べられる。

MAP P.245/2A 住 B1, Sydney Central Plaza, 182 Pitt St., 2000 営 月～水金土 9:30～18:30、木 9:30～21:00、日 10:00～18:30

ウエストフィールド・シドニー・フードコート・オン・ファイブ Westfield Sydney Food Court on Five

あまり並ばなくても鼎泰豊の小籠包が味わえる

シドニーセントラルプラザ向かい、シドニータワーが入ったウエストフィールド・シドニーの5階にある少し高級なフードコート。台湾小籠包の名店・鼎泰豊、ラーメンの一風堂から、寿司、ベトナム、イタリア、メキシコ、中東まで世界中の料理が揃う。また6階にはオーストラリアの人気バーガーチェーン、グリルドバーガーや、和風定食屋やよい（やよい軒シドニー店）まで入っている。

MAP P.245/2A 住 Level 5, Westfield Sydney, Cnr. Pitt St. Mall & Market St., 2000 営 月～水金土 9:30～19:00、木 9:30～21:00、日 10:00～19:00

シティ

格安ステーキで評判　MAP P.245/2A

Albion Place Hotel
アルビオンプレイス・ホテル

URL albionplacehotel.com.au　住 531 George St., 2000　☎ 9993-0760　営 月～土 10:00～翌3:00、日 10:00～翌 2:00　CC MV　酒 ライセンスド

格安でも味に抜かりなし

　タウンホールから南に2～3分のジョージ・ストリート沿いにあるパブレストラン。美味なパブ料理が手頃な値段で食べられると評判で、特に12:00～15:00のランチタイムはステーキやバーガー、フィッシュ&チップス、チキンシュニッツェルなどの1プーレイトランチ＋1ドリンクが$15と格安。夜でもパブミールの値段は安く、特にステーキが評判。熟成肉のランプステーキ250gが$22、サーロインステーキ$270gが$28。

がっつり美味なステーキを味わう　MAP P.245/2A

Kingsleys Australian Steakhouse
キングスレイ・オーストラリアンステーキハウス

URL kingsleysauststeak.com.au　住 29A King St., 2000　☎ 9295-5080　営 火～金 11:30～15:00、月～水 17:30～21:00、木～日 17:30～21:30　CC ADJMV　酒 ライセンスド

ボリューム満点のステーキを味わおう

　クラシックな雰囲気のステーキ専門店で、さまざまな産地のオージービーフがメニューに並ぶ。プチフィレステーキ160gが$48、リブアイフィレ300gが$66、最高級の和牛アイフィレ200gが$72。

シドニー中心部でスペイン料理といえば　MAP P.245/3A

Encasa
エンカサ

URL encasa.com.au　住 423 Pitt St., 2000　☎ 9211-4257　営 火～金 12:00～14:30、17:00～22:30、土 12:00～22:30　休 日月　CC AMV　酒 ライセンスド

　シドニーで大人気のスペイン料理店。にぎやかな店内、スペイン系のスタッフなど、まるでスペインのバルにいるような雰囲気で食事が楽しめる。生ハムやタパスメニューが豊富なほか、フライパンで出される各種パエリア（ひとり$24～32）もぜひ味わいたい。

本格的なパエリアを味わおう

シティ中心部の人気アジア料理店　MAP P.245/3A

David's Kitchen
デイビスキッチン

URL www.facebook.com/pages/Davids-Kitchen/112046722204865　住 127 Liverpool St., 2000　☎ 9267-6688　営 月～土 11:00～15:00、16:00～20:30　休 日祝　CC MV　酒 BYO

ほどよい辛さのラクサはぜひ味わいたい

　マレーシア&タイ料理を中心としたアジア各国料理が、安く、美味しく食べられるお店としてシティで働く人たちに大人気。お店の一番人気はココナッツ風味のスパイシーヌードル、チキンラクサ$17。ほかにもナシゴレン$19やバクテー（マレーシア風豚と豆腐の煮込み）$20.80、海南チキンライス$16.80などがポピュラーだ。

老舗の高級イタリアン　MAP P.245/1A

Machiavelli Ristorante Italiano
マキャベリ・リストランテ

URL www.machiavelli.com.au
住 123 Clarence St., 2000　☎ 9299-3748
営 月～金 12:00～15:00、月～土 18:00～21:30　休 日祝　CC ADJMV　酒 ライセンスド

魚介を使ったリゾットは人気料理のひとつ

　1988年ナポリ料理のレストランとしてオープン。現在は高級イタリアンレストランとして知られており、各界の著名人が足繁く通うことでも知られている。何を食べてもまず外れはないが、特に評判なのがパスタ料理（$42～50）。さまざまなソースや具を使ったスパゲティ、ペンネ、リゾットから生パスタのラビオリやニョッキまで、どれも満足できる味。ステーキや魚料理ももちろん充実している。

日本人オーナーシェフのイタリアン　MAP P.245/2B

Toki Italian Inspired
トキ・イタリアンインスパイアード

URL tokiitalianinspired.com.au　住 63 Crown St., Woolloomooloo, 2011　営 木～火 11:30～21:00　休 水　CC AMV　酒 ライセンスド

看板メニューのTOKIパスタ

　20年以上モダンイタリア料理のシェフを務めてきたトキさんが、イタリア料理にアジア料理のエッセンスを加えた料理を提供。特に麺の種類、ソース、付け合わせを自分で組み合わせてオーダーできるパスタが美味しいと評判だ（テーブルのQRコードを使ってオーダーするシステム）。パスタ各種$16～34。魚介たっぷりに白ワイン&オリーブオイルで味付けしたTOKIパスタが名物。

日本からシドニーへの電話のかけ方
国際電話会社の番号＋010＋61（国番号）＋2（0を取った州外局番）＋電話番号

パノラマを楽しみながら食事を MAP P.245/2A

Sydney Tower Dinning
シドニータワー・ダイニング

住 Westfield Sydney, Between Pitt & Castlereagh St., 2000 ☎1300-391-808
CC ADJMV 酒 ライセンスド

●スカイフェスト

URL www.skyfeastsydneytower.com.au
営 毎日 12:00 ～ 14:00、17:00 ～ 21:00
料 ランチ：月～木 大人 $90、金～日 大人 $105／ディナー：月～木 大人 $105、金～日 大人 $125／窓側指定1人 $15 追加　※ランチ、ディナーとも 子供 $45

●インフィニティ

URL www.infinitysydneytower.com.au
営 木～日 12:00 ～ 14:00、毎日 17:30 ～ 21:00

景色抜群のレストラン

シドニータワーにはレベル２にビュッフェレストランのスカイフェスト Skyfeast、レベル１にコースレストランのインフィニティ Infinity がある。スカイフェストはインターナショナルビュッフェで種類も多い。インフィニティは雰囲気がよく、ちょっとおしゃれして出かけたい。ランチ２コース $95、3 コース $110、ディナーは 3 コース月～木 $140、金～日 $150。

タイ人留学生も大勢やってくる MAP P.245/3A

Thanon Khaosan
タノンカオサン

URL thanonkhaosan.com.au
住 413 Pitt St., 2000 ☎9211-1194
営 月～水 11:00～24:00、木～土 11:00～翌 1:00、日 11:00 ～ 23:00 CC MV

いつも混んでいるタノンカオサン

ピット・ストリートで手頃な値段で本格的なタイ料理が味わえると評判の店。入口にあるタイのオート三輪タクシー、トゥクトゥクが目印。メニューには 100 種類以上のタイ料理が並んでいる。おすすめはタイ風エビ入りスープのトムヤムクン ($21.90)、タイ風薩摩揚げのトーマンプラー ($8.90)、グリーンカレー ($15.90) など。

手頃な値段で和食を食べるなら MAP P.245/3A

MISO Japanese Restaurant
ミソ

URL www.masuyainternational.com.au/restaurants/miso-world-square
住 World Square, 20 Liverpool St., 2000
☎9283-9686 営 月～土 11:30 ～ 14:30、月～水 17:30 ～ 21:30、木～土 17:30 ～ 22:00 休 日
CC ADJMV 酒 ライセンスド

小鉢も付いてボリュームも満点

ワールドスクエア内にある和食店で、各種定食が大充実。さまざまな味つけのカツ定食 ($20.80 ～ 21.80)、大きなお椀にご飯とおかずがのった弁当 Box ($24.80 ～ 29.80)、各種カレー ($16.80 ～ 18.80) まで、ボリュームもあって味もよい。スタッフはほとんどが日本人なので、日本的サービスも受けられる。

COLUMN

最新おしゃれカフェ複合施設

ザ・グラウンズ・オブ・アレクサンドリア
The Grounds of Alexandria

シティの南グリーンスクエア駅から徒歩 10 分ほどの場所にあるザ・グラウンズ・オブ・アレクサンドリアは、インスタ女子注目のカフェ＆レストランスポット。一角全体が植物園のような装い。プランターや花がたくさん飾られ、ザ・グラウンズ内で栽培されたハーブや野菜を使った料理が味わえる**ザ・ポッティングシェッド** The Potting Shed、シドニー有数の美味なコーヒーが味わえると評判の**ザ・カフェ** The Cafe、さらに小さなファームをもつカフェバー兼オープンスペースの**ザ・ガーデン** The Garden、お花屋さんなどが入っている。週末は工芸品を扱うマーケットも開かれ、おしゃれなシドニーっ子たちが大勢集まってくる。

DATA
MAP P.227/2B 住 Building 7A, 2 Huntley St., Alexandria, 2015 ☎9699-2225 URL thegrounds.com.au 営 ザ・ポッティングシェッド：月～木 11:30 ～ 21:00、金 11:30 ～ 21:30、土 11:00 ～ 21:30、日 11:00 ～ 21:00／ザ・カフェ：月～金 7:30 ～ 16:00、土日 7:30 ～ 16:30／ザ・ガーデン：月～金 11:00 ～ 15:30、土日 9:30 ～ 15:30

オーストラリアのスターシェフの店 MAP P.245/2A

glass brasserie
グラス・ブラッスリー

URL www.glassbrasserie.com.au
住 Level 2, Hilton Sydney, 488 George St., 2000
☎ 9265-6068 営 火～金 12:00～15:00、火～土 18:00～21:30 休 日月 CC AJMV
酒 ライセンスド

天井が高く開放的で、しかも豪華な雰囲気だ

オーストラリアを代表するシェフ、ルーク・マンガンのレストラン。シドニーロックオイスターをはじめとする新鮮なシーフード、最高級ブラックアンガスビーフなどのメインコースまで、メニューも多彩。シェフのおすすめコース（5コース $150）もある。

シドニー有数のシェフの味を堪能 MAP P.245/2A

Tetsuya's
テツヤズ

URL www.tetsuyas.com
住 529 Kent St., 2000
☎ 9267-2900 営 金土 12:00～15:30、火～木 17:30～、金土 18:00～ 休 日月祝
CC ADJMV 酒 ライセンスド & BYO（ワインのみ）

カリスマシェフとして知られる和久田哲也氏がオープンさせたシドニー有数の名店で、その料理スタイルはジャパニーズフレンチと呼ばれている（現在はオーナーを退いている）。オーストラリア中から最高の食材を集め、繊細な味つけと美しい盛りつけで料理を味わわせてくれる。料理は8コースのセットメニュー（$320／ワインペアリング $195追加）のみで、完全予約制。

ダーリングハーバー、バランガルーとチャイナタウン

ダーリングハーバーのベストシーフード MAP P.251/2B

Nick's Seafood
ニックス・シーフード

URL www.nicksgroup.com.au
住 The Promenade, 102 Cockle Bay Wharf, Darling Park, 2000 ☎ 1300-989-989
営 月～土 11:30～15:00、17:00～22:00、日 11:30～22:00 CC ADJMV 酒 ライセンスド

店先では名物おじさんがカキの殻をむいている

コックルベイ・ワーフにある地元でも大評判の店。新鮮なカキ、大きなロブスターやマッドクラブがおいしい。特にシーフードプラッター（2人前 $230）は味、ボリュームとも大満足。日本人スタッフがいるので料理やワインの相談も気軽にできるのがいい。

人気のステーキレストラン MAP P.251/2B

I'm Angus Steakhouse
アイム・アンガス

URL www.nicksgroup.com.au 住 The Promenade, Cockle Bay Wharf, Darling Park, 2000 ☎ 1300-989-989 営 月～土 11:30～15:00、17:00～22:00、日 11:30～22:00 CC ADJMV 酒 ライセンスド

サーロインステーキは日本人にも多すぎないボリューム

ニックス系列で、場所も隣にある。炭火で焼き上げるステーキがとにかく美味。肉はすべて指定牧場で育てられたものだ。サーロインステーキ 250g が $44、スコッチフィレ 300g が $48。最高級オーストラリア和牛のスコッチフィレステーキ 300g は $95。

シドニーっ子大注目の和風バーガー店 MAP P.251/1B

UME Burger
ウメバーガー

URL www.umeburger.com 営 毎日 11:30～14:30、水～土 16:30～21:00 CC AMV

●バランガルー店
住 Wulugul Walk (33 Barangaroo Ave.), Barangaroo, 2000 ☎ 0481-951-920

●ダーリングスクエア店 MAP P.251/3B
住 Shop 2, 1 Little Pier St., Darling Exchange, Haymarket 2000

ソースはもちろんパテや野菜にもこだわったウメバーガー

シドニーのさまざまなグルメガイドで取り上げられる人気バーガー店。和風タルタルソースやとんかつソースなどバーガーに合わせた和風ソースを使っている（エキストラでゆず胡椒マヨやノリマヨソースも選べる）。一番人気は和牛ミンチソースを使ったウメバーガー（$15.90）。サイドメニューのポテトは藻塩、オニオンリングはうま味調味料で味つけされているなど、和風の味つけがうれしい。

シドニーで楽しむハンガリーデザート MAP P.251/3B

Kürtősh - Darling Square
クルトシュ

URL kurtosh.com.au 住 Shop 1, 16 Nicolle Walk, Darling Square, Haymarket 2000 ☎ 9099-5966
営 月～木 7:30～22:30、金 7:30～23:00、土 8:30～23:00、日 8:30～22:00 CC ADJMV

おやつにしてはちょっとボリュームがあるクルトシュ

クルトシュとはハンガリー語で「円筒」を意味しており、棒状の芯にドーナツ生地をぐるぐる巻き付けて焼き上げたお菓子のこと（ハンガリーではクリスマス時期の定番お菓子だ）。外はカリカリ、中はふわふわで一度食べたらやみつきになってしまうほど。一

般的なシナモンシュガー味から、さまざまなナッツを周りにまぶしたものまで種類も豊富だ（$10〜13）。

行列のできるマレーシア料理店 MAP P.245/3A
mamak Haymarket
ママク・ヘイマーケット

URL mamak.com.au 住 15 Goulburn St., Haymarket, 2000 ☎ 9211-1668 営 月〜金11:30〜14:30、土日11:30〜17:30、日〜木17:30〜22:00、金土17:30〜24:00 CC MV 酒 なし

最もシンプルなロティチャナイ

小麦粉生地を鉄板の上で回しながら薄く広げて焼き、カレーと一緒に食べるマレーシア系インド料理の定番ロティチャナイ。その大人気店がママク。鉄板メニューのロティチャナイ $10のほかにも卵を入れて焼き上げたロティテルール $11、お肉やキャベツ、卵を入れたマルタバ $18までロティのメニューが豊富。またマレー風串焼きのサテ（6本）$17、カリーアヤム（鶏肉カレー）$23やカリーイカン（魚カレー）$25などマレーシアの屋台料理がいっぱいだ。

学生や地元の人でにぎわうお手頃チャイニーズ MAP P.245/3A
Chinese Noodle House
北方拉麺館チャイニーズヌードルハウス

URL chinesenoodlerestaurant.business.site
住 160 Thomas St., Haymarket, 2000 ☎ 9281-4508 営 毎日10:00〜21:30 CC MV 酒 BYO

カジュアルな雰囲気で美味な中華料理を味わう

チャイナタウンのシドニー工科大学側にある小さなお店。店の前にもテーブル席があり、ランチタイムやディナータイムはいつも大盛況。名物は新疆ウイグル風焼きそばシンジャン・フライドヌードル $17.80、焼き刀削麺フライドナイフスライスヌードル $17.80、蒸し餃子スチームダンプリング（6個）$11.80、揚げ餃子（鍋貼）パンフライド・ダンプリング（12個）$17.80など。満員でもお店の回転が速いのですぐ座れる。

朝ごはんを食べに人気カフェへ行こう MAP P.251/1B
Devon Cafe
デボンカフェ

URL www.devoncafe.com.au 住 Shop 19, 200 Barangaroo Ave., 2000 ☎ 9262-4660 営 日〜金7:30〜14:30、土9:00〜15:00 CC JMV

日本人経営のおしゃれカフェ。お店自慢のブレックファスト・ウィズ・サクマズ（$30）は、味噌味でマリネしたサーモン、ウナギのコロッケ、サラダ、卵料理という和をイメージしたメニュー。ほかにも季節のフルーツを使ったメニューなどバリエーション豊富だ。

ダーリングハースト&サリーヒルズ、パディントン

うわさのパンケーキとスクランブルエッグを食べに MAP P.228/3B
bills
ビルズ

URL www.bills.com.au CC AJMV
● **本店** 住 433 Liverpool St., Darlinghurst, 2010 ☎ 9360-9631 営 毎日7:30〜15:00
● **サリーヒルズ店（bills Surry Hills）** MAP P.245/3B 住 359 Crown St., Surry Hills, 2010 ☎ 9360-4762 営 毎日7:00〜22:00
● **ボンダイビーチ店（bills Bondi Beach）** MAP P.260/1A 住 79 Hall St., Bondi Beach, 2026 ☎ 8412-0700 営 毎日7:00〜22:00
● **ダブルベイ店（bills Double Bay）** MAP P.258 住 16 Crossl St., Double Bay, 2028 ☎ 8412-1144 営 毎日7:00〜22:00

本店で名物メニューを味わう

日本でも大人気なビルズの本店があるのがシドニー。本店はダーリングハーストにあるテラスハウスを改装したお店だ。名物となったリコッタホットケーキのハニカムバターとバナナ添え（$28）、スクランブルエッグとトースト（$19）から、スイートコーンフリッター（$24）、さらに各種パスタやフィッシュカレーまでメニューもいろいろ。現在シドニーに4店舗あり、週末の日中は行列ができるほどだ。

ルーフトップベーカリーで朝ごはん MAP P.245/3B
A.P.House
エーピーハウス

URL www.apbakery.com.au
住 L2/80 Commonwealth St., Surry Hills, 2010
営 毎日7:30〜15:00 CC MV 酒 なし
● **エーピープレイス・ベーカリー A.P. Place Barkery**
MAP P.245/1A 住 9 Barrack St., 2000 営 月〜金7:30〜15:00
休 土日祝

早起きして美味しいパンを食べに行こう

契約農家から挽き立ての粉を入荷し、翌日にはパンに仕上げる、環境に配慮した食材を使用するなど、新鮮さやサスティナビリティに大きなこだわりをもってパン作りを行っているベーカリーカフェ。おしゃれカフェが集まるサリーヒルズのパラマウントホテル屋上階にある（ホテル1階にある別経営カフェ脇の階段を上る）。焼きたてのバターミルククロワッサン $6.50やパンオショコラ $8.50、オーストラリアらしいマカダミア&ハニー&タイムのデニッシュクロワッサン $10など、どれを食べても美味。カフェスペースのないベーカリー（A.P.Place）もシドニー中心部にある。

おすすめオーストラリアみやげ

憧れのラフィアハットを手に入れよう MAP P.245/2A
Helen Kaminski
ヘレンカミンスキー

URL www.helenkaminski.com.au 住 Shop 21-23, Level 1, Q.V.B., 455 George St., 2000 ☎ 9261-1200 営 月～水金土 10:00～18:00、木 10:00～19:00、日祝 11:00～17:00 CC ADJMV

ニコール・キッドマンやヒラリー・クリントンなど世界中の有名人・セレブが愛用するラフィアハットといえばヘレンカミンスキー。オーストラリア発祥のブランドで、Q.V.B. にあるフラッグシップ店には人気のある帽子やバッグが数多く揃っている。またデイビッド・ジョーンズ内にも店舗がある。

人気のラフィアハット

オーストラリアの伝統的ファッションはこれ！ MAP P.245/2A
R.M. Williams
アールエム・ウィリアムス

URL www.rmwilliams.com.au CC ADJMV

●シドニー CBD 店
住 Shop 4020A, Level 4, Westfield Sydney, 188 Pitt St., 2000 ☎ 9223-7978
営 月～水金土 9:30～17:30、木 9:30～19:00、日 10:00～18:00

●ジョージ・ストリート店 MAP P.245/2A
住 345 George St., 2000 ☎ 9262-2228
営 月～水 9:00～18:00、木 9:00～20:00、金土 9:00～19:00、日 10:00～18:00

人気のアウトバックファッションの店。もともとはカウボーイ用のライディングブーツで有名になったのだが、ほかにもタウン用に着られるようなウエア類、さらに全天候型オイルスーツのドライザボーンなどを扱っている。数店舗あるが、シドニー CBD 店（ウエストフィールド・シドニー）とジョージ・ストリート店がメインショップだ。

免税店・ショッピングセンター

おみやげまとめ買いの大人気店 MAP P.245/3B
Sydney Duty Free
シドニー・デューティーフリー

URL sydneydutyfree.com.au 住 136 Liverpool St., 2000 ☎ 9267-3131 営 毎日 11:00～19:00 CC ADJMV

シティ内にあるので気軽に立ち寄りやすい

オーストラリアの 200 以上のブランドを扱うタックスフリーショップ。マカダミアナッツ入りバイロンベイチョコレートや各種ジャーキーから、オーストラリアの人気紅茶 T2、抗菌作用のある人気ハチミツのジャラハニーやオーストラリアマヌカハニー、ホホバオイルやプロポリス、R.M. ウイリアムスのブーツ、そしてもちろんコアラやカンガルーのぬいぐるみまで幅広い商品を取り揃えている。シドニーでおみやげ選びをするなら、まずここで、というお店だ。

面倒なおみやげ物のまとめ買いに最適 MAP P.239/2A
T Galleria by DFS
T ギャラリア・バイ DFS

URL www.dfs.com/en/sydney 住 155 George St., The Rocks, 2000 ☎ 8243-8666
営 毎日 11:00～19:00 CC ADJMV

世界中でおなじみの免税店 T ギャラリア・バイ DFS のシドニー店。ルイ・ヴィトンやコー

COLUMN

旧トラム車庫を改修したダイニング施設
トラムシェッド
Tramsheds

1904 年にシドニー市内を走るトラムの車庫として建造されたのがトラムシェッド。シドニー中心部の西グリーブ近くのジュビリーパーク Jubilee Park にあり、現在は人気のダイニングゾーンになっている。建物内にはかつてシドニーを走っていたトラムがそのまま展示されており、鉄道好きなら絶対見ておきたいほど。飲食店は人気ジェラート店のメッシーナ Messina、ラーメンが評判のオオサコ Osako、スムージーや野菜をたっぷり使った料理やバーガーが評判のガッジ Gazzi、中華点心の你好 China Diner などが入っている。

かつてシドニー市内を走っていたトラム

DATA
MAP P.227/2A 住 1 Dalgal Way, Forest Lodge 2037
☎ 9049-8885 URL tramshedssydney.com.au
営 毎日 7:00～22:00（店舗により営業時間は異なる）
アクセス シドニー中心部からライトレール L1 を利用。ジュビリーパーク下車すぐ。

各種ブランドやおみやげ品をまとめ買い

チ、バーバリー、フェラガモ、ティファニー、カルティエ、ブルガリなど有名DCブランドは1階、各種バッグ類は3階、化粧品、ジュエリー、時計、お酒は4階、チョコレートやぬいぐるみなどのおみやげ品は5階と分かれている。

化粧品の品揃えが豊富 MAP P.245/2A

Lotte Duty Free Sydney
ロッテ・デューティーフリー・シドニー

URL www.lottedutyfree.com.au
住 55 Market St., 2000 ☎ 1300-388-937
営 月～水金土日 10:00～18:00、木 10:00～21:00 CC ADJMV

ブランド化粧品ならロッテへ

フロアは1～2階で、扱っている商品は世界の有名ブランドの化粧品がメインだ。2階の一角には人気オーストラリアワインを扱うコーナーもある。

人気ブランドが集まった MAP P.245/2A

Westfield Sydney
ウエストフィールド・シドニー

URL www.westfield.com.au/sydney
住 Cnr. Pitt & Market Sts., 2000 ☎ 8236-9200
営 月～水金土 9:30～19:00、木 9:30～21:00、日 10:00～19:00 CC 店舗により異なる

シドニー中心部でまず訪れたいショッピングセンターだ

ピット・ストリートモールにある大型ショッピングセンターで、プラダ、フェラガモ、ヴェルサーチ、シャネル、グッチ、フェンディ、ZARA、GAPなどの人気ブランド、ジュリークやオロトンをはじめとするオーストラリア人気ブランドが勢揃い。Level 5にあるフードコートも美味なところばかり。シドニータワーアイもあるので、観光とショッピングを一緒に楽しめるのもうれしい。

T2のシドニー旗艦店も入っている MAP P.245/3A

World Square
ワールドスクエア

URL www.worldsquare.com.au
住 644 George St., 2000 ☎ 8275-6777
営 月～水金土 10:00～19:00、木 10:00～21:00、日 11:00～17:00／コールス：毎日 6:00～24:00 CC 店舗により異なる

チャイナタウンにほど近い場所にある大型ショッピングコンプレックス。DCブランドは入っていないが、地元で人気のお店やメルボルン発の人気紅茶T2のシドニー旗艦店が入っているなど、町歩きの途中に立ち寄りたい場所だ。

フリーマーケット

観光名所となった MAP P.256/B

Paddington Markets
パディントンマーケット

URL www.paddingtonmarkets.com.au
住 Uniting Church, 395 Oxford St., Paddington, 2021 ☎ 0402-280-633 営 土 10:00～16:00

個性的なものが揃うパディントンマーケット

1973年から始まったシドニーで最も歴史あるフリーマーケット。パディントンのユニティング・チャーチで毎週土曜に開催。かつてはシドニーのファッションの発信地ともいわれ、現在はシドニー名所のひとつとなっている。150余りのストール（出店）が並び、古着、新進デザイナーの衣料、手作り工芸品、各種アクセサリー、アロマグッズなどが売られている。教会内では自然食を中心とした軽食を、屋外ではインターナショナル・ファストフードを売る屋台が出る。

チャイナタウンのシンボル的マーケット MAP P.251/3B

Paddy's Markets
パディスマーケット

URL paddysmarkets.com.au
住 Ground Fl., Market City, 9-13 Hay St., Haymarket, 2000 ☎ 9325-6200
営 水～日祝 10:00～18:00

チャイナタウンのマーケットシティで開かれる。野菜、果物などの生鮮食品から衣類、雑貨、植木、ペットまで800以上ものストールが並ぶ。衣類は新品で、高級店同様のレザー用品が半額ほどのこともある。おみやげ品も免税店やみやげ物店で買うより格安だ。

マーケットらしい雰囲気のなかでおみやげを探す MAP P.239/2A

The Rocks Markets
ロックスマーケット

URL www.therocks.com/whats-on/market-overview
住 Cnr. George & Playfair Sts., The Rocks, 2000
☎ 9240-8500 営 土日 10:00～17:00

ロックスで週末開催される。路上に大きなテントが張られ、その中に150を超える露店が並ぶ。雑貨や手工芸品が数多く揃っているのがいい。

テントの下にお店が並んでいる

ウロンゴンとサウスコースト&サザンハイランズ
Wollongong & South Coast, Southern Highlands

ウロンゴンの紹介パンフによく出てくるシークリフブリッジ

アクセス

●ウロンゴン

シドニーから電車だとイラワラ線で約1時間30分。ただしウロンゴン起点にサウスコースト、サザンハイランズも旅するならレンタカー利用がおすすめ。車でウロンゴンへ向かう途中、サブリミポイント・ルックアウト近くにインフォメーションが入ったサザンゲートウェイセンター Southern Gateway Centre がある。

■サザンゲートウェイセンター MAP P.299/A
住 9 Princes Hwy., Bulli Top, 2516
URL www.visitwollongong.com.au
開 月～金 9:00～16:30、土日祝 10:00～15:00
休 クリスマスデー

■イラワラミュージアム MAP P.299/B
住 11 Market St., 2500
☎ (02)4228-7770
URL www.illawarramuseum.com
料 無料
開 水日 12:00～15:00
休 月火木金土祝

シドニーの南30～50kmにかけては、うっそうとした温帯雨林をもつロイヤル国立公園 Royal NP が広がっている。そしてその南側スタンウェルトップス Stanwell Tops からジュロア Gerroa まで、29のビーチと4つの国立公園からなる一帯がイラワラ・レジャーコースト Illawarra's Leisure Coast だ（これらの町を結ぶ海岸沿いのルートをグランド・パシフィック・ドライブ Grand Pacific Drive と呼ぶ)。その中心地が人口約30万のウロンゴンだ。観光地としては一般的ではないが、ウロンゴン大学への留学や英語研修先としてよく知られている。ウロンゴンから南へ、ビクトリア州との州境までをサウスコーストと呼ぶ。美しく魅力的なビーチが数多くあり、夏季の週末にはシドニーから大勢の人たちがリゾートライフを楽しみに訪れる場所でもある。またウロンゴンから西へ大分水嶺を登るとサザンハイランズへといたる。美しい自然のなかにカントリースタイルの町並みが点在。ワイナリーも多く、自然好き、グルメ好きに人気だ。

ウロンゴン
Wollongong

クラウン・ストリートモールがウロンゴン随一の繁華街

ウロンゴンは、先住民族の言葉で「砂に打ち寄せる波の音 Wal Lun Yuh」から1826年に名づけられた。1800年代には、一帯で取れる石炭の積み出し港として栄えた町で（その役割は南20kmほどの**ポートケンブラ** Port Kembla に移っている)、現在は美しいビーチと歴史的建造物が残るところとして人気がある。

町の中心は駅から東へと延びるクラウン・ストリート Crown St.。一部がモールになっており、両側に巨大ショッピングセンターの**ウロンゴンセントラル** Wollongong Central が建っている。この周囲には歴史的建造物がいっぱい。見逃せないのが、1859年建造の石造りの教会**セントマイケルズ・アングリカン聖堂** St Michael's Anglican Cathedral と、1855年建造の**コングラゲーショナルチャーチ（組合教会）** Congregational Church。また、植民地時代の様子を伝える**イラワラミュージアム** The Illawarra Museum も、1892年までは郵便局として使われ、長距離馬車の発着地点でもあった建物だ。

ウロンゴンヘッド灯台と大砲

フラッグスタッフヒル・パーク Flaghstaff

Hill Park にも史跡がある。北側にはオーストラリア最初のプレハブ建造物（1872 年）である**ブレイクウオーター灯台** Breakwater Lighthouse が、南側にはオーストラリア初の電気による完全自動式灯台（1937 年）の**ウロンゴンヘッド灯台** Wollongong Head Lighthouse がある。南側の灯台前には 3 基の黒い大砲がある。これは 1880 年 10 月にウロンゴン港防衛のために設置されたものだ。なおビーチはフラッグスタッフヒル・パークがある岬を中心に、北側を**ウロンゴン・ノースビーチ** Wollongong North Beach、南側を**ウロンゴンビーチ** Wollongong Beach と呼ぶ。

町から西へ約 4km、ウロンゴン大学の向かいにあるのが**ウロンゴン・ボタニックガーデン** Wollongong Botanic Gardens。総面積 27ha の起伏のある土地を利用した植物園で、川崎市と姉妹都市ということもあり日本庭園風の一角もある。園内西側の丘の音楽院は、1938 ～ 39 年にオーストラリアン・アイロン&スチールの持ち主であったシドニー・ホスキンズ一家の住居として建てられた邸宅**グレニファーブラエ** Gleniffer Brae。一見の価値がある。

れんが造りのグレニファーブラエ

■**ウロンゴン・ボタニックガーデン** MAP P.299/B 外
住 Murphys Ave., Keiraville, 2500 ☎ (02)4227-7667
URL wollongongbotanicgarden.com.au
開 ガーデン：毎日 7:00 ～ 17:00（サマータイム期間は月～金 7:00 ～ 18:00、土日 7:00 ～ 18:45）
休 グッドフライデー、クリスマスデー
アクセス ウロンゴン駅北側クラウン・ストリートから No.55C のバス利用（所要約 10 分）。

車があったら出かけたい。ウロンゴンの北の見どころ

ウロンゴンからロイヤル国立公園にかけての海岸線沿いには愛らしいリゾートタウンが連なる。グランドパシフィック・ドライブ有数の風光明媚な地域で、特に崖沿いに海上をワインディングしている橋**シークリフブリッジ** Sea Cliff Bridge は観光名所となっている。またスタンウェルトップスにある**スタンウェルトップス・ルックアウト** Stanwell Tops Lookout からの景色もぜひ楽しんでみたい。

スタンウェルトップス・ルックアウトからグランドパシフィック・ドライブの絶景を眺める

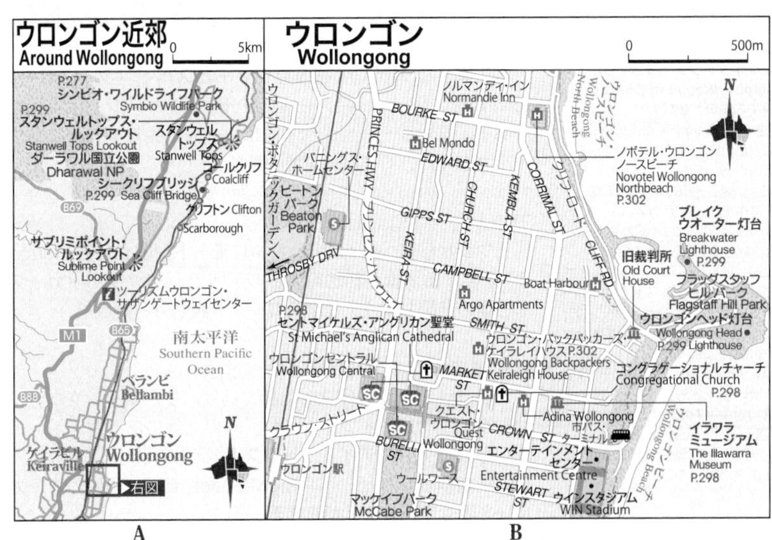

アクセス

●サウスコースト

シドニー・セントラル駅からシドニー〜ウロンゴン〜カイアマ〜ナウラに、頻繁に電車が走っている。しかし現地での足が少ないのでレンタカー利用がおすすめだ。

■カイアマ・ビジターインフォメーションセンター Kiama Visitor Information Centre
住 Blowhole Point Rd., Kiama, 2533
☎ (02)4232-3322
FREE 1300-654-262
URL kiama.com.au
開 毎日 9:00 〜 17:00
休 クリスマスデー

ベリーのメインストリート沿いには愛らしい建物が並ぶ

■ショールヘブン・ビジターインフォメーションセンター - ナウラ Shoalhaven Visitor Centre - Nowra
住 Shoalhaven Entertainment Centre, 42 Bridge Rd., Nowra, 2541
☎ (02)4421-0778
URL www.shoalhaven.com
開 月〜金 9:00 〜 17:00、土 9:00 〜 18:00、日祝 10:00 〜 14:00　休 クリスマスデー

■ジャービスベイ発ドルフィンウオッチング・クルーズ Dolphin Watching Cruises
☎ (02)4441-6311
URL www.dolphinwatch.com.au
時 毎日 10:30 〜 12:30、13:00 〜 15:00
料 大人 $47 子供 $34 家族 $135 ／ 5 月中旬〜 11 月はホエールウオッチング・クルーズもある。大人 $75 子供 $38 家族 $192

■ショールヘブン・ビジターインフォメーションセンター - アラドゥラ Shoalhaven Visitor Centre - Ulladulla
住 Civic Centre, Princes Hwy., Ulladulla, 2539
☎ (02)4444-8820
URL www.shoalhaven.com
開 月〜金 9:30 〜 17:00、土日祝 9:30 〜 14:00

サウスコースト

South Coast

ウロンゴンから南のサウスコーストは、まだまだ観光客の少ない NSW 州の穴場だ。点在する町は、どこも美しいサーフビーチをもち、また沿岸部や内陸に点在する国立公園はカンガルーや野鳥の宝庫としても知られている。

カイアマ Kiama

ブロウホール周辺は公園となっている

ウロンゴンから南へ 40km、人口約 1 万 6000 人のカイアマは、古い建物が数多く残る町だ。観光名所は灯台近くにある潮吹き穴の**ブロウホール** Blowhole。1797 年に発見されたもので、波が岩の門をくぐり、ときには 5m ほどの高さまで潮を吹き上げる。

ベリー Berry

カイアマからプリンセス・ハイウェイを 10km ほど南下した所にある町。19 世紀後半から 20 世紀前半の建物が、いまも数多く残っている。その多くはカフェやレストラン、パブ、ショップ、ホテルとして営業している。

ナウラ（ショールヘブン） Nowra（Shoalhaven）

ジャービスベイで体験したいドルフィンウオッチング・クルーズ

サウスコースト観光の拠点となる町。ナウラの手前、ボマデリー Bomaderry から海岸線へ出ると、7 マイルビーチ Seven Mile Beach、ショールヘブンヘッズ Shoalhaven Heads と美しい海岸が続く。さらに南には大きく弧を描く**ジャービスベイ（ブーデリー）** Jervis Bay（Booderee）に面した町ハスカスン Huskisson がある。なおジャービスベイでは、一帯に生息するバンドウイルカを見にいくクルーズが人気だ。

アラドゥラ Ulladulla

ナウラから南へ約 40km、背後に**モートン国立公園** Morton NP を控える海岸沿いの町がアラドゥラ。バックパッカーズなど宿の施設も多く、サウスコースト観光の一拠点だ。

ベイタマンズベイ Batemans Bay

アラドゥラの南約 50km の所にあり、サーフィンやボディサーフィンの好ポイントが多い。町の北側にある海岸沿いの森が**キオロア・ステイトフォレスト** Kioloa State Forest で、その一角ペブリィビーチ Pebbly Beach では、野生のカンガルーを間近で見ることができる。

サザンハイランズ
Southern Highlands

ウロンゴンの西、大分水嶺にある高原地帯がサザンハイランズ。モートン国立公園 Morton NP をはじめとする国立公園や自然保護区、どこかイギリスの田舎を思わせるような町、冷涼な気候を生かしたワイン造りなど、さまざまな魅力をもつ観光エリアで、シドニー市民の週末のホリデー場所として人気がある。中心となるのは**ミッタゴン** Mittagong、**ボーラル** Bowral、**ベリーマ** Berrima、**モスベール** Moss Vale、**ロバートソン** Robertson といった町（ミッタゴンにビジターインフォメーションセンターがある）。これらの町におしゃれな B&B やマナーハウス風のホテルがあるので、ぜひ 1 泊してその魅力を味わってみたい。

朝夕は野生動物に出合える

サザンハイランズにはまだまだ原生の自然が数多く残っている。そのためワラビー、ウォンバット、カンガルーなどの野生動物は朝夕あちこちで目にする確率が高い。特にカンガルー、ウォンバットはサザンハイランズ南部の**カンガルーバレー** Kangaroo Valley で多く見られる。カンガルーバレー近くの**ベンディーラ・キャンピング&ピクニックエリア** Bendeela Camping & Picnic Area は NSW 随一のウォンバット・ウオッチングスポットで、早朝や夕方は高確率で見られる。

また壮大な自然景観を見に出かけたいのが**フィッツロイフォールズ** Fitzroy Falls。モスベールとロバートソンの間、モートン国立公園の外れにある滝で、約 100m の落差をもつ。滝へと続く小川では朝夕運がよければカモノハシも見られる。また森の樹幹部分を見て歩ける**イラワラフライ・ツリートップアドベンチャー** Illawarra Fly Treetop Adventures へも出かけてみたい。

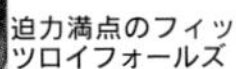
迫力満点のフィッツロイフォールズ

アクセス

●**サザンハイランズ**
現地での移動などを考えるとレンタカー利用が現実的。ウロンゴンから約 1 時間。

■**サザンハイランズ・ウエルカムセンター Southern Highlands Welcome Centre（インフォメーション）**
住 62-70 Main St., Mittagon, 2575
☎ (02)4871-2888
URL www.visitsouthernhighlands.com.au
開 月～金 9:00 ～ 16:30、土 9:00 ～ 16:00、日祝 9:30 ～ 15:30
休 グッドフライデー、クリスマスデー、ボクシングデー

■**イラワラフライ・ツリートップアドベンチャー**
住 182 Knights Hill Rd., Knights Hill, 2577
☎ (02)4885-1078
URL www.illawarrafly.com.au
営 毎日 9:00 ～ 16:30
料 大人 $27.50(25.65) 子供 $15 (13.50) 家族 $75(67.50) ／ジップライン 大人 $75(72) 子供 $45(42.75)
※ ( ) はウェブ割引

ボーラル、ミッタゴン周辺にブドウ畑が広がっている

高品質な冷涼ワインの産地

　サザンハイランズには60余りのワイナリーが点在しており、そのうち20軒ほどが一般客にオープンしている。このエリアはピノノワールやソービニョンブランなど冷涼な気候に合わせたワインの品質がよいことで知られている。日本では手に入らないワインが多いので、ワイナリー巡りをして気に入ったワインを見つけてみよう。

ウロンゴンとサウスコースト&サザンハイランズのホテル ACCOMMODATION

州外局番(02)

ウロンゴン

ウロンゴンの格安アコモ　MAP P.299/B

Wollongong Backpackers Keiraleigh House

ウロンゴン・バックパッカーズ・ケイラレイハウス

URL www.backpack.net.au
住 60 Kembla St., Wollongong, 2500
☎ 4228-6765　WiFi 無料
料 D $30～40、S $90、W $95～145　CC V

　古い建物を改修したホテル。町の中心クラウン・ストリートモールやビーチも徒歩圏内。

ビーチライフを満喫するなら　MAP P.299/B

Novotel Wollongong Northbeach

ノボテル・ウロンゴンノースビーチ

URL novotelnorthbeach.com.au
住 2-14 Cliff Rd., North Wollongong, 2500
☎ 4224-3111　WiFi 有料　料 TW $275～990
CC ADJMV　日本での予約先：アコーカスタマーサービス ☎ (03)4578-4077

リゾート気分を味わえるホテルだ

　ノースビーチを望む場所にあり、ほとんどの部屋から海が眺められる。ここのパリセード・キッチンバー Palisade Kitchen Bar やペペス・オンザ・ビーチ Pepe's on the Beach は海を望むレストランとして人気がある。

サウスコースト

ベイタマンズベイの格安アコモなら　MAP なし

Batemans Bay Holiday Park

ベイタマンズベイ・ホリデーパーク

URL www.batemansbayholidaypark.com.au
住 Cnr. Old Princes Hwy. & South St., Batemans Bay, 2536　☎ 4472-4972　WiFi 無料
料 D $40、TW $100～140、キャンプサイト $30、パワーサイト $50　CC MV

　ヤシの木の生える庭にはプールや BBQ 設備もあり。ホステル主催のペブリィビーチ・ツアーもある。

サザンハイランズ

ゴルフ場に隣接した館風ホテル　MAP なし

Dormie House

ドーミーハウス

URL www.dormiehouse.com.au　住 38 Arthur St., Moss Vale, 2577　☎ 4868-1800
WiFi 無料　料 TW $150～275／ゴルフプレイ付き TW $260～345　※朝食付き　CC MV

クラシックな外観のドーミーハウス

　モスベールの町外れにある1930年代建造の建物を改装したエレガントな雰囲気のホテル。部屋は質素だが十分快適だ。隣のゴルフ場でのグリーンフィー込みのパッケージもある。

歴史あるマナーハウスに滞在する　MAP なし

Peppers Craigieburn

ペッパーズクレイギーバン

URL www.peppers.com.au
住 Centennial Rd., Bowral, 2576　☎ 4862-8000
WiFi 無料　料 TW $279～439　※朝食付き
CC AMV
日本での予約先：アコーカスタマーサービス ☎ (03)4578-4077

建物や庭は見るだけでも価値があるほど

　建物自体、1887年建造の豪奢なマナーハウスで、入口からホテルへと続く並木道、手入れの行き届いた庭園など雰囲気を味わうだけでも価値がある。客室はクラシックな雰囲気を残しながらも現代的なインテリアが使われている。レストランのモンフォーツダイニングルームは、サザンハイランズ産の食材を、モダンオーストラリア料理で提供している。隣にはゴルフ場もある。

日本からウロンゴンとサウスコースト&サザンハイランズへの電話のかけ方
国際電話会社の番号 + 010 + 61（国番号）+ 2（0を取った州外局番）+ 電話番号

ホリデーコースト
Holiday Coast

バイロンベイのワテゴズビーチは人気のサーフビーチだ

シドニーからハンターリージョンをさらに北上。ポートマックォーリー周辺からクイーンズランドとの州境までの東海岸一帯はホリデーコーストと呼ばれる、オージーに人気のリゾート地だ。1年中温暖な気候に恵まれ、海沿いには数多くの白砂のビーチがあり、大分水嶺には豊かな亜熱帯雨林の森（その多くが世界自然遺産に登録されている）が広がる。高級リゾートホテルも多く、ローカルな雰囲気のなかリゾート気分を満喫したい旅行者に注目を集めている。

ポートマックォーリー
Port Macquarie

カジュアルなリゾートタウンだ

ニューカッスルから北へ約270kmにある、ヘイスティングリバー Hasting Riverの河口に開けた人口約5万人の町。水泳やサーフィンなどに絶好のビーチも多く、ホテルやモーテル、バックパッカーズなどの宿泊施設も多い。

1821年に町づくりが始まったという歴史のある町で、当時の様子を伝える**ポートマックォーリー博物館** Port Macquarie Museumが町の真ん中クラレンス・ストリート Clarence St.にある。また、この一帯はオーストラリア有数のコアラ生息地として知られている。町の中心から2kmほど離れたユーカリ林の中には**コアラホスピタル** Koala Hospitalがあって、交通事故や山火事でけがをしたコアラを救助し、治療して野生へ戻す活動をしている。民間ボランティアによる運営で、リハビリ中のコアラが見られる。

けがをしたコアラに食事を与えるスタッフ

コフスハーバー
Coffs Harbour

ポートマックォーリーから北上すること150km、シドニーとブリスベンのちょうど中間あたりに位置するのがコフスハーバー（人口約8万人）。ホリデーコーストを代表するトロピカルムードあふれるリゾートタウンだ。

アクセス
●ポートマックォーリー
グレイハウンド・オーストラリアのシドニー～ブリスベンを走るバスが停まるので、それを利用するのが便利。

■グレーターポートマックォーリー・ビジターインフォメーションセンター Greater Port Macquarie Visitor Information Centre
住 Glasshouse Port Macquarie, 30-42 Clarence St., Port Macquarie, 2444
FREE 1300-303-155
URL www.portmacquarieinfo.com.au
開 月～金 9:00～16:00、土日祝 9:00～14:00
休 クリスマスデー

■ポートマックォーリー博物館
住 22 Clerance St., Port Macquarie, 2444
☎ (02)6583-1108
URL portmuseum.org.au
開 月～土 10:00～16:00
休 日祝
料 大人$5 子供$3 家族$10

■コアラホスピタル
住 Roto House, Cnr. Roto Place & Lord St., Port Macquarie, 2444
☎ (02)6584-1522
URL www.koalahospital.org.au
開 毎日 8:30～16:00
休 クリスマスデー
料 1人$5の寄付／見学はセルフガイドツアー・マップを参考に各自で行う。

アクセス
●コフスハーバー
グレイハウンド・オーストラリアのシドニー～ブリスベンを走るバスの利用が便利。1日2本、シドニーとブリスベンから電車もある。またシドニー、メルボルンからカンタス航空が、シドニーからリージョナルエクスプレスが**コフスハーバー空港**（CFS）へフライトをもっている。

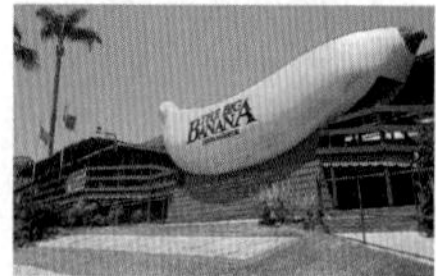

名物アトラクションパークのビッグバナナ

■ビッグバナナ・ファンパーク
住351 Pacific Hwy., Coffs Harbour, 2450
☎(02)6652-4355
URL bigbanana.com
開9～4月：毎日9:00～17:00／5～8月：毎日9:00～16:30 ※アトラクションにより営業時間が異なるので入園時にチェックすること
休 クリスマスデー、グッドフライデー
料 入園料無料／アイススケート（1日数回1.5時間ごとのセッション）：1セッション 大人$22 子供$20 家族$78／トボガンライド：1回1人$9、2回1人$16／ウオーターパーク（1日数回1.5時間ごとのセッション／5～8月は休業）：1セッション 大人$24.50 子供$21.50 家族$84、追加1セッションは1人$10追加／4Dライドシュミレーター：1回1人$11、2回1人$18／プランテーションツアー：大人$10 子供$8 家族$35

■コフスコースト・ワイルドライフサンクチュアリ
住65 Orlando St., Coffs Harbour, 2450
☎(02)6659-1910
URL coffscoastwildlifesanctuary.com.au
開 毎日9:00～15:00
料 大人$44 子供$24 家族$119／ウルティメット・ドルフィンエクスペリエンス（12歳以上）：1人$370／ドルフィンスプラッシュ：1人$270／シーライオンスプラッシュ（8歳以上）：1人$270
※エンカウンタープログラムは最少催行人数あり

コフスコースト・ワイルドライフサンクチュアリで愛らしいイルカと触れ合おう

コフスハーバーはバナナの産地としても知られている。それを象徴するアミューズメントパークが、高さ5m、長さ13mという大きさの巨大バナナが目印の**ビッグバナナ・ファンパーク** The Big Banana Fun Park。園内ではアイススケートリンク、トボガンライド（斜面のコースを滑り下りるソリ）、4つのウオータースライダーをもつウオーターパーク、4D体験ができる4Dライドシュミレーターなど、さまざまなアトラクションが楽しめる。ほかにもバナナ農園内を見て回るプランテーションツアーもある。

港の近くにある**コフスコースト・ワイルドライフサンクチュアリ** Coffs Coast Wildlife Sanctuary も見逃せない。ショータイムにはイルカ、アシカなどと楽しく遊べる。もちろんエンカウンタープログラムも充実。イルカやアシカのいるプールに一緒に入って泳ぐ**ウルティメット・ドルフィンエクスペリエンス**

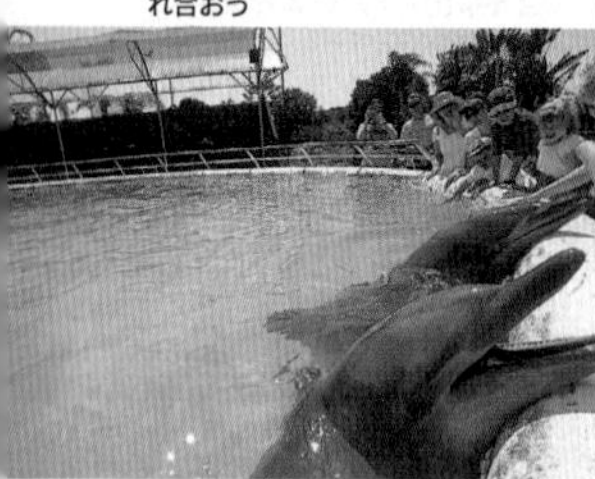

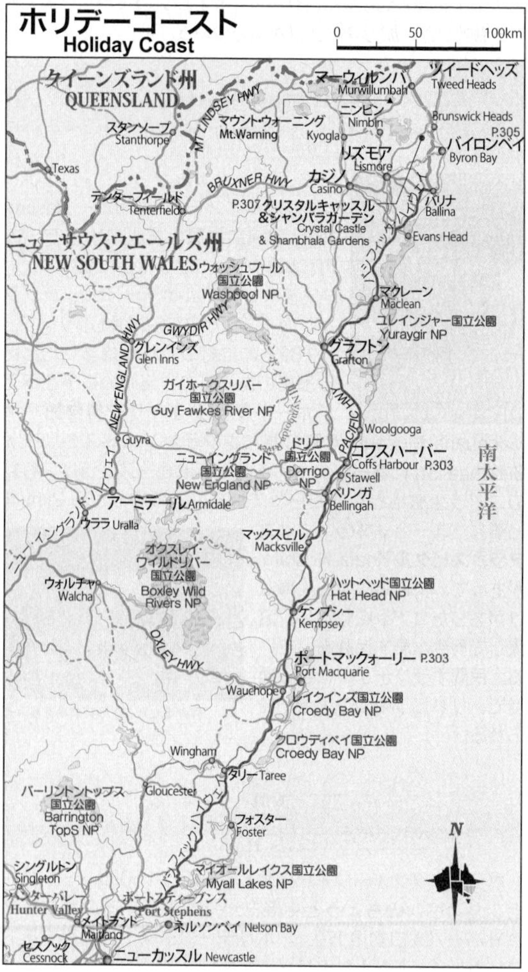
ホリデーコースト
Holiday Coast
0 50 100km
クイーンズランド州
QUEENSLAND
ニューサウスウエールズ州
NEW SOUTH WALES
ツイードヘッズ Tweed Heads
マーウィルンバ Murwillumbah
ニンビン Nimbin
マウント・ウォーニング Mt.Warning
Kyogla
Brunswick Heads
バイロンベイ Byron Bay P.305
リズモア Lismore
カジノ Casino
バリナ Ballina
スタンソープ Stanthorpe
Texas
テンターフィールド Tenterfield
MT LINDSEY HWY
BRUXNER HWY
P.307 クリスタルキャッスル&シャンバラガーデン Crystal Castle & Shambhala Gardens
Evans Head
ウォッシュプール国立公園 Washpool NP
マクレーン Maclean
ユレインジャー国立公園 Yuraygir NP
GWYDIR HWY
NEW ENGLAND HWY
グレンインズ Glen Inns
グラフトン Grafton
ガイホークスリバー国立公園 Guy Fawkes River NP
PACIFIC HWY
Woolgooga
Guyra
ドリゴ国立公園 Dorrigo NP
ニューイングランド国立公園 New England NP
コフスハーバー Coffs Harbour P.303
Stawell
アーミデール Armidale
ベリンガ Bellingah
ウララ Uralla
南太平洋
マックスビル Macksville
オクスレイ・ワイルドリバー国立公園 Boxley Wild Rivers NP
ウォルチャ Walcha
ハットヘッド国立公園 Hat Head NP
ケンプシー Kempsey
OXLEY HWY
ポートマックォーリー P.303 Port Macquarie
Wauchope
レイクインズ国立公園 Croedy Bay NP
クロウディベイ国立公園 Croedy Bay NP
Wingham
タリー Taree
バーリントントップス国立公園 Barrington TopS NP
Gloucester
フォスター Foster
N
シングルトン Singleton
マイオールレイクス国立公園 Myall Lakes NP
ハンターバレー Hunter Valley
ポートスティーブンス Port Stephens
メイトランド Maitland
ネルソンベイ Nelson Bay
セスノック Cessnock
ニューカッスル Newcastle

Ultimate Dolphin Experience や浅瀬でイルカと触れ合う**ドルフィンスプラッシュ** Dolphin Splash、アシカと一緒に泳げる**シーライオンスプラッシュ** Sea Lion Splash など、どれも体験してみたいものばかりだ。

コフスハーバー沖合の**ソリタリー諸島海洋公園** Solitary Islands Marine Park は、暖流と寒流がぶつかる海域に大小の島が連なる好ダイビングポイント。6～10 月にはクジラ、1～6 月にはマンタ、そしてイルカには 1 年中出合える。ジェッティダイブではクジラシーズンにザトウクジラと一緒に泳ぐホエールスイムも催行。またコフスハーバー・ジェッティの先には、マトンバード（ハシボソミズナギドリ）が飛来する**マトンバード島** Mutton Bird Is. がある。コフスハーバーの西約 60km にある**ドリゴ国立公園** Dorrigo NP は、世界自然遺産オーストラリアのゴンドワナ多雨林の一部。公園入口のレインフォレストセンターには、国立公園内に生息する 120 種を超える鳥類や爬虫類に関する展示があって、自然好きには見逃せない。国立公園が一望できるスカイウオークも楽しい。

■ジェッティ・ダイブセンター
Jetty Dive Centre
住 398 Harbour Drv., Coffs Harbour, 2450
☎ (02)6651-1611
URL jettydive.com.au
時 ホエールスイム：6～10 月の月～金 7:30、土日 11:30 スタート（所要 3.5 時間）
料 ダイブクルーズ：2 本 $255～340（全器材込み）／ホエールスイム：月～金 1 人 $195、土日祝 1 人 $250／ホエールウオッチングクルーズ 1 人 $85

■ドリゴ・レインフォレストセンター
Dorrigo Rainforest Centre
住 142 Dome Rd., Dorrigo, 2453
☎ (02)6657-5913
URL www.nationalparks.nsw.gov.au
開 毎日 9:00～16:30
休 クリスマスデー
料 施設使用時には $2 の寄付

バイロンベイ
Byron Bay

オーストラリア本土で最も東、ケープバイロンがあることで知られるバイロンベイ。わずか 9500 人ほどの小さな町だが、いまではホリデーコースト随一のおしゃれなビーチリゾートとして、オーストラリアを代表するツーリストスポットとなっている。

バイロンベイの町の入口

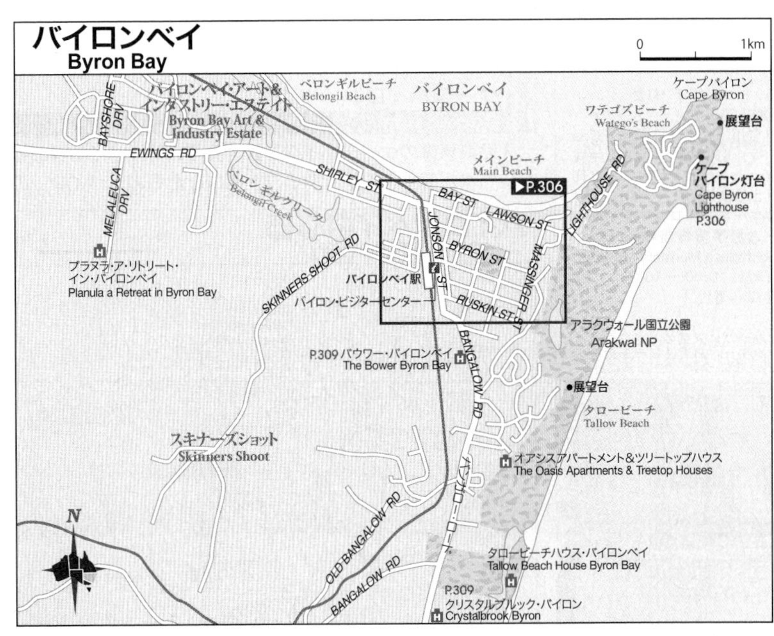

いつも大勢の人でにぎわうメインビーチ

アクセス

●バイロンベイ

グレイハウンド・オーストラリアのシドニー〜ブリスベンを走るバスを利用できる。シドニーとブリスベンからの電車もある。いずれもバイロンベイ駅が発着場所。空路バイロンベイへ入る場合は、南隣の町バリナBallinaの**バリナ・バイロン・ゲートウェイ空港**（BNK）を利用。レンタカー利用が前提ならフライトの多い**ゴールドコースト空港**（OOL）利用もおすすめだ（所要約40分）。

■バイロン・ビジターセンター
Byron Visitor Centre MAP P.306
住 Old Stationmaster's Cottage, 80 Jonson St., Byron Bay, 2481 ☎(02)6680-8558
URL www.visitbyronbay.com
開 月〜金10:00〜16:00、土10:30〜15:00 休 日祝

■バイロンベイ・ソーラートレイン
☎0439-249-117
URL byronbaytrain.com.au
時 バイロンベイ駅〜ノースビーチ駅間の運行（片道10分／往復25分）：毎日10:15〜17:15の1時間ごと
料 片道：大人$5 子供$3

■ケープバイロン灯台
MAP P.305
料 駐車料金1時間$10／灯台へ行く途中の駐車場は1時間$5。その場合、灯台までは徒歩5分ほど。
●ケープバイロン・ライトハウス海事博物館 Cape Byron Lighthouse Maritime Museum
開 毎日10:00〜16:00
料 $2の寄付

おみやげに人気のバイロンベイクッキー。お店はビーチ近くのショッピングアーケード内にある

この町が注目を集め出したのは、1970年代に、よりよい波を求めていたサーファーたちがやってくるようになったことがきっかけだった。町の目の前にある**メインビーチ** Main Beachはもちろん、最東端の岬ケープバイロンへと続く**ワテゴズビーチ** Watego's Beach、町の南東岸に広がるタロービーチ Tallow Beachのいずれも、豪快な南太平洋の波が打ち寄せるサーフビーチだ。また1970年代後半からは、ヒッピームーブメントの影響を強く受けた人たちが移り住むようになり、ボヘミアンな町へと変貌を遂げていく。そして、その雰囲気に魅了された芸術家やデザイナー、クラフト作家などがアトリエを構えるようになり、現在のような洗練されたリゾートタウンになったのだ。

明るいリゾートらしい町並み

クラシックな列車でのショートトリップも楽しい

この町での楽しみ方はいろいろ。サーフィンはもちろん、ダイビング、シーカヤック、ブッシュウオークなどアクティビティは盛りだくさん。最近では1940年代のクラシックな列車をソーラーパネルでエコに復活させた**バイロンベイ・ソーラートレイン** Byron Bay Solar Trainが運行を開始して人気を呼んでいる。またマッサージ、アロマテラピー、ヨガなどリラクセーションのための施設も多い。レンタカーがあるなら、近郊に数多くある国立公園を目指してドライブするのも楽しい（野生のコアラに出合える可能性も高い）。

キャプテンクックが名づけた MAP P.305

ケープバイロン Cape Byron

大陸最東端のケープバイロンは、英国の詩人バイロンの祖父にちなんでキャプテンクックが名づけたもの。バイロンの

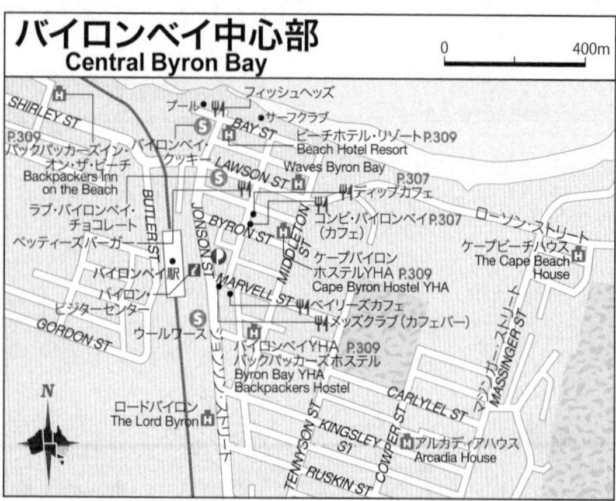

バイロンに来たらやっぱりシーフード！って思ったらフィッシュヘッズFish Headsへ。雰囲気は最高で、料理の味ももちろん満足できます。牡蠣は$5.50/個で小さかったです。フィシュ＆チップスはボリューム満点でした。ローカルビール（$9.50〜）も豊富、飲み比べもおすすめです。URL www.fishheadsbyron.

祖父は船乗りで、1760年代にクックと一緒にエンデバー号に乗り航海をしていたのだ。この岬には町のシンボルである白亜の**ケープバイロン灯台** Cape Byron Lighthouse が建っており、そこから最東端ポイントを経由してワテゴズビーチへと下っていくウオーキングトレイルが整備されている。最東端ポイントには、それを示すボードがあり、人気の記念写真ポイントとなっている。また、ウオーキング途中に海に目を凝らすと、1年中イルカの群れが見られるほか、冬季にはザトウクジラの潮吹きやブリーチングなどを目にすることもある。

ケープバイロンに建つ灯台

最東端ポイントは人気の記念撮影スポット

ケープバイロンへは、町の中心からライトハウス・ロード Lighthouse Rd. を東に向かい森の中を少しずつ登っていくのが一般的（歩いて30分ほど）。ビーチを東に向かい、途中ワテゴズビーチからケープバイロンの岬のウオーキングトラックに入っていくのも楽しい。

■**バイロンベイのアクティビティ**
●**スタイル・サーフィンスクール Style Surfing School**
☎0416-162-969
URL www.stylesurfingbyronbay.com
料3時間コース $80
●**ケープバイロン・カヤックス Cape Byron Kayaks**
ケープバイロンをぐるりと回るシーカヤックツアー。イルカが見られる確率が高い。
☎(02)6680-9555
URL www.capebyronkayaks.com
時9～4月 8:30～11:30、13:00～16:00／5～8月 10:00～13:00、13:30～16:30
料1人 $89（スナック付き）

バイロンベイ近郊
Around Byron Bay

バイロンベイ近郊にも魅力的な場所がいっぱい。もともとバイロンベイとその近郊は、**マウント・ウォーニング** Mt. Warning の噴火によってできた南半球最大規模の巨大カルデラの一部で、一帯の国立公園はほとんどが世界自然遺産に登録されている。国立公園以外にも亜熱帯の森、ユーカリの森などが数多くあり、野生動物の宝庫でもある。

バイロンベイから車で20分ほど内陸、**ムルンビンビー** Mullumbimby の山中にある**クリスタルキャッスル＆シャンバラガーデン** Crystal Castle & Shambhala Gardens はアジアの雰囲気をもつ不思議な施設。

■**クリスタルキャッスル＆シャンバラガーデン** MAP P.304
住81 Monet Drv., Mullumbimby, 2482 ☎(02)6684-3111
URL www.crystalcastle.com.au
開 毎日 10:00～17:00
休 グッドフライデー、クリスマスデー、ボクシングデー
料 大人 $49 子供 $35 家族 $119（1日有効）

クリスタルキャッスルの庭園に設置された仏像

COLUMN

バイロンベイには おしゃれカフェがいっぱい

バイロンベイは若者に人気のリゾート地だけあって、インスタジェニックなおしゃれカフェが数多い。なかでも人気のある代表的なカフェを紹介しよう。

コンビ・バイロンベイ Combi Byron Bay

パンケーキは盛りつけもきれい

ピンクをイメージカラーにしているカフェで、アサイボウルやオーガニックパンケーキなど美味で写真映えするメニューがいっぱい。スムージーのメニューも多い。
MAP P.306 住Shop 5b/21-25 Fletcher St., Byron Bay, 2481 URL wearecombi.com.au 営 毎日 7:00～15:00

ディップカフェ Dip Cafe

コンビのすぐ隣にあるカフェで、バイロンベイのファッションリーダーたちが集まってくる。フードメニューが充実しているのでランチにもおすすめ。
MAP P.306
住Shop 1/21-25 Fletcher St., Byron Bay, 2481 ☎(02)6685-5141 URL www.dipcafe.com.au
営 毎日 7:30～13:00

ローカルが集まる人気カフェだ

➘ com.au 住1 Jonson St., Byron Bay, 2481 ☎(02)6680-7632（北海道 JJ '24）

■フレンズ・オブ・コアラ（コアラ・ケア&リサーチセンター）
住23 Rifle Range Rd., East Lismore, 2480
☎(02)6621-4664
URL friendsofthekoala.org
開 毎日 9:00 ～ 16:00
料1 人 $5 程度の寄付

■ハッピーコーチ・ニンビンシャトル Happy Coach Nimbin Shuttle
バイロンベイからニンビンへシャトルサービスを催行。
☎0427-966-901
URL happycoachbyron.com
時 バイロンベイ発着：水～日 10:00 ～ 16:30
料 片道：1 人 $50 ／往復：1 人 $90

時代が違うような雰囲気のニンビン

■ワールドヘリテージ・レインフォレストセンター
住Cnr. Tweed Valley Way & Alma St., Murwillumbah, 2484
☎(02)6672-1340
URL visitthetweed.com.au
開 毎日 9:00 ～ 16:00

うっそうとした亜熱帯雨林が茂るマウント・ウォーニング国立公園

アジアを中心とした国々から集めたクリスタル、仏像、ネパール風仏塔、植物などを庭園に配し、どこかスピリチュアルな景観を造り出している。ここには庭園を眺めるカフェやオーラ診断もできるクリスタルショップもあり、オージーに人気の名所となっている。

コアラ・ケア&リサーチセンターのガイドツアー

一帯の中心地**リズモア** Lismore のサザンクロス大学隣には、**フレンズ・オブ・コアラ（コアラ・ケア&リサーチセンター）** Friends of Koala(Koala Care & Research Centre) がある。リズモア周辺はオーストラリア有数のコアラ生息地だが、そのぶん、事故などに遭うコアラも少なくない。そんなコアラを保護し、けがや病気の場合はリハビリをして自然に帰す、無理な場合はセンター内で育てるといったことを行っている。リサーチセンター内を見て回るガイドツアーも行っているので、時間が合うようならぜひ参加したい。ここのスタッフは気さくで、野生のコアラウオッチング・スポットなども教えてくれる。

リズモアからマウント・ウォーニングの麓の町**マーウィルンバ** Murwillumbah へ向かう途中にある山間の村**ニンビン** Nimbin は、いまなおヒッピームーブメントの風情が漂う場所。村の目抜き通りの建物のサイケデリックさ、あやしさは一見の価値がある。また村外れにあるニンビンロックの景観もお見逃しなく。ニンビンへは、バイロンベイからツアーやシャトルバスのサービスもあるので利用しよう。

マーウィルンバはマウント・ウォーニング観光の拠点。町の入口にある**ワールドヘリテージ・レインフォレストセンター** World Heritage Rainforest Centre がビジターインフォメーションを兼ねている。ここにはマウント・ウォーニング周辺の世界自然遺産、オーストラリアのゴンドワナ多雨林についてのミニ展示館がある。

ホリデーコーストのホテル

ACCOMMODATION

州外局番 (02)

ポートマックォーリー

施設の充実した Port Macquarie Ozzie Pozzie Backpackers YHA
MAP なし
ポートマックォーリー・オジーポジー・バックパッカーズ YHA

URL ozziepozzie.com 住36 Waugh St., Port Macquarie, 2444 ☎6583-8133 WiFi 無料
料D $37 ～ 39、TW $82 ～ 110
※ YHA 会員以外は追加料金必要 CC MV

近くにスーパーやカフェ、ナイトクラブなどがあって、便利な YHA。キッチン、ランドリー、BBQ はもちろん、プールやゲームルームなどの設備あり。

クラシックな雰囲気の Port Macquarie Backpackers
MAP なし
ポートマックォーリー・バックパッカーズ

URL www.portbackpackers.com.au
住2 Hastings River Drv., Port Macquarie, 2444
☎6583-1791 WiFi 無料 料D $35、S $67、TW $77 ～ 97 CC MV

町からはパシフィック・ハイウェイ方向に 1km ほど。長距離バスの発着に合わせ送迎がある。

コフスハーバー

各種ツアーのアレンジも OK Aussitel Backpackers
MAP なし
オージーテル・バックパッカーズ

URL aussitel.com 住312 Harbour Drv., Coffs Harbour, 2450 ☎6651-1871 WiFi 無料
料D $30 ～ 36、W $65 ～ CC MV

町の中心から 2km ほどの場所にある。プー

ルやゲームルームなどの施設もあり、キッチンも広々としていて使いやすい。カヤックやSUP、サーフボード、ボディボードなどの無料レンタルもあり。

海好きは迷わずここへ　MAP なし
The Hoey Moey on the Beach
ホエイモエイ・オンザビーチ

URL hoeymoey.com.au
住 84 Ocean Pde., Coffs Harbour, 2450 ☎ 6652-3833 WiFi 無料 料 D $45、T W $135 ～ 155
CC MV

各部屋にシャワー、トイレ完備。無料でブギーボードが借りられる。ビストロ完備でライブエンターテインメントを楽しんだりもできる。

コフスハーバーの高級リゾート　MAP なし
Pacific Bay Resort
パシフィックベイリゾート

URL pacificbayresort.com.au 住 Cnr. Pacific Hwy. & Bay Drv., Coffs Harbour, 2450 ☎ 6659-7000
WiFi 無料 料 T W $245 ～ 255、1B $300 ～ 310、2B $545 ～ 565 CC ADJMV

中心部から3km北の海岸沿いに建つ。広い敷地内にはゴルフコースもあり、レストランやショップ、美容院もあるビレッジセンター、テニスコート、バレーボールコート、3つのプールとリゾート設備が整っている。

バイロンベイ

設備の整った快適ホステル　MAP P.306
Byron Bay YHA Backpackers Hostel
バイロンベイ YHA バックパッカーズホステル

URL www.yha.com.au 住 7 Carlyle St., Byron Bay, 2481 ☎ 6685-8853 WiFi 無料
料 D $62 ～ 105、T W $130 ～ 237
※ YHA 会員以外は追加料金必要 CC MV

長距離バスの停留所、ビーチ、スーパーに徒歩3分。自転車、ブギーボードのレンタルもある。

ブギーボード、自転車の無料レンタルがある　MAP P.306
Cape Byron Hostel YHA
ケープバイロンホステル YHA

URL www.yha.com.au 住 Cnr. Byron & Middleton Sts., Byron Bay, 2481 ☎ 6685-8788 WiFi 無料
料 D $61 ～ 71、W $194～ 256 ※ YHA 会員以外は追加料金必要 CC MV

バス停やスーパーにも近くて便利。予約すればバス停まで迎えにきてくれる。同じ建物にダイブショップが入っているので、ダイビングを楽しみたい人におすすめだ。

町なかにある人気ホステルだ

ビーチ前にある　MAP P.306
Backpackers Inn on the Beach
バックパッカーズイン・オン・ザ・ビーチ

URL backpackersinnbyronbay.com.au
住 29 Shirley St., Byron Bay, 2481
☎ 6685-8231 FREE 1800-817-696
WiFi 無料 料 D $46 ～ 50、T W $52 ～ CC MV

ビーチに敷地から直接出られるのが魅力。プール、オープンエアシネマ、庭にはハンモックとリゾートっぽい雰囲気もいい。ホテル内にATMも完備している。

スタイリッシュなブティックホテル　MAP P.305
The Bower Byron Bay
バウワー・バイロンベイ

URL www.thebowerbyronbay.com.au
住 28 Bangalow Rd., Byron Bay, 2481
☎ 6680-9577 WiFi 無料
料 T W $390 ～ 450 CC ADMV

町からバンガロー・ロードを車で5分ほどの所にある全5室のみの高級ブティックホテル。全体に白を基調としたインテリアもおしゃれ。カップル向けスイートタイプの部屋や家族連れ向けコテージなどがある。

メインビーチ前の一級リゾート　MAP P.306
Beach Hotel Resort
ビーチホテル・リゾート

URL www.beachhotel.com.au 住 1 Bay St., Byron Bay, 2481 ☎ 6685-6402 WiFi 無料
料 T W $289 ～ 549 CC AJMV

メインビーチ前にあるバイロンベイを代表するホテル。併設されているビーチバー、レストランは宿泊客以外にもポピュラーで、いつも大勢の人でにぎわっている。ホテル施設もよく、ゆったりと快適な部屋、行き届いたサービスに満足できる。

バイロンベイ随一の高級リゾート　MAP P.305
Crystalbrook Byron
クリスタルブルック・バイロン

URL www.crystalbrookcollection.com/byron
住 77-97 Broke Head Rd., Byron Bay, 2481
☎ 6639-2000 WiFi 無料
料 T W $473 ～ 734 CC AJMV

バイロンベイの外れにある、45エーカーの広大な敷地を有する自然に溶け込むよう造られた高級リゾートホテル。敷地内にはボードウオークが張り巡らされており、亜熱帯雨林、ユーカリ林、湿地帯とさまざまな自然が観察できる。客室はコンドミニアムスタイルで、リビング、バスルーム、ベッドルームとも広々。本格的なデイスパも併設。モダンオーストラリア料理のレストランも評判だ。

部屋はモダンでしかも広々としている

カウラ
Cowra

アクセス

●**カウラ**
シドニーからレンタカー利用が最も便利（所要約4時間30分）。またシドニーから鉄道とバスを組み合わせたNSWトレインリンクも利用できる。曜日によりシドニー～バサースト～カウラ、シドニー～クーサマンドゥラ～カウラのどちらかのルートとなる（所要5～6時間）。バスは町の中心部に停まる。

■カウラ・ビジターインフォメーションセンター Cowra Visitor Information Centre
住 Cnr. Mid Western Hwy., Young & Boorowa Rds., Cowra 2794
☎(02)6342-4333
URL visitcowra.com.au
開 毎日 9:00 ～ 17:00
休 クリスマスデー

■日本人戦没者霊園
町の中心から北へ4kmほど離れた高台にある。隣はオーストラリア兵を祀った霊園となっている。町からは徒歩かタクシー利用（片道 $30 ほど）となる。

■カウラ日本庭園
住 Ken Nakajima Place., Cowra 2794
☎(02)6341-2233
URL www.cowragarden.com.au
開 毎日 8:30 ～ 17:00
※季節により開館時間が多少変更になる
休 クリスマスデー
料 大人 $20 子供 $10 家族 $50

ひっそりとした日本人戦没者霊園

シドニーの西約320kmの内陸に位置するカウラは、これまでの日豪関係を語るうえで重要な町だ。第2次世界大戦末期の1944年8月5日。町の郊外にあった戦争捕虜キャンプから1000人余りの日本人捕虜が脱走を企てた。わずか数時間のうちに200人を超える死者を出し、残りは再び捕虜として抑留されるという惨事だった。この脱走劇、そしてオーストラリアで戦争犠牲者となった多くの日本人は今、この町の郊外にある日本人戦没者霊園 Japanese War Cemetery に祀られている。そしてその霊園は1963年、正式にオーストラリアから日本へ割譲され、日本の領土となっている。

カウラの歩き方
OUTLINE OF COWRA

日本人捕虜によるカウラ大脱走劇という悲劇を経験した町だけあって、この町は今も日本と深い関係を築いている。**捕虜キャンプ跡**には当時の建物の土台と日本兵がどのようなルートで脱走を企てようとしたかを示す説明板が置かれており、当時の記録を今に伝えている。そして過去の歴史をふまえ、これからの日豪友好関係を築く町として、1978年、京都の修学院離宮の様式にのっとって**カウラ日本庭園** Cowra Japanese Garden が造られた。

また日本人戦没者霊園から捕虜キャンプ跡、日本庭園と続く道路沿いには、桜並木が植樹され、毎年9月、**桜祭り**が開催される。この時期、オーストラリア在住の多くの日本人がカウラを訪れ、霊園に献花し、町の人々と一緒に桜祭りを祝っている。

美しいカウラ日本庭園

カウラのホテル
ACCOMMODATION
州外局番 (02)

コロニアルな雰囲気の
Breakout Mototel ブレークアウト・モーテル
MAP なし

URL www.breakoutmotel.com.au
住 181-183 Kendal St., Cowra 2794
☎6342-6111 WiFi 無料
料 TW $145 ～ 180、2B $235 ～ 280 CC AMV

古きよきオーストラリアの雰囲気の外観をもちながらも、新しくて清潔感いっぱいの客室。スパバス付きの部屋、2ベッドルームのコンドミニアムタイプの部屋もある。

町の中心にあって便利な
Cowra Motor Inn カウラ・モーターイン
MAP なし

URL www.cowramotorinn.com.au
住 3 Macquarie St., Cowra 2794
☎6342-2011 WiFi 無料
料 TW $140 ～ 175、2B $220 CC MV

手頃な値段で、快適な部屋を提供しているのがここ。ベッドはクイーンサイズで、冬季は電気毛布も用意してくれる。

日本からカウラへの電話のかけ方
国際電話会社の番号 + 010 + 61（国番号）+ 2（0を取った州外局番）+ 電話番号

スノーウィマウンテンズでスキーを楽しむ！

大分水嶺山脈南部、オーストラリア最高峰マウント・コジウスコ（2228m）を中心として広がるスノーウィマウンテンズは、オーストラリア随一のスキーリゾートだ。ベースタウンはジンダバイン Jindabyne で、ここからはバスでスレドボ、ペリシャー、シャーロッテパスなどのスキー場を訪れることができる。

豪快なダウンヒルが楽しめるスレドボ

スレドボ Thredbo

オーストラリアを代表するスキー場で、標高差700m、最長5700mのコースはともにオーストラリア随一。また、オーストラリアで唯一スキーのワールドカップが開催されたのもここだ。スキー場村の設備も、この界隈ではいちばん。ホテル、ロッジは約80軒、レストランやバー、おみやげ屋も多い。

ペリシャー Perisher

ペリシャーバレー Perisher Valley、スミギンホールズ Smiggin Holes、マウントブルーカウ Mt.Blue Cow、グシーガ Guthega の4つのスキー場が一体となったスキーエリアで、全体の規模は南半球随一を誇る。リフト券はエリア内共通なので、初級者から上級者までいろいろなタイプのコースを滑走できる。宿泊施設などがあるアルペンビレッジは、ペリシャーバレー、スミギンホールズ、グシーガにある。ホテル、ロッジの総数は約40軒。

スレドボのスキー場村

シャーロッテパス Charlotte Pass

ジンダバインから行けるスキー場のなかでは最も規模が小さい。コースも初中級者向けが約9割を占めている。

ペリシャーバレーにある126mのハーフパイプ

DATA

●**スノーウィマウンテンズへのアクセス**
キャンベラからシーズン中マレーズコーチ Murrays Coaches、スノーエクスプレス SnoExpress など数社が各スキーフィールドへのシャトルバスを運行。またシドニーからグレイハウンド・オーストラリアがシーズン中バスを運行している。

●**スノーウィマウンテンズの情報**
URL snowymountains.com.au

●**スレドボ**
URL www.thredbo.com.au

●**ペリシャー**
URL www.perisher.com.au

●**シャーロッテパス**
URL www.charlottepass.com.au

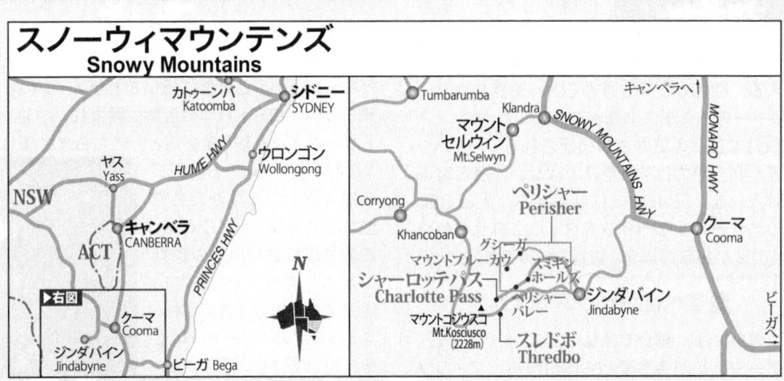

Memo スノーウィマウンテンズの夏の楽しみ方（マウント・コジウスコ登頂）は巻頭特集（→ P.14）で紹介している。

オーストラリアの
知られざる世界遺産

ロードハウ諸島
Lord Howe Island Group

いっときは絶滅の危機にあったというロードハウクイナ。飛べない鳥なのであちこちで歩いている

島の南、リッジバード山とガウア山へ続く道

ロードハウ諸島は、約700万年前に隆起した海底火山が浸食されてできあがった。諸島内最大のロードハウ島や、海から550mにそびえ立つボールズピラミッドなど大小28の島からなる。1788年に発見され19世紀に人間が移住するまで鳥類と植物の楽園だった。今でも241種ある植物の113種が固有種で、ロードハウクイナなどここにしかいない鳥を含め130種以上の鳥が見られる。沿岸には世界最南端の珊瑚礁が広がり、コーラルシーの暖流とタスマン海の寒流がぶつかり合う海域に、熱帯魚から回遊魚まで約500種の魚と約90種類のサンゴが生息している。その独特の地形と生態系から1982年に世界自然遺産に登録されている。

訪れた人誰もがトリコになる島

クリアポイントからボールズピラミッドが見える

カンタス航空の38人乗りの小さな飛行機、DASH400でシドニーから北東へ2時間（約700km）。真っ青な海に囲まれた島に降り立つと、切り立つ緑色のガウア山Mt.Gowerとリッジバード山Mt.Lidgbirdが目に入る。空港から車を進めると、道路にはパームツリーの木々が生い茂っている。

独特な自然の豊かさが強調されるロードハウ諸島だが、魅力はそれだけではない。旅行客の受け入れを1日400人に制限する、人口350人の島。その島のライフスタイルに魅せられた多くの人が毎年のように訪れているのだ。

愛すべきライフスタイル

この島には、都会ではなくしてしまったコミュニケーションが今も変わらずにある。アイランダーと呼ばれる島の人々はすれ違うと、お互い手を振ったり、あいさつしたり。旅行客であっても、普通にあいさつするようになってしまう。決して混雑していないのに、車の制限速度も時速25キロ。ドライバーが道を行く人々に「ハロー」と声をかけたり、手を振るのに十分な速度だ。

民家はもちろん、ホテルの部屋も鍵をかけないのがこの島の習慣だ。オーストラリア本土から遠く離れた島なので、素性の知れない誰かが来ることもない。島の警察官は関税手続きなど、どちらかというと事務に近いことがメインの仕事らしい。ロードハウの自然に囲まれ、フレンドリーな人々と接していると、こちらまで優しくなれる気がしてくる。人と自然にシンプルなかたちで触れられるロードハウ島は、この島にしかないものが見つかる、ずっと変わらない場所であり続けてきた。オーストラリアのリピーターにこそ、訪れてほしい場所だ。

スノーケリングは楽しみたいアクティビティだ

ロードハウ島の自然を楽しむアクティビティ

豊かな自然を満喫できるよう、さまざまなアクティビティが用意されている。ただし、ダイビングやボートツアー、登山などは天候、潮の高さなどに催行が左右され、必ずしも毎日定刻にスタートするとはかぎらないので事前に確認を。ベストなタイミングで島を堪能するには、長めの滞在が望ましい。

ウオーキング

1から10までレベル分けされたコースが用意され、地図とサインを頼りに自分で歩く。道は舗装道路でもボードウオークでもなく自然のまま。サインを見逃さないように。ガウア山の山登りもそのひとつ。

ガウア山登頂

片道4時間、帰りも4時間の14kmコース。ロープをつたって断崖絶壁も登るタフな内容だが、天気がよければ875mの山頂からロードハウ島全体が見渡せる。有資格のガイドとのみ登ることができる。

ノースベイ・タートルツアー&ネイチャー

グラスボトムボートでノースビーチに行く半日ツアー。スノーケリングもでき、ノースビーチでティータイム後にはガイドによる解説を聞いたあと、自由に散策。

タートルツアーのグラスボトムボート

ダイビング

5つの海流の分岐点にある魚とサンゴの宝庫。周辺に60以上のポイントがあり、ビーチダイブ、ボートダイブまでコースも多様。ボールズピラミッドが有名なポイントだが（要アドバンス資格）、ほかでもエンゼルフィッシュ、アネモネフィッシュ、ベラの仲間などが見られる。

フィッシング

島全体が魚礁といわれる太公望のパラダイス。キングフィッシュ（ヒラマサ）、イエローフィンツナ（キハダ）、ワフー（カマスサワラ）などが釣れる。ボートをチャーターできる。また、ネッズビーチでは魚の餌づけができ、魚が足元まで寄ってくる。

個性的なアコモデーション

食事と送迎が含まれたインクルーシブの高級リゾートからキッチン付きのアパートまで、さまざまなタイプのリゾートが21ある。代表的なホテルを紹介しよう。なお、ほとんどのホテルが最低宿泊日数（通常2～4泊）を設定している。

アラジーラ・リトリート Arajilla Retreat

URL www.arajilla.com.au　☎(02)6653-2484
料 T W $1830 ～ 2500 ※滞在中の全食事付き

アラジーラの客室

毎年リノベーションを施し、常に新しさを保っているモダンなリゾート。料理もおいしく、スタッフも親切。インド式トリートメントを施術するスパを併設。

カペラロッジ Capella Lodge

海を望むカペラロッジ

URL capellalodge.com.au
☎(02)9918-4355
料 T W $2600 ～ 3600 ※滞在中の朝・夕食付き

ロードハウ島を代表する高級エコロッジ。レストランから望むガウア山のビューがすばらしい。スパもある。

パインツリー・ロッジ Pinetree Lodge

URL pinetrees.com.au　☎(02)9262-6585
料 T W $1188 ～ 2038 ※滞在中の全食付き

シックな雰囲気のパインツリー

歴史あるクラシックリゾート。ワンルームユニットから4ベッドルームまで部屋のタイプが豊富。テニスコート、ビリヤードなど施設も充実。ラグーンビーチ前で至福のひとときが過ごせる。

リアンダリー Leanda Lei

URL www.leandalei.com.au　☎(02)6563-2195
料 要問い合わせ

全室にキッチンが付いたアパートメントタイプ。

DATA

●**アクセス**

シドニー、ブリスベンから2時間。シドニーから毎日、ブリスベンからは土・日曜、ポートマッquォーリーからは2～6・9～12月のピーク時にカンタスリンクがロードハウ島空港（LDF）までフライトを運航。14kgの荷物制限がある。

●**ロードハウ島**　URL lordhoweisland.info

オーストラリア首都特別区

行政の中心として機能する完全計画都市・地域

国会議事堂を見に行こう！

観光のポイント

POINT 1 大理石をふんだんに使った近代的な国会議事堂の見学は、キャンベラ観光のハイライト。屋上からはキャンベラの美しい景観が一望できる。

POINT 2 国立博物館や戦争記念館、首都展示館など、オーストラリアについての知識を深められる数多くの施設を見逃さないように。

旧国会議事堂も残っており博物館となっている

POINT 3 キャンベラを囲む小高い丘にはいくつか展望台が設けられている。整然とした計画都市の様子を眺めよう。

基本データ

面積	キャンベラ周辺 2280km^2 ／ ジャービスベイ 77km^2
人口	約 46 万人
特別区都	キャンベラ（人口約 45 万人）
時差	オーストラリア東部標準時（日本より 1 時間早い） またサマータイムを採用しており、通常 10 月最終日曜から 4 月第 1 日曜までプラス 1 時間となる（日本より 2 時間早くなる）。
電話	州外局番　02

おもな祝祭日（2024 年 5 月～ 2025 年 4 月）

2024 年

- 5 月 27 日 和解の日 Reconciliation Day
- 6 月 10 日 国王誕生日 King's Birthday
- 10 月 7 日 勤労感謝の日 Labour Day
- 12 月 25 日 クリスマスデー Christmas Day
- 12 月 26 日 ボクシングデー Boxing Day

2025 年

- 1 月 1 日 新年 New Year's Day
- 1 月 26 日 オーストラリアデー Australia Day
- 1 月 27 日 オーストラリアデーの休日 Australia Day Holiday
- 3 月 10 日 キャンベラデー Canberra Day
- 4 月 18 日 グッドフライデー Good Friday
- 4 月 19 日 イースターサタデー Easter Saturday
- 4 月 21 日 イースターマンデー Easter Monday
- 4 月 25 日 アンザックデー Anzac Day

スクールホリデー（2024 年 5 月～ 2025 年 4 月）

7/6 ～ 7/21、9/28 ～ 10/13、12/18 ～ 2025 年 2/2、4/12 ～ 4/27

オーストラリア首都特別区概要

強固な自治権をもつオーストラリアの６つの州と、それに準じた自治権が認められているノーザンテリトリー。この「7つの独立国」を統轄するのが、オーストラリア首都特別区だ。日本でいえば神奈川県ほどの広さしかないが、ニューサウスウエールズ州とは区別される。アメリカのワシントンDCと同じように独立した行政区域になっており、その中心都市キャンベラがオーストラリアの首都である（キャンベラ周辺のほか、ニューサウスウエールズ州南沿岸のジャービスベイの一部も飛び地のようにこの特別区の管轄に含まれている）。

連邦国家というのは、とにかく州の独立性が強い。「何でも東京」の日本とは大違いで、キャンベラに乗り込んできて、「うちの州は分離、独立するぞ」などと言う州首相が何人もいる。「州首相」という呼び方からして、外国人には本物の「連邦政府首相」と区別ができないほどだ。

キャンベラがいつできたのか答えるのは難しい。首都機能をおきたいと願っていたシドニー、メルボルンの綱引きの末、位置的にその中間に当たるこの場所が首都として選定された。1911年にニューサウスウエールズ州から分割され、それまで暫定的にメルボルンにおかれていた首都機能が移転。1929年に初めてキャンベラで国会が開かれた。1960年に一応完成したことになっているが、実際にはその28年後の1988年、国会議事堂の落成をもって正式に完成したといえる。設計はオーストラリア人でも英国人でもなく、アメリカの建築家ウォルター・バーリーグリフィンで、彼の名前がついた人造湖、バーリーグリフィン湖がある。

原野に理想的に設計された都市だから、オーストラリア的な空間と自然を十分に利用した「完璧な自然都市」となっている。しかし半面、連邦政府職員、外交官、国際的なオーストラリア国立大学の学生が中心になった町なので、最もオーストラリア的でない都市ともいえる。オーストラリア人が、キャンベラ住まいと聞くと、肩をすぼめるのは、あまりに人工的な町だからかもしれない。

国会議事堂入口上にはオーストラリアの国章のオブジェが飾られている

バーリーグリフィン湖を中心に町が広がっている

オーストラリア首都特別区の平均気温・降水量

キャンベラ	1月	2月	3月	4月	5月	6月	7月	8月	9月	10月	11月	12月
平均最高気温（℃）	28.0	27.1	24.5	20.0	15.6	12.3	11.4	13.0	16.2	19.4	22.7	26.1
平均最低気温（℃）	13.2	13.1	10.7	6.7	3.2	1.0	-0.1	1.0	3.3	6.1	8.8	11.4
平均降雨量（mm）	58.5	56.4	50.7	46.0	44.4	40.4	41.4	46.2	52.0	62.4	64.4	53.8

キャンベラ
Canberra

オーストラリア首都特別区 *Australian Capital Territory*　州外局番 (02)

ユースフルインフォメーション

キャンベラ＆リージョン・ビジターズセンター
Canberra & Region Visitors Centre
MAP P.317/2A
住 Regatta Point, Ngunnawal Country, Barrine Drv., Parkes, 2600
☎ (02)6205-0044
FREE 1300-554-114
URL visitcanberra.com.au
開 月～金 9:00 ～ 17:00、土日祝 9:00 ～ 16:00
休 クリスマスデー

日本国大使館
Embassy of Japan MAP P.317/3A 外
住 112 Empire Circuit, Yarralumla, 2600
☎ (02)6273-3244
FAX (02)6273-1848
URL www.au.emb-japan.go.jp
開 月～金 9:00 ～ 12:30、13:30 ～ 17:00

おもな病院

キャンベラ病院 Canberra Hospital
MAP 地図外
住 Yamba Drv., Garren, 2605
☎ (02)5214-0000
URL www.canberrahealthservices.act.gov.au
開 毎日 6:00 ～ 21:00（受付）

ノースキャンベラ病院 North Canberra Hospital　MAP 地図外
住 5 Mary Cres., Bruce, 2617
☎ (02)6201-6111
URL www.canberrahealthservices.act.gov.au

主要航空会社連絡先

カンタス航空 Qantas Airways
☎ 13-13-13
ヴァージン・オーストラリア Virgin Australia
☎ 13-67-89
ジェットスター Jetstar
☎ 13-15-38
リージョナルエクスプレス Regional Express(REX)
☎ 13-17-13

マウントエインズリーから計画都市キャンベラの景色を楽しむ

キャンベラの観光は、「自然を楽しむ」というよりも「深くオーストラリアを知る」ということに重点をおきたい。この町の教育水準はオーストラリアいちといわれ、多くの研究機関がある。アカデミックな見どころが多いのもうなずける。計画されて造られた都市をベースに生まれた独自の見どころをしっかりと見て回りたい。

キャンベラでぜひ見てほしいのは、オーストラリア戦争記念館だ。オーストラリアが参戦したあらゆる戦争の悲しみと実態が展示されている。英国のために戦った第１次世界大戦、日本軍に迫られた第２次世界大戦、朝鮮戦争、ベトナム戦争の記録、記念物、絵画、ジオラマから戦車、戦闘機まである。第１次世界大戦では、オーストラリア軍艦を日本海軍が護衛した絵もある。しかし隣には日本軍の空襲に遭ったダーウィンの惨状があるといった具合だ。日本がかかわっている展示が意外に多く、自国の戦争の歴史をも再確認させられる。

川をせき止めて造った人工湖、バーリーグリフィン湖の南側は連邦政府街と大使館街。連邦政府の建物は公園の中にあるといったのどかさで、役所の前の芝生で昼寝でもしたくなってしまうほど。大使館街は丘陵公園の散策路といった感じで点在する。この地区が観光バスのルートになるところが、いかにもキャンベラらしい。

またバーリーグリフィン湖のほとりにある国立博物館は、オーストラリアの過去、現在、未来のすべてを集結させている。展示物についてどれくらい知っているかで、自分のオーストラリアの知識が確認できる。

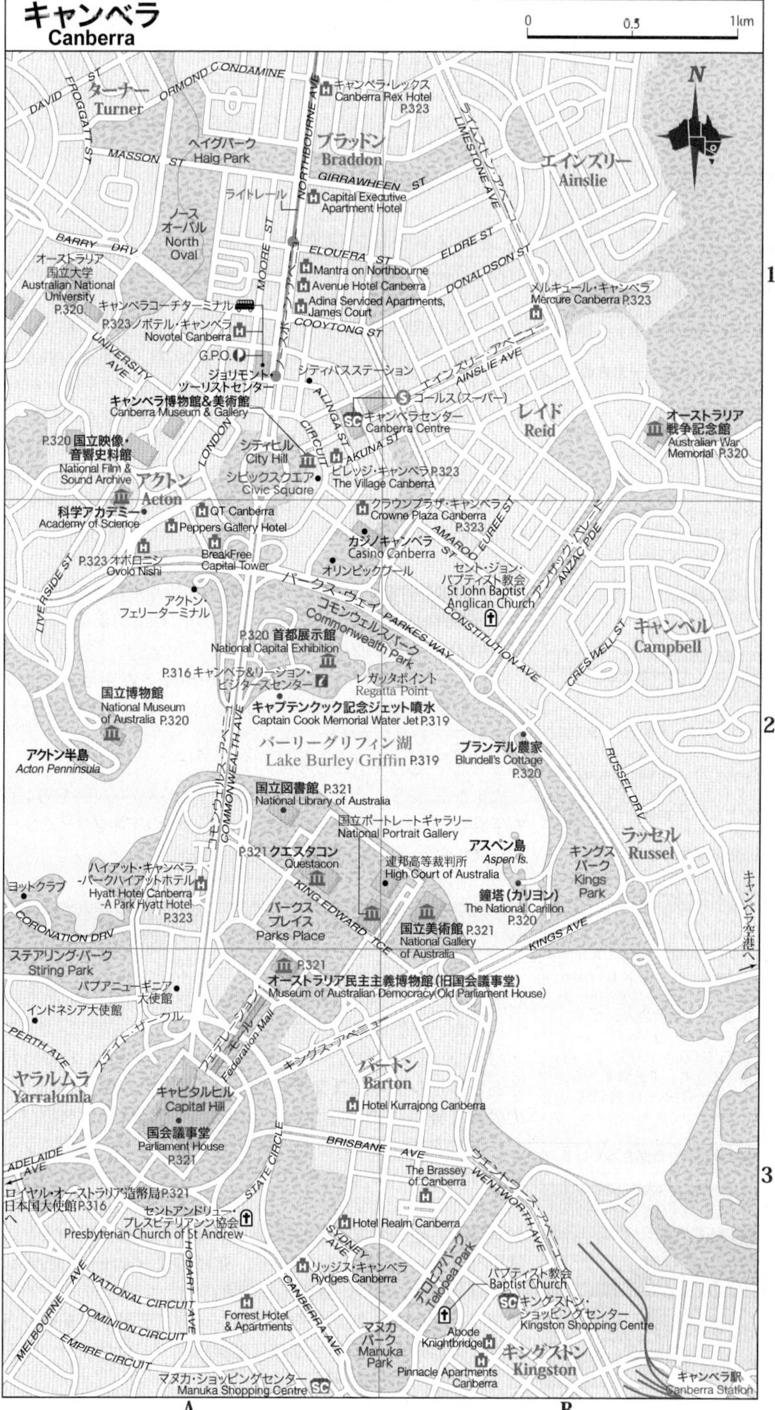
キャンベラ
Canberra
0
0.5
1km
N
1
2
3
A
B
ターナー
Turner
ブラッドン
Braddon
エインズリー
Ainslie
ヘイグパーク
Haig Park
ノース
オーバル
North
Oval
オーストラリア
国立大学
Australian National
University
P.320
キャンベラ・レックス
Canberra Rex Hotel
P.323
ライトレール
Capital Executive
Apartment Hotel
Mantra on Northbourne
Avenue Hotel Canberra
Adina Serviced Apartments,
James Court
キャンベラコーチターミナル
P.323ノボテル・キャンベラ
Novotel Canberra
G.P.O.
ジョリモント・
ツーリストセンター
キャンベラ博物館&美術館
Canberra Museum & Gallery
シティバスステーション
コールス(スーパー)
キャンベラセンター
Canberra Centre
メルキュール・キャンベラ
Mercure Canberra P.323
レイド
Reid
オーストラリア
戦争記念館
Australian War
Memorial P.320
P.320 国立映像・
音響史料館
National Film &
Sound Archive
アクトン
Acton
シティヒル
City Hill
シビックスクエア
Civic Square
ビレッジ・キャンベラ P.323
The Village Canberra
科学アカデミー
Academy of Science
QT Canberra
Peppers Gallery Hotel
クラウンプラザ・キャンベラ
Crowne Plaza Canberra
P.323
カジノキャンベラ
Casino Canberra
オリンピックプール
P.323 オボロニシ
Ovolo Nishi
BreakFree
Capital Tower
セント・ジョン・
バプティスト教会
St John Baptist
Anglican Church
アクトン・
フェリーターミナル
P.320 首都展示館
National Capital Exhibition
コモンウェルスパーク
Commonwealth Park
P.316 キャンベラ&リージョン・
ビジターズセンター
レガッタポイント
Regatta Point
キャンベル
Campbell
国立博物館
National Museum
of Australia P.320
キャプテンクック記念ジェット噴水
Captain Cook Memorial Water Jet P.319
アクトン半島
Acton Penninsula
バーリーグリフィン湖
Lake Burley Griffin P.319
ブランデル農家
Blundell's Cottage
P.320
国立図書館 P.321
National Library of Australia
国立ポートレートギャラリー
National Portrait Gallery
P.321 クエスタコン
Questacon
アスペン島
Aspen Is.
キングス
パーク
Kings
Park
ラッセル
Russel
連邦高等裁判所
High Court of Australia
ハイアット・キャンベラ
-パークハイアットホテル
Hyatt Hotel Canberra
-A Park Hyatt Hotel
P.323
ヨットクラブ
パークス
プレイス
Parks Place
鐘塔(カリヨン)
The National Carillon
P.320
国立美術館 P.321
National Gallery
of Australia
キャンベラ空港へ
ステアリング・パーク
Stiring Park
P.321
オーストラリア民主主義博物館(旧国会議事堂)
Museum of Australian Democracy(Old Parliament House)
パプアニューギニア
大使館
インドネシア大使館
ヤラルムラ
Yarralumla
キャピタルヒル
Capital Hill
国会議事堂
Parliament House
P.321
バートン
Barton
Hotel Kurrajong Canberra
Federation Mall
The Brassey
of Canberra
ロイヤル・オーストラリア造幣局 P.321
日本国大使館 P.316
へ
セントアンドリュー・
プレスビテリアン教会
Presbyterian Church of St Andrew
Hotel Realm Canberra
リッジス・キャンベラ
Rydges Canberra
テロピアパーク
Telopea Park
バプティスト教会
Baptist Church
キングストン・
ショッピングセンター
Kingston Shopping Centre
Forrest Hotel
& Apartments
マヌカ
パーク
Manuka
Park
Abode
Knightbridge
Pinnacle Apartments
Canberra
キングストン
Kingston
マヌカ・ショッピングセンター
Manuka Shopping Centre
キャンベラ駅
Canberra Station
DAVID ST
FROGGATT ST
ORMOND
CONDAMINE
MASSON ST
NORTHBOURNE AVE
GIRRAWHEEN ST
LIMESTONE AVE
BARRY DRV
MOORE ST
ELOUERA ST
ELDRE ST
DONALDSON ST
COOYTONG ST
UNIVERSITY AVE
AINSLIE AVE
ALINGA ST
AKUNA ST
LONDON CIRCUIT
AMAROO ST
EUREE ST
ANZAC PDE
LIVERSIDE ST
PARKES WAY
CONSTITUTION AVE
CRESWELL ST
COMMONWEALTH AVE
RUSSEL DRV
KING EDWARD TCE
KINGS AVE
CORONATION DRV
PERTH AVE
BRISBANE AVE
STATE CIRCLE
ADELAIDE AVE
WENTWORTH AVE
SYDNEY AVE
HOBART AVE
NATIONAL CIRCUIT
MELBOURNE AVE
DOMINION CIRCUIT
EMPIRE CIRCUIT
CANBERRA AVE

■キャンベラ国際空港
URL www.canberraairport.com.au

■キャンベラコーチターミナル
MAP P.317/1A
住 Jolimont Centre, Northbourne Ave., 2601

■TC バスの Route 3
時 月～金 5:58～21:28 の 1 時間に 4 本、土日 7:17～21:47（日は～20:47）の 30 分ごと運行
料 大人 $5 子供 $2.50 ／ TC の 1 日券（大人 $9.60 子供 $4.80）を購入しておけば、その後市内観光にも使えるのでおすすめ

■キャンベラ駅←→市内の交通機関
TC の Route 2、6 のバスがキャンベラ駅からシティのバスインターチェンジを結んでいる。

■キャンベラのレンタカー会社
●ハーツ Hertz
☎(02)6267-2390
●エイビス＆バジェット Avis & Budget
☎13-63-33
●スリフティ Thrifty
☎13-61-39
●ヨーロッパカー Europcar
☎(02)6284-5170

■トランスポートキャンベラ TC
☎13-17-10
URL www.transport.act.gov.au
料 ペーパーチケット料金：シングルトリップ 大人 $5 子供 $2.50 ／デイリー（1 日券）：大人 $9.60 子供 $4.80

■TC ライトレール
アリンガ・ストリートからノースボーン・アベニューを北上。ダウナー Downer、ワトソン Watson、ハリソン Harrison 地区を通って終点はガンガーリン Gungahlin 地区のガンガーリンプレイス Gungahlin Place。
時 毎日 6:00～23:00（土のみ 24:30）で、平日は 6～15 分間隔、土日祝は 15 分間隔

今後路線延長も計画されている TC ライトレール

アクセス
ACCESS

行き方

➡日本から

日本からの直行便はなく、オーストラリア主要都市からの乗り継ぎが必要。日本から直行便があるシドニー、メルボルン、ブリスベンからカンタス航空、ヴァージン・オーストラリアの利用が便利。

➡オーストラリア国内から

カンタス航空がオーストラリア各州の州都から、ヴァージン・オーストラリアがシドニー、ブリスベン、ゴールドコースト、メルボルン、アデレードから、さらにジェットスターがブリスベンから、リージョナルエクスプレスがメルボルンからフライトをもっている。グレイハウンド・オーストラリアなどの長距離バスやマレーズオーストラリアなどの観光バスは、町の中心ジョリモント・ツーリストセンター内の**キャンベラコーチターミナル** Canberra Coach Terminal が発着場所。シドニーから毎日 2 本出ている列車の発着場所は市の外れにあるキャンベラ駅で、駅前からバスが出ている。

空港⇔市内

キャンベラ国際空港 Canberra International Airport(CBR) は町の東 7km にある。

●公共バス（TC Bus）

キャンベラの公共バス TC バスの Route 3 が空港とキャンベラ中心部を結んでいる（所要約 20 分）。便数も比較的あり、料金も安いのでおすすめ。

●タクシー＆ウーバー

人数が 2～3 人まとまればタクシーやウーバー（→ P.649）も手頃だ。タクシー利用の場合、キャンベラ市中まで $30～35、ウーバー利用の場合は $22～35。

市内交通
LOCAL TRANSPORT

キャンベラの公共交通機関は**トランスポートキャンベラ TC**（Transport Canberra）が統括しており、TC バスとライトレール（路面電車）がある。シティ中心部、アリンガ・ストリート Alinga St. とイースト・ロウ East Row のぶつかるあたりが**シティバスステーション** City Bus Station。バスの番号で最初に「R」が付くのは Rapid と呼ばれる急行バスだ。またアリンガ・ストリートとノースボーン・アベニュー Northbourne Ave. の交差点にライトレールの始発駅がある。料金は TC バス、ライトレール共通で、1 回乗車につき 90 分有効で、その間なら乗り降り、乗り継ぎ自由。チケットは原則リチャージ式の IC カード、**マイウェイカード** MyWay Card が使われている。短期の旅行者の場合は、普通のペーパー式チケットもあるので、そちらでも十分（**デイリーチケット** Daily Ticket がお得）。ちなみに運賃は、マイウェイカードのほうが 40～50%割安。

キャンベラの歩き方
OUTLINE OF CANBERRA

キャンベラ中心部はバーリーグリフィン湖によって大きくふたつに分けられ、北側は**シティヒル** City Hill、南側は**キャピタルヒル** Capital Hill を中心に、放射状に広がっている。キャピタルヒルには国会議事堂を中心に、おもな政府機関や各国大使館などがおかれ、一方シティヒルには、住宅やデパート、劇場などが整然と建ち並び、生活地域となっている。

ジョリモント・ツーリストセンターが町歩きの出発点

シティヒルのすぐ近く、ノースボーン・アベニュー Northbourne Ave. にあるのが**ジョリモント・ツーリストセンター** Jolimont Tourist Centre。長距離バスやツアーバスの発着するビルで、小さなインフォメーションブースもある（詳細な情報が必要なら、バーリーグリフィン湖近くのレガッタポイントにある**キャンベラ＆リージョン・ビジターズセンター**へ行くといい）。ここを起点に町歩きを楽しもう。町でにぎわう通りは、モールになっている**シティウオーク** City Walk。いろいろな店が建ち並び、ウインドーショッピングが楽しめる。

シティヒル、キャピタルヒルに見どころは集中しているが、数日の滞在なら周辺のエリアにも目を向けたい。特にシティヒル北のレストラン街**ディクソン** Dickson、大きなショッピングモールがある**ガンガーリン** Gungahlin、ミニチュア村のコッキントングリーン・ガーデンズや国立恐竜博物館のある**ゴールドクリーク・ビレッジ** Gold Creek Village、シティヒルの西側にある大きなショッピングモールをもつ**ベルコーネン** Belconnen などは要チェックだ。

キャンベラのおもな見どころ
SIGHTSEEING SPOTS

シティヒル周辺
City Hill

キャンベラ名物ジェット噴水を見にいこう　MAP P.317/2A・B

バーリーグリフィン湖とその周辺
Lake Burley Griffin & Around

キャンベラは、アメリカの建築家ウォルター・バーリーグリフィンの設計による完全計画都市。彼の名を取ったこの湖により行政と生活の地区が分けられている。湖周辺は見どころが多く、また湖ではクルーズも催行されている。

●キャプテンクック記念ジェット噴水
Captain Cook Memorial Water Jet

キャプテンクックの上陸200年を記念してバーリーグリフィン湖に造られた、152mの高さまで噴き上がる噴水。コモンウェルスパークのレガッタポイント Regatta Point にある見晴らし台からの眺めがベスト。ここにはキャプテンクックの航海のルートを示す地球儀型のオブジェもある。

■キャンベラのタクシー
料 初乗りは$5。その後は6:00～20:59が1kmごとに$2.06、21:00～05:59が1kmごとに$2.37。このほか待ち時間として1分ごとに$0.87。
● Canberra Elite
☎(02)6120-1600
URL www.canberraelite.com.au
● ACTCabs
☎(02)6280-0077
URL www.actcabs.com.au

シティウオークのカフェやレストランはいつも大にぎわい

■キャンベラに春を告げるイベント、フロリアード・スプリングフェスティバル Floriade Spring Festival
毎年9月中旬～10月中旬（2024年は9/14～10/13）に、バーリーグリフィン湖畔のコモンウェルスパークで開かれるオーストラリア最大規模の春のイベント。期間中は公園内がチューリップやバラなど、さまざまな花で彩られ、ミニ遊園地も出るなど催し物もいっぱいだ。
URL floriadeaustralia.com

■キャプテンクック記念ジェット噴水　MAP P.317/2A
URL www.nca.gov.au
時 噴水放水時間：
毎日11:00～16:00

キャンベラ名物のキャプテンクック記念ジェット噴水

■首都展示館 MAP P.317/2A
☎(02)6272-2902
URL www.nca.gov.au
開 月～金 9:00～17:00、土日 10:00～16:00 休 クリスマスデー、ボクシングデー
料 無料

■ブランデル農家 MAP P.317/2B
☎(02)6272-2902
URL www.nca.gov.au
開 土日 10:00～14:00
休 月～金、ニューイヤーズデー、クリスマスデー
料 無料

■鐘塔（カリヨン） MAP P.317/2B
☎(02)6272-2902
URL www.nca.gov.au
時 見学：月～金 9:00～17:00、土日 10:00～16:00／2024年2月現在改修のため演奏は休止中

■オーストラリア戦争記念館
住 Treloar Cres., Campbell, 2612 ☎(02)6243-4211
URL www.awm.gov.au
開 毎日 10:00～16:00
休 クリスマスデー
料 $2～5の寄付が望ましい／オーディオガイド1人$10
※2024年2月現在、館内およびその周辺の改修工事のため、一部の展示エリアは閉鎖している。

■オーストラリア国立大学 MAP P.317/1A
約130haの広いキャンパス内には、噴水や彫刻が置かれ、まるで公園のような感じを受ける。キャンパス南側にある科学アカデミー Academy of Science は、SF映画に出てくるような円形ドームの建物で、キャンベラ名物のひとつになっている。

■国立博物館
住 Lawson Cr., Acton Peninsula, 2601 ☎(02)6608-5000
FREE 1800-026-132
URL www.nma.gov.au
開 月～金 9:00～16:00、土日 9:00～16:30 休 クリスマスデー 料 $5の寄付
アクセス TCバスの Route 53 利用が便利。

●首都展示館 National Capital Exhibition

首都の発展計画について、模型、写真、視聴覚装置などで説明してあり興味深い。メインの展示では日本語のアナウンスもある。

●ブランデル農家 Blundell's Cottage

1858年にロバート・キャンベラが、使用人であった農夫ウイリアム・ジンのために建てたもので、3つの部屋には開拓時代の家具などの調度品がそのまま残されている。

●鐘塔（カリヨン）The National Carillon

バーリーグリフィン湖に突き出たアスペン島 Aspen Island に、キャンベラ定礎50年を記念してイギリスから贈られた鐘塔。大きなものは6t以上から、小さいものはたった7kgまでの53個の鐘がすばらしい音を奏でてくれる。

オーストラリアがかかわった戦争の貴重な資料を展示 MAP P.317/1B

オーストラリア戦争記念館
Australian War Memorial

荘厳な雰囲気の追悼ホールを中心に展示館が広がっている

湖の北側のほとりから、戦争記念館までの広い通りが、アンザック・パレード Anzac Pde.。この通りでは、毎年4月25日に、オーストラリア、ニュージーランド両軍の協力を記念して、パレードが行われる。戦争記念館には、スーダン戦争からマレーシア作戦にいたるまでの、戦死者が祀られている。正面入口を入ると、追悼ホール Hall of Memory がある。ホールの周囲に展示室があり、戦車や飛行機から、オーストラリア兵の日記、軍服などが展示されているほか、第2次世界大戦当時の日本軍関係の展示も多い。

オーストラリアのさまざまな文化遺産を見る MAP P.317/2A

国立博物館
National Museum of Australia

オーストラリア連邦成立100周年記念として造られた国立博物館。オーストラリアの歴史的遺品や写真、先住民が使っていた道具や芸術品、さらに文化的に価値ある製品、作品、書物など幅広いコレクションを誇っている。この国の歴史、文化、動物、自然、気候、交通、工業などすべてが集められているといった感じだ。

左：広々とした入口ホールには巨大な恐竜の骨格化石が展示されている
右：展示は多岐にわたるが、特に先住民関係の展示は充実している

Memo オーストラリア国立博物館の敷地に隣接して建つ国立映像・音響史料館 National Film & Sound Archive には、古いラジオや、レコード、映画、ビデオなどが保存されている。特にアンティークなら ➚

キャピタルヒル周辺

Capital Hill

首都キャンベラを実感できる　MAP P.317/3A

国会議事堂とその周辺
Parliament House & Around

キャピタルヒルの中心に建つ国会議事堂

キャピタルヒルの中心にあるのが国会議事堂。設計は公募され、世界28ヵ国、329のデザインから米国のミッチェル/ギュアゴラとオーストラリアのソープ建築デザインが選ばれた。建物は平べったい形をしており、垂直に建つ高さ81mの国旗掲揚塔が強いアクセントになっている。正面入口の前庭部分には先住民の芸術家による見事なモザイクがある。内部はフォイヤーFoyer（玄関広間）、大ホール、上院、下院などを見て回れる。ちなみに議員数は下院が148、上院が76だ。なお、国会議事堂ではエレベーターで国旗掲揚塔の真下に位置する屋上テラスへ昇ってみることをお忘れなく。キャピタルヒルを中心に360度の山、町、湖の全景が楽しめる。

●オーストラリア民主主義博物館
Museum of Australian Democracy

国会議事堂からフェデレーション・モール Federation Mallを真っすぐ下った場所にある、オーストラリアの民主主義の足跡をたどる博物館。現在の国会議事堂が建てられる前、1927～88年に使われていたものだ。10:45～14:45の間は1時間ごとに館内ガイドツアーもある。

●クエスタコン Questacon

子供に人気の自然科学館。フリーフォールのようなすべり台で重力を体験したり、竜巻や落雷の仕組みを目で見て知ることができる。

●国立美術館 National Gallery of Australia

オーストラリア先住民の芸術を含むオーストラリア芸術を中心に、国内外の有名作品が数多く所蔵され、11のギャラリーで常設展および特別展が催されている。

●国立図書館 National Library of Australia

蔵書数約500万冊を誇る大図書館で、特にキャプテンクックの日記など重要な文献が多数揃っている。

●ロイヤル・オーストラリア造幣局 Royal Australia Mint

オーストラリアの硬貨すべてがこの造幣局で造られている。約30分の無料ガイドツアーでは実際にコインが造られていく過程を見ることができる。

国会議事堂内部の議場

クラシックな雰囲気の民主主義博物館

■国会議事堂
住 Parliament Drv.,Capital Hill, 2600　☎(02)6277-5399
URL www.aph.gov.au
開 毎日 9:00～17:00
休 クリスマスデー
●ガイドツアー
館内展示アートや建築デザインなど、さまざまなテーマでガイドツアーを催行。
アクセス TCバスのRoute 57、58が利用できる。

屋上テラスからのすばらしい眺め

■オーストラリア民主主義博物館　MAP P.317/3A
住 18 King George Tce., 2600
☎(02)6270-8222
URL www.moadoph.gov.au
開 毎日 9:00～17:00
休 クリスマスデー
料 無料

■クエスタコン　MAP P.317/2A
住 King Edward Tce., 2600
☎(02)6270-2800
URL www.questacon.edu.au
開 毎日 9:00～17:00
休 クリスマスデー
料 大人 $24.50　子供 $18.90　家族 $73.40

■国立美術館　MAP P.317/2B
住 Parkes Pl., Parkes, 2600
☎(02)6240-6411
URL nga.gov.au
開 毎日 10:00～17:00
休 クリスマスデー
料 無料（特別展示は有料）

■国立図書館　MAP P.317/2A
住 Parkes Pl., Parkes, 2600
☎(02)6262-1111
URL www.nla.gov.au
開 月～木 10:00～17:00、金土 10:00～17:00、日 13:30～17:00　休 祝

■ロイヤル・オーストラリア造幣局　MAP P.317/3A 外
住 Denison St., Deakin, 2600
☎(02)6202-6999
URL www.ramint.gov.au
開 月～金 8:30～17:00、土日祝 10:00～16:00／ツアー：開始時間は時期による異なるので要確認
休 グッドフライデー、クリスマスデー　料 無料

↘ ジオなどの音響機器は見もの。MAP P.317/1A　住 1 McCoy Circuit, Acton, 2601　☎(02)6248-2000　URL www.nfsa.gov.au

キャンベラ周辺

Around Canberra

観光施設が集まった

MAP P.315

ゴールドクリーク・ビレッジ
Gold Creek Village

入口のチューダー様式の建物もかわいいコッキントングリーン

シティヒルから北へ車で約15分の場所にある。2分の1スケールで造られたミニチュア村**コッキントングリーン・ガーデンズ** Cockington Green Gardensや、**国立恐竜博物館** National Dinosaur Museum、アートギャラリー、ポッタリー、レストラン、カフェなどが集まっている。

計画都市を実感できる

MAP P.315

キャンベラのビューポイント
Canberra's Lookouts

●マウントエインズリー Mt. Ainslie

マウントエインズリーからの眺め

戦争記念館の背後にそびえる標高842mの山で、ここからはアンザック・パレードから国会議事堂まで真っすぐ見える。車ならシティから頂上まですぐ。オーストラリア戦争記念館の裏側から徒歩でも登ることができる。

●ブラックマウンテン Black Mountain

オーストラリア国立大学の西側にある山で、標高812m。山頂には高さ195mの**テルストラタワー** Telstra Towerがあり、キャンベラの町並みが一望できる。展望台、回転式レストラン＆カフェ、みやげ物店がある。

ブラックマウンテンの山裾から国立大学にかけては、**オーストラリアン・ナショナルボタニックガーデン** Australian National Botanic Gardensが広がっている。矢印で示された散歩コースに従って温帯雨林やユーカリ林を散策しよう。

●レッドヒル Red Hill

南キャンベラにある小高い丘（722m）。キャピタルヒルからメルボルン・アベニュー Melbourne Ave.を真っすぐ進むと着く。頂上の展望台には、売店やレストランがある。

キャンベラのツアー＆アクティビティ
TOURS & ACTIVITIES IN CANBERRA

大空から熱気球で計画都市の夜明けを楽しむ

バルーンアロフト・キャンベラ
Balloon Aloft Canberra

計画都市キャンベラを空からゆったりと眺めてみよう。気候的に飛行に適した土地ということもあり、人気なのが気球ツアーだ。夜明けとともに出発し、キャンベラの日の出を空で迎える。

■ゴールドクリーク・ビレッジ

ライトレールの北の終点ガンガーリンプレイスからTCバスを利用する。Route 23、24利用が便利だ。

■コッキントングリーン・ガーデンズ

住11 Gold Creek Rd., Nicholls, 2913　☎(02)6230-2273
URL cockingtongreen.com.au
開 毎日9:30～17:00（入園は16:15まで）
休 クリスマスデー、ボクシングデー
料 大人$25 子供$15.50 家族$75

■国立恐竜博物館

住6 Gold Creek Rd., Barton Hwy., Nicholls, 2913
☎(02)6230-2655
URL nationaldinosaurmuseum.com.au
開 毎日10:00～17:00
休 クリスマスデー
料 大人$20 子供$12 家族$55

■テルストラタワー

住100 Black Mountain Drv., Acton, 2601
☎(02)6248-8846
URL www.telstra.com.au/telstra-tower
※2024年2月現在改修のため休業中

すばらしい景色が楽しめるテルストラタワー

■バルーンアロフト・キャンベラ

☎(02)6249-8660
URL balloonaloftcanberra.com.au
料 月～金：フライトのみ 大人$430 子供$310、朝食付き 大人$475 子供$340／土日祝：フライトのみ 大人$480 子供$350、朝食付き 大人$525 子供$380

キャンベラのホテル ACCOMMODATION

州外局番 (02)

バジェットタイプ

キャンベラ中心部にある MAP P.317/1A
The Village Canberra
ビレッジ・キャンベラ

URL thevillagehostels.com.au/canberra
住 7 Akuna St., 2601　☎ 6248-9155　WiFi 無料
料 D $46 ～ 52、TW $190 ～ 200　CC MV

便利な場所にあるバックパッカーズ

近くにシティウオークや ACTION バス・インターチェンジがあって便利。地下にスパとサウナがあり、屋上には BBQ 設備もある。キッチンも広々としていて使いやすく、バーエリアもある。自転車の貸し出しなどのサービスもいい。

一級以上のホテル

斬新な建築の豪華ホテル MAP P.317/2A
Ovolo Nishi
オボロニシ

URL ovolohotels.com/ovolo/nishi
住 New Acton Precinct, 25 Edinburgh Ave., 2601
☎ 6287-6287　WiFi 無料　料 TW $300 ～ 559
CC ADJMV

人目を引くデザインのホテルだ

アートな空間演出で人気のオボロ。キャンベラのオボロは凹凸を組み合わせたモダン建築で、ホテルに一歩足を踏み入れるとさまざまな大きさの木材を組み合わせた大階段が目に入る。部屋には現代アートが飾られ、家具調度品はシック＆モダン。心地よい雰囲気だ。

手頃な値段の MAP P.317/1A
Canberra Rex Hotel
キャンベラ・レックス

URL www.canberrarexhotel.com.au
住 150 Northbourne Ave., Braddon, 2612
☎ 6248-5311　FAX 6248-8357　WiFi 無料
料 TW $252 ～ 371　CC ADJMV

中心部からノースボーン・アベニューを北に 10 分ほど歩いた所にある。客室は落ち着いた雰囲気。スパバス付きやプライベートサウナ付きの部屋もある。プールやジム、レストラン、バーなどの設備も充実している。

ジョリモント・ツーリストセンターの上にある MAP P.317/1A
Novotel Canberra
ノボテル・キャンベラ

URL novotelcanberra.com.au　住 65 Northbourne Ave., 2600　☎ 6245-5000　WiFi 無料
料 TW $278 ～ 407、1B $309　CC ADJMV

日本での予約先：アコーカスタマーサービス ☎ (03)4578-4077

町のど真ん中に建っている

長距離バスターミナルや G.P.O. とコンプレックスをなす 4.5 つ星ホテルで何をするにも便利。明るい色調の部屋はゆったりしていて快適だ。レストラン、バーは 1 軒。

戦争記念館にほど近い閑静な場所にある MAP P.317/1B
Mercure Canberra
メルキュール・キャンベラ

URL www.mercurecanberra.com.au
住 Cnr. Ainslie & Limestone Ave., Braddon, 2612
☎ 6243-0000　FAX 6243-0001　WiFi 無料
料 TW $176 ～ 266　CC ADJMV
日本での予約先：アコーカスタマーサービス ☎ (03)4578-4077

町の中心から徒歩 10 分ほどの場所にある。1927 年建造のナショナルトラスト指定の建物を改修したヘリテージウイング（3.5 つ星）と、現代的な新館（4 つ星）からなる。

カジノからすぐ MAP P.317/2A
Crowne Plaza Canberra
クラウンプラザ・キャンベラ

URL canberra.crowneplaza.com
住 1 Binara St., Civic Square, 2601　☎ 6274-5500　WiFi 無料　料 TW $412 ～ 1072
CC ADJMV　日本での予約先：インターコンチネンタルホテルズグループ ☎ (03)4526-3207

カジノに隣接した 4.5 つ星ホテル。客室は明るく広々。モダンオーストラリア料理が食べられるレッドソルトレストラン Redsalt Restaurant は地元でも評判だ。

キャンベラ随一の豪華ホテル MAP P.317/2A
Hyatt Hotel Canberra - A Park Hyatt Hotel
ハイアット・キャンベラ - パークハイアットホテル

URL www.hyatt.com
住 120 Commonwealth Ave., Yarralumula, 2600
☎ 6270-1234　WiFi 無料　料 TW $532 ～ 659
CC ADJMV　日本での予約先：ハイアット・ホテルズ＆リゾーツ FREE 0120-923-299

広々としたゲストルーム

キャンベラ随一の 5 つ星ホテル。クラシックな雰囲気のエントランスが印象的だ。ホテル内のプロムナードカフェ Promenade Cafe では美味なビュッフェが楽しめる。

ビクトリア州

英国風の町メルボルンと豊かな緑の大地

メルボルン随一の写真スポット、フリンダーズ・ストリート駅

観光のポイント

1 メルボルンをトラムで巡る。中心部を周遊する無料トラムもあるので、まずはそれに乗車してみるのもいい。車窓から落ち着いた町並みを観光するのが、何といっても楽しい。

2 メルボルン近郊は自然がいっぱいの見どころが多い。リトルペンギンが隊列をなして浜に戻ってくるフィリップ島ペンギンパレード、愛らしい蒸気機関車でダンデノン丘陵の原生林の中を走り抜けるパッフィンビリー、美しいブドウ畑が広がるワイン産地のヤラバレーやモーニントン半島、開拓当時の豪邸が残るウェルビーなど、いずれも日帰りで観光可能だ。

ヤラバレーでのワイナリー巡りは楽しい

3 ダイナミックな自然景観が楽しめるグレートオーシャンロード。メルボルンから日帰りも可能だが、見どころも多く、できることなら1～2泊で訪れたい。

基本データ

面積	23万7600km²	州の動物	リードビーターズポッサム（フクロモモンガダマシ）
人口	約680万人	州花	ピンクヒース
州都	メルボルン Melbourne（人口約531万人）	電話	州外局番　03

時差　オーストラリア東部標準時（日本より1時間早い）
またサマータイムを採用しており、通常10月最終日曜から4月第1日曜までプラス1時間となる（日本より2時間早くなる）。

おもな祝祭日（2024年5月～2025年4月）

2024年

- 6月10日　国王誕生日 King's Birthday
- 9月27日　AFLグランドファイナル前日 The Day before AFL Grand Final
- 11月5日　メルボルンカップデー Melbourne Cup Day
- 12月25日　クリスマスデー Christmas Day
- 12月26日　ボクシングデー Boxing Day

2025年

- 1月1日　新年 New Year's Day
- 1月26日　オーストラリアデー Australia Day
- 1月27日　オーストラリアデーの休日 Australia Day Holiday
- 3月10日　勤労感謝の日 Labour Day
- 4月18日　グッドフライデー Good Friday
- 4月19日　イースターサタデー Easter Saturday
- 4月21日　イースターマンデー Easter Monday
- 4月25日　アンザックデー Anzac Day

スクールホリデー（2024年5月～2025年4月）

6/29～7/14、9/21～10/6、12/21～2025年1/28、4/5～4/21

ビクトリア州主要観光地の平均気温・降水量

	1月	2月	3月	4月	5月	6月	7月	8月	9月	10月	11月	12月
メルボルン												
平均最高気温（℃）	26.4	26.6	24.1	20.3	16.6	13.7	13.1	14.5	16.7	19.3	22.0	24.5
平均最低気温（℃）	13.7	14.2	12.7	10.2	8.3	6.2	5.4	5.9	7.1	8.5	10.4	12.0
平均降雨量（mm）	40.1	43.6	37.2	43.7	39.5	39.9	35.1	45.7	46.9	54.0	62.6	48.4
フィリップ島												
平均最高気温（℃）	23.7	23.8	22.3	19.8	16.8	14.4	13.7	14.5	16.1	17.9	19.9	21.7
平均最低気温（℃）	13.9	14.0	12.9	10.7	9.0	7.7	6.9	7.3	8.3	8.9	10.6	12.0
平均降雨量（mm）	33.6	34.0	49.5	63.6	69.3	81.3	76.5	80.9	69.8	68.4	61.5	49.2
ワーナンブール（グレートオーシャンロード）												
平均最高気温（℃）	24.5	24.9	23.0	20.1	16.6	14.2	13.5	14.5	16.2	17.8	20.4	22.4
平均最低気温（℃）	11.7	12.4	10.7	8.8	7.4	5.9	5.6	5.9	6.8	7.2	9.0	10.1
平均降雨量（mm）	35.8	29.7	49.3	53.8	66.6	79.7	82.4	97.1	68.3	63.2	53.0	48.7
バララット（ゴールドフィールド）												
平均最高気温（℃）	25.1	25.1	22.2	17.7	13.6	10.8	10.1	11.4	13.9	16.6	19.6	22.6
平均最低気温（℃）	10.9	11.5	10.0	7.5	5.7	4.0	3.2	3.7	4.8	6.2	7.8	9.4
平均降雨量（mm）	39.4	44.3	42.4	51.3	64.1	63.0	66.4	74.6	71.3	66.7	56.1	50.3
エチューカ												
平均最高気温（℃）	30.9	30.6	27.2	22.3	17.6	14.2	13.5	15.3	18.3	22.1	26.1	29.0
平均最低気温（℃）	15.1	15.2	12.9	9.4	6.6	4.7	3.8	4.7	6.3	8.6	11.2	13.4
平均降雨量（mm）	27.7	26.6	30.9	32.2	40.5	42.9	40.9	42.1	39.2	42.2	32.5	29.3

ビクトリア州概要

タスマニア島にいついた植民者が、クジラ捕りや探検者から「もっと緑のある、豊かな土地がある」と伝え聞いて、海を渡り、ヤラ川のほとりに足場を築いた。1835年のことだ。ニューサウスウエールズの総督は不法占拠だと怒ったが、植民者は増え、1851年にビクトリア州として認められた。当時の女王、クイーン・ビクトリアにちなんでのことだ。そのせいか、いまもって、オーストラリアのなかで、最も英国風の強い土地柄だ。

オーストラリア最初の世界博覧会会場となった王立展示館

タスマニア州に次いで小さな州だが、メルボルンは、キャンベラができる1927年までオーストラリア連邦の臨時首都でもあった。また、1880年にはオーストラリア初の世界博覧会を開いているし、1956年には南半球最初のオリンピックも開催している。

例年３～４月に開催されるＦ１オーストラリア・グランプリ

フレミントン競馬場のメルボルンカップレースや、テニスの世界４大トーナメント全豪オープン、ビクトリア州発祥といわれるオーストラリアンルールズ・フットボール、世界的なモーターレースのF1オーストラリアグランプリなどの大会、そしてそれらが行われるメルボルン・クリケットグラウンドをはじめとする施設は、オーストラリアを代表するものだと自負している。

ビクトリア州を支えるのは、こうしたメルボルンを中心とする産業資本とマレー川の水がもたらす農牧地帯だ。大手企業は、メルボルンに本社をもっていることを誇りとしている。一方、かつては、蒸気船や外輪船が行き交ったマレー川は、内陸部の農産物を運ぶ交通手段であるとともに、小麦畑や牧草地の農業用水となって、豊かな収穫をもたらした。富を得た人々はメルボルンに豪華な邸宅や庭園を造った。観光名所のコモ・ヒストリックハウスの壮麗さは、オーストラリアのほかの都市では見られないし、サウスヤラやトゥーラクの住宅街も、豊かさの象徴である。

そんなビクトリア州はオーストラリアの中でも特に海外生まれの新移民が多い。メルボルンのギリシア系人口は、ギリシア本国のアテネ、テッサロニキに次いで世界で３番目に多いといわれる。イタリア系、ユーゴスラビア系もいる。チャイナタウンもオーストラリア最大で、最近はベトナム系も増えてきている。

開拓時代の豪農の屋敷コモ・ヒストリックハウス

アクセス

州外からのアクセス

飛行機　メルボルンはシドニーと並ぶオーストラリアの商工業の中心都市。そのため他州の州都および主要都市との間には毎日多数のフライトがある（メルボルンへのアクセス→P.334）。

長距離バス　メルボルン～キャンベラ～シドニーのルートに、グレイハウンド・オーストラリアが長距離バスを運行している。ただ、このルート沿いにはビクトリア州のおもだった観光地は少なく、途中下車しながらの観光、といった方法は難しい。一度メルボルンへ入り、州内移動で各地を観光するのが一般的だ。

列　車　シドニー～メルボルンを日中と夜行の１日２便シドニー／メルボルンXPT号が運行。メルボルン～アデレード間にはジ・オーバーランド号が運行している。長距離列車の発着は、すべてメルボルン中心部西スペンサー・ストリートに面したサザンクロス駅だ。

州内でのアクセス

飛行機　リージョナルエクスプレス(Rex)が、メルボルンから州境にあるオーブリー、ミルドゥラへフライトをもっている。ただ、ビクトリア州自体それほど大きくないため、バスを使ってもほとんど日中の移動で済んでしまう。あまり飛行機を利用することはないだろう。

長距離バス＆列車　州内移動に力を発揮するのがバスと列車だ。現在、ビクトリア州鉄道のＶライン V/Line が、鉄道とバスを接続させて州内全域に豊富な路線をもっている。おもなルートはメルボルン～ジーロン～ワーナンブール、メルボルン～バララット～ストーウェル～ホールズギャップ、メルボルン～ベンディゴ、ベンディゴ～スワンヒル、ベンディゴ～エチューカ、メルボルン～オーブリー、メルボルン～レイクスエントランス。

州内を細かく結ぶＶラインのバス

レンタカー　ビクトリア州自体それほど広くなく、メルボルン中心部を抜けると、グレートオーシャンロードやグランピアンズ国立公園のような風光明媚な景観がいっぱい。道路状態もひじょうにいい。まさにレンタカー旅行にピッタリの州都といえる。

グレートオーシャンロードは世界有数のドライブルートだ

プランニングのヒント

メルボルン起点の旅

歴史的な建物が数多く残るメルボルン

歴史のある町メルボルンでは、町歩き、博物館や美術館巡り、そして公園巡りなどを楽しみたい。無料トラムのほか、トラムのデイリーフェアを利用すればかなりの広範囲を効率よく回れる。町歩きの途中におしゃれなレーンカフェでひと休みするのもアイデアだ。またメルボルンは移民街が多い町としても有名。チャイナタウンやギリシア人街、イタリア人街、ベトナム人街などで、本場顔負けの料理を味わおう。

メルボルン中心部の路地にある通称レーンカフェ

フィリップ島のコアラ保護センターでは野生に近い形でコアラが見られる

メルボルンからは日帰りでフィリップ島、ダンデノン丘陵、ヤラバレー、バララット、グレートオーシャンロードなどへのツアーが数多く出ている。こうしたツアーに参加して、「町の魅力＋自然」を満喫するのもメルボルンの旅のスタイルだ。

ビクトリア周遊

公共交通機関でビクトリア州を周遊する場合、現地到着後の観光に車がないと不便。そう考えるとレンタカー利用が便利。また、グレートオーシャンロードやグランピアンズ国立公園といった風光明媚な観光地の集まるメルボルン～アデレードには、数社が移動型バスツアーを催行している。バックパッカースタイルで値段も手頃なので、レンタカーはちょっと、という人はぜひ利用してみよう。

●**オートピアツアーズ**
☎(08)6244-2065
URL autopiatours.com.au

オーストラリア有数の絶景地
グレートオーシャンロード

世界中からテニスファンが集まる 全豪オープンテニス australian open

毎年1月中旬～後半の2週間にわたりメルボルンで開催されるのが全豪オープンテニス。テニスの国際大会（ATP/WTAツアー）の最高峰、4大大会（グランドスラム）のひとつで、毎年世界中から70万人近い人が観戦に訪れるビッグイベントだ。大会としては100年以上の歴史を誇り、近年、日本人選手の活躍で日本でも大きく取り上げられている。けがで欠場さえなければ世界のトッププロが一堂に会する大会。世界トップ選手のプレイを観戦し、国際色豊かな会場で大きな声援をおくろう！

世界有数の開閉式屋根をもつアリーナコート、ロッド・レイバー・アリーナ

全豪オープン会場となるメルボルンパーク

真夏のメルボルンで開催される全豪オープン。市中心部フェデレーションスクエアから会場のメルボルンパークにかけては、お祭りムードたっぷりで、イベントスペースやフードコート、パブリックビューイングエリアなどが数多く設けられている。

会場は、センターコートとなるロッド・レイバー・アリーナ（約1万5000人収容）、その隣に建つマーガレット・コート・アリーナ（約7500人収容）、会場の外れにあるジョン・ケイン・アリーナ（旧名メルボルン・アリーナ／約9600人収容）の3つの開閉式屋根をもつアリーナコートを中心に、四方を客席に囲まれたふたつの屋外ショーコート（ショーコート2 & 3）、小さな客席のみの20面の屋外コート（屋外コートの一部は選手の練習用にも使われている）がある。またイベントステージ、パブリックビューイング、フードショップ、オフィシャルショップなども数多く、1日中会場内にいても楽しめるようになっている。

グラウンドパスで観られるショーコート2。シード選手の試合も数多く組まれている

なおメルボルン中心部のフリンダーズ・ストリート～全豪オープン会場間は、大会期間中無料トラム（Route 70a）も運行されている。徒歩でもヤラ川沿いを散歩気分で10～15分程度だ。

会場での注意

まず会場内に持ち込んではいけないもの。パソコン、ビデオ、200mmを超える望遠レンズ、一脚や三脚、さらにアルコールや瓶などのガラス類。スマートフォンや200mm以下のレンズでの写真撮影、ビデオ撮影には特に規制はない。アルコール類は会場内でオフィシャルスポンサー提供のものを購入するようになる。

試合会場への出入りは、試合前とコートチェンジの休憩のときしかできない。トイレや飲み物・食事の購入などで途中席を立つ場合、指定席以外のコートでは、ゲートで30分以内に戻ることを証明するカードを配布しているのでもらっておくこと。満席近いコートだと、カードを持っていない場合は列に並ばなくてはいけなくなってしまうからだ。

大会スケジュールとチケット

15日間にわたる大会のため、参加選手は男女ともシングルス128名、さらに男女のダブルスも行われる。組み合わせは大会3～4日前に発表され、1回戦は開幕後3日間（日～火）に行われる。その後2～4回戦はトーナメント表の上半分（トップハーフ）が各ラウンド1日目、下半分（ボトムハーフ）は2日目に行われることが多い。試合はデイセッションが11:00から各コート最大2試合、ナイトセッションが19:00もしくは19:30から2試合となっている。

チケットは、ジョンケイン・アリーナ（指定席

※2025年の全豪オープンテニスは1月12日～1月26日のスケジュールで行われる予定。

入場ゲート前にある記念撮影スポット

会場内各所にライブスクリーンがある

会場内は、まるでお祭りのよう

以外）と屋外コートすべてが１日中見られるグラウンドパスと、それにロッド・レイバー・アリーナ、マーガレット・コート・アリーナ、ジョン・ケイン・アリーナの各指定席（デイセッションもしくはナイトセッション、トワイライトセッション）が付いたものがある。なお第２週に入ると屋外コートでの試合の大部分は全豪オープンジュニアとなる。

いつチケットを手に入れるか？

全豪オープンのチケットは大会前年の 10 月からオーストラリアのチケット販売会社チケットマスター Ticketmaster で販売が開始される。生粋のテニスファンなら、チケットを早めにおさえるのがベスト。準々決勝～決勝などのチケットはたいてい大会前に完売してしまうからだ。

しかし例えば「日本人選手の応援がしたい！」とか「ジョコビッチが見たい！」とか特定の選手の試合観戦となると、チケット購入時期はなかなか難しい。というのも、どの選手の試合が、どのコートで行われるかは通常、前日夕方頃までわからないからだ。ほとんどの場合、シード１、２の選手の試合はロッド・レイバー・アリーナで、シード３～８の選手の試合は３つのアリーナコートのいずれかで、シード９～32 の選手の試合はマーガレットコート・アリーナ、ジョンケイン・アリーナ、ふたつのショーコートのいずれかで行われる。１～４回戦のチケットは各アリーナコートも含め、何日も前に完売することは少ない。なので、４回戦くらいまでなら、観戦前日夕方に、お目当ての選手の試合の日程とコート発表後すぐにチケットを購入するのもひとつの手だ。もちろん当日でも空きがあればアリーナコートのチケットは購入可能だし、グラウンドパスからのアップグレードもできる。ただし、前日、当日購入は完売のリスクもあるのでそのつもりで。チケット購入はインターネット、フェデレーションスクエアやメルボルンパーク内のチケット売り場で可能だ。

屋外コートでは間近でゲーム観戦できる

全豪オープンテニス　チケット料金例（2024 年）

チケットマスター URL www.ticketmaster.com.au

		ロッド・レイバー・アリーナ		マーガレット・コート・アリーナ		ジョン・ケイン・アリーナ		グラウンドパス
		ロウ	アッパー	ロウ	アッパー	ロウ	アッパー	
1 回戦	日 デイ	$209～389	$129～169	$99～249	$85	$99～139	$69	$59
	ナイト	$219～399	$119～159	$55～194	$49			
	月 デイ	$159～419	$129～149	$75～264	$69	$99～139	$69	$59
	ナイト	$265～459	$115～159	$75～204	$69			
	火 デイ	$215～419	$109～149	$79～264	$75	$79～129	$69	$59
	ナイト	$249～519	$129～179	$69～264	$65			
2 回戦	水 デイ	$189～449	$109～135	$85～279	$79	$79～129	$69	$59
	ナイト	$279～539	$139～209	$85～264	$79			
	木 デイ	$229～449	$119～149	$95～399	$89	$119～149	$79	$59
	ナイト	$329～599	$199～229	$119～364	$79			
3回戦	金 デイ	$349～599	$199～299	$149～434	$139	$159～199	$119	$75
	ナイト	$449～689	$299～399	$219～534	$189			
	土 デイ	$325～619	$259～309	$249～614	$229	$219～279	$159	$75
	ナイト	$499～869	$309～389	$249～614	$229			
4回戦	日 デイ	$299～649	$219～289	$149～449	$139	$159～179	$99	$59
	ナイト	$429～769	$239～299					
	月 デイ	$209～419	$109～169	$55～174	$49	$69～89	$49	$29
	ナイト	$379～619	$195～289					
準々決勝	火 デイ	$339～589	$169～269					$29
	ナイト	$295～899	$231～409					
	水 デイ	$429～749	$219～339					$29
	ナイト	$699～1099	$449～649					
女子準決勝	木 トワイライト	$499～759	$299～449					$29
男子準決勝１試合目	金 デイ	$799～1299	$489～769					$35
男子準決勝２試合目	トワイライト	$1449～1999	$679～1149					
女子決勝	土 トワイライト	$1799～1899	$629～769					$29
男子決勝	日 トワイライト	$4499～5999	$1999～2499					$29

※ 2024 年 1 月に開催された全豪オープンテニスの料金例（2024 年 1 月調べ）
※ 1 ～ 4 回戦のアリーナ・コートでの試合は、デイセッション、ナイトセッションとも 2 試合。準々決勝は各セッション1試合で、女子準決勝は2試合、決勝は 1 試合。屋外コートは 4 回戦以後の日程ではジュニアの試合のみとなる。

メルボルン
Melbourne

ビクトリア *Victoria* 州外局番 (03)

ユースフルインフォメーション

■メルボルン・ビジターセンター（メルボルン・ビジターハブ）
Melbourne Visitor Centre (Melbourne Visitor HUB) MAP P.341/2C
住 90-130 Swanston St. (Cnr. Lit. Collins St.), 3000
☎ (03)9658-9658
URL www.visitmelbourne.com
開 毎日 9:00 ～ 17:00
休 クリスマスデー

■日本国総領事館 Japan Consulate General MAP P.340/2B
住 Level 25, 570 Bourke St., 3000
☎ (03)9679-4510
URL www.melbourne.au.emb-japan.go.jp
開 月～金 9:00 ～ 12:30、14:00 ～ 16:00（来館予約が必要）

日本語の通じる病院

ミッドタウン・メディカルクリニック（日本語医療センター）Midtown Medical Clinic MAP P.341/2C
住 Level 4, 250 Collins St., 3000
☎ (03)9650-4284
URL www.doctoraiko.com.au
開 月 金 8:30 ～ 16:30、水 8:30 ～ 12:30、隔週土 8:30 ～ 12:30

日本語医療パラマウントクリニック Paramount Clinic MAP P.341/2D
住 Suite 4-5, Upper Level, The Paramount Centre, 108 Bourke St., 3000 FREE 1800-677-177（日本語）
☎ (03)8627-8500
URL paramountclinic.com.au
開 月～金 9:00 ～ 17:30

主要航空会社連絡先

カンタス航空 Qantas Airways
☎ 13-13-13
日本航空 Japan Airlines
FREE 1800-047-489
ジェットスター Jetstar
☎ 13-15-38
ヴァージン・オーストラリア Virgin Australia
☎ 13-67-89
リージョナルエクスプレス Regional Express(REX)
☎ 13-17-13
シンガポール航空 Singapore Airlines
☎ (02)7209-4388
キャセイパシフィック航空 Cathay Pacific Airways
☎ 13-17-47
マレーシア航空 Malaysia Airlines
☎ 13-26-27

歴史あるフリンダーズ・ストリート駅前をトラムが通り抜ける

メルボルンは人口約530万人を擁するオーストラリア最大級の大都市で、キャンベラができるまではオーストラリアの首都だった。碁盤の目状になった中心部には、ビクトリア様式の重々しい建物が並び、町を歩く紳士、淑女、さらに制服に帽子といったいでたちで名門校に通う子供たちの姿も見られる。そんなメルボルンの顔として市民に親しまれているのがトラム(市電)。チーン、チーンと音を鳴らしながら市街地を走り抜ける姿は、メルボルンの代表的光景だ。

この町は世界中からの移民が住む多民族都市としても知られている。そのため食文化はオーストラリア随一の豊かさを誇る。新鮮な素材を使ったモダンオーストラリア料理、英国料理、フランス料理から、本場顔負けのイタリア料理、ギリシア料理、中華料理まで、食い道楽にはこのうえない都市でもある。

目抜き通りスワンストン・ストリートがヤラ川を越える手前にフリンダーズ・ストリート駅とフェデレーションスクエアがある。威風堂々、英国風のフリンダーズ・ストリート駅と、新しい町のシンボルである現代建築のフェデレーションスクエアが川沿いに並ぶその光景は、メルボルンの今を象徴している。

グラフィティ通りとして人気のホーシャー・レーン

移民、食、トラム、建物……古きものを大切にしながらも、新しいものを受け入れて独自の文化を創っていく。そんなメルボルン流のスタイルを感じながら、町歩きを楽しみたい。

メルボルン広域図
Around Melbourne

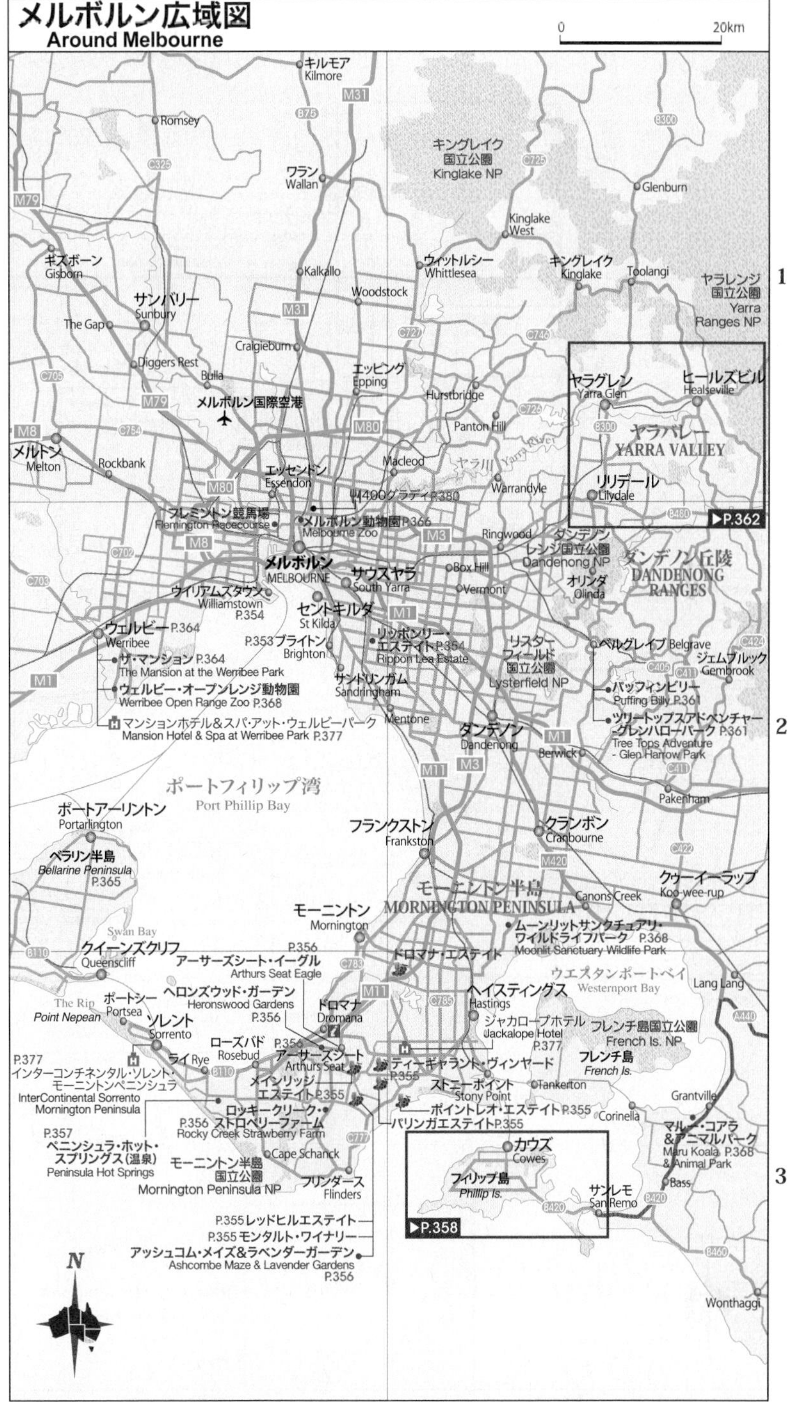

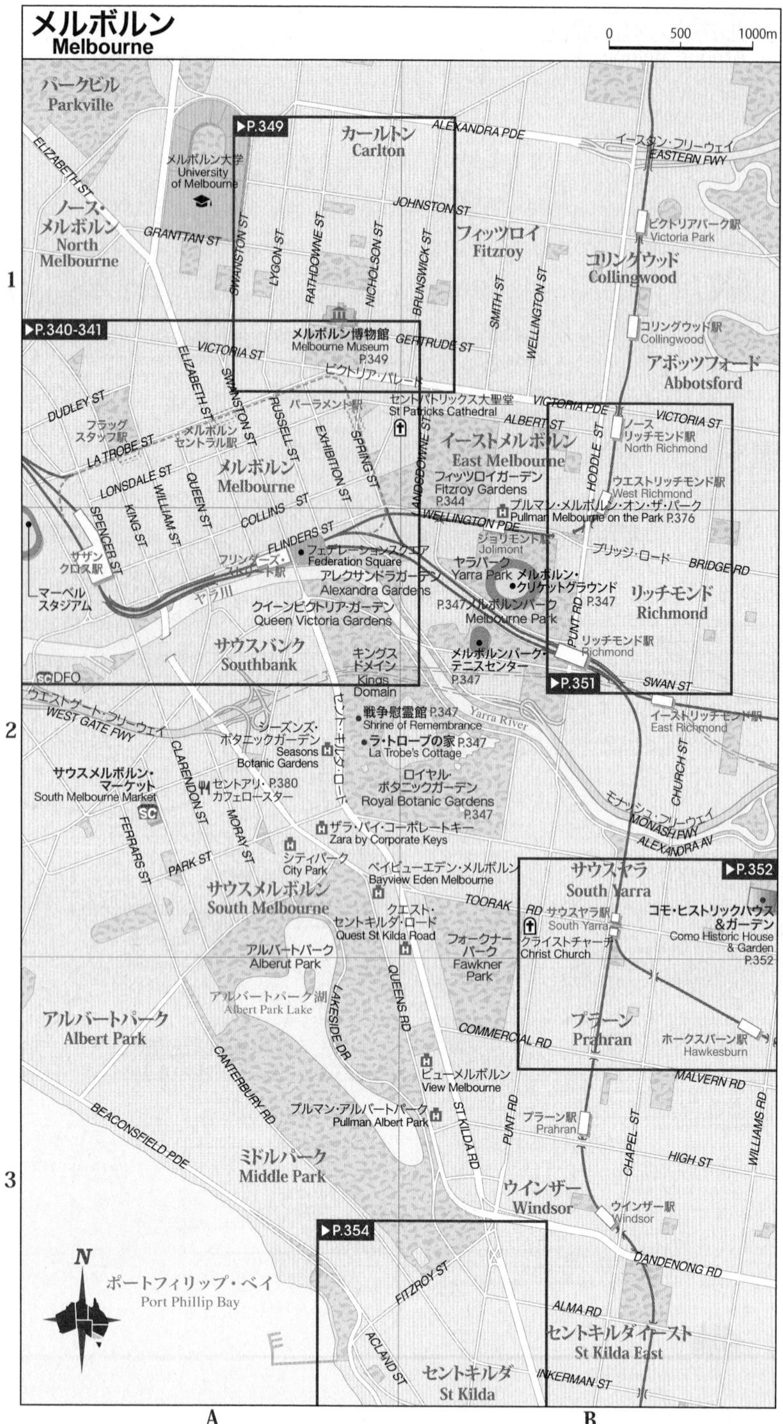

▶P.349
▶P.340-341
▶P.351
▶P.352
▶P.354

メルボルンで絶対 コレを見る！ コレをする！

オーストラリアで最もヨーロッパらしさが残る町メルボルン。町散策をするだけでワクワクした気分になれるほど。しかも近郊では美味なワインが数多くでき、ちょっと足を延ばすだけでオーストラリアらしい大自然も楽しめるのだ。

トラムで町散策

メルボルンの町なかを縦横に走るトラムに乗ること、これがメルボルンへ着いたらまずしたいこと。町の中心部はそれほど広くないので、トラムをうまく利用して市中の観光スポット巡りを楽しもう。

市中心部を一周する無料トラムもある

よちよち行進するペンギンたち

ペンギンパレード

メルボルンから車で 1 時間 30 分ほどのフィリップ島は、愛らしいリトルペンギンが夕方隊列を作って浜に上がってくることで知られている。このペンギンパレードはメルボルンに来たら見逃せない。

グレートオーシャンロード

オーストラリアらしい海岸沿いの絶景が楽しめるのがグレートオーシャンロードだ。日帰りツアー＆ドライブも可能だが、日程に余裕があったら 1 泊してみたい場所だ。

代表的な絶景の 12 人の使徒

ワイナリー巡り

メルボルン周囲には広大なブドウ畑が広がっている

近郊のヤラバレーやモーニントン半島は、オーストラリア有数のワインの産地。ツアーもしくはレンタカーでいくつものワイナリーを巡り、お気に入りのワインを見つけよう。

アクセス
ACCESS

行き方

➡日本から

東京（成田）からカンタス航空と日本航空が毎日直行便を運航している。アジア系航空会社の経由便も利用可能だ。

➡オーストラリア国内から

カンタス航空、ジェットスター、ヴァージン・オーストラリア、リージョナルエクスプレス、ボンザがオーストラリア国内主要都市からフライトをもっている。

シドニーからのグレイハウンド・オーストラリア、ビクトリア州内各地からのVラインバスなど長中距離バスと、他の州からの長距離列車が発着するのはスペンサー・ストリートに面した巨大な**サザンクロス駅 Southern Cross Station**。1階が鉄道駅、地下がコーチターミナルだ。

空港 ⇔ 市内

メルボルン国際空港 Melbourne International Airport（その所在地からタラマリン空港 Tullamarine Airport とも呼ばれる）(MEL) は、市内北西約25kmに位置しており、中央に**国際線ターミナル(T2)**、その両脇に航空会社ごとの国内線のターミナル（**カンタス航空 T1、ヴァージン オーストラリア T3、ジェットスター&リージョナルエクスプレス T4**）がある。国際線、国内線とも同じ建物内なので、乗り継ぎの手続きはスムーズにできて便利だ。それぞれ1階が到着ロビー、2階が出発ロビーとなっている。

メルボルン国際空港、アバロン空港と市内を結ぶスカイバス

●シャトルバス

空港から市内への最も一般的な足は**スカイバス** Skybus。ターミナル前に乗り場がある。市内のサザンクロス駅地下の**コーチターミナル Coach Terminal** まで約30分だ。

●タクシー＆ウーバー

空港から市内まで$70～90（市中心部まで約30分）。ウーバー（→ P.649）の場合は$50～90。

●アバロン空港アクセス

ジェットスターとボンザの一部の便が発着するのがメルボルンの南西55kmにある**アバロン空港** Avalon Airport (AVV)。メルボルン中心部サザンクロス駅まで**スカイバス**がシャトルバスを運行。サザンクロス駅まで約50分。

トランジットセンター ⇔ 市内

中長距離バス、他都市からの列車が到着するトランジットセンターは、空港シャトルバスの発着場所と同じサザンクロス駅。地下がコーチターミナルとなっている。目の前のスペンサー・ストリートにトラムストップがある。

メルボルン国際空港のT1カンタスターミナル

■メルボルン国際空港
URL melbourneairport.com.au

■スカイバス Skybus
☎1300-759-287
URL www.skybus.com.au
●メルボルン国際空港ルート
時 シティ＆サザンクロス駅：4:00～24:00の間15分ごと
料 片道：大人$23.90 子供$4／往復：大人$40 子供$6
●アバロン空港ルート
時 アバロン空港発5:00～19:55、サザンクロス駅発3:50～18:45で、各フライトに合わせて出発
料 片道：大人$26.50（同伴の子供4人まで無料）家族$51／往復：大人$50（同伴の子供4人まで無料）家族$100

■シティリンク City Linkの追加料金
メルボルンのハイウェイにはシティリンクと呼ばれる有料区間があり、レンタカーを利用して空港からシティに向かう場合、高速利用だとシティリンクを通過する（日本のETC同様、自動徴収システム）。料金は、後日レンタカー会社からクレジットカード請求されるのでそのつもりで。

■アバロン空港
URL www.avalonairport.com.au

のどかな雰囲気のアバロン空港

市内交通
LOCAL TRANSPORT

メルボルンとその周辺の交通は、パブリックトランスポート・ビクトリア（通称 **PTV**）の管轄となっており、チケットはリチャージ式スマートカードの**マイキー** myki 利用となる。メルボルンのバス、トラム、電車はもちろん、ビクトリア州内主要都市のバス、都市間を結ぶＶラインなど、ほとんどの公共交通機関で利用できる。

メルボルン滞在に欠かせないマイキー

短期旅行者でもマイキーを手に入れないと公共交通機関は利用できないので、必ず手に入れておこう。空港やフェデレーションスクエアのメルボルン・ビジターセンター、サザンクロス駅やフリンダーズ・ストリート駅など主要駅、セブンイレブンをはじめとするコンビニなどで購入可能だ（発行手数料 $6 必要）。サザンクロス駅などでは旅行者向けに**マイキー・エクスプローラー** Myki Explorer と呼ばれるセットも販売している。これにはマイキー（大人$9 子供$3 チャージ済み）、マイキーを入れるカードホルダー、トラムや電車の路線図、主要アトラクションの割引券が入っている。これを手に入れて使用開始するのがいちばんのおすすめだ。リチャージ（トップアップ Top-Up という）は各駅、メルボルン中心部のトラムストップ、オンライン（クレジットカードが必要）で行う。

●メルボルンの市内交通料金はゾーン制

市内交通の料金はゾーン制で、シティおよびその周辺がゾーン１、メルボルン郊外がゾーン２だ。トラムに関しては市中心部が**フリー・トラムゾーン** Free Tram Zone（P.336 トラム路線図のグリーンのエリア）となっており、**この中ならどのトラムに乗っても無料**。料金は移動するゾーンの組み合わせによってふたつのパターンに分かれている。それぞれに **2 時間フェア** 2 Hour Fare、**デイリーフェア** Daily Fare、**1 週間パス** Weekly Pass（欄外参照）、さらに 28 日以上滞在者向けの **1 日パス** Daily Pass（1 日当たりの料金× 28 ～ 365 日という設定／欄外参照）がある。使用時には、最も安い料金が引き落とされるので、マイキーにデイリーフェア分の残金があればあまり料金を気にする必要はない。

バスやトラムに乗ったときと下車時に、車内のマイキー端末にカードをかざすと自動的に料金が引き落とされるようになっている。電車に乗る場合は、自動改札を通るときにマイキーカードをかざせばいい。

トラム内にはたくさんのマイキー読み取り機が据えつけられている

メルボルン公共交通機関料金表	ゾーン	マイキー料金タイプ 2024 年 2 月現在					
		2 時間フェア		デイリーフェア		1 週間パス	
		大人	子供	大人	子供	大人	子供
	1+2	$5.30	$2.65	$10.60	$5.30	$53.00	$26.50
	2	$3.30	$1.65	$6.60	$3.30	$33.00	$16.50

長距離列車や長距離バスが発着するサザンクロス駅

■レンタカー会社
●ハーツ Hertz
☎(03)9659-8890
●エイビス AVIS
☎13-63-33
●バジェット Budget
☎1300-362-848
●スリフティ Thrifty
☎13-61-39
●ヨーロッパカー Europcar
☎(03)8633-0000
●シクスト SIXT
☎(03)8661-6000
●イーストコースト・カーレンタル East Coast car Rental
☎1800-028-881
●エンタープライズ Enterprise
☎(03)9087-6942

■パブリックトランスポート・ビクトリア
☎1800-800-007
URL www.ptv.vic.gov.au
●マイキー・エクスプローラー
料 大人$15 子供$7.50
※購入はメルボルン国際空港、サザンクロス駅のスカイバス窓口、フェデレーション・スクエアのメルボルン・ビジターセンターで

■マイキーのチャージは使うぶんだけにしよう
残金の払い戻しはとても面倒なので滞在中使い切るぶんだけのチャージを心がけよう。どうしても払い戻しをしなくてはいけない場合は、利用しなくなったマイキーを PTV に郵送して小切手を受け取る方法となる。

■週末はお得な料金が設定されている
メルボルン地域では、土・日曜、祝日は最大料金に割引があり、ゾーン 1+2 の区間、どんなに利用しても 大人$7.20 子供$3.60 までとなっている。

■ 1 週間パス、1 日パスについて
トップアップする際にマイキーパスとしてトップアップしないと有効にならない。

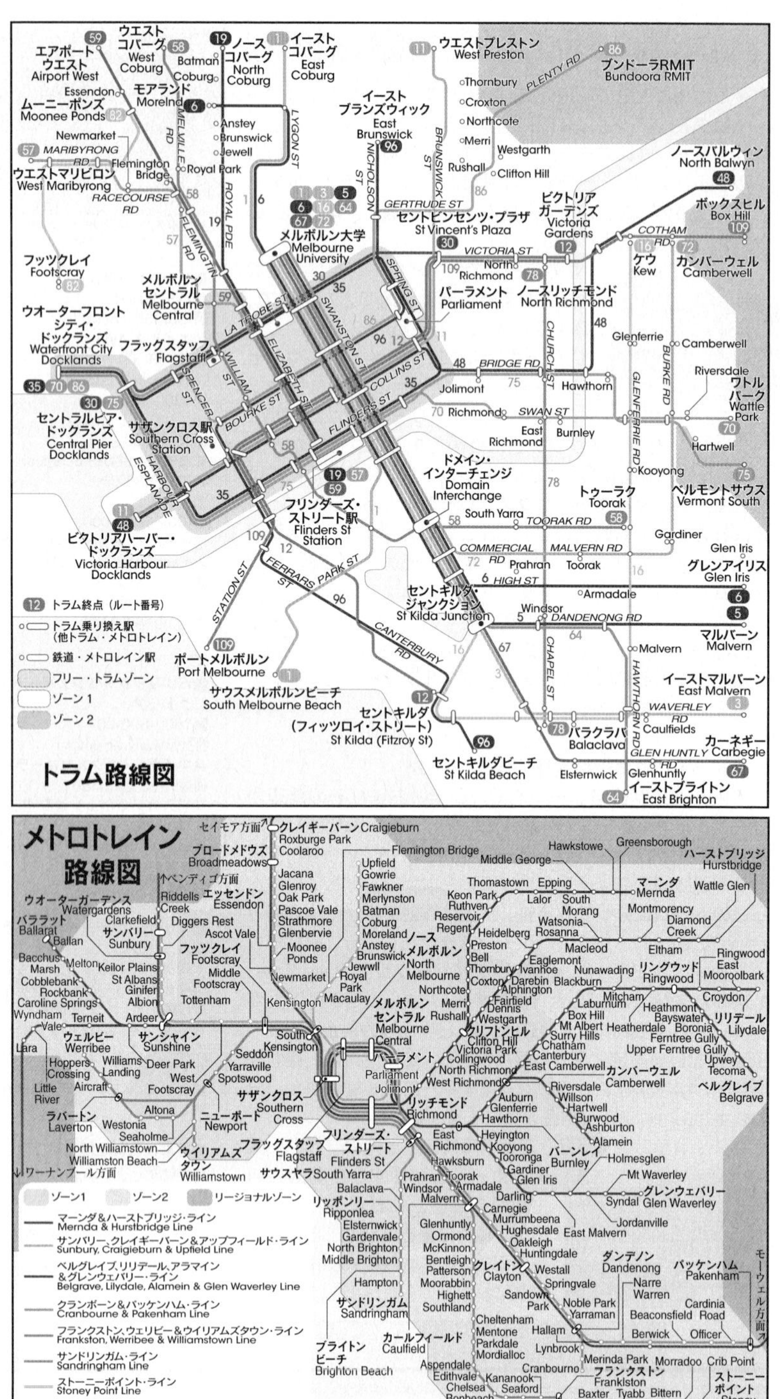
トラム路線図
12 トラム終点（ルート番号）
トラム乗り換え駅（他トラム・メトロトレイン）
鉄道・メトロトレイン駅
フリー・トラムゾーン
ゾーン1
ゾーン2
エアポートウエスト Airport West
ウエストコバーグ West Coburg
ノースコバーグ North Coburg
イーストコバーグ East Coburg
ウエストプレストン West Preston
ブンドーラRMIT Bundoora RMIT
ムーニーポンズ Moonee Ponds
モアランド Moreland
イーストブランズウィック East Brunswick
ウエストマリビロン West Maribyrong
ノースバルウィン North Balwyn
ボックスヒル Box Hill
メルボルン大学 Melbourne University
セントビンセンツ・プラザ St Vincent's Plaza
ビクトリアガーデンズ Victoria Gardens
フッツクレイ Footscray
メルボルンセントラル Melbourne Central
パーラメント Parliament
ノースリッチモンド North Richmond
ケウ Kew
カンバーウェル Camberwell
ウオーターフロントシティ・ドックランズ Waterfront City Docklands
フラッグスタッフ Flagstaff
ワトルパーク Wattle Park
セントラルピア・ドックランズ Central Pier Docklands
サザンクロス駅 Southern Cross Station
ドメイン・インターチェンジ Domain Interchange
トゥーラク Toorak
ベルモントサウス Vermont South
フリンダーズ・ストリート駅 Flinders St Station
ビクトリアハーバー・ドックランズ Victoria Harbour Docklands
グレンアイリス Glen Iris
セントキルダ・ジャンクション St Kilda Junction
マルバーン Malvern
ポートメルボルン Port Melbourne
イーストマルバーン East Malvern
サウスメルボルンビーチ South Melbourne Beach
セントキルダ（フィッツロイ・ストリート） St Kilda (Fitzroy St)
バラクラバ Balaclava
カーネギー Carbegie
セントキルダビーチ St Kilda Beach
イーストブライトン East Brighton
メトロトレイン路線図
クレイギーバーン Craigieburn
ブロードメドウズ Broadmeadows
エッセンドン Essendon
ウオーターガーデンズ Watergardens
バララット Ballarat
サンバリー Sunbury
フッツクレイ Footscray
ノースメルボルン North Melbourne
メルボルンセントラル Melbourne Central
ウェルビー Werribee
サンシャイン Sunshine
パーラメント Parliament
クリフトンヒル Clifton Hill
マーンダ Mernda
ハーストブリッジ Hurstbridge
リングウッド Ringwood
リリデール Lilydale
カンバーウェル Camberwell
ベルグレイブ Belgrave
サザンクロス Southern Cross
リッチモンド Richmond
ラバートン Laverton
ニューポート Newport
フリンダーズ・ストリート Flinders St
フラッグスタッフ Flagstaff
ウイリアムズタウン Williamstown
サウスヤラ South Yarra
バーンレイ Burnley
グレンウェバリー Glen Waverley
リッポンリー Ripponlea
ダンデノン Dandenong
パッケンハム Pakenham
クレイトン Clayton
サンドリンガム Sandringham
ブライトンビーチ Brighton Beach
カールフィールド Caulfield
フランクストン Frankston
ストーニーポイント Stoney Point
ゾーン1
ゾーン2
リージョナルゾーン
マーンダ＆ハーストブリッジ・ライン Mernda & Hurstbridge Line
サンバリー、クレイギーバーン＆アップフィールド・ライン Sunbury, Craigieburn & Upfield Line
ベルグレイブ、リリデール、アラマイン＆グレンウェバリー・ライン Belgrave, Lilydale, Alamein & Glen Waverley Line
クランボーン＆パッケンハム・ライン Cranbourne & Pakenham Line
フランクストン、ウェリビー＆ウイリアムズタウン・ライン Frankston, Werribee & Williamstown Line
サンドリンガム・ライン Sandringham Line
ストーニーポイント・ライン Stoney Point Line
VラインV Line

ゾーンの地図、および中心部のトラム、バス、電車の路線図は、インフォメーションで手に入る無料情報誌などに載っているので、参考にするといい。

トラム

メルボルンではトラム（路面電車）をいかに利用するかでフットワークが違ってくる。車両は、ほとんどがノンステップの最新トラムで、ごくまれに昔から活躍している古い木造車両が走っている。

トラムの路線は2km四方の中心街を交差するように通っている。南行きのトラムは中心街の北から、東へ向かうトラムは中心街の西から出ているという具合だ。トラムストップ Tram Stop は、中心街ではほぼ各交差点ごとにある（車道の真ん中にある）。トラムストップにある路線図を参考に、乗りたいトラムの番号と降りる場所のストップ番号を確かめよう。そしてその路線が通っている最寄りのメインストリートの交差点に出てトラムを待てばいい。中心街を離れるとトラムストップの間隔は少し開き、大きな交差点ごととなり、停留所も歩道側になる。

お目当てのトラムがやってきたら、番号と最終目的地を確認し車両に乗り込み、トラム内に設置された読み取り機にマイキーをかざす。郊外では、手を挙げて合図をするのが原則だが、中心街でもピークアワー以外は合図をしないと停まらずに行ってしまうことがあるから注意が必要だ。

ノンステップのトラムが増えてきている

降りたいトラムストップが近づいたら、ブザーで運転手に知らせる。停まったあとで降り口のステップにあるボタン "Press to open the door" を押さないとドアが開かないので忘れないように。また、車道の真ん中に降りるから、車の流れには十分に注意すること。

シティサークルトラム

フリー・トラムゾーンの外周を一周する木製車両を利用した無料トラムが**シティサークルトラム** City Circle Tram（**No.35**）。トラムストップごとにアナウンスが入るので、メルボルンのアウトラインをつかむのに利用したい。ルート上の見どころを記したパンフレットが車内にあるので手に入れておこう。

電車とバス

郊外への足は電車（**メトロトレイン** Metro Train）とバス利用が一般的。電車はシティ中心部にフリンダーズ・ストリート駅、サザンクロス駅、フラッグスタッフ駅、メルボルン・セントラル駅、パーラメント駅があり、これらは**シティ・ループ** City Loop という環状線でつながっている。トラムの乗り換えも便利で、電車とトラムを組み合わせれば効率よく市内とその周辺の移動が可能。バスはメルボルン郊外を網の目のように走っている。インターチェンジになっている駅まで電車を使い、バスに乗り換えるといった利用がおすすめだ。

■シティサークルトラム
URL ptv.vic.gov.au
時 時計回り：月～金9:25～17:55、土9:27～17:58、日9:24～17:55の間約15分ごとに運行／反時計回り：月～金9:39～17:54、土9:41～17:56、日9:39～17:54の間約15分ごとに運行
休 グッドフライデー、クリスマスデー

シティサークルトラムはえび茶色の木製トラムなのですぐわかる

■日本語で生のメルボルン情報を聴く
メルボルンのコミュニティラジオ、3ZZZ（92.3FM）では毎週日曜12:00～13:00に日本語放送をしている。ニュースや音楽、各種インフォメーションといった内容だ。インターネットのストリーミング放送もある。
※放送時間が変更になることもある
● 3ZZZ FM
☎(03)9415-1923
URL www.3zzz.com.au

ちょっと郊外へというときに便利な電車

■メルボルンのタクシー

毎日 9:00 ～ 17:00 が初乗り $4.85 で、距離 1km ごとに $1.878、時間待ち 1 分ごとに $0.658 加算される。また金・土曜の 22:00 ～翌 4:00 はピーク料金で初乗り $7.20、距離 1km ごとに $2.299、時間待ち 1 分ごとに $0.805。それ以外の時間は初乗り $6.05、距離 1km ごとに $2.088、時間待ち 1 分ごとに $0.731。電話でタクシーを呼ぶ場合、オペレーターに名前とピックアップしてほしい場所を伝える。予約は $2 のチャージがかかる。

URL safetransport.vic.gov.au

● Silver Top: ☎1300-158-567

● 13Cabs: ☎13-22-27

■メルボルン・アンリミテッドアトラクションパス Melbourne Unlimited Attractions Pass

メルボルンと周辺のおもな見どころ、ツアーなど 14 のアトラクションに参加できるカード。レストラン、ショップ、ホテルなどでの割引も受けられる。

URL www.iventurecard.com

料 2日間：大人 $175 子供 $129／3日間 大人 $239 子供 $179／7日間：大人 $329 子供 $259

メルボルンセントラルとスワンストン・ストリートを挟んで建つビクトリア州立図書館

アジア系飲食店が並ぶチャイナタウン

タクシー 駅やホテル前、タクシーランクというタクシー乗り場で順番待ちをする以外は、流しのタクシーをひろう。TAXI のサインが点灯していれば、空車の印。日本のように自動扉ではないので、後部座席のドアを自分で開閉する。

メルボルンの歩き方
OUTLINE OF MELBOURNE

フリンダーズ・ストリート駅を中心に町を把握する

メルボルンのアイコン的存在のフリンダーズ・ストリート駅

メルボルンの電車、トラムの乗換駅であり、町のシンボルでもあるルネッサンス様式の威風堂々とした建物が**フリンダーズ・ストリート駅** Flinders St. Station。この駅と**スワンストン・ストリート** Swanston St. を挟んだ反対側にはいつも市民でにぎわう広場**フェデレーションスクエア** Federation Square もある。このあたりを起点にすれば、メルボルンの全体像がつかみやすい。

スワンストン・ストリートが町の中央を南北に通る中心通りで、約 2km 四方の中心街（CBD）は西端の**スペンサー・ストリート** Spencer St.、南端ヤラ川沿いの**フリンダーズ・ストリート** Flinders St.、東端の州議事堂、オールドトレジャリーなど重厚な建物の並ぶ**スプリング・ストリート** Spring St.、そして旅行者にはありがたいことに、ちょうど碁盤の目のように区画されている。

メインストリートは、スワンストン・ストリート、**エリザベス・ストリート** Elizabeth St.、**バーク・ストリート** Bourke St.、**コリンズ・ストリート** Collins St. の 4 つの通り。シティの中心を貫くスワンストン・ストリートが町の屋台骨。この通りと交差するいくつかの通りを覚えてしまえば、迷うことはない。なかでもバーク・ストリートはスワンストン・ストリートとエリザベス・ストリートの間がモールとなっており、このモールから北西へ 4 ブロック、ショッピングセンターの**メルボルン・セントラル** Melbourne Central のあるあたりまでが、町で最もにぎやかなショッピングエリアとなる。

食べ歩きが楽しいエスニックエリア

シティ中心部で、気に留めておきたいのが**チャイナタウン**。ショッピングエリアとはスワンストン・ストリートを挟んだ反対側で、規模はオーストラリア随一。中心街のリトルバーク・ストリート沿いにはレストランが軒を連ねている。

2km 四方のシティの東側、北側は、新移民が多く住むエリアだ。フィッツロイガーデンの東側**イーストメルボルン** East Melbourne は、ギリシア系、ベトナム系街。北側の**カールトン** Carlton はミニイタリーとも呼ばれるほどイタリア系が多く、お隣**フィッツロイ** Fitzroy（ギリシア系、スペイン系が多い）とともに、町全体が南欧風だ。これらのエリアには本場さながらの料理を出すレストランも数多い。

シティの南は高級住宅地

シティの南側、ヤラ川の向こうに目を転じてみる。**サウスメルボルン**といわれる一画だ。カジノの入った巨大なエンターテインメント＆ショッピングコンプレックス、クラウン Crown とそれに続くサウスゲートショッピング・コンプレックス Southgate Shopping Complex、さらにキングスドメイン Kings Domain やロイヤルボタニック・ガーデン Royal Botanic Garden といった広大な公園がある。さらに南へ下るとトゥーラク・ロード Toorak Rd. を中心としたおしゃれな町で高級住宅街でもある**サウスヤラ** South Yarra や**トゥーラク** Toorak、大きなマーケットがある**プラーン** Prahran、メルボルン随一の歓楽街で、安宿やしゃれたレストランが多いビーチ沿いの町**セントキルダ** St Kilda となる。

ヤラ川沿いに遊歩道がありさまざまな飲食店が建ち並ぶサウスバンク

メルボルン市内の町

MELBOURNE & SUBURBS

シティ

City

オーストラリアで最も英国風といわれるメルボルンの、都市計画が承認されたのは 1837 年。その名称は、当時の英国首相メルボルン卿に由来している。1851 年にビクトリア内陸部に金鉱が発見されたことで急激に発展し、ゴールドラッシュの波が引いてからは工業都市として発達を続けた。碁盤の目状の中心街を囲むように多くの庭園、公園が広がり、大通りには街路樹が植えられ、高層ビルとゴールドラッシュ時代の荘厳な建物が混在している。

銀行や保険会社の重厚な建物が並ぶコリンズ・ストリートには、有名ブランドの高級ブティックや格調高い一流店が建ち並び、優雅に買い物が楽しめる。フリンダーズ・ストリートに面して建つ、ルネッサンス調の威厳ある建物は、メルボルンと近郊を結ぶ鉄道ターミナルのフリンダーズ・ストリート駅。ロンドンのセントポール寺院の円形屋根を模して建てられたもの。1854 年にオーストラリアで初めて汽車が走ったのは、ここからだった。リトルバーク・ストリート界隈は、オーストラリア随一の規模を誇るチャイナタウンで、数多くのアジア系レストランが軒を連ねている。

アクセス

●シティ

メルボルンの中心部。トラムはスワンストン・ストリート、エリザベス・ストリート、ウイリアム・ストリート、スペンサー・ストリート、フリンダーズ・ストリート、コリンズ・ストリート、バーク・ストリート、ラ・トローブ・ストリートを走っている。無料トラムのシティサークル利用も便利だ。

■3月第2週はメルボルンの夏祭りムーンバ・フェスティバル Moomba Festival

この時期はヤラ川で水上スキーの回転競技やピエロの曲芸など、楽しい催し物がいっぱい（2024 年は 3 月 7 ～ 11 日に開催／ 2025 年の予定はウェブサイトで確認のこと）。プログラム、催しの内容はホームページで。

URL moomba.melbourne.vic.gov.au

メルボルンの中心地 MAP P.341/2D

フェデレーションスクエア
Federation Square

フリンダーズ・ストリート駅前、ヤラ川沿いにある広場で、美術館、カフェ、レストラン、ホールなどが集まっている。スクエア全体のデザインは、ロンドンのラブ・アーキテクチャースタジオとメルボルンのベイツ・スマートが共同で行った斬新なもの。1 万人収容可能なザ・スクエア The Square は、石畳に西オーストラリアのキンバリーで採掘された砂岩を採用。野外パフォーマンスやさまざまなイベントが開催される。

■フェデレーションスクエア

住 Cnr. Flinders & Swanston Sts., 3000

☎ (03)9655-1900

URL fedsquare.com

※スクエア内では無料 Wi-Fi が利用可能。

メルボルン市民が集うフェデレーションスクエア

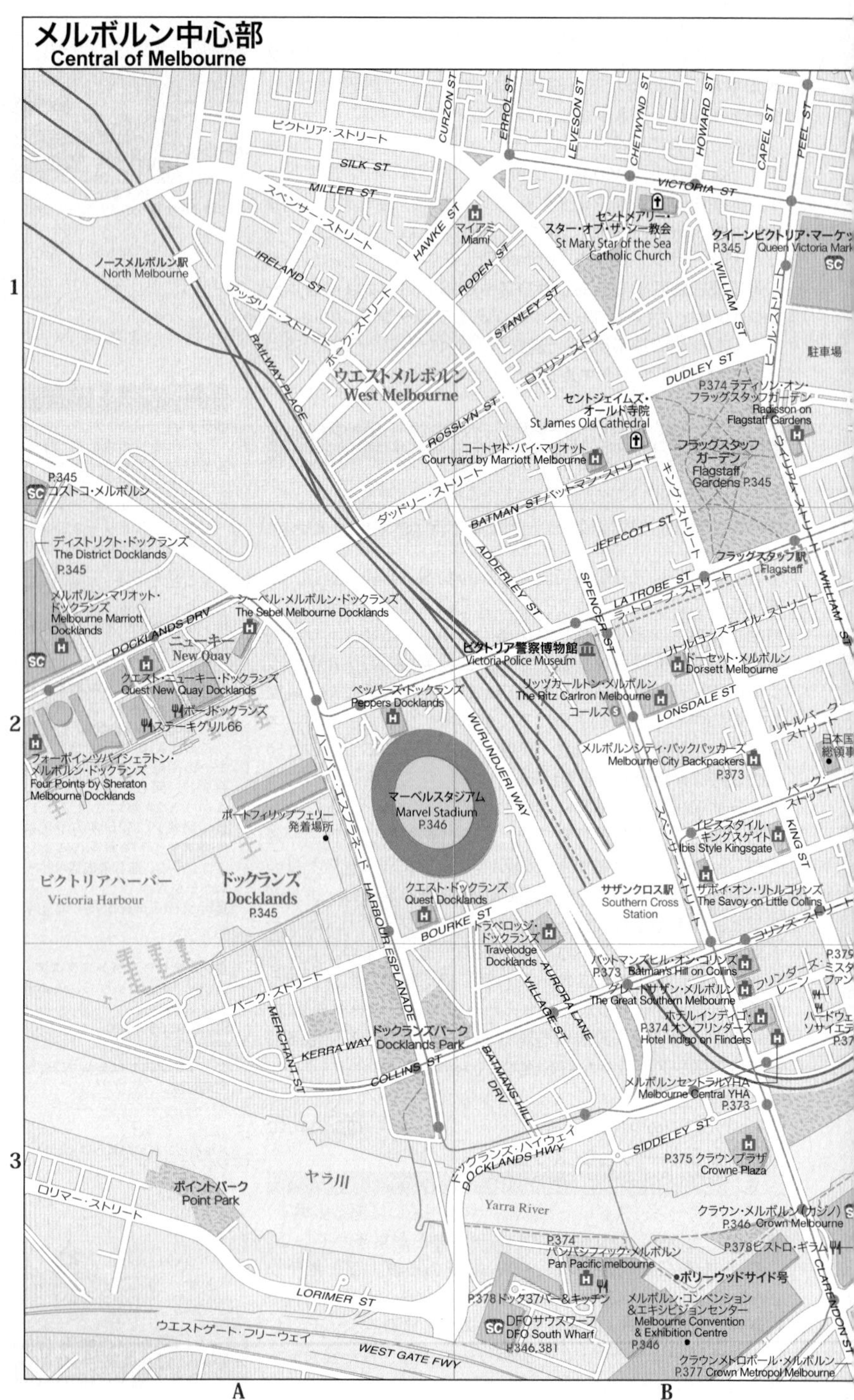

メルボルン中心部
Central of Melbourne
1
2
3
A
B
CURZON ST
ERROL ST
LEVESON ST
CHETWYND ST
HOWARD ST
CAPEL ST
PEEL ST
ビクトリア・ストリート
SILK ST
VICTORIA ST
MILLER ST
スペンサー・ストリート
HAWKE ST
マイアミ
Miami
セントメアリー・スター・オブ・ザ・シー教会
St Mary Star of the Sea Catholic Church
クイーンビクトリア・マーケッ
P.345
Queen Victoria Mark
ノースメルボルン駅
North Melbourne
IRELAND ST
RODEN ST
WILLIAM ST
アッダリー・ストリート
ホーク・ストリート
STANLEY ST
ピール・ストリート
駐車場
RAILWAY PLACE
ウエストメルボルン
West Melbourne
ロスリン・ストリート
DUDLEY ST
P.374 ラディソン・オン・フラッグスタッフガーデン
Radisson on Flagstaff Gardens
セントジェイムズ・オールド寺院
St James Old Cathedral
ROSSLYN ST
コートヤード・バイ・マリオット
Courtyard by Marriott Melbourne
フラッグスタッフガーデン
Flagstaff Gardens P.345
P.345
コストコ・メルボルン
ダッドリー・ストリート
BATMAN ST
バットマン・ストリート
キング・ストリート
ウイリアム・ストリート
ディストリクト・ドックランズ
The District Docklands
P.345
ADDERLEY ST
JEFFCOTT ST
フラッグスタッフ駅
Flagstaff
メルボルン・マリオット・ドックランズ
Melbourne Marriott Docklands
シーベル・メルボルン・ドックランズ
The Sebel Melbourne Docklands
SPENCER ST
LA TROBE ST
ラ・トローブ・ストリート
WILLIAM ST
DOCKLANDS DRV
ニューキー
New Quay
ビクトリア警察博物館
Victoria Police Museum
リトルロンズデイル・ストリート
ドーセット・メルボルン
Dorsett Melbourne
クエスト・ニューキー・ドックランズ
Quest New Quay Docklands
ペッパーズ・ドックランズ
Peppers Docklands
リッツカールトン・メルボルン
The Ritz Carlton Melbourne
ボーJドックランズ
ステーキグリル66
WURUNDJERI WAY
コールス
LONSDALE ST
リトルバーク・ストリート
フォーポインツバイシェラトン・メルボルン・ドックランズ
Four Points by Sheraton Melbourne Docklands
メルボルンシティ・バックパッカーズ
Melbourne City Backpackers
P.373
日本国総領事
ポートフィリップフェリー発着場所
マーベルスタジアム
Marvel Stadium
P.346
ハーバー・エスプラネード
バーク・ストリート
イビススタイル・キングスゲイト
Ibis Style Kingsgate
KING ST
ビクトリアハーバー
Victoria Harbour
ドックランズ
Docklands
P.345
クエスト・ドックランズ
Quest Docklands
サザンクロス駅
Southern Cross Station
スペンサー・ストリート
ザ・サボイ・オン・リトルコリンズ
The Savoy on Little Collins
HARBOUR ESPLANADE
BOURKE ST
トラベロッジ・ドックランズ
Travelodge Docklands
コリンズ・ストリート
P.379
バットマンズヒル・オン・コリンズ
P.373
Batman's Hill on Collins
フリンダーズ・ミスタ
ファン
レーン
バーク・ストリート
AURORA LANE
VILLAGE ST
グレートサザン・メルボルン
The Great Southern Melbourne
ハードウェ
ソサイエテ
P.37
MERCHANT ST
ホテルインディゴ・オン・フリンダーズ
P.374
Hotel Indigo on Flinders
KERRA WAY
ドックランズパーク
Docklands Park
COLLINS ST
BATMANS HILL DRV
メルボルンセントラルYHA
Melbourne Central YHA
P.373
SIDDELEY ST
ドックランズ・ハイウェイ
DOCKLANDS HWY
P.375 クラウンプラザ
Crowne Plaza
ポイントパーク
Point Park
ヤラ川
ロリマー・ストリート
Yarra River
クラウン・メルボルン(カジノ)
P.346 Crown Melbourne
P.374
パンパシフィック・メルボルン
Pan Pacific melbourne
P.378ビストロ・ギラム
ポリーウッドサイド号
CLARENDON ST
LORIMER ST
P.378ドック37バー&キッチン
メルボルン・コンベンション&エキシビジョンセンター
Melbourne Convention & Exhibition Centre
P.346
ウエストゲート・フリーウェイ
DFOサウスワーフ
DFO South Wharf
P.346,381
WEST GATE FWY
クラウンメトロポール・メルボルン
P.377 Crown Metropol Melbourne

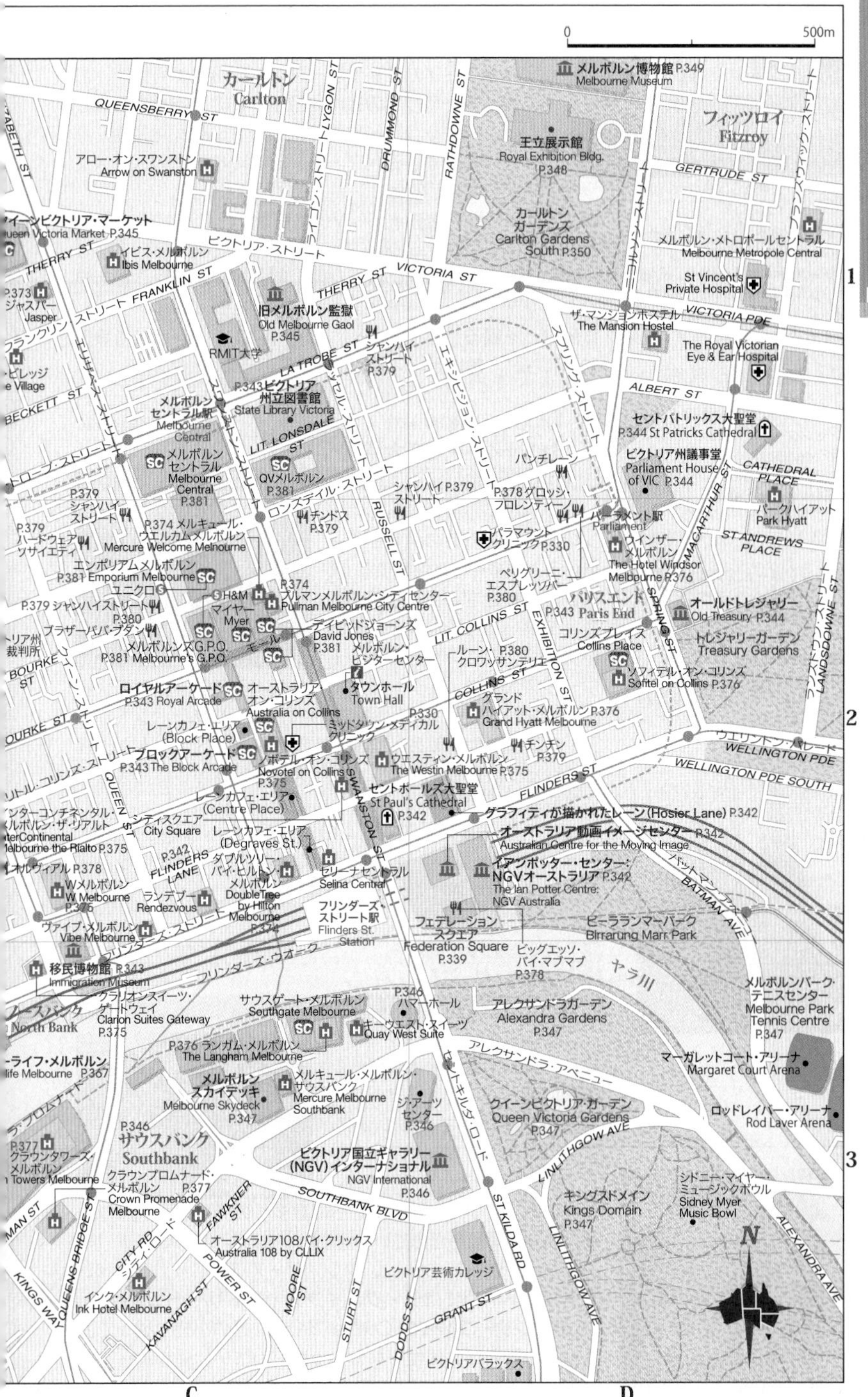
メルボルン博物館 P.349
Melbourne Museum
カールトン
Carlton
フィッツロイ
Fitzroy
王立展示館
Royal Exhibition Bldg.
P.348
カールトンガーデンズ
Carlton Gardens South P.350
旧メルボルン監獄
Old Melbourne Gaol
P.345
ビクトリア州立図書館
State Library Victoria
P.343
セントパトリックス大聖堂
P.344 St Patricks Cathedral
ビクトリア州議事堂
Parliament House of VIC P.344
パーラメント駅
Parliament
オールドトレジャリー
Old Treasury P.344
トレジャリーガーデン
Treasury Gardens
パリスエンド
Paris End
ロイヤルアーケード
P.343 Royal Arcade
ブロックアーケード
P.343 The Block Arcade
タウンホール
Town Hall
セントポールズ大聖堂
St Paul's Cathedral
P.342
グラフィティが描かれたレーン (Hosier Lane) P.342
オーストラリア動画イメージセンター P.342
Australian Centre for the Moving Image
イアンポッター・センター：NGVオーストラリア P.342
The Ian Potter Centre: NGV Australia
フリンダーズ・ストリート駅
Flinders St. Station
フェデレーションスクエア
Federation Square
P.339
ビーラランマーパーク
Birrarung Marr Park
ヤラ川
移民博物館 P.343
Immigration Museum
サウスバンク
Southbank
P.346
メルボルンスカイデッキ
Melbourne Skydeck
P.347
ビクトリア国立ギャラリー(NGV)インターナショナル
NGV International
P.346
アレクサンドラガーデン
Alexandra Gardens
P.347
クイーンビクトリア・ガーデン
Queen Victoria Gardens
P.347
キングスドメイン
Kings Domain
P.347
シドニー・マイヤー・ミュージックボウル
Sidney Myer Music Bowl
メルボルンパーク・テニスセンター
Melbourne Park Tennis Centre
P.347
マーガレットコート・アリーナ
Margaret Court Arena
ロッドレイバー・アリーナ
Rod Laver Arena
クイーンビクトリア・マーケット
Queen Victoria Market P.345
メルボルン・セントラル駅
Melbourne Central
RMIT大学
ビクトリア芸術カレッジ
ビクトリアバラックス
0
500m
1
2
3
C
D
N

質の高い芸術作品に触れられるNGV オーストラリア

●イアンポッター・センター:NGV オーストラリア
The Ian Potter Centre:NGV Australia

3 階建て 20 のギャラリーを擁する国立美術館で、おもにオーストラリアの芸術作品を中心に 2 万点を所蔵している。各ギャラリーは先住民アート、植民地初期、ハイデルベルク派、近代アート、それに年代別のオーストラリアンアートなどのセクションに分かれている。

●オーストラリア動画イメージセンター
Australian Centre for the Moving Image (ACMI)

動画イメージを専門に扱った展示館。初期映画から最新デジタルメディア、アーティストが作ったビジュアルイメージ作品などを観ることができる。展示内容は 1 ヵ月ほどで頻繁に更新され、常に新しい体験ができるようになっている。

町のシンボル的存在の MAP P.341/2C

セントポールズ大聖堂
St Paul's Cathedral

堂内の壮大さには圧倒されるほど

トラムの走り抜けるメルボルンの町には、教会の尖塔がよく似合う。数多くの教会があるが、なかでもひときわ目を引くのがフェデレーションスクエア向かいに建つ 1891 年建造のセントポールズ大聖堂。ビクトリア州を代表する英国国教会の大聖堂でセントパトリックス大聖堂、サウスヤラにあるセントジョン・アングリカン教会と並ぶ、メルボルンの 3 大ゴシック建築のひとつ。美しいステンドグラスから光が差し込む大聖堂内は荘厳な雰囲気だ。

セントポールズ大聖堂近くの**ホーシャー・レーン** Hosier Lane も見逃せない。通りの両側の建物の壁一面がグラフィティで埋め尽くされていることで評判。

メルボルンのソーホー MAP P.341/2C・D

フリンダーズ・レーン
Flinders Lane

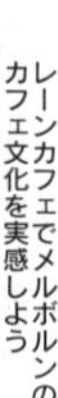

レーンカフェでメルボルンのカフェ文化を実感しよう

フリンダーズ・ストリートとコリンズ・ストリートの間にある狭い通りで、ニューヨークのソーホーを彷彿させるエリア。ファッショナブルなカフェやレストラン、ブティックホテル、ジャズバー、ワインバー、さらに数多くのアートギャラリーが、通りの両側を埋めている。また、フリンダーズ・ストリートとフリンダーズ・レーン、フリンダーズ・レーンとコリンズ・ストリートの間には**ディグレイブス・ストリート** Degraves St. や**センタープレイス** Centre Place などの小道が通っており、その両側には個性的なカフェがいっぱい。通称レーンカフェと呼ばれ、メルボルンのカフェ文化の中心地だ。

■イアンポッター・センター：NGV オーストラリア
住 Federation Square, Cnr. Russell & Flinders Sts., 3000
☎ (03)8620-2222
URL www.ngv.vic.gov.au
開 毎日 10:00 ～ 17:00
休 クリスマスデー 料 無料

■オーストラリア動画イメージセンター
住 Federation Square, 3000
☎ (03)8663-2200
URL www.acmi.net.au
開 毎日 10:00 ～ 17:00
休 クリスマスデー 料 無料

■セントポールズ大聖堂
住 Cnr. Flinders & Swanston Sts., 3000
☎ (03)9653-4220
URL cathedral.org.au
開 月～土 10:00 ～ 17:00
※日曜はミサが行われるため見学は控えたい
料 無料

威風堂々としたセントポールズ大聖堂

描かれている絵はよく変わるというホーシャー・レーン

Memo メルボルンにはホーシャー・レーン以外に、AC/DC レーン AC/DC Lane やドックボード・プレイス Duckboard Place など、公式に絵を描くことが認められたストリートアートの小道（グラフィティレー ↗

シティ中心部ではアーケード巡りが楽しい MAP P.341/2C

ロイヤルアーケードとブロックアーケード
Royal Arcade & The Block Arcade

スワンストン・ストリート、コリンズ・ストリート、エリザベス・ストリート、バーク・ストリートに挟まれた一画は、メルボルンのショッピングの中心地。数多くのお店が並んでいるが、古きよきメルボルンを感じさせてくれるロイヤルアーケードとブロックアーケードは、その雰囲気を味わうためだけにも訪ねてみたい。ロイヤルアーケードはメルボルン最古のアーケードで1870年オープン。当時そのままのしゃれた様子で、高級貴金属店やアンティークショップなどが多く入っている。ブロックアーケードは1892年オープンで、「コリンズ･ストリートの宝石」と呼ばれるほど建物が美しく、ナショナルトラストにも指定されている。貴金属店、アンティークショップを中心に、高級衣料品店、カフェなどが並んでいる。

ロイヤルアーケード
住 335 Bourke St. Mall, 3000
☎ 0438-891-212
URL royalarcade.com.au
営 月～木 7:00 ～ 19:00、金 7:00 ～ 20:30、 土 8:00 ～ 19:00、日 9:00 ～ 19:00

ブロックアーケード
住 282 Collins St., 3000
☎ (03)9654-5244
URL theblock.com.au
営 月～木 8:00 ～ 18:00、金 8:00 ～ 20:00、 土 8:00 ～ 17:00、日 9:00 ～ 17:00

建物の美しさはメルボルン随一のブロックアーケード

世界的に美しい図書館として評判の MAP P.341/1C

ビクトリア州立図書館
State Library Victoria

ラ・トローブ・リーディングルームを上階から見下ろすのがおすすめ

1854年にオーストラリア最初の公共図書館としてオープン。キャプテン・クックの手記など世界的に貴重なものを含む224万冊の蔵書を誇っている。この図書館の中央、4階まで吹き抜けの8角形のドーム The Domeの1階､ラ･トローブ･リーディングルーム La Trobe Reading Room は、その美しさから「世界の美しい図書館」としてさまざまなメディアにリストアップされるほど。なお堂々とした図書館入口前に立つ銅像は、この図書館やメルボルン大学の創設をし、裁判官としてネッド・ケリーに死刑宣告したレドモンド・バリー卿 Redmond Barry だ。

ビクトリア州立図書館
住 328 Swanston St., 3000
☎ (03)8664-7000
URL www.slv.vic.gov.au
開 毎日 10:00 ～ 18:00 ／イアンポッター・クイーンズホール：毎日 10:00 ～ 17:00
休 ニューイヤーズデー、グッドフライデー、クリスマスデー、ボクシングデー

移民の歴史を知ろう MAP P.341/3C

移民博物館
Immigration Museum

開拓時代から現在までのオーストラリアへの移民の歴史をさまざまな展示で紹介している。開拓当初、渡航手段として使われていた船の中の様子が模型により再現されていたり、移民によって広められた異文化に関する展示は興味深い。また、船で持ち込まれた害虫や動植物などに関する展示もある。

移民博物館
住 400 Flinders St., 3000
☎ 13-11-02
URL museumsvictoria.com.au/immigrationmuseum
開 毎日 10:00 ～ 17:00
休 グッドフライデー、クリスマスデー
料 大人 $15 子供 無料

優雅な町並みを見ながら歩く MAP P.341/2D

パリスエンド
Paris End

コリンズ・ストリートの東部、スプリング・ストリート Spring St. に突き当たるまでの一画がパリスエンド。

パリスエンド一帯は並木が美しい

ン）がいくつもある。メルボルン市のウェブサイトで確認して訪ね歩くのも楽しい。 URL whatson.melbourne.vic.gov.au/article/street-art-guide-to-melbourne

古い建物が並ぶヨーロッパ調の町並み、高級ホテルやブティック、カフェ……その様子がパリの町並みを思わせることから名づけられた。突き当たりが官庁街スプリング・ストリートで、中心にあるのが**オールドトレジャリー** Old Treasury だ。1862 年完成の旧大蔵省で、メルボルン随一のブルーストーン建築といわれる。現在は博物館になっており、建物ができあがるまでの様子、ビクトリアのゴールドラッシュなどに関する展示が行われている。

AVを使った展示がおもしろいオールドトレジャリー

オールドトレジャリーの北に建つのが**ビクトリア州議事堂** Parliament House of VIC。1851 年、ビクトリア州がニューサウスウエールズ州から分離後、植民地議会の議事堂として1856 年に建設が開始された。オーストラリア連邦が成立した 1901 年からキャンベラに首都が定められる 1926 年まで、連邦議会がここで開かれた。

■オールドトレジャリー
住 20 Spring St. (top end of Collins St.), 3000
☎ (03)9651-2233
URL www.oldtreasurybuilding.org.au
開 日～金 10:00 ～ 16
休 土およびおもな祝日
料 無料

■ビクトリア州議事堂
住 Spring St., East Melbourne, 3002 ☎ (03)9651-8911
URL www.parliament.vic.gov.au
●見学ツアー
時 1 時間ツアー：9:00 ～ 11:00、14:00 ～ 16:00 の 1 時間ごとにスタート
※いずれも会期外の月～金（祝は除く）
料 無料 ※定員は 15 人で、6 人以上の場合は要予約

オーストラリア最大のカトリック教会 MAP P.341/1D

セントパトリックス大聖堂
St Patricks Cathedral

尖塔の高さ 105.8m、聖堂の奥行き 92.25m という巨大なゴシック建造物で、1939 年に完成するまでに実に 90 年以上もかかっている。1970 年には教皇パウロ 6 世によって、ローマの七聖堂に準じるマイナーバジリカの地位が与えられているほどだ。教会内に入ると、まるで中世にでも紛れ込んだような気分になる。大きく美しいステンドグラスや巨大なパイプオルガンなども見ておきたい。

堂々たるゴシック建築のセントパトリックス大聖堂

■セントパトリックス大聖堂
住 1 Cathedral Place, East Melbourne, 3002
☎ (03)9662-2233
URL melbournecatholic.org
開 月～金 7:00 ～ 17:00、土日 7:00 ～ 19:00、日 7:00 ～ 19:30 料 無料

「公園の都」メルボルンを代表する MAP P.332/1B

フィッツロイガーデン
Fitzroy Gardens

メルボルンパークの北側にある庭園。昔はブルーストーンの石切り場として使われていたが、その後ジェイムス・シンクレアの設計により、英国国旗ユニオンジャックを模したレイアウトをもつ庭園となった。見逃せないのは、**キャプテンクックの家** Cook's Cottage。この家はクックの両親が住んでいたもので、クック自身も短期間住んだ可能性があるといわれている。メルボルン市 100 周年を記念し、1934 年にイギリスのヨークシャーから運ばれ、現在の地に復元された。クックに関する資料、家の運搬、復元に関する資料が展示されている。ほかに、季節ごとにいろいろな花を咲かせている**温室** Conservatory も見ておきたい。

■フィッツロイガーデン
URL www.fitzroygardens.com
アクセス 市内からは徒歩、またはトラム Route 48、75 でジョリモント・ロード Jolimont Rd. のトラムストップ下車。
●キャプテンクックの家
住 Fitzroy Gardens, East Melbourne, 3002
☎ (03)9658-7203
URL whatson.melbourne.vic.gov.au
開 毎日 10:00 ～ 16:00
休 クリスマスデー
料 大人 $7.20 子供 $3.90 家族 $19.70
●温室
開 夏季：毎日 9:00 ～ 17:30／冬季：毎日 9:00 ～ 17:00
料 無料

歴史的価値のあるキャプテンクックの家

ネッド・ケリーが処刑された所として知られる MAP P.341/1C

旧メルボルン監獄
Old Melbourne Gaol

1845年に建てられ、1920年代に使用中止になるまでは、ラ・トローブ・ストリート、スワンストン・ストリート、ラッセル・ストリート、フランクリン・ストリートに囲まれた広大な監獄だった。現在残っているのは入口の門、独房など。内部には、実際に使用されたさまざまな拷問道具、処刑道具が並んでいる。オーストラリアのフォークヒーロー、ネッド・ケリーが処刑されたのもここ。彼が自ら鉄を打って作った鎧、兜、そして処刑後かたどられたデスマスクなども見られる。

各監獄部屋には囚人がどんな暮らしをしていたかを展示してある

■旧メルボルン監獄
住377 Russell St., 3000
☎(03)9656-9889
URL www.oldmelbournegaol.com.au
開 毎日 10:00 ～ 17:00
休 グッドフライデー、クリスマスデー
料 大人$35 子供$22 家族$85 ／夜間ゴーストツアーなど数種類のツアーを催行している（日時要確認／要予約）：大人$40 子供$35

活気、掘り出し物、食料品……すべて揃う MAP P.340/1B-341/1C

クイーンビクトリア・マーケット
Queen Victoria Market

100年以上もの間市民に親しまれてきたマーケット。肉類、魚介類、生鮮食料品から、衣料、おもちゃなどの雑貨まで、ありとあらゆるものが売られている。メインビルディングは魚介類、肉類などの生鮮食料品を扱っており、その脇にはデリ、裏側には果物や野菜売り場がある。通りを挟んでさらに裏側一帯が、生活雑貨や衣料、おみやげ品を売る建物だ。マーケット周辺は1日中活気があり、バスカー（大道芸人）があちこちに現れては、さまざまなパフォーマンスを見せている。

■クイーンビクトリア・マーケット
住Cnr. Elizabeth & Victoria Sts., 3000
☎(03)9320-5822
URL www.qvm.com.au
営 火木金 6:00 ～ 15:00、土 6:00 ～ 16:00、日 9:00 ～ 16:00、水（4・5月の夜間のみ）17:00 ～ 22:00 休 月

市民の台所クイーンビクトリア・マーケット

ビクトリア州の歴史に触れる MAP P.340/1B

フラッグスタッフガーデン
Flagstaff Gardens

かつての白人入植者の埋葬場所で、その後（1840年）、港が見渡せるこの場所に、出船・入船を告げる信号所が設けられた。故国英国からの入船を待ちわびる入植者に、船の出入りのたびに旗ざお Flagstaff に旗が掲げられたことが、名前の由来だ。1850年にビクトリア植民地の誕生（NSW州からの分離）が発表されたのもこの公園だ。この公園の西側には、メルボルン最初の教会**セントジェイムズ・オールド寺院** St James Old Cathedral がある。

■フラッグスタッフガーデン
市内からは徒歩またはトラムで。無料のシティサークルでも行ける。

再開発されたショッピング＆ダイニングゾーン MAP P.340/2A

ドックランズ
Docklands

サザンクロス駅西側のヨットハーバー、商業・居住が一緒になった巨大複合エリアがドックランズ。シティ（CBD）と同じ広さの200haの土地に、1万5000人以上が住み、7万人以上が働いている。人気なのが**ニューキー** New Quay といわれる北側のエリアで、美しいハーバー沿いに高層アパートが建ち並び、地上階にはレストランやカフェ、ショップなどが並ぶ。一角にはショッピング街の**ディストリクト・ドックランズ** The District Docklands や**コストコ・メルボルン** Costco Melbourne などがあり、週末は地元の人でにぎわう。

■ドックランズ
URL development.vic.gov.au/projects/docklands

ヨットハーバーから巨大なマーベルスタジアムとシティを望む

Memo ドックランズからはベラリン半島やジーロンへもフェリーが出ているので利用してみるのもいい（→ P.364 欄外）。

ドックランズにある**マーベルスタジアム** Marvel Stadiumは、オーストラリアンルールズ・フットボール、ラグビーリーグ、サッカーなどの人気マッチが行われる5万3000人収容の多目的スタジアムだ。

ビクトリア州の文化・芸術の中心 MAP P.341/3D

ジ・アーツセンター
The Arts Centre

尖塔が印象的なジ・アーツセンター

フリンダーズ・ストリート駅からプリンセスブリッジを渡った右側にある芸術関係のコンプレックス。**ハマーホール** Hamer Hallはオーケストラ演奏などに使われる2600人収容の大ホール。**パフォーミングアーツミュージアム** Performing Arts Museumは、オーストラリア文化に焦点を当てたコレクションを誇っている。中心に位置するのが**シアターズ** Theatres。オペラやバレエ、コンサートなどを上演する大劇場の**ステイトシアター** State Theatre、戯曲などを上演する小劇場のプレイハウス Playhouse、スタジオ Studioからなる。もうひとつの建物が**ビクトリア国立ギャラリー（NGV）インターナショナル**。フェデレーションスクエアのNGVオーストラリアが国内の作品を扱うのに対して、こちらには世界中から質の高い芸術作品が集められている。

世界の名画が展示されているNGVインターナショナル

メルボルンのエンターテインメントの中心地 MAP P.340/3B-341/3C

サウスバンク
Southbank

ヤラ川沿いに建物が並ぶサウスバンク

ヤラ川の南側、コンサートホール脇から西にむかっての広大な敷地がサウスバンクだ。川沿いに美しいボードウオークの**サウスバンクプロムナード** Southbank Promenadeがあり、それに面してたくさんのショップ、レストランが続く。オーストラリア最大級のカジノ、高級ショッピングセンター、ホテルをもつ複合コンプレックス、**クラウン・メルボルン** Crown Melbourneもここにある。スペンサー・ストリートの先にも飲食店が続き、その先は**メルボルン・コンベンション&エキシビジョンセンター** Melbourne Convention & Exhibition Centre、アウトレットショッピングセンターの**DFOサウスワーフ** DFO South Wharfとなる。サウスバンクプロムナードは、川沿いの散歩やショッピング、川を眺めながらの食事が楽しめる人気エリアだ。

ユーレカタワー展望台からメルボルンの絶景を楽しむ

■マーベルスタジアム
住740 Bourke St., Docklands, 3008 ☎(03)8625-7277
URL www.marvelstadium.com.au

■ビクトリア国立ギャラリー（NGV）インターナショナル
住180 St Kilda Rd., 3004
☎(03)8620-2222
URL www.ngv.vic.gov.au
営 毎日10:00～17:00
休 クリスマスデー
料 無料（特別展示を除く）

■クラウン・メルボルン
住8 Whiteman St., Southbank, 3006 ☎(03)9292-8888
URL www.crownmelbourne.com.au
営24時間（ショップは毎日11:00～21:00）
休 クリスマスデー
※カジノでは好レートで現金の両替ができる。入場は18歳以上なのでIDを持参したほうがいい。

■メルボルンスカイデッキ（次ページ）
住Level 88, 7 Riverside Quay, Southbank, 3006
☎(03)9693-8888
URL www.melbourneskydeck.com.au
営 毎日12:00～21:00（サマータイム期間は12:00～22:00）
料 大人$34(28) 子供$33(19) ／ジ・エッジ：スカイデッキ（入場料、ジ・エッジでの写真込み）大人$48(43) 子供$36(32)
※()内はウェブ割引

■メルボルン・リバークルーズ
Melbourne River Cruises
ヤラ川のクルーズを行っている。アップリバー Up River（クルーズB）はオリンピックパーク、ロイヤル・ボタニックガーデン方面、ダウンリバー Down River（クルーズA）は、クラウン・メルボルン、ドックランズ方面へのクルーズとなる。
☎(03)8610-2600
URL www.melbcruises.com.au
時 クルーズA：毎日11:30、12:10、14:15、15:00、17:00出発／クルーズB：毎日10:00、11:00、13:30、15:30、16:00出発
※季節・曜日により多少運行スケジュールは変更になる
料 クルーズAまたはクルーズB：大人$38 子供$20 家族$110／クルーズA&B：大人$62 子供$30 家族$170
※出発はサウスバンクプロムナードのサウスゲート前

プロムナード裏手には、世界有数の高層居住用ビル（92階建て約297m）、**ユーレカタワー** Eureka Tower がある。この88階にある**メルボルンスカイデッキ** Melbourne Skydeck は、南半球最高層の展望台で、メルボルンのパノラマが満喫できる。なお外に張り出す全面ガラス張りの部屋**ジ・エッジ** The Edge は、スリルを味わいたい人に人気だ。

広さに圧倒される巨大な公園群 MAP P.332/2A・B

キングスドメインとメルボルンパーク
Kings Domain & Melbourne Park

慰霊の火が絶えない戦争慰霊館

フェデレーションスクエアの東側、ヤラ川を挟んだ一帯は巨大な公園群となっている。ヤラ川南側にあるのがキングスドメインを中心とした公園で、プリンセスブリッジ近くから**アレクサンドラガーデン** Alexandra Gardens、**クイーンビクトリア・ガーデン** Queen Victoria Gardens、キングスドメイン、**ロイヤル・ボタニックガーデン** Royal Botanic Gardens と続く。

ここで見逃せないのが、慰霊の火の絶えない**戦争慰霊館** Shrine of Remembrance。戦没者名が刻まれた大慰霊碑で、戦争の無益さ、虚しさを実感できる。そのすぐ南側にある**ラ・トローブの家** La Trobe's Cottage は、ビクトリア州がまだニューサウスウエールズ州から分離する以前の統治官ラ・トローブの住んでいた木造の家だ。

ヤラ川の北側は一大スポーツパーク。1956年南半球最初のオリンピックで使用され、現在はクリケットやオーストラリアンルールズ・フットボールが行われる**メルボルン・クリケットグラウンド MCG**（10万人収容）、そして**全豪オープンテニス**の会場となる**メルボルンパーク・テニスセンター** Melbourne Park Tennis Centre が、美しい公園内に集まっている。メルボルンパーク・テニスセンターでは、イベント開催日以外、誰でもテニスが楽しめる。

カールトン&フィッツロイ
Carlton & Fitzroy

シティの北側には、リトルイタリーとも呼ばれるカールトン、若者文化の発信地であるフィッツロイがある。カールトンは第2次世界大戦後にイタリア移民が住み始めた町で、メインストリートのライゴン・ストリート沿いには、イタリア風のカフェやレストラン、ブティックが並んでいる。一方フィッツロイは、斬新なカフェやブティックが多いファッショナブルタウンだ。もともとはスペイン系移民のコミュニティの中心地で、今もジョンストン・ストリート Johnston St. には、スペインレストランが並んでいる。また建築家、知識階級層などに人気のエリアで、路地に入ると、植民地時代から残るテラスハウスを修復した、しゃれた住居が並んでいる。

※全豪オープンテニスについては P.328～329 で詳細に説明しています。

■ラ・トローブの家
住 Cnr. Birdwood Ave. & Dallas Brook Drv., The Domain, 3004
☎ (03)9656-9889
URL www.nationaltrust.org.au/places/la-trobes-cottage
開 10～4月の日曜 13:00～15:30
料 大人 $5 子供 $4 家族 $12

こぢんまりしたラ・トローブの家

■メルボルン・クリケットグラウンド
住 Yarra Park, Jolimont, 3002
☎ (03)9657-8888
URL www.mcg.org.au
●ガイドツアー
時 オリンピックスタンドのGate3集合／試合のない日の10:00～15:00の30分ごと（所要75分）
料 大人 $33 子供 $15 家族 $79

■メルボルンパーク・テニスセンター
住 Olympic Blvd., 3000
☎ 1300-836-647
URL www.tennisworld.net.au（コートの予約）
営 スタンダード：月～金 6:30～17:00、土日祝 9:00～18:00／ピーク：月～木 17:00～23:00 &金 17:00～21:00
料 1時間単位でコート、時間により $31～56

アクセス

●カールトン&フィッツロイ
カールトンへはシティのスワンストン・ストリートからトラム Route 1、6を利用。フィッツロイへはコリンズ・ストリートから Route 11 またはパーク・ストリートから Route 86、96 のトラムを利用する。

カールトンガーデンズと王立博物館の景色は、古きよきメルボルンを感じさせてくれる

世界文化遺産

王立展示館
Royal Exhibition Building

メルボルン有数の巨大建築物

愛と平和の象徴ビーナスの絵

中国人のレリーフ

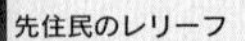
先住民のレリーフ

ドーム形天井を中心に十字に建物が広がる

1880年に開催されたメルボルン国際博覧会会場として建築され、1888年にはヨーロッパによる植民地化から100周年を記念した博覧会も催した王立展示館。当時は6ヵ月の期間中、メルボルンの人口の2倍となる200万人以上が訪れたといわれている。19世紀に行われた大型博覧会会場のなかで、現存する唯一の建物として2004年世界文化遺産に登録されている（当時の博覧会場はほとんどが仮設建築であった）。しかもここは、現在も各種博覧会の会場として利用されているのだ。

王立展示館を見学する

建物はシティにあるタウンホール同様、当時の著名な建築家ジョセフ・リード Joseph Read の手によるもので、ビザンチン、ロマネスク、ルネッサンスを複合した当時の典型的な展示館となっている。毎日1回英語ガイド付きツアーが催行されているので、それに参加してぜひ内部を見てみよう。

中に入ってまず圧倒されるのが広々とした十字形のフロアと中央のドーム天井。ドーム天井の下とフロアが交差する各角には、愛と平和を表すビーナス、知性を表すマーキュリー、情熱と活動を表すマーズ、援助を表すジュピターが描かれている。また柱上部には先住民のレリーフや、アジア移民の増加を象徴するような中国人の顔のレリーフもあり、見逃したくない。

この建物は、1901年に開催された第1回オーストラリア連邦会議の会場でもあった。オーストラリア国旗が初めて掲揚されたのはドーム天井の上にある掲揚台。また会議の様子を描いた絵画が2階に展示されている。参加者一人ひとり総勢343名を認識できるよう克明に描かれているのが特徴だ。

1990年、サウスバンクにメルボルン・コンベンション＆エキシビションセンターができるまでは、メルボルン最大の収容人数を誇るスペースであったことから、メルボルン大学の入学試験会場や学校関係の各種式典会場としても長く利用されてきた。また現在もモーターショーや旅行博など各種トレードショーの会場として利用されている。

DATA
住 9 Nicholson St., Carlton Gardens, Carlton, 3053　URL museumsvictoria.com.au/reb
●**ガイドツアー（館内およびドームの回廊見学）**
☎ 13-11-02
時 毎日 10:00 ～ 11:00、14:00 ～ 15:00、土 11:00 ～ 12:00、13:00 ～ 14:00　料 大人 $29 子供 $15

王立展示館の内装はとても美しく、感動しました。しかし、ガイドの説明が長過ぎでした。みな飽きているのに、同じ場所での説明が延々と続き、英語の苦手な私には辛かったです。
（栃木県　HIROKI-H　'17）['24]

南半球最大の博物館 MAP P.349/2A・B

メルボルン博物館
Melbourne Museum

カールトンガーデンズにある近未来型の建物が、南半球最大の規模を誇るメルボルン博物館。隣接する王立展示館（詳細→ P.348）、博物館内の**アイマックスシアター** IMAX Theatre とで構成される観光スポットだ。

博物館で見逃せないのが、環境をテーマに、ビクトリア州の 82 種 100 本の植物を植え込んで森を再現し、25 種の生物を放したフォレストギャラリーと、先住民族文化をテーマに、アボリジナルピープルの芸術、文化、歴史を複合的に紹介するアボリジナルセンターのブンジラカ Bunjilaka。また併設のアイマックスシアターのスクリーンは、縦が 8 階建てビルの高さに相当し、横は 31m という世界最大規模のもの。大自然や動物をテーマにしたドキュメンタリーものの上映が多い。

■メルボルン博物館
住11 Nicholson St., Carlton Gardens, Carlton, 3053
☎13-11-02
URL museumsvictoria.com.au/melbournemuseum
開 毎日 9:00 ～ 17:00
休 グッドフライデー、クリスマスデー
料 大人 $15 子供 無料
※特別展は別料金

■アイマックスシアター
住Rathdowne St., Carlton Gardens, Carlton South, 3053
☎(03)9663-5454
URL imaxmelbourne.com.au
開 毎日 10:00 ～ 21:30
料 大人 $19 ～ 26 子供 $12 ～ 19 ／メルボルン博物館との共通チケット：大人 $26 子供 $11

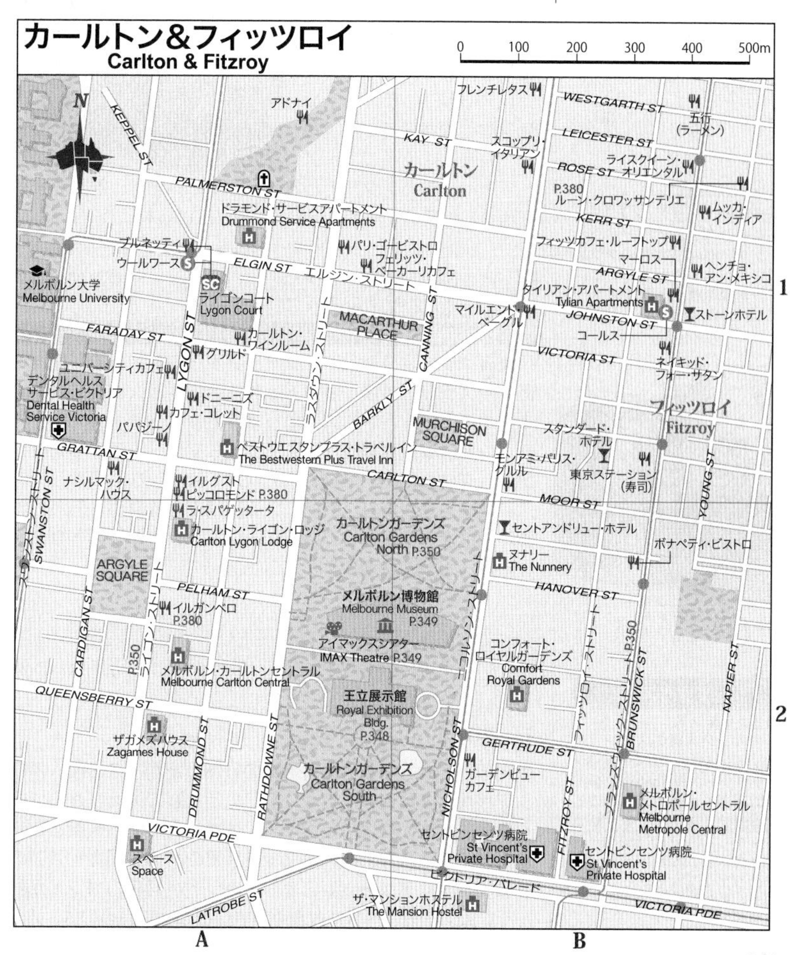

■カールトンガーデンズ
シティサークルトラム、もしくはトラム Route 86、96 利用。ニコルソン・ストリート側入口前にトラムストップあり。

市民の憩いの場となっているカールトンガーデンズ

■ライゴン・ストリート
スワンストン・ストリートから Route 1、6 のトラムの利用が便利。

■ブランズウィック・ストリート
コリンズ・ストリートからトラム Route 11 利用。ブランズウィック・ストリートでにぎやかなのは、トラムストップ 13 ～ 17 番。

トレンドに敏感なメルボルンっ子が集まるブランズウィック・ストリート

アクセス

●リッチモンド
ギリシア人街のスワン・ストリートへは、フリンダーズ・ストリートから Route 70 のトラム利用。ベトナム人街のビクトリア・ストリートへはコリンズ・ストリートから Route 109 のトラムが利用可能。電車のウエストリッチモンド駅利用も便利だ。

王立展示館とともに世界遺産に登録されている MAP P.349/2A・B

カールトンガーデンズ
Carlton Gardens

王立展示館とともに世界文化遺産に登録されている 26ha の庭園。1839 年、フィッツロイガーデンやトレジャリーガーデンとともに整備が始まり、1856 年に正式にメルボルン市が管理するようになった。庭園内にはオーストラリアならではの各種アカシアから、ヨーロッパから持ち込まれたオーク（コナラの木）、ポプラなどが植えられ、美しい並木道、クラシックな噴水、季節の花々、涼感漂う池など多様で美しい景観を見せている。

スタイリッシュなイタリア人街 MAP P.349/1・2A

ライゴン・ストリート
Lygon St.

イタリア料理が食べたかったらライゴン・ストリートへ

カールトンの中心ライゴン・ストリート。広い街路樹の両側には、ブティック、雑貨店、カフェ、イタリアンレストラン、デリカテッセンなどが並んでいる。毎年 11 月にはライゴン・ストリート・フェスタが行われ、4 日間にわたり、飲んで食べて踊ってのストリートパーティが繰り広げられる。

何でもありの雑貨ストリート MAP P.349/1・2B

ブランズウィック・ストリート
Brunswick St.

雑貨やファッション、インテリアからコスメまで、個人路面店がズラリと並ぶ、個性あふれるメルボルンの若者たちに人気のストリート。このあたりは学生やアーティストが多くファッションも独創的。レストランもマレーシアやバングラデシュをはじめ、アフリカ、アフガニスタンなどの珍しいエスニック料理があり、歩いているだけでも好奇心が刺激される。店は全体に点在しているが、ジョンストン・ストリート界隈から北が比較的にぎわっている。

リッチモンド
Richmond

シティの東側、個性的なショップやカフェ、レストランが並ぶブリッジ・ロードを中心とした地域がリッチモンド。この周辺は、もともと労働者階級の町だったが、その後、ギリシア移民が多数住み着きギリシア人街として栄え、さらに多くのベトナム人移民の定住により現在はベトナム人街として知られるようになった。ギリシア移民の町の雰囲気を残すのはスワン・ストリートで、今もギリシア料理店、カフェが並んでいる。一方、ベトナム人街の中心となっているのは、ノー

カールトンにあるイタリアンカフェ Brunetti Classico Carlton は毎日夜遅く（22:00 ～ 23:00）まで営業。カフェやジェラートだけでなく、サンドイッチやパスタやピザもあります。お店はかなり広く、1 ヵ所だけ見ているとほかのものを売っていることに気がつかないかもしれません。グルっと回ってみるよ ↗

ショッピング好きならブリッジ・ロードへ行ってみよう

スリッチモンドのビクトリア・ストリート。行き交う人も黒髪のアジア人が多く、ベトナム語が飛び交う。店や通りの看板もベトナム語だ。もちろん、ベトナム料理店が軒を並べ、本場のおいしいベトナム料理が安く楽しめる。

手頃な値段でファッションアイテムを MAP P.351

ブリッジ・ロード
Bridge Rd.

オーストラリアブランドのカントリーロードやコットンオン、スポーツガールなどのアウトレットやディスカウントショップが集まるブリッジ・ロード。中心は**リッチモンドプラザ** Richmond Plaza でさまざまなショップが入っている。通りには、ジュエリーショップ、ギフトショップ、家具店、アンティークショップも多く、ショッピング好きなら一度は足を延ばしたい通りだ。

■ブリッジ・ロード
URL www.bridgerd.com.au
アクセス コリンズ・ストリートから Route 48、75 のトラムに乗り、10 分でブリッジ・ロードに着く。

カントリーロードのアウトレットショップが入っているリッチモンドプラザ

サウスヤラ&プラーン
South Yarra & Prahran

メルボルンのおしゃれの中心地は、**トゥーラク・ロード** Toorak Rd. と**チャペル・ストリート** Chapel St. を中心としたサウスヤラとトゥーラク一帯。サウスヤラは「メルボルンで最もファッショナブルな町」、トゥーラクは「メルボルンの最高級住宅地」としても有名だ。

トゥーラク・ロード沿いには、ブランドブティック、高級レストランなどが軒を連ねている。この通りと交差するチャペル・ストリートも注目の通り。オーストラリアデザイナーのブティック、アクセサリー、靴、アンティークショップからインディペンデント系ブティック、カフェ、バー、各国料理のレストランが並び、若者に人気のストリートだ。チャペル・ストリートの南側がプラーン。中心となる**コマーシャル・ロード** Commercial Rd. 付近はトゥーラクとはだいぶ異なり、店も、ウインドーに飾られた服も、おしゃれで大胆で過激。このあたりはメルボルンの LGBTs カルチャーの中心地だ。

おしゃれなお店が集まるチャペル・ストリート

アクセス
●**サウスヤラ&プラーン**

ウイリアム・ストリートから Route 58 のトラムで、またはフリンダーズ・ストリート駅から電車でサウスヤラ駅下車。プラーンは、コマーシャル・ロードを通る Route 72 のトラムで。

トゥーラク・ロードに建つクライストチャーチも見ておきたい

うにしましょう。住380 Lygon St., Carlton, 3053 ☎(03)7034-7066 URL brunetticlassico.com.au（広島県　匿名　'18）['24]

毎日大勢の人でにぎわう
ジャムファクトリー

古いジャム工場を改装したショッピングセンター MAP P.352/2B

ジャムファクトリー
Jam Factory

チャペル・ストリートにある、古いジャム工場をそのまま利用したれんが造りのショッピング＆エンターテインメントコンプレックス。天井のステンドグラスからは自然光が差し込み、ジャム工場時代の大きなかまどはそのまま内装として使われている。中心はシネコンのビレッジシネマで、ほかにもショップ、カフェ、レストランなどが入っている。

■ジャムファクトリー
住500 Chapel St., South Yarra, 3141
☎(03)8578-6504
URL thejamfactory.com.au
営 毎日 10:00 ～ 21:00（ショップにより異なる）

オーストラリア建築の典型、テラスハウスの原型 MAP P.352/1B

コモ・ヒストリックハウス&ガーデン
Como Historic House & Garden

テラスハウスの原型といわれているのがコモ・ヒストリックハウス。コモというのは、北イタリアにある湖の名前。1840 年代に建てられてから、1959 年にナショナルトラストに購入されるまで、メルボルンの上流階級に代わる代わる所有されてきた。当時そのままに保存されている内装、調度品を見ると往時がしのばれる。見学には予約が必要だが、ぜひ訪れてみたい。

植民地時代の上流階級の生活がしのばれるコモ・ヒストリックハウス

■コモ・ヒストリックハウス&ガーデン
住Cnr. Williams Rd. & Lechlade Ave., South Yarra, 3141
☎(03)9656-9800
URL www.nationaltrust.org.au/places/como-house-and-garden
開 館内：水金 13:30、土日 11:00、12:30、14:00 のツアーで見学（ウェブサイトで要予約）／庭園：月～土 9:00 ～ 17:00、日 10:00 ～ 17:00
料 大人$15 子供$9 家族$35 ／庭園は無料

サウスヤラ&プラーン
South Yarra & Prahran

0 200 400m

N

オールセン・メルボルン・アートシリーズ The Olsen Melbourne Art Serise
コモパーク Como Park
サウスヤラセントラル South Yarra Central
コモ・ヒストリックハウス&ガーデン P.352 Como Historic House & Garden
コモ・メルボルン・エムギャラリー・バイ・ソフィテル The Como Melbourne -MGallery by Sofitel P.377
コモセンター Como Centre
フランス・ソーレ
ソヤ・アパートメントホテル Soya Apatment Hotel
サウスヤラ駅 South Yarra
クライストチャーチ Christ Church
コージーバー・リストランテ
やきがみ
オークス・サウスヤラ Oaks Melbourne South Yarra
パシフィックシーフードBBQ
あおい月
カントリーロード
オボロ・サウスヤラー Ovolo South Yarra
P.351 トゥーラック・ロード TOORAK RD
ダイナソーデザイン
ベニーズ・アメリカンバーガー
サウスヤラ South Yarra
Apertments of South Yarra
ジャムファクトリー Jam Factory P.352
ラ・ルッコラ・ビストロ
ロックマンズ・サウスヤラ Rockmans South Yarra
クエスト・プラーン Quest Prahran
テンパレンスホテル
ホークスバーン駅 Hawkesburn
トゥーラクマナー Toorak Manor
プラーン マーケット Prahran Market P.353
P.351 コマーシャル・ロード COMMERCIAL RD
クレン・メルボルン・アートシリーズ The Cullen MelbourneArt Series
プラーンセントラル Prahran Central
マルバーン・ロード MALVERN RD
ピザ・ニョッキ・バー・サウスヤラ
プラーン Prahran
コールス
CAROLINE ST / AVOCA ST / MURPHY ST / DARLING ST / YARRA ST / CLAREMONT ST / RIVER ST / TIVOLI RD / ROCKLEY RD / KENSINGTON RD / COMO AVE / LECHLADE AVE / PUNT RD プント・ロード / POWELL ST / ARTHUR ST / CHAPEL ST P.351 チャペル・ストリート / OSBORNE ST / CLIFF ST / ARGO ST / BALMORAL ST / ELLIS ST / SIMMONS ST / SURREY RD / CROMWELL RD / MOTHERWELL ST / WILLIAMS RD ウイリアムズ・ロード
1 2 A B

館内はガイドツアーでのみ見学可能。その後邸宅にマッチした美しさを誇る約 2ha の庭園を自由散策できる。

おしゃれな町の伝統的マーケット MAP P.352/2A

プラーンマーケット Prahran Market

1864 年開業のメルボルン最古のマーケット。現在の建物は 1891 年に建てられたもので、1981 年には 650 万ドルを費やして再開発された。メインマーケット・ホール Main Market Hall には、野菜や果物、脇では衣類、籐製品、化粧品、雑貨などの店が並ぶ。ホールの隣は肉や魚を売るアーケード、その横は雑貨類を扱うバラエティアーケードだ。

セントキルダとベイサイド St Kilda & Bayside

シティのビーチリゾートとして人気のセントキルダ

ポートフィリップ湾に面した美しいビーチをもつセントキルダは、メルボルン市民のリゾート地。夏の週末ともなると、ビーチはもちろん、海岸通りのエスプラネードで日曜に開かれるサンデーマーケットにも大勢人が集まってきてとてもにぎやか。エスプラネード沿いにあるレトロな遊園地**ルナパーク** Luna Park も家族連れでいっぱいだ。メインストリートのフィッツロイ・ストリート沿いにはおしゃれな雰囲気のカフェやレストランが数多い。ランチ、ディナータイムには歩道に出されたテーブル席もいっぱいになるほどだ。

ルナパークは昔ながらの遊園地だ

セントキルダのさらに南をベイサイドと呼ぶ。**ブライトン** Brighton から**ビューマリス** Beaumaris にかけて約 17km にもわたってビーチが点在するエリアの総称で、シティから比較的近い高級住宅地・別荘地、リゾート地として人気がある。

一方、ベイサイドとポートフィリップを挟んだヤラ川河口ホブソン湾沿いも海辺のリゾート地としてメルボルンっ子たちに親しまれている。

ベイサイドの中心の町 MAP P.331/2A

ブライトン Brighton

カラフルなビーチハウスが並ぶブライトンビーチには、ビーチに沿って小さな公園やサイクリングルートもあり、夏には平日でものんびりくつろぐ人たちの姿が見られる。ミドル・ブライトン駅から続くチャーチ・ストリートは、カフェやレストラン、ショップ、アートギャラリーが並ぶにぎやかな通りだ。

■プラーンマーケット
住 163 Commercial Rd., South Yarra, 3141
☎ (03)8290-8220
URL www.prahranmarket.com.au
営 火木金土 7:00 ～ 17:00、日 6:00 ～ 17:00 休 月水

■LGBTs の祭典「ミッドサマ・フェスティバル」
コマーシャル・ロードでは、毎年 1 月中旬～ 2 月上旬に開催される（2024 年は 1 月 21 日～ 2 月 11 日に開催された）。2025 年のイベントの詳細・日程は下記ウェブ参照。
URL www.midsumma.org.au

アクセス
●セントキルダ
バーク・ストリート、スペンサー・ストリートから Route 96 のトラム利用。またはスワンストン・ストリートから Route 3a、16、コリンズ・ストリートから Route 12 利用（約 20 分）。

■ルナパーク
住 18 Lower Esplanade St., St Kilda, 3182
☎ (03)9525-5033
URL lunapark.com.au
営 サマータイム期間：木～金 18:00 ～ 22:00、土 11:00 ～ 22:00、日 11:00 ～ 19:00 ／サマータイム期間以外：土 11:00 ～ 21:00、日 11:00 ～ 18:00
※上記営業時間は目安。スクールホリデー時期は毎日オープン
休 クリスマスデー
料 入園料 4 歳以上 $20（乗り物 1 回付き）／入園＋乗り物 1 日券：13 歳以上 $55、4 ～ 12 歳 $45、家族 $170
※料金は季節により多少異なる

■ベイサイド
URL www.bayside.vic.gov.au

■ブライトン
フリンダーズ・ストリート駅からサンドリンガム Sandringham 線でミドルブライトン駅まで 15 ～ 20 分。

ビーチにはカラフルなビーチハウスが並ぶ

■リッポンリー・エステイト
住192 Hotham St., Elsternwick, 3185
☎(03)9523-6095
URL www.ripponleaestate.com.au
開5～8月：毎日10:00～16:00／9～4月：10:00～17:00／館内ガイドツアー：10:00～15:00の30分～1時間ごと
休グッドフライデー、クリスマスデー
料大人$15 子供$9 家族$40
アクセス フリンダーズ・ストリート駅から電車でリッポンリー駅下車、徒歩5分。

■ウイリアムズタウン
URL visitwilliamstown.com.au
おすすめは、サウスバンクから出ているウイリアムズタウン・フェリーだ。
●ウイリアムズタウン・フェリー（メルボルン・リバークルーズ）
☎(03)8610-2600
URL www.melbcruises.com.au
料サウスゲート～ウイリアムズタウン：片道大人$35 子供$20 家族$100／往復大人$48 子供$30 家族$130

ビクトリア風の大邸宅と庭園

MAP P.331/2A

リッポンリー・エステイト
Rippon Lea Estate

美しい邸宅と庭園をじっくり見て回ろう

1860年代末、実業家のF.T.サーグッド氏によって建てられた屋敷と庭園。リッポンリーという名は、彼の母親の旧姓リッポンから取ったものだ。最初は15部屋だったこの建物は、サーグッド氏の成功と繁栄にともなって増築が行われ、1903年には30部屋を超える大邸宅になっていた。豪華なアンティーク家具に彩られた邸宅内、舞踏室、美しい庭園などの見どころがあり、館内はガイドツアーで見学できる。

メルボルンの高層ビル群を望むリゾート地

MAP P.331/2A

ウイリアムズタウン
Williamstown

ヤラ川河口の町ウイリアムズタウン。1835年入植開始以来、帆船の寄港地としてにぎわい、メインストリートに並んだ宿泊所の数はメルボルンの郊外のなかで最も多かったという。当時の面影を残すネルソン・プレイス Nelson Placeには、現在カフェやレストラン、アンティークショップなどが並んでいる。

セントキルダ St Kilda

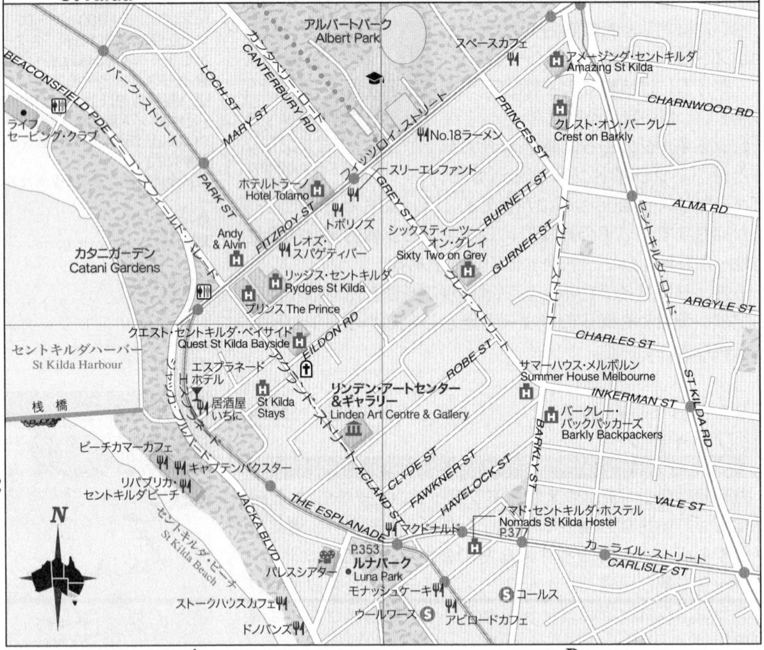

0 500m

アルバートパーク Albert Park
スペースカフェ
アメージング・セントキルダ Amazing St Kilda
クレスト・オン・バークレー Crest on Barkly
No.18ラーメン
スリーエレファント
ホテルトラーノ Hotel Tolamo
トボリノズ
シックスティーツー・オン・グレイ Sixty Two on Grey
レオズ・スパゲティバー
Andy & Alvin
リッジス・セントキルダ Rydges St Kilda
プリンス The Prince
カタニガーデン Catani Gardens
ライフ・セービング・クラブ
セントキルダハーバー St Kilda Harbour
桟橋
クエスト・セントキルダ・ベイサイド Quest St Kilda Bayside
エスプラネード・ホテル
居酒屋いちに
St Kilda Stays
リンデン・アートセンター＆ギャラリー Linden Art Centre & Gallery
サマーハウス・メルボルン Summer House Melbourne
バークレー・バックパッカーズ Barkly Backpackers
ビーチカマーカフェ
キャプテンバクスター
リパブリカ・セントキルダビーチ
セントキルダ・ビーチ St Kilda Beach
マクドナルド
ノマド・セントキルダ・ホステル Nomads St Kilda Hostel P.377
P.353 ルナパーク Luna Park
パレスシアター
モナッシュケーキ
コールス
ウールワース
アビロードカフェ
ストークハウスカフェ
ドノバンズ
BEACONSFIELD PDE ビーコンズフィールド・パレード
パーク・ストリート PARK ST
LOCH ST
MARY ST
カンタベリー・ロード CANTERBURY RD
フィッツロイ・ストリート FITZROY ST
GREY ST グレイ・ストリート
PRINCES ST
BURNETT ST
GURNER ST
CHARNWOOD RD
ALMA RD
ARGYLE ST
CHARLES ST
INKERMAN ST
VALE ST
カーライル・ストリート CARLISLE ST
セントキルダ・ロード ST KILDA RD
バークレー・ストリート BARKLY ST
EILDON RD
ROBE ST
アクランド・ストリート ACLAND ST
CLYDE ST
FAWKNER ST
HAVELOCK ST
ジャッカ・ブルバード JACKA BLVD
THE ESPLANADE
エスプラネード
N
1
2
A
B

✉リッポンリーのお庭は回遊式で、池や橋、並木径が高低差のある変化に富んだ景観を造り出し、落ち着いた雰囲気。コモハウスのお庭より見応えがありました。（兵庫県　rosegarden　'15）['24]

メルボルン郊外の町
AROUND MELBOURNE

モーニントン半島
Mornington Peninsula

きれいなビーチが多いモーニントン半島

メルボルンの沖、ポートフィリップ湾を抱え込むように突き出ているのがモーニントン半島。メルボルン市民が休日に訪れる観光地として人気が高い。多くのワイナリーやガーデン、おしゃれなレストランやカフェが点在し、海辺にはスイミングに適したビーチがある。ドルフィンウオッチ&スイム、サーフィン、フィッシングなどの海でのレジャー、ハイキング、ゴルフ、乗馬なども盛んだ。

おもな町は、インフォメーションセンターがある**ドロマナ** Dromana、そして美しいビーチがある**ローズバド** Rosebud、**ライ** Rye、ドルフィンクルーズの出発点**ソレント** Sorrento、半島先端の町**ポートシー** Portsea と続き、いずれもポートフィリップ湾の側を走るポイントネピアン・ハイウェイ Point Nepean Hwy. 沿いにある。これらの町では宿泊施設、レストラン、スーパーなどがあり、滞在には不便はないだろう。

ワイン通をうならすピノノワールを堪能する MAP P.331/3A

モーニントン半島のワイナリー
Mornington Peninsula Wineries

丘陵地帯に美しいブドウ畑が続く

半島には 50 以上のワイナリーがあり、ヤラバレーに次ぐビクトリア州のワイナリー地帯だ。海風の影響を受けた涼しい気候が、良質のピノノワールやシャルドネを生み出し、ひじょうに評価も高い。多くのワイナリーが半島の中央部分のレッドヒル Red Hill と呼ばれる小高いエリアに集まっていて、本格レストランを備えるところもある。ほとんどのワイナリーで試飲ができるので、お気に入りのワインを見つけに出かけてみるのがおすすめだ。

モーニントン半島の主要ワイナリー

ワイナリー名	住所／URL	電話番号	営業時間
モンタルト・ワイナリー Montalto Winery	33 Shoreham Rd., Red Hill South, 3937 URL montalto.com.au	(03)5989-8412	毎日 11:00 ~ 17:00
レッドヒルエステイト Red Hill Estate	53 Shoreham Rd., Red Hill South, 3937 URL www.redhillestate.com.au	(03)5989-2838	毎日 11:00 ~ 17:00
メインリッジエステイト Main Ridge Estate	80 William Rd., Red Hill, 3937 URL mre.com.au	(03)5989-2686	土日 11:00 ~ 16:00
ポイントレオ・エステイト Pt Leo Estate	3649 Frankston-Flinders Rd., Merrick, 3916 URL www.ptleoestate.com.au	(03)5989-9011	毎日 11:00 ~ 17:00
パリンガエステイト Paringa Estate	44 Paringa Rd., Red Hill, 3937 URL paringaestate.com.au	(03)5989-2669	毎日 11:00 ~ 17:00
ティーギャラント・ヴィンヤード T'Gallant Vineyard	1385 Mornington-Flinders Rd., Main Ridge, 3928 URL www.tgallantvineyard.com.au	(03)5989-6188	毎日 10:30 ~ 17:00

アクセス

●**モーニントン半島**
レンタカー利用が一般的。公共交通機関の場合、フランクストン Frankston まで電車で行き、Route 788、887 のバスを利用。Route 788 はドロマナ、ローズバド、ソレントを経由してポートシーまで運行している（Route 887 はローズバドまで）。平日は 1 時間に 1 本、土日は 1.5 時間に 1 本程度。

■**モーニントン半島ビジターインフォメーション&ブッキングセンター**
Mornington Peninsula Visitor Infomation & Booking Centre
住 359B Point Nepean Rd., Dromana, 3936
FREE 1800-804-009
URL www.visitmorningtonpeninsula.org
開 毎日 10:00 ~ 16:00
休 グッドフライデー、アンザックデー、クリスマスデー

■**フェリーサービス**
ソレントから対岸ベラリン半島のクイーンズクリフ Queenscliff までフェリーが就航している。グレートオーシャンロードへレンタカーで行くなら、1 日目にモーニントン半島へ寄って、フェリーでジーロン方面に抜けるのもおもしろい。
●**クイーンズクリフーソレント・カー&パッセンジャーフェリーズ**
☎ (03)5257-4500
URL www.searoad.com.au
時 毎日 7:00 ~ 18:00 の間 1 時間ごと 料 片道：大人 $17 子供 $15 家族 $55、車 $79 ~、バイク $51
※車の料金は、シーズン、車両の種類、搭乗者数により異なる

レンタカーならぜひ利用したいフェリー

人気があるのは、**モンタルト・ワイナリー** Montalto Winery と**レッドヒルエステイト** Red Hill Estate。どちらのワイナリーにも雰囲気のいいレストランがあり、美しいブドウ畑が望める。またモンタルトではオリーブオイルも造っており、最高品質のエクストラバージン・オリーブオイルが手に入る。

モーニントン半島最高のビューポイント MAP P.331/3A

アーサーズシート
Arthurs Seat

窓ガラスのないゴンドラで自然の風が心地よい

モーニントン半島を一望できるのがアーサーズシート。半島の最高地点（標高300m）で、麓から**アーサーズシート・イーグル** Arthurs Seat Eagle（ゴンドラ）もしくは車でアクセスできる。アーサーズシート・イーグルだと片道所要約 14 分。頂上には展望レストラン、カフェ、迷路庭園、ブッシュウオーキングトレイルなどもある。天気がよければ、半島の先端ポイントネピアン、さらにメルボルンの高層ビルが湾の向こうに見えることもある。

またアーサーズシート近くにある**ヘロンズウッド・ガーデン** Heronswood Gardens も訪れてみたい場所。1866 ～ 71 年にかけて建てられたメルボルン大学最初の法学博士であったウイリアム・ハーン William Hearn の邸宅。ゴシック復興様式と呼ばれる建築で、ベル形のスレート屋根が印象的。建物内の見学はできないが、庭園は見ておきたい。オーストラリアの土壌に適した植物や、各種ハーブ、無農薬野菜などを 2ha の敷地を使って栽培している（園芸家のための苗も販売）。また、併設のカフェでは、ここで収穫された無農薬野菜やハーブを使った料理、ケーキを食べさせてくれる。

美しい迷路庭園 MAP P.331/3A

アッシュコム・メイズ&ラベンダーガーデン
Ashcombe Maze & Lavender Gardens

オーストラリア最古といわれる迷路庭園。25 エーカーの敷地には、十数個のテーマ庭園があり、1200 株以上のバラの木で造られた円形迷路や、ラベンダーガーデン、噴水を数多く使った庭園など、のんびり散策するのにおすすめ。併設のカフェのデボンシャーティーも人気だ。

モーニントン半島でイチゴ狩り MAP P.331/3A

ロッキークリーク・ストロベリーファーム
Rocky Creek Strawberry Farm

オーストラリア有数の規模をもつイチゴ農園で、イチゴ狩り U-Pick ができる。日本で一般的な温室でのイチゴ狩りと違い、ここでは青空の下、季節ごとに実をつけるさまざまな種類のイチゴを摘めるのだ。また、ここのイチゴアイスやイチゴジャム、イチゴのスパークリングワインも試してみたい。

■アーサーズシート・イーグル
住 1085 Arthurs Seat Rd., Dromana, 3936
☎ (03)5987-0600
URL aseagle.com.au
営 火～金 10:00 ～ 17:00、土日 10:00 ～ 18:00
※季節により多少異なる
料 片道 大人 $23 子供 $15 家族 $62 ／ 往復 大人 $31 子供 $19.50 家族 $83.50

■ヘロンズウッド・ガーデン
住 105 Latrobe Pde., Dromana, 3936
☎ (03)5984-7321
☎ (03)5984-7318（レストラン）
URL www.diggers.com.au
営 毎日 10:00 ～ 17:00（カフェのランチメニューは 10:00 ～ 16:00）
料 庭園 大人 $15 子供 無料

ヘロンズウッドでは庭園をゆっくり見て回りたい

■アッシュコム・メイズ&ラベンダーガーデン
住 15 Shoreham Rd., Shoreham, 3916 ☎ (03)5989-8387
URL ashcombemaze.com.au
営 木～月 10:00 ～ 17:00（スクールホリデー期間は毎日）
休 火水、クリスマスデー
料 大人 $18.50 子供 $10 家族 $52

■ロッキークリーク・ストロベリーファーム
住 244 Shands Rd., Main Ridge, 3928
☎ (03)5955-3500
URL rockycreek.com.au
営 11 ～ 4 月の毎日 10:00 ～ 17:00、5 ～ 10 月の金～日 11:00 ～ 16:00 ／イチゴ狩りは 11 ～ 4 月の 10:00 ～ 16:30
休 5 ～ 10 月の月～木、ニューイヤーズデー、グッドフライデー、クリスマスデー
料 イチゴ狩り：大人 $12（500g まで摘み放題）子供 $6（250g まで摘み放題）家族 $30
※イチゴ狩りの最盛期は 11 ～ 4 月

イチゴ狩りを楽しもう

モーニントン半島のローズバドは遠浅なので海水が比較的温かい。泳ぐならここのビーチで！
（埼玉県　misato '16）['24]

日本の温泉をイメージして造られた MAP P.331/3A

ペニンシュラ・ホット・スプリングス
Peninsula Hot Springs

たくさんの露天温泉プールがあって、大勢のオージーでにぎわっている

日本の温泉に造詣の深いオーナーが、世界30ヵ国以上のスパを研究して造り上げた施設。地下637mからくみ上げられた源泉を38～43℃に調整して、いろいろなタイプの露天温泉プールを満たしている（温泉とはいっても水着着用だ）。敷地内は大きくふたつのエリアに分かれている。さまざまな露天温泉プールや足つぼマッサージウオーク、ハマム風呂があり、大人も子供も楽しめる**バスハウス** Bath Houseと、16歳以上限定で露天温泉プール以外にも、モロッコ風ハマム風呂やサウナ、本格デイスパ施設なども完備した**スパドリーミングセンター** Spa Dreaming Centreだ。デイスパのトリートメントプロダクトはオーストラリア発の高級スキンケアブランド、サブトルエナジー Subtle Energiesとなっている。

フレンドリーなイルカたちと泳ごう

ソレント・ドルフィン&シールスイム
Sorrent Dolphin & Seal Swim

オットセイが生息する海の東屋

泳いでいるとすぐ目の前にオットセイがやってくる

ソレントの桟橋出発で2社がほぼ同内容のクルーズを催行しており、イルカ、オーストラリアオットセイを探しながらのクルージングと、ウオッチ、またはスイムといったツアー内容となっている。ツアー時間は約3時間。オーストラリアオットセイは湾内の東屋のような場所が生息地で、ほぼ確実に一緒に泳ぐことができる。イルカは当日の海況により、泳げる場合と泳げない場合があるのでそのつもりで。ウエットスーツ、スノーケリングギアは貸してもらえる。水着、タオル、そしてカメラを忘れずに。

ビーチライドが楽しめる

ガナマッタ・トレイルライド
Gunnamatta Trail Rides

ビーチやブッシュで乗馬が楽しめるのがここ。特にビーチライドは、オーストラリアでも許可になっている所が少ないので貴重な体験だ。一番人気は2時間のセントアンドリュース・ビーチライド。砂丘を抜け眺めるビーチの美しさはすばらしい。ほかにも初心者や子供が楽しめる50分ブッシュライド、半日、1日のアレンジツアーなどがある。

■ペニンシュラ・ホット・スプリングス
住 140 Springs Lane, Fingal, 3939
☎ (03)5950-8777
URL www.peninsulahotsprings.com
営 バスハウス：毎日5:00～23:00／スパドリーミングセンター：毎日8:00～23:00
休 クリスマスデー
料 バスハウス：終日利用 大人$75 子供$50（9:00前入場、18:00以降入場は 大人$45 子供$35）／スパドリーミングセンター：入浴料1人$130（スパパッケージは60分$260～）

■ドルフィンクルーズ
●ムーンレーカー・ドルフィン＆シールスイム Moonraker Dolphin Swim & Seal Swim
☎ (03)5984-4211
URL www.moonrakerdolphinswims.com.au
時 10～5月の毎日9:00～12:00、13:00～16:00
休 ニューイヤーズデー、イースター、クリスマスデー、ボクシングデー、大晦日
料 ウオッチングのみ：大人$85 子供$45／スイム付き（10～5月）：大人$195 子供$165 家族$630
●ポルペロ・ドルフィンスイム Polperro Dolphin Swims
☎ (03)5988-8437
URL www.polperro.com.au
時 9月最終週末～5月後半の毎日8:00～11:30、12:00～15:30
※要予約。時間は天候によって変更になる場合がある
料 スイム1人$175／ウオッチング 大人$80 子供$60

■ガナマッタ・トレイルライド
住 50 Sandy Rd., Fingal, 3939
☎ 0400-140-747
URL gunnamatta.com.au
時 1時間分トゥルーマンズ・ブッシュライド：木～火8:00スタート／2時間セントアンドリュース・ビーチライド：月～金9:30、12:00、14:30、土日9:00、12:00、15:00スタート
※夏季、スクールホリデー時期にはツアー回数が増える
料 1時間トゥルーマンズ・ブッシュライド：1人$225（10歳以上）／2時間セントアンドリュース・ビーチライド：1人$2195（10歳以上）

フィリップ島

Phillip Is.

メルボルンの南東 137km に位置するフィリップ島は、メルボルン市民にとって夏の週末にリゾートライフを過ごす場所。そして観光客にはメルボルン観光のハイライトとでもいうべきペンギンパレードが見られる島としてよく知られている。フィリップ島の中心地は**カウズ** Cowes。スーパーやカフェ、レストラン、ホテルやキャラバンパークなど、小さいながらも町の施設は十分。また島の東南端、ウーラマイ岬 Cape Woolamai へ続く浜は、プロのサーファーのサーキットにもなっている所だ。

穏やかなビーチをもつカウズの町

フィリップ島はまた、毎年 10 月に世界中が注目するバイクの世界選手権モト GP シリーズのミシュラン・オーストラリアングランプリが開催されていることでも知られている。サーキットはモト GP 以外にもさまざまなレースに利用されており、オーストラリアのライダーたちの憧れの場所となっている。なおメルボルンからフィリップ島へレンタカーを利用するなら、途中にある**マルー・コアラ&アニマルパーク**(→ P.368)も訪れたい。

アクセス

●フィリップ島

公共交通機関の便が少ないのでレンタカーまたはバスツアーに頼るのが一般的だ(ツアー→ P.369)。

■公共交通機関を使ってフィリップ島へ

メルボルンから V ラインがカウズまで、電車+バスのサービスを行っている(片道 3 時間~ 3 時間 30 分)。また電車でストニーポイント Stony Point まで行き、そこからウエスタンポートフェリー(1 日 4 ~ 5 便)でカウズへ渡る方法もある。

●ウエスタンポートフェリー Western Port Ferry

URL www.westernportferries.com.au

料 片道:大人 $15.50 子供 $7.10

■フィリップ島インフォメーションセンター Phillip Island Information Centre

住 895 Phillip Is. Rd. Newhaven, 3925

FREE 1300-366-422

URL www.visitphillipisland.com

営 毎日 10:00 ~ 16:00(夏季スクールホリデー期間~ 18:00)

休 クリスマスデー

南極と隣島という感慨を新たにするのに適している MAP P.358/A

ペンギンパレード

Penguin Parade

愛らしいペンギンの隊列を見よう

日が沈み、あたりに闇が下りる頃、漁から戻ってくる体長 30cm ほどのリトルペンギン(コビトペンギン/フェアリーペンギンとも呼ばれる)の群れを見る。ペンギンパレードが見られる**サマーランドビーチ** Summerland Beach には、**リトルペンギン・ウオッチング・ビジターセンター** Little Penguin

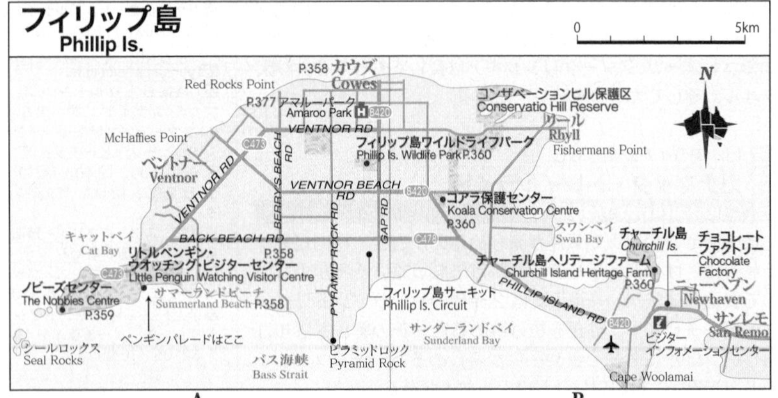

Memo ペンギンパレードでペンギンが浜に上がってきた後、その多くはビジターセンターへ続く遊歩道沿いに巣へ戻っていく。通常席で見学をする場合は、最初にビーチでのパレードを見た後、遊歩道へ戻ってペ ↗

ペンギンプラスの観覧席

アンダーグラウンドビューイングからは目線でペンギンが見られる

ミニ博物館やおみやげ店が入ったビジターセンター

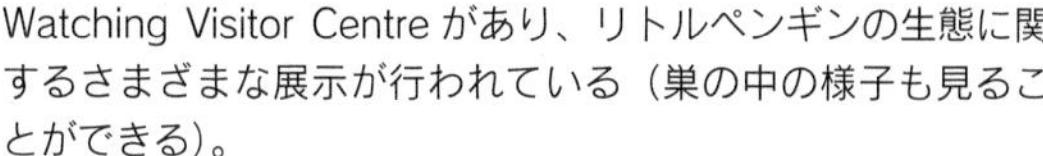
Watching Visitor Centreがあり、リトルペンギンの生態に関するさまざまな展示が行われている（巣の中の様子も見ることができる）。

ペンギンパレードは、ビジターセンターからボードウオークを5分ほど歩いたビーチ前の階段状のテラス席で。照明で照らし出されたビーチをヨチヨチとペンギンたちが隊列をなしながら海から上がってくる。追加料金が必要だが人気なのが、より近くでペンギンが見られる**ペンギンプラス** Penguin Plus。ペンギンが巣へ戻るルート沿いに観覧席が設けられていて、目の前をペンギンが歩いていく。ペンギンプラスにはオプションで**アンダーグラウンドビューイング** Underground Viewingもあり、観覧席下、目線が地上となるガラス張り観覧席から、ペンギンと同じ目線で目の前を歩く姿が見られる。

なお、ペンギンの姿を写真に撮りたいのはやまやまだが、フラッシュやストロボを使用したマナーの悪い撮影が横行したため（暗い海から上がってきたペンギンが失明してしまう恐れがある）、写真、ビデオ撮影は禁止されている。ペンギンパレードが始まるのは日没後。南極からの潮風で冷え込むので、夏でも暖かい服装が必要だ。宿泊中のホテルの毛布を借りていくのもいいだろう。

南極関係の展示が見逃せない MAP P.358/A

ノビーズセンター
The Nobbies Centre

フィリップ島の西の突端がノビーズ岬。ペンギンパレードがあるサマーランドビーチから車で10分ほどの場所だが、その道路沿いは朝夕、野生のワラビーが数多く見られるエリア。また海側一帯はリトルペンギンの営巣地でもある。ノビーズ岬突端にはボードウオークがあり、運がよければ巣の中で親の帰りを待つ子供のペンギンを見ることができる。

ボードウオークの始点となっているノビーズセンター（おみやげ店、レストランが入っている施設）内にあるのが**アンタークティカジャーニー** Antarctic Journeyだ。南極に関するインタラクティブ展示が自慢で、特に最新のビジュアル技術を駆使して、まるで自分が南極の氷床にいるような感覚をスクリーン上で体験できるアンタークティカワイルドライフが人気だ。

アンタークティカジャーニーで南極気分を味わう

■フィリップ島に滞在するなら手に入れたいお得なパス

ペンギンパレード、コアラ保護センター、チャーチル島の3つのアトラクションを組み合わせた**3パークパス**がある。各アトラクション入口で購入可能。

料3パークパス：大人$51 子供$25.50 家族$127.50 ／ 3パークパス（ペンギンプラス）：大人$96 子供$48 家族$240 ／ 3パークパス（ペンギン・アンダーグラウンドビューイング）：大人$106 子供$53

■ペンギンパレード

住1019 Ventnor Rd., Phillip Is., 3922 ☎(03)5951-2800
URL www.penguins.org.au
開 ビジターセンター：ペンギン到着3時間ほど前～ペンギンパレード終了まで
料 大人$30 子供$15 家族$75 ／ペンギンプラス：大人$75 子供$37.50 家族$187.50 ／アンダーグラウンドビューイング：大人$85 子供$42.50 家族$212.50

■ペンギンがビーチに上がってくる時間の目安

1月20:45、2月20:30、3月20:00、4月18:00、5月17:30、6月17:15、7月17:45、8月18:00、9月18:15、10月19:45、11月20:15、12月20:30
※10～3月はサマータイム時間

■ノビーズセンター

☎(03)5951-2800
URL www.penguins.org.au
開 毎日10:00～18:00（夏季～20:00、冬季～16:30）
料 無料
●**アンタークティカジャーニー**
※2024年2月現在休止中

ノビーズ岬周辺ではよくワラビーを見かける

↘ ンギンを間近に観察するのがおすすめだ。待ちきれないヒナと片親が巣穴から出てくることもある。

■コアラ保護センター
📞(03)5951-2800
URL www.penguins.org.au
開 毎日 10:00 ~ 17:00(サマータイム期間は 10:00 ~ 18:00)
料 大人 $15 子供 $7.50 家族 $37.50

野生のコアラが見たかったら
MAP P.358/B

コアラ保護センター
Koala Conservation Centre

野生のコアラが多数生息するフィリップ島。しかしいざ探すとなるとなかなか難しい。コアラ保護センターは、野生同様にユーカリの森で暮らすコアラが見られる所。敷地内にはボードウオークが張り巡らされており、木の上のほうにいることが多いコアラを、近くで観察できるようになっている。ただし、運よく手の届きそうな所に見つけられたとしても、絶対手を触れないように。

運がよければ間近にコアラを見ることができる

■シールロックス・クルーズ
●フィリップアイランド・シールクルーズ
📞(03)5951-2800
URL www.penguins.org.au
時 毎日 14:00 出発(夏のピークシーズンは 11:00、16:30 出発もある) 所要 2 時間
料 大人 $98 子供 $68 家族 $272

クルーズで使用するオーシャンラフトタイプの船

野生のオットセイを見に出かけよう

シールロックス・クルーズ
Seal Rocks Cruise

フィリップ島周辺は野生のオットセイ Fur Seal の生息地。ノビーズ岬の沖合シールロックスには、何と 5000 頭余りのオットセイが生息している。カウズからはそんなオットセイの様子を見にいくクルーズが出ている。数社催行しているが、ほかのアトラクションと組み合わせて手頃な値段で参加できる**フィリップアイランド・シールクルーズ** Phillip Island Seal Cruise が人気。オットセイは好奇心旺盛で、クルーズ船が接近すると間近に寄ってきて、波と戯れたり、ジャンプを見せたりする。メスの 3 倍はある大きなオスが、グループを作って近寄ってくることもあり見応え十分だ。

シールロックはオットセイだらけだ

■フィリップ島ワイルドライフパーク
住 2115 Phillip Is. Rd., Cowes, 3922 📞(03)5952-2038
URL www.piwildlifepark.com.au
開 金~火 10:00 ~ 17:00(最終入園 16:00)
休 水木、クリスマスデー
料 大人 $23 子供 $12 家族 $60

ウォンバットも放し飼い
MAP P.358/A

フィリップ島ワイルドライフパーク
Phillip Is. Wildlife Park

カンガルー、エミューはもちろん、鹿、ウォンバットが放し飼い。どの動物も人懐こくてとてもかわいい。餌を入口で買っておけば、あげることもできる。もちろん、コアラやタスマニアンデビルもいる。

■チャーチル島ヘリテージファーム
住 246 Samuel Amess Drive, Churchill Island, Newhaven 3925 📞(03)5951-2800
URL www.penguins.org.au
開 毎日 10:00 ~ 17:00(アトラクションは午後開催)
料 大人 $15 子供 $7.50 家族 $37.50

人気アトラクションの羊の毛刈りショー。観光用に毛刈りショーが見られる場所がオーストラリアでは少ないので貴重だ

古きよきファームを体験する
MAP P.358/B

チャーチル島ヘリテージファーム
Churchill Island Heritage Farm

ビクトリア州においてヨーロッパ人による最初の農業地(1801 年)として知られているのがチャーチル島。現在は 1850 年代に島全体を大農場とした開拓時代の様子を、今に伝える歴史農場博物島として観光客を集めている。島では開拓当時の農場の建物を見学したり、牛の乳搾り体験や羊の毛刈りショー、ムチ鳴らし体験、シープドッグショーなどのアトラクションが楽しめる。

ダンデノン丘陵
Dandenong Ranges

メルボルンの東約35kmに位置する標高663mのダンデノン山を中心とする丘陵地帯は、メルボルン市民が週末のドライブや自然散策を楽しむ場所。起点となるのはパッフィンビリーの出発点でもある**ベルグレイブ** Belgrave の町だ。

ユーカリ林や温帯雨林が丘陵地帯を埋め尽くす

大人にも子供にも大人気のおとぎ列車 MAP P.331/2B

パッフィンビリー
Puffing Billy

汽笛を鳴らしていざ出発

ダンデノン丘陵地帯を、汽笛を鳴らし煙を吐きながら走る真っ赤な蒸気機関車パッフィンビリーは、このエリアの観光では絶対外せない。ベルグレイブからエメラルド Emerald、レイクサイド Lakeside を抜けジェムブルック Gembrook までの24.5kmを約2時間で走っている。1900年に幅76cmの狭軌レールの鉄道として開通したが、1950年代に山崩れなどで閉鎖。しかし復活を望む多くの声とボランティアの手によって、保存鉄道として再スタートした。ちなみにパッフィンビリーとは1813年製造された英国の現存する最古の機関車の名称から名づけられたもので、その意味は「煙を吐き上げるヤカン」だ。

ベルグレイブからの車窓の景観は、まるで絵のようだ。ユーカリ林の間に茂るシダや、牧草地、さらに3つの木製橋など、美しい風景が続く。晴れた日には途中からポートフィリップ湾まで見渡せるので、往路は進行方向右側の席に座るといいだろう。SL好きなら前方の車両に乗り込んで蒸気機関車の音を楽しむのもいい。ただし多少の煤が飛んでくるのは覚悟しなければいけない。ジェムブルック（週末のみ運行）まで往復すると1日がかり。メルボルンからのツアーで参加すれば、途中の駅でバスにピックアップしてもらえるので（詳しくはツアー内容を確認→ P.370）、観光の効率がいいだろう。

なお、食事を楽しみながらパッフィンビリーを満喫するコースもあり、最近人気を集めている。

森の中でジップラインアドベンチャーを楽しむ MAP P.331/2B

ツリートップスアドベンチャー・ベルグレイブ
Tree Tops Adventure Belgrave

各種アスレチックとジップライン（オーストラリアではフライングフォックスと呼ぶ）を組み合わせたジップラインアドベンチャーは、日本でも大人気。メルボルンではベルグレイブのパッフィンビリー駅すぐ近くグレンハローパーク Glen Harrow Park 内でできる。全部で23のジップラインと100以上のアスレチックがあって、レベルに応じていろいろなコース取りが可能。最も一般的なコースで所要約2時間。

アクセス

●ダンデノン丘陵

ベルグレイブまではメルボルンからフリンダーズ・ストリート駅発の郊外電車（ゾーン1＋2）が利用できる。また郊外電車でオークレー Oakleigh まで行き、そこから Route 693 のバスを利用する方法もある。そちらの方法でも所要約1時間40分。

■パッフィンビリー

パッフィンビリーだけでなく、機関車トーマスやジングルベル列車など、日によってさまざまなSLが走っている。詳細は下記へ。
☎(03)9757-0700
URL puffingbilly.com.au
時 ベルグレイブ発レイクサイド行き：毎日 10:00、11:15、14:15、金〜日 12:35
※スクールホリデー期間は運行本数が増える
料 ベルグレイブからの往復料金：エメラルドもしくはレイクサイド 大人$62 子供$31 家族$155／ジェムブルック 大人$80 子供$40 家族$200
※山火事防止のためにすべての火気の使用が禁じられる「Total Fire Ban」の警報が出ている日は、蒸気機関車の代わりにディーゼル機関車となる。

■ツリートップスアドベンチャー・ベルグレイブ

住 Old Monbulk Rd., Belgrave, 3160 ☎(03)8202-5036
URL treetopsadventure.com.au
営 月〜金 10:00 〜 17:00、土日祝 9:00 〜 17:00（最終スタートは 15:00）※スクールホリデー期間は毎日 9:00 〜 17:00
休 ニューイヤーズデー、クリスマスデー
料 大人$59 子供8 〜 17 歳 $49（3 〜 7 歳 $32）家族$206

爽快な気分になれるジップライン

アクセス

●ヤラバレー
広範囲にワイナリーが点在するため、レンタカーかツアー利用が現実的だ。

■ヤラバレーの観光情報
URL www.visityarravalley.com.au

人気ワイナリー、ドメインシャンドンのグリーンポイント・テイスティングルーム

ヤラバレー
Yarra Valley

ブドウ畑が広がる景観は美しい

メルボルンの東、大分水嶺の裾野に位置するのがヤラバレー。広範な丘陵地帯にブドウ畑が連なるオーストラリアを代表するワイン生産地だ。1837年、ライリー兄弟がシドニーから900kmの道程を歩いてやってきた。翌年、彼らが持ってきた600本のブドウ苗木をこの地に植えたことが、大ワイン生産地の礎となった。現在80余りのワイナリーがある。そのいくつかはレストランやカフェを併設しており、食事とワインのマッチングも楽しめる。チーズやチョコレート工場もあるなど、メルボルン郊外の美食どころといった感じだ。

観光拠点となる町は**リリデール** Lilydale、**ヤラグレン** Yarra Glen、**ヒールズビル** Healesville。ワイナリーや見どころは町の郊外となるので、メルボルンや現地から出ているツアーか、

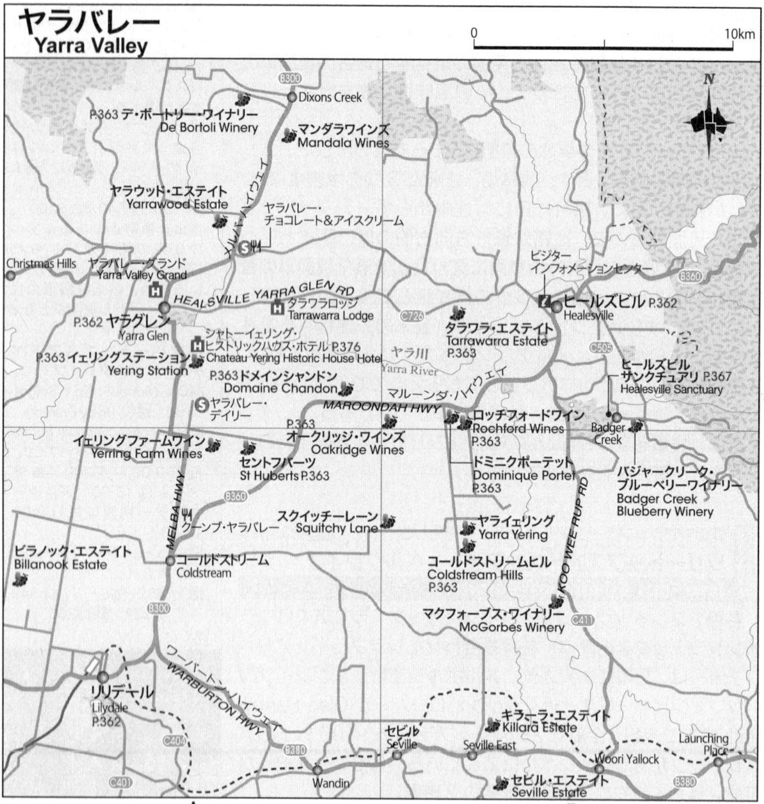

ヤラバレー
Yarra Valley

0 10km
N
B300
Dixons Creek
P.363 デ・ボートリー・ワイナリー De Bortoli Winery
マンダラワインズ Mandala Wines
ヤラウッド・エステイト Yarrawood Estate
ヤラバレー・チョコレート&アイスクリーム
メルバ・ハイウェイ
1
Christmas Hills
ヤラバレー・グランド Yarra Valley Grand
HEALSVILLE YARRA GLEN RD
タラワラロッジ Tarrawarra Lodge
P.362 ヤラグレン Yarra Glen
シャトーイェリング・ヒストリックハウス・ホテル P.376 Chateau Yering Historic House Hotel
P.363 イェリングステーション Yering Station
P.363 ドメインシャンドン Domaine Chandon
ヤラバレー・デイリー
C726
タラワラ・エステイト Tarrawarra Estate P.363
ヤラ川 Yarra River
マルーンダ・ハイウエイ
MAROONDAH HWY
ビジターインフォメーションセンター
ヒールズビル P.362 Healesville
B360
C505
ヒールズビル サンクチュアリ P.367 Healesville Sanctuary
P.363 オークリッジ・ワインズ Oakridge Wines
ロッチフォードワイン Rochford Wines P.363
Badger Creek
イェリングファームワイン Yerring Farm Wines
セントフバーツ St Huberts P.363
ドミニクポーテット Dominique Portet P.363
バジャークリーク・ブルーベリーワイナリー Badger Creek Blueberry Winery
MELBA HWY
B360
クーンブ・ヤラバレー
スクイッチーレーン Squitchy Lane
ヤライェリング Yarra Yering
KOO WEE RUP RD
ビラノック・エステイト Billanook Estate
コールドストリーム Coldstream
コールドストリームヒル Coldstream Hills P.363
2
B300
マクフォーブス・ワイナリー McGorbes Winery
C411
ワーバートン・ハイウエイ
WARBURTON HWY
リリデール Lilydale P.362
キラーラ・エステイト Killara Estate
C404
B380
セビル Seville
Seville East
Launching Place
Woori Yallock
C401
Wandin
セビル・エステイト Seville Estate
B380
A
B

レンタカー利用が現実的だ。ツアーの場合は、ガイドがヤラバレーエリアのワイナリーの説明、ブドウの木の話、このエリアの見どころやおすすめショップなどの解説をしてくれる。ワイナリー併設のレストランでワインと食事のマリアージュが楽しめる場合も多い。車を利用するなら、しゃれたB&Bやプチホテルが数多くあるので、ゆっくり宿泊してみたい。

どこもみんなすばらしいワインを提供 MAP P.362

おすすめワイナリー
Wineries

オークリッジの開放感あふれるテイスティングルーム

ドメインシャンドン（ドメーヌシャンドン）Domaine Chandonはドン・ペリニョンで知られるフランスのシャンパン会社モエ・エ・シャンドンが、オーストラリアに造ったワイナリー。ここの極上のスパークリングワインは世界的に高い評価を受けている。フレンチスタイルのブティックワイナリーとして評判なのが**ドミニクポーテット** Dominique Portet。レストラン、ワインとも高評価を得ているのが**デ・ボートリー・ワイナリー** De Bortoli Winery、**オークリッジ・ワインズ** Oakridge Wines、**ロッチフォードワイン** Rochford Wines。**イェリングステーション** Yering Stationのブドウ畑は、かつてライリー兄弟がブドウの苗木を植えた場所のひとつ。レストランは眺めもよく料理も美味だ。

早朝の空中散歩を楽しもう

熱気球ツアー
Ballooning Tour

ヤラバレーは天候が安定しており、熱気球フライトに適した所だ。**グローバル・バルーニング** Global Ballooningがツアーを催行している。夜明け前に約1時間のフライトを楽しみ、オプションでフライト後のシャンパンブレックファストを付けることもできる。

■ワイナリーツアー

日本語ツアーも数多くある（→ P.371）。下記は英語の代表的ツアーだ。

●ヤラバレー・ワインテイスティングツアーズ Yarra Valley Wine Tasting Tours
☎(03)9650-0888
URL www.yarravalleywinetastingtours.com.au
時 メルボルン発着毎日 9:30 ～ 17:30
料 1人 $175（ロッチフォードでの昼食付き）

●オーストラリアン・ワインツアー Australian Wine Tour
FREE 1800-996-414
URL www.austwinetourco.com.au
時 メルボルン発着 9:00 ～ 17:00
休 ニューイヤーズデー、クリスマスデー、ボクシングデー
料 1人 $165（バルゴーニエステイトでの昼食付き）

早朝、シャトーイェリングの上を熱気球が通過する

■熱気球ツアー

●グローバル・バルーニング Global Ballooning
☎(03)9428-5703
URL www.globalballooning.com.au
料 大人 $429 子供 $349 ／朝食付きは 大人 $469 子供 $374

ヤラバレーの主要ワイナリー

ワイナリー名	住所／URL	電話番号	営業時間
デ・ボートリー・ワイナリー De Bortoli Winery	58 Pinnacle Lane, Dixons Creek, 3775 URL www.debortoli.com.au	(03)5911-6900	毎日 10:00 ～ 17:00
ドメインシャンドン Domaine Chandon	727 Maroondah Hwy., Coldstream, 3770 URL www.chandon.com.au	(03)9738-9200	毎日 11:00 ～ 16:30
ロッチフォードワイン Rochford Wines	878-880 Maroondah Hwy., Coldstream, 3770 URL www.rochfordwines.com.au	(03)5957-3333	毎日 10:00 ～ 17:00
ドミニクポーテット Dominique Portet	870 Maroondah Hwy., Coldstream, 3770 URL www.dominiqueportet.com	(03)5962-5760	毎日 10:30 ～ 17:00
オークリッジ・ワインズ Oakridge Wines	864 Maroondah Hwy., Coldstream, 3770 URL www.oakridgewines.com.au	(03)9738-9900	毎日 10:00 ～ 17:00
セントフバーツ St Huberts	1-3 St Huberts Rd., Coldstream, 3770 URL www.sthuberts.com.au	(03)5960-7096	毎日 10:00 ～ 17:00
コールドストリームヒル Coldstream Hills	29 Maddens Lane, Coldstream, 3770 URL www.coldstreamhills.com.au	(03)5960-7000	月木金 10:00 ～ 17:00 土日 10:00 ～ 16:00
イェリングステーション Yering Station	38 Melba Hwy., Yarra Glen, 3775 URL www.yering.com	(03)9730-0100	月～金 10:00 ～ 17:00 土日 10:00 ～ 18:00
タラワラ・エステイト Tarrawarra Estate	311 Healesville-Yarra Glen Rd., Yarra Glen, 3775 URL www.tarrawarra.com.au	(03)5962-3311	火～日 11:00 ～ 17:00

アクセス

●ウェルビー
　ウェルビーの町まではメルボルンから郊外電車（ゾーン1＋2）が利用できる。ウェルビー駅からザ・マンション、ウェルビー・オープンレンジ動物園まではRoute439のバスで約10分。

■ザ・マンション（ウェルビーパーク）
住K Rd. (Gate 2), Werribee, 3030　☎13-19-63
URL www.parks.vic.gov.au/place-to-see/parks/werribee-park
開10～3・4月のイースターホリデー：毎日10:00～17:00／3・4月のイースターホリデー後～9月：月～金10:00～16:00、土日祝10:00～17:00
料大人$11.50　子供$8.30　家族$36.30／オーディオガイドレンタル1台$6.80

アクセス

●ジーロン
　メルボルン（サザンクロス駅）からジーロンまでは、Vラインの電車が約1時間間隔で出ている。所要約1時間。
●Vライン
FREE 1800-800-007
URL www.vline.com.au
　このほかメルボルンのドックランズからポートフィリップフェリー Port Philip Ferryもジーロン港まで出ている（毎日2便で1便はポートアーリントン経由。所要時間直航便1時間30分）
●ポートフィリップフェリー
☎(03)9514-8959
URL www.portphillipferries.com.au
料片道：大人$20　子供$12　家族$55.50（ピークシーズンは大人$22.50　子供$14.50　家族$64.50）

ヨットハーバー沿いは人気の散歩コース

海辺にはライフセーバーや地元の有名人などの人形がいっぱい

ウェルビー
Werribee

　メルボルンから西へ約30kmの町ウェルビー。美しいビーチやかつての大富豪の家**ザ・マンション**、さらにオーストラリアでは数少ないサファリパークスタイルの**ウェルビー・オープンレンジ動物園**（→P.368）など見どころもある。メルボルンから半日観光、またグレートオーシャンロードへ行くときに立ち寄ってみるのもいいだろう。

宮殿のような大邸宅と美しい庭園　MAP P.331/2A

ザ・マンション
The Mansion at the Werribee Park

美しい大邸宅ザ・マンション

　オーストラリアで最も豪奢な19世紀の邸宅として知られている。1877年に完成したイタリア宮殿風建築で、当時牧畜業で大成功を収めたチャーンサイド家Chirnside Familyの個人邸宅だった。建物だけでも10ha、60室をもち、個人邸宅としてはビクトリア州最大。庭園まで加えると140haにも及ぶその規模は、宮殿といってもいいほどだ。
　グランドマンションと呼ばれる大邸宅内は、居間、ラウンジ、図書室、モーニングルームやダイニングルーム、寝室などの家具、調度品の豪華さにただただ圧倒される。かつてオーストラリアでどれほど牧畜業が栄華を極めていたかを、この邸宅の様子から知ることができるだろう。グランドマンションの周りに広がるのは手入れの行き届いたイギリス式大庭園。併設されているバラ園の美しさも息をのむほどだ。建物と庭の雰囲気を楽しむだけでも2時間は必要だ。

ジーロン
Geelong

　ビクトリア州で2番目に大きな町ジーロン（人口約26万人）は、メルボルンから75kmほどの距離にあり、コリオベイCorio Bayに面した港町だ。ベラリン半島やグレートオーシャンロードへのゲートウェイとして知られている。町の中心はムーラブール・ストリートMoorabool St.とマロップ・ストリートMalop St.が交差するあたりで、ショッピングセンターのベイシティ・プラザBay City Plaza、マーケット・スクエアMarket Squareをはじめ、多くのショップが集まっている。
　ムーラブール・ストリートから海側に1ブロック歩くと、ビーチ・ロードBeach Rd.に出る。このビーチ・ロード沿いにレストラン、カフェ、公園、ウオーキングコース、ヨットクラブなどがあり、休日に市民が集うエリアとなっている。

またジーロン駅から見て町の中心とは反対側にあるパキントン・ストリート Pakington St. は、おしゃれなレストランやカフェが集まるニュースポットとして注目されている。

オーストラリアンウールの歴史を知る　MAP なし

ナショナル・ウールミュージアム
National Wool Museum

牧羊業の歴史を知ることができるウールミュージアム

インフォメーションセンターと同じ建物の中にある博物館で、オーストラリアの羊毛産業の歴史に関する展示を行っている。羊から刈った毛が、織り上げられるまでをわかりやすく展示。羊の種類による毛の肌触りの違いなども、実際に触って体験できておもしろい。また中央にカーペット織機 Carpet Loom が展示されていて、その巨大さには驚かされる。時間によってこの織機のデモンストレーションを見ることができる。オーストラリアのウールグッズを扱うショップも併設されている。

ベラリン半島
Bellarine Peninsula

ジーロンから東へ突き出た半島がベラリン半島。レンタカーでメルボルン近郊を回る予定なら、おいしいものがいっぱいの半島なのでぜひ訪ねてみたい。モーニントン半島との間のフェリーが発着し、ビジターインフォメーションもある**クイーンズクリフ** Queenscliff、漁業が盛んでポートフィリップ湾に面した**ポートアーリントン** Portarlington、さらに半島の南側バス海峡に面した**オーシャングローブ** Ocean Grove、**バーウォンヘッズ** Barwon Heads などがメインの町だ。

ベラリン半島はムール貝の養殖が盛んなことで知られており、メルボルンのレストランで味わうムール貝のほとんどはベラリン半島産といっていいほど。ポーターリントンでのムール貝養殖、アンガシーでカキの養殖を行っている会社が営業する**リトルマッスル・カフェ（アドバンス・マッスルサプライ）** The Little Mussel Cafe (Advance Mussel Supply) では、新鮮なムール貝を手頃な値段で味わえる。

リトルマッスルカフェのローカルマッスル・マスターシェフ $32

注目を集めるベラリン半島のシードル＆ワイン、ジン　MAP なし

ブリュワリー＆ワイナリー、ディスティラリー巡り
Brewery & Winery & Distillery

ベラリン半島には20軒を超えるブリュワリー、ワイナリー、ディスティラリー（蒸留所）がある。一部ワイナリーはシードルやクラフトビールも造っており、メルボルンっ子の間では評判となっている。

■ジーロン・ビジターインフォメーションセンター Geelong Visitor Information Centre
住 30 Moorabool St., Geelong, 3220　FREE 1800-755-611
URL www.visitgeelongbellarine.com.au
開 毎日 9:00 ～ 15:00
休 クリスマスデー

インフォメーションとウールミュージアムは同じ建物だ

■ナショナル・ウールミュージアム
住 26 Moorabool St., Geelong, 3220　☎ (03)5272-4701
URL www.geelongaustralia.com.au/nwm
開 毎日 10:00 ～ 15:00
休 グッドフライデー、クリスマスデー、ボクシングデー
料 大人 $12 子供 $7 家族 $35

アクセス

●ベラリン半島
公共の交通機関はひじょうに少ない。レンタカーでのアクセスが現実的。なお現地で移動手段が見つかるようなら、メルボルンのドックランズからのポートフィリップフェリーの利用も楽しい（1日2便、所要1時間10分）。

●ポートフィリップフェリー
☎ (03)9514-8959
URL www.portphillipferries.com.au
料 片道：大人 $18.50 子供 $11 家族 $51（ピークシーズンは 大人 $21.50 子供 $13.50 家族 $60）

■リトルマッスル・カフェ（アドバンス・マッスルサプライ）
住 40-42 Newcomb St., Portarlington, Bellarine, 3221
☎ (03)5259-1377
URL www.facebook.com/littlemusselcafe/
開 木～土 12:00 ～ 15:00、水～土 17:30 ～ 21:00、日 12:00 ～ 16:00
休 月火、グッドフライデー、クリスマスデー、ボクシングデー

シードルの飲み比べができるフライングブリック

シードル（サイダー）で人気なのが**フライングブリック・イエスセイド・ザ・シール・ヴィンヤード** Flying Brick - Yes Said The Seal Vineyard。ブドウ畑が見渡せる美しいレストランとテイスティングルームがあり、各種シードルテイスティング、ワインテイスティングが楽しめる。

ランチタイムに訪ねたいのが**ジャックラビット・ヴィンヤード** Jack Rabbit Vineyard。ピノノワールやカベルネが人気のワイナリーで、併設のカフェ、レストランからは眼下にポートフィリップ湾が一望できる。気持ちのいいランチタイムが楽しめるはずだ。またジャックラビットの近くにある**ベネッツ・オン・ベラリン** Bennetts on Bellaring も訪れてみたいワイナリー。自慢のワインと地産のマッスルやシャルキトリーのマッチングを楽しむデガステーション・テイスティングボードがある。

ジャックラビットのカフェ

ベネッツ・オン・ベラリンのテイスティングルーム

ベラリン・ディスティラリー Bellarine Distillery は、地元で大注目のジン＆ウイスキー蒸留所。2015 年からジン、ウイスキー造りを行っており、現在は 5 種類のジンと 1 種類のウイスキーを提供。蒸留所内レストラン（ザ・ウィスキーリー The Whiskery）では、、ジンテイスティングが楽しめるようになっている。

ベラリン・ディスティラリーでいろんな味のジンを楽しむ

■フライングブリック・イエスセイド・ザ・シール・ヴィンヤード
住 1251-1269 Bellarine Hwy., Wallington, 3222
☎ (03)5250-6577
URL flyingbrickciderco.com.au
営 日～木 11:00 ～ 17:00、金土 11:00 ～ 22:00　休 グッドフライデー、クリスマスデー
料 シードル飲み比べパドック $15、ワインテイスティング 1 人 $15

■ジャックラビット・ヴィンヤード
住 85 McAdams Lane, Bellarine, 3221
☎ (03)5251-2223
URL www.jackrabbitvineyard.com.au
営 セラードア＆カフェ：毎日 10:00 ～ 17:00、金土 18:00 ～ 21:00／レストラン：金土 18:00 ～ 21:00
休 グッドフライデー、クリスマスデー
料 ワインテイスティング 1 人 $15（月～金 10:00 ～ 16:00）

■ベネッツ・オン・ベラリン
住 2171 Portarlington Rd., Bellarine, 3223
☎ (03) 8751-8194
URL www.bennettsonbellarine.com　営 月　木 11:30 ～ 15:30、金日 11:30 ～ 20:00、土 11:30 ～ 22:00
休 火水、クリスマスデー
料 ワインテイスティング 1 人 $20

■ベラリン・ディスティラリー
住 Cnr. Scochmans & Portarlington Rds., Drysdale, 3222
☎ 0468-926-282
URL www.bellarinedistillery.com.au
営 木日 11:00 ～ 17:00、金土 11:00 ～ 20:00
休 月～水、クリスマスデー
料 ジンテイスティング：3 種類 $22、4 種類 $28、5 種類 $32／ウイスキーテイスティング $18

メルボルンのテーマパーク
THEME PARKS IN MELBOURNE AREA

オーストラリアの愛らしい動物たちに出合いたくなったら動物園＆水族館へ行こう。メルボルン市内はもちろん、郊外観光のときにも立ち寄りやすい人気の施設を紹介。なお州法によりコアラの抱っこは禁止されているのでそのつもりで。

自然がいっぱいの メルボルン動物園 Melbourne Zoo (Royal Melbourne Zoological Gardens)

MAP P.331/2A

オーストラリアで最初、世界でも 3 番目に古いという由緒正しい動物園。1862 年設立だから、ポートフィリップに植民地が設置されてから、わずか 27 年後に誕生したことになる。22ha という広大な敷地には、320 種以上の動物たちが、できるだけ自然に近いかたちで飼育されている。「動物園」というとすぐ頭に浮かぶ、コンクリートの壁、鉄の檻がほとんどなく、緑や土でいっぱいだ。

オーストラリアで最も大型のビクトリアコアラ

オーストラリアの動物の展示スペースは、メインゲートから入って一番奥。ブッシュランドを再現した一角には、カンガルー、ワラビー、エミューが遊ぶ。毛のふさふさした大型のビクトリアコアラ（フルフェイエストコアラ）、希少種のケバナウォンバット、タスマニアンデビルもお見逃しなく。ほかにもキリン、ライオン、トラ、ヒョウ、ゾウ、ゴリラ、オランウータン、チンパンジーなど、おなじみの動物たちも、ぐっと親近感をもって見られる。

■メルボルン動物園
住 Elliott Ave., Parkville, 3052
☎ 1300-966-784
URL www.zoo.org.au/melbourne
開 毎日 9:00 ～ 17:00
料 大人 $46 子供 $23（子供は土日、スクールホリデー期間無料）
アクセス 市内エリザベス・ストリートからトラム Route 58 利用。もしくはフリンダーズ・ストリート駅からアップフィールド線 Upfield Line でロイヤルパーク駅下車。

オーストラリア近海の様子を再現した MAP P.341/3C

シーライフ・メルボルン
Sealife Melbourne

ペンギンパスポートで間近にペンギンを見よう

オーストラリア近海の海洋生物に的を絞って展示している水族館。特に、メルボルン近海の魚が泳ぐ巨大水槽内をアクリルトンネルを通りながら眺める、オーシャナリウムが人気。サメやエイが悠々と泳ぐ様を間近に見られる。ほかにもカクレクマノミのニモが見られるコーラルコーブ、オウサマペンギンやジェンツーペンギンが間近に見られるペンギンプレイグラウンド、子供に人気のアイスエイジ 4D シネマなどがある。

またオプションだが、ペンギンの飼育エリアと展示エリアに入り、飼育員からペンギンの生態について説明を聞き、間近にペンギン観察できるペンギンパスポートは、この水族館の名物となっている。

■シーライフ・メルボルン
住 Cnr. King St. & Flinders St., 3000
URL www.visitsealife.com/melbourne
開 月～金 10:00 ～ 17:00、土日祝 9:30 ～ 17:00 ／ ペンギンパスポート：14:00 ～ 14:45（要予約）
料 大人 $49.50(39.60) 子供 $36(28.80) ／ペンギンパスポート 1 人 $199（14 歳以上）

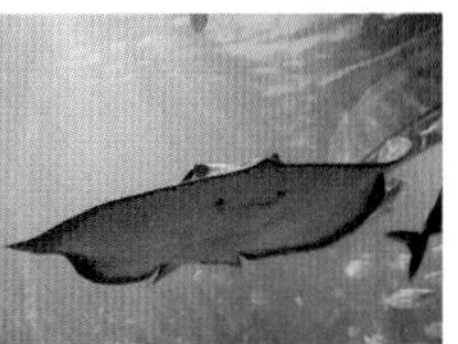
目の前をゆったりとエイが泳いでいく

自然に近い雰囲気でオーストラリアの動物に出合える MAP P.362/1B

ヒールズビルサンクチュアリ
Healesville Sanctuary

ヒールズビルの町から 4km ほど離れた森の中にある動物園。もともとはオーストラリアの動物学者サー・コリン・マッケンジーが、研究のために 1934 年に開園したもの。現在 200 種を超えるオーストラリアの動物たちを 30ha の敷地で飼育している。

カモノハシプレゼンテーションは見逃したくない

なかでもカモノハシの飼育はオーストラリア有数。精力的に水中を動き回るカモノハシの姿が見られるプレゼンテーション（ワッツアップ・ザ・クリーク）はオーストラリアでもほとんどなく、ヒールズビルの名物となっている。

■ヒールズビルサンクチュアリ
住 Badger Creek Rd., Healesville, 3777
☎ 1300-966-784
URL www.zoo.org.au/Healesville
開 毎日 9:00 ～ 17:00
料 大人 $46 子供 $23（子供は土日、スクールホリデー期間無料）
アクセス レンタカーかツアー利用がおすすめ。公共交通機関利用だと、メルボルンからリリデールまで電車、そこで Route 685 のバスに乗りヒールズビルまで行き、約 5 分歩く。所要 2 ～ 2 時間 30 分。

ほかにもコアラやウォンバットを間近に見せてくれるズーキーパートーク、ワシをはじめとする大型の猛禽類を飛ばせてみせるスピリッツ・オブ・スカイなどは必ず見ておきたい。また園内には傷ついた野生動物の手当をする動物病院もあり、見学することもできる。

ヒールズビルサンクチュアリ内の動物病院

広い園内にオーストラリアの動物がいっぱい　MAP P.331/2B

ムーンリットサンクチュアリ・ワイルドライフパーク
Moonlit Sanctuary Wildlife Park

コアラ・エンカウンターで記念写真

モーニントン半島のピアースデール Pearcedale 近郊にある自然保護区。ゆったり広々とした園内でオーストラリアならではの動物約 70 種を飼育している。しかも動物と触れあえるアニマルエンカウンタープログラムが充実。コアラやウォンバット、ディンゴ、ワライカワセミなどに触りながら写真撮影が可能だ。もちろんカンガルーやワラビーは放し飼いで餌やりもできる。また絶滅危惧種で珍しい肉食有袋類タイガークォール（オオフクロネコ）の繁殖活動も行われている。

■**ムーンリットサンクチュアリ・ワイルドライフパーク**
住550 Tyabb-Tooradin Rd., Pearcedale, 3912
☎(03)5978-7935
URL moonlitsanctuary.com.au
開 毎日 9:30 ～ 16:00
料 大人$29 子供$15 家族$79 ／コアラ・エンカウンター（毎日 10:00 ～ 15:00 の 1 時間ごと）1 人 $25 ／ウォンバット・エンカウンター（毎日 13:30、火～金 13:45）1 人 $60
アクセス 徒歩 30 分ほどのピアースデールまでしか公共交通機関が利用できないため、現実的にはレンタカー利用となる。

フィリップ島への途中で立ち寄りたい　MAP P.331/3B

マルー・コアラ&アニマルパーク
Maru Koala & Animal Park

白カンガルーにも餌づけできる

フィリップ島の手前、グラントヴィルの郊外にある。広々とした敷地には、餌づけもできるカンガルーの放し飼いエリア（白カンガルーが見られる）、コアラやウォンバット、タスマニアンデビル、ディンゴなどのオーストラリアの動物の飼育エリア、さらに羊の毛刈りショーなどを行うシェッド、ミニゴルフ場などがある。コアラと一緒に写真撮影できるミート・ア・コアラのほか、ディンゴやワラビーの赤ちゃん、トカゲやヘビとの記念撮影もできる。

■**マルー・コアラ＆アニマルパーク**
住1650 Bass Hwy., Grantville, 3984 ☎(03)5678-8548
URL www.marukoalapark.com.au
開 月～金 9:30 ～ 16:30、土日 9:30 ～ 17:00 ／ミート・ア・コアラ：11:00、13:00、14:00 スタート
料 大人$30 子供$16 家族$85 ／ミート・ア・コアラ 1 人 $35、2 人 $60、4 人 $115
アクセス 公共交通機関でのアクセスは難しいのでレンタカー、もしくはマルーへ立ち寄るフィリップ島ツアーを利用。

メルボルンっ子に大人気のサファリパーク　MAP P.331/2A

ウェルビー・オープンレンジ動物園
Werribee Open Range Zoo

ウェルビーの観光名所ザ・マンションの隣にある、オーストラリアでは珍しいサファリパーク形式を取り入れた動物園。オーストラリアの動物を集めたオーストラリアトレイル、アフリカの肉食獣などを集めたアフリカン・リバートレイルには、安全を確保したウオーキングトレイルが造られており、ゆっくり動物観察できる。そして地元の家族連れに大人気なのが専用のサファリバスで巡るアフリカ草食獣セクション。サイやカバ、キリン、シマウマ、アンテロープなどが、自然に近い形で飼育されている。

■**ウェルビー・オープンレンジ動物園**
住K Rd., Werribee, 3030
☎1300-966-784
URL www.zoo.org.au/werribee
開 毎日 9:00 ～ 17:00
料 大人$46 子供$23（子供は土日、スクールホリデー期間無料）
アクセス フリンダーズ・ストリート駅から電車とバス利用が便利（→ P.364 欄外）。

サファリバスに乗って出発

メルボルンのツアー＆アクティビティ
TOURS & ACTIVITIES IN MELBOURNE AREA

ペンギンパレードへの途中で立ち寄ることが多いマルー・コアラ＆アニマルパーク

メルボルン郊外にある観光ポイントは遠い所が多く、公共交通機関でのアクセスや、現地での足を考えるとツアーに参加する価値は大きい。メルボルンでは現在、**ミスター・ジョンツアーズ** Mr.John Tours、**ジャパン・メルボルン・ガイドツアーズ (JMG ツアー)** Japan Melbourne Guide Tours、**ゴーゴーツアーズ** Go Go Tours の 3 社が主要観光地への日本語ツアーを催行している。英語ツアーより多少割高だが、詳しい説明を日本語で聞けるのは値段以上に大きなメリット。使用するバスもミニバンなど小型が主流で、ガイドやほかの参加者とも気軽に話しやすく、旅の情報交換もできるのがいい。

英語ツアーで問題ないという人なら、**メルボルン・オーストラリアツアー** Melborne Australia Tours、**エクスプローラー・オーストラリア** Explore Australia、**サイトシーングツアーズ・オーストラリア** Sightseeingtours Australia などがさまざまなツアーを催行している。モーニントン半島やベラリン半島など、日本語ツアーではほとんど催行されていないツアーもある。なお各ツアーの申し込みは直接ツアー会社へするのもいいが、インターネットの日本語対応旅行会社をとおすのもおすすめだ（欄外）。

メルボルンへ来たら外せない
フィリップ島ペンギンパレードツアー
Phillip Is. Penguin Parade Tours

メルボルンで一番人気の半日ツアー。フィリップ島（→ P.358）でのペンギンパレード見学と、カンガルーなどと触れ合えるマルー・コアラ＆アニマルパーク（→ P.368）に立ち寄るのがパターンだ。

■メルボルンの日本語ツアー会社
●**ミスター・ジョンツアーズ**
☎(03)9399-2334
URL www.mrjohntours.com
●**JMG ツアー**
☎(03)9570-9406
URL jmgtours.com.au
●**ゴーゴーツアーズ**
☎(03)8390-7178
URL gogotours1.com

■おもな英語ツアー会社
●**メルボルン・オーストラリアツアー**
☎0404-797-950
URL melbourneaustraliatours.com.au
●**エクスプローラー・オーストラリア**
☎(03)5237-4588
URL www.exploreaustraliatours.com.au
●**サイトシーングツアーズ・オーストラリア**
☎1300-661-7398
URL sightseeingtoursaustralia.com.au

■割引料金が出ることもある日本語オンライン・オプショナルツアー・サイト
●**ホットホリデー**
URL www.hotholiday.jp
●**ナビツアー**
URL www.navitour.com.au
●**ベルトラ**
URL www.veltra.com/jp/oceania/australia

メルボルンの定番ツアーのペンギンパレード

COLUMN
オーストラリア大陸最南端を目指す人へ

オーストラリア大陸（メインランド）最南端は、メルボルン南東約 230km のウイルソンズプロモントリー国立公園 Wilsons Promontory NP（通称ザ・プロム The Prom）内にある。ベースとなるのは国立公園内のビジターセンターとキャンプ場のあるタイダルリバー Tidal River。ここから多数のウオーキングトラックがあり、大陸最南端サウスポイント South Point へも歩いていくことになる。片道 15km ほどあり、途中のキャンプ場で 1 泊するのが一般的。

ザ・プロムのゲートウェイとなる町がフォスター Foster だが、ここから一切の公共交通機関はない。一般にこのあたりまでやってくる旅行者は、レンタカーを利用している。なおこの地域にも数多くの宿泊施設があり、ウオーキング以外にもカヌーやフィッシングも楽しめる。詳細は下記ウェブサイトを参照のこと。

大陸最南端へのウオーキング

MAP P.325
● **South Gippsland Visitor Centre**
URL visitsouthgippsland.com.au
● **Parks Victoria** URL parkweb.vic.gov.au

●ミスター・ジョンツアーズ／フィリップ島ペンギンパレード＆ワイルドライフパーク

夏季は明るい時間に巣から出てくるペンギンが見られることもある

日本在住経験のあるメルボルンっ子のジョンさんをはじめ、日本語堪能なオージー、日本人が、楽しく、満足度の高いガイドをしてくれる。マルー・コアラ＆アニマルパークではカンガルーの餌づけはもちろん、希望者は有料でコアラと一緒に記念撮影もできる。またフィリップ島では時間の許す限りチョコレートファクトリー見学やノビーズ岬へも立ち寄ってくれる。

● JMG ツアー／ペンギンパレードと動物触れ合いの旅

最も一般的な内容のツアー。夕食付きツアーではステーキやロブスターサラダが選べる。

●ゴーゴーツアーズ／ペンギンパレード＆ワイルドライフパーク

エコツアーに力を入れている会社のペンギンツアー。オーソドックスなペンギンツアーにノビーズ岬でのボードウオークを組み合わせている。歩きながらペンギンの巣を見学できるのが楽しい（冬季は散策なし）。繁殖期の 12 ～ 3 月にはペンギンの赤ちゃんが見られることもある。なお同社のツアーでは、オプションでより間近でペンギンが見られるペンギンプラスやアンダーグラウンドギャラリーへのアップグレードが可能だ。

午前中半日でも楽しめる

パッフィンビリー乗車ツアー
Puffing Billy Tours

愛らしいパッフィンビリー

ダンデノン丘陵の名物保存鉄道パッフィンビリー号。個人で行く場合は、アクセスの関係上往復しなくてはならず時間もかかるが、ツアーなら最も景色のいい区間のみの片道乗車のため、効率のいい観光が可能だ。

● JMG ツアー／森林浴！ 蒸気機関車とダンデノン丘陵

パッフィンビリー乗車はベルグレイブ～メンジーズクリークの約 30 分。景色のいいカフェでのモーニングティーも気持ちがいい。このツアーにヤラバレーでのワイナリー巡りを付けた 1 日ツアー（パッフィンビリーとワイナリー）も人気だ。

●ミスター・ジョンツアーズ／蒸気機関車パッフィンビリーとダンデノン

パッフィンビリー乗車以外にも、国立公園での野鳥の餌づけ、ユーカリティーとスコーンでのティータイム、ダンデノン山頂からの展望などが楽しめる。

●ゴーゴーツアーズ／ダンデノン＆ヒールズビルサンクチュアリ・ツアー／ダンデノン半日ツアー／ダンデノン＆ヤラバレー

パッフィンビリーのベルグレイブ～メンジーズクリークだけでなく、ダンデノン丘陵の展望地を訪ねたり、愛らしい村ササフラスを散策したりと、ダンデノンの魅力を満喫。その

ペンギンプラスとアンダーグラウンドギャラリーでは目の前でペンギンが見られる

■フィリップ島ペンギンパレードツアー

●ミスター・ジョンツアーズ／フィリップ島ペンギンパレード＆ワイルドライフパーク
☎(03)9399-2334
URL www.mrjohntours.com
時 毎日 14:00 ～ 23:00（冬季は時間が少し早くなる）
料 大人 $185 子供 $135

● JMG ツアー／ペンギンパレードと動物触れ合いの旅
☎(03)9570-9406
URL jmgtours.com.au
時 毎日 14:35 ～ 23:00（冬季は 13:50 ～ 22:30）
料 大人 $160 子供 $100 ／ ステーキディナー付き：大人 $210 子供 $120 ／ロブスターサラダディナー付き：大人 $225 子供 $120

●ゴーゴーツアーズ／ペンギンパレード＆ワイルドライフパーク
☎(03)8390-7178
URL gogotours1.com
時 4 ～ 9 月の毎日 13:00 ～ 22:30、10 ～ 3 月の毎日 14:30 ～ 24:00
料 大人 $210 子供 $180、食事付き 大人 $243 子供 $213 ／ペンギンプラス・アップグレード：大人 $260 子供 $200、食事付き 大人 $261 子供 $243 ／アンダーグラウンドギャラリー・アップグレード：大人 $270 子供 $210、食事付き 大人 $295 子供 $262

■パッフィンビリー乗車ツアー

● JMG ツアー／森林浴！ 蒸気機関車とダンデノン丘陵
☎(03)9570-9406
URL jmgtours.com.au
時 毎日 8:10 ～ 13:15 ／パッフィンビリーとワイナリー：毎日 8:10 ～ 16:30
料 大人 $145 子供 $90 ／パッフィンビリーとワイナリー：昼食付き 大人 $220 子供 $125

●ミスター・ジョンツアーズ／蒸気機関車パッフィンビリーとダンデノン
☎(03)9399-2334
URL www.mrjohntours.com
時 毎日 8:00 ～ 13:30
料 大人 $180 子供 $135

後ビクトリア州の名物ミートパイ店でランチを食べ、午後はヒールズビルサンクチュアリへ。園内散策はもちろん、バードショーの見学もできる。また同社ではこのツアーからヒールズビルサンクチュアリを除いたダンデノン半日ツアーやヒールズビルサンクチュアリの代わりにヤラバレーでのワイナリー巡り（ドメインシャンドン&イェリングステーション）を楽しむダンデノン&ヤラバレーのツアーを催行している。

ビクトリア州随一のワイン産地を訪ねる

ヤラバレー・ワイナリー巡り
Yarra Valley Vineyard Tours

市内から比較的近いヤラバレー（→ P.362）だが、いくつかのワイナリーを巡るのならツアーのほうが効率的。定番のドメインシャンドン以外は、ツアー会社により立ち寄るワイナリー、数が異なる。

●ミスター・ジョンツアーズ／ヤラバレー・ワイナリー&シャンドン

人気ワイナリー４軒を訪ねる。訪れるのはドメインシャンドンのほか、コールドストリームヒル、ロッチフォード、イェリングステーション、バルガーニーのなかから３ヵ所。チョコレートファクトリーにも立ち寄る。

● JMG ツアー／ヤラバレー・ワイナリーツアー

ドメインシャンドンとそのほかのワイナリー２軒、チョコレートファクトリーを訪ねる。ワイナリーではチーズやコールドミールの軽食付き。

●ゴーゴーツアーズ／ヤラバレー半日ツアー

ドメインシャンドン、イェリングステーションでのワインテイスティングとロッチフォードワインでワインと食事のマリアージュを楽しみながらのランチ。

壮大な景色が見られる

グレートオーシャンロード１日ツアー
Great Ocean Road 1 Day Tours

グレートオーシャンロードで絶景を楽しもう

オーストラリアを代表する自然景観が楽しめるグレートオーシャンロード（→ P.382）。時間のない旅行者向けに日帰りツアーが催行されている。ベルズビーチ、オトウェイ国立公園に立ち寄り、12 人の使徒、ロックアード・ゴージなどの景勝地を訪れるのがパターンだ。なお道沿いに海が広がるのは左側なので、景色を堪能するならバスの左側に席を確保しよう。

●ミスター・ジョンツアーズ／グレートオーシャンロード& 12 使徒

ベルズビーチ見学、野生のカンガルーやコアラ探しなどの時間がある。少人数ツアーなので、時間の許すかぎりさまざまな景勝地で停まってくれる。

● JMG ツアー／雄大！グレートオーシャンロードとコアラ探し

ケネットリバーで野生のコアラ探し、アポロベイでのランチ、12 人の使徒、ロックアードゴージ見学と言う内容だ。

●ゴーゴーツアーズ／ダンデノン&ヒールズビルサンクチュアリ・ツアー／ダンデノン半日ツアー／ダンデノン&ヤラバレー
☎(03)8390-7178
URL gogotours1.com
時 ダンデノン&ヒールズビルサンクチュアリ：毎日 8:10 ～ 17:00／ダンデノン半日ツアー：毎日 8:10 ～ 14:10／ダンデノン&ヤラバレー：毎日 8:10 ～ 17:00
料 ダンデノン&ヒールズビルサンクチュアリ：昼食付き：大人$250 子供$230／ダンデノン半日ツアー：昼食付き：大人$195 子供$185／ダンデノン&ヤラバレー：大人$250 子供$230

■ヤラバレー・ワイナリー巡り（日本語ツアー）

●ミスター・ジョンツアーズ／ヤラバレー・ワイナリー&シャンドン
☎(03)9399-2334
URL www.mrjohntours.com
時 毎日 9:00 ～ 15:30
料 軽食付き：大人$185 子供$135

● JMG ツアー／ヤラバレー・ワイナリーツアー
☎(03)9570-9406
URL jmgtours.com.au
時 毎日 8:10 ～ 13:50
料 軽食付き：大人$155 子供$90

●ゴーゴーツアーズ／ヤラバレー半日ツアー
☎(03)8390-7178
URL gogotours1.com
時 毎日 8:50 ～ 14:00
料 昼食付き１人 $195

■グレートオーシャンロード１日ツアー

●ミスター・ジョンツアーズ／グレートオーシャンロード& 12 使徒
☎(03)9399-2334
URL www.mrjohntours.com
時 毎日 7:30 ～ 19:30
料 大人$185 子供$135

● JMG ツアー／雄大！グレートオーシャンロードとコアラ探し
☎(03)9570-9406
URL jmgtours.com.au
時 毎日 7:45 ～ 19:00
料 昼食付き：大人$270 子供$110

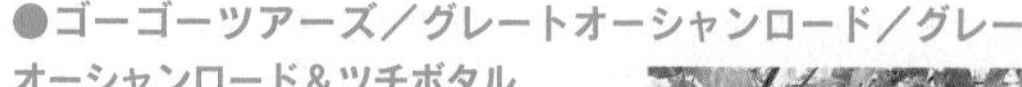

●ゴーゴーツアーズ／グレートオーシャンロード／グレートオーシャンロード＆ツチボタル

ケネットリバーには数多くの野生のコアラが生息している

ケネットリバーでの野生のコアラ探し、12 人の使徒見学など通常のグレートオーシャンロード・ツアーのほか、冬季は出発時間遅めで 12 人の使徒でのサンセット見学、夜間メルバカリー州立公園で、オセアニアでしか見ることのできないツチボタルも見学するツアーを催行している。

●ゴーゴーツアーズ／グレートオーシャンロード／グレートオーシャンロード＆ツチボタル
☎(03)8390-7178
URL gogotours1.com
時 グレートオーシャンロード：毎日 8:30 ～ 20:00 ／グレートオーシャンロード＋ツチボタル：冬季の毎日 10:00 ～ 23:00
料 グレートオーシャンロード：大人 $280 子供 $250 ／グレートオーシャンロード＋ツチボタル：大人 $290 子供 $260

オーストラリアの壮大な自然を満喫
グランピアンズ国立公園ツアー
Grampians NP Tour

大分水嶺の南の端に位置するグランピアンズ国立公園（→ P.397）は、ゴンドワナ大陸時代から続く森、大パノラマが楽しめる数多くの展望地などをもつ人気の場所。車がないと個人で観光するのは難しいが、ツアーならメルボルンから日帰り観光も可能だ。

●ゴーゴーツアーズ／グランピアンズ国立公園大自然ツアー

日本語でグランピアンズへ向かう唯一のツアー。リードルックアウトにあるザ・バルコニーズやマッケンジーフォールズなどでのブッシュウオーキングも楽しめる。

リードルックアウトから眺める太古の森

■グランピアンズ国立公園ツアー
●ゴーゴーツアーズ／グランピアンズ国立公園大自然ツアー
☎(03)8390-7178
URL gogotours1.com
時 毎日 8:30 ～ 19:30
料 大人 $280 子供 $250

オーストラリア最南端地域で大自然を満喫
ウイルソンズプロモントリー国立公園ツアー
Wilsons Promontory NP Tour

メルボルンの南東約 230km に位置する大陸最南端の国立公園がウイルソンズプロモントリー。まだあまり観光地化されておらず、数多くの野生動物と多種多様な植物があふれる魅力的な場所だ。

●ゴーゴーツアーズ／ウイルソンズプロモントリー国立公園ツアー

ウイルソンズプロモントリー国立公園にあるオベロン山へのハイキングを楽しみ、自然のすばらしさに触れるツアー。

■ウイルソンズプロモントリー国立公園ツアー
●ゴーゴーツアーズ／ウイルソンズプロモントリー国立公園ツアー
☎(03)8390-7178
URL gogotours1.com
時 毎日 8:30 ～ 20:00
料 大人 $280 子供 $250

スカイパノラマを気球の上から
グローバル・バルーニング
Global Ballooning

メルボルン市中とワインカントリーとして知られるヤラバレーで、熱気球のツアーを催行しているのがこの会社だ（ヤラバレーのツアー→ P.363 欄外）。メルボルン市中のフライトは、朝日に輝くメルボルンの高層ビル群を眼下に眺めるという、オーストラリアのほかの都市では味わえないようなエキサイティングな熱気球体験（フライト時間は約 1 時間）。フライト後にプルマン・オン・ザ・パークでのビュッフェ形式の朝食付きも選べる。

■グローバル・バルーニング
☎(03)9428-5703
URL www.globalballooning.com.au
時 プルマン・オン・ザ・パーク発着：夜明け前～
料 1 人 $569、朝食付き 1 人 $609

町を眺めながらの熱気球体験

メルボルンのホテル

ACCOMMODATION 州外局番(03)

シティ

バジェットタイプ

便利で快適な MAP P.340/3B

Melbourne Central YHA
メルボルンセントラル YHA

URL www.yha.com.au 住 562 Flinders St., 3000 ☎ 9621-2523 WiFi 無料 料 D $64.70 ~ 77.20、TW $130 ~ 253 ※ YHA 会員以外は追加料金必要 CC MV

設備・立地ともいいYHA

サザンクロス駅に近い場所にあり、トラムストップもすぐそばと便利な YHA。外観はクラシックだが、中は改装されていてモダンで清潔。

立地抜群のバックパッカーズ MAP P.340/2B

Melbourne City Backpackers
メルボルンシティ・バックパッカーズ

URL melbournecitybackpackers.com.au 住 197 – 199 King St., 3000 ☎ 9670-1111 WiFi 無料 料 D $50 ~ 59、TW $163 ~ 198 ※簡単な朝食付き CC MV

サザンクロス駅まで徒歩 2 分という絶好のロケーション。ホテル内は清潔で、ドミトリーはもちろん全室ロッカー完備。キッチン、ラウンジエリアとも広く、とても使いやすい。コーヒー、紅茶はもちろん朝食も無料なのがうれしい。

一級以上のホテル

サザンクロス駅前に建つ MAP P.340/3B

Batman's Hill on Collins
バットマンズヒル・オン・コリンズ

URL www.batmanshill.com.au 住 623 Collins St., 3000 ☎ 9614-6344 WiFi 無料 料 TW $231 ~ 348、1B $264、2B $411 CC ADJMV

快適なバットマンズのスタンダード

部屋は決して広くはないが機能的。サザンクロス駅前という便利なロケーションもいい。1 階にあるレストラン＆バーはしゃれた雰囲気で料理も美味と評判だ。

人気があるので早めにチェック！ MAP P.341/1C

Jasper Hotel
ジャスパー

URL www.jasperhotel.com.au 住 489 Elizabeth St., 3000 8327-2777 WiFi 無料 料 TW $278 ~ 409 CC ADJMV

全 65 室、全室禁煙のブティックホテル。インテリアはモダンで、手頃な料金でビジネスユースにも適している。レストランは朝食時オープンで、ほかに 24 時間オープンのカフェ＆バーがある。併設のヘルスクラブも利用可能だ。

COLUMN

南半球有数の劇場街 メルボルンで楽しむミュージカル＆演劇

外観も見ごたえがあるプリンセスシアター

メルボルンには、1854 年建造のプリンセスシアター Princess Theatre、1839 年建造のアテナエムシアター Athenaeum Theatre、1886 年建造のハー・マジェスティーズ・シアター Her Majesty's Theatre、1924 年建造のザ・キャピトル The Capitol、1929 年建造のリージェントシアター Regent Theatre、フォーラムシアター Forum Theatre など重厚でクラシックな劇場から、モダンなアーツセンター The Arts Centre、サウスバンクシアター Southbank Theatre まで数多くの劇場があり、南半球有数のシアター街となっている。

しかもニューヨークのブロードウェーやロンドンのウエストエンドで人気となった話題作は、オーストラリアではまず最初にメルボルンで上演されることが多い。日本でまだ上演されていない話題作『ティナ・ターナー・ミュージカル Tina: Tina Tuner Musical』は 2024 年 9 月からの公開が決定（プリンセスシアター）。ほかにも『シカゴ』(ハー・マジェスティーズ・シアター)、『ウィキッド』（リージェントシアター）の再公演も 2024 年決定している。メルボルンへやってきたら、ぜひシアターにも足を運んで世界の話題作を観てみよう！

●メルボルンの上演中・上演予定作品の詳細
URL whatson.melbourne.vic.gov.au/things-to-do/entertainment/theatre

絶好の場所にある　MAP P.341/2C
DoubleTree by Hilton Melbourne
ダブルツリー・バイ・ヒルトン・メルボルン

URL www.hilton.com
住 270 Flinders St., 3000　☎ 9654-6888
WiFi 無料　料 T W $274 ～ 650　CC ADJMV
日本での予約先：ヒルトンリザベーションズ・ワールドワイド ☎ (03)6864-1633

ダブルツリー・バイ・ヒルトンのフリンダーズ・ストリートビュー

フリンダーズ・ストリート駅の目の前にある。現代的で少しアートを感じさせるような装いのロビーでは、チェックイン時にダブルツリー名物のビスケットももらえる。部屋は決して広くはないが、清潔感いっぱいで快適。バスルームはシャワーオンリーだ。ホテル内にレストランはないが(バーのみロビーエリアにある)、周辺には数多くのレストラン、カフェがあるので不便さはない。

町の活気を実感できる　MAP P.341/2C
Pullman Melbourne City Centre
プルマンメルボルン・シティセンター

URL www.pullmanmelbourneoncitycentre.com.au
住 265 Little Bourke St., 3000　☎ 9663-4711
WiFi 無料　料 T W $800 ～ 1050　CC ADJMV
日本での予約先：アコーカスタマーサービス ☎ (03)4578-4077

洗練されたモダンインテリアで統一された客室は優雅な雰囲気。メルボルン中心部というロケーションも抜群だ。

チャイナタウンのそば　MAP P.341/2C
Mercure Hotel Welcome Melbourne
メルキュール・ウェルカムメルボルン

URL www.mercurewelcome.com.au
住 265 Little Bourke St., 3000　☎ 9639-0555
WiFi 無料　料 T W $178 ～ 288　CC ADJMV
日本での予約先：アコーカスタマーサービス ☎ (03)4578-4077

プルマンメルボルン・シティセンターとコンプレックスをなす4つ星ホテル。部屋はシンプルだが必要十分な設備が整う。

立地抜群の4つ星ホテル　MAP P.340/3B
Hotel Indigo Melbourne on Flinders
ホテルインディゴ・オン・フリンダーズ

URL www.hotelindigo.com
住 575 Flinders Lane, 3000　☎ 9629-4111
WiFi 無料　料 T W $283 ～ 524　CC ADJMV
日本での予約先：インターコンチネンタル・ホテルズグループ FREE (03)4520-3207

サザンクロス駅近くにある。ホテルの廊下や客室はモダンアートを意識した調度品が飾られている。屋外プールやミニジム、インターナショナル料理のベソ・レストラン＆バーなどの設備も充実している。

フラッグスタッフガーデンに面して建つ　MAP P.340/1B
Radisson on Flagstaff Gardens Melbourne
ラディソン・オン・フラッグスタッフガーデン

URL www.radissonhotels.com　住 380 William St., 3000　☎ 9322-8000　WiFi 無料
料 T W $263 ～ 500　CC ADJMV
日本での予約先：ラディソン予約センター ☎ (03)4510-4479

快適な4つ星ホテルだ

フラッグスタッフガーデン、クイーンビクトリア・マーケットなどが徒歩圏内。目の前をトラムが通っているので市中心部に出るのも簡単。パークビューの部屋をリクエストすれば、窓の外にフラッグスタッフガーデンの緑が広がり、とても気持ちよく過ごせる。

サウスワーフの人気５つ星ホテル　MAP P.340/3B
Pan Pacific Melbourne
パンパシフィック・メルボルン

URL www.panpacific.com/en/about/about-pp.html
住 2 Convention Centre Place, South Wharf, 3006
☎ 9027-2000　WiFi 無料　料 T W $549 ～ 1275
CC ADJMV　日本での予約先：パンパシフィック・ホテル＆リゾート ☎ 0800-300-8189

ウッディで重厚な雰囲気のロビーエリア

アウトレットショッピングセンターのDFOやコンベンションセンターのすぐ隣にあり、サザンクロス駅まで徒歩10分ほどと、立地もいい。38㎡以上の広さをもち重厚でありながらもモダンな調度品で統一された客室では、快適な滞在ができるはず。バスタブとシャワーブースが別になっており、バスタブも深めで日本人にはうれしい。TVは昨今の流行を取り入れ、NetflixやAmazonPrimeなどの配信サービスに接続できるスマートTVだ。またクラブフロア利用時に使えるラウンジでのサービスはメルボルンでも有数。ヤラ川をのぞむ広々としたスペースでは、朝食ビュッフェはもちろん、夕方にはシーフード盛りだくさんの軽食とアルコールが振る舞われる。なお1階にはメルボルンでも注目のファインダイニングのドック37バー＆キッチン（→P.378）がある。

パンパシフィックの客室は広々としていて快適。しかも窓からの眺めもいい

日本からメルボルンへの電話のかけ方
国際電話会社の番号＋010＋61（国番号）＋3（0を取った州外局番）＋電話番号

サウスバンクを望む MAP P.340/3B

Crowne Plaza Melbourne

クラウンプラザ・メルボルン

URL melbourne.crowneplaza.com
住 1-5 Spencer St., 3008 ☎ 9648-2777
WiFi 無料 料 T W $340 ~ 740 CC ADJMV
日本での予約先：インターコンチネンタル・ホテルズグループ ☎ (03)4520-3207

機能的なスタンダードルーム

コンベンション&エキシビジョンセンター向かい、ヤラ川沿いにある。明るく清潔感あふれる客室は広々としていて居心地もいい。レストラン、バー、プール、ジムなどの設備も充実。トラムストップのすぐそばだ。

ベネチア様式の重厚な外観 MAP P.341/2C

InterContinental Melbourne the Rialto

インターコンチネンタル・メルボルン・ザ・リアルト

URL www.melbourne.intercontinental.com
住 495 Collins St., 3000 ☎ 8627-1400
WiFi 無料 料 T W $819 ~ 1420
CC ADJMV 日本での予約先：インターコンチネンタル・ホテルズグループ ☎ (03)4520-3207

ゆったりとしていて高級感あふれる客室

1891年、羊毛・小麦粉倉庫とその事務所として建てられた建物を改築したホテル。中央部は吹き抜けのアトリウムで、ガラス天井から降り注ぐ陽光の下、しゃれた雰囲気のカフェでくつろぐこともできる。最上階にはプールやサウナ、ジムなどもある。

現代アートを感じさせる MAP P.341/2C

W Melbourne

W メルボルン

URL www.marriott.com 住 408 Flinders Lane, 3000 ☎ 9113-8800 WiFi 無料 料 T W $485 ~ 1795 CC ADJMV 日本での予約先：マリオットヴォンボイ FREE 0120-142-536

メルボルンシティで注目のデザインホテル

メルボルンを代表するファッショナブルホテル。一般的な客室でも35～37㎡あり、ゆったり。しかも部屋のインテリアがちょっと前衛アート風でユニーク。大理石をふんだんに使ったモダンなプール、ジム、モダンオーストラリア料理のロロ LOLLO、ウェット WET、日本料理わらび Warabi、フュージョン料理クリオス Curios など施設やレストランも大充実だ。

町の真ん中に建つ MAP P.341/3C

The Westin Melbourne

ウエスティン・メルボルン

URL www.marriott.com
住 205 Collins St., 3000 ☎ 9635-2222
WiFi 無料 料 T W $637 ~ 720 CC ADJMV
日本での予約先：マリオットボンヴォイ FREE 0120-142-536

スワンストン・ストリートでひときわ目立つホテルだ

セントポールズ大聖堂の隣にある。スタンダードでも38㎡と十分な広さの客室は、スタイリッシュな雰囲気。バスルームはバスタブとシャワーブースが別になっている。プール、スパ、サウナ、ジム、レストランやバーなど設備も充実。

暮らすように滞在できる MAP P.341/3C

Clarion Suites Gateway

クラリオンスイーツ・ゲートウェイ

URL www.clarionsuitesgateway.com.au
住 1 William St., 3000 ☎ 9296-8888
WiFi 有料 料 T W $199 ~ 229、1B $229 ~ 289、2B $418 ~ 478 CC ADJMV

スタジオタイプでもこの広さ

フリンダーズ・ストリートとウイリアム・ストリートの角に建つコンドミニアムスタイルのホテル。最も一般的なスタジオタイプでも広々としており、電子レンジなどキチネット完備。1ベッドルーム以上の部屋ならフルキッチン完備なので、メルボルンに住んでいるような気分で滞在が楽しめるのだ。屋内プールやジム、ランドリー、さらにメニューが充実した Williams Bar & Cafe、駐車場など設備も充実している。

立地条件ベストな MAP P.341/2C

Novotel Melbourne on Collins

ノボテル・オン・コリンズ

URL www.novotelmelbourne.com.au
住 270 Collins St., 3000 ☎ 9667-5800
WiFi 無料 料 T W $279 ~ 549 CC ADJMV
日本での予約先：アコーカスタマーサービス ☎ (03)4578-4077

コリンズ・ストリートに建つ4.5星ホテル。部屋の窓は大きく、外光を十分取り入れるようになっている。プール、フィットネスセンターの設備もあり。

明るい雰囲気で居心地のいい客室

シティの眺めを満喫 MAP P.341/2D
Sofitel Melbourne on Collins
ソフィテル・オン・コリンズ

URL www.sofitel-melbourne.com.au
住 25 Collins St., 3000 ☎ 9653-0000
WiFi 無料 料 T W $711 ～ 3459 CC ADJMV
日本での予約先：アコーカスタマーサービス
☎ (03)4578-4077

50 階建ての高層ホテル。客室はすべて 36 階以上にあるため、部屋からの見晴らしは抜群。ロビーやレストランなどで年間をとおして絵画、写真、陶磁器などの作品を展示しており、Hotel for the arts の愛称をもっている。

メルボルンの上流階級に愛されてきた MAP P.341/2D
The Hotel Windsor Melbourne
ウインザー・メルボルン

URL www.thehotelwindsor.com.au
住 111 Spring St., 3000 ☎ 9633-6000
WiFi 無料 料 T W $405 ～ 1499 ※時期により 2 泊以上から CC ADJMV

1883 年建造で、ビクトリア様式の重厚な雰囲気。5 つ星ホテルとしてはオーストラリア最古だ。ロビーに置かれた調度品や客室もビクトリア調で、バスルームには大理石がふんだんに使われている。

フィッツロイガーデン脇に建つ豪華ホテル MAP P.332/2B
Pullman Melbourne on the Park
プルマン・メルボルン・オン・ザ・パーク

URL www.pullmanonthepark.com.au
住 192 Wellington Pde., 3002 ☎ 9419-2000
FAX 9419-2001 WiFi 無料
料 T W $290 ～ 5000 CC ADJMV 日本での予約先：アコーカスタマーサービス
☎ (03)4578-4077

クラシックななかに現代的な雰囲気が感じられる

フィッツロイガーデンやメルボルンパークを望む客室が自慢。プール、フィットネスセンター、デイスパ、ギャラリーレストランなど設備も充実。

ブランドショッピングに便利な MAP P.341/2D
Grand Hyatt Melbourne
グランドハイアット・メルボルン

URL www.hyatt.com 住 123 Collins St., 3000
☎ 9657-1234 WiFi 無料 料 T W $631 ～ 851
CC ADJMV 日本での予約先：ハイアット・ホテルズ＆リゾーツ FREE 0120-923-299

33 階建ての 5 つ星ホテル。最も一般的な部屋でも 33㎡あり、落ち着いた雰囲気のインテリアが心地よい滞在を約束してくれる。客室からの眺めもすばらしい。バスルームはバスタブとシャワーブースが独立している。

サウスバンクのランドマーク MAP P.341/3C
The Langham Hotel Melbourne
ランガム・メルボルン

URL www.langhamhotels.com
住 1 Southgate Ave., Southbank, 3006 ☎ 8696-8888 WiFi 無料
料 T W $845 ～ 3270 CC ADJMV

サウスバンクでひときわ目立つ高層ホテル。ダブルはキングサイズベッド、ツインはダブルベッド×2とゆったり。全体に淡い

泊まってみたい ヤラバレーのマナーハウス

ヤラバレーの由緒ある邸宅
シャトーイェリング・ヒストリックハウス・ホテル
Chateau Yering Historic House Hotel

大きなヤシの木が目印の白亜の館

19 世紀後半のヤラバレーで、ワイン造りの中心人物であったポール・デ・キャステラの住居だった建物を改修した、マナーハウススタイルのブティックホテル。当時の雰囲気を最大限に生かした空間は、とにかく優雅。客室は全室スイートタイプで、ビクトリア調のインテリア。一部の部屋のバスタブはスパバス仕様となっている。夕食時にオープンするエレノア Eleonore's は、ヤラバレー随一のファインダイニング。2 コース$85、3 コース $105 と決して安くはないが、すばらしいディナーを約束してくれる。また朝食やランチは明るくカジュアルなスイートウオーター・カフェ Sweetwater Cafe で、週末のハイティー（大人$80 子供$65）は気品あふれるパブリックスペースでいただく。

DATA MAP P.362/1A
URL chateauyering.com.au
住 42 Melba Hwy., Yering, 3770
☎ 9237-3333
WiFi 無料 料 W $409 ～ 1259 ※朝食付き CC ADJMV

1 天蓋付きのおしゃれなベッド
2 くつろいだ雰囲気でディナーが味わえるエレノアレストラン

暖色系の色調でコーディネートされているので、落ち着いた気分で滞在できる。

カジノを併設した　MAP P.340-341/3BC
Crown Melbourne
クラウン・メルボルン

URL www.crownmelbourne.com.au 住 8 Whiteman St., Southbank, 3006 ☎ 9292-6868 FREE 1800-811-653 WiFi 無料
料 Crown Towers：T W $407 ～ 3110 ／ Crown Metropol：T W $535 ～ 1289 ／ Crown Promenade：T W $229 ～ 539 CC ADJMV

クラウンカジノとコンプレックスをなすホテル。3軒のホテルが入っている。カジノと同じ建物内にあり豪華さが際立つクラウンタワーズ Crown Towers、道路を挟んだ場所にある5スターホテルのクラウンメトロポール Crown Metropol、4.5スターのクラウンプロムナード Crown Promenadeだ。プールやジム、デイスパ、レストランなど設備は共通だ。

サウスヤラ

オールスイートタイプの　MAP P.352/1B
The Como Melbourne - MGallery by Sofitel
コモ・メルボルン・エムギャラリー・バイ・ソフィテル

URL www.comomelbourne.com.au
住 630 Chapel St., South Yarra, 3141 ☎ 9825-2222 WiFi 無料 料 T W $290～1185、1B $400 ～ 455、2B $551 ～ 790 CC ADJMV 日本での予約先：アコーカスタマーサービス ☎ (03)4578-4077

サウスヤラの中心に建つ5つ星ホテル。スパバス、サウナ付きの客室もある。

セントキルダ

セントキルダ・ビーチまで徒歩5分の　MAP P.354/2B
Nomads St Kilda Hostel
ノマド・セントキルダ・ホステル

URL nomadsworld.com/australia/nomads-st-kilda-melbourne 住 17 Carlisle St., St Kilda, 3182 ☎ 8598-6200 WiFi 無料
料 D $61.66 ～ 72.39、W $133 ～ 209 CC MV

全室エアコン完備。併設のバーではさまざまなイベントも行われている。

モーニントン半島

モーニントンのおしゃれワイナリーホテル　MAP P.331/3B
Jackalope Hotel
ジャカロープホテル

URL jackalopehotels.com 住 166 Balnarring Rd., Merricks North, 3926 ☎ 5931-2500 WiFi 無料
料 T W $650 ～ 1600 CC ADJMV

ウィロークリーク・ヴィンヤード Willow Creek Vineyardにある全45室の高級ブティックホテル。ホテル内にはさまざまなアートが飾られ、シック＆モダンな客室は38㎡以上の広さをもつ。ブドウ畑を見渡せるよう造られたインフィニティプール、優雅なデイスパ、そしてオーストラリアのトップシェフのひとり、マイケル・ウィッカム氏 Michael Wickhamが腕を振るうドゥートドゥートドゥート Doot Doot Dootなどもすばらしい。

インフィニティープールからブドウ畑を望む

コロニアルホテルでリゾート気分を味わう　MAP P.331/3A
InterContinental Sorrento Mornington Peninsula
インターコンチネンタル・ソレント・モーニントンペニンシュラ

URL sorrento.intercontinental.com
住 23 Constitution Hill Rd,, Sorrento, 3943
☎ 5935-1234 WiFi 無料 料 T W $437 ～ 1897
CC ADJMV 日本での予約先：インターコンチネンタル・ホテルズグループ ☎ (03)4520-3207

モーニントン半島の突端のリゾートタウン、ソレント。この町に残る歴史的建物を、建物の外観はそのままに、客室は洗練された家具と最新器機を備えるよう改修。併設のパブでは大きなかまどでピザが焼かれ週末は地元の人でにぎわう。コロニアル調のアトリウムレストランやエレガントな雰囲気のオードリーズ・バイ・スコット・ピケットは、少しおしゃれして食事を楽しみたい。

フィリップ島

フィリップ島の人気キャラバンパーク　MAP P.358/A
Amaroo Park
アマルーパーク

URL amaroopark.com
住 97 Church St., Cowes, 3922 ☎ 5952-2548
WiFi 無料 料 T W $155 ～ 198、2B $190 ～ 280、キャンプサイト $49 CC MV

カウズの町の中心から徒歩数分の所にあるキャラバンパーク。ホテルスタイルの客室はレセプション脇にある。フィリップ島の各種ツアーを受け付けており、ツアーと宿泊を一緒に申し込めば割引になるシステムもある。

ウェルビー

メルボルン郊外の高級ホテル　MAP P.331/2A
Mansion Hotel & Spa at Werribee Park
マンションホテル＆スパ・アット・ウェルビーパーク

URL www.lancemore.com.au
住 Escapement Rd., Werribee, 3030
☎ 9731-4000 WiFi 無料 料 T W $684 ～ 784
※朝食付き CC ADJMV

ウェルビーパークにあるリゾートホテル。92室ある室内はいずれもデザインよくまとまっている。館内の Joseph's Dinning では、このホテルが所有するシャドウファクス・ワイナリーのワインも楽しめる。

シティ

ヤラ川沿いの人気レストラン MAP P.340/3B
Bistro Guillaume
ビストロ・ギラム

URL www.crownmelbourne.com.au
住 8 Riverside, Crown Melbourne, Whiteman St., Southbank, 3006 ☎ 9292-5777 営 日～木 11:30～22:00、金土 11:30～22:30
CC ADJMV 酒 ライセンスド

メインコースはどれを食べても美味

シドニーやパースでも人気のギラム・ブラハイム Guillaune Brahimi 氏のレストラン。ビストロと名乗っているだけあって、美味なディナーを気楽に楽しめる雰囲気なのがいい。メニューはフレンチベースで、オントレ各種 $22～33、メインはその日の魚料理各種や各種ステーキが $39～56。

グリル料理が絶品と評判 MAP P.340/3B
Dock 37 Bar & Kitchen
ドック 37 バー＆キッチン

URL www.panpacific.com/ja/hotels-and-resorts/pp-melbourne/dining/dock-37-bar-and-kitchen.html
住 2 Convention Centre Place, South Wharf, 3006
☎ 9027-2122 営 月～金 17:00～22:00、土日 15:00～22:00 CC ADJMV 酒 ライセンスド

盛り付けも美しく食欲をそそる

パンパシフィック ホテル1階、ちょうどコンベンションセンターとの間の通路に面した場所にある。落ち着いた雰囲気の店内はバーエリアとレストランスペースに分かれており、バーエリア2階部分はオープンになったワインセラーが見える。サーブされるのはオーストラリア和牛やラム、バラマンディ、キングフィッシュなどを使ったモダンオーストラリア料理。特に美味と評判なのがグリルで焼き上げたステーキ。250g のオーストラリア和牛ランプステーキ $40、300g の厳選オージービーフのサーロイン $48 はぜひ味わってみたい。

メルボルン随一と評判のイタリアン MAP P.341/2D
Grossi Florentino
グロッシ・フロレンティーノ

URL www.florentino.com.au
住 80 Bourke St., 3000 ☎ 9662-1811
営 月～金 12:00～15:00、月～土 18:00～23:00
休 日、グッドフライデー、ボクシングデー
CC ADJMV
酒 ライセンスド

雰囲気・料理の味ともに文句なしのレストランだ

レストラン、グリル、セラーバーに分かれている。レストランはまるで貴族の館のダイニングに招待されたような雰囲気。料理は本格的なイタリア料理で、ワインのセレクションもすばらしい。前菜 $42～45、パスタやリゾット $38～65、メイン $60～65 で、ほかにシェフおすすめグランツアー 6 コース $210（ワインペアリングは $130 追加）もある。グリルはオープンキッチンスタイルでもう少しカジュアル。セラーバーでは各種カクテルやワインも楽しめる。

クラシックな雰囲気でオーストラリア料理を MAP P.341/2C
Alluvial Restaurant
オルヴィアル

URL www.melbourne.intercontinental.com
住 InterContinental Melbourne The Rialto, 495 Collins St., 3000 ☎ 8627-1400 営 月～金 6:30～10:30、土日 6:30～11:00、月～土 12:00～15:00、毎日 18:00～22:00 CC ADJMV
酒 ライセンスド

バラマンディを使った魚料理のメインコース

インターコンチネンタル・リアルトの大きな吹き抜けの中にあるおしゃれな雰囲気のレストラン。朝食はビュッフェ形式で、ランチ、ディナーはモダンオーストラリア料理のアラカルトとなる。ディナーのオントレ（$26～29）はアジア料理にインスパイアされた料理が多い。メインコースは肉料理ではヒバチグリルと称したビーフやラムのステーキ、魚料理ではサーモンやバラマンディを使ったものが評判だ（$32～92）。

先住民の手によるカジュアルキッチン MAP P.341/2D
Big Esso by Mabu Mabu
ビッグエッソ・バイ・マブマブ

URL www.mabumabu.com.au/dining
住 Federation Square, 2 Swanston St., 3004
☎ 9121-0510 営 火～木日 11:00～22:00、金土 11:00～23:00 休 月
CC AMV 酒 ライセンスド

数人ででかけて料理をシェアするのがおすすめ

ビッグエッソとはトレス海峡民が「最大限の感謝」をするときの表現。マブマブは「自助」を意味するトレス海峡民の言

葉だ。メルボルンの先住民は彼らがビラルンガと呼ぶヤラ川で、かつてウナギを養殖し、さまざまな魚を捕ってきていた。そうした伝統とトレス海峡民の文化を融合させ、シーフードを中心とした大人数でシェアしやすい料理を提供。魚のココナッツ漬けやキャッサバのコロッケなどトレス海峡風の料理から、生ガキ、車エビなどの盛り合わせ、さらにカンガルーテイルの煮込みまでメニューは豊富だ。スモールシェアプレートが$28～35、ビッグシェアプレートが$22～52。

メニュー充実の老舗ギリシア料理店 MAP P.341/2C

Tsindos
チンドス

URL www.tsindosrestaurant.com.au
住 197 Lonsdale St., 3000 ☎ 9663-3194
営 月～金 11:30～15:00、毎日 17:00～22:00
CC AMV 酒 ライセンスド

メッザメニューが大充実

1970年オープン以来メルボルン市民に親しまれているギリシア料理店。1階と2階にテーブルがある。メニューは小皿料理の各種メッザ、ムサカやサガナキ、スブラキなどおなじみのギリシア料理がいっぱいだ。

ビジネス街にある人気台湾料理店 MAP P.340/3B

Mr Huang Jin
ミスター・ファンジン

URL www.mrhuangjindumplings.com
住 24 Katherine Place, 30006 ☎ 629-5452
営 月～金 11:30～15:00、月～水 17:00～21:00、木～土 17:00～21:30 休 日 CC AMV
酒 ライセンスド

本格小籠包が味わえる

フリンダーズ・ストリートとフリンダーズ・レーンを結ぶ小道、キャサリンプレイスには規模は小さいが美味なレストランが集まっている。なかでも台湾料理中心にアジア各国料理を提供するこのレストランは、大人気。点心類や各種炒飯、麺類などのメニューが豊富で、特に小籠包（5個入り$13）は必ず味わいたい一品だ。ほかにもシンガポールヌードル$18やプロウンフライドライス$19など値段も手頃なのがいい。

いつも行列ができている小籠包のお店 MAP P.341/2C

Shanghai Street Chinatown
シャンハイストリート

URL www.shanghaistreet.com.au 住 146-148 Little Bourke St., 3000 ☎ 9662-3226
営 毎日 12:00～14:30、月～木 17:00～21:00、金土 17:00～21:30、日 17:00～20:30 CC MV
酒 ライセンスド

大きさにびっくりする小籠包

小籠包が名物の籠包は、一般的なものに比べるとかなり大きく（8個で360gもある）、肉汁もたっぷり（$17.80～18.80）。ひとりで行くと小籠包だけでおなかいっぱいになってしまうので大勢で行くのがおすすめだ。

※チャイナタウン周辺に他に2店舗を構えている。

●リトルバーク店 MAP P.341/2C
住 342 Little Bourke St., 3000 ☎ 9078-8068
営 毎日 11:45～14:45、日～木 16:45～20:30、金土 16:45～21:00

●エリザベス店 MAP P.341/2C
住 303-305 Elizabeth St., 3000 ☎ 9078-8477
営 毎日 12:00～14:30、月～木 17:00～21:00、金土 17:00～21:30、日 17:00～20:00

並んでも行きたいタイ＆アジア料理店 MAP P.341/2D

Chin Chin
チンチン

URL www.chinchinrestaurant.com.au 住 125 Flinders Ln., 3000 ☎ 8663-2000
営 毎日 11:00～23:00
CC JMV 酒 ライセンスド

チンチン名物のひとつパッタイ

タイ料理をメインにした東南アジア料理のレストランで、味付けはオーストラリア人受けするようアレンジされている。原則予約は不可なので、いつも大行列。、パッタイ（タイ風焼きソバ$39.50）、タイ風グリーンカレー（$35.50）など。地下にはゴーゴーバーもある。

シティ人気 No.1 の朝食カフェ MAP P.341/2C

The Hardware Societe
ハードウェアソサイエティ

URL hardwaresociete.com
住 123 Hardware St., 3000 ☎ 9621-2100
営 月～金 8:00～14:30、土日 8:00～15:00
CC ADJMV 酒 なし

メルボルンっ子に愛されるフレンチカフェで、朝ご飯時にはいつも満席になる。ココットに入って出てくるベイクドエッグ（$27）やフライドブリオッシュ（$27）などが人気メニュー。もちろんコーヒーも美味だ。

人気のベイクドエッグ

※支店が飲食店が集まる小道キャサリンプレイスにある。
MAP P.340/3B
住 10 Katherine Place, 3000
☎ 9621-2100
営 月～金 7:30～15:00、土日 8:00～15:00

メルボルン最古のカフェでエスプレッソを MAP P.341/2D

Pellegrini's Espresso Bar

ペリグリーニ・エスプレッソバー

URL www.facebook.com/pages/Pellegrinis-Espresso-Bar/146032138772817 住 66 Bourke St., 3000 ☎ 9662-1885 営 月～木 8:00～21:00、金土 8:00～22:00 休 日 CC ADJMV 酒 なし

1954年から本格エスプレッソが飲めるお店として、メルボルンのイタリア移民に愛されてきたカフェ。現在メルボルンに残るカフェのなかではいちばんの歴史を誇っている。店は小さく、カウンターと少しばかりのテーブルがあるだけ。自慢のエスプレッソは、しっかりとした味わいが楽しめ、一緒に食べるケーキ（アップルパイが自慢）も美味。

カールトン＆フィッツロイ

世界一美味しいクロワッサンが食べられる MAP P.349/1B

LUNE Croissanterie

ルーン・クロワッサンテリエ

URL www.lunecroissanterie.com
住 119 Rose St., Fitzroy, 3065
営 月～金 7:30～15:00、土日 8:00～15:00
※売り切れた時点で閉店 CC AMV 酒 なし
●メルボルン CBD 店（持ち帰りのみ） MAP P.341/2D
住 Shop 9, 161 Collins St.(via Russell St.), 3000
営 月～金 7:30～15:00、土日 8:00～15:00
※売り切れた時点で閉店

朝ご飯を食べに行くのもおすすめだ

『ニューヨークタイムス』で2016年に「世界中探してもこれほど美味しいクロワッサンはない」と紹介されたのがルーン。かつてF1チームのエンジニアだったという異色の経歴をもつケイト・レイドさんが、仕事で訪れたフランスの街角のベーカリーで過ごす時間がとても楽しく、自分でもお店を開きたいと立ち上げた。倉庫を改装した店内はオープンキッチンで、職人たちがパンをこね、焼く様子も見学できる。クロワッサンは、見た目は日本のものよりも大きめだが、レイヤーが細かく、サクサクとした食感、ふんわりとした口溶けであっという間に食べ切ってしまうほどだ。クロワッサンはもちろん、アーモンドクロワッサンやパンオショコラも美味と評判だ。なおシティにもカフェスペースなしの支店がある。

屋外テーブルもいつもいっぱい MAP P.349/1A

Piccolo mondo

ピッコロモンド

URL www.facebook.com/piccolomondomelbourne
住 240 Lygon St., Carlton, 3053 ☎ 9650-9064
営 毎日 11:30～22:00 CC AMV 酒 ライセンスド

古い建物を改装したイタリアンレストランで、赤いテーブルクロスが印象的。屋内席、バルコニー席、通りに出した屋外席がある。パスタはリングイネ・フレッシュクラムソースやスパゲティマリナーラなどがお店のおすすめ。イタリアンらしくカラマリやテナガエビを使ったシーフード、仔牛料理（ヴィール）やステーキも美味。

イタリア語が飛び交う美味なレストラン MAP P.349/2A

IL Gambero

イルガンベロ

URL ilgambero.com.au
住 166 Lygon St., Carlton, 3053 ☎ 9663-2246
営 毎日 11:30～15:00、17:00～21:30
CC ADJMV 酒 ライセンスド＆BYO（ワインのみ）

ピザやパスタをはじめ、各種イタリア料理が手頃な値段で食べられる。ピザはSサイズ $13～17、Mサイズ $16～21、Lサイズ $19～25。パスタはオントレサイズ $16～23、メインサイズ $21～29.50。オントレサイズとはいっても軽く1人前の量がある。

メルボルンっ子でにぎわうイタリアレストラン MAP P.331/2A

400gradi

400グラディ

URL 400gradi.com.au 住 99 Lygon St., Brunswick East, 3057 ☎ 9380-2320 営 毎日 12:00～23:00 CC ADJMV 酒 ライセンスド

カールトンの北ブランズウィックにある。シェフのジョニー・フランシスコ氏はラスベガスで開催されたピザコンテストで優勝したほど。ピザ（$26～39）はもちろん、オーセンティックなイタリア料理も美味と評判だ。

メルボルン有数のピザが食べられる

サウスメルボルン

メルボルンっ子大注目のカフェ MAP P.332/2A

St Ali Coffee Roasters

セントアリ・カフェロースター

URL stali.com.au 住 12-18 Yarra Place, South Melbourne, 3205 ☎ 9132-8966 営 毎日 7:00～17:00 CC MV 酒 なし

朝ご飯を食べに行くのもおすすめだ

カフェ激戦区サウスメルボルンで大人気を誇る。美味いコーヒーはもちろんフードメニューも充実。グラノラやフルーツサラダ、スモークサーモン、メキシカンフードなどが $11～38 で楽しめる。

コーヒー好きなら Brother Baba Budan
MAP P.341/2C
URL www.sevenseeds.com.au 住 359 Little Bourke St., 3000 ☎ 9347-8664 営 月～金 7:00～17:00、土日 8:00～17:00 CC MV
スタンダードでもコーヒー豆をダブルで淹れてくれます。コーヒーの風味もしっかりしており、それでいて柔らかな飲み心地です。お店の一番人気はラテです。いつも行列ができてしまうほどです。（愛知県 小出和成 '15）['24]

日本からメルボルンへの電話のかけ方
国際電話会社の番号＋010＋61（国番号）＋3（0を取った州外局番）＋電話番号

メルボルンのショップ GIFT SHOP

州外局番(03)

メルボルンのランドマーク MAP P.341/1C
Melbourne Central
メルボルンセントラル

URL www.melbournecentral.com.au
住 Cnr. La Trobe & Swanston Sts., 3000
☎ 9922-1122 営 土～水 10:00～19:00、木金 10:00～21:00 CC 店舗により異なる

建物の設計は黒川紀章氏が行った

シティの中心部にある巨大なショッピングセンター（ラ・トローブ・ストリート側は電車の駅とつながっている）。建物は大きくロンズデールビルとラ・トローブビルに分かれている。人気紅茶専門店のT2、ミムコ、RMウイリアムスなどのオーストラリアブランド、トミーフィルフィガー、ナイキ、アディダス、クーカイなどカジュアルなインターナショナルブランドが入っている。

メルボルンっ子に人気のショッピングセンター MAP P.341/1C
QV MeLbourne
QVメルボルン

URL www.qv.com.au
住 Cnr. Swanston & Lonsdale Sts., 3000
FREE 9207-9200 営 土～水 10:00～19:00、木金 10:00～20:00 CC 店舗により異なる

中庭もあってメルボルンっ子たちのミーティングポイントにもなっている

メルボルンセントラルとスワンストン・ストリートを挟んだ向かい側1ブロックすべてがQV。自然派化粧品のイソップや、総合シューズショップのフットロッカー、紅茶のルピシアさらに地下には大型スーパーのウールワースが入っている。またレストランは、一風堂や博多げんすけラーメン、スシHub、スシジローなど日本食レストランが大充実している。

個性的なお店がいっぱい MAP P.341/2C
Emporium Melbourne
エンポリアムメルボルン

URL www.emporiummelbourne.com.au
住 287 Lonsdale St., 3000 ☎ 8609-8221
営 土～水 10:00～19:00、木～金 10:00～21:00 CC 店舗により異なる

75年前にマイヤーのロンズデール・ストリート店として建てられた歴史ある建物を大幅に改装した大型ショッピングセンター。大型店舗のユニクロ（オーストラリア1号店はここ）や無印良品など日本のブランドをはじめ、ナチュラルコスメのイソップ、アヴェダ、おみやげに人気の紅茶T2、アウトドアファッションのRMウイリアムス、高級オーストラリアバッグブランドのオロトン、オーストラリアの人気ファッションブランドのサバ、さらにインターナショナルブランドのコーチ、ラルフローレン、クーカイまで50店舗以上が入っている。

建物自体見る価値あり MAP P.341/2C
Melbourne's G.P.O.
メルボルンズG.P.O.

URL www.melbournesgpo.com
住 350 Bourke St., 3000 ☎ 9290-0200
営 土～水 10:00～19:00、木金 10:00～21:00
CC 店舗により異なる

ファッションブランドが入っている

1859年建造の歴史的建造物の中央郵便局を改修したショッピングコンプレックスで、その大部分をH&Mが占めている。店内は白を基調にしたモダンな内装がまぶしく高級感が漂う。

オーストラリアの老舗デパート MAP P.341/2C
David Jones
デイビッドジョーンズ

URL www.davidjones.com.au
住 310 Bourke St., 3000 ☎ 13-33-57
営 日～水 10:00～19:00、木金 10:00～21:00、土 9:00～19:00 CC **ADJMV**

バーク・ストリートのモールを挟んでメンズとレディス館に分かれ、レディス館の北側の地下にホームウエアの売り場がある。レディス館のコスメ売り場はトレンドを捉えた品揃えで人気だ。

メルボルンの人気アウトレットセンター MAP P.340/3B
DFO South Wharf
DFOサウスワーフ

URL www.south-wharf.dfo.com.au
住 20 Convention Centre Place, South Wharf, 3006 ☎ 9099-1111 営 土～木 10:00～18:00、金 10:00～21:00 CC 店舗により異なる

メルボルン・コンベンション＆エキシビジョンセンターに隣接したアウトレットショッピングセンター。アディダス、ナイキ、ノースフェイス、カトマンズなどスポーツブランドからアルマーニ、コーチ、ラルフローレンなどDCブランド、さらにオーストラリアらしくT2やサーフブランドのリップカールまでアウトレット価格で手に入る。

グレートオーシャンロード

Great Ocean Road

アクセス

●グレートオーシャンロード

グレートオーシャンロードへは、メルボルンからバスツアーかレンタカーがおすすめだ。

メルボルンからは、日帰りの日本語ツアー（→ P.371）がいくつか出ている。オーストラリア周遊途中にグレートオーシャンロードを観光するつもりなら、メルボルン～アデレードの移動と途中の観光・宿泊（バックパッカータイプ）がセットになった移動型ツアー利用もおすすめ。オートピアツアーズ Autopia Tours が数泊のツアーを催行している。

最も便利なのがレンタカー。風光明媚なドライブルートを自分で運転するのは爽快。ただしメルボルンから日帰りだと人気観光ポイント 12 人の使徒まで往復だけでも約 540km。立ち寄りたい観光ポイントが数多くあるので、できれば1～2泊したい。なお西側の拠点の町ワーナンブールへはメルボルンから V ラインも利用できる。

■グレートオーシャンロード移動型ツアー会社

●オートピアツアーズ

☎(03)9393-1333

URL autopiatours.com.au

料 月金（11～4月は月）発1泊2日メルボルン～アデレード（グレートオーシャンロード＆グランピアンズ国立公園）1人ドミトリー利用 $395、ツイン利用1人 $465

■V ライン

FREE 1800-800-007

URL www.vline.com.au

インフォメーションセンターも兼ねたオーストラリア・ナショナルサーフィン博物館

ポートキャンベル国立公園の絶景ポイント、12人の使徒

オーストラリア大陸が海へ落ち込む奇景が見られるのがグレートオーシャンロード。メルボルンの南西トーキー Torquay から、ローン Lorne、アポロベイ Apollo Bay、ポートキャンベル Port Campbell を経てワーナンブール Warrnambool の東まで（公式にはアランスフォード Allansford まで）続く、全長約 250km の風光明媚な海岸沿いの道路のことだ。1932 年、第1次世界大戦から帰国した軍人たちの手によって開通した道路で、その景観のよさからこのルートそのものが観光資源として注目された。

グレートオーシャンロードは大きく3つのパートに分かれる。まずはその起点であるトーキーからローンまでのサーフコースト Surf Coast。マリンレジャーの中心地であり、若者に人気のリゾートが続く。続いてローンからポートキャンベルまでは温帯雨林が多く、オトウェイズ・ヒンターランド Otways Hinterland と呼ばれる。そして最大の見どころはポートキャンベルからワーナンブールまでのシップレックコースト Shipwreck Coast だ。「12 人の使徒」をはじめとした奇岩の景勝地を訪ねよう。

トーキー

Torquay

メルボルンから車で約1時間のトーキーは、グレートオーシャンロードの入口。ジーロンからサーフコースト・ハイウェイをドライブしていくと、サーフショップが建ち並ぶ**サーフシティプラザ** Surf City Plaza が見えてくる。トーキーはサーフィンの町として有名で、世界中からサーファーたちが集まってくる。このサーフシティプラザには多くのサーフショップがあり、サーフボード、ウエットスーツ、水着などが手に入る。

サーフシティプラザの裏側にトーキーの**ビジターインフォメーションセンター**と、**オーストラリア・ナショナルサーフィン博物館** Australia National Surfing Museum がある。波のでき方、サーフボードの変遷、関連ビデオ上映などサーフィンに関する充実した展示が自慢だ。

ベルズビーチはサーファー憧れの場所

町の中心は、サーフシティプラザより海側に入ったフロントビーチ Front Beach 沿いの道エスプラネード The Esplanade。この周辺にはいろいろなショップや、アコモデーションがある。

サーフィンのポイントはトーキーからローンまで広がっていて、特に有名なのが**ベルズビーチ** Bells Beach。サーフブランドのクイックシルバー、リップカールの故郷で、毎年3月末にはサーフィンの世界大会も開催されるサーファーの聖地のひとつだ。ここはほとんどのグレートオーシャンロードへのツアーが立ち寄るスポットとなっている。

ローン
Lorne

アングルシーとローンの間にあるグレートオーシャンロード・メモリアルアーチ

グレートオーシャンロードで、最も人気のリゾートタウン。レストラン、カフェ、ショップ、ブティック、リゾートホテルなどがグレートオーシャンロード（ローンの町なかはマウントジョイ・パレード Mountjoy Pde. と名前を変える）沿いに建ち並ぶ。ランドマークはリゾートホテルのカンバーランド・ローン Cumberland Lorne で**ローン・ビジターセンター** Lorne Visitor Centre もその隣にある。

ビーチ沿いのリゾートだが、周囲には緑深い温帯雨林の森が広がっている。特に町から 9km ほど内陸に入った**グレートオトウェイ国立公園** Great Otway NP の**アンガフック・ローン地域** Angahook Lorne Part 内の**アースキンフォールズ** Erskin Falls は見逃したくない。うっそうとした森の中、落差 30m のカスケード状の滝で、「グレートオトウェイ国立公園の宝石」といわれるほどの美しさだ。

ローン周辺にはほかにも多くの滝があり、**ファントムフォールズ** Phantom Falls、**ヘンダーソンフォールズ** Henderson Falls などへも足を延ばしてみたい。

■トーキー・ビジターインフォメーションセンター Torquay Visitor Information Centre
住 Surf City Plaza, 77 Beach Rd., Torquay, 3228
☎ (03)5261-4219
URL www.torquaylife.com.au
開 毎日 9:00 ～ 17:00
休 クリスマスデー

●オーストラリア・ナショナルサーフィン博物館
☎ (03)5261-4606
URL www.australiannationalsurfingmuseum.com.au
料 大人 $12 子供 $8 家族 $25

■グレートオーシャンロードの遊覧飛行
トーキーから出ている、サーフコーストとポートキャンベル周辺の奇岩群を空から眺めるセスナ遊覧飛行。

●タイガーモスワールド・アドベンチャーフライト Tiger Moth World Adventure Flights
住 Torquay Airport, 325 Blackgate Rd., Torquay, 3228
☎ 0447-615-100
URL tigermothworld.com.au
料 12人の使徒フライト1時間：3人まで $1550、9人まで $2100

■ローン・ビジターセンター
住 15 Mountjoy Pde., Lorne, 3232 ☎ 1300-891-152
URL www.iamlorne.com.au
開 毎日 9:00 ～ 17:00
休 クリスマスデー

■グレートオトウェイ国立公園アンガフック・ローン地域
URL www.parks.vic.gov.au

空気の濃密さが感じられるアースキンフォールズ

ケネットリバー

Kennett River

グレートオーシャンロード沿いの森は、野生のコアラの大生息地域だ。なかでもローン〜アポロベイの中ほどにある小さな村ケネットリバーは、高確率でコアラに出合える村として有名だ。メルボルンの南フレンチ島で増え過ぎたコアラを移住させたのがそもそもの始まりだが、その後外敵のほとんどいない環境で順調に繁殖し、比較的狭いエリアに数多くのコアラが生息するようになったというわけだ。

手の届きそうな場所にコアラがいることも多い

アポロベイ

Apollo Bay

ローンからアポロベイに続く道は、グレートオーシャンロードのなかでも最も海沿いをドライブできる区間だ。アポロベイには各種アコモデーション、レストラン、カフェ、スーパーなどの施設が揃っていて、滞在するのにも便利な町だ。

アポロベイの先約 17km の場所にある、グレートオトウェイ国立公園内の**マイツレスト** Maits Rest は、このルートのドライブ途中で立ち寄りたい冷温帯雨林地域。20 分ほどで一周できるボードウオークが設置されており、ユーカリ、ブナ、シダ類などが生い茂る様子を、じっくり観察できる。

マイツレストの先からグレートオーシャンロードを外れて南へ向かうとオトウェイ岬へと出る（この途中もコアラ遭遇率が高い）。岬の突端に建つ**ケープオトウェイ灯台** Cape Otway Lightstation は 1848 年に建造された、オーストラリア本土では最も古いものだ。またオーストラリア初の海底通信ケーブルが、このオトウェイ岬とタスマニア間をつなぎ、ホバートとメルボルンとの通信が可能になったという歴史もある。灯台に入って見学することもでき、上から海を眺めると気持ちがいい。

歴史的価値のある灯台

レイバーズヒル周辺

Around Lavers Hill

アポロベイからポートキャンベルへ向かう途中、温帯雨林の丘を登った場所にある小さな村がレイバーズヒル。この村から東へ入った場所にある**オトウェイフライ・ツリートップアドベンチャー** Otway Fly Tree Top Adventures にもぜひ立ち寄りたい。一帯はグレートオトウェイ国立公園に隣接しており、ナンキョクブナの仲間ビーチマートル Beech Myrtle やユーカリの常緑樹が中心の深い森。この森の中、地上約 25m の高さの所に約 600m の長さのつり橋を渡し、樹冠（木々の頂上付近）を見て回れるようにしている。途中には地上 45m の高さの展望台も設けられており、オトウェイの雄大な

■アポロベイ・グレートオーシャンロード・ビジターインフォメーションセンター
住 100 Great Ocean Rd., Apollo Bay, 3233
☎ (03)5237-6529
☎ 1300-689-297
URL visitgreatoceanroad.org.au
開 毎日 9:00 〜 17:00
休 クリスマスデー

美しい白砂のビーチをもつアポロベイ

冷温帯雨林がうっそうと茂るなかを通るマイツレストのボードウオーク

■ケープオトウェイ灯台
MAP P.383/B
住 Lighthouse Rd. via Great Ocean Rd., Cape Otway, 3233
☎ (03)5237-9240
URL www.lightstation.com
※ 2024 年 2 月現在灯台内の公開は休止中

景色を楽しむこともできる。森の中では**ジップライン・エコツアー** Zipline Eco Tour というアドベンチャーアトラクションも行われている。ユーカリの間にワイヤーロープが張り巡らされていて、滑り下りながら景色を楽しむというものだ。

レイバーズヒルの村外れ、グレートオーシャンロード沿いに広がる温帯雨林の森が**メルバガリー** Melba Gully（グレートオトウェイ国立公園の一部）。森を一周する 15 分ほどのボードウオークがあり、滝に面した一角では夜間ツチボタルを見ることができる。ただし夜間は真っ暗で、ひと気もないため、見学はできるだけ数人のグループで行くことをすすめる。もちろん懐中電灯は必携だ。

■**オトウェイフライ・ツリートップアドベンチャー**
MAP P.383/B
住 360 Phillips Track, Beech Forest, Weeaproniah, 3237
☎ (03)5235-9200
URL www.otwayfly.com
開 毎日 9:00 ～ 17:00（最終入園 15:30）
休 クリスマスデー
料 大人 $27.50 子供 $21.50 家族 $80 ／ジップライン・エコツアー（入園料込み）：大人 $120 子供 $85

オトウェイフライ・ツリートップアドベンチャーで美しいユーカリの森の上を歩く

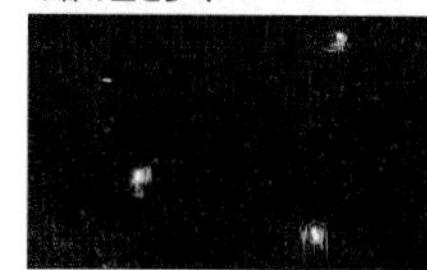
メルバガリーで見られるツチボタル

ポートキャンベル
Port Campbell

「12 人の使徒」「ロンドンブリッジ」などグレートオーシャンロードのメインの景勝地が集まる**トゥエルブアポストルズ海洋国立公園** Twelve Apostles Marine NP。その観光起点となるのがポートキャンベルだ。変化に富んだ、そのすばらしい景観を思う存分楽しみたいなら 1 泊はしたい。

■**ポートキャンベル・ビジターインフォメーションセンター**
住 26 Morris St., Port Campbell, 3269 FREE 1300-137-255
URL visit12apostles.com.au
URL visitgreatoceanroad.org.au
開 毎日 9:00 ～ 17:00
休 クリスマスデー

海から奇岩を眺めよう MAP P.383/A
ギブソンステップス
Gibson Steps

海辺まで下りていけるギブソンステップス

メルボルン側から来ると、この付近の奇岩を見る一番手前のポイントがここになる。階段を使ってビーチまで下りることができ、砂浜になっているギブソンビーチ Gibson Beach をしばらく歩くと、目の前に海から突き出した奇岩が見えてくる。ポートキャンベル周辺の景勝地は、海際のビーチから見学できる所が少ない。海の高さから見ると、迫力が段違いなのでおすすめだ。ちなみにすぐ先にある「12 人の使徒」の展望台からはビーチに下りることはできず、上から見ることになる。

グレートオーシャンロードの代表的景観 MAP P.383/A
12 人の使徒
Twelve Apostles

ポートキャンベルから東へ約 10km の所にある、切り立った断崖と海から突き出たいくつもの岩の景勝地だ（浸食のため現在は 12 個の岩はない）。グレートオーシャンロード最大の見どころで、南極からの冷たい海流と風による浸食が造り出した自然の景観だ。突き出た岩それぞれに独特の表情があり、いくつかは確かに人間の顔のようにも見える。1 ヵ所からすべての「使徒」を見渡すことはできないので、展望台を歩き回っていろいろな角度から眺めてみよう。

グレートオーシャンロードで最もフォトジェニックな景観

展望台から眺める絶景

■ **12 アポストルス・ヘリコプター**
☎(03)5598-8283
URL www.12apostleshelicopters.com.au
料 ロンドンブリッジ＆ 12 人の使徒フライト（16 分）$165／ロンドンブリッジ＆ 12 人の使徒フライト＆ベイ・オブ・アイランズ（25 分）$245
CC MV
※ヘリポートは 12 人の使徒の駐車場奥。

■ **2 マイルベイ 2Mile Bay**
ポートキャンベル・ベイ対岸の展望台から 2 マイルベイまで、往復 1 時間 30 分のウオーキングコース「ポートキャンベル・ディスカバリーウオーク」がある。最もグレートオーシャンロードらしい海岸線が一望できるおすすめコースだ。

空から眺めるグレートオーシャンロードはひと味違う

また、12 人の使徒をカメラに収める人は、朝、夕がおすすめ。海と太陽と使徒のコントラストが最も美しい瞬間だ。レンタカーで訪れる場合、駐車場は 12 人の使徒とはグレートオーシャンロードを挟んだ反対側（乗用車 190 台分の駐車場）となるので注意。ここにはトイレ、インフォメーションボードが整備されている。12 人の使徒までは、グレートオーシャンロードの下のトンネルをくぐり、徒歩でアクセスするようになっている。

なお 12 人の使徒駐車場脇にヘリコプター遊覧飛行会社 **12 アポストルス・ヘリコプター** 12 Apostles Helicopter があり、遊覧飛行で 12 人の使徒をはじめとする絶景が楽しめる。展望地から眺めるだけでは感じることのできない、12 人の使徒、ロックアード・ゴージなどの迫力ある景観を、空の上から見てみよう。

難破船の悲劇を今に伝える

MAP P.383/A

ロックアード・ゴージ
Loch Ard Gorge

12 人の使徒と並んで、ポートキャンベルの景勝地では絶対外せない絶景ポイント。展望地からは下の砂浜に下りられ、小さな入江で水遊びもできる。

ロックアードとはこの沖合で難破した船の名前。1878 年 6 月 1 日、早朝 4:00 過ぎにロンドンからメルボルンに向かっていたオーストラリア最後の移民船ロックアード号が、オトウェイ岬の灯台の明かりを濃い霧で見失ってしまい難破した。54 人の乗員、乗客のなかで生き残ったのは、18 歳の水夫トム・ピアス Tom Pearce と、7 人の家族とともに乗り込んでいた 17 歳のエバ・カーマイケル Eva Carmichael のふたりだけだったという。ロックアード・ゴージ入口には、メモリアルとともにここで亡くなった 52 人の墓が造られている。

砂浜に下りてロックアード・ゴージの迫力ある景色を満喫

ロックアード号の難破で亡くなった人たちの墓

また、ロックアード・ゴージから続くウオーキングルート沿いにも見どころがいっぱい。大きなアーチ状の島**アイランド・アーチウェイ** The Island Archway、細長く切り立った奇岩**ラゾルバック** The Razorback、断崖絶壁の孤島のためキツネ、猫などの天敵の心配がなく数万羽のマトンバードが生息する**マトンバード島** Mutton Bird Island、潮を吹き上げる**ブロウホール** Blowhole、海中洞窟となっている**サンダーケーブ** Thunder Cave、断崖絶壁の海岸線が見渡せる**ブロークンヘッド** Broken Head などだ。すべてのポイントを回るなら 2 時間はみておいたほうがいい。

迫力あるラゾルバック

波の浸食のすごさを実感できる
MAP P.383/A

ロンドンブリッジ
London Bridge

ポートキャンベルと**ペターボロー** Peterborough の、ちょうど真ん中あたりにある。海に突き出た岬の一部が、かつてダブルアーチになっていたので、この名前がつけられた。波の浸食によってできた美しいダブルアーチの姿を十数年前まで見せていたのだが、浸食がさらに進み、真ん中が落ちてしまい現在の姿となっている。

片方のアーチが浸食によって崩れたロンドンブリッジ

夕日に染まる奇岩と海を眺めよう
MAP P.383/A

ベイ・オブ・アイランズ
Bay of Islands

ペターボローの先に、**ベイ・オブ・マーティズ** Bay of Martyrs、そしてベイ・オブ・アイランズという景勝地がある。ここはメルボルンからワーナンブールに向かう行程では、奇岩の絶景が見られる場所として最後のポイントだ。

ワーナンブール
Warrnambool

ワーナンブールはグレートオーシャンロードの西に位置する人口3万3000人余りの町。町の中心はリエビッグ・ストリート Liebig St. で多くのショップが並んでいる。この道を海側に抜けると小高い丘キャノンヒル Cannon Hill があり、夏季ににぎわうレディベイ・ビーチ Lady Bay Beach まで見渡せる。

町の中心から南東へ 2km、**ローガンズビーチ** Logan's Beach へも出かけてみよう。ここは毎年5～9月、ミナミセミクジラ Southern Right Whales が見られることで知られている。ミナミセミクジラはザトウクジラほど豪快なパフォーマンスをすることは少ないので、なかなか見つけるのは難しい。それでもじっくりと波間に目を凝らせば、黒い尾ビレや吹き上げる潮が見えるはずだ。

19世紀の港町を再現
MAP P.383/A

フラッグスタッフヒル海事博物館
Flagstaff Hill Maritime Museum

19世紀のワーナンブールを再現したテーマパーク。当時の教会や病院、銀行、船大工の作業場、ロープや滑車を売る船具商の店などがある。

ここでのいちばんの見ものは、パブリックホールに展示されている、磁器でできた1.5mの大きさの孔雀の置物ロックアード・ピーコック Loch Ard Peacock。1878年に難破したロックアード号の漂流する積み荷の中から見つかったものだ。やはり難破船スコンバーグ号 Schomberg から見つかった豪華なダイヤモンド「スコンバーグ・ダイヤモンド Schomberg Diamond」も見ものだ。

■ワーナンブール・ビジターインフォメーションセンター Warrnambool Visitor Information Centre
住 Flagstaff Hill, 89 Merri St., 3280
FREE 1800-637-725
URL visitwarrnambool.com.au
開 毎日 10:00 ～ 17:00
休 クリスマスデー
※ホエールウオッチングの時期には、見られる時間帯などの情報も教えてもらえる。通常は午前中、もしくは夕方がウオッチングのベストタイムだ

■フラッグスタッフヒル海事博物館
住 89 Merri St. (Cnr. Banyan St.), 3280
☎ (03)5559-4600
URL www.flagstaffhill.com
開 毎日 10:00 ～ 17:00
休 クリスマスデー、大晦日
料 日中：大人 $19.50 子供 $9.30 家族 $50／サウンド＆ライトショー：大人 $32 子供 $17.60 家族 $81.80／デイ＆ナイト・パッケージ：大人 $45.65 子供 $24.15 家族 $116.80

開拓時代の町並みを残している

夜間行われるシップレックドショー

この博物館では夜間**サウンド＆ライトショー** Sound & Light Show も行っている。トール・オブ・シップレックコースト Tall of the Shipwreck Coast という名称で、ロックアード号の悲劇をレーザー光線や立体映像を使って再現している。

突如広がる異空間は野生動物の宝庫 MAP P.383/A

タワーヒル・リザーブ (ウォングンディッチ)
Tower Hill Reserve (Worn Gundidj)

ワーナンブールから約15km西に、約2万5000年前の大規模な火山噴火によってできた島と湖がある。小高い丘に囲まれたタワーヒル内は周辺の風景とは異なる空間。野生動物の宝庫となっていて、コアラ、エミュー、カンガルーなどを間近に見ることができる。この自然と先住民文化を体験する**カルチャー＆ネイチャーツアー** Culture & Nature Tour も催行されている。

ポートフェアリー
Port Fairy

1835年に入植が始まったビクトリア州有数の歴史を誇る町。町は小さく、ナショナルトラスト指定のブルーストーンや砂岩造りの建物が、昔の面影をとどめたまま数多く残っている。町のすぐ目の前に**グリフィス島** Griffiths Island がある。ここはオーストラリアでのみ繁殖するマトンバード Mutton Bird (Short Tailed Shearwater) のコロニーのひとつとなっている。島を歩いて1周しても1時間ほどで、マトンバード観察のためのウオーキングトラックも造られている。

ポートランド
Portland

ポートランドは1834年にビクトリア州で最初に移民が始まった地で、今も**カスタムハウス** Custom House をはじめナショナルトラストに指定されている1800年代の建物が200以上も残っている。**ポートランド・ビジターインフォメーションセンター** Portland Visitor Information Centre には歴史的建造物を巡るウオーキングルートが載っている資料もある。インフォメーションが入った建物は**ポートランド・マリタイム・ディスカバリーセンター** Portland Maritime Discovery Centre で、海事博物館やカフェ、ギフトショップが入っている。ポートランドベイを眺めるなら**第2次世界大戦記念碑展望台** World War II Memorial Lookout からがおすすめだ。

ポートランド周辺の見どころは、灯台がある**ネルソン岬** Cape Nelson と町から約20kmの所にある**ブリッジウオーター岬** Cape Bridgewater。ブリッジウオーター岬には、シールケーブ Seal Cave と名づけられた、オーストラリアオットセイが集まるポイントがあり、**シールウオッチング・ツアー**も行われている。

■タワーヒル・リザーブ（ウォングンディッチ）
住 105 Lake View Rd., Tower Hill, 3283
☎ (03)5561-5315
URL worngundidj.org.au
開 火～土 9:30～16:30／カルチャー＆ネイチャーツアー：10:00、13:00 スタート（約2時間）
料 カルチャー＆ネイチャーツアー：大人 $85 子供 $20 家族 $180

■ポートフェアリー・ビジターインフォメーションセンター
Port Fairy Visitor Information Centre
住 Railway Pl., Bank St., Port Fairy, 3284 ☎ (03)5568-2682
URL portfairyaustralia.com.au
開 毎日 9:00～17:00
休 クリスマスデー

■マトンバードについて
マトンバード（和名：ハシボソミズナギドリ）はオーストラリアから太平洋上をカムチャツカ半島、アラスカ沖合、カリフォルニア沖合と移動する渡り鳥。毎年9月後半にオーストラリアに戻り巣作りをする。

■ポートランド・ビジターインフォメーションセンター
住 Lee Breakwater Rd., Portland, 3305
FREE 1800-035-567
URL www.visitportland.com.au
開 毎日 9:00～17:00
休 クリスマスデー
●ポートランド・マリタイム・ディスカバリーセンター
開 毎日 9:00～17:00
料 大人 $7 子供 無料

■第2次世界大戦記念碑展望台
住 2 Wade St., Portland, 3938
☎ (03)5523-3938
開 毎日 10:00～16:00
料 大人 $4 子供 無料

■ケープネルソン灯台
Cape Nelson Lighthouse
住 Cape Nelson Lighthouse Rd., Portland West, 3305
☎ 0428-131-253
URL www.capenelsonlighthouse.com.au
開 毎日 10:00～17:00／ガイドツアー 11:00、14:00 スタート
料 大人 $15 子供 $10 家族 $40

■シールウオッチング・ツアー
●シール・バイ・シー・ツアー
Seals by Sea Tours
☎ (03)5526-7247
URL sealsbyseatours.com.au
料 大人 $50 子供 $25

世界遺産に登録されている先住民文化地区 MAP P.383/A

バジ・ビム（テラック・アクアカルチャーセンター）
Budj Bim (Te Rak Aquaculture Centre)

ポートランドとポートフェアリーの間、タワーヒル・リザーブが形成される前の約3万7000年前の火山活動によって誕生したのがバジ・ビムだ。ユーカリ林に覆われた小高い山で、中央には火口湖のサプライズ湖がある。一帯にはウオーキングトレイルがあって、火山活動で流れ出た溶岩が造った溶岩トンネル（ラバチューブ）も見られる。この火山活動でできた海岸までの溶岩大地は湿地帯が多く、この地の先住民（グンディッチマラ族）は、その自然を活かした方法で世界最初の魚類養殖を行った（少なく見積もっても6600年以上前とされる）。養殖したのはウナギで、食用や他部族との貴重な交易品として用いたという。こうした貴重な文化景観から、一帯は世界文化遺産に登録されている。なおウナギの養殖跡などを見たかったら、コンダー湖 Lake Condah 脇にある**テラック・アクアカルチャーセンター** Te Rak Aquaculture Centre から出ている先住民ガイドツアーに参加するといい。

■**バジ・ビム（テラック・アクアカルチャーセンター）**
住 Vaughans Rd., Breakway Creek, 3303
☎ (03)4504-2193
URL www.budjbim.com.au
時 半日ツアー：水～日 9:30～13:00／1日ツアー（ウナギの試食ランチ付き）：水～日 9:30～16:00
料 半日ツアー：大人$159 子供$119／1日ツアー：大人$199 子供$159

コンダー湖の養殖システムは個人見学も可能だ

グレートオーシャンロードのホテル
ACCOMMODATION　州外局番(03)

ローン

リゾートの滞在を楽しむなら　MAP なし
Cumberland Lorne Resort
カンバーランド・ローンリゾート

URL cumberland.com.au
住 150 Mountjoy Pde., Lorne, 3232
☎ 5289-4444　FREE 1800-037-010　WiFi 無料
料 1B $347～394、2B $413～473　CC JMV

全室フルキッチン、ランドリー付き。レストラン、プール、スパ、ジムなど設備も充実。

アポロベイ

部屋も広く清潔なモーテル　MAP なし
Apollo Bay Waterfront Motor Inn
アポロベイ・ウオーターフロントモーターイン

URL www.apollobaywaterfront.com.au
住 173 Great Ocean Rd., Apollo Bay, 3233
☎ 5237-7333　WiFi 無料　料 TW $220～351、2B $331～468　CC ADJMV

グレートオーシャンロード沿いの部屋なら海が見渡せる。レストラン、カフェ、ビーチへも徒歩で行くことができる。

ポートキャンベル

ポートキャンベルの安宿　MAP なし
Sow & Piglets Guest House
ソウ＆ピグレット・ゲストハウス

URL sowandpigletsguesthouse.com.au
住 18 Tregea St., Port Campbell, 3269
☎ 0488-216-432　WiFi 無料　料 D $70～85、TW $235～390　CC JMV

ブリュワリーパブを併設したゲストハウス。ビーチ、レストラン、ショップ等がすぐ近くにあってとても便利だ。

ゆったり広々したモーテルユニット　MAP なし
Loch Ard Motor Inn
ロックアード・モーターイン

URL www.lochardmotorinn.com.au　住 18 Lord St., Port Campbell, 3269　☎ 5598-6328　WiFi 無料
料 TW $229～299　CC MV

モーテルタイプの部屋は湾に面していて、バルコニーからは海が見える。

家族連れやグループ旅行に最適　MAP なし
Southern Ocean Villas
サザンオーシャンヴィラ

URL www.southernoceanvillas.com
住 2-6 McCue St., Port Campbell, 3269
☎ 5598-4200　WiFi 無料
料 2B $280～320、3B $300～370　CC AMV

ポートキャンベルの入口にあるヴィラスタイルのアパートメントホテル。各ヴィラともに広々としており、別荘のような気分で過ごせる。

ゆったりとしたスペースが魅力のリビングエリア

バララット＆ベンディゴとゴールドフィールド

Ballarat & Bendigo, Gold Field

ゴールドラッシュの名残があるバララットの町並み

オーストラリア史の節目のひとつは、1850年代に始まったゴールドラッシュだ。急激な人口の移動と増加。一攫千金を夢見た人々が、世界中からオーストラリアへ集まってきた。ビクトリア州内陸部もかつてゴールドラッシュに沸いた。特にメルボルンの北西112kmにあるバララットから、その北100kmほどにあるベンディゴまでの一帯は、数多くの金鉱があった所で、ゴールドフィールド Goldfield の通称で呼ばれている。金の採掘は、バララットでは1918年まで、ベンディゴでは1954年まで続いた。ふたつの町には当時の様子を垣間見られる施設があり、人気を呼んでいる。

アクセス

●バララット

メルボルンのサザンクロス駅からVラインの電車利用が便利（約1時間45分）。グレイハウンド・オーストラリアも毎日1～2便バスを運行している。メルボルン国際空港からはバララット・エアポートシャトルバス Ballarat Airport Shuttlebus の直行バスがある。

●Vライン FREE 1800-800-007
URL www.vline.com.au
●バララット・エアポートシャトルバス ☎(03)5333-4181
URL airportshuttlebus.com.au
料 片道：大人$47 子供$23 家族$94 ／ 往復：大人$86 子供$46 家族$172

バララット

Ballarat

ゴールドフィールドの入口に当たるバララットは、特に強くゴールドラッシュのあおりを受けた町だ。1851年、金が発見されるまでは、ほんの小さな町にすぎなかったバララットが、わずか数年後には、人口4万人と膨れ上がっていた。金の採掘を終えるまで約640tも産出していた。これは、ビクトリア州の金のおよそ28%に当たる。現在、人口約12万人の小都市で、中心部にはゴールドラッシュ当時の頃の建物が数多く残っている。

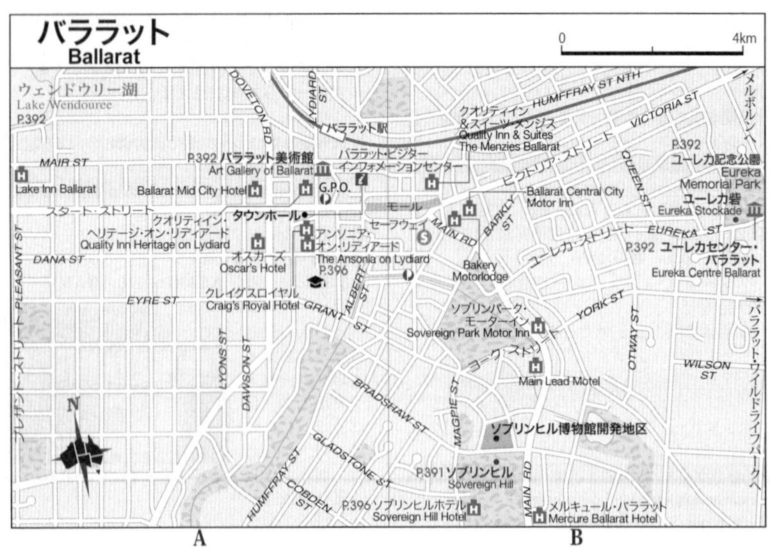

ゴールドラッシュ時代の町を復元した MAP P.390/B

ソブリンヒル
Sovereign Hill

ソブリンヒルのメインストリート

人気の砂金探し

1851 ～ 61 年のゴールドラッシュ全盛時の金鉱山の町を再現したテーマパーク。屋内展示では、この地での金発見からいかにして一攫千金を夢見た人が集まり、バララットの歴史がつくられたのかをパネル展示と映像で紹介。屋内展示を抜けると、そこはレッドヒルガリー鉱山の採掘現場（1851 ～ 55 年）を再現した金鉱の町。1854 年当時の金採掘ライセンスを複写したものに名前を入れてライセンスを手に入れれば、小川での砂金取りにもチャレンジできる（見つかるかどうかは運しだい）。園内のテント村は、1850 年代に町の人口の 4 分の 1 を占めていた中国人の村。さらに採鉱博物館では、地下採掘現場を見学する鉱山ツアー Mine Tour も催行している（別料金）。トロッコに乗って地下深く潜り、再現された坑道を歩きながら、どのようにして金が採掘されたかを見て歩くという趣向だ。またメイン・ストリート Main St. のさまざまなお店は、当時のままの姿で営業しており、散策も楽しい。

夜間のサウンド＆ライトショー、**オウラ** AURA も見逃せない。ソブリンヒルの敷地を使って、ゴールドラッシュ、サザンクロスの旗の下でのユーレカ砦の反乱（ユーレカ記念公園で説明→ P.392）などを、最新のプロジェクションマッピングと音楽を使って見せてくれる。

バララットの市内交通

CDC ビクトリア CDC Victoria の公共バスが、町の中心を起点に、各方面へ 15 のルートをもっている。旅行者に便利なのはソブリンヒル方面の Route 21、ユーレカ記念公園方面の Route 15、バララット・ワイルドライフパーク方面の Route 20、ウェンドウリー湖やバララット・ボタニカルガーデン方面の Route 10。
☎ (03)5331-7777
URL cdcvictoria.com.au

■バララット・ビジターインフォメーションセンター
MAP P.390/A
住 Town Hall, 225 Sturt St., Ballarat, 3550
FREE 1800-446-633
URL www.visitballarat.com.au
開 月～金 8:30 ～ 17:00、土日 10:00 ～ 16:00
休 クリスマスデー

■ソブリンヒル
住 39 Magpie St., Ballarat, 3350 ☎ (03)5337-1199
URL www.sovereignhill.com.au
開 毎日 10:00 ～ 17:00
休 クリスマスデー
料 大人 $49 子供 $29 家族 $132 ／鉱山ツアー 大人 $7.50 子供 $4 家族 $20 ／馬車体験 大人 $5.50 子供 $4 家族 $17
●オウラ（サウンド＆ライトショー）
時 日没時間によって異なる。時期により 1 ～ 2 回上演（要予約）
料 大人 $45 子供 $24 家族 $122

COLUMN

ゴールドラッシュをテーマにした
ソブリンヒル一帯の一大博物館計画

ソブリンヒルでは 2030 年をめどに、ゴールドラッシュをテーマにしたさまざまな施設をオープンさせる予定となっている。核となるのは、今も公開している金鉱の町。ここをリビングミュージアム Living Museum と位置付け、北側にバララット金鉱で見つかった金塊や当時の金の採掘権証書などゴールドラッシュ当時の貴重な資料を展示するオーストラリアン・センター・フォア・ゴールドラッシュコレクション Australian Centre for Gold Rush Colections、金を始めさまざまなマテリアルを用いたアート作品や工芸品の展示、ワークショップ開催などを行うオーストラリアン・センター・フォア・レアアーツ＆フォゴットントレード Australian Centre for Rare Arts & Forgotten Trades を建設。なおこれまでソブリンヒルに併設されていたゴールドミュージアムの展示品は、すべてオーストラリアン・センター・フォア・ゴールドラッシュコレクションに移管されることになっている。

ゴールドラッシュで見つかった巨大な金塊

まるでブッシュランドのような

MAP P.390/B 外

バララット・ワイルドライフパーク

Ballarat Wildlife Park

オーストラリアならではの動物がいっぱいで、カンガルー、ワラビー、エミューは放し飼い。動物と触れあえるアニマルエンカウンター・プログラムがあり、コアラやウォンバット、キノボリカンガルーなどをスタッフの詳しい説明を聞きながら間近に観察し、最後に触れながら一緒に記念写真を撮ったりもできる。

歴史的価値のある見どころいっぱいの

MAP P.390/B

ユーレカ記念公園

Eureka Memorial Park

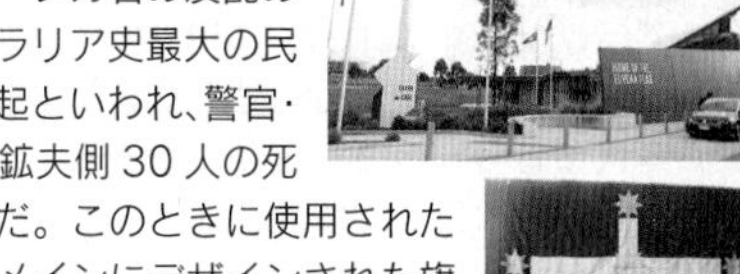
ユーレカ砦の反乱について展示が充実している博物館

サザンクロスの旗ユーレカフラッグ

1854年、英国政府の採掘税、採掘権の不合理に対して金鉱夫たちが起こしたユーレカ砦の反乱の舞台。オーストラリア史最大の民衆による武装蜂起といわれ、警官・軍隊側5人、金鉱夫側30人の死者を出した惨劇だ。このときに使用されたサザンクロスをメインにデザインされた旗は、今でもストライキなどのシンボルとして使われている。オリジナルの旗（幅4m×高さ2.6m）は**バララット美術館** Art Gallery of Ballarat 所有で、現在はユーレカ記念公園内にある**ユーレカセンター・バララット** Eureka Cente Ballarat 内に展示されている。センター内の博物館では、バララットがゴールドラッシュで栄え、反乱にいたるまでの歴史を、絵や記録の展示、タッチパネルなどで説明している。

バララット市民の憩いの場

MAP P.390/A

ウェンドウリー湖とバララット・ボタニカルガーデン

Lake Wendouree & Ballarat Botanical Gardens

町の西にあるウェンドウリー湖は、1956年のメルボルンオリンピックの際にレガッタ競技の会場となった。今も湖ではカヌーやカヤックなどを楽しむ若者の姿が多い。また湖上では数多くのブラックスワンが羽を休めている姿も見られる。ウェンドウリー湖に隣接してあるのが、40haの敷地をもつボタニカルガーデン。1858年開園という歴史のある植物園で、園内にはバラ園やベゴニアグラスハウスなどもある。毎年2～3月に開かれるベゴニアフェスティバルの会場だ。

ダイレスフォードとヘプバーンスプリングス

Daylesford & Hepburn Springs

ダイレスフォードは、画家、陶芸家、家具職人などの芸術家が集まる町として知られており、彼らの作品はアートギャラリーやクラフトショップに置かれている。なかでもダイ

■バララット・ワイルドライフパーク
住 250 Fussell St., Ballarat, 3350 ☎(03)5333-5933
URL wildlifepark.com.au
開 毎日 9:00 ～ 17:00 ／アニマルエンカウンター：コアラ 11:30 & 13:30、ウォンバット 11:00、キノボリカンガルー 11:00
休 クリスマスデー
料 大人$40 子供$20 家族$100 ／アニマルエンカウンター各 $50 ～ 80

アニマルエンカウンターで動物と触れあおう

■バララット美術館
MAP P.390/A
住 40 Lydiard St. North, Ballarat, 3350
☎(03)5320-5858
URL www.artgalleryofballarat.com.au
開 毎日 10:00 ～ 17:00
休 クリスマスデー、ボクシングデー
料 無料（特別展のみ有料）

■ユーレカセンター・バララット
MAP P.390/B
住 102 Stawell St. South (Cnr. Eureka St.), Ballarat, 3350
☎(03)5333-0333
URL www.eurekacentreballarat.com.au
開 毎日 10:00 ～ 17:00
休 クリスマスデー、ボクシングデー
料 大人$6 子供$4 家族$18

四季折々の花が咲くボタニカルガーデン

■バララット・ボタニカルガーデン
住 Gillies St. North, North Ballarat, 3355
☎(03)5320-5500
URL ballaratbotanicalgardens.com.au
開 10 ～ 4月：毎日 7:30 ～ 21:00 ／ 5 ～ 9月：毎日 7:30 ～ 18:00

ダイレスフォードのインフォメーション

レスフォードの町外れウォンバットヒル Wombat Hill にある、修道院を改装して造られた**コンベントギャラリー** Convent Gallery は見どころにもなっているので、ぜひ訪ねたい。1階がアンティークショップ、2階以上が建物の構造をうまく利用した現代アートのギャラリーとなっており、多くのアンティークアクセサリーを扱っている。おしゃれな雰囲気のカフェも併設されている。

スパリゾートが集まるヘプバーンスプリングス

ダイレスフォードから北へ 3km ほどの町がヘプバーンスプリングス。一帯では多くの天然水が湧き出しており「スパカントリー」として有名だ。スパ、マッサージ&アロマテラピーのサービスを行っている店がいくつもある。アコモデーションでもスパ&マッサージを売りにしているところが多い。ヘプバーンスプリングスから車で 10 分ほどの所には**ラバンデュラ・スイス・イタリアン・ファーム** Lavandula Swiss Italian Farm というラベンダーファームもあり、12 ～ 1 月のラベンダーの時期に訪れよう。

マルドン
Maldon

古い金鉱の町そのままのマルドン

人口 1500 人余りのマルドンには、140 年前の金鉱の町だった頃の様子が今もそのまま残っている。ナショナルトラストが1966年に、オーストラリアで最初の「歴史的に注目に値する町」と指定したほど。一歩町に足を踏み入れたとたん、タイムスリップした感覚を味わえる。スレート屋根に木造りの家、アンティークショップが並び、パン屋さんでは昔ながらに薪をたいて、窯でパンを焼いている。ティールームも昔の映画に出てきそうな雰囲気だ。町には歴史的な建物を見て歩くウオーキングトレイルがあるので、インフォメーションで地図をもらって歩いてみよう。

保存鉄道でタイムスリップ気分を味わう
ビクトリアン・ゴールドフィールド鉄道
Victorian Goldfields Railway

家族連れに評判の人気保存鉄道だ

ゴールドフィールドをレトロな蒸気機関車で巡る保存鉄道。マルドン～キャッスルマイン間を走る人気列車だ。1910 年建造というマルドン駅を出発。昔のままの、それこそ映画にでも出てきそうな雰囲気の客車の中から、のんびりと景色を楽しみながら、美しい牧草地や森の中を約 45 分。マルドンに立ち寄ったら、必ず試したい小旅行だ。

アクセス

●**ダイレスフォード&ヘプバーンスプリングス**
公共交通機関（V ライン）もあるが、現地到着後の移動手段がないので、レンタカー利用が現実的だ。

■**ダイレスフォード・ビジターインフォメーションセンター Daylesford Visitor Information Centre**
住 98 Vincent St., Daylesford, 3460 FREE 1800-454-891
URL www.visithepburnshire.com.au 開 毎日 10:00 ～ 16:00 休 クリスマスデー

■**コンベントギャラリー**
住 7 Daly St., Daylesford, 3460
☎ (03)5348-3211
URL conventgallery.com.au
開 木～月 10:00 ～ 16:00
休 火水祝
料 ギャラリー入場料：大人 $10 子供 $5

■**ラバンデュラ・スイス・イタリアン・ファーム**
住 350 Hepburn-Newstead Rd., Shepherds Flat via Daylesford, 3461
☎ (03)5476-4393
URL www.lavandula.com.au
開 金～火 10:30 ～ 17:30（冬季は休業） 休 水木、クリスマスイブ、クリスマスデー、冬季
料 大人 $5 子供 $1

アクセス

●**マルドン**
公共交通機関（V ライン）もあるが、現地到着後の移動手段がないので、レンタカー利用が現実的だ。

■**マルドン・ビジターセンター Maldon Visitor Centre**
住 Shire Gardens, 93 High St., Maldon, 3463
☎ (03)5475-2569
URL www.bendigoregion.com.au/visit-castlemaine-maldon
開 毎日 9:00 ～ 17:00 休 クリスマスデー

■**ビクトリアン・ゴールドフィールド鉄道**
☎ (03)5470-6658
URL www.vgr.com.au
時 日祝運行／マルドン発：12:45、15:45／キャッスルマイン発：10:30、14:15 ※時期により水に運行する場合あり
料 往復：大人 $52 子供 $21 家族 $115 ／ 片道：大人 $37 子供 $16 家族 $90

アクセス

●ベンディゴ

メルボルンのサザンクロス駅から平日6便、週末4便、Vラインの電車が出ている（所要約2時間）。またメルボルン国際空港からは、ベンディゴエアポートサービスBendigo Airport Serviceが直行バスを運行している。

●ベンディゴエアポートサービス
☎(03)5444-3939
URL bendigoairportservice.com.au
料 片道：大人$59 子供$27 家族$120／往復：大人$110 子供$54 家族$220

ベンディゴの市内交通

クリスチャンズバスChristian's Busが、中心部と郊外の町とを結んでいる。どの路線も平日は約30分おきの運行。週末は極端に本数が少なく、日曜、祝日は運休となることが多いので注意が必要。

●クリスチャンズバス
☎(03)5447-2222
URL christiansbus.com.au

■ベンディゴ・ビジターインフォメーション MAP P.395/A
住 Historic Post Office, 51-67 Pall Mall, Bendigo, 3550
FREE 1800-813-153
URL www.bendigoregion.com.au
開 毎日9:00～17:00
休 クリスマスデー

■ベンディゴ・トラムウェイ
住 76 Violet St., Bendigo, 3550
☎(03)5442-2821
URL www.bendigotramways.com
時 月～金10:00～12:00、13:30～15:30の1時間ごと、土日祝10:00～12:30、13:30～15:00の30分ごと
料 1日間有効チケット：大人$15 子供$10 家族$40

■セントラルデボラ・ゴールドマイン
住 76 Violet St., Bendigo, 3550 ☎(03)5443-8322
URL www.central-deborah.com
開 毎日9:30～16:30
料 敷地内自由散策：大人$5 子供 無料／鉱山体験地下ツアーMine Experience Tour(75分)：大人$35 子供$25 家族$99

ベンディゴ
Bendigo

ビジターインフォメーションのある堂々とした郵便局の建物

メルボルンの北西150km、ベンディゴは人口約10万人の、ビクトリア州で4番目に大きな町。そしてバララットと並ぶ有名な金鉱の町でもある。中心部にはゴールドラッシュ時代に建てられた歴史的建造物が数多く残されている。駅舎や教会、庁舎、ホテル、図書館、学校など、いずれも当時の姿のままで大切に利用されているのだ。

特に町の中心**アレクサンドラ噴水** Alexandra Fountain周辺では、優雅な建築の**ホテルシャムロック** Hotel Shamrock（1～2階はコロニアルスタイル、3階から上はバロック建築）、荘厳な雰囲気の時計台をもつ**郵便局** Historic Post Office（インフォメーションが入っている）など、見逃せない建物もある。

レトロなベンディゴ・トラムウェイが町を走る

レトロな**ベンディゴ・トラムウェイ** Bendigo Tramwaysは、セントラルデボラ・ゴールドマインと北の中国寺を往復している観光路面電車。アレクサンドラ噴水近くのハイ・ストリート沿いに乗り場がある。トラムに揺られ、歴史的な建物の並ぶ町を眺めていると、気分は100年前にタイムスリップ。途中立ち寄るトラム博物館では歴代の名トラムが見物できる。

50年以上前の金鉱採掘の様子を知る MAP P.395/A

セントラルデボラ・ゴールドマイン
Central Deborah Gold Mine

ヘッドランプをつけて地下鉱山へ

1954年に閉山し、ベンディゴに数ある金鉱のなかでも一番最後まで活躍していたのがセントラルデボラ・ゴールドマイン。1970年に市が買い取り、ゴールドラッシュ当時の鉱山の様子を復元し、一般公開している。ここでは**鉱山体験地下ツアー** Mine Experience Tourに参加したい。ヘッドライト付きのヘルメットをかぶり、ガイドとともに金網エレベーターに乗り、真っ暗な地下61mまで下りる。坑道を巡り、金を含んだ石英の鉱脈に実際に手で触れたり、ガイドが当時の採掘器具を実際に動かすのを見学したりする。なお地上には、エンジンルームなどの博物館があり、鉱山の歴史を知ることができる。

中国人抜きでベンディゴの歴史は語れない MAP P.395/B

ゴールデンドラゴン博物館
Golden Dragon Museum

歴史的価値のある博物館だ

ゴールドラッシュ時代の1854年6月当時、ビクトリア州の中国人の数は約3500人。うち2000人がベンディゴ金鉱にいたといわれる。そしてこの年、ベンディゴ金鉱でオーストラリア最初の大規模な反中国人暴動が起き、これを機に政府は1855年、中国人移民制限法を導入。後の白豪主義へとつながっていく。そんなベンディゴでの中国人社会の歴史や生活の様子を展示したのがここ。毎年イースター祭のパレードで使われる100mを超す巨大な竜が見ものだ。なお町外れには、ビクトリア州全域でわずか3寺のみ残った当時の**中国寺** Chinese Joss House Temple のひとつがある。

町外れにある歴史的に貴重な中国寺

■**ゴールデンドラゴン博物館**
住 1-11 Bridge St., Bendigo, 3550
☎ (03)5441-5044
URL www.goldendragonmuseum.org
開 火～日 9:30～17:00（スクールホリデー期間は毎日）
休 月、クリスマスデー
料 大人 $17 子供 $10 家族 $40

■**中国寺**
住 Finn St., Emu Point, North Bendigo, 3550
☎ (03)5443-8322
URL www.bendigojosshouse.com
開 土日 10:30～15:00
料 $5 程度の寄付

町の中心に位置する大公園 MAP P.395/A

ロザリンドパーク
Rosalind Park

ロザリンドパークの温室庭園

町の中心にある60エーカーもの広大な敷地をもつ公園。ベンディゴ市民の憩いの場で、園内には滝のような噴水の**カスケード** Cascades や、バラが咲き誇る**温室庭園** Conservatory Gardens などの見どころもあり、**展望台** Lookout からは町が一望できる。

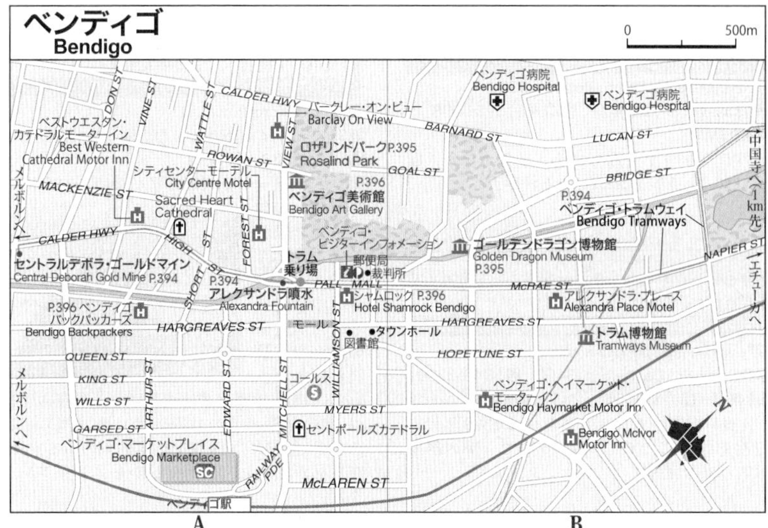

丘の上にある近代的なベンディゴ美術館

■ベンディゴ美術館
住 42 View St., Bendigo, 3550
☎ (03)5434-6088
URL www.bendigoartgallery.com.au 開 毎日 10:00 ～ 17:00
休 クリスマスデー
料 無料（$2 程度の寄付が望ましい）

■ベンディゴポッタリー
住 146 Midland Hwy., Epsom, 3551 ☎ (03)5448-4404
URL www.bendigopottery.com.au
開 水～月 9:00 ～ 17:00
休 火、クリスマスデー
料 インタプリティブ・ミュージアム入場料：大人 $8 子供 $4 家族 $20
※ 2024 年 2 月現在、洪水被害のため休止中

ロザリンドパーク内の高台にあるのが**ベンディゴ美術館** Bendigo Art Gallery。近代的な館内には、植民地時代から現代にいたるまでのオーストラリアを描いた絵画、19 世紀の英国、ヨーロッパの絵画や彫刻のほか、オーストラリアのさまざまな芸術品が展示されている。

オーストラリア最古の陶器製作所 MAP 地図外

ベンディゴポッタリー
Bendigo Pottery

ベンディゴから北へ約 6.5km のエプソンにある、オーストラリアに現存する最古の陶器製作所。建物も舗道も赤いれんが造り。1858 年にスコットランド出身の若い陶工ジョージ・ダンカン・ガスリーによって設立された。以来、130 年余りにわたって見事な陶器の数々を生産してきた。特に有名なのはエプソンウエアと呼ばれる赤茶色の陶器だ。ここには**インタプリティブ・ミュージアム** Interpretive Museum という博物館がある。1858 年の創設時から現在にいたるまでの、陶器の製造技術の移り変わりが、古い窯や道具などと合わせて展示されている。

ゴールドフィールドのホテル
ACCOMMODATION　州外局番 (03)

バララット

ソブリンヒルの 130 年前の町ですてきな一夜 MAP P.390/B

Sovereign Hill Hotel
ソブリンヒルホテル

URL www.sovereignhill.com.au
住 39 Magpie St., Ballarat, 3350 ☎ 5537-1199
WiFi 無料 料 TW $180 ～ 220 CC AMV

ソブリンヒルの小高い丘に並ぶ政府用の建物が、一般客の宿泊施設として使われている。

レストランも評価が高い MAP P.390/A

The Ansonia on Lydiard
アンソニア・オン・リディアード

住 32 Lydiard St. South, Ballarat, 3350
☎ 5332-4678 WiFi 無料 料 TW $139 ～ 288
CC ADJMV

バララットで人気のブティックホテル。館内のレストランもおいしいと評判だ。

ダイレスフォードとヘプバーンスプリングス

ナショナルトラスト指定の建物 MAP なし

Central Springs Inn
セントラル・スプリングイン

URL www.centralspringsinn.com.au
住 6 Camp St., Daylesford, 3460 ☎ 5348-3388
WiFi 無料 料 TW $165 ～ 245 CC MV

3 つの建物からなり、ふたつは 1800 年代の建物を改修したもの。全 16 室で一部の部屋はスパバス完備。

ベンディゴ

静かな場所にある MAP P.395/A

Bendigo Backpackers
ベンディゴバックパッカーズ

URL bendigobackpacker.com.au
住 33 Creek St. South, Bendigo, 3550
☎ 5443-7680 ／ 0429-078-955 WiFi 無料
料 TW $100 ～ 140 CC MV

古いアールデコ様式の建物を改修したホステル。インターネットや BBQ 設備もある。

ノスタルジックなムードの MAP P.395/A

Hotel Shamrock Bendigo
シャムロック

URL hotelshamrock.com.au
住 Cnr. Pall Mall & Williamson St., Bendigo, 3550
☎ 5443-0333 WiFi 無料
料 TW $175 ～ 243、1B $207 ～ 243、2B $252
CC AMV

優雅な外観のホテルだ

宮殿を思わせる外観で、ゴールドラッシュ中に建てられた建造物のなかでも最高傑作と評される。1854 年以来 2 度改築され、現在の建物は 1897 年築のもの。内部はロココ調のインテリア。部屋には 19 世紀の雰囲気のある家具・調度品が置かれ、豪華でしかもノスタルジックだ。

日本からゴールドフィールドへの電話のかけ方
国際電話会社の番号 + 010 + 61（国番号）+ 3（0 を取った州外局番）+ 電話番号

グランピアンズ国立公園

The Grampians NP

ホールズギャップの村には、朝夕、野生のカンガルーが現れる

バララットから北西へ約150km、メルボルンから260kmに、ビクトリア州最大の国立公園、グランピアンズ国立公園がある。その広さは16万7000haにも及ぶ。大分水嶺の西端に延びる山脈で、荒々しい砂岩の3つの峰が北と南に90km、東西50kmにわたって壮大な姿を形成している。一帯にはゴンドワナ大陸時代から続くユーカリ林や多雨林が生い茂っており、また数百万年もの間風雨にさらされて奇妙な形に風化した岩、澄んだ水のほとばしる滝といった自然の景観が堪能できる。3万年以上も前からこの地に暮らしていたアボリジニたちは、40ヵ所余りの場所に岩絵を残している。コアラやカンガルー、ポッサムなど野生動物が間近で見られ、またワイルドフラワーの宝庫としても知られている。

グランピアンズ国立公園の周辺には、ストーウェル Stawell、グレートウエスタン Great Western、アララット Ararat、ホーシャム Horsham などの町や村があるが、国立公園の中心に位置するホールズギャップ Halls Gap を起点に、グランピアンズ探検に出かけるのが一番便利だ。

ホールズギャップ
Halls Gap

ブッシュウオーキング情報が手に入るブランブク・ナショナルパーク&カルチュラルセンター

グランピアンズ国立公園に周囲を囲まれた小さな町がホールズギャップ。小さな商店街があるだけの小さな町で、朝夕にはあちこちでカンガルーに出合うほど自然豊かだ。町の中心にある**ホールズギャップ・ビジターインフォメーションセンター** Halls Gap Visitor Information Centre で主要な情報は入るが、本格的にブッシュウオーキングを楽しみたいなら、町から2.5km南の**ブランブク・ナショナルパーク&カルチュラルセンター** Brambuk The NP & Cultural Centre へ行きたい。国立公園オフィスも入った先住民文化施設で、ブランブクとは先住民の言葉でグランピアンズに多数生息しているキバタン（白オウム）を意味する。ここでは国立公園でのブッシュウオーキング情報やアドバイスがもらえる。本来はこの地の先住民の文化を体験できる施設なのだが、施設の大規模改修中のため、現在文化施設部分は休業となっている（2024年中に再オープン予定）。

アクセス

●グランピアンズ国立公園
メルボルンからホールズギャップまでは、Vラインがバララット、ストーウェル経由で毎日1便運行している。ただし現地での移動を考えるとツアーかレンタカー利用が現実的だ。

■旅の季節
冬はかなり冷え込み、雪が降ることもある。雨も冬に多いことを考えると、観光に適しているのは春から秋の10～5月だろう。ベストはワイルドフラワーのシーズンである10～12月で、この時期の週末は、ホールズギャップのホテルが満室になることも珍しくない。

■ホールズギャップ・ビジターインフォメーションセンター
住 117-119 Grampians Rd., Halls Gap, 3381
FREE 1800-065-599
URL www.visitgrampians.com.au
開 毎日 9:00～17:00
休 クリスマスデー

■ブランブク・ナショナルパーク&カルチュラルセンター
住 277 Grampians Rd., Halls Gap, 3381
☎ (03)8427-2058
URL www.parks.vic.gov.au/places-to-see/parks/grampians-national-park
開 毎日 9:00～16:00

ホールズギャップの町から10分ほどの場所にある**ホールズギャップ動物園** Halls Gap Zooは、のどかな雰囲気の動物園。8haの園内では、エミュー、クジャク、カンガルー、鹿などが放し飼いになっている。またユーカリの森をそのまま残した一角では、野生に近いかたちでウォンバットやワラビーを見られるようになっている。

またホールズギャップから約45分の所にある**グランピアンズ・ホースライディングセンター** Grampians Horse Riding Centreでは、少人数で本格的なブッシュライディングが楽しめる（初心者からOK）。ツアー中にはカンガルー、エミュー、野鳥などの野生動物、ワイルドフラワーなどが見られ、自然を十分に味わうことができる。

グランピアンズの自然に触れる

ブッシュウオーキング
Bush Walking

グランピアンズの大自然を満喫したかったら、公園内に造られたトレイルを歩いてみるのがいちばん。さまざまなコースがあるが、ここでは普通の体力があれば誰でも楽しめるポピュラーなコースを紹介する。

グランピアンズ随一の眺望を誇るザ・ピナクル

●ピナクルウオーク The Pinnacle Walk

ホールズギャップから4kmほど山を登ったワンダーランドカーパークから、絶壁にある見晴らし台**ザ・ピナクル** The Pinnacleまでの片道2.1km、標高差280mのコース（往復約2時間30分）。途中、剥き出しの岩肌が両側にそびえる峡谷**グランドキャニオン** Grand Canyon、自然の石畳の坂**サイレント・ストリート** Silent St.など、景観を楽しめる場所も多い。ザ・ピナクル展望台は、ワンダーランドレンジ Wonderland Rangeの頂上部突端にある。眼下にホールズギャップや人造のベルフィールド湖を望む光景に感動を覚えるはずだ。

●バルコニーズウオーク The Balconies Walk

グランピアンズを紹介する本には必ず出てくる**ザ・バルコニーズ**。獣が大きく口を開けたような絶壁だ。ザ・バルコニーズへのコースは、ホールズギャップからビクトリー・ロードを10kmほど登った見晴らし台、**リードルックアウト** Reed Lookoutからの往復1.8km、標高差50m、所要約40分のごく簡単なものだ。

●マッケンジーフォールズ・ウオーク McKenzie Falls Walk

落差約100mというグランピアンズ随一の規模を誇る**マッケンジーフォールズ**。滝上から下まで岩肌に造られた階段を下りる、往復2km、所要1時間20分のウオーキングだ。

涼しげなマッケンジーフォールズ

■ホールズギャップ動物園
住 4061 Ararat-Halls Gap Rd., Halls Gap, 3381
☎ (03)5356-4668
URL hallsgapzoo.com.au
開 毎日 10:00 ～ 17:00
休 クリスマスデー
料 大人 $40 子供 $20 家族 $100

■グランピアンズ・ホースライディングセンター
住 430 Schmidt Rd., Brimpaen, 3401 ☎FAX (03)5383-9255
URL www.grampianshorseriding.com.au
時 2時間30分乗馬：毎日10:00、14:00スタート
料 2時間30分乗馬：1人$125

■グランピアンズ国立公園でのブッシュウオーク
この地域には公共交通機関がないので、各トレイルの出発点までは車を利用するしか方法はない。車がない人は、ホールズギャップからタクシーを利用するか、ブッシュウオーキング・ツアーに参加するかのいずれかとなる。

■ホールズギャップ発着ツアー
より深くこの地域の自然に親しみたかったら、ホールズギャップ発着のツアーに参加するのがおすすめ。下記の会社が催行している。
●グランピアンズツアー Grampians Tours
☎ 0408-646-406
URL grampianstours.com
料 4WD半日ツアー：1人$125／4WD 1日ツアー：1人$225／ナイトサファリ：1人$150

■バルコニーズウオーク
ジブリ映画『もののけ姫』のなかで、アシタカがサンに介抱される場面がある。その場所のモデルになったというウワサはあるが、ジブリのウェブサイトでは公式に否定している。

グランピアンズいちの人気ポイント、ザ・バルコニーズ

知られざる名ワインを求めて

グランピアンズワイナリーズ The Grampians Wineries

グランピアンズ周辺の丘陵地帯では、1863年からワイン造りが行われていた。現在この地域にある9軒のワイナリーは総称してグランピアンズワイナリーズと呼ばれる。中心地がグレートウエスタン。オーストラリアのスパークリングワイン製造の第一歩が記された場所でもある。

●ベスツ・ワインズ Best's Wines

1866年創業の歴史あるワイナリー。現在も1866～1920年代に建てられた木造の建物や貯蔵庫を利用しており、試飲カウンターでもらえるパンフレットに沿って自分で自由に見て回れる。

●セッペルト・グレートウエスタン・ワイナリー Seppelt Great Western Winery

南半球最大級のスパークリングワイン製造量を誇る。1865年創業で、ワイン工場の地下には1860年代から1870年代にかけてトンネルのように張り巡らされた約3kmの貯蔵庫**ザ・ドライブズ** The Drivesが今も残っており、実際に利用されている。ガイドツアーによる地下貯蔵庫見学は、グレートウエスタン随一の観光だ。

■ベスツ・ワインズ
住 111 Best's Rd., Great Western, 3374
☎ (03)5356-2250
URL www.bestswines.com
開 月～土 10:00～17:00、日 11:00～16:00（サマータイム時期は11:00～17:00）
休 クリスマスデー
料 ワインテイスティング1人$10

■セッペルト・グレートウエスタン・ワイナリー
住 36 Cemetery Rd., Great Western, 3377
☎ (03)5361-2239
URL seppeltgreatwestern.com.au
開 毎日 10:00～17:00
休 クリスマスデー
料 ワインテイスティング1人$5
●ガイドツアー
時 毎日 11:00、13:00、15:00 スタートの1時間ごと
料 大人$22 子供$8

セッペルトのザ・ドライブズ

グランピアンズ国立公園のホテル ACCOMMODATION

州外局番 (03)

快適さ、便利さで選ぶなら　MAP なし

Pinnacle Holiday Lodge
ピナクル・ホリデイロッジ

URL www.pinnacleholiday.com.au
住 21 Heath St., Halls Gap, 338
☎ 5356-4249　WiFi 無料　料 T W $185、1B $165、2B $185　CC MV

みやげ物屋、レストランが集まるストニークリーク・ストアーズ Stony Creek Storesの裏側にある。暖炉とスパバスの付いたスイート、キッチン付きの1、2ベッドユニットなど部屋の種類も豊富だ。庭にはBBQサイトもあり、室内温水プール、テニスコートの設備もある。朝夕は庭にカンガルーがやってくることも珍しくない。

部屋の向こうにカンガルーも現れる　MAP なし

Kookaburra Motor Lodge
クッカブラ・モーターロッジ

URL kookaburralodge.com.au
住 26-28 Heath St., Halls Gap, 3381
☎ 5356-4395　WiFi 無料
料 T W $144～170　CC MV

平屋建てで、ほとんどの部屋は牧場に面している。牧場には朝夕カンガルー、エミューが現れるから動物好きにはうれしい。部屋はそれほど広くないが、エアコン、TV、シャワー、トイレなど設備はしっかりしている。

ホールズギャップの人気一級ホテル　MAP なし

Country Plaza Halls Gap
カントリープラザ・ホールズギャップ

URL countryplazahallsgap.com.au
住 141-149 Grampians Rd., Halls Gap, 3381
☎ 5356-4344　WiFi 無料　料 T W $155～230
CC AMV

部屋の前にカンガルーがやってくることも

町の中心から500mほど南にあるホテル。どの部屋もゆったりしており、実に快適。特にスパルームは人気がある。屋外には温水プールもあり1年中泳げる。また併設のレストランもホールズギャップ有数と評判だ。

ホールズギャップ中心にある　MAP なし

Grampians YHA Eco-Hostel
グランピアンズYHAエコホステル

URL www.yha.com.au
住 14-16 Grampians Rd.(Cnr. Buckler Rd.), Halls Gap, 3381　☎ 5356-4544　WiFi 無料
料 D $48.70、T W $140～160
※YHA会員以外は追加料金が必要　CC MV

ソーラーシステムを備えたウッディな雰囲気のホステル。ホールズギャップでは貴重な格安アコモで、夏季は混み合うことが多い。

ビクトリアンアルプスでスキーを楽しむ！

大分水嶺山脈の最南部に位置するビクトリアンアルプスでのスキーは近年人気を集めており、週末はメルボルンからたくさんの人たちが出かけている。マウントブラーやフォールズクリークのような、オーストラリアを代表する大規模なスキー場もあり、長期滞在してコースを滑り尽くすというのもいい。週末はメルボルンから各スキー場へツアーが出ている。

マウントブラー・アルパインビレッジ
Mt. Buller Alpine Village

受け入れ施設の面ではオーストラリア最大のスキー場で、距離的にもメルボルンから近く、週末は日帰り客でにぎわう。宿泊施設はバジェットタイプからデラックスタイプまで約 5000 人収容可能で、レンタルスキーショップ、郵便局やおみやげ屋、レストランやバーなどがゲレンデ前に集まっている。なお、手頃な宿泊施設が集まる 47km 離れたマンスフィールド Mansfield からは、スキー場へのトランスファーバスが出ている。コースは初級～上級までバランスよくあり、誰でも楽しめるようになっている。

豪快なダウンヒルが楽しめるマウントブラー

また、マウントブラーに隣接するように、クロスカントリースキーのフィールド、マウントスタイアリング・アルパインリゾート Mt. Stirling Alpine Resort がある。

フォールズクリーク・アルパインビレッジ
Falls Creek Alpine Village

マウントブラーと並ぶ、ビクトリア州有数のスキー場。メルボルン、シドニー、アデレード間に航空路線のあるオーブリー Albury から接続バスもある。施設も整っており、20 軒のロッジと 7 軒のホリデーアパート、スーパーやレストラン、バーなどもある。ゲレンデは、上級者コースの多いスキー場村側のビレッジボウル・スロープ Village Bowl Slopes と、初級・中級者コースの多い裏側のサンバレー・スロープ Sun Valley Slopes に分かれている。全コースの 6 割が中級者コースだ。

マウントホッツァム・アルパインビレッジ
Mt. Hotham Alpine Village

ビクトリアのスキーリゾートのなかで、最も高地（1840m）にあり、シーズン最盛期にはパウダースノーにシュプールを描くこともできる。スキー場ベースは山のかなり高い所にあり、スロープの大部分はそこから滑り下りるといった感じだ。中上級者用のコースが多いが、初心者でもなだらかで距離の長いコース取りができる。

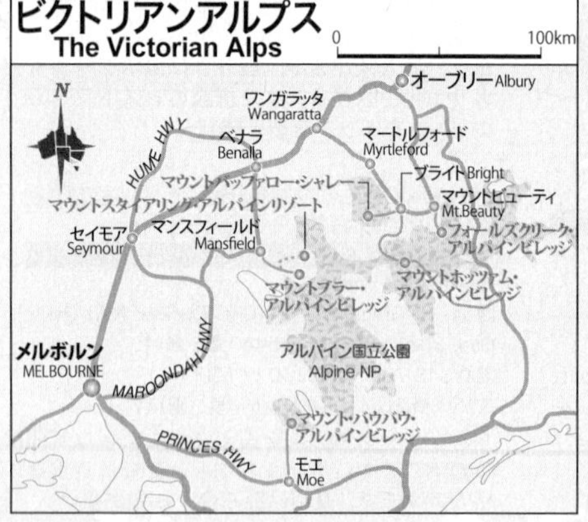

DATA

●マウントブラー
URL www.mtbuller.com.au
冬季にはメルボルンからブラーバス Buller Bus、アルツバーグツアー Alzburg Tours が各 1 便直通バスを運行（約 3 時間 40 分）。ブラーバスはメルボルン空港からのバスもある。またシーズンには、メルボルンからグレイラインなど数社が日帰り～数泊のスキーツアーを催行している。

●フォールズクリーク
URL www.fallscreek.com.au
メルボルンから列車やバスでワンガラッタへ行き接続するバスを利用。もしくは飛行機でオーブリーまで行き、そこからシャトルバスを利用。

●マウントホッツァム
URL www.mthotham.com.au
シーズン中メルボルン、オーブリー、マートルフォードから毎日直通バスの運行がある。

マレー川流域

Murray River Region

エチューカ名物のパドルスティーマー

マレー川はオーストラリアアルプスにあるパイロット山 Mt. Pilot の山腹に源を発し、海抜 1800m 以上の大陸中のすべての水を集めて流れている。途中シドニーハーバーの 6 倍はあるといわれる巨大な人工湖ヒュームを経て、ニューサウスウエールズとビクトリアの州境を流れる。南オーストラリア州では 640km にも及ぶ大河川地域 Rich River Plains を通りアレクサンドリナ湖へ、そして大海へと抜けていく。1824 年、探検家ヒュームとホーベルに発見されたこの大河は、6 年後にスチュワートによって、当時の NSW 植民地書記官ジョージ・マレーにちなみマレー川と名づけられた。

マレー川では 19 世紀半ば～ 20 世紀初頭まで、数多くのパドルスティーマー（外輪蒸気船）が活躍していた。その多くは内陸にある牧羊地からの羊毛運搬にたずさわっていたのだ。しかし鉄道網が発達するとともに用途が少なくなり、1930 年代に残ったのはわずか数隻だった。そんな時代に取り残された船も、今では観光客を乗せてのクルーズ船として川を往来している。船の上から河岸の景色を眺め、「羊の背に乗った大国」の歴史をかみしめてみるといい。

ウォドンガとオーブリー

Wodonga & Albury

マレー川上流域のウォドンガは、人口 4 万 3000 人を数える流域有数の町だ。対岸のニューサウスウエールズ州オーブリーと共同で開発されており、農業や商業がひじょうに盛んになっている。またこのふたつの町はニューサウスウエールズ～ビクトリアの交通の要衝としても知られる。オーブリーにある空港は両州のマレー川上流域への拠点でもある。

オーストラリア有数の大きさをもつ人造湖ヒューム湖

アクセス

●ウォドンガとオーブリー

ウォドンガへはメルボルンから毎日列車の便がある（所要 3.5 時間）またメルボルンからセイモアまで列車で、そこから接続する V ラインのバスを利用する方法も一般的だ。また**オーブリー空港** (ABX) へは、カンタスリンクがシドニー、メルボルン、ブリスベンから、リージョナルエクスプレスがシドニーから、ボンザがゴールドコースト、サンシャインコーストからフライトをもっている。

■オーブリー空港
URL flyalbury.com.au

■マレー・アートミュージアム（次ページ）
住 546 Dean St., Albury, NSW 2640 ☎ (02)6043-5800
URL mamalbury.com.au
開 月～金 10:00 ～ 17:00、土日祝 10:00 ～ 16:00
休 クリスマスデー
料 無料

アクセス

●エチューカ（次ページ）

メルボルンからベンディゴまで列車、そこから V ラインとディソンズ Dyson's が共同運行するバスがある。メルボルンからは毎日 1 ～ 2 便、所要約 3 時間 30 分。

■エチューカ・モアマ・ビジターインフォメーションセンター Echuca Moama Visitor Information Centre
住 2 Heygarth St., Echuca, 3564 FREE 1800-804-446
URL www.echucamoama.com
開 月～金 9:00 ～ 17:00
休 土日祝

■ポート・オブ・エチューカ・ディスカバリーセンター
住74 Murray Esplanade, Echuca, 3564
☎(03)5481-0500
☎1300-942-737
URL www.portofechuca.org.au
開 毎日 9:00 ～ 17:00
休 クリスマスデー
料 ガイドツアー：大人$13 子供$6.50 家族$46

■エチューカ・パドルスティーマーズ
☎(03)5481-0500
URL www.echucapaddlesteamers.net.au
時1時間クルーズは 10:15、11:30、13:30、14:45 発
休 クリスマスデー
料 大人$30 子供$12.50 家族$82

■マレーリバー・パドルスティーマーズ
☎(03)5482-5244
URL www.murrayriverpaddlesteamers.com.au
●キャンベラ号 P.S.Canberra / プライド・オブ・マレー号 P.S.Pride of the Murray
時1時間クルーズ：10:15、11:30、13:15、14:30 発
料 大人$33 子供$15 家族$89

大桟橋前を発着するキャンベラ号

アクセス

●スワンヒル

メルボルンのサザンクロス駅から V ラインの列車が毎日 2 ～ 4 本（一部はベンディゴからバス）の便がある。またエチューカからのバスもある。メルボルンからの所要時間は約 4 時間。

■スワンヒルリージョン・インフォメーションセンター Swan Hill Region Information Centre
住Cnr. McCare & Curlewis Sts., Swan Hill, 3585
☎(03)5032-3033
FREE 1800-625-373
URL www.swanhill.vic.gov.au/discover/swan-hill-information-centre
開 月～金 9:00 ～ 17:00、土日 9:30 ～ 14:00
休 アンザックデー、クリスマスデー

なおウォドンガの町なかには特に観光ポイントはないが、オーブリーには**マレー・アートミュージアム** Murray Art Museum (MAMA)、ボタニックガーデン Botanic Garden などの見どころがある。さらにこのふたつの町の東には、マレー川の水を満々とたたえる巨大なヒューム湖がある。

エチューカ
Echuca

クラシックな建物が大桟橋とディスカバリーセンターの入口だ

エチューカとはこの地の先住民の言葉で「水の出合う所」を意味している。その名のとおり、マレー川にカンパスペ川 Campaspe River が合流した所にあり、その地の利を生かし 19 世紀後半、何百隻ものパドルスティーマー（外輪蒸気船）の母港としてにぎわっていた。

エチューカの観光は、そうした当時の面影を残す歴史的建造物を見て回ること。ほとんどが川沿いの**マレー・エスプラネード** Murray Esplanade に集まっている。**大桟橋** Echuca Wharf は、川を行き来するパドルスティーマーと並んでエチューカの顔的存在で、レッドガムの大木で造られている。1865 年の着工以来何度も増築を重ね、最盛期には 1km 以上もの長さを有していた。また、マレー川のすさまじい水位の変化（なんと 7m 以上）に対応するため何層にも分かれていて、その高さは 12m にも及ぶ。大桟橋をじっくり見学し、併設された博物館（**ポート・オブ・エチューカ・ディスカバリーセンター** Port of Echuca Discovery Centre）でエチューカがにぎわっていた様子も知りたいなら、ガイドツアーに参加してみるといい。もちろん**エチューカ・パドルスティーマーズ** Echuca Paddlesteamers や**マレーリバー・パドルスティーマーズ** Murray River Paddlesteamers などの、パドルスティーマー・クルーズもぜひ体験したい。

スワンヒル
Swan Hill

スワンヒルは、エチューカと並んでパドルスティーマーによるマレー川交通の要として栄えた町だ。現在は古きよき時代の面影と、実り豊かな農村風景、そして内陸では数少ないすばらしいフィッシングポイントとして知られている。

この町いちばんの見どころは、開拓時代に建てられた町並みをそのまま利用した野外博物館**パイオニアセトゥルメント** Pioneer Settlement。

バララットのソブリンヒルがすべて再現された町並みであるのに対して、こちらはすべて本物というのがウリ。18 ～

19世紀にかけてマレー川沿いに建てられた小屋や学校、教会、商店などがそのまま残されている。建物のいくつかは展示館としても利用されている。パイオニアセトゥルメントではパドルスティーマー・クルーズもできる。パイオニアセトゥルメント入園券は2日間有効なのもありがたい。夜暗くなってから行われるマレー川地域の歴史や文化を音楽、光などマルチメディアを駆使して紹介するアートショーも見逃せない（曜日によって異なる2つのプログラムが用意されている）。入場料とは別料金で、当日でも予約が必要。

見逃したくないパイオニアセトゥルメント

またスワンヒルは、オーストラリアで初めて稲作を始めた日本人、高須賀穣ゆかりの地でもある。実際に稲作を行ったのはスワンヒルからマレー川沿いに西へ20kmほど行ったジニフェラ Jinifera の村の手前で、川沿いの道脇には記念碑もある。

スワンヒルから車で約20分ほどの場所にある稲作開始の地

■パイオニアセトゥルメント博物館
住 125 Monash Drv., Horseshoe Bend, Swan Hill, 3585
☎ (03)5036-2410
FREE 1800-981-911
URL www.pioneersettlement.com.au
開 毎日 9:30～16:30
休 クリスマスデー、ボクシングデー
料 入園料(2日間有効)：大人$33 子供$23 家族$97.50／入園料＋パドルスティーマー1時間クルーズ：大人$55 子供$38.50 家族$156／入園料＋パドルスティーマー1時間クルーズ＋ナイト・アートショー：大人$81 子供$57 家族$230

スワンヒル駅前には名物ジャイアントコッドがある

ミルドゥラ
Mildura

南オーストラリアにほど近い場所にあるミルドゥラは、人口8万人を超える、ビクトリア州マレー川地区最大の町。シドニーやメルボルンとアデレードを結ぶ中継点となる交通の要衝でもある。またこのあたり一帯は、オーストラリア有数の肥沃な大地に恵まれ、町の郊外にはオレンジやブドウなどの緑豊かな畑が続き、美味なワインの産地としても知られている。

古い町並みを残すミルドゥラ

19世紀後半に町の礎を築いたチャフィー兄弟 Chaffey Brothers ゆかりの**オールドミルドゥラ・ホームステッド** Old Mildura Homestead や、カンガルーやウォンバットに餌づけができる**ゴールデンリバー動物園** Golden River Zoo などの見どころもある。もちろん、ここでもパドルスティーマーによるマレー川クルーズが可能。人気があるのはメルボルン号 P.S.Melbourne、ロズバリー号 P.V.Rothbury。夜にはショーボートアボカ Showboat Avoca によるディナーショー・クルーズもある。

ミルドゥラの人気パドルスティーマー、PSメルボルン号

アクセス
●ミルドゥラ
メルボルンからバス、列車の便はなく、スワンヒル経由となる。所要約8時間。またメルボルン、シドニーからカンタスリンク、メルボルンからリージョナルエクスプレスが、メルボルン、ゴールドコースト、サンシャインコーストからボンザが**ミルドゥラ空港**（MQL）へのフライトをもっている。

■ミルドゥラ空港
URL milduraairport.com.au

■マンゴー湖国立公園へのツアー
●マンゴー・ガイデッドツアー Mungo Guided Tours
☎ (03)5029-7297
URL www.mungoguidedtours.com
時 1日ツアー：月～金 9:00～15:30 料 1人$170
※マンゴーロッジ宿泊と日中、夜のツアーを組み合わせたパッケージもある

マンゴー湖国立公園のウオール・オブ・チャイナの絶景

またミルドゥラは、NSW 州内にある世界遺産**ウィランドラ湖群地域（マンゴー湖国立公園** Lake Mungo NP）への起点となる町。乾燥した湖水地帯で、約 200 万年の間、一定方向から吹きつける風によって形成された異星空間のような世界が印象的だ。2 万 6000 年前の世界で最も古い火葬跡や火葬された女性の骨など、貴重な化石も発見されている。個人での観光には 4WD が必要なため、ミルドゥラ発着のツアーをすすめる（→ P.403 欄外）。

マレー川流域のホテル

ACCOMMODATION　州外局番 (03)

エチューカ

古きよき時代の様子が実感できる　MAP なし
Mercure Port of Echuca
メルキュール・ポートオブエチューカ

URL all.accor.com　住 465 High St., Echuca, 3564
☎ 5482-5666　FAX 5482-5682　WiFi 無料
料 W $171 ～ 240　CC ADMV　日本での予約先：アコーカスタマーサービス ☎ (03)4578-4077

エチューカ中心部にある一級ホテル。町の雰囲気同様、建物はクラシックだが、客室は明るく現代的。ホテル併設のレストラン、ポートバー＆グリルもしゃれた雰囲気だ。

観光に便利な場所にある

歴史建造物を改装した　MAP なし
Clocktower Suites
クロックタワースイート

URL clocktowersuites.com.au　住 234 Anstruther St., Echuca, 3564　☎ 0499-844-201　WiFi 無料
料 T W $194 ～ 240　CC MV

街のシンボル的存在だった古い郵便局を改装。時計塔のある外観自体見応えがある。当時の雰囲気を残した客室は優雅で、エチューカらしくどこかタイムスリップ気分が味わえる。

蒸気船マークの　MAP なし
Pevensey Motor Lodge
ペベンシーモーターロッジ

URL pevenseymotorlodge.com.au
住 365 High St., Echuca, 3564　☎ 5482-5166
WiFi 無料　料 T W $131 ～ 177　CC AMV

エチューカの町の中心にほど近い所にある。敷地内にはプールや BBQ 施設もある。

歴史の町にふさわしい雰囲気の　MAP なし
Echuca Gardens
エチューカガーデンズ

URL www.echucagardens.com
住 103 Mitchell St., Echuca, 3564
☎ 0419-881-054　WiFi なし
料 W $140 ～ 215、2B $140 ～ 190　※時期により最低宿泊に数あり　CC MV

130 年以上前のログハウスを改装したホテル。ワゴン車タイプのジプシーワゴン、ゲストハウス、コテージといった宿泊施設がある。

スワンヒル

パイオニアセトゥルメントにも近い　MAP なし
Swan Hill Resort
スワンヒルリゾート

URL swanhillresort.com.au
住 405-415 Campbell St., Swan Hill, 3585
☎ 5032-2726　FREE 1800-034-220
WiFi 無料　料 T W $152 ～ 199　CC AMV

スワンヒル随一の設備を誇る。一部の客室はスパバス完備だ。ミニゴルフやハーフのテニスコート、スパ、サウナやプールも完備。

便利な場所にある　MAP なし
Quality Inn Swan Hill
クオリティイン・スワンヒル

URL www.choicehotels.com
住 396 Campbell St., Swan Hill, 3585
☎ 5032-4427　WiFi 無料　料 T W $170 ～ 264
CC ADJMV

中心部もパイオニアセトゥルメントも徒歩圏内。プールや BBQ エリア、レストランなどの施設もあり。

手頃な値段で快適な　MAP なし
Murray River Motel
マレーリバーモーテル

URL www.murrayrivermotel.com
住 481 Campbell St., Swan Hill, 3585
☎ 5032-2217　WiFi 無料
料 T W $108 ～ 135、1B $118、2B $130 ～ 137
CC ADMV

町の南の外れにある。パイオニアセトゥルメントまで歩いて 5 分ほどだ。

世界複合遺産
ウィランドラ湖群地域
Willandra Lakes Region

ウィランドラ湖群地域は、ニューサウスウエールズ州の西南、ビクトリア州との州境近くのアウトバックにあるマンゴー湖をはじめとする干上がった湖群地帯の総称だ。ミルドゥラ、ウェントワースからマンゴー・ガイデッドツアー（→ P.403 ～404）に参加するのが最も簡単な観光方法だが、4WD 車をレンタルすれば、個人でも観光可能だ。マンゴー湖畔にはキャンプ場があるほか、アウトバックらしい雰囲気のリゾート、マンゴーロッジもある。

ビジターセンターで ホモサピエンスの歴史を知る

マンゴー湖畔にあるビジターセンターはウィランドラ湖群地域の自然、文化に関する博物館を兼ねている。マンゴー湖では人類史を知るうえで世界的に貴重とされる発見があった。約 2 万 5000 年前（4 万年前との説もあり）の人類の埋葬遺物マンゴーマン、約 2 万 6000 年以上前の火葬された人骨マンゴーレディ、当時の先住民が使っていたと思われる道具や、食料として焼いて食べたと思われる貝殻などが見つかっている。さらに氷河期（1 万 9000 ～ 2 万 3000 年前）の貴重な人類の足跡化石など、人類史を知るうえで重要な場所だ。ビジターセンター内ではこうした痕跡に関する展示が行われており、現在のオーストラリア先住民の祖先たちが、この地でどのように生活を送っていたかを知ることができる。またかつては緑豊かであったろう湖畔に生息していた大型有袋類に関する展示も興味深い。

見逃せない ウオール・オブ・チャイナの絶景

マンゴー湖の東側は湾曲した土砂が 33km も続き、通称ウオール・オブ・チャイナ Wall of China（万里の長城）と呼ばれている。その一帯は風化により、まるで異星空間のような独特の地形を造り出しており、マンゴー湖随一の見どころとなっている。

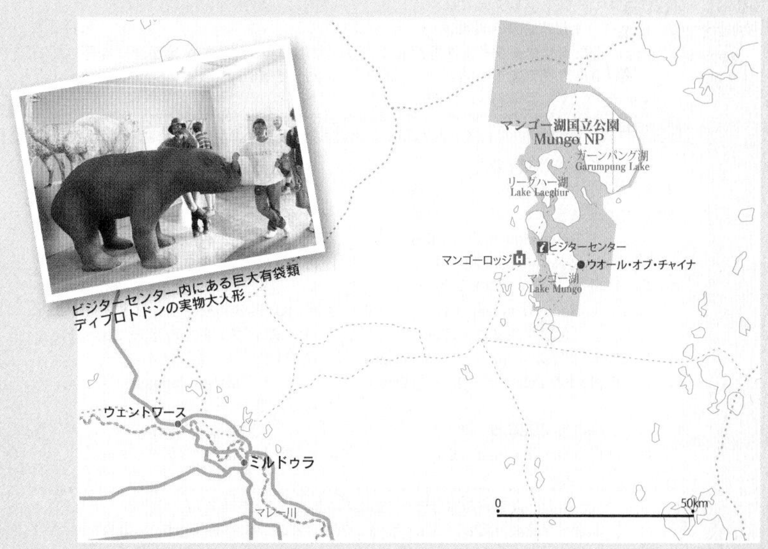

ビジターセンター内にある巨大有袋類ディプロトドンの実物大人形

タスマニア州

全体が国立公園のような「リンゴの形の島」

クレイドル山でブッシュウオーキング

観光のポイント

1 タスマニアは全島の約36%が国立公園や自然保護区で、その多くが世界自然遺産タスマニア原生地域。タスマニア観光は、そうした豊かな自然を見て回ること。人気のクレイドル山／セントクレア湖国立公園やマウントフィールド国立公園、フレシネ国立公園でのブッシュウオーキング、ゴードン川でのクルーズなど、思う存分自然のなかに浸るといい。

2 世界文化遺産に登録されている「オーストラリアの囚人史跡群」。オーストラリア全土11ヵ所のうち、タスマニアには5ヵ所がある。特に獄門島と恐れられたポートアーサー流刑場跡は、見逃したくない場所だ。

3 ロンセストン近郊のティマーバレーは、近年注目を集めるタスマニアワインの主生産地。多くのワイナリーで試飲しながらワイン選びが楽しめるので、ぜひ出かけてみたい。

基本データ

面積	6万8000km²
人口	約56万人
州都	ホバート（人口約25万4000人）
時差	オーストラリア東部標準時（日本より1時間早い） また、サマータイムを採用しており、通常毎年10月第1日曜より4月第1日曜までプラス1時間となる（日本より2時間早い）。
州の動物	タスマニアンデビル（正式に決定ではないが、通常用いられている）
州花	タスマニアンブルーガム
電話	州外局番03

おもな祝祭日（2024年5月～2025年4月）

2024年

- 6月10日 国王誕生日 King's Birthday
- 10月24日 ロイヤルホバート・ショーデー Royal Hobart Show Day（ホバート周辺のみ）
- 11月4日 レクリエーションデー Recreation Day（北部タスマニアのみ）
- 12月25日 クリスマスデー Christmas Day
- 12月26日 ボクシングデー Boxing Day

2025年

- 1月1日 新年 New Year's Day
- 1月26日 オーストラリアデー Australia Day
- 1月27日 オーストラリアデーの休日 Australia Day Holiday
- 2月10日 ロイヤルホバート・レガッタ Royal Hobart Regatta（南部タスマニアのみ）
- 3月10日 8時間労働の日 8 Hours Day
- 4月18日 グッドフライデー Good Friday
- 4月21日 イースターマンデー Easter Monday
- 4月22日 イースターチューズデー Easter Tuesday
- 4月25日 アンザックデー Anzac Day

スクールホリデー（2024年5月～2025年4月）

7/8～7/24、9/28～10/13、12/20～2025年2/4、4/15～4/29

タスマニア州主要観光地の平均気温・降水量

	1月	2月	3月	4月	5月	6月	7月	8月	9月	10月	11月	12月
ホバート												
平均最高気温（℃）	21.7	21.7	20.2	17.3	14.5	12.0	11.7	13.1	15.1	17.0	18.7	20.3
平均最低気温（℃）	11.9	12.1	10.9	9.0	7.0	5.2	4.6	5.2	6.4	7.8	9.3	10.8
平均降雨量（mm）	47.6	39.9	44.9	51.1	46.2	53.9	52.5	53.6	53.2	61.7	54.8	56.3
ロンセストン												
平均最高気温（℃）	24.3	24.6	22.5	18.9	15.8	13.1	12.6	13.8	15.6	18.0	20.5	22.4
平均最低気温（℃）	12.3	12.3	10.2	7.5	5.1	2.9	2.3	3.7	5.2	6.9	9.0	10.7
平均降雨量（mm）	44.4	30.8	39.3	52.8	61.9	67.4	77.3	88.4	66.6	50.2	52.9	46.7
クレイドル山／セントクレア湖国立公園												
平均最高気温（℃）	19.4	19.5	16.6	13.0	10.2	7.7	7.3	8.2	10.2	12.7	15.6	17.3
平均最低気温（℃）	6.3	6.1	4.4	2.9	1.7	0.3	0.0	0.2	1.0	2.0	3.6	5.0
平均降雨量（mm）	105.0	78.5	112.0	137.3	158.1	168.4	203.4	240.7	218.0	183.8	134.8	131.4

タスマニア州概要

タスマニアの西洋人による「発見」は英国人キャプテンクックによるものではなく、1641年、オランダ人、アベル・タスマンによる。しかし当時オランダが興味を示していた香辛料や黄金が見つからなかったため、その後英国の植民地（1803年）となるまでは入植は行われなかった。

夏季には野生でも見かけることがあるタスマニアンデビル

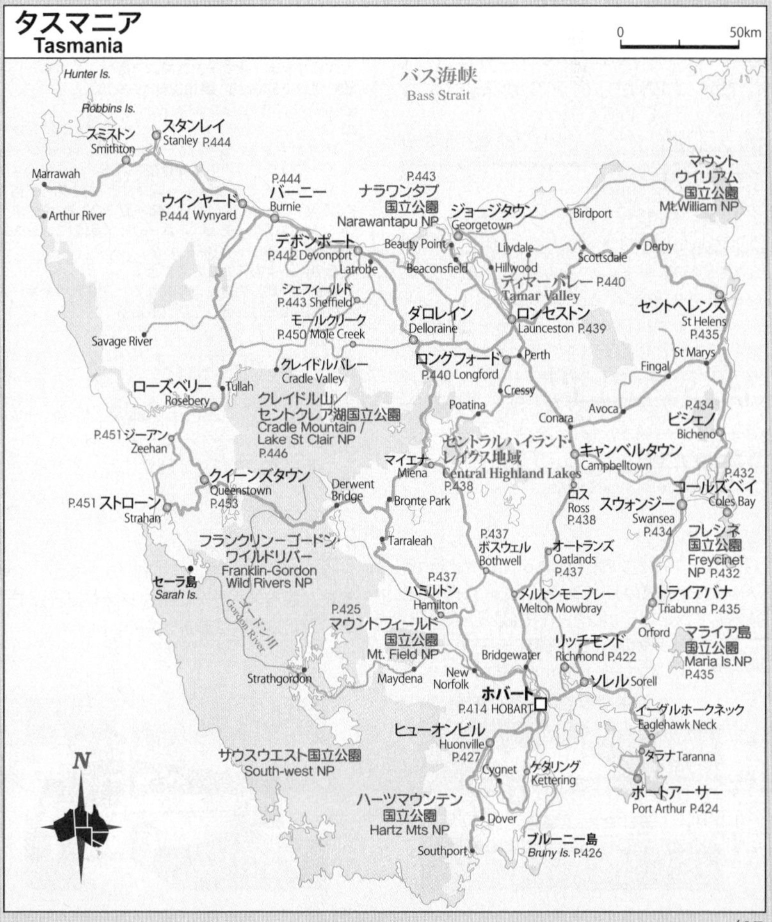

タスマニア
Tasmania

0　50km

バス海峡 Bass Strait
Hunter Is.
Robbins Is.
スタンレイ Stanley P.444
スミストン Smithton
Marrawah
Arthur River
ウインヤード P.444 Wynyard
P.444 バーニー Burnie
P.443 ナラワンタプ国立公園 Narawantapu NP
ジョージタウン Georgetown
Birdport
マウントウイリアム国立公園 Mt.William NP
デボンポート P.442 Devonport
Beauty Point
Lilydale
Scottsdale
Derby
Latrobe
Beaconsfield
Hillwood
ティマーバレー P.440 Tamar Valley
シェフィールド P.443 Sheffield
ダロレイン Delloraine
ロンセストン Launceston P.439
セントヘレンズ St Helens P.435
モールクリーク P.450 Mole Creek
Savage River
St Marys
ロングフォード P.440 Longford
Perth
Fingal
クレイドルバレー Cradle Valley
ローズベリー Rosebery
Tullah
Cressy
クレイドル山／セントクレア湖国立公園 Cradle Mountain / Lake St Clair NP P.446
Poatina
Avoca
P.434 ビシェノ Bicheno
Conara
P.451 ジーアン Zeehan
セントラルハイランド・レイクス地域 Central Highland Lakes P.438
キャンベルタウン Campbelltown
マイエナ Miena
P.432 コールズベイ Coles Bay
クイーンズタウン Queenstown P.453
Derwent Bridge
ロス Ross P.438
スウォンジー Swansea P.434
P.451 ストローン Strahan
Bronte Park
フレシネ国立公園 Freycinet NP P.432
Tarraleah
P.437 ボスウェル Bothwell
オートランズ Oatlands P.437
フランクリン－ゴードン・ワイルドリバー Franklin-Gordon Wild Rivers NP
セーラ島 Sarah Is.
P.437 ハミルトン Hamilton
メルトンモーブレー Melton Mowbray
トライアバナ Triabunna P.435
ゴードン川 Gordon River
P.425 マウントフィールド国立公園 Mt. Field NP
Orford
マライア島国立公園 Maria Is.NP P.435
リッチモンド Richmond P.422
Bridgewater
Strathgordon
Maydena
New Norfolk
ソレル Sorell
ホバート P.414 HOBART
イーグルホークネック Eaglehawk Neck
ヒューオンビル Huonville P.427
タラナ Taranna
サウスウエスト国立公園 South-west NP
Cygnet
ケタリング Kettering
ポートアーサー Port Arthur P.424
ハーツマウンテン国立公園 Hartz Mts NP
Dover
ブルーニー島 Bruny Is. P.426
Southport
N

タスマニア全土は、大陸本土では少なくなった豊かな多雨林の森に覆われている。その大部分は世界遺産に登録されており、タスマニアンデビルをはじめとする野生動物が数多く生息している。四季のある冷温帯気候に属することもあり、おいしいリンゴが収穫される。またソバの栽培にも成功しており、端境期の日本へも輸出されている。

タスマニアと日本の関係は思いのほか古い。幕末に北海道・厚岸を襲ったのは、タスマニアの捕鯨船だった。水と薪の補給を鎖国中の日本に断られたことに対する、報復攻撃だった。当時のホバートは捕鯨船の基地で、南太平洋から北洋まで出かけていたのだ。

タスマニアの歴史には悲しいできごとも多い。まずこの島はかつて、英国からの囚人が罪を犯すと送られる「流刑の島」だった。タスマン半島に残るポートアーサー流刑場跡や、マライア島の囚人執行猶予観察地跡などは、世界文化遺産に登録されているほどだ。さらに、この島の先住民を、植民者が鉄砲で撃ち殺し、文明のもたらした病気を蔓延させて、1876年までにタスマニア先住民を絶滅の危機に追いやったできごと。希少動物タスマニアンタイガーを狩りによって絶滅に追い込んだこと。こうしたオーストラリアの負の歴史を知ることも、タスマニアの旅のひとつだ。

監獄のなかの監獄と恐れられたポートアーサーの流刑場の跡地は、現在は世界文化遺産となっている

アクセス

州外からのアクセス

飛行機 オーストラリア主要都市からフライトがある。ホバートへはカンタス航空がブリスベン、シドニー、キャンベラ、メルボルン、アデレードから、ヴァージン・オーストラリアがブリスベン、シドニー、メルボルン、アデレード、パースから、ジェットスターがブリスベン、ゴールドコースト、シドニー、メルボルン、アデレードから直行便を運航。ほかにロンセストンへカンタス航空、ヴァージン・オーストラリア、ジェットスターがシドニー、メルボルンなどから、ボンザがゴールドコースト、サンシャインコーストから直行便を運航している。フライト数が多いのはメルボルンからの便だ。

船 TTライン TT Lineのスピリット・オブ・タスマニア号 Spirit of Tasmaniaが、メルボルン近郊のジーロンとデボンポート間を運航している。デボンポートではレッドラインやタジーリンクのバスに接続し、そのままロンセストン、ホバートへ向かうこともできる。

スピリット・オブ・タスマニア号に乗ってタスマニアへ

●**スピリット・オブ・タスマニア号**
FREE 1800-634-906 ☎(03)6419-9320
URL www.spiritoftasmania.com.au
時 ジーロン～デボンポート：ジーロン、デボンポート両港とも毎日18:45発－翌6:00着（ハイシーズンと一部日程で日中の便が追加される。その場合スケジュールは変更となりジーロン、デボンポート両港8:30発－18:30着、21:30発－翌7:30着となる）
料 ジーロン～デボンポート：大人$135～263 子供$54～132
※車やバイクを積むこともできる
※料金は時期、客室により異なる。往復割引やホテルを組み込んだパッケージ割引もある

州内でのアクセス

飛行機 シャープ航空 Sharp Airlineがロンセストン～バーニーなどのフライトをもっている。ただし旅行者にとって利便性は低い。

長距離バス バスはレッドライン Redlineとタジーリンク Tassie Linkの2社が、主要都市、観光スポットに路線バスを運行している。ただし便数はあまり多くない。

タスマニア全土に路線をもつタジーリンク

ビシェノ近郊にはペンギン横断注意の標識も

ゴンドワナ大陸時代から続く太古の森が残る

レンタカー　景色の美しいタスマニアでは、レンタカー利用がおすすめだ。タスマニアでのドライブは、本土と違い変化に富んだ景観を堪能できる。また、ほとんどの主要都市に大手レンタカーのオフィスがあるので、乗り捨て利用などに不便さは感じない。ただしタスマニアは野生動物の飛び出しが多いので、運転には十分気をつけたい。

プランニングのヒント

国立公園の入園パス

タスマニア州の国立公園を観光するには入園パスを手に入れなくてはならない。各国立公園のビジターセンターで購入可能。

●**パークス＆ワイルドライフサービス・タスマニア**
☎1300-827-727　URL parks.tas.gov.au
料1日パス：1人$22.35、車1台（8人まで）$44.75／クレイドル山限定1日パス：大人$27.95 子供$11.20 家族$67.10／ホリデーパス（2ヵ月有効）：1人$44.75、車1台（8人まで）$89.50／年間パス：車1台（8人まで）$95.30

ツアーかレンタカー利用が現実的

公共交通機関の便が少ないタスマニアでの観光は、ツアー、レンタカー利用が現実的。主要ツアーはホバート、ロンセストンが起点で、日帰り～1週間程度のツアーがある。おもなツアー会社は下記のとおり。

12～1月にはラベンダーファームも訪ねてみたい

●**エイジェイピーアル（日本語ツアー）**
☎(03)6227-7909
URL ajpr.com.au
●**アドベンチャーツアーズ・オーストラリア**
☎(03)9125-3630
URL www.adventuretours.com.au

野生のウォンバットが見られる場所も多い

ブルーニー島周辺に数多くすむオーストラリアオットセイ

Walking in Tasmanian Wilderness

タスマニア原生林を歩く

オーストラリア大陸の南に浮かぶタスマニア。
島全体の約36%が国立公園や州保護林、自然保護地域などで、そのうち4つの国立公園が世界自然遺産「タスマニア原生地域」に登録されているほど、豊かな森を抱えている。
そして、こうした深い森の中に、できるだけ多くの人に自然の豊かさを味わってもらえるようにと、さまざまなウオーキングトラックが整備されているのも大きな特徴だ。
タスマニアへ出かけ、森に分け入る。
濃密な空気と静寂が支配するその世界で、地球の豊かさ、自然の尊さを実感してみたい。

ハネムーンベイから見たザ・ハザード（フレシネ国立公園）

珍しいパンダニがあちこちで見られる（クレイドル山）

知っておきたい！タスマニアの森の特徴

オーストラリア本土と同様、タスマニア島もまた、ゴンドワナ大陸の分離によってできた島で、分離後、ほかの大陸と一緒になることはなく、特異な自然が残る場所として知られている。

その自然は大きく3つのタイプに分けられる。まずゴンドワナ大陸の植物相の遺産として知られる木生シダ(マンファーン）やナンキョクブナのマートルビーチ、固有針葉樹のキングビリーパインやセロリトップパイン、さらに多様なコケ類が茂る冷温帯雨林。次に冷温帯雨林より雨は少ないが湿度の高い場所に育つユーカリ林（なかにはユーカリ属で最も高木となるマウンテンアッシュも含まれる）。最後にタンニンを多く含んだボタングラスや草原地帯だ。

おもしろいのは、これら3タイプの自然は異なった地域に存在するのではなく、隣り合ったり、ときに混在したりしているのだ。タスマニアを代表する植物のひとつパンダニ(世界で最も背の高いヒース科の植物）も、本来冷温帯雨林に生えるのだが、草原地帯などでも普通に見かけるほどだ。

クレイドル山／セントクレア湖国立公園

本文→P.446

タスマニア随一の人気を誇る国立公園がクレイドル山／セントクレア湖国立公園。1億6500万年ほど前に形成された粗粒玄武岩の台地が氷河によって削られてできた山岳地帯。標高1300mを超える山々、数多くの湖から成り立つ16万haもの面積をもつ広大な国立公園だ。その北部、クレイドル山地域は、雄大な景観、見事な原生林を満喫でき、さらに数多くの動物たちに出合える場所として知られている。もちろんウオーキングトレイルも数多く、滞在日数に合わせていろいろなコース選びができるのもうれしい。

雄大な景色が楽しめるクレイドル山

冷温帯雨林内にあるラッセルフォールズ（マウントフィールド国立公園）

マウントフィールド国立公園

本文→P.425

ホバートから日帰り可能な国立公園で、標高の低い場所にあるユーカリ林、冷温帯雨林から標高1000mを超える場所の高山植物地帯まで、多様な植生が見られることで知られている。朝夕はハリモグラやワラビーなどさまざまな動物にも出合える。

フレシネ国立公園

本文→P.432

タスマニア東海岸を代表する国立公園がフレシネ国立公園。タスマン海に突き出した火山岩でできた半島で、美しい白砂のビーチ、ユーカリ林を中心とする森、そしてドラマチックな景観が楽しめる場所として、オーストラリア人にとても人気が高い。

展望台からワイングラスベイを望む（フレシネ国立公園）

タスマニア島内国立公園トラベルデータ

■国立公園入園パス

タスマニア州の国立公園を楽しむためには、入園パスを手に入れなくてはならない。入園パスは有料で、その料金は国立公園の保護や維持活動に役立てられている。ウオーキングトレイルの入口となる駐車場でレインジャーによるチェックが行われることもあるので、必ず購入しておこう。

料 1日パス（クレイドル山を除く）：1人$22.35、車1台（8人まで）$44.75／クレイドル山限定1日パス（シャトルバス込み）：大人 $27.95 子供 $11.20 家族 $67.10／ホリデーパス（2ヵ月有効）:1人$44.75、車1台（8人まで）$89.50／年間パス:車1台（8人まで）$95.30

※各国立公園のビジターセンターで購入可能。

国立公園入園パスは車の場合、フロントガラスに張りつけておく

●タスマニア国立公園の詳細

パークス＆ワイルドライフサービス・タスマニア Parks & Wildlife Service Tasmania

URL parks.tas.gov.au

■タスマニアの国立公園でのウオーキングに便利なガイドブック

主要国立公園のビジターセンターに必ず置いてあるのが『Discover Tasmania 60 Great Short Walks』という小冊子。数多くあるウオーキングトレイルのなかから、1時間～半日程度で歩け、かつタスマニアらしさを実感できるルートを60ヵ所厳選し紹介してある。

■ウオーキング時の注意

ほとんどのウオーキングトレイル入口には、チェックポストがある。来園者はチェックポストに置いてあるノートに、ウオーキング開始時間、目的地を記入し、さらにウオーキング終了時には終了時間とサインをすること。基本的に、よほどのロングトレイルを歩かないかぎり、それほど迷うようなルートはない。しかし万一、行方不明者が出た場合、チェックポストのノートは捜索の手がかりになるので、忘れずに記入すること。

ブラウントラウトの聖地タスマニアで
フライフィッシング

1864年5月4日、英国からタスマニアへと送られた卵から300匹のブラウントラウトが生まれた。その後タスマニアで野生化したブラウントラウトは、ニュージーランドをはじめ南半球のブラウントラウトの祖先となったのだ。現在、まったくの放流なしでブラウントラウトが生息しているのは、英国のごく一部の川とタスマニアだけ。世界中のフライフィッシャーにとって、野生のブラウントラウトをタスマニアで釣り上げるのは憧れとなっている。

フライフィッシングの予約

タスマニアのフライフィッシングシーズンは、原則8月第1日曜から翌年4月最終土曜まで。個人でフィッシングライセンスを取得することもできるが、気ままに湖や川へ出かけても、思うように釣果をあげられないのが実情だ。そのため、タスマニアでフライフィッシングを楽しむ場合は、フィッシングガイドと一緒に出かけるのが一般的。日本でもポピュラーなリバーフィッシングはもちろん、タスマニアではレイクフィッシングもひじょうに盛ん。時期によって、あるいは釣りたい魚のサイズによって、レイク、リバーを使い分けることが多い。ポイントとなる湖や川へのアクセスは未舗装道がほとんどで（一般のレンタカーではアクセス不可）、湖の場合はボートでポイントへ移動しなければいけないし、川の場合は私有地内の好ポイントへのアクセス許可を得ることもたいへんなのだ。

フィッシング旅行の日程が確定した段階で早めにフィッシングガイドに連絡を取り、その時期に合わせたフィッシングロッジも一緒に手配してもらおう。広範囲にフィッシングポイントが点在するタスマニアのこと、個人で宿を予約した場合、ポイントまでの移動に必要以上に時間がかかったりすることも多いからだ。通常ガイド料には、ホテルからのフィッシング時の移動費、フィッシングライセンス料（48時間$22、7日間$37）、私有地への立ち入り許可費、ロッドやリール、フィッシングタックルといった釣り道具一式、ウエーダー（釣り用の腰より上まである長靴）などのレンタル料も含まれている。

人気のガイドはシーズン解禁前にほとんどの日程が埋まってしまう。早めの予約を心がけよう。タスマニアには公認の**トラウトフィッシング協会TGALT**（Trout Guides And Lodges Tasmania）があるので、問い合わせてみよう。

● TGALT

URL troutguidestasmania.com.au
料 ガイドにより異なるが通常1日$400～1400（参加人数によっても異なる）

タスマニアのフィッシングポイントと狙える魚

野生のブラウントラウトの宝庫であるタスマニア。やはり狙いたいのはブラウントラウトだ。レイクフィッシングのポイントが集まるセントラルハイランド・レイクス地域では、シーズンをとおして湖のあちらこちらでメイフライ（カゲロウの仲間）をはじめとする昆虫の孵化・羽化があり、ドライフライフィッシング（羽化した昆虫を模したフライを水面に浮かせて行う釣り）で50cm超の大物を

湖ではボートで移動しながらベストなポイントでフィッシング

狙うことができる。またタスマニア中北部の標高の低い場所を流れるマックォーリー川やサウスエスク川は、渓流でブラウントラウトを狙うのに最適といわれている場所。湖に比べてサイズは小さいが、数は狙える。なお一部の湖や川にはレインボートラウトも数多く生息している。ブラウントラウトの降海型シーラントトラウトのフィッシングも可能。ホワイトベイト（シラスのような魚）の群れを追いかけて海から汽水域まで入り込んでくるシーラントトラウトを狙うフィッシングで、特に9～11月頃がシーズンとなる。

フィッシングの1日のスケジュール

メイフライの孵化・羽化が活発になる10:00～16:00に釣りが楽しめるよう、朝ロッジを出発するのは7:30～8:00というのが一般的だ。当日のフィッシング状況により、ある程度きりのいい時間に眺めのいい場所でランチタイム。ランチはガイドフィーに含まれており、趣向を凝らした食べ物が提供される。タスマニアのフライフィッシングでは、このランチも楽しみのひとつだ。フィッシングを終えてロッジに戻るのは、18:00～19:00だ（ちなみに夏のタスマニアは20:00過ぎまで明るい）。

フィッシングツアーで提供されるランチの一例

なお魚はキャッチ＆リリースが一般的。もちろん規定サイズを超えている場合は持ち帰ることもできる。夕食にブラウントラウトを食べたい場合は、あらかじめガイドにその旨伝えておこう。

ディナーに釣り上げたブラウントラウトを味わうのもいい

初心者でも大丈夫

TGALTのフィッシングガイドは経験豊富な人が多い。英語と身振りを交えて、ロッド（釣り竿）の握り方、キャスティング（疑似餌のフライを的確な場所に投げ入れること）の方法はもちろん、魚がかかってから釣り上げるまでのテクニックも懇切ていねいに教えてくれる。そのため日本でフライフィッシングの経験がまったくなくても、釣果を期待できる。経験者なら、どのような釣りがしたいかを予約の段階でリクエストしておけば、それに合った釣りが楽しめるようにしてくれる。

夏のシーズンでも服装には注意

レイクフィッシングが行われるセントラルハイランド・レイクス地域は標高約1000mの場所。フィッシングシーズンのピークである真夏には、30℃近い気温の日があったかと思えば、小雪がぱらつくことがあるほど。天気も変わりやすく、1日の間に晴れたり雨が降ったりというのは当たり前。そのため持っていく服装は、オールシーズンに対応できるようにしておく必要がある。帽子、手袋は、もちろん必需品だ。

レイクフィッシング

セントラルハイランド・レイクス地域にはオーストラリア最大の淡水湖グレートレイク（琵琶湖の約4分の1の大きさ）やアーサーレイクなど大小3000を超える湖が点在している（その大部分はダム湖）。湖によりメイフライなどのハッチングシーズンがズレているので、長期間にわたってドライフライでのフィッシングが楽しめるのが特徴だ。

タスマニアのレイクフィッシングは原則ボートで行う。メイフライなど虫のハッチング場所をボートで移動しながら的確に見つけ、ドライフライでブラウントラウトがライズしてくる瞬間を狙うことが多い。もちろん、ウェットフライ（幼虫やさなぎを模したフライを水面下に沈める）やニンフ（水生昆虫を模したフライで水面下に沈める）で、水中で餌を探しているブラウントラウトを狙う場合もある。

リバーフィッシング

セントラルハイランド・レイクス地域やタスマニアの世界遺産地域を水源とする川でのリバーフィッシングも、タスマニアならではの醍醐味。日本のように混み合った川ということはなく、ほとんどの場合、ポイントでは自分たち以外の釣り人を見かけることがないほど。ウエイディング（ウエーダーで川に入って釣りをすること）が可能な比較的浅瀬の川で、ドライフライやニンフでブラウントラウトを狙うというものだ。

川ではこのくらいのサイズが多い

ホバート Hobart

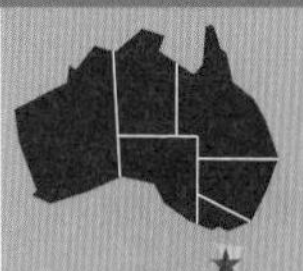

タスマニア Tasmania　　州外局番 (03)

威風堂々としたタスマニア州議事堂

北半球でいえば、北海道に相当する緯度にあるのがタスマニア島。面積は北海道よりひと回り小さく約6万8000km²。気温は夏でも30℃を超えることは少なく、真冬でも山や森林地帯を除けば日中の気温は10℃前後と過ごしやすい。ホバートはその南東部、ダーウェント川の河口に位置する港町だ。

白人による町の建設が始まったのが1804年。シドニーに遅れることわずか16年で、オーストラリアで2番目に古い町でもある。人口は現在約25万人とさほど大きな町ではないが、そこかしこに歴史が残る町の風情には興味をそそられることだろう。例えば港の南端の波止場に面したサラマンカプレイス。捕鯨が盛んだった時分の名残で、石造りの倉庫が植民地時代をしのばせる。サラマンカプレイスの裏側の丘はバッテリーポイントと呼ばれ、19世紀風の古い家が多く、まるで映画のセット内を散策しているような気分が味わえる。そんなホバートがにぎわいを見せるのはやはり夏。特に、クリスマスの翌朝シドニーを出るシドニー―ホバート・ヨットレースの参加艇が、ホバート港に到着する大晦日前後には、静かな町が一変するほどだ。

ホバートはまた、タスマニアの旅の起点となる町。町歩きを楽しんだあとは、流刑監獄地であるポートアーサーやタスマニアの自然をギュっと凝縮したようなマウントフィールド国立公園など、近郊にある数多くの見どころへと足を延ばそう。

ユースフルインフォメーション

タスマニアン・トラベル＆インフォメーションセンター
Tasmanian Travel & Information Centre MAP P.417/1B
住 20 Davey St. (Cnr. Elizabeth St.), 7000
☎ (03)6238-4222
URL www.hobarttravelcentre.com.au
URL www.discovertasmania.com.au
開 月～金 9:00～17:00、土 9:00～15:00、日 9:00～13:00
※季節により変更あり
休 クリスマスデー

おもな病院

●ロイヤルホバート病院
Royal Hobart Hospital MAP P.417/1A
住 48 Liverpool St., 7000
☎ (03)6222-8308
URL www.health.tas.gov.au/hospitals/royal-hobart-hospital

主要航空会社連絡先

●カンタス航空 Qantas Airways
☎ 13-13-13
●ジェットスター Jetstar
☎ 13-15-38
●ヴァージン・オーストラリア Virgin Australia
☎ 13-67-89
●リージョナルエクスプレス REX
☎ 13-17-13

オーストラリア最古の石橋 リッチモンドブリッジ

ホバートの入口となるタスマンブリッジ

アクセス
ACCESS

行き方

➡日本から

タスマニアは本土からの移動でも食料の持ち込みに規制がある

　日本から直行便はない。日本からホバートへ向かう場合は、日本から直行便のあるメルボルン、シドニー、ブリスベンへ入り、同日乗り継ぎできるカンタス航空、ヴァージン・オーストラリア、ジェットスターのホバート行きフライトを利用するのがおすすめ。

➡オーストラリア国内から

　カンタス航空がブリスベン、シドニー、キャンベラ、メルボルンから、ジェットスターがブリスベン、ゴールドコースト、シドニー、メルボルン、アデレードから、ヴァージン・オーストラリアがブリスベン、シドニー、メルボルン、アデレード、パースから、リージョナルエクスプレスがメルボルンからフライトをもっている。またジーロン～デボンポート間に就航しているフェリー、**スピリット・オブ・タスマニア号** Spirit of Tasmania を利用し、デボンポートで接続する**レッドライン** Redline や**タジーリンク** Tassie Link のバスに乗り換えてホバートへやってくる方法もポピュラーだ。

空港⇔市内

　ホバート空港 Hobart Airport (HBA) は市内から 17km 離れている。ホバート空港には両替所がない。日本から直接ホバートへ行く場合は、メルボルン、シドニー、ブリスベンなどの国際空港で乗り継ぎをするときに、ある程度両替をしておくようにしよう。

●スカイバス

　真っ赤なボディのスカイバスがホバート中心部へのシャトルを運行している。

●タクシー＆ウーバー

　タクシーは 2 ～ 3 人での利用ならバスより手頃で、ホバート中心部まで $40 ～ 50。ウーバー（→ P.649）利用はさらに安く $35 ～ 45 といったところだ。所要約 20 分。

トランジットセンター⇔市内

　空港からのシャトルバスおよびデボンポートやロンセストンなどからレッドラインのバスでホバートに入ると、**ホバート・トランジットセンター** Hobart Transit Centre に着く。町の中心からは少し離れていて、トラベル＆インフォメーションセンターまでは歩いて 10 分ほど。

市内交通
LOCAL TRANSPORT

　ホバートの町はほとんど徒歩で回れるが、ちょっと郊外へ出かけたいときに頼りになるのは**メトロタスマニア** Metro Tasmania（通称メトロ Metro）のバスだ。

ホバート空港はタラップで飛行機の乗り降りを行う

■スピリット・オブ・タスマニア号（詳細→ P.408）

■ホバート空港
URL hobartairport.com.au

■スカイバス
FREE 1300-759-287
URL www.skybus.com.au
時 空港発：毎日 7:50、8:40 ～ 21:40 の 30 分ごと、23:30 ／ホバート発：毎日 4:30、6:10 ～ 19:30 の 30 ～ 40 分ごと
料 片道：大人 $19.50（同伴の子供 4 人まで無料）家族 $39 ／往復：大人 $36（同伴の子供 4 人まで無料）家族 $78
※ホバート中心部の主要ホテル、ビジターセンター前など 6 ヵ所に停車。終点はオールドウールストア・アパートメントホテルだ。

■ホバート・トランジットセンター MAP P.417/2A
住 230 Liverpool St., 7000
FREE 1300-360-000
　タスマニアの主要都市とを結ぶバスをはじめ、おもな観光ツアーバスなどが発着するターミナル。レッドラインのオフィスがある。

■ホバートのタクシー料金
　初乗り $3.90。以後月～金 6:00 ～ 19:59 が 1km ごとに $2.12、土日祝の終日および月～金の 20:00 ～翌 5:59 までが 1km ごとに $2.54。これ以外に信号・渋滞などによる待ち時間として 1 分ごとに $0.64。

●ホバートのタクシー

全社共通	☎ 13-10-08
13Cabs	☎ 13-22-27

■メトロタスマニア
☎ 13-22-01
URL www.metrotas.com.au
●メトロショップ MAP P.417/1A
住 40 Elizabeth St., 7000
開 月～金 8:00 ～ 17:30、サマータイム時期の土 9:30 ～ 14:00　休 日祝、通常期の土

ホバート メトロ バスチケット料金表 (2024年2月現在)

ゾーン	グリーンカード		シングル	
	大人	子供	大人	子供
1ゾーン	$2.80	$1.60	$3.50	$2.00
2ゾーン	$3.84	$1.60	$4.80	$2.00
全ゾーン	$5.76	$1.60	$7.20	$2.00

便利なメトロのバス

■メトロのバス停
おもに北部、東部の郊外へ行くバスがエリザベス・ストリートのバスステーションを発着し、南部や西部方面へ行くバスはフランクリンスクエアの周辺を発着する。そのほかアーガイル・ストリートなどから出るバスもある。詳しくは時刻表や『メトロトラベルニュース』などにマップ入りで載っている。

■グリーンカード
カード作成時に1人$5必要。その後料金をチャージし、利用時に料金が引き落とされる仕組みだ。
1日の最大料金が決まっており（何回利用してもそれ以上料金がかからないキャップ制）、最初の乗車が月〜金の9:00以前の場合 大人$9.60 子供$4.00、月〜金の9:00以降および土日祝の全日は 大人$4.80 子供$4.00となっている。

真っ赤なバスのレッドデッカー

■レッドデッカー（オーストラリアン・エクスプローラー）
☎(03)6236-9116
URL reddecker.com.au
時 ビジターインフォメーション発：毎日9:00〜15:00の1時間ごと（5〜9月は10:00〜15:00の1時間ごと）
料 24時間：大人$40 子供$25 家族$105／48時間：大人$50 子供$35 家族$135

ホバート中心部のエリザベス・ストリートElizabeth St.とコリンズ・ストリートCollins St.の角にはバスの情報が手に入る**メトロショップ** Metro Shopがあり、『メトロトラベルニュース Metro Travel News』という郊外の見どころと簡単なマップ、そこへ行くバスルートなどが記載された情報誌が手に入る。

ほとんどのバスは、中央郵便局G.P.O.前のエリザベス・ストリート、G.P.O斜め向かいの**フランクリン・スクエア** Franklin Squareの周りが発着場所。ホバートを中心にゾーンが設定されており、ゾーン内移動（1ゾーン）、ふたつのゾーンにまたがっての移動（2ゾーン）、それ以上の移動（全ゾーン）の3種類の料金設定となっている。同一運賃で、最初に乗車してから90分以内なら、何回でも途中下車可能だ。

バスのチケットは乗車時にドライバーから購入できるシングルチケット Single Ticketと、リチャージできるスマートカードスタイルの**グリーンカード** Greencardの2タイプ。グリーンカードはシングルチケットに比べ運賃が約20%割安となっており、1日の最大料金が決まっているなどかなりお得。ホバートはもちろん、ロンセストンやバーニーなどメトロが運行するすべての路線で利用可能なので、タスマニアで公共のバスを何度も利用する予定の人は必ず手に入れておきたい（メトロショップなどで手に入る）。

手に入れたいグリーンカード

エクスプローラーバス

ホバートの観光ポイントを効率よく回るのに便利なのが、**レッドデッカー（オーストラリアン・エクスプローラー）** Red Decker (Australian Explorer)。タスマニアン・トラベル&インフォメーションセンター前から出発で、1周約90分。バス停は全部で21ヵ所あるが、歩いて回れる所も多いのでバッテリーポイント、レストポイント・ホテル・カジノ、カスケード醸造所、ロイヤルタスマニアン・ボタニカルガーデンで下車するようなスケジュールを組むといい。

ホバートの歩き方
OUTLINE OF HOBART

ホバートは、**ダーウェント川** Derwent River河口に開けた美しい町だ。市中にはナショナルトラスト認定の歴史的建造物が90以上も残っており、オーストラリアで最も歴史の面影を強く残すといわれている。

まずはビジターインフォメーションで情報収集

タスマニアン・トラベル&インフォメーションセンター Tasmanian Travel & Information Centreは町の中心、デイビー・ストリートDavey St.とエリザベス・スト

タスマニア中の情報が手に入るビジターセンター

リートの角にある。ここで地図や、各種パンフレットをピックアップしよう。ビジターセンターではタスマニア州内の国立公園入園パスの販売も行っている。3ヵ所以上の国立公園を訪れる予定の人は、ここで2ヵ月有効のホリデーパスを手に入れておくのがおすすめだ（→ P.409）。

モールを起点に町の概観をつかもう！

町のアウトラインは、エリザベス・ストリートの一角（コリンズ・ストリート Collins St. とリバプール・ストリート Liverpool St. に挟まれた部分）、**エリザベス・ストリートモール**を中心として考えるとわかりやすい。モールはショッピングの中心で、日中は多くの人でにぎわっている。

モールから東に行くとダーウェント川河口の**サリバンズコーブ** Sullivans Cove に突き当たる。ここからはるか西に眺められるのが**ウエリントン山** Mt. Wellington（→ P.421）だ。

■ホバートのレンタカー
- ハーツ Hertz ☎(03)6235-9690
- エイビス AVIS ☎13-63-33
- バジェット Budget ☎(03)6213-9600
- スリフティ Thrifty ☎13-61-39
- ヨーロッパカー Europcar ☎(03)6231-1077

町の中心エリザベス・ストリートモール

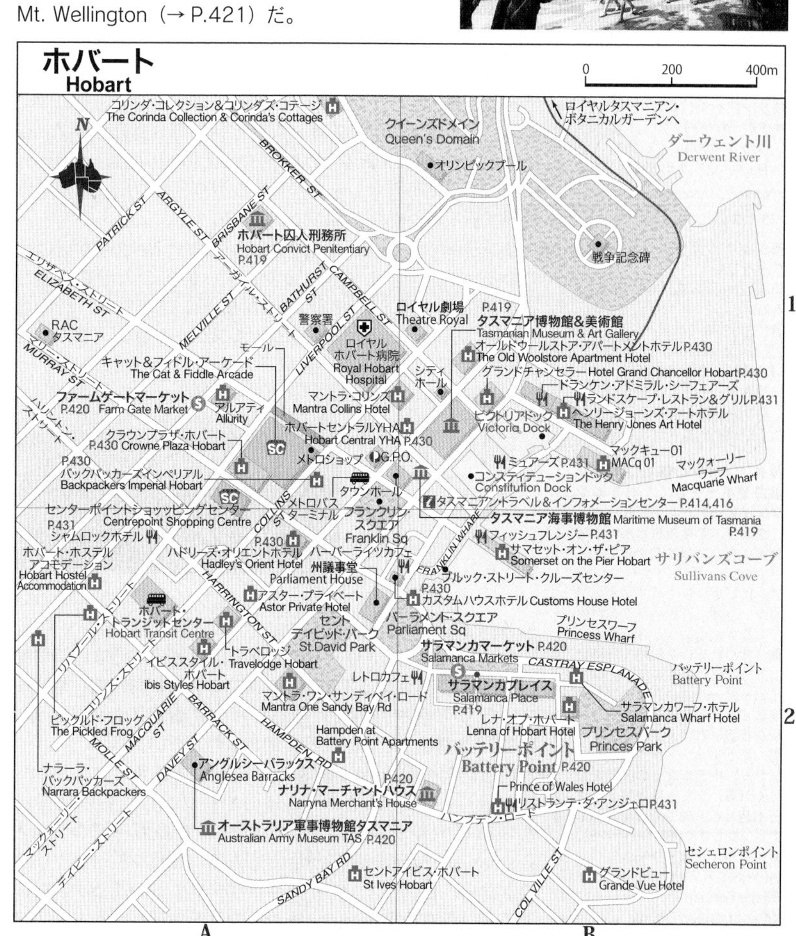

カフェやショップに利用されているサラマンカプレイス

またサリバンズコーブの南端がプリンセスワーフ Princess Wharf、正面がフランクリンワーフ Franklin Wharf、北端がマッ
クォーリーワーフ Macquarie Wharf となっている。フランクリンワーフの一角にある、かつて捕鯨船の母港として栄えた場所が**コンスティテューションドック** Constitution Dock。あたりには当時の面影を残す古い建物が多い。ブルック・ストリート桟橋 Brooke St. Pier からはダーウェント川クルーズやブルーニー島クルーズも出ている。

プリンセスワーフ周辺は、植民地時代の面影を色濃く残す場所。その代表が 1840 年建造、タスマニアに残る最古の砂岩建物のひとつ **TAS 州議事堂** Parliament House of TAS だ。その州議事堂の南に、1830 〜 40 年代に建てられた古い倉庫が軒を連ねている。この通りが**サラマンカプレイス** Salamanca Place で、捕鯨全盛時代の港の風情を残している。サラマンカプレイスの南、サリバンズコーブを見下ろす小高い丘にある地域が**バッテリーポイント** Battery Point。さらに南へ行くと、高級住宅街として知られる**サンディベイ** Sandy Bay となる。その中心が、1973 年オープンのオーストラリア初の公認カジノ、**レストポイント・ホテル・カジノ** Wrest Point Hotel Casino。少しシティ寄りがサンディベイのショッピング街。瀟洒な屋敷がブティックやカフェになっている。

重厚な雰囲気のTAS州議事堂

■サラマンカプレイス → P.420

■バッテリーポイント → P.420

■サンディベイ(レストポイント・ホテル・カジノ)
フランクリン・スクエアから Route 427、428 で約 12 分。

サンディベイの南側には**ネルソン山** Mt. Nelson がそびえている。1811 年にダーウェント川への船の入港を知らせるために信号所 Signal Station が頂上に建てられ、その信号係の住居だった所が現在**シグナルステーション・ブラッセリー** Signal Station Braserie になっている。ウエリントン山と並んで、市街からダーウェント川の美しい景観を一望できるスポットとして人気がある。

ネルソン山シグナルステーション・ブラッセリーからの眺め

■シグナルステーション・ブラッセリー
住 700 Nelson Rd., Mt. Nelson, 7007
☎ (03)6223-3407
URL thesignalstation.com.au
営 毎日 9:00 〜 16:30
●**行き方**
フランクリン・スクエアからメトロ Route 458 のバス利用。

シティ北側へ足を延ばす

エリザベス・ストリートの北側には見逃したくない博物館（タスマニア博物館＆美術館やタスマニア海事博物館）やオーストラリア最古の劇場である**ロイヤル劇場** Theatre Royal（1937 年建造）といった歴史的建造物も多い。

さらに北へ 2km ほど進むと**クイーンズドメイン** Queen's Domain。この中には 1818 年にオープンした日本庭園をもつ**ロイヤルタスマニアン・ボタニカルガーデン** Royal Tasmanian Botanical Gardens がある。面積 13.5ha と小規模ながら、ヒューオンパインやレザーウッドの茂るタスマニアの深い森を再現したファーンハウス Fern House など、タ

■タスマニアの旅を日本語で協力サポートしてくれるエイジェイピーアール AJPR
タスマニアは他州と違い、到着後にすぐに参加できるツアーが少なく、夏季のピークシーズンにはホテルやバスなども予約でいっぱい、ということが珍しくない。そんなときに相談に乗ってくれるのが現地で日本語ツアーを催行しているエイジェイピーアール。タスマニア到着前に e メールで旅のスケジュールを相談すれば、できるだけ希望に添うようツアーやトランスファー、ホテルなどの手配をしてくれる。また人数が集まれば日本語ガイド付きでのツアーもアレンジしてくれる (→ P.428)。
●**エイジェイピーアール**
☎ (03)6227-7906
URL ajpr.com.au
Email tasinfo@ajpr.com.au

スマニア独特の植物を一度に見られる。ボタニカル・ディスカバリーセンター、温室、ハーブ園、バラ園、さらにホバートの姉妹都市の静岡県焼津市との提携により 1987 年にオープンした日本庭園もある。

ボタニカルガーデンの東、ダーウェント川西岸のパビリオンポイント Pavilion Point と東岸のモンターギュベイ Montagu Bay を結んでいるのが**タスマンブリッジ** Tasman Bridge。この美しいアーチ形の橋が、夜間照明で照らし出された姿は、仕掛け花火のようでとてもきれいだ。

ホバート市内のおもな見どころ
SIGHTSEEING SPOTS

タスマニアンアボリジニについて知ろう MAP P.417/1B

タスマニア博物館&美術館
Tasmanian Museum & Art Gallery

4 つの大きなギャラリーがあり、その中にタスマニアの文化、芸術、歴史、自然に関する膨大な展示が行われている。白人によってほとんど根絶やしにされたタスマニア先住民の文化に関する展示、タスマニアンタイガーの剥製、アイランド・トゥ・アイス Island to Ice と題された南極と南氷洋に関する展示など、どれも見逃せない。

船好きには見逃せない MAP P.417/1B

タスマニア海事博物館
Maritime Museum of Tasmania

植民地時代初期、捕鯨の時代から現代にいたるまでのタスマニア航海史のコレクションを展示。大型帆船、捕鯨船、客船などの写真、模型、絵、実際の船の一部などが見られる。

タスマニアがかつて監獄島であったことを物語る MAP P.417/1A

ホバート囚人刑務所
Hobart Convict Penitentiary

1831 年建築の旧刑務所、囚人礼拝堂、判事裁判所が歴史サイトとして博物館になっている。時計台が目印で、礼拝堂は 1961 年、裁判所は 1983 年まで実際に使われていた。旧刑務所内は、約 90 分のガイドツアーで見学できる。また夜間ゴーストツアーもある。

植民地時代初期の港の風情 MAP P.417/2B

サラマンカプレイス
Salamanca Place

捕鯨全盛時代の 1830 ～ 40 年代に建てられた港沿いの倉庫群がサラマンカプレイス。砂岩造りで、現在はギャラリーやブティック、美術・工芸品店、みやげ物店、アンティークショップやパブ、レストランなどとして使われている。みやげ物店には特産のヒューオンパインやブラックウッド、マートルなどの木材を使った工芸品、リンゴをかたどった盆、壁かけなどいろいろある。

■タスマニアはかつてヴァンディーメンズランドと呼ばれていた

1641 年にオランダの航海者アベル・タスマンが、タスマニアを発見した際、この地を当時のオランダ東インド会社総督ヴァンディーメンにちなんでヴァンディーメンズランドと名づけた。その後、英国領となりタスマニアとなった。

■タスマニア博物館 & 美術館
住 Dunn Place, 7000
☎ (03)6165-7000
URL www.tmag.tas.gov.au
開 火 ～ 日 10:00 ～ 16:00（4 月～ 12 月 24 日）／毎日 10:00 ～ 16:00（12 月 26 日～ 3 月）
休 グッドフライデー、アンザックデー、クリスマスデー、4 月～ 12 月 24 日の月
料 無料

見逃せない展示が多いタスマニア博物館 & 美術館

■タスマニア海事博物館
住 16 Argyle St., 7000
☎ (03)6234-1427
URL www.maritimetas.org
開 毎日 9:00 ～ 17:00
休 クリスマスデー
料 大人 $12 子供 $6（13 ～ 15 歳／12 歳以下は無料） 家族 $30

■ホバート囚人刑務所
住 Cnr. Brisbane & Campbell Sts., 7000
☎ (03)6231-0911
URL www.nationaltrust.org.au/places/penitentiary
●ガイドツアー
時 木～日 10:00、11:30、13:00、14:30 スタート／所要 90 分（要予約）
休 月～水、ニューイヤーズデー、グッドフライデー、クリスマスイブ、クリスマスデー、ボクシングデー
料 大人 $35 子供 $20 家族 $90
●ゴーストツアー
時 木～土 20:00、21:30 スタート（冬季は 18:00、20:00）
料 大人 $45 子供 $35

■サラマンカプレイス
URL salamanca.com.au
●サラマンカマーケット
☎(03)6238-2430
URL www.salamancamarket.com.au
時 毎週土 8:30 ～ 15:00 頃

■ファームゲートマーケット
☎(03)6234-5625
URL farmgatemarket.com.au
時 毎週日 8:30 ～ 13:00 頃

ローカルでにぎわうファームゲートマーケット

バッテリーポイントのハンプデン・ロード沿いにかわいらしい建物が並んでいる

■ナリナ・マーチャントハウス
住 103 Hampden Rd., Battery Point, 7004
☎(03)6234-2791
URL www.narryna.com.au
開 火～土 10:00 ～ 16:00
休 月日祝
料 大人 $10 子供 $5

建物自体もじっくり観察したいナリナ

■アングルシーバラックス（オーストラリア軍事博物館タスマニア）
住 96-120 Davey St., 7000
☎(03)615-7503
URL armymuseumtasmania.org.au
開 火～土 9:00 ～ 13:00、日 10:00 ～ 14:00 ／ガイドツアー：火 11:00 ～
※季節により開館日が異なる
休 月祝
料 大人 $5 子供 $1 家族 $10

サラマンカプレイスが最もにぎわうのが、毎週土曜に開かれる**サラマンカマーケット** Salamanca Markets のとき。新鮮な野菜・果物から古着、アクセサリー、各種工芸品・民芸品まで 300 以上の露店が並ぶ。最近はタスマニアの恵まれた自然を生かした石鹸や化粧品、アロマグッズなども多く、おみやげに喜ばれそうだ。

掘り出し物を探しに出かけたいサラマンカマーケット

土曜のサラマンカマーケットに行くことができなかったら、あるいはマーケット巡りが楽しくなったら、日曜に町の中心バサースト・ストリート Bathurst St. で行われる**ファームゲートマーケット** Farm Gate Market を訪ねてみるといい。サラマンカマーケットほど大規模ではないが、通りを 1 ブロック通行止めにして、野菜、果物からアロマ用品や石鹸、ハチミツなどの手作りナチュラルグッズ、さらにパン屋、カフェ、食べ物屋台などたくさんの露店が並んでいる。

メルヘンの世界に迷い込んだような MAP P.417/2B

バッテリーポイント
Battery Point

サラマンカプレイスの南、サリバンズコーブを見下ろす丘一帯がホバートの旧市街バッテリーポイント。ホバート入植は 1804 年にこの地から始まった。地名は、1818 年に防衛のための砲台 Battery of Guns が建てられたことに由来する。町にはジョージア様式（ジョージ王朝時代 1714 ～ 1830 年の建築様式）の古い建物が並んでいる。メインストリートの**ハンプデン・ロード** Hampden Rd. を中心とした一帯には、優雅な屋敷のたたずまいに溶け込むように、カフェやレストラン、アンティークショップ、ギャラリー、B&B も多い。

コロニアル時代の屋敷を博物館にした MAP P.417/2B

ナリナ・マーチャントハウス
Narryna Merchant's House

ハンプデン・ロードにある 1836 年建造の開拓時代の商家の屋敷。タスマニア開拓時代の様子を伝える民族博物館となっており、キッチンやダイニングルーム、ベッドルームなどが当時のまま残されている。

オーストラリア最古の兵舎 MAP P.417/2A

アングルシーバラックス（オーストラリア軍事博物館タスマニア）
Anglesea Barracks (Australian Army Museum TAS)

バッテリーポイントの西側を通るデイビー・ストリートにある。1814 年に建てられ、現在使われている兵舎としてはオーストラリア最古だ。敷地内にはオーストラリアが参戦した戦争関連の展示を行う博物館があり見学できる。また火曜の 11:00 からは敷地内を歩くツアーがある。

オーストラリア最古のビール工場 MAP P.423/1B

カスケード醸造所
Cascade Brewery

ウッドストックガーデンから醸造所を眺める

タスマニアの地ビール、カスケード Cascade。その醸造所（ビール工場）が見学できる。1832年創業というオーストラリアで最も古い醸造所で、当時のままの石造りの建物が遠くからでも目を引く。工場の見学ガイドツアーや歴史的建物を見学するツアーも行われている。通りを挟んだ向かい側にはカスケード博物館を兼ねたブリュワリーバー（ビール飲み比べテイスティングパドルもオーダーできる）、その隣には美しいウッドストックガーデンもある。

■カスケード醸造所
住 140 Cascade Rd., 7000
☎ (03)6212-7801
URL www.cascadebreweryco.com.au
開 ブリュワリーバー：日〜火 11:00〜17:30、水〜土 11:00〜20:30
●ガイドツアー
時 ブリュワリーツアー（テイスティングパドル付き／所要1時間30分）：毎日11:30、12:15、12:45、14:30、15:00、15:45／ヒストリーツアー（所要45分）：毎日11:15、14:00
料 ブリュワリーツアー：1人$35／ヒストリーツアー：大人$20 子供$10
アクセス フランクリン・スクエアからメトロ Route 446、447 のバス利用（約15分）。

過激な現代アートを展示する注目の美術館 MAP P.423/1A

MONA
MONA (Museum of Old & New Art)

展示物、展示方法がユニークなMONA

ホバートからブライトンへ行く途中にある世界でも類を見ない美術館。オーストラリアの富豪ディビッド・ウォルッシュ氏が、富を社会に還元する目的で自身が蒐集したコレクションを展示する美術館として建設したもの。地上1階、地下3階のモダンな空間に、個性的なアートから、過激でグロテスクなもの、性的なものまで、さまざまな作品が展示されている。「アート」という言葉の意味を考えさせられる美術館だ。

■MONA
住 655 Main Rd., Berriedale, Hobart, 7011
☎ (03)6277-9900
URL mona.net.au
開 木〜月 10:00〜17:00
休 火水、クリスマスデー
料 大人$38 子供$15（12歳以下無料） ※一部展示は未成年見学不可
アクセス ホバートのブルック・ストリート桟橋からMONA行きフェリー（毎日7〜8往復）が出ている。フェリーは片道・往復同一料金で$28。またメトロのバス Route X20（約40分）、510、520（約50分）も使える。

ホバートのパノラマビューを楽しむならここ！ MAP P.423/1A

ウエリントン山（クナンイ）
Mt. Wellington (Kunanyi)

ウエリントン山からホバートを一望する

ウエリントン山頂上に置かれたモニュメント

中心部から車で約30分、ホバートの西方20kmにそびえる、先住民がクナンイと呼ぶ標高1270mの山。晴れた日は山頂からホバート市街とその周辺、ダーウェント川河口からストーム湾 Storm Bay までが見渡せ、ホバート随一の展望地として人気が高い。雲がかかることも多く、山を見上げ、晴れていることを確認してから出かけよう。

ウエリントン山の麓、メトロのバスでアクセスできる**ファーンツリー** Farn Tree 周辺には気軽に歩ける冷温帯雨林のブッシュウオーキングルートがあり、市民の散歩コースとしても人気がある。

■ウエリントン山（クナンイ）
URL www.wellingtonpark.org.au
公共交通機関でのアクセスはできないので、レンタカー利用もしくは下記シャトルバス利用がおすすめ。また麓のファーンツリーまではホバート中心部からメトロ Route 448 が利用できる（所要約25分）。
●マウントウエリントン・エクスプローラーバス Mt.Wellington Explorer Bus
☎ (03)6236-9116
URL mtwellingtonexplorer.com.au
時 毎日：市内発 9:30、11:00、12:30、14:00、15:30／山頂発 11:00、12:30、14:00、15:30、17:00
料 往復 大人$40 子供$25

ファーンツリーのウオーキングルートにあるシルバーフォール

MONAは美術館としてだけではなく、ムーリーラ・ワイナリー Moolila Winery やレストラン＆バーも人気。週末は屋外の芝生エリアでドリンクや食事を楽しむ人でいっぱいだ。

ホバート近郊の町
AROUND HOBART

リッチモンド
Richmond

ホバートの北東約24km、穀倉地帯の中心地として1820年代に入植の始まった歴史のある町がリッチモンド。町にはジョージア様式の建築物が数多く残っており、1820～30年代当時の雰囲気を醸し出している。

オーストラリア最古の石橋リッチモンドブリッジ

メインストリートのブリッジ・ストリートBridge St.の外れ、コール川The Coal Riverに架かるのがオーストラリア最古の石橋**リッチモンドブリッジ** Richmond Bridge。入植当初に土手から石炭が発見されたのが川の名の由来で、そこに1823年に流刑囚によって橋が架けられたのだ。橋の建設当時、囚人たちが憎んでいた意地の悪い作業監督を、川が増水した日に、ひとりの囚人が川に落として殺してしまった。それ以来、幽霊が出るという怪談も残っている。橋の近くには、オーストラリア最古のカトリック教会**セントジョン・カトリック教会** St John Catholic Church（1837年建造）もある。

見逃せないリッチモンド監獄

また町なかには1825年、ポートアーサー流刑場が設立される5年前に建てられた**リッチモンド監獄** Richmond Gaolがある。独房がおもだが、ほかにも調理場に残るかまど、工夫が施された手動洗濯機、野外に残るムチ打ち刑用のはりつけ台など、見逃したくないものがいっぱいだ。このほか1820年代のホバートの町を、当時の町づくりのプランニングに沿って精巧に再現したミニチュアビレッジの**オールド・ホバートタウン・モデルビレッジ** Old Hobart Town Model Villageなども見学したい。

珠玉の冷涼地ワインを楽しもう！ MAP P.423/1B

コールリバーバレーのワイナリー
Winery at Coal River Valley

ホバートとリッチモンドの間にある、ワイナリー地区がコールリバーバレー。この一帯は冷涼地ワインの産地として世界的評価も高い。特にピノノワール、シャルドネ、リースリングが評判。人気ワイナリーはリッチモンド郊外の**ポーレイワイン** Pooley Winesと空港近くケンブリッジにある**フロッグモアクリーク・ワイナリー** Frogmore Creek Wineryだ。

フロッグモアクリークでワインテイスティング

アクセス

●リッチモンド MAP P.423/1B
ホバートからツアーもしくはレンタカー利用が便利。

■**コールリバーバレー・エクスプローラーバス Coal River Valley Explorer Bus**
ホバート～リッチモンドのシャトルバスサービス。
☎(03)6236-9116
URL coalrivervalleyexplorer.com.au
時 毎日：ホバート発13:00／リッチモンド発16:00
料 往復 大人$45 子供$30

リッチモンドの町並み

■**リッチモンド監獄** MAP P.423/1B
住 37 Bathurst St., Richmond, 7025 ☎(03)6260-2127
URL richmondgaol.com.au
開 毎日9:00～17:00
料 大人$12 子供$6 家族$30

■**オールド・ホバートタウン・モデルビレッジ** MAP P.423/1B
住 21A Bridge St., Richmond, 7025 ☎0487-110-691
URL www.oldhoberttown.com
開 毎日9:00～17:00
休 クリスマスデー
料 大人$17.50 子供$5 家族$42.50

昔のホバートの様子がうかがえるオールド・ホバートタウン

■**ポーレイワイン**
住 1431 Richmond Rd., Richmond, 7025
☎(03)6260-2895
URL www.pooleywines.com.au
開 毎日10:00～17:00
料 テイスティング1人$10

■**フロッグモアクリーク・ワイナリー**
住 699 Richmond Rd., Cambridge, 7170
☎(03)6274-5844
URL www.frogmorecreek.com.au
開 水～月10:00～17:00／レストラン：水～月11:30～15:00
休 火
料 テイスティング1人$10

動物触れ合いプログラムがいろいろある　MAP P.423/1B

ズードゥー動物園
Zoodoo Zoo

リッチモンド近郊にある動物園で、タスマニアの動物のほかにもライオンやシマウマ、マーモセットなどを飼育展示している。ここではオーストラリア、特にタスマニアの動物と触れ合えるオージーレジェンド・エンカウンターが人気。参加すればタスマニアンデビルやウォンバット、ポッサム、ブラックコカトゥなどを間近でじっくり観察できる。

■ズードゥー動物園
住620 Middle Tea Tree Rd., Tea Tree, 7017
☎(03)6260-2444
URL zoodoo.com.au
開 毎日 9:00 ～ 17:00
休 クリスマスデー
料 大人$37 子供$21 家族$102／オージーレジェンド・エンカウンター：1人$150
アクセス リッチモンドへのシャトル、コールリバー・エクスプローラーバスで訪れることができる。

タスマニアならではの動物に出合える　MAP P.423/1A

ボノロング・ワイルドライフサンクチュアリ
Bonorong Wildlife Sanctuary

ガイドツアーに参加して動物と触れ合おう

ホバートから車で約25分、リッチモンドから約15分のブライトンBrightonにある。カンガルー、ワラビーエミューは放し飼いで、ほかにもタスマニアンデビル、ウォンバット、コアラなどが見られる。無料ガイドツアーに参加すればウォンバットやコアラに触ることもできる。

■ボノロング・ワイルドライフサンクチュアリ
住593 Briggs Rd., Brighton, 7030　☎(03)6268-1184
URL www.bonorong.com.au
開 毎日9:00 ～ 17:00（園内無料ツアー10:00、11:30、13:30、15:30スタート）／夜間ツアー（予約制）：夏季18:00 ～ 20:30、冬季17:00 ～ 19:30
料 大人$33.50 子供$19.50 家族$97
アクセス ツアーに参加するのが便利。

ホバート近郊
Around Hobart

0　20km

マウントフィールド国立公園 Mt.Field NP P.425
ドブソン湖 Lake Dobson
National Park
Westerway
Rosegarland
Bushy Park
ラッセルフォールズ Russell Falls P.425
Maydena
ボノロング・ワイルドライフサンクチュアリ Bonorong Wildlife Sanctuary
ブライトン Brighton
ブリッジウオーター Bridgewater
ニューノーフォーク New Norfolk
MONA P.421
ロイヤルタスマニアン・ボタニカルガーデン Royal Tasmanian Botanical Gardens
ホバート HOBART
P.421 カスケード醸造所 Cascade Brewery
P.421 ウエリントン山(クナンイ) Mt.Wellington(Kunanyi)
サンディベイ Sandy Bay
ネルソン山 Mt.Nelson
Taroona
ショットタワー Shot Tower
Grove
Sandfly
キングストン Kingston
ズードゥー動物園 P.423 Zoodoo Zoo
リッチモンド監獄 Richmond Gaol P.422
オールド・ホバートタウン・モデルビレッジ P.422 Old Hobart Town Model Village
ポーレイワイン P.422
タラズ・リッチモンドファームステイ P.431 Taras Richmond Farmstay
リッチモンド Richmond
ソーレル Sorell
フロッグモアクリーク・ワイナリー P.422
Cambridge
ホバート空港
Copping
ローダーデイル Lauderdale
Dunalley
フレデリックヘンリー湾 Frederick Henry Bay
イーグルホークネック Eaglehawk Neck
P.424 タスマニアンデビル・アンズー Tasmanian Devil Unzoo
タスマン半島 TASMAN PENINSULA
Taranna
P.427 タフーンアドベンチャーズ Tahune Adventures
ヒューオンビル Huonville
Sung
ストーム湾 Storm Bay
Franklin
シグネット Cygnet
ケタリング Kettering
NRMAポートアーサー・ホリデーパーク P.431 NRMA Port Arthur Holiday Park
ポートアーサー Port Arthur
ポートアーサー流刑場跡 P.424 Port Arthur Historic Site
ジーブストン Geeveston
タスマニアン・ハウス・オブ・ウイスキー Tasmanian House of Whisky
P.427 ハーツマウンテン国立公園 Hartz Mountains NP
ゲットシャックド・オイスターファーム P.427
ブルーニーアイランド・チーズカンパニー P.427 Bruny Is. Cheese Co.
P.425 リマーカブルケーブ Remarkable Cave
P.425 デビルズキッチン The Devils Kitchen
Gordon
ネック The Neck
P.428 ヘイスティングスケーブ&サーマルスプリングス Hastings Caves & Thermal Springs
ドーバー Dover
ダントルカストー海峡 D'entrecasteaux Channel
Alonnah
Lunawanna
ブルーニーアイランド・チョコレートカンパニー Bruny Is. Chocolate Co.
P.425 タスマンアーチ Tasman Arch
アドベンチャーベイ Adventure Bay
タスマン海 TASMAN SEA
サウスウエスト国立公園 Southwest NP P.427
サウスポート Southport
ブルーニーアイランド・プレミアムワイン
ブルーニー島 Bruny Is.
ブルーニーアイランド・ラズベリーファーム Bruny Is. Raspberry Farm
ケープブルーニー灯台 Cape Bruny Lighthouse
N
1
2
A　B

ボノロング・ワイルドライフサンクチュアリでは入園時にカンガルーの餌を1袋もらえます。日中動いている動物は少ないので、ウォンバット、タスマニアンデビル、コアラの3種類を見たい場合は無料の園内ツアーに参加するのがおすすめです。（大阪府　norippe05　'18）['24]

ポートアーサーとその周辺

Port Arthur and Around

広い敷地内に数多くの廃墟が並ぶ

ホバートから南東へ約100kmの所にある監獄の町。1830～77年に「監獄のなかの監獄」として、ほかの植民地に送られた罪人が新たな罪を犯すと入れられた監獄があった所だ。そのため拷問や理不尽な重労働などは日常茶飯のできごとだった。

ポートアーサー流刑場跡 Port Arthur Historic Siteは、「オーストラリアの囚人史跡群」のひとつとしてユネスコの世界文化遺産に登録されている。監獄や官舎、囚人が建てた教会など約30の歴史的建造物が広大な敷地に点在しており、一帯は歴史地区として保存されている。入場パスは2日間有効なので、じっくり見学したい人はポートアーサー周辺に宿を取り見学しよう。それだけの価値がある場所だ。

ビジターセンター内には往時の様子を伝える博物館があるので見逃さないように。屋外の流刑場跡は個人でも自由に散策できるが、より詳しく理解したかったら90分もしくは45分の英語ガイドツアーに参加するのもいい。また入場パスには流刑場跡の前に広がるメイソンコーブ Mason Cove、カーナボン湾 Carnarvon Bayのハーバークルーズも含まれているが、オプションのクルーズならメイソンコーブ内にある小島**アイルオブデッド** Isle of Deadへの上陸も可能。ここは1833～77年、ポートアーサー流刑場で亡くなった1000人余りの墓がある島だ。ポートアーサーに滞在するなら、夜間催行されている**ポートアーサー・ゴーストツアー** Port Arthur Ghost Tourにも参加してみるといい。

ガイドと一緒に敷地内を見て回る

ポートアーサーへ出かけたら寄ってみたい MAP P.423/1B

タスマニアンデビル・アンズー
Tasmanian Devil Unzoo

ポートアーサーの町の手前にある。ほとんど柵がないので、まるで自然動物園のような環境だ（そのため「動物園 Zoo」に対して「動物園ではないUnzoo」と名づけている）。タスマニアンデビルは4つの展示エリアをもち、餌づけ時にはうなり声を上げながら餌を奪い合う姿が見られる。またワラビー、カンガルー、パディメロンなどの飼育動物のほか、野生のウォンバットやポッサム、バンディクートなども現れる。ここでは、飼育エリアの裏側に広がる本物の森の中を、4WDで野生のタスマニアンデビルを探しに行く**デビルトラッカー・アドベンチャー** Devil Tracker Adventure（8人限定）というツアーも行っている。

アクセス

●ポートアーサー
MAP P.423/2B
ホバートから出ている1日ツアーを利用するのが一番便利だ。タジーリンクのバスもあるが、本数が少なくポートアーサーに最低1泊必要。

■ポートアーサー流刑場跡
MAP P.423/2B
住 Port Arthur Historic Site, Arthur Hwy., Port Arthur, 7182
FREE 1800-659-101
URL portarthur.org.au
開 毎日9:00～17:00／90分英語ガイドツアー：毎日10:00、12:30スタート／45分英語ガイドツアー：9:30、10:30、12:00、14:00スタート
休 クリスマスデー
料 入場パス：大人$47 子供$22 家族$115／90分英語ガイドツアー：大人$30 子供$15 家族$90／45分英語ガイドツアー：大人$10 子供$5 家族$31／アイルオブデッド・クルーズ：大人$30 子供$15
※入場パスは、オーディオガイド、ガイドブック、博物館見学、ポートアーサー・ハーバークルーズが含まれている

●ポートアーサー・ゴーストツアー
時 水～土19:00、20:15、20:30（冬季は18:00、20:00）
※所要1時間30分
休 クリスマスデー
料 大人$35 子供$18

■タスマニアンデビル・アンズー
住 5990 Port Arthur Hwy., Taranna, 7180
☎ (03)6250-3230
URL tasmaniandevilunzoo.com.au
開 毎日9:00～17:00（夏季は～18:00）
休 クリスマスデー
料 大人$49 子供$22 家族$125／デビルトラッカー・アドベンチャー（所要1.5時間）：大人$225 子供$125

タスマニアンデビル同士がじゃれ合う姿も見られる

自然の造形を観賞する MAP P.423/1B

タスマンアーチとその周辺の絶景
Tasman Arch and around

流刑場跡のあるポートアーサーを含むタスマン半島は、数々の自然の造形に目を見張る場所として知られている。タスマン半島の入口に当たる**イーグルホークネック** Eaglehawk Neck 周辺には、**タスマンアーチ** Tasman Arch、**デビルズキッチン** The Devils Kitchen、**ブロウホール** The Blowhole といった景勝地があり、レンタカー利用ならぜひ寄りたい。またポートアーサーの少し先にある**リマーカブルケーブ** Remarkable Cave からは南極に続く壮観な大海原を見ることができる。

豪快に波が吹き上がる様子が見られるブロウホール

■**タスマンアーチ**
タスマン半島へは、ツアーに参加するか、レンタカーでドライブすることになる。ホバートからは約 90 分ほどの道のりで、日帰りドライブにはちょうどいい。夜は動物の飛び出しが多いので、できるだけ運転は控えたい。

マウントフィールド国立公園
Mt.Field NP

ホバートから約 75km の場所にあるマウントフィールド国立公園は、タスマニアで最も古い国立公園で世界自然遺産「タスマニア原生地域」の一部。タスマニア随一ともいわれるほど多様な自然を有しており、ホバート滞在中ぜひ出かけてみたい場所のひとつだ。ホバートからはレンタカー利用が便利だが、ツアーも各種出ている（→ P.428）のでアクセス面でも安心だ。

マウントフィールド国立公園の入口にあるビジターセンターには、国立公園内のウオーキングトレイルの詳細なインフォメーションやジオラマ展示のミニ博物館がある。ここで情報収集してから国立公園内散策に出かけよう。ウオーキング中にはタスマニアンパディメロンやハリモグラ、さらに川ではカモノハシなどの動物を見かけることもある。

●ビジターセンターをベースにウオーキング

木生シダの回廊の中に現れるラッセルフォールズ

マウントフィールド国立公園のウオーキングベースは大きく分けて 2 ヵ所。ポピュラーなのがビジターセンターをベースとした各種トレイルだ。最も人気があるのは、ビジターセンターから往復 20 ～ 30 分の**ラッセルフォールズ・ウオーク** Russell Falls Walk。ユーカリの大木の森を抜けると、小さな清流が現れる。その両側には苔むした冷温帯雨林の森。清流沿いに歩き、木生シダが造り出す幻想的な回廊を抜けると、階段状になった滝**ラッセルフォールズ**へと出る。車椅子でもアクセスも可能な、整備されたウオーキングトレイルだ。

ラッセルフォールズからビジターセンターへ戻らず森の中へ進むと**トールツリー・ウオーク** Tall Trees Walk へいたる。この一帯で最も高木となるスワンプガム（ユーカリの一種）の森を散策できるルートで、70m を超える巨木（最も高い木は 98m にもなるという）を見上げながらの散策だ。

アクセス

●**マウントフィールド国立公園** MAP P.423/1A
ホバートからダーウェント川に沿ってニューノーフォーク New Norfolk 方面へ北上。ニューノーフォークからは Route B62 をブッシーパーク Bushy Park まで進み、その後 Route B61 へ入る。ホバートから車で 1 時間 30 分ほどだ。

■**マウントフィールド国立公園ビジターセンター**
住 66 Lake Dobson Rd., National Park, 7140
☎ (03)6288-1149
URL parks.tas.gov.au

トールツリー・ウオークでは巨大なスワンプガムの木が見られる

マウントフィールド国立公園のラッセルフォールズでは野生のパディメロンを見ることができました。運よくおなかに赤ちゃんもいました。（兵庫県　rosegarden　'15）['24]

ドブソン湖沿いには数多くのパンダニが生えている

アクセス

●ブルーニー島

MAP P.423/2A・B

ツアーもしくはレンタカー利用となる。レンタカーの場合は、ホバートから車で 30 分ほど南のケタリング Kettering から出ているシーリンク・ブルーニーアイランド Sealink Bruny Is.（カーフェリー）を利用する（所要 20 分）。

☎1300-127-869

URL www.sealink.com.au/bruny-island

時 毎日 6:30 ～ 19:00 の 20 ～ 50 分ごと

料 往復：車 1 台 $51 ～ 173、バイクおよび自転車 $7

※夏季の週末は混み合うので、乗りたい便の出発の 30 分以上前にケタリングの船着場に到着しておきたい。

■ブルーニーアイランド・クルーズ

催　行：Pennicott Wilderness Journeys

☎(03)6293-1465

URL www.brunycruises.com.au

● 3 時間ワイルドライフクルーズ

時 アドベンチャーベイ発毎日 11:00 ～ 14:00（ピークシーズンは 10:00 ～ 13:00、13:30 ～ 16:30 クルーズもある）

料 大人 $175 子供 $105 家族 $540

※ホバートからワイルドライフクルーズとブルーニー島観光をセットにした 1 日ツアーも催行している。大人 $265 子供 $195

ブルーニーアイランド・クルーズに参加すればオーストラリアオットセイのコロニーも見られる

終点はビジターセンターから車で 5 分ほどのレイクドブソン・ロード Lake Dobson Rd. となる。ビジターセンターからラッセルフォールズ・ウオーク経由でトールツリー・ウオーク終点まで約 1 時間のコースだ。

健脚派には、ここから南側の冷温帯雨林内を抜け階段状の滝**レディ・バロンフォールズ** Lady Ballon Falls を見て、ビジターセンターへ戻るルート、**レディ・バロンフォールズ・サーキット** Lady Ballon Falls Circuit もある（全長約 6km で、所要 1 時間 45 分～ 2 時間）。

●ドブソン湖周辺のウオーキング

ウオーキングのもうひとつのベースが**ドブソン湖** Lake Dobson。標高 1000m を超える場所で、ビジターセンターからレイクドブソン・ロードを 16km 上った所にある（車で 30 分ほど）。ここではドブソン湖とその隣にある沼**イーグルターン** Eagle Tarn の周囲を巡る、**パンダニグローブ・サーキット** Pandani Grove Circuit（約 1.5km、所要約 40 分）を歩こう。ビジターセンター周辺とは異なり、標高の高いこのあたり一帯は樹木も低くなり、世界最大のヒース植物のパンダニの群生のほか、マウンテンベリー、シルバーウーリーティーツリーなど、タスマニアならではの高山植物が数多く見られる。なおこの一帯は冬季は雪も積もり、タスマニアでは数少ないスキー場の営業（不定期）も行われる。

ブルーニー島
Bruny Is.

ネックからのすばらしい眺め

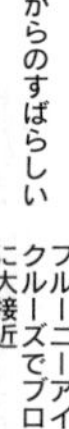

ブルーニーアイランド・クルーズでブロウホールに大接近

ホバートの南ドンカストゥ海峡 D'entrecasteau Channel とタスマン海の間に浮かぶブルーニー島は、自然とグルメの島としてホバートからの日帰り先として人気がある。南北に細長い島で、北側の島と南側の島を結ぶ細い陸地は**ネック** The Neck と呼ばれ、風光明媚な観光名所となっている。

大自然を満喫したかったら南島の**アドベンチャーベイ** Adventure Bay から出ている**ブルーニーアイランド・クルーズ** Bruny Is. Cruises に参加するのがベスト。オーシャンラフティングスタイルのボートでブルーニー島南島の東側沿岸を巡る。断崖絶壁の猛々しい景観、大きく潮を吹き上げるブロウホール、オーストラリアオットセイの大コロニー、優雅に海上を飛ぶアホウドリ、ボートと追いかけっこをするように泳ぐイルカの群れ……冬季にはミナミセミクジラの群れに出合うこともあるという。それもそのはず、島の南端付近はタスマン海から南極海に変わる場所。南極から吹き寄せる風は確かに冷たい。

ゲットシャックドで新鮮な生ガキを食べよう

グルメファンなら訪れたいスポットがいっぱい。外せないのが取れたての生ガキを食べさせてくれる**ゲットシャックド・オイスターファーム** Get Shucked Oyster Farm。ほかにも美味と評判の**ブルーニーアイランド・チーズカンパニー** Bruny Is. Cheese Co.（テイスティング可）、チョコレート工場やワイナリー、ウイスキー蒸留所などがある。

ヒューオンバレー
Huon Valley

ハーツマウンテン国立公園のオズボーン湖

タスマニア南東部ヒューオン川沿いの一帯は、ヒューオンバレーという名前で知られている。**ヒューオンビル** Huonville や**ジーブストン** Geeveston が一帯の中心で、リンゴやチェリーなどの果実生産、マッシュルームの栽培、そしてタスマニアサーモンの養殖などの産業が盛んな場所だ。

この一帯はまた、原生のタスマニアの自然を残す場所としても注目を集める、ホバートからの日帰り観光先だ。ヒューオンパインやユーカリ、さらにうっそうとした冷温帯雨林の広大な州立保護林をもち、数多くのウオーキングトレイルが整備されている。背後は世界遺産に登録されている**ハーツマウンテン国立公園** Hartz Mountains NP、**サウスウエスト国立公園** Southwest NP といった原生林も広がる。ほとんどの観光地がホバートから車で 2 時間ほどと近いこともあり、セルフドライブや数多く催行されているツアーを利用して、これらの大自然を堪能しよう。

タスマニアの森の林冠観察が楽しめる MAP P.423/1A

タフーンアドベンチャーズ
Tahune Adventures

ヒューオントレイルのなかで最も人気があるのが、ジーブストンから内陸に入った一帯のタフーンフォレスト Tahune Forest。ホバートから約 90km のヒューオン川沿いに広がる森林地帯で、その中心にタフーンアドベンチャーズがある。レザーウッドやセロリトップパイン、ナンキョクブナ、ストリンギィバーク、木生シダなどが造り出す豊かな森林の上に橋を渡し、森の林冠（キャノピー）を観察したり、眼下に広がる森の景色を楽しんだりできるエアウオークがメインの施設。このエアウオークは、ヒューオン川の水面から 45m の高さに 619m の長さで造られており、ゆっくり観察しながらだと約 50 分。アドベンチャー志向なら、森に通されたワイヤーにつり下げられているハンググライダーで空中散歩が楽しめるケーブルイーグルグライダーにもチャレンジしたい。

■**ゲットシャックド・オイスターファーム**
住 1735 Main Rd., Great Bay, Bruny Is., 7150
☎ 0439-303-597
URL www.getshucked.com.au
営 毎日 9:30 ～ 16:30
休 ニューイヤーズデー、クリスマスデー、ボクシングデー

■**ブルーニーアイランド・チーズカンパニー**
住 1807 Main Rd., Great Bay, Bruny Is., 7150
URL www.brunyislandcheese.com.au
営 毎日 10:00 ～ 16:00

アクセス
●**ヒューオンバレー（ヒューオンビル、ジーブストン）**
MAP P.423/1・2A
基本的にセルフドライブかツアー利用となる。

■**タフーンアドベンチャーズ**
住 Tahune Reserve, Geeveston, 7116
☎ (03)6251-3903
URL tahuneadventures.com.au
開 毎日 10:00 ～ 16:30
料 大人 $32 子供 $16 家族 $80 ／ケーブルイーグルグライダー（入園料別）：大人 $22 子供 $20
※このほかヒューオン川をカヌーで下るアクティビティ、ツインリバー・アドベンチャー Twin Rivers Adventure（毎日 9:00 ～ 11:30 もしくは 12:00 ～ 13:30 の 2 回）も催行している。入園料込みで 大人 $190 子供 $171
アクセス 公共交通機関では行けないので、ホバート発のツアーかレンタカーのいずれかとなる。車だと片道約 2 時間。

木々の間に渡されたエアウオーク

ヘイスティングスケーブ&サーマルスプリングス

世界遺産内にある鍾乳洞と温泉を楽しむ

MAP P.423/2A

Hastings Caves & Thermal Springs

ヒューオンバレー南部サウスポート Southport 近郊にある、オーストラリアでは数少ない白雲石（ドロマイト）質の鍾乳洞だ。4000 万年以上前から形作られてきた洞窟内では見事な石筍が見られる。ガイド付きのツアー（所要約 45 分）でのみの見学となる。また近くには29℃の温泉が湧き出ており、その水を引いた観光用プールもある。

ホバートのツアー&アクティビティ

TOURS & ACTIVITIES IN HOBART AREA

ホバート市内や近郊の名所を訪れる半日、1 日ツアーの多くは**エクスペリエンス・タスマニア（グレイライン）** Experience Tasmania (Gray Line) などが催行している。また日本語ガイド付きツアーは**エイジェイピーアール** AJPR が催行している。エイジェイピーアールの日本語ツアーは最少催行人数があるので、参加予定数日前に催行可能かどうか問い合わせておきたい。

ポートアーサー・ツアー

ホバートから日帰り観光の定番

Port Arthur Tour

●エイジェイピーアール／世界遺産ポートアーサー、タスマン半島とリッチモンド

ホバート周辺で人気の高いリッチモンドとポートアーサーを周遊する。タスマンアーチやデビルズキッチンなどタスマン半島の見どころ見学もあり。もちろん日本語ガイド付き。

タスマニアの歴史を知るためには見逃せないポートアーサー

●エクスペリエンス・タスマニア／グランドポートアーサー流刑場跡

タスマン半島の景勝地を訪ね、ポートアーサーの流刑場跡ではガイドツアーと湾内クルーズを楽しむ。アイルオブ・デッドを付けたツアーもある。

マウントフィールド国立公園ツアー

ホバート近郊の大自然を満喫

Mt. Field NP Tour

●エイジェイピーアール／世界遺産マウントフィールド国立公園とデビルと出合う動物公園

午前中マウントフィールド国立公園でラッセルフォールズ・ウオークを散策。午後はボノロング・ワイルドライフサンクチュアリで、タスマニアンデビルやウォンバットなど動物たち

タスマニア有数の美しい滝ラッセルフォールズ

■ヘイスティングスケーブ&サーマルスプリングス
住754 Hastings Cave Rd., Hastings, 7109
☎(03)6298-3209
URL parks.tas.gov.au
●サーマルスプリングス
開2～4月：毎日10:00～16:00／5～9月：毎日10:30～16:00／10～12月25日：毎日10:00～16:00／12月26日～1月:毎日9:00～17:00
料大人$5 子供$2.50 家族$12
●ヘイスティングスケーブ・ガイドツアー
時2～4月&10～12月25日:毎日11:00～15:00の1時間ごと／5～9月：毎日11:30、12:30、14:00、16:00／12月26日～1月：毎日10:00～16:00の1時間ごと
料大人$24 子供$12 家族$60

■ポートアーサー・ツアー
●エイジェイピーアール／世界遺産ポートアーサー、タスマン半島とリッチモンド
☎(03)6227-7906
URL ajpr.com.au
時 毎日9:00～17:00
料1人$330
※最少催行人数3名
●エクスペリエンス・タスマニア／グランド・ポートアーサー流刑場跡
☎(03)6234-3560
URL www.grayline.com.au
時 日～金8:45～17:30
料大人$152 子供$76／アイル・オブ・デッド付き大人$170 子供$85

■マウントフィールド国立公園ツアー
●エイジェイピーアール／世界遺産マウントフィールド国立公園とデビルと出合う動物公園
☎(03)6227-7906
URL ajpr.com.au
時 毎日9:00～16:30／午後"美しい村"ロスの場合9:00～17:00
料1人$330（午後"美しい村"ロスの場合も同料金）
※最少催行人数3名
●エクスペリエンス・タスマニア／ラッセルフォールズ1日観光
☎(03)6234-3560
URL www.grayline.com.au
時 火木9:15～16:00（ボノロング・ワイルドライフサンクチュアリ付きは9:15～17:30）
料大人$165 子供$83／ボノロング・ワイルドライフサンクチュアリ付き：大人$195 子供$98

と触れ合う。なお同社では午後ボノロング・ワイルドライフサンクチュアリの代わりにタスマニア中部の人気の村ロスを観光する「マウントフィールド国立公園と " タスマニアの美しい村 " ロス」という日帰りツアーも催行している。

●エクスペリエンス・タスマニア／ラッセルフォールズ 1 日観光

ダーウェント川沿いの小さな町や村を眺めながらマウントフィールド国立公園へ。国立公園内ではラッセルフォールズ・ウオークをゆっくり散策。また南半球最古のサーモン＆トラウト養殖場も訪ねる。なお同社では帰路ボノロング・ワイルドライフサンクチュアリに立ち寄るツアーも催行している。

ボノロング・ワイルドライフサンクチュアリではカンガルーと触れ合える

ラッセルフォールズまでのウオーキングルートは、太古の森を感じさせる

手軽に冷温帯雨林の森を散策できる

ヒューオンバレー・ツアー
Huon Vally Tour

●エイジェイピーアール／世界遺産ハーツマウンテンとエアウオーク

世界自然遺産ハーツマウンテン国立公園内で、氷河期に形成された草原をオズボーン湖まで往復約 1 時間のハイキング。さらにタフーンアドベンチャーズでヒューオンパインの森をエアウオークで散策。日本語ガイド付き。

■ヒューオンバレー・ツアー
●エイジェイピーアール／世界遺産ハーツマウンテンとエアウオーク
☎(03)6227-7906
URL ajpr.com.au
時 月～金 9:00 ～ 17:00
料 1 人 $330
※最少催行人数 3 名

日本人観光客に人気の観光地を巡る

フレシネ国立公園ペンギンとロスの村 1 泊 2 日
Freycinet NP & Ross 2 Day Tours

エイジェイピーアールの日本語ガイド付き宿泊ツアー。1 日目は、東海岸の人気観光地フレシネ国立公園でのワイングラスベイ展望台へのハイキングと、ビシェノでのペンギンツアー。2 日目はロスビレッジ・ベーカリーやボノロング・ワイルドライフサンクチュアリ、リッチモンドなどを観光する。

■フレシネ国立公園ペンギンとロスの村 1 泊 2 日
催行：エイジェイピーアール
☎(03)6227-7906
URL ajpr.com.au
時 毎日 9:00 ～翌 17:00
料 1 人 $1720（シングル利用の場合追加料金が必要）
※最少催行人数 2 名

ロスビレッジ・ベーカリーでパンを食べてみよう

COLUMN

タスマニアでオーロラを見よう

日本ではあまり知られていないが、タスマニアでも条件さえ整えばオーロラ（サザンライツ Southern Lights と呼ばれる）を見ることができる。特にホバートより南部の町の明かりが少ない場所では見られる確率が高い。ただし北欧やカナダのように光の絨毯が夜空を埋めるほどになるようなことはほとんどなく、南の空の下のほうがうっすらと色づく程度。これはオーロラの最上部が見えている状態で、色は赤から黄、緑へのグラデーションといった感じだ。オーストラリア宇宙天気予報センター Australia Space Weather Forcasting Centre のウェブでオーロラアラートがマイナーストーム Minor Storm ～メジャーセーバー・ストーム Major Severe Storm なら見られる可能性が大きい。

運がよければ見られるオーロラの光

DATA
●オーストラリア宇宙天気予報センター
URL sws.bom.gov.au/Aurora

ホテル

ホバート

バジェットタイプ

町の中心にあるバックパッカーズ MAP P.417/1B

Hobart Central YHA

ホバートセントラルYHA

URL www.yha.com.au 住 9 Argyle St., 7000 ☎ 6231-2660 WiFi 無料 料 D $47.90 ～ 64.30、W $106 ～ 146 ※ YHA会員以外は追加料金が必要 CC MV

ドミトリーの各ベッドには読書灯が付いていたり、共同リビングエリアでは無料Wi-Fiが利用できるなど、設備面も充実している。

町の中心に近くて便利！ MAP P.417/1A

Backpackers Imperial Hobart

バックパッカーズインペリアル

URL www.backpackersimperialhobart.com.au 住 Level 2, 138 Collins St., 7000 ☎ 6223-5215 WiFi 無料 料 D $35 ～ 40、TW $75 ～ 101 CC MV

トランジットセンター、エリザベス・ストリートモール、どちらにも近い。1階にはバーもある。

一級以上のホテル

手頃な値段でリッチな気分が味わえる MAP P.417/2A

Customs House Hotel

カスタムハウスホテル

URL www.customshousehotel.com 住 1 Murray St., 7000 ☎ 6234-6645 WiFi 無料 料 TW $220 ～ 340 ※朝食付き CC ADMV

1階がパブとレストラン、2～3階が宿泊施設という典型的なオージー風。1846年の創業で、隣に税関Customs House（現在の州議事堂）があったことからこの名がついた。

タスマニア最古の優雅なホテル MAP P.417/2A

Hadley's Orient Hotel

ハドリーズ・オリエントホテル

URL www.hadleyshotel.com.au 住 34 Murray St., 7000 ☎ 6237-2999 WiFi 無料 料 TW $229 ～ 309 CC ADMV

ホバートの町の中心に建つ1834年オープンのグランドホテル。ロビーに入った瞬間から、そのクラシックなたたずまいに心躍らされるほど。客室は、天井が高く、歴史を感じさせる家具調度品が用いられている。しかも設備はモダンだ。また英国風ティールームではアフタヌーンティーも楽しめる（金～日曜12:30 ～ 16:00、ひとり $59）。

歴史を感じさせるホテルだ

繁華街のモダンな5つ星ホテル MAP P.417/1A

Crowne Plaza Hobart

クラウンプラザ・ホバート

URL www.ihg.com/australia 住 110 Liverpool St., 7000 ☎ 6213-4200 WiFi 無料 料 TW $261 ～ 971 CC ADJMV

日本での予約先：インターコンチネンタル・ホテルズグループ ☎ (03)4520-3207

ホテル周辺はホバート随一のショッピング街

コーヒーメーカー完備など設備もよく居心地のいい客室

にぎやかなエリアにある12階建てのホテルで、ロビーは2階。部屋は明るく現代的な家具調度品で統一されている。またラウンジアクセス付きの場合は、最上階のラウンジが利用でき、ホバートの町並みを眼下に眺めながら朝食ビュッフェやサンセットカクテル(軽食メニューも充実している）が楽しめる。レストランはロビー脇にあるコア・レストラン&バーで、ランチ、ディナーはタスマニアの美味な食材をふんだんに使ったインターナショナル料理が味わえる。このほか24時間利用可能なフィットネスセンターもある。なお敷地内に駐車場がないので、車利用の場合はホテルの目の前で車を止め、係員に鍵を渡すバレーパーキング・スタイルだ（1日 $35）。

日本語デスクもある MAP P.417/1B

The Old Woolstore Apartment Hotel

オールドウールストア・アパートメントホテル

URL www.oldwoolstore.com.au 住 1 Macquarie St., 7000 ☎ 6235-5355 FREE 1800-814-676 WiFi 無料 料 TW $247、1B $289 ～ 359、2B $369 ～ 498 CC ADJMV

広々としていて快適なオールドウールストアの客室

かつて羊毛の貯蔵に利用された歴史的建物を改修し、現代的で快適な客室を建物内に配備。ホテルタイプの客室とコンドミニアムタイプの客室がある。レストラン、バー、ジムがある。

ホバートを代表する老舗高級ホテル MAP P.417/1B

Hotel Grand Chancellor Hobart

グランドチャンセラー

URL www.grandchancellorhotels.com 住 1 Davey St., 7000 ☎ 6235-4535 WiFi 無料 料 TW $244 ～ 384 CC ADJMV

ビクトリアドックに面して建つ。ホテル内には屋内プール、ジム、サウナ、マッサージルーム、レストラン、バーなど完備。海側の客室であればすばらしい眺めが堪能できる。

カジノを併設する MAP 地図外
Wrest Point Hotel Casino
レストポイント・ホテル・カジノ

URL www.wrestpoint.com.au 住 410 Sandy Bay Rd., Sandy Bay, 7005 ☎ 6221-1888 FREE 1800-030-611 WiFi 無料 料 タワー：TW $224 ～ 399 ／ウオーターエッジ：TW $170 ～ 209 ／モーターイン：TW $161 ～ 179 CC ADJMV

丘の上に建つタワー型ホテル

オーストラリア最初のカジノをもつホテル。4.5星のタワー、4つ星のウオーターエッジ、3つ星のモーターインという3タイプのホテル棟がある。

リッチモンド

愛らしい動物たちとも触れ合える MAP P.423/1B
Taras Richmond Farmstay
タラズ・リッチモンドファームステイ

URL tarasfarmstay.com.au 住 31 Ogilvie Lane, Richmond, 7025 ☎ 0431-966-065 WiFi 無料 料 TW $180 ～ 220 ※朝食付き CC MV

ファームステイ先として人気。羊や馬はもちろんウサギとも触れ合え、敷地内で取れる果実や野菜を使った朝食もおいしい。客室はモダンで広々。簡単な自炊設備もある。

ポートアーサー

キャンパー、バックパッカーにおすすめの MAP P.423/2B
NRMA Port Arthur Holiday Park
NRMA ポートアーサー・ホリデーパーク

URL www.nrmaparksandresorts.com.au
住 Lot 1, Garden Point, Port Arthur, 7182
FREE 1800-607-507 WiFi 無料
料 D $31、TW $160 ～ 250 CC MV

ポートアーサーから海岸沿いに2km ほど行った所にあるキャラバンパーク。

レストラン

ホバートのシーフードの老舗 MAP P.417/1B
Mures
ミュアーズ

URL mures.com.au 住 Victoria Dock, 7000
☎ 6231-1999（アッパーデッキ）／6231-2009（ロウアーデッキ） 営 ロウアーデッキ：毎日 8:00 ～ 21:00 ／アッパーデッキ：毎日 11:00 ～ 14:00、17:30 ～ 21:00 休 グッドフライデー、クリスマスデー CC ADJMV 酒 ライセンスド

港にある大人気シーフードレストラン

ロウアーデッキがカジュアルダイニング＆オイスターバー、アッパーデッキがレストラン。ロウアーデッキでは新鮮な魚介を比較的手頃な値段で食べられる。

ホバートの人気ファインダイニング MAP P.417/1B
Landscape Restaurant & Grill
ランドスケープ・レストラン＆グリル

URL landscaperestaurant.com.au 住 23 Hunter St., 7000 ☎ 6210-7712 営 毎日 18:00 ～ 21:30 CC ADJMV 酒 ライセンスド

ビクトリアドックに面した古い倉庫群の一角、ヘンリージョーンズ・アートホテルの1階にある。1830年代建造のクラシックな店内で提供される料理は、タスマニアの新鮮な食材をふんだんに使ったモダンオーストラリア料理。盛りつけも味もすばらしい。

地元で大人気イタリアン MAP P.417/2B
Ristorante Da Angelo
リストランテ・ダ・アンジェロ

URL daangelo.com 住 47 Hampden Rd., Battery Point, 7004 ☎ 6223-7011 営 金 12:00 ～ 14:30、日～木 17:00 ～ 21:30、金土 17:00 ～ 22:00 CC MV 酒 ライセンスド

大きなかまどで焼き上げるピザが美味

バッテリーポイントの老舗イタリアン。入口脇の大きなピザかまどが印象的で、ピザ（S サイズ $18.50 ～ 22、M サイズ $21 ～ 27、L サイズ $26 ～ 33.50)、パスタ（オントレサイズ $25 ～ 33.50、メインサイズ $28 ～ 35.50）が特に評判だ。

カジュアルな雰囲気で食事をしたいと思ったら MAP P.417/2B
Fish Frenzy
フィッシュフレンジー

URL www.fishfrenzy.com.au 住 Elizabeth St. Pier, Sullivans Cove, 7000 ☎ 6231-2134 営 毎日 11:00 ～ 21:00 CC AJMV 酒 ライセンスド

エリザベス・ストリートピア入口にあるフィッシュ＆チップスの人気店。人気なのは魚、ホタテ、イカのフライとポテトがいっぱいのフィッシュフレンジー（$29)。

パブミールならここ！ MAP P.417/2A
Shamrock Hotel
シャムロックホテル

URL www.facebook.com/shamrockhotelhobart
住 195 Liverpool St., 7000 ☎ 6234-3892 営 毎日早朝～深夜 CC AMV 酒 ライセンスド

ホバートのベストパブにも選ばれており、ビールを飲みにいくのにもパブミールを食べにいくのにもおすすめ。パブミールではボリューム満点の各種ステーキが $26.50 ～ 29 で味わえる。

フレシネ国立公園とタスマニア東海岸
Freycinet NP & East Coast of Tasmania

アクセス

●**タスマニア東海岸**

タスマニア東海岸を周遊するならレンタカーかツアー利用が現実的。公共交通機関としてはタジーリンクが、ホバートと東海岸の各町とを結ぶバス（Route 736、737）を、月～金２便、土日１便運行している。

●**タジーリンク**

☎1300-300-520

URL www.tassielink.com.au

アクセス

●**コールズベイとフレシネ国立公園**

コールズベイはタスマン・ハイウェイから外れているため、ビシェノを起点に訪れることになる。ビシェノからは車で 30 ～ 40 分ほどで、**キャロウズコーチ** Calow's Coaches の路線バス（Route 745）が毎日２便運行している（夏季は便数が増える）。コールズベイからフレシネ国立公園各エリアへはウオーキングトラックを歩くことになる。

●**キャロウズコーチ**

☎0400-570-036

URL www.calowscoaches.com.au

■**国立公園入園パス** → P.411

■**フレシネ国立公園ビジターインフォメーションセンター**

MAP P.433

住 138 Freycinet Drv., Coles Bay Rd., 7215

☎(03)6256-7000

URL parks.tas.gov.au

開 毎日 9:00 ～ 16:00

上：フレシネ国立公園ビジターインフォメーションセンター
下：ブッシュウオーキング中よく見かけるベネットワラビー

美しい海とうっそうとした森をもつフレシネ国立公園（ハネムーンベイ）

「ホリデーコースト Holidaycoast」と呼ばれる東海岸は、タスマニアのリゾートエリアだ。海岸線に沿って走る A3 号線タスマン・ハイウェイ Tasman Hwy. 沿いに人口 200 ～ 800 人ほどの小さな町が点在しており、夏季にはどの町も、美しい海と新鮮なシーフード、明るい日差しを求める観光客で大にぎわいとなる。そんなホリデーコースト随一の観光地が、フレシネ国立公園。グレートオイスターベイ Great Oyster Bay を囲むように突き出した火山岩盤のフレシネ半島 Freycinet Peninsula の大部分が国立公園となっており、クレイドル山／セントクレア湖国立公園と並ぶタスマニアの人気国立公園として知られる。ここでは、白砂のビーチ、緑豊かな森、すばらしい景勝地などを抱え、のんびりブッシュウオーキングを楽しみながら自然を満喫できるのだ。

コールズベイとフレシネ国立公園
Coles Bay & Freycinet NP

フレシネ国立公園の入口にあるコールズベイは東海岸有数のリゾートタウン。フレシネ国立公園をじっくり楽しみたい人はぜひ１～２泊してみることをすすめる。町はこぢんまりしており、いくつかのリゾートと数多くのホリデーユニットがある。ただし夏季にはひじょうに混み合うため、予約なしで宿泊先を見つけるのは困難だ。またレストランの数も少ないので、コンドミニアム滞在予定の人は、あくまで自炊を基本と考えるといいだろう。

ブッシュウオーキングを楽しもう MAP P.433

フレシネ国立公園
Freycinet NP

1802 年、タスマニア東海岸の海図を作成するためこの地域を航海していたキャプテン・ニコラス・ボーデンが、部下の一等書記官であるルイ・ド・フレシネ Louis de Freycinet にちなんで名づけたとされるフレシネ半島。火山岩で形作られた美しい峰々をもつ半島で、冷温帯雨林の森にはベネットワラビーやポッサム、ハリモグラなどの野生動物、ウミワシやミツドリ、クロオウムなどの野鳥も数多く生息している。

国立公園の魅力を存分に味わうには、いくつかあるウオーキングトラックを歩くことになる。

ウオーキングルートを記した地図は、コールズベイから国立公園へ入ってすぐの所にある**フレシネ国立公園ビジターインフォメーションセンター** Freycinet NP Visitor Information Centreで手に入る。ここはフレシネ国立公園の博物館も兼ねているので必ず寄っておきたい。

ワイングラスベイ展望台からの景観は息をのむほど

最も一般的なのは、ウオーキングトラック駐車場からの**ワイングラスベイ展望台** Wineglass Bay Lookout往復の1時間30分コース。ワイングラスをかたどったような入江、特に大きく湾曲した白砂のビーチを望む展望台からの光景は、タスマニアを紹介する数多くのパンフレットに必ず出てくるもの。ルート自体よく整備されているが、往路はずっと上りのためそれなりに体力は必要だ。時間があるなら展望台からワイングラスベイまで下り、**ハザーズビーチ** Hazards Beach経由でマイソン山 Mt.Maysonを回り込むようにして駐車場へ戻ってくる1周約3時間30分のルートもおすすめだ。

■ウオーキングトラック駐車場

フレシネ国立公園ビジターインフォメーションセンターから約4km。車がない場合は、リチャードソンビーチ Richardsons Beachやハネムーンベイ Honeymoon Bayを見ながら歩くことになる（片道約1時間）。コールズベイのホテルによっては、宿泊客用のシャトルを運行する場合もある。

■遊覧飛行も試してみたい

●フレシネエアー・シーニックフライト
Freycinet Air Scenic Flights

30分でフレシネ国立公園の美しい海と半島が満喫できる。
☎0414-389-697
URL freycinetair.com.au
営 毎日8:30～16:00
料 25分ワイングラスベイ・シーニックフライト：大人$325 家族（大人2人＋子供1人）$825／50分フレシネ・フライト：1人$695
※2人より催行

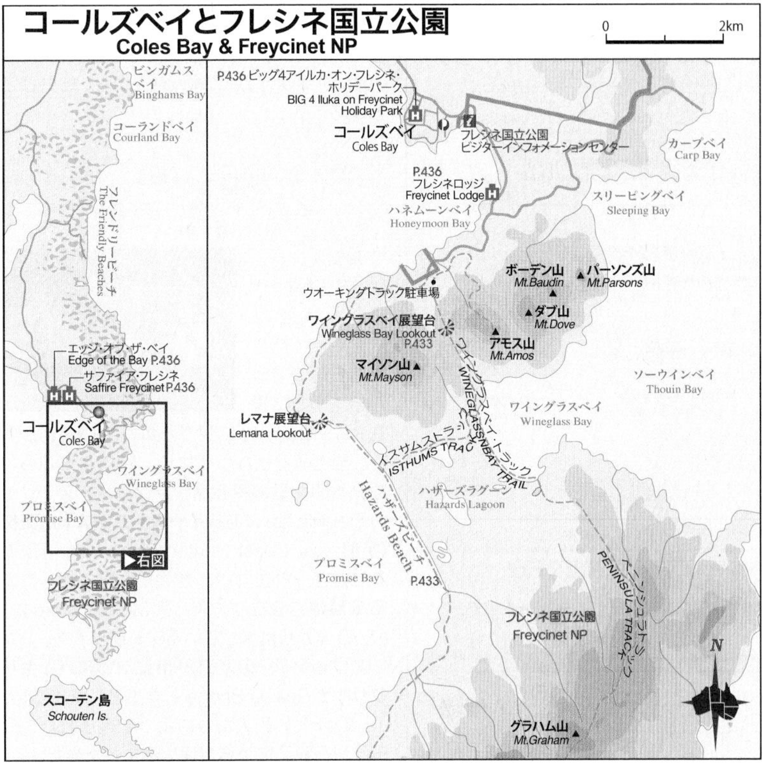

コールズベイとフレシネ国立公園
Coles Bay & Freycinet NP

0　2km

ビンガムスベイ Binghams Bay
コーランドベイ Courland Bay
フレンドリービーチ The Friendly Beaches
エッジ・オブ・ザ・ベイ Edge of the Bay P.436
サファイア・フレシネ Saffire Freycinet P.436
コールズベイ Coles Bay
ワイングラスベイ Wineglass Bay
プロミスベイ Promise Bay
▶右図
フレシネ国立公園 Freycinet NP
スコーテン島 Schouten Is.

P.436 ビッグ4アイルカ・オン・フレシネ・ホリデーパーク BIG 4 Iluka on Freycinet Holiday Park
コールズベイ Coles Bay
フレシネ国立公園ビジターインフォメーションセンター
カープベイ Carp Bay
P.436 フレシネロッジ Freycinet Lodge
ハネムーンベイ Honeymoon Bay
スリーピングベイ Sleeping Bay
ボーデン山 Mt.Baudin
パーソンズ山 Mt.Parsons
ウオーキングトラック駐車場
ダブ山 Mt.Dove
ワイングラスベイ展望台 Wineglass Bay Lookout P.433
アモス山 Mt.Amos
マイソン山 Mt.Mayson
ワイングラスベイ・トラック WINEGLASS BAY TRAIL
ソーウインベイ Thouin Bay
ワイングラスベイ Wineglass Bay
レマナ展望台 Lemana Lookout
イスサムストラック ISTHUMS TRACK
ハザーズラグーン Hazards Lagoon
ハザーズビーチ Hazards Beach
プロミスベイ Promise Bay
P.433
ペニンシュラトラック PENINSULA TRACK
フレシネ国立公園 Freycinet NP
N
グラハム山 Mt.Graham

■ビシェノ・ペンギンツアー
☎(03)6375-1333
URL bichenopenguintours.com.au
時 9～3月20:00～21:00の間1～3回スタート、4～8月17:30スタート
※サンセットの時間により多少出発時間は変更になる
休 グッドフライデー、クリスマスデー、大晦日
料 大人$54.50 子供$25.50
※要予約

ビシェノ
Bicheno

野生のリトルペンギンが見られることで有名なビシェノ

東海岸ではコールズベイと並び最もポピュラーなリゾート地として知られる。1803年に捕鯨港として町が築かれ、第2次世界大戦後は年間降雨量約700mmで日照率の高い気候から、リゾート化が進んだ。

ビシェノで人気があるのは、毎晩催行されているリトルペンギン・ウオッチングのツアー（**ビシェノ・ペンギンツアー** Bicheno Penguin Tours）。海から帰ってきたリトルペンギンが浜辺を横切り巣へ戻っていく様子が見られる。

もちろん町には海水浴に適した美しいビーチもあり、郊外には放し飼いになっているカンガルーやワラビー、さらにウォンバットやハリモグラなどを間近に見られる**イーストコースト・ネイチャーワールド** East Coast Nature Worldといった見どころもある。また、町の中心から歩いて行ける距離に、ふたつの展望台がある。ここから見下ろすビシェノの町並みと海岸線の景色はすばらしい。ほかにも町外れには、80tもある御影石Rocking Rockや潮吹き穴Blowholeといった見どころがある。

タスマニア東海岸
East Coast of Tasmania
0 5km
ベイ・オブ・ファイヤーへ
セントヘレンズ・ヒストリールーム P.435 St Helens History Room
セントヘレンズ St Helens
A3
スカマンダー Scamander
セントマリーズ St Marys
A4
エレファントパス Elephant Pass
フィンガル Fingal
イーストコースト・ネイチャーワールド P.434 East Coast Nature World
ビシェノ Bicheno
クランブルック Cranbrook
B34
P.434 イーストコースト歴史博物館 East Coast Heritage Museum
スウォンジー Swansea
コールズベイ Coles Bay
スパイキーブリッジ P.434 Spikey Bridge
フレシネ国立公園 Freycinet NP
グレートオイスターベイ Great Oyster Bay
ワイングラスベイ Wineglass Bay
リトルスワンポート Little Swanport
トライアバナ Triabunna
ルイスビル Louisville
オーフォード Orford
ダーリントン Darlington
マライア島国立公園 Maria Is. NP
N

スウォンジー
Swansea

スウォンジー中心部にあるイーストコースト歴史博物館

スウォンジーは1820年代後半、大きな刑務所ができてから町づくりが始まった。現在も19世紀半ばに建てられた古い建物が多く、見どころとなっている。特によく知られているのが町の中心フランクリン・ストリートFranklin St.にある**イーストコースト歴史博物館** East Coast Heritage Museum。1860年に建てられた学校の建物だ。同じ通りにある3階建てのモリスストアMorris' Storeは、1838年から営業しているマーケットだ。

スウォンジーの南約8kmにある**スパイキーブリッジ** Spikey Bridgeも見落としたくない。1840年代に囚人たちによって造られた、何千という鋭利な小石が埋め込まれた橋だ。

トライアバナとマライア島国立公園

Triabunna & Maria Island NP

トライアバナは、1820年代に沖合に浮かぶマライア島流刑地を監視する目的で軍の駐屯地がおかれたことで開かれた町。現在はムール貝の養殖地として、またマライア島国立公園への起点として知られている。

マライア島のビジターインフォメーションも歴史ある建物だ

マライア島の最北端、トライアバナからのフェリーの発着地である**ダーリントン** Darlingtonには、1850年まで監獄があった。最盛期には492名の囚人が収監され、この地を開墾する重労働を強いられていたのだという。この監獄跡を含む一帯は現在、「オーストラリアの囚人史跡群」のひとつとしてユネスコの世界文化遺産に登録されている。

監獄島の後、20世紀前半はセメント業でにぎわい、500人を超える人々が住んでいたという。現在島のほとんどが国立公園で、美しい景観と緑深い森がアウトドア志向の旅行者を引きつけている。特に野生のウォンバットがよく見られる島としても注目されている。ダーリントンにある国立公園ビジターセンターで各種ウオーキングトレイルの情報が手に入るので、ぜひ歩いてみたい。

なおマライア島にはキャンプ場以外の宿泊施設や店舗はないので、トライアバナに宿を予約して出かけるのが一般的だ。

セントヘレンズ

St Helens

ベイ・オブ・ファイヤーのザ・ガーデンズ

タスマニア有数の漁港を抱える東部海岸北部最大の町。ここで水揚げされるのはおもに伊勢エビ Crayfish やアワビなど。これらのシーフードに加え、ゲームフィッシングやクルーズ、ダイビングなどを楽しみに訪れる人も多く、観光も重要な産業になっている。市内の見どころは歴史博物館の**セントヘレンズ・ヒストリールーム** St Helens History Room くらいだが、北の郊外の海岸沿いには見どころが多い。セントヘレンズの11km北の**ビナロングベイ** Binalong Bay から数十kmにわたって続く**ベイ・オブ・ファイヤー** Bay of Fire はタスマニアで最も美しいといわれる海岸。1773年にこの地を航海していた英国船の船長が、先住民が海岸沿いでたき火をしている炎を見てこう名づけたとされる。海岸沿いには花崗岩の巨石が多く、しかも岩の上の多くは藻類と共生するオレンジ色の地衣類で覆われている。

■イーストコースト・ネイチャーワールド MAP P.434/1
住 18356A Tasman Hwy., Bicheno, 7215
☎ 0401-246-777
URL www.natureworld.com.au
開 毎日 9:30 ～ 16:00
休 クリスマスデー
料 大人 $32 子供 $19 家族 $89

■イーストコースト歴史博物館 MAP P.434/2
住 22 Franklin St., Swansea, 7190 ☎ (03)6256-5066
URL www.eastcoastheritage.org.au
開 月～金 10:00 ～ 16:00
休 土日祝
料 $2 程度の寄付

自然豊かなマライア島はブッシュウオーキングに最適だ

■トライアバナ～マライア島の高速船
● Encounter Maria Island
☎ (03)6224-8333
URL encountermaria.com.au
時 トライアバナ発：毎日 8:30、10:00、11:30、15:15 ／マライア島発：毎日 9:15、10:45、14:30、16:15
※冬季は運航本数が少なくなる
料 往復 大人 $54 子供 $33

■トライアバナ・ビジターインフォメーションセンター
Triabunna Visitor Information Centre
住 Cnr. Charles St. & Esplanade, Triabunna, 7190
☎ (03)6256-4772
URL eastcoasttasmania.com
開 毎日 9:00 ～ 17:00（冬季は 10:00 ～ 16:00）

■セントヘレンズ・ヒストリールーム MAP P.434/1
住 61 Cecilia St., 7216
☎ (03)6376-1479
URL www.sthelenshistoryroom.com
開 月～金 9:00～16:00、土日 9:00～15:30 休 祝
料 カップルもしくは家族 $5

マライア島では野生のケープバレングース、ウォンバット、ワラビーなどを見ることができます。島にはお店がないので食べ物、飲み物は各自持参すること。（兵庫県 rosegarden '15）['24]

エディストンポイント灯台の周りはオレンジの地衣類に覆われた岩が密集している

岩場の間には美しい白砂のビーチが広がり、青い海とのコントラストを見せている。舗装道路でアクセスしやすいザ・ガーデンズ The Gardens 一帯が観光客には人気だ。

オレンジ色に覆われた花崗岩はベイ・オブ・ファイヤーの北（セントヘレンズから約 50km）**マウントウイリアム国立公園** Mt. William NP まで続いており、エデイストンポイント灯台 Eddy Stone Point Lighthouse のあたりが岩が密集していて見応えがある（ただしオフロードアクセスとなる）。またセントヘレンズの約 40km 西の滝、**セントコロンバ・フォールズ** St Columba Falls などへも時間があったら足を延ばしてみたい。

タスマニア東海岸のホテル

ACCOMMODATION　州外局番（03）

コールズベイとフレシネ国立公園

コールズベイ中心部にある　MAP P.433
BIG 4 Iluka on Freycinet Holiday Park
ビッグ 4 アイルカ・オン・フレシネ・ホリデーパーク

URL www.big4.com.au
住 15 Reserve Rd., Coles Bay, 7215
☎ 6257-0115　FREE 1800-786-512　WiFi 無料
料 Cabin：T W $171 ～ 190、2B $135 ～ 250　CC MV

町の入口にあり、スーパーマーケットやパン屋も入っている。

フレシネ国立公園内のリゾート　MAP P.433
Freycinet Lodge
フレシネロッジ

URL www.freycinetlodge.com.au
住 Freycinet National Park, Coles Bay, 7215
☎ 1300-081-835　WiFi 無料
料 T W $621 ～ 801　CC ADJMV

フレシネロッジのロビーエリア

フレシネ国立公園内にあるコテージタイプのリゾートホテル。各コテージはウッディな雰囲気のしゃれた造り。併設のレストランからのグレートオイスターベイ、リチャードソンビーチの眺めもすばらしい。

フレシネ国立公園観光に便利なリゾート　MAP P.433
Edge of the Bay
エッジ・オブ・ザ・ベイ

URL www.edgeofthebay.com.au　住 2308 Coles Bay Rd., Coles Bay, 7215　☎ 6257-0102　WiFi 無料
料 W $475 ～ 545、2B $415 ～ 575、3B $735　※時期により最低宿泊日数あり　CC MV

おしゃれなインテリアで統一された室内

コールズベイの町から少し離れた場所にあり、目の前のビーチから湾を挟んでフレシネ国立公園が一望できる。敷地内にワラビーやハリモグラが現れるほど自然が豊か。客室は簡易キッチン完備のモダンな雰囲気。併設のレストランも美味と評判だ。

フレシネ国立公園を望む豪華リゾート　MAP P.433
Saffire Freycinet
サファイア・フレシネ

URL www.saffire-freycinet.com.au　住 2352 Coles Bay Rd., Coles Bay, 7215　☎ 6256-7888
WiFi 無料　料 W $3000 ～　※滞在中の全食事・飲み物付き　※時期により最低 2 泊から　CC ADJMV

フレシネ国立公園を望む場所にある極上リゾートのサファイア

オーストラリアを代表する豪華リゾート。全室平屋のスイートタイプで、バルコニーからフレシネ国立公園を眺めることもできる。敷地内にはタスマニアンデビルの保護施設もあり、ゲストはスタッフの案内で見学できる。リゾート発でフレシネ国立公園のウオーキングや周辺の見どころへのツアーもある。デイスパ施設も完備している。

ビシェノ

ビシェノの中心部にあるモーテル　MAP なし
Beachfront Bicheno Hotel
ビーチフロント・ビシェノホテル

URL www.beachfrontbicheno.com.au　住 232 Tasman Hwy., Bicheno, 7215　☎ 6375 -1111
WiFi 無料　料 T W $201 ～ 258、2B $475　CC MV

ビシェノの中心部にあり、スーパー IGA までも徒歩 2 分ほど。客室はモーテルユニットタイプと 2 ベッドルームのアパートメントタイプ。いくつかの部屋からは海を望むこともできる。またローカルパブを併設しており、タスマニアのビールやワインと一緒にパブミールを楽しむこともできる。

日本からタスマニア東海岸への電話のかけ方
国際電話会社の番号 + 010 + 61（国番号）+ 3（0 を取った州外局番）+ 電話番号

タスマニア中部
Central Tasmania

タスマニア中部には 19 世紀前半に入植が行われ、今も酪農の中心として知られる歴史的に古い町が多い。特にホバート〜ロンセストンを結ぶ国道 1 号線はヘリテージ・ハイウェイ Heritage Hwy. と名づけられており、見逃せない見どころも多い。またホバートの北ブリッジウオーターでヘリテージ・ハイウェイと分かれ西へ向かうライエル・ハイウェイ Lyell Hwy.（A10 号線）や、メルトンモーブレーからセントラルハイランド・レイクス地域を抜けるよう続く A5 号線沿いにも魅力的な町が多い。

アクセス

●タスマニア中部
公共交通機関で町に着いても見どころ巡りができないので、レンタカー利用が現実的。なおセントラルハイランド・レイクス地域は標高が高く、夏でも路面凍結の恐れがあるので、できれば 4WD をレンタルしておきたい。

ハミルトンとボスウェル
Hamilton & Bothwell

カリンガファームのファームツアーで羊の毛刈りショーを観よう

タスマニア中南部の交通の要衝として知られるのがハミルトン。ライエル・ハイウェイと A5 号へと抜ける B110 号線がぶつかる町で、メインストリート沿いに 1800 年代の面影を残す建物がいくつも並んでいる。この町の郊外にある**カリンガファーム** Curringa Farm は、タスマニアの牧羊業の様子を観光客に見せてくれる牧場として知られている。ファームツアーに参加すれば、牧羊犬による羊追い、羊の毛刈りショーなどを見学できる。戸建ての別荘といった宿泊施設もあり、ファームステイ先としても人気だ。

B10 号線と A10 号線がぶつかるボスウェルもまたタスマニア中部交通の要衝のひとつ。町の郊外にある**ラソファーム** Ratho Farm にはオーストラリア最古のゴルフコースがある。1822 年に造られたコースで、牧場の羊に草を食べさせてコースを整備しているという、何ともユニークなゴルフ場だ。ラソファームには開拓時代の面影を残すホームステッドがあり、レストラン、宿泊施設として人気がある。フライフィッシングのガイド指定の宿として使われることも多い。

フェアウェイ上で草を食べる羊が見られるラソファームのゴルフ場

■カリンガファーム
住 5831 Lyell Hwy., Hamilton, 7140
☎ 0416-863-337
URL curringafarm.com.au
営 毎日 10:00 ～ 16:00（ファームツアーは前日までに問い合わせのうえ予約が必要）
料 モーニングティー付きファームツアー（10:00 スタート／最少催行人数 4 人）大人 $75 子供 $35 ／ BBQ ランチ付きファームツアー（10:00 スタート／最少催行人数 6 人）大人 $110 子供 $65 ／ファームステイ TW $275 ～ 330

■ラソファーム
住 2122 Highland Lakes Rd., Bothwell, 7030
☎ (03)6259-5553
URL www.rathofarm.com
料 ゴルフ：18 ホール $50 ／宿泊施設：1B $145 ～ 200、2B $250 ～ 300

ヘリテージ・ハイウェイ
Heritage Hwy.

歴史的に重要な町が残るヘリテージ・ハイウェイ。ホバート方面から出かけた場合、まず最初に寄りたいのが**オートランズ** Oatlands だ（ホバートから 84km）。

オートランズのアイコン的存在のカリントンミル

■カリントンミル・ディスティラリー
住6 Mill Lane, Oatlands, 7120
☎0482-509-019
URL callingtonmilldistillery.com
時 毎日 10:00 ～ 16:00 ／工場見学ツアー：毎日 12:00 ～（所要 90 分）
料 ウイスキーテイスティング $50 ／工場見学ツアー（ウイスキーテイスティング付き）1 人 $150

■ロス女性囚人刑務所
住2 Portugal St., Ross, 7209
☎(03)6381-5466
URL parks.tas.gov.au/explore-our-parks/ross-female-factory
開 毎日 10:00 ～ 16:00

■ロスビレッジ・ベーカリー
住15 Church St., Ross, 7209
☎(03)6381-5246
URL www.rossbakery.com.au
営 水～日 8:30 ～ 16:30
休 月火祝

日本人旅行者に人気のロスビレッジ・ベーカリー

■タスマニア・ウールセンター
住48 Church St., Ross, 7209
☎(03)6381-5466
URL www.taswoolcentre.com.au
開 月～金 9:30 ～ 16:30、土日 10:00 ～ 16:00
休 グッドフライデー、クリスマスデー

タスマニアでも最も古い入植地のひとつで 1821 年に町が開かれた。1837 年にこの町にあった粉挽き風車の**カリントンミル** Callington Mill が 2010 年に復元され、町のシンボル的存在となっている。無料で見学可能だ。カリントンミルのすぐ隣には、高品質のシングルモルトウイスキーやジンを造る**カリントンミル・ディスティラリー** Carrington Mill Distillery があり、ウイスキー＆ジンのテイスティング付き工場見学も催行。お酒好きなら必ず参加したい。

石造りのロスブリッジ

オートランズから約 30km 北、マックォーリー川 Macquarie River 沿いに開けた町**ロス** Ross はヘリテージ・ハイウェイの中心地。1811 年に時のタスマニア総督マックォーリー卿によって名づけられた町で、1847 ～ 54 年には**ロス女性囚人刑務所** Ross Female Factory があり、約 1 万 2000 人の受刑者が軽工業に従事していた。また町の入口には 1936 年に造られたオーストラリアで 3 番目に古い橋**ロスブリッジ** Ross Bridge もある。ロスにはそんな歴史的建造物がいくつも残っている。この町はまた、映画『魔女の宅急便』のパン屋兼宿屋のモデルというウワサ（あくまでウワサであり、ジブリは公式に否定している）の**ロスビレッジ・ベーカリー** Ross Village Bakery があり、ジブリファンの間では特に有名だ。この一帯は世界一ともいわれる高品質ウールの産地としても知られており、町にある**タスマニア・ウールセンター** Tasmania Wool Centre も見逃したくない。

セントラルハイランド・レイクス地域
Central Highland Lakes Area

タスマニアのほぼ中央、標高 1000m ほどの山岳地帯には大小 3000 を超える湖が点在している。そのほとんどがダム湖で、一部の湖は世界自然遺産「タスマニア原生地域」の中にある。タスマニアの電力は 100%水力発電であり、その供給源がこの一帯なのだ。もちろん自然も豊かで、映画『ハンター』（ウィレム・デフォー主演／ 2011 年）の撮影場所にもなった。夕暮れ時にもなるとウォンバットやポッサム、ワラビーなどもよく見かけるほどだ。

セントラルハイランド・レイクス地域にはたくさんのダム湖がある

この一帯はまた、世界中のフライフィッシャーの憧れの場所。春～秋にかけて長期間さまざまな水生昆虫の孵化があり、それを狙うブラウントラウトやレインボートラウトなどを釣り上げることができるというわけだ。基本はボートで湖を駆け抜けポイントを探し釣りを行うので、フィッシングガイド同行が初心者にはおすすめだ（→ P.412）。

ロンセストンとタスマニア北海岸
Launceston & North Coast of Tasmania

ブリッドストウ・ラベンダー・エステイトのラベンダー畑

タスマニア北部に切れ込みを入れたような入江を形成するティマー川 Tamar River。この幅広い川を囲む一帯はティマーバレーと呼ばれ、昔からリンゴやナシの産地として知られている。現在は、この肥沃な土地を生かしたブドウ栽培が行われ、タスマニア随一のワイン生産地となっている。またタスマニアを代表する風景のひとつである一面紫色のラベンダー畑もある。そんなティマーバレーの中心地がロンセストン。シドニー、ホバートに次いでオーストラリアで３番目に古い都市。人口約９万人のこの町の自慢は、驚くほどしっかり保存された古い町並みと公園。19 世紀前半に英国の田舎町をまねてつくられた、素朴かつ優雅な町並みだ。

ロンセストンを起点に旅しやすいバス海峡に面した北海岸沿いの地域は、絶景を見ることができるポイントも多い。海岸部だけでなく少し内陸にも渓谷、滝、鍾乳洞など自然が造り出したすばらしいスポットがあるが、あまり観光地化していないので、ゆったりとした雰囲気でそれらを回ることができる。メルボルン近郊のジーロンからのフェリーが発着するデボンポートをはじめ、バーニー、ウインヤード、スタンレイといった海岸沿いの町を巡ってみよう。各町には宿泊施設も充実しているので、滞在してのんびりと過ごすのもいいだろう。

アクセス

●ロンセストン

カンタス航空がブリスベン、シドニー、メルボルンから、ヴァージン・オーストラリアがブリスベン、シドニー、メルボルン、アデレードから、ジェットスターがメルボルン、シドニー、ブリスベンから、ボンザがゴールドコースト、サンシャインコーストから**ロンセストン空港**(LST) へ直行便をもっている。ジーロンからのフェリー、スピリット・オブ・タスマニア号を利用してデボンポートに入り、接続するバスを利用する方法もある。

●レッドライン

☎1300-360-000

URL www.tasredline.com.au

■ロンセストン空港

URL launcestonairport.com.au

※空港〜ロンセストン市内へはエアポートシャトルもしくはタクシー利用 ($35 〜 40) となる。

●エアポートシャトル

飛行機の離発着に合わせて運行。

☎0488-200-700

料 片道：１人 $25、２人 $35

■ロンセストン・ビジターインフォメーションセンター

住 68-72 Camelon St. (Under the Tower Clock), 7250

FREE 1800-651-827

URL www.northerntasmania.com.au

開 月〜金 9:00 〜 17:00、土日祝 9:00 〜 14:00

休 グッドフライデー、クリスマスデー

ロンセストン
Launceston

インフォメーションが入った歴史的ビル

ロンセストン・ビジターインフォメーションセンター Launceston Visitor Information Centre は街の中心、タウンホール向かいの時計塔のある歴史的ビル内にある。タウンホール脇はシビック・スクエア Civic Sq. という広場で、このあたりからブリスベン・ストリートモール Brisbane St.Mall にかけての一帯が繁華街となっている。

市中では**クイーンビクトリア博物館＆美術館** Queen Victoria Museum & Art Gallery が必見。中心部近くロイヤルパーク内にある 100 年以上前に建てられたというクラシックな美術館と、町の北側**インバレスク** Inversk にある近代的な博物館のふたつのセクションに分かれている。ほかにも中心部ではタスマニアを代表するビール、**ジェームズボーグ＆サン・ビール工場** James Boag & Son Brewery があり、ビールの試飲付き工場見学ツアーも行っている。

ロンセストンの市内交通

ホバート同様メトロタスマニア（通称メトロ Metro）のバスが走っており、料金やシステムもホバートと同じ。市中心部とインバレスクやカタラクト渓谷などを結ぶ４系統の無料バス、**フリータイガーバス** Free Tiger Bus が走っている。運航の詳細は下記ウェブで確認のこと。

URL www.launceston.tas.gov.au/Roads-and-Parking/Parking/Tiger-Bus

ティマー川にサウスエスク川 South Esk River が注ぎ込む渓谷の一角にあるのが**ペニーロイヤル・ロンセストン** Penny Royal Launceston。開拓時代の町並みを再現しており、建物内にはレストランやカフェなどが入っている。ここでは渓谷の崖を使ったジップラインやクリフウオーク、ロッククライミングなどもできるのでアドベンチャー好きならトライしたい。

ペニーロイヤルのクリフウオーク

カタラクト渓谷をチェアリフトで眺める

サウスエスク川沿いの渓谷をさらに西に進んだ所が**カタラクト渓谷** Cataract Gorge だ。ここは市民の憩いの場。渓谷の中心部の広々とした入江ファーストベイスン First Basin を中心に、いくつものウオーキングトラックがある。ファーストベイスンの南側にはプールをもつ大きな公園やカフェがあり、北側では渓谷を見下ろすイーグルアイアー展望台 Eagle Eyrie Lookout へ登れる。公園にはゴージ・レストラン The Gorge Restaurant がある。北側と南側を結びファーストベイスンをまたぐように運行する**チェアリフト**は、全長457m、途中の支柱間距離が世界一長い308mという名物リフトだ。

ロイヤルパークの船着き場から出ている**ティマー川クルーズ** Tamer River Cruises に参加するのも楽しい。カタラクト渓谷周辺だけの50分のカタラクト渓谷アドベンチャークルーズ、川沿いの自然やワイナリー、カタラクト渓谷などを巡る2時間30分のディスカバリークルーズ、昼食を楽しみながらのんびりバットマンブリッジまでを往復するバットマンブリッジ・ランチョンクルーズがある。

ロンセストンの南約20kmの**ロングフォード** Longford にある、かつての豪農屋敷**ウルマーズエステイト** Woolmers Estate（1816年建造）も見逃したくない。世界文化遺産「オーストラリアの囚人史跡群」のひとつになっている屋敷で、まるでアンティーク博物館のよう。建物内はガイドツアーで見ることができる。

ティマーバレー（タマーバレー）
Tamar Valley

豊かな土壌と地形に恵まれたティマーバレーは、最近注目を集めるタスマニアワインの一大産地となっている。25以上のワイナリーが点在しており、比較的冷涼な気候を生かしたピノノワールやソーヴィニヨンブラン、スパークリングワインの評

ブドウ畑が広がるティマーバレー

■クイーンビクトリア博物館&美術館
☎(03)6323-3777
URL www.qvmag.tas.gov.au
開 毎日10:00～16:00
休 グッドフライデー、クリスマスデー　料 無料
●**ロイヤルパーク（美術館）**
住 2 Wellington St., 7250
●**インバレスク（博物館）**
住 2 Invermay Rd., 7250

■ジェームズボーグ&サン・ビール工場
住 39 William St., 7250
☎(03)6332-6300
URL www.jamesboag.com.au
●**工場見学ツアー（要予約）**
時 毎日11:00、13:00、15:00スタート　休 クリスマスデー
料 大人$35 子供$18

■ペニーロイヤル・ロンセストン
住 1 Bridge Rd., 7250
☎(03)6332-1005
URL pennyroyallaunceston.com.au
開 土日9:30～16:00（夏季は催行曜日が増える）
休 クリスマスデー
料 入園無料／クリフパス（ジップライン、クリフウオーク、ロッククライミング、クイックジャンプができるパッケージ）大人$59 子供$39

■カタラクト渓谷
●**チェアリフト**
☎(03)6331-5915
URL www.gorgechairlift.com.au
開 毎日9:00～で冬季～16:30、春秋～17:00、夏～17:30
料 片道：大人$15 子供$10／往復：大人$20 子供$12

■ティマー川クルーズ
☎(03)6334-9900
URL tamarrivercruises.com.au
●**カタラクト渓谷アドベンチャークルーズ**
時 毎日9:30～11:30、13:30～15:30の1時間ごとに出航（6～8月は11:30、12:30、13:30のみ）
料 大人$40 子供$20
●**ディスカバリークルーズ**
時 9～5月：火木金日10:00、火木金日13:30、月水土15:00出航
料 大人$110 子供$45
●**バットマンブリッジ・ランチョンクルーズ**
時 9～5月：月木土10:00出航（4時間）
料 大人$159 子供$75

ロンセストン郊外のタスマニア動物園 Tasmania Zoo では1日3回（10:30、13:00、15:30）にタスマニアンデビルの餌やりが見られます。ワラビーの尻尾を2匹のデビルがものすごい音を立てて食らいついていて、なるほど「デビル」という名前だなと納得。URL tasmaniazoo.com.au 住 1166 ↗

パイパーズブルック併設のレストランでワインに合わせた食事を楽しむのもおすすめ

価が高い。ほとんどのワイナリーがドアセラーを行っており、気軽にテイスティングできるのもうれしい。代表的なワイナリーは、パイパーズブルック・ヴィンヤードやホルムオーク・ヴィンヤード、ティマーリッジ・ワイン、ジョセフクローミー・ワインズ、またスパークリングで評判のジャンツ・タスマニアも人気だ（テイスティングは通常1人$10程度必要）。

ワイナリー巡り以外にも訪れてみたい場所がいくつもある。いずれの場所も公共交通機関では行きにくいので、レンタカー利用が一般的だ。

■ウルマーズエステイト
MAP P.441
住 658 Woolmers Lane, Longford ☎(03)6391-2230
URL www.woolmers.com.au
開 水～日 10:00～15:30／館内ツアー 10:30、12:30 スタート
休 月火祝
料 大人$29 子供$10 家族$49／館内ツアー付き：大人$39 子供$20 家族$79

●宿泊施設
数棟の歴史的コテージを宿泊施設として利用している。
料 T W $250～295

ロンセストンとティマーバレー
Launceston & Tamar Valley

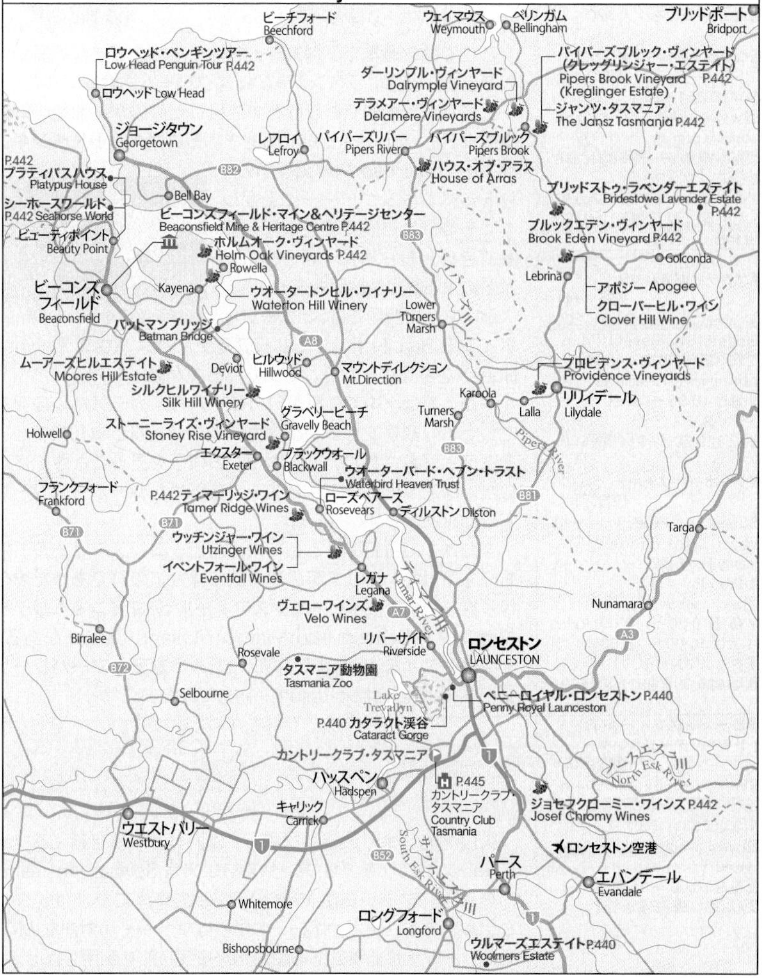

0 10km

ビーチフォード Beechford
ウェイマウス Weymouth
ベリンガム Bellingham
ブリッドポート Bridport
ロウヘッド・ペンギンツアー Low Head Penguin Tour P.442
ダーリンプル・ヴィンヤード Dalrymple Vineyard
パイパーズブルック・ヴィンヤード（クレッグリンジャー・エステイト） Pipers Brook Vineyard (Kreglinger Estate) P.442
ロウヘッド Low Head
デラメアー・ヴィンヤード Delamere Vineyards
ジャンツ・タスマニア The Jansz Tasmania P.442
ジョージタウン Georgetown
レフロイ Lefroy
パイパーズリバー Pipers River
パイパーズブルック Pipers Brook
P.442 プラティパスハウス Platypus House
ハウス・オブ・アラス House of Arras
シーホースワールド P.442 Seahorse World
Bell Bay
ブリッドストウ・ラベンダーエステイト Bridestowe Lavender Estate P.442
ビーコンズフィールド・マイン＆ヘリテージセンター Beaconsfield Mine & Heritage Centre P.442
ビューティポイント Beauty Point
ホルムオーク・ヴィンヤード Holm Oak Vineyards P.442
ブルックエデン・ヴィンヤード Brook Eden Vineyard P.442
Rowella
Golconda
ビーコンズフィールド Beaconsfield
Kayena
ウオータートンヒル・ワイナリー Waterton Hill Winery
Lebrina
アポジー Apogee
クローバーヒル・ワイン Clover Hill Wine
パイパーズ川
Lower Turners Marsh
バットマンブリッジ Batman Bridge
ムーアーズヒルエステイト Moores Hill Estate
Deviot
ヒルウッド Hillwood
マウントディレクション Mt.Direction
プロビデンス・ヴィンヤード Providence Vineyards
シルクヒルワイナリー Silk Hill Winery
Karoola
リリィデール Lilydale
Lalla
Turners Marsh
グラベリービーチ Gravelly Beach
ストーニーライズ・ヴィンヤード Stoney Rise Vineyard
Holwell
Pipers River
エクスター Exeter
ブラックウオール Blackwall
ウオーターバード・ヘブン・トラスト Waterbird Heaven Trust
フランクフォード Frankford
P.442 ティマーリッジ・ワイン Tamar Ridge Wines
ローズベアーズ Rosevears
ディルストン Dilston
Targa
ウッチンジャー・ワイン Utzinger Wines
イベントフォール・ワイン Eventfall Wines
レガナ Legana
ティマー川 Tamar River
ヴェローワインズ Velo Wines
Nunamara
Birralee
リバーサイド Riverside
ロンセストン LAUNCESTON
Rosevale
タスマニア動物園 Tasmania Zoo
Selbourne
Lake Trevallyn
ペニーロイヤル・ロンセストン Penny Royal Launceston P.440
P.440 カタラクト渓谷 Cataract Gorge
カントリークラブ・タスマニア
ノースエスク川 North Esk River
ハッスペン Hadspen
P.445 カントリークラブ・タスマニア Country Club Tasmania
ジョセフクローミー・ワインズ Josef Chromy Wines P.442
キャリック Carrick
ウエストバリー Westbury
サウスエスク川 South Esk River
ロンセストン空港
パース Perth
エバンデール Evandale
Whitemore
ロングフォード Longford
ウルマーズエステイト Woolmers Estate P.440
Bishopsbourne

➘ Ecclestone Rd.,Riverside 7250 開 毎日 10:00～16:00 料 大人$37.50 子供$22 家族$108（東京都 柴田悦子 '16）['24]

ティマーバレーの主要ワイナリー

ワイナリー名	住所／URL	電話番号	営業時間
ティマーリッジ・ワイン Tamar Ridge Wine	1A Waldhorn Drv., Rosevears, 7277 URL www.tamarridge.com.au	(03)6330-0300	毎日 10:00 ~ 17:00
ホルムオーク・ヴィンヤード Holm Oak Vineyards	11 West Bay Rd., Rowella, 7270 URL www.holmoakvineyards.com.au	(03)6394-7577	月~金 10:00 ~ 15:00
ブルックエデン・ヴィンヤード Brook Eden Vineyard	167 Adams Rd., Lebrina, 7254 URL www.facebook.com/BrookEdenTas	0411-525-649	毎日 11:00 ~ 17:00
パイパーズブルック・ヴィンヤード Pipers Brook Vineyard	1216 Pipers Brook Rd., Pipers Brook, 7254 URL www.kreglingerwineestates.com	(03)6382-7555	火~木 11:00 ~ 16:00 金~日 10:00 ~ 16:00
ジャンツ・タスマニア The Jansz Tasmania	1216B Pipers Brook Rd., Pipers Brook, 7254 URL www.jansz.com.au	(03)6382-7066	木~月 10:00 ~ 17:00
ジョセフクローミー・ワインズ Josef Chromy Wines	370 Relbia Rd., Relbia, 7258 URL www.josefchromy.com.au	(03)6335-8700	毎日 10:00 ~ 17:00

まずはティマー川の東側にある**ブリッドストゥ・ラベンダーエステイト** Bridestowe Lavender Estate を訪れよう。世界最大260エーカー（東京ドームの約21倍）のラベンダーファームで、およそ65万本のラベンダーが植えられている。毎年12月頃から開花し、1月末頃には収穫される。

ブリッドストゥを訪れたらぜひ食べたい名物ラベンダーアイス

ここでは、通年でラベンダーを使ったさまざまな商品が購入できる。記念にラベンダーアイスクリームも食べてみたい。

ティマー川東側でもうひとつ注目したいのが、北端の町**ロウヘッド** Low Head で毎夜開催される**ロウヘッド・ペンギンツアー** Low Head Penguin Tour。リトルペンギンがビーチに上がってくる姿、巣に戻る姿を間近に観察できる。もちろん、専任エコガイドによる詳しい説明もある。

カモノハシの生態観察をするならプラティパスハウスへ

ティマー川西側では、**ビューティポイント** Beauty Point にある**プラティパスハウス** Platypus House をお見逃しなく。野生で見るのが難しいカモノハシだが、ここでは水中での餌採りの様子から、カモノハシの卵までじっくり観察できる。またカモノハシと同じ単孔類のハリモグラも飼育されていて、餌づけの様子を見ることもできるのだ。なお隣にはタツノオトシゴを集めた**シーホースワールド** Seahorse World もある。

またかつて金鉱の町として栄えたビーコンズフィールドにも立ち寄りたい。この町の中心部には金鉱の町であった頃の様子をそのまま残す**ビーコンズフィールド・マイン&ヘリテージセンター** Beaconsfield Mine & Heritage Centre がある。このほかスイスの田舎町を再現したような**ティマーバレーリゾート** Tamar Valley Resort も訪ねてみたい。

デボンポート
Devonport

人口2万人余りのデボンポートは、バス海峡を越えるフェリー、スピリット・オブ・タスマニア号 Spirit of Tasmania の発着場。マージー川 Mersey River の東岸にフェリーターミナルがある。デボンポートの中心はマージー川対岸なので、東岸ターミナル北隣にある船着場から渡し船を利用しよう。

■ブリッドストゥ・ラベンダーエステイト MAP P.441
住 296 Gillspie Rd., Nabowla, 7260 ☎ (03)6352-8182
URL bridestowelavender.com.au
開 毎日 9:00 ~ 17:00（5 ~ 8月は月~金 10:00 ~ 16:00）
休 クリスマスデー
料 12 ~ 1月のみ1人 $20

■ロウヘッド・ペンギンツアー MAP P.441
☎ 0418-361-860
URL www.penguintourstasmania.com.au
料 大人 $40(25.99) 子供 $20(12.99)
※()内はウェブ割引
※ロンセストンからの送迎付きも可能(要予約)：大人 $90 子供 $45

■プラティパスハウス MAP P.441
住 Inspection Head Wharf, 200 Flinders St., Beauty Point, 7270 ☎ (03)6383-4884
URL platypushouse.com.au
開 毎日 10:00 ~ 15:00
休 クリスマスデー
料 大人 $29.50 子供 $14 家族 $65

■シーホースワールド MAP P.441
住 Shed 1A, Inspection Head Wharf, 200 Flinders St., Beauty Point, 7270
☎ (03)6383-4111
URL seahorseworld.com.au
開 毎日 9:30 ~ 16:00（5 ~ 11月は 10:00 ~ 15:00）
休 クリスマスデー
料 大人 $25.90 子供 $11 家族 $69

■ビーコンズフィールド・マイン&ヘリテージセンター MAP P.441
住 West St., Beaconsfield, 7270
☎ (03)6383-1473
URL www.beaconsfieldheritage.com.au
開 毎日 10:00 ~ 16:00
料 大人 $21 子供 $8 家族 $52

ガンズプレインズ・ケーブ近くのウイングス・ワイルドライフパーク Wing's Wildlife Park では、タスマニアンデビル、カンガルーなどのオーストラリア固有動物、ポニー、ヤギなどがいる。追加料金（$50くらい）でコアラやタスマニアンデビルの赤ちゃんに触れて写真撮影ができる。URL www.wingswildlifepark.com.au

デボンポートでは、フェリーでオーストラリア本土から渡るバジェット派の格安旅行インフォメーションが多く得られる。マージー川の渡し船が着くフォーンビー・ロード Formby Rd. の1ブロック西側を南北に走るルーク・ストリート Rooke St. が町のメインストリート。この通りの北側に**デボンポート・ビジターセンター**がある。

鉄道好きなら**ドンリバー鉄道** Don River Railway 乗車も楽しい。スミストンからデボンポートを経て南へ、貨物専用の鉄道が走っており、この支線、ドン川 Don River 沿いを、観光用に修復した列車が走っている。始発駅は河口から 3km ほど上流の博物館を兼ねた駅舎。終点はバス海峡に面したコールスビーチ Coles Beach だ。19 世紀後半～ 20 世紀初頭に活躍した蒸気機関車（日曜・祝日運行）やディーゼル機関車（平日運行）、客車がボランティアの人たちによって修復・運行している。

ナラワンタプ国立公園で野生動物ウオッチング

デボンポートの東約 30 分ほどのバス海峡に面した一帯は**ナラワンタプ国立公園** Narawantapu NP。ウォンバットの一大生息地として知られていた国立公園だが、現在その数は伝染病のため減少してしまった。それでもカンガルー、ワラビーなどを間近に観察できるので、野生動物好きならぜひ訪れたい。

またデボンポートから 30km ほど南にある**シェフィールド** Sheffield は、壁画の町として知られている。お店やレストラン、公衆トイレなど、あちこちの建物の壁一面に、絵が描かれている。題材はタスマニアの歴史や入植当時の暮らしぶり、動植物などさまざま。巨大な屋外美術館にでも迷い込んでしまったような感覚に浸れる。

週末は蒸気機関車に乗れるドンリバー鉄道

アクセス

●タスマニア北海岸

レッドラインが、ホバートからデボンポート、バーニーへ毎日数本バスを運行（一部のバスはデボンポートでスピリット・オブ・タスマニア号の発着に合わせて運行）。タスマニア北海岸一帯は、レッドラインがバーニー～スミストン間に平日バスを運行しているが本数が少ない。レンタカー利用が一般的だ。

■デボンポート・ビジターセンター Devonport Visitor Centre
住 145 Rooke St., Devonport, 7310
☎ (03)6420-2900
URL www.visitdevonport.com.au
開 月～金 9:00 ～ 17:00、土 9:00 ～ 14:00
休 日祝

■ドンリバー鉄道
住 24 Forth Rd., Don, Devonport, 7310
☎ (03)6424-6335
URL www.donriverrailway.com.au
時 木～日 10:00 ～ 15:00 の 1 時間ごとに運行
休 月～水、グッドフライデー、アンザックデー、クリスマスデー
料 往復 大人 $17 子供 $12 家族 $48

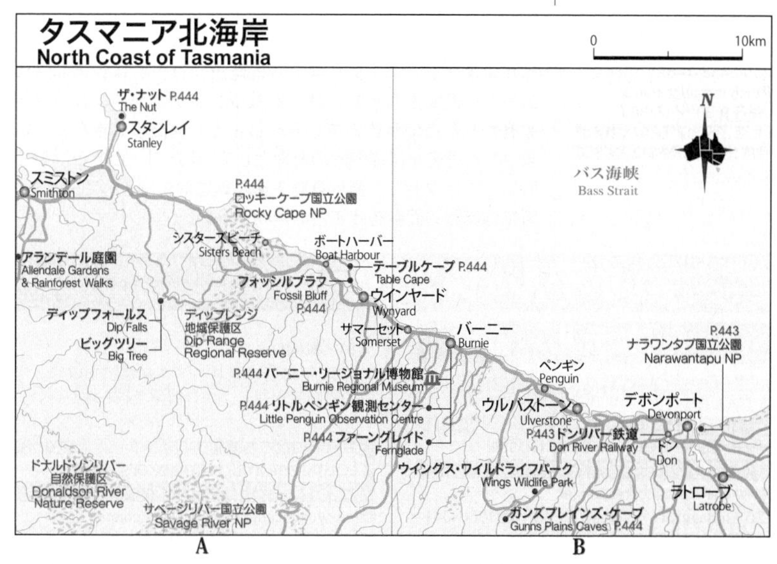

↘ 住 137 Winduss Rd., Gunns Plains, 7315 開 毎日 10:00 ～ 16:00 料 大人 $32 子供 $18 家族 $96（東京都 トミー '16）['24]

バーニーの海岸近くにある
ペンギン観測センター

■バーニー・リージョナル博物館
住Little Alexander St., Burnie, 7320 ☎(03)6430-5850
URL www.burniearts.net/Venues/Brunie-Regional-Museum
開 水～金 10:00 ～ 16:00
休 土～火
料 大人 $8 子供 無料

■リトルペンギン観測センター
住Pasonage Point, Parklands, Burnie, 7320
☎0437-436-803
URL bruniepenguins.com
開10 ～ 3 月の日没後、無料のガイドツアーあり 料 無料

■ガンズプレインズ・ケーブ
住46 Cave Rd., Gunns Plains, 7315 ☎(03)6429-1388
URL www.gunnsplainscaves.com.au
時 ガイドツアー：毎日 10:00、11:00、12:00、13:30、14:30、15:30 スタート
料 大人 $20 子供 $8 家族 $55

■スタンレイ・ビジターインフォメーションセンター
Stanley Visitor Information Centre
住10 Church St., Stanley, 7331
☎(03)6413-5333
URL www.stanleyandtarkine.com.au 開 毎日 9:00 ～ 17:00

■ザ・ナット・チェアリフト
The Nut Chairlift
☎(03)6458-1482
URL thenutchairlift.com.au
開 毎日 9:30 ～ 16:30
料 片道：大人 $12 子供 $7 家族 $35 ／往復：大人 $19 子供 $12 家族 $50

バーニー
Burnie

デボンポートから西へ約 50km。タスマニア第 4 の町バーニーは、人口約 2 万人の小都市だ。

この町でぜひ訪れたいのが、**バーニー・リージョナル博物館** Burnie Regional Museum。バーニー、そしてタスマニア北西海岸部の開拓時代からの発展の様子を知ることができる。バーニーではほかにも、リトルペンギンが見られる**リトルペンギン観測センター** Little Penguin Observation Centre、カモノハシのウオッチングスポットとして知られる**ファーングレイド** Fernglade、郊外にある鍾乳洞**ガンズプレインズ・ケーブ** Gunns Plains Caves などの見どころがある。

バーニーの西 12km にある**ウインヤード** Wynyard 周辺にも自然景観が美しい見どころが点在。**テーブルケープ** Table Cape で見られるタスマニア先住民が住んでいた洞窟、オーストラリア最古の有袋類の化石が見つかった**フォッシルブラフ** Fossil Bluff、無数の洞窟をもつ**ロッキーケープ国立公園** Rocky Cape NP などを見て回ろう。

スタンレイ
Stanley

タスマニア北海岸有数の景勝地ザ・ナット

バーニーの西 78km に位置するスタンレイは、**ザ・ナット** The Nut といわれる岩山の麓に広がる港町だ。この岩山は、高さ 152m の台形の山で、「タスマニアのエアーズロック Tasmania's Answer To Ayers Rock」の通称をもつ。チェアリフトを利用したり、登山ルートを歩いたり（約 15 分）して、頂上を目指そう。この町の入植が始まったのは 1826 年。英国国王ジョージ 4 世の勅許状のもとに設立された牧羊業の会社ヴァンディーメンズランド会社が、ここに良質の羊を育成しようと進出してきたのが始まりだ。その後は捕鯨船の母港として、またゴールドラッシュ時には、ビクトリア州へ食糧を運ぶ貨物船の港として栄えた。町には当時の面影を残す古い建物も多い。

ロンセストンとタスマニア北海岸の ホテル&レストラン ACCOMMODATION RESTAURANT
州外局番 (03)

ホテル

ロンセストン

歴史的な建物を改修した MAP なし
Arthouse Backpacker Hostel
アートハウス・バックパッカーホステル

URL www.arthousehostel.com.au
住20 Lindsay St., Inveresk, 7248 FREE 1800-041-135 WiFi 無料 料 D $25 ～ 29、S $57、T W $62 ～ 81 CC MV

1888 年建造のコロニアルな建物を改修。当時の雰囲気を残し、かつ清潔で居心地がいい。

町歩きにとても便利 MAP なし
Launceston Backpackers Hostel
ロンセストン・バックパッカーズホステル

URL www.launcestonbackpackers.com.au
住103 Canning St., Launceston, 7250

日本からロンセストンとタスマニア北海岸への電話のかけ方
国際電話会社の番号 + 010 + 61（国番号）+ 3（0 を取った州外局番）+ 電話番号

☎6334-2327 WiFi 無料 料D$27 ～ 30、S$65、T$69、W$70 ～ 75 CC MV

ヨーク・ストリートからバサースト・ストリートを3ブロック南に行った場所にある。

シーポート沿いの豪華リゾートホテル MAP なし
Peppers Seaport Hotel
ペッパーズシーポート

URL www.peppers.com.au 住28 Seaport Blvd., Launceston, 7250 ☎6345-3333 WiFi 無料 料TW$289 ～ 389、2B$633 ～ 693 CC AMV
日本での予約先：アコー・カスタマーサービス ☎(03)4578-4077

クルーズが発着するシーポート沿いに建つ。客室はステューディオタイプと2ベッドルームアパートメントタイプがある。

タイムスリップしたような雰囲気の MAP なし
Leisure Inn Penny Royal Hotel
レジャーイン・ペニーロイヤル

URL www.leisureinnpennyroyal.com.au 住147 Paterson St., Launceston, 7250 ☎6335-6600 WiFi 無料 料TW$180 ～ 230、1B$230、2B$299 CC AMV

ホテルの建物自体がまるで見どころのような感じだ

ペニーロイヤル粉挽き風車脇にある英国館スタイルのホテル。近くにペニーロイヤル・ロンセストン（→P.440）がある。

モダンで明るい MAP なし
Mantra Charles Hotel
マントラチャールズ

URL www.mantra.com.au 住287 Charles St., Launceston, 7250 ☎6337-4100 WiFi 無料 料TW$186 ～ 239、1B$246 ～ 289、2B$364 ～ 448 CC AMV

現代的な雰囲気のホテルだ

日本での予約先：アコーカスタマーサービス☎(03)4578-4077

町の中心から徒歩10分ほど。ホテル全体のインテリアはコンテンポラリーモダンな雰囲気。

カジノ、ゴルフ場併設の豪華リゾート MAP P.441
Country Club Tasmania
カントリークラブ・タスマニア

URL www.countryclubtasmania.com.au
住Country Club Ave., Prospect Vale, 7250
☎6335-5777 FREE 1800-635-344 WiFi 無料
料TW$161 ～ 299 ／ ヴィラ 1B$161 ～ 209、2B$269 ～ 299 CC ADMV

ロンセストン郊外のゴルフ場隣接のリゾート。ホテルスタイルと1～2ベッドルームのヴィラタイプがある。各種レストラン、カジノなど施設も充実している。

デボンポート

タスマニアを旅する拠点に最適 MAP なし
Tasman Backpackers
タスマンバックパッカーズ

URL tasmanbackpackers.com.au 住114 Tasman St., Devonport, 7310 ☎6423-2335 WiFi 無料 料D$30 ～ 35、W$80 CC MV

中心部から徒歩約15分。たくさんの人が泊まれる大きなバックパッカーズだ。

バーニー

歴史的建造物を改装した MAP なし
Ikon Hotel
イコンホテル

URL ikonhotel.com.au 住22 Mount St., Burnie, 7320 ☎6432-4566 WiFi 無料 料TW$165 ～ 185 CC ADMV

バーニー中心部のアイコン的存在の歴史的建造物を改装したホテルで、館内に飾られた古いポスター、高天井の客室など雰囲気もクラシック。

タウンビーチに面した MAP なし
Beachfront Voyager Motor Inn
ビーチフロントボエジャー・モーターイン

URL www.beachfrontvoyager.com.au 住9 North Tce., Burnie, 7320 ☎6431-4866 WiFi 無料 料TW$186 ～ 245 CC AMV

海辺に建つホテルで、部屋は広々としている。レストランは、シーフード、ビーフなどタスマニアの食材を使った料理が美味と評判だ。

ロンセストンのレストラン

川沿いの雰囲気のいいレストラン MAP なし
Stillwater
スティルウオーター

URL www.stillwater.com.au 住Ritchie's Mill, 2 Bridge Rd., 7250 ☎6331-4153 営月 ～ 土 10:30 ～ 14:00、17:30 ～ 21:00（4 ～ 10月のディナーは火～土のみ） 休日祝 CC ADJMV 酒ライセンスド

ティマー川沿いの古い風車小屋脇にある老舗ファインダイニング。各種シーフード、ビーフ、ラムなど、タスマニアならではの食材を生かした料理が味わえる。

タスマニアンビーフの逸品を味わうなら MAP なし
Black Cow Bistro
ブラックカウ・ビストロ

URL blackcowbistro.com.au
住70 George St. (Cnr. Paterson St.), 7250
☎6331-9333 営月～土 17:30 ～ 22:30 休日祝 CC ADJMV 酒ライセンスド

最高級タスマニアンビーフのステーキが食べられるお店。各種ステーキが300gで$65～。

クレイドル山／セントクレア湖国立公園

Cradle Mountain / Lake St Clair NP

ダブ湖とクレイドル山が望めるグレーシャーロック

ロンセストンから北西へ車で約2時間、デボンポートから南西へ約1時間30分の場所に、数あるタスマニアの国立公園のなかでも随一の景勝を誇るクレイドル山／セントクレア湖国立公園がある。世界自然遺産のタスマニア原生林の中核を占める国立公園で、クレイドル山（標高1545m）をはじめ、タスマニア最高峰オサ山 Mt. Ossa（1617m）を中心に1500m以上の山が並ぶ。深い樹林に覆われて、無数の湖が点在する神秘的な自然美にあふれる所だ。特に北部クレイドル山セクションは、宿泊施設、ブッシュウオーキングルートがよく整備されており、タスマニア随一の自然を楽しむ観光地となっている。数多くある湖はマス釣りの聖地でもあり、夏には山々に数十種類ものワイルドフラワーが咲き乱れて、目の覚めるほどの美しさ。タスマニアの大自然を満喫するなら、絶対に外したくない場所だ。

アクセス

●クレイドル山／セントクレア湖国立公園クレイドル山セクション

ロンセストンから、マクダーモッツコーチがシャトルバスサービスとツアーを行っている。レンタカーやツアー利用もおすすめだ。

●マクダーモッツコーチ

☎(03)6330-3717

URL mcdermotts.com.au

時 9～4月の毎日、5～8月の月水金日／シャトルバス：ロンセストン発7:30、クレイドル山発14:30（所要3時間）／ロンセストン発ツアー 7:30～17:30

料 シャトルバス：片道1人$80／ロンセストン発ツアー：大人$150 子供$90

クレイドル山／セントクレア湖国立公園 クレイドル山セクション

Cradle Mountain / Lake St Clair NP-Cradle Mountain Section

観光のメインは北部クレイドル山セクションだ。この地域の観光ベースとなるのが、ロンセストンからのバスも発着する**クレイドル・ビジターセンター** Cradle Visitor Centre。国

クレイドル山／セントクレア湖国立公園：クレイドル山地域

Cradle Mountain / Lake St Clair NP : Cradle Mountain Area

MARYLAND TRACK
HOUNSLOW HEATH TRACK
クレイドルバレー Cradle Valley
Ronny Creek
リトル台地 Little Plateau
クレイドル台地 Cradle Plateau
HORSE TRACK
ホーストラック
クレーターピーク Creater Peak
ボート小屋 Boatshed
BPロッジ BP Lodge
ウェインドーファーズ・シャレー Weindorfer's Chalet
キッチンヒュテ Kitchen Hut
OVERLAND TRACK
クレーター湖 Crater Lake P.448
クレーター滝 Crater Falls
オーバーランドトラック
ウォンバットピーク Wombat Peak
クレイドル山 CRADLE MOUNTAIN
FACE TRACK
マリオン展望台 Marions Lookout P.448
P.448 ウォンバットプール Wombat Pool
クレイドルバレーボードウオーク CRADLE VALLEY BOARDWALK
ロニークリーク駐車場 Ronny Creek CP
Dove River
スミシーズピーク Smithies Peak
リラ湖 Lake Lilla
ウエインドルファーズタワー Weindorfers Tower
ダブ湖周遊ルート P.448
ダブ湖駐車場 Dove Lake CP
ダブ湖 Dove Lake
リトルホーン Little Horn
DOVE LAKE CIRCUIT
グレーシャーロック Glacier Rock
LAKE RODWAY TRACK
レンジャーズヒュテ Ranger's Hut
ロッドウェイ湖 Lake Rodway
LAKE RODWAY TRACK
ハンソンズピーク Hansons Peak
ハンソン湖 Lake Hanson
キャンベル山 Mt.Campbell

✉ クレイドル山山頂へはトレッキングコースがあり、ある程度の経験と装備、食料があれば比較的簡単に登ることができます。私はロニークリーク→オーバーランドトラック→キッチンヒュッテ→山頂→ダブ湖というルートを歩き6時間ほどでした。キッチンヒュッテまではきれいな景色を楽しみながら、そこから ➚

立公園の手前約 2.5km の場所にあり、インフォメーションセンター以外にもカフェ、テイクアウエイショップ、ガソリンスタンド、遊覧飛行用ヘリパッドがある。簡単なウオーキングマップがもらえるほか、タスマニア国立公園入園パスもここで購入できる。また国立公園へ入ってすぐの場所には、資料館を兼ねた**クレイドル山レインジャーステーション＆インタープリテーションセンター** Cradle Mountain Ranger Station & Interpretation Centre もある。

上：クレイドル山ビジターセンターと国立公園内を結ぶシャトルバス
左：カフェも入っているクレイドル・ビジターセンター

国立公園散策は、車をもっている場合は主要なウオーキングトラックのベースとなる駐車場まで行けるが、それ以外の場合、早朝から夕方までクレイドル・ビジターセンター～クレイドル山レインジャーステーション＆インタープリテーションセンター～スネークヒル Snake Hill ～ロニークリーク駐車場 Ronny Creek CP ～ダブ湖駐車場 Dove Lake CP のルートを 15 分ごとに運行するシャトルバスを利用することになる（入園パス提示で無料）。車利用の場合も、各駐車場間にこのバスを利用すれば、いろいろなウオーキングトラックを歩くことが可能となる。

夕方頃から頻繁に見られる野生のウォンバット

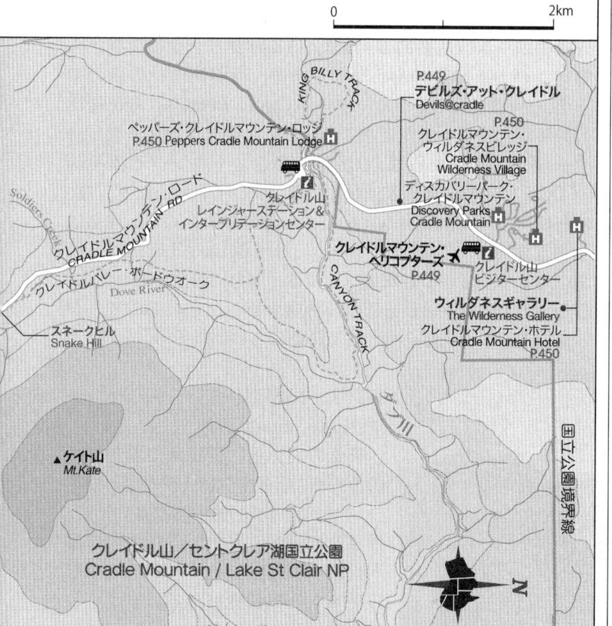

■国立公園入園パス → P.411

■クレイドル山ビジターセンター
☎(03)6492-1110
URL parks.tas.gov.au
開 毎日 8:00 ～ 16:30

■クレイドル山レインジャーステーション＆インタープリテーションセンター
☎(03)6492-1133
URL parks.tas.gov.au
開 毎日 8:30 ～ 16:30

■クレイドル山観光のシーズン

観光にベストなのはやはり夏季。ただしこの時期は、どの宿も予約でいっぱいになるので、予約は必須だ。また夏季とはいえ、天候が急変して雪がちらつくこともある。真夏でもフリース程度（できれば薄手のダウンジャケット）の防寒具、しっかりした雨具、ウオーキングシューズは用意しておきたい。

冬季は山々がうっすらと雪に覆われ、幻想的な景観が見られる。この景観を見に訪れる人も少なくないが、観光的には、ほとんどのウオーキングルートがクローズされるのであまり向いているとはいえないだろう。

■クレイドル山の食事どころ

日中はクレイドル山ビジターセンター内にカフェがあるので手頃な料金で食事ができる。夕方以降の食事は基本ホテル内か自炊（自炊設備がある場合）。ホテル内でおすすめなのが、ペッパーズ・クレイドルマウンテン・ロッジにあるビストロだ。予約なしでも OK で、カジュアルな雰囲気で食事が楽しめる。

ペッパーズのビストロの名物メニュー、クレイドルマウンテンバーガー

山頂までは岩が堆積した斜面をスリップしないように慎重に。山頂は台地状で広く危険はありません。下山はキッチンヒュッテ手前の分岐を右折し山の斜面をダブ湖上まで行き、そこから湖畔へというルートです。
（神奈川県　馬淵清一　'17）['24]

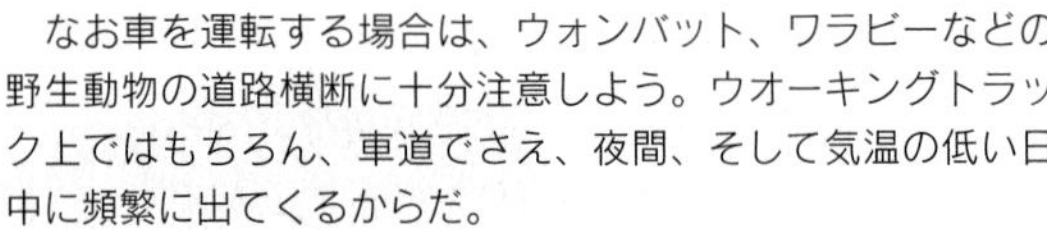

なお車を運転する場合は、ウォンバット、ワラビーなどの野生動物の道路横断に十分注意しよう。ウオーキングトラック上ではもちろん、車道でさえ、夜間、そして気温の低い日中に頻繁に出てくるからだ。

朝夕あちこちで見かけるワラビー

世界遺産の自然を存分に満喫するなら

ブッシュウオーキング

Bush Walking

数多くのウオーキングトレイルがあり、それぞれ魅力的だ。ここでは代表的なルートをいくつか紹介しよう。

●ダブ湖周遊ルート　Dove Lake Circuit

ダブ湖駐車場から歩き始めよう

ゆりかごの形をしたクレイドル山の麓に広がる**ダブ湖**を一周する最も人気のあるウオーキングコース（所要約2時間30分）。出発地点のダブ湖駐車場からは、絵はがきやパンフレットに出てくる「これぞクレイドル山」という景色が望める。ルート自体にそれほど大きな起伏はなく、誰でも気軽に楽しめる。途中の**グレーシャーロック** Glacier Rock からの眺めが特にすばらしい。

クレイドル山の麓を巡るダブ湖周遊ルート

タンニンが溶け出して赤く染まったクレーター湖

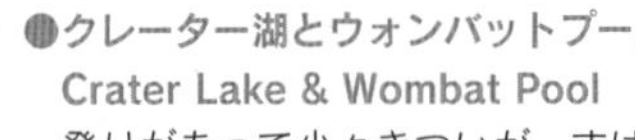

●クレーター湖とウォンバットプール Crater Lake & Wombat Pool

登りがあって少々きついが、すばらしい景色が楽しめると人気のコース（所要約3時間）。ロニークリーク駐車場からウォンバットの巣のある草原を抜け、冷温帯雨林の森の中を200mほど登ってクレーター滝 Crater Falls へ。その後比較的平坦なルートをたどってひっそりと静まりかえるクレーター湖へ。ここからは10分ほどのウオーキングで標高約1100mの尾根にある展望台に出る。クレイドル山とダブ湖、さらにマリオン展望台などの壮大な景観が楽しめる。帰路は小さな湖のウォンバットプール、リラ湖 Lake Lilla を抜け、再びロニークリーク駐車場へと戻る。体力に自信があったら、リラ湖から10～15分でダブ湖駐車場へ出られるので、ダブ湖周遊ルートを組み合わせてみるのもいいだろう。

標高1100mの尾根。ひと休みするのにちょうどいい場所だ

マリオン展望台からの眺め

●マリオン展望台 Marions Lookout

天気のいい日に健脚派におすすめのルート。前述のクレーター湖とウォンバットプールと途中までは同じで、標高1100mの尾根からさらに標高1223mの展望地（ピーク）まで急なルートを一気に登りきる。すばらしい眺望が楽しめる。

タスマニアンデビルをじっくり観察できる MAP P.447

デビルズ・アット・クレイドル
Devils@cradle

タスマニアンデビルやクォール（フクロネコ）を、野生に近いかたちで飼育しており、日中３回行われているツアーに参加すれば生態はもちろん、深刻な問題となっているデビルの奇病などについても教えてもらえる。デビルがより活発になる夜間にナイトツアーを催行しているので、クレイドル滞在予定ならぜひ参加したい。

空からクレイドル国立公園を眺めてみよう MAP P.447

クレイドルマウンテン・ヘリコプターズ
Cradle Mountain Helicopters

クレイドル・インフォメーションセンター脇から出ているヘリコプターでの遊覧飛行。遊覧飛行中、パイロットによる解説付き。天気のいい日は予約でいっぱいになることが多いので、早めの予約を心がけよう。

クレイドル山／セントクレア湖国立公園 セントクレア湖セクション
Cradle Mountain / Lake St Clair NP-Lake St Clair Section

先住民に「静かに眠る水」と呼ばれるセントクレア湖

クレイドル山／セントクレア湖国立公園南部に位置するのがセントクレア湖セクション。セントクレア湖は、氷河によって削り出された氷河湖で、最大水深167mというオーストラリアで最も深い湖だ。湖面は穏やかで周囲の森の景色を映しており、その様子を見た先住民アボリジニは、この湖を「リーアウリーナ（静かに眠る水）」と呼んでいた。

ダーウェントブリッジ Derwent Bridge が国立公園入口で、カフェやミニ博物館を兼ねた**セントクレア湖パークセンター** Lake St Clair Park Centre がある。ここで周辺のウオーキングトラックの情報を仕入れておこう。

セントクレア湖周辺にはいくつものウオーキングトラックがあるが、人気なのが**ウオーターズミート・ネイチャートレイル** Watersmeet Nature Trail（往復約45分）。ユーカリ林、ボタングラスが茂る森を歩き、セントクレア湖に注ぐキューヴェイ川 Cuvier River とヒューゲル川 Hugel River の合流地点に架かる橋までを往復する。同じ道を戻りたくない場合は、帰路に**プラティパスベイ・トラック** Platypus Bay Track、**ラーマイアーネメー・タベルティ・アボリジナル・カルチュラルウオーク** Larmairrenemer Tabelti Aboriginal Cultural Walk と歩くルートを取ろう。

時間があったらパークセンター前のシンシア湾 Cynthia Bay にある桟橋からフェリーに乗ってみたい。湖の周囲にそびえるオリンポス山やアイダ山などを見ながらのクルーズ。

タスマニアンデビルの生態観察ならここ

■デビルズ・アット・クレイドル
住 3950 Cradle Mountain Rd., Cradle Mountain, 7306
☎ (03)6492-1491
URL devilsatcradle.com
開 毎日 9:30 ～ 17:00（10:30、15:00 にガイドツアーあり）／ナイトツアー：毎日 17:30 ～ 19:00（夏季は 20:30 ～ 22:00 もあり）
料 大人 $25 子供 $15 家族 $75 ／ナイトツアー：大人 $37.50 子供 $20 家族 $105

■クレイドルマウンテン・ヘリコプターズ
☎ (03)6492-1132
URL www.cradlemountainhelicopters.com.au
料 20 分（クレイドル山＆フーリー渓谷）：大人 $295 子供 $160（最少催行人数 2 人）

アクセス

●クレイドル山／セントクレア湖国立公園セントクレア湖セクション
ホバート～クイーンズタウンを結ぶエリアコネクトのミニバスが利用可能。ただし週２便（火金）と本数が少ないので、レンタカー利用が一般的。なおオーバーランドトラック（全65km）を歩く場合はバス利用が便利。

●エリアコネクト
☎ 1300-651-948
URL areaconnect.org.au

■セントクレア湖パークセンター
住 Lake St Clair, Derwent Bridge, 7140
☎ (03)6289-1115
URL parks.tas.gov.au
開 毎日 8:15 ～ 16:45

キューヴェイ川とヒューゲル川の合流地点

モールクリークカルスト国立公園のマラクーパケーブとキングソロモンケーブ（編集部注→ P.450）は、おすすめです。両方とも世界遺産「タスマニア原生地域」の一部です。（京都府　くぼみちよ　'17）['24]

トロワナのツアーに参加すればウォンバットを抱っこできる

■トロワナ・ワイルドライフサンクチュアリ
住1892 Mole Creek Rd., Mole Creek, 7304
☎(03)6363-6162
URL www.trowunna.com.au
開 毎日 9:00 ～ 17:00
料 大人$30 子供$18 家族$85
●ガイドツアー
時11:00、13:00、15:00

■モールクリーク・ケーブズ
☎(03)6363-5182
URL www.parks.tas.gov.au
●キングソロモンケーブ・マラクーパケーブ・ガイドツアー
時 キングソロモンケーブ：10:30 ～ 15:30 の 1 時間ごとにスタート／マラクーパケーブのツチボタル見学：11:00、13:00、15:00 スタート
料 各ケーブとも 大人$19 子供$9.50 家族$47.50

体力に自信があったらナルシサス湾 Narcissus Bay で降りて、クレイドル山セクション～セントクレア湖セクションを結ぶ**オーバーランドトラック** Overland Track の一部を歩きながらビジターセンターまで戻るのもいい（約 13km、5 ～ 6 時間）。

モールクリーク
Mole Creek

モールクリークは、ロンセストンから約 70km で、クレイドル山へ向かう途中にある小さな町。町外れにある**トロワナ・ワイルドライフサンクチュアリ** Trowunna Wildlife Sanctuary は、カンガルー、ワラビー、ウォンバット、コアラ、タスマニアンデビルなどを自然に近いかたちで飼育している。ガイドツアーに参加すれば、ウォンバットを抱いたり、タスマニアンデビルに触れることもできる。またモールクリーク周辺には、3000 万年前頃から形成された洞窟が 200 以上ある。モールクリークから西へ車で 10 分ほどの**キングソロモンケーブ** King Solomon Cave と**マラクーパケーブ** Marakoopa Cave のふたつの鍾乳洞は、ガイドツアーで見学ができる。マラクーパケーブではツチボタルも見ることができる。

クレイドル山／セントクレア湖国立公園のホテル ACCOMMODATION

州外局番 (03)

グループでの滞在におすすめ MAP P.447
Cradle Mountain Wilderness Village
クレイドルマウンテン・ウィルダネスビレッジ

URL www.cradlevillage.com.au 住3816 Cradle Mountain Rd., Cradle Mountain, 7306 ☎6492-1500 WiFi 無料 料TW$365 ～ 420 ※季節により 2 泊以上から CC MV

クレイドル・インフォメーションセンター向かいにあるコテージ形式の宿泊施設。コテージ内にはフルキッチン完備。

クレイドル山の豪華山岳リゾート MAP P.447
Peppers Cradle Mountain Lodge
ペッパーズ・クレイドルマウンテン・ロッジ

URL www.cradlemountainlodge.com.au 住4038 Cradle Mountain Rd., Cradle Mountain, 7306 ☎6492-2100 ☎1300-806-192 WiFi 無料 料TW$586 ～ 2151 ※朝食付き CC ADJMV
日本での予約先：アコーカスタマーサービス ☎(03)4578-4077

クレイドル山地域の最高級ロッジで、森の中にバルコニーをもつ山小屋風キャビンが点在。敷地内には本格的スパトリートメント施設もある。夕方～早朝にはウォンバットやワラビー、ポッサムなどが敷地内に現れ、それらの動物を見て歩くスポットライトツアーを夏季の夜開催。

落ち着いた雰囲気のキングビリースイート

落ち着いた雰囲気の MAP P.447
Cradle Mountain Hotel
クレイドルマウンテン・ホテル

URL www.cradlemountainhotel.com.au 住3718 Cradle Mountain Rd., Cradle Mountain, 7310 ☎1300-061-827 WiFi 無料 料TW$391 ～ 431 CC AMV

敷地内にウオーキングトレイルがあり、夜間ガイド付き動物ウオッチングもある。部屋はゆったりとしている。レストランはビュッフェ形式のカジュアルダイニングと落ち着いた雰囲気のファインダイニングがある。

セントクレア湖随一の宿泊施設 MAP 地図外
Pumphouse Point
ポンプハウスポイント

URL www.pumphousepoint.com.au 住1 Lake St Clair Rd., Lake St Clair, 7140 ☎0428-090-436 WiFi 無料 料 ショアハウス TW$585 ～ 845、ポンプハウス TW$840 ～ 970 ※朝食付き ※季節・曜日により 2 ～ 3 泊以上から ※15 歳以下不可 CC ADJMV

1940 年代、セントクレア湖の水をくみ上げて水力発電に利用していた際に使われていた建物を改装したブティックホテル。ポンプハウス内とセントクレア湖に面したショアハウス建物に分かれる。

日本からクレイドル山／セントクレア湖国立公園への電話のかけ方
国際電話会社の番号 + 010 + 61（国番号）+ 3（0 を取った州外局番）+ 電話番号

タスマニア西海岸

West Coast of Tasmania

世界自然遺産タスマニア原生林のひとつフランクリン－ゴードン・ワイルドリバー国立公園 Franklin - Gordon Wild Rivers NP があるタスマニア西海岸は、アクセスが不便なことから観光的にはなかなか注目を集めにくいエリアだ。しかし、広大なマックォーリー湾 Macquarie Harbour でのマリンアクティビティや、ヒューオンパイン茂る原生林地帯へのゴードン川クルーズやブッシュウオーキング、冷温帯雨林の森の中を走る蒸気機関車ウエストコースト・ウィルダネス・レールウェイ乗車、さらに銅鉱山跡の見学など、魅力的なアトラクションが数多いのだ。

観光ルートとしては、クレイドル山から西部海岸沿いの町を通りセントクレア湖へと続く通称「ウエストコースト・ウィルダネスウェイ West Coast Wilderness Way」沿いに回るのが一般的だ。

アクセス

●**タスマニア西海岸**

エリアコネクトのミニバスが週2便（火金）ホバート～クイーンズタウンを結んでいる。クイーンズタウンからストローンへはタジーリンクのバス（Route 748）が月～金に1日4便、土日に1日2便ある。またストローン～クイーンズタウン～ジーアン～バーニーにタジーリンクが毎日1便バス（Route 747）を運行している。

●**エリアコネクト**
☎1300-651-948
URL www.areaconnect.org.au

●**タジーリンク**
☎1300-300-520
URL www.tassielink.com.au

ジーアン

Zeehan

まだ開拓されていない、観光客もそう簡単に寄りつけないような魅力を秘めているタスマニア西海岸。切り立った渓谷や荒々しい海岸に囲まれたこの地域は豊富な鉱山資源に恵まれ、いくつかの鉱山町が点在している。ジーアンもそのひとつで、いかにも鉱山によって栄えた山あいの町といった雰囲気がある。ここの見どころは**ウエストコースト・ヘリテージセンター** The West Coast Heritage Centre だ。いろいろな鉱石の説明や、鉱山町の歴史を知ることができる。

■**ウエストコースト・ヘリテージセンター** MAP P.452
住 114 Main St., Zeehan, 7469
☎(03)6471-6225
URL www.facebook.com/wchczeehan
開 毎日 9:30 ～ 16:00
休 グッドフライデー、クリスマスデー、ボクシングデー
料 大人 $25 子供 $20 家族 $55

ストローン

Strahan

マックォーリー湾に面した天然の良港ストローンは、1932年にハイウェイが開通するまで西部海岸の玄関口だった。

■**ウエストコースト・ビジターインフォメーションセンター**
住 The Esplanade, Strahan, 7468
☎(03)6472-6800
FREE 1800-352-200
URL www.westcoasttas.com.au
開 月～金 10:30 ～ 17:30
休 土日祝

左：多雨林に囲まれた美しいゴードン川をクルーズ
下：クラシックな建物が港沿いに建ち並ぶストローン

■**ゴードン川クルーズ**
●**ゴードンリバークルーズ**
Gordon River Cruises
☎(03)6471-4300
URL www.gordonrivercruises.com.au
時 ゴードン川クルーズ：毎日 8:30 ～ 14:30
料 ゴードン川クルーズ：メインデッキスタンダード（船内中央）大人$160 子供$75 家族$345、メインデッキウインドー（窓側）大人$199 子供$89 家族$425、アッパーデッキ（2階席）1人$350
※全席ビュッフェランチ付き。アッパーデッキにはさらにタスマニアワイン、カナッペ付きモーニング＆アフタヌーン・ティーが含まれている。
●**ワールドヘリテージ・クルーズ**
World Heritage Cruises
☎(03)6471-7174
URL worldheritagecruises.com.au
時 ヘリテージクルーズ毎日 9:00 ～ 15:00（夏季は 15:15 ～ 20:30 も運航）
料 スタンダード（船内中央）：大人$155 子供$70 家族$340 ／プレミアム（窓側）：大人$190 子供$90 家族$430 ／アッパーデッキ（通路側）：1人$200 ／アッパーデッキ（窓側）：1人$210
※全席ビュッフェランチ付き。アッパーデッキはモーニングティーも含まれている。

ヘリテージランディング・ネイチャーウオークでヒューオンパインの森を歩く

世界自然遺産の一角にあるセーラ島は文化遺産的な側面ももつ

マックォーリー湾に流れ込む**ゴードン川** Gordon River 周辺には、タスマニア独特の樹木、ヒューオンパイン Huon Pine などが生い茂る広大な冷温帯雨林が広がっている。ヒューオンパインをメインとする林業もまた、ストローンの重要な産業のひとつ。そして近年は、西海岸地域随一の観光地としてもにぎわっている。

ストローンの中心は、ゴードン川へのクルーズ船が発着する桟橋に面した通り、エスプラネード The Esplanade 周辺。ここから 150m ほど西寄りに博物館と**ウエストコースト・ビジターインフォメーションセンター** West Coast Visitor Information Centre を兼ねた**ストローン・ワーフセンター** Strahan Wharf Centre がある。

ストローン観光のハイライトは、**ゴードン川クルーズ**だ。世界遺産の森に生えるボタングラスに含まれるタンニンが浸

タスマニア西海岸
West Coast of Tasmania
0 20km

Savege River
Middlesex
Corinna
クレイドルバレー Cradle Valley
クレイドル山 Cradle Mountain
Lake Mackintosh
Lake Rosebery
トゥラー Tullah
ローズベリー Rosebery
Lake Pieman
Renison Bell
Granville Harbour
Williamsford
ペリオン山 Mt.Pelion
ウエストコースト・ヘリテージセンター The West Coast Heritage Centre P.451
クレイドル山／セントクレア湖国立公園 Cradle Mountain / Lake St Clair NP
オサ山 Mt.Ossa
ジーアン Zeehan
Trial Harbour
ジーアン・ハイウエイ ZEEHAN HWY
エルドンブラフ Eldon Peak
エルドンピーク Eldon Bluff
バーバリー湖 Burbury Lake
ヘンティ大砂丘 Henty Sand Dunes P.453
クイーンズタウン Queenstown
ネルソン滝ネイチャートレイル Nelson Falls Nature Trail
リンチフォード駅 Lynchford Station
ライエル・ハイウエイ LYELL HWY
ストローン Strahan
ウエストコースト・ウィルダネス・レールウェイ West Coast Wilderness Railway P.453
フリンカム山 Mt.Flincham
フランクリン川ネイチャートレイル Franklin River Nature Trail
ティープーカナ駅 Teepoo Kana Station
ドゥビルバリル駅 Dubbil Barril Station
マックォーリー湾 Macquarie Harbour
フレンチマンズキャップ Frenchmans Cap
マックォール山 Mt.McCall
P.453 セーラ島 Sarah Is.
流刑囚植民地跡 Convict Ruins
フランクリン－ゴードン・ワイルドリバー国立公園 Franklin - Gordon Wild Rivers NP
ヘリテージランディング・ネイチャーウオーク P.453 Heritage Landing Nature Walk
ゴードン川 Gordon River P.452
グッドウインズピーク Goodwins Peak
フンボルト山 Mt.Humbolt
N

み出して、濃い紅茶のような色になっているゴードン川をクルーズ船で遡る。天気のいい日は川面が鏡のように周りの景色を映し出す。途中、川岸に上陸し、樹齢600～2000年ともいわれるヒューオンパインやナンキョクブナ、シダに囲まれた神秘的な冷温帯雨林を散策（**ヘリテージランディング・ネイチャーウオーク** Heritage Landing Nature Walk）。さらにオーストラリア史上最悪の流刑囚人入植地といわれた**セーラ島** Sarah Is. へも上陸し、ガイドの案内で見学する。

水上飛行機による遊覧飛行もおすすめ。空から眺めると、険しい地形のなかをくねくねと流れるゴードン川や支流の様子がよくわかる。途中、切り立った山に囲まれた上流の川に着水し、川岸の遊歩道から滝などを見学する。またジーアンからストローンに抜けるメインロード沿いに、**ヘンティ大砂丘** Henty Sand Dunes がある。ここはタスマニアのなかでも、特にすばらしい景観を見ることができるポイントのひとつだ。砂丘のかなたには、海が見え、白と青とのコントラストが美しい。

クイーンズタウン
Queenstown

100年以上前から鉱山の町として知られるクイーンズタウン。1994年に一度、鉱山を閉じたが、翌年 Copper Mines of Tasmania が引き継いだことにより、再び採掘が始まった。実際に鉱山に行き見学するというツアーもあるので、興味がある人は参加してみよう。またクイーンズタウン～ストローン間には保存鉄道の**ウエストコースト・ウィルダネス・レールウェイ** West Coast Wilderness Railway という蒸気機関車が走っている。全線乗車ツアーは2024年2月現在行われておらず、クイーンズタウンからはリンチフォード駅 Lynchford まで、ストローンからはティープーカナ駅 Teepoo Kana までの運行となっている。

ウィルダネス・レールウェイが走るのはうっそうとした森の中

まばゆいほど白さを見せるヘンティ大砂丘

■鉱山見学ツアー
催行：Roam Wild Tasmania
☎0407-049-612
URL www.roamwild.com.au
●**ロストマインズ - アンシェントパインズ・ツアー Lost Mines - Ancient pines Tours**
時 月～金 9:30～12:30
※土も催行される場合がある
料 大人$75 子供$55（土開催の場合は20%追加料金が必要）
※12歳以上

■ウエストコースト・ウィルダネス・レールウェイ
☎(03)6471-0100
URL www.wcwr.com.au
時 クイーンズタウン発リンチフォード・エクスプレス：火～土 11:45～13:15、14:15～15:45／ストローン発ティープーカナ＆キング：月～金 10:00～12:30
※季節により運行時間・内容が変更になる場合がある
料 クイーンズタウン発リンチフォード・エクスプレス：ヘリテージワゴン 大人$45 子供$25 家族$110、ウィルダネスワゴン1人$85／ストローン発ティープーカナ＆キング：ヘリテージワゴン 大人$55 子供$35 家族$140、ウィルダネスワゴン1人$95

タスマニア西海岸のホテル
ACCOMMODATION

州外局番(03)

ストローン

ストローン随一のホテル　MAP なし
Strahan Village
ストローンビレッジ

URL www.strahanvillage.com.au
住 41 The Esplanade, Strahan, 7468
☎1300-061-836　WiFi 無料
料 T W $181～441　CC ADJMV

ストローンのワーフ沿いと高台に客室があり、どの部屋もゆったりしている。クルーズ参加、食事などに便利な場所にある。

開拓時代の雰囲気そのままの　MAP なし
Ormiston House
オーミストンハウス

URL www.ormistonhouse.com.au
住 1 The Esplanade, Strahan, 7468
☎6471-7077　WiFi 無料
料 W $260～290　CC MV

マックォーリー湾を望む場所に建つコロニアル風B&B。1899年建造の邸宅を改築しているが、5室ある客室はすべて19世紀の雰囲気を色濃く残し、とてもエレガントだ。

日本からタスマニア西海岸への電話のかけ方
国際電話会社の番号＋010＋61（国番号）＋3（0を取った州外局番）＋電話番号

南オーストラリア州

マクラーレンベールの人気ワイナリー、ダーレンベルグ

POINT 1 アデレード周辺には、バロッサバレーをはじめとする数多くのワイン産地がある。ワイナリーを訪ね、テイスティングを楽しみ、オーストラリアワインの神髄に触れてみよう。

カンガルー島ではオーストラリアアシカに大接近できる

POINT 2 カンガルー島は、野生動物を間近に見られるオーストラリアでも有数の場所。アデレードから１～２泊で訪れてアシカ、アザラシ、コアラ、カンガルーなどに出合おう！

POINT 3 アウトバックの見どころも多い。エアー半島ベアードベイではアシカと一緒に泳げたり、巨大な塩湖が見られたりする。世界一のオパール産出地クーバーピディでは、横穴式住居ダグアウトハウスに滞在したり、自分でオパールを探したり……ほかではなかなかできないユニークな体験ができる。

基本データ

面 積	98 万 4000km^2	州の動物	ケバナウォンバット
人 口	約 182 万人	州 花	スターツデザートピー
州 都	アデレード（人口約 138 万人）	電 話	州外局番 08

時差 オーストラリア中部標準時（日本より 30 分早い）
サマータイムを採用しており、通常毎年 10 月最終日曜から 4 月第 1 日曜までプラス 1 時間となる（日本より 1 時間 30 分早い）。また西オーストラリアとの州境では、例外的に南オーストラリア時間と西オーストラリア時間の中間の時間を採用している。

おもな祝祭日（2024 年 5 月～ 2025 年 4 月）

2024 年

- 6 月 10 日 国王誕生日 King's Birthday
- 10 月 7 日 勤労感謝の日 Labour Day
- 12 月 25 日 クリスマスデー Christmas Day
- 12 月 26 日 プロクラメーションデー Proclamation Day

2025 年

- 1 月 1 日 新年 New Year's Day
- 1 月 26 日 オーストラリアデー Australia Day
- 1 月 27 日 オーストラリアデーの休日 Australia Day Holiday
- 3 月 10 日 アデレードカップデー Adelaide Cup Day
- 4 月 18 日 グッドフライデー Good Friday
- 4 月 19 日 イースターサタデー Easter Saturday
- 4 月 21 日 イースターマンデー Easter Monday
- 4 月 25 日 アンザックデー Anzac Day

スクールホリデー（2024 年 5 月～ 2025 年 4 月）

7/6 ～ 7/21、9/28 ～ 10/13、12/14 ～ 2025 年 1/27、4/12 ～ 4/27

南オーストラリア州主要観光地の平均気温・降水量

	1月	2月	3月	4月	5月	6月	7月	8月	9月	10月	11月	12月
アデレード												
平均最高気温（℃）	29.4	29.5	26.4	22.7	19.0	16.1	15.3	16.7	19.1	22.0	25.3	27.1
平均最低気温（℃）	17.2	17.3	15.3	12.5	10.3	8.2	7.5	8.2	9.8	11.5	14.0	15.6
平均降雨量（mm）	19.4	15.4	26.4	39.9	60.0	80.0	76.5	68.0	58.0	41.8	30.1	28.0
バロッサバレー												
平均最高気温（℃）	30.0	29.6	25.7	21.9	17.5	14.0	13.4	14.8	18.0	21.1	25.2	27.1
平均最低気温（℃）	14.5	14.7	11.8	9.1	6.9	5.2	4.6	5.0	6.9	8.1	11.0	12.3
平均降雨量（mm）	15.8	26.8	28.1	34.8	47.1	57.0	55.5	53.4	56.2	36.0	31.7	35.2
カンガルー島												
平均最高気温（℃）	26.6	26.6	24.5	21.6	18.6	16.1	15.4	16.1	18.0	20.1	23.0	24.8
平均最低気温（℃）	13.2	13.6	11.1	8.7	7.9	6.8	6.0	5.7	6.5	7.1	9.6	10.9
平均降雨量（mm）	14.4	16.2	25.8	27.1	46.9	67.2	66.0	56.3	45.0	30.0	22.0	19.3

南オーストラリア州概要

セントビンセント湾に植民地ができたのは1836年。オーストラリアのほかの植民地とは異なり、流刑囚を受け入れない植民地建設だった。内陸部開発の拠点でもあり、アデレード～ダーウィン間のハイウェイにその名を残すスチュアートをはじめ、1800年代にはアデレードから内陸へ、多くの探検家たちが探査の旅に出かけている。

ワイン用ブドウ畑が延々と広がるバロッサバレー

現在の南オーストラリア州の自慢は、何といってもワインと芸術だ。アデレードのトレンス川沿いにあるフェスティバルセンターは、偶数年に開かれるアデレード芸術祭の会場で、音楽、バレエ、舞台劇の中心地だ。ここは、音響効果、内部の豪華さで、シドニーのオペラハウスを上回るという。

奇数年には、アデレードから車で約1時間の所にあるオーストラリア最大のワイン産地、バロッサバレーでブドウの収穫祭が開かれる。バレーといっても渓谷でなく、高台、丘陵地で、かつてカトリックに追われたドイツの新教徒たちが築き上げたブドウ畑が広がっている。一帯には数多くのワイナリーが点在し、テイスティングも楽しめる。なおブドウ畑の基礎はドイツ系移民が造ったが、現在収穫されるブドウは、フランスワイン系品種のものが圧倒的だ。

ヨーロッパ風のアーケード街が残るアデレード市街

世界的評価の高いオーストラリアワインのグランジもこの地で造られている。

ワイナリーを訪れ、ヨーロッパの田舎風の居酒屋やレストランでワインのグラスを傾けながら食事を楽しむ。さらに秋の収穫期の祭りを見ていると、まるでヨーロッパにいるような気分になる。

アクセス

州外からのアクセス

飛行機　カンタス航空、ジェットスター、ヴァージン・オーストラリアなどのすべての州外からのフライトは、アデレード空港に着く（アデレードへのアクセス→P.461）。

長距離バス　アデレードへはアリススプリングスからグレイハウンド・オーストラリアが、メルボルンからファイアーフライ・エクスプレス Firefly Express のバスが利用できる。

列 車　アデレードへは、シドニー、パースからインディアンパシフィック号が週2便、メルボルンからジ・オーバーランド号が毎日、ダーウィン／アリススプリングスからザ・ガン号が週2便（ダーウィンからは季節により週1便）運行している。

州内でのアクセス

飛行機　アデレードを中心に、リージョナルエクスプレス（REX）などいくつかの航空会社が路線をもっている。旅行者が利用しそうな路線は、アデレード～カンガルー島、アデレード～クーバーピディ、アデレード～マウントガンビア、アデレード～ポートリンカン、アデレード～セデューナ。

長距離バス　アデレードのセントラルバスターミナルを起点に、州内に数多くのバスが出ている。クーバーピディやポートオーガスタなどへ向かうのなら、グレイハウンド・オーストラリアのバスが使える。ほかの町へはステイトライナー Stateliner など南オーストラリアの中小のバス会社を利用することになる。

アデレード・セントラルバスターミナル

レンタカー　アデレード周辺（バロッサバレー、アデレードヒルズ、カンガルー島、マレー川下流域など）を観光するのに、最も便利なのがレンタカーだ。バスはそれほど本数が多くなく、また目的地に着いてもその周囲を見て回るのには現地でツアーに参加しなくてはならないからだ。ただし内陸部やカンガルー島へレンタカーで行く場合は、注意が必要。未舗装道は、一般のレンタカーの保険対象外。未舗装道走行予定の場合は、あらかじめレンタカー会社でその旨告げて4WD車をレンタルするか、一般乗用車の保険に特約を付けるかなどの対処が必要となる。

レンタカーなら観光名所以外にも面白い光景に出会えることがある（Coonalpyn Silos）

プランニングのヒント

アデレード起点の旅

不思議な景観を見せるリマーカブルロックスはカンガルー島随一の景勝地

南オーストラリアを代表するバロッサバレー、アデレードヒルズ、マレー川下流域などの観光地は、すべてアデレードから日帰り圏内にある。ただし日帰りだと有名な見どころだけを巡るダイジェスト観光になってしまうので、可能ならば1～2泊して、じっくりと見どころ見学をするのがおすすめだ。

また野生動物の宝庫として知られるカンガルー島は、日帰りツアーも数多く出ているが移動距離も長く、人気観光ポイントも一部しか見学できない。現実的にはアデレードから1泊もしくは2泊の観光が一般的だ。

南オーストラリア州周遊の旅

アデレード近郊はレンタカーが便利だが、それ以外は観光地間の距離もあり、しかもハイウェイを離れると悪路も少なくないので、何かとたいへん。そこで便利なのが移動型バスツアー。ビクトリアとの州境に近いナラコーテやクーナワーラ、マウントガンビアならアデレード～メルボルン、フリンダーズレンジ国立公園、クーバーピディならアデレード～ウルル（エアーズロック）、エアー半島およびフリンダーズレンジ国立公園はアデレード～パースを移動するツアーで観光できる。おもなツアー会社は下記のとおり。

内陸部でよく見かけるウエスタングレーカンガルー

●**アドベンチャーツアーズ・オーストラリア**
☎(03)9125-3630
URL www.adventuretours.com.au

●**アンテイムドエスケープ**
☎(08)8687-0455
FREE 1800-816-858
URL untamedescapes.com.au

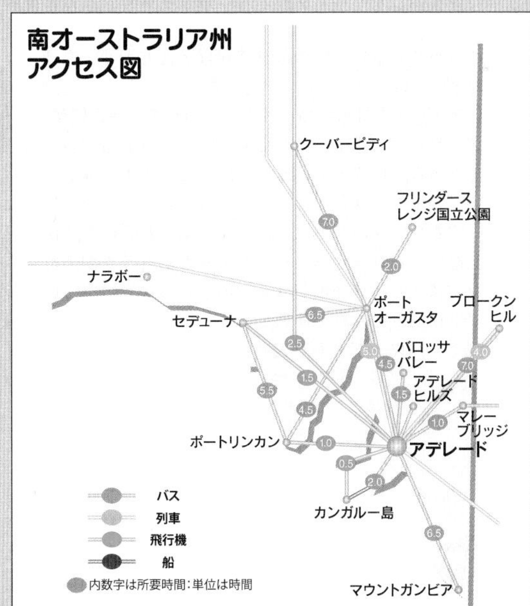

エアー半島ではアシカと一緒に泳ぐこともできる

ビクターハーバー（フルリオ半島）では馬車トラムの乗車も人気だ

アデレード
Adelaide

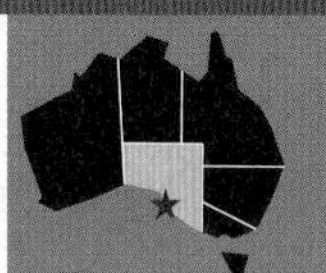

南オーストラリア *South Australia*　州外局番 (08)

ユースフルインフォメーション

アデレード・ビジターインフォメーションセンター
Adelaide Visitor Information Centre MAP P.460/2B
住 25 Pirie, 5000
FREE 1300-588-140
URL www.experienceadelaide.com.au/visit/visitor-information-centre
開 月～金 9:00 ～ 17:00
休 土日祝

おもな病院

ロイヤルアデレード病院
Royal Adelaide Hospital MAP P.460/2A
住 Port Rd., 5000
☎ (08)7074-0000
URL www.rah.sa.gov.au
開 月～金 8:30 ～ 16:00（オフィス）

主要航空会社連絡先

カンタス航空 Qantas Airways
☎ 13-13-13
ジェットスター Jet Star
☎ 13-15-38
ヴァージン・オーストラリア
Virgin Australia
☎ 13-67-89
リージョナルエクスプレス (REX)
Regional Express (REX)
☎ 13-17-13
シンガポール航空
Singapore Airlines
☎ (02)7209-4388
マレーシア航空 Malaysia Airlines
☎ 13-26-27
ベトジェットエア VietJetAir
FREE 1800-844-219
バティックエア Batikair
☎ (02)8248-0035

ウイリアム・ライト大佐の像が立つライト展望台

南オーストラリアの州都アデレード。入植が始まった1936年にウイリアム・ライト大佐の都市計画によって設計され、道は碁盤の目のように整然と並んでいる。こぢんまりとした英国風の町は、ほかのオーストラリアの州都より落ち着いた雰囲気がある。オーストラリアを旅している日本人にも実に評判がいい町だ。訪れた旅行者の多くは「オーストラリアで一番好きな町」と答えるほど。1年を通じて過ごしやすい気候、広過ぎないシティ、ごちゃごちゃしているエリアがほとんどなく、クリアな町というのがアデレードの特徴だろう。

アデレードは市民ひとり当たりのレストラン数が、オーストラリアの都市のなかで最も多いとされるグルメの町でもある。レストラン街は「食」をしっかりと楽しむ人々で、いつもにぎわっている。それもオーストラリアを代表するワインの産地、バロッサバレーが近いためかもしれない。バロッサバレーにある村々がドイツ風の町並みなのは、ドイツ移民がライン川沿いの風土に似ているとブドウ造りを始めたからで、2～4月の収穫期は丘が色づく。バロッサバレーだけでなく、アデレードヒルズ、マクラーレンベール、クレアバレーなど多くのワイン産地がアデレードを取り囲むように存在する。特にシラーズ（シラー種）や辛口のリースリングの評価が高い。

ワイナリー巡り、オーストラリアの魅力を凝縮した島といわれるカンガルー島観光への拠点として、また陸路でパースやレッドセンターに向かう旅の起点として、アデレードの町の滞在を存分に楽しみたい。

アデレードヒルズのネペンスワイン

アデレード近郊図
Around Adelaide

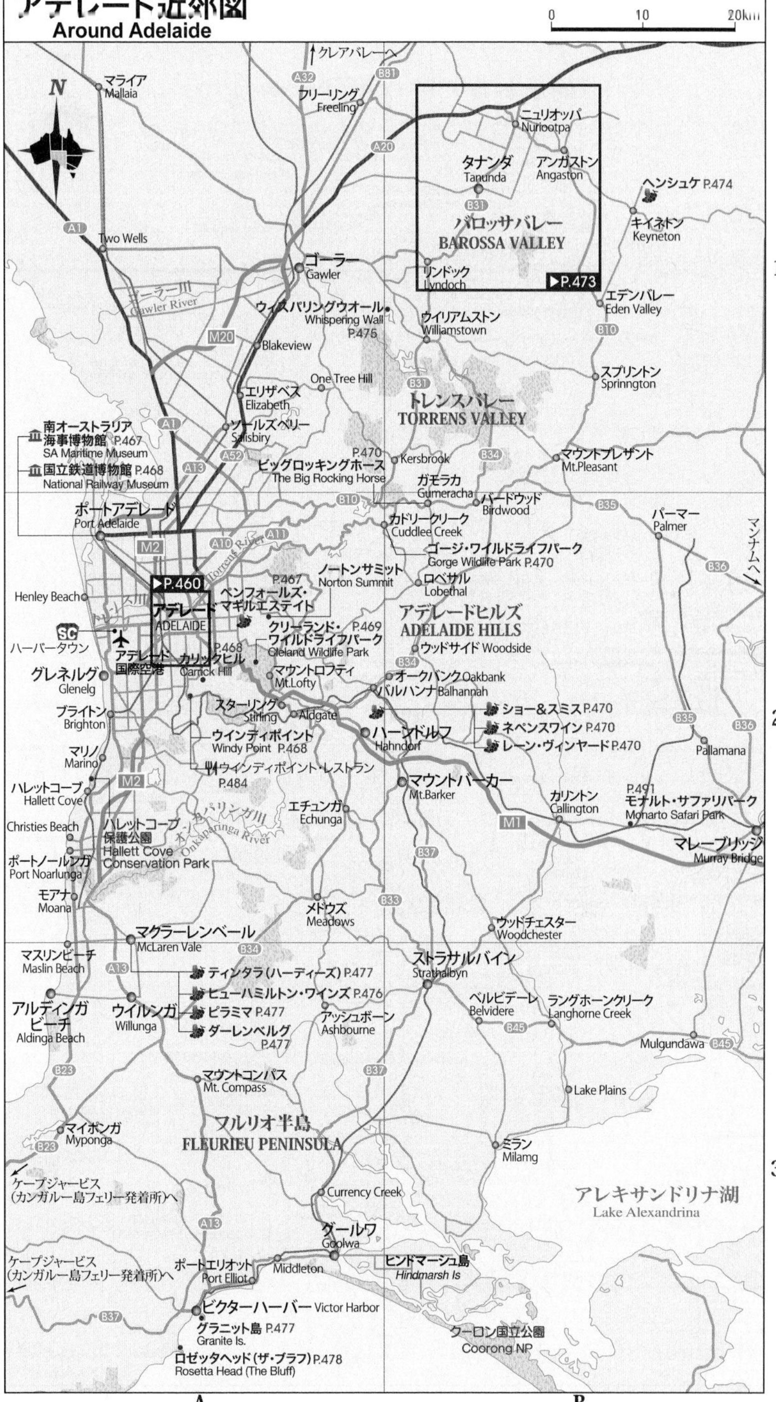

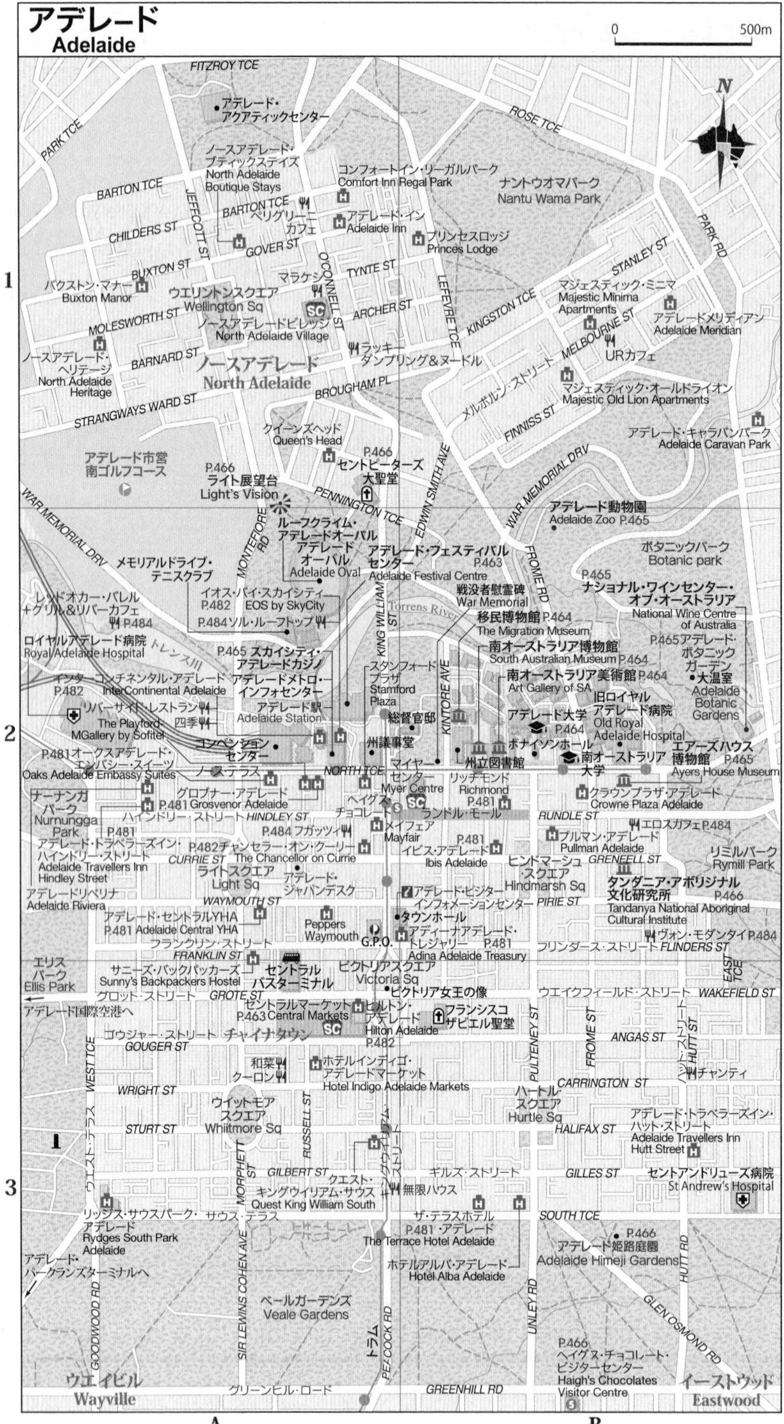

アデレード
Adelaide
0
500m
N
FITZROY TCE
アデレード・アクアティックセンター
PARK TCE
ROSE TCE
ノースアデレード・ブティックステイズ
North Adelaide Boutique Stays
コンフォートイン・リーガルパーク
Comfort Inn Regal Park
ナントウオマパーク
Nantu Wama Park
BARTON TCE
JEFFCOTT ST
ベリグリーニカフェ
アデレード・イン
Adelaide Inn
CHILDERS ST
GOVER ST
プリンセスロッジ
Princes Lodge
PARK RD
O'CONNELL ST
TYNTE ST
STANLEY ST
BUXTON ST
マラケシ
LEFEVRE TCE
バクストン・マナー
Buxton Manor
ウエリントンスクエア
Wellington Sq
ARCHER ST
マジェスティック・ミニマ
Majestic Minima Apartments
MOLESWORTH ST
ノースアデレードビレッジ
North Adelaide Village
KINGSTON TCE
アデレードメリディアン
Adelaide Meridian
MELBOURNE ST
ラッキーダンプリング＆ヌードル
URカフェ
ノースアデレード・ヘリテージ
North Adelaide Heritage
BARNARD ST
ノースアデレード
North Adelaide
メルボルン・ストリート
BROUGHAM PL
マジェスティック・オールドライオン
Majestic Old Lion Apartments
STRANGWAYS WARD ST
FINNISS ST
アデレード・キャラバンパーク
Adelaide Caravan Park
クイーンズヘッド
Queen's Head
アデレード市営南ゴルフコース
P.466
セントピーターズ大聖堂
P.466
ライト展望台
Light's Vision
WAR MEMORIAL DRV
PENNINGTON TCE
EDWIN SMITH AVE
アデレード動物園
Adelaide Zoo P.465
MONTEFIORE RD
ルーフクライム・アデレードオーバル
アデレードオーバル
Adelaide Oval
アデレード・フェスティバルセンター
P.463
Adelaide Festival Centre
FROME RD
ボタニックパーク
Botanic park
メモリアルドライブ・テニスクラブ
P.465
ナショナル・ワインセンター・オブ・オーストラリア
National Wine Centre of Australia
戦没者慰霊碑
War Memorial
イオス・バイ・スカイシティ
P.482
EOS by SkyCity
レッドオカー・バレル＋グリル＆リバーカフェ
P.484
P.484 ソル・ルーフトップ
Torrens River
KING WILLIAM ST
移民博物館 P.464
The Migration Museum
ロイヤルアデレード病院
Royal Adelaide Hospital
トレンス川
P.465 スカイシティ・アデレードカジノ
南オーストラリア博物館
South Australian Museum P.464
P.465 アデレード・ボタニックガーデン
大温室
Adelaide Botanic Gardens
インターコンチネンタル・アデレード
P.482
InterContinental Adelaide
アデレードメトロ・インフォセンター
スタンフォードプラザ
Stamford Plaza
KINTORE AVE
南オーストラリア美術館 P.464
Art Gallery of SA
旧ロイヤルアデレード病院
Old Royal Adelaide Hospital
リバーサイド・レストラン
The Playford MGallery by Sofitel
四季
アデレード駅
Adelaide Station
総督官邸
アデレード大学
P.464
ボナイソンホール
コンベンションセンター
州議事堂
州立図書館
南オーストラリア大学
エアーズハウス博物館
P.465
Ayers House Museum
P.481 オークスアデレード・エンバシー・スイーツ
Oaks Adelaide Embassy Suites
ノーステラス
NORTH TCE
マイヤーセンター
Myer Centre
リッチモンド
Richmond
P.481
ナーナンガパーク
Nurnungga Park
グロブナー・アデレード
P.481 Grosvenor Adelaide
ヘイグス・チョコレート
ランドル・モール
クラウンプラザ・アデレード
Crowne Plaza Adelaide
ハインドリー・ストリート
HINDLEY ST
RUNDLE ST
エロスカフェ P.484
P.481
アデレード・トラベラーズイン・ハインドリー・ストリート
Adelaide Travellers Inn Hindley Street
P.484 フガッツィ
メイフェア
Mayfair
P.481
イビス・アデレード
Ibis Adelaide
プルマン・アデレード
Pullman Adelaide
リミルパーク
Rymill Park
P.482 チャンセラー・オン・クーリー
The Chancellor on Currie
CURRIE ST
ヒンドマーシュスクエア
Hindmarsh Sq
GRENFELL ST
アデレードリベリナ
Adelaide Riviera
ライトスクエア
Light Sq
アデレード・ジャパンデスク
アデレード・ビジターインフォメーションセンター
PIRIE ST
タンダニア・アボリジナル文化研究所
P.466
Tandanya National Aboriginal Cultural Institute
WAYMOUTH ST
アデレード・セントラルYHA
P.481 Adelaide Central YHA
Peppers Waymouth
タウンホール
G.P.O.
アディーナアデレード・トレジャリー
P.481
Adina Adelaide Treasury
ヴォン・モダンタイ P.484
フランクリン・ストリート
FRANKLIN ST
フリンダース・ストリート
FLINDERS ST
EAST TCE
エリスパーク
Ellis Park
サニーズ・バックパッカーズ
Sunny's Backpackers Hostel
セントラルバスターミナル
ビクトリアスクエア
Victoria Sq
アデレード国際空港へ
グロット・ストリート
GROTE ST
ビクトリア女王の像
ウエイクフィールド・ストリート
WAKEFIELD ST
セントラルマーケット
P.463 Central Markets
ヒルトン・アデレード
Hilton Adelaide
P.482
フランシスコザビエル聖堂
ゴウジャー・ストリート
GOUGER ST
チャイナタウン
ANGAS ST
HUTT ST
ハット・ストリート
和菜
クーロン
ホテルインディゴ・アデレードマーケット
Hotel Indigo Adelaide Markets
PULTENEY ST
FROME ST
チャンティ
WRIGHT ST
CARRINGTON ST
WEST TCE
ウイットモアスクエア
Whitmore Sq
ハートルスクエア
Hurtle Sq
STURT ST
HALIFAX ST
アデレード・トラベラーズイン・ハット・ストリート
Adelaide Travellers Inn Hutt Street
ウエスト・テラス
MORPHETT ST
RUSSELL ST
GILBERT ST
クエスト・キングウイリアム・サウス
Quest King William South
ギルズ・ストリート
GILLES ST
セントアンドリューズ病院
St Andrew's Hospital
無限ハウス
リッジス・サウスパーク・アデレード
Rydges South Park Adelaide
サウス・テラス
ザ・テラスホテル
P.481 ・アデレード
The Terrace Hotel Adelaide
SOUTH TCE
P.466
アデレード姫路庭園
Adelaide Himeji Gardens
アデレード・パークランズターミナルへ
ホテルアルバ・アデレード
Hotel Alba Adelaide
HUTT RD
GOODWOOD RD
SIR LEWINS COHEN AVE
ベールガーデンズ
Veale Gardens
PEACOCK RD
トラム
UNLEY RD
GLEN OSMOND RD
P.466
ヘイグス・チョコレート・ビジターセンター
Haigh's Chocolates Visitor Centre
ウエイビル
Wayville
グリーンヒル・ロード
GREENHILL RD
イーストウッド
Eastwood
1
2
3
A
B

アクセス ACCESS

行き方

➡日本から

日本からの直行便はない。シドニーやブリスベン、ケアンズ、ゴールドコースト、メルボルンなどオーストラリア主要都市での乗り継ぎ便利用が一般的。またシンガポール、クアラルンプール経由のフライト利用も人気だ。

➡オーストラリア国内から

カンタス航空が各州都およびアリススプリングス、ニューカッスルから、ジェットスターがケアンズ、ゴールドコースト、ブリスベン、シドニー、メルボルン、ホバート、ダーウィン、パースから、ヴァージン・オーストラリアが各州都（ダーウィンを除く）およびゴールドコースト、アリススプリングスから、リージョナルエクスプレス（REX）がブリスベン、シドニー、メルボルンからフライトをもっている。

グレイハウンド・オーストラリアの長距離バスは、フランクリン・ストリートの**セントラルバスターミナル** Central Bus Terminal が発着場所。ザ・ガン号やインディアンパシフィック号、ジ・オーバーランド号など州間を結ぶ列車は、市の西にある**アデレード・パークランズターミナル** Adelaide Parklands Terminal（**ケズウィック駅** Keswick Station）発着。ノース・テラス沿いのアデレード駅まで電車で 1 区間だ。

アデレード国際空港到着ホールにあるインフォメーション

中心部にあるセントラルバスターミナル

■セントラルバスターミナル
MAP P.460/3A

空港⇔市内

アデレード国際空港 Adelaide International Airport (ADL) は市の西約 7km に位置している。国際線・国内線ターミナルが一緒になった便利な空港だ。

■アデレード国際空港
URL www.adelaideairport.com.au

●路線バス

アデレード国際空港のジェットバス乗り場

公共交通機関のアデレードメトロ（下記）運行の**ジェットバス** Jet Bus（Route J1、J2）が便数も多く値段も安いのでおすすめ。J1、J2 ともアデレード～アデレード国際空港～グレネルグという路線を運行している。

■アデレードメトロ・ジェットバス
☎1300-311-108
URL adelaidemetro.com.au
時 空港→市内：5:00 ～ 23:30 の間、月～金は 10 ～ 30 分ごと、土日祝は約 30 分ごと／市内→空港：4:20 ～ 23:05 の間、月～金は 10 ～ 30 分ごと、土日祝は約 30 分ごと
料 空港～市内／グレネルグ：大人 $4.20 ～ 6.20 子供 $1.50 ～ 3.10（時間帯による）

●タクシー＆ウーバー

シティまでタクシーで $25 ～ 35、ウーバーなどライドシェア（→ P.649）で $20 ～ 35 なので 3 人以上の場合はお得だ。所要時間は 10 ～ 15 分。

市内交通 LOCAL TRANSPORT

アデレード中心部はそれほど大きくないので十分歩けるが、郊外やビーチへ向かうときはバスが便利。バスはアデレード市街地と郊外を網の目のように結んでいる。

バス、トラム、電車は**アデレードメトロ** Adelaide Metro が統括しておりチケットも共通。短期滞在者用の紙の**メトロチケット** metroticket と、長期滞在に便利で割安なリチャージ式スマートカードの**メトロカード** metroCard がある。

アデレードメトロ料金表	ゾーン：2時間有効（乗り換え可）		メトロチケット		メトロカード		デイトリップ	
			大人	子供	大人	子供	大人	子供
	ピーク	レギュラー	$6.20	$3.10	$4.25	$1.50	$11.70	$5.90
	オフピーク 月〜金 9:01 〜 15:00	レギュラー	$4.20	$1.50	$2.40	$1.20		

（2024年2月現在）

路線充実のバス

■**アデレードメトロ・インフォセンター** MAP P.460/2A
住 Adelaide Railway Station, North Tce., 5000
FREE 1300-311-108
URL adelaidemetro.com.au
開 毎日 7:00 〜 20:00

■**ビジターメトロカード**
アデレード駅構内のアデレードメトロ・インフォセンターで購入可能。
URL adelaidemetro.com.au/plan-a-trip/visiting-adelaide
料 大人 $27.20（メトロカード発行手数料 $5 込み）

■**無料バス**
時 シティループ Route 99A：月〜金 8:15 〜 19:25 の 30 分ごと／シティループ Route 99C：月〜金 8:30 〜 19:00 の 30 分ごと／シティ＆ノースアデレード・ループ Route 98A：月〜木 7:00、8:00 〜 19:00、金 7:00、8:00 〜 21:00、土 8:00 〜 19:00、日祝 9:30 〜 19:00 の 30 分ごと／シティ＆ノースアデレード・ループ Route 98C：月〜木 6:45、7:45 〜 19:15、金 6:45、7:45 〜 21:15、土 8:15 〜 19:15、日祝 9:45 〜 19:15 の 30 分ごと

■**トラム**
時 シティ発の運行時間：月〜金 5:33 〜、土日 7:01 〜の 10 〜 30 分間隔で運行。最終は翌 0:34

■**レンタカー会社**
●**ハーツ Hertz**
☎ (08)8422-9290
●**エイビス AVIS**
☎ 13-63-33
●**バジェット Budget**
☎ (08)8418-7300
●**スリフティ Thrifty**
☎ 13-61-39
●**ヨーロッパカー Europcar**
☎ (08)8114-6350
●**エンタープライズ Enterprise**
☎ (08)9277-4898

メトロチケット、メトロカードはこのフラッグが出ているお店で購入できる

メトロチケットには1回ずつ購入するシングルチケットと1日乗り放題の**デイトリップ・チケット** Daytrip Ticket がある。メトロカードは購入時に $5 必要だが、頻繁に公共交通機関を利用する予定なら手に入れておいたほうがお得だ。また数日間アデレード市内にいるのなら**ビジターメトロカード** Visitor metro Card を手に入れるのもいい。3日間アデレードメトロ乗り放題のカードで、デイトリップ・チケットを3日間使うよりもお得。4日以上滞在する場合でも、リチャージすれば通常のメトロカードとして利用できる。メトロチケット、メトロカードともに、乗車前にコンビニエンスストアやニュースエージェンシーなどで手に入れておくこと。なおアデレードの交通については**アデレードメトロ・インフォセンター** Adelaide Metro Info Centre で市内、郊外のルートマップが手に入る。

またカーリー・ストリート Currie St. から郊外のティーツリープラザ Tee Tree Plaza までは**オーバン** O-Bahn という時速 100 キロでレールを走る珍しいバスも運行している。

無料バス

アデレード市内を2系統の無料バスが周回している。市中心部の西側一帯をぐるりと回るのが**シティループ** City Loop の **Route 99**（時計回りが 99C、反時計回りが 99A）、シティループの路線に加えノースアデレードまでカバーするのが**シティ＆ノースアデレード・ループ** City & North Adelaide Loop の **Route 98**（時計回りが 98C、反時計回りが 98A）だ。市中心部の主要観光ポイントはこれらのバスでほぼカバーできる。

トラム

2系統のルートがあり、ひとつはエンターテインメントセンターとノース・テラスのボタニックガーデンを結ぶ路線、もうひとつがビーチエリアのグレネルグから市の中心部を抜けてエンターテインメントセンターまでの路線だ（一部はキングウイリアム・ストリートのフェスティバルセンター前が終点）。エンターテインメントセンター〜ノース・テラス＆サウス・テラス間とグレネルグのブライトン・ロード〜終点は無料。

ビーチへのアクセスにはトラムが便利

アデレードの歩き方
OUTLINE OF ADELAIDE

アデレードの市街地（CBD）は「碁盤の目」構造になっていて、東西南北の名前をもつ４つのテラスロードによって囲まれている。このテラスロードの周りがすべて公園なのも、アデレードの大きな特徴だ。CBDの中心には市民の憩いの場にもなっている**ビクトリアスクエア** Victoria Squareがある。南オーストラリアを流れる大きな３つの川（トレンス川、オンカパリンガ川、マレー川）をデザインした噴水が印象的だ。

歴史的建物が数多く残る中心部

歴史的建造物のタウンホール

アデレードのメインストリートは、ビクトリアスクエアを南北に挟んで通る**キングウイリアム・ストリート** King William St.。G.P.O.やタウンホールなど重厚な建物が並ぶ通りだ。町のなかで一番にぎやかな通りは**ランドル・モール** Rundle Mallと**ハインドリー・ストリート** Hindley St.。ランドル・モールは、みやげ物屋やデパート、スーパー、テイクアウエイのお店などがいっぱいある昼の中心地。対してハインドリー・ストリートはしゃれたレストランやカフェ、クラブなどの集まる夜の中心地だ。

昔ながらの落ち着いた雰囲気をもつ**ノース・テラス** North Tce.はランドル・モールの１本北側。並木の続く通りに沿って博物館や美術館など見どころがあり、散歩するには最高の通りだ。なおノース・テラスからキングウイリアム・ストリートを北に入った所には、毎偶数年の３月に開催される「アデレード芸術祭 Adelaide Festival of Art」の主舞台となる**アデレード・フェスティバルセンター** Adelaide Festival Centreがある。2000席の多目的コンサートホールをはじめとする４つの劇場と野外コンサートホールをもつ施設だ。またビクトリアスクエア近く、グロット・ストリート Grote St.とゴウジャー・ストリート Gouger St.に挟まれた場所には120年の歴史を誇る**セントラルマーケット** Central Marketsがある。おみやげや雑貨、新鮮な食材が格安で手に入る。一帯はチャイナタウンになっており、中華料理店をはじめアジア系のレストランが集中している。

アデレード・ビジターインフォメーションセンター Adelaide Visitor Information Centreはタウンホールの一角にある。なお日本語で南オーストラリア州各地の情報を得るなら、カーリー・ストリート Currie St.にある**アデレード・ジャパンデスク** Adelaide Japan Deskへ行くほうがベターだ。

■アデレードのタクシー会社
● 13Cabs　：☎13-22-27
● Suburban Taxis：☎13-10-08
● Adelaide Independent Taxi Service：☎13-22-11
料 初乗り1kmが月～金6:00～19:00が$3.90、以後1kmごとに$2.11、月～金19:00～翌6:00および土日の全日は初乗り1km$5.20、以後1kmごとに$2.43。運行中の待ち時間は1時間$44.60を分単位で加算。また空港利用時には$3追加。

■ビクトリアスクエア
MAP P.460/3A

■ビクトリアスクエアに立つ銅像
広場の真ん中にはビクトリア女王の像がある。このほかにも北東、北西、南西の角に３つの銅像が立っている。特に注目したいのが、北東の角に立つ探検家ジョン・マクドール・スチュアート John Mcdouall Stuartの像。アデレードからダーウィンまで向かうスチュアート・ハイウェイに名前を残す、その人だ。

■アデレード・フェスティバルセンター MAP P.460/2A
住 Festival Drv., off King William St., 5000 ☎(08)8216-8600
URL www.adelaidefestivalcentre.com.au

■アデレード・ビジターインフォメーションセンター
MAP P.460/2B
データ詳細→ P.458

■アデレード・ジャパンデスク
MAP P.460/2A
住 Lower Level, 83-89 Currie St., 5000 ☎(08)8212-1788
URL www.adelaidejapandesk.com.au
開 月～金9:00～17:00
休 土日祝

左：トレンス川沿いに建つアデレード・フェスティバルセンター
下：アデレード随一の繁華街ランドル・モール

市街地の北と南はおしゃれなエリア

アデレードの市街地とトレンス川を挟んで北に広がる地区が、高級住宅地の**ノースアデレード** North Adelaide。キングウイリアム・ストリートを北へ進むと、通り名がオコーネル・ストリート O'Connell St. と変わるが、そこがノースアデレードのメインストリートとなる。レストランやショップが並ぶにぎやかな通りだ。この少し東寄りにあるメルボルン・ストリート Melbourne St. は、さらにおしゃれなショッピングゾーン。古いテラスハウスを利用したカフェやレストラン、ブティックが並んでいる。

一方、キングウイリアム・ストリートを市街より南に進むと、道は石畳のキングウイリアム・ロード King William Rd. となる。カフェや高級ブティック、アートギャラリーなどが軒を並べ、最新の流行を求める若者や、女性たちでにぎわっている。

アデレード市内のおもな見どころ
SIGHTSEEING SPOTS

見どころいっぱい MAP P.460/2A・B

ノース・テラス
North Terrace

ノース・テラスのキングウイリアム・ストリートより東側は、きれいな並木が続く散歩におすすめの通りで、戦没者慰霊碑 War Memorial から先に見どころが集まっている。

●南オーストラリア博物館 South Australian Museum

エントランスには巨大なクジラの骨組みがあって、これだけでも十分な見もの。展示物は、世界一といわれるアボリジナルコレクションや、ニューギニア、メラネシア関係のコレクション、オーストラリアの珍しい鳥や動物のジオラマなど豊富。また博物館の前庭に立つ円柱は、3000 年前のエジプトでラムセス 2 世によって造られたものといわれていて、これも必見だ。

南オーストラリア博物館エントランスホールにある巨大なクジラの骨

●南オーストラリア美術館 Art Gallery of SA

一部の常設展示を除き展示内容は数ヵ月に一度変更される。同美術館のコレクションは多岐にわたっており、アボリジナルアート、オーストラリアの芸術家による作品、ヨーロッパ絵画、さらに東南アジアの陶器、日本の江戸時代の屏風などが有名だ。

●アデレード大学 Adelaide University

博物館、美術館の裏側一帯がアデレード大学。トレンス川河畔の緑多いキャンパスの中には、アカデミックな雰囲気の建物が多い。構内にある**ボナイソンホール** Bonython Hall は観光名所となっている。

アデレード大学のボナイソンホール

●移民博物館 The Migration Museum

かつて移民の仮収容所だった建物を利用した博物館。世界中から移民を受け入れてきたこの国の歴史的背景、

■アデレードのレイトナイト・ショッピング

アデレード中心街のレイトナイト・ショッピングデーは金曜、グレネルグなどの郊外はすべて木曜になっている。

■アウトレットショッピングが楽しめるハーバータウン Harbour Town
MAP P.459/2A

ゴールドコーストで人気のアウトレットショッピングセンター、ハーバータウンがアデレード国際空港とグレネルグの間にある。インターナショナルブランドは少ないが、オーストラリアブランドは豊富だ。

住 727 Tapleys Hill Rd., West Beach, 5950
☎ (08)8355-1144
URL www.harbourtownadelaide.com.au
営 月～水金 9:00～17:30、木 9:00～21:00、土 9:00～17:00、日祝 10:00～17:00
休 グッドフライデー、クリスマスデー

●行き方
アデレード中心部から Route J1、J2 のバス利用 (所要約 15 分)。

■南オーストラリア博物館
MAP P.460/2B
住 North Tce., 5000
☎ (08)8207-7500
URL www.samuseum.sa.gov.au
開 毎日 10:00～17:00
休 グッドフライデー、クリスマスデー　料 無料

■南オーストラリア美術館
MAP P.460/2B
住 North Tce., 5000
☎ (08)8207-7000
URL www.agsa.sa.gov.au
開 毎日 10:00～17:00
休 クリスマスデー　料 無料

■移民博物館
MAP P.460/2B
住 82 Kintore Ave., 5000
☎ (08)8151-3240
URL migration.history.sa.gov.au
開 毎日 10:00～17:00
休 クリスマスデー
料 無料

移民たちの思い、現状などに関して、趣向を凝らした展示を行っている。

●エアーズハウス博物館 Ayers House Museum

美しい館といった風情のエアーズハウス博物館

かつての南オーストラリア州知事の家で、19世紀半ばに建てられたものだ。ブルーストーン造りの優雅な建物で、レストランも併設されている。中に入ると豪華なダイニングルームや居間、子供部屋や寝室など、どの部屋も実に興味深い。

●アデレード・ボタニックガーデン Adelaide Botanic Gardens

週末は市民でにぎわうボタニックガーデン

16haの広さをもつ大きな植物園。睡蓮のコレクションが特に有名だ。敷地内には、1989年に建国200年を記念して造られた南半球最大規模のガラス張りの**大温室** Bicentennial Conservatoryがある。コンピューターで管理されている熱帯雨林植物園で、屋根にある942のノズルが微細な霧を発し、熱帯雨林における「雲」を作り出している。

●ナショナル・ワインセンター・オブ・オーストラリア National Wine Centre of Australia

館内でまず驚かされるのがこの巨大セラーだ

植物園の一角東側にある。館内では、ブドウの種類、ワインの醸造方法に関する展示があるほか、オーストラリア中から集められたワインの巨大セラーを見ることもできる(中には入れない)。また併設のバーでは有料でオーストラリア各地のワインテイスティングも可能。ワインに合ったおつまみのメニューもあるので、休憩するのもおすすめだ。

●アデレード動物園 Adelaide Zoo

オーストラリアではメルボルン動物園に次いで古い歴史をもつ動物園。コアラやカンガルーといったオーストラリアの動物はもちろん、ジャイアントパンダ、オランウータンなどのアジアの動物、ライオン、キリンなどアフリカの動物まで、1400種を超える動物が世界中から集められている。

動物園の一番人気はジャイアントパンダ

●スカイシティ・アデレードカジノ SkyCity Adelaide Casino

アデレード駅の2～3階には、豪華なカジノがある。カジュアルな服装でも入場を拒否されることはない(ただしTシャツはダメ)。金・土曜の夜を除けばスニーカーでもOKだ。ゲームはおなじみのルーレットやブラックジャック、大小、キノ、それにオーストラリアならではのツー・アップ・コインなどがある。

アデレード駅を兼ねたカジノ

■エアーズハウス博物館 MAP P.460/2B
住 288 North Tce., 5000
☎ (08)8223-1234
URL www.ayershousemuseum.org.au
開 土日 10:00 ～ 16:00
休 月～金、グッドフライデー、クリスマスデー
料 大人$10 子供$5 家族$20 ／ガイドツアー参加の場合1人$5追加

■アデレード・ボタニックガーデン MAP P.460/2B
住 North Tce., 5000
URL www.botanicgardens.sa.gov.au
開 毎日7:15開園(4～11月の土日祝は9:00)、10～11月 19:00、12～3月 20:00、4月＆9月 18:00、5～8月 17:30閉園／ビジターセンター：毎日10:00～16:00
料 無料
●**大温室**
開 毎日10:00～16:00(夏季は～17:00)
休 グッドフライデー、クリスマスデー

■ナショナル・ワインセンター・オブ・オーストラリア MAP P.460/2B
住 Cnr. Botanic & Hackney Rds., 5000
☎ (08)8313-3355
URL www.nationalwinecentre.com.au
開 月～木 8:30 ～ 17:00、金 8:30 ～ 20:00、土 9:00 ～ 18:00、日 9:00 ～ 17:00
休 ニューイヤーズデー、グッドフライデー、クリスマスデー、ボクシングデー
料 無料／オーストラリア・ワインディスカバリーツアー(毎日11:00～11:30) 1人$25

■アデレード動物園 MAP P.460/2B
住 Frome Rd., 5000
☎ (08)8267-3255
URL www.adelaidezoo.com.au
開 毎日9:30～17:00
料 大人$42.50 子供$22.50 家族$107

■スカイシティ・アデレードカジノ MAP P.460/2A
住 North Tce., 5001
☎ (08)8212-2811
URL skycityadelaide.com.au
営 24時間
休 グッドフライデー、クリスマスデー

■タンダニア・アボリジナル文化研究所
住253 Grenfell St., 5000
☎(08)8224-3200
URL www.tandanya.com.au
※ 2024 年 2 月現在休館中

■アデレード姫路庭園
住Cnr. South Tce. & Glen Osmond Rd., 5000
☎(08)8203-7203
URL www.exploreadelaide.com.au
開 毎日 8:00 ～ 17:30
料 無料

■セントピーターズ大聖堂
MAP P.460/1A
住27 King William Rd., North Adelaide, 5006
☎(08)8267-4551
URL www.stpeters-cathedral.org.au
開 月 10:30 ～ 13:00、火～金 10:30 ～ 15:30（日は一般見学不可）／無料ガイドツアー：水 11:00 スタート
料 $5 の寄付が望ましい

ライト展望台からシティを望む

■チョコレートが無料試食できるガイドツアー MAP P.460/3B
ランドル・モールの入口にある人気のチョコレートショップ、ヘイグス・チョコレート Haigh's Chocolates。町の南、サウスパークランド近くにビジターセンター＆工場があり、月～土曜に無料のガイドツアーがあって、試食もできる。
住154 Greenhill Rd., Parkside, 5000 ☎(08)8372-7070
URL www.haighschocolates.com.au
時 月土 9:30 ～ 11:30、火～金 9:30 ～ 11:30、14:30 ～ 15:30 の 30 分ごと（要予約／所要約 20 分） 休 日
料 無料

ヘイグスの工場は町外れにある

アボリジニアートが堪能できる MAP P.460/2B

タンダニア・アボリジナル文化研究所
Tandanya National Aboriginal Cultural Institute

アートギャラリーとアボリジナルアートや工芸品を扱うショップが入った文化施設。アートギャラリーは頻繁にテーマが替わり、いろいろなアーティストの作品を観ることができる。よくディジュリドゥの演奏が行われるので興味があったら行ってみたい。

アボリジニの文化に興味があったら行ってみたい

アデレードの姉妹都市、姫路市の協力で造られた MAP P.460/3B

アデレード姫路庭園
Adelaide Himeji Gardens

サウス・テラスの南に広がる公園の一角にある日本庭園。アデレードと姫路市が姉妹都市提携を結んだとき友好の象徴として造られた。日本の専門スタッフが技術指導した庭園は、蓮の花咲き乱れる池を中心に、飛び石の通路が続き、灯籠や鹿威し、築山、枯れ山水などどれも本格的。

見事な枯れ山水をもつ

市内の眺めを楽しもう！ MAP P.460/1A

ライト展望台
Light's Vision

市の北側モンテフィオーレヒル Montefiore Hill にあるライト展望台は、市内を眺めるのにおすすめの場所。ここにあるウイリアム・ライト大佐の銅像は町の中心を指している。銅像の裏側に刻まれた「私の首都地選択の可否は、後の人々の判断に委ねる」という名文句（実際にはもっと長い内容）もお見逃しなく。

威風堂々としたセントピーターズ大聖堂

景色を十分に楽しんだら、ペニントン・テラス Pennington Tce. を下って**セントピーターズ大聖堂** St Peter's Cathedral へ。ゴシック建築の威風堂々とした大聖堂で、アデレードの教会のなかでも、1、2 を争うほど見応えがある。

トラムに乗ってビーチリゾートへ MAP P.459/2A

グレネルグ
Glenelg

アデレードのトラムの終点は美しいビーチをもつリゾート地グレネルグ。トラムが着くのはジェッティ・ロード Jetty Rd.。しゃれたお店やレストランも並んでいて、週末には簡単なフリーマーケットも出て大にぎわいとなる。トラムストップの前には**開拓者の碑** Pioneer's Memorial が立っていて、その先は長い桟橋になっている。桟橋の両側が白砂のビーチだ。

ジェッティ・ロードの北側には、ヨットが多く係留されているホールドファストショアーズ・マリーナ Holdfast Shores Marina がある。マリーナの周りにはアパートメントスタイルの高級ホテル、レストラン、カフェ、ショップがあって、流行に敏感なアデレードっ子に人気だ。

町の北側にある**帆船バッファロー号** HMS Buffalo も見ておきたい。1836 年 12 月 28 日、総督ヒンドマーシュに率いられた自由移民 269 人を乗せてきたもののレプリカだ。

上：町はリゾートらしい明るい雰囲気
下：ビーチ前の公園ではラクダにも乗れる

最高級ワイン、グランジはここで造られる MAP P.459/2A

ペンフォールズ・マギルエステイト
Penfolds Magill Estate

伝統を感じさせるワイン工場

ヘリテージツアーでワイン工場内を見てみよう

ペンフォールズは、オーストラリアで最も有名なワインメーカー。バロッサバレーにもワイナリーがあるが、もともとはアデレードのマギルが本拠地。医師であったクリストファー・ローソン・ペンフォールド氏が 1844 年に移住し診療所を開いた地で、薬用にとワイン造りを始めたのが始まりだ。現在ここでは、ペンフォールズが世界に誇るグランジをはじめとする最高級プレミアムワイン（コレクターズシリーズ）が造られている（それ以外のワインはバロッサバレーのワイナリーで醸造）。それだけにワイン好きな人はもちろんのこと、少しでもオーストラリアワインに興味があったら絶対に出かけてみたい場所だ。

近代的なセラードア＆レストランと、歴史的建造物のワイン工場、さらにクリストファー・ローソン・ペンフォールド氏の居住跡などがある。セラードアではテイスティングはもちろん、ワイン工場内を案内してくれる**ヘリテージツアー** Heritage Tour があり人気だ（オールドヴィンテージのグランジがすべて展示されている様は圧巻だ）。さらにオプションで通常試飲できないグランジをはじめとするプレミアムワインのテイスティングができる**アンリミテッド・ペンフォールズ・エクスペリエンス** Unlimited Penfolds Experience というツアーもある。

■ペンフォールズ・マギルエステイト
住 78 Penfold Rd., Magill, 5072 ☎(08)8301-5569
URL www.penfolds.com
開 毎日 10:00 ～ 17:00 ／ヘリテージツアー：毎日 10:00 スタート／アンリミテッド・ペンフォールズ・エクスペリエンス月火 11:00 スタート（要予約）
休 クリスマスデー、ボクシングデー
料 ヘリテージツアー 1 人 $35 ／アンリミテッド・ペンフォールズ・エクスペリエンス 1 人 $150（水～日は料理とのマリアージュが楽しめる 3 コースランチ付き $295）
アクセス シティのカーリー・ストリートから Route H20、H22 のバスで約 30 分。車なら 15 分ほど。

これまで造られたグランジが並ぶ

南オーストラリアの海の玄関口 MAP P.459/2A

ポートアデレード
Port Adelaide

アデレード郊外のポートアデレードは、19 世紀の建物が数多く残る古い港町。歴史的建物を巡る散策ルートがあるので、のんびり歩いて見て回ろう。そのひとつ**南オーストラリア海事博物館** SA Maritime Museum では、当時の移民船の様子を、パネルや当時の道具などを使って紹介している。

アクセス

●ポートアデレード
アデレード駅から電車利用が便利。バス利用の場合はノース・テラスから Route 150、キングウイリアム・ストリートから Route 252、254X などを利用。所要約 30 分。

■南オーストラリア海事博物館
住 126 Lipson St., Port Adelaide, 5015
☎(08)8151-3260
URL maritime.history.sa.gov.au
開 毎日 10:00 ～ 17:00
休 クリスマスデー
料 大人 $22.50 子供 $9 家族 $55

■国立鉄道博物館
住 76 Lipson St., Port Adelaide, 5015
☎ (08)8341-1690
URL nrm.org.au
開 毎日 10:00 ～ 16:30 ／ミニ蒸気機関車乗車：10 ～ 4 月の日祝およびスクールホリデー期間の毎日
休 クリスマスデー
料 大人 $17 子供 $7 家族 $40 ／ミニ蒸気機関車乗車：大人 $10 子供 $5 家族 $25

■ウインディポイント
住 Windy Point Lookout, Belair Rd., Belair, 5052
URL windypoint.com.au
アクセス バスならキングウイリアム・ストリートから Route 195F、196F を利用。ベルエアー・ロード Stop 21 下車。

■カリックヒル
住 46 Carrick Hill Drv., Springfield, 5062
☎ (08)7424-7900
URL www.carrickhill.sa.gov.au
開 水～日祝 10:00 ～ 16:30 ／ガイドツアー：11:30、14:30
休 月火、7 月、グッドフライデー、クリスマスデー
料 邸宅内(ガイドツアー含む)：大人 $17 子供 15 歳以下無料
アクセス ノース・テラスから Route 171 のバスを利用。最寄りのバス停まで約 30 分で、そこから徒歩 15 分。

■南極大陸と地続きだった地層が見られるハレットコーブ保護公園
Hallet Cove Conservation Park
MAP P.459/2A
かつて南極大陸とつながっていたという 2 億 8000 万年前の地層が見られる。アデレードよりハレットコーブ駅まで電車で 30 分ほど。海沿いをウオーキングしながら氷河期の地層を観察してみよう。

公園内には地層見学が楽しめるウオーキングルートがある

また旧鉄道倉庫を利用したオーストラリア最大規模の鉄道博物館、**国立鉄道博物館** National Railway Museum もあり、インディアンパシフィック号やザ・ガン号の古い車両の展示や駅が再現されていて鉄道ファンなら見逃せない。10 ～ 4 月の週末と 10 ～ 4 月のスクールホリデー期間毎日(火木を除く)、この博物館からミニ蒸気機関車も運行される。

古い建物が数多く残るポートアデレード

なおポートアデレードでは、日曜にはフィッシャーマンズ・ワーフでマーケットが開かれるし、ドルフィンウオッチング・クルーズも出ている。

アデレードの美しさを味わうなら MAP P.459/2A

ウインディポイント
Windy Point

アデレード南部の山の中腹にある展望台。アデレードの市街から海岸線まで一望できる。特にすばらしいのは夜景だ。

ウインディポイントからの夜景

アデレードの夜景は「宝石をきれいに並べたような」とでもいおうか、とにかく整然としている。展望台の特等席は高級レストランとなっているが、駐車場からでも十分景色は楽しめる。ウインディポイントという名前のとおり、風が強く、夏でも夜は冷え込むので暖かい服装を忘れずに。

緑美しい庭園をもつ大邸宅 MAP P.459/2A

カリックヒル
Carrick Hill

アデレード中心部から約 7km 南のスプリングフィールドにある。1939 年建造の英国風マナーハウスの優雅さは、歴史的建造物の多いアデレードでも有数。40ha にも及ぶ英国風庭園も手入れが行き届きすばらしい景観を誇っている。

アデレード近郊の町
AROUND ADELAIDE

アデレードヒルズ
Adelaide Hills

アデレードの東部から東北部にわたる丘陵地帯をアデレードヒルズと呼ぶ。アデレードからの日帰り観光先としてポピュラーで、点在する小さな町や渓谷、湖、ブドウ畑、リンゴ園、梨園など変化に富んだ景観が楽しめる。アデレードヒルズの主要観光ポイントを 1 日で巡るなら、アデレードからの観光ツアーを利用するかレンタカーを使うかのどちらかだ。時間に余裕のある人は、アデレードからの公共バスを利用して、それぞれの目的の場所へ出向くといい。

✉ ハレットコーブへはアデレードからシーフォード Seaford 行きの電車で。途中のマリノロックス Marino Rocks からは海沿いを走るのでとても爽快。(神奈川県　捨石帰一　'15) ['24]

すばらしい眺望とワイルドライフパーク　MAP P.459/2A

マウントロフティ
Mt.Lofty

アデレード市街を一望できるマウントロフティ・サミット

アデレードヒルズ入口に当たるエリアで、その名のとおりロフティ山とその麓一帯を指す。中心の町は**スターリング** Stirling だ。ロフティ山の山頂にはレストランを備えた展望台**マウントロフティ・サミット** Mt.Lofty Summit があり、アデレードのシティから海岸線まですばらしい景色が一望できる。レンタカーで行く場合は、近くの**ロフティ山ボタニックガーデン** Mt. Lofty Botanic Garden へも寄ってみよう。

またロフティ山の斜面を覆う山林の一角には、**クリーランド・ワイルドライフパーク** Cleland Wildlife Park がある。コアラ、カンガルー、ディンゴ、エミュー、ウォンバット、タスマニアンデビルなど、オーストラリアならではの動物が自然に近い状態で飼育されている。ほとんどが敷地内での放し飼い。入口で餌を売っていて、動物たちは餌袋を持って歩いているとすぐに寄ってくる。**コアラ・クローズアップ** Koala Close-UP（1日2回）の時間には、コアラに触りながら自分のカメラで写真を撮るのは無料（有料のコアラ抱っこ写真は施設改修のため休止中）。敷地はとても広く、じっくり見て回ると2時間以上かかる。入口の建物と隣接して、爬虫類館やカフェテリア、レストランがあるほか、おみやげ屋もある。

コアラ・クローズアップでは無料でコアラに近づける

アデレードヒルズ随一の愛らしい町　MAP P.459/2A

ハーンドルフとオンカパリンガバレー
Hahndorf & Onkaparinga Valley

ハーンドルフはアデレードヒルズ随一の観光地。1830年代、バロッサバレー同様、宗教の自由を求めてプロシア東部（現ドイツ）からやってきた移民によって造られた町だ。ハーンドルフとは「ハーンの町」という意味で、移民当初にこの町の礎を築いたキャプテンハーンにちなんで名づけられた。

メイン・ストリート Main St. には、ドイツの田舎町を思わせるような、古く、そしてかわいらしい建物が並び、おみやげ屋、アンティークショップ、カフェ、レストラン、ホテルなどに利用されている。その大半は19世紀後半から20世紀初頭にかけて造られたものだ。なお、メイン・ストリートの中ほど、旧ルーテル学校 Old Lutheran School は現在、アデレードヒルズ全域の資料やハーンドルフの地図がもらえるインフォメーションセンターになっている。

ハーンドルフの愛らしい町並み

アクセス

●マウントロフティ

スターリングへはシティから Route 864、864F、865 のバスを利用。マウントロフティ・サミット、クリーランド・ワイルドライフパークへはスターリング手前のクラファーズ Crafers 下車後、Route 823 に乗り換える。

■ロフティ山ボタニックガーデン
住 Mt.Lofty Summit Rd., Crafers, 5051
☎ (08)8370-8370
URL www.botanicgardens.sa.gov.au
開 月～金 8:30～16:00、土日祝 8:30～17:00（10～3月は～19:00、6～8月は～16:00 閉園）
料 無料

カンガルーにも餌づけができる

■クリーランド・ワイルドライフパーク　MAP P.459/2A
住 365 Mt.Lofty Summit Rd., Crafers, 5152
☎ (08)8339-2444
URL www.clelandwildlifepark.sa.gov.au
開 毎日 9:30～17:00（入園は 16:30 まで）
休 クリスマスデー
料 大人 $32.50　子供 $16.50　家族 $80

●コアラ・クローズアップ
時 毎日 11:00～11:30、14:00～14:30／コアラを抱いて記念写真：2024年10月頃再開予定
料 無料（コアラ抱っこ写真の料金は再開後要問い合わせ）

アクセス

●ハーンドルフとオンカパリンガバレー

ハーンドルフへはアデレードのセントラルバスターミナルから Route 864、864F を利用（所要約50分）。オンカパリンガバレーへはシティから Route 830F、またはマウントバーカーより Route 835 のバスを利用。ツアーかレンタカーを利用するほうが現実的だ。

クリーランド・ワイルドライフパークでは入口で餌を買うことをおすすめします（$3）。カンガルー以外にも鳥など多くの動物に餌やりが楽しめます。（東京都　依田孝子　'15）['24]

■アデレードヒルズ・ビジターインフォメーションセンター Adelaide Hills Visitor Information Centre
住68 Mount Barker Rd., Hahndorf, 5245
☎(08)8370-1054
URL www.visitadelaidehills.com.au/hahndorf
開 毎日 10:00 ～ 17:00
休 クリスマスデー

■ハーンドルフ周辺の人気ワイナリー
●ショー＆スミス
住136 Jones Rd., Balhannah, 5242 ☎(08)8398-0500
URL www.shawandsmith.com
営 毎日 11:00 ～ 17:00
料 ワインテイスティング 1 人 $25 ～
●ネペンスワイン
住93 Jones Rd., Balhannah, 5242 ☎(08)8398-8899
URL www.nepenthe.com.au
営 毎日 10:00 ～ 17:00
料 ワインテイスティング 1 人 $15 ～
●レーン・ヴィンヤード
住5 Ravenswood Lane, Hahndorf, 5245
☎(08)8388-1250
URL www.thelane.com.au
営 毎日 10:00 ～ 17:00
料 ワインテイスティング $15 ～

ハーンドルフの北、オンカパリンガ川沿い一帯がオンカパリンガバレーだ。果樹園、牧草地の続く丘陵地に**オークバンク** Oakbank、**ウッドサイド** Woodside、**チャールストン** Charleston といった小さな村が点在している。ドライブルートとしておすすめのエリアだ。

左：ショー＆スミスでは、チーズと一緒にテイスティング / 右：カジュアルにテイスティングできるネペンスワイン

また、このエリアにはワイナリーも数多い。オーストラリアの人気ワイナリーのひとつ**ショー＆スミス** Show & Smith をはじめ、**ネペンスワイン** Nepenthe Wine、**レーン・ヴィンヤード** The Lane Vineyard など、レストランを併設するところも多いので、食事＆ワインを楽しみに出かけてみたい。

古い建物が数多く残る MAP P.459/2B

マウントバーカー Mt. Barker

アデレードヒルズでも特に歴史が古く、大きな町のひとつ。地形や自然をうまく取り入れた、美しい町並みが自慢だ。ナショナルトラストに指定された鉄道駅や旧庁舎、コテージやお屋敷といった古い建物を見ながら、のんびり町歩きをするといい。今でもホテルや店、レストラン、カフェなどとして利用されているものが多く、町全体が歴史博物館といった感じだ。ツーリストインフォメーションは、メインストリートのゴウラー・ストリート Gawler St. にある。

町の入口に建つウイルスタバーン

アクセス
●マウントバーカー
アデレードのセントラルバスターミナルから Route T840、864F などのバスを利用。所要約 50 分。

見どころの多い MAP P.459/1・2B

トレンスバレー Torrens Valley

トレンス川沿いにできた緑美しい渓谷で、アデレードヒルズ北部に位置している。**カドリークリーク** Cuddlee Creek には、14 エーカーの広さをもつ動物園、**ゴージ・ワイルドライフパーク** Gorge Wildlife Park があり、コアラを抱けるプログラムも催行。このほか、50 種以上の動物と 160 種以上の野鳥がこの動物園の自慢だ。

コアラの抱ける穴場スポット、ゴージ・ワイルドライフパーク

ガモラカ Gumeracha の町外れにある**ビッグロッキングホース** The Big Rocking Horse は、その名のとおり入口に世界最大級の木馬（高さ 18.3m）が立つ木製おもちゃ工場。木工玩具の製作現場の見学はもちろん、できあがったばかりのおもちゃも買える。裏側は、クジャクやエミュー、カンガルーなどがいるアニマルパーク Animal Park となっている。

アクセス
●トレンスバレー
現地での移動手段がないので、レンタカー利用が現実的。

■ゴージ・ワイルドライフパーク MAP P.459/2B
住30 Redden Drv., Cuddlee Creek, 5232
☎(08)8389-2206
URL gorgewildlifepark.com.au
開 毎日 9:00 ～ 17:00
休 クリスマスデー
時 コアラを抱ける時間：毎日 11:30、14:30
料 大人 $24 子供 $14 家族 $66 ／コアラ抱っこ 1 人 $15

ほかにも点在するワイナリー巡りをしたり、**バードウッド** Birdwood、**マウントプレザント** Mt. Pleasant といった町にあるナショナルトラスト管理の古い植民地風の建物を訪ね歩いたり、楽しみ方はいろいろだ。

世界最大級の木馬ビッグロッキングホース

バロッサバレー
Barossa Valley

メングラーヒル・ルックアウトからの眺め

バロッサバレーはアデレードの北東約 55km に位置するオーストラリアワインの名産地だ。

1842 年、ドイツから宗教の自由を求めてこの地へ移住してきたルーテル派の人々が、母国ライン川流域の地形によく似ていることからブドウの栽培を始め、一躍ワインの名産地になった。緩やかな丘陵地帯に延々とブドウ畑が続き、ワイナリーの数は 160 を超す。そのうち 90 余りがワインの試飲、直接販売を行っており、工場や家屋の見学ができるところもある。オーストラリアのほかのワイン産地同様、さまざまなワイン用ブドウ品種（実に 40 種以上）の栽培が行われているが、この地を特に有名にしているのがシラーズ（シラー種）だ。オーストラリアはもちろん、フランスのローヌにも負けないといわれるほどの力強いフルボディのワインで、数十年寝かせるのが飲み頃とされるものもあるほどだ。

また、このエリアには開拓時代に建てられた農家や屋敷など、歴史を感じさせる優雅な建物が数多く残されており、現在でもホテルやレストラン、クラフトギャラリーなどとして大切に利用されている。アデレードから車で約 1 時間と近いこともあり、日帰りで訪れる観光客が圧倒的に多いが、ホテルに滞在しながらのんびりワイナリー巡りを楽しむのもいい。

ブドウ畑を見ながらワインと食事が楽しめるレストランも多い（ジェイコブズ・クリーク）

なおバロッサバレーとひと口にいうが、実は広大な丘陵地一帯を呼び、村やワイナリーは 20km 四方という広範囲に点在している。主要な村は**リンドック** Lyndoch、**タナンダ** Tanunda、**ニュリオッパ** Nuriootpa、**アンガストン** Angaston。インフォメーションセンターはタナンダのメインストリートにあるので、まず、そこでバロッサバレー全体の地図やワイナリー、アコモデーションなどの載ったパンフレットを手に入れておくといい。

■ビッグロッキングホース
MAP P.459/2B
住 452 Torrens Valley Rd., Gumeracha, 5233
☎ (08)8389-1085
URL www.thebigrockinghorse.com.au
開 毎日 9:00 ～ 17:00
料 無料／木馬に上る 1 人 $2／アニマルパーク 1 人 $2

アクセス

●バロッサバレー
バロッサバレーへはアデレード駅から電車でゴーラー Gawler まで行き（約 1 時間）、そこからリンク SA LinkSA のバスを利用（約 1 時間）。アデレードからは 1 日観光ツアー（→ P.479）がたくさん出ている。もちろんレンタカー利用も便利だ。

●リンク SA
☎ (08)8562-1999
URL linksa.com.au

■バロッサ・ビジターインフォメーションセンター
Barossa Visitor Information Centre
MAP P.473/1A
住 66-68 Murray St., Tanunda, 5352 ☎ 1300-852-982
URL www.barossa.com
開 月～金 9:00 ～ 17:00、土 9:00 ～ 16:00、日祝 10:00 ～ 16:00 休 グッドフライデー、クリスマスデー

■バロッサバレー収穫祭
Barossa Valley Vintage Festival
毎奇数年のイースターホリデーに行われる、ブドウの豊作を祝うお祭り（2025 年 4 月中旬予定）。歌や踊り、ブドウ摘み競争などのイベントが 1 週間続く。
URL www.barossavintagefestival.com.au

■タクシー
● Barossa & Light Cab Service
☎ 0400-631-631
URL barossa-cabs.com.au
● Barossa Taxis
☎ 0411-150-850
URL www.barossataxis.com.au
● Barossa Valley Taxis
☎ 0499-106-106
URL barossa-valley-taxis.com.au

タナンダにあるインフォメーションセンター

ツアーに参加すれば主要ワイナリーで試飲が楽しめる

■ペンフォールズ・バロッサバレー・ワイナリー

MAP P.473/1B

住 30 Tanunda Rd., Nuriootpa, 5355

☎ (08)8568-8408

URL www.penfolds.com

営 毎日 10:00 ~ 17:00

休 クリスマスデー、ボクシングデー

●アンリミテッド・テイスティング

時 曜日・時間は要問い合わせ

料 $100（要予約／2名以上）

●メイク・ユア・オウン・ブレンド

時 毎日 10:30 ~ 12:00、14:00 ~ 15:30

料 $95（要予約／2名以上）

スタッフにいろいろ教えてもらいながらワインをブレンドできるメイク・ユア・オウン・ブレンド

ワイナリー巡りに利用したいバロッサバレーのツアー

バロッサバレーのワイナリーを効率よく回りたければ、ワイナリーツアーに参加するといい。アデレードからもツアーは出ているが、バロッサバレー発のツアーにはいろいろとバリエーションがある。スタンダードなのはミニバスを利用したツアーで、1日ツアーなら5ヵ所ほどワイナリーを訪れ、さらにバロッサバレーの見どころにも案内してくれる。テイスティングの際も、ガイドがいろいろアドバイスしてくれるので、ワインにあまり詳しくない人にはありがたい。また、リムジンや趣のあるクラシックカーを利用してワイナリーを巡るツアーもあり、カップル、グループにおすすめだ。バロッサバレーの広大なブドウ畑を上空から眺める熱気球ツアーも人気がある。

自転車でワイナリー巡り

車で回ると好きなように試飲ができないという人は、自転車の利用を考えてみよう。ただし、ワイナリーは広範囲に点在しており、バロッサバレー自体起伏に富んでいるので、回る地域を絞る必要がある。自転車はニュリオッパのバロッサ・ダブル・ドライブイン Barossa Double D' vin、タナンダのタナンダ・キャラバン&ツーリストパーク Tanunda Caravan & Tourist Park で借りられる。

ここだけは行っておきたい

バロッサバレーの人気ワイナリー

Popular Winery in Barossa Valley

数多くのワイナリーがセラードアをもっており、気ままに訪れてみるのは楽しいもの。それでも、バロッサバレーに来たからにはおさえておきたいワイナリーはいくつかある。

●ペンフォールズ・バロッサバレー・ワイナリー Penfolds Barossa Valley Winery

ニュリオッパにあるバロッサはもちろん、オーストラリアを代表する歴史的なワイナリー。日本にも輸入されているが、

バロッサバレーのそのほかの主要ワイナリー

ワイナリー名	住所／URL	電話番号	営業時間
タナンダ地域			
グラントバージ・ワインズ Grant Burge Wines	11 Lily Farm Rd., Krondorf, 5352 URL grantburgewines.com.au	(08)8563-7644	毎日 10:00 ~ 17:00
ピーターリーマン・ワインズ Peter Lehmann Wines	Para Rd.,Tanunda, 5352 URL www.peterlehmannwines.com	(03)8565-9555	木~月 10:30 ~ 16:30
セントハレット・ワインズ St Hallett Wines	24 St Hallett Rd., Tanunda, 5352 URL sthallett.com.au	(08)8563-7070	毎日 10:00 ~ 17:00
ベサニー・ワインズ Bethany Wines	378 Bethany Rd., Tanunda, 5352 URL www.bethany.com.au	(08)8563-2086	月~土 10:00 ~ 17:00、日 13:00 ~ 17:00
ニュリオッパ地域			
カエスラー・ワインズ Kaesler Wines	3174 Barossa Valley Way, Nuriootpa, 5355 URL kaesler.com.au	(08)8562-4488	毎日 11:00 ~ 17:00
リンドック地域			
ケラーマイスター・ワインズ Kellermeister Wines	1561 Barossa Valley Way, Lyndoch, 5351 URL kellermeister.com.au	(08)8524-4303	月~土 10:00 ~ 17:00 日 11:00 ~ 17:00
アンガストン地域			
ヤランバ・ワインズ Yalumba Wines	40 Eden Valley Rd., Angaston, 5353 URL www.yalumba.com	(08)8561-3309	毎日 10:00 ~ 17:00
ソルトラム・ワイン・エステイト Saltram Wine Estates	Murray St., Angaston, 5353 URL www.saltramwines.com.au	(08)8561-0200	毎日 10:00 ~ 17:00

オーストラリアでしか手に入らないものも多いので、ぜひ訪ねてみたい。ペンフォールズといえばグランジ Grange。世界的に高評価を得ているオーストラリアを代表するシラーズのワインで、ビンテージによっては 1 本 $1000 を超えるものもある。もちろん $20 前後の手頃なワインも多い。

一般的なテイスティング以外に、グランジをはじめとするペンフォールズの厳選されたプレミアムワインのテイスティングツアー、**アンリミテッド・テイスティング** Unlimited Tasting や、シラーズ、グルナッシュ、モナストレルの 3 種類のワインを自分好みにブレンドする**メイク・ユア・オウン・ブレンド**といった特別ツアーも催行している。

●セッペルツフィールド・ワインズ Seppeltsfield Wines

ニュリオッパより 8km ほど西のセッペルツフィールド Seppeltsfield にある。1851 年設立と、バロッサでも有数の歴史を誇るワイナリー。キオスクやバーベキュー施設なども完備しており、観光スポットとしても人気が高い。

■セッペルツフィールド・ワインズ MAP P.473/1A
住 730 Seppeltsfield Rd., Seppeltsfield, 5355
☎ (08)8568-6200
URL seppeltsfield.com.au
営 毎日 10:30 ～ 17:00
休 ニューイヤーズデー、グッドフライデー、クリスマスデー、ボクシングデー
●テイスト・オブ・ヒストリー・ツアー
時 毎日 12:30 スタート（所要 1 時間） 料 1 人 $129

建物を見るだけで歴史を感じるセッペルツフィールド

バロッサバレー Barossa Valley

0 2 4km

グリーンノック Greenock
ストックウェル Stockwell
P.474 ウォルフブラス Wolf Blass
STURT HWY
バロッサ・ゲートウェイ Barossa Gateway
ウィローズ The Willows Vineyards
ビッグ4バロッサ・ツーリストパーク BIG4 Barossa Tourist Park
P.474 トルブレック・ワインズ Torbreck Wines
スタート・ハイウェイ
SEPPELTSFIELD RD
ニュリオッパ Nuriootpa
マラナンガ Marananga
MURRAY ST
RESEARCH RD
セッペルツフィールド・ワインズ P.473 Seppeltsfield Wines
ペンフォールズ・バロッサバレー・ワイナリー P.472 Penfolds Barossa Valley Winery
エルダートン・ワインズ Elderton Wines
ペンリス Penrice
アデレードへ
ヘリテージ・ワインズ Heritage Wines
SIEGERSDORF RD
カエスラー・ワインズ Kaesler Wines P.472
STOCKWELL RD
セッペルツフィールド Seppeltsfield
ザ・ルイーズ・バロッサバレー The Louise Barossa Valley P.483
ソルトラム・ワイン・エステイト Saltram Wine Estates P.472
アンガストン Angaston
ペーターリーマン・ワインズ P.472 Peter Lehmann Wines
シャトードリエン Chteau Dorrien
タナンダ Tanunda
バロッサ・ウェインタル・ホテル Barossa Weintal Hotel P.483
P.472 ヤランバ・ワインズ Yalumba Wines
バロッサ・ビジターインフォメーションセンター
BASEDOW RD
ANGASTON RD
バロッサ・ディスカバリーパーク Barossa Discovery Park
P.475 コリングローブ・ホームステッド
グラッツァー・ワインズ Glaetzer Wines
P.472 セントハレット・ワインズ St Hallett Wines
BETHANY RD
メングラーヒル・ルックアウト Mengler Hill Lookout
キイネトンへ
(ヘンシュケ Henschke) P.474
シャトーヤルダラ P.474 Chateau Yaldara
ロックフォード Rockford Wines
ベサニー・ワインズ P.472 Bethany Wines
ノボテル・バロッサバレーリゾート P.483 Novotel Barossa Valley Resort
グラントバージ・ワインズ Grant Burge Wines P.472
バロッサ・バレー・ウェイ BAROSSA VALLEY WAY
P.474 ジェイコブズ・クリーク Jacob's Creek
クロンドルフ Krondorf
ホッブス・ヴィンヤード Hobbs Vineyard
テイト・ワインズ Tait Wines
クリードワインズ Creed Wines
ジェイコブズ・クリーク・リトリート Jacobs Creek Retreat
ケイズ・ファミリーワインズ Keis Family Wines
Kaiser Stuhl Conservation Park
フレクスマン・ワインズ Flexman Wines
ケラーマイスター・ワインズ Kellermeister Wines P.472
リンドック Lyndoch
アデレードへ
リンドックヒル Lyndoch Hill P.483
プーナワッタ Poonawatta
N
エデンバレーへ
マウンタダム Mountadam Winery
1
2
A
B

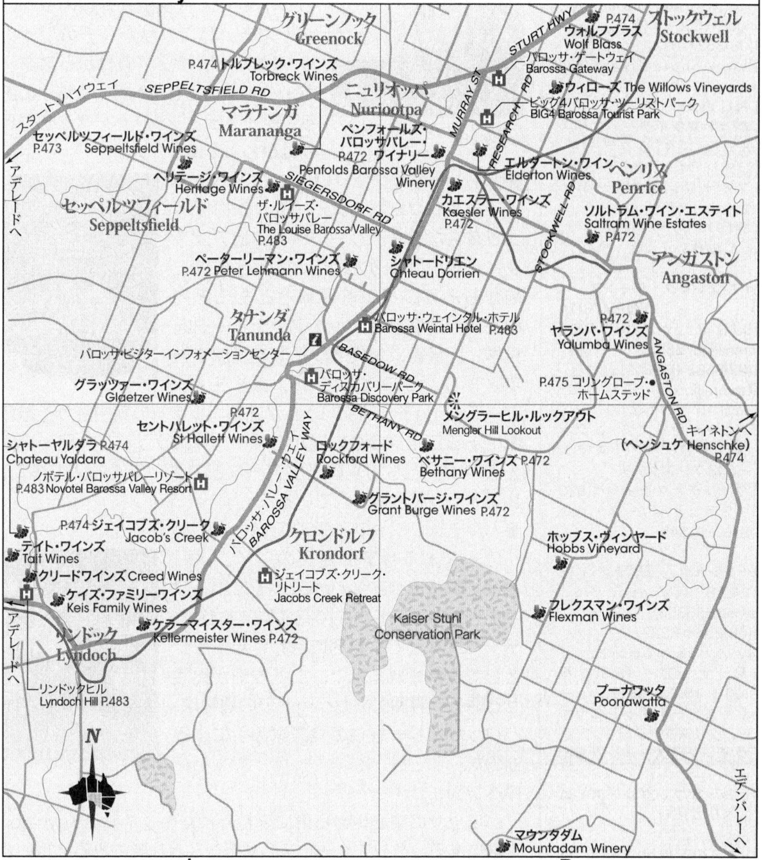

このワイナリーの歴史的建造物や100年以上前からあるワイン貯蔵庫（センテナリーセラー）を見学し、センテナリーセラーでワイン樽から直接注いだワインのテイスティングも楽しめる**テイスト・オブ・ヒストリー・ツアー** Taste of History Tourは、ワイン好きならずとも参加してみたい。

●ジェイコブズ・クリーク Jacob's Creek

ジェイコブズ・クリークのビジターセンター

リンドック～タナンダ間にある、オーストラリア最大級のワイナリー。同ワイナリーのワインは、日本でも数多く販売されている。近代的な雰囲気の建物のビジターセンターがあり、中にはテイスティングルームはもちろん、バロッサバレーの歴史に関する展示スペースやブドウ畑を眺めながら優雅に食事が楽しめるレストランも入っている。テイスティングルームでは通常テイスティングのほか、プレミアムワインなどのテイスティングも行っている。

●ウォルフブラス Wolf Blass

ウォルフブラスのテイスティングスタッフ

南オーストラリア各地にブドウ畑をもつ、オーストラリア有数のワインメーカー。バロッサバレーのワイナリーはニュリオッパの村からスタート・ハイウェイを東へ行った場所にあり、テイスティングスペースをもつ建物はひじょうにモダン。

●シャトーヤルダラ　Chateau Yaldara

豪奢な館の雰囲気を残すシャトーヤルダラ

リンドックにあるスパークリングワインで有名なワイナリー。ヨーロピアンスタイルの城館がすばらしく、75年以上前からあるワイン貯蔵庫とともに館内の家具や調度品といったアンティークを見学し、最後に年代物ワインを試飲するフィーリングフォーティファイド・ツアー Feeling Fortified Tourがある。ツアーで案内される貯蔵庫にあるワインの数に驚かされる。バロッサバレー随一の観光スポットとして、観光ツアーなどでやってくる人も多い。レストランも併設されている。

●トルブレック・ワインズ Torbreck Wines

トルブレックでは料金に応じて試飲できるワインが異なる

オーストラリアの注目のワインメーカー、ディビッド・パウエル氏によるワイナリーで、シドニーの有名レストラン、テツヤズなどでも料理に合わせたワインとして提供されるほど。ブドウ畑が見渡せる明るい雰囲気のセラードアの建物は、バロッサバレー在住の建築家の手によるものだ。

●ヘンシュケ Henschke

バロッサの中心地から東に少し外れたキイネトン Keyneton地区にある。ペンフォールズのグランジと比較されるヒル・オ

■ジェイコブズ・クリーク
MAP P.473/2A
住 2129 Barossa Valley Way, Jacob's Creek, Rowland Flat, 5352　☎ (08)8521-3000
URL www.jacobscreek.com
営 毎日10:00～17:00
※レストランは2024年2月現在休業中
休 グッドフライデー、クリスマスデー
料 通常ワインテイスティング $10～15／セラーセレクション $20／ダブルバレル・エクスペリエンス $75

■ウォルフブラス MAP P.473/1B
住 97 Sturt Hwy., Nuriootpa, 5355　☎ (08)8568-7311
URL www.wolfblass.com
営 火～土10:00～16:30、日11:00～15:00
休 月祝

■シャトーヤルダラ
MAP P.473/2A
住 159 Hermann Thumm Drv., Lyndoch, 5351
☎ (08)8524-0225
URL www.chateauyaldara.com.au
営 毎日9:00～16:30
休 グッドフライデー、クリスマスデー、ボクシングデー
料 ワインテイスティング $10
●フィーリングフォーティファイド・ツアー
時 毎日14:00～15:30
料 1人 $100

■トルブレック・ワインズ
MAP P.473/1A
住 348 Roennfeldt Rd., Marananga, 5355
☎ (08)8563-8123
URL torbreck.com
営 毎日10:00～17:00
休 ニューイヤーズデー、グッドフライデー、クリスマスデー、ボクシングデー
料 ワインテイスティング $20／リミテッドリリース・テイスティング $45

■ヘンシュケ　MAP P.459/1B
住 1428 Keyneton Rd., Keyneton, 5353
☎ (08)8564-8223
URL www.henschke.com.au
営 月～土9:00～16:30、祝10:00～15:00　休 日、ニューイヤーズデー、グッドフライデー、クリスマスデー
料 ワインテイスティング $10～40
●ヒル・オブ・グレース・エクスペリエンス
時 月～土10:00
料 1人 $300（催行は2名以上）

ヘンシュケはバロッサバレーを代表するワインメーカー

ブ・グレースといった高品質ワインを製造。なおこのワイナリーではブドウ畑を巡り、その後プライベートルームでヒル・オブ・グレース、ヒル・オブ・ローズなどヘンシュケのトップレンジワインをティスティングできる**ヒル・オブ・グレース・エクスペリエンス** Hill of Grace Experience も催行している。

バロッサバレー　そのほかの見どころ

アンガストンにある**コリングローブ・ホームステッド** Collingrove Homestead は、ナショナルトラストに指定されている古い農家。農家とはいっても美しい庭に囲まれたお屋敷で、ベッド＆ブレックファストとして利用されている。一部をアンティーク家具などを展示した博物館として公開しており、デボンシャーティーなども楽しめる。

またタナンダには、コロニアルスタイルの家屋を利用した**マックスウェルズ・クラフトギャラリー** Maxwell's Craft Gallery がある。革細工やガラス、木などの手工芸品、装飾品などを扱っており、ティールームも併設されている。タナンダから車で 10 分ほどの所にある**バロッサ貯水池** Barossa Reservoir のダム（世界で最初の完全コンクリートダム）は、**ウィスパリングウオール** Whispering Wall と呼ばれ、遠く離れた壁の両端でもささやくような声で会話ができ、初めて体験すると思わず感動してしまう。

■コリングローブ・ホームステッド
MAP P.473/1B
住 450 Eden Valley Rd., Angaston, 5353
☎ (08)8269-9200
URL www.nationaltrust.org.au/places/collingrove-homestead
●**博物館**
※ 2024 年 2 月現在、一般公開を一時停止している。再開時期は要確認。

ダムの両側でささやき合ってみよう

クレアバレー
Clare Valley

バロッサバレーから北へ車で約 1 時間ほどの場所にあるワイン産地の総称で、北から**クレア** Clare、**セブンヒル** Sevenhill、**ペンワーサム** Penwortham、**ミンタロ** Mintaro、**ウオーターベール** Watervale、**リーシンガム** Leasingham、**オーバン** Auburn と約 30km にわたって広がっている。

この地でワイン造りが始まったのは、1851 年のこと。イエズス会の修道士によってセブンヒルで始められたワイン造りは、その後ヨーロッパからの移民によって大きく花開いていく。現在ではオーストラリア随一の辛口リースリングの産地として知られ、また土壌や気候のよさからバロッサバレー同様、すばらしいシラーズも造られている。50 を超えるワイナリーがあり、そのうち 30 以上でセラードアをもっている。

ワイナリー巡りにはレンタカーが便利だが、クレアバレーに滞在する予定があるなら、自転車でワイナリー巡りを楽しむのも悪くない。クレア～オーバンには**リースリングトレイル** The Riesling Trail と名づけられた自転車専用道があり、ルート沿いにはワイナリーも多いからだ。自転車はクレアバレーのほとんどのホテルで手配可能だ。

アクセス

●**クレアバレー**
アデレードからツアーかレンタカー利用が現実的。

■クレアバレー・ワイン、フード＆ツーリズムセンター
Clare Valley Wine, Food & Tourism Centre
住 8 Spring Gully Rd., Clare, 5453
☎ (08)8842-2131
FREE 1800-242-131
URL www.clarevalley.com.au
開 月～木 9:00 ～ 17:00、金 9:00 ～ 19:00、土日祝 10:00 ～ 16:00
休 クリスマスデー

クレアバレーにあるリースリングトレイルの案内表示

クレアバレーのワインは日本ではなかなか手に入らないので、ぜひテイスティングしながら、これはというワインを見つけてほしい。ここでは人気のワイナリーをいくつか紹介しよう。

セブンヒルセラーズでのテイスティング

●セブンヒルセラーズ Sevenhill Cellars

1851年にイエズス会修道士によって始められた、クレアバレーで最も歴史的なワイナリー。敷地内にはセントアロイシウス教会 St Aloysius' Church やワイン博物館もあり、見学できる。

●スキロガリー・ワインズ Skillogalee Wines

ブドウ畑を望みながら食事が楽しめる人気のレストランを併設しており、ランチを兼ねて訪れるのがおすすめだ（レストランは予約が望ましい）。

●キリヒル・ワインズ Kirrihill Wines

クレアバレーでは珍しくモダンな雰囲気のワイナリー。若手のワインメーカーの手によるシラーズは、評価も高い。

フルリオ半島
Fleurieu Peninsula

アデレード南部に突き出たフルリオ半島は、アデレードから日帰り圏内ということもあり、ワイナリー巡り、ペンギンやクジラのウオッチング、クーロン国立公園でのリバークルーズと1年を通じて観光客でにぎわっている。ドライブするのがおすすめだが、おもな観光地を巡るのならアデレード発のツアーに参加するのもいいだろう。

人気ワイナリー地区として知られる MAP P.459/2A

マクラーレンベール
McLaren Vale

マクラーレンベール周辺には美しいブドウ畑が広がる

アデレードから約30分のドライブで、バロッサバレーと並ぶ南オーストラリアのワイン生産地、マクラーレンベールに着く。1839年にジョン・マクラーレン氏がこの地に移り住んで以来、ワインの産地として発展を遂げた。現在は50以上のワイナリーがあり、ほとんどのワイナリーがテイスティング、販売を行っている。ワイナリーリストは町に入る手前にある**マクラーレンベール&フルリオ・ビジターセンター** McLaren Vale & Fleurieu Visitor Centreで手に入る（ビジターセンター内にもワイナリーが1軒入っていてテイスティングできる）。有名なワイナリーとしては、1837年にアデレードのグレネルグでワイン造りを始め、その後ワイン造りによりよい環境を求めてマクラーレンベールにワイナリーを構えた**ヒューハ**

■セブンヒルセラーズ
住111C College Rd., Sevenhill, 5453 ☎(08)8843-5900
URL www.sevenhill.com.au
営 毎日 10:00～17:00
休 おもな祝日
料 ワインテイスティング $10～20

■スキロガリー・ワインズ
住23 Trevarrick Rd., Sevenhill, 5453 ☎(08)8843-4311
URL www.skillogalee.com.au
営 毎日 10:00～17:00
休 ニューイヤーズデー、クリスマスデー、ボクシングデー
料 ワインテイスティング $10～15

■キリヒル・ワインズ
住948 Farrell Flat Rd., Hill River, 5453
☎(08)8842-1233
URL www.kirrihillwines.com.au
※訪問は要予約

アクセス

●フルリオ半島
マクラーレンベールへは、アデレード駅から電車でシーフォード Seafordまで行き（約45分）、そこから Route 751、751W、756ののバスを利用（約10分）。ビクターハーバーやグールワまでは、シーフォードからリンクSA LinkSAのバスが毎日2～3便ある。ただし現地での公共交通機関はないのでツアー、もしくはレンタカーがおすすめだ。

■マクラーレンベール&フルリオ・ビジターセンター
住796 Main Rd., McLaren Vale, 5171 ☎(08)8323-9944
URL www.mclarenvaleandfleurieucoast.com.au/plan/visitor-centre
開 月～金 9:00～17:00、土日祝 10:00～16:00
休 グッドフライデー、クリスマスデー

■おもなワイナリー
●ヒューハミルトン・ワインズ
住94 McMurtrie Rd., McLaren Vale, 5171
☎(08)8323-8689
URL hughhamiltonwines.com.au
営 毎日 11:00～17:00
休 クリスマスデー
料 ワインテイスティング $20～35
●ティンタラ（ハーディーズ）
住202 Main Rd., McLaren Vale, 5171 ☎(08)8329-4124
URL www.hardyswines.com
営 毎日 11:00～16:00
休 ニューイヤーズデー、グッドフライデー、クリスマスデー、ボクシングデー
料 ワインテイスティング $15～

歴史のあるティンタラワイナリー

観光名所にもなっているダーレンベルグのキューブ

ミルトン Hugh Hamilton、マクラーレンベールで 1876 年からワイン造りを続けておりツアーなどでも訪れる歴史的ワイナリー**ティンタラ（ハーディーズ）** Tintara (Hardys)、1892 年創業とやはり歴史のある**ピラミマ** Pirramimma、また 1912 年に創業し、今ではマクラーレンベールを代表するワイナリーとなった**ダーレンベルグ** d'Arenberg もぜひ訪れたい。2 代目のチェスター・オズボーン氏がモダンなワイン造りを行っており、ティスティングルームがある建物ダーレンベルグ・キューブ d'Arenberg Cube はルービックキューブのような斬新さ。建物内はアートがいっぱいで、そこここにワインの知識が深められる工夫が凝らされている。

またマクラーレンベールでは、温暖な気候を利用してアーモンド、オリーブ、ラベンダーなどの栽培も盛ん。オイル、石鹸などのオリーブ製品、いろいろなコーティングを施したアーモンドはおみやげにも最適だ。

馬車トラムとペンギンウオッチングが人気の MAP P.459/3A

ビクターハーバー
Victor Harbor

一度は乗ってみたい馬車トラム

ビクターハーバーはアデレードの南約 80km、車で 1 時間 30 分ほどのエンカウンターベイ Encounter Bay に面した所にある。町の目の前にあるのは**グラニット島** Granite Is.。桟橋を利用した**馬車トラム** Horse Drawn Tram、または徒歩で渡ってみよう。この島には数は極めて少ないがフェアリーペンギンが生息しており、夕方から夜にかけて巣に帰ってくる（運がよければ見られる）。なお冬季（6 ～ 8 月）にはミナミセミクジラが沖合に現れるので、この時期には双眼鏡を忘れずに。クジラに関する資料を展示した**ホエールセンター** SA Whale Centre もある。

高速ボートでアシカ、アザラシ、イルカをウオッチング

オットセイがボートに近寄ってくることもある

ビクターハーバー沖合にはオーストラリアアシカとニュージーランドオットセイが生息するシール島 Seal Is. があり、グラニット島と本土を結ぶ桟橋途中からラフトボートスタイルの船でのクルーズ、**ビッグダックボートツアー** Big Duck Boat Tours が出ている。アシカ、オットセイが高確率で見られる人気のクルーズだ。

●**ピラミマ**
住 130 Johnston Rd., McLaren Vale, 5171 ☎(08)8323-8205
URL www.pirramimma.com.au
営 月～金 9:30 ～ 16:30、土日祝 11:00 ～ 17:00
休 グッドフライデー、クリスマスデー

●**ダーレンベルグ**
住 Osborn Rd., McLaren Vale, 5171 ☎(08)8329-4888
URL www.darenberg.com.au
営 毎日 10:30 ～ 16:30
休 ニューイヤーズデー、グッドフライデー、クリスマスデー
料 キューブ入場料:1 人 $20（テイスティング料込み）

■**ビクターハーバー・ビジターインフォメーションセンター Victor Harbor Visitor Information Centre**
住 2 Railway Tce., Victor Harbor, 5211 ☎(08)8551-0777 FREE 1800-557-094
URL visitvictorharbor.com
開 毎日 10:00 ～ 16:00
休 クリスマスデー

■**馬車トラム**
☎(08)8551-0720
URL horsedrawntram.com.au
営 毎日 10:30 ～ 15:20（週末は～ 16:00）の 40 分ごと
料 片道 1 人 $15（大人と一緒の子供無料）／往復 1 人 $25（大人と一緒の子供無料）

■**グラニット島のフェアリーペンギン**
かつては 1600 羽ペンギンがいて夜間ツアーで見ることができたが、現在は十数羽確認できるだけで見つけるのはひじょうに難しい。運よくペンギンを見つけても 5m 以内に近づかないよう注意が出ている。

■**ビッグダックボートツアー**
☎(08)8555-2203
URL www.thebigduck.com.au
時 シール島クルーズ：月水土日 13:00 ～ 13:45 ／サザンオーシャンアドベンチャー：月水土日 11:00 ～ 12:30、14:00 ～ 15:30（季節により午前／午後のいずれか催行されない場合あり）
料 シール島クルーズ：大人 $50 子供 $30 家族 $135 ／サザンオーシャンアドベンチャー：大人 $75 子供 $58 家族 $235

イルカにも高確率で出合える

■スチームレンジャー
☎1300-655-991
URL www.steamrangerheritagerailway.org
時 水土日祝、スクールホリデーのみ運行（要問い合わせ）
料 往復 大人$38 子供$19 家族$97

■グールワ・ビジターインフォメーションセンター Goolwa Visitor Information Centre
住 Lot 4, Goolwa Tce., Goolwa, 5214
FREE 1300-466-592
URL www.visitalexandrina.com
開 毎日 10:00 ～ 16:00

■スピリット・オブ・クーロン・クルーズ
住 Main Wharf, Goolwa, 5214
☎(08)8555-2203
URL www.coorongcruises.com.au
●クーロン・エクスペリエンスクルーズ
時 10 ～ 5 月の水日 10:00 ～ 16:00
料 大人$165 子供$115 家族$505
●クーロン・ディスカバリークルーズ
時 月木土 13:00 ～ 16:30（10 ～ 5 月は火も催行）
料 大人$115 子供$85 家族$360

■アデレードヒルズ・ツアー
●アデレードサイトシーング／アデレードヒルズとハーンドルフ半日ツアー
☎1300-769-762
URL www.adelaidesightseeing.com.au
時 火金土日 13:15 ～ 17:15
料 大人$95 子供$50
●アデレード・トップフード＆ワインツアーズ／アデレードヒルズ＆ハーンドルフ・ハイダウェイツアー
☎(08)8386-0888
URL www.topfoodandwinetours.com.au
時 水金日 9:00 ～ 17:00
料 1 人 $225

アデレードヒルズの中心ハーンドルフにはドイツ風のお店がいっぱい

海の景観を楽しむなら、町の西 3 ～ 4km にある**ロゼッタヘッド** Rosetta Head（通称ザ・ブラフ The Bluff）に登ってみるといいだろう。またビクターハーバーからグールワまで観光用の蒸気機関車**スチームレンジャー** Steam Ranger が走っている。

マレー川河口の様子を知る MAP P.459/3A・B

グールワとクーロン国立公園
Goolwa & Coorong NP

グールワは、オーストラリア最大の大河マレー川河口にある**アレキサンドリナ湖** Lake Alexandrina に面した町だ。かつては、内陸への物資輸送を行う蒸気機関車と海上輸送を行う船の荷の積み下ろし場所として栄えていた。現在は、観光的には、マレー川河口に広がる約 5 万 ha もの面積をもつクーロン国立公園へのゲートウェイとして知られている。

クーロン国立公園は、マレー川が大海に注ぐ場所に堆積してできた大砂丘とビーチ（実に 145km もの長さをもつ）、そして砂丘が海と川を挟むようにしてできたラグーンからなり、独特の自然景観を有する場所。砂丘地帯には実に 275 種もの植物が自生し、水辺にはペリカンをはじめ 200 種を超える水鳥たちが集まる。クーロン国立公園を満喫できるよう**スピリット・オブ・クーロン・クルーズ** Spirit of the Coorong Cruises がツアーを催行している。ラグーンをクルーズし、マレー川河口や大砂丘をエコガイドとともにブッシュウオーキングし、ペリカンポイントなどで水鳥を観察するといった内容。ウオーキング中、生えている植物を食べるブッシュタッカー体験ができる。クルーズはグールワの港から専用バスで**ヒンドマーシュ島** Hindmarsh Is. の船着場まで行き、そこから出発する。

クルーズでクーロン国立公園を巡る

アデレードのツアー＆アクティビティ
TOURS & ACTIVITIES IN ADELAIDE AREA

アデレード発着のツアーは、アデレードヒルズ、バロッサバレー、マクラーレンベールを巡る 1 日ツアー、カンガルー島を訪れる 1 ～ 2 日ツアーが主流だ（日本語ツアーはない）。

公共交通機関では回りにくい

アデレードヒルズ・ツアー
Adelaide Hills Tours

●アデレードサイトシーング／アデレードヒルズとハーンドルフ半日ツアー
Adelaide Sightseeing / Adelaide Hills & Hahndorf Half day

アデレードヒルズではロフティ山の山頂から景色を楽しみ、オルドゲートやスターリングなどの愛らしい町を車窓から見学。人気のハーンドルフではアフタヌーンティーもしくは地ビールのテイスティングと自由散策。

●アデレード・トップフード＆ワインツアーズ／アデレードヒルズ＆ハーンドルフ・ハイダウェイツアー　Adelaide's Top Food & Wine Tours / Adelaide Hills & Hahndorf Hideaway Tour

ロフティ山展望台からアデレードの景色を楽しみ、アデレードヒルズではチーズ工場やチョコレート工場を訪問してテイスティング（10～5月はベリーファームでイチゴ摘み体験も）。さらにハーンドルフではワインやビールを楽しみながらの2コースのドイツ風ランチが付いている。

ハーンドルフでの自由時間もたっぷり

オーストラリア最大のワイナリー地区を訪ねる

バロッサバレー・ツアー
Barossa Valley Tours

●アデレードサイトシーング／バロッサバレー＆ハーンドルフ・ハイライト｜バロッサ・フード＆ワイン・エクスペリエンス
Adelaide Sightseeing / Barossa Valley & Hahndorf Highlight ｜ Barossa Food & Wine Experience

バロッサバレー＆ハーンドルフ・ハイライトでは、ジェイコブズ・クリークでモーニングティーとワインテイスティング、ランバートエステイトで2コースランチとワインテイスティングを楽しむ。帰路はハーンドルフに立ち寄り、アート＆クラフトショップ巡りという内容だ。**バロッサ・フード＆ワイン・エクスペリエンス**では、まずピンダリエワインでのワインテイスティング、その後ペンフォールズ脇にあるプロベナンス・バロッサで各自ビールやワインのテイスティング（アイスクリームショップもある）。昼前後にランバートエステイトでランチとワインのマリアージュを楽しみ、メングラーヒルからの景色を眺め、もう一軒ワイナリーに立ち寄ってからアデレードに戻るという内容だ。

●テイスト・ザ・バロッサ／バロッサバレー・ボヤージャー
Taste the Barossa / Barossa Valley Voyager

シャトーヤルダラで歴史的建物を見学し、その後はケイズ・ファミリーワインズやシャトードリエン、レッドヘッド、シーブルックなど9ヵ所のワイナリーのなかから3ヵ所程度をセレクトして訪問。途中のワイナリーでグラスワイン付き2コースランチも楽しむ。ワイン好きにはたまらないツアーだ。

■バロッサバレー・ツアー
●アデレードサイトシーング
☎1300-769-762
URL www.adelaidesightseeing.com.au
時 バロッサバレー＆ハーンドルフ・ハイライト：火水木 9:15～17:15／バロッサ・フード＆ワイン・エクスペリエンス：月水金～日 9:15～17:15
料 バロッサバレー＆ハーンドルフ・ハイライト 大人$189 子供$112／バロッサ・フード＆ワイン・エクスペリエンス 大人$198 子供$118
●テイスト・ザ・バロッサ／バロッサバレー・ボヤージャー
☎(08)8357-1594
URL tastethebarossa.com.au
時 火～日 9:00～17:00
料 1人 $225

注目のワイン産地を訪ねる

マクラーレンベール・ツアー
McLaren Vale Tours

●アデレードサイトシーング／マクラーレンベール＆キューブ・エクスペリエンス　Adelaide Sightseeing / McLaren Vale & The Cube Experience

マクラーレンベールでも特に人気のワイナリー、ダーレンベルグのキューブを訪問。アート見学、ワインテイスティングを楽しむ。さらにこのエリアで3軒のワイナリーを訪問してテイスティング。そのなかの1件チャルクヒル・ワインズで、ワインとのペアリングを楽しみながらイタリアンスタイルのランチも味わう。

■マクラーレンベール・ツアー
●アデレードサイトシーング／マクラーレンベール＆キューブ・エクスペリエンス
☎1300-769-762
URL www.adelaidesightseeing.com.au
時 月火木 9:15～17:15
料 大人$219 子供$125

マクラーレンベール随一の名所となっているダーレンベルグ・キューブ

■カンガルー島ハイライトツアー
催行：アデレードサイトシーング
☎1300-769-762
URL www.adelaidesightseeing.com.au
●カンガルー島1日エクスペリエンス
時 月水金土 6:45 ～ 22:30
料 大人 $373 子供 $240
●2日間アンリミテッド・カンガルー島エクスペリエンス
時 毎日 6:45 ～翌 22:30
料 1人 $746 ～ 815

■ドルフィンウオッチ＆スイム・クルーズ
催行：Temptation Sailing
住 Marina Pier, Holdfast Shores Marina, Glenelg, 5045
☎0412-811-838
URL dolphinboat.com.au
時 グレネルグのホールドファストショアーズ・マリーナ発着／11～2月の毎日、9～10月＆3～4月の月水金～日催行：8:00 ～ 12:00
料 スイム：1人 $149／ウオッチ：大人 $88 子供 $78
※スイムツアーの場合、スノーケルセット、ウエットスーツのレンタル込み

船のすぐそばまでイルカがやってくる

■アデレード・オーバル・ルーフクライム
☎(08)8331-5222
URL roofclimb.com.au
時 デイクライム：毎日 10:00／トワイライトクライム：毎日 19:00／ナイトクライム：金土 20:30
※所要約2時間（飲酒後の参加は禁止）
※トワイライトクライム、ナイトクライムの時間は日没時間によって変更となる。上記は1～2月の真夏の時間。
料 デイクライム 大人 $109 子供 $79／トワイライトクライム 大人 $119 子供 $89／ナイトクライム1人 $125

1日でカンガルー島ダイジェストを見て回る

カンガルー島日帰り＆1泊2日ツアー
Kangaroo Island 1 Day & 2 Day Tour

カンガルー島へのフェリー運航会社のシーリンクと同系列のアデレードサイトシーングがさまざまなツアーを催行している（往復フェリー）。代表的なツアー内容を紹介しよう。

1日ツアーは**カンガルー島1日エクスペリエンス** Kangaroo Island 1 day Experience。シールベイで野生のアシカ見学、その後フリンダーズチェイス国立公園に移動してリマーカブルロックスとアドミラルズアーチを見学、最後にカンガルーアイランド・ワイルドライフパークに立ち寄りカンガルーやコアラを見る（往復フェリーだと約16時間のツアーとなる）。

カンガルー島の人気スポット、シールベイ

おすすめはやはり1泊2日で主要な見どころを網羅する**2日間アンリミテッド・カンガルー島エクスペリエンス** 2day Unlimited Kangaroo Island Experience。島の東側と西側の見どころをそれぞれ1日ずつかけて巡るので時間的余裕もあり、野生のカンガルーやコアラに出会える可能性も高い。ラプタードメイン、エミューリッジ、クリフォーズ・ハニーファームにも立ち寄る。

愛らしい野生イルカに出合う

ドルフィンウオッチ＆スイム・クルーズ
Dolphin Watch & Swim Cruise

グレネルグ沖合で、バンドウイルカのウオッチングや一緒に泳いだりできるのがこのクルーズ。泳ぐといっても実際には、スノーケルセットをつけて、船の後ろに流したロープにつかまり、近くを泳ぐイルカの姿を海中で見るというもの。船はカタマランタイプのヨット。ウオッチングのみを選択して、のんびりクルーズ気分を味わうのも楽しい。

アデレードっ子自慢のスタジアムの屋上へ

アデレード・オーバル・ルーフクライム
Adelaide Oval RoofClimb

アデレード市中トレンス川沿いにある5万3000人収容の大スタジアムがアデレード・オーバル。1871年にクリケット専用スタジアムとしてオープンし、現在はクリケットのほか、オーストラリアンルールズ・フットボールやラグビーなどでも利用されている（重要な国際試合がよく開催される）。歴史あるこのスタジアムの屋上にガイドと一緒に登り、アデレードの景色を楽しみ、スタジアムに残る歴史的エリアの説明をじっくり解説してもらうのがこのツアー。安全のため専用服に着替えハーネスを付けるのでアドベンチャー気分もある。最上部ではスリル満点の写真撮影もあり。

スタジアムの屋上で記念撮影

アデレードのホテル

ACCOMMODATION　州外局番(08)

アデレード市中

バジェットタイプ

バスターミナルの近くにある　MAP P.460/2A

Adelaide Central YHA

アデレード・セントラルYHA

URL www.yha.com.au　住 135 Waymouth St., 5000
☎ 8414-3010　WiFi 無料
料 D $73.70、T W $120 ～ 170　※ YHA 会員以外は追加料金が必要　CC MV

バスターミナルから約200mと近く、24時間受け付けなので、遅く着いたときにも安心。個室にはTV、コーヒー＆紅茶セットも完備。

バジェット派に一番人気のセントラルYHA

繁華街にある人気バックパッカーズ　MAP P.460/2A

Adelaide Travellers Inn Hindley Street

アデレード・トラベラーズイン・ハインドリー・ストリート

URL www.adelaidebackpackers.com.au　住 262 Hindley St., 5000　☎ 8231-9524　WiFi 無料
料 D $34 ～ 38、S $75、W $120　CC AMV

周辺には飲食店やショップが多く、ホステル自体明るく清潔感がある。同系列のバックパッカーズが町の南側ハット・ストリートにもある。

コンドミニアム

旧財務省ビルを改装した　MAP P.460/2B

Adina Adelaide Treasury

アディーナアデレード・トレジャリー

URL www.adinahotels.com　住 2 Flinders St., 5000
☎ 8112-0000　WiFi 無料　料 T W $245 ～ 279、1B $272 ～ 389、2B $362 ～ 524　CC ADMV

約160年前に建てられた元財務省の建物を改修した豪華コンドミニアム。館内にはレストラン、プール、スパ、ジムも備える。

優雅な建物内はモダンに改修されている

豪華コンドミニアムとして人気　MAP P.460/2A

Oaks Adelaide Embassy Suites

オークスアデレード・エンバシースイーツ

URL www.oakshotels.com　住 96 North Tce., 5000
☎ 8124-9900　WiFi 無料　料 1B $269 ～ 299、2B $329 ～ 369　CC ADMV

洗練されたインテリアで統一された室内には、フルキッチンなどの設備を完備。屋内プール、スパ、サウナ、ジムがあり、1階にはカフェが入っている。

一級以上のホテル

町の中心の手頃な1級ホテル　MAP P.460/2B

Ibis Adelaide

イビス・アデレード

URL www.ibisadelaide.com.au　住 122 Grenfell St., 5000　☎ 8159-5588　WiFi 無料　料 T W $265 ～ 339　CC ADMV　日本での予約先：アコーカスタマーサービス ☎ (03)4578-4077

ランドル・モールまで1ブロックという好立地にある。部屋はシンプルな造りだが清潔感があり、気持ちよく滞在できる。近くの駐車場が割引料金となるのでレンタカー利用者にもおすすめ。

明るい雰囲気の客室

目の前は緑美しい公園　MAP P.460/3B

The Terrace Hotel Adelaide

ザ・テラスホテル・アデレード

URL www.independentcollection.com.au
住 208 South Tce., 5000　☎ 8223-2800
WiFi 無料　料 T W $166 ～ 259　CC ADMV

サウス・テラスに建つ一級ホテルで、11階建てのタワーがひときわ目を引く。プールやゲストランドリー、レストラン、無料駐車場など設備も充実している。

アデレードで快適な滞在を　MAP P.460/2B

Hotel Richmond

リッチモンド

URL www.hotelrichmond.com.au　住 128 Rundle Mall, 5000　☎ 8215-4444　WiFi 無料
料 T W $210 ～ 330　CC MV

ランドル・モールにある。洗練された雰囲気の客室はデザインホテルのよう。居心地のいいカウチ、ベッドのシーツなども上質な素材が使用されている。

1階には人気のバー＆レストランが入っている

何をするにも便利な　MAP P.460/2A

Grosvenor Hotel Adelaide

グロブナー・アデレード

URL www.grosvenorhoteladelaide.com.au　住 125 North Tce., 5000　☎ 8407-8888　WiFi 無料
料 T W $132 ～ 189　CC ADMV　日本での予約先：アコーカスタマーサービス ☎ (03)4578-4077

アデレード駅前にあるクラシックな外観のホテル。早朝から深夜まで開いているインターナショナル料理のレストラン、フェデラルも、おいしいと評判だ。

落ち着いた雰囲気の客室

町の中心に建つ MAP P.460/2A
The Chancellor on Currie
チャンセラー・オン・クーリー

URL www.grandchancellorhotels.com
住 18 Currie St., 5000 ☎ 8112-8888 WiFi 無料
料 T W $243 〜 333 CC ADJMV

客室の広さがうれしい

クーリー・ストリートに面したネオジョージア様式のホテル。脇道からハインドリー・ストリートにも抜けられるなど便利な場所にある。部屋はゆったりしており、落ち着いた雰囲気。屋内温水プールやジム、レストランなどの設備もある。

アデレード随一の高級ホテル MAP P.460/2A
InterContinental Adelaide
インターコンチネンタル・アデレード

URL www.icadelaide.com.au 住 North Tce., 5000
☎ 8238-2400 WiFi 無料 料 T W $327 〜 699
CC ADJMV 日本での予約先：インターコンチネンタル・ホテルズグループ ☎ (03)4520-3207

客室は優雅な雰囲気

アデレード駅脇のトレンス川を望む場所にある5つ星ホテル。吹き抜けのロビーが印象的で、ホテル自体に開放感がある。客室はベージュを基調とした雰囲気で高級感があり、広さも十分ゆとりがある。バスルームはバスタブとシャワールームが別々になっており、使い勝手もいい。また屋外プールやフィットネスセンター、アデレード随一の日本料理店「四季」、モダンオーストラリア料理が味わえるリバーサイドなど、施設も充実している。

アデレードでゴージャスに過ごす MAP P.460/2A
EOS by SkyCity
イオス・バイ・スカイシティ

URL skycityadelaide.com.au/hotel/eos-by-skycity
住 SkyCity Adelaide, Festival Drv., 5000
☎ 7077-3588 WiFi 無料 料 T W $467 〜 1119、2B $1475 〜 1619 ※時期により最低2泊から CC ADJMV

現代的なデザインの客室

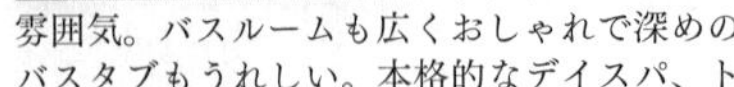
ゆっくりつかりたいバスタブも魅力的

カジノが入っているスカイシティとコンプレックスをなす5つ星ホテル（レセプションは地下）。シック＆モダンな客室は全室40㎡以上あり、ゆったりした雰囲気。バスルームも広くおしゃれで深めのバスタブもうれしい。本格的なデイスパ、トレンス川を望むプール、さらに最上階にあるレストラン＆ルーフトップバーのソル・ルーフトップ（→ P.484）など施設もすべてハイクラスだ。

ビクトリアスクエアに面した MAP P.460/3A
Hilton Adelaide
ヒルトン・アデレード

URL www.hilton.com
住 233 Victoria Square, 5000 ☎ 8217-2000
FAX 8217-2000 WiFi 有料（ヒルトン会員は無料）
料 T W $259 〜 899 CC ADJMV
日本での予約先：ヒルトン・ワールドワイド ☎ (03)6864-1633

アデレードのランドマーク的存在のヒルトン

ビクトリアスクエアに面して建つ5つ星ホテル。現代的でシックな雰囲気のロビー脇には、南オーストラリアの食材を使ったモダンオーストラリア料理とすばらしいワインリストで有名なコールセラー＋グリルがある。客室は明るいインテリアでまとめられており、広さも十分だ。屋外プール、ジムなど設備も充実。すぐ隣がセントラルマーケットで、買い物やアジアンフードが食べたいときには便利だ。

グレネルグ

グレネルグのランドマーク的存在 MAP なし
Stamford Grand Adelaide
スタンフォードグランド・アデレード

URL www.stamford.com.au
住 Moseley Square (2 Jetty Rd.), Glenelg, 5045
☎ 8376-1222 WiFi 無料 料 T W $251 〜 369
CC ADMV

グレネルグのビーチの桟橋前に建つクラシックな雰囲気のホテルで、客室数も220室の大型。入口付近にはバー、カフェも入っている。

ビーチの目の前にある豪華ホテル

ホールドファストショアーズに建つ MAP なし
Oaks Glenelg Plaza Pier
オークス・グレネルグプラザ・ピア

URL www.oakshotels.com
住 16 Holdfast Promenade, Glenelg, 5045
☎ 8350-6688 FREE 1300-551-111
WiFi 無料 料 Studio $209、1B $219〜269、2B $369〜489 CC ADMV

目の前がグレネルグビーチというロケーション。ホテル1階には海を望むようにレストランやバー、カフェも入っている。

アデレードヒルズ

リッチな気分で滞在したいなら MAP なし
Mount Lofty House
マウントロフティハウス

URL www.mtloftyhouse.com.au
住 1 Mawson Drv., Crafers, 5152
☎ 8339-6777 WiFi 無料 料 T W $474 ~ 695
CC ADJMV 日本での予約先：アコーカスタマーサービス ☎ (03)4578-4077

歴史を感じさせる瀟洒な建物

1852年に建てられた重厚な造り。29室すべてがスイートでリッチな気分に浸れること間違いなし。マウントロフティの中腹に建っているため、眺めはとてもいい。

ハーンドルフの快適アコモ MAP なし
Hahndorf Motel
ハーンドルフ・モーテル

URL hahndorfmotels.com.au 住 60 Main St., Hahndorf, 5245 ☎ 0422-926-220 WiFi 無料
料 T W $169 ~ 229、1B $199、2B $239 ~ 335
CC ADMV

ハーンドルフ中心部にあり、町の雰囲気に溶け込むような建物だ。部屋はモーテルスタイルから、ロフト付き1～2ベッドルームアパートメントまである。

バロッサバレー

広々とした庭園とワイナリーを併設した MAP P.473/2A
Lyndoch Hill
リンドックヒル

URL www.lyndochhill.com 住 1221 Barossa Vally Way., Lyndoch, 5351 ☎ 8524-4628 WiFi 無料
料 T W $125 ~ 255 CC JMV

落ち着きのある客室だ

25エーカーという広々とした敷地をもつモーテルスタイルのホテル。庭園には3万本を超えるバラが咲き誇り、レストランもバロッサ有数と評判で、宿泊客以外のゲストも多い。クリードワインズとバロッサシャトーを併設しており、ワインテイスティングやシャトーツアーにも参加できる。

機能的で使いやすいモーテル MAP P.473/1A
Barossa Weintal Hotel
バロッサ・ウェインタル・ホテル

URL www.barossaweintal.com.au 住 235 Murray St., Tanunda, 5352 ☎ 8563-2303 WiFi 無料
料 T W $319 ~ 369、1B $399、2B $439 ~ 459
CC ADJMV

タナンダのインフォメーションセンターから2kmほどの所にある。レストラン、バー、リカーショップ、プールもある。

丘の上に建つリゾートホテル MAP P.473/2A
Novotel Barossa Valley Resort
ノボテル・バロッサバレーリゾート

URL www.novotelbarossa.com
住 42 Pioneer Ave., Rowland Flat, 5532
☎ 8524-0000 WiFi 無料 料 T W $235 ~ 348、1B $368 ~ 380、2B $406 ~ 428 CC ADJMV
日本での予約先：アコーカスタマーサービス ☎ (03)4578-4077

バロッサバレー有数のリゾートホテルだ

ゴルフコースの横にあるリゾートホテル。高台にあるのでとても眺めがいい。

豪華ブティックホテルで贅沢なひとときを MAP P.473/1A
The Louise Barossa Valley
ザ・ルイーズ・バロッサバレー

URL thelouise.com.au 住 375 Seppeltsfield Rd., Marananga, 5355 ☎ 9918-4355 WiFi 無料
料 T W $1400 ~ 2400 ※朝食付き CC ADJMV

シックで大人の雰囲気のエントランス

バロッサバレーを代表する5つ星ブティックホテル。スパと暖炉が付いている部屋もあり、窓の外にはブドウ畑が広がっている。レストランもバロッサ有数といわれ、食事付きのパッケージなども用意されている。

フルリオ半島／マクラーレンベール

ワイナリー巡りにおすすめな MAP なし
McLaren Vale Motel & Apartments
マクラーレンベール・モーテル&アパートメント

URL www.mclarenvalemotel.com.au
住 Cnr. Main Rd. & Caffrey St., McLaren Vale, 5171
☎ 8323-8265 WiFi 無料 料 T W $150 ~ 235、2B $257 ~ 400 CC JMV

手入れのよく行き届いた庭園をもつモーテル。ワイナリー巡りにも便利な場所にある。

フルリオ半島／ビクターハーバー

見晴らしのいい MAP なし
Nightcap at Hotel Victor
ナイトキャップ・アット・ホテルビクター

URL www.hotelvictor.com.au 住 1 Albert Pl., Victor Harbour, 5211 ☎ 8552-12888 WiFi 無料
料 T W $170 ~ 260 CC ADMV

ビクターハーバー中心地の海が望める場所にある。地元で人気のパブも併設している。

モダンイタリアンの大人気店 MAP P.460/2A
Fugazzi
フガッツィ

URL www.fugazzi.com.au 住 27 Leigh St., 5000
☎ 7089-0350 営 毎日 11:30 ～ 22:00
CC ADMV 酒 ライセンスド

シーフードを使ったメニューも多い

ハインドリー・ストリートから小道を入った場所にある。オーセンティックなイタリア料理とオーストラリアならではの食材を融合させた料理が評判だ。シェアして楽しめる前菜 ($26 ～ 35) から、パスタ各種 ($33 ～ 48)、メインの炭火焼きアンガスサーロインステーキ ($69)、さらにシェフおすすめテイスティングメニュー (3 コース・ランチ $75、5 コース・ランチ＆ディナー $98) まで味わってみたいメニューがいっぱい。

ランドル・ストリートの人気ギリシア料理 MAP P.460/2B
Eros Kafe
エロスカフェ

味もよく、盛りつけもきれいなエロスカフェの料理

URL www.eroskafe.com.au
住 275 Rundle St., 5000
☎ 8227-0677
営 毎日 12:00 ～ 14:30、17:00 ～ 21:00
CC ADJMV 酒 ライセンスド & BYO（ワインのみ）

毎晩テラス席までいっぱいになるほど人気。ムサカ、スブラキ、サガナキなどがひと皿 $17 ～ 39.90 と値段も手頃だ。

景色を眺めながら食事やカクテルを MAP P.460/2A
SOL Reeftop
ソル・ルーフトップ

URL skycityadelaide.com.au/eat-and-drink/
住 Level 9, SkyCity Adelaide, Festival Drv., 5000
☎ 7077-3960 営 火 16:00 ～ 22:00、水木 12:00 ～ 22:00、金 12:00 ～ 翌 1:00、土 11:00 ～ 翌 1:00、日 11:00 ～ 22:00 休 月
CC ADJMV 酒 ライセンスド

スカイシティ最上階にあり、オープンエアのルーフトップバーと大きな窓をもつ屋内レストランエリアに分かれている。どちらからもトレンス川やノースアデレードの美しい景色が楽しめる。ディナー前にルーフトップバーでカクテルを楽しむのはもちろん、アデレード随一と評判のモダンオーストラリア料理を味わうのもおすすめ。特にシェフおすすめ 5 コースメニュー ($109) が人気だ。また日中はハイティーのサービスもある。

ディナー前後にお酒を楽しむのに最適なルーフトップバー

オーストラリア中に知られる MAP P.460/2A
Red Ochre Barrel + Grill & River Cafe
レッドオカー・バレル＋グリル＆リバーカフェ

URL redochrebarrelandgrill.com.au
住 War Memorial Drv., North Adelaide, 5006
☎ 8211-8555 営 バレル＋グリル：木～土 18:00 ～ 22:00 ／リバーカフェ：火～土 12:00 ～ 16:00、17:30 ～ 22:00 休 日月祝
CC ADJMV 酒 ライセンスド

オーストラリアならではの食材を最高の味で提供してくれる有名店。代表的メニューはカンガルーのフィレステーキ、バラマンディのグリルなど。オントレ＆メインもしくはメイン＆デザートの 2 コース $72、3 コース $85。またランチタイムからオープンする眺めのいいリバーカフェもあり、こちらも食事のレベルが高い。

モダンタイ料理の大人気店 MAP P.460/2B
Von - Modern Thai
ヴォン・モダンタイ

URL www.vonthai.com.au 住 264 Flinders St., 5000 ☎ 7081-5878 営 毎日 11:00 ～ 14:00、17:00 ～ 21:00 CC MV
酒 ライセンスド

シーフードたっぷりのパッタイ

週末は予約でいっぱいになるタイ料理店。料理は少し辛みや香辛料を抑えて食べやすくした感じ。盛りつけもきれいだ。人気なのはトムヤムスープ（具により $15.80 ～ 20.80)、グリーンカレー（具により $27.80 ～ 34.80)、タイ風ヌードル各種（具により $ 27.80 ～ 34.80）など。

美しい夜景を眺めながらディナーを楽しむ MAP P.459/2A
Windy Point Restaurant
ウインディポイント・レストラン

URL windypoint.com.au 住 Windy Point Lookout, 399 Belair Rd., Belair, 5052 ☎ 8278-8255
営 レストラン：木～土 17:30 ～ 22:00 ※他の曜日は要問い合わせ CC AJMV 酒 ライセンスド

ウインディポイントにあるファインダイニング。窓際の席からは、すばらしい景色が楽しめる。料理は季節の食材を生かしたモダンオーストラリア料理。メニューはシェフお任せの 5 コーステイスティングメニュー ($135) のみとなっている。

予約してぜひ窓側の席を取ろう

カンガルー島
Kangaroo Is.

カンガルー島の代表的な景勝地リマーカブルロックス

アデレードの南 113km に浮かぶカンガルー島は、オーストラリア大陸を凝縮したような島だ。荒々しく削られた岩壁もあれば、美しい砂丘もある。乾燥した砂漠や荒野があるかと思えば、ユーカリの木々が生い茂る森もある。野生のカンガルーやコアラ、ハリモグラ、ポッサムなどが暮らし、海岸にはペンギンが巣を作っている。砂浜や岩場にはアシカ、アザラシが寝転び、沖合ではイルカやクジラなどが泳ぎ回っている。まさに野生動物のパラダイスだ。島の面積は 4430km²、東京都のおよそ 2 倍、オーストラリアではタスマニア本島、ノーザンテリトリーのメルビル島に次いで 3 番目に大きな島だ。自然破壊を極力抑えるため、幹線以外の道路は未舗装のまま。赤土の道が延々と続く様子はアウトバックを思わせる。特異な土質、気候や海流の影響により、景勝地も多い。できれば島に何日か滞在し、その魅力を存分に味わってほしい。

カンガルー島の歩き方
OUTLINE OF KANGAROO IS.

空の玄関口キングスコート空港

カンガルー島の主要な町は、ケープジャービスからのフェリーが着く**ペネショー** Penneshaw と、島の中心地**キングスコート** Kingscote、そしてペネショーとキングスコートの間に位置する**アメリカンリバー** American River だ。宿泊施設の数などの関係で、ほとんどの人はキングスコートかペネショーに滞在することになるだろう。

島の人口約5100人のうち、およそ2000人がキングスコートに住んでいる。町にはホテル、銀行、スーパーマーケットなどがあり、活気がある。一方ペネショーはこぢんまりとした町。フェリーの発着所の周りに、ツーリストインフォメーションや YHA やキャラバンパーク、ホテル、おみやげ屋を兼ねたショップなどが集まっている。

アクセス

●カンガルー島

●フェリーで

アデレードのセントラルバスターミナルからシーリンク Sealink が、バス＋フェリーを運行。約 1 時間でケープジャービス Cape Jervis まで行き、接続するカーフェリーでカンガルー島東端のペネショーへ向かう（所要約 45 分）。通常 1 日 6 便でピークシーズンには最高 12 便運行される。

●飛行機で

アデレードから**キングスコート空港**(KGC) まで、カンタスリンクとリージョナルエクスプレス (REX) がフライトをもっている（所要約 30 分）。キングスコート空港からは、カンガルーアイランド・トランスファー Kangaroo Is. Transfers が、主要な町までのバスを運行している。

最もポピュラーな足シーリンク・フェリー

■シーリンク
☎13-13-01
URL www.sealink.com.au/kangaroo-island
料 ケープジャービス～ペネショー間フェリー片道：大人$59 子供$30、車（5m まで）$118／アデレード～ケープジャービス送迎片道：大人$34 子供$19／ペネショー～アメリカンリバーもしくはキングスコート送迎片道：大人$21 子供$10.50
※海は荒れることもあるので、船に弱い人は船酔いの薬を飲んでおいたほうがいいだろう。

■リージョナルエクスプレス
☎13-17-13
URL www.rex.com.au

■カンガルーアイランド・トランスファー
☎0427-887-575
URL www.kangarooislandtransfers.com.au

●キングスコート空港から
料 キングスコートまで 1 人 $32、2 人 $62、3 人 $82／アメリカンリバーまで 1～2 人 $110.40／ペネショーまで 1 人 $120（24 時間前まで予約）

■カンガルー島発着ツアー

●シーリンク

☎13-13-01

URL www.sealink.com.au

時 カンガルー島エクスペリエンス：ペネショー発着毎日 10:15 ～ 18:45／アデレード発着 6:45 ～ 22:40

料 カンガルー島エクスペリエンス：大人$217 子供$158／アデレード発着 大人$373 子供$240

●エクセプション・カンガルーアイランド

☎(08)8553-9119

URL exceptionalkangarooisland.com

時 アイランドライフ、フリンダーズチェイス・フォーカスとも：キングスコート発着毎日 9:00 頃～ 18:00 頃

料 アイランドライフ、フリンダーズチェイス・フォーカスとも：大人$548 子供$466

●カンガルーアイランド・オーシャンサファリ／2時間コースタルスノーケリング

☎(08)7082-9607

URL kangarooislandoceansafari.com.au

時 ペネショー発着毎日 12:00 ～ 14:00

料 大人$195 子供$90 家族$513

エクセプション・カンガルーアイランドのツアーなら野生のコアラ遭遇率が高い

カンガルー島観光はツアー利用が便利

見どころは広範囲に点在しており、しかも各観光ポイントへの公共交通機関がない。レンタカーなどの移動手段を使う以外は現地発着ツアーを利用するのが一般的だ。数社がカンガルー島でのツアーを催行している。最もポピュラーなのがフェリーも運航している**シーリンク** Sealink のツアー。少人数催行に特化して、大型バスツアーでは行くことができない場所を訪問したり、野生動物ウオッチングの時間をたっぷりとったりする**エクセプション・カンガルーアイランド** Exceptional Kangaroo Island のツアーも人気だ。いくつかのツアーを紹介しよう。

●シーリンク／カンガルー島エクスペリエンス Sealink / Kangaroo Island Experience

1日で人気の見どころを回る。訪れるのはシールベイ、フリンダーズチェイス国立公園（リマーカブルロックス、アドミラルズアーチ）。さらにカンガルーアイランド・ワイルドライフパークに立ち寄り、コアラやカンガルー島固有種のカンガルーアイランドカンガルーなどを見るという内容だ。

●エクセプション・カンガルーアイランド／アイランドライフ Kangaroo Island Odysseys / Island Life

島の中部を巡る野生動物ウオッチングをメインにした1日ツアー。キングスコートの西側シグネット川 Cygnet River 周辺からストークスベイにかけては野生のコアラ、ティマーワラビー、固有種のカンガルーアイランドカンガルーが特に多い地域。この一帯を時間をかけて周遊して野生動物ウオッチングを楽しむ。運がよければハリモグラにも出合え、また数多くの野鳥も見られる。ランチは私有地でのブッシュキャンプでワイン付き。午後はシールベイを訪れてオーストラリアアシカたちの愛らしい姿を観察する。

●エクセプション・カンガルーアイランド／フリンダーズチェイス・フォーカス Exception Kangaroo Island / Flinders Chase Focus

フリンダーズチェイス国立公園をじっくりと見学。リマーカブルロックスやアドミラルズアーチの見学のほか、リマーカブルロックスを望む秘密の場所での屋外ピクニックランチ

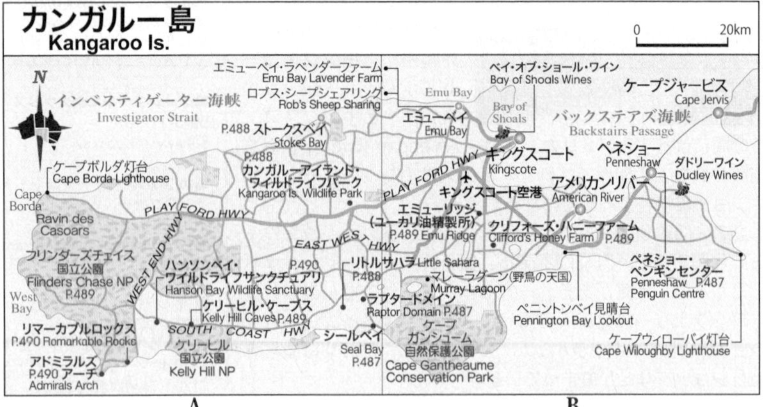

も楽しい(ワイン付き)。夕方はコアラやカンガルー、ワラビーなどの野生動物ウオッチングも行う。

●カンガルーアイランド・オーシャンサファリ／2時間コースタルスノーケリング Kangaroo Island Ocean Safari / 2Hours Costal Snorkelling

ペネショー発着でカンガルー島周辺に生息するアシカ、アザラシ、イルカと一緒にスノーケリングを楽しむ海洋生物好きに大人気のツアー。

カンガルー島のおもな見どころ
SIGHTSEEING SPOTS

町の近くでもペンギンが見られる MAP P.486/B

ペネショー・ペンギンセンター
Penneshaw Penguin Centre

カンガルー島はリトルペンギン（フェアリーペンギン）の営巣地。夜間、海から巣へと戻るペンギンの姿をペネショーで見ることができる。個人でも見学可能だが、ペンギンに強いライトを当てるのは厳禁。ペンギンの目に害を与えない大型赤色ライトを持ったエコガイドと一緒に、海岸沿いでペンギンウオッチングするツアーに参加するのがいちばんだ。

野生のアシカに間近で出合える MAP P.486/A

シールベイ
Seal Bay

気持ちよさそうに日なたぼっこをするアシカたち

ガイドと一緒にビーチを歩きながら見て回る

島の南端にあるのが**ケープガンシューム自然保護公園** Cape Gantheaume Conservation Park。ここの西端（シールベイ自然保護区）は、野生のオーストラリアアシカ（オーストラリアンシーライオン Australian Sea Lion）がすむ浜辺になっており、わずか数mという距離から、愛らしいアシカの姿を観察できる。

アシカは、もともとテリトリーをもって行動する動物で、生息地域はそれほど多くない。シールベイにすんでいるのはおよそ600頭。これは世界中のアシカの約5%といわれている。これだけ多くの野生のアシカを間近で見られるのは世界中でここだけだ。見学は、**シールベイ・ビジターセンター** Seal Bay Visitor Centreから出ているガイドツアーで行う。国立公園レインジャーが案内してくれるもので、アシカの生態についての説明も詳しい。また陸上でアシカを驚かせないためのルールもあるので、レインジャーの指示にはちゃんと従おう。

■カンガルーアイランド・ビジターインフォメーションセンター
住43 Howard Drv., Penneshaw, 5222
☎0417-551-444
URL www.kangarooislandvisitorcentre.com.au
開 月～金 9:00～16:00、土日祝 10:00～14:00
休 クリスマスデー

■カンガルー島のレンタカー会社
●ハーツ Hertz
☎(08)8553-5790
●バジェット Budget
☎(08)8553-3133

■カンガルーアイランド・ツアーパス
Kangaroo Island Tour Pass
シールベイ、フリンダーズチェイス国立公園、ケリーヒル・ケーブス、ケープウィローバイ灯台、ケープボルダ灯台の入園料、ガイドツアー費用が含まれている（有効期間12ヵ月）。各パークで購入可能だ。
URL www.parks.sa.gov.au
料 カンガルーアイランド・ツアーパス：大人$86 子供$54 家族$245

愛らしいリトルペンギン

■ペネショー・ペンギンセンター
住Cnr. Middle & Bay Tces., Penneshaw, 5222
☎0499-346-013
URL penneshawpenguincentre.com
開11～2月 21:00、3月 20:30、10月 20:00、4・9月 19:00、8月 18:30、5～7月 18:00 スタート（所要約50分）
※夏季は毎日催行。冬季は要確認
料 大人$28 子供$17 家族$80

■シールベイ
☎(08)8553-4463
URL www.parks.sa.gov.au/experiences/seal-bay
開 毎日 9:00～17:00（南オーストラリアのスクールホリデー時期 9:00～19:00）
●ボードウオーク入場料のみ
料 大人$18.50 子供$11.50 家族$49
※ビーチには下りられない
●ガイドツアー
時 毎日 9:15、10:00、10:45、11:30、12:15、13:15、14:00、15:00、16:00（所要約45分）
料 大人$41 子供$23 家族$107

迫力満点のバードショーが楽しめる

MAP P.486/A

ラプタードメイン
Raptor Domain

バードショーに大興奮

シールベイのすぐ近くにあるバードパークで、フリーフライバードショーが人気の施設だ。バードショーでは、オナガイヌワシ（ウェッジテイルイーグル）やメンフクロウ、ワライカワセミなどが見られ、特に巨大なオナガイヌワシが目の前を滑空しスタッフの餌に飛びつく様は壮観だ。

まぶしいほど真っ白な砂丘

MAP P.486/A

リトルサハラ
Little Sahara

シールベイから 15km ほど北西に行った所にある砂丘地帯（海岸から 3km 以上離れている）。4 ～ 5km^2 もの広さをもっており、起伏も激しく巨大な砂漠のような雰囲気だ。入口には**リトルサハラ・アドベンチャーセンター** Little Sahara Adventure Centre があり、砂丘を利用した砂滑り用のサンドボードやトボガンのレンタル、さらに砂丘内を ATV で走るバギーツアーなどを催行している。

自然のトンネルの向こうはまばゆい砂浜

MAP P.486/A

ストークスベイ
Stokes Bay

島の北海岸ほぼ中央にあるのがストークスベイ。一見、石ばかりの浜だが、右側に張り出した岩場のトンネルを抜けると、そこは美しい砂浜だ。手前からは美しい砂浜がまったく見えないため、シークレットビーチの通称をもつ。

コアラ抱っこもできる

MAP P.486/A

カンガルーアイランド・ワイルドライフパーク
Kangaroo Is. Wildlife Park

カンガルーアイランド・ワイルドライフパークには元気なコアラがいっぱい

カンガルー島にある動物園で、時間指定で有料だが、コアラを抱いて記念写真を撮ることができるのがうれしい。場所はカンガルー島のメインロードであるプレイフォード・ハイウェイ沿い、ほぼ島の中央部にある。コアラやワラビー、ハリモグラ、エミュー、カソワリィ、さまざまなオウムやインコが見られるほか、カンガルー・フィーディングもできる。1 日中、いろいろな動物の餌やりやコアラの生態説明といった飼育員によるガイディングがある。

■ラプタードメイン
住 58 Seal Bay Rd., Seal Bay, 5223 ☎ 0439-333-430
URL www.kangarooislandbirdsofprey.com.au
●バードショー
時 毎日 11:30 ～ 12:30、14:30 ～ 15:30
料 大人 $30 子供 $18 家族 $92

ラプタードメインのバードショーではお客も鳥と触れ合えるチャンスがある

■リトルサハラ・アドベンチャーセンター
住 3733 South Coast Rd., Vivonne Bay, 5223
☎ (08)8559-4224
URL littlesahara.com.au
時 毎日 9:00 ～ 17:00
料 サンドボード＆トボガン・レンタル 1 人 $37 ／バギーツアー 大人 $147 子供 $97

■カンガルー島でホエールウオッチング
6 ～ 10 月になると、ミナミセミクジラ Southern Right Whale が繁殖のためにカンガルー島の南岸を訪れる。フリンダーズチェイス国立公園から見られる場合が多い。

小さいが美しいストークスベイのビーチ

■カンガルーアイランド・ワイルドライフパーク
住 4068 Playford Hwy., Seddon, 5220
☎ (08)8559-6050
URL kangarooislandwildlifepark.com
開 毎日 9:00 ～ 17:00 ／コアラを抱いて記念写真：毎日 10:45、13:30、15:30 スタート
休 クリスマスデー
料 大人 $33 子供 $20 家族 $102 ／コアラ抱っこ 1 人 $45（状況によりコアラ抱っこができない場合もある）※コアラ抱っこは 140cm 以上

おみやげにハチミツはいかが？ MAP P.486/B

クリフォーズ・ハニーファーム
Clifford's Honey Farm

もともとはイタリアの固有種であったリグリアンハチ Ligurian Bee を、現在世界で唯一飼育しているのがここ。リグリアンハチの習性や、ハチミツが作られていく過程を見るツアーを行っており、併設のみやげ店では数種類のハチミツ、またハニーアイスクリームやハチミツを使ったドリンクも売られている。もちろんテイスティングもできる。

ユーカリオイルの精製所 MAP P.486/B

エミューリッジ
Emu Ridge

ショップではユーカリキャンディやオイル、石鹸の詰め合わせなどを購入できる

100 年以上前の製法でユーカリオイルを製品化している工場で、その過程を見学できる。工場といっても、ユーカリの葉を蒸す釜や蒸発した油分を集める管が置かれているだけだ。オイルはカンガルー島固有の Kangaroo Island Narrow Leaf Malee の葉から抽出している。なおユーカリオイルは南オーストラリア州最初の生産品で、1890 年代にはカンガルー島最大の産業だった。しかし現存するのはここだけとなっている。

巨大な鍾乳洞 MAP P.486/A

ケリーヒル・ケーブス
Kelly Hill Caves

カンガルー島南部にある鍾乳洞で、レインジャーによるガイドツアーでのみ見学可能。洞窟内部には鍾乳洞特有の、石筍や鍾乳石の造り出す幻想的な世界が広がっている。

カンガルー島のハイライト、野生動物のパラダイス MAP P.486/A

フリンダーズチェイス国立公園
Flinders Chase NP

カンガルー島南西部にある国立公園。島固有種のカンガルーアイランドカンガルーをはじめ、コアラ、エキドナなどを目にすることが多い。フリンダーズチェイス国立公園では、まず**ロッキーリバー** Rocky River にある**フリンダーズチェイス・ビジターセンター** Flinders Chase Visitor Centre に立ち寄りたい。簡単な博物館を併設しているし、裏側の林の中に続くウオーキングトラックの途中では、運がよければカモノハシが見られる。

岬の突端に現れる巨大なオブジェ、リマーカブルロックス

極上のハチミツはおみやげにも最適

■**クリフォーズ・ハニーファーム**
住 1157 Elsegood Rd., Haines, 5223 ☎ (08)8553-8295
URL www.cliffordshoney.com.au
開 毎日 9:00 ～ 17:00
休 クリスマスデー

■**カンガルー島にハチはいなかった!?**
昔ヨーロッパ人が持ち込んだイタリアのリグリア産のハチが、現在カンガルー島にいる唯一の種類。1885 年に「ハチ保護区」に指定されたことにより、この島のリグリアンハチは、他種と一切交わることがなかった。

■**エミューリッジ**
住 691 Willsons Rd., Section 101, MacGillivray, 5223
☎ (08)8553-8228
URL www.emuridge.com.au
開 毎日 9:00 ～ 16:00
休 ニューイヤーズデー、クリスマスデー、ボクシングデー
料 ガイドツアー：大人 $8 子供 $4.50 家族 $22 ／セルフウオーク：大人 $4 子供 $2 家族 $12

幻想的なケリーヒル・ケーブス

■**ケリーヒル・ケーブス**
☎ (08)8553-4444
URL www.parks.sa.gov.au
開 毎日 9:00 ～ 17:00 ／ガイドツアーは 9:45、11:15、13:15、14:45 スタート
料 大人 $28 子供 $16.80 家族 $76

■**フリンダーズチェイス・ビジターセンター**
☎ (08)8553-4444
URL www.parks.sa.gov.au
開 毎日 9:00 ～ 17:00
休 クリスマスデー
料 フリンダーズチェイス国立公園内を観光する場合はビジターセンターで入園パス（1 日 1 人 $13）を購入すること。

アドミラルズアーチでは岩場にオットセイが群れている

■ハンソンベイ・ワイルドライフサンクチュアリ
MAP P.486/A

野生のコアラウオッチングで人気の施設。
住7797S South Coast Rd., Karatta, 5223
☎0459-119-492
URL www.hansonbay.com.au
時 ガイドコアラウオーク：10:30、14:30スタート（約90分）
料 大人$35 子供$17.50

●アドミラルズアーチ Admirals Arch

自然の力強さを感じさせるアドミラルズアーチ

フリンダーズチェイス国立公園の南端がアドミラルズアーチ。岬の中腹が荒波によって削られ、アーチ状になったものだ。ここの岩場には、たくさんのオットセイ（ニュージーランドファーシール New Zealand Fur Seal）が生息している。

●リマーカブルロックス Remarkable Rocks

アドミラルズアーチから6kmほど東の岬の突端に、巨大な自然岩のオブジェ、リマーカブルロックスがある。このあたりの植物は南極から吹きつける冷たい風にさらされているため、腰くらいの高さまでしか伸びない。リマーカブルロックスもこの風と、冬によく降る雨によって削られた岩の集合体。夕方になるとこの岩肌が真っ赤に染まり、紺碧の海をバックによく映える。

カンガルー島のホテル ACCOMMODATION

州外局番(08)

キングスコート

カンガルー島の人気一級ホテル MAP なし

Kangaroo Island Seaside Inn
カンガルーアイランド・シーサイドイン

URL www.kangarooislandseasideinn.com.au
住7 Cygnet Rd., Kingscote, 5223 ☎8553-2707
WiFi 無料 料TW$145～295 CC AMV

部屋数20とそれほど大きくないが、設備はカンガルー島有数。敷地内には太陽熱を利用した温水プールや、ハーフテニスコートなどがある。スイートはスパバス付き。

目の前にはビーチが広がる MAP なし

Kangaroo Island Seaview Motel
カンガルーアイランド・シービューモーテル

URL www.seaview.net.au 住51 Chapman Tce., Kingscote, 5223 ☎8553-2030 WiFi 無料
料TW$209～289 CC AMV

ビーチフロントにあるモーテル。オーストラリア料理を出すレストラン、バーも併設している。目の前のビーチにはペンギンがやってくることもある。

キングスコートの快適ホテル MAP なし

Aurora Ozone Hotel
オーロラオゾン

URL ozonehotelki.com.au
住The Foreshore, 67 Chapman Tce., Kingscote, 5223
☎8553-2011
WiFi 無料
料TW$269～359、1B$868
CC ADMV

広々としたホテルルーム

キングスコート随一のホテルで、海の真ん前にある（アデレードからの宿泊ツアーで利用されることも多い）。クラシックスタイルのホテル棟とコンドミニアムスタイルのモダンな宿泊棟は道路を挟んで建っている。ホテル棟の1階はオーシャンビューのレストラン&バーだ。

ペネショー

ツアー付きパッケージもある MAP なし

Kangaroo Island Seafront Resort
カンガルーアイランド・シーフロントリゾート

URL seafront.com.au 住49 North Tce., Penneshaw, 5222 ☎8553-1028
FREE 1800-624-624 WiFi 無料 料TW$190～225、Villa1B $188～230 CC ADJMV

海を望む高台にあるペネショー随一の4つ星ホテル。宿泊者のスタイルや人数により、ホテルルーム、ヴィラなどが選択できる。

ペネショーの人気キャラバンパーク MAP なし

Kangaroo Island Seafront Holiday Park
カンガルーアイランド・シーフロントホリデーパーク

URL seafrontholidaypark.com.au
住Lot 501, Talinga Tce., Penneshaw, 5222
☎8558-1028 FREE 1800-624-624
WiFi なし 料 キャンプサイト2人$30、パワーサイト$40、グランピングテントTW$135～260
CC MV

フェリー乗り場の目の前にある便利なキャラバンパーク。前述のカンガルーアイランド・シーフロントリゾートが経営している。優雅に過ごしたい人向けにグランピングテントも用意している。

日本からカンガルー島への電話のかけ方
国際電話会社の番号＋010＋61（国番号）＋8（0を取った州外局番）＋電話番号

マレー川下流域

Murray River Region

マレーブリッジの川沿いでは週末釣り人をよく見かける

オーストラリア最大のマレー川。オーストラリアンアルプスの雪解け水を豊富にたたえ、ビクトリア、ニューサウスウエールズ州境を下ってきたこの川が、南オーストラリアで巨大で豊かな大河川地帯を造り、アレキサンドリナ湖を経てグレート・オーストラリアン・バイトへと注ぐ。豊富な水と豊かな土壌は、この地域をオーストラリアでも有数の大農業地帯にしている。マレー川下流域の旅の楽しみは、マレー川のクルーズを楽しんだり、点在するワイナリーを巡ったり、といったことだ。また、流域の町には19世紀後半の建物が数多く残っており、そうした歴史的建造物を見て歩くのも楽しいだろう。

マレーブリッジ

Murray Bridge

マレー川下流域最大の町で、人口は約2万2000人。1879年、マレー川にこの地で初めて橋が架けられたことで、この地名がついた。川沿いに開けた1km四方ほどの小さな町には、19世紀後半の建物が数多く残っている。**マレーブリッジ・ビジターインフォメーションセンター** Murray Bridge Visitor Information Centreで史跡がポイントされた地図がもらえるので、それを参考に散策しよう。

町の中心から1kmほど離れた所には、開拓時代の農家の様子を伝える**キャプテンズコテージ博物館** Captain's Cottage Museumもある。マレー川の桟橋からはクルーズも出ている。ただし時間は、週末やスクールホリデー時期によって大きく異なるので、事前に確認すること。またマレーブリッジの西20kmほどの所には、オーストラリアでは珍しいサファリパーク、**モナルト・サファリパーク** Monarto Safari Parkもある。

マンナム

Mannum

マンナムはマレー・パドルスティーマー（外輪蒸気船）の発祥地。最初のパドルスティーマー、マリー・アン Mary Ann号は1853年に、マンナムのランデル船長によって造られ、これが町の歴史の始まりとなっている。現在も川にパドルスティーマーのマレープリンセス号 PS Murray Princessが係留されていて、月に数度3～7日間クルーズを行っている。

アクセス

●マレー川下流域

アデレードのセントラルバスターミナルから、流域の主要な町へバスが出ている。マレーブリッジへはリンクSA Link SAのバスが月～金曜2便ある（マウントバーカーからは毎日運行）。マレーブリッジとリバーランドのワイケリー、バーメラ、ロクストン、ベリー、レンマークへはステイトライナー Statelinerのバスがある。また、マレーブリッジまではアデレードのケズウィック駅から列車の便もある。

●リンクSA
℡(08)8532-2633
URL linksa.com.au

●ステイトライナー
℡1300-851-345
URL stateliner.com.au

マレーブリッジの桟橋に係留されているパドルスティーマー

■マレーブリッジ・ビジターインフォメーションセンター
住 3 South Tce., 5253
℡(08)8539-1142
FREE 1800-442-784
URL www.murraybridge.sa.gov.au/tourism/plan-your-visit/visitor-information-centre
開 月～金9:00～16:00、土9:00～15:00、日祝10:00～14:00

■キャプテンズコテージ博物館
住 12 Thomas St., 5253
℡(08)8539-1142
URL www.murraybridge.sa.gov.au
開 土日祝10:00～16:00（平日は要予約）
料 大人$5 子供$1 家族$10

■モナルト・サファリパーク
MAP P.459/2B
住 63 Monarto Rd., Monarto, 5254 ℡(08)8534-4100
URL www.monartosafari.com.au
開 毎日9:30～17:00／サファリアドベンチャー：月金土日10:00～12:00
料 大人$45 子供$25 家族$115／サファリアドベンチャー1人$90
※アデレード発着のリンクSAのバスがモナルト・サファリパークにも停車する

■マンナム発着のクルーズ
● PS Murray Princess
☎1300-729-938
URL www.murrayprincess.com.au
時 金 16:30 ～月 9:00
※時期により催行されない場合がある
料3 泊ディスカバリークルーズ Ⓣ$1199 ～ 2149 ／人
※アデレード送迎往復 $100

■ワイナリー
●アンゴーブ・ファミリー・ワインメーカー Angove Family Winemaker
1886 年アデレード近郊で創業した歴史あるワイナリー。レンマークのワイナリーは 1910 年オープンで、この地区で最古だ。
住271 Bookmark Ave., Renmark, 5341
☎(08)8580-3100
URL www.angove.com.au
営 月～金 10:00 ～ 17:00、土日祝 11:00 ～ 16:00

■オリーブウッド・ホームステッド
住Cnr. Renmark Ave. & 21st St., Renmark, 5341
URL www.nationaltrust.org.au/places/olivewood
☎(08)8586-6175
開 木～月 10:00 ～ 16:00
休 火水
料 大人$7 子供$3 家族$15

マンナムには地図上ではマレー川をまたいでいる道があるが、実際は人も車も運ぶケーブルフェリーによって対岸とつながっている(24 時間サービス)。こうしたサービスは、マレー川流域では多く行われている。

マレープリンセス号クルーズは豪華で優雅なクルーズとして世界的にも人気だ

リバーランド
Riverland

マレー川下流域でも特にビクトリア州との州境に近い一帯は、リバーランドと呼ばれている。川は大きく蛇行し、流域には支流となる小さな川や湖が数多くある。下流方面から**モーガン** Morgan、**ワイケリー** Waikerie、**バーメラ** Barmera、**ロクストン** Loxton、**ベリー** Berri、**レンマーク** Renmark と町が点在する。この地域は自然が多く残っており、一帯が**マレー川国立公園** Murray River NP に指定されている。

観光的にはワイケリー近郊の**ハートラグーン** Hart Lagoon でのバードウオッチング、ロクストン、レンマーク周辺でのワイナリー巡り。特にレンマークはリバーランド観光の中心地で、ワイナリー巡り以外にも、定期運航しているマレー川クルーズや、マレー川流域の開拓に力を尽くしたチャフリー氏のデザインによる博物館**オリーブウッド・ホームステッド** Olivewood Homestead などの見どころがある。

マレー川下流域のホテル
ACCOMMODATION　州外局番 (08)

マレーブリッジ

静かな環境にある　MAP なし
Murray Bridge Oval Motel
マレーブリッジ・オーバルモーテル

URL www.ovalmotel.net.au
住4 Le Messurier St., Murray Bridge, 5253
☎8532-2388　FAX8531-1101
WiFi 無料　料ⓉⓌ$159 ～ 207、2B $340　CC AMV
町の中心地から 1km ほどの所にある。キャラバンパークも併設している。

家族連れにおすすめの　MAP なし
Adelaide Road Motor Lodge
アデレードロード・モーターロッジ

URL www.adelaiderdmotorlodge.com
住212 Adelaide Rd., Murray Bridge, 5253
☎8532-1144　FAX8531-3033　WiFi 無料
料ⓉⓌ$165 ～ 205、2B $255　CC ADMV
プールや子供の遊び場、レストランを完備した大型モーテル。部屋も広く、TV や冷蔵庫、コーヒー・紅茶セットを完備。

マンナム

レストランからの眺めが最高　MAP なし
Mannum Motel
マンナムモーテル

URL www.mannummotel.com.au
住76 Cliff St., Mannum, 5238
☎8569-1808　FAX8569-1453　WiFi 無料
料ⓉⓌ$133 ～ 170　CC AMV
併設されているレストランでは、マレー川を眺めながら食事ができる。

レンマーク

泊まるだけで価値あり　MAP なし
Hotel Renmark
ホテルレンマーク

URL www.hotelrenmark.com.au　住Murray Ave., Renmark, 5341　☎8586-6755　WiFi 無料
料Ⓦ$100 ～ 130　CC AMV
100 年以上前の建物を改修したホテル。併設のレストランやバーも地元の人に評判だ。

日本からマレー川下流域への電話のかけ方
国際電話会社の番号 + 010 + 61 (国番号) + 8 (0 を取った州外局番) + 電話番号

ライムストーンコースト
Limestone Coast

クーロン国立公園から南、ビクトリア州との州境までの海岸地帯一帯は、石灰質の大地が続くことからライムストーンコーストと呼ばれている。美しいビーチや自然景観、オーストラリア有数のワイナリー地区、そして貴重な哺乳類化石が発掘されているナラコーテ世界自然遺産地域など、見どころも少なくない。まだ日本人観光客にはあまり知られていないが、南オーストラリアならではの魅力あふれるこの地域へ、ぜひ足を延ばしてみたい。

クーナワーラ駅はかつて鉄道でワイン輸送が行われていた頃の名残

キングストン S.E.
Kingston S.E.

名物ビッグロブスター

周囲に美しいビーチをもつキングストン S.E. は、レースペッドベイ Laceped Bay に面した港町だ。町のシンボルはプリンセス・ハイウェイ Princes Hwy. 沿いのレストラン前で威容を誇るビッグロブスター。ロブスター漁が盛んな町キングストン S.E. は、新鮮なロブスターを手頃な料金で味わえることで有名なのだ（ロブスター漁のシーズンは 10 ～ 5 月）。

キングストン S.E. で見逃したくないのが**ケープジェファ灯台** Cape Jaffa Lighthouse。1872 年、町の南ケープジェファ沖合にあるマーガレットブロック・リーフ上に建てられ、1973 年に 25km ほど南のローブ Robe に新しい灯台が完成するまで航海の安全を見守っていた。1976 年、灯台の建物自体をそのままそっくりキングストン S.E. の町へ移築。現在は歴史博物館として一般公開されている。

マウントガンビア
Mount Gambier

ライムストーンコーストの中心都市がマウントガンビア。通称「ブルーレイク・シティ」と呼ばれることでもわかるとおり、最大の見どころはブルーレイク。ブルーレイクの近くにはほかにも湖があり、ピクニックエリアになっている。また町の中心部には、巨大な洞窟を利用して造園された**ケーブガーデンズ** Cave Gardens や、**エンゲルブレッチ鍾乳洞** Engelbrecht Cave などの見どころもある。**レディネルソン・ビジター＆ディスカバリーセンター** The Lady Nelson Visitor & Discovery Centre では周辺の見どころの資料が手に入るし、館内にあるシアターでは無料の観光ビデオが上映されている。クーナワーラへ行く予定の人は、ここで資料をもらっておくといいだろう。

アクセス

●**ライムストーンコースト**

アデレードのセントラルバスターミナルから、ステイトライナーのバスがライムストーンコーストの主要な町へのバスを運行している（アデレード～マウントガンビア所要約 6 時間）。空の便はリージョナルエクスプレスが、アデレード、メルボルンからマウントガンビアまで毎日フライトを運航している。

なお現地到着後の足の確保が難しいので、マウントガンビアなどでレンタカーを借りるのがいいだろう。

●**ステイトライナー**
TEL 1300-851-345
URL stateliner.com.au

●**リージョナルエクスプレス**
TEL 13-17-13
URL www.rex.com.au

■**ケープジェファ灯台**
住 32 Marine Pde., Kingston S.E., 5275
TEL 0427-854-175
URL www.capejaffalighthouse.org.au
開 12 ～ 1 月のスクールホリデー時期：毎日 10:00 ～ 15:00 の 1 時間ごとにガイドツアーで見学
※ほかの時期は要問い合わせ
料 大人 $15 子供 $7

■**エンゲルブレッチ鍾乳洞**
住 26 Chute St., Mount Gambier, 5290
TEL (08)8723-5552
URL www.engelbrechtcave.com
開 洞窟見学ツアーの催行日は不確定なので要問い合わせ
料 大人 $15 子供 $9 家族 $43

■レディネルソン・ビジター&ディスカバリーセンター
住35 Jubilee Hwy. East, Mount Gambier, 5290
FREE1800-087-187
URL www.mountgambierpoint.com.au
開 月～金 9:00～17:00、土日祝 10:00～16:00
休 クリスマスデー

■ブルーレイクのツアー
●帯水層ツアー Aquifer Tours
住5 John Watson Drv., Mount Gambier, 5290
☎(08)8723-1199
URL www.aquifertours.com
時11～1月の毎日 10:00～17:00／2～5月、9・10月の毎日 10:00～14:00／6～8月の毎日 10:00～12:00
※ツアーは1時間ごと催行で所要45分
料 大人$12 子供$6 家族$35

■ペノラ・クーナワーラ・ビジターインフォメーションセンター
住27 Arthur St., Penola, 5277
☎(08)8737-2855
URL www.wattlerange.sa.gov.au
開 月～金 9:00～17:00、土日祝 10:00～16:00
休 クリスマスデー

■ワイナリー
●リミル Rymill
ワイナリーの建物からの眺めが最高。また工場内部を見ることができる。
住110 Clayfield Rd., Glenroy, 5277
☎(08)8736-5001
URL rymill.com.au
営 毎日 10:00～17:00
休 クリスマスデー
料 ワインテイスティング $10
●ウィンズ・クーナワーラエステイト Wynns Coonawarra Estate
クーナワーラで最も古くからあるワイナリー。
住77 Memorial Drv., Coonawarra, 5263
☎(08)8736-2225
URL www.wynns.com.au
営 月～水 10:00～17:00、木～日 10:00～18:00
休 クリスマスデー
料 ワインテイスティング $10～60

不思議なブルーに変色する火口湖　MAP なし

ブルーレイク
Blue Lake

時期により違った青さを見せるブルーレイク

町の中心から車で約5分の所にある、休火山の火口湖ブルーレイク。こう呼ばれるのは、毎年11月頃にくすんだブルーから鮮やかなターコイズブルーに変色し、また3月にはもとの色に戻るからだ。なぜ変色するかはいくつかの説があるが、まだ完全には解明されていない。湖の周りはウオーキングトラックになっていて、ジョギングしている人を多く見かける。ここには揚水所があり、ツアーに参加するとリフトを使って湖の水面まで案内してもらえる。時間があればぜひ参加してみたい。なお、美しい湖や町を見渡すなら**センテナリータワー** Centenary Towerがおすすめ。ブルーレイクからは車ですぐだが、塔までは数十分のウオーキングが必要だ。

クーナワーラ
Coonawarra

ウィンズはオーストラリアを代表するワイナリーだ

リミルのカベルネも好評価を得ている

マウントガンビアからリドック・ハイウェイ Ridoch Hwy.を北に車で約1時間（約50km）、**ペノラ** Penolaの町を過ぎたあたりから、きれいなブドウ畑が道の左右に広がる。クーナワーラのワイン地区だ。この一帯は、石灰質の地層の上に赤土の豊かな土壌があり、ワイン用のブドウの栽培に適した場所となっている。特にカベルネソーヴィニヨン、メルロー、シラーズといった赤ワインは、オーストラリア有数と評価されている。

アクセス面から、バロッサバレーやアデレードヒルズほど観光地化されてはおらず、本当のワイン好きやワイン通がワイナリー巡りを楽しんでいるといった感じだ。ワイナリーのリスト、地図はペノラの町にある**ペノラ・クーナワーラ・ビジターインフォメーションセンター** Penola Coonawarra Visitor Information Centreで手に入る。宿泊施設やレストラン、ショップなどはおもにペノラの町にある。

ナラコーテ
Naracoorte

ペノラからリドック・ハイウェイを50kmほど北上すると、ナラコーテへと到着する。スコットランド移民によって切り開かれた町で、現在は世界自然遺産に登録されているナラコーテ洞窟観光のベースとして注目を集めている。

オーストラリアの哺乳類の進化を知る　MAP なし

ナラコーテ洞窟国立公園
Naracoorte Caves NP

ビクトリア化石洞窟内に展示されているフクロライオンの骨格化石の複製

ナラコーテの町から南へ5kmほどの所にある洞窟群。クイーンズランド州内陸部のリバースレー Riversleigh とともに「オーストラリア産の哺乳類化石地域」として1994年にユネスコの世界自然遺産に登録された。リバースレーで発掘されるのがおよそ1500万～2500万年前（新生代第三紀）の化石であるのに対し、ナラコーテで発見されているのはおよそ20万～50万年前（新生代第四紀更新世）のもの。ここでは、絶滅したフクロライオンの一種チラコレオカルフェクス Thylacoleo carnifex の完全骨格化石から、大型カンガルーのプロコプトドン Procoptodon goliah、コアラとウォンバットの祖先ディプロトドン Diprotodon australis まで数多くの貴重な化石が見つかっている。まず**ウォナンビ化石センター** Wonambi Fossil Centre を訪れ、オーストラリア更新世の哺乳類がどのようなものであったかを確認しよう。洞窟見学では、化石が多数発見されている**ビクトリア化石洞窟** Victoria Fossil Cave が外せない。ガイド付きでの見学で、鍾乳洞見学の最後に化石発掘現場に立ち寄り、復元されたフクロライオンなどの化石モデルを見ながら、太古の哺乳類についての説明を受ける。

■**ナラコーテ洞窟国立公園**
住 89 Wonambi Rd., Naracoorte, 5271
URL www.naracoortecaves.sa.gov.au
●**ウォナンビ化石センター**
☎ (08)8760-1210
開 毎日 9:00 ～ 17:00
料 大人$15.50 子供$9.50 家族$41.50
●**ビクトリア化石洞窟ツアー**
時 毎日 10:15 ～ 11:15、14:15 ～ 15:15
※スクールホリデー期間は催行回数が増える
料 大人$37 子供$18.50 家族$90
※チケットはウォナンビ化石センターにて購入する

ウォナンビ化石センターに展示されている体長2.5mほどのプロコプトドンの復元モデル

ライムストーンコーストのホテル
ACCOMMODATION　州外局番(08)

マウントガンビア

ブルーレイクのほとりで過ごそう　MAP なし

Blue Lake Holiday Park
ブルーレイク・ホリデーパーク

URL bluelake.com.au
住 Lot1 100, Bay Rd., Mount Gambier, 5290
☎ 8725-9856　WiFi 無料　料 TW $158 ～ 226、パワーサイト $58、キャンプサイト $40　CC MV

ブルーレイクのほとりにあるキャラバンパーク。ワイルドライフパーク、ゴルフコースもすぐ隣にある。

クーナワーラ&ナラコーテ

ワイナリー巡りに便利な　MAP なし

Coonawarra Motor Lodge
クーナワーラ・モーターロッジ

URL coonawarraml.com.au
住 116 Church St., Penola, 5277　☎ 8737-2364
WiFi 無料　料 TW $135 ～ 145　CC MV

ペノラの町なかにある。併設のランデブーレストランは1860年代の歴史的建造物を改修しており、モダンオーストラリア料理のファインダイニングとして知られている。

グランピングをするなら　MAP なし

Coonawarra Bush Holiday Park
クーナワーラ・ブッシュホリデーパーク

URL www.cbhp.com.au　住 242 Comaun School Rd., Coonawarra, 5263　☎ 0455-146-647
WiFi 無料　料 キャビン TW $159 ～ 207、グランピング $149 ～ 191、キャンプサイト $30 ～ 40　CC MV

ナラコーテの北の外れ、ブドウ畑に面した場所にあるホリデーパーク。ここではゆったりした敷地内でグランピングが楽しめる。

手頃な値段でグランピング

広々としたキャラバンパーク　MAP なし

BIG4 Naracoorte Holiday Park
ビッグ4ナラコーテ・ホリデーパーク

URL naracoorteholidaypark.com.au
住 81 Park Tce., Naracoorte, 5271
☎ 8762-2128　WiFi 無料
料 TW $110 ～ 160、キャンプサイト $40 ～
CC MV

ナラコーテの中心部近くにある。ミニゴルフ、プールなど施設も充実している。

エアー半島

Eyre Peninsula

アクセス

●ポートリンカン

アデレードからカンタスリンクが毎日2～4便、リージョナルエクスプレスが毎日5～7便のフライトをもっている（所要約1時間）。なお空港から町まではタクシーを利用するか、レンタカーを借りるかのいずれか。タクシーの場合は、アデレードでの搭乗手続きの際、予約をしておいてもらおう。このほかステイトライナーが週5便アデレードからバスを運行している（所要約10時間）。ポートリンカンの町では公共交通機関がないので、市内観光もタクシー、レンタカー、徒歩となる。

■ポートリンカン・ビジターインフォメーションセンター

住 Civic Centre, 60 Tasman Tce., Port Lincoln, 5606
☎ 1300-788-378
URL portlincoln.com.au
開 月～金 9:00～17:00、土日祝 9:30～14:00

漁船が集まるポートリンカンの港

南オーストラリア州西部に逆三角形の形で突き出す巨大なエアー半島。日本からの観光客の間ではポピュラーではないが、美しい自然、海洋生物との触れ合い、そして美味な魚介が手頃な値段で食べられる場所としてオージーには人気がある。また日本の漁業関係者の間では、世界でも珍しいマグロの養殖基地として注目されており、訪れる漁業関係者は多い。

ただし観光的なインフラ整備はいまひとつ。半島内を走る公共交通機関はないので、都市滞在以外の観光は基本的にレンタカー利用、ツアー利用となる。

ポートリンカン

Port Lincoln

エアー半島の突端に位置するポートリンカンは、人口約1万6000人の地域最大の町だ。穏やかなボストンベイBoston Bay沿いに美しいビーチをもち、ビーチ周辺にショップやレストラン、インフォメーションなどが集まっている。

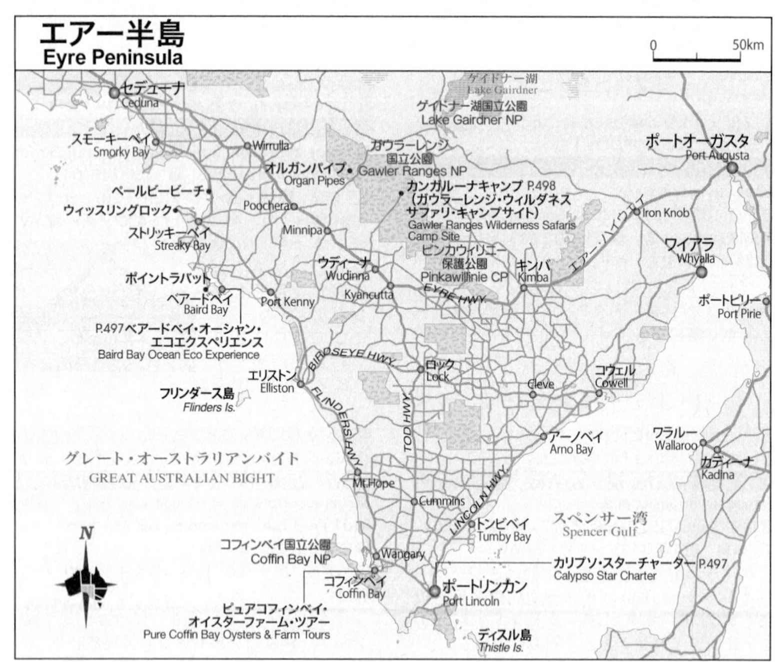

また町の南側ポーターベイは天然の良港でマグロ、ロブスター、エビなどの漁船が水揚げを行うリンカンコーブ・マリーナ Lincoln Cove Marina がある。

ポートリンカンが観光客に注目を集めるのは、ここをベースにしてアシカと泳ぐツアー（沖合のシールコーブ Seal Cove など）やホオジロザメを海中で見るケージダイビング（ポートリンカンからボートで約 2 時間のネプチューン島 Neptune Is. 周辺）ができるからだ。特にケージダイビングは巨大なホオジロザメが間近に見られる世界的に貴重な場所とあって、アドベンチャー志向の人に大人気だ。ツアーは**カリプソ・スターチャーター** Calypso Star Charter が実施している。

■カリプソ・スターチャーター
☎(08)8682-3939
URL sharkcagediving.com.au
●アシカと泳ぐ半日ツアー
時 9:00 ～ 14:00（例年 9 ～ 6 月の火木金日）
料 大人 $215 子供 $155 家族 $640
●ホオジロザメ・ケージダイビング
時 6:30 ～ 18:00（通年／催行曜日は要確認）
料 1 人 $562
※ 6 人以上で催行

エアー半島西海岸
West Coast of Eyer Peninsula

ベアードベイでアシカと泳ごう

アシカのコロニーに大接近

グレート・オーストラリアンバイトに面したエアー半島西海岸には、**コフィンベイ** Coffin Bay、**ストリッキーベイ** Streaky Bay、**スモーキーベイ** Smorky Bay といったリゾートタウンが点在している。一帯はカキ、アワビ、ホタテの養殖で知られており、一部の工場は観光客の見学も可能だ。

人気アトラクションはストリッキーベイの南側にある小さなリゾートタウン、**ベアードベイ** Baird Bay でのアシカ・ウオッチング&スイミング（**ベアードベイ・オーシャン・エコエクスペリエンス** Baird Bay Ocean Eco Experience 催行）。ベアードベイの一角にはオーストラリアアシカのコロニーがあり、100%の確率で見られる。しかも海が荒れていないかぎりはスノーケルをつけて一緒に泳げるのだ。またクルーズ中は船の周りにバンドウイルカがやってくることも多く、運がよければ一緒に泳ぐこともできる。

アクセス

●エアー半島西海岸
公共交通機関がないので、ポートリンカン、セデューナからレンタカー利用が便利。

■ベアードベイ・オーシャン・エコエクスペリエンス
☎(08)8626-5017
URL bairdbay.com
時 9 ～ 5 月 の 毎 日 9:45、13:00 (*)／所要約 2 時間
(*)13:00 出発は 9:45 が満席の場合のみ
料 スイム 大人 $240 子供 $140／見学のみ 大人 $220 子供 $140
※水温は真夏でも 20 ～ 21℃と低いので、必ずウエットスーツをレンタルしたい。

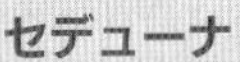

セデューナ
Ceduna

エアー半島の西北端に位置するセデューナは、人口 2300 人余りの小さなリゾートタウン。「休息の地」を意味する先住民の言葉から町の名前はつけられた。この地域一帯で養殖されているカキの集積地でもあることから、現在は南オーストラリア州のオイスターキャピタルとして知られている。毎年 9 月後半にオイスター祭が開催され、多くの観光客を集めるほどだ。

アクセス

●セデューナ
アデレードからリージョナルエクスプレスが、毎日 2 便フライトをもっている（所要約 1 時間 30 分）。またステートライナーがアデレードとの間に週 2 便バスを運行している（所要約 12 時間）。

■セデューナ・ビジターインフォメーションセンター
住58 Poynton St., Ceduna, 5690 ☎(08)8625-3343
URL cedunatourism.com.au
開 月～金 9:00 ～ 17:00、土日祝 10:00 ～ 16:00 休 グッドフライデー、クリスマスデー

アクセス

●ガウラーレンジ国立公園とゲイドナー湖国立公園
公共の交通機関はなく、また国立公園内の道路はほとんど未舗装のため、ツアー利用が一般的。最もポピュラーなのはガウラーレンジ・ウィルダネスサファリ Gawler Ranges Wilderness Safaris のツアーだ。

■ガウラーレンジ・ウィルダネスサファリ
☎0428-827-375 ／ 0428-428-334
URL www.gawlerrangessafaris.com

●3 泊 4 日ツアー
ポートリンカン発でガウラーレンジ国立公園内の高級サファリテント（カンガルーナキャンプ）に宿泊してオルガンパイプやゲイドナー湖、ベアードベイなどを訪れ、ポートリンカンで解散となる。
時 ポートリンカン発着毎週月 8:45 ～木 17:30（6･7 月以外）
料1 人 $3090
※ツアー中の全食事付き

美しいロックフォーメーションが見られるオルガンパイプ

アトラクションとしては、冬季のホエールウオッチングが有名。グレート・オーストラリアンバイトにやってくるミナミセミクジラの群れを陸上から見ることができる。

この町はまた、ナラボー平原への入口にも当たる。セデューナの西には荒涼とした土漠、砂漠が広がり、西オーストラリア州カルグーリーまで大きな町はない。

ガウラーレンジ国立公園とゲイドナー湖国立公園

Gawler Ranges NP & Lake Gairdner NP

地平線まで続く塩の湖ゲイドナー湖

エアー半島内陸部にあるガウラーレンジ国立公園は、1660km² という広さ（大阪府をひと回り小さくした大きさ）をもち、珍しいケバナウォンバットやピグミーポッサムをはじめとする数多くの有袋類、ポートリンカンパロットやオオイヌワシなど 140 種を超える鳥類の生息地となっている。見どころは点在するが、特によく知られているのが国立公園北西部にあるオルガンパイプと呼ばれる景観。溶岩の一種流紋岩の岩壁が風化によって鋭く割れ、まるでオルガンのパイプが並ぶような状態になった渓谷だ。

ガウラーレンジ国立公園内の北には、オーストラリアで 4 番目に巨大なゲイドナー湖をかかえるゲイドナー湖国立公園がある。その面積は実に 4349km²（琵琶湖の約 6.5 倍）。この一帯に数多い塩湖で、湖面はすべて真っ白な塩で覆われ、幻想的な美しさを見せている。

エアー半島のホテル

ACCOMMODATION

州外局番 (08)

ポートリンカン

港町の雰囲気を味わえる　MAP なし

The Marina Hotel Port Lincoln
マリーナホテル・ポートリンカン

URL www.marinahotel.com.au
住13 Jubilee Drv., Lincoln Cove, Port Lincoln, 5606
☎8682-6141 WiFi 無料 料TW$175 ～ 185、2B $235 ～ 255 CC AMV

リンカンコーブ・マリーナに面して建つポートリンカン有数の高級ホテル。全室リビングエリアとベッドルームが分かれた造りで、ゆったりした気分で滞在できる。また併設のレストランは人気シーフードレストラン。ファインダイニング風の屋内席、カジュアルな雰囲気の屋外席がある。

港に面した近代的なコンドミニアムだ

セデューナ

便利な場所にある　MAP なし

East West Motel Ceduna
イーストウエストモーテル・セデューナ

URL eastwestmotel.com.au
住66-76 McKenzie St., Ceduna, 5690
☎8625-2101 WiFi 無料
料TW$85 ～ 150、2B $200 CC AMV

町と空港のほぼ中間に位置する一級モーテル。部屋は簡素だが機能的で使いやすい。レストラン、バー、プール、ランドリーなどの設備もある。

日本からエアー半島への電話のかけ方
国際電話会社の番号 + 010 + 61（国番号）+ 8（0 を取った州外局番）+ 電話番号

フリンダーズレンジ国立公園
Flinders Ranges NP

標高 1000m ほどの山脈フリンダーズレンジ

フリンダーズレンジ国立公園はアデレードから約 430km 離れた場所にあり、まだ日本人観光客が訪れることの少ない場所だ。しかし、その自然は雄大かつ独特で、南オーストラリアを代表する観光地となっている。

フリンダーズレンジは、オーストラリア大陸がゴンドワナ大陸の一部だった 4 億 5000 万年前に一帯で起こった造山運動によって形成された山脈。当時はヒマラヤ山脈ほどの高さをもっていたが、その後の風雨による浸食などで現在のような 1000m ほどの高さの山脈となった。造山運動と浸食の過程で、さまざまな年代の地層があらわになっており、太古の歴史を感じることができる場所となっている。またカンガルーやワラルー、希少なイエローフットロックワラビー、エミューなど野生動物の宝庫でもある。

ウィルペナパウンド
Wilpena Pound

4WD ツアーなら国立公園奥深くまで入っていける

フリンダーズレンジ国立公園南部にあるウィルペナパウンドは、浸食によってできた自然のクレーター。標高 1000m ほどの外輪山に囲まれたその広さは、長径約 11km、短径約 8km、面積約 80㎢。遊覧飛行で見るその姿から「自然が造った円形劇場」とも呼ばれている。ウィルペナパウンドの入口には、フリンダーズレンジの観光拠点となるウィルペナパウンド・リゾートがある。国立公園インフォメーションセンターやリゾートホテル、キャンプ場などがあり、ブッシュウオーキングルートも数多い。またリゾート発でフリンダーズレンジ国立公園を巡る 4WD ツアーもあるので参加してみたい。

アクセス

●フリンダーズレンジ国立公園

公共交通機関はないので、レンタカー利用が一般的。またアデレード～パースやアデレード～エアーズロックといった移動型バスツアーに参加すれば、フリンダーズレンジを効率よく観光できる。

■ウィルペナパウンド・リゾート発のツアー

TEL (08)8648-0048
URL www.wilpenapound.com.au

●遊覧飛行
料 20 分 大人 $225 子供 $172 ／ 30 分 大人 $265 子供 $200

●半日 4WD タイムトラベル＆ゴージャスゴージ
料 大人 $158 子供 $98 家族 $475
※ 4 人以上で催行

●サンセットスペクタキュラー
料 大人 $63 子供 $51

朝夕は、国立公園のいたるところで野生動物に出合える

ウィルペナパウンドのホテル
ACCOMMODATION

州外局番 (08)

フリンダーズレンジ観光拠点にある　MAP なし
Wilpena Pound Resort
ウィルペナパウンドリゾート

URL www.wilpenapound.com.au
住 Wilpena Rd.,via Hawkwe, 5434　TEL 8648-0004
FREE 1800-805-802　WiFi なし　料 TW $325 ～ 385、グランピング $446 ※朝食付き／キャンプサイト $25 ～ 42　CC AMV

敷地内に宿泊棟が点在しており、リゾートセンターにはレストランやプールもある。部屋はモーテルタイプもしくはグランピングテントで、広さも十分。到着時にレセプションで滞在中のプランについて相談に乗ってくれるのもうれしい。

クーバーピディ

Coober Pedy

アクセス

●クーバーピディ
アデレードのセントラルバスターミナルから、グレイハウンド・オーストラリアのアリススプリングス行きのバスを利用するのが一般的。アデレードから約11時間、アリススプリングスから約8時間。またリージョナルエクスプレスがアデレードから週6日**クーバーピディ空港**(CPD)へフライトをもっている。所要は約2時間。

●グレイハウンド・オーストラリア
☎1300-473-946
URL www.greyhound.com.au

●リージョナルエクスプレス
☎13-17-13
URL www.rex.com.au

■クーバーピディ・ビジターインフォメーションセンター Coober Pedy Visitor Information Centre
住 Lot 773 Hutchison St., Coober Pedy, 5723
☎(08)8672-4617
URL www.cooberpedy.com
開 月〜金 9:00〜17:00、土日 9:00〜13:00

■水は貴重。あまり無駄にしないように
クーバーピディの年間平均降雨量はわずか130mm。月に2日ほど雨が降るかどうかという町なので、水はとても貴重だ。そのため水道料金がひじょうに高い。どのホテルでも水を無駄に使わないよう呼びかけている。

■ハエの多さはオーストラリア有数
アウトバックはどこもそうだが、ここもハエの多さにはうんざりさせられる。気になる人は、みやげ物屋でフライネットを購入しておくといい。

露天掘りのオパール採掘場

アデレードからスチュアート・ハイウェイを北西へ960km、南オーストラリア内陸部に広がる大荒野のなかに、オパール採掘で有名な町クーバーピディがある。2006年に日本でも公開されたオーストラリア映画『ポビーとディンガン』(オパールの町で純粋な心をもって生きる幼い兄弟とその家族の物語)の撮影場所となったことでも知られている。

町全体が平べったい印象を受けるクーバーピディ

この町で初めてオパールが見つかったのが1915年。以来、オパールのマイニング(採掘)、ヌードリング(採掘後の砂山から鉱石のふるい分けを行うこと)の町として世界中の注目を集めている。ギリシアや旧ユーゴスラビア、イタリアなどからの多くの移民たちは、今もこの町へやってきてオパールの採掘を続けている。一方で、中国系の移民たちは豊富な資金力をバックに、バイヤーとしてその商才を見せつけている。実に56もの国からの移民で成り立つこの町では、そんな移民国家オーストラリアの一面も見えてくる。ちなみにクーバーピディという名前は、この地の先住民の言葉で「白人たちのもぐる穴」という意味がある。

町の周囲には落穴注意の看板が多い

クーバーピディの歩き方
OUTLINE OF COOBER PEDY

観光資源となっているダグアウトハウス

夏には日中の気温が40℃を超え、冬には夜間10℃以下まで下がってしまう、典型的砂漠気候のクーバーピディ。そのため人々は岩壁をくり抜いたり、地下に穴を掘ったりし、独特の住居を造り出した。これはダグアウトハウス Dugouthouse と呼ばれ、地下の夏涼しく冬暖かいという特性を利用している。そのためこの町は、かつて地下にある町という異名をもっていた。現在はエアコンの普及により、実際にダグアウトハウスで生活している人は少ない。今も使われている古い教会や観光客用ホテル、レストランなどから、ダグアウトハウスの様子を垣間見ることができるだろう。

町の歴史、オパールについての知識を深めるなら MAP なし

デザートケーブホテル
The Desert Cave Hotel

町の中心にあるクーバーピディ有数の高級ホテル。このホテルの地下にある**アンダーグラウンド・ヒストリックディス**

プレイ Underground Historic Display はぜひ訪ねてみたい。ダグアウトハウスを思わせるむき出しの岩壁に、クーバーピディの歴史やこの地を訪れた探検家の紹介、そしてオパールの種類や採掘方法にいたるまで、こと細かにパネル展示している。

クーバーピディの周囲に広がる　MAP なし

オパールフィールド & カンク - ブレイクアウェイ保護区
Opal Fields & Kanku-Breakaways CP

ツアーでは自分でオパール探しも楽しめる

クーバーピディの町の周囲には小山のようなオパール採掘鉱が点在するオパールフィールドが広がる。ここには1980～90年代に実際に採掘に使われた現場を旅行者がガイドツアー（3～10月のみ）で見学できるようにした**トムズ・オパールマイン** Tom's Opal Mine があって人気を集めている。周囲の採掘跡地ではオパール探しも楽しめるほどだ。

そしてその周囲が1万4300ha にもおよぶ広大な**カンク - ブレイクアウェイ保護区**だ。原野の中に浸食によってできた断崖の丘が点在する場所で、それぞれが離ればなれになっていることからブレイクアウェイと名づけられている（映画『マッドマックス3』撮影地でもある）。この地の先住民は、シェルターとして利用した丘をカンクと呼ぶ。厳しいこの環境のなかでも生長する樹木ムルガの種子を、長寿の象徴ウモウナと呼び、カンクが点在することでこの地は「長生きできる場所」であることから、ウモウナを一帯の名称としても使用している。また保護区内には、北からのディンゴの南進を防ぎ、かつ南からのウサギの北進を防ぐため大陸を二分するように張られた5322km も続く**ディンゴフェンス**（ドッグフェンス、あるいはラビットプルーフフェンスとも呼ばれる）も見ることができる。個人での観光はひじょうに危険なのでクーバーピディ発着ツアーに参加して回るのがおすすめだ。人気があるのは**ノーブルツアー・オーストラリア** Noble Tours Australia だ。

■アンダーグラウンド・ヒストリックディスプレイ
住 The Desert Cave Hotel, Lot 1 Hutchison St., 5723
☎ (08)8672-5688
URL www.desertcave.com.au
開 毎日 8:00～20:00
料 無料

■トムズ・オパールマイン
住 Lot 1993 Stuart Hwy., 5723
☎ (08)8672-3966
URL www.tomsopalmine.com
時 ガイドツアー：4～10月の毎日 10:00～11:30、13:30～15:00　料 大人 $28 子供 $14 家族 $75

■ノーブルツアー・オーストラリア
☎ 0499-500-932
URL nobletoursaustralia.com.au
●プレミアムツアー・オブ・タウン&ブレイクアウェイ
時 毎日 8:00～13:00、13:00～18:00　※午前ツアーは催行されない場合がある
料 大人 $110 子供 $75

■オールド・タイマーズマイン
1918年当時のオパール採掘現場がそのまま残されており、実際に坑道を見て歩くことができる。大きく品質のよいオパールがあることでも知られている。
住 2190 Crowders Gully Rd., 5723　☎ (08)8672-5555
開 毎日 9:00～16:00
料 大人 $15 子供 $5 家族 $40

大陸を二分するディンゴフェンス

クーバーピディのホテル

ACCOMMODATION

州外局番 (08)

オパールを掘った穴が部屋に　MAP なし

Radeka Downunder
ラデッカ・ダウンアンダー

URL www.radekadownunder.com
住 1 Oliver St. (Cnr. Hutchison St.), Coober Pedy, 5723　☎ 8672-5223　FREE 1800-633-891
WiFi 有料　料 TW $109～150、2B $270
CC AJMV

オパールを掘った穴がそのまま部屋になっている。バックパッカーズとモーテルルーム（地上）がある。オパールフィールドへのツアーも行っている。

クーバーピディの高級ホテル　MAP なし

The Desert Cave Hotel
デザートケーブホテル

URL www.desertcave.com.au
住 Lot 1, Hutchison St., Coober Pedy, 5723
☎ 8672-5688　WiFi 無料
料 TW $166～293　CC ADJMV

すべての設備の整った高級ホテル。地下にはヒストリックディスプレイ、バーがある。各種ツアーとのパッケージもあり。

ノーザンテリトリー（北部準州）

自然の雄大さ、すばらしさ、厳しさを実感する

ウルルを背景に行われている
フィールド・オブ・ライト

観光のポイント

POINT 1 世界複合遺産にも登録されている世界最大級の一枚岩ウルル（エアーズロック）。この国へ来たからには必ず見てみたいオーストラリアのシンボルだ。時間によって七色に変わるという岩肌、先住民の伝説が残る麓の泉や岩のくぼみ、そして間近に感じる巨大さ……じっくりと時間をかけて見てみたい。なおウルル近郊、カタジュタ（オルガ岩群）、ワタルカ国立公園（キングスキャニオン）もウルルと一緒に観光したい。

POINT 2 ノーザンテリトリー北部にある世界遺産カカドゥ国立公園は、先住民とオーストラリアの自然との関わりを知るのに最適な場所。狩猟時代に残した数多くの岩絵、また湿原で目にする無数の野鳥とクロコダイル、さらに草原地帯に立つ人の背丈を超える蟻塚群、カンガルーやディンゴなどの野生動物……ひじょうに広い国立公園なので、できれば1～2泊して観光したい。

POINT 3 大陸縦断鉄道ザ・ガン号に乗り、ニトミルク国立公園（キャサリン渓谷）やアリススプリングスで観光しながらの旅は、オーストラリア大陸の広さと自然のすごさが実感できるおすすめの方法だ。

基本データ

面積	134万9100km^2	州の動物	レッドカンガルー
人口	約25万2000人	州花	スターツデザートローズ
州都	ダーウィン（人口約14万8000人）	電話	州外局番08
時差	オーストラリア中部標準時（日本より30分早い）		

おもな祝祭日（2024年5月～2025年4月）

2024年

- 5月6日 メーデー May Day
- 6月10日 国王誕生日 King's Birthday
- 7月5日 アリススプリングス・ショーデー Alice Springs Show Day（アリススプリングスのみ）
- 7月19日 キャサリン・ショーデー Katherine Show Day（キャサリンのみ）
- 7月26日 ダーウィン・ショーデー Darwin Show Day（ダーウィンのみ）
- 8月5日 ピクニックデー Picnic Day
- 12月25日 クリスマスデー Christmas Day
- 12月26日 ボクシングデー Boxing Day

2025年

- 1月1日 新年 New Year's Day
- 1月26日 オーストラリアデー Australia Day
- 1月27日 オーストラリアデーの休日 Australia Day Holiday
- 4月18日 グッドフライデー Good Friday
- 4月19日 イースターサタデー Easter Saturday
- 4月21日 イースターマンデー Easter Monday
- 4月25日 アンザックデー Anzac Day

スクールホリデー（2024年5月～2025年4月）

6/22～7/14、9/21～10/6、12/14～2025年1/28、4/5～4/13

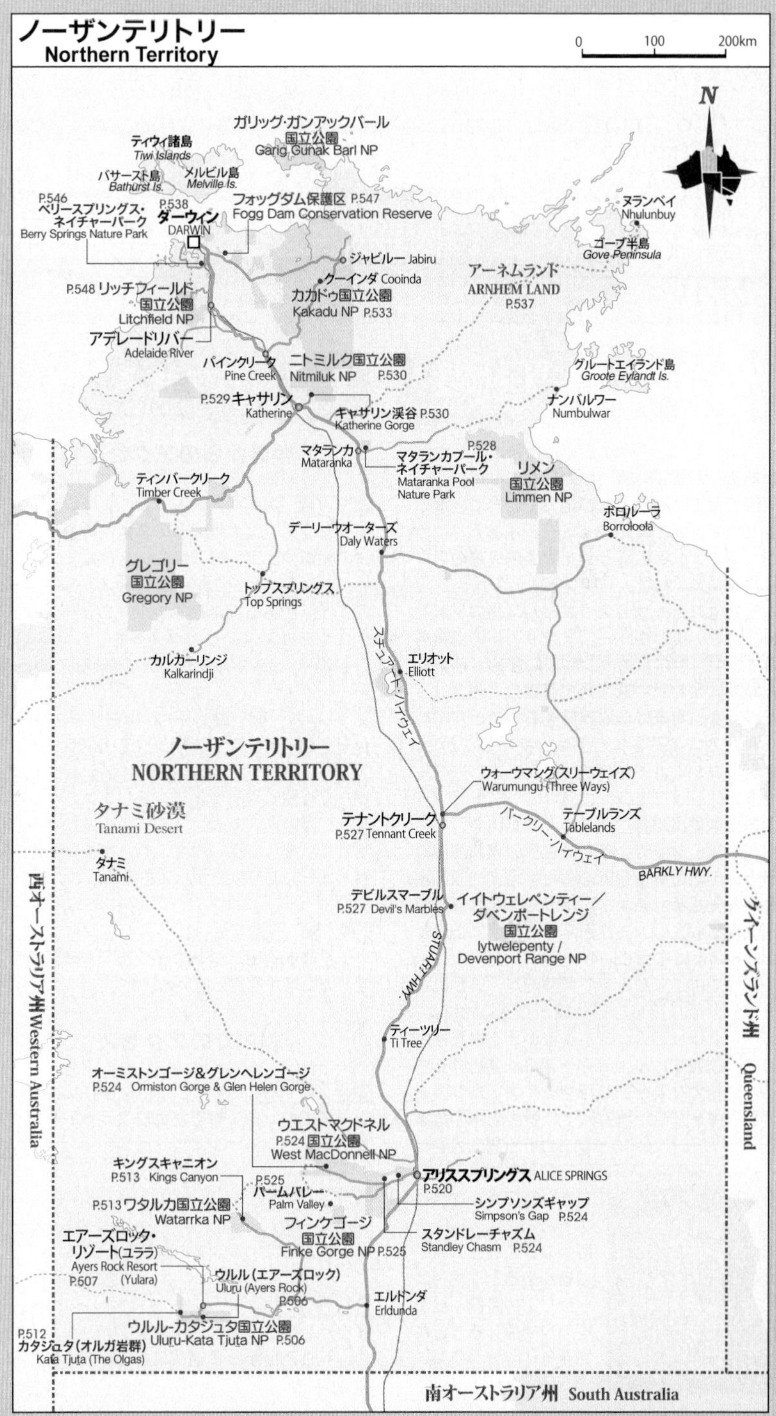
ノーザンテリトリー
Northern Territory
0 100 200km
N
ガリッグ・ガンアックバール国立公園
Garig Gunak Barl NP
ティウィ諸島
Tiwi Islands
バサースト島
Bathurst Is.
メルビル島
Melville Is.
P.546
ベリースプリングス・ネイチャーパーク
Berry Springs Nature Park
P.538
ダーウィン
DARWIN
フォッグダム保護区 P.547
Fogg Dam Conservation Reserve
ジャビルー Jabiru
クーインダ Cooinda
カカドゥ国立公園
Kakadu NP P.533
アーネムランド
ARNHEM LAND
P.537
ヌランベイ
Nhulunbuy
ゴーブ半島
Gove Peninsula
P.548 リッチフィールド国立公園
Litchfield NP
アデレードリバー
Adelaide River
パインクリーク
Pine Creek
ニトミルク国立公園
Nitmiluk NP P.530
グルートエイランド島
Groote Eylandt Is.
P.529 キャサリン
Katherine
キャサリン渓谷 P.530
Katherine Gorge
ナンバルワー
Numbulwar
マタランカ
Mataranka
マタランカプール・ネイチャーパーク
Mataranka Pool Nature Park
P.528
リメン国立公園
Limmen NP
ティンバークリーク
Timber Creek
ボロルーラ
Borroloola
デーリーウオーターズ
Daly Waters
グレゴリー国立公園
Gregory NP
トップスプリングス
Top Springs
スチュアート・ハイウェイ
エリオット
Elliott
カルカーリンジ
Kalkarindji
ノーザンテリトリー
NORTHERN TERRITORY
ウォーウマング(スリーウェイズ)
Warumungu (Three Ways)
タナミ砂漠
Tanami Desert
テナントクリーク
P.527 Tennant Creek
テーブルランズ
Tablelands
バークリー・ハイウェイ
BARKLY HWY.
タナミ
Tanami
デビルスマーブル
P.527 Devil's Marbles
イイトウェレペンティー／ダベンポートレンジ国立公園
Iytwelepenty / Devenport Range NP
STUART HWY.
西オーストラリア州 Western Australia
クイーンズランド州 Queensland
ティーツリー
Ti Tree
オーミストンゴージ&グレンヘレンゴージ
P.524 Ormiston Gorge & Glen Helen Gorge
ウエストマクドネル国立公園
P.524
West MacDonnell NP
キングスキャニオン
P.513 Kings Canyon
P.525
パームバレー
Palm Valley
アリススプリングス ALICE SPRINGS
P.520
P.513 ワタルカ国立公園
Watarrka NP
シンプソンズギャップ
Simpson's Gap P.524
フィンケゴージ国立公園
Finke Gorge NP P.525
スタンドレーチャズム
Standley Chasm P.524
エアーズロック・リゾート(ユララ)
Ayers Rock Resort (Yulara)
P.507
ウルル(エアーズロック)
Uluru (Ayers Rock)
P.506
エルドゥンダ
Erldunda
P.512
カタジュタ(オルガ岩群)
Kata Tjuta (The Olgas)
ウルル-カタジュタ国立公園
Uluru-Kata Tjuta NP P.506
南オーストラリア州 South Australia

ノーザンテリトリー（北部準州）主要観光地の平均気温・降水量

	1月	2月	3月	4月	5月	6月	7月	8月	9月	10月	11月	12月
ウルル - カタジュタ国立公園（エアーズロック）												
平均最高気温（℃）	38.5	36.9	34.3	29.9	24.3	20.3	20.5	23.7	28.9	32.2	34.9	36.5
平均最低気温（℃）	22.7	22.1	19.2	14.4	9.3	5.5	4.4	5.8	10.8	14.8	18.3	20.8
平均降雨量（mm）	26.7	38.4	35.3	15.9	12.9	18.1	18.8	4.4	7.7	21.4	35.5	40.6
アリススプリングス												
平均最高気温（℃）	36.4	35.1	32.7	28.2	23.1	19.8	19.7	22.7	27.4	31.0	33.7	35.4
平均最低気温（℃）	21.5	20.7	17.5	12.6	8.2	5.0	4.0	6.0	10.3	14.8	17.9	20.2
平均降雨量（mm）	40.7	43.3	31.4	17.3	18.7	13.5	15.5	8.9	8.2	20.8	28.5	36.8
カカドゥ国立公園												
平均最高気温（℃）	33.6	33.2	33.6	34.5	33.5	31.7	31.9	33.7	36.2	37.6	36.9	35.1
平均最低気温（℃）	24.6	24.5	24.4	23.5	21.9	19.2	18.6	19.1	21.6	23.9	24.9	24.9
平均降雨量（mm）	356.8	359.2	317.2	88.5	15.8	1.1	2.9	2.6	6.8	39.2	143.3	233.6
ダーウィン												
平均最高気温（℃）	31.8	31.4	31.9	32.7	32.0	30.6	30.6	31.4	32.6	33.3	33.3	32.6
平均最低気温（℃）	24.8	24.7	24.5	24.0	22.1	19.9	19.3	20.3	23.0	24.9	25.3	25.3
平均降雨量（mm）	427.1	374.3	317.9	102.2	21.2	1.8	1.2	4.9	15.3	69.9	142.1	248.9

ノーザンテリトリー概要

「トップエンド Top End」と呼ばれる地域がある。大陸の東部、南部に住む人から見た、地図の最上部にある北部地方のことで、彼らにとっては北の果てのイメージがある。このトップエンドと広漠とした大陸中央部のアウトバック、それがノーザンテリトリーだ。

当初はニューサウスウエールズ州の一部であり、その後、南オーストラリア州の管轄を経て、1911 年、キャンベラに首都が移された時期に合わせて連邦政府直轄の準州となった。しかし実際に自治政府をもつことが認められたのは 1978 年とずっとあとのことだ。住民のなかには先住民アボリジナルピープルも多い。トップエンドに多いオーストラリアの重要な輸出資源ウラニウムの鉱山も、先住民が地主となっている。先住民の権利回復で彼らの土地所有権が認められ、地代や鉱区権利料が支払われるようになった。年間数十億円になる収入は、先住民全体の生活向上に使われることになっている。

観光では、ワイルドで冒険的な、いかにもオーストラリアらしい体験ができる地域だ。オーストラリアのシンボルといえる世界最大級の一枚岩ウルル（エアーズロック）はもちろん、壮大な渓谷美を見せるニトミルク国立公園（キャサリン渓谷）や、野生動物の豊富なカカドゥ国立公園など、自然を対象としたスケールの大きな見どころが多い。4WD を駆って、これらの見どころを巡ると、オーストラリアの苛酷な自然をハダで感じることができる。

大陸の真ん中に忽然と姿を現すウルル

アクセス

州外からのアクセス

飛行機　ノーザンテリトリーの準州都ダーウィンは大陸北部の拠点だけあり、各州の州都やケアンズ、タウンズビル、ゴールドコースト、サンシャインコーストなどからフライトがある。またウルル（エアーズロック）やアリススプリングスへもブリスベン、シドニー、メルボルンから直行便が出ている。

長距離バス　南オーストラリアのアデレードからアリススプリングスへ、クイーンズランドのマウントアイザからテナントクリーク経由でダーウィン／アリススプリングスへ、西オーストラリアのブルームからキャサリン、そしてダーウィンへ、グレイハウンド・オーストラリアがバスを運行している。

列　車　アデレードからアリススプリングスを経由しダーウィンまで、豪華列車ザ・ガン号が運行している。

州内でのアクセス

飛行機　ダーウィン～アリススプリングスにカンタス航空が毎日フライトをもっている。

長距離バス　グレイハウンド・オーストラリアがダーウィン～キャサリン～テナントクリーク～アリススプリングスに路線をもっている。

ツアー　ノーザンテリトリーの雄大な自然を味わうなら、移動型ツアーがおすすめ。1 泊 2 日から 2 週間ほどのツアーまで種類は多い。

プランニングのヒント

ノーザンテリトリーはツアーで観光

観光ポイントの距離が離れており、時に近くに町がまったくない場所も少なくない。そうした自然のなかの見どころを巡るのに便利なのが移動型ツアーだ。アリススプリングスからウルル（エアーズロック）方面へは1～3泊のツアーが、アリススプリングス～ダーウィンは5～12泊のツアーが出ている。ほかにもダーウィンやアリススプリングスから西オーストラリアや南オーストラリアを目指す数泊のツアーがある。おもなツアー会社は下記のとおりだ。またウルル近郊やダーウィン近郊のみの日帰り～1泊のツアーも数多いので、時間に余裕のない人は都市間移動に飛行機やザ・ガン号を使い、各都市でツアーに参加するのもいいだろう。

●アドベンチャーツアーズ・オーストラリア
(03)9125-3630
URL www.adventuretours.com.au

●ウェイアウトバック・オーストラリアンサファリ
(08)8300-4900
URL www.wayoutback.com.au

●AAT キングス
(02)9028-5180
URL www.aatkings.com

●オートピアツアーズ
(08)7913-7144
URL autopiatours.com.au

ウルル（エアーズロック）と並ぶ中央オーストラリアの見どころ、カタジュタ（オルガ岩群）

エアーズロック起点の旅

日本からのツアーだと1泊しかしないことが多いウルル（エアーズロック）。しかし朝夕で色の変わるウルルの姿や、ウオーキングルートが充実したオルガ岩群、さらにワタルカ国立公園（キングスキャニオン）観光などを考えると最低でも2泊、できれば3泊は欲しい。

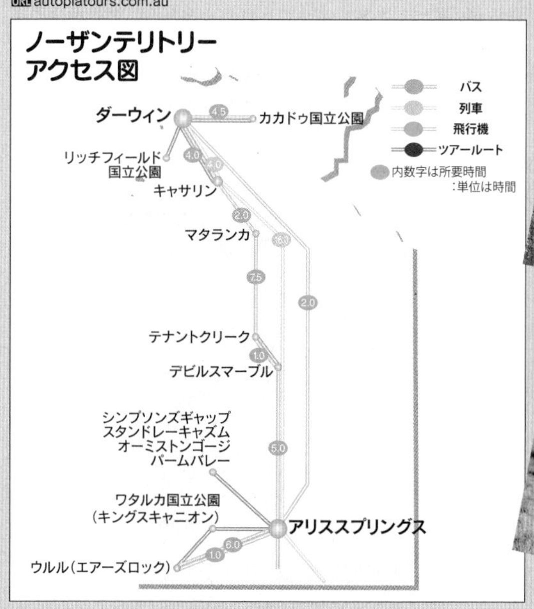

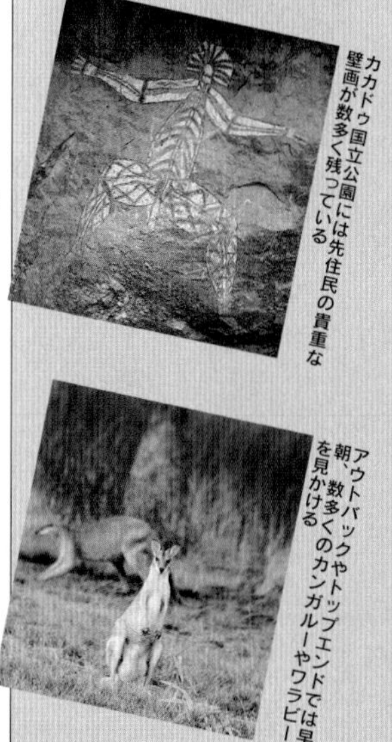

カカドゥ国立公園には先住民の貴重な壁画が数多く残っている

アウトバックやトップエンドでは早朝、数多くのカンガルーやワラビーを見かける

ウルル（エアーズロック）とその周辺 *Uluṟu(Ayers Rock) & Around*

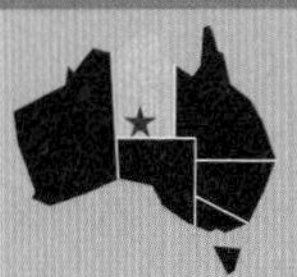

ノーザンテリトリー *Northern Territory*　　州外局番（08）

大陸ほぼ中央に忽然と現れる一枚岩ウルル（エアーズロック）

　オーストラリア大陸のほぼ中央、赤土の荒野に忽然と姿を現すウルル（エアーズロック）。周囲約9.4km、海抜863m（地上からの高さは348m）の世界最大級の一枚岩だ。まさに「地球のへそ」と呼ぶにふさわしい姿で、オーストラリアといえば、この岩を思い浮かべる人も多いだろう。

　西洋人による発見は1872年。探検家ウイリアム・ゴスが大陸内部探査の途中で見つけ、当時の南オーストラリア長官ヘンリー・エアーにちなんでエアーズロックと名づけられた。現在は**ウルル - カタジュタ国立公園** Uluṟu - Kata Tjuṯa NPとしてオーストラリア政府がアボリジナル・コミュニティ（ピジャンジャラ評議会）から借り受けている。そしてオーストラリア先住民にとっての重要な聖地であり、このあたりに住むアナング族が代々呼び続けた名前「ウルル」を正式名称に変更しているのだ。

　ウルル周辺には、この巨大な一枚岩のほかにも重要な見どころがいくつかある。なかでもウルルとともに世界複合遺産に登録されているカタジュタ（オルガ岩群）、ウルルと大陸中央の町アリススプリングスとの中ほどにあるワタルカ国立公園（キングスキャニオン）は、中央オーストラリアの見逃せない観光ポイントだ。

ウルル地域最大のツアー会社AATキングスの大型ツアーバス

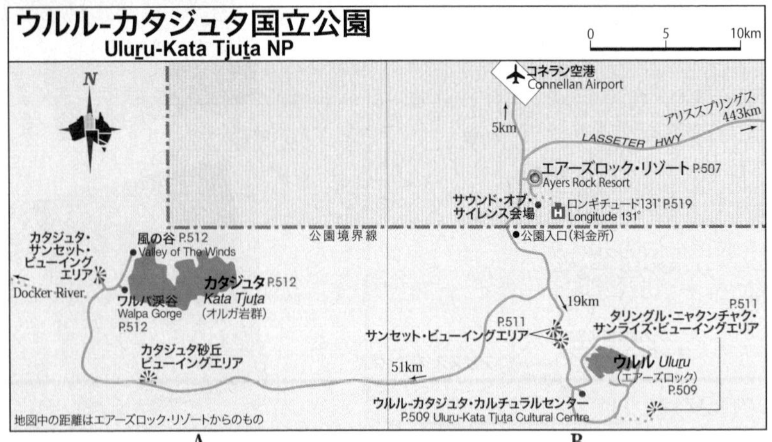

アクセス
ACCESS

行き方

●**飛行機で**

カンタス航空とジェットスターがシドニー、メルボルンから直行便を運航している。なお、ヴァージン・オーストラリアも2024年6月からシドニー、メルボルン、ブリスベンからの直行便を再開予定だ。

●**長距離バスで**

アリススプリングスから**AATキングス** AAT Kingsと**エミューラン・エクスペリエンス** Emu Run Experienceがバスを運行している。

●**ツアーで**

アリススプリングス発数泊のツアーを利用するのが一般的。**アドベンチャーツアーズ・オーストラリア** Adventure Tours Australia、**ウェイアウトバック・オーストラリアンサファリ** Wayoutback Australian Safari、**オートピアツアーズ** Autopia Toursなどが人気だ。人気なのは2泊3日のツアー。一般的なパターンは早朝アリススプリングスを出発、途中キャメルファームで休憩、その後エアーズロック・リゾート脇のキャンプ場へ。午後はウルルのベースツアー＆サンセット観光。翌朝、ウルルのサンライズ観光とカタジュタでのウオーキングを行い、その後キングスキャニオンへ移動。3日目の午前中にワタルカ国立公園のウオーキングを楽しんでアリススプリングスへ戻るというものだ。

●**レンタカーで**

アリススプリングスからレンタカー利用も考えられるが、走行距離による追加料金がかかり、かなり割高。片道400km以上あり、途中ガソリンスタンドは3軒しかない。スペアタイヤ、十分な飲料水を持参すること。レンタカー利用なら、むしろエアーズロック・リゾート到着後に借りるほうがおすすめだ。

空港 ⇔ エアーズロック・リゾート

ウルルの空の玄関**コネラン空港** Connellan Airport (AYQ)は、エアーズロック・リゾートから約5kmの所にある。コネラン空港からエアーズロック・リゾートまではAATキングスがエアポート・シャトルバスを走らせている。

ウルルの歩き方
OUTLINE OF ULURU

エアーズロック・リゾートに滞在する

ウルル観光拠点、それがエアーズロック・リゾート Ayers Rock Resort。ウルル - カタジュタ国立公園内には宿泊できないので、観光客はすべてこのリゾートに滞在する。リゾート自体アウトバックの景観を損なわないよう配慮して造られており、ほとんどの建物は砂漠の色と同化するよう特別な塗料が使われている。真夏の昼は40℃以上にもなる猛烈な熱を反射するため、スイス製の日よけ用の帆が68も使われており、その姿、形がここの特色にもなっている。

■**カンタス航空**
☎13-13-13

■**ヴァージン・オーストラリア**
☎13-67-89

■**ジェットスター**
☎13-15-38

■**AATキングス**
☎1300-228-546
URL www.aatkings.com
時 アリススプリングス発7:00 - エアーズロック・リゾート着13:00／エアーズロック・リゾート発10～3月12:30・4～9月13:00 - アリススプリングス着10～3月19:00・4～9月19:30
料 片道 大人$199 子供$139

■**エミューラン・エクスペリエンス**
☎(08)8953-7057
URL www.emurun.com.au
時 アリススプリングス発火木土6:00 - エアーズロック・リゾート着11:35／エアーズロック・リゾート発火木土19:00 - アリススプリングス着24:00過ぎ
※ツアーバスに混載のため席に限りがある
料 大人$191 子供$99

■**アドベンチャーツアーズ・オーストラリア**
☎(03)9125-3630
URL www.adventuretours.com.au
●**3日間ロック・ザ・センター**
料 スワッグキャンプ1人$645

■**ウェイアウトバック・オーストラリアンサファリ**
☎(08)8300-4900
URL www.wayoutback.com.au
●**3日間ウルルツアー＆キングスキャニオン、カタジュタ**
料 スワッグキャンプ1人$950、常設テント泊1人$1095

■**オートピアツアーズ**
☎(08)6244-2065
URL autopiatours.com.au
●**3日間ウルル、カタジュタ、キングスキャニオン**
料 スワッグキャンプ1人$950、常設テント泊1人$1095

ウルルへ飛行機で移動する場合、窓側がおすすめです。途中で巨大な塩湖が見られ、エアーズロック空港到着前や離陸後はウルルやカタジュタが見えます。私の場合は行きも帰りもウルル、カタジュタを見ることができました。（匿名 '24）

エアーズロック・リゾートとひと口にいっても、実はいくつかのホテルやショッピングセンターなどが集まる町のような場所。周遊道路があって**無料のリゾートシャトル**が巡回しており、どのホテルに泊まっても不便さは感じない。

エアーズロック・リゾートからウルルを望む

ショッピングセンター前の芝生広場では、アボリジナルアートを体験できるワークショップが開かれたり、リゾート内無料ガーデンウオークが行われたりといったアクティビティが用意されている。またギャラリー・オブ・セントラルオーストラリア Gallery of Central Australia（通称 GoCA）には多数のアボリジナルアートが展示してあるほか、先住民の文化、生活についてのパネル展示が行われている。

リゾートの中心にあるショッピングセンター内の広場

ウルル - カタジュタ国立公園の観光方法

リゾートからウルルやカタジュタの観光へ向かうのだが、どちらも 20km 以上離れており、エアーズロック・リゾート発着のツアー利用が一般的。レンタカー利用の場合は、国立公園内にガソリン、水、食料の補給所がないので注意すること。観光ルートはすべて舗装されているので安心だ。なおウルル、カタジュタのあるウルル - カタジュタ国立公園を観光する場合は、国立公園入口にて入園券を購入する必要がある。ツアー利用の場合は、通常ガイドが販売代行をしている。

■エアポート・シャトルバス
Airport Shuttle Bus
エアーズロック・リゾートのホテル宿泊者は無料

■エアーズロック・リゾート
MAP P.508
URL www.ayersrockresort.com.au

便利なリゾートシャトル

■リゾートシャトル
各ホテル前、ショッピングセンターを周遊。運行時間は 10:30 ～翌 0:30 で約 20 分間隔。

■レンタカー会社
●ハーツ Hertz
☎(08)8957-6490
●エイビス AVIS
☎(08)8956-2266
●スリフティ Thrifty
☎(08)8956-2030

■ウルル - カタジュタ国立公園入園券
URL parksaustralia.gov.au/uluru/plan/passes
料3 日間有効：大人$38 子供 無料
※ウェブサイトで購入可能。またツアー参加者はバスドライバーからも購入できる

■ウルル - カタジュタ国立公園ゲートオープン時間
開12 ～ 2 月：5:00 ～ 21:00 ／ 3 月:5:30 ～ 20:30 ／ 4 月: 5:30 ～ 20:00 ／ 5 月：6:00 ～ 19:30 ／ 6 ～ 7 月：6:30 ～ 19:30 ／ 8 月：6:00 ～ 19:30 ／ 9 月：5:30 ～ 19:30 ／ 10 月：5:00 ～ 20:00 ／ 11 月：5:00 ～ 20:30

エアーズロック一帯は赤砂なので、白い靴はおすすめできません（赤い汚れがなかなか取れない）。黒い靴がいいと思います。（広島県　苦悩摺蔵　'17）['24]

ウルルのおもな見どころ
SIGHTSEEING SPOTS

ウルル（エアーズロック）
Uluru (Ayers Rock)

広大な大地に忽然とそびえるウルル

ウルルの地表面の大きさは周囲 9.4km、高さ 348m（海抜 863m）。約９億年前に古大陸ロデニア大陸にあった高山の麓、扇状地の下流に堆積した砂岩層がもととなっている。砂岩層は古生代に海に沈み、およそ５億 5000 万年前の先カンブリア紀の地殻変動によって地上へと隆起。その後数度の大きな地殻変動を経て、6500 万年ほど前のゴンドワナ大陸からオーストラリア大陸が分離した頃に、地表に出ている砂岩層の柔らかい部分が風による侵食を受ける。そして 50 万年程前に乾燥化でさらに侵食が進んで固い岩盤のみが残り、現在の形になったと考えられている。なおウルルの地上に出ている部分は岩全体のごくわずかで、たった 5%ほどではないかと推定されている。

※ウルル登山は、2019 年 10 月 26 日から、先住民の聖地であることに配慮し禁止されている。

先住民の伝説の世界を垣間見る MAP P.510

ベースウオーク
Base Walk

ウルルにはセイクレッドサイト Sacred Site と呼ばれるアナング族にとって歴史的に重要な意味をもつ場所がいくつかあり、立ち入ることや写真撮影が禁じられている。ベースウオークのルート上にその旨指示があるので、必ず守ること。

周囲を歩くとその巨大さがよくわかる

ウルルを一周する約 9km のウオーキングトレイル（ベースウオーク）がある。所要３時間ほどなので健脚派におすすめ。ベースウオークツアーで訪れる場合も、ベースウオークの一部、見どころが多くセイクレッドサイトが少ない**マラウオーク** Mala Walk と**クニヤウオーク** Kuniya Walk を歩くことになる。この２ヵ所を歩くだけで、主要なポイントはおさえられる。

立ち入り禁止区域にはこのよなボードが立てられている

■立入禁止区域（セイクレッドサイト）
ウルル - カタジュタ国立公園内には先住民の聖地がある。許可なしでこの区域には絶対に入ってはならない。また写真を撮ることも禁じられている。

■メモリアルボード
旧登山口脇に５枚のメモリアルボードがある。実際に登山途中で落ちて亡くなった人のものは２枚で、ほかは日射病、心臓発作で登山途中に亡くなった人のものだ。現在はメモリアルボードの取りつけは禁止されている。

■ウルル－カタジュタ・カルチュラルセンター Uluru-Kata Tjuta Cultural Centre MAP P.510
ウルル近くにある、この地域の先住民（アナング族 Anangu）の人々の生活様式・文化を紹介している施設。
☎(08)8956-1128
開 毎日 7:00 ～ 18:00

■マルク・アーツ＆クラフト Maruku Arts & Crafts
カルチュラルセンター内にあるアナング族経営のアートセンター。手工芸品や美術品の展示、販売をしている。
☎(08)8956-2558
URL maruku.com.au
営 月～金 7:30 ～ 17:30、土日 9:00 ～ 17:00

南半球の星空を眺めるときは「Google Sky マップ」のようなスマホ用アプリが便利。南十字星はもちろん、日本では見たことのない満天の星が楽しめました。（広島県　苦悩揩蔵　'17）['24]

マラウオークにある自然のシェルター（クルピワトク）

マラウオークは旧登山口から片道 1km ほど続く最も人気のある遊歩道。時計回りに進むと、左側に小さな洞窟が見つかる。洞窟内の天井に先住民の壁画が残っている。絵はおもにカンガルーやエミューの足跡で、かつて子供たちに絵や伝説を教えた場所とされる（**クルピニャインカク** Kulpi Nyiinkaku）。さらに進むと、岩肌の一部が大きく波形に削り取られた２つの自然のシェルターが現れる。先住民がくぼみの一部に長老の姿を見るとされる**クルピワトク** Kulpi watiku、女性や

ウルル（エアーズロック）
Uluṟu (Ayers Rock)

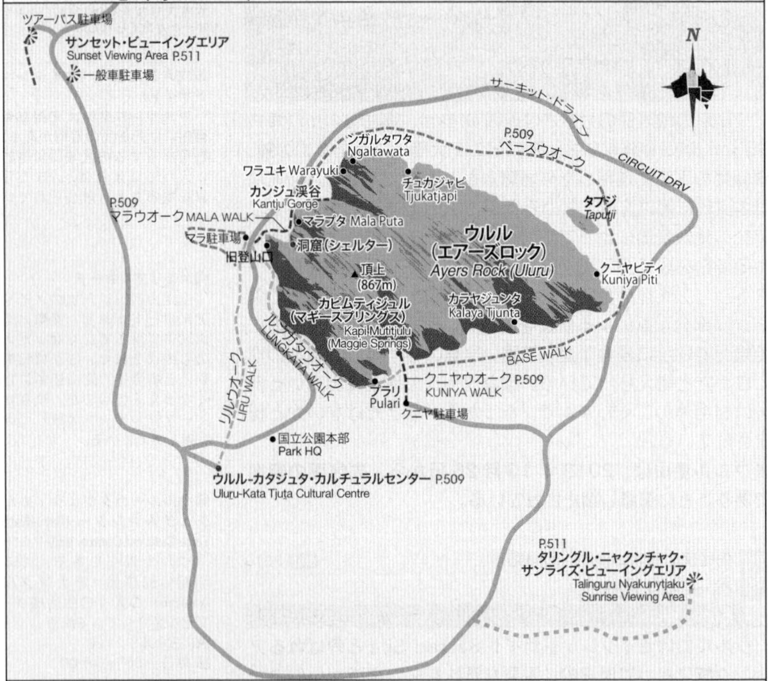

0　1km

N

ツアーバス駐車場
サンセット・ビューイングエリア
Sunset Viewing Area P.511
一般車駐車場
サーキット・ドライブ
CIRCUIT DRV
P.509
ベースウオーク
BASE WALK
ンガルタワタ
Ngaltawata
ワラユキ Warayuki
チュカジャピ
Tjukatjapi
カンジュ渓谷
Kantju Gorge
タプジ
Taputji
P.509
マラウオーク MALA WALK
マラプタ Mala Puta
マラ駐車場
洞窟（シェルター）
旧登山口
ウルル
（エアーズロック）
Ayers Rock (Uluru)
クニヤピティ
Kuniya Piti
頂上
(867m)
カピムティジュル
（マギースプリングス）
Kapi Mutitjulu
(Maggie Springs)
カラヤジュンタ
Kalaya Tjunta
ルンカタウオーク
LUNGKATA WALK
リルウオーク
LIRU WALK
クニヤウオーク P.509
KUNIYA WALK
プラリ
Pulari
クニヤ駐車場
国立公園本部
Park HQ
ウルル-カタジュタ・カルチュラルセンター P.509
Uluṟu-Kata Tjuṯa Cultural Centre
P.511
タリングル・ニャクンチャク・
サンライズ・ビューイングエリア
Talinguru Nyakunytjaku
Sunrise Viewing Area

カタジュタ（オルガ岩群）
Kata Tjuṯa (The Olgas)

0　1km

N

風の谷ウオーク
VALLEY OF THE WIND WALK
P.512
カリンガナ展望地
Karingana Lookout
カタジュタ・サンセット・
ビューイングエリア
Kata Tjuta Sunset
Viewing Area
風の谷駐車場
P.512 カル展望地
Karu Lookout
風の谷 P.512
Valley of The Winds
カタジュタ（オルガ岩群）
Kata Tjuta (The Olgas)
P.512 ワルパ渓谷（オルガ渓谷）
Walpa Gorge (Olga Gorge)
ワルパ渓谷駐車場
マウントオルガ
(1069m)
ワルパ渓谷ウオーク
WALPA GORGE WALK

1年中水が絶えないカピムティジュル

子供が食料を調理したとされる**クルピミニャマク** Kulpi Minymaku だ。このあたりからは岩沿いには低木が茂っている。そして**カンジュ渓谷** Kantju Gorge と呼ばれる小さな池に着く。雨が降ると、この池へと雨水が岩肌を滑り落ち、壮大な滝となる。

ウルルの南側の駐車場から往復 1km ほどの遊歩道がクニヤウオーク。先住民の伝説では、毒蛇男に甥を殺されたニシキヘビ女のクニヤが、その復讐をした場所で、ここに残る泉**カピムティジュル** Kapi Mutitjulu（**マギースプリングス** Maggie Springs）は、亡くなった甥を祀っている場所といわれている。

カンジュ渓谷付近は緑が多くウルルの別の姿を見ることができる

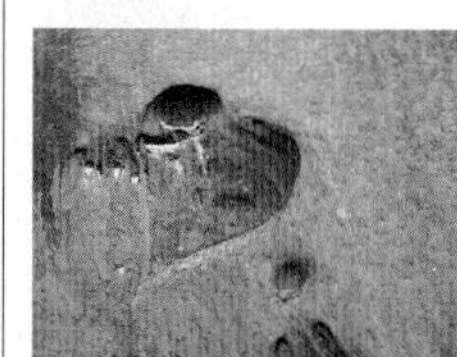
カピムティジュル脇の岩肌には自然が造ったハートマークも

ウルルを前に荘厳な朝を迎える MAP P.510

ウルル・サンライズ
Uluru Sunrise

荘厳なウルルのサンライズ

1日のうちに岩肌の色をさまざまに変えるウルル。日の出前は闇のなかに溶けていた岩肌が徐々に赤みをもち、日の出とともに鮮やかなサーモンピンクに染まったあと、鮮やかなオレンジ色へと変化する。朝日に染まるウルルを見るベストポイントは、ウルル南東の**タリングル・ニャクンチャク・サンライズ・ビューイングエリア** Talinguru Nyakunytjaku Sunrise Viewing Area で、一度に 3000 人が日の出のウルルを見学できるよう造られた展望デッキがある。ウルルの左側遠くにカタジュタも一緒に望めるため、ウルル＆カタジュタを 1 枚の写真に収めることも可能だ。

ウルルのサンライズポイントからは遠くにカタジュタのサンライズも見える

ウルルが赤く燃える MAP P.510

ウルル・サンセット
Uluru Sunset

ウルルが真っ赤に染まる夕方の光景。それを眺める最良の場所が**サンセット・ビューイングエリア** Sunset Viewing Area だ。日が西に傾き始める頃から、徐々に岩肌が赤く色づき始める。そして日が沈む瞬間に岩肌は燃えるような色となる。だが一瞬のこと。日が沈みきると急速に色は失せ、夜の闇のなかにその姿を隠していく。この世のものとは思えないほどに燃え上がるのは、年に数えるほど。微妙に雲が広がっていないと真っ赤にならないようだ。

日が沈むその瞬間に真っ赤に燃える

ウルル - カタジュタ国立公園の日の出・日の入り時刻　（2024 年 5 月～ 2025 年 4 月：各月 15 日の時刻）

	2024年								2025年			
月	5月	6月	7月	8月	9月	10月	11月	12月	1月	2月	3月	4月
日の出	7:15	7:29	7:30	7:13	6:43	6:11	5:49	5:49	6:08	6:31	6:47	7:00
日の入り	18:09	18:03	18:13	18:27	18:39	18:52	19:11	19:32	19:41	19:27	19:02	18:30

出典 :Australian Goverment - Geoscience Australia

サンライズ観光で利用することが多い「朝食ボックス」ですが、中身は水、牛乳、クッキーなど。できれば前日にスーパーで自分の好きな食料を準備したほうがいい。（広島県　苦悩摺蔵　'17）['24]

カタジュタ（オルガ岩群）

Kata Tjuṯa (The Olgas)

カタジュタの意味に納得する岩群だ

ウルルの西約45kmにある巨岩群。高さ546m（海抜1069m）のマウントオルガをはじめとする大小36の岩からなる一帯の総称で、「たくさんの頭」を意味する先住民による呼び名カタジュタが正式名称となっている。1872年、探検家アーネスト・ギリスが西洋人として初めて発見した際に、時のスペイン王妃にちなんで「オルガ」と名づけられたことから、オルガ岩群という名称も定着している。カタジュタもウルル同様に古生代の堆積層が侵食されてできた。ただ扇状地上流にあったために、小石があまりくだけず礫岩層となった場所がもととなっている。一見すると似たような岩肌だが、実際に近寄ってみるとその違いもわかるはずだ。またこの地も先住民の聖地であり、食料を得るとき以外、女性と子供の立ち入りは禁止されていた。

比較的楽に歩けるワルパ渓谷

簡単にカタジュタの奥深さに触れられる MAP P.510

ワルパ渓谷（オルガ渓谷）

Walpa Gorge (Olga Gorge)

カタジュタで最もポピュラーな片道約2kmのトレイルで、マウントオルガに沿ってできた渓谷内を歩く。一本道なのでほとんど迷うことはない。トレイル両側にそそり立つドーム形の巨岩にはただ圧倒されるばかりだ。

夕日に染まるオルガ岩群

カタジュタ観光のハイライト MAP P.510

風の谷

Valley of The Winds

カタジュタ内深くまで踏み入ることができるのが風の谷。駐車場から1周約7kmのトレイルがある。駐車場から1kmほどの**カル展望地** Karu Lookoutからの景観が最初の見どころ。巨大な岩山の向こうに広大な大地が続く、壮大な景色だ。さらに進むとトレイルの分かれ道があり、あたりにはさまざまな砂漠性植物やユーカリの木も見られる。南側、巨岩に挟まれた狭いトレイルを進む。この一帯が本来風の谷と呼ばれる場所。突き当たりが、最大の見どころ**カリンガナ展望地** Karingana Lookoutだ（駐車場から片道約2.5km）。両側にそびえる巨岩の間を風が吹き向け、その向こうに広がる大地、そして遠くにもカタジュタの他の岩々が点在する。まるで、

■宮崎アニメ『風の谷のナウシカ』との関係

カタジュタの風の谷がアニメ『風の谷のナウシカ』の舞台になったのでは、とか、宮崎駿がここへやってきて映画の構想を練った、とかいうウワサがある。しかし実際には、たまたま名前が同じだったというだけで、そうした事実はない（ジブリが公式に否定している）。

■風の谷の写真撮影

カリンガナ展望地からの光景およびその先のカタジュタ内の写真は、個人が記念に撮るぶんにはまったく問題ないが、公共物（インターネットのホームページ含む）への掲載は原則禁止となっている。

Memo 風の谷のウオーキングルートは日中36℃を超える予報が出ている日は、11:00以降クローズとなる。そのため早朝ウオーキングがおすすめだ。

地球上の光景とは思えない景色に感動を覚えるはずだ。カリンガナ展望地から、渓谷を抜けカタジュタの懐部分の大地を歩き、カル展望地下の分かれ道まで戻る。このトレイルをすべて歩くと約４時間。カリンガナ展望地往復でも２～３時間は必要だ。

キングスキャニオン（ワタルカ国立公園）

Kings Canyon (Watarrka NP)

壮大な渓谷美に圧倒される

エアーズロック・リゾートから北東へ車で約３時間（およそ305km）。720km² もの広さをもつワタルカ国立公園の中央にそびえるジョージジル山脈 George Gill Range の一部が、中央オーストラリア有数の大渓谷キングスキャニオンだ。2004 年に放映された TV ドラマ『世界の中心で、愛をさけぶ』や、かつて話題となったオーストラリア映画『プリシラ』（1994 年）のクライマックスの収録場所になったのがここ。切り立った崖の高さは最高 270m にものぼり、岩肌はクリーム色から深紫色まで実にさまざまな色を見せる。

峡谷内のウオーキングルートはふたつ。峡谷を登り一周する**リムウオーク** Rim Walk が所要３～４時間（5.5km）、峡谷の谷を歩く**クリークベッドウオーク** Creek Bed Walk が所要約１時間（1km）だ。おすすめはリムウオーク。峡谷のスケールの大きさを実感でき、しかもドーム形に風化したロストシティ Lost City やシダやヤシなどの植物が群生するエデンの園 Garden of Eden といった、自然が造り出した神秘的な光景にも出合えるからだ。

ウルルのツアー＆アクティビティ

TOURS & ACTIVITIES IN ULURU

自然に詳しいガイドとともに見て回る

ツアー会社はいくつもあるが、**AAT キングス** AAT Kings が催行しているツアーに参加するのが一般的。いくつかのツアーがセットになったパスがあるので、観光はツアーで、と考えている人は購入しよう。日本語ガイドが付くツアーをまとめたパスもある。

ツアーの組み合わせ例

エアーズロック・リゾート到着は昼過ぎが多い。１泊２日の予定なら、到着日午後にウルル・セイクレッドサイト（ベースツアー）＆ウルルサンセット＋マイウルルララ BBQ へ出かけ、翌朝ウルル・サンライズ＆カタジュタのワルパ渓谷散策を行う。

アクセス

●キングスキャニオン

エアーズロック・リゾート発着の AAT キングスのツアー利用が一般的（→ P.516）。同社はトランスファーのみの運行もしている。

時 エアーズロック・リゾート発 10～3月 4:00・4～9月 4:30 - キングスキャニオン・リゾート着 8:55／キングスキャニオン・リゾート発 10～3月 13:00・4～9月 13:30 - エアーズロック・リゾート着 10～3月 17:00・4～9月 17:30

料 大人$169 子供$119

奇妙な岩が連なるロストシティ

リムウオークの途中にあるエデンの園

■ AAT キングス

☎1300-228-546

URL www.aatkings.com

※ウェブサイトから同社のエアーズロックツアーの詳細なパンフレット（PDF 形式）がダウンロードできる。

ツアーでサンセットを見にいく場合、スパークリングワインが振る舞われるので、グラスに逆さウルルを映して記念撮影もできる

Memo キングスキャニオンのリムウオークは日中 36℃を超える予報が出ている日は、9:00 以降クローズとなる。そのため早朝ウオーキングがおすすめだ。

サンライズ・ビューイングエリアからじっくり朝のウルルを眺める

ベストは2泊3日。到着日の午後はリゾート内でゆっくりしたあとにウルル・サンセット＆マイウルルララ BBQ、翌朝カタジュタ・サンライズと風の谷、午後は遊覧飛行などを楽しみ、夜はサウンド・オブ・サイレンス・ディナー（もしくはフィールド・オブ・ドリームス見学）。3日目早朝にウルル・サンライズ＆ベースウオークというパターンだ。風の谷散策を外せば、2日目にキングスキャニオン観光もできる。

ほとんどの個人旅行者が利用

AAT キングス／ウルル周辺主要ツアー

AAT Kings Uluru Area Day Tours

AAT キングスの日本語ガイドツアーは、2024年2月現在、まだ数も少なく曜日も限定されている。確実に日本語ツアーに参加したい人は、日本語パス（日本語ロックコネクション、日本語モーニングコネクション）の購入がおすすめだ。

●ウルル・サンライズ＆モーニングベースウオーク
Uluru Sunrise, Climb & Base Tours

夜明け前に目指すのは、サンライズ・ビューイングエリア。朝食は日の出を待つ間に済ませておく。太陽の光を受けてウルルが徐々に色を変えていく様は圧巻だ。日の出前はかなり冷え込むので、特に冬は上着が必要だ。サンライズ見学後は、クニヤウオーク、マラウオークをガイドと一緒に散策。先住民の伝説からウルルの自然まで興味深い話を聞くことができる。

マラウオークにあるイジャリジャリと呼ばれる穴のあいた岩。伝説ではフクロモグラの穴だといわれる

AAT キングス　おもなパス料金表　(2024年4月以降)

パス名	含まれるツアーなど	料金（$）大人	料金（$）子供
日本語ツアー用パス			
日本語ロックコネクション	国立公園入園料／日本語ウルル・ベースツアー＆サンセットツアー／日本語ウルルサンライズ＋カタジュタ・ワルパ渓谷ツアー／空港送迎／ウルル - カタジュタ世界遺産訪問証明書	589 ※1 813	389 ※1 545
日本語モーニングコネクション	国立公園入園料／日本語ウルルサンライズ＋カタジュタ・ワルパ渓谷ツアー／空港送迎／ウルル - カタジュタ世界遺産訪問証明書	359	225
英語ツアー用パス			
ピティパス (2日間有効)	国立公園入園料／ウルル・サンライズ＆カタジュタ・ワルパ渓谷／ウルル・セイクレッドサイト（ベースツアー）＆サンセット	415 ※2 725	265 ※2 485
オカーパス (3日間有効)	国立公園入園料／ウルル・サンライズ＆モーニングベースウオーク／ウルル・サンセット／カタジュタ・サンセット／カタジュタ・サンライズとカタジュタ風の谷	665 ※2 975	439 ※2 659

※1 マイウルルララ BBQ 付き　※2 キングスキャニオンツアー付き

AAT キングス　ウルル - カタジュタ国立公園　英語主要ツアー　(2024年4月以降)

ツアー名	料金（$）大人	料金（$）子供	ツアー時間
ウルル・サンセットツアー	99	69	日没60分前発／日没30分後着
ウルル・サンセット＆マイウルルララ BBQ	284	198	日没60分前発／日没2.5時間後着
ウルル・セイクレッドサイト（ベースツアー）＆サンセット	195	139	4～10月14:30・11～5月15:00発／日没30分後着
ウルル・セイクレッドサイト（ベースツアー）＆サンセット＆マイウルルララ BBQ	380	274	4～10月14:30・11～5月15:00発／日没2.5時間後着
ウルル・サンライズ＆モーニングベースウオーク	189	135	日の出90分前発／4～9月12:00・10～3月11:15着
ウルル・サンライズ＆カタジュタ・ワルパ渓谷	199	139	日の出90分前発／4～9月11:30・10～3月10:45着
ウルル・アボリジナルアート＆カルチャーエクスペリエンス	299	209	4～10月8:30～13:00・11～3月7:30～12:00
カタジュタ・サンライズ＆風の谷	219	155	日の出95分前発（所要約5.5時間）
カタジュタ・サンセット	149	105	日没90分前発／日没1時間後着
キングスキャニオン＆アウトバックパノラマ	319	225	4～9月4:30～17:30・10～5月4:00～17:00

※国立公園入園料別

Memo 2024年2月現在催行されているAAT キングス日本語ツアーは、すべて月・木・土曜のみ催行で、ウルル・サンライズ＆カタジュタ・ワルパ渓谷（大人$239 子供$165）、ウルル・サンセット（大人$149 ➚

●ウルル・セイクレッドサイト（ベースウオーク）＆サンセット＆マイウルルララ BBQ　Uluru Sacred Sites & Sunset & Mai Uluru La Ila BBQ

午後発なので、到着当日に参加するツアーとして人気が高い。まず伝説が数多く残るウルルのクニヤウオーク、マラウオークをガイドと一緒に散策。散策後はウルル・サンセット・ビューイングエリアに移動。スパークリングワイン、スナックを片手に夕焼けに染まるウルルを楽しむ。その後ウルル - カタジュタ国立公園内に設けられた専用 BBQ サイトへ移動し、BBQ ビュッフェディナーとなる。なお食後は簡単なスタートークもあり。

マイウルルララ BBQ で利用するサイトは国立公園内なので、目の前にウルルが見える

COLUMN

ウルルをバックに行われる
ドローンショー＆光の芸術

ウィンジリウィル
Wintjiri Wiru

2023 年 5 月に、アナングの人々の協力を得て始まったドローンショー。ウィンジリウィルとはピジャンジャラ語で「地平線まで続く美しい眺め」を意味している。このショーでは 1000 機以上のドローンが夜空にアナング族のシンボルや物語のイメージを描きだし、地平に敷き詰められた光源、そして効果的なナレーションと音楽で、マラ族とウィンタルカ族の儀式を巡る争いに端を発した、巨大な犬のような悪霊クルパニとマラ族の人々との戦いを表現する。

ショーのみの見学の他、ウエルカムカクテルでウルルのサンセットを眺め、ピクニックディナー形式の食事を楽しんだ後にショーを見学するというプランも用意されている。

フィールド・オブ・ライト
Field of Light

光を使った巨大芸術作品を造り上げることで世界的に知られるブルース・マンロー氏が、その発想の原点となったウルルを望む場所で行っている一大アートイベント、それがフィールド・オブ・ライトだ。夜の闇のなか、広大な敷地に 5 万個にも及ぶ球状ガラスライトをちりばめ、時間とともに色を変化させる。

フィールド・オブ・ライト見学には幾つかパターンがあり、最も人気があるのが展望台からカナッペ＆ドリンク付きでウルルのサンセット見学、その後フィールド・オブ・ライトを見て回るフィールド・オブ・ライト・スターパス Field of Light Star Pass（サウンド・オブ・サイレンス・ディナー付きもある）。ほかにも早朝フィールド・オブ・ライトとウルルのサンライズを楽しむフィールド・オブ・ライト・サンライズ Field of Light Sunrise、フィールド・オブ・ライトのみを観にいくフィールド・オブ・ライト・パス Field of Light Pass がある。

DATA

URL www.ayersrockresort.com.au

●ウィンジリウィル

料 サンセットディナー付きショー 大人$295 子供$125 ／ショーのみ 大人$190 子供$95

●フィールド・オブ・ライト

料 フィールド・オブ・ライト・スターパス 大人$118 子供$75、サウンド・オブ・サイレンス・ディナー付き 大人$335 子供$168 ／フィールド・オブ・ライト・サンライズ 大人$105 子供$75 ／フィールド・オブ・ライト・パス 大人$48 子供$35

子供$105）、ウルルふもと巡り＆サンセット（大人$245 子供$179 ／マイウルルララ BBQ 付き 大人$480 子供$340）、ウルル・サンセット＆マイウルルララ BBQ（大人$235 子供$165）。

アボリジニの聖地のひとつでもあるマウントコナー

●ウルル・サンライズ＆カタジュタ・ワルパ渓谷
Uluru Sunrise & Kata Tjuta Walpa Gorge

早朝サンライズ・ビューイングエリアでウルルのサンライズを満喫。その後カタジュタへ移動。岩の裂け目のような景観をもつワルパ渓谷を、ガイドの説明を聞きながら散策するツアー。

●カタジュタ・サンライズ＆風の谷
Kata Tjuta Sunrise & Valley of Winds

早朝カタジュタ砂丘展望台でオルガ岩群のサンライズを楽しみ、その後風の谷へ向かうツアー。ガイド付きでカリンガナ展望地までの往復約 5km の散策を楽しむ。

●キングスキャニオン・ツアー　Kings Canyon Tour

キングスキャニオンではリムウオークを歩いてみたい

エアーズロック・リゾート発のキングスキャニオン日帰りツアー。キングスキャニオンでは個人の体力に合わせて、リムウオーク（約 3 時間ガイド付き）か、クリークベッドウオーク（約 1 時間ガイドなし）のウオーキングとなる。エアーズロックへの帰路には、マウントコナー（アルティラ）を展望台から眺めることもできる。

時間を自由に選べる

ウルル・ホップオン・ホップオフ
Uluru Hop on Hop Off

決まったスケジュールではなく、自分なりに時間をアレンジして観光したい人に便利なのがこれ。体力に自信がないのでゆっくりとベースウオークをしたい、あるいはウルルを 1 周するので登山口までの往復サービスだけ必要、というときに利用しよう。1 ～ 3 日間、乗り放題となるパスもある。

エアーズロックで人気のアウトドアディナー

サウンド・オブ・サイレンス
Sounds of Silence

ディジュリドゥの音色を聴きながらのサンセットと、星空の下でディナーを楽しむ。ツアーではまず、ウルルとカタジュタを両方見渡せる小高い丘へ行き、神秘的なディジュリドゥの音が響くなか、シャンパン片手にウルルやカタジュタのサンセットを満喫。

ディナーは砂漠の真ん中にセットされた野外テーブルで。最初にワイン、スープが供され、メインとデザートは豊富なメニューから選べるビュッフェスタイル。カンガルー、クロコダイル、バラマンディなどオーストラリアならではの味覚も楽しめる。食後は静寂のなかでのスタートーク（英語）。満天に輝く南半球の星空を堪能しよう。天体望遠鏡も設置され、自由に観測することができる。

サウンド・オブ・サイレンスの屋外ディナー会場

■ウルル・ホップオン・ホップオフ

ウルル地域のシャトル。一般的なツアーに参加せずに観光する人におすすめだ。

℡(08)8956-2019
URL uluruhoponhopoff.com.au
時 エアーズロック・リゾート発：ウルルへは日の出前 1 ～ 1.5 時間前～日没前 1.5 ～ 2 時間前まで 7 便運行／カタジュタへは暑期は午前中 1 便、それ以外は午前、午後にそれぞれ 1 便運行
料
●1 日間パス：大人$130 子供$60
●2 日間パス：大人$170 子供$70
●3 日間パス：大人$220 子供$100
●ウルル往復：大人$49 子供$15
●カタジュタ往復：大人$105 子供$50

■サウンド・オブ・サイレンス

主催：Ayers Rock Resort
℡1300-134-044
URL www.ayersrockresort.com.au
時 日没 1 時間前から所要約 4 時間
料 大人$283 子供$142

ウルルとカタジュタの雄姿を空から見よう！

シーニックフライト
Scenic Flights

上空から眺めると、エアーズロックの巨大さが実感できる

ヘリコプター、セスナでの遊覧飛行が楽しめる。眺めのよさで選ぶならヘリコプター。15分コースの場合はウルルのみとなるので、25～30分でウルルとカタジュタ両方をじっくり見て回るコースがおすすめだ。壮大なウルルの景観、「たくさんの頭」という意味がしっくりくるカタジュタの全容……空から眺めるからこそわかるすばらしさだ。またセスナでの遊覧飛行には20分のウルルのみ、40分のウルル＆カタジュタのコースがある。

ラクダに乗ってウルルを眺める

ウルル・キャメルツアー
Uluru Camel Tours

サンセット前に隊列を組んでビューポイントへ

ラクダは人になれているので安心して楽しめる

エアーズロック・リゾートの脇でラクダに乗れる。ラクダに乗って赤土の大地を進むキャメルエクスプレスから、ウルルのサンライズ、サンセットを見るツアーまでいくつかのコースが用意されている。サンライズ、サンセット・ツアーは軽食付き。またサウンド・オブ・サイレンスの往路にキャメル・サンセットを組み合わせたツアーもある（サウンド・オブ・サイレンス組み合わせツアーは2024年2月現在休止中）。

ウルル一周をセグウェイで

ウルル・セグウェイツアー
Uluru Segway Tours

セグウェイのスタート地点はクニヤウオーク入口（送迎付き）。ここでまずセグウェイの基本操作を約2時間かけてウルルひと回り（約12km）するウルル・セグウェイのほか、クニヤウオークやマラウオーク周辺のみのウルル・ベストセグウェイ、サンライズとウルル・ベストセグウェイを組み合わせたものまで、いくつかプランが用意されている。もちろん主要ポイントでガイドによる詳しい解説もあるので、ベースツアー代わりに利用するのもおすすめだ。

快適にエアーズロックを1周できるのがセグウェイの大きな魅力

カタジュタの全容は空から眺めるに限る

パイロットの説明を聞きながら遊覧飛行

■シーニックフライト

●プロフェッショナル・ヘリコプタサービス Professional Helicopter Service
☎1300-359-747
URL www.phs.com.au
料15分ウルル1人$195、25分ウルル＆カタジュタ1人$315

●エアーズロック・シーニックフライト（ヘリコプター＆セスナ）Ayers Rock Scenic Flights
URL www.flyuluru.com.au
☎(08)8956-2345
料ヘリコプター：15分ウルル$180、30分ウルル＆カタジュタ$315／セスナ：20分ウルル$145、40分ウルル＆カタジュタ$325

■ウルル・キャメルツアー

☎(08)8950-3333
URL www.ulurucameltours.com.au
料キャメルエクスプレス：1人$89（毎日10:30、11～3月の毎日8:30、4～10月の毎日14:00出発、所要1.5時間）／キャメルサンライズ：1人$145（日の出1時間前出発、所要2.5時間）／キャメルサンセット：1人$145（日の入り1時間30分前出発、所要2.5時間）

■ウルル・セグウェイツアー

☎(08)8956-3043
URL www.ulurusegwaytours.com.au
料ウルル・セグウェイ：1人$209（所要4時間／出発時間は要確認）／ウルル・ベストセグウェイ：1人$179（所要約3時間）／ウルル・サンライズ＆セグウェイツアー:1人$199(日の出1時間前出発、所要5時間)
※ウルル・セグウェイのみ自分で出発ポイントまで行く場合1人$159となる。

■アウトバックサイクリング・ウルル
☎(08)8952-1541
URL outbackcycling.com/uluru-bike-ride
料 エアーズロック・リゾート送迎付き3時間レンタル：11歳以上$119、6～10歳$70 ※自分でレンタルポイントまで行く場合は11歳以上$70、6～10歳$55 ※ヘルメットのレンタル料込み

自分のペースでウルルを周回

アウトバックサイクリング・ウルル
Outback Cycling Uluru

アウトバックサイクリング・ウルルは、毎日ウルル - カタジュタ・カルチュラルセンター近くでレンタサイクルを行っている。エアーズロック・リゾートから送迎バス付きのパッケージがあるので利用するのがおすすめだ。レンタル時間は3時間で、自分の好きなようにウルルの見どころを見て回ることができる。ただし、11～3月は日中の気温が高くなるので、日焼け対策やひとり2ℓ以上の水分を必ず用意すること。

サイクリングで一周するのは充実感がある

■ウルル・モーターサイクルツアー
☎(08)8956-2019
URL ulurumotorcycles.com.au
料 ウルル・サンライズ（1.5時間）：$229／ウルル・サンセット（1.5時間）：$229／カタジュタ・ツアー（2.5時間）：$299／ウルル＆カタジュタ（3.5時間）：$439／クイックスピン（30分）：$139 ※参加年齢：5歳以上

ライダー気分でエアーズロック観光

ウルル・モーターサイクルツアー
Uluru Motorcycle Tours

ハーレーダビッドソンの後部座席に乗って、ウルルやカタジュタなどを見て回る。中央オーストラリアの大地を風を切って走りたい……そんな思いが実現できるツアー。通常のウルル観光はもちろん、サンライズやサンセットなどの時間にもツアーあり。自分の希望した時間にアレンジしてもらうことも可能だ。

ハーレーでのエアーズロック観光はすばらしい旅の思い出になること間違いなし

ウルルのホテル
ACCOMMODATION　州外局番(08)

エアーズロック・リゾート内に5軒のホテルとキャンプ場、ウルル - カタジュタ国立公園脇に最高級サファリリゾートのロンギチュード131°、さらにワタルカ国立公園にディスカバリーリゾート・キングスキャニオンがある。ディスカバリーリゾート・キングスキャニオンを除きボヤージズホテルズ＆リゾーツの経営となっており、予約はボヤージズ・トラベルセンター Voyages Travel Centreで行う。なお日本のアコーホテルズでも予約を受け付けている。

●ボヤージズ・トラベルセンター
☎1300-134-044
URL www.ayersrockresort.com.au
日本での予約先：アコーカスタマーサービス
☎(03)4578-4077　URL all.accor.com/japan

エアーズロック・リゾート

エアーズロック・リゾート内ホテルのWi-Fiの有無、利用可能クレジットカードは次のとおり。 WiFi 無料　CC ADJMV

ドミトリーからホテルルームまで MAP P.508/2B

Outback Pioneer Hotel & Lodge
アウトバックパイオニア・ホテル＆ロッジ

☎8957-7605
料 ホテル：TW$350～415／ロッジ：D$38～46、TW$210～260

全室エアコン完備で、バックパッカー用ロッジと一級クラスのホテルルームあり。またこのホテルのアウトバック・バーベキュー＆バーは自分でステーキを焼くスタイルで人気がある。24時間利用できるコインランドリーもあり、他のホテルに滞在していても利用可能だ。

アウトバックパイオニアのホテルルーム

清潔で居心地のいいドミトリー

日本からエアーズロックへの電話のかけ方
国際電話会社の番号＋010＋61（国番号）＋8（0を取った州外局番）＋電話番号

キャンプはここで　MAP P.508/1B

Ayers Rock Resort Campground
エアーズロック・リゾート・キャンプグラウンド

☎8957-7001　料キャビン2B$205～225（6人まで）、キャンプサイト$40、パワーサイト$50～60

キャンプサイト以外にキャビンがあり、エアコン、簡易キッチン、冷蔵庫が付いている。プールもある。

便利な場所にある　MAP P.508/1A

The Lost Camel Hotel
ロストキャメル

プールを囲むようホテル棟が建つ

☎8957-7888
料W$375

ショッピングセンターのすぐ脇にある3つ星クラスのホテル。部屋は狭いが設備がコンパクトにまとまっていて使い勝手はいい。シャワーのみでバスタブはない。

大勢で滞在するなら　MAP P.508/2A

Emu Walk Apartments
エミューウオーク・アパートメント

広さで選ぶならエミューウオーク

☎8957-7714
料1B$570、2B$1050

広いリビングダイニングと設備の整ったキッチンが付いているコンドミニアム。バスルームには洗濯機と乾燥機も備えられている。家族連れにおすすめ。

ウルルの見える部屋もある　MAP P.508/2A

Desert Gardens Hotel
デザートガーデンズ

上品な雰囲気の客室だ

デザートガーデンズのプールエリアはゆったりしている

☎8957-7714
料TW$510～1140

エアーズロック・リゾート入口に建つ4つ星ホテル。敷地内にはユーカリや灌木が植えられ、砂漠の中とは思えないほど。プールやレストランなど設備も充実。特にメインレストランのマンガタ・ビストロ＆バーは、朝食ビュッフェとアラカルトディナー、ディナービュッフェが楽しめる人気レストラン。また指定はできないが､エアーズロック・リゾート内のホテルでは唯一ウルル・ビューの部屋もある。

エアーズロック・リゾートで随一　MAP P.508/1A

Sails in the Desert Hotel
セイルズ・イン・ザ・デザート

☎8957-7417　料TW$630～1340

5つ星クラスで、ゆったりした客室、リゾート感覚あふれるプールサイド（プールバーもあり）、本格的デイスパのレッドオカースパ、アボリジナルアートが豊富に揃うムルガラギャラリーやブティックまで設備の充実度もリゾート内随一。レストランは2軒。朝夕豪華ビュッフェを提供するイルカリは、エアーズロック・リゾートを代表するレストラン。地中海料理からアジア料理まで幅広いビュッフェメニューが自慢だ。隣接するワルパ・ロビーバーは、ランチタイムにタイ風カレーなどの食事メニューも用意されている。

部屋は広々としており、バルコニー付きだ

プールエリアの優雅さもリゾート随一

すべてがハイグレード　MAP P.506/B

Longitude 131°
ロンギチュード131°

URL longitude131.com.au
☎9918-4355　料最低2泊からで1泊W$4200
※滞在中の全食事付き

豪華なサファリテントスタイルのリゾートで、15室あるすべての客室からウルルが見える。料金には滞在中の全食事、飲み物、宿泊客専用ウルル4WDツアー、エコガイドツアーなどが含まれている。

世界中から注目される豪華リゾート

ワタルカ国立公園

キングスキャニオン観光に最適　MAP なし

Discovery Resort Kings Canyon
ディスカバリーリゾート・キングスキャニオン

URL www.discoveryholidayparks.com.au/kings-canyon
住 Luritja Rd., Watarrka NP, 0872　☎7210-9600
料キャンプサイト：1人$37～112／バジェットロッジ：T$168／ホテル：TW$380～480／グランピングTW$430　CC ADJMV

キングスキャニオンまで7km。4つ星クラスのホテルルームからバックパッカー向けバジェットロッジ、キャンプ場まで幅広いアコモデーションをもっている。またホテル発でキングスキャニオン・ガイドウオーク、キャメルライド、ヘリコプター遊覧飛行なども手配している。

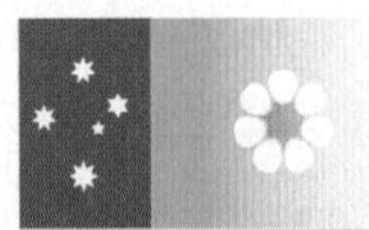

アリススプリングス
Alice Springs

アクセス

●アリススプリングス

シドニー、ブリスベン、メルボルン、アデレード、ダーウィンからカンタス航空が、ブリスベン、アデレードからヴァージン・オーストラリアのフライトがある。**アリススプリングス空港**(ASP)は町の南15kmの所にあり、アリススプリングス・エアポートシャトル Alice Springs Airport Shuttle が飛行機の発着に合わせてシャトルバスを運行。陸路はダーウィン〜アデレードの中間地点となり、豪華列車ザ・ガン号や、グレイハウンド・オーストラリアの長距離バスが利用できる。

■アリススプリングス空港
URL www.alicespringsairport.com.au

■アリススプリングス・エアポートシャトル
☎0477-245-941
URL alicespringsairportshuttle.com.au
料 片道：大人$20 子供$10 家族$59

■空港からのタクシー料金
料 約 $45

■アデレードハウス博物館
住 48 Todd Mall, 0870
☎(08)8952-1856
URL discovercentralaustralia.com/adelaide-house-museum
※2024年2月現在休館中。2024年4月再オープン予定

■ロイヤルフライングドクターサービス基地ビジターセンター
住 8-10 Stuart Tce., 0870
☎(08)8958-8411
URL www.rfdsalicesprings.com.au
開 月〜土 9:30〜17:00、日祝 12:00〜17:00 休 ニューイヤーズデー、クリスマスデー
料 大人$21 子供$14 家族$58
※30分ごとにガイド付きで見学

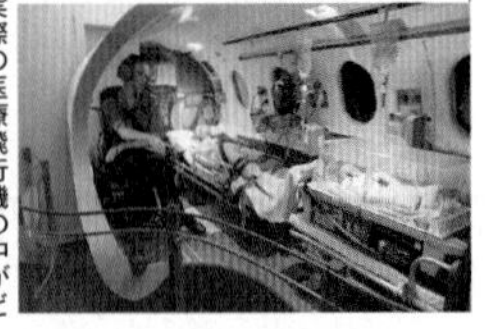
実際の医療飛行機の中がどうなっているかをモデル展示してある

トッド・モールでは日曜にマーケットも開かれる

オーストラリアのほぼ中央に位置する人口3万2000人ほどの町、アリススプリングス。1871年、ジョン・ロス一行がポートオーガスタとダーウィンを電信線で結ぶために内陸を探査。途中、この地で泉を見つけ、それを当時の電信総監チャールズ・トッドの妻アリスにちなみ「アリスの泉＝アリススプリングス」と名づけたのが町の始まりだ。

現在は、こぢんまりした市街地にショッピングセンターやレストラン、カフェが並び、快適な宿も数多い。バスや列車で砂漠のなかをやってきた旅人にとって、アリススプリングスは、まさに泉のように息を吹き返させてくれる町だ。

町の中心はトッド・モール Todd Mall。1日中にぎわう歩行者天国で、見どころ、レストランやおみやげ屋などが集まっており、インフォメーションセンターも近くにある。

フライングドクター制度発案者ジョン・フリンゆかりの MAP P.521/2B

アデレードハウス博物館
Adelaide House Museum

アデレードハウス博物館

ジョン・フリン記念教会

かつて医師ジョン・フリンがアリススプリングスに初めて造った病院を博物館として利用しており、1920年代当時の様子のパネル展示、ジョン・フリンの身の回り品の展示など興味深い内容だ。隣には、1956年にジョン・フリンの功績をたたえて建てられた**ジョン・フリン記念教会** John Flynn Memorial Church もある。

今も活躍するフライングドクターの現場 MAP P.521/3B

ロイヤルフライングドクターサービス基地ビジターセンター
Royal Flying Doctor Service Base Visitor Centre

フライングドクター制度は、広大な国土をもつオーストラリアならではのもの。遠隔地の病人の処方を定時に無線連絡するほか、急病人や重症者が出た場合、軽飛行機でその地へかけつける医療サービスのことだ。ここでは、制度発足から現在にいたるまでのフライングドクターサービスの歩みをパネル展示してあるほか、実際に無線医療を行っている現場を、英語ガイドについて見て回るようになっている。

見応えある展示のロイヤルフライングドクターサービス基地

中央オーストラリアの珍しい爬虫類が見られる MAP P.521/2B

アリススプリングス・レプタイルセンター
Alice Springs Reptile Centre

人気のソニーデビルも見られる

中央オーストラリアおよびノーザンテリトリーに生息するヘビやトカゲなど約100種類の爬虫類を展示している。愛らしいソニーデビル（モロクトカゲ）やエリマキトカゲ、さらにオオトカゲのゴアナからクロコダイルまで、中央オーストラリアおよびノーザンテリトリーに生息する見逃せない爬虫類がいっぱいだ。

館内を専門ガイドが説明を交えながら案内してくれるショータイムも１日３回あるので、その時間に合わせて出かけたい。

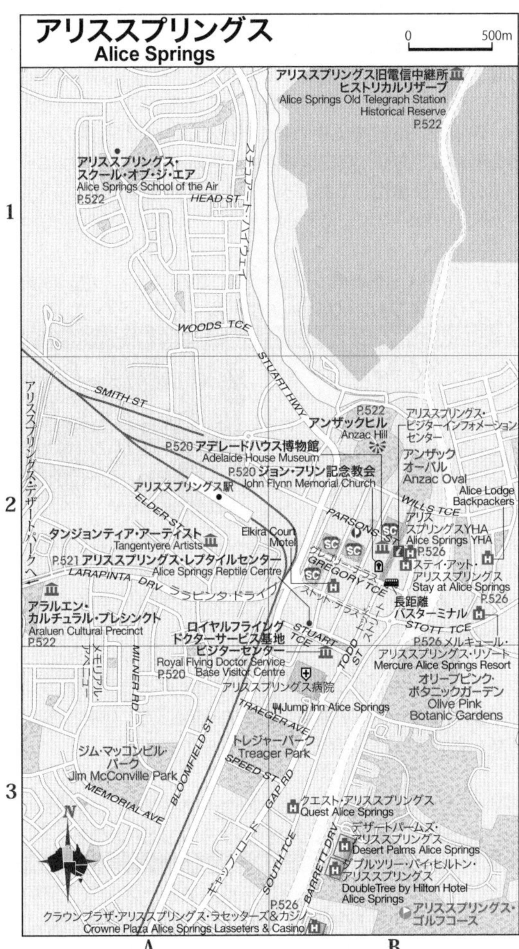

■アリススプリングス・レプタイルセンター
住 9 Stuart Tce., 0870
☎ (08)8952-8900
URL www.reptilecentre.com.au
開 火～土 9:30～13:30／ショーは 11:00 スタート
休 日月
料 大人$22 子供$11 家族$55

■アリススプリングス・ビジターインフォメーションセンター MAP P.521/2B
住 41 Todd Mall, 0870
☎ (08)8952-5800
FREE 1800-645-199
URL www.discovercentralaustralia.com
開 月～金 8:00～17:00、土日祝 9:30～16:00

町の真ん中にあるビジターインフォメーションセンター

■アリススプリングスのレンタカー会社
●ハーツ Hertz
☎ (08)8955-3790
●エイビス AVIS
☎ (08)8952-3694
●バジェット Budget
☎ (08)8952-8899
●スリフティ Thrifty
☎ 13-61-39
●ヨーロッパカー Europcar
☎ (08)8953-3799

■アリススプリングス・タクシー Alice Springs Taxi
☎ 13-10-08

アリススプリングスの中心、トッド・モール

アンザックヒルにある戦争記念碑

■アリススプリングス旧電信中継所ヒストリカルリザーブ
住2km north of Alice Springs, Herbert Heritage Drv., 0870
☎(08)8952-3993
URL alicespringstelegraphstation.com.au
開 毎日 8:00 ～ 16:00
休 クリスマスデー
料 大人$16.10 子供$9.90 家族$40.55
※英語ガイドツアーは4～11月の9:30、11:30スタート

実際に使用された通信設備が展示されている

■アリススプリングス・スクール・オブ・ジ・エア
住80 Head St., 0870
☎(08)8951-6834
URL www.schooloftheair.net.au
開 月～金 9:00 ～ 15:00、祝 13:30 ～ 16:30 休 土日、グッドフライデー、12/24 ～ 1/1
料 大人$14 子供$11 家族$40

モニター先生が生徒と授業をする

じっくり時間をかけて見学したい中央オーストラリア博物館

町を知るには高い所がいちばん！ MAP P.521/2B

アンザックヒル
Anzac Hill

アンザックヒルからの町の眺め

ダウンタウンの北の外れにある小高い丘。頂上の展望台には戦争記念碑 War Memorial が建てられている。ここは、アリスの町の概観をつかむのに絶好の場所。町を外輪山のように取り囲むマクドネルレンジ Macdonnell Range。その切れ目、ヘビツリーギャップ Heavitree Gap へ吸い込まれるように、緑多い町並みが続いているのが手に取るようにわかるはずだ。

アリススプリングス発祥の地 MAP P.521/1B

アリススプリングス旧電信中継所ヒストリカルリザーブ
Alice Springs Old Telegraph Station Historical Reserve

中心部の北約 2km の所にある。ここは 1895 ～ 1905 年の間、アデレードからダーウィンまでの大陸電信網の中継基地として使われた所で、当時の石造りの建物がいくつか残っている。建物内には実際に使われた機材や、当時の所長の家の様子を再現しており、実に興味深い。英語ガイドによるツアーもあるのでぜひ参加してみよう。また、旧電信中継所のすぐ脇、トッド川の乾いた川床にある泉が「アリスの泉」(→ P.520) だ。

インターネット授業の様子を見学できる MAP P.521/1A

アリススプリングス・スクール・オブ・ジ・エア
Alice Springs School of the Air

スタッフが実際の授業風景を解説を交えて見せてくれる

人口密度が低いアウトバックでは、国立公園のレインジャー施設、先住民居留区などに住む、距離的に学校に通うことのできない子供のためにインターネットを使用しての授業を行っている。アリススプリングスのこの施設がカバーする範囲は、実に 130 万 km^2（日本の 4 倍弱）で、対象となる子供の数は約 150 名ほど。キャサリンの施設同様「世界で一番広い教室」といわれている。

ここでは対象の家庭にインターネット受信用のパラボラアンテナやパソコンを貸与し、子供たちと先生はスカイプなどのインターネット TV 電話ソフトを使用して、対話しながら授業を進めている。実際にその様子も見学可能だ。

中央オーストラリアの歴史・文化を知る MAP P.521/2A

アラルエン・カルチュラル・プレシンクト
Araluen Cultural Precinct

中心部の西約 1.5km の所にある中央オーストラリアの歴史、芸術、文化を理解してもらうための文化施設地域。見どころとしては、中央オーストラリアの先住民文化や自然

飛行機好きなら見逃せない航空博物館

に関する展示が充実している**中央オーストラリア博物館** Museum of Central Australia、フライングドクターサービスで使われたDC3やデ・ハビランドDH104ダブなどの実機が展示された**中央オーストラリア航空博物館** Central Australian Aviation Museum（このエリアは1968年まで実際に空港があった場所）、アボリジナルアートや現代アートを展示している**アラルエン・アートセンター** Araluen Art Centre（アボリジナルアート、現代アートを展示）がある。

■**アラルエン・カルチュラル・プレシンクト**
住61 Larapinta Drv.(4-6 Memorial Drv.), 0870
●**中央オーストラリア博物館**
☎(08)8951-1121
URL www.magnt.net.au/museum-of-central-australia
開 火～金10:00～16:00、土日10:00～14:00 休 月
料 大人$8 子供$6 家族$20
●**中央オーストラリア航空博物館** ☎(08)8953-8554
開 水～金11:00～15:00、土日11:00～14:30 休 月火
URL centralaustralianaviationmuseum.org.au 料 無料
●**アラルエン・アートセンター**
☎(08)8951-1122
URL araluenartscentre.nt.gov.au
開 3～10月：毎日10:00～16:00／11～2月：火～土10:00～16:00、日10:00～14:00 休 11～2月の月
料 無料

中央オーストラリアの自然に触れる MAP P.523
アリススプリングス・デザートパーク
Alice Springs Desert Park

アリススプリングスからララピンタ・ドライブを車で10分ほどの場所にある自然公園。3つの自然環境エリアには120種を超える動物が自然に近いかたちで飼育されており、350種を超える植物が見られる。1.6kmのウオーキングトラックがあり、自由散策したり、各エリアで定期的に行われているガイドトークを聞きながら見て回るスタイルだ。あまり日陰などはないので、帽子と水は園内散策に必須だ。

放し飼いのアカカンガルーは、あまり人のほうに寄ってこない

なおこの施設では、夜間にガイドと一緒に約1時間、ビルビーやクォール、ハリモグラなどの夜行性動物を見て回る**ノクターナルツアー** Nocturnal Tourも行っている。

■**アリススプリングス・デザートパーク**
住871 Larapinta Drv., 0871
☎(08)8951-8788
URL alicespringsdesertpark.com.au
開 毎日7:30～18:00／ノクターナルツアー：月水金19:30～21:00（11～3月20:00～22:00） 休 クリスマスデー
料 大人$39.50 子供$20 家族$106／ノクターナルツアー：大人$32 子供$16 家族$111／デイ&ノクターナルツアー：大人$60 子供$30 家族$184

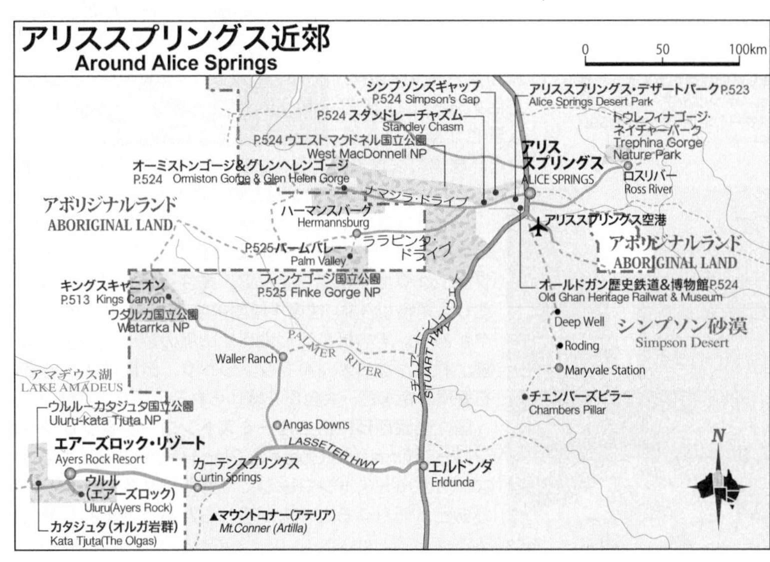

大陸内部への重要な足だった旧ガン号を展示 MAP P.523

オールドガン歴史鉄道&博物館
Old Ghan Heritage Railway & Museum

古いガン号が展示されている

アデレード～アリススプリングス間の鉄道は、敷設された1929年から1980年まで狭軌で、機関車は蒸気機関車、客車も決して豪華と呼べるものではなかった。それはむしろ開拓者を乗せるような、あるいはアドベンチャー志向の旅行者を乗せるような列車だった。そんな昔のザ・ガン号を展示している場所で、当時のアリススプリングスの駅舎まで移築している。なお隣にはロードトレインを展示する**ケンワースディーラー博物館** Kenworth Dealer Museumがあり、地元では総称して「トランスポートミュージアム」と呼ばれている。アリススプリングスの10km南、空港近くにある。

■オールドガン歴史鉄道&博物館
住10kms South of Alice Springs, 92 Norris Bell Ave., off Stuart Hwy., 0870
☎(08)8955-7161
URL www.roadtransporthall.com/old-ghan
開 月～土 9:00～17:00、日 7:00～15:00
休 ニューイヤーズデー、グッドフライデー、クリスマスデー
料 大人$25 子供$5 家族$58

アリススプリングス近郊
Around Alice Springs

ウエストマクドネル国立公園
West MacDonnell NP

アリススプリングスの西22kmからさらに西へと延びる山脈地帯がウエストマクドネル国立公園。アリススプリングスから半日や日帰りで行くことができる大自然ということで、地元の人はもちろん観光客にも人気がある。

雄大な景色が堪能できるシンプソンズギャップ

ウエストマクドネル国立公園の入口に当たるのが**シンプソンズギャップ** Simpson's Gap。山脈が大きく切れ込んだ巨大渓谷で、壮大な景色が楽しめる場所だ。岩場には珍しいブラックフットロックワラビーが生息しており、運がよければ見かけることもある。

シンプソンズギャップからさらに西へ30kmほどの所にある**スタンドレーチャズム** Standley Chasmも人気のブッシュウオーキングエリア。先住民が一帯を管理しており入場料が必要。往復1時間程度のウオーキングトラックがあり、その折り返し地点が山脈の裂け目のような絶壁。緑豊かなウオーキングトラック、時間によって変わる絶壁の色など、大自然を感じられる場所だ。

国立公園西部にある**オーミストンゴージ&グレンヘレンゴージ** Ormiston Gorge & Glen Helen Gorgeも見逃せない。オーミストンゴージには普段は枯れているが、雨のあと水がたまると、魚が現れるという神秘的な池もある。

アクセス

●ウエストマクドネル国立公園
主要ルートは舗装されているので、車があれば個人での観光も可能。またアリススプリングスから数社が半日、1日のツアーを催行している。

■ノーザンテリトリーの国立公園入園パス（パークパス）
ノーザンテリトリー内の国立公園を訪問する際にはパークパス Park Passを入手する必要がある。下記ウェブサイトで手に入る。
URL nt.gov.au/parks/parks-pass
料 1日パス：大人$10 子供$5 家族$25／2週間パス：大人$30 子供$15 家族$75／1年パス：大人$60 子供$30 家族$150

■スタンドレーチャズム
☎(08)8956-7440
URL www.standleychasm.com.au 開 毎日8:00～17:00
料 大人$12 子供$7 家族$30／4.5時間先住民カルチュラルウオーキングツアー（毎日9:30スタート）：大人$180 子供$90

岩山の切れ目スタンドレーチャズム

フィンケゴージ国立公園

Finke Gorge NP

スタンドレーチャズムの南西は、さらにワイルドなエリアだ。ノーザンテリトリーで先住民への布教地として最も歴史のある村**ハーマンスバーグ** Hermannsburg の南、ジェームズ山脈 James Range の一画にあるフィンケゴージ国立公園も人気の場所だ。見どころはハーマンスバーグから 12km にある**パームバレー** Palm Valley。高さ 25m にもなる世界中でこの一帯にしか生えないレッドキャベージパーム（学名リビストナマロアエ Livistona mariae）が見られる。

アリススプリングスのツアー＆アクティビティ

TOURS & ACTIVITIES IN ALICE SPRINGS

アリススプリングス発で最も多いのは、エアーズロックやオルガ岩群、キングスキャニオンへ向かう 1 ～ 3 泊のツアー（詳細はエアーズロックの項→ P.507）。ここではそのほかのツアーを紹介しよう。

アリススプリングスのワンデイツアー決定版

ベスト・オブ・アリス

Best of Alice

午後に訪れる旧電信中継所

AAT キングスが催行しており、アリススプリングス近郊と中心部の見どころを 1 日で回るツアーだ。午前中ウエストマクドネル国立公園を訪ね、シンプソンズギャップやスタンドレーチャズムで大自然を感じるウオーキングを満喫。町へ戻って自由ランチの後、午後はスクール・オブ・ジ・エア、アリススプリングス旧電信中継所、ロイヤルフライングドクターサービス基地、アリススプリングス・レプタイルセンターを見学する。なお午前中のみの**ウエストマクドネル国立公園半日ツアー** West MacDonnell Ranges Half Day もある。

1 日じっくりかけて大自然に触れる

ウエストマクドネル国立公園 1 日ツアー

West MacDonnell NP 1 Day Tour

ウエストマクドネル国立公園をじっくり楽しむならオートピアツアーズが催行するこのツアーがおすすめ。シンプソンズギャップ、スタンドレーチャズムはもちろん、先住民がロックアートやボディペインティングを行う際に絵の具とした土を採集した場所**オカーピット** Ochre Pits、渓谷内の巨大な池**イーラリークリーク・ビッグホール** Ellery Creek Big Hole（夏季は遊泳もできる）、さらに最深部オーミストンゴージも訪れる。ピクニックランチも美味と評判だ。

アクセス

●**フィンケゴージ国立公園**
オフロードが続くので、個人での観光はあまりおすすめできない。アリススプリングス発の 1 日ツアー利用が最も一般的だ。国立公園訪問にはパークパスが必要（→ P.524 欄外）

■**AAT キングス**
☎1300-228-546
URL www.aatkings.com
●**ベスト・オブ・アリス**
時 木土 7:30 ～ 18:00
料 大人 $235 子供 $165
※パークパスは別料金
●**ウエストマクドネル国立公園半日ツアー**
時 木土 7:30 ～ 12:00
料 大人 $105 子供 $75
※パークパスは別料金
●**パームバレー・アウトバックサファリ・バイ 4WD**（→次ページ）
時 4 ～ 9 月の火木土 7:30 ～ 18:00
料 大人 $239 子供 $169
※パークパスは別料金

■**オートピアツアーズ**
☎(08)6244-2065
URL autopiatours.com.au
●**ウエストマクドネル国立公園 1 日ツアー**
時 毎日 7:00 ～ 17:30
料 大人 $185 子供 $125（昼食は別）

■**エミューラン・エクスペリエンス**
☎(08)8957-7057
URL www.emurun.com.au
料 大人 $175 子供 $131
●**パームバレー 1 日ツアー**（→次ページ）
時 4 ～ 9 月の火金日 7:00 ～ 17:30
料 大人 $239 子供 $119

シンプソンズギャップの河床は乾季には完全に干上がっており、歩くことができる

■熱気球ツアー
年齢制限：6歳以上
※航空保険料 $25 別
●アウトバックバルーニング
☎(08)8952-8723
FREE 1800-809-790
URL www.outbackballooning.com.au
時 日の出の約1時間前出発(約4時間)
料 30分：大人$335 子供$274／60分：大人$415 子供$338 家族$1190
●スピニフェクスバルーニング
☎(08)8953-4800
FREE 1800-677-893
URL balloonflights.com.au
時 日の出の約1時間前出発(約4時間)
料 30分：大人$310 子供$254

個人ではアクセスしにくいオアシスへのツアー

パームバレー（フィンケゴージ国立公園）1日ツアー
Palm Valley (Finke Gorge NP) 1 Day Tour

AATキングス、**エミューラン・エクスペリエンス**など数社が催行。先住民文化の強い村ハーマンスバーグ、パームバレーで太古の植物を観察、さらにフィンケゴージ随一の景勝地**アンフィシアター** The Amphitheatre などを訪れる。

砂漠の夜明けを大空から望む

熱気球ツアー
Hot Air Ballooning Tours

早朝に大型の気球に乗り込み、大空の上で地平線から姿を現す太陽を眺める。フライト後はシャンパンを飲みながらの朝食。もちろんフライト証明書ももらえる。数社がツアーを催行している。なお砂ぼこりで汚れることがあるので、参加する際は白など汚れが目立つ色の服装は避けたほうがいい。

アリススプリングスのホテル
ACCOMMODATION　州外局番(08)

バジェットタイプ

モールが目の前！ MAP P.521/2B

Alice Springs YHA
アリススプリングス YHA

URL www.yha.com.au 住 Cnr. Parsons St. & Leichhardt Tce., 0870 ☎8952-8855
WiFi 無料 料 D $35.20 ～ 45.90、TW $124
※YHA会員以外は追加料金が必要 CC MV

町の中心にあって便利なYHA

アリススプリングスで格安で泊まるのなら、真っ先に選びたいのがYHAだ。パーソンズ・ストリートとトッド川沿いの通りライカート・テラスの角にある。ほとんどが4人部屋で全室エアコン付き。

一級以上のホテル

町の真ん中にある MAP P.521/2B

Stay at Alice Springs
ステイ・アット・アリススプリングス

URL stayatalicesprings.com.au 住 11 Leichhardt Tce., 0871 ☎8950-6666 WiFi 無料
料 TW $189 ～ 229、2B $299 CC ADMV

居心地のいい客室

ホテル裏側からすぐにトッド・モールに出られる便利な立地。明るくモダンな客室は快適で、屋外プールやゲストランドリー、人気レストランのベラ・アリスカフェ＆レストランが入っているなど設備がいい。

アリススプリングスの高級リゾート MAP P.521/2B

Mercure Alice Springs Resort
メルキュール・アリススプリングス・リゾート

URL www.mercurealicesprings.com.au
住 34 Stott Tce., 0870 ☎8951-4545
WiFi 無料 料 TW $256 ～ 379 CC ADMV
日本での予約先：アコーカスタマーサービス ☎(03)4578-4077

町の中心までは徒歩5分、トッド川を渡った所にある高級リゾート。プール、レストラン、バーなどの設備も充実している。

設備充実の5スターリゾート MAP P.521/3B

Crowne Plaza Alice Springs Lasseters & Casino
クラウンプラザ・アリススプリングス・ラセッターズ＆カジノ

URL www.crowneplaza.com
住 93 Barrett Drv., 0870 ☎8950-7777
WiFi 無料 料 TW $368 ～ 564
CC ADJMV 日本での予約先：インターコンチネンタル・ホテルズグループ ☎(03)4520-3207

中心部から少し離れた高級ホテルが並ぶエリアにある、カジノを併設したホテル。部屋は広々としていて使い勝手がいい。レストランやバー、屋外プール、ジムなど設備も充実している。

クラウンプラザのプールエリア

部屋は広くゆったりした雰囲気だ

日本からアリススプリングスへの電話のかけ方
国際電話会社の番号 + 010 + 61（国番号）+ 8（0を取った州外局番）+ 電話番号

レッドセンターからトップエンドへ
Red Centre to Top End

赤土の大地に、スピニフェクスなどの砂漠植物がわずかに生えるだけのレッドセンター。その中心都市アリススプリングスから大陸中央部を縦断するスチュアート・ハイウェイを北へ。南回帰線を越えても、変わることのない景色が延々と続くように感じるこの地の旅は、オーストラリアが世界で最も乾燥した大陸であることを知る旅でもある。しかし、大陸北端のトップエンドと呼ばれる地域に近づくにつれ、灌木が少しずつ林を造り、人の背丈を超えるような無数のアリ塚（シロアリの塚のためターマイトマウンズ Termite Mounds と呼ばれる）が立ち、川や湿原が現れ始める。命の匂いの希薄な大地から、命の匂いあふれる緑の大地への旅……オーストラリアのスケールを実感できる旅だ。

アクセス

●テナントクリークとデビルスマーブル
アリススプリングス～スリーウェイズ～ダーウィンを結ぶグレイハウンド・オーストラリアのバスは、すべてこの町を通る。

テナントクリークとデビルスマーブル
Tennant Creek & Devil's Marbles

アリススプリングスから約500km。テナントクリークは、北へ向かうスチュアート・ハイウェイと東海岸へと続くバークリー・ハイウェイ Barkly Hwy. の分岐点となる町（実際の分岐点は町の北24kmの所にあるスリーウェイズ Three Ways）。1930年代にゴールドラッシュで栄え、今も町の東2kmの所には観光用金鉱山博物館**バッテリーヒル・ゴールドマイニング＆ヘリテージセンター** Battery Hill Gold Mining & Heritage Centre がある。しかし、この町を訪れるほとんどの旅人の目的は、町の南約100kmの場所に広がる奇岩群デビルスマーブルを見ることだ。

デビルスマーブルは、ダベンポート山脈 Davenport Range の一画にできた自然のオブジェだ。巨大な岩石があたり一面に転がっている景観は、まるで地球のものとは思えないほど。駐車場脇からデビルスマーブルの奇景を楽しむためのトレイルがあるので、ぜひ歩いてみたい。

デビルスマーブルの奇岩群

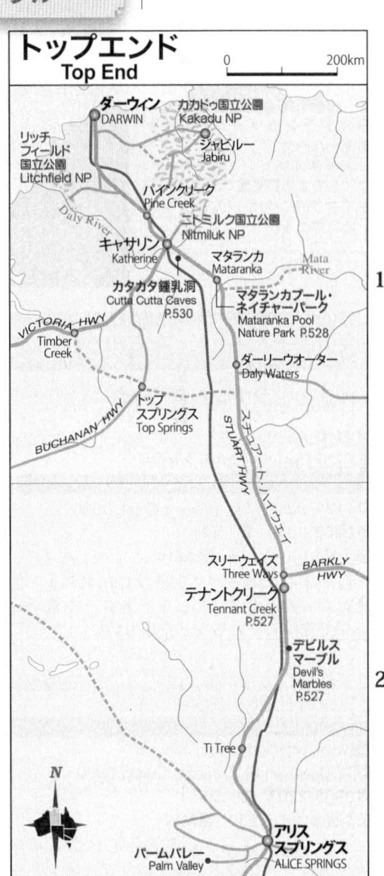

■テナントクリーク・ビジターインフォメーションセンター Tennant Creek Visitor Information Centre
住Battely Hill Mining Centre, 160 Peko Rd., Tennant Creek 0860 ☎(08)8962-1281
FREE1800-645-199
URL www.discoverthebarkly.com
開 月～金 9:00～17:00、土日 9:30～16:00 休 グッドフライデー、クリスマスデー

■バッテリーヒル・ゴールドマイニング＆ヘリテージセンター（前ページ）
※インフォメーションセンターと同じ場所にある
住160 Peko Rd., Tennant Creek 0860 ☎(08)8962-1281
開 毎日 9:00～16:00／アンダーグラウンドツアー：火～土 9:45、13:45 スタート
料 博物館：大人$14 子供 無料／アンダーグラウンドツアー：大人$39 子供$18

アクセス

●**マタランカプール・ネイチャーパーク**

アリススプリングス～ダーウィンを走る長距離バスは、すべてマタランカホームステッド前に停まる。

マタランカプール・ネイチャーパーク

Mataranka Pool Nature Park

テナントクリークからさらに北へ。ダーリーウオーター Daly Waters を越えると、あたりには徐々に灌木が増え出し、トップエンドが近づいてきたことを実感できる。トップエンド最初の町がテナントクリークから約 550km の所にある**マタランカ** Mataranka。町から南東へ 8km ほど入った所に、ノーザンテリトリーでは数少ない温泉が湧き出すマタランカプール・ネイチャーパークがあり、ひと休みするのに最適だ。温泉といっても日本のそれとはだいぶ趣が違い、ジャングルに囲まれた温かめの小さな泉といった感じだ。周囲はジャングルに囲まれ、熱帯の日の光は水面に輝き、周りのうっそうとした緑が波に揺れている。光は清明な水をとおって泉の底まで照らしている。見た目には、浅く見えるこの泉も、入ってみると背が立たず、びっくりする。水温は 34℃前後。水に体を浮かべて目を閉じればすぐ横を魚がゆっくり泳いでいく。

ここには、牧場風の宿**マタランカホームステッド** Mataranka Homestead があり、乗馬やホームステッド前のウオーターハウス川 Waterhouse River でのカヌー遊びも楽しめる。

熱帯ジャングルの中にある澄んだ温泉

レッドセンターからトップエンドへのホテル ACCOMMODATION

州外局番 (08)

テナントクリーク

設備のいい MAP なし
Goldfields Hotel Motel
ゴールドフィールズ・ホテルモーテル

住113 Paterson St., Tennant Creek 0860
☎8962-2030 WiFi 無料
料TW$140～175 CC AMV

町の中心にあるパブを併設したホテル。部屋はゆったりしていて、トースターや電子レンジも完備しているなど設備もいい。

テナントクリーク中心にある MAP なし
Safari Lodge Motel
サファリロッジ・モーテル

URL www.safarilodgemotel.com.au
住12 Davidson St., Tennant Creek, 0860
☎8962-2207 WiFi 無料
料TW$190～250 CC MV

テナントクリークの町の中心にある平屋モーテルタイプのホテル。シャワーオンリーだが暑いテナントクリークではこれが快適。もちろん部屋は清潔だ。少し広めのファミリールームには電子レンジも付いている。

マタランカプール・ネイチャーパーク

いろいろなタイプの宿泊施設のある MAP なし
Mataranka Homestead Tourist Resort
マタランカホームステッド・ツーリストリゾート

URL www.matarankahomestead.com.au
住642 Homestead Rd., Mataranka 0852
☎8975-4544 WiFi なし
料TW$98～130、キャンプサイト $30、パワーサイト $40 CC AJMV

マタランカプールをのんびり楽しみたい人は、ホームステッドに滞在しよう。客室はモーテルスタイルと、キャビンスタイルのほかキャンプサイトもある。レストラン、ビストロやバーなど施設も充実。カヌー、自転車の貸し出しも行っている。

日本からテナントクリーク＆マタランカプール・ネイチャーパークへの電話のかけ方
国際電話会社の番号＋010＋61（国番号）＋8（0を取った州外局番）＋電話番号

キャサリンとニトミルク国立公園

Katherine & Nitmiluk NP

壮大なニトミルク国立公園

マタランカから北へ105km、ダーウィンから南へ320km。西オーストラリアから延びるビクトリア・ハイウェイがオーストラリアを南北に縦断するスチュアート・ハイウェイに合流する場所に開けたのがキャサリンだ。ノーザンテリトリーではダーウィン、アリススプリングスに次ぐ町だが、人口は1万人余りと決して大きくはない。この町が観光客の注目を集めるのは、東へ30kmほどの所から広がる大渓谷キャサリン渓谷をもつからだ。13の渓谷からなる一帯3000k㎡はニトミルク国立公園として自然保護され、カカドゥ国立公園と並ぶトップエンド地域の観光ハイライトとなっている。

キャサリン

Katherine

キャサリン・テラス Katherine Tce.（スチュアート・ハイウェイ）沿いに町の主要機関が集まっている。また、トランジットセンター向かいには**キャサリン・ビジターインフォメーションセンター** Katherine Visitor Information Centre がある。

キャサリンの歴史と自然を知るなら MAP P.529/A

キャサリン博物館
Katherine Museum

もともと空港ターミナルだった建物を利用し、キャサリンの歴史を写真や農機具、パネルを使って展示している。

アクセス

●キャサリンとニトミルク国立公園

ダーウィン～アリススプリングス、ダーウィン～ブルームを走るグレイハウンド・オーストラリアのバスがキャサリンを経由する。キャサリン・トランジットセンター Katherine Transit Centre は町の中心にある。斜め向かいはビジターインフォメーションセンターだ。またダーウィン～アリススプリングス間を走るザ・ガン号もキャサリンに停車する（駅は町から約6km西にある）。ザ・ガン号乗客はオプションでキャサリン渓谷のクルーズや遊覧飛行が楽しめる（車内で申し込み）。

なお長距離バスでキャサリンに到着した場合、約30km東のキャサリン渓谷までの交通機関がない。そのためダーウィン発でキャサリン渓谷が含まれるトップエンド周遊ツアーや移動型バスツアーに参加するのがおすすめだ。どうしてもという場合はレンタカー利用となる。

■キャサリン・ビジターインフォメーションセンター MAP P.529/B
住 Cnr. Lindsay St. & Katherine Tce., 0850
☎(08)8972-2650
URL www.visitkatherine.com.au
開 月～金 9:00～15:00、土日祝 10:00～13:00

A

B

コロニアル調の建物のキャサリン博物館

■キャサリンのレンタカー会社
●ハーツ Hertz
☎(08)8971-1111
●スリフティ Thrifty
☎1300-367-227

■キャサリン博物館
住20 Christie Rd., 0850
☎(08)8972-3945
URL www.katherinemuseum.com
開 月～金 9:00 ～ 16:00
休 土日、12 ～ 2 月
料 大人 $10 子供 $5

■キャサリン・スクール・オブ・ジ・エア
住101 Giles St., 0850
☎(08)8965-1555
URL www.ksa.nt.edu.au
※見学は要問い合わせ

■カタカタ鍾乳洞
☎(08)8971-0064
URL www.nitmiluktours.com.au
時 ガイドツアー：毎日 9:00 ～ 15:00 の 1 時間ごと
休 11 ～ 3 月
料 大人 $30 子供 $19 家族 $73

■ニトミルク・ビジターセンター(ニトミルクツアー)
MAP P.531/1
☎1300-146-743
URL www.nitmiluktours.com.au
開 毎日 6:30 ～ 20:00（季節により多少異なる）
　ニトミルク国立公園内の各ツアーはすべてニトミルクツアーで扱っている。
●宿泊施設
　宿泊施設の申し込みもここ。キャンプ場は、テントサイト 大人 $19 子供 $12 家族 $45、パワーサイト 大人 $25 子供 $12 家族 $65。リゾートスタイルのニトミルクキャビンは 1B $213 ～ 299、2B $263 ～ 349、高級リゾートのシカダロッジ Cicada Lodge は $583 ～ 649。

別棟には最初のフライングドクター、クリーブ・フェントン医師が使っていた飛行機デハビランド・ジプシーモス De Havilland Gypsy Moth の実機展示もある。

アウトバックの教育方法がわかる MAP P.529/A

キャサリン・スクール・オブ・ジ・エア
Katherine School of the Air

通常の小学校を設けることができない人口希薄地での教育方法として考案された無線授業がスクール・オブ・ジ・エアで、「世界一広い教室 World's largest classroom」と呼ばれる。キャサリン教室は80万km²をカバー。実際にインターネット無線を使った授業風景をガイドツアーで見学できる。

見事な鍾乳石の石筍が見られる MAP P.529/A

カタカタ鍾乳洞
Cutta Cutta Caves

神秘的なカタカタ鍾乳洞

キャサリンから 27km スチュアート・ハイウェイを南下した所にある鍾乳洞。今から 5 億年ほど前から形成されてきたもので、オーストラリアでは最大規模の鍾乳洞といわれている。毎日 6 回のガイドツアーでのみ見学可能。

ニトミルク国立公園
Nitmiluk NP

ニトミルク国立公園（キャサリン渓谷）へと流れ込むキャサリン川は、ここからさらに北東へ 200km も遡ったカカドゥ国立公園の南端から流れ出している。下流は、ダーリー川 Daly River と合流して 500km 以上も下り、アンソンベイ Anson Bay へと注ぐ。13 の渓谷はあるが、これはキャサリン川のごく一部、50km ほどに過ぎない。

渓谷内の川は緩やかで、ヘビのように曲がりくねっている。川幅は広いが、両岸とも高さ数十 m の断崖絶壁。そのため渓谷内はあまり日が当たらず、シダ科の植物が密生している。

また先住民の壁画が数多く残っており、かつてこの地が彼らにとってひじょうに重要だったことを物語っている。

キャサリン渓谷散策やクルーズに参加する前に、立ち寄りたいのが**ニトミルク・ビジターセンター** Nitmiluk Visitor Centre。情報提供はもちろん、ニトミルク国立公園の地質、生態系に関する展示を行うミニ博物館、カフェなども併設している。

キャサリン渓谷のボートクルーズ

オーストラリア有数の渓谷美を誇るキャサリン渓谷

渓谷の魅力を手軽に体験
ニトミルク・クルーズ
Nitmiluk Cruises

●2時間クルーズ

第2渓谷までの一般的なクルーズ。第1渓谷と第2渓谷の間を800mほど歩くが、このときに先住民の壁画も見られる。

●4時間クルーズ

第3渓谷までのクルーズ。第3渓谷では到着後自由時間となり、川で泳ぐこともできる。歩く距離は1.5km。モーニングティーもしくはアフタヌーンティー付き。

●サンセット・ディナークルーズ

第1渓谷をクルーズしながら夕日で岩壁が染まる様子を眺め、3コースのディナーを楽しむ。ウェルカムスパークリングワイン、ディナー中のワインもついている。

カヌーに乗って渓谷を眺める
ニトミルク・カヌーハイヤー
Nitmiluk Canoes Hire

この渓谷は、ダイナミックな自然美や緩やかな流れなどで、初心者でも安心してカヌーが楽しめる場所。

アクティブ派におすすめのカヌー

キャサリン渓谷(ニトミルク国立公園)
Katherine Gorge (Nitmiluk NP)

0 1km

ニトミルクキャビン P.530
キャンプ場 P.530
シカダロッジ P.530
キャサリンへ(29km)
駐車場
ニトミルク・ビジターセンター
ニトミルク・クルーズ発着所
ニトミルク・カヌーハイヤー
LOOKOUT WALK
バルウェイ展望地 Baruwei Lookout
WINDOFF WALK
BUTTERFLY GORGE WALK
LILY PONDS WALK
第1渓谷
サザンロックホール Southern Rockhole
パッツ展望地 Pat's Lookout
アボリジナルアートサイト
ジェッダーズロック Jedda's Rock
バタフライ渓谷 Butterfly Gorge
ザ・ナローズ The Narrows
第2渓谷
ハンギングガーデン Hanging Gardens
第3渓谷
SMITT'S ROCK WALK
リリーポンド Lily Ponds
アボリジナルアートサイト
ゴールデンゴージ Golden Gorge
ダンロップスウォンプ Dunlop Swamp
キャンプ場
チェック・ポイント
第4渓谷
ボルテックスホール The Vortex Holes
EIGHT GORGE WALK
スミッツロック Smitt's Rock
キャンプ場
第5渓谷
ロックバーズ Rock Bars
サンディビーチ Sandy Beach
第6渓谷
第7渓谷
キャンプ場
JAWOYN VALLEY WALK (周回路)
JAWOYN VALLEY WALK
第8渓谷
第9渓谷
ザ・ウオール The Walls
第10渓谷
アボリジナルアートサイト
第11渓谷
第12渓谷
第13渓谷
N

■ニトミルク・クルーズ
● 2 時間クルーズ
時 毎日 9:00、11:00、14:00 発
料 大人 $105 子供 $53
● 4 時間クルーズ
時 5～8月：毎日 9:00 発
※ピーク時は催行回数が増える
料 大人 $156 子供 $79
●サンセット・ディナークルーズ（4.5 時間）
時 5 & 10月の火～日 16:30 発
料 大人 $197 子供 $141

■ニトミルク・カヌーハイヤー
子どもは大人同伴で 6 歳以上から参加可能。
●半日カヌー
時 6～10月 8:00～12:30、13:00～17:30
料 1 人乗り $91、2 人乗り $160
● 1 日カヌーレンタル
時 6～10月 8:00～17:30
料 1 人乗り $117、2 人乗り $202

■ニトミルク・ヘリコプターフライト
時 毎日 8:30～18:00 の間リクエストにより出発
料 第 3 渓谷 10 分：$120 ／第 8 渓谷まで 15 分：$194 ／全 13 渓谷 30 分：$267

■エディスフォールズ（レリン）
キャサリンからスチュアート・ハイウェイを北上、約 35km 行くと右側にエディスフォールズ方面への分かれ道が見えてくる。ここからさらに 20km ほど行った所だ。

ボートランプ Boat Ramp 脇でカヌーが借りられるので、ぜひトライしてみよう。

体力に自信があったら遊歩道を歩いてみる
サザンウオークス
Southern Walks

バルウェイ展望地 Baruwei Lookout からパッツ展望地 Pat's Lookout、バタフライ渓谷 Butterfly Gorge、リリーポンド Lily Ponds、スミッツロック Smitt's Rock、さらにその先へと続くウオーキングルート。バタフライ渓谷までなら半日で往復できるので、ぜひ歩いてみたい。上から見渡す渓谷はボートツアーで見るのとはまったく違った姿を見せてくれる。

空からキャサリン渓谷を眺めよう
ニトミルク・ヘリコプターフライト
Helicopter Flight

ヘリコプター遊覧飛行もぜひ体験してみたい。延々と続く広大な渓谷、緑茂る大地の様子にはただ息をのむばかりだ。

キャサリンの隠れた見どころ MAP P.529/A
エディスフォールズ（レリン）
Edith Falls (Leilyn)

エディス川が流れ込む滝とその滝つぼからなる景勝地。滝つぼは長径 190m、短径 150m の楕円形で、真ん中に背が立つほどの砂地がある。また、キャンプ場脇から池と滝の周りを歩く 2.6km のレリン・ループウオーク Leliyn Loop Walk もある（所要約 1 時間）。ニトミルク国立公園北西部にあるためキャサリンまで引き返さないとアクセスできない。

のんびりした雰囲気のエディスフォールズ

キャサリンのホテル
ACCOMMODATION 州外局番 (08)

便利な場所にある MAP P.529/B
The Stuart Hotel-Motel
スチュアート・ホテル・モーテル

URL thestuarthotel.com.au 住 23 Katherine Tec., 0850 ☎ 8972-1776 WiFi 無料 料 TW $155～295 CC MV

町の中心にあるセルフチェックイン形式のホテル。部屋は簡易キッチンも完備で、敷地内にはプール、隣には人気のビアガーデンがある。

サーモンピンクの建物が可愛い MAP P.529/B
K-Town Hotel
K タウンホテル

URL www.ktownhotel.com.au 住 11 Third St., 0850 ☎ 8972-2722 WiFi 無料 料 TW $195～260、2B $360 CC MV

2 階建てモーテルで、室内は白を基調としたシンプルな造り。敷地内に BBQ 設備あり。

町の中心にある快適アコモ MAP P.529/B
Katherine Motel
キャサリンモーテル

URL katherinemotel.com 住 3 Giles St., 0850 ☎ 8972-1622 WiFi 無料 料 TW $185～325 CC AJMV

表通りに面したしゃれたビストロ・バーが目印。プールや BBQ 設備もあり。

先住民が運営している MAP P.529/B
Beagle Hotel
ビーグルホテル

URL beaglehotel.com.au 住 2 Fourth St., 0850 ☎ 8972-3998 WiFi 無料 料 TW $180～300 CC AMV

ニトミルク国立公園内の各ツアーや宿泊施設と同系列のホテル。繁華街の外れの静かな場所にあり、プールなど設備も充実している。

日本からキャサリン＆ニトミルク国立公園への電話のかけ方
国際電話会社の番号 ＋ 010 ＋ 61（国番号）＋ 8（0 を取った州外局番）＋ 電話番号

カカドゥ国立公園

Kakadu NP

大湿原となっているイエローウオーター

トップエンド観光のハイライトがカカドゥ国立公園だ。広大で豊かな自然、点在する先住民の壁画やかつての生活の跡など、自然・文化両面から貴重であるため世界複合遺産に登録されている。公園一帯の敷地は実に2万km²にも及ぶ（日本の四国とほぼ同じ大きさ）。チモール海へと注ぐ3つの川（イーストアリゲーター・リバー、サウスアリゲーター・リバー、ウエストアリゲーター・リバー）と無数の支流が造る渓谷、湿地、マングローブ林……一方大地には熱帯ユーカリ林が茂り、林の中には無数のアリ塚が塔のようにそびえている。川で身を潜めるワニ、水辺に集まる280種を超える野鳥、大地をかけるカンガルー……厳しくも豊かなこの地で先住民たちは自然の恵みを享受して生きてきたのだ。

この地で自然や壁画を見、感じることで、私たちはオーストラリアの自然のすばらしさ、先住民の豊かな文化を再認識させられることだろう。

カカドゥ国立公園の歩き方

OUTLINE OF KAKADU NP

旅の相談に乗ってくれるボワリ・ビジターセンター

一帯に生息するオーストラリア唯一のコウノトリ（セイタカコウ）からその名を取ったのが**ジャビルー** Jabiru。ホテル、レストラン、ショッピングセンターなどがあるだけだが、カカドゥでは唯一町らしい雰囲気がある。個人での観光を考えているなら、まず真っ先に寄りたいのがジャビルーの入口にある**ボワリ・ビジターセンター** Bowali Visitor Centre。公園管理事務所を兼ねたインフォメーションセンターで、カカドゥ国立公園の自然や地形、先住民文化に関する映像上映、各種展示を行う博物館を併設している。また雨季にはカカドゥの道路状況がここで把握できる。

ジャビルーの東6.5kmの**ジャビルーイースト** Jabiru Eastには**ジャビルー空港** Jabiru Airport (JAB) があり、遊覧飛行やダーウィンからのチャーター飛行機が発着している。

アクセス

●カカドゥ国立公園

ダーウィンから1～2泊のツアーで訪れるのが最も一般的。たくさんの会社が催行しているので、ダーウィンのツーリズム・トップエンド（→P.538）で相談するといい。一般的な観光スポットを回るならレンタカーもおすすめ。ただし雨季には川が増水して道が水没してしまうこともある。雨季にドライブを考えている人は、必ずレンタカー会社で最新情報を入手すること。

■カカドゥ国立公園入園パス

URL parksaustralia.gov.au/kakadu/plan/passes

料 11月～5月14日：大人$25 子供$12.50 家族$65／5月15日～10月：大人$40 子供$20 家族$100

※7日間有効

※ボワリ・ビジターセンターなどで購入。ウェブ購入も可能。

■ボワリ・ビジターセンター

MAP P.534

住 Kakadu Hwy., Kakadu NP, Jabiru, 0886

☎ (08)8938-1120

URL parksaustralia.gov.au/kakadu 開 毎日8:00～17:00／カルチャーセンター：4月中旬～10月の毎日9:00～17:00、11月～4月中旬の9:00～15:00 休 クリスマスデー

アクセス ジャビルー中心部から約5km。徒歩の場合は約2.5kmの近道（ウオーキングトラック）もある。

■カカドゥ・ビジターガイドを手に入れよう

カカドゥを個人で観光する予定なら、ぜひ手に入れたいのが『カカドゥ・ビジターガイド Kakadu Visitor Guide』。カカドゥ国立公園内の地図や自然に関する詳細が掲載された無料パンフレットだ。ボワリ・ビジターセンターやカカドゥ・ホリデービレッジ、メアリーリバー・ロードハウス（MAP P.534）などで手に入る。なお同内容はスマートフォンの無料アプリ Kakadu Visitor Guide（iOS、Android）でも閲覧可能だ。スマートフォンにインストールしておこう。

■マムカラ・バードサンクチュアリ

ジャビルーからアーネム・ハイウェイをダーウィン方面へ約 30km。ハイウェイから 1km ほど支道に入る。所要約 30 分。

● **Kakadu Birds App**

じっくりバードウオッチングするなら国立公園が提供しているこのアプリをスマートフォンにインストールしておくといい。iOS、Android 対応だ。

■ウビア

開4 ～ 11 月：8:30 ～日没／12 ～ 3 月：14:00 ～日没

アクセス ジャビルーから北へ約 40km。舗装道路なので約 30 分ほどで着く。

また、ジャビルーからカカドゥ・ハイウェイを 60km ほど下った所にある**クーインダ** Cooinda は、ホテルやキャンプ場などがあるだけのツーリストタウン。ここからイエローウオーター・リバークルーズやジムジム＆ツインフォールズなどの観光地を巡るツアーが出ている。

水鳥が群れなす大湿原 MAP P.534

マムカラ・バードサンクチュアリ
Mamukala Bird Sanctuary

鳥の数にはただ圧倒されるばかり

カカドゥを代表する大湿原。入口にあるバードウオッチング小屋から、湿原に生息する数々の水鳥が見られる。集まってくるのはホワイトフェースヘロンやグレーターイグレットなどのサギ、マグパイグースやウィスリングダックなどの野鴨、ペリカンなどだ。

ロックアートの宝庫 MAP P.534

ウビア
Ubirr

カカドゥ国立公園
Kakadu NP

0 10 20 30km

フィールド島 Field Is.
アーネムランド ARNHEM LAND
カカドゥ国立公園 Kakadu NP
イーストアリゲーター・リバー East Alligator River
サウスアリゲーター・リバー South Alligator River
ウエストアリゲーター・リバー West Alligator River
Wildam River
P.534 ウビア Ubirr
ボーダーストア Border Store
メルキュール・カカドゥ・クロコダイルホテル Mercure Kakadu P.537 Crocodile Hotel
オーロラ・カカドゥロッジ P.537 Aurora Kakadu Lodge
アンビニク・カカドゥリゾート P.537 Anbinik Kakadu Resort
マムカラ・バードサンクチュアリ P.534 Mamukala Bird Sanctuary
ジャビルー Jabiru
ジャビルーイースト Jabiru East
カカドゥ・ホリデービレッジ Kakadu Holiday Village
ARNHEM HWY
アーネム・ハイウェイ
P.533 ボワリ・ビジターセンター Bowali Visitor Centre
レインジャー鉱山 Ranger Uranium Mine
Bourdulba
ダーウィンへ 140km
ワラジャン・アボリジナル・カルチュラルセンター P.536 Warradjan Aboriginal Cultural Centre
ノーランジー・ロック Nourlangie Rock P.535
イエローウオーター・リバークルーズ P.535 Yellow Water River Cruises
クーインダ Cooinda
クーインダ・ロッジ Cooinda Lodge P.537
オールドダーウィン・ロード OLD DARWIN RD
ジムジムクリーク Jim Jim Creek
エスカープメント Escarpment
KAKADU HWY
カカドゥ・ハイウェイ
P.536 ジムジムフォールズ Jim Jim Falls
マグックフォール Maguk Fall
バラマンディゴージ Barramundie Gorge P.536
P.536 ツインフォールズ Twin Falls
ガンロムフォール Gunlom Fall
ウオーターフォール・クリーク Water Fall Creek P.536
ブクブクルク見晴台 Bukbukluk
国立公園入園事務所＆レインジャー・ステーション
パインクリークへ59km
メアリーリバー・ロードハウス Mary River Roadhouse
N

イーストアリゲーター・リバー沿いにある岩場で、先住民のロックアート（壁画）が多数残っている。

見逃せないのは**マブユ** Mabuyu、**メインアートギャラリー** Main Art Gallery、**レインボーサーペントギャラリー** Rainbow Serpent Gallery。マブユでは細い線で描かれた猟師の絵が見ものだ。

メインアートギャラリーでは壁面を埋め尽くすようにバラマンディやカメ、トカゲなどが描かれている。

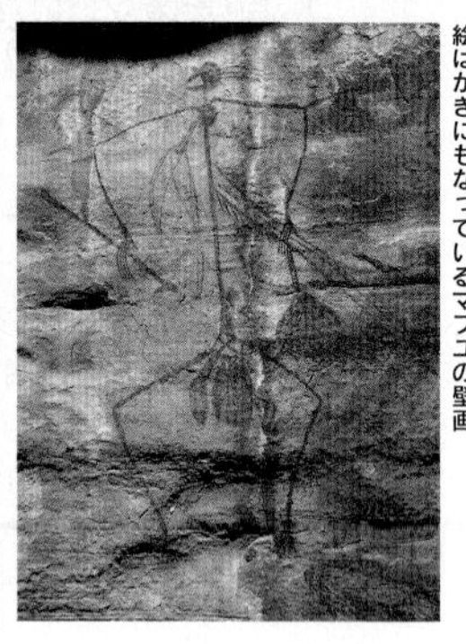
絵はがきにもなっているマブユの壁画

かつてタスマニアタイガーがこのあたりに生息していたことを示す絵も残っている（2000～3000年前の絵と推定されている）。なお壁画の多くは、人間や動物の骨格を細かい線で表現するX線画法という手法が用いられている。レインボーサーペントギャラリーは、ドリームタイムと呼ばれる先住民の天地創造の時代の伝説が壁画となって残っている。

メインアートギャラリーからは展望地へも登ってみたい。展望地からは、どこまでも広がるアーネムランドが見渡せる。またここは、カカドゥ国立公園随一のサンセットポイントとして有名だ。

ウビア展望地のサンセットタイム

雷男の壁画を見よう！ MAP P.534

ノーランジーロック
Nourlangie Rock

ナマルゴンの伝説に基づいた壁画

ジャビルーとクーインダの間、カカドゥ・ハイウェイから東へ入った所にある岩山。ここの**アンバンバンギャラリー** Anbangbang Galleryに描かれた壁画は、雷男（この地の先住民の言葉でナマルゴン namarrgon）の伝説を絵にしたもので、ほかでは見られない独特の雰囲気をもっている。また岩山の上（**グンワーデーワーデー見晴らし台** Gunwarddehwardde Lookout）からは、カカドゥを一望する景色が楽しめる。

■ノーランジーロック
ジャビルーからカカドゥ・ハイウェイを約20km南下、そこから東へ向かう支道（約12km）に入る。ジャビルーからの所要時間は約30分。

上まで登ればすばらしい景色が楽しめる

無数の水鳥と迫力満点のイリエワニに出合う MAP P.534

イエローウオーター・リバークルーズ
Yellow Water River Cruises

カカドゥ観光のハイライトといっていいクルーズ。ボートは蓮の花やウオーターリリィの咲く湿原の中を進んでいく。ジャビルー（セイタカコウ）やブロルガ（オーストラリアツル）、マグパイグースやグレーターイグレットなど数多くの野鳥から、体長3mを超えるイリエワニまで、湿原で生きる野生動物の姿を間近に観察できる。湿原の美しさや鳥の多さなどの点で、早朝、夕方のクルーズがおすすめだ。

■イエローウオーター・リバークルーズ
☎(08)8979-1500
（予約：Cooinda Lodge）
URL kakadutourism.com
時 2時間クルーズ出発：6:45、9:00（4～10月のみ）、16:30／1.5時間クルーズ出発：11:30、13:15
料 2時間クルーズ：大人$129 子供$90（9:00のクルーズのみ大人$105 子供$75）／1.5時間：大人$105 子供$75

美しい湿原をのんびりとクルージング

野生のイリエワニが数多くすむ

先住民の文化に触れる
MAP P.534

ワラジャン・アボリジナル・カルチュラルセンター
Warradjan Aboriginal Cultural Centre

先住民の文化に関する展示がいっぱい

カカドゥ地域に住む先住民の人々が、自分たちの文化風習を知ってもらうことを目的として運営している施設。壁画やバークペインティングなどのアート、狩猟採集に用いた手作りバッグやパンダナスで編んだバスケット、狩猟や漁などの方法を説明する展示まで、内容は多岐にわたっている。

■ワラジャン・アボリジナル・カルチュラルセンター
☎(08)8979-0525
URL kakadutourism.com
開11～4月中旬の毎日9:00～15:00、4月中旬～10月の毎日9:00～17:00 料無料
アクセス クーインダのツーリストタウンから徒歩10分。

カカドゥ随一の景勝地
MAP P.534

ジムジムフォールズ&ツインフォールズ
Jim Jim Falls & Twin Falls

乾季ならぜひ出かけたいジムジムフォールズ

ジムジムフォールズはクーインダの72km南東にあり、滝の落差は150m以上。乾季の初め頃は水量も多く、雄壮な姿を見せてくれる。滝つぼでは泳げるので水着を忘れずに。ジムジムフォールズからツインフォールズまではさらに10km。そそり立つ渓谷から、ふたつの滝がまるで兄弟のように流れ落ちている。なお、どちらの滝も乾季の真っ最中は滝の水が枯れるのでそのつもりで。また雨季は道路がクローズとなるため観光不可となる。乾季でも道路状況は決して良くないので、ジムジムフォールズ&ツインフォールズが旅程に組み込まれたダーウィン発着ツアーで観光するのがおすすめだ。

■ジムジムフォールズ&ツインフォールズ
カカドゥ・ハイウェイを外れて60kmとさほど距離はないが、道路は未舗装でしかも最後の十数kmがとんでもない悪路。クーインダから4WDで片道2時間はみておこう。またジムジム、ツインとも駐車場から1kmほど歩かなくてはならない。

乾季ならぜひ出かけてみたい
MAP P.534

マグックフォールとバラマンディゴージ
Maguk Fall & Barramundie Gorge

バラマンディ川上流のバラマンディゴージにはマグックフォールがあり、滝つぼで泳ぐことができる。この滝は落差がそれほどないこともあり、滝つぼを泳いで渡り切れば、そこから岩をよじ登って滝の上に出られる。またバラマンディゴージの南側にある**ウオーターフォール・クリーク** Water Fall Creekの**ガンロムフォール** Gunlom Fallは、映画『クロコダイルダンディ』の撮影地としても知られている。このふたつの場所へは現地発着ツアーも出ている。

■マグックフォールとバラマンディゴージ
クーインダの約60km南にあり、カカドゥ・ハイウェイから外れた支道は未舗装で4WDのみ走行可。駐車場から滝つぼまでは歩いて15分ほど。

■スピリット・オブ・カカドゥ・アドベンチャーツアー
マグックフォール&バラマンディゴージへの現地発着ツアー。
☎(08)8979-1500
URL www.kakadutourism.com
時5～10月の毎日8:00～13:00
料大人$299 子供$209

広大なカカドゥの自然を大空から眺める

シーニックフライト
Scenic Flight

ジャビルーイースト空港から**カカドゥ・エアサービス** Kakadu Air Serviceが小型飛行機、ヘリコプターで遊覧飛行を行っている。広大な湿原、草原、河川、そしてエスケープメントと呼ばれる隆起した断崖絶壁、また世界有数のウラン鉱山であるアーガイル鉱山などを眼下にできる。

■シーニックフライト
●カカドゥ・エアサービス
FREE 1800-089-113
URL www.kakaduair.com.au
時毎日8:00、9:30、11:00、12:00、13:00スタート
料小型飛行機：30分大人$150 子供$120、1時間大人$250 子供$200／ヘリコプター：20分1人$245、30分1人$345、45分1人$495
※最少催行人数あり

俯瞰するとまた違った感動が味わえる

カカドゥ国立公園のホテル

ACCOMMODATION

州外局番(08)

イエローウオーター・クルーズに便利な　MAP P.534
Cooinda Lodge
クーインダ・ロッジ

URL kakadutourism.com　URL all.accor.com
住 Kakadu Hwy., via Jim Jim Creek, Cooinda (P.O. Box 696, Jabiru), 0886
☎ 8979-1500　WiFi なし　料 T W $329～349、グランピングテント $289～329、キャンプサイト $54、パワーサイト $74～94
CC **AMV**　日本での予約先：アコーカスタマーサービス ☎ (03)4578-4077

のんびりした雰囲気のプールエリア

ロッジルームはモダンな雰囲気でエアコン、TV、シャワー、トイレ、バルコニー付き。豪華なグランピングテントもある。隣にはグルングルンバ The Ngurrungurrudjba と別名称になっているキャンプ場もある。敷地内にはプール、スパ、ランドリー、レストラン、BBQエリアなどの施設あり。

ワニホテルとして有名な　MAP P.534
Mercure Kakadu Crocodile Hotel
メルキュール・カカドゥ・クロコダイルホテル

URL kakadutourism.com　URL all.accor.com
住 1 Flinders St., Jabiru, 0886　☎ 8979-9000
WiFi 無料　料 T W $209～349　CC **ADMV**
日本での予約先：アコーカスタマーサービス ☎ (03)4578-4077

カカドゥ国立公園を代表する4つ星ホテルで、ジャビルーの中心部に位置している。外観がワニの姿という、そのユニークな形が評判だ。ワニの胴に当たる中庭にプールがある。客室は明るくベッドのファブリックには先住民絵画が描かれているなどカカドゥらしさがいっぱいだ。朝食はビュッフェ、ランチ＆ディナーはアラカルトのレストラン、マンジュムクムクもある。

外観はワニそのもの

ジャビルーのお手頃ホテル　MAP P.534
Aurora Kakadu Lodge
オーロラ・カカドゥロッジ

URL www.aurroraresorts.com.au
住 Jabiru Drv., Jabiru, 0886　☎ 8979-2422
WiFi なし　料 T W $199～299、1B $315、2B $366
CC **ADMV**

ジャビルーの町外れにある中級ホテル。プールやバー＆レストランなど設備も充実している。部屋はキャビンスタイルで質素だが、十分快適だ。

ジャビルーのユニークアコモ　MAP P.534
Anbinik Kakadu Resort
アンビニク・カカドゥリゾート

URL www.anbinik.com.au　住 83 Jabiru Drv., Jabiru, 0886　☎ 8979-3144　WiFi なし
料 T W $120～255、ブッシュバンガロー T W $140～150、2B $220～275　CC **MV**

先住民経営のホテル。客室はキャビンスタイルと、サファリテント風ブッシュバンガロー。プールやレストラン(4～11月のみオープン) などの設備もある。

COLUMN

アーネムランドの観光方法

先住民の人々が、自分たちの伝統文化を守りながら暮らす土地。そこはアボリジナルランド Aboriginal Land と呼ばれ、居住者以外の入域は、人々の生活に与える影響、環境保護などの立場から厳しい制限が設けられており、ノーザンランド・カウンシル Northern Land Council にて入域許可証を取得しなければならない（許可証取得は申請後約10日)。

カカドゥ国立公園の東アーネムランド Arnhem Land（約9万6000km² で北海道と四国を合わせたほどの広さをもつ）も、太古からの景観が今も残る神聖な場所が数多いアボリジナルランドだ。うれしいことにこの地域へはツアーが催行されており、参加者は個人で許可証取得の必要がない。ジャビルー、ダーウィンからロード・カカドゥ＆アーネムランドサファリ Lord's Kakadu & Arnhemland Safari、ジャビルーからカカドゥ・カルチュラルツアー Kakadu Cultural Tours が日帰りツアーを催行している。アボリジナルランドに興味があるなら参加しよう。

●ロード・カカドゥ＆アーネムランドサファリ
☎ 0438-808-545
URL www.lords-safaris.com
●カカドゥ・カルチュラルツアー
FREE 1800-525-238
URL kakaduculturaltours.com.au

日本からカカドゥ国立公園への電話のかけ方
国際電話会社の番号＋010＋61（国番号）＋8（0を取った州外局番）＋電話番号

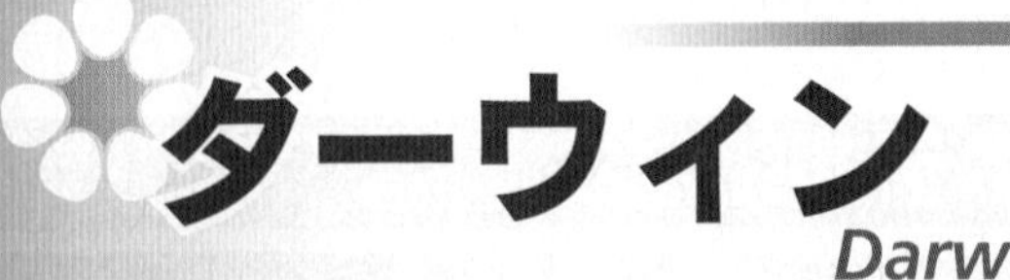

ダーウィン Darwin

ノーザンテリトリー Northern Territory　州外局番 (08)

ユースフルインフォメーション

ツーリズム・トップエンド
Tourism Top End MAP P.542/2B
住 6 Bennett St., 0801
☎ 1300-138-886
URL www.tourismtopend.com.au
開 月～金 9:00～16:30、土日祝 10:00～14:00

おもな病院

ロイヤル・ダーウィン病院
Royal Darwin Hospital
MAP P.539/1A外
住 105 Rocklands Drv., Casuarina 0810
☎ (08)8922-8888
URL nt.gov.au/wellbeing/hospitals-health-services/royal-darwin-hospital

ダーウィン・デイサージェリー
Darwin Day Surgery
MAP P.539/1A外
住 Unit 1, 7 Gsell St., Wanguri 0810
☎ (08)7922-2250
URL www.darwindaysurgery.com.au

主要航空会社連絡先

カンタス航空 Qantas Airways
☎ 13-13-13
ヴァージン・オーストラリア Virgin Australia
☎ 13-67-89
ジェットスター Jetstar
☎ 13-15-38
エアノース Airnorth
FREE 1800-627-474
シンガポール航空 Singapore Airlines
☎ (02)7209-4388

ダーウィン近郊リッチフィールド国立公園のフローレンスフォールズ

ノーザンテリトリー最北部はトップエンドと呼ばれている。トップエンドの中心都市であり、またノーザンテリトリーの州都（正確には準州都）でもあるのが、進化論の生みの親にちなんだ名称をもつダーウィンだ。チモール海に面した熱帯都市で、トップエンドの観光ハイライトであるカカドゥ国立公園、リッチフィールド国立公園、ニトミルク国立公園へのゲートウェイでもある。また歴史的には、オーストラリアと世界を結ぶ海底電信ケーブルが敷かれた、重要拠点でもあった。

ダーウィンの町は2度壊滅的打撃を受けている。1度目は第2次世界大戦時の1942年に日本軍による空爆によって（オーストラリアが初めて体験した外敵による本土攻撃だった）、2度目は1974年の猛サイクロンによってのことだ。このためダーウィンには新しい建物が多く、また町自体もきっちりと区画整理されている。また熱帯の植物が町のあちらこちらに生い茂り、1年をとおして鮮やかな緑を見せている。

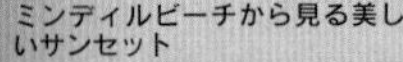
ミンディルビーチから見る美しいサンセット

そんなダーウィンも、こと観光となると期間がかぎられてくる。このあたりは5月～11月半ばの乾季と11月後半～4月の雨季の二季しかなく、特に1～3月の降雨量は月間300mmをゆうに超える（ちなみに東京で最も雨の多い9月の平均降水量208.5mm）。郊外の道路が水没することも珍しくなく、観光にはいろいろ不便となるので旅のプランニングには十分注意しよう。

アクセス
ACCESS

行き方

日本から

直行便はないため乗り継ぎが必要。ジェットスターで東京・大阪からケアンズに入り、ケアンズ～ダーウィンに乗り換えるのが最も時間的ロスが少ない。ケアンズ～ダーウィンはカンタス航空（エアノースとの共同運航）、ジェットスターが運航（所要約2時間30分）。ほかには日本から直行便でシドニー、ブリスベン、メルボルンに入り、カンタス航空、ヴァージン・オーストラリアの便でダーウィンへ向かう方法も使える。シンガポール航空を利用してシンガポールで乗り継いでダーウィンへ入る方法もある。

オーストラリア国内から

カンタス航空、ヴァージン・オーストラリア、ジェットスターがシドニー、メルボルン、アデレードから、他にカンタス航空が、ケアンズ、ブリスベン、パース、アリススプリングスから、ジェットスターがケアンズ、ブリスベンから、ヴァージン・オーストラリアがブリスベン、パースから直行便のフライトをもっている。またエアノースがブルームやアーネムランドのゴーブ Gove、マッカーサーリバー Mcarthur River などノーザンテリトリーの小さな町との間にフライトを運航。ただし運航曜日がかぎられているので注意が必要。陸路はグレイハウンド・オーストラリアの長距離バスがアリススプリングス、タウンズビル、ブルームとの間に路線をもっている。ほかにアデレードから大陸縦断鉄道ザ・ガン号を利用する方法もある。

ダーウィン空港到着ホールのレンタカー会社カウンター

■ダーウィン国際空港
MAP P.539/1B
URL www.darwinairport.com.au

■ダーウィンのレンタカー会社
- ハーツ Hertz ☎(08)8925-5890
- エイビス AVIS ☎13-63-33
- バジェット Budget ☎(08)8981-9800
- スリフティ Thrifty ☎(08)8924-0000
- ヨーロッパカー Europcar ☎(08)8941-0300
- シクスト SIXT ☎(08)7914-7010
- エンタープライズ Enterprise ☎1300-035-807
- バーゲン Bargain ☎1300-729-230
- アラモ Alamo ☎1300-106-666

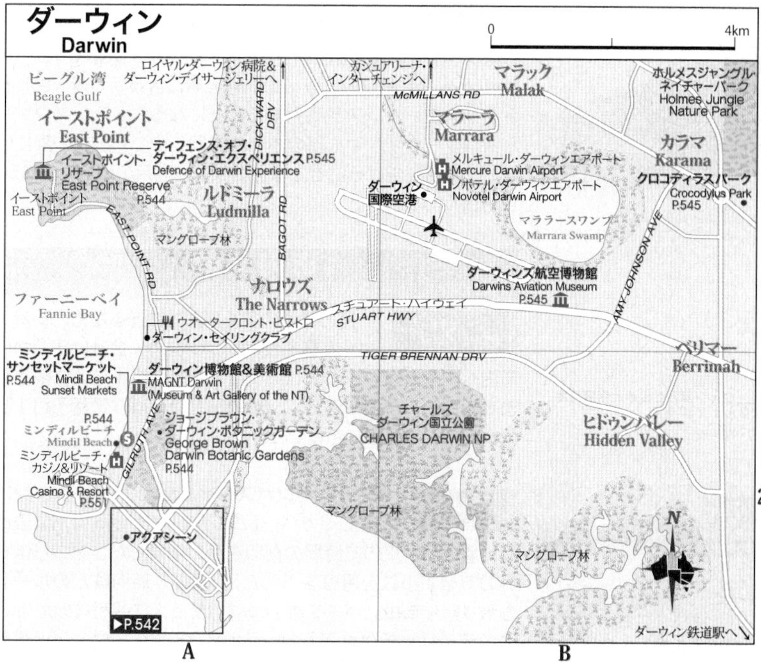

ダーウィン Darwin

■ダーウィンのタクシー
● Blue Taxi Company: ☎13-82-94
● Darwin Radio Taxis: ☎13-10-08
● 13Cabs: ☎13-22-27
料 月～金 6:00～17:59 が初乗り 1km まで $5.70 で以後 1km ごとに $1.78、月～金 18:00～翌 5:59 と土日祝の全日が初乗り 1km まで $6.90 で以後 1km ごとに $2.18。ほかに待ち時間 5.6 秒ごとに $0.10。電話予約は無料。空港利用時には $3 追加。

■ダーウィン・トランジットセンター MAP P.542/2A

■ザ・ガン号トランスファーバス
FREE 1800-703-357
URL journeybeyondrail.com.au
時 水 8:00 頃、ダーウィン市内のホテルを出発（ザ・ガン号予約時にホテルを告げておくこと）
料 ザ・ガン号乗客は無料

ザ・ガン号が発着する駅はイーストアームにある

ダーウィン郊外へ出ると制限速度はなんと 130 キロ

空港 ↔ 市内

ダーウィン国際空港 Darwin International Airport (DRW) は、町の北東約 15km の所にある。国際線、国内線とも同じターミナルを使用しており、到着ホールには大手レンタカー会社のカウンターや両替所、観光案内所などがある。

●タクシー＆ライドシェア

タクシーだとダーウィン中心部まで約 $30～35（約 15 分)。ウーバーなどライドシェアはもう少し安く $30 前後だ。

●公共バス（ダーウィンバス）

タクシー＆ライドシェア、レンタカー利用以外の場合は公共のダーウィンバスを使うことになる。バス停はターミナルを出た 600m ほど先のメルキュール・ダーウィンエアポート脇（ヘンリーリグレー・ドライブ Henry Wrigley Drv. 沿い)。Route 3 のバスでダーウィン北部のカジュアリーナ・インターチェンジへ行き、そこから Route4、10、OL2 に乗り換える。本数がそれほど多くないため中心部まで乗り換えを含めて 1 時間以上かかる。時間に余裕がある人以外、利用価値は低い。

トランジットセンター ↔ 市内

長距離バスは、市の中心部ミッチェル・ストリートにあるミッチェル・ストリート・ツーリストプリシンクト Mitchell St. Tourist Pricinct 内の**ダーウィン・トランジットセンター** Darwin Transit Centre に着く。周辺には格安から高級まで宿泊施設が多い。

ダーウィン駅 ↔ 市内

オーストラリアを代表する長距離豪華列車ザ・ガン号が発着するのはダーウィン駅。近郊イーストアームのベリマー・ロード Berrimah Rd. にあり、ザ・ガン号発着に合わせて運行されるトランスファーバスを利用することになる。トランスファーバスはダーウィン中心部のホテルを回るので、予約の際に必ずホテル名を告げること。なおタクシー利用の場合は約 $50（所要約 15 分)。

市内交通
LOCAL TRANSPORT

レンタカー

見どころの多くが郊外にあるため、レンタカーが最も便利。レンタカー会社は空港から市内へ向かう途中、スチュアート・ハイウェイ沿いに多く集まっている。また一部のレンタカー会社では、電話予約すればホテルまで迎えにきてくれる。

市バス

ダーウィンバス Darwinbus がダーウィン市内を広くカバーしている。チケットはバス乗車時に購入し、車内で時間の刻印を受ける（ただしおつりはないので必ず小銭を用意すること)。以後 3 時間はどのルートも乗り降り自由。バスをめいっぱい使う人に便利なのが 1 日券の**デイリーチケット** Daily Ticket。またダーウィンに長期滞在するならリチャージ式スマートカードの**タップ&ライドカード** Tap & Ride Card を手に入れておこう。10 回乗車券として利用できる**マルチトリップ** Multi-Trip と 7 日間チケットとして利用できる**ウィークリー** Weekly のどちらかでリチャージするスタイル。バスターミナル、インフォメーションセンター（ツーリズム・トップエンド）、スーパーなどで購入できる。

シティのバスターミナルはスミス・ストリートからハリーチャン・アベニュー Harry Chan Ave. に入った所。ここにはダーウィンバス・インフォメーションがあり、路線図と時刻表がもらえる。

平日なら本数も多く便利なダーウィンバス

■ダーウィンバス
☎(08)8924-7666
URL nt.gov.au/driving/public-transport-cycling/
時 ほとんどの路線は月～金 6:30 ～ 21:00 の間 30 分ごとに運行。ただし土日祝は本数が極端に少なくなるので注意しよう。
料 3 時間チケット：大人 $3 子供 $1 ／デイリーチケット 大人 $7 子供 $2 ／マルチトリップ（タップ&ライドカード）大人 $20 子供 $7 ／ ウィークリー（タップ&ライドカード）大人 $20 子供 $7
●ダーウィンバス・ターミナル
MAP P.542/2B

ダーウィンの歩き方
OUTLINE OF DARWIN

中心部は歩いて回れる広さ

ミッチェル・ストリートとノッキー・ストリートの角にあるミッチェルセンター

ダーウィンの町は住宅地まで含むと広範囲だが、ダウンタウンとなると、わずか縦 1.5km、横 0.7km 四方におさまるほど小さい。町の中心は**スミス・ストリートモール** Smith St. Mall。ショッピングアーケードや銀行、両替商、旅行会社などが集まっている。また、スミス・ストリートモールからベネット・ストリートを渡った所には**ツーリズム・トップエンド** Tourism Top End がある。ダーウィン市内はもちろん、カカドゥ国立公園やリッチフィールド国立公園、さらにキャサリンまで、トップエンドの情報収集には最適な場所。もちろん、ツアーの相談や手配、ホテル予約なども行ってくれる。

トップエンドの詳細な情報が手に入るツーリズム・トップエンド

スミス・ストリートモールからノッキー・ストリート Knuckey St. を 1 ブロック海側に歩いた**ミッチェル・ストリート** Mitchell St.、さらに 1 ブロック海側の**エスプラネード** The Esplanade は観光客にとっての中心地。バックパッカーズから高級ホテルまで数多くのホテルが並び、レストランやバー、さらにスーパーマーケットのコールスやフードコートが入ったショッピングセンターの**ミッチェルセンター** Mitchell Centre、トランジットセンターの入ったミッチェル・ストリート・ツーリストプリシンクトまであって、1 日中旅行者の姿の絶えない場所だ。

町の中心
スミス・ストリートモール

■ツーリズム・トップエンド
Tourism Top End
MAP P.542/2B
住 6 Bennett St.(G.P.O.Box 4392), 0801
☎1300-138-886
URL www.tourismtopend.com.au
開 月～金 9:00 ～ 16:30、土日祝 10:00 ～ 14:00

■ダーウィンの日本語情報サイト「ようこそダーウィン」
最新の観光情報からローカル情報まで、日本語で手に入るのが「ようこそダーウィン」。ダーウィンに行くなら必ずチェックしておきたい。
URL www.darwinjapan.com

ファーニーベイ沿いに集まる観光ポイント

美しい南国の海ファーニーベイ Fannie Bay。市内の主要な観光ポイントは、この湾沿いに通るイーストポイント・ロード East Point Rd. に集まっている。平日の日中ならダーウィンバスも本数が多いので、アクセス面でも不便さはない。

朝夕、イーストポイントまで足を延ばせば野生のイロワラビーを目にすることも多い

イーストポイントのワラビーは警戒心が強く、すぐに逃げてしまう。撮影は諦めて観察に専念しよう。（神奈川県　石田和彦　'15）['24]

ハスの花が咲き誇るフォッグダム保護区

ワイルドな魅力あふれる観光ポイントへ

ダーウィンの南部の**ベリースプリングス** Berry Springs 周辺やリッチフィールド国立公園 Litchfield NP、またカカドゥ国立公園へ向かうアーネム・ハイウェイ Arnhem Hwy. 沿いの**フォッグダム保護区** Fogg Dam Conservation Reserve など、ダーウィン周辺には、熱帯の大自然に抱かれた観光ポイントもいっぱいだ。ツアーやレンタカーでぜひ出かけてみよう。

ダーウィン中心部のおもな見どころ
SIGHTSEEING SPOTS

ワニ好きにはたまらないテーマパーク MAP P.542/2A

クロコザウルスコーブ
Crocosaurus Cove

ダーウィン中心部の大人気観光スポットで、爬虫類関係の展示では世界有数を誇っている。特にダーウィン名物ともいえるイリエワニは、珍しいアルビノのスノーウィ、体

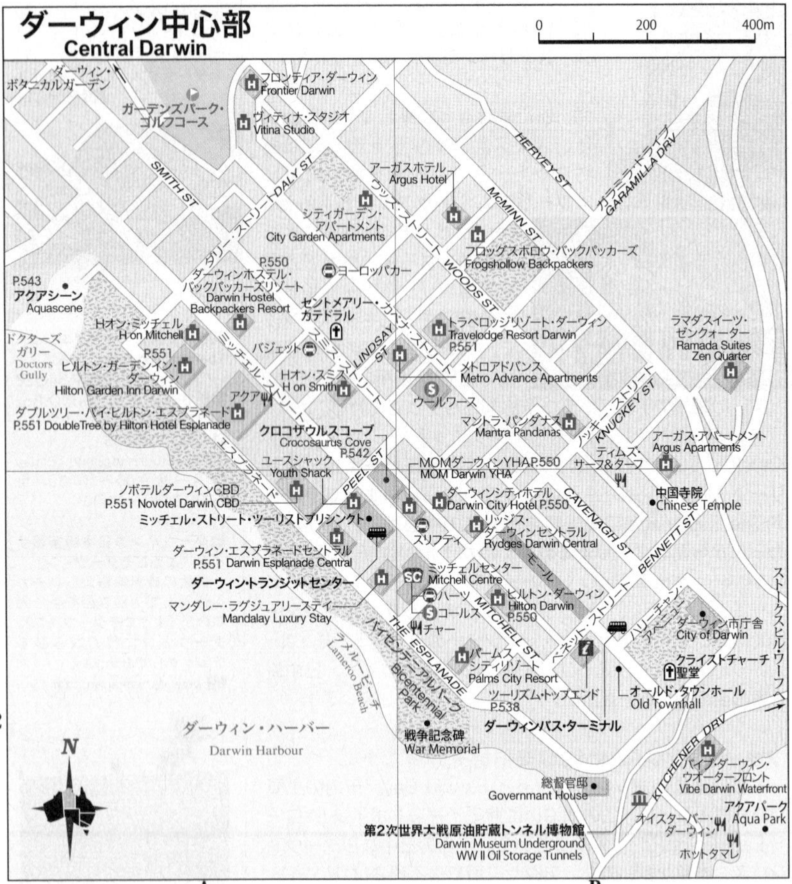

ダーウィン中心部
Central Darwin

0 200 400m

ダーウィン・ボタニカルガーデン
ガーデンズパーク・ゴルフコース
フロンティア・ダーウィン Frontier Darwin
ヴィティナ・スタジオ Vitina Studio
SMITH ST
ダリー・ストリート DALY ST
アーガスホテル Argus Hotel
シティガーデン・アパートメント City Garden Apartments
ウッズ・ストリート WOODS ST
HERVEY ST
McMINN ST
ガラミラ・ドライブ GARAMILLA DRV
フロッグスホロウ・バックパッカーズ Frogshollow Backpackers
P.550 ダーウィンホステル・バックパッカーズリゾート Darwin Hostel Backpackers Resort
ヨーロッパカー
P.543 アクアシーン Aquascene
セントメアリー・カテドラル
Hオン・ミッチェル H on Mitchell
ドクターズガリー Doctors Gully
P.551 ヒルトン・ガーデンイン・ダーウィン Hilton Garden Inn Darwin
バジェット
ミッチェル・ストリート
スミス・ストリート
LINDSAY ST
カベナー・ストリート
トラベロッジリゾート・ダーウィン Travelodge Resort Darwin P.551
メトロアドバンス Metro Advance Apartments
ラマダスイーツ・ゼンクォーター Ramada Suites Zen Quarter
Hオン・スミス H on Smith
ウールワース
アクア
ダブルツリー・バイ・ヒルトン・エスプラネード P.551 DoubleTree by Hilton Hotel Esplanade
マントラ・パンダナス Mantra Pandanas
ナッキー・ストリート KNUCKEY ST
アーガス・アパートメント Argus Apartments
クロコザウルスコーブ Crocosaurus Cove P.542
ユースシャック Youth Shack
PEEL ST
MOMダーウィンYHA P.550 MOM Darwin YHA
ティムズ・サーフ&ターフ
エスプラネード
ノボテルダーウィンCBD P.551 Novotel Darwin CBD
ダーウィンシティホテル Darwin City Hotel P.550
CAVENAGH ST
中国寺院 Chinese Temple
ミッチェル・ストリート・ツーリストプリシンクト
スリフティ
リッジス・ダーウィンセントラル Rydges Darwin Central
モール
BENNETT ST
ダーウィン・エスプラネードセントラル P.551 Darwin Esplanade Central
ダーウィン・トランジットセンター
ミッチェルセンター Mitchell Centre
ハーツ
コールス
チャー
ヒルトン・ダーウィン Hilton Darwin P.550
ベネット・ストリート
マンダレー・ラグジュアリーステイ Mandalay Luxury Stay
MITCHELL ST
THE ESPLANADE
ハリーチャン・アベニュー
ダーウィン市庁舎 City of Darwin
ストークスヒル・ワーフへ
ラメルービーチ Lameroo Beach
バイセンテニアルパーク Bicentennial Park
パームス・シティリゾート Palms City Resort
クライストチャーチ聖堂
ツーリズム・トップエンド P.538
オールド・タウンホール Old Townhall
ダーウィンバス・ターミナル
ダーウィン・ハーバー Darwin Harbour
戦争記念碑 War Memorial
KITCHENER DRV
バイブ・ダーウィン・ウオーターフロント Vibe Darwin Waterfront
総督官邸 Governmant House
アクアパーク Aqua Park
オイスターバー・ダーウィン
第2次世界大戦原油貯蔵トンネル博物館 Darwin Museum Underground WW II Oil Storage Tunnels
ホットタマレ
N
1 2 A B

スリル満点の死の檻体験
ワニの餌づけショーも見逃せない

長6m、推定年齢80歳のチョッパーなど、いずれ劣らぬ強者ばかりだ。しかもこのイリエワニが飼育されている巨大水槽に、八角形の強化アクリルガラス製ケージに入って観察できるという**死の檻体験**（The Cage of Death Experience）がアトラクションとして用意されていて大評判。またスタッフによるイリエワニの餌づけショー（11:30、14:30）を観たり、さらに自分自身で釣りのような感じでワニの餌づけが楽しめる**VIPツアー** VIP Tour、子ワニを抱いての記念写真を体験したりもできる。このほかにもオーストラリアワニや数多くの淡水魚を展示する淡水槽、各種ヘビ、トカゲなどを展示するレプタイルハウスなどがある。

■**クロコザウルスコーブ**
住58 Mitchell St. (Cnr. Peel St.), 0800
☎(08)8981-7522
URL www.crocosauruscove.com
開 毎日9:00～18:00／死の檻体験：9:30～17:00の間11回催行
休 クリスマスデー
料 大人$38 子供$23 家族$116／死の檻体験（要予約）：1人$185、2人$285／VIPツアー：大人$89 子供$49

子ワニと一緒の記念写真も楽しい

豪快に魚の餌づけが楽しめる MAP P.542/1A

アクアシーン
Aquascene

1950年代後半、地元の住人たちがドクターズガリー Doctors Gullyでよく目にするボラに、餌をやり始めた。その後、餌につられてたくさんの魚が集まるようになり、今ではダーウィンの町でのアトラクションとして定着した。それがアクアシーンだ。ボラはもちろん、80cm以上もあるミルクフィッシュ（サバヒー）、ナマズ、バラマンディなど数百匹が手に持ったパンにむしゃぶりついてくる。特にミルクフィッシュの数はすさまじいばかり。

■**アクアシーン**
住28 Doctors Gully Rd., 0800
☎(08)8981-7837
URL www.aquascene.com.au
開 毎日2時間程度オープン。潮の干満により時間は大幅に変わるのでウェブサイトでチェックして出かけよう
休 クリスマスデー
料 大人$15 子供$10 家族$43

あまりの魚の数に最初は圧倒されてしまうほど

COLUMN

熱帯の夕日を眺めながらクルーズ
ダーウィンの人気サンセットクルーズ

ダーウィンハーバーでは1日中さまざまな観光クルーズが催行されている。なかでも幻想的なサンセットタイムのクルーズはぜひ試してみたい。数社が催行している。

ダーウィンハーバー・クルーズ
Darwin Harbour Cruises

約2時間30分かけてサンセットを楽しみながら優雅なひとときを過ごすのがチャールズダーウィン・サンセットクルーズ Charles Darwin Sunset Cruise（ドリンク＆食事は船上で購入）。シーフードプラッター付きのゲイズ＆グレイズ・サンセットクルーズ Gaze and Graze Sunset Cruise もある。
URL www.darwinharbourcruises.com.au/cruises/
FREE 1800-019-323 時 毎日18:00～20:30
料 チャールズダーウィン・サンセットクルーズ 大人$137 子供$80／ゲイズ＆グレイズ・サンセットクルーズ1人$121

ケープアデュー・ハーバークルーズ
Cape Adieu Harbour Cruises

大型カタマランヨットを使ったサンセットクルーズ。通常クルーズでもチーズプラッターがサービスされるのがうれしい。オプションで車エビのプラッターやディナー（オイスターやエビなどの盛り合わせ前菜＋魚のグリルもしくはステーキ＋フルーツ盛り合わせ）を付けることもできる。
URL www.capeadieu.com.au
☎0439-893-939 時 毎日17:30～20:00
料 サンセットクルーズ1人$75／車エビ・プラッター付き1人$95／ディナー付き$145

■ミンディルビーチ
ダーウィンバス Route 4、6、14、15（マーケットデイのみ）を利用。スカイシティ・ダーウィン前で下車。ダーウィン中心部からタクシーだと約$10（約 3km）

■ミンディルビーチ・サンセットマーケット
☎(08)8981-3454
URL mindil.com.au
営4月最終木曜～10月最終木曜の木・日 16:00～21:00

乾季、ダーウィンっ子たちにとっても週2回のお楽しみとなっているミンディルビーチ・サンセットマーケット

■ジョージブラウン・ダーウィン・ボタニックガーデン
ダーウィンバスの Route 4、6を利用。ギルース・アベニュー Gilruth Ave. とガーデンズ・ロード Gardens Rd. の交差点付近下車。

ヤシの木立が美しいボタニックガーデン

■ダーウィン博物館＆美術館
住19 Conacher St., The Gardens, 0800
☎(08)8999-8264
URL www.magnt.net.au/magnt
開 毎日 10:00～16:00
休 ニューイヤーズデー、グッドフライデー、クリスマスデー、ボクシングデー
料 無料
アクセス ダーウィンバス Route 6 が入口まで行く。Route 4 利用の場合は、コナチャー・ストリート Conacher St. とギルース・アベニュー Gilruth Ave. の角で下車。市内から約10分。

シティ近くの人気ビーチ MAP P.539/2A

ミンディルビーチ
Mindil Beach

のんびりくつろげるミンディルビーチ

サンセットを楽しみにビーチを訪れる人も多い

ファーニーベイ Fannie Bay に面した一帯には美しいビーチが続く。その最も南がミンディルビーチだ。人気リゾートホテルのミンディルビーチ・カジノ＆リゾート脇にあり、中心部から近いこともあって週末は大勢の人でにぎわう。ビーチ手前の公園ミンディルビーチ・リザーブ Mindil Beach Reserve にはトイレやシャワーの設備もある。

なおこの公園では乾季の木曜と日曜に**ミンディルビーチ・サンセットマーケット** Mindil Beach Sunset Markets が開催される。衣類、民芸品、アクセサリーなどのストール(屋台)が300以上、オーストラリア、アジア、イタリア、ギリシア、中近東までの料理屋台が60以上も出る大きなマーケットだ。公園の真ん中ではライブバンドの演奏や、バスカー(大道芸人)によるさまざまなパフォーマンスもある。地元の人はもちろん、観光客にも人気がある。

ノーザンテリトリーの大自然が味わえる MAP P.539/2A

ジョージブラウン・ダーウィン・ボタニックガーデン
George Brown Darwin Botanic Gardens

ミンディルビーチ近くにある植物園で、園内には400種を超えるヤシ類をはじめ、世界各地の熱帯地域から集められた数多くの植物が青々と生い茂っている。なおボタニックガーデンとガーデンズ・ロード Gardens Rd. を挟んだ場所にはガーデンズ墓地 Gardens Cemetery がある。入口近くには、かつてこの地で亡くなった**日本人労働者の墓**がある。

ダーウィン近郊の知識を得るために出かけたい MAP P.539/2A

ダーウィン博物館＆美術館
MAGNT Darwin (Museum & Art Gallery of the NT)

ファーニーベイに面した場所にある博物館。アボリジナルアート、オーストラリア近海の海洋生物やダーウィン近郊の動植物に関するジオラマ展示、恐竜の骨、さらに1974年のサイクロン（トレーシー）に関するパネル展示、5mを超える巨大なクロコダイル（スイートハートと名づけられている）の剥製まで、展示内容は実に多彩だ。

市民の憩いの場として人気の MAP P.539/1A

イーストポイント・リザーブ
East Point Reserve

ファーニーベイの北側に位置するイーストポイント・リザーブは、200haを超える巨大な公園で、週末はピクニックにやってくる家族連れでにぎわう。またここは夕日の名所でもある。特に北端にほど近いダドレイポイント Dudley Point から眺める夕日の美しさはダーウィン随一。なお早朝や夕方には、野生のスナイロワラビーが園内あちらこちらで見られる。

第 2 次世界大戦当時のダーウィンの様子を知る MAP P.539/1A

ディフェンス・オブ・ダーウィン・エクスペリエンス
Defence of Darwin Experience

第2次世界大戦時の展示が生々しい

イーストポイント・リザーブへ行ったら、ぜひ訪れたいのがここ。北端に近い場所にある。ダーウィンは第 2 次世界大戦の初期、1942 年、日本軍によって 64 回に上る爆撃を受け、243 人が死亡した。戦争博物館はその当時の様子を戦時中の品々や写真、新聞、映像をとおして再現する。ここを訪れると平和の尊さを再認識することだろう。屋外に展示された飛行機や大砲が当時の面影をとどめている。

B52 実機も展示されている MAP P.539/1B

ダーウィンズ航空博物館
Darwins Aviation Museum

巨大なB52が展示されている

ダーウィン空港敷地の外れ、スチュアート・ハイウェイ沿いにある。建物は巨大な格納庫風で、中に入ると、まず目に入るのがアメリカ合衆国以外では実機の展示がわずかに 2 機という全長 50m 近い巨大爆撃機ボーイング B52。ほかにも B25 やスピットファイア、零戦（ダーウィン空爆時に被弾。墜落したもの）といった往年の名戦闘機から、ジェット戦闘機のダッソーミラージュ、CAC セーバー・ジェットファイター（F-86）、さらに民間航空機のデハビランドドーブまで実機 13 機と、各種航空エンジン、計器などが展示されている。

ダーウィン市内でジャンピングクロコダイルを見る MAP P.539/1B

クロコディラスパーク
Crocodylus Park

ジャンピングクロコダイルは見逃せない

ワニの飼育数が大小 200 匹を超える動物園。ベライアスラグーン Bellairs Lagoon と名づけられた大きな池には自然に近いかたちでイリエワニが放されており、それ以外にも年齢や性別などで仕切られた一画に大小さまざまなワニがいる。ベライアスラグーンでは毎日 11:00、13:00 にボートクルーズがあり、ジャンピングクロコダイル（ワニの餌づけ）が見られる。ワニ以外にもカンガルーやワラビー、カソワリーなどオーストラリアの動物から、ライオンやサルなど世界各地の動物まで飼育されている。

夕日の名所として知られるイーストポイント・リザーブ

■イースト ポイント・リザーブ
車がなければ不便。ダーウィンバス利用の場合、Route 4、6 でファーニーベイ下車。その後入口まで徒歩 10 分、夕日の名所であるダドレイポイントまでは徒歩 30 分。

■ディフェンス・オブ・ダーウィン・エクスペリエンス
住 5434 Alec Fong Lim Drv., East Point 0820
☎ (08)8981-9702
URL www.magnt.net.au/defence-of-darwin-experience
開 月～土 9:30 ～ 16:00、日 10:00 ～ 15:00
休 グッドフライデー、12/24 ～ 1/2
料 大人 $20 子供 $10 家族 $45
アクセス イーストポイント・リザーブ入口から徒歩 30 分ほど。レンタカー利用がおすすめだ。

■ダーウィンズ航空博物館
住 557 Stuart Hwy., Winnellie 0820 ☎ (08)8947-2145
URL www.darwinaviationmuseum.com.au
開 毎日 9:00 ～ 17:00
休 グッドフライデー、クリスマスデー、ボクシングデー
料 大人 $20 子供 $10 家族 $50
アクセス ダーウィンバスの Route 5、8、OL2 を利用。中心部から所要約 20 分。

■クロコディラスパーク＆動物園
住 815 McMillans Rd., Berrimah 0828 ☎ (08)8922-4500
URL www.crocodyluspark.com.au 開 毎日 9:00 ～ 16:00
休 クリスマスデー
料 大人 $44 子供 $24 家族 $120 ／ジャンピングクロコダイル・ボートクルーズ 大人 $18 子供 $12
アクセス ダーウィンバスの Route 5 を利用。

アクセス

●ベリースプリングス・ネイチャーパーク
レンタカー利用が一般的。ダーウィン中心部から所要約40分。

■ベリースプリングス・ネイチャーパーク・ビジターセンター
Berry Springs Nature Park Visitor Centre
☎(08)8988-6310
URL nt.gov.au/parks/find-a-park/berry-springs-nature-park
開 毎日8:00～18:30（泉での遊泳は5～9月の乾季のみ）／キオスク：4～10月の毎日11:00～17:30

ダーウィン近郊の町
AROUND DARWIN

ベリースプリングス・ネイチャーパーク
Berry Springs Nature Park

ダーウィンの南約60km。熱帯雨林の中にある美しい泉がベリースプリングス。一帯は自然公園ベリースプリングス・ネイチャーパークになっており、ウオーキングトラックも整備されているし、泉では乾季なら遊泳も可能だ。ネイチャーパーク入口にビジターセンターがあるので、地図を手に入れて散策に出かけよう。またビジターセンター内には、このあたりの植物や森にすむ動物に関する展示コーナーもある。

ノーザンテリトリー随一の動物園 MAP P.546/2A

テリトリー・ワイルドライフパーク
Territory Wildlife Park

ベリースプリングスに隣接した、約400haという広大な敷地をもつ動物園。園内ではノーザンテリトリーで見られる野生動物が自然に近いかたちで飼われている。いくつかのゾーンに分かれており、ゾーン間を連結自動車で移動しゾーン内は勝手に歩いて見て回るというスタイル。内部を夜の状態にしたノクターナルハウスでは、珍しいワニの夜の行動や、ピッ

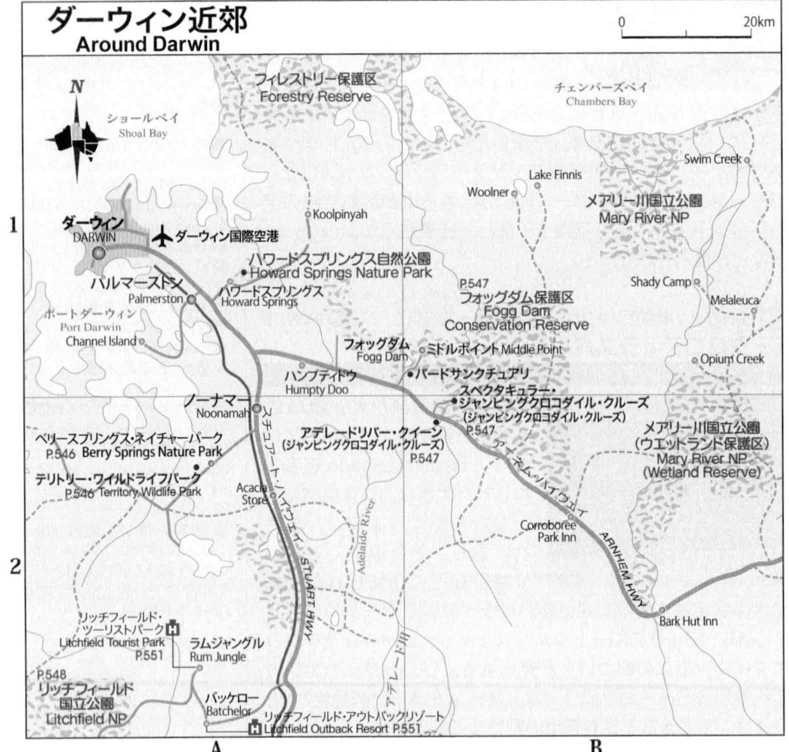

グノーズタートル、バラマンディなども見ることができる。またバードショーや爬虫類トーク、コウモリトークなどさまざまなプログラムも用意されているので、入園時に時間と場所をチェックしておこう。

フォッグダム保護区周辺
Fogg Dam Conservation Reserve

ダーウィンからスチュアート・ハイウェイを南下、アーネム・ハイウェイに入り 25km ほど行くと左側にフォッグダム保護区への道路標識が見えてくる。アーネム・ハイウェイを離れること約 6km、あたり一面に広大な湿原が現れる。アデレード川下流域にできた世界的にも貴重な大湿原地帯で、無数の水鳥が群れなす様が観察できるバードウオッチャー垂涎の地。また湿原の生態系を見て回れるよう、1 時間程度で一周できるボードウオークが 4 ヵ所あるので、そのいくつかはぜひ歩いてみたい。乾季の朝 7:30 からはレインジャーによる 1 時間のガイドツアーも行われている。

ダーウィン名物のワニの餌づけクルーズ MAP P.546/2B

ジャンピングクロコダイル・クルーズ
Jumping Crocodile Cruises

餌に向かってジャンプするワニ

ダーウィンにやってきたら見逃せないジャンピングクロコダイル。フォッグダム保護区からほど近い**アデレード川** Adelaide River で数社がクルーズを催行している（ダーウィンから約 65km）。アーネム・ハイウェイ沿いの桟橋発着は**アデレードリバー・クイーン** Adelaide River Queen。ダーウィン方面からだと、アデレードリバー・クイーン桟橋手前の道を入った場所に桟橋があるのが**スペクタキュラー・ジャンピングクロコダイル・クルーズ** Spectacular Jumping Crocodile Cruise だ。現在トップエンド地区には約 6 万頭のワニが生息している。その一部は人をも襲うイリエワニで、アデレード川にはおよそ 1600 頭余りのイリエワニがいる。

出航すると間もなく、船目指してワニが泳いでやってくるのが見える。船の 2 階からひもに肉を付けて川面にたらすと、その肉の真下にワニが来る。そこでタイミングを見計らって肉を引き上げると、つられてワニが水上へジャンプするというわけだ。目の前で豪快にジャンプするイリエワニの姿は大迫力だ。ワニ以外にも船の周りに集まるトンビに餌づけをし、運がよければシーイーグル（オーストラリアシロハラウミワシ）やジャビルー（オーストラリアの代表的なコウノトリ）を見ることもできるといった内容だ。

■テリトリー・ワイルドライフパーク
住 Cox Peninsula Rd., Berry Springs, 0838
☎ (08)8988-7200
URL territorywildlifepark.com.au
開 毎日 9:00 開園／10～3月 15:00 閉園、4～9月 16:00 閉園　休 クリスマスデー
料 大人 $39.50　子供 $20　家族 $106
アクセス レンタカー利用が一般的。

アクセス

●フォッグダム保護区周辺
レンタカー利用が一般的。ダーウィン中心部から所要約 1 時間。国立公園パークパス Park Pass が必要。
●パークパス（ウェブで購入）
URL nt.gov.au/parks/parks-pass
料 1 日パス：大人 $10 子供 $5 家族 $25／2 週間パス：大人 $30 子供 $15 家族 $75

■ジャンピングクロコダイル・クルーズ
●アデレードリバー・クイーン
☎ (08)8988-8144
URL www.jumpingcrocodilecruises.com.au
時 大型ボート：4～9月の毎日 13:00／小型ボート：毎日 9:00、11:00（所要 1 時間）
※時期によりスケジュールが変更になる場合がある
料 大型ボート 大人 $65 子供 $35／小型ボート 1 人 $65（ダーウィン送迎付き 1 人 $140）
●スペクタキュラー・ジャンピングクロコダイル・クルーズ
☎ (08)7999-7842
URL jumpingcrocodile.com.au
時 毎日 9:00、11:00、13:00、15:00 出発（所要 1 時間）
休 12/24～1/1
料 大人 $50 子供 $35 家族 $145

アデレードリバー・クイーン桟橋前にあるかわいらしいデコ

トンビの餌づけもなかなかの迫力

リッチフィールド国立公園

Litchfield NP

ダーウィンの南およそ115kmにある自然の楽園リッチフィールド国立公園。カカドゥ国立公園ほど日本では知られていないが、変化に富んだ自然景観や、数多く生息する動物、鳥など、自然の豊かさでは決して引けを取らない。ダーウィンから比較的近いこともあり、かぎられた日数でトップエンドの大自然を満喫するならこちらのほうが上ともいえる。なお数日かけて観光するなら、リッチフィールド国立公園の手前約20kmの**バッケロー** Batchelorに宿を取るといい。

アクセス

●**リッチフィールド国立公園**

ダーウィンからのツアーに参加するのが一般的。訪問にはパークパスが必要（→P.547欄外）。2～3日でリッチフィールド国立公園とカカドゥ国立公園、ニトミルク国立公園（キャサリン渓谷）などを組み合わせたツアーも数多い。レンタカーを利用するならダーウィンから約2時間。ワンガイフォールズや巨大なアリ塚を見るだけなら一般車で大丈夫だが、少しルートを外れたロストシティなどへ向かう場合は4WDが必要だ。

若者に大人気のフローレンスフォールズ

リッチフィールド第一の見どころ

ワンガイフォールズ

Wangi Falls

リッチフィールド国立公園内には数多くの滝がある。なかでもワンガイフォールズは滝つぼが大きなプールになっており、のんびりと泳ぐには最適だ。駐車場脇に簡単なインフォメーションもある。またダーウィンっ子にワンガイフォールズと並んで人気なのが**フローレンスフォールズ** Florence Falls。駐車場から滝つぼまで階段を下り、熱帯雨林内をウオーキングして約10分。森に囲まれた美しい滝つぼが現れる。ここも泳いだり水遊びしたりするのに適している。また古代ソテツや熱帯植物を見ながらのウオーキングルートをもつ**トルマーフォールズ** Tolmar Fallsもぜひ訪れたい。

滝つぼで泳げるワンガイフォールズ

■リッチフィールドに生息する動物

夜行性のため日中目にする機会は多くないが（キャンプをすれば近くに寄ってくることがある）、ノーザンクオールやノーザンブラウンバンディクート、ブラッシュテイルポッサムといった小動物、レインボーロリキート（ゴシキセイガイインコ）やノーザンロゼーラ（ズグロサメクサインコ）といったインコ、そしてエリマキトカゲやゴアナ、フレッシュウオータークロコダイル（オーストラリアワニ）などが数多く生息している。

珍しいジシャクシロアリの塚

ジシャクシロアリが作った巨大なオブジェ

マグネティックターマイトマウンズ

Magnetic Termite Mounds

国立公園入口近くにある黒ずんだ平べったい巨大アリ塚がマグネティックターマイトマウンズ（ジシャクシロアリのアリ塚）。そのすべてがほぼ正確に南北を向いている。暑い熱帯地域で、太陽光線による熱をコントロールするためこのような形になったといわれている。ほかの地域では見られない貴重なアリ塚だ。なおマグネティックターマイトマウンズ見学場入口には、一般のシロアリが作った5mを超える**カテドラルターマイトマウンズ** Cathedral Termite Moundsもある。

ロストシティの不思議な景観

異星空間のような

ロストシティ

Lost City

公園内奥深く入った奇景。一般車走行可能な公園道路から4WDのみ可の脇道を約10km、目の前に現れるのは砂岩質の岩が積み重なってできた塔が無数に点在する光景だ。静寂のなかで一種異様な雰囲気を醸し出している。

ダーウィンのツアー&アクティビティ
TOURS & ACTIVITIES IN DARWIN AREA

ダーウィン近郊やカカドゥ国立公園などへのツアーを数多くの会社が催行している。特に数日かけて巡るツアーが多い。ダーウィン発着1日ツアーは**AATキングス** AAT Kingsが種類豊富だ。

時間が無い人に最適
ダーウィン発着おすすめ1日ツアー
Day Tours from Darwin

AATキングスが催行する人気ツアーをいくつか紹介しよう。

●ジャンピングクロコダイル&ネイチャーアドベンチャー
Jumping Crocs & Nature Adventure

短時間でとにかくジャンピングクロコダイルが見たい、という人におすすめのツアー。ダーウィンへの帰路、ハワードスプリングス自然公園へ立ち寄り、バラマンディ探しも行う。

●ダーウィン市内観光&ジャンピングクロコダイル
Darwin City Sights & Jumping Crocs

午前中にダーウィン市中の見どころを巡るツアー。ダーウィン博物館&美術館やダーウィンズ航空博物館、ダーウィン・ボタニックガーデンなどを見学。午後は上記のジャンピングクロコダイル&ネイチャーツアーに合流する。

●リッチフィールド国立公園滝めぐり
Litchfield National Park Waterfalls

リッチフィールド国立公園のフローレンスフォールズ、トルマーフォールズ、ワンガイフォールズで、思う存分遊泳を楽しむ。もちろん巨大アリ塚見学もある。

リッチフィールド国立公園にある巨大なカテドラルターマイトマウンズ

●ニトミルク渓谷クルーズ&エディスフォールズ
Nitmiluk Gorge Cruise & Edith Falls

トップエンド周遊に時間はあまりさけないけれど、ニトミルク国立公園(キャサリン渓谷)には行ってみたい、という人におすすめなのがこのツアー。往路はアデレードリバーの町を見学しキャサリン渓谷へ。キャサリン渓谷では2時間クルーズ、その後エディスフォールズを訪れてダーウィンへというルートだ。

バリエーション豊富な
カカドゥ国立公園ツアー
Kakadu NP Tours

● AATキングス　AAT Kings

日帰りツアーはノーランジーロックで先住民壁画を見、イエローウオータークルーズを楽しみ、ワラジャン・アボリジナル・カルチュラルセンターで先住民文化に触れる内容。2日間なら日帰りツアーで訪れる場所以外に、ウビアでのX線画法と呼ばれる先住民壁画見学、イーストアリゲーター・リバーで先住民ガイドによるカルチュラルクルーズ付きだ。

■ **AATキングス**
☎1300-228-546
URL www.aatkings.com

●**ジャンピングクロコダイル&ネイチャーアドベンチャー**
時 毎日13:30～18:30
料 大人$155 子供$109

●**ダーウィン市内観光&ジャンピングクロコダイル**
時 毎日8:30～18:30
料 大人$219 子供$155

●**リッチフィールド国立公園滝めぐり**
時 4～11月の毎日&12～3月の月木土7:30～18:00
料 大人$235 子供$165
※パークパスは含まれてない

●**ニトミルク渓谷クルーズ&エディスフォールズ**
時 5～10月の月水土&11～4月の水土6:30～20:30
料 大人$359 子供$255
※パークパスは含まれてない

●**日帰りカカドゥ国立公園**
時 5～10月の毎日&11～4月の火金日6:30～19:30
料 大人$399 子供$279
※国立公園の入園料込み
※日本語オーディオガイドの無料レンタルあり

●**2日間カカドゥ&イーストアリゲーター・リバー**
時 催行日は要問い合わせ:6:30～翌19:30
料 大人$1199～1398 子供$855
※国立公園の入園料込み

●**3日間カカドゥ&ニトミルク国立公園ツアー**
時 催行日は要問い合わせ:7:25～翌々日18:00
料 大人$1589～1984 子供$1205
※国立公園の入園料込み

カカドゥ国立公園へ向かう途中見られる巨大なアリ塚

■アドベンチャーツアーズ・オーストラリア／カカドゥ国立公園ツアー
☎(03)9125-3630
URL www.adventuretours.com.au
●4日間カカドゥ、キャサリン、リッチフィールド・アドベンチャー
時4～10月の水土出発
料1人$1825

3日間ツアーは、カカドゥ国立公園＋ニトミルク国立公園（キャサリン渓谷）。キャサリン渓谷で1.5時間クルーズを楽しみ、エディスフォールズで泳いだりできる。

●アドベンチャーツアーズ・オーストラリア
Adventure Tours Australia

バックパッカー向け人気ツアー。4日間でリッチフィールド国立公園、ニトミルク国立公園も一緒に回る。クロコダイルウオッチング・クルーズはメアリー川国立公園でのプライベートチャーター。またマグックフォールなども訪れる。

■ダーウィン空爆歴史ツアー
☎0432-041-132
URL www.bombingofdarwin.com.au
時 毎日 8:30～12:30
料大人$135 子供$65

日豪の歴史を振り返る

ダーウィン空爆歴史ツアー
Bombing of Darwin World War II Heritage Tour

ダーウィンは第2次世界大戦時に2年間にわたり日本軍による空爆を受けている（最初の空爆があった2月19日には毎年ダーウィン空爆記念追悼式典も行われている）。このツアーでは、実際に空爆跡地や博物館などを訪ねる。あくまで史実を伝え、二度と戦争を繰り返さないようにという平和への願いが込められたツアーだ。

ダーウィンのホテル ACCOMMODATION

州外局番(08)

ダーウィン市内

バジェットタイプ

ロケーション・設備抜群の　MAP P.542/2B
MOM Darwin YHA
MOM ダーウィンYHA

URL www.momdarwin.net.au URL www.yha.com.au
住7-52 Mitchell St., 0800 ☎8989-2979
WiFi 無料 料D$40、TW$100～183
CC MV

ダーウィンで一番人気のホステル

個室はもちろん、ドミトリーもシャワー、トイレ、エアコン完備。ふたつのプール、スパ、大型スクリーンのあるバー、インターネットカフェ、ツアーデスクなどの設備も充実。トランジットセンターも目の前だ。

にぎやかで若者に人気のある　MAP P.542/2B
Darwin Hostel Backpackers Resort
ダーウィンホステル・バックパッカーズリゾート

URL darwinhostel.com 住88 Mitchell St., 0800
☎0423-263-114 WiFi 無料 料D$36～42、W$199 CC MV

2020年オープンの比較的新しいバックパッカーズで、にぎやかなミッチェル・ストリート沿いにある。ホステル全体が南国的な開放感があり、プールやゲームルームなど設備も充実。いつも活気があるのも楽しい。部屋はシンプルで清潔。

一級以上のホテル

便利な場所にある一級ホテル　MAP P.542/2B
Darwin City Hotel
ダーウィンシティホテル

URL www.darwincityhotel.com
住59 Smith St., 0800 ☎7981-5125
WiFi 無料 料TW$93～146、1B$159～163、2B$277～300 CC AMV

手頃な値段で泊まれるホテルだ

ダーウィン中心部にありながら、手頃な料金で快適な滞在ができると評判。プールやランドリー、ビジネスセンターを完備。滞在中は提携ジムも無料で利用できる。1階にあるシティカフェではラーメンなどアジア風料理も味わえる。

ダーウィン中心部随一の　MAP P.542/2B
Hilton Darwin
ヒルトン・ダーウィン

URL www.hilton.com 住32 Mitchell St., 0800
☎8982-0000 WiFi 無料 料TW$369～998
CC ADJMV 日本での予約先：ヒルトン・ワールドワイド☎(03)6864-1633

町の中心にあるダーウィンを代表するホテル。バー、レストランも充実している。プールやヘルスセンター、ツアーデスク、ギフトショップなどもある。

静かな雰囲気のプールサイド

日本からダーウィンへの電話のかけ方
国際電話会社の番号＋010＋61（国番号）＋8（0を取った州外局番）＋電話番号

優雅な雰囲気漂う MAP P.542/1A
DoubleTree by Hilton Hotel Esplanade
ダブルツリー・バイ・ヒルトン・エスプラネード

URL www.hilton.com
住 116 The Esplanade, 0800 ☎ 8980-0800
WiFi 無料 料 TW $271 ~ 921 CC ADJMV
日本での予約先：ヒルトン・ワールドワイド ☎ (03)6864-1633

エスプラネードとミッチェル・ストリートの間に建つ大型ホテル。ジャクージー付きプールやジム、地中海料理が評判の人気レストランのアクア Aqua など施設が充実。

手頃な値段の高級ホテル MAP P.542/1A
Hilton Garden Inn Darwin
ヒルトン・ガーデンイン・ダーウィン

エスプラネード沿いの人気ホテルだ

URL www.hilton.com
住 122 The Esplanade, 0801 ☎ 8943-3600
WiFi 無料
料 TW $168 ~ 654
CC ADJMV
日本での予約先：ヒルトン・ワールドワイド ☎ (03)6864-1633

目の前に海を望む好立地にある。ホテル内はシックで、客室の家具調度品はモダン。全室ジュリエットスタイルのバルコニーが付いているのもいい。

海を望むすてきなホテル MAP P.542/2A
Darwin Esplanade Central
ダーウィン・エスプラネードセントラル

URL www.darwinesplanadecentral.com.au
住 88 The Esplanade, 0800 ☎ 8941-0055
WiFi 無料 料 TW $102 ~ 120、1B $128 ~ 180、2B $263 CC AMV

ロケーション抜群のホテルだ

トランジットセンター脇にある、ダーウィンを代表する全室コンドミニアムスタイルのホテル。レストランやバー、プール、スパなどの設備もある。

町なかにある白亜のホテル MAP P.542/2A
Novotel Darwin CBD
ノボテルダーウィン CBD

URL all.accor.com 住 100 The Esplanade, 0800
☎ 8963-5000 WiFi 無料 料 TW $196 ~ 289、1B $273 ~ 319、2B $282 ~ 329 CC ADMV 日本での予約先：アコーカスタマーサービス ☎ (03)4578-4077

ロビーは熱帯雨林をイメージした植物が植えられた吹き抜けアトリウムになっている。部屋も明るく、清潔感いっぱいだ。しかもほとんどの部屋からダーウィンハーバーが眺められる。

リゾート感いっぱい MAP P.542/1B
Travelodge Resort Darwin
トラベロッジリゾート・ダーウィン

URL www.travelodge.com.au
住 64 Cavenagh St., 0800 ☎ 8946-0111
WiFi 無料 料 TW $207 ~ 289、1B $255 ~ 319
CC ADJMV

ダーウィン中心部近くにありながら、リゾート気分が味わえる。ふたつのプール、スパ、フィットネスルーム、ミニゴルフ場、レストラン、バーなどの施設も充実している。

ダーウィン随一のリゾートホテル MAP P.539/2A
Mindil Beach Casino & Resort
ミンディルビーチ・カジノ＆リゾート

URL www.mindilbeachcasinoresort.com.au
住 Gilruth Ave., Mindil Beach, 0801
☎ 8943-8888 WiFi 無料 料 TW $168 ~ 285、1B $250 ~ 325
CC ADJMV

広く居心地のいい客室

リゾートらしい雰囲気のプールエリア

ミンディルビーチに面して建つカジノ併設の5つ星リゾート。部屋はシックで広々、プールやデイスパ、レストラン、バーなど設備面も文句なし。

リッチフィールド国立公園

リッチフィールド観光に便利な MAP P.546/2A
Litchfield Tourist Park
リッチフィールド・ツーリストパーク

URL www.litchfieldtouristpark.com.au
住 705 Litchfield Park Rd., Finniss Valley, 0822
☎ 8976-0070 WiFi なし 料 TW $110 ~ 199、2B $242 ~ 295、キャンプサイト $24 ~ 29、パワーサイト $47 ~ 52 CC MV

リッチフィールド国立公園入口に近いラムジャングルにある。テントを持っていない人向けのキャビンも充実している。

バッケローの人気ホテル MAP P.546/2A
Litchfield Outback Resort
リッチフィールド・アウトバックリゾート

URL litchfieldoutbackresort.com.au
住 49 Rum Jungle Rd., Batchelor 0845
☎ 8976-0123 WiFi 無料 料 TW $210 ~ 350、キャンプサイト $30 CC MV

バッケローの中心部を抜けてすぐで、キャンプ場も併設。モーテルルームはシャワー、トイレ、冷蔵庫、エアコン、TV 付き。

西オーストラリア州

特異な自然が多く残る 知られざる観光資源の宝庫

見逃せないピナクルズの奇景

観光のポイント

ウエーブロック

POINT 1
パースから日帰りでエクスカーションを楽しもう。美しい海をもち、小型ワラビーの一種クォッカが生息するロットネスト島、西オーストラリアを代表する奇景ピナクルズ、不思議な巨岩ウエーブロック、ワイナリーが点在するスワンバレーなどがポピュラー。また初春からはパース郊外が鮮やかなワイルドフラワーで埋め尽くされる。ピナクルズやウエーブロックへのツアーでは、この時期、すばらしい自然の花畑が見られる。

POINT 2
世界的に知られる野生イルカの餌づけポイントのモンキーマイア、ロッキンハムやバンバリーでのドルフィンスイムなど、イルカと遊ぶ場所が数多くあるのも西オーストラリアならではだ。

POINT 3
世界的に知られるワインの産地マーガレットリバー。この地域には南半球最長の桟橋バッセルトンジェッティ、美しい海岸沿いの国立公園と鍾乳洞、さらに内陸部のカリーの大森林地帯と見どころもいっぱい。パースから日帰りツアーも出ているが、宿泊施設も整っているので、できることなら1～3泊して西オーストラリア南部のすばらしさを満喫したい。

基本データ

面 積	264万5615km^2	州の動物	ナンバット（フクロアリクイ）
人 口	約287万人	州 花	レッドアンドグリーンカンガルーポー
州 都	パース（人口約214万人）	電 話	州外局番08
時 差	オーストラリア西部標準時（日本より1時間遅い） 南オーストラリア州との州境では、例外的に南オーストラリア、西オーストラリア時間の中間の時間を採用している。		

おもな祝祭日（2024年5月～2025年4月）

2024年

- 6月3日 西オーストラリアデー Western Australia Day
- 9月23日 国王誕生日 King's Birthday
- 12月25日 クリスマスデー Christmas Day
- 12月26日 ボクシングデー Boxing Day

2025年

- 1月1日 新年 New Year's Day
- 1月26日 オーストラリアデー Australia Day
- 1月27日 オーストラリアデーの休日 Australia Day Holiday
- 3月3日 勤労感謝の日 Labour Day
- 4月18日 グッドフライデー Good Friday
- 4月21日 イースターマンデー Easter Monday
- 4月25日 アンザックデー Anzac Day

スクールホリデー（2024年5月～2025年4月）

6/29～7/14、9/21～10/6、12/13～2025年2/4、4/12～4/27

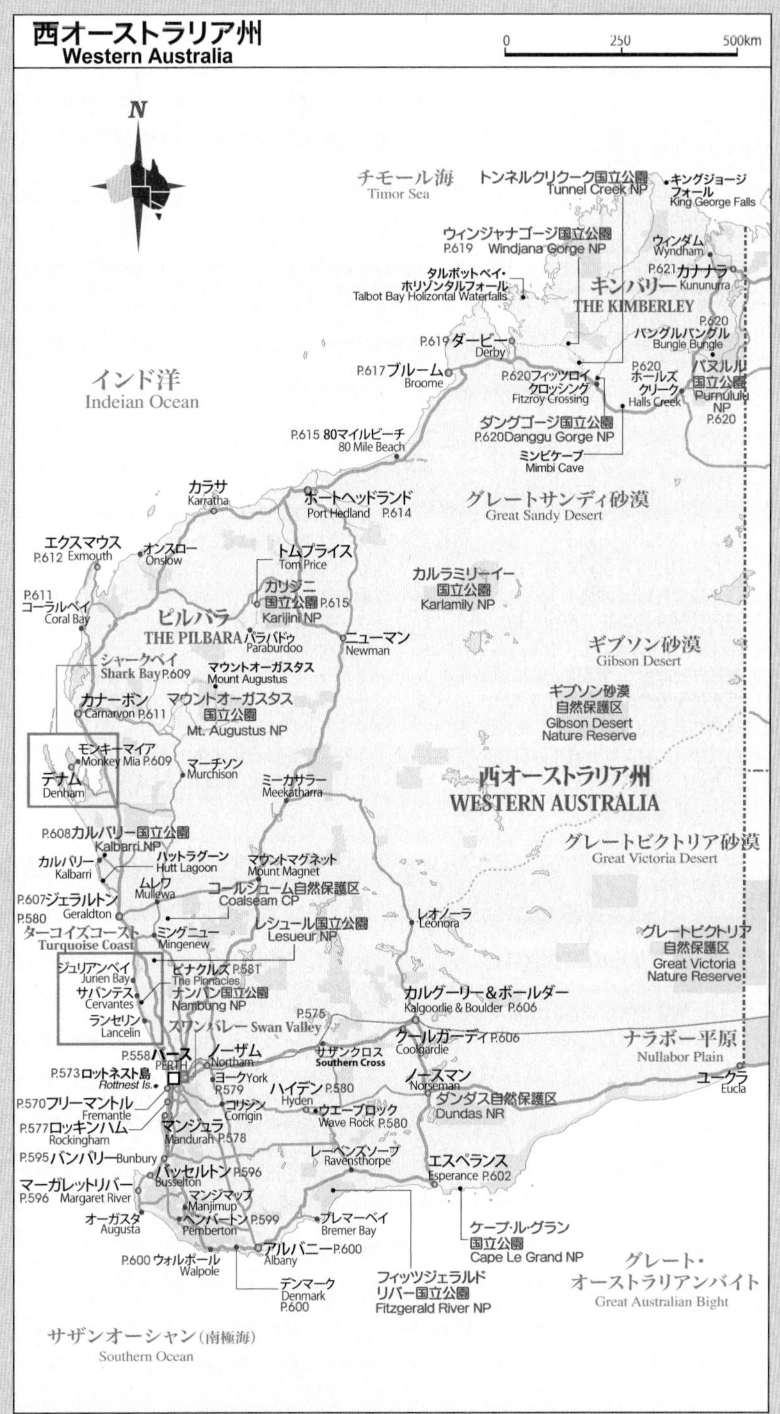

西オーストラリア州
Western Australia
0
250
500km
N
チモール海
Timor Sea
トンネルクリーク国立公園
Tunnel Creek NP
キングジョージフォール
King George Falls
ウィンジャナゴージ国立公園
P.619 Windjana Gorge NP
ウィンダム
Wyndham
P.621 カナナラ
Kununurra
タルボットベイ・ホリゾンタルフォール
Talbot Bay Holizontal Waterfalls
キンバリー
THE KIMBERLEY
P.620
バングルバングル
Bungle Bungle
P.619 ダービー
Derby
P.617 ブルーム
Broome
インド洋
Indeian Ocean
P.620 フィッツロイクロッシング
Fitzroy Crossing
P.620
ホールズクリーク
Halls Creek
パヌルル国立公園
Purnululu NP
P.620
ダングゴージ国立公園
P.620 Danggu Gorge NP
P.615 80マイルビーチ
80 Mile Beach
ミンビケーブ
Mimbi Cave
カラサ
Karratha
ポートヘッドランド
Port Hedland P.614
グレートサンディ砂漠
Great Sandy Desert
エクスマウス
P.612 Exmouth
オンスロー
Onslow
トムプライス
Tom Price
カリジニ国立公園 P.615
Karijini NP
カルラミリーイー国立公園
Karlamily NP
P.611
コーラルベイ
Coral Bay
ピルバラ
THE PILBARA
パラバドゥ
Paraburdoo
ニューマン
Newman
ギブソン砂漠
Gibson Desert
シャークベイ
Shark Bay P.609
マウントオーガスタス
Mount Augustus
ギブソン砂漠自然保護区
Gibson Desert Nature Reserve
カナーボン
Carnarvon P.611
マウントオーガスタス国立公園
Mt. Augustus NP
モンキーマイア
Monkey Mia P.609
デナム
Denham
マーチソン
Murchison
ミーカサラー
Meekatharra
西オーストラリア州
WESTERN AUSTRALIA
P.608 カルバリー国立公園
Kalbarri NP
カルバリー
Kalbarri
ハットラグーン
Hutt Lagoon
マウントマグネット
Mount Magnet
グレートビクトリア砂漠
Great Victoria Desert
ムレワ
Mullewa
コールシーム自然保護区
Coalseam CP
P.607 ジェラルトン
Geraldton
P.580
ターコイズコースト
Turquoise Coast
ミングニュー
Mingenew
レシュール国立公園
Lesueur NP
レオノーラ
Leonora
グレートビクトリア自然保護区
Great Victoria Nature Reserve
ジュリアンベイ
Jurien Bay
サバンテス
Cervantes
ランセリン
Lancelin
ピナクルズ P.581
The Pinnacles
ナンバン国立公園
Nambung NP
カルグーリー＆ボールダー
Kalgoorlie & Boulder P.606
P.575
スワンバレー Swan Valley
クールガーディ P.606
Coolgardie
ナラボー平原
Nullabor Plain
P.558 パース
PERTH
ノーザム
Northam
サザンクロス
Southern Cross
P.573 ロットネスト島
Rottnest Is.
ヨークYork
P.579
ハイデン P.580
Hyden
ノースマン
Norseman
ユークラ
Eucla
P.570 フリーマントル
Fremantle
コリジン
Corrigin
ウエーブロック
Wave Rock P.580
ダンダス自然保護区
Dundas NR
P.577 ロッキンハム
Rockingham
マンジュラ
Mandurah P.578
P.595 バンバリー Bunbury
レーベンズソープ
Ravensthorpe
エスペランス
Esperance P.602
バッセルトン P.596
Busselton
マーガレットリバー
P.596 Margaret River
マンジマップ
Manjimup
オーガスタ
Augusta
ペンバートン P.599
Pemberton
ブレマーベイ
Bremer Bay
ケープ・ル・グラン国立公園
Cape Le Grand NP
P.600 ウォルポール
Walpole
アルバニー P.600
Albany
デンマーク
Denmark
P.600
フィッツジェラルドリバー国立公園
Fitzgerald River NP
グレート・オーストラリアンバイト
Great Australian Bight
サザンオーシャン（南極海）
Southern Ocean

西オーストラリア州主要観光地の平均気温・降水量

	1月	2月	3月	4月	5月	6月	7月	8月	9月	10月	11月	12月
パース												
平均最高気温（℃）	31.2	31.7	29.6	25.9	22.4	19.3	18.4	19.1	20.3	23.3	26.5	29.1
平均最低気温（℃）	18.1	18.4	16.6	13.8	10.6	8.5	7.6	8.3	9.6	11.4	14.2	16.4
平均降雨量（mm）	15.4	8.8	20.5	35.7	90.5	127.9	146.7	122.8	89.6	39.5	23.8	9.9
マーガレットリバー												
平均最高気温（℃）	26.5	27.3	25.8	22.7	19.9	17.5	16.4	16.8	17.4	19.5	22.7	24.8
平均最低気温（℃）	13.9	14.5	13.0	11.1	9.8	8.8	8.0	8.2	8.8	9.2	10.9	12.4
平均降雨量（mm）	10.4	8.5	23.6	65.0	138.7	177.2	193.2	150.2	116.9	61.1	38.2	14.2
エスペランス												
平均最高気温（℃）	26.2	26.2	25.2	23.2	20.5	18.0	17.2	18.0	19.4	21.2	23.1	24.6
平均最低気温（℃）	15.7	16.2	15.1	13.3	11.1	9.2	8.3	8.6	9.5	10.8	12.8	14.4
平均降雨量（mm）	26.6	23.0	29.8	45.4	72.2	79.1	97.2	82.7	61.2	47.2	34.5	19.1
エクスマウス												
平均最高気温（℃）	38.0	37.5	36.3	33.2	28.5	24.8	24.2	26.4	29.3	32.7	34.5	36.9
平均最低気温（℃）	23.0	24.1	23.0	20.4	16.2	13.1	11.4	12.2	13.8	16.4	18.5	20.9
平均降雨量（mm）	32.1	41.5	42.8	18.3	42.8	42.0	21.6	12.1	2.0	1.6	1.9	6.4
ブルーム												
平均最高気温（℃）	33.3	33.0	33.9	34.3	31.6	29.1	28.8	30.3	31.8	32.9	33.6	33.9
平均最低気温（℃）	26.3	26.0	25.4	22.6	18.3	15.2	13.7	14.9	18.5	22.4	25.1	26.5
平均降雨量（mm）	181.6	178.8	100.1	26.2	27.1	19.6	7.0	1.7	1.4	1.5	9.3	57.7

西オーストラリア州概要

オーストラリア最大の州で、最も鼻っ柱が強い。自分の州以外を「東部の連中」とひとまとめにして呼び、メルボルン、シドニーから来る飛行機や列車を「東から来た便」と言い、東部諸州からの産物を「輸入品」扱いする。また、金、ウラニウム、鉄鉱石、天然ガス（LNG）といった鉱物資源の3分の1を産出して、多大な外貨を稼ぐ。連邦政府に「お金を稼いでいるんだから、あまりうるさいことを言うな。独立するぞ」と言うほどだ。

1829年にスワン川河口に植民地を開いたのは、ジェームズ・スターリン大佐。「ここは流刑植民地ではない。みんな善良な働き者ばかりで、新天地を開くのだ」と自負していて、この頃から、東部諸州が囚人を働かせたのとは違うのだ、という気位があったのだろう。まだ日本人観光客は多くはないが、訪れた人からは「また行きたい」という言葉が必ずといっていいほど聞かれる。明るくさわやかなイメージの州都パース、奇景ピナクルズやウエーブロック、ワイナリー巡り、イルカの餌づけ、さらに秘境キンバリーなど、バラエティ豊かな観光資源が揃っている。

アクセス

州外からのアクセス

飛行機　他州からのフライトは、ほとんどが州都パースへと着く（パースへのアクセス→P.561）。ほかにブルームへ、シドニー、メルボルン、ブリスベン、ダーウィンからフライトがある。

長距離バス　ダーウィン～ブルームのルートをグレイハウンド・オーストラリアが運行している。

列　車　大陸横断鉄道インディアンパシフィック号がシドニー～アデレード～パースを3泊4日で結んでいる(週2便)。パースの発着駅は町の中心から少し離れたイーストパース駅なので注意しよう。

州内でのアクセス

飛行機　パースを起点に主要な町へカンタス航空（カンタスリンク)、ヴァージン・オーストラリア、リージョナルエクスプレスのフライトがある。ただし決して利用客は多くなく、フライトもほとんどが1路線1日1～2便。またパース以外の町と町を結ぶルートはほとんどなく、飛行機を主要な移動手段にしようと考えると、一度パースまで戻らなくてはならなくなる。観光客が一般に利用するルートは、パース～ブルーム、パース～カナナラ、パース～エクスマウス、パース～デナム（モンキーマイア)、パース～エスペランスなどだ。

長距離バス　パースを起点に数社が長距離バスを運行。**トランスWA** TransWA がパース以南のバンバリー、ペンバートン、アルバニー、エスペランスとパース以北のジェラルトン、カルバリーへ、**サウスウエストコーチライン** Southwest Coach Lines がパース以南のバンバリー、バッセルトン、ダンズボロー、マーガレットリバーへ、**インテグリティ・コーチライン** Integrity Coach Lines がパースからブルームまで海岸沿い（カルバリー、カナーボン、エクスマウス、ポートヘッドランドなどを経由）と内陸部（ニューマン、カリジニ国立公園、ポートヘッドランドを経由）する路線をもっている。これらのバスを組み合わせると、西オーストラリアの主要な町はだいたいカバーできる。ただし現地到着後は、ツアーを利用するかレンタカーを利用するかしないと観光地巡りはできない。

列　車　トランス WA が、パースから内陸部カルグーリーへプロスペクター号を毎日 1 ～ 2 便運行。また、パースから南部バンバリーへはオーストラリンド号が 1 日 2 往復している。これ以外にはパース近郊を走る電車があるのみだ。

プランニングのヒント

移動型バスツアーがポピュラー

とにかく大きな西オーストラリア。しかも観光地のほとんどは自然とあって、長距離バスや飛行機を利用した場合でも、現地ではツアーに参加しなくてはいけない。そんな西オーストラリアだからこそポピュラーなのが移動型バスツアーだ。パースからモンキーマイア、エクスマウス、カリジニ国立公園、ブルーム、バングルバングルと通り、ノーザンテリトリーへと抜けるルートや、パースからマーガレットリバー、カリーの森林地帯、アルバニー、エスペランス、そしてウエーブロック経由でパースまで戻ってくるものまで、西オーストラリアの観光地巡りにはこれ以上ないほど便利だ。なおこの手のツアーは全路線乗車する必要はなく、例えばパースからモンキーマイアまでとか、ブルームからバングルバングル経由でカナナラまで、といったふうに参加できる。おもなツアー会社は下記のとおりだ。

キンバリー・ワイルドエクスペディションの4WDバス

- **キンバリー・ワイルドエクスペディション**
  ☎1300-738-870　URL kimberleywild.com.au
- **アドベンチャーツアーズ・オーストラリア**
  ☎(03)9125-3630　URL www.adventuretours.com.au
- **オートピアツアーズ**
  ☎(08)6244-2065　URL autopiatours.com.au
- **リアルオージー・アドベンチャー**
  URL realaussieadventures.com

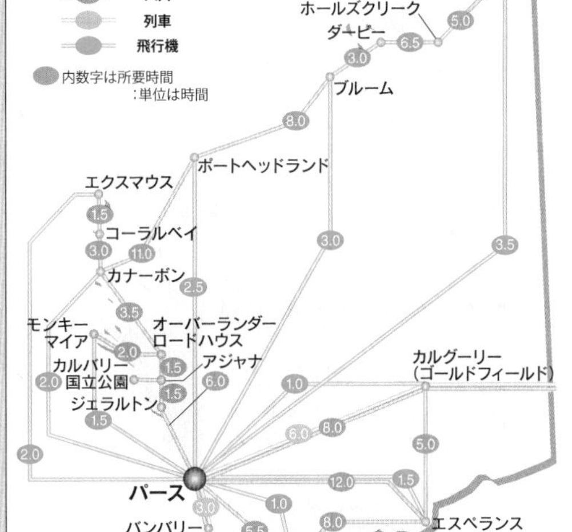

南部を回るならレンタカーもおすすめ

パース以南のマーガレットリバーやペンバートン、アルバニー周辺は、道路事情がよく、また町と町の距離も近いので、レンタカーの旅もおすすめだ。

マーガレットリバーに広がるワイン用ブドウ畑

西オーストラリア ワイルドフラワーを巡る旅

自然のなかで自生する花を総称してワイルドフラワーと呼ぶ。自然豊かなオーストラリアにはワイルドフラワーが多く、特に西オーストラリアはワイルドフラワーの宝庫といわれる場所。世界の約60%に当たる約1万2000種ものワイルドフラワーが自生し、その80%が西オーストラリアでしか見ることができない固有種なのだ。そんなワイルドフラワーが大地を埋め尽くすのが春から夏にかけて。西オーストラリア州政府観光局がおすすめする11のワイルドフラワー街道を参考にして、色鮮やかなワイルドフラワーを見にいこう！

ワイルドフラワー観光の方法

パース街道でワイルドフラワーが咲き始める時期には、パース発着で数社がワイルドフラワー見学を目的とした日帰りツアーを催行する。アダムスピナクルツアーズやナビツアーなどでは日本語ガイド付きツアーもあるので、問い合わせてみるといいだろう（→ P.588）。ただ日帰りで巡るのは原則パース街道を中心としたパース周辺。本格的にワイルドフラワーを見にいきたかったら、2泊3日以上の英語ツアーかレンタカーを利用することになる。11あるワイルドフラワー街道のなかで、パースからのアクセスも比較的よく、ワイルドフラワーの種類が多く見られるのは**エバーラスティング街道、ウエーブロック街道、ジャララランド街道**あたり。こうしたルートはパースから日帰りは難しいので、数日の予定を立てて、花の名所といわれる国立公園などを訪ね歩くのがおすすめだ。

手軽にワイルドフラワーを見てみたいのなら、毎年9月にパースのキングスパークで開催されるフラワーフェスティバルに出かけるのがいい。園内に西オーストラリア全土から集められた約3000種ものワイルドフラワーがあり、短時間に数多くの花を見て回ることができる。またフェスティバル開催期間の土・日曜には、ワイルドフラワーにちなんだイベントも開催されている。

西オーストラリア
ワイルドフラワー街道

ケープレンジ街道 7～8月
ピルバラ街道 7～8月
ノーザンエクスプローラー街道 7～9月
グラナイトループ街道 8～9月
ゴールドフィールド街道 9～11月
エバーラスティング街道 8～9月
パース街道 8～11月
ウエーブロック街道 9～12月
ジャララランド街道 9～11月
エスペランス街道 9～12月
サザンワンダーズ街道 9～12月

キングスパークは9月になると色とりどりのワイルドフラワーに埋め尽くされる

人気のエバーラスティング街道で見られるワイルドフラワー例

レッドアンドグリーンカンガルーポー
Red and Green Kangaroo Paw
西オーストラリア州の州花。形がカンガルーの前足に似ていることから名づけられた。このほかにも色違いの数種類のカンガルーポーがある。

サマーセンティッドワトル
Summer-scented Wattle
オーストラリアに900種以上あるアカシアの仲間のひとつで、日本ではミモザと呼ばれている。道路沿いに数多くの種類のワトルを見ることができる。

モトルカー
Mottlecah
オーストラリアに700種以上あるユーカリの一種。大ぶりで鮮やかな赤い花を咲かせる。モトルカーにも数種類の亜種がある。

リースレシュノルティア
Wreath Lechenaultia
幻の花といわれる希少種で別名リースフラワー。リースのように花が咲くのでこの名がつけられた。ムレワ、モラワ周辺でのみ見られる。

コーンフラワー
Corneflower
学名Isopogonで均等なひげという意味をもつ。花の色でローズやスプレディング、花の開き方でスパイダーなどの種類がある。

エバーラスティング
Everlasting
キク科の花で、ピンク、イエロー、ホワイトなどの種類がある。エバーラスティングは永遠という意味で、その名のとおり色や形が長持ちする。

コットンヘッド
Cottonhead
触ると綿のようなふわふわした感触なのでこの名がついた。形は似ていないが学術的にはカンガル ポウの仲間でもある。

スプレディングスモークブッシュ
Spreading Smokebush
ふわふわした感じの薄青色の花。仲間には煙が漂っているように見える白色のスモークブッシュが数種類ある。

ワイルドフラワーを楽しむために手に入れておきたい書籍

せっかくワイルドフラワーを見にいっても、それがどんな花かわからなければ楽しみも半減。そこでここでは、ツアーに参加したりドライブに出かける前に手に入れておきたい書籍を紹介しよう。いずれもパース市内で手に入る。

まず最初に手に入れたいのが、西オーストラリアビジターセンターに置いてある無料冊子『**Your Holiday Guide To WESTERN AUSTRALIA'S WILDFLOWERS**』（毎年春先には新年度版が出る）。11のワイルドフラワー街道について、詳細なマップと見どころガイドで紹介している。主要なワイルドフラワーは写真も大きくてわかりやすい。西オーストラリア観光局のウェブサイトからダウンロードもできる（URL www.wavisitorcentre.com.au/wildflowers）。

次に手に入れたいのがワイルドフラワーの図鑑だ。『**ワイルドフラワー 西オーストラリア**』（著：オークリー今日子）は、西オーストラリア南西部で見られる花を豊富な写真と日本語で紹介。キングスパークにあるセレクトショップのアスペクツAspectsなどで入手できる。西オーストラリア全土のワイルドフラワーを網羅したものが欲しかったら英語だが『**Guide to the Wildflowers of Western Australia**』もおすすめだ。

パース

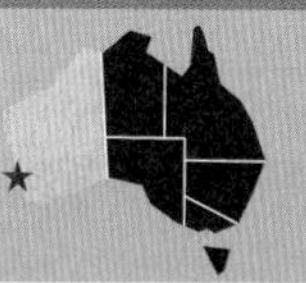

Perth

西オーストラリア *Western Australia*　　州外局番 (08)

キングスパークはパース市民の憩いの場所

オーストラリア全土の約３分の１を占める広大な西オーストラリア州。その州都パースは、スワン川のほとりに開けた美しい町だ。古い建物と近代的な建物が不思議な調和を見せる中心街、市街地に広がる豊かな自然、そして１年を通じて温暖な気候……パースを訪れる誰もが、その心地よさに魅せられ、忘れられない町となる。

パースのよさは町にかぎったことではない。郊外のビーチは、ゴールドコースト以上の美しさをもつとさえいわれている。特にインド洋に沈む落日はまるで映画のスローモーションを観ているようで、感動的ですらある。ほかにも「石化した原生林」ピナクルズ、巨大な波が凍りついたような岩ウエーブロックなど、日帰り圏内にオーストラリアを代表する景勝地がある。また沖合のロットネスト島では、「世界一幸せな動物」といわれる愛らしいクォッカにも簡単に出合える。さらに８～11月、冬の終わりから初夏にかけては、州花カンガルーポー（カンガルーの手首のような形の花）をはじめとするさまざまなワイルドフラワーが、ピナクルズやウエーブロックへの道路沿いを色鮮やかに染め上げる。

美しい町並みと郊外に広がる雄大な自然。パースはそんな魅力にあふれている。

愛らしいクォッカに会いにロットネスト島へ

ユースフルインフォメーション

■西オーストラリアビジターセンター WA Visitor Centre
MAP P.567/2A
住 55 William St. (Cnr. Hay St.), 6000
☎ (08)9483-1111
URL www.wavisitorcentre.com.au
URL www.westernaustralia.com/jp/home（日本語）
開 月～金 9:00 ～ 16:00、土日 9:30 ～ 14:30

■日本国総領事館 Japan Consulate General
MAP P.564/1・2B
住 U22/Level 2, 111 Colins St., 6005
☎ (08)9480-1800
FAX (08)9480-1801
URL www.perth.au.emb-japan.go.jp
開 月～金 9:00 ～ 13:00、14:00 ～ 17:00

日本語の通じる病院

日本語医療センター Nihongo Iryo Centre - Perth
MAP P.567/2A
住 Level 1, 713 Hay St., 6000
☎ (08)9486-4733
URL www.nihongoiryocentre.com.au
開 月～金 8:00 ～ 17:00、土 9:00 ～ 12:00　休 日祝

主要航空会社連絡先

カンタス航空 Qantas Airways
☎ 13-13-13
ANA All Nippon Airways
FREE 1800-716-823
ヴァージン・オーストラリア Virgin Australia
☎ 13-67-89
ジェットスター Jet Star
☎ 13-15-38
リージョナルエクスプレス Regional Express (REX)
☎ 13-17-13
シンガポール航空 Singapore Airlines
☎ (02)7209-4388
キャセイパシフィック航空 Cathay Pacific Airways
☎ 13-17-47
マレーシア航空 Malaysia Airlines
☎ 13-26-27
ベトナム航空 Vietnam Airlines
☎ (02)9285-4718
エアアジア AirAsia
☎ (02)3813-8388
スクート Scoot
☎ (03)9999-7487

パース近郊図
Around Perth

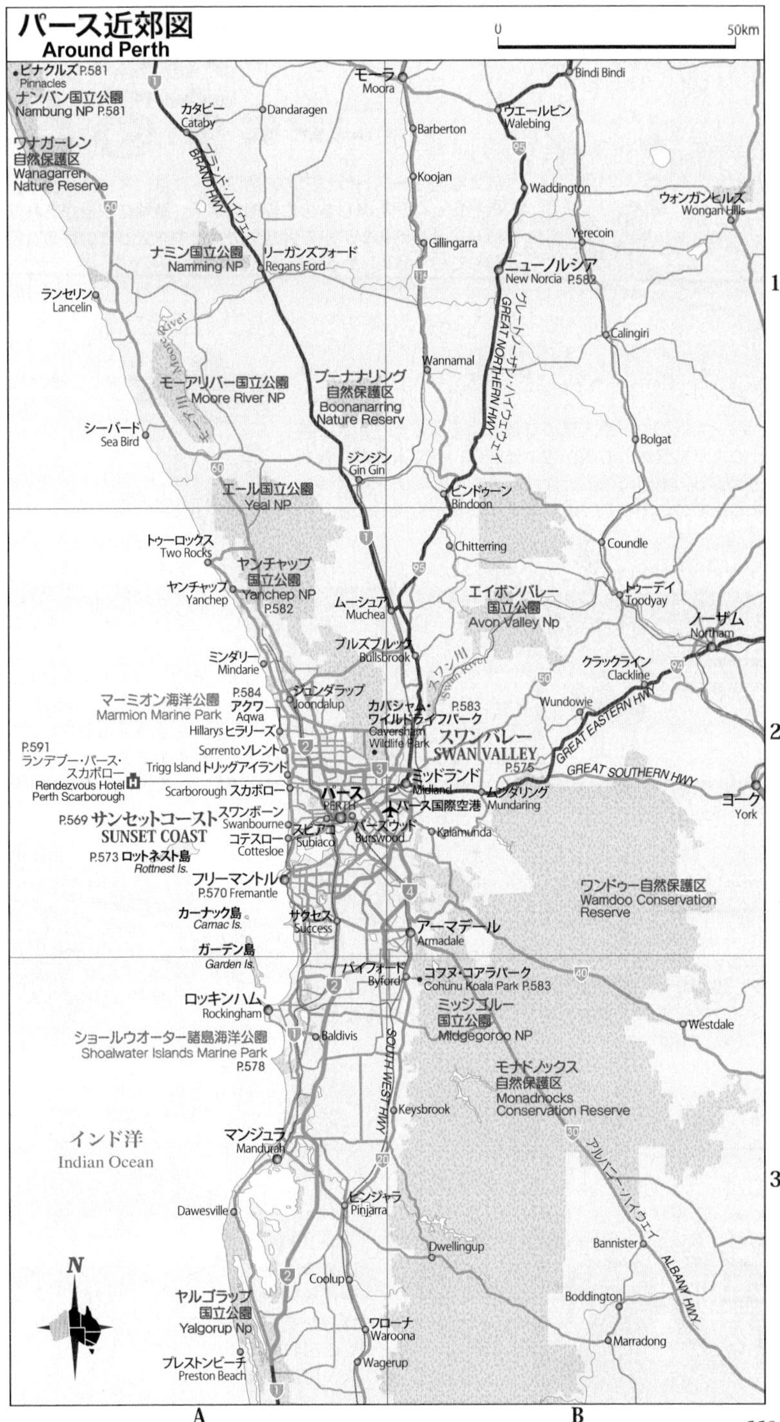

パースで絶対 コレを見る！ コレをする！

広大な西オーストラリアの玄関口パースは、オーストラリアの歴史と自然を楽しむのに最適な場所。時間に余裕があればパース発数泊のツアーで大自然のただ中へ入っていける。日帰りでも十分楽しめる場所もいっぱいだ。

ピナクルズ観光

パース近郊で一番人気の奇景といえばピナクルズ。黄砂のなかに無数の岩塔が並ぶ光景は、見る人をただただ圧倒する。周辺には広大な砂丘もあり、ツアーによっては砂丘での砂滑りなどのアクティビティも楽しめる。

地球外惑星に来たような気分になるピナクルズ

美しいビーチが島のあちこちにあるロットネスト島

ロットネスト島クルーズ

フリーマントルから高速船で45分のロットネスト島は、パース市民自慢のネイチャーアイランド。紺碧の海、白砂のビーチ、そしてワラビーの仲間クォッカが数多く生息する森をもっている。マリンアクティビティやサイクリングでアクティブに楽しむのも、ビーチでのんびりしたりバスツアーで島内散策したりするのも、どちらもOK。

フリーマントル観光

パースの外港フリーマントルは、歴史的建造物が数多く残る町。パース市民にとっても人気のデスティネーションで、散策、カフェ巡り、マーケット訪問など楽しみがいっぱいだ。

フリーマントルマーケットは観光名所にもなっている

ワイナリー巡り

パースから車で約30分のスワンバレー、日帰り～数泊で訪れることができるマーガレットリバーは、オーストラリアワインの名産地。パースを起点にワイナリー巡りを楽しもう！

歴史を感じさせるワイナリーもある

ワイルドフラワー

毎年7～12月にかけてパース周辺ではさまざまなワイルドフラワーが見られる。またキングスパークでも9月にワイルドフラワーフェスティバルが開催される。

9月のキングスパークは鮮やかな花でいっぱい

アクセス
ACCESS

行き方

➡日本から

ANAが東京～パース直行便を週2便運航している（2024年4～9月は運休予定）。また東京からカンタス航空でシドニー、メルボルン、ブリスベンへ入り、パース行きの便に乗り換える方法もある。ほかにもシンガポール航空のシンガポール経由、キャセイパシフィック航空の香港経由なども利用価値が高い。

➡オーストラリア国内から

空路はカンタス航空が各州州都から、ジェットスターがシドニー、メルボルン、ブリスベン、アデレードから、またヴァージン・オーストラリアが各州州都（キャンベラを除く）からフライトをもっている。またカンタスリンク、ヴァージン・オーストラリア、リージョナルエクスプレスが西オーストラリア州内にネットワークをもっている。

陸路は、州内北部からインテグリティ・コーチラインが、州内南西部からトランスWAとサウスウエストコーチラインが中長距離バスを運行。発着場所は、インテグリティ・コーチラインがパース駅脇ウェリントン・ストリート、サウスウエストコーチラインがエスプラネード・バスポート（一部パース国際空港発着）、トランスWAバスが**イーストパース駅** East Perthとなっている。なお大陸横断鉄道インディアンパシフィック号、パース～カルグーリーを結ぶプロスペクター号もイーストパース駅を発着する。

空港⇔市内

パース国際空港 Perth International Airport (PER)には4つのターミナルがある。ANAなどのほとんどの国際線とヴァージン・オーストラリアの主要路線は最も大きなターミナルの**T1**、隣接する**T2**はヴァージン・オーストラリアとリージョナルエクスプレスの州内路線が発着。T1・T2と滑走路を挟んだ反対側に位置する**T3**はジェットスター国内線とカンタス航空の国際線と国内線の一部、T3に隣接する**T4**はカンタス航空の主要国内線となっている。T1・T2とT3・T4の間には40分間隔で連絡バスが運行(所要約15分)。パースから出発する際はターミナルを間違えないように注意すること。

●電車＆公共バス

パース国際空港T1・T2前にはパース近郊電車の**エアポートライン**のエアポートセントラル駅 Airport Centralがある。ここで電車に乗ればパース中心部のパース駅まで所要18分だ。またT3･T4到着の場合は、パースセントラル駅の隣レッドクリフ駅 Redcliff までRoute 292のバスが出ており、それを利用する（バスの所要時間約7分、レッドクリフ駅からパース駅まで約15分）。バス、電車のチケットは共通で2時間以内なら乗りかえ無料となっている。パース駅からは後述する無料バスを利用すれば、ほとんどのホテルにアクセスできる。

■姉妹誌『地球の歩き方 Plat パース 西オーストラリア』

パース＆西オーストラリアの見どころやショッピング、グルメを、豊富な写真と詳細な最新情報でガイド。西オーストラリアだけの旅行者にベストなガイドブックだ。

■パース国際空港
URL www.perthairport.com.au

■中長距離バス会社
●インテグリティ・コーチライン
☎(08)9274-7464
URL www.integritycoachlines.com.au
●トランスWA
☎1300-662-205
URL www.transwa.wa.gov.au
●サウスウエストコーチライン
☎(08)9753-7700
URL www.southwestcoachlines.com.au

■エアポートライン
料 エアポートセントラルおよび「Route 292＋レッドクリフ」からの料金：2+ゾーン料金で、大人$5.10 子供$2.30
●エアポートセントラル
時 空港発：月～金5:45～翌1:06の間12～30分間隔、土6:23～翌1:06の15～30分間隔、日祝7:45～翌0:21の15～30分間隔／
パース駅発：月～金5:12～翌1:32の12～30分間隔､土5:45～翌1:32の15～30分間隔、日祝7:08～翌0:47の15～30分間隔
※日中はおおむね15分間間隔
●Route 292
時T3&T4～レッドクリフ駅循環：月～金5:34～翌0:10の15～30分間隔、土6:08～翌0:10の15～30分間隔、日祝9:48～翌0:10の15～30分間隔

■パース中心部のレンタカー会社
●ハーツ Hertz
☎(08)9213-8090
●エイビス&バジェット AVIS & Budget
☎(08)9237-0022
●スリフティ Thrifty
☎13-61-39
●ヨーロッパカー Europcar
☎(08)9226-0026

■トランスパース
トランスパース・インフォセンター Transperth InfoCentre
☎13-62-13（WA 内のみ）
URL www.transperth.wa.gov.au
●パース駅 MAP P.567/1B
住 Perth Station, Wellington St., 6000
開 月～金 7:00～18:30、土 7:00～18:00、日祝 8:30～18:00 休 グッドフライデー、クリスマスデー（→次ページ）

●タクシー&ライドシェア

パース中心部まで T1・T2 からタクシーで $45～50、T3・T4 から $50～55 ほど。ウーバーなどライドシェア（→ P.649）は $32～45。

イーストパース駅 ↔ 市内

イーストパース駅からパース Perth 駅へは、電車で 3 駅（15～20 分間隔で運行）。切符はホームの自動券売機で購入する（ゾーン 1）。列車の予約は、イーストパース駅、パース駅、西オーストラリアビジターセンターで可能だ。

市内交通
LOCAL TRANSPORT

パース市内およびその郊外は**トランスパース** Transperth と呼ばれるパース交通局管轄のバス、電車、フェリーによって結ばれている。料金はゾーン制でゾーン 0～9 に分かれている。このなかで**パース中心部のゾーン 0 区域内（→ P.563 の地図「CAT 無料バスルート&フリー乗降ゾーン」参照）であれば、トランスパースのバスはどれに乗っても無料だ。**ゾーン 1 はパース市内、ゾーン 2 はパースの中心部から半径約 20km の円内（フリーマントルも含む）と郊外へ広がっていき、ゾーン 9 ともなるとパースから 50km 以上も離れた地域を含んでいる。

料金は、近距離（3.2km まで）1 乗車のみ 2 セクション運賃、同一ゾーン内移動（1 ゾーン運賃）、ゾーンを越えた移動（2+ ゾーン運賃）の 3 種類。バス、電車、フェリーともチケットは共通だ。1 ゾーン運賃は 2 時間フェア（2 時間以内なら同じチケットで乗り降り自由）、2+ ゾーン運賃は 3 時間フェア（3 時間以内なら同じチケットで乗り降り自由）だ。

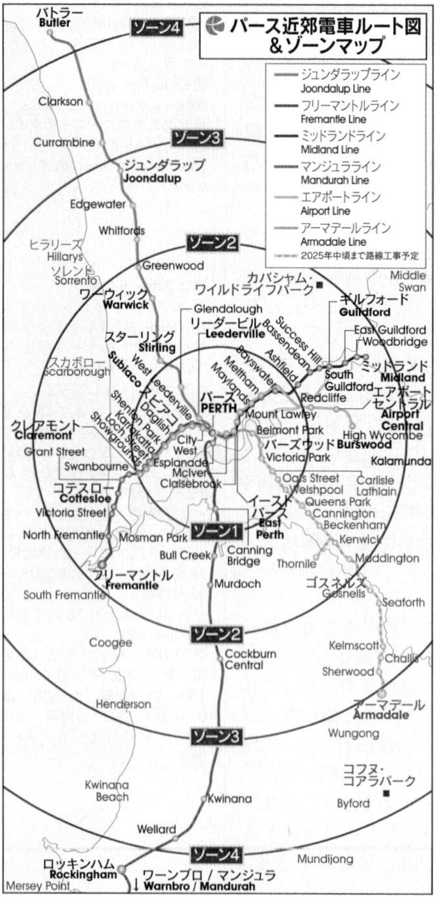

パース近郊電車ルート図&ゾーンマップ

ジュンダラップライン Joondalup Line
フリーマントルライン Fremantle Line
ミッドランドライン Midland Line
マンジュラライン Mandurah Line
エアポートライン Airport Line
アーマデールライン Armadale Line
2025年中頃まで路線工事予定

お得なチケット

●デイライダー Day Rider

1 日目いっぱいバスで動き回る人におすすめ。平日 9:00 以降もしくは土・日曜、祝日の全日に、ゾーン 1 からゾーン 9 まで使える 1 日券だ。また月～木曜の 18:00 以降、金曜の 15:00 以降、さらに土・日曜、祝日の全日に、最高 7 人までの家族が使える同タイプのチケット、ファミリーライダーもある。

Memo アーマデールラインのビクトリアパーク以南が 2023 年後半から改修工事に入ったため、コフヌ・コアラパークなど南部内陸地区へのアクセスが不便となっている。

●スマートライダー Smart Rider

リチャージ式スマートカード（購入時 $10 必要）で、紙のチケットを利用するより 10 ～ 20%割引。長期滞在者におすすめだ。主要駅で購入・入金可能。

トランスパースの料金
（2024 年 2 月現在）

	大人	子供
2 セクション	$2.30	$1.00
1 ゾーン	$3.40	$1.50
2+ ゾーン	$5.10	$2.30
デイライダー	$10.30	$4.60
ファミリーライダー	$10.30	-----

市バス

北行きはパース駅脇の**ロー・ストリート・バスステーション** Roe St. Bus Station、南行きはウイリアム・ストリートのエスプラネード脇にある**エリザベスキー・バスステーション** Elizabeth Quay Bus Station が発着場所。なお 2 回目以降バスに乗るときは、最初のチケットを運転手に見せる。

トランスパースのバス

●**パース地下駅** MAP P.567/1A
住 Perth Underground Station, Murry St., 6000
開 月～金 7:00 ～ 18:00、土 9:00 ～ 17:00、日祝 11:00 ～ 15:00　休 グッドフライデー、クリスマスデー

●**パース・バスポート** MAP P.567/1A
住 Yagan Square, 6000
開 月～金 7:30 ～ 17:30、土 8:00 ～ 13:00　休 日祝

●**エリザベスキー・バスステーション** MAP P.567/2A
住 Mounts Bay Rd., 6000
開 月～金 7:30 ～ 17:30、土 10:00 ～ 14:00、日 12:00 ～ 16:00　休 祝

キャット CAT

パース中心部には**キャット** CAT（The Central Area Transit）と呼ばれる無料バスも走っている（シルバーの車体に猫の絵が描かれているバス）。レッドキャット Red CAT は東西ルート、ブルーキャット Blue CAT は南北ルート＋キングスパーク、イエローキャット Yellow CAT はイーストパース方面、グリーンキャット Green CAT は中心部とキングスパーク、シティウエスト駅方面、パープルキャットは市中心部とキングスパーク、西オーストラリア大学方面を結ぶルートを走っている。

便利な無料バスCAT

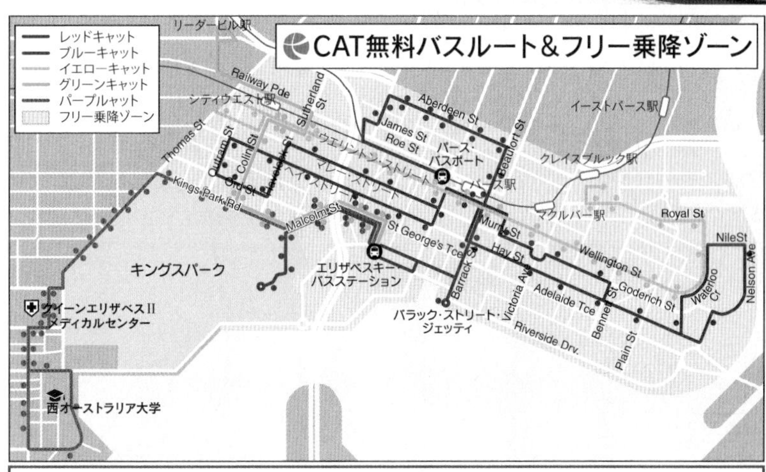

●**レッドキャット**
月～木 5:30 ～ 21:40 の 7 分ごと／金 5:30 ～翌 0:30 の 7 分ごと／土 7:15 ～翌 0:30 の 10 分ごと／日祝 7:30 ～ 21:40 の 10 分ごと

●**ブルーキャット**
月～金 6:50 ～ 19:55 の 15 分ごと／土日祝 8:00 ～ 19:50 の 15 分ごと

●**イエローキャット**
月～金 5:40 ～ 19:50 の 8 分ごと／土 7:00 ～ 21:20 の 10 分ごと／日祝 7:30 ～ 19:45 の 10 分ごと

●**グリーンキャット**
月～金 5:40 ～ 19:20 の 10 分ごと

●**パープルキャット**
月～金 5:00 ～ 23:35 の 10 分ごと、土 6:50 ～ 23:35 の 15 分ごと／日祝 7:20 ～ 21:40 の 15 分ごと

※アンザックデー、グッドフライデー、クリスマスデーはキャットバスは運休

パース
Perth

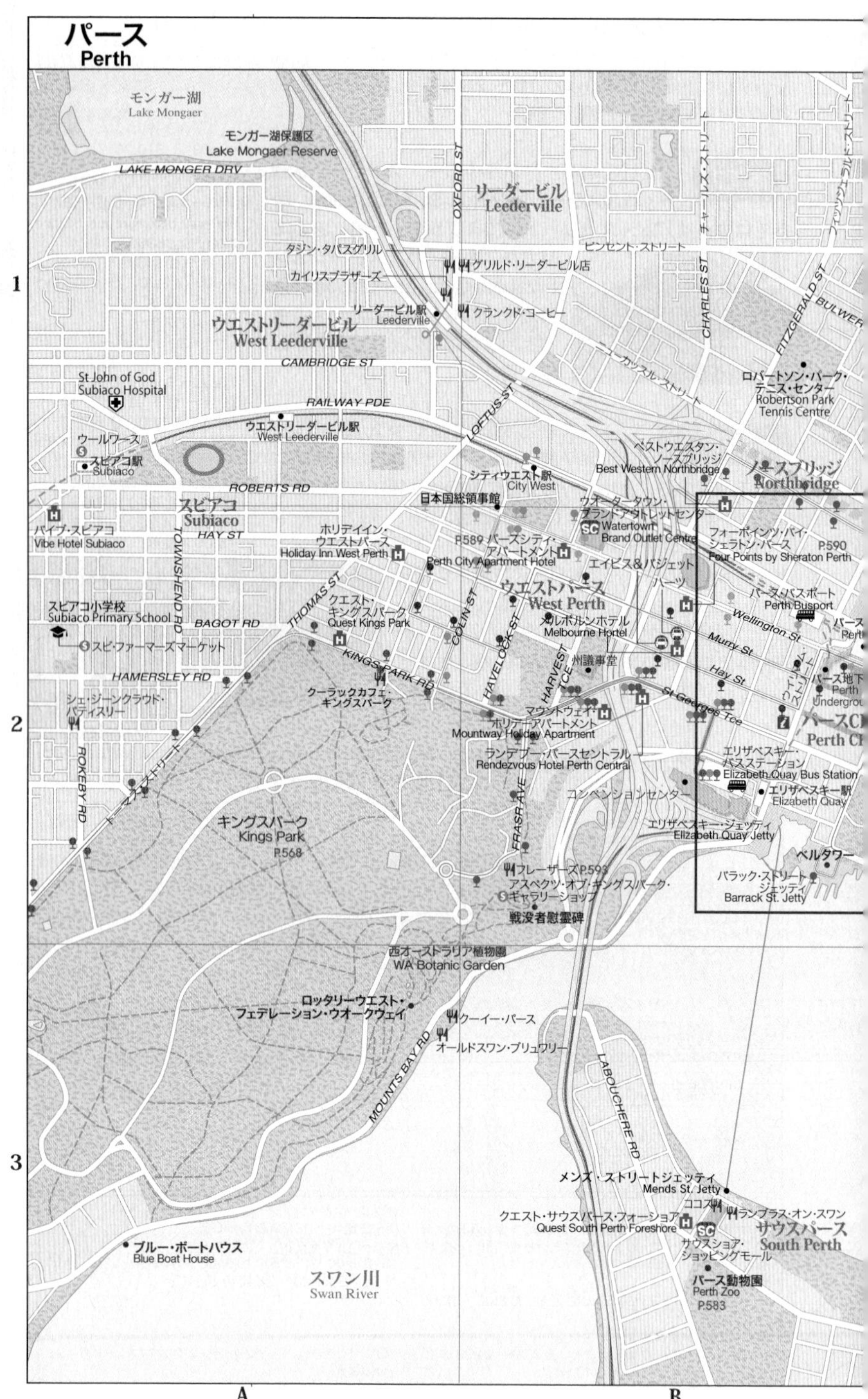

モンガー湖
Lake Mongaer
モンガー湖保護区
Lake Mongaer Reserve
LAKE MONGER DRV
リーダービル
Leederville
ウエストリーダービル
West Leederville
スビアコ
Subiaco
ウエストパース
West Perth
ノースブリッジ
Northbridge
キングスパーク
Kings Park
P.568
西オーストラリア植物園
WA Botanic Garden
スワン川
Swan River
サウスパース
South Perth
パース動物園
Perth Zoo
P.583
ブルー・ボートハウス
Blue Boat House
エリザベスキー・バスステーション
Elizabeth Quay Bus Station
エリザベスキー駅
Elizabeth Quay
エリザベスキー・ジェッティ
Elizabeth Quay Jetty
バラック・ストリート・ジェッティ
Barrack St. Jetty
メンズ・ストリートジェッティ
Mends St. Jetty
パース・バスポート
Perth Busport
St John of God Subiaco Hospital
ウエストリーダービル駅
West Leederville
スビアコ駅
Subiaco
シティウエスト駅
City West
日本国総領事館
リーダービル駅
Leederville
フォーポインツ・バイ・シェラトン・パース
Four Points by Sheraton Perth
P.590
ベストウエスタン・ノースブリッジ
Best Western Northbridge
ウオータータウン・ブランドアウトレットセンター
Watertown Brand Outlet Centre
ホリデイイン・ウエストパース
Holiday Inn West Perth
P.589 パースシティ・アパートメント
Perth City Apartment Hotel
クエスト・キングスパーク
Quest Kings Park
メルボルンホテル
Melbourne Hotel
マウントウェイ・ホリデーアパートメント
Mountway Holiday Apartment
ランデブー・パースセントラル
Rendezvous Hotel Perth Central
バイブ・スビアコ
Vibe Hotel Subiaco
クエスト・サウスパース・フォーショア
Quest South Perth Foreshore
ロバートソン・パーク・テニス・センター
Robertson Park Tennis Centre
スビアコ小学校
Subiaco Primary School
州議事堂
コンベンションセンター
ベルタワー
戦没者慰霊碑
ロッタリーウエスト・フェデレーション・ウオークウェイ
サウスショア・ショッピングモール
タジン・タパスグリル
カイリスブラザーズ
グリルド・リーダービル店
クランクド・コーヒー
クーラックカフェ・キングスパーク
シェ・ジーンクラウド・パティスリー
フレーザーズ P.593
アスペクツ・オブ・キングスパーク・ギャラリーショップ
クーイー・パース
オールドスワン・ブリュワリー
ココス
ランブラス・オン・スワン
エイビス&バジェット
ハーツ
ウールワース
スビ・ファーマーズマーケット
OXFORD ST
CAMBRIDGE ST
RAILWAY PDE
ROBERTS RD
HAY ST
TOWNSHEND RD
BAGOT RD
HAMERSLEY RD
ROKEBY RD
THOMAS ST
KINGS PARK RD
LOFTUS ST
COLIN ST
HAVELOCK ST
HARVEST TCE
FRASR AVE
MOUNTS BAY RD
LABOUCHERE RD
CHARLES ST
FITZGERALD ST
BULWER
Wellington St
Murry St
Hay St
St Georges Tce
ビンセント・ストリート
ニューカッスル・ストリート
チャールズ・ストリート
トーマス・ストリート
1
2
3
A
B

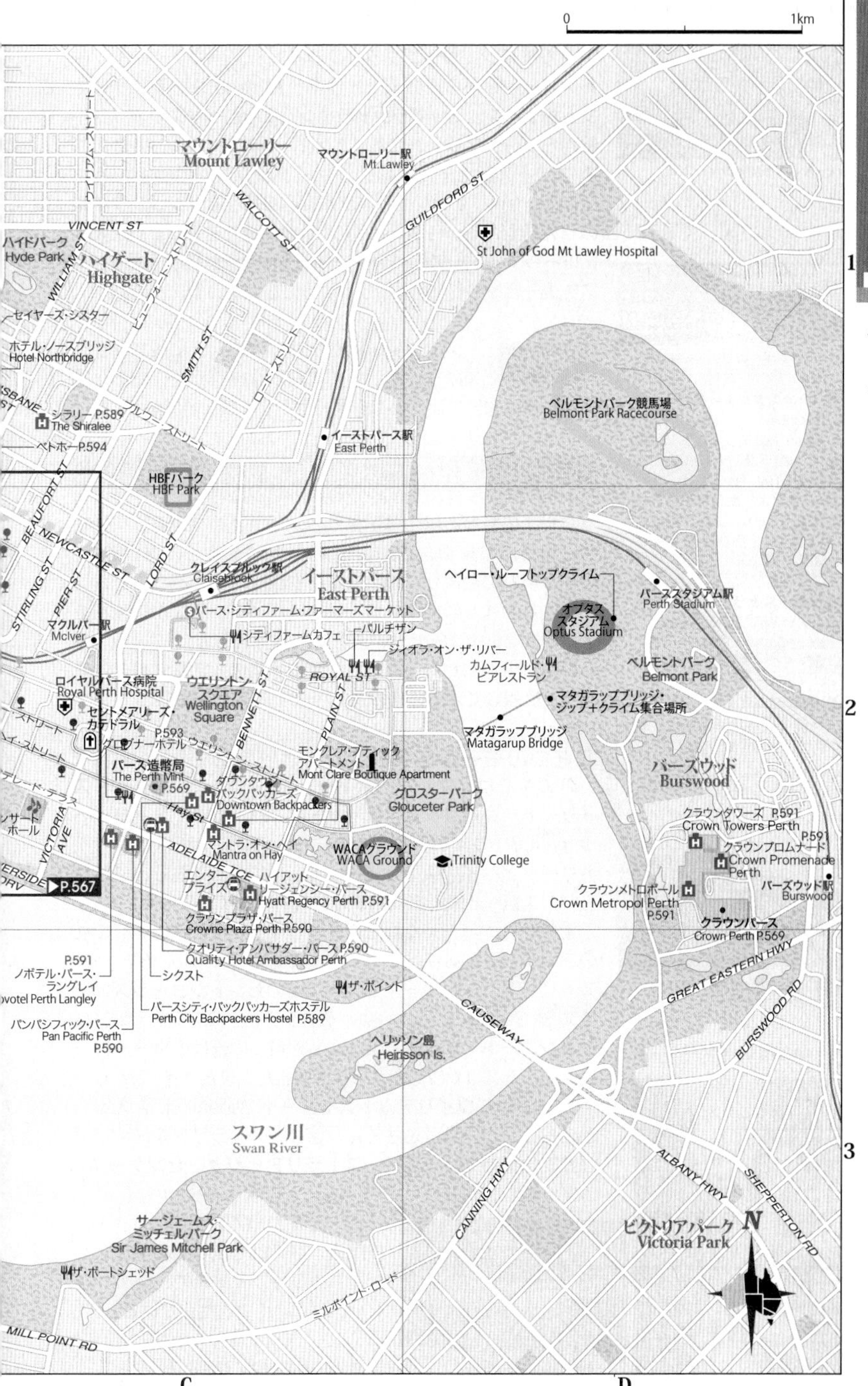
0
1km
マウントローリー
Mount Lawley
マウントローリー駅
Mt.Lawley
ウイリアム・ストリート
WALCOTT ST
GUILDFORD ST
VINCENT ST
St John of God Mt Lawley Hospital
ハイドパーク
Hyde Park
ハイゲート
Highgate
WILLIAM ST
ビューフォート・ストリート
セイヤーズ・シスター
ホテル・ノースブリッジ
Hotel Northbridge
SMITH ST
ロード・ストリート
シラリー P.589
The Shiralee
ブルワー・ストリート
ペトホー P.594
イーストパース駅
East Perth
ベルモントパーク競馬場
Belmont Park Racecourse
HBFパーク
HBF Park
BEAUFORT ST
NEWCASTLE ST
LORD ST
クレイズブルック駅
Claisebrook
イーストパース
East Perth
ヘイロー・ルーフトップクライム
パーススタジアム駅
Perth Stadium
STIRLING ST
PIER ST
パース・シティファーム・ファーマーズマーケット
オプタス スタジアム
Optus Stadium
マクルバー駅
McIver
シティファームカフェ
パルチザン
ジィオラ・オン・ザ・リバー
カムフィールド・ビアレストラン
ベルモントパーク
Belmont Park
ROYAL ST
ロイヤルパース病院
Royal Perth Hospital
ウエリントン・スクエア
Wellington Square
BENNETT ST
マタガラップブリッジ・ジップ+クライム集合場所
セントメアリーズ・カテドラル
PLAIN ST
マタガラップブリッジ
Matagarup Bridge
P.593
グロブナーホテル
ウエリントン・ストリート
モンクレア・ブティック・アパートメント
Mont Clare Boutique Apartment
バーズウッド
Burswood
パース造幣局
The Perth Mint
P.569
ダウンタウン・バックパッカーズ
Downtown Backpackers
グロスターパーク
Glouceter Park
クラウンタワーズ P.591
Crown Towers Perth
P.591
クラウンプロムナード
Crown Promenade Perth
コンサート・ホール
VICTORIA AVE
Hay St
マントラ・オン・ヘイ
Mantra on Hay
WACAグラウンド
WACA Ground
Trinity College
ADELAIDE TCE
バーズウッド駅
Burswood
エンタープライズ
ハイアット・リージェンシー・パース
Hyatt Regency Perth P.591
クラウンメトロポール
Crown Metropol Perth
P.591
P.567
クラウンパース
Crown Perth P.569
クラウンプラザ・パース
Crowne Plaza Perth P.590
クオリティ・アンバサダー・パース P.590
Quality Hotel Ambassador Perth
GREAT EASTERN HWY
P.591
ノボテル・パース・ラングレイ
シクスト
ザ・ポイント
BURSWOOD RD
パースシティ・バックパッカーズホステル
Perth City Backpackers Hostel P.589
CAUSEWAY
パンパシフィック・パース
Pan Pacific Perth
P.590
ヘリッソン島
Heirisson Is.
スワン川
Swan River
ALBANY HWY
SHEPPERTON RD
CANNING HWY
サー・ジェームス・ミッチェルパーク
Sir James Mitchell Park
ビクトリアパーク
Victoria Park
N
ザ・ボートシェッド
ミルポイント・ロード
MILL POINT RD
1
2
3
C
D

パース中心部にあるパース駅

エリザベスキーのフェリー乗り場

■パースのタクシー会社
● 13Cabs：　　☎13-22-27
● Swan Taxi：　☎13-13-30
料 月～金 6:00 ～ 18:00 は初乗り $5.10、月～金 18:00 ～翌 6:00 および土日祝の全日は初乗り $7.30。以後 1 k mごとに $2.04、待ち時間 1 分ごと $0.97 追加。

■西オーストラリアビジターセンター WA Visitor Centre
MAP P.567/2A
詳細データ→ P.558

■パースのレイトナイト
毎週金曜は 21:00 頃まで店がオープンしている。

西オーストラリア中の情報が集まるビジターセンター

中世の雰囲気を残すアーケード街ロンドンコート

電車

パース駅を起点に南のムンジョン Mundjong から北のクラークソン Clarkson を結ぶ**アーマデールライン、ジュンダラップライン**と、西のフリーマントル Fremantle から東のミッドランド Midland を結ぶ**フリーマントルライン、ミッドランドライン**（途中のベイスウオーター駅からフォレスフィールド - エアポートリンク線に接続）、さらにパース駅地下から南のリゾートタウン、ロッキンハム Rockingham、マンジュラ Mandurah を結ぶ**マンジュラライン**の 5 路線がある。各路線とも約 20 分間隔で運行。また主要駅にはトランスパースのバスインターチェンジがあり、電車とバスを組み合わせて利用しやすいようになっている。

フェリー

スワン川で隔てられているシティ（エリザベスキー）とサウスパース間をフェリーが結んでいる。便は頻繁に出ていて市民の足として使われている。

パースの歩き方
OUTLINE OF PERTH

パースの町並みは全体を見ても、一つひとつの通りを見ても、均整が取れていて実に美しい。抜けるように青い空と、まぶしい緑の公園が、都会的で英国調な町並みとうまくミックスされ独特な雰囲気をつくり上げている。町なかを流れる**スワン川** Swan River も、その美しさを盛りたてている。中心部はスワン川と並行に東西に走る 4 本の大きな通りと、それらと交差して走る南北の通りからなる単純な構成だ。

ふたつのモールを中心に町歩きを始める

町の中心は、**マレー・ストリート** Murray St.、**ヘイ・ストリート、ウイリアム・ストリート、バラック・ストリート** Barrack St. の 4 つの通りに挟まれた一画で、特にマレー・ストリートとヘイ・ストリートはモールになっており、そこからパース駅へと続く広場の**フォレストプレイス** Forrest Place と合わせて、パースで最もにぎわう場所。ここにはいくつものアーケードがあり、ショッピングにも事欠かない。またヘイ・ストリートモールから 1 ブロック南の**セントジョージズ・テラス** St George's Tce. へ抜けるクラシックなアーケード、**ロンドンコート** London Court にも注目。内部は中世ヨーロッパにタイムスリップしたような雰囲気だ。またヘイ・ストリートモールから**ウイリアム・ストリート** William St. を入ったところに、パースはもちろん、西オーストラリア全域の情報が豊富に揃っている**西オーストラリアビジターセンター** WA Visitor Centre もあり、情報収集にぜひ立ち寄りたい。

セントジョージズ・テラスは、モール周辺とは打って変わった高層ビルが建ち並ぶオフィス街で、郊外へ行くバス停がいくつも並んでいる。

大きな広場になっているフォレストプレイス

さらに美しい緑の公園といった趣の**エスプラネード** The Esplanade を通り抜けると、スワン川のフェリーやクルーズが発着する**エリザベスキー** Elizabeth Quay、**バラック・ストリート・ジェッティ** Barrack St. Jetty となる。

日中は人どおりの絶えないヘイ・ストリートモール

しゃれたレストランが集まるノースブリッジ

パース駅の北側にはパースの芸術文化施設が集まる**パース・カルチュラルセンター** Perth Cultural Centre がある。その西側一帯がパースの歓楽街**ノースブリッジ** Northbridge。**ジェームス・ストリート** James St. 周辺に中華、ベトナム、タイなどのアジア料理からイタリア、ギリシアなど南欧料理まで、バラエティ豊かなレストランがある。

パース中心部 Perth City Central

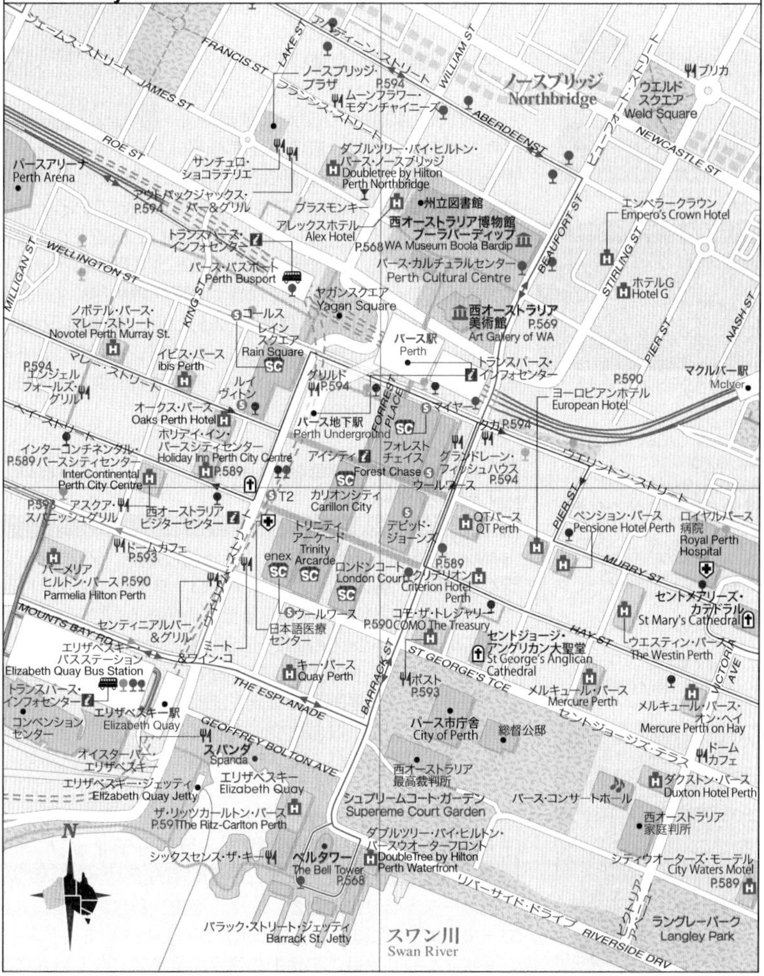

■キングスパーク
●ビジターセンター
📞(08)9480-3600
URL www.bgpa.wa.gov.au/kings-park
開 毎日 9:30 ～ 16:00
休 クリスマスデー
●行き方
キングスパークのメインの入口はフリー乗降ゾーン内。ブルーキャットト利用が便利で、グリーンキャットやパープルキャットも使える。

■キングスパークの無料ガイドツアー
時 毎日 11:30、14:30 ビジターセンター前スタートで所要約 90 分 休 クリスマスデー
料 無料

スワン川を望む場所にある戦争記念碑

夜景スポットとしても大人気のキングスパーク

■ベルタワー
住 Barrack Square, Riverside Drv., 6000
📞(08)6210-0444
URL www.thebelltower.com.au
開 火～日 10:00 ～ 16:00 ／ベルの演奏：木日 12:00 ～ 13:00
休 月、グッドフライデー、クリスマスデー
料 大人 $15 子供 $10 家族 $40 ／ベルタワー・エクスペリエンス（実際に鐘を鳴らしたりできる） 大人 $22 子供 $14 家族 $65

パースのシンボル的存在のベルタワー

ゲームセンターやバー、クラブなどナイトスポットも多く、パースの若者たちに人気のスポットとなっている。またバックパッカーズホステルなど手頃な安宿が数多く集まっており、「安くて快適なパース滞在を」と考えている人にはうってつけの場所だろう。

パース市内のおもな見どころ
SIGHTSEEING SPOTS

スワン川、パース市内を一望できる美しい公園 MAP P.564/2・3A・B

キングスパーク
Kings Park

園内の通り沿いには美しい並木が続く

パースの町を歩いて十分その美しさを楽しんだ人は、パースを一望できるキングスパークを訪れてみよう。ここからは、うねって流れるスワン川の流れと高層ビル街、サウスパースが見渡せ、あらためてパースの美しさに感激してしまう。

マウントエリーザ Mt. Eliza の山裾から山頂まで 404ha の広大な敷地をもつキングスパークは、市内から車で 5 分という位置にありながら、自然のままの森林が広がり、そこには 250 種類以上の植物と 100 種類以上の野生動物が保護されている。どこまでも続いているユーカリの並木道を歩いていると、その美しさにうっとりしてしまう。また、8 ～ 11 月は色とりどりのワイルドフラワーが一面に咲き、公園を埋め尽くす。公園内にはほかに、**戦争記念碑** War Memorial、**植物園** Botanic Gardens、テニスコート、BBQ エリア、プレイグラウンドなどがあり、それぞれが思いおもいに楽しめる公園だ。公園にはマウンテンバイクのレンタルもある。

町にすがすがしい音色を響かせるタワー MAP P.567/2A

ベルタワー
The Bell Tower

バラック・ストリート・ジェッティ前に建つ。タワー内には音色ごとの 17 個のベルがあり、美しい演奏を聴かせてくれる。このベルは 18 世紀に造られた歴史的価値あるもので、もともとはロンドンのトラファルガー広場にあるセントマーチン・イン・ザ・フィールド教会に設置されていた。そして 1988 年にオーストラリア建国 200 年の記念にと西オーストラリア州に寄贈されたのだ。なおタワー内は展望室になっており、そこからのスワン川やパースシティの眺めもすばらしい。

大改装を経て展示内容が大充実した MAP P.567/1B

西オーストラリア博物館ブーラバーディップ
WA Museum Boola Bardip

西オーストラリアの自然、文化、歴史、科学的発明、そして未来に向かう姿まで、多様な展示が行われている。「ブーラバーディップ」とはこの地の先住民の言葉で「たくさんの物

黒鳥を見るならモンガー湖 Lake Monger がおすすめだが、近くのハーズマンレイク Herdsman Lake もぜひ寄ってみるとよい。いろいろな鳥がいて、湖は大きく、パースの自然に包まれる。
（北海道　ELMO　'16）['24]

語」という意味をもち、特に**ナランクールト・ブージャウィリン** Ngalang Koort Boodja Wirn と名づけられた西オーストラリア先住民関連の展示が充実。州内だけで 100 以上の言語グループがある先住民の創世記物語から、白人入植後の苦難の歴史にいたるまで、さまざまな展示とオーディオビジュアルで紹介している。また中 2 階にあるシロナガスクジラの巨大な骨格標本も見逃せない。

現代オーストラリア美術を鑑賞しよう MAP P.567/1B

西オーストラリア美術館
Art Gallery of WA

館内にはいくつも展示室があり、そのほとんどが期間を区切っての特別展示となっている。基本的に常設展示はセンテナリーギャラリー Centenary Gallery のみ。ここには 19 世紀後半から 20 世紀前半にかけて活躍したオーストラリア内外の画家たちの作品が展示されている。絵画はもちろん、写真、現代アート、彫刻などオーストラリア人芸術家のコレクションは幅広く、特別展示でその一端を鑑賞できる。

オリジナルコインも作れる！ MAP P.565/2C

パース造幣局
The Perth Mint

オーストラリア国内最古の歴史をもつパース造幣局

国内で最も古い造幣所で、ゴールドラッシュ時代にイギリス王室造幣局の支局として開局。当時の採鉱者の様子や金鉱の歴史、ここで製造されたコインなどが展示されている。1 時間ごとに行われるガイドツアーで見学。世界最大のゴールドコインや鋳造の実演は見ものだ。さらに、自分の名前や好きなメッセージが入れられるオリジナルコイン（**パーソナライズドメダリオン** Personalised Medallions）を作ることができる。メダルは金メッキ銅貨、純銀製、純金製メダルの 3 種類から選べる。建物内のパースミント・ショップでは、ここで造られたコインやジュエリーを買うこともできる。

郊外のビーチに出かけよう！ MAP P.559/2A

サンセットコースト
Sunset Coast

コテスロービーチは波も穏やかで家族連れに人気

パース郊外の北に続くインド洋岸は、すばらしい夕日が望めることから通称サンセットコーストと呼ばれている。フリーマントルの北、**コテスロー** Cottesloe から始まり、パースから電車で 20 分の**ジュンダラップ** Joondalup の北、**ミンダリーキーズ** Mindarie Keys まで延々と続く広大な自然のままの海岸だ。

■西オーストラリア博物館ブーラバーディップ
住 Perth Cultural Centre, 6000
☎ 1300-134-081
URL visit.museum.wa.gov.au/boolabardip
開 毎日 9:30 ～ 17:00
休 グッドフライデー、クリスマスデー 料 大人 $15 子供 $10

■西オーストラリア美術館
住 Perth Cultural Centre, 6000
☎ (08)9492-6600
URL artgallery.wa.gov.au
開 水～月 10:00 ～ 17:00
休 火、グッドフライデー、アンザックデー、クリスマスデー
料 無料（$5 程度の寄付）

オーストラリアンアートの神髄に触れられる美術館

■パース造幣局
住 310 Hay St., 6000
☎ 1300-366-520
URL www.perthmint.com
開 毎日 9:00 ～ 17:00 ／ガイドツアー：毎時 30 分から
休 ニューイヤーズデー、アンザックデー、グッドフライデー、クリスマスデー、ボクシングデー
料 大人 $24 子供 $14 家族 $65 ／オリジナルコイン：金メッキ銅貨 $33、純銀 $66 ～ 69、純金 $110
※館内ショップは免税店なのでパスポートと旅程表を持っていこう

■南半球最大規模のカジノがあるクラウンパース
シティ駅バーズウッド地区にある巨大カジノと高級ホテルを中心としたエンターテインメントコンプレックス。
MAP P.565/2D
住 Great Eastern Hwy., Burswood, 6100
☎ (08)9362-7777
URL www.crownperth.com.au
●カジノへ行く際の注意
年齢制限：18 歳以上であること。身分証明書としてパスポートを持参しよう。
アクセス パース駅からアーマデールラインの電車で 3 つ目の駅バーズウッド Burswood へ。バスならセントジョージズ・テラスから Route 39、270、935、940 などを利用。

各ビーチの特徴は、コテスローは安全なビーチで家族向き。最もにぎわっているのが**スカボロー** Scarborough。サーフィンやウインドサーフィンに適しており、白く輝く浜辺ではのんびりと肌を焼く人たちも多い。ここから**トリッグアイランド・ビーチ** Trigg Island Beach まで続く散歩道には、ぎっしりレストランやカフェが並んでいる。散歩道の北端に当たる**ヒラリーズハーバー** Hillarys Harbour は、ショッピングセンターの**ソレントキー** Sorrento Quay、遊園地、レストランがあるほか、西オーストラリア水族館のアクワ（→ P.584）もあるので、週末は大勢の人でにぎわう。

美しいサーフビーチが続くサンセットコースト（スカボロービーチ）

■サンセットコースト
●コテスローへの行き方
電車フリーマントルラインを利用、コテスロー駅下車。駅前から Route 102 のバス利用もしくは徒歩約 15 分。
●スカボローへの行き方
電車ジュンダラップラインでスターリング Stirling まで行き、Route 410、421 のバスに乗り換え、終点下車。
●ヒラリーズハーバーへの行き方
電車ジュンダラップラインでワーウィックまで行き、Route 441、460 のバスに乗り換え。

パース近郊の町と島
AROUND PERTH

フリーマントル
Fremantle

町の中心に建つタウンホール

パースから南西に約 19km、スワン川がインド洋に注ぐ河口に、フリーマントルはある。市民の間では**フレオ** Freo の愛称で親しまれる美しい港町だ。1986 ～ 1987 年に、世界的ヨットレースのアメリカズカップが、アメリカ以外で初めて開催された地でもある。

町の歴史は 1829 年にキャプテンフリーマントルの植民地宣言により始まった。現在も、当時の囚人たちによって建てられたすばらしい建築が数多く残っており、散策しているとまるで映画の撮影セットのなかにいるような気分になる。そのため町には雰囲気のあるカフェやパブが多い。特にマーケット・ストリート Market St. とサウス・テラス South Tce. の交差する周辺は通称**カプチーノ通り** Cappuccino Strip と呼ばれているほどで、たくさんのカフェが並んでいる。カフェ好きのオージーが、自分たちのお気に入りのカフェに集まり、のんびりとおしゃべりを楽しんでいる姿をよく見かける。

中心部の西側の小さな**バザーズビーチ** Bathers Beach からサクセス・ボートハーバーにかけては、シーフードをウリにするレストランが建ち並び、ディナータイムには大にぎわいとなる。また地ビール工場の**リトルクリーチャーズ・ブリュワリー** Little Creatures Brewery があり、ビールの飲み比べなども楽しめる。

サクセス・ボートハーバーより南側には白砂の美しいビーチが続く。地元の人には**サウスフリーマントル・ビーチ** South Fremantle Beach がのんびりできると人気がある。また町の北外れ、ノースフリーマントル North Fremantle との間に架かる

アクセス
●フリーマントル
パース市内から市バスで 30 ～ 40 分ほど。電車ならパース駅からフリーマントルラインで 25 分。

■フリーマントル・ビジターセンター Fremantle Visitor Centre　MAP P.571/1B
住 155 High St., Fremantle, 6160
☎ (08)9432-9988
URL www.visitfremantle.com.au
開 月～金 9:00 ～ 17:00、土 9:00 ～ 16:00、日祝 10:00 ～ 16:00
休 グッドフライデー、クリスマスデー、ボクシングデー

右：リトルクリーチャーズでビールの飲み比べ
下：バザーズビーチ前の遊歩道沿いにはシーフードレストランが並んでいる

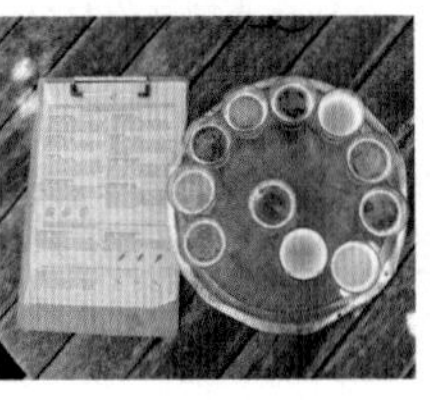

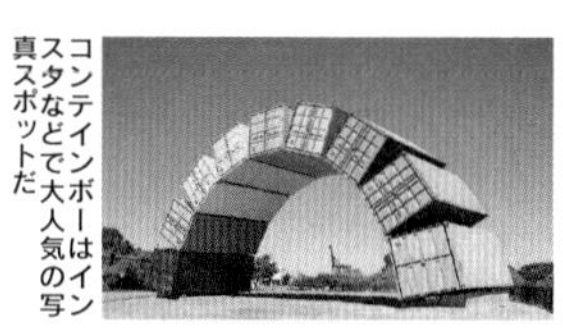

コンテインボーはインスタなどで大人気の写真スポットだ

橋のたもと、イースト・ストリートジェッティにはカラフルな貨物コンテナのアート、**コンテインボー** The Containbow があり人気の写真スポットになっている。

絶対見逃せない MAP P.571/2B

旧フリーマントル刑務所
Fremantle Prison

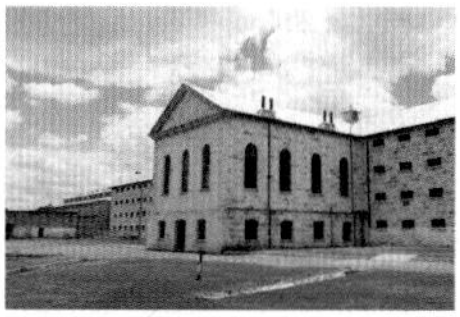

最近まで利用されていた刑務所

世界遺産「オーストラリアの囚人史跡群」のひとつにもなっている旧刑務所。フリーマントルを見渡せる丘の上に建てられた刑務所は、1991年まで実際に使用されていた。その堂々たる建物は、136年の間フリーマントルを監視し続けた。その間、およそ9000人の囚人が、自分たちの生きる権利を得るまで、囚人労働をして過ごした。にぎやかな港町とは打って変わって、ここには不気味な雰囲気が漂う。

■リトルクリーチャーズ・ブリュワリー MAP P.571/2A
住 40 Mews Rd., Fremantle, 6160 ☎(08)6215-1000
URL littlecreatures.com.au
営 毎日 11:00 ～ 22:00

■旧フリーマントル刑務所
住 1 The Terrace, Fremantle, 6160 ☎(08)9336-9200
URL fremantleprison.com.au
開 毎日 9:00 ～ 17:00
休 グッドフライデー、クリスマスデー
料 1ツアー：大人$22 子供$12 家族$62／2ツアー：大人$32 子供$22 家族$102／3ツアー：大人$42 子供$33 家族$142／
※見学ツアー込み。ツアーは10:00から3種類のツアーが交互に行われていて、最終は17:00
※毎週水金ナイトツアーあり（夏季は18:30から数回、冬季は19:00から1回）。大人$28 子供$18 家族$82

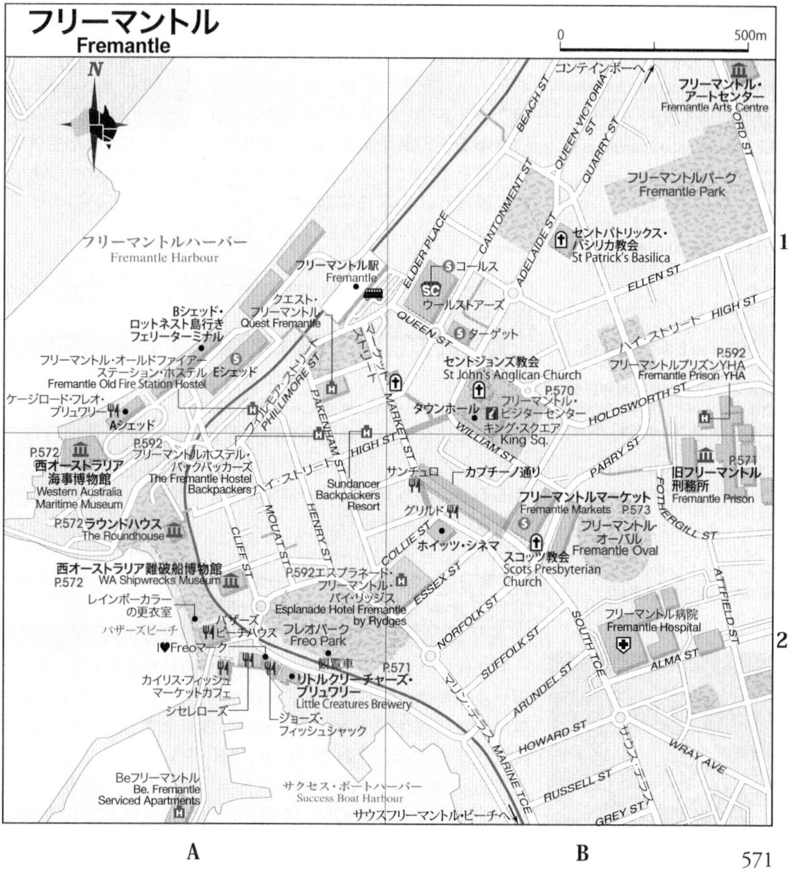
フリーマントル
Fremantle
0
500m
N
コンテインボーへ
フリーマントル・アートセンター
Fremantle Arts Centre
フリーマントルパーク
Fremantle Park
セントパトリックス・バシリカ教会
St Patrick's Basilica
フリーマントルハーバー
Fremantle Harbour
フリーマントル駅
Fremantle
コールス
SC
ウールストアーズ
ターゲット
クエスト・フリーマントル
Quest Fremantle
Bシェッド・ロットネスト島行きフェリーターミナル
フリーマントル・オールドファイアーステーション・ホステル
Fremantle Old Fire Station Hostel
Eシェッド
ケージロード・フレオ・ブリュワリー
Aシェッド
セントジョンズ教会
St John's Anglican Church
P.570
フリーマントル・ビジターセンター
タウンホール
キング・スクエア
King Sq.
P.592
フリーマントルプリズンYHA
Fremantle Prison YHA
P.572
西オーストラリア海事博物館
Western Australia Maritime Museum
P.592
フリーマントルホステル・バックパッカーズ
The Fremantle Hostel Backpackers
ハイ・ストリート
Sundancer Backpackers Resort
サンチュロ
カプチーノ通り
グリルド
フリーマントルマーケット
Fremantle Markets
P.573
P.571
旧フリーマントル刑務所
Fremantle Prison
P.572 ラウンドハウス
The Roundhouse
ホイッツ・シネマ
スコッツ教会
Scots Presbyterian Church
フリーマントル・オーバル
Fremantle Oval
西オーストラリア難破船博物館
P.572
WA Shipwrecks Museum
P.592 エスプラネード・フリーマントル・バイ・リッジス
Esplanade Hotel Fremantle by Rydges
レインボーカラーの更衣室
バザーズビーチ
バザーズ ビーチハウス
フレオパーク
Freo Park
I♥Freoマーク
観覧車
P.571
リトルクリーチャーズ・ブリュワリー
Little Creatures Brewery
カイリス・フィッシュマーケットカフェ
シセレローズ
ジョーズ・フィッシュシャック
フリーマントル病院
Fremantle Hospital
Beフリーマントル
Be. Fremantle
Serviced Apartments
サクセス・ボートハーバー
Success Boat Harbour
サウスフリーマントル・ビーチへ
マリン・テラス
サウス・テラス
BEACH ST
QUEEN VICTORIA ST
QUARRY ST
ORD ST
CANTONMENT ST
ADELAIDE ST
ELDER PLACE
ELLEN ST
HIGH ST
QUEEN ST
MARKET ST
PAKENHAM ST
PHILLIMORE ST
HOLDSWORTH ST
WILLIAM ST
PARRY ST
FOTHERGILL ST
MOUAT ST
HENRY ST
CLIFF ST
COLLIE ST
ESSEX ST
NORFOLK ST
SUFFOLK ST
ARUNDEL ST
SOUTH TCE
ATTFIELD ST
ALMA ST
HOWARD ST
RUSSELL ST
GREY ST
WRAY AVE
MARINE TCE
1
2
A
B

ここでは旧刑務所内の主要施設を巡り歴史を知るコンビクト・プリズンツアー Convict Prison Tour、服役囚がどのようにここで過ごしたかを知るビハインド・バーズ・ツアー Behind Bars Tour、凶悪犯たちの悪行とその罪の重さについて知るトゥルークライム・ツアー True Crime Tour という3つのツアーが交互に催行されている（1時間15分のツアーで、日本語で解説が聞けるオーディオハンドセットを貸してくれる）。ツアーではイギリスからフリーマントルに流刑され、監獄生活を送った囚人たちが独房の壁に残した壁画や、44人の絞首刑が行われた現場なども見学できる。

豊富な展示物で知る西オーストラリアの海の歴史 MAP P.571/2A

西オーストラリア海事博物館
Western Australia Maritime Museum

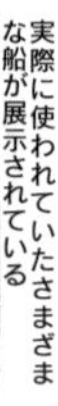
実際に使われていたさまざまな船が展示されている

フリーマントルハーバーに面したビクトリアキー Victoria Quay 突端にある。交易商人から移民まで、インド洋を経て西オーストラリアへとやってきた「海の旅人」たちの歴史を、豊富な展示品を使って説明している。ほかにも1983年のアメリカズカップで初めてアメリカを破ったレーシングヨットのオーストラリアII号の展示や、漁業や海軍関係の展示まで幅広い紹介を行っている。また屋外では海軍で使われていた**潜水艦オーベンス号** Submarine Ovens を公開展示。海事博物館前から30分ごとに出ているガイド付きツアーで見学するようになっている。

西オーストラリアで最も古い公共の建物 MAP P.571/2A

ラウンドハウス
The Roundhouse

海辺に建つ歴史的建造物だ

ハイ・ストリート High St. の突き当たりの海沿いにあるこの建物は、1831年にスワン川植民地の最初の刑務所として建てられたものだ。展示してある当時の写真からこの建物が経てきた長い年月を感じる。

難破船で発見された宝石は一見の価値あり！ MAP P.571/2A

西オーストラリア難破船博物館
WA Shipwrecks Museum

1850～1860年、流刑地の囚人や番兵たちの兵站部（食糧や衣類を補給する部隊）の倉庫だった建物を使った博物館。館内には、先住民の舟から難破船の備品まで、海に関する多岐にわたる展示が行われている。特にキャプテンクックが渡豪する1世紀以上も前、オーストラリアに漂着、難破したオランダ東インド会社の船（4隻）から発見された宝物は見応

■西オーストラリア海事博物館
住 Victoria Quay, Fremantle, 6160　☎1300-134-081
URL museum.wa.gov.au/museums/maritime
開 毎日9:30～17:00
休 ニューイヤーズデー、グッドフライデー、クリスマスデー、ボクシングデー
料 大人$15 子供 無料
●潜水艦オーベンス号
料 大人$15 子供$7.50

■ラウンドハウス
住 15 Captains Lane, Fremantle, 6160
☎(08)9336-6897
URL www.fremantleroundhouse.com.au
開 毎日10:30～15:30（カフェ：月～金8:00～17:00、土日9:30～18:00）／平日10:30～15:30はボランティアガイドによる説明が受けられる
休 グッドフライデー、クリスマスデー
料 無料（$5程度の寄付）

■西オーストラリア難破船博物館
住 47 Cliff St., Fremantle, 6160
☎1300-134-081
URL museum.wa.gov.au/museums/shipwrecks
開 毎日9:30～17:00
休 ニューイヤーズデー、グッドフライデー、クリスマスデー、ボクシングデー
料 無料（$5程度の寄付）

見応えのある難破船博物館

え十分。1629 年に難破したとされるバタビア号の復元された船体の一部は、当時の船の展示としては世界唯一のものといわれている。

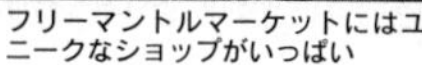

フリーマントルマーケットにはユニークなショップがいっぱい

週末は大勢の人でにぎわう MAP P.571/2B

フリーマントルマーケット
Fremantle Markets

マーケットだけを目的にフリーマントルへやってくる人も多い

　ヘンダーソン・ストリート Henderson St. とサウス・テラスの角にあり、週末だけオープンする。140 以上もの露店が並び、食料品から骨董品まで売られている。日本で人気の高いアロマテラピーグッズの店も多く、日本より種類が豊富で値段も安いので、おみやげとしても喜ばれそう。マーケットだけでも十分楽しめるのだが、ここ、フリーマントルマーケットは大道芸人がすごい。とても迫力のある芸で、トークもユーモアたっぷり。あっという間に大勢の観衆を集めてしまう。

■フリーマントルマーケット
住 Cnr. South Tce. & Henderson St., Fremantle, 6959
☎ (08)9335-2515
URL www.fremantlemarkets.com.au　営 金～日祝：ヤードエリア 8:00 ～ 18:00、ホールエリア 9:00 ～ 18:00

ロットネスト島
Rottnest Is.

　紺碧のインド洋に浮かぶ小さな島。フリーマントルの沖合 18km に浮かぶこの島は、人々に「Rotto －ロットー」という愛称で親しまれている。ロットネスト島という名前は、昔ここを訪れたオランダ人探検家によって名づけられたものだが、その由来は、彼らがここをネズミのウヨウヨいる島だと思い込んだところからきているそうだ。しかし、彼らの見たネズミというのが、実はワラビーの仲間に属する有袋類**クォッカ** Quokka だったというからおもしろい。

アクセス

●ロットネスト島
　フリーマントルからシーリンク・ロットネストアイランド、ロットネストエクスプレスのフェリーを使うのが一般的。両社とも 1 日 1 便パースのバラック・ストリート・ジェッティからの便も運航している。ただしこの船はフリーマントル経由なので、実際にはフリーマントルまで電車を利用したほうが便数も多く、時間も短くて済む。スワン川クルーズを楽しみながらロットネスト島へという人にのみおすすめだ。なおヒラリーズ・ボートハーバーからロットネスト・ファストフェリーの便もあるが、わざわざヒラリーズまで出かけることを考えると、観光客には現実的ではない。

シーリンク・ロットネストアイランド Sealink Rottnest Is. ☎1300-786-552　URL www.sealink.com.au/rottnest-island
料 B シェッド発着：往復 大人 $79 (90) 子供 $40 (44) 家族 $234 (357)〈月～金の 7:00 のフェリー利用のみ往復 大人 $55 子供 $40〉／パース・バラック・ストリート・ジェッティ発着：往復 大人 $119 (130) 子供 $62 (66) 家族 $358 (381)　※入島料込み　※( ) は宿泊をともなう往復
●フェリースケジュール（B シェッド発着片道所要時間 35 分／パース発着片道 2 時間）／発着場所：フリーマントル（B シェッド）、パース（バラック・ストリート・ジェッティ）
[4 月 15 日～ 10 月 30 日] B シェッド発：毎日 7:00 ～ 15:30 に 5 便／パース発：毎日 8:30 ／ロットネスト島発 B シェッド行き：毎日 8:00 ～ 16:30 の間 5 便／ロットネスト島発パース行き：毎日 16:30　[11 月～ 3 月 4 日] B シェッド発：毎日 7:00 ～ 18:00 の間 9 ～ 10 便／パース発：毎日 8:30 ／ロットネスト島発 B シェッド行き：毎日 8:00 ～ 19:00 の間 9 ～ 10 便／ロットネスト島発パース行き：毎日 16:30　[3 月 5 日～ 4 月 14 日] B シェッド発：毎日 7:00 ～ 17:00 の間 8 便／パース発：毎日 8:30 ／ロットネスト島発 B シェッド行き：毎日 8:00 ～ 18:00 の間 8 便／ロットネスト島発パース行き：毎日 16:30

ロットネストエクスプレス Rottnest Express ☎1300-467-688　URL rottnestexpress.com.au
料 B シェッド発着：往復 大人 $78 (85) 子供 $39 (41) 家族 $210 (221)／パース・バラック・ストリート・ジェッティ発着：往復 大人 $119 (126) 子供 $62 (64) 家族 $339 (350)　※入島料込み　※( ) は宿泊をともなう往復
●フェリースケジュール（B シェッド発着片道所要時間 30 分／パース発着片道 2 時間）／発着場所：フリーマントル（B シェッド、ノースポート）、パース（バラック・ストリート・ジェッティ）
[ロットネスト島行き] B シェッド発：毎日 7:30、8:30、9:30、10:00、11:30、16:00 ／ノースポート発：毎日 8:00、10:30、12:30、14:00 ／バラック・ストリート・ジェッティ発：毎日 8:45（B シェッド経由）、9:30（ロットネスト島直通）　[ロットネスト島発] B シェッド行き：毎日 8:30、10:30、11:45、14:30、17:00、17:30、18:30 ／ノースポート行き：毎日 9:30、11:00、11:45、14:30、16:30、17:30、18:30 ／バラック・ストリート・ジェッティ行き：毎日 16:15（バラック・ストリート・ジェッティ直通）、17:00（B シェッド経由）

（2024 年 2 月現在）

美しいビーチをもつロットネスト島（リトルサーモンベイ）

■ロットネスト島ビジター＆インフォメーションセンター
Rottnest Is. Visitor & Information Centre MAP P.574/B
☎(08)9372-9730
URL www.rottnestisland.com
開 土～木 7:30 ～ 17:00、金 7:30 ～ 19:00

１日かけて自転車で島巡りをするのも楽しい

利用価値の高いアイランド・エクスプローラー

クォッカは口角が上がっているためいつも笑っているように見える。「世界一幸せな生き物」ともいわれ、一緒にセルフィーを撮るのが世界的に評判となっている。

親子クォッカに出合うのも珍しくない

この島では、クォッカ以外にクジャクなども見かける。浜に出れば白砂がサラサラと足に心地よく、寝転んでいると、単調な潮騒の合間をぬって、魚が音を立てて飛びはねたりする。むろん泳ぐにはもってこいだ。

島内での移動は基本的に自転車だ（島内でも借りられるが、フェリーと一緒に申し込むこともできる）。のんびりと島内を巡り、気に入ったビーチで過ごすのがこの島らしい過ごし方だ。透明度の高い海なので夏季ならスノーケル道具も忘れずにレンタルしておこう。

なおフェリーが発着する**トムソンベイ** Thomson Bay 以外で水や食料を手に入れるのは難しいので、出発前に最低ひとり１ℓの水と簡単な食料は用意しておくこと。島内をひと回りするルートは舗装されているが、アップダウンも多い。人気のビーチは**リトルサーモンベイ** Little Salmon Bay、**サーモンベイ** Salmon Bay、**スタークベイ** Stark Bay あたりだ。

自転車はちょっと疲れそう……と思ったら 45 分間隔で島内を一周するバス、**アイランド・エクスプローラー** Island Explorer を利用するといい。島内に 19 ヵ所のバス停があり、１日乗り放題チケットで、いろいろなビーチへ出かけることができる。

ロットネスト島で楽しむツアー

まず 90 分で島内の主要な見どころを巡る**アイランド・**

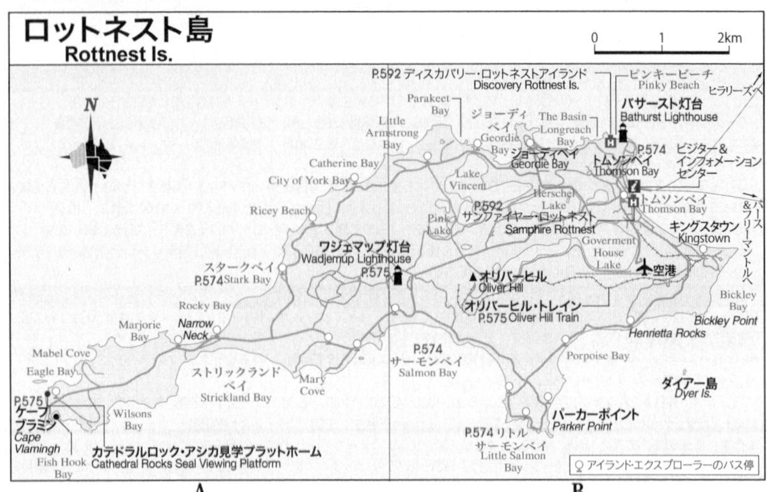

左：ワジェマップ灯台までぜひ出かけてみたい
右：ルクスアイランド・シーフードクルーズで新鮮なロブスターを味わう

ディスカバリー・ツアー Island Discovery Tour もある。基本はバスの車窓からの見学となるが、**ワジェマップ灯台** Wadjemup Lighthouse と島の最西端**ケープブラミン** Cape Vlaminghでは、バスから降りての観光も可能だ。

自然と歴史が楽しめる**オリバーヒル・トレイン** Oliver Hill Train も楽しい。トムソンベイの町外れから島の中央にあるオリバーヒル Oliver Hill までのトロッコ列車の旅。ボランティアガイドが島の自然や歴史について解説してくれる。オリバーヒルには地下要塞があって、第2次世界大戦中の攻撃に備えた9.2インチの高射砲や秘密の地下通路、発電機まで残っている。アドベンチャー好きならオーシャンラフティングボートで島の周囲を巡り、アシカのコロニーやイルカを見て回る**アドベンチャーボートツアー** Adventure Boat Tour も楽しい。また夏季にロブスターを仕掛けから引き上げて、取れたてロブスターとたっぷりシーフードの7コースランチを味わう**ルクスアイランド・シーフードクルーズ** Luxe Island Seafood Cruise も楽しい。

スワンバレー
Swan Valley

ブドウ畑が連なるスワンバレー

4万年前の先住民集落跡が発見されたことで知られるスワンバレー。先住民の伝説によると、スワン川は、巨大な翼の付いたヘビのようなワニのような形をした怪物が陸から海へ動いたときにできたと伝えられている。スワン川に沿って広がるスワンバレーは、**ミッドランド** Midland、**ギルフォード** Guildford、**カバシャム** Caversham、**ヘンリーブルック** Henley Brook、**ハーンヒル** Herne Hill、**ミドルスワン** Middle Swan の各地域からなり、一帯に150近いワイナリーが点在する、西オーストラリア最大のワイン醸造地帯だ。恵まれた条件で造られたワインは、独特のフルーティな風味で定評がある。またスワンバレーには、1880年代に開拓者のための住居として建てられたビクトリア朝風の建物、**ウッドブリッジハウス** Woodbridge House など歴史的見どころもある。アートギャラリーやレストラン、カフェも多い。**カバシャム・ワイルドライフパーク**（→ P.583）もあり、動物と触れ合うこともできる。

■ロットネスト島のレンタル自転車 Pedal Flipper
住 Bedford Ave., Rottnest Is., 6161 ☎(08)9292-5105
営 毎日 8:30 ～ 18:00
料 一般自転車：1日 大人$30 子供$20／電動アシスト自転車：1日 大人$71／ヘルメット&鍵：1人 $3

■ロットネスト島の主要ツアー
●アイランド・エクスプローラー
時 毎日 8:40 ～ 16:00 の間 20 分ごとに出発
料 大人$30 子供$22
●アイランド・ディスカバリーツアー
時 毎日 10:20、13:50 発（所要 90 分）
料 大人$56 子供$28
●オリバーヒル・トレインツアー
時 スクールホリデー時期の 10:30 ～ 14:30 の 1 時間ごと
料 トレイン乗車のみ往復：大人$20 子供$15／高射砲＋地下秘密通路ツアー付き：大人$35 子供$18
●アドベンチャーボートツアー
時 9月中旬～4月下旬の毎日催行で、時間は要確認
料 大人$80 子供$54
●ルクスアイランド・シーフードクルーズ
☎(08)9586-1136
URL rottnestcruises.com
時 木～日 11:00 ～ 15:30（催行時期は要確認）
料 1人 $379（60歳以上 $349）

アクセス
●スワンバレー
レンタカー利用が最も便利。公共交通機関だとミッドランドラインの電車でミッドランド駅まで行き、そこからはタクシーとなる。またパースからクルーズや半日ツアーを利用するのもおすすめだ。

■ウッドブリッジハウス
住 8254 Ford St., Woodbridge, 6056 ☎(08)9321-6088
URL www.ntwa.com.au/places-to-visit/woodbridge
開 金土 11:30 ～ 15:00
休 日～木、グッドフライデー
料 大人$10 子供$5 家族$25

■スワンバレー&イースタンリージョン・ビジターセンター
住 Historic Guildford Courthouse, Cnr. Meadow & Swan Sts., Guildford, 6055
☎(08)9207-8899
URL www.swanvalley.com.au
開 毎日 9:00 ～ 16:00
休 クリスマスデー

必ず立ち寄りたいビジターセンター

ギルフォードに**スワンバレー＆イースタンリージョン・ビジターセンター** Swan Valley & Eastern Region Visitor Centre がある。19 世紀後半の建物が残るメドゥ・ストリート Meadow St. にあり、ビジターセンター自体、1866 年に建てられた裁判所を改修したもの。内部はインフォメーションカウンターだけではなく、スワンバレー開拓史を物語る博物館にもなっている。裏庭には 1841 年建造の旧刑務所**コロニアルジェイル** The Colonial Gaol、1880 年に建てられた**テイラーズコテージ** Taylors Cottage も保存されている。

お気に入りのワインを探そう

ワイナリー巡り
Visiting Winery

せっかくスワンバレーに来て、ワイナリー巡りをしない手はない。時間が許せば気の向くままにワイナリー巡りをするのがベストだが、パースから日帰りの場合は、やはり有名どころから当たってみたい。またワイナリーによってはレストランやカフェを併設していることがある。おいしいワインを飲みながら、ワインに合う食事を楽しむ、そんな優雅な時間を過ごしてみたい。

●サンダルフォード・カバシャムエステイト Sandalford Caversham Estate

サンダルフォードでは工場見学もできる

スワンバレー最大規模を誇り、ワイナリーからのブドウ畑の景観はスワンバレー随一。もちろんレストランも併設している。工場見学＆テイスティングのワイナリーツアーや、5 種類のプレミアムワインとカナッペのペアリングを楽しむフード＆ワイン・ペアリングというワイン好きならうれしいツアーもある。

●ニコラエステイト Nikola Estate

テイスティングルーム脇にある博物館

西オーストラリア有数の歴史をもつワイナリーで、2019 年にスワンバレー大手オークオーバーグラウンズ Oakover Grounds の系列となり、ニコラエステイトとワイナリー名を改名した。広々とした庭園をもち、週末はワイン片手にピクニックを楽しむ家族連れも多い。テイスティングルームではワインはもちろん、ワインを楽しむためのさまざまなグッズも売られている。またカフェ脇の建物内は大きなワイン樽が置かれたミニ博物館＆ギャラリー。見逃さないように。

●シテラ Sittella

シテラでワインと料理のマリアージュを楽しもう

高品質のスパークリングやシラーズを造り出す人気ワイナリー。スワンバレー有数のレストランを併設しており、オープンバルコニーの席から眺めるブドウ畑は本当に美しい。料理もすばらしくワインの種類も豊富だ。

■サンダルフォード・カバシャムエステイト
住3210 West Swan Rd., Caversham, 6055
☎(08)9374-9374
URL www.sandalford.com
営 毎日 10:00 ～ 17:00 ／ワイナリーツアー：水～土 10:30 ～ 12:00 ／フード＆ワイン・ペアリング：月～金 11:30 ～ 12:00、14:30 ～ 15:00、15:00 ～ 15:30 ／レストラン：月～木 11:30 ～ 17:00、金 11:30 ～ 21:00、土 11:00 ～ 21:00、日 11:00 ～ 17:00
料 ワインテイスティング $10 ／ワイナリーツアー $30 ／フード＆ワイン・ペアリング $45

■ニコラエステイト
住148 Dale Rd., Middle Swan, 6056 ☎(08)9374-8050
URL nikolaestatewines.com.au
営 日～木 10:00 ～ 17:00、金土 10:00 ～ 21:00 ／レストラン：日～木 11:00 ～ 16:00、金土 11:00 ～ 21:00
料 ワインテイスティング $15（チーズ付き）

■シテラ
住100 Barrett St., Herne Hill, 6056 ☎(08)9296-2600
URL www.sittella.com.au
営 火～日 10:00 ～ 16:00 ／ワイナリー見学とチーズプラッター付きテイスティング：火～日 10:30 ～ 12:00 ／レストラン：火～日 11:30 ～ 16:00
休 月
料 ワインテイスティング $10 ／ワイナリー見学とチーズプラッター付きテイスティング $45

■ランカスターワイン
住5228 West Swan Rd., Swan Valley, 6055
☎(08)9250-6461
URL lancasterwines.com.au
営 毎日 10:00 ～ 17:00
料 ワインテイスティング $11

開放的な雰囲気が人気のランカスターワイン

●ランカスターワイン Lancaster Wines

オープンエアのシェッドスタイルのセラードアが印象的なワイナリー。ソーヴィニョンブラン・セミヨン（SBS）といった西オーストラリアならではのブレンド白ワインが人気だ。

チョコのテイスティングが大人気

マーガレットリバー・チョコレートカンパニー The Margaret River Chocolate Company

マーガレットリバーに本店があるチョコレート工場兼ショップ。チョコレートを実際に作っているところを見学できるほか、チョコレートテイスティングもできる。おみやげ用クォッカ型チョコから、板チョコ、トリュフチョコまで種類も多い。またここにはカフェもあって、スワンバレー巡りの途中、ホットチョコレートなどでひと休みする場所として人気がある。隣にはトリュフオイルやオリーブオイル、各種調味料などを扱うプロビドア Providore があり、こちらも人気だ。

■マーガレットリバー・チョコレートカンパニー
住5123 West Swan Rd., West Swan, 6055
☎(08)9250-1588
URL chocolatefactory.com.au
営 毎日 9:00 ～ 17:00
休 クリスマスデー

クォッカチョコがおみやげに人気だ

ジャラハニーやバンクシアハニーなど珍しいハチミツがいっぱい

ハウスオブハニー The House of Honey

アッパースワンにあるハチミツ製品専門店＆カフェ。ジャラハニーやマリーハニー、カリハニーなど西オーストラリアならではのさまざまなハチミツのテ·イスティングができる。またここのカフェの人気メニューは、ハチミツたっぷりのアイスクリーム。ぜひ食べてみよう。

■ハウスオブハニー
住867 Great Northern Hwy. (Cnr.River Rd.), Herne Hill, 6056
☎(08)9296-3635
URL www.thehouseofhoney.com.au
営 毎日 10:00 ～ 17:00
休 グッドフライデー、クリスマスデー

いろいろな味のハチミツをテイスティング

ロッキンハム Rockingham

ロッキンハム随一の見どころペンギン島

パースの南およそ 50km にあるインド洋岸のリゾートタウン、それがロッキンハムだ。**クックバーンサウンド** Cockburn Sound、**ショールウオーターベイ** Shoalwater Bay、**ワーンブロサウンド** Warnbro Sound という 3 つの入江をもち、入江に面して白砂の美しいビーチが広がっている。海も穏やかで、透明度も高くダイビングのポイントとしても有名だ。

西オーストラリアの海にしては珍しく、サメがほとんどいない。そのため 100 頭を超えるバンドウイルカの群れがすみ着いており、ときおりビーチ近くの浅瀬にもやってくる。パース発着ツアーで人気のドルフィンツアー（スイム＆ウオッチ）もロッキンハムで行われている（→ P.586）。またアシカやペンギンのすむ島があり、間近に観察できる。イルカ、アシカ、ペンギンの 3 種類の海洋生物に出合えるのは、オーストラリア広しといえどもロッキンハムくらいのものだろう。

アクセス

●ロッキンハム
パースから電車マンジュラライン利用。またフリーマントルからトランスパースのバスが、パースからサウスウエストコーチラインのバスが出ている。

■ロッキンハム・ビジターセンター
Rockingham Visitor Centre
住19 Kent St., Rockingham, 6168 ☎(08)9592-3464
URL www.visitrockingham.com.au
開 月～金 9:00 ～ 16:00、土日祝 10:00 ～ 16:00
休 グッドフライデー、クリスマスデー、ボクシングデー

ペンギン島はコシグロペリカンの大営巣地にもなっている

■ペンギン島ディスカバリーセンター ☎(08)9591-1333
URL www.penguinisland.com.au
開 毎日10:00～15:30（10月15日～6月上旬のみオープン）／ペンギンの餌づけ10:30、12:30、14:30／フェリー運航時間は期間中毎日9:00～15:00の1時間ごと 休 クリスマスデー／35℃以上の気温が予想される日
料 大人$35 子供$25 家族$100（往復フェリー代込み）

■ロッキンハム・ワイルドエンカウンターズ
☎(08)9591-1333
URL www.penguinisland.com.au
●ドルフィン、ペンギン&アシカ・クルーズ
時 ペンギン島から9:15、11:15、13:15発
料 大人$85 子供$65 家族$260
●アシカとスノーケリング・クルーズ
時 マーセイポイントから土日8:00発 料 1人$174.30
●ペンギン島ワイルドライフクルーズ
時 6月中旬～9月14日：マーセイポイントから10:15、12:15発
料 大人$85 子供$80 家族$250

■リバーゴッド
☎(08)9259-0749
URL www.rivergods.com.au
●アシカ＆ペンギン島シーカヤック1日ツアー
料 大人$198 子供$155（ペンギン島オープン時のみ催行）
※ランチ、パースからの送迎、器材すべてを含む。

アクセス

●マンジュラ
パースから電車マンジュララインで終点下車（約50分）。駅は町の郊外にあり、バスで市内中心部へ向かう。またサウスウエストコーチライン、トランスWAも毎日便をもっている。

■マンジュラ・ビジターセンター Mandurah Visitor Centre
住 Boarwalk Precinct, 75 Mandurah Tce., Mandurah, 6210 ☎(08)9550-3999
URL www.visitmandurah.com
開 毎日9:00～16:00
休 グッドフライデー、クリスマスデー、ボクシングデー

シャールウオーターベイに浮かぶ

ペンギン島＆シール島 Penguin Is. & Seal Is.

ディスカバリーセンターではペンギンの詳しい説明が聞ける

ショールウオーターベイには7つの小島が浮かんでおり、**ショールウオーター諸島海洋公園** Shoalwater Islands Marine Park となっている。そのなかで、観光客に一番人気なのが**ペンギン島**だ（ペンギンの営巣、自然保護のため毎年10月15日～6月前半のみ入島可能）。ショールウオーターベイの南の外れ、マーセイポイント Mersey Pt. から渡し船を利用して、わずか10分ほどの距離にある。ここにはおよそ300～350羽のリトルペンギンが営巣している。ただし日中は海に餌を取りにいっているので、野生のペンギンを見かけるのは難しい。なお島内には**ディスカバリーセンター** Discovery Centre があり、親を失ったペンギンが飼育されている。毎日3回フィーディングタイムがあるので、その時間に合わせて出かけたい。また、島にはピクニック施設もあり、ビーチもきれいなので、まる1日この島で過ごすのも悪くはない。

シール島に生息するオーストラリアアシカ

もうひとつ人気なのが**シール島**。オーストラリアアシカのコロニーになっている小さな島で上陸は禁止されているが、ボートで島に近寄ればすぐ近くまでアシカがやってくることも多い。**ロッキンハム・ワイルドエンカウンターズ** Rockingham Wild Encounters では、ペンギン島上陸後にシール島付近まで出かけ、アシカウオッチングとイルカウオッチングを楽しむ**ドルフィン、ペンギン＆アシカ・クルーズ**やアシカと一緒に泳ぐ**アイシカとスノーケリング・クルーズ**も催行している。またペンギン営巣期によりペンギン島へ入れない時期には、ペンギン島の周囲をクルーズしてアシカやイルカを見る**ペンギン島ワイルドライフクルーズ** Penguin Island Wildlife Cruise もある。このほか**リバーゴッド** Rivergods はショールウオーター諸島海洋公園内でシーカヤックツアーを催行しており、こちらも人気が高い。カヤッキングのあとはペンギン島でのんびりする時間もある。

マンジュラ Mandurah

パースから電車、バスで1時間ほどのマンジュラは、パース市民に人気のリゾート地だ。マンジュラ河口 Mandurah Estuary という内海があり、入江には個人のボートラックをもつ高級住宅が建ち並んでいる。町は大きくないが、マリーナエリアの開発が進んでいて、シアター、コンサートホール、レストラン、ショップなどが建ちまだまだ発展する雰囲気だ。マンジュラ河口に面したマンジュラ・テラス Mandurah Tce.

沿いがメインストリートで、レストラン、カフェ、ショップ、スーパーマーケットなどが並んでいる。

この町で体験したいのが**1時間イルカ&マンジュラ運河クルーズ** 1 Hour Dolphin & Mandurah Waterway Cruise。ビジターセンターがあるボードウオーク・プリシンクトの一角から出ている。マンジュラ河口をのんびりクルーズしながら、沿岸に建つ豪邸を眺めるという趣向。しかもクルーズ最中に、ほぼ確実に野生のイルカの群れに出合えるのがうれしい。

マンジュラではさまざまなクルーズが催行されている

■**1時間イルカ&マンジュラ運河クルーズ**
催行：Mandurah Cruises
☎(08)9581-1242
URL www.mandurahcruises.com.au
時 毎日 10:00、11:30、13:30、15:00 出発 ※季節により催行時間が多少異なる
休 クリスマスデー
料 大人$39 子供$18 家族$88

ヨーク
York

ゆっくり見学したいホーリートリニティ教会

パースの東には、エイボン川 Avon River 沿いに英国風田園風景を見せる、美しい**エイボンバレー** Avon Valley が広がる。いくつもの魅力的な小さな町が点在するが、なかでもパースの東97km にあるヨークは、1831 年に入植が行われた西オーストラリア内陸で最も古い町。今でも町なかにはナショナルトラストに指定された古い建物が多く残っており、訪れるだけでタイムスリップしてしまったような気分が味わえる。ヨークでの観光は、こうした歴史的価値のある古い建物を見て歩くことだ。メインストリートであるエイボン・テラス Avon Tce. には 1850 年代に建てられたホテルやレストランが集まっており、今も営業を続けている。インフォメーションセンター(**ヨーク・ビジターセンター** York Visitor Centre)が入ったタウンホールも 1853 年建造の歴史的ビルだ。

またビンテージからフォーミュラワンまで 100 台近くの展示を行う**ヨーク自動車博物館** York Motor Museum もある。特筆すべきは、ここに日本の名車が 3 台(初期型スバル 360、ホンダスポーツ 800、試験的にアメリカに輸出された左ハンドルのトヨタスポーツ 800)あることだ。

アクセス

●**ヨーク**
パースからトランス WA のバスが毎日便をもっている。所要約 1 時間 30 分。またパースからウエーブロックへのツアーで立ち寄ることもある。

■**ヨーク・ビジターセンター**
住 Town Hall, 81 Avon Tce. (Cnr. Joaquina St.), York, 6302
☎(08)9641-1301
URL visit.york.wa.gov.au
開 毎日 9:30 ~ 16:00
休 ニューイヤーズデー、グッドフライデー、クリスマスデー、ボクシングデー

■**ヨーク自動車博物館**
住 116 Avon Tce., York, 6302
☎(08)9641-1288
URL www.yorkmotormuseum.com
開 毎日 9:00 ~ 16:00
料 大人$12 子供$3 家族$30

レトロな車が数多く展示されているヨーク自動車博物館

ヨークからウエーブロックへ
From York to Wave Rock

ゴールデンアウトバックと呼ばれる西オーストラリア内陸部。なかでもヨークから東、ウエーブロックのある**ハイデン** Hyden にかけては、延々と麦畑、牧草地が続くことから**ウィートベルト** Wheatbelt と呼ばれている。6 ~ 10 月にはワイルドフラワーが咲き誇り、ドライブルートとしてもおすすめだ。

この一帯には、ユニークな見どころがいくつかある。まず映画『裸足の 1500 マイル』のモチーフとなった西オーストラリア内陸部を二分する金網フェンス、**ラビットプルーフフェンス**(ドッグフェンス、ディンゴフェンスとも呼ばれる)。**クエラディン** Quairading と**コリジン** Corrigin を結ぶルート沿いにある。

映画を観た人なら感動するラビットプルーフフェンス

■セントラルウィートベルト・ビジターセンター
Central Wheatbelt Visitor Centre
住 85 Barrack St., Merredin, 6415
☎ (08)9041-1666
URL www.wheatbelttourism.com
開 月～金 8:30 ～ 16:30
休 土日、グッドフライデー、クリスマスデー

アクセス

●ハイデンとウエーブロック
ウエーブロックへは、パース発のツアーで訪れるのが一般的 (→ P.587)。レンタカー利用の場合は、距離があるので片道約4時間のドライブを覚悟しなければならない。その場合はハイデンに宿泊するのがおすすめだ。

■ウエーブロック・ビジターセンター
住 Wave Rock Rd. (opp. Wave Rock), Hyden
☎ (08)9880-5182
URL waverockvisitorcentre.com
開 毎日 11:00 ～ 18:00
休 クリスマスデー

ハイデンの入口の公園にある歴史を説明するブリキのオブジェ

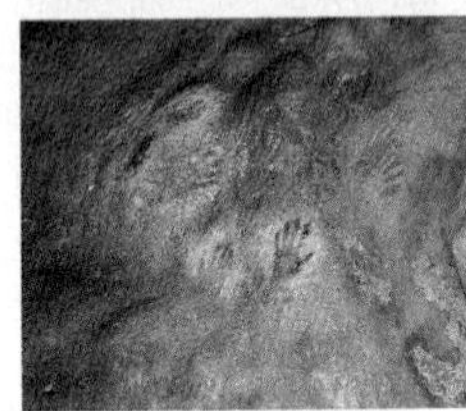
マルカズケーブに残されている先住民の手形

美しいビーチをもつジュリアンベイ

コリジン郊外の**ドッグセメタリー** Dog Cemetery は、1974年にストライクという犬のために作られた墓地の周りに、いつしか愛犬家たちが亡くなった犬の墓を作って今の規模になった。コリジンはまた、犬を乗せたピックアップトラックの隊列走行（**ドッグ・イン・ナ・ユート** Dog in a Ute）でギネスブックにも掲載されている（1998、2002年）。2002年登録時には1527匹の犬をのせたピックアップトラックが隊列をつくったという。

ハイデンとウエーブロック
Hyden & Wave Rock

その不思議さに思わず息をのむウエーブロック

ウエーブロックから徒歩5分ほどの所にあるヒッポズヨーン

パースから東へ約320km、ウィートベルト地域の中心となるのがハイデン。1920年代から牧畜や小麦栽培などが行われてきた町で、町の入口には開拓時代から現在にいたるまでの様子をブリキの人形で再現したオブジェもある。

ハイデンを訪れる最大の目的は、町の郊外にある自然が造り出したオブジェ、ウエーブロック観光だ。高さ15mもの巨大な波が、あたかも一瞬にして固まってしまったように見える奇岩だ。岩肌に沿って縦に入った無数のラインが、時間が止まったように見える光景をよりリアルに感じさせる。この奇岩は花崗岩でできており、一定の方向から吹いてくる風、その風が運んできた砂、雨、そして熱が表面を浸食し、1世紀にほんのわずかのペースで岩が削られてできあがったものだ。そして、あの特徴的で鮮明な縞模様は、何百万年にわたって降った雨の結末ともいえ、雨水のなかに含まれる化学沈殿物が傾斜している岩の表面に流れ込んでできたものである。端にある階段からウエーブロックの上に上ると、広大なすばらしい眺めを見ることができる。

またウエーブロックの周りには、カバがアクビをしたような形の巨岩**ヒッポズヨーン** The Hippo's Yawn、先住民の壁画が残る洞窟**マルカズケーブ** Mulka's Cave などの見どころもある。

ピナクルズとターコイズコースト
The Pinnacles & Turquoise Coast

パース近郊サンセットコーストの北は、目にも鮮やかな青い海が広がる通称ターコイズコーストと呼ばれる地域だ。海岸沿いには自然豊かな見どころも多く、また内陸部は植民地時代の様子を残す町も点在している。海岸沿いのリゾートタウン、**ランセリン** Lancelin、**サバンテス** Cervantes、**ジュリアンベイ** Jurien Bay をベースに観光したい。

ウエーブロックは、ウエーブしている岩だけでなく、その上がずっと歩けるようになっており、1周40分～1時間ほど。日陰がないので、帽子、日焼け止め、サングラス、水は必携。（北海道　ELMO　'16）['24]

西オーストラリアを代表する奇景 MAP P.559/1A

ピナクルズ
Pinnacles

荒野の墓標の通称をもつピナクルズ

パースの北約 250km、**ナンバン国立公園** Nambung NP の一角に、突然広がる奇景、それがピナクルズだ。西オーストラリアを代表する自然景観スポットで、パースからのポピュラーな日帰りツアー先となっている。

太古の昔、海辺だったこの一角に貝が堆積し石灰岩質の土台を造り上げた。そこに深く根を張った原生林が枯れた後、大地が風化されていき、根の間に残った石灰岩層が、まるで塔のように残ってできたのがピナクルズというわけだ。いまも風化は進んでおり、その景色は目には見えない速度で少しずつ変化している。殺伐とした黄砂のなか、人の背丈を超える石灰岩塔が林立するその様は、世界の終わりを感じさせる。誰が最初に言い出したかはわからないが、「荒野の墓標」という紹介コメントは的を射ている。

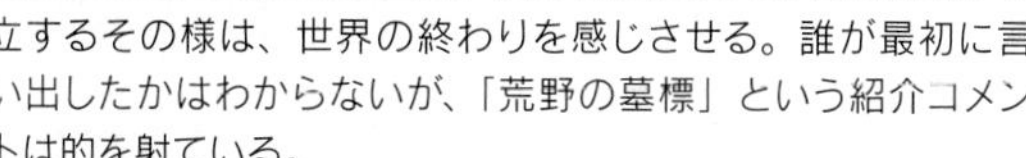
幻想的なピナクルズのサンセットタイム

ピナクルズ観光のベストな方法は、石灰岩塔が無数に広がる砂漠地帯を歩くこと。国立公園ゲートから車も通れる周回ドライブルートがある。レンタカーでやってきた場合は、ドライブルートのところどころで車を降りて、あたりを歩き回ってみるといいだろう。途中には全体を見渡せる展望地もある。なお、ピナクルズでサンセットを楽しみたい人は、最近人気があるので、少し早めにいってお気に入りのビューポイントを探しておくといい。日中、サンセット時間まではパースからのツアー客がいるが、日が完全に暮れると車で来ている人たちだけの時間。晴れた日にここで見る南天の星空はすばらしくきれいだ。

ピナクルズへの起点となる町も楽しもう

ロブスターを味わうこともできるロブスターシャック

ピナクルズに一番近い**サバンテス**の町外れ（ナンバン国立公園内）には、世界最古の生物のひとつが造りだすスロンボライトが見られる塩湖**レイク・テティス** Lake Thetis（サバンテスの町の近く）もある。またサバンテスはロブスター漁でも知られる町で、水揚げされたロブスターを出荷する工程が見られる**ロブスターシャック** Robster Shack（併設レストランでは手頃な値段でロブスターが味わえる）もある。なおこの工場前から沖合の島へでかけ、オーストラリア・オットセイと泳ぐツアーもある。

アクセス

●ピナクルズ
ピナクルズへは、パースからツアー（→ P.584）かレンタカーを利用して行くことになる。サバンテス Cervantes が起点で宿泊施設もある。夕方や早朝のピナクルズを見たい人は 1 泊しよう。

■ナンバン国立公園
URL explorepark s.dbca.wa.gov.au/park/nambung
料 1 日有効：車 1 台（各車の定員まで／最大乗客 12 人）につき $17
※西オーストラリアの国立公園すべての入園料が含まれたホリデー・パークパス Holiday Park Pass もある。車 1 台につき 5 日間有効 $30、14 日間有効 $50、1 ヵ月有効 $70

●ピナクルズ・デザートディスカバリー・インタープリティブ＆ギフトショップ
Pinnacles Desert Discovery Interpritive & Gift Shop
☎ (08)9652-7913
開 毎日 9:30 ～ 16:30
休 クリスマスデー

スロンボライトを見にレイク・テティスへ行こう

■ワイルドフラワーが美しいと評判のレシュール国立公園
Lesueur NP
ジュリアンベイから少し内陸に入った所（車で約 20 分）にあるレシュール国立公園は、レシュール山の麓に広がる国立公園で、ワイルドフラワー見学の人気スポット。数種類のスモークブッシュやグラスツリー、カンガルーポーやキャットポーなどが見ものだ。朝夕は野生動物も数多く現れる。なお国立公園への道路は一部未舗装なのでレンタカー利用時には 4WD を借りていこう。

ワイルドフラワーの時期に訪れたいレシュール国立公園

✉ サバンテスからパースへインディアンオーシャン・ロード Indian Ocean Rd.（60 号線）をドライブしました。海岸沿いに白い砂丘を見ることができ、気持ちのよいコースでした。しかも 1 号線を通るよりも時間的に早く着けました。（石川県　だて さちこ　'15）['24]

白さがまぶしいランセリン大砂丘

サバンテスの北にある**ジュリアンベイ**はよりリゾート感あふれる場所。ビーチの美しさはもちろん、ここにも沖合には野生のオーストラリアオットセイが生息する小島もあって、シールスイムクルーズも行われている。ターコイズサファリ Turquoise Safaris ほか数社がツアーを催行している。

目の前までオットセイが近寄ってくることも珍しくない

砂丘を大型4WDで駆け巡る

ピナクルズから南の拠点タウンの**ランセリン** Lancelin にかけては、海沿いに巨大な砂丘地帯がある（**ランセリン大砂丘** Lancelin Sand Dunes）。一部の砂丘入口までは一般車でもアクセス可能だ。砂丘入口にはツアーカウンターやレンタル砂滑りボードのカウンターがある。砂丘を思う存分楽しみたかったら、4WD ツアーや ATV ツアーに参加しよう。特に 4WD ツアーは 45 分の行程で砂丘の奥深くまで入って行き、誰もいない場所での砂滑り体験も楽しめるのだ。

西オーストラリア唯一のベネディクト派が開いた町　MAP P.559/1B

ニューノルシア
New Norcia

ターコイズコースト内陸部、パースから 132km 北にある小さな町がニューノルシア。1840 年代にベネディクト修道会の僧によって開かれた町で、現存する町並み自体が博物館のよう。毎日 2 回タウンツアーがあるので、それに参加してこの町の歴史に触れてみるといい。なお町の一角の博物館＆美術館では、開拓当時をしのばせるさまざまな僧の衣装や宗教画を観ることができる。

ニューノルシアの建物はすべてベネディクト派によって建てられた

パース市民の憩いの場　MAP P.559/2A

ヤンチャップ国立公園
Yanchep NP

ターコイズコースト最南部、パースから車で 30 分ほど（約 50km）の海岸沿いに広がる国立公園。マックネス池 Loch McNes の周りに広々とした芝生公園が広がっていて、パースからのピクニック場所として大人気。園内では野生に近いかたちで飼育されているコアラや野生のカンガルーを見たり、さらに鍾乳洞見学をしたりもできる。

朝夕は野生のカンガルーがいっぱい

■ロブスターシャック
住37 Catalonia St., Cervantes, 6511
☎(08)9652-7010
URL www.lobstershack.com.au
営 工場見学：毎日 12:00 ～ 14:00 ／レストラン 11:00 ～ 15:00 ／オットセイスイム・クルーズ：木～月 8:45 ～ 10:15　休 クリスマスデー
料 工場見学：大人$15 子供$7.50 ／オットセイスイム・クルーズ 大人$90 子供$55

■ターコイズサファリ（シールスイムツアー）
☎1300-723-274
URL www.turquoisesafaris.com.au
時 9 月下旬～ 5 月初旬：毎日 7:00 ～ 9:30、9:30 ～ 12:00 ／ 5 月中旬～ 9 月中旬：毎日 7:30 ～ 10:00、10:00 ～ 12:30　料 大人$145 子供$115

■オーストラリアンピナクルツアーズ（ランセリン 4WD ツアー） Australian Pinnacle Tours
☎(08)6270-6060
URL www.australianpinnacletours.com.au　時 毎日 10:00 ～ 14:00 の 1 時間ごと
料 大人$35 子供$25 家族$99

■ニューノルシア
住New Norcia Benedictine Community, Great Northen Hwy., New Norcia, 6509
☎(08)9654-8056
URL www.newnorcia.com.au
時 タウンツアー：毎日 11:00、13:30　休 クリスマスデー、ボクシングデー
料 大人$25 子供$15 家族$60（タウンツアー＋博物館＆美術館）

■ヤンチャップ国立公園
住Cnr. Wanneroo & Yanchep Beach Rds., Yanchep, 6035
☎(08)9303-7759
URL exploreparks.dbca.wa.gov.au/park/yanchep-national-park
開 毎日 9:15 ～ 16:30（ビジターセンター）
料 車 1 台（各車の定員まで／最大乗客 12 人）につき $17

ピナクルズは、夕刻に行くと、人がほとんどいなくて満喫できた。野生のカンガルーも途中の道路でたくさん見られた。（北海道　ELMO　'16）['24]

パースのテーマパーク
THEME PARKS IN PERTH

パースのテーマパークは動物園・水族館。過度に観光地化されておらず、のんびりした雰囲気のなかで動物や魚を見て回れるようになっている。

大人から子供まで誰もが楽しめる MAP P.564/3B

パース動物園
Perth Zoo

シティとはスワン川を挟んだ対岸にある、1898年オープンの歴史ある動物園。囲いや檻をできるだけ少なくし、自然に近い状態で動物を見てもらおうというのがコンセプトだ。

園内は各地の環境を再現したアジアンレインフォレスト、アフリカンサバンナ、オーストラリアン・ブッシュウオーク、オーストラリアン・ウエットランドなどに分かれている。日本人観光客に人気なのは、やはりオーストラリアン・ウオークアバウト。カンガルーやコアラ、クォッカ、タスマニアデビルはもちろん、ほかの動物園ではあまり見られないフクロアリクイのナンバットも見られる。もちろん、ライオンやゾウ、キリンなど世界中で人気の動物たちもいっぱいだ。

ウォンバットやコアラと記念写真が撮れる MAP P.559/2A

カバシャム・ワイルドライフパーク
Caversham Wildlife Park

ミート・ザ・ウォンバットでは珍しいケバナウォンバットと記念写真が撮れる

スワンバレー地区カバシャムのホワイトマンパーク Whiteman Park の一角にある。自然景観を生かした4300haもの広々とした敷地で、コアラやカンガルー、ウォンバット、タスマニアンデビル、ハリモグラなどユニークで愛らしいオーストラリアの動物たちを飼育している。

園内の人気アトラクションは、珍しいケバナウォンバットやコアラと一緒の記念撮影（触ることもできる）。ほかにもカンガルーやエミューに餌をやったり、さらに1日3回行われるファームショーでは羊の毛刈りショーやシープドッグのパフォーマンスが見られる。いかにもオーストラリアらしい体験ができる動物園だ。なお各動物との触れ合い、ファームショーの時間は入園時にもらえるパンフレットでチェックしておこう。

コアラが抱ける動物園 MAP P.559/3B

コフヌ・コアラパーク
Cohunu Koala Park

パースの南東、車で約35分のバイフォード Byford 近郊にある、西オーストラリアで唯一コアラが抱ける動物園。開園中はいつでもコアラが抱けるのもうれしい。

■パース動物園
住 20 Labouchere Rd., South Perth, 6151 ☎(08)9474-0444
URL perthzoo.wa.gov.au
開 毎日 9:00 ～ 17:00
料 大人 $36.30 子供 $18.15 家族 $95.60
アクセス ウェリントン・ストリートから Route 30、31 のバスを利用。パース動物園前下車。もしくはエリザベスキーからトランスパースフェリーでサウスパースのメンズ・ストリート・ジェッティへ（所要約10分）。そこから徒歩10分。

パース動物園では珍しいナンバットも至近距離で観察できる

■カバシャム・ワイルドライフパーク
住 233B Drumpellier Drv., Whiteman Park, Whiteman, 6028 ☎(08)9248-1984
URL www.cavershamwildlife.com.au
開 毎日 9:00 ～ 16:30 ／ミート・ザ・コアラ：毎日 9:00、11:30、15:30 スタート／ミート・ザ・ウォンバット：9:30、毎日 11:00、14:00 スタート／ファームショー：10:00、13:00、15:00 スタート
休 クリスマスデー
料 大人 $34 子供 $15
アクセス レンタカーもしくはツアー利用が一般的。ツアーはピナクルズやスワンバレーとの組み合わせが多い。

■コフヌ・コアラパーク
住 68 Nettleton Rd., Byford, 6122 ☎(08)9526-2966
URL cohunu.com.au
開 毎日 10:00 ～ 16:00 ／コアラ写真セッション：10:00 ～ 16:00
料 大人 $20（13歳以上）子供 $8（13歳未満）／コアラ写真セッション：自分のカメラで撮影 $40 ／ミニ列車乗車：1人 $6
※コアラを抱けるのは身長 140cm 以上の人のみ
アクセス パース駅からマンジュララインでクックバーンセントラルへ、そこから Route 529 のバスでアーマデール駅へ、Route 251 に乗り換えてバイフォード下車後徒歩12分（トータルで約1時間30分）。

Memo 電車アーマデールラインのビクトリアパーク以南が2023年後半から改修工事に入ったため、コフヌ・コアラパークへのアクセスが不便となっている。パース発ツアーを利用するのがおすすめ（→ P.587）。

西オーストラリアでコアラが抱けるのはここだけ

コアラ以外にも園内には、カンガルーやエミューが放し飼いになっていて、自由に餌をやることができる。またキバタンやガラーなど声まね上手なオウムを数多く飼っており、会話を楽しんだり、鳥の頭をなでたりといった体験もできるのだ。園内を周遊するミニ列車もあり、家族連れに人気だ。山の中という場所柄か、あまり混み合うことがないので、ゆっくりピクニックがてら訪れても楽しい動物園だ。

サメの餌づけやイルカのショーで人気の MAP P.559/2A

アクワ（西オーストラリア水族館）
Aqwa (The Aquarium of WA)

エイやサメが泳ぎ回るシャークタンク

ヒラリーズハーバー（→ P.570）にある水族館。巨大水槽（シャークタンク）の中を透明なトンネルがぐるっと一周していて、頭の上をエイやサメ、カメが悠々と泳いでいくのを見やり、珊瑚礁の海を再現した巨大水槽コーラルディスプレーで、色鮮やかな熱帯魚を観察したりできる。ほかにも海中小生物をズームレンズで観察できるマイクロワールド（巨大なタツノオトシゴのようにも見えるヨウジウオの仲間リーフィーシードラゴンはお見逃しなく）や、実際にカメやヒトデ、ナマコ、おとなしいポートジャクソンシャークに触ることのできるタッチプールも楽しい。

アドベンチャー志向の人なら、シャークタンクでサメやエイと一緒にダイビングやスノーケリングをする**ダイブ／スノーケル・ウイズ・ザ・シャーク** Dive / Snorkel with the Sharkが可能。ファミリー向けには大水槽をグラスボトムボートで見て回る**グラスボトムボート・アドベンチャー** Glass Bottom Boat Adventure などのプログラムもある。いずれも人数制限があるので、早めの予約が必要だ。

■アクワ（西オーストラリア水族館）
住 91 Southside Drv., Hillary's, 6025　☎ (08)9447-7500
URL www.aqwa.com.au
開 月～金 9:00～16:00、土日祝 9:00～17:00
休 クリスマスデー
料 大人 $34 子供 $19 家族 $94
●スノーケル・ウイズ・ザ・シャーク
時 水～日 11:30、13:30
料 1人 $195（要予約）
※アクワ入場料込み
●ダイブ・ウイズ・ザ・シャーク
時 水～日 11:30、13:30
料 1人 $195（要予約）
※アクワ入場料込み
●グラスボトムボート・アドベンチャー
時 毎日 9:30、15:00、15:30 スタート（約30分）
料 大人 $44 子供 $29 家族 $134
アクセス パース駅からジュンダラップラインで、ワーウィック Warwick まで行き、そこから Route 423 のバスを利用しヒラリーズハーバーまで約10分。そこからアクワまでは徒歩6～8分。

パースのツアー＆アクティビティ
TOURS & ACTIVITIES IN PERTH AREA

西オーストラリアは公共の交通機関の便が乏しく、個人で周遊するにはかなり時間を要する。そのためツアーを利用する人が多く、ツアーの種類も豊富だ。予算や時間など自分にぴったりのツアーを探してみよう。

■割引料金が出ることもある日本語オンライン・オプショナルツアー・サイト
●ホットホリデー
URL www.hotholiday.jp
●ナビツアー
URL www.navitour.com.au
●ベルトラ
URL www.veltra.com/jp/oceania/australia

パース周辺を巡る人気ツアー

パースの人気 No.1 ツアー

ピナクルズ日帰りツアー
The Pinnacles 1 Day Tours

パース近郊随一の人気景勝地ピナクルズだけあって、数多くのツアー会社がいろいろなタイプのツアーを催行している。日中ツアーは動物園やランセリン砂丘付きが多い。ここでは代表的なツアーを紹介しよう。

●オーストラリアンピナクルツアーズ／ピナクルズ砂漠＆ 4WD アドベンチャー　Australian Pinnacle Tours / Pinnacle Desert & 4WD Adventure

パース周辺随一の見どころピナクルズ

大型 4WD バスを利用した最もポピュラーなピナクルズツアー（英語ガイド）。午前中はカバシャム・ワイルドライフパークでコアラやウォンバットを見たり、カンガルーの餌やりを楽しんだり。その後サバンテスのロブスターシャックでロブスターの水揚げ工場見学とランチ（ロブスター付きランチは別料金）。ランチ後にピナクルズをじっくり楽しみ、帰路途中にランセリン砂丘での 4WD 走行と砂滑りを楽しむという内容だ。

なおほぼ同内容のツアーを**パース ドリームトラベル プランナーが日本語ガイド付きで「日本語ランセリン砂丘、ピナクルズ」**として催行している。ワイルドフラワーシーズンにはピナクルズ観光後に簡単なワイルドフラワー見学もある。

●ルミニア・アドベンチャーツアー／ピナクルズ － サンセットと星空観察　Lumineer Adventure Tours / Pinnacles - Sunset & Stargazing

日中とは表情が変わるピナクルズの日没時

ドラマチックなピナクルのサンセットと満天を埋め尽くす南半球の星を観察できる英語ツアー。午後出発で、まずランセリン砂丘で砂滑りを楽しみ、春～初夏は自然保護区でワイルドフラワーウオッチング（それ以外の時期はハングローブベイ Hangrove Bay の展望台からイルカやアシカ見学）。そしてまだ日のあるうちにピナクルスに到着しピナクルズ見学を楽しんだ後に、サンセットを迎える。サンセット後にはワイン付きのピクニックディナー、人工の明かりの届かない静寂のなかで、星空観察となる。

ロットネスト島を満喫できる

ロットネスト島日帰りパッケージツアー

Rottnest Island 1 Day Package Tours

島内バスツアーでロットネスト島を一周

ロットネストエクスプレスが催行する、ロットネスト島を 1 日かけてじっくり楽しめるツアー。いくつかパターンがある。最も一般的なのが自転車レンタルが付いた**エクスペリエンス・ロットネスト** Experience Rottnest。島内周遊をしながらお気に入りのビーチを見つけたり、クォッカ・ウオッチングをしたい人にぴったり。また島内の見どころ巡りをしたいという人向けにディスカバリーバスツアーが付いた**ディスカバー・ロットネスト** Discover Rottnest が、オーシャンラフティングスタイルのボートで島の周りを巡りイルカやアシカに出合える**アドベンチャーボート・ロットネスト** Adventureboat Rottnest などがある。

ランセリン砂丘で砂滑りを楽しむ

■ピナクルズ日帰りツアー

●オーストラリアンピナクルツアーズ／ピナクルズ砂漠＆ 4WD アドベンチャー
☎(08)6270-6060
URL www.australianpinnacletours.com.au
時 毎日 8:00 ～ 19:30
料 大人$225 子供$125 ／ロブスターランチ付き 大人$250 子供$150

●パース ドリームトラベル プランナー／日本語ランセリン砂丘、ピナクルズ
☎050-5319-4500
URL www.pdtp.com.au
時 8:30 ～ 18:00
※催行日は要確認
料 大人$295 子供$155（ランチはフィッシュ＆チップス、ロブスターロール、シーフードチャウダー、チリマッスルから選択）

●ルミニア・アドベンチャーツアー／ピナクルズ － サンセットと星空観察
☎0400-881-512
URL www.lumineertours.com.au
時 毎日 14:00 ～ 23:00
※季節により多少時間は変更になる
料 大人$175 子供$125

■ロットネスト島日帰りパッケージツアー
主催：Rottnest Express
☎1300-467-688
URL www.rottnestexpress.com.au
料 エクスペリエンス・ロットネスト：大人$215 子供$178 ／ディスカバー・ロットネスト：大人$234 子供$188 ／アドベンチャーボート・ロットネスト：大人$254 子供$188
※往復ともパース～ロットネスト直行便クルーズ利用の料金

白砂のビーチと透明度の高い海をもつロットネスト島は一度は訪れたい場所だ

■ロッキンハム・ドルフィンツアー
催　行：Rockingham Wild Encounters
☎(08)9591-1333
URL www.dolphins.com.au
時9月15日～6月5日の土日祝 8:00 発、13:00 ～ 16:00 帰着
※ロッキンハムのバル・ストリート桟橋 Val St. Jetty 発着
※ピーク時は催行曜日が増える
料ドルフィンスイム：1人 $299（全器材、ランチ込み）／ドルフィンウオッチング：1人 $150
※パース市内からの送迎は1人 $40 追加。パース市内の発着場所はベルタワー前、クラウンパース前から。

野生のイルカと泳ぐ人気ツアー

ロッキンハム・ドルフィンツアー
Rockingham Dolphins Tour

ガイドがイルカを目の前に連れてきてくれる

ロッキンハムのクックバーンサウンド桟橋発着。機嫌のよさそうなイルカの群れを選び一緒に泳ぐ人気ツアーだ。スノーケルギアを着け、水中スクーターを持ったスタッフの腰につかまるので、泳げなくても大丈夫。好奇心旺盛なイルカたちはときおり、手の届きそうな所までやってきて顔を見せてくれる。また海の中ではイルカの声も聞こえるはず。約3時間のクルーズで、実際にイルカと泳ぐのはその日の条件によって30分～1時間。ただし相手は野生。実際に一緒に泳げる確率は90％ほどだ。同社ではイルカを見るだけのドルフィンウオッチング・クルーズも催行している。

ガイドにつかまりながらイルカに近づく

ゆったりした造りになっているワインクルーズ用の船

■キャプテンクック・クルーズ Captain Cook Cruises
住Pier 3, Barrack Square, Jetty, 6000
☎(08)9325-3341
URL www.captaincookcruises.com.au
●スワンバレー・グルメワインクルーズ
時4～10月の金土日＆11～3月の水金～日 9:45 ～ 17:00
料大人$235 子供$219
●スワン川シーニッククルーズ
時4～10月の火金～日＆11～3月の金～火 11:15 ～ 14:00、14:15 ～ 17:00
料大人$60 子供$39 家族$160
●フリーマントル片道クルーズ
時4～10月の火金～日＆11～3月の金～火 11:15 ～ 12:30、14:15 ～ 15:30
料大人$45 子供$30 家族$130
●スワン川ディナークルーズ
時11～1月の金土＆2～3月の土 19:30 ～ 22:00（3月のみ 19:00 ～ 21:30）
料大人$170 子供$130

ワイン好きに大評判

スワンバレー・グルメワインクルーズ
Swan Valley Gourmet Wine Cruise

ゆったりクルーズを楽しみ、とことんワインを味わえるツアー。朝、パースからスワン川上流を目指してクルーズは出発。スワンバレー到着まで約2時間、スワン川沿いの景色に関する詳細なガイドがあるが、それ以上に楽しいのが船内ワインテイスティング。数種類のワインとおつまみが用意されており、何杯でも試飲できる。訪れるのはスワン川に桟橋をもつ有名ワイナリーのサンダルフォード・カバシャムエステイト。ワイン工場見学を行い、併設のレストランで2コースランチと、料理に合わせたワインのテイスティング。食後にはサンダルフォードでワインテイスティングも楽しめる。パースへの帰路も船内でのワインタイム。デザートとコーヒー／紅茶の用意もある。スタッフによるライブエンターテインメントも楽しい。

左：船内ではさまざまな種類のワインがテイスティングできる／右：美味な料理とワインとのマリアージュを楽しむ

デッキで風に吹かれながらのんびりクルーズ

スワン川クルーズ
Swan River Cruises

パースはスワン川沿いに開けた町だけあって、川沿いにはいくつものハーバーがあったり、豪邸があったりする。そんなパースの横顔をクルーズしながら見て回る。キャプテンクッ

ク・クルーズでは、お茶を飲みながらスワン川沿いの名所を見て回るシーニッククルーズ、フリーマントルへのクルーズ、パースの夜景を楽しみながらビュッフェディナーを楽しむスワン川ディナークルーズなどを行っている。

まる１日かけてスワンバレーの魅力を知る日本語ツアー

カバシャム・ワイルドライフパークとスワンバレー巡り
Caversham Wildlife Park & Swan Valley

スワンバレーの見どころ＆ワイナリーをじっくり楽しむ日本語ツアー。カバシャム・ワイルドライフパークではコアラ、ウォンバット、カンガルーとの触れ合いはもちろん、ファームツアーも楽しむ。その後は２軒のワイナリー巡り（訪れる場所は状況による）、ワイナリーランチ、さらにハチミツ屋や人気のチョコレートファクトリーにも立ち寄る。ワイナリー巡りをもっと楽しみたい人には、カバシャム・ワイルドライフパークが付いていない、**「ワイナリー巡りでスワンバレーを満喫」**というツアーも催行しているので問い合わせてみよう。

■**カバシャム・ワイルドライフパークとスワンバレー巡り（日本語）**
催行：パース ドリームトラベル プランナー
☎050-5319-4500
URL www.pdtp.com.au
時9:00 ～ 17:00
※催行日は要確認
料大人$245 子供$135
●**ワイナリー巡りでスワンバレーを満喫**
時10:00 ～ 16:00
※催行日は要確認
料大人$245 子供$135

カンガルーとの触れ合いは楽しい

行きにくいコフヌコアラ・パーク訪問の日本語ツアー

コフヌ・コアラパークでコアラ抱っこ
Cohunu Koala Park Tour

パース近郊で唯一コアラを抱いて写真が撮れるコフヌ・コアラパークへのツアー。公共交通機関でのアクセス不便なので、パースでコアラを抱きたい人には価値ありだ（コアラ抱っこ料金もツアー代に含まれている）。午前中コフヌ・コアラパークで過ごした後は、地元で人気のお店でのランチも付いている（フィッシュ＆チップス、オージーバーガー、ミートパイから選べる）。

■**コフヌ・コアラパークでコアラ抱っこ（日本語）**
催行：パース ドリームトラベル プランナー
☎050-5319-4500
URL www.pdtp.com.au
時9:00 ～ 13:15
※催行日は要確認
料大人$220 子供$100

一度は見てみたい奇岩

ウエーブロック日帰りツアー
Wave Rock 1 Day Tour

●オーストラリアンピナクルツアーズ／ウエーブロックとヨーク、先住民文化　Australian Pinnacle Tours / Wave Rock Tour, York, Wildflowers & Aboriginal Culture

奇景ウエーブロックへの日帰りツアー。ヨークでの自由散策時間、コリジン周辺でのドッグセメタリー見学も含まれている。ウエーブロックでは、ガイドと一緒に上まで登ったり、近くにあるヒッポズヨーン、先住民の壁画が残るマルカズケーブ見学もある。

■**ウエーブロック日帰りツアー**
●**オーストラリアンピナクルツアーズ／ウエーブロックとヨーク、先住民文化**
☎(08)6270-6060
URL www.australianpinnacletours.com.au
時 火水金日 8:00 ～ 20:30
料大人$225 子供$125

しばし見とれてしまうウエーブロックの奇景

西オーストラリア南部の人気エリアを訪ねる

マーガレットリバー ― 桟橋、鍾乳洞、灯台ツアー
Margaret River - Jetty, Cave, Lighthouse Tour

オーストラリアを代表するワイナリー地帯マーガレットリバーでのワインテイスティングはもちろん、長い桟橋として知られるバッセルトン桟橋、マンモスケーブ、ケープルーウィン灯台なども訪れ、美しい海岸も見て回る。

■**マーガレットリバー ― 桟橋、鍾乳洞、灯台ツアー**
催行：Australian Pinnacle Tour
☎(08)6270-6060
URL www.australianpinnacletours.com.au
時 月火木～土 8:00 ～ 20:30
料大人$225 子供$125

パース周辺でワイルドフラワーのすばらしさを知る
ワイルドフラワー１日ツアー
Wildflower 1 Day Tour

ワイルドフラワーの期間限定で催行されるパース周辺のワイルドフラワーを見にいく日本語ツアー。ツアーの最初にキングスパーク内のボタニックガーデンを訪ね、西オーストラリアにどんなワイルドフラワーがあるのかレクチャーを受ける。その後、当日の開花状況に合わせてパース周辺のベストワイルドフラワースポットへ向かうツアーだ。

パースのアクティビティ

スワン川の絶景を楽しむ新アトラクション
マタガラップ・ジップ＋クライム
Matagarup ZIP+Climb

パース中心部の東、スワン川に架かる美しい歩道橋マタガラップブリッジ。この橋の独特の形状をしたアーチの上（高さ約72m／317段）に登り、さらにアーチ途中（高さ約35m）から長さ400mのジップラインでスワン川を眼下にしながら滑り降りるというパースで今一番ホットなアトラクション。爽快感とスリル、両方を味わえる。ジップラインのみ、ブリッジクライムのみのツアーもある。

爽快感いっぱいのクライムだ

パースのパノラマを楽しむ新ツアー
ヘイロー・ルーフトップクライム
HALO Rooftop Climb

収容人数約６万人、オーストラリアを代表するクリケットグラウンドとして知られるオプタススタジアム。このスタジアムの屋根の上に登り、パースの美しい景色を楽しむツアーがヘイロー。屋根から突き出た専用プラットホームでバランスを取りながらのけぞるオプションの、バーティゴVERTIGOもある。

スリル好きにおすすめのバーティゴ

さまざまな海洋生物に出合える
ダイビング&スノーケリング
Diving & Snorkeling

西オーストラリアには好ダイビングスポットが多い。パース周辺ではロットネスト島やロッキンハム、カーナック島などがポピュラーで、スズメダイやグルーパー、ベラ、ロブスター、運がよければリーフィーシードラゴンやイルカ、アシカなどに出合える。パースのダイブショップでは、こうしたポイントへのダイビング＆スノーケリングツアーを催行。またダイビングのライセンス取得コースも開催している。主要ショップには日本人インストラクターもいるので安心だ。

■ワイルドフラワー１日ツアー（日本語）
催行：D.O.A. オーストラリア
☎(08)9221-9033
URL www.doa.com.au
時 催行日は要確認。通常９～10月開催
料 2024年の料金は未定

■マタガラップ・ジップ＋クライム
FREE 1800-947-546
URL www.zipclimb.com.au
●ブリッジクライム＋ジップライン
時 毎日11:45、14:30、17:00（ナイト）
料 大人$165 子供$129／ナイト 大人$185 子供$149
●ジップラインのみ
時 水～月 12:45、15:30、18:30（ナイト）
料 大人$119 子供$89／ナイト 大人$139 子供$109
●ブリッジクライムのみ
時 12:45、14:30、18:00（ナイト）
※催行日は要問い合わせ
料 大人$99 子供$79／ナイト 大人$119 子供$99
※催行時間は目安。季節により変更になる

■ヘイロー・ルーフトップクライム
☎(08)6247-5000
URL theozone.com.au/experiences/halo/
時 火～金 14:30、16:30、土日 10:30、13:00
料 大人$99 子供$60 家族$272／バーティゴ 大人$119 子供$75 家族$330

■日本人のいる主要ダイブショップ
●ダイブオーシャンズ
Dive Oceans
☎0409-889-040
URL www.diveoceans.com
料 体験ダイビング：ロッキンハム$140、ロットネスト島$260／ロットネスト島２ダイブ（器材レンタル別）$330／カーナック島アシカとスノーケリング$255／３日間PADIオープンウオーターコース$495～
●パーススクーバ
Perth Scuba
☎0401-905-749
URL www.perthscuba-dive.com
料 ロットネスト島２ダイブ$295（全器材込み）／ジュリアンベイでアシカとスノーケリング$285

パースのホテル ACCOMMODATION

州外局番 (08)

パース市内

バジェットタイプ

パースいちの人気ホステル MAP P.565/2C
Perth City Backpackers Hostel
パースシティ・バックパッカーズホステル

URL perthbackpacker.com.au
住 286 Hay St., East Perth, 6004 ☎ 6507-3660
WiFi 無料 料 D $40 CC MV

パース造幣局近くにあり、レッド CAT のバス停も目の前。まだ新しく、ドミトリーの各ベッド脇にコンセントが付いているのもいい。キッチンは広くガス台が多いので使いやすい。簡単な無料朝食もある。

居心地のいいバックパッカーズ MAP P.565/1C
The Shiralee
シラリー

住 107 Brisbane St., Northbridge, 6000
☎ 9327-7488 WiFi 無料 料 D $45 ～ 54、TW $126 CC MV

ノースブリッジの外れにある。建物は古いが全室エアコン完備。ロッカーも大きめで荷物の収納がしやすい（鍵は自分で用意すること）。裏庭のテーブルには夜遅くまで宿泊客が集まっており、いろんな人とコミュニケーションを取るのにいい。簡単な朝食付き。

クラシックな外観のホテル MAP P.567/2B
Criterion Hotel Perth
クリテリオン

URL www.criterion-hotel-perth.com.au
住 560 Hay St., 6000 ☎ 9325-5155
WiFi 無料 料 TW $130 ～ 210 CC ADMV

建物はパース市の文化遺産保護計画により修復され保存されている。1 階にレストラン、地下にバーがある。

コンドミニアム

スワン川のほとりにある MAP P.567/2B
City Waters Motel
シティウオーターズ・モーテル

URL www.citywaters.com.au 住 118 Terrace Rd., 6000 ☎ 9325-1566 FREE 1800-999-030
WiFi 無料 料 TW $170 ～ 185、1B $170、2B $250 ～ ※ 1B 2B は 2 泊以上 CC JMV

キッチン、バス、トイレ、TV など室内の設備は完璧。ラングレイパークやスワン川を見渡す絶好のロケーションにある。

ウエストパースのコンドミニアム MAP P.564/2B
Perth City Apartment Hotel
パース・シティ・アパートメント

URL www.perthcityapartmenthotel.com
住 875 Wellington St., West Perth, 6005
☎ 0422-064-022 WiFi 無料 料 1B $150 ～ 250、2B $250 ～ 400 CC AMV

シティウエスト駅から歩いて 5 分。設備がよく、フルキッチン、洗濯機や乾燥機も完備。

一級以上のホテル

シティらしいセンスと機能性をもつホテル MAP P.567/1A
Holiday Inn Perth City Centre
ホリデイ・イン・パースシティセンター

URL www.ihg.com
住 778-788 Hay St., 6000 ☎ 6261-7200
WiFi 無料 料 TW $275 ～ 432 CC ADJMV
日本での予約先：インターコンチネンタルホテルズグループ ☎ (03)4520-3207

ラウンジやレストラン、バーなど、しゃれたセンスのインテリアで、大人のムードを醸し出している。サウナやスパ、ジム、屋内温水プールと、設備の充実度も文句なし。3 階には宿泊客専用のランドリーがあり、洗濯機、乾燥機、洗剤、すべて無料で利用できる。

部屋の広さも十分で快適

町歩きに便利な MAP P.567/1A
InterContinental Perth City Centre
インターコンチネンタル・パースシティセンター

URL www.ihg.com 住 815 Hay St., 6000
☎ 9486-5700 WiFi 無料
料 TW $378 ～ 2289 CC ADJMV
日本での予約先：インターコンチネンタルホテルズグループ ☎ (03)4520-3207

パース中心部にあるラグジュアリーホテル。玄関先で迎えてくれるドアマン、モダンで高級感のあるロビーエリア、ゆったりとした客室、全室にネスプレッソマシンや T2 紅茶を完備しているなど、快適に滞在できること間違いなし。客室はシャワーオンリーだが、さほど不便さは感じない。レストランはスペンスタイルの 2 軒。ヘノ & レイ Heno & Rey はタパスメニューが中心、アスクア・スパニッシュグリル Ascua Spanish Grill（→ P.593）はスペイン風オーストラリアングリルが味わえる。

近代的な装いのホテルだ

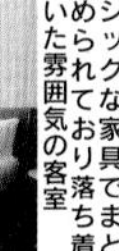
シックな家具でまとめられており落ち着いた雰囲気の客室

洗練された 3.5 つ星ホテル　MAP P.565/2C

Quality Hotel Ambassador Perth

クオリティ・アンバサダー・パース

URL www.ambassadorhotel.com.au
住 196 Adelaide Tce., 6004　☎ 9325-1455
FREE 1800-998-011　FAX 9282-3702　WiFi 無料
料 T W $152 ～ 269　CC ADMV

一級以上のホテルが並ぶアデレード・テラスにある。部屋は新しくはないが、設備も十分で居心地もいい。ロビーも広々としていて開放的だ。

雰囲気から楽しめるホテル　MAP P.567/2B

European Hotel

ヨーロピアンホテル

URL europeanhotel.com.au
住 97 Murray St., 6000　☎ 9325-3900
WiFi 無料　料 T W $125 ～ 215　CC AMV

北欧風木造で、スタッフは北欧民族衣装風の服装でかわいらしい。併設のカフェがクラシックな雰囲気で評判。

観光にビジネスに便利な　MAP P.564/2B

Four Points by Sheraton Perth

フォーポインツ・バイ・シェラトン・パース

URL www.marriott.com　住 707 Wellington St., 6000　☎ 9327-7000　WiFi 無料
料 T W $224 ～ 329　CC ADJMV
日本での予約先：マリオットボンヴォイ FREE 0120-925-659

パース駅にほど近いウエリントン・ストリート沿いにある。ホテル内はモダンで、客室は明るく気持ちのいい空間だ。

設備充実の高級ホテル　MAP P.567/2A

Parmelia Hilton Perth

パーメリアヒルトン・パース

URL www.hilton.com　住 14 Mill St., 6000
☎ 9215-2000　WiFi 無料　料 T W $371 ～ 859
CC ADJMV　日本での予約先：ヒルトン・ワールドワイド ☎ (03)6864-1633

パース中心部の老舗 5 つ星ホテル。大理石をふんだんに使った優雅なロビー、シックで落ち着いた雰囲気のゲストルーム、さらに屋外温水プールやサウナ、ジムなどの設備も充実。またロビー脇には、西オーストラリアの食材をモダンオーストラリア料理で味あわせてくれる人気レストラン、サムエルズ Samuel's がある。

最も一般的なゲストルーム

ゆったりとした雰囲気のプールエリア

重厚さとモダンさを併せもつ　MAP P.567/2B

COMO The Treasury

コモ・ザ・トレジャリー

URL www.comohotels.com/como-the-thetreasury
住 1 Cathedral Ave., 6000　☎ 6168-7888
WiFi 無料　料 T W $850 ～ 1930　※朝食付き
CC ADJMV

優雅でおしゃれなコモ・ザ・トレジャリー

19 世紀の政府の建物を改装した 49 室の最高級ブティックホテル。建築当時の造りをできるだけ残しており、ホテル内はとてもエレガントな雰囲気。天井の高い客室はゆったりとしており、モダンな家具調度品、最新設備を備えている。またレストランもイタリアンのポスト POST（→ P.593）やモダンオーストラリアのワイルドフラワー Wildflower、おしゃれなアフタヌーンティーが楽しめるケープアリッドルーム Cape Arid Rooms など充実。優雅なデイスパも完備している。

窓からすばらしい眺めが楽しめる　MAP P.565/2C

Crowne Plaza Perth

クラウンプラザ・パース

URL perth.crowneplaza.com
住 54 Terrace Rd., 6004　☎ 9270-4200
WiFi 無料　料 T W $230 ～ 1019　CC ADJMV
日本での予約先：インターコンチネンタルホテルズグループ ☎ (03)4520-3207

高級感のある客室

プールエリアからの眺めもすばらしい

スワン川を望むラングレイパークに面して建つ。現代的な家具・調度品をシックな室内にうまく調和させた客室は居心地抜群。20m の本格的屋外ラッププール、フィットネスセンター、ビジネスセンターといった設備もある。またレストランのグスティは夏季には屋外テラス席も用意されて、地元でも評判だ。

エレガントな雰囲気の　MAP P.565/2C

Pan Pacific Perth

パンパシフィック・パース

URL www.panpacific.com/ja/hotels-and-resorts/pp-perth.html
住 207 Adelaide Tce., 6000
☎ 9224-7777　FAX 9224-7788
WiFi 無料　料 T W $244 ～ 545　CC ADJMV
日本での予約先：パンパシフィック・ホテルズ＆リゾーツ FREE 0800-300-8189

大理石をふんだんに使ったロビー、落ち着

いたインテリアの客室など大人の雰囲気のホテルで、朝・夕食ビュッフェが人気のモントレーズ、南米料理の手法を取り入れたモダンオーストラリア料理のウーマ Uma などレストランも充実している。屋外プール、スパなどの設備もある。

明るい客室が心地いい MAP P.565/2C
Novotel Perth Langley
ノボテル・パース・ラングレイ

URL www.novotelperthlangley.com.au
住 221 Adelaide Tce., 6000 ☎ 9221-1200
WiFi 無料 料 TW $212 ～ 448 CC ADJMV
日本での予約先：アコーカスタマーサービス ☎ (03)4578-4077

吹き抜けのロビーをもつノボテルは、4つ星のランク以上に洗練された雰囲気をもっている。客室は明るい家具で統一されており、広さも十分。併設のフェニアンズアイリッシュパブ Fenians Irish Pub は1987年オープンで、パースの老舗パブのひとつとしてよく知られている。

スワン川を見下ろす豪華ホテル MAP P.567/2A
The Ritz-Carlton Perth
ザ・リッツカールトン・パース

URL www.ritzcarlton.com/en/hotels/perrz-the-ritz-carlton-perth 住 1 Barrack St., 6000 ☎ 6559-6888 WiFi 無料 料 TW $714 ～ 1669
CC ADJMV 日本での予約先：マリオットボンヴォイ FREE 0120-925-659

エリザベスキーに建つグラスタワーがリッツ

エリザベスキーにそびえるエレガントな雰囲気の最高級ホテル。最もポピュラーな客室でも50㎡もの広さがあり、大きな窓からはスワン川やキングスパークなどの景色が楽しめる。地産の食材を使うオープンキッチンのモダンオーストラリア料理レストラン、ハース Hearth、クラシックなウオーターフロントバーレストランのソングバード Songbird などレストランもパース有数。本格的なデイスパも完備している。

環境抜群の MAP P.565/2C
Hyatt Regency Perth
ハイアットリージェンシー・パース

URL www.hyatt.com
住 99 Adelaide Tce., 6000
☎ 9225-1234 WiFi 無料 料 TW $252 ～ 400
CC ADJMV 日本での予約先：ハイアット・ホテルズ＆リゾーツ FREE 0120-923-299

ラングレイパークにほど近く静かな環境にある。ホテル全体の家具・調度品は落ち着いた色調のものが使われており、上品な雰囲気。レストランは、3つのオープンキッチンから料理を提供するカフェレストラン Cafe Restaurant がある。

カジノで有名な豪華リゾートホテル MAP P.565/2D
Crown Perth
クラウンパース

URL www.crownperth.com.au
住 Great Eastern Hwy., Burswood, 6100
☎ 9362-7777 WiFi 無料
料 クラウンタワーズ Crown Towers：TW $288 ～ 1619、1B $2515 ～ 2959／クラウンメトロポール Crown Metropol：TW $263 ～ 2899／クラウンプロムナード Crown Promenade：TW $237 ～ 569 CC ADJMV

パース有数の豪華さを誇るクラウンタワーズ

シティとはスワン川を挟んで東側にある。南半球最大級のカジノやシアター、レストラン、スパなどを併設しているエンターテインメントコンプレックスだ。ホテルも3ヵ所あり、豪華な5つ星クラウンタワーズ（客室は最も狭い客室でも47㎡という広さをもつ）、老舗5つ星ホテルでカジノと直結しているクラウンメトロポール、4つ星クラスで少しカジュアルな雰囲気のクラウンプロムナードとなっている。

サンセットコースト

サンセットコースト随一のリゾートホテル MAP P.559/2A
Rendezvous Hotel Perth Scarborough
ランデブー・パース・スカボロー

URL rendezvousperthscarborough.com.au
住 148 The Esplanade, Scarborough, 6019
☎ 9245-1000 WiFi 無料 料 TW $191 ～ 539
CC ADMV

ヤシの木も植えられて南国感いっぱいのプールエリア

スカボロービーチの目の前に建つ大型リゾートホテル。ビーチに面した1階にはカジュアルなレストランが並びいつもにぎわっている。3階には大きなプール、また2階ロビー脇にはデイスパもあるなどリゾートらしさがいっぱい。客室はコンテンポラリーモダンなデザインで、バルコニーも完備。クラブルーム宿泊時に無料で利用できるクラブラウンジは、夕方のフード＆ドリンクメニューが充実。サンセットタイムに大人気だ。

フリーマントル

歴史ある建物を使ったホステル MAP P.571/1・2A
The Fremantle Hostel Backpackers
フリーマントルホステル・バックパッカーズ

URL www.fremantlehostel.com.au
住 15 Pakenham St., Fremantle, 6160
☎ 9430-6001 WiFi 無料 料 D $35～48 CC MV

フリーマントルの中心部にある歴史的建造物を改修したバックパッカーズ。週1回の無料夕食などサービスもいい。カフェを併設しており、軽食メニューも豊富だ。

世界文化遺産の中にある MAP P.571/1B
Fremantle Prison YHA
フリーマントルプリズンYHA

URL www.yha.com.au 住 6A The Terrace., Fremantle, 6160 ☎ 9433-4305 WiFi 無料
料 D $45～53.40、T W $191～206 CC MV

建物自体価値のあるYHA

旧フリーマントル刑務所の一角、旧女性刑務所を改修しており、ドミトリールームはまさに監獄の房。シャワー、トイレ、キッチンなど、設備は完全リニューアルされているが、雰囲気はかなり特殊だ。なおプライベートルームは別棟になっており、こちらはシャワー、トイレも完備。

フリーマントルの高級ホテル MAP P.571/2A・B
Esplanade Hotel Fremantle by Rydges
エスプラネード・フリーマントル・バイ・リッジス

URL www.rydges.com.au
住 46-54 Marine Tce. (Cnr. Essex St.), Fremantle, 6160 ☎ 9432-4000 WiFi 無料
料 T W $242～329 CC ADMV

優雅な気分で滞在できるホテルだ

フリーマントルを代表するホテルで、港を望むコロニアルスタイルの建物が印象的。部屋もゆったりしていて快適。

ロットネスト島

充実設備のグランピング体験 MAP P.574/B
Discovery Rottnest Is.
ディスカバリー・ロットネストアイランド

URL www.discoveryholidayparks.com.au/discovery-rottnest-island 住 Strue Rd., Rottnest Is., 6161
☎ 6350-6170 WiFi 無料 料 T W $361～734
※朝食付き
CC MV

ファミリー向けテント

トムソンベイとバサースト灯台の間にあるグランピング施設。ベッドとシャワー＆トイレだけのスタンダードテントから、高級ホテル顔負けのデラックステント、さらに2段ベッドが入った家族向けテントまでカテゴリーもいろいろ。敷地内にはレストランもあり、すぐ目の前には美しい入江に面したビーチ。ロットネスト島でのんびりするには最適な施設だ。

リゾート気分を満喫 MAP P.574/B
Samphire Rottnest
サンファイヤー・ロットネスト

URL samphirerottnest.com.au
住 Cnr. Parker Point Rd. & McCallum Ave., Rottnest Is., 6161 ☎ 9292-5011 WiFi 無料
料 T W $410～1463 CC AMV

ロットネスト島の豪華リゾート。トムソンベイに面した場所にあり、部屋もゆったり。カバナ付きのプールやビーチカルチャーを感じるレストランなど設備もいい。

ピナクルズ（サバンテス）

南国の島の雰囲気漂う MAP なし
Cervantes Lodge
サバンテスロッジ

URL cervanteslodge.com.au 住 91 Seville St., Cervantes, 6511 ☎ 9652-7377
WiFi 無料 料 W $120～150 CC MV

部屋の家具調度品が南太平洋アイランダースタイルのデザインで統一されている。

サバンテスの一級ホテルといえば MAP なし
Pinnacles Edge Resort
ピナクルス・エッジリゾート

URL www.pinnaclesedgeresort.com.au
住 7 Aragon St., Cervantes, 6511 ☎ 9652-7145
FAX 9652-7214 WiFi 無料 料 T W $210、1B $250、2B $380 CC ADJMV

サバンテス入口にあるモーテルスタイルのホテル。レストランは地元の人にも評判だ。

ハイデンとウエーブロック

ウエーブロック観光のベースに最適 MAP なし
Wave Rock Hotel / Motel
ウエーブロック・ホテル／モーテル

URL waverock.com.au 住 2 Lynch St., Hyden, 6359 ☎ 0429-511-511 FAX 9880-5041
WiFi 無料 料 T W $175～275 CC AMV

ハイデンの町の入口にあり、ウエーブロックへは車で5分ほど。プールやビストロなどの設備もある。ウエーブロックすぐ脇にあるキャンプ場 Wave Rock Caravan Park やウエーブロックから塩湖を挟んだ場所にある Wave Rock Resort も同系列だ。

プールもあってのんびり過ごすことができる

パースのレストラン RESTAURANT

州外局番(08)

パース中心部

パースの人気カフェといったら MAP P.567/2A
Dôme Cafe
ドームカフェ

URL www.domecoffees.com 住 Shop 5, Westralia Plaza, 167 St Georges Tce., 6000 ☎ 9322-4614 営 毎日 6:00 ～ 19:00 CC JMV
※パース中心部では上記以外にアデレード・テラス（Shop1, Ground Fl., 256 Adelaide Tce.）に店舗がある。

人気メニューのアボカドスタックス

西オーストラリアと東南アジアでおしゃれなカフェを展開するのがドーム。パース中心部には2軒あり、どちらも朝からにぎわっている。アボカドと半熟卵、さらにベーコンやサーモンがパンにのったアボカドスタックスやホットケーキ、ベーコンエッグにサラダ、トーストが付いたビッグブレックファストまで朝食メニューが大充実。ピザやバーガー類、ラップサンドなどもある。

コロニアルな雰囲気で食事を楽しむ MAP P.567/2B
POST
ポスト

URL postperth.com.au
住 1 Cathedral Ave., 6000 ☎ 6168-7822 営 毎日 6:30 ～ 11:00、12:00 ～ 15:30、17:30 ～ 22:00 CC ADJMV 酒 ライセンスド

コロニアルムードいっぱいのレストラン

コモ・ザ・トレジャリー併設のレストランで、コロニアルスタイルのコンコースに面している。モダンイタリアンをベースにした料理は、肉料理、魚料理、パスタなど、何を食べても満足できる。メインコースが $42 ～ 69、パスタは $37 ～ 44。テイスティングメニュー $83 もある。

老舗モダンオーストラリアレストラン MAP P.564/2B
Frasers
フレーザーズ

URL www.frasersrestaurant.com.au
住 60 Fraser Ave., Kings Park, West Perth, 6005
☎ 9482-0100 営 毎日 11:30 ～ 22:00
CC ADJMV 酒 ライセンスド

キングスパークにある1993年創業のモダンオーストラリア料理レストランで、オーナーのクリス・テイラー氏はオーストラリアを代表するシェフとして知られている。西オーストラリア産の食材を使った料理にこだわっており、マグロのたたきなど料理法や味つけは日本食にインスパイアされたものもある。前菜 $24 ～ 36、メイン $32 ～ 54 と高級レストランとはいえ値段もそれほど高くはない。

和テイストの料理のひとつ、マグロのたたき

名物炭火焼きグリルを味わう MAP P.567/1A
Ascua Spanish Grill
アスクア・スパニッシュグリル

URL www.ascua.com.au
住 InterContinental Perth City Centre, King St. (Opp His Majesty's Theatre), 6000 ☎ 9486-5700
営 毎日 6:00 ～ 10:30、水～土 17:30 ～ 22:00
CC ADJMV 酒 ライセンスド

ビーフのグリルは人気メニューだ

西オーストラリアの厳選された食材を使い、スペイン料理の手法を取り入れたメニューを提供するアスクア。人気なのはチキン、ビーフ、ラム、魚などの食材を炭火で焼いて提供する各種グリル（$32 ～ 78）。数人でシェアするならトマホークステーキ（$20 ／ 100g）もある。またおすすめ料理をプリフィックスした3コースメニュー（$69 ～ 95）もある。

ビストロメニューが充実している MAP P.565/2C
The Grosvenor Hotel
グロブナーホテル

URL www.thegrosvenorperth.com.au
住 339 Hay St., 6000 ☎ 9325-3799
営 毎日 11:00 ～ 23:00 CC ADJMV
酒 ライセンスド

毎晩大勢のオージーでにぎわう

1886年開業のパース有数の歴史を誇るパブで、2階建ての建物自体価値がある。ビストロ風のフードメニューも充実。クラシック・スナッパー＆チップス $32、ステーキサンドイッチ $26、ビーフバーガー $28 といったランチにおすすめのものから、350g のスコッチフィレステーキ $48 といったディナーのメインコースまでメニューもいろいろ。パブなので、ビール、ワインなどお酒の種類も豊富だ。

レストラン小路の人気店 MAP P.567/1A
Angel Falls Grill
エンジェルフォールズグリル

URL angelfallsgrill.com.au
住 Shop 16, Shafto Lane, 872 Hay St., 6000
☎ 9468-7177 営 月～木 11:30～13:45、17:00～19:45、金 11:30～13:45、16:30～21:15、土 12:00～21:15、日 12:00～19:45

軽い食事ならエンパナーダがおすすめ

CC MV 酒 ライセンスド

レストランやバーが集まるシャフト・レーンにあるレストランで、中南米スタイルの料理が味わえる。ランチや前菜に人気のエンパナーダやピンチョス（$19～32）、しっかり食べたい人向けのステーキ（アイフィレ200g$69～）などメニューも充実。人気店なので週末は予約して出かけよう。

人気ヘルシーバーガーを味わう MAP P.567/1A
Grill'd
グリルド

食材のこだわりがはっきり分かるほど美味なバーガー

URL www.grilld.com.au
住 140 William St., 6000
☎ 6158-4871 営 日～木 10:30～22:00、金土 10:30～翌1:00 CC MV

オーストラリア各地に店舗を展開する人気バーガーレストラン。肉は放牧された牛や羊、鶏、豚、野菜は無農薬で地産のものなど食材に徹底的にこだわっている。オーダーする際は4種類のバンズ、4種類のソースを選ぶスタイル。肉のジューシーさ、野菜のシャキシャキ感、そしてもちろんボリュームもある。ウイリアム・ストリート以外にセント・ジョージズ・テラスにもお店がある（住 125 St Georges Tce., 6000 ☎ 9226-4888 営 毎日 10:30～21:00）。

パースの大人気フィッシュ＆チップス店 MAP P.567/1B
Grand Lane Fish House
グランドレーン・フィッシュハウス

URL grand-lane-fish-house.business.site
住 behind, 135 Barrack St., 6000 ☎ 6267-0700
営 火～木日 11:00～19:30、金土 11:00～20:30

グラフティが描かれた小道にある

休 月 CC MV

マレー・ストリートモールからウィリアム・ストリートへ抜ける小道グランドレーンにある。パース中心部随一のフィッシュ＆チップス専門店で、魚もタラ、サーモン、バラマンディなど数種類から選んで揚げてもらうことができる（$17～21）。

手頃な値段の日本食なら MAP P.567/1B
TAKA Japanese Cuisine
タカ

住 150-152 Barrack St. (Cnr. Wellington St.), 6000 ☎ 9221-4771
営 月～木土 11:00～19:00、金 11:00～20:00
休 日祝

留学生に人気の日本食レストラン。メニューも豊富で天ぷらうどん（$9～11）、日本風カレーライス（$7～10.50）、照り焼き丼（小 $7.50、大 $9.50）など30種類もある。

ノースブリッジ

がっつりステーキが食べたかったら MAP P.567/1A
Outback Jacks Bar & Grill
アウトバックジャックス・バー＆グリル

URL www.outbackjacks.com.au/northbridge
住 124 James St., Northbridge, 6003
☎ 9227-7346 営 毎日 11:30～21:00 CC MV
酒 ライセンスド

おなかいっぱいになれる量のステーキ

オーストラリア全土で19店舗を構えるステーキレストラン。どのステーキもボリュームがあり、サラダとチップスもしくはベイクドポテトが添えられる。人気はポーターハウス（サーロイン）280g～（$36～）、アイフィレ200g～（$41～）、Tボーン450g（$45）など。

飲茶が評判 MAP P.567/1A
Moon Flower Modarn Chinese
ムーンフラワー・モダンチャイニーズ

URL www.moonflower.au
住 66 Francis St., Northbridge, 6000
☎ 9228-2107 営 月～金 10:30～15:00、土日 10:00～15:00、毎日 17:30～22:00
CC JMV 酒 ライスセンスド

シーフードを使った中華が美味と評判。特に日中の飲茶は点心の種類も豊富で大満足。広々とした店内でのワゴンサービス・スタイルだ。点心は小点 $6.30、中点 $7.50、大点 $8.50、特点 $8.80。ほとんどが中点か大点だ。

大人気のベトナム料理店 MAP P.565/1C
Viet Hoa
ベトホー

URL www.viethoa.com.au 住 1/349 William St., Northbridge, 6003 ☎ 9328-2127
営 毎日 10:00～21:00 CC JMV 酒 BYO

ランチタイムやディナータイムは満席になって、いつも行列ができるほどの人気店。そんな活気あふれる雰囲気はアジアっぽい。料理は値段も手頃でしかも美味。ベトナム風エビ入り生春巻き（2個 $8.80）、ベトナム麺のフォー各種 $13～22、フライドチキン炒飯 $22 など。

西オーストラリア南部
South of WA

オーストラリア大陸南部の先端に当たる地域は、パース周辺に住む人々が休暇に出かける観光スポットとして人気がある。ゆっくりとリゾート気分を味わいたい人、海、山などの自然が好きな人、サーフィン、カヌーなどをしてアクティブに楽しみたい人に特におすすめしたいエリアだ。

巨木カリーが森を造る西オーストラリア南部

バンバリー
Bunbury

現在のバンバリーはウッドチップの積み出し港として知られている。歴史は古く、パースの入植が始まったのとほぼ同じ頃の1830年代に町づくりが始まった。19世紀後半から20世紀初頭にかけて、西オーストラリア内陸部で大量の金が発見されゴールドラッシュで沸いていた頃、バンバリーも内陸への玄関港としてにぎわいを見せた。今も当時の様子を伝える古い建物が町のそこかしこに残っている。

のんびりビーチでイルカを待とう
ドルフィン・ディスカバリーセンター
Dolphin Discovery Centre

町の外れ、**クーンバナビーチ** Koombana Beach にある施設で、浜辺にやってくるイルカと泳ぐプログラムを実施している。ただしイルカは野生のため、いつ現れるかがわからない。あくまで運がよければという気持ちで待とう。

アクセス

●バンバリー
パースからトランスWAのバス、サウスウエストコーチラインのバスが毎日3～4便運行（所要約3時間）。発着場所は旧バンバリー駅だ。またパース駅から列車オーストラリンド号も使える（1日2便）。バンバリー駅は町外れだが、切符を提示すれば接続する市バスで中心部旧バンバリー駅まで連れていってもらえる。

■バンバリー・ビジターセンター　Bunbury Visitor Centre
住 Bunbury Museum & Heritage Centre, 1 Arthur St., Bunbury, 6230　☎(08)9792-7205
URL visitbunburygeographe.com.au
開 月～金 9:00～16:30、土日祝 10:00～15:30　休 グッドフライデー、クリスマスデー

バンバリーのビジターセンターは市バスのターミナルにある

■ドルフィン・ディスカバリーセンター
住Lot 830, Koombana Drv., Bunbury, 6230
☎(08)9791-3088
URL dolphindiscovery.com.au
開 毎日 8:00 ～ 15:00 休 祝
料 大人$23 子供$13 家族$62
●ドルフィンウオッチ・エコクルーズ
時 毎日 12:00 ～ 13:30（11 ～ 4 月は水～日）
料 大人$65 子供$45 家族$200
●ドルフィンスイム・クルーズ
時 11 ～ 4 月の水～月 7:45 発（所要 3 ～ 4 時間）
料 1 人 $220（ウオッチングのみの乗船は 大人$140 子供$95）

アクセス

●バッセルトン
パース発着のツアー利用もしくはレンタカー利用が現実的。公共交通機関の場合、パースからサウスウエストコーチラインが毎日バスを運行している。所要約 4 時間。

■バッセルトンジェッティ
住Busselton Beachfront, Busselton, 6280
☎(08)9754-0900
URL www.busseltonjetty.com.au
開 インタラクティブセンター：毎日 8:30 ～ 17:15 ／桟橋トラム：毎日 9:00 ～ 17:00 ／海中観測館：毎日 9:00 ～ 16:00（9:00 ～ 13:00 の毎時ちょうどにガイドツアーがスタート）※季節により多少時間が変更になる
休 クリスマスデー
料 インタラクティブセンター：大人$4 子供 無料／桟橋トラム乗車：大人$16 子供$10 ／海中観測館：大人$38 子供$23

アクセス

●マーガレットリバー
パース発着のツアー利用もしくはレンタカー利用が現実的。公共交通機関の場合、パースからサウスウエストコーチラインが毎日 2 便バスを運行している。所要約 4.5 時間。

なおディスカバリーセンター内にはイルカの生態や、けがを負ったイルカのボランティアによる治療の様子などをパネルにして展示したミニ博物館がある。またドルフィンウオッチ・エコクルーズ、ドルフィンスイム・クルーズも催行している。

運がよければビーチで野生のイルカを見ることができる

バッセルトン
Busselton

西オーストラリア南部の名物となっているバッセルトンジェッティ

マーガレットリバー地域への入口に当たるバッセルトンは、**ジオグラフベイ** Geographe Bay に面したリゾートタウンだ。そして南半球最長（1.841km）といわれる木製桟橋**バッセルトンジェッティ** Busselton Jetty があることでも有名だ。

現在でこそ美しい白砂のビーチと遠浅の海をもつリゾートタウンだが、もともとはこの一帯で切り出された材木の輸出港だった。そのために遠浅の浜辺に長い桟橋を造る必要があったのだが、湾の潮汐差は 1 日 1m 程度とほとんど変化がなく、長い桟橋が必要だったのだ。船の往来数の増加に合わせて桟橋が増築され、1960 年には実に 1841m にも達し、桟橋の上には材木を船まで運ぶため鉄道も敷かれた。1971 年その役目を終えた桟橋が、現在、観光名所となっているわけだ。

桟橋突端の海中観測館ではさまざまな魚が見られる

なお桟橋の突端には、ジオグラフベイに生息するおよそ 300 種類の魚を観察できる**海中観測館** Underwater Observatory がある。館内はガイドと一緒にツアーで見学するようになっている。

マーガレットリバー
Margaret River

パースの南約 280km にあるマーガレットリバー。緑豊かな大地からインド洋へと注ぐマーガレット川沿いに開けた町で、西オーストラリア南部観光の拠点だ。「オーストラリアのボルドー」と称されるほどのワイン産出地として世界的に知られているほか、沿岸部一帯が、断崖絶壁の景勝地や美しいビーチ、数多くの鍾乳洞をもつ**ルーウィンナチュラリステ国立公園** Leeuwin Naturaliste NP に指定されている。北端に当たる**ケープナチュラリステ** Cape Naturaliste、南端に

パースから南に 3 時間、ダンズボロウ Dunsborough でホエールウオッチングに参加してきました。ビーチに着いた瞬間、透きとおった海の色に感動。ボートでクジラを探しに沖へ。ザトウクジラの親子が船の周りを泳いでくれたり、近くでブリーチングが見られたりと大迫力でした。（東京都　斉藤夏海　'16）['24]

サーファーズポイントはいつも大勢のサーファーでにぎわっている

サーファーズポイントのサンセットタイム

当たる**ケープルーウィン** Cape Leeuwin 付近はともに景勝地として知られている。また、インド洋に面したビーチは西オーストラリア州を代表するサーフポイントで、特にマーガレット川河口近くの**サーファーズポイント** Surfers Point では毎年 3 月にプロの世界大会など各種大会も開かれるほど。大陸の西側に当たるので、サンセットを楽しむ場所としても人気だ。

ブドウ畑が連なるマーガレットリバー界隈

■マーガレットリバー・ビジターセンター
Margaret River Visitor Centre
住 100 Bussell Hwy., Margaret River, 6285
☎ (08)9780-5911
URL www.margaretriver.com
開 毎日 9:00 ～ 17:00
休 クリスマスデー

美しい自然のなかに続くブドウ畑 MAP P.598

ワイナリー巡り
Margaret River Wineries

人気のルーウィンエステイトのテイスティングカウンター

マーガレットリバーは、高品質なワインの生産に適した土地として、1967 年からワインの生産を始めた。以来、ワイン産業は成長し続け、現在約 150 軒のワイナリーがあり、約 95 軒でセラードア（ワイナリーでのテイスティング＆ワイン販売）を行っている。シャルドネやカベルネ・ソーヴィニヨンなどに特によいものが多く、バロッサバレー（→ P.471）、ハンターバレー（→ P.271）、ヤラバレー（→ P.362）と並ぶオーストラリアワインの主要産地となっている。

ワイナリーの多くはセラードアを兼ねた試飲スペースをもっており、無料もしくは $10 ～ 15 程度で 5 ～ 10 種類のワインテイスティングが楽しめる。また、レストランを併設しているワイナリーもあるので、おいしいワインと一緒に食事を楽しんでみるのもいいだろう。

ヴァスフェリックスも人気ワイナリーだ

ルーウィンエステイトのレストラン

マーガレットリバーの主要ワイナリー

ワイナリー名	住所／URL	電話番号	営業時間
ベサニーズワインズ Bettenay's Wines	248 Tom Cullity Drv., Cowaramup, 6284 URL bettenaysmargaretriver.com.au	(08)9755-5539	毎日 10:00 ～ 17:00
ブルックランドバレー・ヴァインヤード Brookland Valley Vineyard	4070 Caves Rd., Wilyabrup, 6284 URL brooklandvalley.com.au	(08)9755-6042	毎日 11:00 ～ 17:00（冬季～ 16:00）
クレンワインズ Cullen Wines	4323 Caves Rd., Wilyabrup, 6280 URL www.cullenwines.com.au	(08)9755-5277	毎日 10:00 ～ 16:30
ザナドゥワインズ Xanadu Wines	316 Boodjidup Rd., Margaret River, 6285 URL www.xanaduwines.com	(08)9758-9500	毎日 10:00 ～ 17:00
ドリフトウッドエステイトワイナリー Driftwood Estate Winery	3314 Caves Rd., Wilyabrup, 6280 URL driftwoodwines.com.au	(08)9755-6323	木～日 11:00 ～ 16:00
エバンス＆テイト Evans & Tate	Cnr. Metricup & Caves Rds., Wilyabrup, 6280 URL evansandtate.wine	(08)9755-6244	毎日 10:30 ～ 17:00
ルーウィンエステイト Leeuwin Estate	Stevens Rd., Margaret River, 6285 URL leeuwinestate.com.au	(08)9759-0000	毎日 10:00 ～ 17:00
レッドゲイトワインズ Redgate Wines	659 Boodjidup Rd., Margaret River, 6285 URL redgatewines.com.au	(08)9757-6488	毎日 10:00 ～ 16:30
ヴァスフェリックス Vasse Felix	Cnr. Tom Cullity Drv. & Caves Rd., Margaret River, 6284 URL www.vassefelix.com.au	(08)9756-5000	毎日 10:00 ～ 17:00
ボエージャーエステイト Voyager Estate	41 Stevens Rd., Margaret River, 6285 URL www.voyagerestate.com.au	(08)9757-6354	水～日 10:00 ～ 17:00

■マーガレットリバー・ケーブス
URL www.margaretriverattractions.com
時 マンモスケーブ：毎日 9:00 ～ 17:00（入場は 16:00 まで）／ンギルギケーブ：毎日 9:30 ～ 16:00 の間 30 分ごとにツアーで見学／ジュエルケーブ＆レイクケーブ：毎日 9:00 ～ 17:00 の間 1 時間ごとにツアーで見学
料 マンモス、レイク、ジュエル各ケーブ：大人 $24 子供 $12 ／ンギルギケーブ：大人 $32 子供 $16

なおマーガレットリバー地域の主要ワイナリーでは、毎年夏になると屋外コンサートを開催する。**ルーウィンエステイト** Leeuwin Estate の屋外コンサートは、世界的に有名なオーケストラやアーティストを呼ぶことで知られている。併設のレストランも西オーストラリア有数と評価が高い。

個性的な鍾乳洞巡りを楽しもう MAP P.598/1・2

マーガレットリバー・ケーブス
Margaret River Caves

つりテーブル状の鍾乳石が見ものレイクケーブ

ダンズボロウからマーガレットリバー、オーガスタ Augusta へと抜けるケーブス・ロード Caves Rd. 沿いにはいくつもの鍾乳洞があり、一部は一般公開されている。北から**ンギルギケーブ** Ngilgi Cave、**マンモスケーブ** Mammoth Cave、**レイクケーブ** Lake Cave、**ジュエルケーブ** Jewel Cave の 4 つだ。

各鍾乳洞とも特色があり、時間があればすべて見学したいが、人気があるのはレイクケーブとジュエルケーブだ。レイクケーブは、地底湖が広がる半球状の鍾乳洞。広さはあまりないが、オーストラリアでここだけでしか見られないというつりテーブル状の鍾乳石が見ものだ。ジュエルケーブは観光客に一番人気の鍾乳洞。照明によって照らし出される洞内は宝石のように美しい。またレイクケーブ近くにあるマンモスケーブは、唯一個人で洞内散策ができる場所。巨大な鍾乳洞内には絶滅した動物の化石が残っている。

鍾乳石の美しさが際立つジュエルケーブ

美しいライムストーンの灯台 MAP P.598/1

ケープナチュラリステ灯台
Cape Naturaliste Lighthouse

マーガレットリバー地域北端にある歴史的建造物がケープナチュラリステ灯台。1904 年建造の 20m の高さをもつ灯台で、この地域で産出さ

ケープナチュラリステ灯台が建つ岬はゆっくり散策したい

れるライムストーン（石灰石）で造られている。一帯は歴史保護地に指定されており、かつて灯台守が住んでいた住居跡を利用したカフェなどもある。ガイドツアーに参加して詳しい説明を聞いたり灯台の上に登ったりしてみよう。

ペンバートン
Pemberton

博物館も兼ねているビジターセンター

ペンバートンは**カリーカントリー** Karri Country の中心で、世界的にも珍しい巨木カリーの林を散策できる所だ。近くには**ワーレン国立公園** Warren NP、**ビーデルップ国立公園** Beedelup NP など美しい森をもつ国立公園が何ヵ所かある。また海岸沿い 131km にもわたって広がる**ディエントレキャストリアックス国立公園** D'Entrecastreaux NP には、4WD でしかアクセスできない大砂丘**エアガラップ・デューンズ** Yeagarup Dunes があり、オーストラリアらしい壮大な景観が楽しめる。見どころを回るペンバートン発のツアーもいくつかあるので、ビジターセンターで尋ねてみよう。また周辺にはワイナリーも多い。

60m の木登りに挑戦 MAP P.595/A

カリーの巨木
Giant Karri Forest

ペンバートン近郊には、**グロウセスターツリー** Gloucester Tree（高さ 61m）、**デイブエバンス・バイセンテニアルツリー** Dave Evans Bicentennial Tree（高さ 68m）、**ダイヤモンドツリー** Diamond Tree（高さ 52m）と 3 つのカリーの巨木があり、それぞれ頂上に造られた小さな展望台まで登れるようなっている。展望台の高さはいずれも 60m 前後。もともと火事を監視するために造られ、実際 1930 ～ 1940 年代に利用されていた。町の中心から約 3km の森の中にあるグロウセスターツリーが最もアクセスしやすい。

巨木には、登るために鉄の杭が木を取り巻くように取り付けてある。ほぼ垂直に登っていく感覚で、杭を踏み外せばかなり危険。「Own Your Risk」（自己責任で）という看板もある。スムーズにいけば 5 分くらいで展望台まで登れ、そこからは、延々続くカリーの森が 360 度見渡せる。

カリーフォレストを走り抜ける

ペンバートントラムウェイ
Pemberton Tramway

カリーの木、マリーの木の森を手軽に散策するならこのトラムがおすすめ。トラムは深い森の中を走り、緑の木々の間でゆっくりと心地よく揺られるのは気持ちがいい。ワーレンリバー Warren River で折り返す 2 時間ほどのツアーだ。

■ケープナチュラリステ灯台
住 1267 Cape Naturaliste Rd., Leeuwin-Naturaliste NP, 6281
☎ (08)9780-5911
URL www.margaretriverattractions.com
開 毎日 9:00 ～ 17:00（ガイドツアーは 9:30 ～ 16:30 の 1 時間ごとで所要約 1 時間）
料 大人 $16 子供 $8

アクセス

●ペンバートン
パース発着のツアー利用もしくはレンタカー利用が現実的。公共交通機関の場合、トランス WA がパース、バンバリー、アルバニーからバスを運行している。パースから約 5 時間で毎日便はあるが、遠回りをする便もあるので注意。

■ペンバートン・ビジターセンター
Pemberton Visitor Centre
住 29 Brockman St., 6260
☎ (08)9776-1133
URL www.pembertonvisitor.com.au
開 月～土 9:00 ～ 16:00、日 10:00 ～ 13:00
休 クリスマスデー

●パイオニア博物館
Pioneer Museum
ペンバートン・ビジターセンターに併設された博物館。この地域の開拓時代の様子を写真や道具で振り返ることができる。

■ペンバートンのおすすめツアー
●ペンバートン・ディスカバリーツアー
Pemberton Discovery Tours
ワーレン国立公園、ディエントレキャストリアックス国立公園を巡る半日ツアー。
☎ (08)9776-0484
URL www.pembertondiscoverytours.com.au
時 毎日 9:00 ～ 13:00
料 ビーチ & フォレスト・エコアドベンチャー：大人 $140 子供 $75 家族 $430

ゆっくり足元を確認しながら登ろう

それぞれ、森の中にある見どころに何度か停車し、10～20分ほどのウオーキングができる。

ウォルポール&デンマーク

Walpole & Denmark

どちらもサウスコースト・ハイウェイ South Coast Hwy. 沿いにある小さな町。このふたつの町の間に西オーストラリア南東部の人気観光スポットのひとつ**ツリートップウオーク** Tree Top Walk がある。またデンマーク郊外にある**ウイリアムベイ国立公園** William Bay NP には、美しいビーチが広がり、巨岩が連なる**エレファントロックス** Elephant Rocks などの見どころもある。

巨木の森を俯瞰できる MAP P.595/B

バレー・オブ・ザ・ジャイアント／ツリートップウオーク

Valley of the Giants / Tree Top Walk

ツリートップウオークで森の上を歩く

ウォルポールから車で約20分、デンマークから約50分の**ウォルポール・ノーナラップ国立公園** Walpole-Nornalup NP に、カリーやティングルといった珍しい巨木を見ることができるバレー・オブ・ザ・ジャイアントがある。ここのアトラクションがツリートップウオーク。高さ40m、全長600mの歩道が森の上に造られていて、鳥になった気分で木々を見下ろせる。歩くと微妙に歩道が揺れるのでちょっと怖いが、手すりもしっかりしているので安心だ。ほかにも**アンシェントエンパイア** Ancient Empire と呼ばれる奇妙な形をした巨大なティングルの木 Tingle Trees が見られる。ウオーキングトラックがあるので、こちらもお見逃しなく。

アルバニー

Albany

歴史を感じる町アルバニーのタウンホールは1888年建造

アルバニーはパースから南東409kmに位置し、マウントクラレンス Mt. Clarence とマウントメルビル Mt. Melville に挟まれた港町で、1826年に西オーストラリアで最初に白人が入植した町として知られている。そのため古い建物や博物館が多いが、それだけではなく、美しい海と森林に囲まれた町でもある。海に囲まれているので海岸沿いに見どころが多く、観光にはやはりレンタカーが便利。リゾート気分を味わいたいなら**ミドルトンビーチ** Middleton Beach がおすすめ。町からそれほど離れていないが、きれいなビーチがあり、ブティックリゾートやコンドミニアムなどのホテルがある。

愛らしいトラムで森を巡る

■ペンバートントラムウェイ
住 Railway Cres., Pemberton, 6260 ☎(08)9776-1322
URL www.pemtram.com.au
●ワーレンリバー・ブリッジ往復
時 月火木～土10:30、14:00発、土12:15発（所要1時間45分） 料 大人$28 子供$14

アクセス

●ウォルポール&デンマーク
レンタカー利用が現実的。公共交通機関は、トランスWAのバスがアルバニーやバンバリーから毎日運行している。

■デンマーク・ビジターセンター Denmark Visitor Centre
住 73 South Coast Hwy., Denmark, 6333
☎(08)9848-2648
URL denmark.com.au
開 月～土9:30～15:30
休 日、クリスマスデー

■バレー・オブ・ザ・ジャイアント、ツリートップウオーク&アンシェントエンパイア・ウオーク
住 Between Walpole & Denmark
☎(08)9840-8263
URL www.valleyofthegiants.com.au
URL www.treetopwalk.com.au
開 毎日9:00～17:00（最終入場16:15）／年末年始8:00～18:15
休 クリスマスデー、天候不良時
料 大人$21 子供$10.50 家族$52.50

■国立公園入場料
西オーストラリアの国立公園の多くは入園料が必要。ウェブサイトもしくは各国立公園入口の自動券売機で購入できる。
URL exploreparks.dbca.wa.gov.au
料 1日有効：車1台（各車の定員まで／最大乗客12人）につき$17
※西オーストラリアの国立公園すべての入園料が含まれたホリデー・パークパス Holiday Park Pass もある。車1台につき5日間有効$30、14日間有効$50、1ヵ月有効$70

アルバニーの歴史を歩く
ヒストリカルウオーク
Historical Walk

アルバニーの歴史を知るのにおすすめなのがヒストリカルウオーク。ビジターセンターでもらえるマップを頼りに歩きだそう。まずは、アルバニーのシンボルである**ブリッグアミティ** Brig Amity。1826 年に最初の白人がやってきたときの船を復元したものだ。すぐ隣の**グレートサザン博物館** Museum of The Great Southern を見て、**アルバニー流刑囚監獄博物館** Albany Convict Gaol Museumへと続く。ビジターセンターの前に建っている貫禄あるれんが造りの建物の旧ポストオフィス Old Post Office（現在はコロニアル博物館として使われている）も見逃せない。

大迫力の自然断崖 MAP P.601/A
ザ・ギャップ&ナチュラルブリッジ
The Gap & Natural Bridge

断崖絶壁のザ・ギャップを望む展望台

アルバニーから 10km ほどの**トーンドラップ国立公園** Torndirrup NP に、**ザ・ギャップ**と**ナチュラルブリッジ**と呼ばれるふたつの断崖絶壁がある。高さは海上 25 ～ 30m。大波が荒々しく崖にぶつかり、水しぶきを高く吹き上げるその迫力は見もの。レンタカーなら近くの**ブロウホール** Blowholes（潮吹き穴）、アルバニーの町が見渡せる**ストニーヒル** Stony Hill にも行ってみよう。

アクセス

●アルバニー

バスはトランス WA がパースからの直行便と、バンバリー経由便を運行している。パースからの直行便は毎日あり約 6 時間、バンバリーからは約 5 時間 30 分かかる。またリージョナルエクスプレスが 1 日 1 ～ 4 便、パースとアルバニーを約 1 時間で結んでいる。

■アルバニー・ビジターセンター Albany Visitors Centre
住 221 York St., Albany, 6330
☎ (08)6820-3700
URL www.amazingalbany.com.au
開 月～金 9:00 ～ 16:00、土日祝 10:00 ～ 14:00
休 クリスマスデー

■ブリッグアミティ
住 Albany Historical Precinct, off Princess Royal Drv., Albany, 6330 ☎ (08)9841-4844
URL visit.museum.wa.gov.au/greatsouthern/brig-amity
開 毎日 9:30 ～ 16:00
休 グッドフライデー、クリスマスデー
料 大人 $5 子供 $2 家族 $12

最初に訪れたいブリッグアミティ

■グレートサザン博物館
住 Residency Rd., Albany, 6330
☎ (08)9841-4844
URL visit.museum.wa.gov.au/greatsouthern
開 毎日 10:00 ～ 16:00
休 ニューイヤーズデー、グッドフライデー、クリスマスデー、ボクシングデー
料 無料（$5 の寄付）

■アルバニー流刑囚監獄博物館
住 267 Stirling Tce., Albany, 6330 ☎ 0457-329-944
URL historicalbany.com.au
開 毎日 10:00 ～ 16:00
休 グッドフライデー、クリスマスデー
料 大人 $6 子供 $2.50 家族 $15

■ディスカバリーベイ捕鯨基地跡博物館
住 81 Whaling Station Rd., Frenchman Bay, 6330
☎ (08)9844-4021
URL discoverybay.com.au
開 毎日 9:00 ～ 17:00
休 クリスマスデー
料 大人 $35 子供 $12 家族 $80
※オーストラリアン・ワイルドライフパーク入園料込み

■アルバニーのホエールウオッチング・クルーズ
捕鯨基地があったアルバニーということもあり、冬季には沖合に数多くのクジラがやってくる（ミナミセミクジラ、ザトウクジラなど）。この時期、アルバニー発でホエールウオッチングクルーズも催行される。
●アルバニー・ホエールツアー Albany Whale Tours
☎ 0422-441-484
URL www.albanywhaletours.com.au
時 例年 6 月～ 10 月初旬の毎日 9:30 ～ 13:00
料 大人 $100 子供 $60 家族 $300

世界で一番大きな捕鯨博物館 MAP P.601/B

ディスカバリーベイ捕鯨基地跡博物館
Discovery Bay Historic Whaling Station

捕鯨基地をそのまま博物館にしている

西オーストラリア最南端に位置するアルバニーは、かつて捕鯨基地として栄えた港町だった。最盛期には 1 シーズンに 850 頭を超えるクジラがこの港に陸揚げされたという。トーンドラップ国立公園に隣接したこの場所は、1978 年まで実際に使われていた捕鯨基地。現在は当時の様子を保存し、さらに捕鯨の歴史や、現在保護されているクジラ、シャチに関する知識が得られる最新のオーディオビジュアルを備えた博物館となっている。冬季にはここからクジラが見えることもある。

なお博物館のすぐ向かいには小さな動物園**オーストラリアン・ワイルドライフパーク** Australian Wildlife Park もあり、コアラやカンガルー、ワラビーなどを見ることもできる。

純白のビーチに感動 MAP P.595/B

トゥピープルズ・ベイ
Two Peoples Bay

アルバニーから車で 30 分ほどの所にあるトゥピープルズ・ベイには、1961 年にここで再発見されるまで絶滅したと思われていたノイジースクラブバード Noisy Scrubbird の保護地がある。インフォメーションセンターもあり、一帯の動植物についての展示がしてあるので見ておこう。また、トゥピープルズ・ベイにあるリトルビーチ Little Beach は小さなビーチながら、海の美しさ、白砂の美しさは最高。夏ならぜひ泳ぎに行きたいビーチだ。

白砂と海の青さのコントラストが美しいリトルビーチ

アクセス
●エスペランス
パースから毎日 1 ～ 3 便リージョナルエクスプレスのフライトがある(所要約 1 時間 30 分)。陸路はパースからトランス WA のバスが、週 6 便（所要約 10 時間）あるほか、アルバニーから週 2 便、カルグーリーから週 3 便運行されている。

エスペランス
Esperance

オーストラリアの地名は先住民の言葉やかつて植民地支配をしていた英国の地名、人名にちなんだものが多い。ところが、パース南東約 720km にあるエスペランスは「希望」という意味のフランス語に由来する。1792 年、オーストラリア南海岸を航海していたフランスの軍艦 2 隻が、嵐のためにこの地（実際にはエスペランスの西に浮かぶオブザーバトリー島 Observatory Is.）に避難した。その軍艦のうちのひとつエスペランス号を、この町の名前にしたのだ。しかし、この町の景観のすばらしさを表すのには、その昔この地の先住民がつけた「ガッバカイル Gabba-kyle」（水がブーメランのように横たわった所）という名前のほうが似つかわしい。

エスペランスのビーチ沿いにあるクジラの尾ビレのオブジェ

ここには西オーストラリアでも有数の美しい浜と美しい海があるからだ。目の前の海はサザンオーシャンで、透きとおった青色を見せる。こうした海でのサーフィン、フィッシング、ダイビングなどマリンアクティビティも盛んだ。

カンガルーがやってくるビーチがある

ラッキーベイとケープ・ル・グラン国立公園
Lucky Bay & Cape Le Grand NP

ラッキーベイはカンガルーがやってくるオーストラリアでも数少ないビーチだ

エスペランス周辺の海岸線は入り組んでおり、それぞれの入江に美しいビーチがある。なかでもエスペランスの町から約60kmのケープ・ル・グラン国立公園は、数多くの白砂のビーチをもつことで知られている。そのひとつラッキーベイは、オーストラリアで最も白い砂をもつビーチであり、流れ着く海草を求めてカンガルーが頻繁に現れることでよく知られている。エスペランスへやってきたら、絶対行きたい場所だ。

幻想的なピンク色の湖を見にいこう

ヒリアー湖とルサーシュ群島
Lake Hiller & Recherche Group

エスペランス沖にはかつてエスペランス号が避難した島を含むルサーシュ群島があり、毎日島巡りのクルーズも出ている。この群島の東の外れに近い場所にあるミドル島 Middle Is. には、まるで自然の色とは思えないようなピンク色を見せる全長600mほどのヒリアー湖がある。1年を通して天候に左右されることなくピンク色を見せる湖は世界的にもまれで、世界中の雑誌で「世界の絶景」として紹介されているほど。ミドル島は自然保護の立場から上陸が規制されている島のため、ヒリアー湖を見るのには遊覧飛行を利用することになる。エスペランス空港から**フライエスペランス・シーニックフライト** Fly Esperance Scenic Flights が毎日数回遊覧飛行を行っている。約90分の遊覧飛行で、ヒリアー湖以外にもルサーシュ群島の島々、ケープ・ルグラン国立公園の美しいビーチなどを上空から眺めることができる。

上空から眺めるラッキーベイ

なお町から5kmほどの場所にピンクレイク Pink Lake と名づけられた湖もあるが、ここは現在ピンク色になることはない（かつては天候によってはピンク色に染まることがあった）。

■エスペランス・ビジターセンター Esperance Visitors Centre
住 Museum Village, Dempster St., Esperance, 6450
☎ (08)9083-1555
☎ 1300-664-455
URL www.visitesperance.com
開 月〜金 9:00 〜 17:00、土 9:00 〜 14:00、日 9:00 〜 12:00 休 クリスマスデー

■ルサーシュ群島の名前の由来
エスペランス号と一緒に避難したもう1隻の船の名前がルサーシュ号だったため、この名がついた。

■アシカを見にいくエスペランスアイランド・クルーズ Esperance Island Cruises
ルサーシュ群島を巡るクルーズで、野生のアシカや巨大なウミワシ、季節によってはクジラなどが見られる。
☎ (08)9071-5757
URL www.esperancecruises.com.au
時 毎日 8:30 〜 12:00
料 大人 $120 子供 $65 家族 $325
※年数回（例年1月中旬）ミドル島（ヒリアー湖）を見にいくツアーも催行している。ひとり $390。出発地はエスペランスの東約100kmのデューク・オブ・オルレアン Duke of Orleans。

信じられないほどのピンク色の水をたたえるヒリアー湖

■フライエスペランス・シーニックフライト
FREE 1800-951-251
URL flyesperance.com
時 2024年2月現在ヒリアー湖＆ミドル島への遊覧飛行は不定期開催。
料 不定期のため料金は要確認

バンバリー

町にもビーチにもアクセスしやすい　MAP なし
Dolphin Retreat Bunbury YHA
ドルフィンリトリート・バンバリー YHA

URL dolphinretreatbunbury.com.au
URL www.yha.com.au
住 14 Wellington St., Bunbury, 6230
☎ 9792-4690　WiFi 無料
料 D $41、S $72、TW $78　CC AJMV

のんびりできる裏庭があり、BBQ設備も完備。無料でブギーボード、自転車のレンタルもしてくれる。

イルカ好きが集まる　MAP なし
Wander Inn Bunbury Backpackers
ワンダーイン・バンバリーバックパッカーズ

URL bunburybackpackers.com.au
住 16 Clifton St., Bunbury, 6230
☎ 9721-3242　FREE 1800-039-032　WiFi 無料
料 D $37 ~ 41、TW $78　CC MV

バンバリーの老舗バックパッカーズ

町の中心から歩いて7～8分。部屋もキッチンもダイニングルームも清潔だ。クーンバナビーチへの送迎あり。

リゾート気分を味わうなら　MAP なし
The Clifton Motel & Grittleton Lodge
クリフトンモーテル&グリトルトンロッジ

URL theclifton.com.au　住 2 Molloy St., Bunbury, 6230　☎ 9792-6200　FREE 1800-017-570
WiFi 無料　料 TW $163 ~ 279　CC AMV

建物の優雅さも魅力のひとつ

ビーチから50mの所にあるコロニアル様式のホテル。プール、スパ、サウナも付いていてのんびりリゾート気分を味わいたい人におすすめ。町の中心部からも近いので、とても便利だ。

マーガレットリバー

町なかの人気バックパッカーズ　MAP P.598/2
Margaret River Backpackers YHA
マーガレットリバー・バックパッカーズ YHA

URL www.margaretriverbackpackers.com.au
URL www.yha.com.au
住 66 Town View Tce., Margaret River, 6285
☎ 9757-9572　WiFi 無料　料 D $30 ~ 34　※季節により最低宿泊日数あり　CC MV

マーガレットリバーの中心にあるマーガレットリバーロッジの姉妹ホステル。52ベッドをもつ大型ホステルだ。

観光に便利な　MAP P.598/2
Margaret River Motel
マーガレットリバー・モーテル

URL www.margaretrivermotel.com.au
住 18 Farrelly St., Margaret River, 6285
☎ 9757-3177　WiFi 無料　料 TW $151 ~ 329、2B $203 ~ 338
CC MV

部屋は値段以上の快適さ

マーガレットリバーの中心部にほど近い場所にあるモーテル。通常の部屋でもゆったりとしており快適。チェックイン時にスタッフがマーガレットリバーでの食事処や過ごし方の相談にていねいにのってくれる。

瀟洒な4つ星ホテル　MAP P.598/2
Stay Margaret River
ステイ・マーガレットリバー

URL staymargaretriver.com.au
住 78 Wallcliff Rd., Margaret River, 6285
☎ 9757-2633　FAX 9757-9001　WiFi 無料
料 TW $182 ~ 209、1B $239 ~ 247、2B $272
CC ADMV

リゾート感あふれるプールエリア

マーガレットリバーの町から車で5分。コロニアルスタイルのホテルで、手入れの行き届いた庭園に囲まれている。客室は落ち着いた家具調度品でまとめられている。

すばらしい眺めが楽しめる　MAP P.598/1
Hilltop Studios
ヒルトップスタジオ

URL www.hilltopstudios.com.au
住 568 Carters Rd., Margaret River, 6285
☎ 9758-8988　WiFi 無料　料 1B $380 ~ 480
※最低2泊以上　CC AMV

町から離れた丘の上にあり、敷地内にはときおりカンガルーが姿を現すこともある。戸建てヴィラスタイルの客室は広々としており、スパバスの窓もすべて開放できる。

森に囲まれたブティックリゾート　MAP P.598/1
Cape Lodge
ケープロッジ

URL www.capelodge.com.au/ja/index.html
住 3341 Caves Rd., Yalingup, 6282

美しい庭園をもつマナーハウスといった雰囲気

☎9755-6311 WiFi 無料 料2泊TW$1990～2590 ※朝・夕食付き CC AMV

マーガレットリバー地区北部ヤリンガップにあるマーガレットリバーを代表する高級ホテル。美しい森と湖、庭園を敷地内にもち、客室もとにかく優雅。これまで数多くの受賞歴をもつレストランも併設している。

優雅なビーチライフを体験したいなら MAP なし
The Beach House at Bayside
ビーチハウス・アット・ベイサイド

URL www.thebeachhouseatbayside.com.au
住 33 Barry Court., Collingwood Park, Albany, 6330 ☎9844-8844 WiFi 無料 料TW$293～405 CC ADJMV

ミドルトンビーチに建つ、客室数はわずか7室のブティックホテル。豪華な朝食、アフタヌーンティーや夜のポートワインなど無料のサービスも多い。大人の雰囲気のホテルのため、12歳未満の子供の宿泊は不可。

アルバニー

ロケーションのいい MAP なし
1849 Backpackers
1849 バックパッカーズ

URL 1849backpackers.com.au
住 45 Peels Place., Albany, 6330
☎9841-1574 WiFi 無料 料D$35～45、TW$89～139 CC MV

町の中心にあるバックパッカーズ。通りから少し入ったところが入口で、入口前にはのんびりするのにいいテラスふう前庭がある。

スタッフのサービスがいい MAP なし
Six Degrees Albany Hotel Motel
シックスディグリー・ホテルモーテル

URL albanymotelwa.com.au 住 70 Stirling Tce., Albany 6330
☎9841-1466
WiFi 無料 料TW$79～179 CC MV

昔ながらのパブの上にあるホテル

古い建物が並ぶスターリング・テラス沿いにあり、1階は地元で大人気のパブレストラン。値段の安い部屋はシャワー、トイレ共同。

町の中心にある歴史的ホテル MAP なし
Albany Foreshore Guest House
アルバニー・ホーショアゲストハウス

URL albanyforeshoreguesthouse.com.au
住 86 Stirling Tce., Albany, 6330
☎0412-704-794 FAX 9842-8325 WiFi 無料
料S$110～135、TW$130～155
※朝食付き CC ADJMV

コロニアルな雰囲気の建物だ

旧鉄道駅前のテラス沿いに建つ、1866年建造のコロニアルなホテル。 全5室がどれもアンティークな装いで、優雅な気分で滞在が楽しめる。

エスペランス

海の真ん前にある MAP なし
The Jetty Resort
ジェッティリゾート

URL www.thejettyresort.com.au 住 1 The Esplanade (2 Dempster St.), Esperance, 6450 ☎9071-3333 WiFi 無料 料TW$145～249、2B$280～330 ※季節により最低2泊以上 CC MV

町外れ海岸通りの旧桟橋前にある35室のホテル。部屋は木のぬくもりを感じさせる造りで、スタンダード、スパバス付きスイート、2ベッドルームアパートメントの3種類。プール、ランドリーなどの設備あり。

海を望む場所に建つ1級リゾート

エスペランスの人気キャラバンパーク MAP なし
RAC Esperance Holiday Park
RAC エスペランス・ホリデーパーク

URL parksandresorts.rac.com.au/esperance/
住 Goldfields Rd., Esperance, 6450
☎9071-1251 FREE 1800 871 570 WiFi 無料
料 キャビン：1B$298～310、2B$286～425、パワーサイト＆テントサイト $54 CC MV

海を望む広々とした敷地をもつキャラバンパーク。部屋は水色の外装がかわいいキャビンスタイルで、2ベッドルームなら専用デッキにBBQ道具も付いている。キャンピングカー利用者やテント持参者向けのパワーサイトもある。

エスペランス中心部の快適アコモ MAP なし
Comfort Inn Bay of Isles
コンフォートイン・ベイ・オブ・アイルズ

URL comfortinnbayofisles.com.au
住 32 The Esplanade, Esperance, 6450
☎9071-9000 WiFi 無料
料TW$158～194 CC AMV

海の前、しかも町の中心ミュージアムパーク横という絶好のロケーション。部屋はちょっとクラシックなモーテルスタイル。プールやBBQ設備もある。

ゴールドフィールド
Goldfields

アクセス

●ゴールドフィールド
カンタスリンク、ヴァージンオーストラリアがパースからカルグーリーへフライトを運航。また列車プロスペクター号がイーストパース駅からカルグーリーまで運行。豪華列車インディアンパシフィック号も停車する。

■カルグーリー・ボールダー・ビジターセンター Kalgoorlie Boulder Visitor Centre
住316 Hannan St., Kalgoorlie, 6430 ☎(08)9021-1966
URL www.kalgoorlietourism.com
開 月～金 9:00～17:00、土 9:00～16:00、日祝 9:00～14:00 休 ニューイヤーズデー、グッドフライデー、アンザックデー、クリスマスデー、ボクシングデー

■ゴールドフィールド博物館
住17 Hannan St., Kalgoorlie, 6430 ☎(08)9021-8533
URL visit.museum.wa.gov.au/goldfields 開 毎日 10:00～15:00 料 無料（$5程度の寄付） 休 ニューイヤーズデー、グッドフライデー、クリスマスデー、ボクシングデー

■クールガーディ・ビジターズセンター Coolgardie Visitors Centre
住62 Bayley St., Coolgardie, 6429 ☎(08)9026-6090
URL www.coolgardie.wa.gov.au
開 月～金 8:30～16:00、土日祝 10:00～15:00
●ゴールドフィールド展示館（ビジターセンター内）
料 大人$5 子供$3

現在も採掘が続けられている世界最大級の露天掘り金鉱山、スーパーピットを有する西オーストラリア州内陸部の町が**カルグーリー＆ボールダー** Kalgoorlie & Boulder。この町と近郊 50km にある**クールガーディ** Coolgardie 一帯はゴールドフィールドと呼ばれ、1890 年代に金が発見されたあとに、ゴールドラッシュで栄えた所だ。しかし町が存続するためには「水の確保」という大問題があった。当時の金鉱夫たちは「金を探すのと同じように水を探した」といわれているほどだ。

1903 年、水道技師オコーナー O'Conner がパースからカルグーリーまで 556km もの長さのパイプラインを引くことを提案、およそ 10 年の歳月をかけて完成させた。だが蛇口をひねっても水は出ず、彼は人々の失笑を買い失意のなか自殺した。彼の死後数週間たったときだった。突然、蛇口から水が流れ出したのだ。パースとカルグーリーとの標高差 400m、500km 以上にわたるパイプラインを水が流れてくるのに、それだけの時間を要したのだった。そしてオコーナーの造ったパイプラインは現在も利用されている。

ゴールドフィールドの歩き方
OUTLINE OF GOLDFIELDS

カルグーリー＆ボールダーは、人口約 3 万人の西オーストラリア内陸最大の町で、現在でも金の採掘が大規模に行われている。この町はまた 19 世紀後半の建物が数多く残っていることでも知られている。ビジターセンター推奨の約 4km のヒストリカルウオーキング・ルートがあるので、ぜひ歩いてみたい。

またかつての金鉱山の様子を展示した**ゴールドフィールド博物館** Museum of the Goldfields や、クールガーディにある**ゴールドフィールド展示館** Goldfield Exhibition などは訪れてみたい。

ゴールドフィールドのホテル
ACCOMMODATION　州外局番(08)

モダンで快適な Rydges Kalgoorie リッジスカルグーリー
MAP なし

URL www.rydges.com 住21 Davidson St., Kalgoorlie, 6430 ☎9080-0800 WiFi 無料 料TW$282～359、1B$404～549、2B$566～699 CC AMV

プールやレストラン、バーなども完備。客室は明るく現代的な雰囲気だ。

充実したキッチンが付いている Albion Hotel アルビオンホテル
MAP なし

URL www.albionshamrock.com.au
住60 Burt St., Boulder, 6432 ☎9093-1399
WiFi 無料 料TW$95～140 CC ADMV

ボールダーのバスターミナルからタクシーで約 5 分。部屋にはエアコン、キッチン、電子レンジも付いている。

クールガーディの宿なら Coolgardie Gold Rush Motels クールガーディ・ゴールドラッシュモーテル
MAP なし

URL www.coolgardiegoldrushmotel.com.au
住47-53 Bayler St., Coolgardie, 6429
☎9026-6080 WiFi 無料
料TW$165～185 CC ADMV

全 27 室のこぎれいなモーテル。プールや BBQ 施設、レストランもある。

日本からゴールドフィールドへの電話のかけ方
国際電話会社の番号＋010＋61（国番号）＋8（0を取った州外局番）＋電話番号

コーラルコースト
Coral Coast

野生イルカが浜辺までやってくるモンキーマイア

ピナクルズ（ナンバン国立公園）近くのジュリアンベイ Jurien Bay から、エクスマウスのあるノースウエスト岬 North West Cape まで、インド洋岸約 1100km に及ぶ海岸地帯をコーラルコーストと呼ぶ。海沿いには数多くの美しいビーチがあり、野生イルカに餌づけできるモンキーマイアや、ジンベエザメと泳げるエクスマウスなど、人気のリゾートタウンが点在している。パースから距離的に遠いこと、さらに乾燥した砂漠気候ということもあって、まだそれほど観光開発は進んでいない。各観光地のアクセス手段もかぎられるので、パース～エクスマウス間を数泊かけて楽しむ移動型ツアーを利用するのが一般的だ。

ジェラルトン
Geraldton

港に面した場所にあるジェラルトン博物館

パースの北 420km に位置するリゾートタウンがジェラルトンだ。年間をとおし 1 日の日照時間が平均 8 時間と長く、サンシティの通称ももっている。海岸沿いに続くビーチはウインドサーフィンやホビーキャットのセイリングには最適で、週末ともなるとカラフルな帆がいくつも波間に揺れているのが見える。またロブスターの水揚げ港として世界的に知られており、町のレストランではパースよりも安い値段で、新鮮なロブスターを食べることもできる。

町なかで見逃せないのが**ジェラルトン博物館** Museum of Geraldton。17 世紀、オランダ東インド会社の船がヨーロッパからアフリカのホーン岬を経由し、インドネシアのバタビア（現ジャカルタ）を目指し航海していた当時の話。時期を別にして 4 艘の船が、西オーストラリア沿岸を北上中、ジェラルトン沖で難破したという。それらの船の遺品がこの博物館に多数展示されているのだ。ほかにも**旧鉄道駅舎** Old Railway Building、**クイーンズパーク劇場** Queens Park Theatre などを見て歩きたい。

またジェラルトンは西オーストラリアを代表するダイビングポイント、**アブロホス諸島** Abrolhos Islands への玄関口。沖合約 60km にあるこの諸島は、珊瑚礁に囲まれた大小 100 以上の島からなっている。多数のアシカもいて、珊瑚礁の海でアシカとダイビングできるのだ。

アクセス

●ジェラルトン
インテグリティ・コーチライン、トランス WA が毎日パースからバスを運行（所要約 7 時間）。また**ジェラルトン空港** (GET) へカンタスリンク、ヴァージン オーストラリアがパースから毎日フライトを運航している。

■ジェラルトン・ビジターセンター Geraldton Visitor Centre
住 24 Chapman Rd., Geraldton, 6530 ☎ (08)9956-6670
URL www.visitgeraldton.com.au
開 月火木金 9:00 ～ 16:00、水土日祝 9:00 ～ 13:30
休 ニューイヤーズデー、グッドフライデー、クリスマスデー、ボクシングデー

■ジェラルトン博物館
住 2 Museum Pl., Batavia Coast Marina, Geraldton, 6530
☎ (08)9431-8393
URL visit.museum.wa.gov.au/geraldton
開 毎日 9:30 ～ 15:00
休 ニューイヤーズデー、オーストラリアデー、グッドフライデー、アンザックデー、クリスマスデー、ボクシングデー
料 無料（$5 の寄付）

アクセス

●カルバリー（次ページ）
トランス WA がパースからカルバリー行きのバスを走らせている。インテグリティ・コーチラインを利用する場合、ジェラルトンの北にあるアジャナ Ajana という町で下車。そこから、接続する小さなバスでカルバリーへ向かう。

■カルバリー・ビジターセンター Kalbarri Visitors Centre
住 70 Grey St., Kalbarri, 6536
☎ (08)9937-1104
URL www.kalbarri.org.au
開 月～金 9:00 ～ 17:00、土 9:00 ～ 13:00
休 日祝

カルバリー

Kalbarri

ジェラルトンの北約 50km の**ノーザンプトン** Northampton で国道 1 号線を離れ海沿いへと向かう。途中ポートグレゴリー Port Gregory 付近で鮮やかな桜色に染まる**ピンクレイク**脇を通り過ぎ 100km ほど走ると、海沿いの町カルバリーへと到着する。マーチソン川 Murchison River の河口に開けた人口 1500 人ほどの小さな町で、美しい渓谷をもつカルバリー国立公園への起点として知られている。

美しいビーチや海岸沿いの渓谷も多い。なかでも町の中心から歩いても 5 分ほどの、マーチソン川河口を目の前にする**チャイナマンズビーチ** Chinamans Beach は波も穏やかで家族連れに人気。少し町を離れると、インド洋の豪快な波が押し寄せる**ジャッキーズポイント** Jacques Point があり、休日は多くのサーファーが集まってくる。

ダイナミックな自然の造形

カルバリー国立公園

Kalbarri NP

眼下にマーチソン渓谷を眺める

100 万年以上もの年月をかけて、マーチソン川が砂岩の大地を切り開いて造り上げた大渓谷、それがカルバリー国立公園だ。18 万 ha もの国立公園内には、約 80km にも及ぶ渓谷が続く。切り立った岩肌には、4 億年の時を刻むマーブル模様の地層がむき出しになっている。

旅行者がアクセスできる場所は 3 ヵ所。まず国立公園中央の**Z ベンド** Z-Bend。マーチソン川が Z 字に折れ曲がって造り出した渓谷で、断崖絶壁の高さは 150m にもなる。乾季は川の流れも静かで、河岸まで下りれば遊泳も可能だ（駐車場から片道 500m ほどのブッシュウオーキングとなる）。国立公園北側にあるのが**ザ・ループ** The Loop。断崖絶壁の上に約 800m で一周できるウオーキングトラックがあり、カルバリー国立公園の大景観を満喫できるのだ。ザ・ループの突端には、風雨によって岩が削られ窓のようになった**ネイチャーズウインドー** Nature's Window があり、記念撮影ポイントとなっている。

国立公園南側にあるのが、**ホークスヘッド＆ロスグラハム・ルックアウト** Hawk's Head & Ross Graham Lookout。どちらも渓谷の美しさを眼下にできる展望地だ。

カルバリー国立公園内はオフロードがほとんどで、しかもトレッキングは急な岩場を登ったりするので、ツアーで観光するのがおすすめだ。歩くだけでは物足りない人は、カヌーやロッククライミングなども楽しめるアドベンチャーツアーに参加しよう。

■カルバリー国立公園
URL explorepark.dbca.wa.gov.au
料 1 日有効：車 1 台（各車の定員まで／最大乗客 12 人）につき $17
※西オーストラリアの国立公園すべての入園料が含まれたホリデー・パークパス Holiday Park Pass もある。車 1 台につき 5 日間有効 $30、14 日間有効 $50、1 ヵ月有効 $70
※カルバリー国立公園内は未舗装道路が多いので、レンタカー利用の場合は 4WD を借りておくこと。

絶景ポイントとして人気のスカイウオーク（©Tourisum Western Australia)

■カルバリー国立公園のスカイウオーク
カルバリー国立公園のウエストループに、マーチソン川を見下ろす崖から突き出たふたつのスカイウオークがある（川からの高さ約 100m）。
URL exploreparks.dbca.wa.gov.au/site/kalbarri-skywalk
開 毎日 6:00 ～ 18:00
※国立公園入園料で入場できる

■カルバリー発着カルバリー国立公園ツアー
●カルバリー・アドベンチャーツアーズ Kalbarri Adventure Tours
☎(08)9937-1677
URL www.kalbarritours.com.au
時 カヌー・ザ・ゴージ・ツアー：半日 8:00 ～ 13:30（夏季 7:00 ～ 12:30）
※催行日は要問い合わせ
料 カヌー・ザ・ゴージ・ツアー：半日 大人 $110 子供 $80 家族 $350
※キャンプツアーも行っている

ネイチャーズウインドーから眺める絶景

なお、カルバリーの気候は、夏季には気温が40℃ほどで乾燥し風が強く、冬季は10～20℃で過ごしやすい。ワイルドフラワーが咲き始めるのは、7月過ぎ頃。やはり、ベストシーズンは涼しい冬季だろう。

Zベンドのウオーキングトラック

モンキーマイアとシャークベイ
Monkey Mia & Shark Bay

パースの北およそ830kmにある町カナーボンの南にはシャークベイが広がっている。ここは西オーストラリアで最初に世界自然遺産に登録された場所。シャークベイでよく知られているのは、野生のイルカに餌づけができるモンキーマイアだ。ほかにも、世界自然遺産に登録された大きな理由であるストロマトライトや、人魚伝説のモデルとして知られるジュゴンなど、一度は見てみたいものばかりだ。シャークベイの魅力を存分に堪能したい人は、**デナム** Denhamやモンキーマイアに滞在し、周辺の見どころをじっくり回るといい。

アクセス

●モンキーマイアとシャークベイ
インテグリティ・コーチラインが、パースから週3便バスを運行している。ジェラルトンの北250kmのオーバーランダーロードハウスOverlander Roadhouseで、接続するミニバスに乗り換えて、90分でデナムへ到着、デナムから約20分でモンキーマイアへ到着する。空路はパースから**モンキーマイア空港**(MJK)へリージョナルエクスプレス(REX)が毎日1便運航。空港からデナムまではタクシーで$35前後(約15分)。モンキーマイア・ドルフィンリゾートへは予約(☎(08)9948-1320)しておけば有料シャトル利用可能。

■シャークベイ・ワールドヘリテージ&ディスカバリー・ビジターセンター Shark Bay World Heritage & Discovery Visitor Centre
住 53 Knight Tec., Denham 6537 ☎(08)9948-1590
URL www.sharkbayvisit.com.au
開 月～金 9:00～16:30、土祝 10:00～14:00
休 日、クリスマスデー

イルカに出合う！　感動の瞬間 MAP P.609/2

モンキーマイア・ドルフィンリゾート
Monkey Mia Dolphin Resort

イルカに餌をあげるのは貴重な体験だ

モンキーマイアで出合えるのはバンドウイルカ。リゾート前の桟橋近くの浅瀬に、早朝から午後にかけて数回やってくる。イルカがやってくるとレインジャーがすぐにビーチへ出てくる。彼らの指示に従い、イルカとコミュニケーションを図ろう。海に入るのはひざの深さまでで、イルカのほうから近寄ってくるのをじっと待つこと。イルカは通常5～8頭やってくる。頭数に合わせてレインジャーが餌づけできる人を数人程度指名する。午前中は多くの観光客がやってくるので、餌づけさせてもらえるかどうかはあくまで運次第だ。日焼け止めローションをつけていたり、病気気味の人はそばに近寄ってはいけない。薬物や人間の病気に対する抵抗力がないからだ。なおビーチにはペリカンもたくさんいる。イルカと触れ合ったあとは、ペリカンウオッチングを楽しむのもいいだろう。

またシャークベイは世界のジュゴンの8分の1に当たる数がすむ世界最大のジュゴン生息地。モンキーマイア・ドルフィンリゾートの桟橋から出ているカタマランヨットを利用した**セイル・ウイズ・バンチ・オブ・アニマル** Sail with Bunch of Animalsで、ぜひ「人魚」といわれた華麗な泳ぎをこの目で確かめよう。

シャークベイ Shark Bay

0　50km
ガスコイン川 Gascoyne River
Bernier Is.
カナーボン Carnarvon
カナーボン宇宙&科学博物館 P.611 Carnarvon Space & Technology Museum
カナーボン空港
Dorre Is.
シャークベイ Shark Bay
NORTH WEST HWY
1
P.609 モンキーマイア・ドルフィンリゾート Monkey Mia Dolphin Resort
P.615 RACモンキーマイア・ドルフィンリゾート RAC Monkey Mia Dolphin Resort
モンキーマイア空港
ダークハートッグ島 Dirk Hartog Is.
モンキーマイア Monkey Mia
Faure Is.
デナム Denham
P.616 ベイロッジ・シャークベイ Bay Lodge Shark Bay
シェルビーチ Shell Beach P.610
ナンガ Nanga
ハメリンプール海洋保護区 P.610 Hamelin Pool Marine Nature Reserve
2
Carranrang
オーバーランダーロードハウス Overlander Roadhouse
N

クルーズでジュゴンを見にいこう

3時間ほどのクルーズでは、ジュゴン以外にもほぼ確実にイルカの群れが見られるし、運がよければタイガーシャークやクジラも見られる。同社ではカタマランを利用した夕暮れ時のサンダウンクルーズも催行している。

モンキーマイアと並ぶシャークベイの見どころ MAP P.609/2

シェルビーチ
Shell Beach

小さな二枚貝が堆積してできたシェルビーチ

デナムの東40kmほどから始まる海岸地帯は、花びらのような小さな白い貝殻が堆積してできたシェルビーチだ。その長さは110km以上にわたる。1cm前後の二枚貝が、この場所に推積し始めたのは今から約4000年前といわれる。高温と風の影響から海水の塩度が濃くなったにもかかわらず生きながらえ、嵐によって海岸に運ばれてきた。強風が砂などを飛ばし去り、蓄積された貝殻は石灰岩となっていったが、繰り返し雨水にさらされているうちに炭酸カルシウムが溶かされ、結晶となって沈殿した。この結晶と貝殻とで現在のビーチが形成されるようになったのだ。その長い歴史を物語るかのように、シェルビーチを埋め尽くす貝殻の深さは10mにも及ぶという。

世界最古の生物が息づく MAP P.609/2

ハメリンプール海洋保護区
Hamelin Pool Marine Nature Reserve

地球の大気を造り出す世界最古の生物を見る

30億年以上も前の先カンブリア代にすでに地球上に存在していたといわれる**ストロマトライト** Stromatoliteが、今も見られる場所。ストロマトライトとは、光合成をする繊維状の微生物シアノバクテリアの間に、海水中の石灰砂や細かな沈殿物が入り込んで堆積し、成長したものだ。現存するストロマトライトが見られるのは世界的にも珍しく、ハメリンプールほど広範囲に数多く存在する所は世界中でほかにない。その理由は、この湾の海底が隆起していることにある。干満による海水の入れ替えが十分行われず水温が上昇し、水の蒸発を招き、塩分濃度が普通の海水の2倍以上になっているのだ。つまりストロマトライトを生成するシアノバクテリアの天敵の貝やゴカイが生息できない環境というわけだ。

ストロマトライトは一見すると、上が平べったくなった大きな石のようだ。しかし、今も1年に約0.3mmというゆっくりとしたスピードで成長を続けている。その大きさからおよそ数千年生き続けていると推測されている。

■**モンキーマイア・ビジターセンター**
Monkey Mia Visitor Centre
TEL (08)9948-1366
URL exploreparks.dbca.wa.gov.au/park/monkey-mia-conservation-park
開 毎日7:00～15:00
●**モンキーマイア入浜料**
料 1日パス：大人$15 子供$5 家族$35
※イルカの餌づけを行うドルフィンエクスペリエンス Dolphine Experienceは毎日7:45～12:00の間、最大3回催行

■**モンキーマイア・ワイルドサイツ・ショットオーバークルーズ**
FREE 1800-241-481
URL www.monkeymiawildsights.com.au
※2024年2月現在クルーズ船の改修のため休業中。再開時期、ツアー料金は要確認。

■**シェルビーチ**
車かツアーを利用。ツアーはモンキーマイア、デナムからウラグラナインダ・エコアドベンチャー Wula Gura Nyinda Eco Adventuresが催行している（ストロマトライト見学も含む）。
●**ウラグラナインダ・エコアドベンチャー**
TEL 0432-029-436
URL www.wulagura.com.au
時 催行人数次第（3人以上）でツアー出発の可否が決まるので要確認
料 ハメリンプール・ストロマトライト4WDツアー（シェルビーチ含む）：大人$250 子供$200
※モンキーマイア発着は1人$60追加

■**ハメリンプール海洋保護区**
ツアーもしくはレンタカー利用となる。ツアーはモンキーマイア、デナムからウラグラナインダ・エコアドベンチャーが催行（シェルビーチ欄外情報参照）。
TEL (08)9948-2226
URL exploreparks.dbca.wa.gov.au
開 毎日8:20～16:30
●**シャークベイ4WD Shark Bay 4WD (Ocean Park Aquarium)**
ハメリンプール近くのストロマトライト群生地で、スノーケリングを付けて海の中の様子を確認するストロマトライト・スノーケルツアーを催行している。
TEL (08)9948-1765
URL sharkbay4WD.com.au
時 デナム発着8:30～14:30、モンキーマイア発着8:45～14:45（催行日は要確認）
料 大人$205 子供$180

Memo 2024年2月現在、ハメリンプール海洋保護区のストロマトライト見学用ボードウオークは修復中で、見学不可となっている。修復が終わっているかどうか確認してから出かけよう！

カナーボン
Carnarvon

シャークベイの北約 100km の所に位置する町がカナーボン。南回帰線の少し南、ガスコイン川 Gascoyne River 河口に開けたこの町は、トロピカルな雰囲気で、周辺の農場ではバナナやマンゴーの栽培が盛んだ。人口は約 7000 人を数える。

町のシンボルは**ビッグディッシュ** Big Dish という通称で知られる巨大なパラボラアンテナ（直径 29.5m）、**OTC ステーション** OTC Station だ。人工衛星からの電波受信用として 1966 年にオーストラリアで最初に据えられたパラボラで、アメリカのアポロ計画時にはロケットの追跡を行っていた（アポロ 11 号の月面着陸時の交信・TV 映像受信は NSW のパークス Parks にある大パラボラに譲っている）。また 1986 年には世界中の天文ファンを沸かせたハレー彗星の追跡にも使われた。現在はアポロ計画をはじめ宇宙に関する展示を行う**カナーボン宇宙＆科学博物館** Carnarvon Space & Technology Museum の様子を伝える博物館となっている。ほかにもインド洋に向かって 1500m も突き出た桟橋 1 マイルジェッティ 1 Mile Jetty などがある。

またカナーボンの東約 450km の所には、エアーズロック（ウルル）の 2 倍の大きさをもつと推定される世界最大の一枚岩**マウントオーガスタス** Mt. Augustus がある。マウントオーガスタスへは、陸路はオフロードなためツアーで観光するのが一般的だ。

コーラルベイ
Coral Bay

遠浅の美しい入江をもつコーラルベイ

カナーボンの北 230km、エクスマウスの南 150km、**ノースウエスト岬** Cape Northwest の付け根あたりに位置するのがコーラルベイだ。世界自然遺産**ニンガルー海洋国定公園** Ningaloo Marine Park の入口に当たるこぢんまりとしたリゾートビレッジで、目の前には白砂の美しいビーチと珊瑚礁の海が広がっている。オーストラリア本土で、陸地のすぐ前にこれほど美しい珊瑚礁が広がる場所はほとんどない。それだけに西オーストラリアの人々はもちろん、オーストラリアを知り尽くした旅人たちがビーチリゾートとして絶賛する場所でもある。

ニンガルー海洋国定公園を構成する**ニンガルーリーフ** Ningaloo Reef は、グレートバリアリーフに次ぐオーストラリア第 2 の規模（全長約 260km）をもつ大珊瑚礁。サンゴの種類は 200 種以上、生息する魚 300 種以上とグレートバリアリーフに引けを取らないほどだ。

アクセス

●カナーボン

パースから週 3 便インテグリティ・コーチラインのバスの便がある。パースから約 12 時間かかる。またリージョナルエクスプレスが**カナーボン空港** (CVQ) へパースから毎日フライトを運航している。

■カナーボン・ビジターセンター
Carnarvon Visitor Centre
住 Civic Centre, 21 Robinson St., Carnarvon, 6701
☎ (08)9941-1146
URL www.carnarvon.org.au
開 月〜金 9:00 〜 17:00
休 土日祝

■カナーボン宇宙＆科学博物館
住 Mahoney Ave., Carnarvon, 6701 ☎ (08)9941-9901
URL www.carnarvonmuseum.org.au
開 毎日 9:00 〜 16:00（10 〜 3 月は 10:00 〜 14:00）
休 クリスマスデー
料 大人 $20 子供 $10 家族 $45

■マウントオーガスタスへのツアー
●ネイチャータイム Naturetime
☎ 0427-385-178
URL www.naturetimetours.com
料 カナーボン発着 3 日間ツアー 大人 $1750 子供 $1425 家族 $5100 ※催行日は要確認

アクセス

●コーラルベイ

インテグリティ・コーチラインのパース〜エクスマウス間のバスを利用する（週 3 便）。パースからは約 15 時間、エクスマウスからは約 2 時間かかる。またパースから**リアマンス空港** (LEA) まで飛行機を利用。そこからニンガルー・コーラルベイ・エアポートトランスファー Ningaloo Coral Bay Airport Transfers（要予約）もしくはレンタカーを利用する。

●ニンガルーコーラルベイ・エアポートトランスファー
☎ 0458-961-676
URL www.ningaloocbat.com
料 大人 $100 子供 $50

ニンガルーリーフでスノーケリングを楽しもう

コーラルベイの町の前の入江は遠浅になっており、引き潮時には海を歩いてサンゴが群生する場所まで行くことができる。それだけにスノーケル道具を持ってさえいれば、いつでも好きなだけスノーケリングが楽しめるというわけだ。

コーラルベイはまた、エクスマウスと並ぶ**ジンベエザメスイム**の起点となる町。3月中旬～7月下旬にかけて、多くのスノーケラーがジンベエザメと泳ぐためにここを訪れる。この時期にコーラルベイを訪れる人は、ホテルの確保を早めにしておきたい。また8月～10月初旬はザトウクジラも北上してきて、**ホエールウオッチングやホエールスイムのクルーズ**も催行される。

巨大魚やクジラと泳ぐ大人気ツアー

ジンベエザメ、マンタ、ザトウクジラ・スイム

Whaleshark, Manta Ray, Humpack Whale Swim

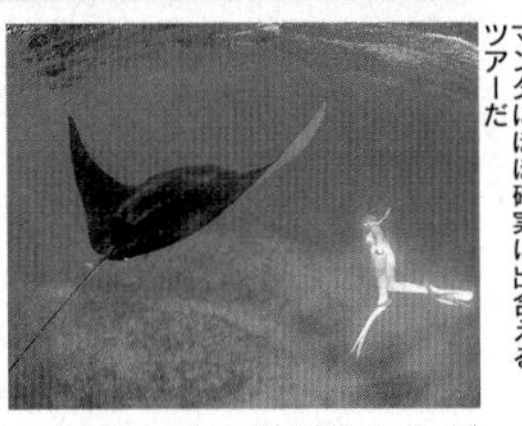
マンタにほぼ確実に出合えるツアーだ

ニンガルーリーフの3月後半～8月前半の名物アクティビティはジンベエザメスイム、そして8～9月のザトウクジラスイムだ（詳細→P.613エクスマウスのジンベエザメ、ザトウクジラ・スイムの項参照）。さらにコーラルベイでは、近くにマンタのクリーニングポイントがあることから1年を通じてマンタスイムも楽しめるのだ。通常ニンガルーリーフのサンゴのきれいなポイントでのスノーケリングと、砂地でのマンタスイムを組み合わせた半日～1日ツアーとなっている。

砂丘を駆け抜け爽快感を味わう

4輪バイクツアー

Quad-Treks

4輪バイクで砂丘を走る

コーラルベイ周辺のビーチや砂丘を4輪バイクATVを駆って走り回るツアーが人気だ。町から離れたビーチでのスノーケリングが付いたツアーからサンセットを楽しむツアーまで種類も豊富だ。

■ジンベエザメ、マンタ、ザトウクジラ・スイム

●コーラルベイ・エコツアー
Coral Bay Ecotours
☎(08)9942-5885
URL www.coralbayecotours.com.au
料 ジンベエザメスイム：大人$500 子供$420／マンタスイム：大人$270 子供$200／ホエールスイム：大人$500 子供$420 家族$1700（見学のみは大人$200 子供$175 家族$695）

●ニンガルーリーフ・ダイブ
Ningaloo Reef Dive
☎0461-289-998
URL www.ningalooreefdive.com
料 マンタスイム：大人$190 子供$140 家族$600

■4輪バイクツアー
催行：Coastal Adventure Tours
☎(08)9948-5190
URL www.coralbaytours.com.au
料 サンセットスノーケルトレック1人$170／サンセットトレック1人$155
※国際運転免許証もしくは日本の免許証が必要

エクスマウス

Exmouth

西オーストラリア北西部、インド洋に突き出たノースウエスト岬の突端にある人口2500人ほどの町がエクスマウス。この一帯の中心地で、ニンガルーリーフでダイビング、スノーケリングなどのマリンアクティビティ、さらに**3月後半～8月前半のジンベエザメスイムや8～9月のホエールウオッチング&ホエールスイム**を楽しむ旅行者にとっての拠点となっている。ジンベエザメスイムはもちろん、ザトウクジラと泳

アクセス

●エクスマウス
インテグリティ・コーチラインが週3便パースから、週2便ブルームからバスを運行している。またパースからカンタス航空が毎日1～2便フライトを運航している。到着はエクスマウスから37km離れた**リアマンス空港** Learmonth Airport (LEA)。フライトに合わせて**エクスマウス・バスチャーター** Exmouth Bus Charterが市内へシャトルバスを運行（所要35分、大人$45 子供$30 家族$120）。タクシーを利用すると$150ほど。

●エクスマウス・バスチャーター
☎(08)9949-4623
URL exmouthbuscharter.com.au

初めてジンベエザメと出合ったときの喜びは忘れません。想像以上にジンベエザメは泳ぐのが早いので、ついて行くのに必死でした。水中カメラは持参したほうがいいです。プロのカメラマンがいますが、ずっと自分ひとりを写してくれるわけではないので。（広島県　折田将信　'16）['24]

エクスマウスの空の玄関口リアマンス空港

げる場所も世界で数ヵ所と希少なため、シーズン中は世界中から観光客が訪れる。

エクスマウスはもともと、オーストラリア軍と米軍の共同通信基地を造る目的で設置された町。そのため町にはビーチはなく、あまりリゾートといった雰囲気はない。それでもホテルの数や各種インフラなどはコーラルベイよりも整っている。また世界遺産ニンガルーコーストの一部であるケープレンジ国立公園へのアクセスがしやすいこと、12〜2月にはウミガメの産卵が見られるなど、この町に滞在するメリットは大きい。

エクスマウスを一躍有名にした
ジンベエザメ、ザトウクジラ・スイム
Whaleshark & Humpack Whale Swim

巨大なジンベエザメと一緒に泳ぐ

ジンベエザメは、最大体長18m、体重40tになるという世界最大の魚で、英語名をホエールシャークWhalesharkという（エクスマウスで通常見られるのは7〜12mほどのもの）。世界中を回遊しているサメのため出合うのは難しいとされているが、ニンガルーリーフには毎年3月中旬〜7月下旬に必ずやってくることがわかっている。ジンベエザメの主食は動物性プランクトン。毎年3〜4月にニンガルーリーフでサンゴの産卵があり、それを食べに集まるプランクトンを求めてジンベエザメがやってくるといわれている。ジンベエザメクルーズは、この時期毎日催行される。環境保護上ボートのほうから50m以内に近づくのは禁止されているが、ジンベエザメの進行方向に近い場所からスノーケルをつけて海へ入るので、案外簡単にその姿が見られる。

一方ザトウクジラは冬季、南極近海から暖かい海を求めてオーストラリア沿岸を北上する。ニンガルーリーフはその折り返し地点で、子を産み育てる場所でもある。ザトウクジラにストレスを与えないよう細かな規則があり、1社30分限定でスノーケリングで一緒に泳ぐツアーの催行も認められている。もちろんホエールウオッチングのみも可能だ。

短時間でニンガルーリーフのすばらしさを実感
ビューニンガルーリーフ半潜水艦ツアー
Vie Ningaloo Reef Sub-Sea Tours

ジンベザメ＆ホエールスイム・クルーズの出発地点であるタンタビッディ・ボートランプTantabiddi Boat Ramp（エクスマウスの町から車で約30分）から出ている半潜水艦を利用した人気クルーズ。

■ニンガルー・ビジターセンター Ningaloo Visitor Centre
住 2 Truscott Cres., 6707
☎ (08)9949-3070
URL www.ningaloocentre.com.au/visitor-centre
開 月〜金 8:30〜16:30、土日 9:00〜16:30（11〜3月の土日は〜13:00）

■主要ジンベエザメスイム＆ホエールスイム
●スリーアイランズ・ホエールシャークダイブ 3 Islands Whale Shark Dive
FREE 1800-138-501
URL www.whalesharkdive.com
料 ジンベエザメスイム：大人$475 子供$400 家族$1650／ホエールスイム：大人$400 子供$350
●エクスマウス・ダイブ Exmouth Dive
☎ (08)9949-1201
URL www.exmouthdiving.com.au
料 ジンベエザメスイム：大人$550 子供$410 家族$1870／ホエールスイム：大人$550 子供$525（見学のみは大人$235 子供$170 家族$695）
●キングス・ニンガルーリーフツアー Kings Ningaloo Reef Tours ☎ (08)9949-1764
URL www.kingsningalooreeftours.com.au
料 ジンベエザメスイム：1人$475 家族$1750／ホエールスイム：1人$360 家族$1350

■ビューニンガルーリーフ半潜水艦ツアー
☎ 0405-226-029
URL viewningaloo.com.au
時 コーラルビューイングツアー：毎日9:45〜11:00／コーラルビューイング＆スノーケルツアー：毎日11:00〜13:15
料 コーラルビューイングツアー 大人$65 子供$40 家族$180／コーラルビューイング＆スノーケルツアー 大人$95 子供$50 家族$255

エクスマウスはゲームフィッシング基地としても有名。街灯のデザインもカジキマグロだ

■ジュラビ・タートルセンター
☎(08)9947-8000（ニンガルー・タートルプログラム）
☎(08)9949-1176（ニンガルー・ビジターセンター）
URL ningalooturtles.org.au
●ウミガメ産卵見学ツアー
時 日によってツアー時間は異なるので、エクスマウス・ビジターセンターで確認のこと。
料 大人$25 子供$10

ブラーミンヘッド灯台脇でサンセットを楽しむ

■ニンガルーサファリツアー
☎(08)9949-1550
URL www.ningaloosafari.com
時 トップ・オブ・ザ・レンジ・サファリ：9:00～17:00／ヤーディクリーク・サファリ：11:00～17:00
※出発日は季節により異なるので要問い合わせ
料 トップ・オブ・ザ・レンジ・サファリ：大人$250 子供$190／ヤーディクリーク・サファリ：大人$200 子供$180

ヤーディクリークの絶景

アクセス

●ポートヘッドランド

インテグリティ・コーチラインがパース～エクスマウス経由の海岸ルート（週2便、約39時間）と、ニューマン経由の内陸ルート（週1便、約22時間）のバスを運行している。また**ポートヘッドランド空港**(PFE)へはパースからカンタス航空、ヴァージン・オーストラリアが毎日フライトを運航している。

■ポートヘッドランド・ビジターセンター
Port Hedland Visitor Centre
住 13 Wedge St., Port Hedland, 6721 ☎(08)9173-1711
URL www.visitporthedland.com.au
開 月～金 9:00～17:00、土日 9:00～15:00

ニンガルーリーフ内タンタビッティ海洋保護区内の比較的水深の浅いエリアを半潜水艦でクルーズ。美しいサンゴを間近に観察できるほか、スノーケルツアーに参加すれば、ビーチアクセスでは難しいサンゴのきれいな場所でのスノーケリングも楽しめる。

ウミガメの産卵を見にいこう

ジュラビ・タートルセンター
Jurabi Turtle Centre

エクスマウスから約20kmの**ジュラビポイント** Jurabi Pt. 付近のビーチは、ウミガメの産卵場所として知られている。産卵に上がってくるのは、アカウミガメ、アオウミガメ、タイマイの3種類。通常12月上旬～2月下旬に産卵が行われているが、産卵ウオッチングに適しているのは12月上旬～2月初旬。この時期は数多くのウミガメが夜間ビーチに上がってくるのだ。期間中ジュラビポイントにあるジュラビ・タートルセンターでは、ガイド付きでの産卵ウオッチングが行われている。なおエクスマウスから遠いこともあってレンタカー利用者以外はツアーに参加して見学するのが一般的だ。ツアーの詳細はエクスマウス・ビジターセンターへ。

またジュラビポイント前の丘の上には**ブラーミンヘッド灯台** Vlamingh Head Lighthouse がある。ここはインド洋に沈む夕日ウオッチングのベストポイントとして人気だ。

ブッシュウオーキングとスノーケリングが楽しめる

ケープレンジ国立公園
Cape Range NP

エクスマウスから100kmほどの場所にあるのがケープレンジ国立公園。世界遺産に登録されたエリアの一角にあり、カルスト台地の絶景と美しい白砂のビーチでのスノーケリングが楽しめる場所として人気がある。総面積5万haを誇る国立公園だが、観光客に人気なのは、ブッシュウオーキングなら舗装道路でアクセスできる**ヤーディクリーク** Yardie Creek。カンガルーやロックワラビー、エミューなどの野生動物ウオッチングをしながら、すばらしい景観を満喫できる。またスノーケリングなら**ターコイズベイ** Turquoise Bay がおすすめで、ビーチエントリーで珊瑚礁の海が楽しめる。

ニンガルーサファリツアー Ningaloo Safari Tours がエクスマウス発のツアーを催行しているので、レンタカーのない人は参加してみるといいだろう。

ポートヘッドランド
Port Hedland

町の入口には巨大な塩の積み出し港がある

鉄鉱石、羊毛、塩の積み出し港として発展した町、ポートヘッドランド。現在もその様子は変わらず、鉄鉱石はピルバラ地方各地から鉄道で集めら

カリジニ国立公園は道路が未舗装で、赤土がむき出しです。白いシャツ、白い靴は真っ赤に汚れてしまうので服装は新品は控えたほうがよいかも。飲料は大量に持っていってください。売店はビジターセンターかキャンプ場内のレストランぐらい。しかも、ものすごく高い。（広島県　折田将信　'16）['24]

れ、塩は町の郊外にある巨大な塩田で造られている。またオーストラリアの鉄鋼大手である BHP 社の鉄鋼工場もある。旅行者には秘境カリジニ国立公園へのゲートウェイとして知られた町で、ほかにも 250km ほどブルーム方面へ向かった所にある **80 マイルビーチ** 80 Miles Beach への拠点でもある。

遠浅の海辺が広がる
80 マイルビーチ

カリジニ国立公園
Karijini NP

ハンコック渓谷のカーミッツプール

ポートヘッドランドの内陸、約 300km に位置するカリジニ国立公園は、20 億年以上前の地層があらわになった渓谷を数多く有し、大自然を満喫できるウオーキングが楽しめる場所として人気がある。しかし道路のほとんどは未舗装、公共の交通機関がないなどツアー以外で訪れるのは極めて難しい秘境だ。

カリジニ国立公園内で人気があるのは、**ハマースレー渓谷** Hamersley Gorge、**ワエノ渓谷** Waeno Gorge、**ハンコック渓谷** Hancock Gorge などでの渓谷ウオーキング（一部健脚派以外にはおすすめできないルートもある）。また美しい階段状の滝**フォーティスキューフォールズ** Fortescue Falls なども見逃せない。

アクセス

●カリジニ国立公園

パース～ブルームの移動型ツアーで訪れるのが現実的（→ P.555）。ポートヘッドランドからレンタカーを利用する場合は、必ず 4WD をレンタルすること。

フォーティスキューフォールズは憩いの場

コーラルコーストのホテル ACCOMMODATION

州外局番（08）

ジェラルトン

見晴らし最高の B&B　MAP なし
Champion Bay Bed & Breakfast
チャンピオンベイ・ベッド＆ブレックファスト

URL www.championbay.com.au
住 31 Snowdon St., Geraldton, 6530
☎ 9921-7624　WiFi 無料
料 S $120 ～ 180、W $140 ～ 200　CC MV

ジェラルトンの町を見下ろす高台にあり、眺めのいい宿と評判。建物も部屋もかわいらしい雰囲気だ。

カルバリー

清潔、快適、フレンドリー。三拍子揃った　MAP なし
Kalbarri Backpackers YHA
カルバリーバックパッカーズ YHA

URL www.yha.com.au
住 51 Mortimer St., Kalbarri, 6536
☎ 0407-161-976　WiFi 無料
料 D $40、T W $99 ～ 125
※ YHA 会員以外は追加料金必要　CC MV

アウトドアの BBQ エリアやプールも付いていてリゾート気分が味わえる。別棟の新築の建物に、キッチン、ダイニング、TV ルームがある。

長期滞在したくなる　MAP なし
Kalbarri Palm Resort
カルバリー・パームリゾート

URL www.palmresort.com.au
住 8 Porter St., Kalbarri, 6536　☎ 9937-2333
FREE 1800-819-029　WiFi 無料
料 T W $109 ～ 195、2B $249 ～ 289　CC MV

ショッピングセンターから数分で、ビーチからも 5 分。平屋の建物で、室内は清潔。プール、温水プール、テニスコート、BBQ エリアもある。

モンキーマイアとシャークベイ

モンキーマイア唯一のホテル　MAP P.609/2
RAC Monkey Mia Dolphin Resort
RAC モンキーマイア・ドルフィンリゾート

URL parksandresorts.rac.com.au/monkey-mia
住 1 Monkey Mia Rd., Monky Mia, 6537
☎ 9948-1320　FREE 1800-871-570
WiFi 無料　料 D $40 ～ 120、T W $180 ～ 434、2B $602、パワーサイト $49 ～ 89、キャンプサイト $42　CC AMV

イルカのやってくるビーチに面したリゾート。敷地内にはテニスコート、バレーボールコート、プール、スパなどの施設がある。またビーチでは釣りやスノーケリングも楽しめる。

日本からコーラルコーストへの電話のかけ方
国際電話会社の番号 + 010 + 61（国番号）+ 8（0 を取った州外局番）+ 電話番号

とってもフレンドリーな宿 MAP P.609/2
Bay Lodge Shark Bay
ベイロッジ・シャークベイ

URL www.baylodgesharkbay.com.au
住 113 Knight Tce., Denham, 6537
☎ 9948-1278 WiFi 無料 料 1B $130 ～ 150、2B $150 ～ 180 CC MV

プールを囲むように客室棟がある

ビーチの目の前。中庭にはプール、ビリヤードテーブルがある。オウムやインコなどもたくさん飼育している。

コーラルベイ

ビーチからすぐの格安アコモ MAP なし
Ningaloo Coral Bay Backpackers
ニンガルー・コーラルベイ・バックパッカーズ

URL www.ningaloocoralbay.com 住 Robinson St., Coral Bay, 6701 ☎ 9948-5100 WiFi なし
料 D $40 ～ 45、TW $130 ～ 160 CC MV

ショッピングセンター隣に建つバジェットアコモデーション。ビーチからも歩いてすぐ。

モーテルとキャラバンのパークがある MAP なし
Ningaloo Coral Bay - Bayview
ニンガルー・コーラルベイ・ベイビュー

URL www.ningaloocoralbay.com 住 Robinson St., Coral Bay, 6701 ☎ 9385-6655 WiFi なし
料 Lodge：TW $200 ～ 250 ／ Villa：1B $270、2B $330 ～ 500 ／ Cabin：TW $150 ～ 220 ／パワーサイト $53 ～ 62、テントサイト $48 ～ 55 CC MV

何をするにも便利な場所にある

コーラルベイの町のほぼ真ん中にある。敷地内にはプールや子供の遊び場、ディナーのみオープンのレストラン＆バーもある。敷地は広く、ヴィラやキャビンが点在している奥にロッジの建物がある。

エクスマウス

人気の一級ホテル MAP なし
Potshot Hotel Resort & Excape YHA
ポットショット・ホテルリゾート＆エクスケープ YHA

URL www.yha.com.au 住 561 Murat Rd., Exmouth, 6707 ☎ 9949-1200 WiFi 無料
料 TW $165～ 265、2B $280 ／ Hostel：D $40、TW $85 CC ADJMV

施設充実の老舗ホテル

大きなエントランスが印象的。モーテルスタイルの客室は豪華さはないが十分快適。バックパッカー用宿泊施設もある。レストランやバーなどの施設が充実している。

モーテルタイプの快適アコモ MAP なし
Ningaloo Lodge Exmouth
ニンガルーロッジ・エクスマウス

URL www.ningaloolodge.com.au
住 1-3 Lefroy St., Exmouth, 6707
☎ 9949-4949 WiFi 無料 料 TW $200 CC AMV

海をイメージしたインテリアで統一された部屋はシンプルな設備だが清潔で居心地もいい。プールもある。

エクスマス随一のリゾートホテル MAP なし
Exmouth Escape Resort
エクスマウス・エスケプリゾート

URL exmouthescaperesort.com.au
住 Cnr. Murat Rd. & Welch St., Exmouth, 6707
☎ 9949-4800 WiFi 無料 料 1B $380、2B $480、ヴィラ $505 CC MV

タウンビーチ近くにあるコンドミニアムタイプのリゾート。全室簡易キッチンやランドリー、BBQ 設備のあるパティオ付き。プールも広々としている。

設備充実のホリデーパーク MAP なし
RAC Exmouth Cape Holiday Park
RAC エクスマウス・ケープホリデーパーク

URL parksandresorts.rac.com.au/exmouth
住 3 Truscott Cres., Exmouth, 6707
☎ 9949-1101 FREE 1800-871-570 WiFi 無料
料 Cabin TW $154 ～ 297、1B $153 ～ 173、2B $198 ～ 330、パワーサイト $49 ～ 79、テントサイト $40 CC MV

キャビンタイプの宿泊施設が充実したホリデーパーク。共同のキッチンやトイレ、シャワーなども清潔。

ビジターセンターのすぐ近くにある MAP なし
Exmouth Ningaloo Caravan & Holiday Resort
エクスマウス・ニンガルー・キャラバン＆ホリデーリゾート

URL exmouthresort.com 住 1112 Murat Rd., Exmouth, 6707 ☎ 9949-2377 WiFi 無料
料 Studio Chalets：$110 ～ 194、2B $220 ～ 242、パワーサイト $60、テントサイト $48
CC ADJMV

テントサイトやパワーサイト以外にシャレーやモーターホームなどの宿泊施設がある。もちろんプールや BBQ などの設備もある。

> **Heritage Resort Shark Bay**
> URL www.heritageresortsharkbay.com.au
> 住 73-75 Knight Tce., Denham, 6537 ☎ 9948-1133
> 料 TW $224 ～ 313 CC MV
> ホテル内にパブとレストラン、両方あります。白い建物で大きくてきれいです。ホテルの前が海で、散歩していたら、ジュゴンが泳いでいるのが見られました。モンキーマイア・ドルフィンリゾートまで車で 20 分ほどで行けるので選びました。朝夕、両方イルカを見に行きました。（神奈川県　今井紀子　'14）['24]

日本からコーラルコーストへの電話のかけ方
国際電話会社の番号 + 010 + 61（国番号）+ 8（0 を取った州外局番）+ 電話番号

ブルームとキンバリー
Broome & The Kimberley

西オーストラリア最北部、ブルームからノーザンテリトリーとの境界までをキンバリーと呼ぶ。多くの峡谷、大クレーター、世界有数の奇景バングルバングルなど大自然の見どころが数多く点在する。ただし雨季には主要な見どころへのルートが水没してしまい、ほとんど観光らしいことができない。訪れるなら5～10月の乾季ということになる。

ブルーム
Broome

ボアブの並木道が印象的なブルーム

キンバリーのゲートウェイとなる人口約1万4000人の町ブルーム。この町はかつて世界の真珠養殖の中心地として栄え、20世紀初頭には多くの日本人が真珠養殖に携わっていた。しかし第2次世界大戦では日本軍の攻撃目標にされ、町は壊滅的な打撃を受けている。現在もブルームには日系、中国系の人が多く住んでいる。

こぢんまりした中心部

町の中心カナーボン・ストリート Carnarvon St.、ダンピア・テラス Dampier Tce. 周辺はアジアっぽい雰囲気のチャイナタウンで、半屋外劇場の**サンピクチャー** Sun Pictures やかつての真珠採りの様子を伝える**パールラガー** Pearl Luggers などの見どころもある。チャイナタウンはまた、毎年8～9月に行われる**真珠祭り** Shinju-Matsuri のメイン会場にもなっている。中心部から南へ向かうハマースレー・ストリート Hamersley St. 沿いにある裁判所 Court House は、1889年にブルームとジャワ島を結んだ海底電信ケーブルの基地として建てられた高床式のコロニアルな建物。建物の周りでは毎週土曜(4～10月は土・日曜)8:00～13:00にオープンマーケットも開かれるので、曜日が合ったらのぞいてみよう。

町の南側、バオバブ（地元ではボアブと呼ぶ）の木が印象的なベッドフォードパーク Bedford Park に面した**マッツォ・カフェ＆ブリュワリー** Matso's Cafe & Brewery は、1900年建造の高床式建物を改装したブルーム有数のレストラン＆パブ。かつて日本人移民が「松本ストア」として使用していた。現在は自家製ビールを数種類造っており、飲み比べもできる。

ブルーム歴史博物館 Broome Historical Society Museum も見ておきたい。ブルームの歴史をさまざまな展示物でわかりやすく伝えている。真珠養殖最盛期の頃の日本人移民の様子、第2次世界大戦時の日本軍によるブルーム攻撃など、日本と関わり深い展示も多い。

アクセス

●**ブルーム**

陸路はパースからインテグリティ・コーチラインが週2便、ダーウィンからグレイハウンド・オーストラリアが週1便バスを運行。空路はカンタス航空がパース、シドニー、メルボルン、ブリスベン、ダーウィンから、ヴァージン・オーストラリアがパースから**ブルーム国際空港**(BME)へ直行便をもっている。

●**ブルーム国際空港**
Broome International Airport
URL www.broomeair.com.au

ブルームの市内交通

ブルーム中心部～ケーブルビーチにはブルーム・エクスプローラーバス Broome Explorer Bus の路線がある。24時間パス(大人$15 子供$12)が便利だ。

●**ブルーム・エクスプローラーバス**
☎(08)9193-6585
URL www.bebus.com.au

■**ブルーム・ビジターセンター**
Broome Visitor Centre
MAP P.618/1B
住 1 Hamersley St., 6725
☎(08)9192-2220
URL www.visitbroome.com.au
開 月～金 9:00～16:00、土日祝 9:00～12:00（雨季は月～金 9:00～15:30）
休 ニューイヤーズデー、グッドフライデー、クリスマスデー、ボクシングデー、雨季の土日

■**真珠祭り**
URL shinjumatsuri.com.au
2024年は8/17～8/31開催予定。

■**サンピクチャー** MAP P.618/1B
住 8 Carnarvon St., 6725
☎(08)9192-1077
URL www.broomemovies.com.au

裁判所前で週末開かれるマーケット

■パールラガー　MAP P.618/1B
住31 Dampier Tce., Chinatown, 6725 ☎(08)9192-0044
URL www.williecreekpearls.com.au
開 ガイドツアー：毎日 11:30 スタート（約 1.5 時間）
料 大人 $30 子供 $15 家族 $75

■マッツォ・カフェ＆ブリュワリー　MAP P.618/2B
住60 Hamersley St., 6725
☎(08)9193-5811
URL matsos.com.au
営 毎日 11:00 ～ 22:00

■ブルーム歴史博物館　MAP P.618/2B
住67 Robinson St., 6725
☎(08)9192-2075
URL broomemuseum.org.au
開 5 ～ 9 月：月～金 10:00 ～ 16:00、土日 10:00 ～ 13:00 ／ 10 ～ 4 月：毎日 10:00 ～ 13:00 料 大人 $12 子供 無料

自然が見せる不思議な現象、月への階段

墓碑一つひとつを見て歩くと、かつての日本人移民の苦労がしのばれる

町の西の外れにある**日本人墓地** Japanese Cemetery は、日本人なら必ず訪れたい場所。1896 年に最初の埋葬が行われて以来、真珠採りのため潜水病で亡くなった人々、第 2 次世界大戦で亡くなった人々など、707 基 919 人の墓碑がある。いっときは荒れ放題だったが、1983 年に故笹川良一氏の寄付によって整備されている。

ブルームで毎月満月の前後数日のみ見られる自然現象が**月への階段** Staircase to the Moon。夜の干潮時、水平線すれすれに月が現れ、月の光が干潮の浜を照らし、あたかも光の帯が月へと続く階段のように見えることからこの名がついた。毎月現れるというが、3 ～ 4 月、8 ～ 9 月がよく、ポイントはタウンビーチかマングローブホテル前がおすすめ。なお、月への階段が見られる日は、ブルーム・ビジターセンターで手に入る情報誌に載っている。

西オーストラリア有数の人気ビーチ、ケーブルビーチ

ケーブルビーチ Cable Beach は、町の西約 6km のインド洋岸にある白砂の美しいビーチ。かつてジャワ島への海底電信ケーブルがここから海に投入されたのでこの名前がついた。サーフィンに適したビーチで、1 年を通じて大勢のサーファーでにぎわっている。ここではぜひ**キャメルライド**にトライし

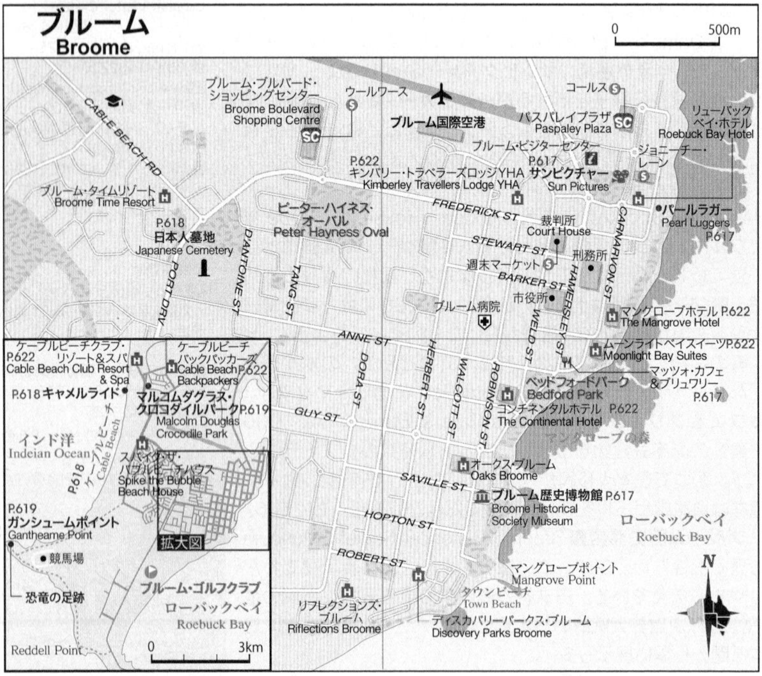

ブルーム Broome

0　500m
ブルーム・ブルバード・ショッピングセンター Broome Boulevard Shopping Centre
ウールワース
ブルーム国際空港
コールス
パスパレイプラザ Paspaley Plaza
リューバック ベイ・ホテル Roebuck Bay Hotel
ブルーム・ビジターセンター
P.622 キンバリー・トラベラーズロッジYHA Kimberley Travellers Lodge YHA
P.617 サンピクチャー Sun Pictures
ジョニーチー・レーン
ブルーム・タイムリゾート Broome Time Resort
CABLE BEACH RD
FREDERICK ST
ピーター・ハイネス・オーバル Peter Hayness Oval
P.618 日本人墓地 Japanese Cemetery
裁判所 Court House
●パールラガー Pearl Luggers P.617
STEWART ST
週末マーケット
刑務所
BARKER ST
市役所
CARNARVON ST
PORT DRV
D'ANTOINE ST
TANG ST
ブルーム病院
マングローブホテル P.622 The Mangrove Hotel
ANNE ST
HAMERSLEY ST
WELD ST
ムーンライトベイスイーツ P.622 Moonlight Bay Suites
マッツォ・カフェ＆ブリュワリー P.617
DORA ST
HERBERT ST
WALCOTT ST
ROBINSON ST
ベッドフォードパーク Bedford Park
コンチネンタルホテル P.622 The Continental Hotel
GUY ST
マングローブの森
オークス・ブルーム Oaks Broome
SAVILLE ST
ブルーム歴史博物館 P.617 Broome Historical Society Museum
HOPTON ST
ローバックベイ Roebuck Bay
ROBERT ST
マングローブポイント Mangrove Point
タウンビーチ Town Beach
リフレクションズ・ブルーム Riflections Broome
ディスカバリーパークス・ブルーム Discovery Parks Broome
N
ケーブルビーチクラブ・リゾート＆スパ P.622 Cable Beach Club Resort & Spa
ケーブルビーチバックパッカーズ Cable Beach Backpackers P.622
P.618 キャメルライド●
マルコムダグラス・クロコダイルパーク P.619 Malcolm Douglas Crocodile Park
インド洋 Indeian Ocean
P.618 ケーブルビーチ Cable Beach
スパイク・ザ・バブルビーチハウス Spike the Bubble Beach House
P.619 ガンシュームポイント Gantheame Point
●競馬場
拡大図
恐竜の足跡
ブルーム・ゴルフクラブ
ローバックベイ Roebuck Bay
Reddell Point
0　3km
1
2
A　B

大人気のサンセットキャメルライド

たい。30分から1日までさまざまなツアーがある。おすすめは夕方のサンセットツアー。海に沈む夕日を眺めながらラクダの背に揺られるのは、特別な体験となる。

ケーブルビーチのすぐ近くには**マルコムダグラス・クロコダイルパーク** Malcolm Douglas Crocodile Parkもある。毎日15:00から園内ツアー＆ワニの餌づけショーがあり、5m以上もあるワニが鶏肉をひと飲みする様子を見学できる。

ケーブルビーチの南の突端に位置する岬が**ガンシュームポイント** Gantheame Pointで、赤い岩肌とインド洋の青い海の美しいコントラストはブルームの観光写真にもよく出てくる。ここはまた、いくつもの恐竜の足跡（約1億2000万年前）が残っていることでも知られている。赤い岩場でレプリカが見られるが、それ以外にも引き潮時には海辺にいくつもの足跡が現れる。

意外に小さい恐竜の足跡

ダービー
Derby

ダービー近郊にある囚人の木

ブルームから220km、人口約3500人を数えるダービーは、ギブリバー・ロードGibb River Rd.沿いの渓谷観光の拠点となる町だ。この町で驚かされるのが、町を取り囲むキングサウンドKing Soundという入江の干満の差だ。実に10.8mもあり、カナダのノヴァスコシアの11.3mに次いで世界第2位といわれている。また町の南7kmほどの場所にある**囚人の木** Prison Treeは、幹に穴があいた大きなボアブ（バオバブ）で、1880年代に奴隷として捕まえられた先住民をこの木の中に鎖でつないでおいたのだという。

ダービーから北部の渓谷地帯を抜けカナナラへと続く未舗装道が**ギブリバー・ロード**。この道からわずかにそれる**ウィンジャナゴージ国立公園** Windjana Gorge NPは、太古の昔珊瑚礁に覆われていた場所で、南に続くトンネルクリーク国立公園、フィッツロイクロッシング近郊のダングゴージ国立公園と合わせ、**デボニアンリーフ渓谷群** Devonian Reef Gorgesと呼ばれる。サンゴが堆積した石灰岩質の断崖が川沿いにそびえ、川ではオーストラリアワニが泳ぐ。ウオーキングトラックもあり、さまざまな化石が見られる。

ダービー近郊のウィンジャナゴージ

■キャメルライド
MAP P.618/2A
●ブルーム・キャメルサファリ Broome Camel Safaris
☎0419-916-101
URL www.broomecamelsafaris.com.au
料 45分プレサンセットキャメル：大人$60 子供$45／90分サンセットライド：大人$110 子供$80

■マルコムダグラス・クロコダイルパーク MAP P.618/2A
住 Cable Beach, 6726
☎(08)9193-6580
URL www.malcolmdouglas.com.au
開 毎日14:00～17:00／クロコダイルの餌づけショー15:00
料 大人$40 子供$25 家族$110

■ガンシュームポイント
MAP P.618/2A
ブルーム中心部からは、ケーブルビーチへ向かう朝一番のタウンバスだけがガンシュームポイント経由となる。そのあとのバスがないためケーブルビーチまで約6km歩くことになる。レンタカーかツアー利用が現実的だ。
●ブルーム＆アラウンド・バスツアー
Broome & Around Bus Tours
☎0419-018-800
URL www.broomeandaround.com.au
時 半日ブルーム・パノラミック・タウンツアー：毎日9:00～11:30
料 大人$110 子供$40

アクセス
●ダービー
ブルームからダーウィンへ向かうバスはすべてこの町を通る。グレイハウンド・オーストラリア、ダービーバスサービスが便をもっている。またブルームからアビエアが**ダービー空港**(DRB)へ小型飛行機の定期便を週3便運航している。

フィッツロイクロッシングとダングゴージ国立公園

Fitzroy Crossing & Danggu Gorge NP

オーストラリア3大渓谷のひとつダングゴージをクルーズ観光

フィッツロイクロッシングはダングゴージ国立公園への玄関口（近年までゲイキゴージ国立公園 Geikie Gorge NP として知られていたが、現在は先住民の呼称を用いている）。町から東へ約 18km にダングゴージはあり、渓谷美を堪能しながらクルーズ（レインジャーガイドによる**ダング・ゲイキゴージ・ボートツアー** Danggu Geikie Gorge Boat Tour）が楽しめる。そそり立つ断崖はきれいに 2 色に分かれているが、これは雨季の降雨量の多さを示す自然のサインだ。色の変わり目は地表から約 17m。雨季には川がここまで増水するのだ。またクルーズ中、オーストラリアワニやエイ（海から川を遡ってやってきたと推測されている）を目にすることも珍しくない。

クルーズではほぼ確実にオーストラリアワニが見られる

ホールズクリーク

Halls Creek

チャイナウオールは自然の力でできたとは思えないほどの不思議さだ

ホールズクリークは、1885 年に金が発見されて一躍注目され、その後は広大な牧場を周囲に抱える町として発展してきた。郊外には、小型万里の長城のように見える自然の石壁**チャイナウオール** China Wall や、ゴールドラッシュの面影を残す**オールドホールズクリーク** Old Halls Creek、さらに 150km 南には、世界で 2 番目に巨大なクレーター、**ウォルフクリーク・メテオライトクレーター** Wolfe Creek Meteorite Crater（幅 835m、深さ 50m、クレーター部分の面積 14km²）がある。

パヌルル国立公園

Purnululu NP

キンバリー観光の目玉が**バングルバングル** Bungle Bungle。ホールズクリークとカナナラの間、グレートノーザン・ハイウェイからオフロードを 60km ほど入ったパヌルル国立公園の一部で、砂岩質の岩山が幾重にも折り重なる山脈だ（バングルバングルとはこの地の先住民の言葉で「砂の岩」を意味する）。この奇景は、今から 3 億 5000 万年前に山脈西部から流れ出し堆積した砂岩が隆起し、その後 2000 万年に及ぶ

■ダービー・ビジターセンター Derby Visitor Centre
住 30 Loch St., Derby, 6728
☎ (08)9191-1426
URL www.fitzroycrossingtourism.com.au/derby.aspx
開 月～金 8:30～12:30、13:30～16:00（雨季は多少時間が異なる） 休 土日祝

■ウィンジャナゴージ国立公園
公共交通機関はなく、道路は未舗装なのでツアー利用が現実的。ブルームからキンバリー・ワイルドエクスペディション Kimberley Wild Expeditions がダービー、ウィンジャナゴージ、トンネルクリークを巡るツアーを催行している。
☎ 1300-738-870
URL kimberleywild.com.au
時 5～10 月：月水金に催行
料 大人 $299 子供 $199

■フィッツロイクロッシング・ビジターセンター Fitzroy Crossing Visitor Centre
住 Cnr. Forest Rd. & Flynn Drv., Fitzroy Crossing, 6765
☎ (08)9191-5355
URL www.fitzroycrossingtourism.com.au
開 月～金 8:30～12:30、13:30～16:00（雨季は多少時間が異なる） 休 土日祝

■ダングゴージ国立公園
公共の交通機関がないので、レンタカーかツアーとなる。
●ダング・ゲイキゴージ・ボートツアー
☎ (08)9195-5500
URL exploreparks.dbca.wa.gov.au/park/danggu-geikie-gorge-national-park
※ 2022 年 12 月～2023 年 1 月にかけて大型サイクロンによる大雨の影響で、観光施設が大きな被害を受けた。2024 年 2 月現在復旧途中で、オープンは 2024 年後半になる予定。

■ホールズクリーク・ビジターインフォメーションセンター Halls Creek Visitors Information Centre
住 2 Hall St., Halls Creek, 6770 ☎ (08)9168-6007
URL www.hallscreektourism.com.au
開 月～金 8:30～16:00、土 8:30～12:00（雨季は休業）
休 日祝

遊覧飛行でバングルバングルの絶景を楽しむ

ピッカニークリークの干上がった川は乾季のウオーキングトレイルだ

風雨の浸食によって造り上げられたといわれている。丸みを帯びた独特の峰はビーハイブ（蜂の巣）と呼ばれ、岩肌の縞模様は苔と珪土が造った自然の芸術だ。

バングルバングル観光は基本的にツアーとなる。個人で4WDをレンタルして行くにしても、あまりに道が悪く、相応の運転技術とメカニックに関する知識が必要となるからだ。ツアーはブルーム発着4泊5日以上、カナナラ発着2泊3日以上というのが一般的。カナナラからなら遊覧飛行を兼ねた日帰りツアーもある。ツアーでは国立公園内の人気の見どころ**ピッカニークリーク** Piccaninny Creek、**カテドラルゴージ** Cathedral Gorge、**エレファントロック** Elephant Rock、**エキドナチャズム** Echidna Chasmなどを大型4WDで見て回る。また遊覧飛行機で空から眺めるのもおすすめなので、ぜひ参加してみたい。

バングルバングル北側随一の見どころエキドナチャズム

なお雨季にはグレートノーザン・ハイウェイからのアクセス道路がクローズして観光できないので注意したい。

カナナラ
Kununurra

キンバリー北の玄関口がカナナラ。町の南約300kmにある世界遺産パヌルル国立公園へのツアー出発地として、多くの観光客が訪れている。町は**オード川** Ord Riverと、ダム湖のカナナラ湖 Lake Kununurraに囲まれ、その水を利用してオーストラリア最大のメロン産地となっている。オード川は野生のワニが生息する川で、クルーズも催行されている。また、70kmほど南の巨大な**アーガイル湖** Lake Argyle脇には、世界で唯一のピンクダイヤモンド鉱山として知られていたアーガイルダイヤモンド鉱山跡もある（2020年に閉山）。

■バングルバングルへのツアー

●キンバリー・ワイルドエクスペディション
Kimberley Wild Expeditions

ブルーム発着5日間の4WDツアーを催行。

☎1300-738-870
URL kimberleywild.com.au
時 ブルーム発5～10月の火発、土ブルーム着
料 大人$2095～2395 子供$1995～2295

●バングルバングル・エクスペディション
Bungle Bungle Expeditions

グレートノーザン・ハイウェイからパヌルル国立公園へ向かうオフロード入口にあるバングルバングル・キャラバンパーク発着1日4WDツアー。

☎(08)9168-6001
URL bunglebunglecaravanpark.com.au
時 5～9月の毎日出発
料 1人$369

●アビエアー Aviair（カナナラ発着）

☎(08)9166-9300
FREE 1800-095-500
URL www.aviair.com.au
料 バングルバングル遊覧飛行（約2時間）：大人$475 子供$455

■パヌルル国立公園での遊覧飛行

●ヘリスピリット Helispirit

☎(08)9168-4200
URL www.helispirit.com.au
料 18分$329、30分$499

アクセス

●カナナラ

ブルームからダーウィンへ向かうバスはすべてこの町を通る。空路**カナナラ空港** (KNX)へはパース、ブルーム、ダーウィンからエアノースの便がある。

■カナナラ・ビジターセンター
Kununurra Visitor Centre

住 75 Coolibah Drv., Kununurra, 6743 ☎(08)9168-1177
URL www.visitkununurra.com
開 月～金9:00～16:00、土9:00～13:00（雨季は月～金9:00～15:00） 休 日祝、雨季の土

■オード川クルーズ

催行：Triple J Tours
☎(08)9168-2682
URL www.triplejtours.com.au
時 4～10月の毎日11:30～17:30
料 大人$242 子供$198

ブルームとキンバリーのホテル

ACCOMMODATION

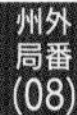

ブルーム

長期滞在しても飽きない　MAP P.618/1B

Kimberley Travellers Lodge YHA

キンバリー・トラベラーズロッジYHA

URL www.kimberleytravellerslodge.com.au
URL www.yha.com　住 9A Bagot St., Broome, 6725
☎ 9193-9898　WiFi 無料　料 D $48〜53、TW $133〜159　※朝食付き　※YHA会員以外は追加料金必要　CC MV

ホステル全体がトロピカルムードいっぱい

南国風のプールや地元で人気のパブを併設する、ブルーム中心部で一番人気のバックパッカーズ。

ケーブルビーチの格安アコモ　MAP P.618/2A

Cable Beach Backpackers

ケーブルビーチバックパッカーズ

URL cablebeachbackpackers.com
住 12 Sanctuary Rd., Cable Beach, 6725
FREE 1800-665-011　WiFi 無料
料 D $35〜44　CC MV

ケーブルビーチに近く、プール、バスケットボールコートなどもある。ドミトリーの料金はエアコンの有無によって異なる。

ブルーム中心部随一のリゾート　MAP P.618/2B

Moonlight Bay Suites

ムーンライトベイスイーツ

URL moonlightbaysuites.com.au
住 51 Carnarvon St., Broome, 6725
☎ 9195-5200　WiFi 無料
料 1B $285〜310、2B $385〜500　CC AMV

敷地内から「月への階段」も見られるという絶好のロケーション。部屋は通常のタイプでもキッチン付きのアパートメントスタイルで広々としており快適。

ロケーション抜群のホテル　MAP P.618/1B

The Mangrove Hotel

マングローブホテル

URL mangrovehotel.com.au
住 47 Carnarvon St., Broome, 6725
☎ 9192-1303　FAX 9193-5169　WiFi 無料
料 TW $278〜589　CC MV

「月への階段」を見るのに絶好の場所に位置する一級リゾート。エアコンやTV、シャワーなど必要な設備はもちろん完備。

ツアーでも利用されることが多いホテルだ

便利な場所にある　MAP P.618/2B

The Continental Hotel

コンチネンタルホテル

URL theconti.com.au　住 1/79 Weld St., Broome, 6725　☎ 9195-5900　WiFi 無料
料 TW $314〜539　CC AJMV

中心部の南ベッドフォードパークに面した一級ホテル。プール、レストラン、バーなど設備もいい。

ゆったりとしたプールエリア

ケーブルビーチの高級リゾート　MAP P.618/2A

Cable Beach Club Resort & Spa

ケーブルビーチクラブ・リゾート&スパ

URL www.cablebeachclub.com
住 1 Cable Beach Rd., Broome, 6725
☎ 9192-0400　WiFi 無料
料 TW $535〜610、Bungalow $643〜888、Villa $1156〜2132　CC ADMV

ケーブルビーチに面して建つ高級リゾートホテル。敷地内には広々としたプール、スパトリートメントセンター、熱帯の植物が生い茂るガーデンがあって、優雅な滞在が可能だ。

優雅な雰囲気の客室

カナナラ

格安ツアーも催行している　MAP なし

Kununurra Backpackers

カナナラバックパッカーズ

URL www.kununurrabackpackers.com.au
住 24 Nutwood Cres., Kununurra, 6743
☎ 9169-1998　FREE 1800-641-998　WiFi 無料
料 D $45〜50、TW $100　CC MV

全室エアコン付き。プール、BBQ設備あり。

町なかで快適に過ごすなら　MAP なし

Hotel Kununurra

ホテルカナナラ

URL hotelkununurra.com.au
住 37 Messmate Way, Kununurra, 6743
☎ 9168-0400　WiFi 無料
料 TW $160〜285　CC ADMV

プール、レストランなどカナナラの町なかでは最も設備の整ったホテル。

日本からブルームとキンバリーへの電話のかけ方
国際電話会社の番号＋010＋61（国番号）＋8（0を取った州外局番）＋電話番号

COLUMN

アドベンチャーツアーで楽しむ 5日間キンバリー

パヌルル国立公園のカテドラルの壮大さにはただ圧倒されるばかり

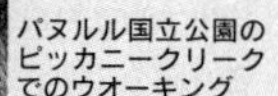

パヌルル国立公園内にある専用キャンプサイト

パヌルル国立公園のピッカニークリークでのウオーキング

太古のオーストラリアが残るキンバリーは、大型4WDを利用したアドベンチャーツアーで巡るのが最も効率がよい。ここではキンバリー・ワイルドエクスペディションが主催するブルーム発着4泊5日ツアーを紹介しよう。この日程なら日本からの最短8日間でキンバリーの旅が楽しめる。

太古の大珊瑚礁が造り出したダングゴージ国立公園

1日目、ブルームからバオバブの木が点在する大地を約400km走り、目指すのはデボニアンリーフ渓谷群のひとつダングゴージ国立公園。石灰岩の大渓谷をボートクルーズし、その壮大な様子に息をのむ。途中数多くのオーストラリアワニも見かける。

フィッツロイクロッシングでは設備の整ったキャラバンパークに宿泊。通常料金はテント泊だが、追加料金でベッドや冷蔵庫、シャワー、トイレが付いた常設サファリテントにも泊まれる。

パヌルル国立公園で過ごす2日間

2日目はホールズクリークでチャイナウオールやオールドホールズクリークなどを見学後、このツアーのハイライトともいうべき世界自然遺産パヌルル国立公園（バングルバングル）を目指す。国立公園内には専用の豪華キャンプサイトがある。ベッド付きのテントは常設で、ダイニングエリアもゆったりしている。ビールなどがフリードリンクなのもいい。

パヌルル国立公園ではエレファントロック見学に始まり、ピッカニー地区でのブッシュウオーキングでピッカニークリーク展望台、巨大空洞のカテドラルゴージを訪れ、夕暮れ前にエキドナチャズムでブッシュウオーキング、さらにオスマンド展望台から静寂なサンセットを満喫する。オプションでヘリコプターでの遊覧飛行も楽しめる。パヌルル国立公園の主要な見どころはすべておさえるという内容だ。

個人では立ち寄りにくい見どころを満喫

ブルームへの帰路に立ち寄るのはデボニアンリーフ渓谷群の見どころ。ミンピケーブでは先住民のガイド付きで鍾乳洞を散策。先住民の壁画も見て回る。またトンネルクリークでは真夏でも冷たい洞窟内の渓流を抜け、小川で遊泳を楽しむ。そしてウィンジャンゴージ国立公園でのブッシュウオーキング。その勇壮な渓谷はもちろん、水辺の目と鼻の先でオーストラリアワニが見られるのも楽しい。

●キンバリー・ワイルドエクスペディション
Kimberley Wild Expedition
URL www.kimberleywild.com.au
※ツアーの料金、催行日等はP.621の欄外参照。

あなたの**旅の体験談**をお送りください

「地球の歩き方」は、たくさんの旅行者からご協力をいただいて、
改訂版や新刊を制作しています。
あなたの旅の体験や貴重な情報を、これから旅に出る人たちへ分けてあげてください。
なお、お送りいただいたご投稿がガイドブックに掲載された場合は、
初回掲載本を1冊プレゼントします！

ご投稿はインターネットから！

URL www.arukikata.co.jp/guidebook/toukou.html
画像も送れるカンタン「投稿フォーム」
※左記のQRコードをスマートフォンなどで読み取ってアクセス！

または「地球の歩き方　投稿」で検索してもすぐに見つかります

地球の歩き方　投稿  

▶投稿にあたってのお願い

★ご投稿は、次のような《テーマ》に分けてお書きください。

《新発見》―――ガイドブック未掲載のレストラン、ホテル、ショップなどの情報
《旅の提案》―――未掲載の町や見どころ、新しいルートや楽しみ方などの情報
《アドバイス》――旅先で工夫したこと、注意したこと、トラブル体験など
《訂正・反論》――掲載されている記事・データの追加修正や更新、異論、反論など

※記入例「○○編20XX年度版△△ページ掲載の□□ホテルが移転していました……」

★データはできるだけ正確に。
ホテルやレストランなどの情報は、名称、住所、電話番号、アクセスなどを正確にお書きください。
ウェブサイトのURLや地図などは画像でご投稿いただくのもおすすめです。

★ご自身の体験をお寄せください。
雑誌やインターネット上の情報などの丸写しはせず、実際の体験に基づいた具体的な情報をお待ちしています。

▶ご確認ください

※採用されたご投稿は、必ずしも該当タイトルに掲載されるわけではありません。関連他タイトルへの掲載もありえます。
※例えば「新しい市内交通パスが発売されている」など、すでに編集部で取材・調査を終えているものと同内容のご投稿をいただいた場合は、ご投稿を採用したとはみなされず掲載本をプレゼントできないケースがあります。
※当社は個人情報を第三者へ提供いたしません。また、ご記入いただきましたご自身の情報については、ご投稿内容の確認や掲載本の送付などの用途以外には使用いたしません。
※ご投稿の採用の可否についてのお問い合わせはご遠慮ください。
※原稿は原文を尊重しますが、スペースなどの関係で編集部でリライトする場合があります。

TRAVEL TIPS

オーストラリア 旅の準備と技術

旅の情報収集
Travel Information

■オーストラリア政府観光局公式サイト
URL www.australia.com/ja-jp

■オーストラリア各州・準州観光局サイト
●クイーンズランド州観光局
URL www.queensland.com/jp/ja/home
●ニューサウスウエールズ州観光局
URL jp.sydney.com
●オーストラリア首都特別区観光局
URL visitcanberra.com.au
●ビクトリア州観光局
URL jp.visitmelbourne.com
●タスマニア州観光局
URL www.discovertasmania.com.au
●南オーストラリア州観光局
URL southaustralia.com
●ノーザンテリトリー観光局
URL northernterritory.com/jp/ja
●西オーストラリア州観光局
URL www.westernaustralia.com/jp

■在日オーストラリア大使館
URL japan.embassy.gov.au

■日本語お役立ちサイト
●地球の歩き方ホームページ
URL www.arukikata.co.jp
「地球の歩き方」公式サイト。ガイドブックの更新情報や、海外在住特派員の現地最新ネタ、ホテル予約など旅の準備に役立つコンテンツ満載。
●日豪プレス オーストラリア生活情報サイト
URL nichigopress.jp
●ジャムズTV オーストラリア生活情報WEB
URL www.jams.tv
●リビング・イン・ケアンズ
URL www.livingincairns.com.au
● Go! 豪！アデレード
URL www.gogoadelaide.com.au
●エキスパース
URL www.experth.com.au

■主要航空会社
●カンタス航空
URL www.qantas.com/jp/ja.html
●日本航空
URL www.jal.co.jp
● ANA
URL www.ana.co.jp
●ジェットスター
URL www.jetstar.com
●ヴァージン・オーストラリア
URL www.virginaustralia.com
●リージョナルエクスプレス
URL www.rex.com.au

出発前にインターネットで情報収集

オーストラリア政府観光局はもちろん、オーストラリア各州・準州の各観光局では、インターネットで積極的に旅行関連情報を提供している。しかもオーストラリア政府観光局、クイーンズランド州、ニューサウスウエールズ州、ビクトリア州、西オーストラリア州、ノーザンテリトリーは日本語ページもある。またレストラン情報などは、トリップアドバイザーTripadviser が情報豊富で役に立つ。アプリもあるのでスマホに入れていこう！ ビザや検疫、税関などの最新情報は、在日オーストラリア大使館のウェブサイトが詳しい。

オーストラリア関連の旅行会社、ホテル、交通機関などウェブで情報を発信しているところはひじょうに多い。本書掲載のツアー＆アクティビティ会社、ホテル、レストラン、ショップなど可能なかぎりアドレスを掲載しているので参考にしてほしい。またアドレスがわからなくても、Google や Yahoo! などの検索エンジンを使えば、探したいウェブサイトへのアクセスも簡単だ。

このほか Facebook や LINE、Twitter、インスタグラムなど SNS には、現地の見どころやツアー会社がページを開設していることも多い。これらの情報も、日本出発前にチェックしておきたい。

COLUMN オーストラリアへ行く前に入れておきたいアプリ

● Australian ETA
オーストラリアの電子ビザ（→ P.636）を取得するのに必要なので、旅を決めたらまず最初にこのアプリを取得。

● Google Maps
現地で場所確認や目的地への移動ルートなどの検索に便利。カーナビ代わりや主要都市の乗り換え案内的な公共交通機関検索に利用するのもあり。

● Google 翻訳
カメラ機能を連動させてメニューなどを翻訳するのにも使える。

●ライドシェアアプリ
ウーバー Uber がオーストラリアで最もよく利用されているライドシェア配車アプリ。またディディ DiDi はオーストラリアの主要都市で利用可能なライドシェア配車アプリ。DiDi は Uber より料金が安い場合が多いので比較して利用するのがおすすめ。

● Tripadviser
レストランやホテル、観光地の評判をチェックするのに便利。

● Veltra
現地発着ツアーの日本語検索・予約は数社がウェブサイトで行っているが、ベルトラはアプリでも対応していて便利。

●カンタス航空など利用航空会社のアプリ
搭乗予定フライトの遅延情報はもちろんオンラインチェックインなどのサービスが利用しやすいので手に入れておきたい。

●ホテル予約アプリ
ブッキングドットコム、エクスペディア、アゴダなど数多くのホテル予約アプリがあるので、お気に入りの予約アプリを、できればふたつ以上。アプリによって料金が異なる場合がある。

現地での情報収集

各都市や観光地、空港や主要駅には必ずビジターセンターやインフォメーションがあり、さまざまな情報を提供している。日系のツアー会社などでも情報提供しているところがある。このほかシドニーやケアンズ、アデレードなど無料日本語情報誌を出している媒体があるので、手に入れておきたい（現地ビジターセンターや日本食レストランなどで手に入る）。これらの媒体はウェブページを開設していて、各エリアの最新情報を発信しているのでチェックしておこう（前ページ欄外の日本語お役立ちサイト）。

■長距離バス・鉄道
●グレイハウンド・オーストラリア
URL www.greyhound.com.au
●ジャーニービヨンドレール
URL www.journeybeyondrail.com.au

COLUMN

旅行前・旅行後に　読みたい！　観たい！
オーストラリア関係の本と映画

オーストラリア関係の本

◆ GENIC TRAVEL vol.01 AUSTRALIA
（著・写真：manashika ／ミツバチワークス）
人気インスタグラマー＆プロトラベラーの manashika による、ビジュアルブック。シドニー、バイロンベイ、ウルル、ゴールドコーストの「いいね」がもらえる撮影スポットや撮影方法が満載。

◆素敵でおいしいメルボルン＆野生の島タスマニアへ（著・高田真美／イカロス出版）
カフェ文化、オーストラリアワインで大人気のメルボルンと野生動物に簡単に出合えるタスマニアの魅力をぎゅっと 1 冊に詰め込んだ本。グレートオーシャンロードへのドライブ情報も充実。

◆ TRANSIT（トランジット）29 号 美しきオセアニア（講談社 Mook）
ディープな海外事情を伝える雑誌トランジットのオセアニア特集号。オーストラリア、ニュージーランドを中心に、先住民文化から人々のライフスタイル、自然にいたるまで、さまざまな視点で取り上げている。

◆鉄道で旅するオーストラリア
（編：羅針特選ムック「ヨーロッパ鉄道旅行」編集部／イカロス出版）
オーストラリアを代表する豪華列車インディアンパシフィック号とザ・ガン号を中心に、オーストラリアの鉄道の魅力を豊富な写真と文章で見せる 1 冊。

◆さおり＆トニーの冒険紀行 オーストラリアで大の字　（著：小栗左多里＆トニー・ラズロ／ヴィレッジブックス）
「ダーリンは外国人」シリーズのオーストラリア・ルポエッセイ。オーストラリア 5 都市を訪れ、さまざまなことにチャレンジする姿がコミカルに描かれている。

おすすめオーストラリア映画

◆オーストラリア（20 世紀フォックス）
第 2 次世界大戦を控えたオーストラリアのアウトバックを舞台に、農場主となった女性とカウボーイとの愛、先住民の精神世界などを壮大なスケールで描いた物語。ニコール・キッドマン、ヒュー・ジャックマン主演。

◆奇跡の 2000 マイル（ポニーキャニオン）
1977 年、アリススプリングスから西オーストラリア州のインド洋沿岸まで、ラクダと 1 匹の犬を連れて旅をした女性ロビン・デビッドソン（当時 24 歳）の伝記『Tracks』を映画化。過酷なオーストラリアのアウトバック、先住民コミュニティで出会う人々など、内容はもちろん映像の迫力にも圧倒される。各国の映画祭で絶賛された。

◆裸足の 1500 マイル
（ギャガコミュニケーションズ）
1910 ～ 70 年代のオーストラリアで行われていた先住民と白人の混血児の収容・同化政策。この映画は、西オーストラリアの収容所から逃げ出した先住民の少女が、2000km 以上の道のりを歩いて部族の村へ帰ったという実話をもとにした。

◆月のひつじ（日本ヘラルド映画）
1969 年、アメリカのアポロ 11 号が史上初めて月面へ降り立った際、アポロからの衛星中継を任されたのが NSW 州パークスの巨大パラボラアンテナ。偉業をなし遂げるために活躍するパラボラ基地のスタッフたちの様子を、笑いと興奮を交えて描写している。

◆ファインディング・ニモ
（ピクサー＆ディズニー）
グレートバリアリーフにすむカクレクマノミ親子の冒険と愛情、そして親子の周りに集まる魚たちとの友情の物語。大ヒットしたアニメーション映画だ。

旅のシーズン

Travel Season

南半球のオーストラリアは、季節が日本と反対となる。しかし国が南北に広いため、「冬だから寒い」といった日本では当たり前になっている感覚が通用しない。冬でも日中30℃を超える場所があるし､逆に夏でも20℃以下になる場所がある。まず考えるべきは、オーストラリアで何がしたいのか、何を見たいのか、といった旅の目的だ。それによって、訪れる場所や季節を選ぶといい。

ダーウィン
ケアンズ
エアーズロック
ブリスベン
パース
アデレード
シドニー
メルボルン
ホバート

熱帯雨林気候
亜熱帯雨林気候
地中海性気候
温暖湿潤気候
砂漠気候
熱帯ステップ気候
温帯ステップ気候

オーストラリア南部には四季がある

日本の感覚をスライドさせても問題ないのがオーストラリア南部。シドニーやメルボルンなどでは、エクスカーション可能な場所で、夏は海水浴、冬はスキーというふうに季節に合わせたアクティビティが楽しめる。都市部では冬の冷え込みはそれほどきつくはなく、シドニーあたりでは日中15℃を切る日はほとんどない。

オーストラリア北部にはふたつの季節

オーストラリア北部は大きく雨季と乾季に分かれている。乾季は4月後半から11月中旬、雨季は11月後半から4月中旬というのが大まかな目安。ただ、雨季といっても本当に雨が多いのは1～2月で、そのほかの時期は毎日スコールがある程度と考えていい。

グレートバリアリーフ（G.B.R.）でダイビングを考えている人は、乾季のほうが海の透明度がいいのでおすすめできる。また同じG.B.R.でも、南北に長いため南部へ下るとそれほど雨季の影響を強く受けない。

秋～春にかけてブルーマウンテンズには早朝霧がかかることが多い

■知っておきたいオーストラリアの旅行シーズン

11～3月は本格的な旅行シーズン。日本のように「民族大移動」は起きないが、それでも交通機関や安いホテルなどはかなり混雑する。特に12月中旬～2月初めのクリスマスホリデー＆学年末の時期は、早め早めの予約を心がけたほうが無難だ。そのほか、4月前半のイースターやスクールホリデー時期も要注意。スクールホリデーは各州が異なった学期制をとっているためひと口にはいえないが、8～9月や4月に多い（各州の扉ページ参照）。

乾季のグレートバリアリーフでダイビングを楽しむ

オーストラリアの春はワイルドフラワーの季節

雨季のダイビングなら南のヘロン島やレディエリオット島がおすすめだ。

また、カカドゥ国立公園やニトミルク国立公園などへ行く人は、季節の変わり目を狙うのがベスト。雨季の真っただ中は道路の一部が水没して観光に支障をきたす可能性が高いし、乾季も川や滝が干上がっていておもしろみに欠ける。

乾季にはカカドゥ国立公園でサンセットが楽しめる確率大

アウトバックの旅は４～11月がおすすめ

内陸部（アウトバック）の旅は、できれば真夏を避けたい。何しろアウトバックは、その大部分が砂漠や土漠。真夏は日中40℃を超えることもしばしばで、しかも乾燥しているため旅はひじょうに苛酷なものとなる。一方､4月＆９～10月は、日中の気温も30℃を下回ることが多くなり、かなり過ごしやすくなる。５～８月は日中22℃前後で、快適。ただし夜間は10℃を下回るほど寒くなるので、セーターやトレーナーの用意は忘れずに。

９月頃ならアウトバックでのブッシュウオーキングも快適

オーストラリアの主要都市平均気温・降雨量

		1月	2月	3月	4月	5月	6月	7月	8月	9月	10月	11月	12月
QLD	ケアンズ												
	平均最高気温（℃）	31.5	31.2	30.6	29.2	27.6	26.0	25.7	26.6	28.1	29.6	30.7	31.4
	平均最低気温（℃）	23.7	23.8	23.1	21.6	19.9	17.9	17.1	17.4	18.7	20.6	22.3	23.4
	平均降雨量（mm）	391.8	451.8	421.7	197.4	91.4	45.6	29.2	26.7	33.4	46.0	93.7	175.9
	ブリスベン												
	平均最高気温（℃）	30.2	29.9	28.9	27.1	24.4	21.9	21.9	23.2	25.7	27.1	28.0	29.3
	平均最低気温（℃）	21.5	21.3	20.0	17.3	13.5	11.7	10.1	10.7	13.7	16.3	18.7	20.3
	平均降雨量（mm）	153.9	142.5	109.2	65.8	58.5	57.6	24.7	42.1	28.8	72.5	106.6	138.7
	ゴールドコースト												
	平均最高気温（℃）	28.7	28.6	27.8	25.9	23.4	21.3	21.1	21.9	23.9	25.3	26.7	27.8
	平均最低気温（℃）	21.9	21.8	20.8	18.3	15.3	13.1	12.0	12.5	14.8	16.9	18.9	20.5
	平均降雨量（mm）	139.9	177.7	110.8	125.8	112.2	112.8	48.8	62.6	44.4	91.5	119.0	139.3
NSW	シドニー												
	平均最高気温（℃）	25.9	25.8	24.8	22.4	19.5	17.0	16.3	17.8	20.0	22.1	23.6	25.2
	平均最低気温（℃）	18.7	18.8	17.6	14.7	11.6	9.3	8.1	9.0	11.1	13.6	15.6	17.5
	平均降雨量（mm）	101.6	117.6	129.2	127.1	119.9	132.0	97.4	80.7	68.3	76.9	83.9	77.6
ACT	キャンベラ												
	平均最高気温（℃）	28.0	27.1	24.5	20.0	15.6	12.3	11.4	13.0	16.2	19.4	22.7	26.1
	平均最低気温（℃）	13.2	13.1	10.7	6.7	3.2	1.0	-0.1	1.0	3.3	6.1	8.8	11.4
	平均降雨量（mm）	58.5	56.4	50.7	46.0	44.4	40.4	41.4	46.2	52.0	62.4	64.4	53.8
VIC	メルボルン												
	平均最高気温（℃）	26.4	26.6	24.1	20.3	16.6	13.7	13.1	14.5	16.7	19.3	22.0	24.5
	平均最低気温（℃）	13.7	14.2	12.7	10.2	8.3	6.2	5.4	5.9	7.1	8.5	10.4	12.0
	平均降雨量（mm）	40.1	43.6	37.2	43.7	39.5	39.9	35.1	45.7	46.9	54.0	62.6	48.4
TAS	ホバート												
	平均最高気温（℃）	21.7	21.7	20.2	17.3	14.5	12.0	11.7	13.1	15.1	17.0	18.7	20.3
	平均最低気温（℃）	11.9	12.1	10.9	9.0	7.0	5.2	4.6	5.2	6.4	7.8	9.3	10.8
	平均降雨量（mm）	47.6	39.9	44.9	51.1	46.2	53.9	52.5	53.6	53.2	61.7	54.8	56.3
SA	アデレード												
	平均最高気温（℃）	29.4	29.5	26.4	22.7	19.0	16.1	15.3	16.7	19.1	22.0	25.3	27.1
	平均最低気温（℃）	17.2	17.3	15.3	12.5	10.3	8.2	7.5	8.2	9.8	11.5	14.0	15.6
	平均降雨量（mm）	19.4	15.4	26.4	39.9	60.0	80.0	76.5	68.0	58.0	41.8	30.1	28.0
NT	エアーズロック（ウルル - カタジュタ国立公園）												
	平均最高気温（℃）	38.5	36.9	34.3	29.9	24.3	20.3	20.5	23.7	28.9	32.2	34.9	36.5
	平均最低気温（℃）	22.7	22.1	19.2	14.4	9.3	5.5	4.4	5.8	10.8	14.8	18.3	20.8
	平均降雨量（mm）	26.7	38.4	35.3	15.9	12.9	18.1	18.8	4.4	7.7	21.4	35.5	40.6
	ダーウィン												
	平均最高気温（℃）	31.8	31.4	31.9	32.7	32.0	30.6	30.6	31.4	32.6	33.3	33.3	32.6
	平均最低気温（℃）	24.8	24.7	24.5	24.0	22.1	19.9	19.3	20.3	23.0	24.9	25.3	25.3
	平均降雨量（mm）	427.1	374.3	317.9	102.2	21.2	1.8	1.2	4.9	15.3	69.9	142.1	248.9
WA	パース												
	平均最高気温（℃）	31.2	31.7	29.6	25.9	22.4	19.3	18.4	19.1	20.3	23.3	26.5	29.1
	平均最低気温（℃）	18.1	18.4	16.6	13.8	10.6	8.5	7.6	8.3	9.6	11.4	14.2	16.4
	平均降雨量（mm）	15.4	8.8	20.5	35.7	90.5	127.9	146.7	122.8	89.6	39.5	23.8	9.9

QLD：クイーンズランド州／NSW：ニューサウスウエールズ州／ACT：オーストラリア首都特別区／VIC：ビクトリア州／TAS：タスマニア州／SA：南オーストラリア州／NT：ノーザンテリトリー／WA：西オーストラリア州

旅のモデルルート
Model Route

メルボルンから距離があるので1泊して楽しみたいグレートオーシャンロード

余裕のあるスケジュールを

1都市滞在の場合は問題ないが、数都市を周遊する旅の場合、オーストラリアの広さを忘れてはいけない。まして陸路移動を基本とする場合は、十分に余裕をもったスケジュールを組むことが大切だ。早めの予約ならオーストラリア国内の航空運賃もかなり安いので、行きたい場所が多い場合は、陸路と空路をうまくミックスさせて予定を立てるのがポイントだ。

ウルルの夜明けはアウトバック観光のハイライトのひとつ

1週間以内なら日本でスケジュールを確定させよう

時間がたっぷりあるなら、出発前に綿密なプランニングはせずに、現地で仕入れた最新情報をもとに、町での滞在日数を変えたり、予定のルートを変更したりといったフレキシブルな旅ができる。しかし1週間以内の場合は、ラフなプランだと、思うようにやりたいことができない、という結果になりかねない。

そこで1週間以内の旅で数都市を周遊するような場合は、日本で手配できることはすべて済ませてしまおう。インターネットの発達のおかげで、現地移動手段、ホテルはもちろん、各都市での現地ツアーも、ほとんど日本から予約可能となっている。英語でのやりとりが不安という人は、オーストラリアまでの航空券やツアーを申し込んだ旅行会社に頼んでみるのもいいだろう。

オリジナリティあふれるプランを

以下にオーストラリアの旅のルートをいくつか紹介する。これを参考にして、自分の好みに合ったプランを作り上げよう。旅の楽しみは、プランニングの段階で始まっている。そしてぜひ、オリジナルな自分だけの旅を実現してほしい。

モデルルート

1週間以内

2都市周遊

1週間以内の旅行なら1～2都市滞在を基本にしよう。1都市滞在地として人気があるのは、ケアンズ、ゴールドコースト、シドニー、メルボルン、パース。2都市滞在の場合、ケアンズ、ゴールドコースト、シドニー、メルボルンのなかから2都市、シドニー、メルボルンのいずれかとウルル（エアーズロック）、シドニーとパース、シドニーとメルボルンなど。

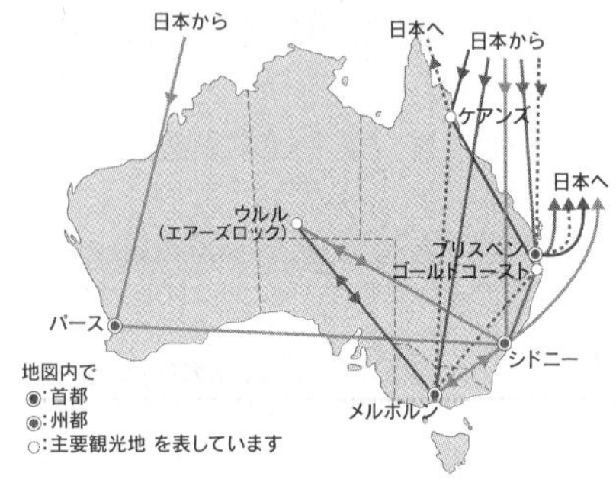

1～2週間

東海岸周遊

ケアンズとグレートバリアリーフのハミルトン島、さらにゴールドコースト、シドニーを加えた、最もオーソドックスなルート。ケアンズとハミルトン島でグレートバリアリーフを満喫、さらにケアンズ、ゴールドコーストで太古の森を訪れ、シドニーではオーストラリアならではの都市を楽しむ。世界遺産も６ヵ所訪れることが可能だ。ジェットスター利用でこの旅程が可能（逆ルートもOK)。カンタス航空利用の場合はケアンズからの帰路がブリスベン経由となる。

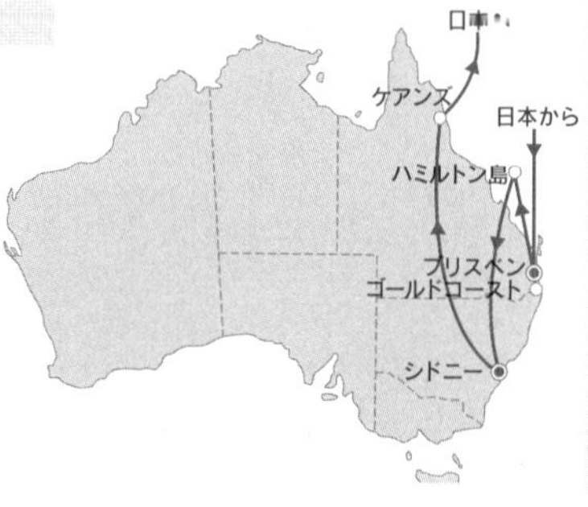

1～2週間

リゾート＋タスマニア周遊

人気のリゾート地ゴールドコーストとケアンズにタスマニアの旅をプラスしたルート。ゴールドコーストからタスマニアへはシドニー、ブリスベンからのホバート便もしくはタスマニアへのフライトの多いメルボルン経由便を利用する。時間に余裕がある場合はタスマニアの前後にシドニー、メルボルン数泊を入れるのもおすすめだ。最大で７ヵ所の世界遺産を訪れることもできるルートだ。

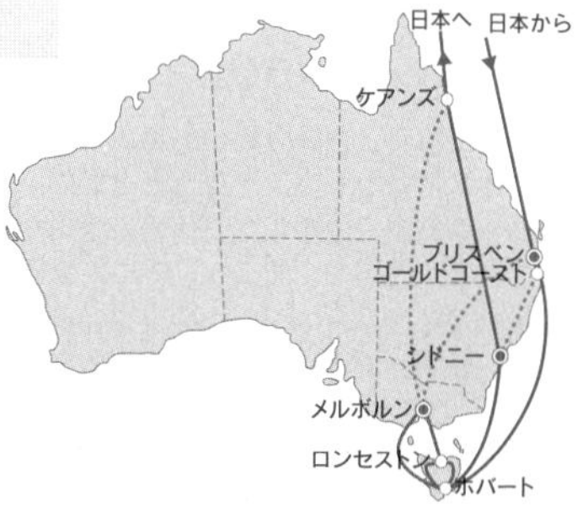

1週間以内／1～2週間

オーストラリア・ダイジェスト

短期間でオーストラリアのさまざまな魅力を満喫。1週間以内でもギリギリ回れるが、現地での観光を考えると1週間以上は欲しい。10日あったらメルボルンも入れたい。グレートバリアリーフ、ウエットトロピックス、ウルル、ブルーマウンテンズ、オペラハウス、囚人史跡群の６つ（メルボルンの王立展示館を含むと７つ）の世界遺産を観光できる。

2～3週間

大陸半周

２週間なら移動はすべて飛行機で、３週間近くあるならウルルへの起点都市アリススプリングス～アデレード～メルボルンは豪華寝台列車ザ・ガン号＋ジ・オーバーランド号利用とするのもおもしろい。ケアンズ、ゴールドコーストは３泊、それ以外は２泊はできるので、各都市でひととおりの観光は楽しめる。日本往復をジェットスターにする場合は帰路ブリスベン経由となる。

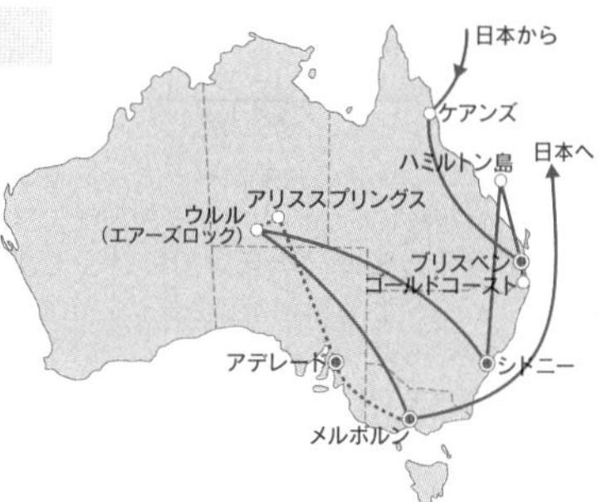

2～3週間

アウトバック満喫

オーストラリア大陸を縦断し、アウトバックを存分に体験する。2週間以上かけ、陸路と空路をうまく組み合わせて旅を楽しみたい。アウトバックではウルル（エアーズロック）以外にも、ニトミルク国立公園、カカドゥ国立公園など、オーストラリアならではの壮大なスケールをもった大自然が見られる場所がいくつもある。ダーウィンからアリススプリングスへの移動には豪華列車ザ・ガン号を利用するのもおすすめだ。

2～3週間

西オーストラリア＋東海岸

すべて空路で2週間必要。最初にパースに入り、ピナクルズやロットネスト島などを満喫。その後メルボルン経由でウルルへ（日程に余裕があればメルボルンにも滞在したい）。ウルル観光後はシドニーとクイーンズランド州のリゾートエリアを楽しむ。砂漠、都市、熱帯・亜熱帯雨林、グレートバリアリーフ……変化に富んだ旅が楽しめる。なおパース直行便がない期間は、シドニーやメルボルン経由でパースへ向かうことになる。

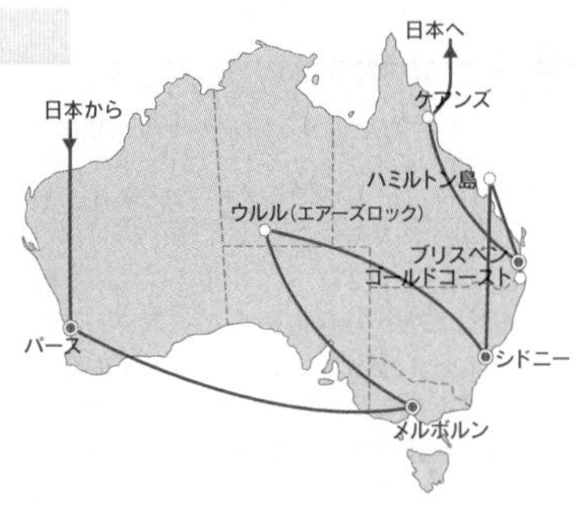

1ヵ月以上

じっくり大陸周遊

1ヵ月かけてオーストラリアを見て回るならこのルートがおすすめ。ケアンズ発着でもルートは組めるが、いくつかのルートに飛行機利用を考えると、カンタス航空の割引運賃カンタス・エクスプローラーが利用できるシドニー着ブリスベン発（もしくはその逆ルート）がベストだ。メルボルン～タスマニアは船を利用するのもおもしろいし、タスマニア内はレンタカーでのドライブが効率的だ。

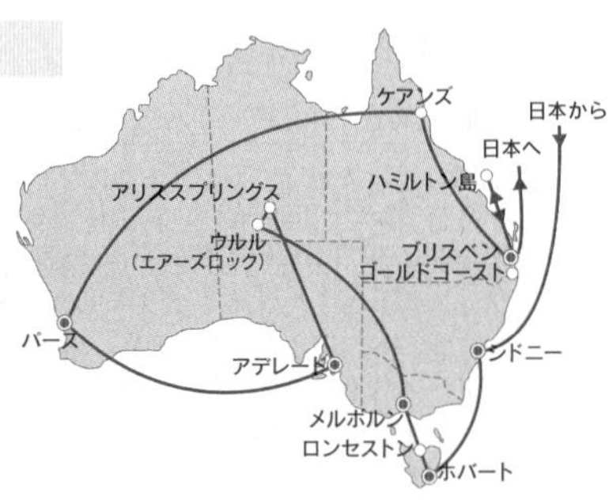

1ヵ月以上

大陸1周

オーストラリアの主要な見どころを巡る。1ヵ月だと長距離移動のいくつかを飛行機にしないと厳しい。できれば2ヵ月は欲しいところだ。なおアデレードから大陸横断鉄道インディアンパシフィック号に乗り込みパースへ向かい、その後北上。ダーウィンからウルル（エアーズロック）へ南下したあと、東海岸に抜けるというルートもおもしろい。

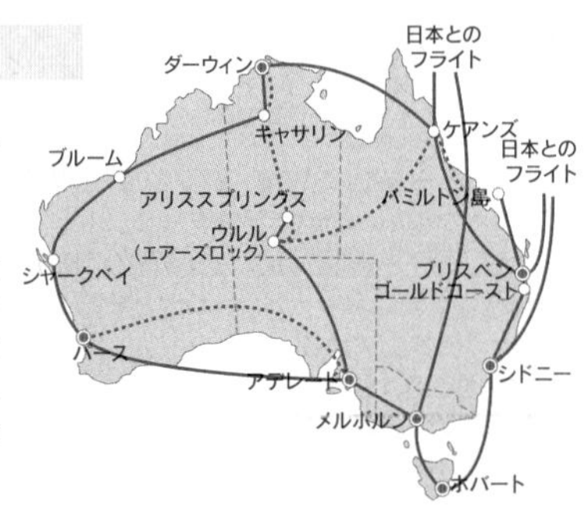

旅の予算とお金

Travel Budget & How to bring money

旅の予算

1 都市滞在と周遊、高級ホテル志向とバックパッカーズ志向など、旅のスタイルによって予算は大きく異なる。ここでは、項目別に基本的な費用を紹介。自分の旅のスタイルで、おおよそどれくらいの費用が必要なのか参考にしてほしい。またパッケージツアー利用の場合は、料金に含まれないオプショナルツアー代（現地観光費）、食費の目安にするといい。

●日本～オーストラリアの航空券代

旅の目的地によって、カンタス航空、日本航空、ANA、ジェットスター、東南アジア系経由便など利用航空会社が変わってくる。最も安いとされるジェットスターだと、日本からケアンズ、ゴールドコーストまで安い時期で往復 5 ～ 7 万円、高い時期でも 12 万円程度。他の航空会社利用の場合、4 ～ 8 万円ほど高くなる。

●現地移動費

複数都市を周遊する場合は、カンタス航空やジェットスターなどのウェブサイトから航空券を手に入れるのがおすすめ。早めの予約で格安になることが多い。またワーキングホリデーなどで、あちこち立ち寄りながら周遊する場合は、長距離バスのパス利用や移動型現地ツアー参加も考えてみよう。

●現地観光費

町を離れた自然のなかでアクティブに楽しむ観光が多いオーストラリア。そのため滞在中は、現地発着の半日ツアー（$90 ～ 160）、1 日ツアー（$150 ～ 300）に参加することが多くなる。都市部滞在以外でツアーに参加しない場合は、レンタカーが必須だ（1 日保険代込み $70 ～ 120）。

●宿泊費

バックパッカーズホステル利用ならドミトリー 1 泊 $40 ～ 90。中級以上のホテル利用なら、インターネットのホテル予約サイトを利用するとかなり安く済む。シドニーやメルボルンなど大都市の場合、4 つ星クラスで $200 ～ 250、5 つ星で $300 ～ 500。ケアンズやゴールドコーストなどのリゾートは、大都市よりも多少安めだ。

●食費

食費は日本よりも 5 割以上高いと思っておいたほうがいい。特に大都市は割高。ファストフードでも日本より 3 割ほど高く、レストランだとランチタイムでひとり $15 ～ 40、ディナーだと $30 ～ 100 を目安に。もちろんアルコール類を頼めばそのぶん高くなる。

■日本～オーストラリアの航空券代の詳細
航空券の手配→ P.638

■現地移動の詳細
現地での国内移動→ P.646

■現地観光費を安く抑える
特に日本人向けの現地ツアーに関しては、ツアー手配専門のインターネット旅行会社を通すと割引が受けられる場合が多い。主要な会社は次のとおりだ。
●ホットホリデー
URL www.hotholiday.jp
●ナビツアー（トラベルドンキー）
URL www.navitour.com.au
URL www.traveldonkey.jp
●ベルトラ
URL www.veltra.com/jp/oceania/australia/

■宿泊費の詳細
ホテルの基礎知識→ P.663

■食費を安く抑える
円安のなかコスパグルメを探すなら、週末マーケットやフードコートがおすすめ。おいしい各国料理が比較的リーズナブルに楽しめる。スーパーマーケット等でテイクアウェイも◎（→ P.667 欄外）。

■おもなクレジットカード会社（日本の窓口）
● JCB カード
FREE 0120-015-870
（入会案内専用）
☎ 0570-015-870
（携帯電話から）
URL www.jcb.co.jp
●アメリカン・エキスプレス（AMEX）
FREE 0120-020-222
URL www.americanexpress.com/jp
●ダイナースクラブ（Diners）
FREE 0120-041-962
URL www.diners.co.jp
●マスターカード（Master）
URL www.mastercard.co.jp
●ビザ（VISA）
URL www.visa.co.jp

■最新為替レートをインターネットで

『地球の歩き方』ホームページでは、三菱 UFJ 銀行の現金、T/C のレートを表示している（毎日正午頃更新）。

URL www.arukikata.co.jp/rate

シドニー国際空港到着ホールにある両替カウンター

■クレジットカードの暗証番号の確認を

IC カード（IC チップ付きのクレジットカード）で支払う際は、サインではなく PIN（暗証番号）が必要だ。日本出発前にカード発行金融機関に確認し、忘れないようにしよう。

■デビットカード

使用方法はクレジットカードと同じだが支払いは後払いではなく、発行金融機関の預金口座から即時引き落としが原則となる。口座残高以上に使えないので予算管理をしやすい。加えて、現地 ATM から現地通貨を引き出すこともできる。

外貨の両替

日々刻々為替レートが変動しているので、お金の持っていき方に絶対はない。日本円で持っていって現地で両替する方法もあれば、日本で A$ を手に入れていく方法もあるし、クレジットカードや海外専用プリペイドカード、デビットカードなどでキャッシング（後述）する方法もある。しかしまず知っておきたいのは、**オーストラリアは日本以上に急速にキャッシュレス決済が進んでいる**ということ。一部のホテルやレストラン、観光地では現金が利用できないほどで、**クレジットカードや海外専用プリペイドカード、デビットカードが旅の必需品**になっているほど。それでも多少は現金も必要になる。現地で日本円現金から A$ への両替は、マネーチェンジャー（両替商）か銀行で行う。両替場所によってレート、手数料が異なるので、できれば数軒確認しておきたい。銀行は平日の日中のみ営業だが、マネーチェンジャーは土・日曜や夜間でも開いているところが多い。

クレジットカード

オーストラリアでは、およそ観光客が利用しそうな場所では、ほぼ確実にクレジットカードが使えるし、逆にカード以外の決済を断られることもある（ハミルトン島などは島自体がキャッシュレス決済のみとなっているほど）。しかもカード利用方法も**基本はタッチ決済**で、店舗によっては PIN 入力用端末すら持っていない場合があるほどだ。なおクレジットカードは、利用時に 2 ～ 5%の手数料を請求される場合はあるが、オーストラリアのキャッシュレス事情、請求時のレートのよさ、キャッシングの利便性、海外旅行保険付帯サービス（一部のカードのみ）など、旅の必需品と思って間違いはない。

利用可能店舗数は VISA、Master が最も多く、次いで AMEX、Diners、JCB の順。通用範囲が広い VISA、Master と、付帯サービスが充実したそれ以外のカードの 2 枚持ちがおす

ATM の使い方

代表的なトラベレックスの ATM 操作方法。他社の場合も似たような操作でキャッシング可能だ。

①カードを挿入して手続き開始。数字の入力はキーボードから、選択項目は画面両脇のボタンで行う

②クレジットカード登録時の 4 桁の PIN（暗証番号）をキーボードから入力

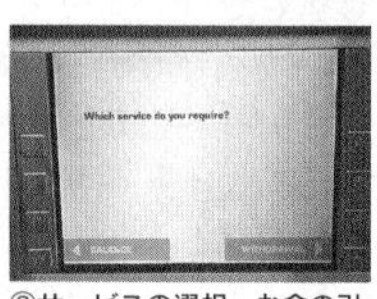

③サービスの選択。お金の引き出しなので withdrawal を選ぶ

④レシートが必要かどうかを Yes ／ No で選択

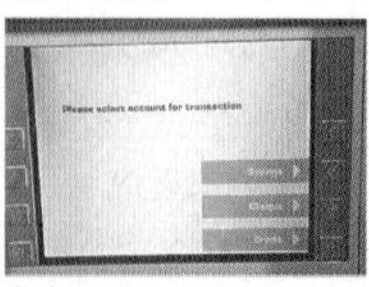

⑤クレジットカードでのキャッシングなので Credit を選択

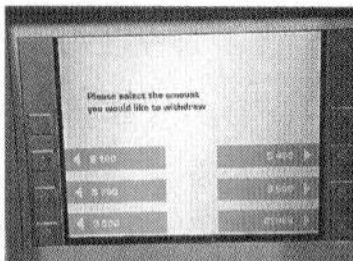

⑥必要な金額を選択

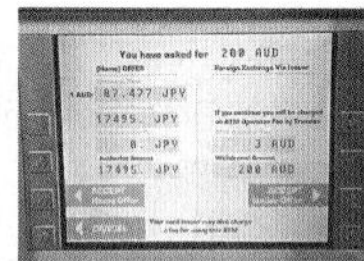

⑦最後にカード会社への請求金額が表示され、問題なければ Accept を選択

すめ。カードの取得の詳細は各カード会社へ(→ P.633 欄外)。

また、現金を手に入れる方法も現地でキャッシングするのが一般的だ。キャッシング時の為替レートは銀行間取引レートに近く、よほど大きな為替レートの変動がないかぎり、支払い期日までの利子を考えてもマネーチェンジャーでの現金両替よりお得。同日同時刻であれば、日本円の現金を A$ に両替するより確実にいい。

キャッシングできるのは VISA、Master のほか、カードに Cirrus、PLUS マークが入っているもの。ほとんどのクレジットカードは対応しているはずだ。各空港はもちろん、市中にも数多くの ATM があり、24 時間利用できるのもメリット。なお ATM は、会社により多少操作方法が異なる。両替大手トラベレックスの ATM を利用してキャッシングする場合の手順を P.634 に示したので、参考にしてほしい。

クレジットカードでキャッシングできるＡＴＭは、空港やショッピングセンターに数多く設置されている

国際ブランドのトラベルプリペイドカード

所得のない学生や、さまざまな事情によってクレジットカードが作成できない場合に力強い味方が、国際ブランドのプリペイドカード。多くの通貨で国内での外貨両替よりレートがよく、カード作成時に審査がない。出発前にコンビニ ATM などで円をチャージし（入金)、その範囲内で渡航先の ATM で現地通貨の引き出しやショッピングができるので（要手数料)、使い過ぎや多額の現金を持ち歩く不安もない。また VISA や Master と提携しているカードの場合、それらの加盟店では支払いにも利用可能（残高の範囲内でクレジットカード同様に利用できる。ただしカードによっては若干の手数料を取られる場合もある)。日本で入金代行人の手続きさえしておけば、旅行中に残高不足になった場合でも登録済みの代行人に日本から入金してもらえるほか、自分でもインターネットバンキングから追加入金できるので安心だ。クレジットカードを持てない未成年者の海外旅行にも利用価値が高い。

■国際ブランドのトラベルプリペイドカード

おもに下記のとおり。

● アプラス発行「MoneyT Global マネーティーグローバル」

URL www.aplus.co.jp/prepaidcard/moneytg/

●トラベレックスジャパン発行「Travelex Money Card トラベレックスマネーカード」

URL www.travelex.co.jp/travel-money-card

COLUMN　タッチ決済対応クレジットカードがおすすめ

オーストラリアではクレジットカードのタッチ決済が一般的となっている。そのため一部の店舗では、タッチ決済のみ受付ということがあるほど（IC カードの読み込みができない端末しか用意されていないため）。また AMEX、Master、VISA のタッチ決済カードがあれば、シドニーでは公共交通機関用スマートカードのオーパルカードの代わりにも使えるのでひじょうに便利。またブリスベン＆ゴールドコースト地区でも電車やライトレールなどは Amex、Master、VISA のタッチ決済カードを交通機関スマートカードのゴーカード代わりに利用できる（バスも近年中に対応予定)。

こうした現状を考えると、これからクレジットカードを作成するなら迷わずタッチ決済カードを選びたい。またすでにカードを持っている場合でも、カードの種類によってはタッチ決済可能カードに変更してもらうこともできる。まずはクレジットカード会社に問い合わせてみよう。

旅の準備

出発までの手続き

Preparation for Travel

■**パスポート A to Z（外務省）**
URL www.mofa.go.jp/mofaj/toko/passport/

■**パスポート申請に必要な書類**

① 一般旅券発給申請書
各都道府県庁の旅券課でもらえる。申請書にはサイン（署名）をする欄がある。サインは和文でも英文でも OK。

② 戸籍謄本（1 通）
6ヵ月以内に発行されたもの。本籍地の市区町村の役所で発行してくれる。

③ 住民票（1 通）
住基ネットシステム利用を希望する場合は不要。それ以外は6ヵ月以内に発行され、かつ本籍の入った住民票が必要。

④ 顔写真（1 葉）
6ヵ月以内に撮影したもの。サイズは縦 45 mm ×横 35 mm（顔部分の縦の長さ 34 mm ± 2 mm）。背景無地、無帽正面向き、上半身。

⑤ 申請者の身元を確認するための書類
マイナンバーカード、パスポート、運転免許証など官公庁発行の写真付き身分証明書ならひとつ。健康保険証、年金手帳などはふたつ必要。

⑥ 旅券を以前申請した人は、その旅券
※発行後6ヵ月以内に受け取らない場合、発行したパスポートは失効となる。失効後、5年以内に再度パスポートの発行申請をする場合、手数料が通常より高くなるので、必ず6ヵ月以内に受け取るようにしよう。

■**パスポートの発給手数料**
受領窓口脇で手数料分の印紙を購入する。
- 10 年有効：1万 6000 円
- 5年有効（12 歳以上）：1万 1000 円
- 5年有効（12 歳未満）：6000 円

■**パスポート切替の電子申請**
2023 年 3 月 27 日から、パスポートの発給申請手続きが一部オンライン化されている。残存有効期間が1年未満のパスポートを切り替える場合や、査証欄の余白が見開き 3 ページ以下になった場合、マイナポータルを通じて電子申請が可能（旅券の記載事項に変更がある場合を除く）。その場合、申請時に旅券事務所へ行く必要がなくなる。

パスポート

左の赤が10年、右の紺が5年用パスポート

オーストラリアへ行く際に、まず必要になるのがパスポート。持っている人も残存有効期間のチェックを忘れずに。オーストラリアの場合、滞在予定期間内有効のパスポートが必要となる。

申請は自分の住民票のある各都道府県庁の旅券課で行う。学生などで現住所と住民票のある場所が違う人は、現住所のある各都道府県庁旅券課に相談してみるといい。なおパスポートは発給日から5年もしくは 10 年有効となっている（20 歳未満の人は5年間有効のみ取得可能）。申請後1週間から 10 日でパスポートが発給される。受領日には旅券申請受理票（申請時にもらえる）、および発給手数料を持って本人が受領に行く。

ビザ（査証）

オーストラリアの入国にはビザが必要。現在は短期の観光・商用に**電子ビザの ETA**（Electric Travel Authority System：イータス）登録が一般的だ。これは旅行者のパスポート情報を出発前にオーストラリア出入国管理局に登録するもの。登録後1年間は何度でも渡豪でき、1回の入国に際し3ヵ月までの滞在が許可される。

ETA 登録アプリ

● ETA 登録方法

コロナ禍前までは旅行会社や ETA 登録代行会社を通じても登録できていたのだが、2024 年 2 月現在、登録はオーストラリア出入国管理局の **ETA 専用アプリでのみ可能**となっている。アプリは英語のみなので、最初は少し戸惑うかもしれない。ゆっくりと時間をかけて行おう。なお登録時にパスポート情報の読み込みを行うので、スマホは近距離無線通信機能 NFC が利用できるものが必要だ（最近のスマホであればほぼ問題ない）。特に問題なければ申請終了後 24 時間以内に登録したメールアドレス宛に ETA 承認証が PDF で送られてく

Australian Government
Department of Home Affairs

Important information on travel to Australia

Application status
Granted

Visa Conditions

Visa duration and travel

Visa Summary

申請後問題なければ Application status の欄に Granted と表示された PDF の書類が届く

る。またアプリ内でもビザの内容を確認することが可能だ。

●そのほかのビザ

オーストラリアでは働きながら旅ができるワーキングホリデー・ビザが人気がある。日本人の場合 18 ～ 30 歳の人が申請可能で、取得すれば原則 1 年間オーストラリアで旅をしたり、働いたりできる。また現地で一定の条件を満たすと 1 回の 1 年延長も可能だ。申請方法の詳細は在日オーストラリア大使館ウェブサイト、オーストラリア政府観光局ウェブサイトで。留学のためのスチューデント・ビザなどもある。

海外旅行保険

海外での事故や病気などの際に、助けになるのが海外旅行保険。加入は任意だが、不慮の事故に対する安心料だと思えば、高くないはずだ。

海外旅行保険は、まず基本契約として傷害保険（死亡、後遺症、治療費用）、さらに特約として疾病保険（治療費用、死亡）、賠償責任保険（旅行中に物を破損したり、他人を傷つけた場合に支払われる）、救援者費用保険（事故に遭った際、救援にかけつける人の費用に充当される）、携行品保険（旅行中の荷物を盗難、破損したときに支払われる）がある。

国際運転免許証（国外運転免許証）

国際運転免許証

オーストラリアで車やバイクの運転を予定しているなら、国際運転免許証 International Driver Permit を持っていくこと。日本の運転免許証があれば誰でも取得できる。有効期間は発行日から 1 年。取得時には 1 年以上有効の免許証がないといけないが、1 年未満の場合は免許更新日まで有効の国際運転免許証が発給される。もちろん日本の免許証を更新してから 1 年間有効の国際運転免許証を取得する方法もある。

国際運転免許証は、住民票のある都道府県の警察本部運転免許担当課（公安委員会）や警察署（一部）で取得できる。なお、現地で運転の際には日本の免許証、パスポートもあわせて携行しておくこと。

国際学生証（ISIC）

国際学生証（ISIC：International Student Identity Card）は、海外で学生であることを証明するもの。このカードの提示で、博物館や美術館などの入場料の割引が受けられる。国際学生証を取得するには、大学、短大、大学院（以上 Student）、中学、高校、専修学校本科（以上 Scholar）にフルタイムで在籍していることが条件。オンライン申請し、専用アプリからバーチャルカードを呼び出して利用する。

■オーストラリアの最新ビザ情報はインターネットで

ビザ発給の手続きや条件は、予告なしに変更になることがある。最新情報は下記にて確認のこと。

●在日オーストラリア大使館

URL japan.embassy.gov.au

■ETA 登録アプリ情報（日本語）

URL japan.embassy.gov.au/tkyojapanese/ETA601.html

料 $20　CC AMV

（2024 年 2 月現在）

■おもな海外旅行保険取り扱い会社

各会社ともオンライン契約可。

●損保ジャパン

URL www.sompo-japan.co.jp

●東京海上日動

URL www.tokiomarine-nichido.co.jp

● AIG 損害保険会社

URL www.aig.co.jp/sonpo

■「地球の歩き方」ホームページで海外旅行保険について知ろう

「地球の歩き方」ホームページでは海外旅行保険情報を紹介している。保険のタイプや加入方法の参考に。

URL www.arukikata.co.jp/web/article/item/3000681/

■国際運転免許証取得に必要な書類

① 備えつけの申請書
② 日本の運転免許証
③ パスポート
④ 顔写真 1 葉（縦 4.5cm × 横 3.5cm）
⑤ 手数料 2350 円

申請後 30 分程度で取得できる。
※古い国際運転免許証を持っている場合は返納する

■国際学生証に関する問い合わせ

URL isicjapan.jp

※ウェブでオンライン申し込み

●必要書類

① 在学証明書もしくは学生証
② 顔写真（縦 540px ×横 450px 以上の解像度）
③ 発行手数料 2200 円（クレジットカード Amex、Master、VISA もしくは PayPal での支払い）

スマホのアプリで表示して利用するバーチャル国際学生証

航空券の手配

Air Ticket to Australia

短期周遊ならパッケージツアー

1～2週間でオーストラリアを周遊、あるいは高級ホテルを泊まり歩くといった旅ならパッケージツアーがおすすめ。広い大陸に少ない人口、点在する町……といったオーストラリアでは、各交通機関の便数は少なく、時期によっては観光地のホテルも混み合う。つまり、短期間でオーストラリアを周遊する場合、あらかじめ旅の予定を決めて、交通機関やホテルなどの予約をすべて行ってから出発することが大前提となる。個人で出発前にこうした手配をすべて済ませるのは大変。しかし、パッケージツアーを利用すれば、こうした問題はすべて解決してしまう。また、高級ホテルは団体用の割引宿泊料金を設定しており、一般的には個人予約より安く泊まることができる。高級ホテル志向の人にパッケージツアーをすすめるゆえんだ。

2週間以上あったら個人旅行

2週間以上の旅や、2週間以内でもそれほど多くの町を訪れない旅なら、個人旅行がおすすめだ。個人旅行の最大のメリットは、滞在中の予定をすべて自分の好きなように組み立てられることだ。パッケージツアーだと、町が気に入ったからといって滞在を延ばすことはできないが、個人旅行ならそんな場合にフレキシブルに対応できる。

オーストラリアへのフライト

日本からオーストラリアへ直行便を運航しているのは、オーストラリアの**カンタス航空**（QF）とカンタス航空系列のローコストキャリアである**ジェットスター**（JQ）、オーストラリア第2の規模を誇る**ヴァージン・オーストラリア**（VA）、そして日本の**日本航空**（JL）と**ANA**（NH）。ほかにもシンガポール航空（SQ）、キャセイパシフィック航空（CX）などアジア系の航空会社を利用した経由便利用が考えられる。経由便利用がメリットとなるのは、日本の発着空港を成田、関空以外にするほうが便利という場合や、オーストラリア以外の国も旅に組み込みたい場合くらいで、通常なら迷わず直行便を選びたい。

個人旅行のための航空券

自分で旅行スケジュールを組む場合、まずしなければいけないのが航空券の手配。購入に当たって、航空券にはどんな種類があるのかを知っておきたい。そのうえで、自分のプランに合わせて上手な選択をしよう。

■直行便運航航空会社

●カンタス航空
☎(03)6833-0700
FREE 0120-207-020
（市外局番03、04から始まる地区を除く）
URL www.qantas.com（日本語）

●日本航空
☎0570-025-031
URL www.jal.co.jp（日本語）

●ANA
☎0570-029-333
URL www.ana.co.jp（日本語）

●ヴァージン・オーストラリア
☎050-5369-8005
URL www.virginaustralia.com

●ジェットスター
URL www.jetstar.com/jp（日本語）

■航空券購入時に別途支払う空港施設使用料など

航空券は、日本の空港施設使用料・旅客保安サービス料（成田空港：カンタス航空、日本航空、ANAなど第1&第2ターミナル使用 大人2660円 子供1600円、ジェットスターの第3ターミナル使用 大人1570円 子供1050円／羽田空港：カンタス航空、日本航空、ANAなど使用 大人2950円 子供1470円／関西国際空港：ジェットスターなど第1ターミナル使用 大人 3100円 子供1710円）、オーストラリアの出国税・各種空港税込みで販売される。そのため航空券代とは別に、日本出国税1人1000円、日本の各空港使用料、オーストラリア出国税$60、オーストラリアの利用予定空港諸税（→P.13）の金額が請求される。

■国際観光旅客税

日本からの出国には、1回につき1000円の国際観光旅客税が必要。原則として支払いは航空券代に上乗せされる。

■オーストラリアへのフライトは禁煙

カンタス航空、日本航空、ANA、ヴァージン・オーストラリア、ジェットスターともに全席禁煙となっている。

●各社のインターネット割引運賃

オーストラリアへフライトをもつどの航空会社も、自社ウェブサイトから比較的割安なフライト予約が可能となっている。特にLCCのジェットスターはセール運賃が出ることも多く、格安でフライト予約が可能だ。ただし預託荷物や機内食、飲み物、毛布、機内エンターテインメントなどはすべて有料だ。

日本からの国際線区間はミドルサービスキャリアとして運航しているヴァージン・オーストラリアもセール運賃が出やすい。ヴァージン・オーストラリアは日本路線においては、預託荷物、機内エンターテインメント（各自のデバイスで視聴）は運賃に含まれるが、機内食は有料となる。

オーストラリアのフラッグキャリア、カンタス航空

カンタス航空もセール運賃（レッドディール Red Dea）が出ることが多い。さらにオーストラリアにおけるゲートウェイや国内路線が充実しており、周遊型の予約をすると国内線が割引になるのもうれしい。しかも国際線と同時予約の国内線には、預託荷物の重さなど国際線同様のルールが適用される。

●その他の割引航空券

各航空会社が需給バランスを考えて自由に運賃を設定した航空券や、旅行会社が航空会社から団体用に仕入れたものをバラ売りしたりした航空券があり、格安となっている。そのため各航空会社、旅行会社のウェブサイトで日付を入れて運賃検索をすれば、想像以上に安い航空券が見つかる場合もある（**スカイスキャナー、Google フライト、カヤック**など航空運賃比較サイトを利用するのもおすすめ）。なおこうした航空券は、ルートや出発日、帰国日の変更や、払い戻しに制限を設けている場合があるので、購入時にはしっかりとチェックすること。

■オーストラリアを周遊するならカンタス・エクスプローラーが便利

カンタス航空の日本～オーストラリアの往復フライトに、オーストラリア国内線のフライトをセットできる割引航空券がカンタス・エクスプローラー。格安で大陸周遊可能となるチケットだ（詳細→P.646）。

■格安航空券の種類

ほとんどの格安航空券はフィックス FIX と呼ばれるタイプで、一度航空券を発券したら往路帰路ともに予約の変更が認められない。一方、ワーキングホリデーなどで長期間オーストラリアに滞在するときによく利用されるのが、オープン OPEN と呼ばれるタイプ。これは航空券の有効期間内で空席があれば帰路便の変更が可能というもの。一般にオープンタイプのほうが値段が高い。

■航空運賃比較サイト

●スカイスキャナー
URL www.skyscanner.jp
※スマホ用アプリもあり

●Google フライト
URL www.google.com/travel/flights

●カヤック
URL www.kayak.co.jp
※スマホ用アプリもあり

COLUMN

知っておきたい「ボンド保証制度」

旅行会社が出発直前に営業停止！　そんなアクシデントがあったときでも、その会社が（社）日本旅行業協会（JATA）の正会員であれば、「弁済業務保証制度」が適用され、支払った代金が弁済限度額の範囲内で返還される。この法定制度を強化する意味で設けられたのが「ボンド保証制度」だ。

旅行会社が自社の負担で弁済業務保証金制度にプラスして一定額の「ボンド保証金」をJATAに預託しておくこのシステムにより、旅行会社の営業停止などの場合、弁済業務保証金制度の弁済限度額に「ボンド保証金」を加えた額まで消費者に弁済される。ただし、この「ボンド保証金制度」は任意加入となっており、保証が受けられるのは、「ボンド保証会員」である会社と旅行契約を交わしたケースにかぎられる。利用する旅行会社がボンド保証会員かどうかは、パンフレットや広告に表示されるマーク（左）が目印。

旅の持ち物

Travel Items

旅の荷物は軽くするのが原則。しかし時間のかぎられた旅行なら、必ず使うものは揃えておいて時間を有効に使いたい。以下のリストを参考に、季節、目的、期間などによって自分で工夫して荷造りをしよう。

	持ち物	チェック	備考
必須	パスポート		一番肝心。有効期限も確認しておこう。ETAの申し込みを忘れずに。コピーと予備の顔写真があればさらに安心。
必須	航空券（eチケットの控え）		万一に備えて予約確認書のプリントアウトを持参しておくこと。
必須	現金		日本円なら現地でも両替可能。また、日本円の現金は空港から自宅までの帰りの交通費や食事代分を残しておこう。
必要	クレジットカード／トラベルプリペイドカード		オーストラリアはカード社会。カード支払いのみの場所も増えているし、キャッシングサービスは現金両替よりレートもいい。身分証明にもなるので必ず持っていこう。紛失時の連絡先もメモしておくこと。
必要	海外旅行保険証		日本の出発空港で申し込みも可能。使用クレジットカード付帯の保険を利用する場合は、付帯条件や補償内容を確認しておくこと。
必要	常備薬		風邪薬、整腸剤は必須。海外の薬は成分が強く、胃を傷める可能性もある。虫刺され薬、うがい薬も必要に応じて携帯しよう。
必要	国際運転免許証／日本の免許証		現地でレンタカーを運転する予定があるなら両方とも必須。日本でレンタカーを予約している場合は予約確認書も忘れずに。
あると便利	洗面用品		歯磨き粉、歯ブラシ、カミソリは必ず携帯すること。高級ホテルでも基本的には用意されていない。石鹸、シャンプー、リンスは中級以上のホテルなら揃っているが、自分のお気に入りを使いたいなら持参のこと。
あると便利	化粧品		リップクリーム、保湿ローション&クリームは男性も必要。女性の生理用品は日本からの持参をおすすめ。
あると便利	コンタクトレンズ用品		煮沸するタイプのものは、アダプター、プラグが必要。洗浄・保存液など普段使っているものが現地で手に入る保証はないので、日数分用意したほうがよい。
あると便利	変換プラグ、変圧器		モバイルパソコンやタブレット、スマートフォン（通常100/240V対応となっているが一応確認のこと）や各種充電器を利用する場合は変換プラグ（Oタイプ）が必要。持っていく電気製品が240V非対応の場合は変圧器も必要。
あると便利	デジタルカメラ		デジカメを持っていく場合は、バッテリーの予備と充電器を忘れずに。記録メディアも予備があったほうが安心。スマートフォンをデジカメの代わりに利用するのもいい。
あると便利	スマートフォン／携帯電話		デジカメ代わりにしたり、無料Wi-Fiが利用できるところでは日本に連絡したり、SNSの更新をしたりできる。国際ローミングを利用する場合はあらかじめ料金のチェックをしておこう。充電器を忘れずに。
あると便利	スリッパ		高級ホテルでもランクによってはないことがある。部屋でくつろぐには必要。
あると便利	目覚まし		慣れないホテルでの時計セットは面倒。モーニングコールとの併用が無難。スマートフォンでも代用可。
あると便利	水着		マリンスポーツに参加するなら必須。ホテルのプールで泳ぐときにも必要。現地調達も可能。
あると便利	上着		夏でも朝晩は冷えることが多い。長袖の上着があると便利。フリースやレーヨンのジャケットは軽くてシワにならず重宝。
あると便利	携帯灰皿		禁煙の場所が多く、どこでも灰皿が見つかるわけではない。
あると便利	ウエットティッシュ		現地で手に入りにくい。日本のようにおしぼりがあるわけではなく、手を洗いたいのに洗える場所がないときに便利。
あると便利	日焼け対策品		日差しの強いオーストラリアでは、冬でも紫外線対策が必要。日焼け止めは必須。サングラスもあったほうがよい。

■重要メモを携帯！

以下の連絡先をすぐわかる所にメモしておくと、いざというときに助かる。
◆ツアーデスク　◆滞在ホテル　◆利用航空会社　◆日本大使館・領事館　◆クレジットカード会社　◆保険会社　◆警察・消防・救急車

■荷物の重さ

日本～オーストラリア線の無料機内預託荷物は、航空会社によって制限が異なる。特にLCCのジェットスター利用時は原則有料となるので注意が必要だ。詳細は利用航空会社に問い合わせよう。

■日本の電気製品

オーストラリアの電圧は220/240V、50Hz。アダプターと変圧器が必要。

■刃物はスーツケースに

刃物は原則、機内持ち込みの手荷物に入れることが禁止されている。すべて預託手荷物に入れるように。

■100mℓ以下の液体物を機内持ち込み手荷物にする場合

100mℓ以下の液体であれば、1ℓ以下の大きさの透明ジップロックに、中身がわかるよう容器を入れておけば保安検査場を通過できる。100mℓ以上の液体は預託手荷物に入れるようにしよう。なお、保安検査場通過後に購入する液体物は機内持ち込み可能だ。

■貴重品は手荷物に

預ける荷物と機内に持ち込む手荷物の区分けも大事。現金や貴重品、壊れ物、薬品、カメラ、スマートフォン、タブレット、モバイルパソコン類、モバイルバッテリーは手荷物に。

出入国の手続き

Check-in, Immigration & Custom

日本出国の手続き

●搭乗チェックイン

成田空港第3ターミナル、ジェットスターのチェックインカウンター

搭乗手続きはフライト出発時刻の2時間前を目安に。カウンターでパスポートを提示し、機内預け荷物を渡す。パスポートや現金などの貴重品、壊れ物は機内持ち込みにすること。搭乗券（ボーディングパス）、預け荷物引換証（バゲージクレームタグ）が渡される。なお預け荷物引換証は、預けた荷物が目的地の空港に届かなかったり破損した場合に必要となる。

●手荷物検査・税関検査・出国審査・搭乗

手荷物検査を終えると税関カウンターがある。高価な外国製品（バッグ、時計など）を持っている場合、100万円相当額以上の現金を持ち出す場合は「外国製品の持ち出し届」の手続きをする。それ以外の場合は立ち寄る必要なく出国審査へ。顔認証ゲートでパスポートを機械に通す、もしくは係員のいるゲートでパスポートと搭乗券を提示して、出国審査終了。あとは出発30分前までに搭乗ゲートに向かうだけだ。

オーストラリアまでの機内で

機内で**入国カード** Incoming Passenger Card（税関・検疫質問票も兼ねている）が配られるので、到着前までに必要事項を記入しておこう（→ P.642）。検疫が厳しい国なので、食品類は持ち込めないものも多いので注意しよう。

オーストラリアの入国手続き

●免税店

オーストラリアでは入国審査前に免税店がある。アルコール類、香水、化粧品、たばこなどが売られている。現地で使用する予定の免税品を買える最後のチャンスだ。

●入国審査

日本のパスポートの場合、入国審査は原則**eパスポート・セルフサービス** ePassport Self-serviceの利用となる（16歳未満の場合のみ入国審査官のいるカウンターへ向かう）。専用機械は、入国審査へ向かう途中にもあるので、空いている所でパスポート情報の読み取りをしておこう。

eパスポート・セルフサービスの機械は入国審査場前にもある

■機内預け荷物の許容量

●オーストラリア方面の国際線

カンタス航空のエコノミークラスは総重量30kg（各荷物は3辺の合計158cm以内）まで無料（サーフボードなど大きな荷物の場合は有料で、事前にカンタス航空への通知が必要）。日本航空は3辺の合計203cm以内の荷物2個(各23kg以内)、ANAは3辺の合計158cm以内の荷物が2個(各23kg以内)、ヴァージン・オーストラリアは3辺の合計140cm以内が1個(23kg以内)まで無料で、サーフボードなど大きな荷物は有料となる。ジェットスターは購入したチケットの種類により異なる。

●オーストラリア国内線

カンタス航空のエコノミークラスは3辺の合計140cm以内の荷物を1個（23kg以内）まで無料。ジェットスター、ヴァージン オーストラリア、リージョナルエクスプレスは購入チケットにより異なる。

※国内線については機材によって、機内預け荷物、機内持ち込み手荷物とも許容量が異なる場合もある。

■オーストラリアへの持ち込み禁止品と入国時に申告が必要な品目

食料品や植物、動物などに関しては細かな規定がある。代表的な持ち込み禁止品に関しては下記に掲載するが、詳細はオーストラリア検疫検査局のウェブサイトで確認のこと。一部、申告することで持ち込み可能な場合もある。

●卵（生、ゆで卵）
（加工したものは可能な場合がある）
●青果物すべて
●生きている動物（ただし犬、猫は一定期間の動物検疫を受けることで可能。盲導犬は要確認）
●肉類
（6ヵ月以上保存可能な加工肉は持ち込み可能）
●サケ科の魚（缶詰は可）
●種子、あるいは種子を使った工芸品およびみやげ物
●生のナッツ類（一部可）
●繁殖力のある植物など
●土や砂

■オーストラリアの検疫の詳細

URL japan.embassy.gov.au/tkyojapanese/quarantine_jp.html

入国カード（オレンジ色）

表

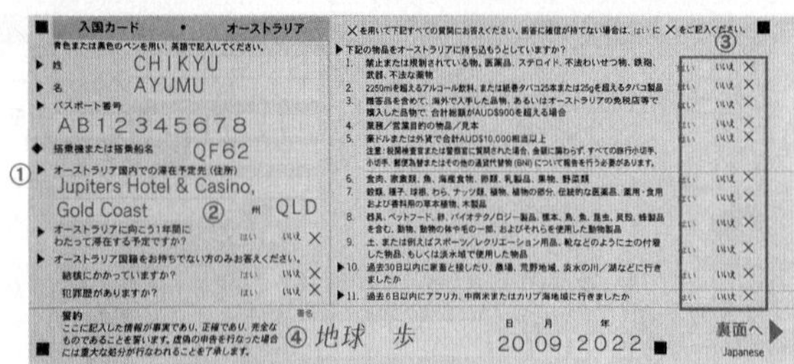

入国カード・オーストラリア

青色または黒色のペンを用い、英語で記入してください。

▶ 姓　CHIKYU
▶ 名　AYUMU
▶ パスポート番号
AB12345678
◆ 搭乗機または搭乗船名　QF62
①▶ オーストラリア国内での滞在予定先（住所）
Jupiters Hotel & Casino,
Gold Coast　②　州　QLD
▶ オーストラリアに向こう1年間にわたって滞在する予定ですか？　はい　いいえ ×
▶ オーストラリア国籍をお持ちでない方のみお答えください。
結核にかかっていますか？　はい　いいえ ×
犯罪歴がありますか？　はい　いいえ ×

×を用いて下記すべての質問にお答えください。回答に確信が持てない場合は、はい に ×をご記入ください。　③

▶ 下記の物品をオーストラリアに持ち込もうとしていますか？
1. 禁止または規制されている物。医薬品、ステロイド、不法わいせつ物、銃砲、武器、不法な薬物　はい　いいえ ×
2. 2250mlを超えるアルコール飲料、または紙巻タバコ25本または25gを超えるタバコ製品　はい　いいえ ×
3. 贈答品を含めて、海外で入手した品物、あるいはオーストラリアの免税店等で購入した品物で、合計総額がAUD$900を超える場合　はい　いいえ ×
4. 業務／営業目的の物品／見本　はい　いいえ ×
5. 豪ドルまたは外貨で合計AUD$10,000相当以上　はい　いいえ ×
注意：税関検査官または警察官に質問された場合、金額に関わらず、すべての旅行小切手、小切手、郵便為替またはその他の通貨代替物（BNI）について報告を行う必要があります。
6. 食肉、家禽類、魚、海産食物、卵類、乳製品、果物、野菜類　はい　いいえ ×
7. 穀類、種子、球根、わら、ナッツ類、植物、植物の部分、伝統的な医薬品、薬用・食用および香料用の草本植物、木製品　はい　いいえ ×
8. 動物、ペットフード、卵、バイオテクノロジー製品、標本、角、魚、昆虫、貝殻、蜂製品を含む、動物、動物の体や毛の一部、およびそれらを使用した動物製品　はい　いいえ ×
9. 土、または例えばスポーツ／レクリエーション用品、靴などのように土の付着した物品、もしくは淡水域で使用した物品　はい　いいえ ×
▶ 10. 過去30日以内に家畜と接したり、農場、荒野地域、淡水の川／湖などに行きましたか　はい　いいえ ×
▶ 11. 過去6日以内にアフリカ、中南米またはカリブ海地域に行きましたか　はい　いいえ ×

誓約
ここに記入した情報が事実であり、正確であり、完全なものであることを誓います。虚偽の申告を行なった場合には重大な処分が行なわれることを了承します。
署名　④ 地球　歩
日 月 年　20 09 2022
裏面へ ▶
Japanese

裏

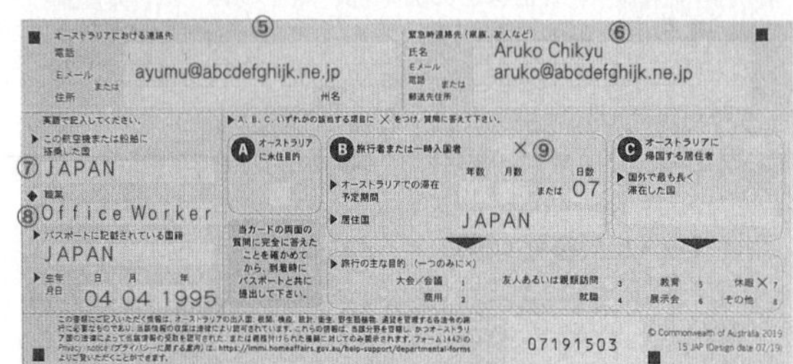

オーストラリアにおける連絡先　⑤
電話
Eメール または 住所　ayumu@abcdefghijk.ne.jp
州名

緊急時連絡先（家族、友人など）　⑥
氏名　Aruko Chikyu
Eメール 電話 または 郵送先住所　aruko@abcdefghijk.ne.jp

英語で記入してください。
▶ この航空機または船舶に搭乗した国
⑦ JAPAN
◆ 職業
⑧ Office Worker
▶ パスポートに記載されている国籍
JAPAN
▶ 生年月日　日 月 年　04 04 1995

▶ A、B、C、いずれかの該当する項目に ×をつけ、質問に答えて下さい。

A オーストラリアに永住目的

当カードの両面の質問に完全に答えたことを確かめてから、到着時にパスポートと共に提出して下さい。

B 旅行者または一時入国者　× ⑨
▶ オーストラリアでの滞在予定期間　年数　月数　または　日数 07
▶ 居住国　JAPAN

C オーストラリアに帰国する居住者
▶ 国外で最も長く滞在した国

▶ 旅行の主な目的（一つのみに×）
大会／会議 1　商用 2　友人あるいは親類訪問 3　就職 4　教育 5　展示会 6　休暇 × 7　その他 8

07191503

© Commonwealth of Australia 2019
15 JAP (Design date 07/19)

日本からのフライトで配られる入国カードはすべて日本語なので、記入は難しくない。ただし記入はすべて英語で。注意したい箇所のみ説明しよう。

① 滞在予定ホテル名、都市名を記入。
② 州の略号は次のとおり。
クイーンズランド州＝ QLD ／ニューサウスウエールズ州＝ NSW ／ノーザンテリトリー＝ NT ／ビクトリア州＝ VIC ／タスマニア州＝ TAS ／南オーストラリア州＝ SA ／西オーストラリア州＝ WA ／オーストラリア首都特別区＝ ACT
③ 検疫・税関の質問には正直に答えること。
④ 署名はパスポートと同じものを。もちろんここは日本語でもかまわない。
⑤ 現地で使える電話番号、メールアドレスがあれば記入。なければ無記入でもよい。
⑥ 日本の家族の名前と電話番号、メールアドレスを記入。
⑦ 日本から搭乗した場合は JAPAN。
⑧ 職業欄の英語例は次のとおり。
会社員＝ OFFICE WORKER ／主婦＝ HOUSE WIFE ／学生＝ STUDENT ／無職＝ NIL
⑨ 観光客は B 欄に記入のこと。

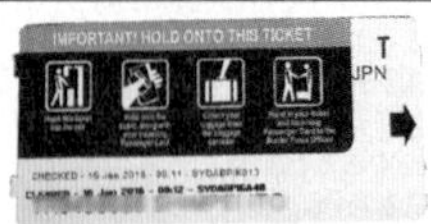

eパスポート・セルフサービスでパスポート情報読み取り後に出てくるパス（入国場所によっては顔写真付きの場合もある）。税関・検疫で入国カードと一緒に回収される

■16 歳未満の場合の入国審査

入国審査場の外れのほうに数ヵ所だけ係員のいるカウンターがあるので、そこで検査を受ける。入国カードとパスポートを検査官に渡せば、通常、何も言われることなく入国審査完了となる。

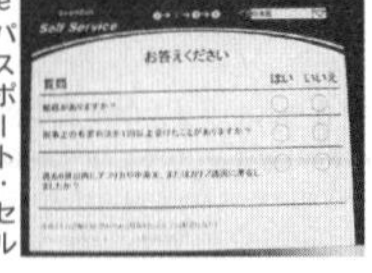

eパスポート・セルフサービス画面に表示される質問

専用機械でパスポート情報を読み取ると、画面に日本語で質問が表示されるので、タッチして答える。それが終わると機械からパスが出てくる。パスは入国審査場で使用する。入国審査場ではパスを持っている人は顔認証ゲートへ進み、パスポート情報の読み取りを終えていない人はeパスポート・セルフサービス・レーンに並ぶ。いずれにせよ顔認証ゲートにパスを挿入し、カメラで顔写真撮影が終われば入国審査は完了だ。ゲートが開いたあとでパスを受け取るのを忘れずに。税関・検疫検査で提出する。なお 16 歳以上でも係員のいるカウンターに並べば通常の入国審査が受けられる。ただしeパスポート・セルフサービス・レーンへ誘導されることが多い。

●荷物受け取りと税関・検疫検査

手荷物引渡所で機内預託荷物を受け取る。荷物が出てこなかったら、すぐに空港職員に申し出て対処してもらうこと。その後税関・検疫カウンターへ。カウンター前で入国カードと入国審査時に利用したパスを渡して、指定の検査台へ。通常申告するものがなければ、そのまま出口へと向かえる。

オーストラリアの出国手続き

●搭乗チェックイン

出発2時間前を目安に搭乗手続きを。手続き後、オーストラリアでは出国カードはないので、そのまま出国審査へ。

●出国審査とGST払い戻し手続き

出国審査もeパスポート・セルフサービス利用（16歳未満はカウンターを利用する）。機械にパスポートを挿入するだけで審査完了。免税品を購入しているなら、税関職員に免税品を見せて添付された書類を回収してもらう（免税品は必ず封印の状態であること）。**GST（消費税）やWET（ワイン平衡税）の払い戻し手続きは、TRS（Tourist Refund Scheme）ブース**で購入した商品とタックスインボイス、パスポート、搭乗券を提示して行う（クレジットカード口座への払い戻し）。

●搭乗ゲートへ

出発30分前までには搭乗ゲートへ着くようにしよう。

日本入国の手続き

●検疫と入国審査

旅行中に体調が思わしくない人は健康相談室へ。それ以外の場合は入国審査へ（日本人は顔認証ゲートを通過する）。

●荷物の受け取りと動植物検疫・税関

機内預託荷物をピックアップ。ビーフジャーキーなどの肉製品を持ち帰った場合は、植物・動物検疫カウンターで輸入検査を受ける。検疫・検査証明書が付いているものであれば特に問題ない。税関検査は、免税範囲内なら緑の検査台、免税範囲を超えている場合は赤の検査台へ。機内で配られた携帯品・別送品申告書を提出（同時に検査を受ける場合は、1家族ごとに1通でOK）。課税の場合は、税関検査場内の銀行で税金を納付する。

なおあらかじめ**ビジットジャパン・ウェブ**で日本入国時の「税関申告」を行っておけばスピーディーに税関検査場を通過できる。

携帯品・別送品申告書は機内で配られるので到着前に書いておこう

日本入国時の日本人ひとり当たりの免税範囲

	品名		免税範囲	備考
成人	酒類		3本	1本760mℓのもの。
	たばこ	「紙巻きたばこ」のみ	200本	「加熱式たばこ」は1箱あたり紙巻きたばこ20本に相当する量。
		「加熱式たばこ」のみ	個包装10個	
		「葉巻」のみ	50本	
		その他の場合	250g	
	香水		2オンス	1オンス=約28mℓ。オーデコロン、オードトワレは計算に含まない。
	その他の物品		20万円（海外市価の合計）	合計額が20万円を超える場合には、20万円以内におさまる品物が免税になり、その残りの品物に課税される。1個で20万円を超える品物は全額について課税される。また1品目ごとの海外市価の合計額が1万円以下のものは、原則として免税となる
未成年	酒・たばこ		免税適用なし	
	その他の物品			6歳以上は成人と同様 6歳未満は本人の物と認められる物品のみ

■オーストラリアの免税範囲
- ●酒類2250mℓ
- ●たばこ25gと開封した1箱
- ●毛皮製品を除く衣類
- ●商業目的以外の身の回り品
- ●その他合計額が$900（18歳未満は$450）以下の品物
- ●現金の持ち込みは無制限だが、$1万以上に相当する場合は申告が必要

■日本への持ち込み禁止物品
- ●麻薬、覚醒剤、向精神薬など
- ●拳銃や銃砲およびその部品
- ●通貨や証券の偽造品、変造品
- ●公安、風俗を害す書籍、ビデオなど
- ●コピー商品（偽ブランド）など

■日本への持ち込み規制がある物品
- ●ワシントン条約に基づく動植物や物品
- ●動・植物検疫の必要なもの
- ●猟銃、空気銃、刀剣など
- ●一部の医薬品や化粧品

■ビジットジャパン・ウェブ
URL vjw-lp.digital.go.jp

空港へのアクセス
Access to Airport

羽田空港へ

カンタス航空、日本航空のシドニー便は、羽田空港の第3ターミナル（国際線専用）、ANAのシドニー便は第2ターミナル利用となっている（ANAシドニー便は第3ターミナルに変更になる可能性もあるので要確認）。

モノレール／電車 JR浜松町駅から東京モノレールを利用するか、京浜急行の京急空港線（京急蒲田駅〜羽田空港）を利用するのが便利。京浜急行は都営地下鉄浅草線、京成電鉄、北総鉄道北総線と相互乗り入れを行っており、これらの沿線ならアクセスは便利だ。

リムジンバス 東京空港交通エアポートリムジンが東京・銀座・新宿・渋谷など都心との間に路線をもっている。また京浜急行バスもお台場や横浜・川崎方面に路線をもっている。

成田国際空港へ

成田国際空港は第1、第2、第3と3つのターミナルがあり、利用航空会社によってターミナルが分かれている。カンタス航空のブリスベン、メルボルン便、日本航空のメルボルン便は第2ターミナル、ANAのパース便（2024年4〜9月は運休予定）は第1ターミナル南ウイング、ジェットスターの全便は第3ターミナルだ。

電車

●JR成田エクスプレス

都心と成田空港駅をノンストップで結ぶ。所要時間は、東京駅から約60分。運行間隔は30〜60分に1本程度だが、駅によっては1日に数本の運行となる。

JR線内からのアクセスなら成田エクスプレスが便利（写真：JR東日本提供）

●JR快速エアポート成田

東京駅と成田空港両駅を結ぶ快速電車。所要約90分。

●京成電鉄スカイライナー

京成上野駅から日暮里駅を経由して成田空港駅を結ぶ。日暮里駅〜成田空港駅は成田スカイアクセス利用で最短36分（上野から41分）。車両も新しくなり最速時速160キロで走る。都心と成田空港を結ぶ最速交通手段だ。運行間隔は1時間に約3本。

最短ルートで都心〜成田空港を結ぶスカイライナー（写真：京成電鉄提供）

■羽田空港国際線旅客ターミナル（HND）
URL www.tokyo-haneda.com

■東京モノレール
URL www.tokyo-monorail.co.jp
料 例：浜松町駅〜羽田空港国際線ビル駅：500円（492円）
※（ ）内はPASMO、Suicaなど ICカードで改札を通った場合の運賃

■京浜急行羽田アクセスガイド
URL www.keikyu.co.jp/visit/haneda-airport
料 例：品川駅〜羽田空港第3ターミナル駅：330円（327円）、横浜駅〜羽田空港第3ターミナル駅:370円（363円）
※（ ）内はPASMO、Suicaなど ICカードで改札を通った場合の運賃

■東京空港交通エアポートリムジン
☎(03)3665-7220
URL www.limousinebus.co.jp

■成田国際空港（NRT）
URL www.narita-airport.jp

■JR東日本
☎050-2016-1600
URL www.jreast.co.jp
●JR成田エクスプレス
料 例:東京駅3070円（60分）／新宿駅・渋谷駅・池袋駅・品川駅3250円（70〜90分）／八王子駅4700円（135分）／横浜駅4370円（90分）／大船駅4700円（110分）
※上記料金は通常期の場合で、閑散期には200円引き、繁忙期には200円追加となる
●JR快速エアポート成田
料 例:東京駅1340円（90分）

■京成電鉄
☎0570-081-160（ナビダイヤル）
URL www.keisei.co.jp
●スカイライナー
料 例：京成上野駅・日暮里駅〜成田空港駅：スカイライナー2570円（2557円）、アクセス特急1270円(1257円)、モーニングライナー&イブニングライナー1480円（1475円)、快速特急1030円（1025円）
※（ ）内はPASMO、Suicaなど ICカードで改札を通った場合の運賃

このほか成田スカイアクセス利用の**アクセス特急**は日中、都営浅草線に乗り入れているので、都心から利用しやすい（日本橋～成田空港約 50 分）。

●京成電鉄・特急

京成上野駅と成田空港駅を結ぶ京成在来線が快速特急を運行（朝・夕方には全席指定のモーニング＆イブニングライナーもある。所要 70 ～ 75 分）。また特急は、羽田空港へも都営浅草線、京浜急行線を経由して、直通運転をしている（所要約 105 分）。

東京空港交通エアポートリムジン成田空港路線（おもな路線）

発着地	所要時間	料金
東京駅・日本橋地区	80 ～ 110 分	3100 円
羽田空港	75 分	3600 円
新宿・渋谷・池袋・赤坂・九段・銀座など都内各地区	80 ～ 120 分	3600 円
東京ディズニーリゾート	60 ～ 85 分	2300 円
YCAT（横浜）	90 分	3700 円

東京中心部行き 成田空港シャトルバス

発着地：名称	所要時間	料金	問い合わせ
東京駅・銀座駅　エアポートバス東京・成田	80 ～ 110 分	1300 円	0570-048905

おもな関東各地方都市発着成田空港バス

発着地：名称		所要時間	料金	問い合わせ
埼玉	大宮：西武 ON ライナー	約 100 分	3200 円	(048)643-5520
千葉	柏：成田空港交通	約 120 分	1800 円	(0476)35-1945
神奈川	相模大野：神奈川中央交通	約 140 分	3900 円	(042)778-6793
群馬	前橋：アザレア号	約 240 分	4750 円	(027)212-3000
茨城	土浦＆つくば：関東鉄道バス	約 120 分	2400 円	(029)822-5345
	日立：ローズライナー	約 200 分	3600 円	(029)309-5381
栃木	宇都宮：マロニエ号	約 170 分	4500 円	0570-031-811
山梨	甲府：山梨交通	約 235 分	4950 円	(055)223-5711

リムジンバス　運行本数も多く、豊富なネットワークをもつ東京空港交通エアポートリムジン。京成バス、JR バス、ウィラーエクスプレスが東京都心部と成田空港を結ぶ格安高速バスを運行。このほか、各バス会社が運行する地方都市発着の路線もある。バス利用の際は、道路事情により所要時間が異なるため余裕をもって出かけよう。

関西国際空港へ

関西国際空港からはジェットスターがケアンズ、ブリスベンへ直行便を運航している。

電車　**● JR 特急はるか**

京都、新大阪、天王寺各駅と、関西空港駅を結ぶ特急電車。1 時間に上下各 2 本運行。

● JR 関空快速

大阪、天王寺、日根野方面各駅と、関西空港駅を結ぶ快速電車。1 時間に上下各 3 本運行。

●南海電鉄ラピート

南海なんば駅と関西空港駅を結ぶ全席指定の特急電車。ノンストップで所要 29 分のラピートαと、新今宮、天下茶屋、堺など主要駅を経由して 34 分で結ぶラピートβがある。このほか、空港急行（所要 42 分）も運行。

リムジンバス　関西空港交通が、大阪の主要ホテルや周辺都市から全 27 ルートを運行（2024 年 2 月現在 9 ルートは運休中）。全ルート回数券があるほか、割引往復乗車券があるルートもある。また、大阪シティエアターミナル（OCAT）からはシャトルバスが運行されている（所要 48 分、1100 円）。

関西空港交通（おもな路線）

発着地	所要時間	料金
大阪駅・梅田	50 ～ 60 分	1800 円
大阪空港	70 分	2200 円
USJ	70 分	1800 円
神戸三宮	65 分	2200 円
京都駅	95 ～ 105 分	2800 円
奈良駅	80 ～ 90 分	2400 円
和歌山駅	40 分	1400 円

■関西国際空港 (KIX)
URL www.kansai-airport.or.jp

■ JR 西日本
☎ 0570-00-2486
URL www.westjr.co.jp
● JR 特急はるか
料 例：京都駅から指定席 3640 円、自由席 3110 円（75 分）／大阪駅から指定席 2940 円、自由席 2410 円（50 分）
※上記料金は通常期の場合で、閑散期には 200 円引き、繁忙期には 200 円、最繁忙期には 400 円追加となる
● JR 関空快速
料 例：大阪駅から 1210 円（76 分）

■南海電鉄
☎ 050-3090-2608
URL www.nankai.co.jp
●空港特急ラピート
料 南海なんば駅から 1490 円（スーパーシートは 210 円追加）
●空港特急
料 南海なんば駅から 970 円

■関西空港交通
☎ (072)461-1374
URL www.kate.co.jp

■ OCAT シャトルバス
☎ (06)6635-3000
URL ocat.co.jp

旅の技術

現地での国内移動
Transportation in Australia

飛行機

カンタス航空A330は、国内線主要都市間に運航

広大なオーストラリアを効率よく移動するなら飛行機を利用するのがいい。主要都市間、観光地間にはフライトも多く利便性はかなり高い。日本へもフライトがある**カンタス航空** Qantas Airways（地方路線は**カンタスリンク** Qantaslink）（QF）とカンタス航空系列のLCC **ジェットスター** Jetstar（JQ）、**ヴァージン・オーストラリア** Virgin Australia（VA）がオーストラリア全土に充実した路線をもっている。また東海岸の大都市間とオーストラリアの地方路線にフライトを多くもつ**リージョナルエクスプレス** Regional Express（ZL）や最新LCCの**ボンザ** Bonza も路線によっては使い勝手がいい。

カンタス航空海外旅行者専用割引運賃

●カンタス・エクスプローラー Qantas Explorer

オーストラリアへの国際線にカンタス航空を利用した場合にのみ適用される周遊型国内線割引運賃。なお日本からの**ジェットスター便は、カンタス航空とコードシェア便であり、かつカンタス航空のフライトナンバーで予約した場合のみ利用可能。**このパス利用者は、オーストラリア国内30以上の都市を結ぶカンタス航空、カンタスリンクと、ジェットスターのカンタス航空コードシェア便からフライトを選び周遊プランを作成。路線ごとに運賃ゾーン1～3に振り分けられている。ゾーンはおおむね飛行距離によるが、一部観光路線や人気都市間路線などは、飛行距離に関係なく区分けされている（詳細なゾーンはカンタス航空のウェブサイトを参照のこと）。運賃は季節により多少変動があるが、個別に周遊ルートを作成して購入するよりもかなりの割引となる。予約は日本出発前にカンタス航空もしくは最寄りの旅行会社で、オーストラリア往復航空券購入と同時に行う。現地での日時変更も可能だ（ルートの変更は有料）。

●レッドディール／スーパーセーバー／フレキシーセーバー Red Deal / Super Saver / Flexi Saver

各路線の混み具合、シーズンに合わせて設定される割引運賃。カンタス航空のウェブサイトで購入可能。なかでもレッドディールは超格安でローコストキャリアとほぼ同等の運賃設定だ。ただし座席の割り当てが少なく、売り切れるのも早い。スーパーセーバーは通常料金の50%割引き程度に設定されている運賃（フライトにより割引率は異なる）。フレキシーセーバーの割引率は通常運賃の30%程度だが、座席割り当てが多く予約が取りやすい。

■**オーストラリア国内線運航会社連絡先**
●**カンタス航空**
URL www.qantas.com
☎13-13-13
日本での連絡先：
☎(03)6833-0700
FREE 0120-207-020
（市外局番03、04から始まる地区を除く）
◆**カンタス・エクスプローラーのゾーンの詳細**
URL www.qantas.com/sg/en/book-a-trip/flights/qantas-explorer.html
●**ヴァージン・オーストラリア**
URL www.virginaustralia.com
☎13-67-89
●**ジェットスター**
URL www.jetstar.com（日本語）
☎13-15-38
●**リージョナルエクスプレス**
URL rex.com.au
☎13-17-13
●**ボンザ**
URL www.flybonza.com
※アプリからのみ予約可能

■**カンタスの主要国内線はWi-Fi無料**
カンタス航空国内線の主要区間を飛ぶB737-800、A330の機内では無料Wi-Fiが利用できる。またカンタスが提供するエンターテインメントプログラムもアプリを入れておけば利用可能だ。

空港内出発案内ディスプレイにも無料Wi-Fi付きフライトかどうかが表示されている

カンタス以外もウェブ・アプリ予約で割引運賃を

オーストラリア第2の航空会社ヴァージン・オーストラリア

大都市間路線や観光路線など多数の乗客が見込める路線は、ウェブ予約をすることでヴァージン・オーストラリア、ジェットスター利用が格安。料金はシーズン、購入時期などにより大幅に変動するが、基本的には激安。例えば2024年4月に設定されているジェットスターの最安値運賃では、ケアンズ～シドニー片道$127、ゴールドコースト～シドニー片道$65という破格さ。ヴァージン・オーストラリアはLCCよりややサービスのよいミドルサービスキャリアということもあり、ジェットスターより若干割高だ。

またボンザはゴールドコースト、サンシャインコースト、メルボルンをハブとして路線を増やしており、希望するルートがあればジェットスター以上に安い（2024年4月の設定でゴールドコースト～メルボルン片道$79）。ただアプリ（Fly Bonza）からの予約が必須で、かつ機材が少ないためフライト本数が限られるので注意が必要。地方路線であればリージョナルエクスプレスもウェブサイトでよくセール運賃を出すのでチェックしてみよう。

ジェットスター、ヴァージン・オーストラリア、ボンザは最低運賃の場合は預託荷物が有料となる。また最安値運賃の場合、払い戻し不可や便名変更不可などの条件がつくので、購入時の注意事項をしっかり確認すること。

オーストラリア国内線利用時の注意

●機内持ち込みの手荷物は大きさ・重さ制限あり

各空港の搭乗待合室には、機内持ち込み手荷物の大きさ、重さを量るゲージがある。あまり大きい荷物を持ち込もうとすると、ゲージで大きさ・重さを量られるので注意が必要。ちなみに、荷物ひとつの大きさは3辺の和が105cm以内で、重さは7kgまでで、カンタス航空、ヴァージン・オーストラリアはひとり2個まで。ジェットスター、リージョナルエクスプレス、ボンザはひとり1個となっている。

●国際線の国内線区間を利用する場合

カンタス航空には、シドニー～パース～パリ、メルボルン～パース～ロンドンというように、国内の都市を経由して海外へ向かう（あるいはその逆）フライトがある。この国内線部分を利用する場合はチェックインおよび搭乗する場所が国際線ターミナルだ。搭乗券には国内線旅客を示す**Dシール**が貼られ、イミグレーションや税関は、Dシール付き搭乗券を提示することで通過できる。目的地での通関が終わるまで、絶対に搭乗券を捨てることのないように注意しよう。

屋根にでっぱりのあるカンタス航空国内線機材が機内無料Wi-Fi完備機

日本でもおなじみのジェットスターはオーストラリアが本拠地

■ローコストキャリア利用時の預託荷物について

ジェットスター、ヴァージン・オーストラリア、ボンザは、機内持ち込み手荷物だけの場合と、預託荷物がある場合では料金が異なる。機内持ち込み手荷物だけで予約（これが一番安い）して、空港で荷物を預けることになると思いのほか高額の料金を請求されるので、荷物を預ける可能性のある人は、必ず「預け荷物あり（Checked Baggage Include）」で予約しよう。

■カンタス航空国際線ターミナル使用フライト

2024年2月現在、便名がQF001～QF399のフライトは、国際線ターミナル発着となる。

リージョナルエクスプレスの大都市間路線はB737が使われている

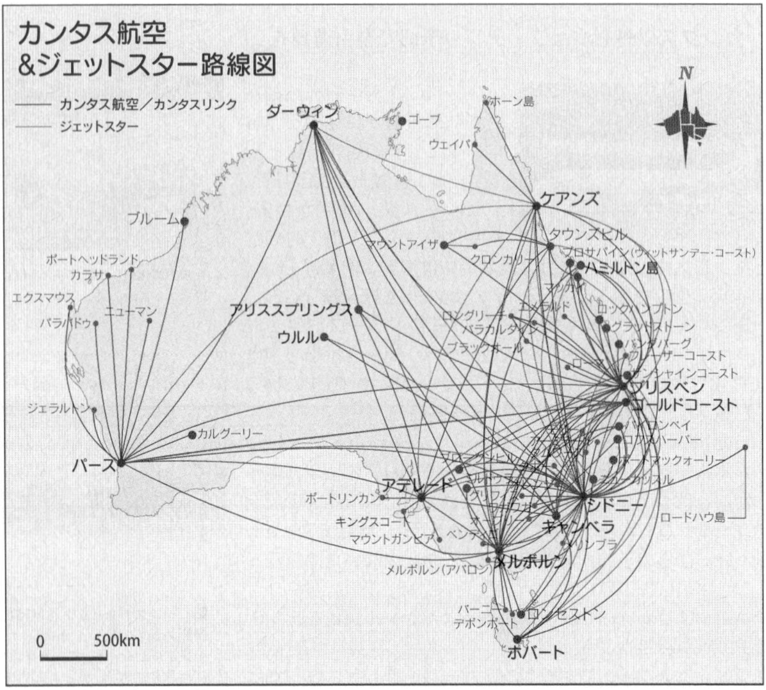

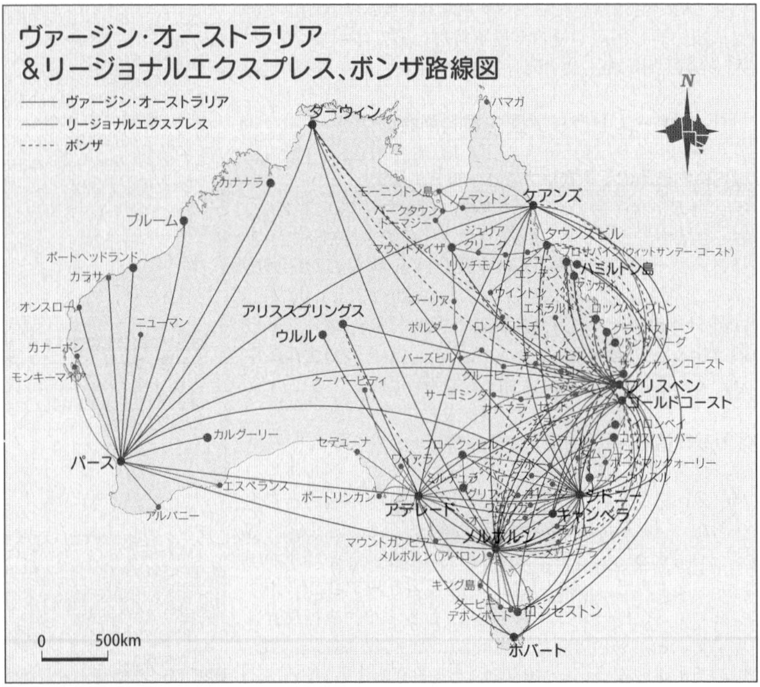

カンタス航空
&ジェットスター路線図

カンタス航空／カンタスリンク
ジェットスター

N

ダーウィン
ゴーブ
ホーン島
ウェイパ
ケアンズ
ブルーム
タウンズビル
マウントアイザ
クロンカリー
プロサパイン（ウィットサンデー・コースト）
ハミルトン島
ポートヘッドランド
カラサ
エクスマウス
ニューマン
パラバドゥ
アリススプリングス
ウルル
ロングリーチ
バラカルダイン
ブラックオール
エメラルド
ロックハンプトン
グラッドストーン
バンダバーグ
サンシャインコースト
ブリスベン
ゴールドコースト
バイロンベイ
コフスハーバー
ポートマックォーリー
ジェラルトン
カルグーリー
パース
アデレード
ポートリンカン
キングスコート
マウントガンビア
シドニー
キャンベラ
ロードハウ島
メルボルン
メルボルン（アバロン）
バーニー
デボンポート
ロンセストン
ホバート

0 500km

ヴァージン・オーストラリア
&リージョナルエクスプレス、ボンザ路線図

ヴァージン・オーストラリア
リージョナルエクスプレス
----- ボンザ

N

バマガ
ダーウィン
カナナラ
モーニントン島
ノーマントン
ケアンズ
バークタウン
ドゥーマジー
ブルーム
ジュリア クリーク
タウンズビル
マウントアイザ
プロサパイン（ウィットサンデー・コースト）
リッチモンド
ハミルトン島
ポートヘッドランド
カラサ
ウイントン
オンスロー
ブーリア
エメラルド
ロックハンプトン
ニューマン
アリススプリングス
ボルダー
ロングリーチ
グラッドストーン
ウルル
バンダバーグ
カナーボン
バーズビル
サンシャインコースト
モンキーマイア
クーバーピディ
クルービー
ブリスベン
サーゴミンダ
ゴールドコースト
バイロンベイ
カルグーリー
セデューナ
コフスハーバー
ブロークンヒル
パース
ワイアラ
ポートマックォーリー
エスペランス
ミルデュラ
ポートリンカン
グリフィス
シドニー
アルバニー
アデレード
キャンベラ
マウントガンビア
メルボルン
メルボルン（アバロン）
キング島
バーニー
デボンポート
ロンセストン
ホバート

0 500km

※ 2024 年 5 月運行予定のルート。

レンタカー

観光都市を起点にドライブを楽しむ

東海岸にはコアラ注意の看板も多いので、十分注意して運転しよう

オーストラリアは広大な大陸のため、観光のメインとなる都市間の距離が思いのほか離れている。例えばケアンズ～ゴールドコーストで約1800km、ゴールドコースト～シドニーで約900km。レンタカーでこの区間を走行しようとするのは、体力的に厳しいし、何より都市を離れた田舎道は道路状態もいいところばかりではないし、野生動物をひいてしまう恐れもある。そこでレンタカー利用の基本は観光都市を起点とした旅。複数都市を回る場合はフライ＆ドライブがおすすめとなる。オーストラリアの場合、都市周辺の観光地であっても公共交通機関で行きにくい場所がほとんど。レンタカーがあれば、アクセスがぐっとよくなる。

またオーストラリアの車は、日本と同じ右ハンドルで、交通法規も日本とよく似ている。交通量の多いのはシドニーやメルボルンなど大都市中心部だけで、それ以外は道がすいていて運転しやすい。まさにドライブにうってつけの国なのだ。

大手、準大手レンタカー会社を利用する

旅行者が海外で安心して車を借りるとなると、車の整備や事故や故障に対する緊急体制、保険などしっかりした大手が安心だ。世界中にネットワークをもつ、**ハーツ** Hertz Car Rental、**エイビスレンタカー** AVIS Rent a Car、**バジェットレンタカー** Budget Rent a Car、**スリフティ・カーレンタル** Thrifty Car Rental、**ヨーロッパカー** Europcar の5社が最大手。オーストラリア中にネットワークをもっているので、都市間での**乗り捨てレンタル**（**ワンウェイレンタル** One-way Rental）も可能だ。また主要都市の空港や大都市に支店をもつ**シクスト・カーレンタル** SIXT Car Rental、**ナショナルレンタカー** National Rent a Car、**アラモ** Alamo 、**ダラー・カーレンタル** Doller Car Rental、**エンタープライズ・レンタカー** Enterprise Rent-A-Car あたりも大手で利用価値が高い。

■日本語サイトのある大手レンタカー会社

●ハーツ
URL www.hertz-japan.com
☎ 0800-999-1406
●エイビスレンタカー
URL www.avis-japan.com
●バジェットレンタカー
URL www.budgetrentacar.co.jp
●ヨーロッパカー
URL www.europcar.com/ja-jp
●シクスト・カーレンタル
URL www.sixt.jp
●アラモ
URL www.alamo.jp
☎ 0120-088-980
●ダラー・カーレンタル
URL www.dollar.co.jp
☎ 0800-999-2008

■そのほか大手・準大手レンタカー会社

●スリフティ・カーレンタル
URL www.thrifty.com.au
●エンタープライズ・レンタカー
URL www.enterprise.com
●ナショナルレンタカー
URL www.nationalcar.com
●イーストコースト・カーレンタル
URL www.eastcoastcarrentals.com.au
●バーゲン・カーレンタル
URL www.bargaincarrentals.com.au

■レンタル資格

オーストラリアでは、通常25歳以上でないとレンタカーを借りることができない。ただし一部の中小レンタカー会社や、大手のパッケージシステムを日本で購入する場合などは、21歳以上でも利用可能となっている。

なお**21歳未満はオーストラリアの保険の関係でレンタカーを借りることはできない。**

COLUMN

オーストラリアでのウーバー Uber 利用について

一般人がドライバーとして登録するライドシェアのウーバー。オーストラリアでは合法化されており、オージーたちも気軽に利用している。一般的にタクシーより料金も安い。日本語アプリで配車できるので、英語が苦手でも簡単に呼ぶことができるのが大きなメリット。また主要空港にはライドシェア用（ほぼウーバー専用）の乗り場も設けられるようになってきている。

ただしウーバーによるトラブルの報告もあるので、あくまで利用は自己責任で。特に夜間の利用は控えたほうが安心だ。

URL www.uber.com/jp/ja/

Memo 大手レンタカー会社は資本提携が進んでいてグループを形成している。エイビスとバジェットはどの都市でも同じ店舗、ほかにハーツとスリフティ、ダラーがグループ、ナショナル、アラモ、エンタープライズもグループで、各グループごとに空港内カウンターを共有していることが多い。

郊外を走行していると道路脇でカンガルーやワラビーを見かけることもある（フィリップ島ノビーズ岬）

このほか東海岸主要都市にネットワークを持つ**イーストコースト・カーレンタル** East Coast Car Rental、オーストラリアの大都市にネットワークをもつ**バーゲン・カーレンタル** Bargain Car Rentals あたりが準大手。準大手会社の場合、空港内に支店は入っておらず、空港近くの支店までシャトルバスで向かうことになる。そのためレンタカーのピックアップ、ドロップオフの時間がオフィスの開いている時間のみとなるので注意が必要だ。

大手なら日本での予約も可能

レンタカーの料金は、借りる場所、借りる期間、季節などにより、同じ会社でもずいぶん異なる。現地到着後、びっくりするくらい安い料金が出ていることもあれば、ひじょうに高い値段で借りるしかないこともある。またオーストラリアのホリデーシーズンや週末などは、現地到着後だと希望のクラスの車が予約でいっぱいということも少なくない。

そこで旅行スケジュールが確定したら、日本出発前に予約をしていくのがおすすめだ。基本的にウェブサイトをもっているレンタカー会社ならオンライン予約が可能。「英語が苦手」でも、ハーツ、エイビス、バジェット、ヨーロッパカー、シクスト、ダラー、アラモはサイト自体が日本語対応しているので安心。またハーツ、アラモ、ダラーは日本語での電話対応も行っている。なお予約時には、基本的にクレジットカードが必要。各種保険などは予約時に付けてもいいし、現地で実際借りるときに追加してもかまわない。

■レンタカーを借りるための必要書類

●国際運転免許証

一時滞在者がオーストラリアで運転する場合には、国際運転免許証が必要。国際運転免許証の取得方法は→ P.637。

●日本の免許証

ほとんどのレンタカー会社では、国際免許証と一緒に日本の免許証の確認も行う。州によっては運転時に国際運転免許証と一緒に携帯することを義務づけている。

●クレジットカード

デポジット（保証金）としてほぼ必須。なくても借りられるが、その場合、デポジットとして1日当たり $200 ほど必要となる。

●パスポート

これは身元確認のため。

■チャイルドシートは義務

子供は年齢に合わせたチャイルドシートの使用が義務づけられている。子供連れでレンタカーを借りる際には、必要となるチャイルドシートを必ず予約しておこう。1日 $5 程度で借りられる。なお違反した場合は $100 ～ 150 の罰金が科せられる。

レンタカー割引サイトや航空会社経由の割引システムを利用しよう

ホテル予約のブッキング・ドットコムが、世界中のレンタカーの割引予約に対応したサイト、**レンタルカーズ・ドットコム** Rentalcars.com を開設している。このサイトを使えば大手、準大手のレンタカーの割引料金を一括検索できてひじょうに便利だ。レンタカーの借り出し場所（異なる場所へ返却する場合は返却場所も）、レンタル期間を入力すれば、各レンタカー会社ごとに借りることができる車が出てくる。準大手まで検索する場合は、借り出し場所を空港にするのがベスト（準大手は空港近く以外に支店をもっていない場合もある）。あとは希望の車を選んで予約手続きをしていくだけだ。後述するフルプロテクションの保険も割安で付けることができるが、レンタカー会社で保険をつける場合と違い、何かあった場合は個別に保険会社に連絡を取らなくてはいけなくなるので注意が必要だ。言葉に不安がある場合は、レンタカー会社で借り出す手続きをするときに保険を付けたほうがいいだろう。

またカンタス航空、ジェットスター、ヴァージン・オーストラリアの3社では、本来は自社フライトを利用する人向けのサービスとして提携レンタカー会社の割引手配を行ってい

フリーウェイの標識はとてもわかりやすい

る（フライトを利用しない人でもサイトから予約可能）。この料金が一番安い場合もあるので必ずチェックしたい。なおカンタス航空、ジェットスターの場合は、日本語サイトではカーレンタルの予約ページが現れないので、英語サイトに切り替えて利用しよう。提携レンタカー会社は、カンタス航空がハーツ、エイビス、バジェット、スリフティの大手4社、ジェットスターがハーツ、エイビス、バジェット、スリフティ、ヨーロッパカー、アラモ、イーストコースト・カーレンタル、ヴァージン・オーストラリアがハーツ、スリフティ、ヨーロッパカー、シクスト、ダラーとなっている。

車を借りる際・返す際の注意

空港到着ホールにはレンタカー会社のカウンターが並んでいる（ブリスベン国際空港）

●まず予約

通常は旅程が決まった段階でウェブサイトから予約するのが一般的。早めの予約だと割引料金で予約できることが多いからだ。また当日の場合も各レンタカー会社のウェブサイトはもちろんレンタルカーズ・ドットコムや航空会社のレンタカー予約サイトからでも予約可能。電話予約は最後の手段と考えたい。

●乗り捨て予約の注意

例えばゴールドコースト市内で車を借りて、ブリスベン空港に返却といったように、車の乗り捨て（**ワンウェイレンタル** One-way Rental）を行う場合は、予約時にその旨しっかりと伝えること。大都市や主要観光地の間での乗り捨ては、大手レンタカー会社の場合、無料となるケースが多い。しかし、田舎町で車を借りた場合は、高額の乗り捨て料金が発生したり、場合によっては乗り捨て不可とする場合もあるのだ。

●レンタカー会社へのアクセス

空港には大手レンタカー会社のカウンターがあるので、空港からドライブする予定の人は予約時の借り出し場所を空港に指定しておくといい。それ以外の場合でも、大手の会社は比較的わかりやすい場所に営業所を構えている。またレンタカー会社によっては、電話で車を借りる旨告げると、ホテル送迎してくれるところもある。

●契約内容の確認

予約したとおりのサイズ、期間（借り出した時間から24時間で1日と数える）、車の返却場所を必ず確認すること。その際、料金内容もしっかりチェック。レンタカー料金以外に、空港で借りた場合・返す場合は施設使用料が追加されたり、乗り捨ての場合は追加料金が発生したりする。このほか、シドニーやメルボルン、ブリスベンなどETC化された有料道路を利用する場合の、料金の支払い方法も確認しておきたい。

■気になるガソリン代は？

オーストラリアでは都市を起点としたドライブでも1日に200km以上走ることがままある。そうなると気になるのがガソリン代。基本的にガソリンは都市近郊が安く、田舎へ行けば行くほど高くなる。またガソリンにかかる税金が州により異なるため、州によっても値段が多少違う。2024年2月現在、ケアンズやゴールドコーストなどリゾート地でのガソリン代はリッター$1.96程度で日本より割高だ。

■未舗装道路での運転について

レンタカーの一般車での未舗装道路走行は原則禁止されている（保険も対象外となる）。アウトバックなどで、どうしても未舗装道路を走行する可能性がある場合は、必ず4WDをレンタルすること。また4WDでも車種により走行できる未舗装道路に制限があるので、レンタル時に必ず確認しておこう。

■オーストラリア本土から離島への車の持ち出し制限

ほとんどのレンタカー会社では、オーストラリア本土で借りた車を他島へ持ち出すことを禁止している。例えばメルボルンで車を借りてカーフェリーでタスマニアに渡ってドライブということは原則禁止だ。同様にアデレードで借りた車でカンガルー島のドライブも不可（一部のレンタカー会社のみ許可している）。詳細はレンタカー予約時に確認しよう。

■スピード違反に注意

オーストラリアはスピード違反にひじょうに厳格。制限速度を5kmほどオーバーしただけでも違反切符がきられることがある（レーダー監視の場合は後日、レンタカー会社経由で日本に請求がくる）。当たり前のことだが、制限速度を守り、安全運転を心がけよう。

ノーザンテリトリー、カカドゥ国立公園ではこんな巨大なアリ塚も。レンタカーなら記念写真撮影も自由だ

■カーナビについて

主要レンタカー会社では、追加料金でポータブルタイプのカーナビ（オーストラリアでは単にGPSナビゲーションユニットと呼ぶ）が借りられる。1台につき$10～12。

スマートフォンのGPS機能を使い、Google MAPなどのアプリを使うのもおすすめ。大手・準大手レンタカー会社の車種の場合、ほとんどがApple CarPlay、Android Auto対応モニターを装備している（USB接続もしくはBlueethooth接続）。

■大手カントリー、リモートエリアでの走行距離無制限料金

カントリー、リモートエリアになればなるほど、1日の走行距離が数百kmになることが当たり前。最近、観光客のレンタカー利用者増大にともない、ノーザンテリトリーのダーウィンやアリススプリングス、西オーストラリア州のブルームなど観光地では、走行距離無制限の料金設定を行うレンタカー会社も増えてきている。レンタル時に自分が予定しているルートの距離を確認して、走行距離無制限と制限ありのどちらが得になるか考えてから申し込もう。

また、運転者が数名いる場合はその旨伝え、必ず**追加運転手** Additional Driver申請を行うこと。オーストラリアでは、レンタカー契約に基本的な保険は料金に含まれているが、慣れない場所でのドライブであり、より補償を厚くする保険制度もある。知っておきたい主要保険制度は次のとおり。

◆車両損害補償制度 CDW/LDW (Collision Damage Waiver / Loss Damage Waiver)：車を破損した場合にその損害金の支払いを免除する制度。レンタカー料金に含まれており一定額までは会社側が免責となる（車種によって免責額は異なるが通常$3000程度と高額）。

◆車両損害補償免責減額制度 ER (Excess Reduction)： CDW / LDWの免責額を減額する制度。加入すると免責額は$300程度まで減額される。万一に備え免責額をゼロにする**ゼロ・エクセスリダクション** Zero Excess Reduction（あるいはフルプロテクション Full Protection）を選ぶのがおすすめ。車種により1日当たり$30～50だ。

●車を返す際の注意

基本的には返却営業所に、営業時間内に満タンで車を返すだけ。満タンでないときは、各レンタカー会社の規定料金で不足分のガソリン代が請求される（多少割高だ）。空港カウンターの営業時間外の早朝、夜間に車を返すときは、指定された場所に車を戻し、鍵を各レンタカー会社のカウンターにあるエクスプレスリターン・ボックスに入れておけばよい。車を破損してしまった場合でも、ゼロ・エクセスリダクションなら問題なし（それ以外は指定の用紙に破損内容、破損時の状況などを記入して渡すことになる）。

地域差のあるオーストラリアのレンタカー料金

田舎では朝夕カンガルーの飛び出しに注意が必要

オーストラリアでは、レンタカーの基本料金は借り出す場所によって異なる。地域区別は料金の安い順に**メトロポリタン** Metropolitan、**カントリー** Country、**リモートエリア** Remote Areaと分けられているのが普通（下表）。カントリーやリモートエリアの場合、基本料金が高いだけではなく、走行距離制限もあるので注意しよ

レンタカー料金区分

州名	メトロポリタン	カントリー	リモートエリア
QLD	ブリスベン／ゴールドコースト／サンシャインコースト／ケアンズ／タウンズビル／ポートダグラス	メトロポリタン、リモートエリア以外の全地域	マウントアイザ／ローマ／ブラックウオーター／チャールビル／ダイサート／エメラルド／ロングリーチ／ミドルマウント／モランバーなどの内陸部
NSW	シドニー／ニューカッスル／ゴスフォード／ウロンゴン	メトロポリタン、リモートエリア以外の全地域	ブロークンヒル／コバー／デニリクイム／モリー／ナラーブリなどの内陸部
ACT	全地域		
VIC	メルボルン／シーロン／バララット／モーニントン半島	メトロポリタン、リモートエリア以外の全地域	ミルドゥラ
TAS	全地域		
SA	アデレード	ワイヤラ	メトロポリタン、カントリー以外の全地域
NT			全地域
WA	パース	アルバニー／バンバリー／バッセルトン／コリー／マーガレットリバー	メトロポリタン、カントリー以外の全地域

う。カントリーの場合は1日当たりの走行距離が200kmを超えると、リモートエリアの場合は1日当たりの走行距離が100kmを超えると、それぞれ25¢/kmほど加算される。

なお地域制限はあくまで借り出す場所によるものなので、例えばパースで借りたレンタカーでマーガレットリバーに行ってもメトロポリタン料金とその条件が適用される。

キャンピングカーをレンタルしよう

キャンピングカー（オーストラリアではモーターホーム、キャンパーバンという呼称が一般的）がレンタルできる会社はいくつかあるが、大手は**マウイ・モーターホームレンタル** Maui Motorhome Rentalとその同系列の**ブリッツ・キャンパーバンハイアー** Britz Campervan Hire、そして**アポロ・モーターホーム** Apollo Moterhome、**ジューシー** Jucyだ。キャンピングカーは一般車よりも大きく、大きな駐車スペースが必要なため、オフィスはたいてい町の郊外にある。会社によっては中心部からオフィスまでタクシーを利用した場合、レシートを提示してタクシー代を払い戻してもらうことができる。

●キャンピングカーを借りる

日本出発前に予約を済ませておけば、レンタル時の手続きは一般のレンタカーとそれほど変わらない。一般のレンタカーと違うのは、レンタル時にキャンピングカーの使い方について細かな説明が行われるので、しっかり聞いておきたい。

●キャラバンパークに着いたら行うこと

日本のオートキャンプ場に当たるのがキャラバンパーク（ホリデーパーク、ツーリストパークなどとも呼ばれる）。設備は日本とはかなり違う。まずキャンピングカー向けのサイト（パワーサイト：キャンピングカー1台当たり$50～60）の広さ。左右奥行きともスペースに余裕があり、タープなどを立てても問題ないほど。各パワーサイトには、電源コンセント、上水道、シンクの排水を流すための排水溝がある。キャラバンパークに着いたら、まず電源をコンセントにつなぎ、排水パイプを排水溝にセットする。また出発時には、上水道からの水の補給も行うようにしたい。このほかキャラバンパークにはプールやコンビニ、共同のシャワー、トイレ、BBQ設備なども完備。パワーサイト以外に、キャンパー向けサイト、レンタカー旅行者向けのキャビンなどもある。

●キャンピングカー返却時の注意

返却時には、シンクやトイレの汚水などをすべて流して空にしておかなくてはいけない。また食器類もすべて洗浄後、もとあった場所にセットしておく。そのため最終日は、キャラバンパークを出る前に、これらのことをすべて済ませておこう。

グレートオーシャンロードをキャンピングカーで走る

■オーストラリアのおもなキャンピングカー・レンタル会社

●マウイ・モーターホームレンタル
URL www.maui-rentals.com
●ブリッツ・キャンパーバンハイアー
URL www.britz.com
●アポロ・モーターホーム
URL www.apollocamper.com
●ジューシー
URL www.jucy.com/au/en

■日本語でキャンピングカーを手配できる会社

●日本エルモントRV
マウイ・モーターホームレンタル、ブリッツ・キャンパーバンを手配可能。
FREE 0120-905-747
URL elmonterv-japan.com

■キャンピングカーのレンタル料金

車種により最低レンタル日数が定められている場合がある。ちなみに料金は季節により異なり、4人用（2ベッド）の車で1日当たり$150～450。

■キャンピングカーのトランスミッション

マウイ・モーターホームレンタルはほとんどがオートマチック車、ブリッツ・キャンパーバンハイアー、アポロ・モーターホーム、ジューシーはマニュアルトランスミッション車も多い。レンタル前の申し込み時に確認を忘れずに。

COLUMN

オーストラリアドライブ事情

●右方優先

右ハンドルであるため、ほとんど問題なく運転できるが、日本と異なる点もある。そのひとつが右方優先。交差点での優先順が直進車、右折車、左折車となっている。

●ラウンドアバウト Roundabout

これも日本には数少ないシステム。ラウンドアバウトと呼ばれる交差点（→下図）。田舎町や都市でもちょっと郊外に行くと、交差点には信号がなく、ラウンドアバウトが設けられている。ラウンドアバウトは先に進入した車が基本的に優先だ（つまり右方優先）。

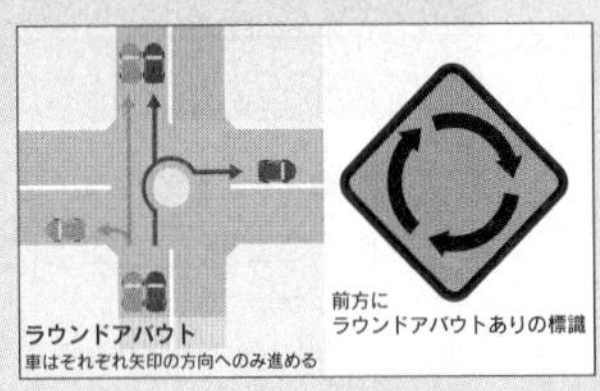

ラウンドアバウト
車はそれぞれ矢印の方向へのみ進める

前方に
ラウンドアバウトありの標識

●野生動物注意

オーストラリアでは都市を離れるとカンガルー注意の標識がいっぱい

郊外ではカンガルー、コアラ、エミュー、ウォンバットなどの野生動物が道路に飛び出してくることがある。特に多い区間には動物マークの交通標識が立てられている。基本的にオーストラリアのほとんどの動物は夜行性なので、夜間運転しなければ問題はないが、早朝や夕方などはやはり注意が必要。特に田舎に行けば行くほど、危険性は高まる。アカカンガルー、グレイカンガルー、エミューなど大型の動物の場合は、はねてしまうと車のほうもかなりの損傷を負う（ゼロ・エクセスリダクション保険に加入していないと、高額の請求がくる）。

なお、誤ってはねてしまった場合は、生死を確認し、生きている場合、もしくはメスの場合（袋の中に赤ん坊が生きている可能性あり）は RSPCA(Royal Society for the Prevention of Cruelty to Animals) に連絡して獣医を呼ぶ。死んでいるオスの場合はほかの車の通行のじゃまにならないよう路肩に片づける。

RSPCA URL www.rspca.org.au

●ハイウェイは高速道路にあらず

ハイウェイというのは日本の「主要国道」ほどのニュアンス。自動車専用道路をオーストラリアでは、モーターウェイ Motorway あるいはフリーウェイ Freeway と呼ぶ。シドニー、メルボルン、ブリスベン、アデレードの一部フリーウェイは有料道路で通行料は 50¢ ～ $3。料金自動徴収システム E-TAG（日本の ETC のようなもの）となっており、通行料金はレンタカーを借りるときに登録してあるクレジットカードの口座から後日引き落とされる。ごく一部の E-TAG 車載器を積んでいない中小レンタカーの場合、通行前後に指定の場所で料金を支払わなければならない。指定の場所は通常大手チェーンのガソリンスタンドとなっている。ウェブサイトでの支払いも可能だ。

●制限速度

町を外れると、日本なら時速 40 キロ制限と思われる道路でも、時速 100 ～ 110 キロが当たり前。西オーストラリアには制限速度なしの区間もある。気をつけなければいけないのは、想像以上に路面が荒れているということ。そのためあくまで抑え気味に走り、速い車には道を譲るのが慣れない海外でのドライブの基本だ。なお、スピード違反の取り締まりはけっこう頻繁に行われているのでそのつもりで。

●駐車について

大都市中心部でも、駐車可能な道路は数多い。現在はほとんどがパーキングメーター制となっている。もちろん大きな屋根付き駐車場もある。また地方へ行くと路上駐車は基本的に無料だ。

●ガソリンはセルフが基本

ガソリンスタンドはセルフサービスがほとんど。レンタカーの場合、基本的に無鉛ガソリン（アンレディッド Unleaded）を給油する（一応給油口カバーに記載されている表示を確認のこと）。日本ではセルフの場合、給油量をあらかじめ指定してクレジットカードを給油機に通してといった手順だが、オーストラリアのほとんどのガソリンスタンドでは、給油後スタンド内のレジで給油機番号を告げてお金を払うシステムとなっている（一部のガソリンスタンドは日本同様のシステム）。給油自体は簡単。アンレディッドの給油ガンを外し、車の給油口に差し込んでレバーを引くだけ。満タンになると自動的にレバーが戻る。

●内陸部の砂漠地帯は要注意

内陸部はアウトバックと呼ばれる砂漠・土漠地帯だ。赤茶けた大地が延々と広がり、道はその上をひたすら直進する。人家を見るのは早くて数十 km ごと。路面には熱さのためにバーストしたタイヤのゴム片や、クルマに激突したカンガルーの死体、ときには事故車の残骸……。こんな所を走る場合は、予備の燃料や水、スペアタイヤを積んで走りたい。またガス欠を避ける意味でも、早め早めの給油を心がけよう。

長距離バス

グレイハウンド・オーストラリアが全土を網羅

グレイハウンドのバスは真っ赤なボディが目印

オーストラリアはとにかく広い。しかも荒涼とした大地や牧草地が多く、人が住む町は広さに対して決して多いとはいえない。現在、主要都市間移動には飛行機が料金も手頃で（バスよりも格安）、時間も節約できるとあって一般的だが、飛行機の飛んでいない町や、主要都市間にある観光地を巡る場合などは、圧倒的に長距離バス利用が便利だ。

オーストラリアの長距離バス会社の代表格は赤色ボディの**グレイハウンド・オーストラリア** Greyhound Australia（単にグレイハウンドと呼ばれることが多い）。路線はオーストラリア東半分および西オーストラリア北部（ブルーム～ノーザンテリトリーのダーウィン）に及び、西オーストラリアとエアーズロックを除く主要観光地の多くはグレイハウンド・オーストラリア利用で訪れることができるのだ。またシドニー～メルボルン、シドニー～ブリスベンのような幹線は毎日4～6便運行しており、使い勝手もなかなかだ。

またニューサウスウエールズ州やビクトリア州、タスマニア州、南オーストラリア州、西オーストラリア州の州内の都市間は州政府が運営するバスや民間の中小バス会社が路線をもっている。グレイハウンド・オーストラリアの路線ルート上にない町へ行く場合は、こうしたバス会社を利用することになる。

それでも旅行者がメインに利用するのはグレイハウンドだ。周遊型旅行者向けにいくつか割引パス（バスパス）を出しており、長距離バスをメインの移動手段と考えている人にとっては割安なのだ。

■グレイハウンド・オーストラリア
URL www.greyhound.com.au
☎1300-473-946

■バスの前に付いている頑丈なバンパーは何？
これはカンガルーバー（略してルーバー）といい、夜、道に飛び出してくるカンガルーとぶつかっても、車が破損しないようにするためのものだ。

バスの前に付いているカンガルーバー

バスパスの種類

オーストラリア大陸を長距離バスで周遊する予定なら、グレイハウンド・オーストラリアのバスパスを購入しよう。2種類あり、自分の旅に合ったものをじっくり選ぶといい。

●ウィミット Whimit

一定期間グレイハウンドのバスが乗り放題となるパス。最初の使用日から連続した日数がパスの使用期限となる。15日間有効パス～120日間有効パスまで旅行期間に合わせて5種類のパスが出ている。長期間にわたり自由にオーストラリアをあちこち周遊する人にはもってこいのパスだ。

(2024年2月現在)

ウィミット料金

有効期間	大人料金($)
15日間有効	399
30日間有効	505
60日間有効	569
90日間有効	719
120日間有効	849

グレイハウンドの主要路線の所要時間と運行距離

ケアンズ発着	所要時間	距離（km）
エアリービーチ	9時間	663
ヌーサ	26時間35分	1737
ブリスベン	28時間45分	1867
ゴールドコースト	33時間	1946
シドニー	47時間30分	2858
キャンベラ	53時間	3140
メルボルン	77時間	3730
アリススプリングス	33時間15分	2455
ダーウィン	41時間	2947

シドニー発着	所要時間	距離（km）
キャンベラ	3時間30分	282
メルボルン	12時間35分	937

ダーウィン発着	所要時間	距離（km）
キャサリン	4時間	318
ブルーム	25時間10分	1961

ブリスベン発着	所要時間	距離（km）
エアリービーチ	19時間	1272
ヌーサ	2時間30分	159
ゴールドコースト	1時間15分	79
シドニー	18時間	1018
キャンベラ	21時間15分	1300
メルボルン	40時間35分	1955
アリススプリングス	44時間15分	3087
ダーウィン	52時間	3580

アデレード発着	所要時間	距離（km）
アリススプリングス	20時間30分	1537
キャサリン	38時間	2734
ダーウィン	43時間35分	3052
ブルーム	59時間	4377

※所要時間は2024年2月現在で、乗り継ぎのための待ち時間も含まれる

●東海岸ウィミット East Coast Whimit

グレイハウンドのケアンズ〜メルボルン間、東海岸路線が一定期間乗り放題となるパス。最初の使用日から連続した日数がパスの使用期限となる。7、15、30日間の3種類のパスが用意されている。観光地や大都市が集まる東海岸をゆっくり旅する人におすすめだ。

東海岸ウィミット料金

有効期間	大人料金($)
7日間有効	289
15日間有効	369
30日間有効	449

（2024年2月現在）

●インテグリティ・コーチライン・ホップオン・ホップオフWAパス Integrity Coachlines Hop On Hop Off WA Pass

グレイハウンド・オーストラリアが路線をもたない西オーストラリア州のパース〜ブルーム間のバス旅行に便利なのがこのパス。インテグリティ・コーチラインのバスが制限距離内無制限になる。ちょうどパース〜エクスマウスが1500km、パース〜ブルームが3000kmのパスでカバーできる。有効期間も12ヵ月と長い。

移動と観光がセットになった 移動型ツアーバス

ツアー、宿泊、食事を移動に組み込んだ移動型ツアーバスが、バックパッカーの間で人気が高い。特にグレイハウンドの本数が少ないノーザンテリトリーや、グレイハウンドの路線自体がない西オーストラリア州やアデレード〜パース間、移動しながら観光するのが便利なビクトリア州グレートオーシャンロード、ウルル-カタジュタ国立公園周辺では、多くの旅行者が利用している。宿泊場所も、選ぶツアーにより、バックパッカーズホステルから中級クラスのホテルまでバリエーション豊富だ。

■インテグリティ・コーチライン・ホップオン・ホップオフWAパス
URL www.integritycoachlines.com.au
☎(08)9274-7464
料1500km（パース〜エクスマウス）$269／3000km（パース〜ブルーム）$399／6000km（パース〜ブルーム往復）$724

■長距離バスの設備

長時間走るバスのため、トイレはバスの最後尾に付いている。また、トイレのドアの前には飲料水用の蛇口と紙コップが用意されている。このほか運行中は車内にいくつか設置されたモニターで、映画の上映も行われている。

またグレイハウンドの長距離バスは、そのほとんどが各座席に充電用USBポートを完備。また車内で無料Wi-Fiも利用できるなど、最大手ならではのサービスを行っている。

移動型ツアーに参加すれば世界中に知り合いができるはず

アウトバックでキャンプを行う移動型ツアーも多い

オーストラリア全土に移動型ツアーバスをもつのは、バックパッカーズ利用タイプでは**アドベンチャーツアーズ・オーストラリア** Adventure Tours Australia、**オートピアツアーズ** Autopia Tours、**ウェイアウトバック・オーストラリアンサファリ** Way Outback Australian Safaris、中級〜高級ホテル利用タイプでは **AAT キングス** AAT Kings、**APT ツーリング** APT Touring などだ。

パースから西オーストラリア北部キンバリー地区にかけては**キンバリー・ワイルドエクスペディション** Kimberley Wild Expeditions がバリエーション豊富な移動型バスツアーを催行していて人気がある。アデレード〜パースに移動型バスツアーを走らせているのは**アンテイムドエスケープ** Untamed Escapes の 1 社のみ。南オーストラリアと西オーストラリアの間に広がるナラボー平原ツアーのスペシャリストで、現在ナラボー平原を横断する長距離バスは運行されていないので、陸路大陸横断を考えている人は利用したい。

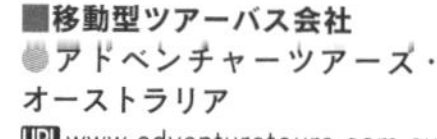

■移動型ツアーバス会社

●**アドベンチャーツアーズ・オーストラリア**
URL www.adventuretours.com.au
●**オートピアツアーズ**
URL autopiatours.com.au
●**ウェイアウトバック・オーストラリアンサファリ**
URL www.wayoutback.com.au
●**AAT キングス**
URL www.aatkings.com
●**APT ツーリング**
URL www.aptouring.com.au/destinations/australia
●**キンバリー・ワイルドエクスペディション**
URL www.kimberleywild.com.au
●**アンテイムドエスケープ**
URL untamedescapes.com.au

ノーザンテリトリーに強いウェイアウトバック・オーストラリアンサファリ

オーストラリア長距離バス主要路線図

- グレイハウンド・オーストラリアおよびその提携バス会社
- インテグリティ・コーチラインおよびその提携バス会社
- ステートライナー
- AATキングス＆エミューラン
- Vライン
- トランスWA
- タジーリンク＆タスマニアンレッドライン

0 500km

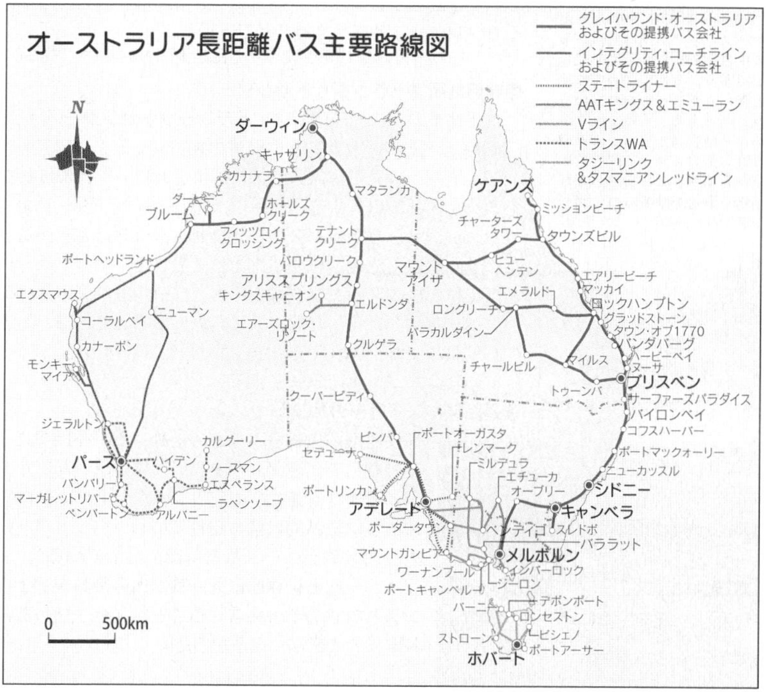

このツアー、ナラボー平原はもちろん、個人旅行しにくい南オーストラリアのフリンダーズレンジ国立公園、エアー半島（ガウラーレンジ国立公園やベアードベイ)、西オーストラリアのエスペランス、さらに人気観光地マーガレットリバーなどもルートに入っている。大陸の広さを実感したいという陸路移動派に大人気のバスツアーだ。

また世界各地でバックパッカースタイルの移動型バスツアーを催行している**コンチキ** Contiki や **G アドベンチャー** G Adventures も、5 日間～ 1 ヵ月ほどのツアーをオーストラリア内で行っている。長いツアーだとオーストラリアを半周したり、オーストラリアとニュージーランドの両方を周遊したりするものまであるほど。しかも日本国内に代理店があるので、日本語で情報を得られるのもいい。

アンテイムドエスケープなら個人では行きにくいフリンダーズレンジ国立公園を訪れることもできる

■日本に代理店のある世界的移動型バスツアー会社

●コンチキ

URL www.contiki.com/en-au/destinations/australia

● G アドベンチャー

URL www.gadventures.com/destinations/oceania/australia/

●日本代理店（両ツアーとも）エスティーエートラベル

URL www.statravel.co.jp/english-guided-tours.htm

■州間移動時の注意

オーストラリアは国としてはもちろん、州ごとにも植物検疫がひじょうに厳しい。特にノーザンテリトリーや西オーストラリア州は他州からの持ち込みに厳しく目を光らせており、場合によっては検査官によるチェックが行われることもある。くれぐれも果物など植物類を持っての州間移動は避けよう！（州境に検疫がある場合は、持ち込んだ植物・果物を捨てるゴミ箱が用意されている）。

長距離バス利用のあれこれ

●予約について

長距離バスは、ほとんどの路線で 1 日 1 便、メルボルン～シドニー～ブリスベン～ケアンズといった幹線でも 1 日 2 ～ 3 便程度の運行だ。そのためオージーのホリデーシーズンなどには満席になることもある。できることなら利用数日前までには予約を済ませておきたい。またアリススプリングス～ウルルといった観光路線は年中混んでいる。こうした路線に関しては、スケジュールを決めた段階で早めの予約を心がけたい。予約はウェブサイトや電話、あるいはバス発着所にあるカウンター、各旅行会社などで行える。

●発着場所はトランジットセンター

主要都市のバス発着場所は、**トランジットセンター** Transit Centre と名づけられたバスや列車の共同ターミナルだ。トランジットセンターには旅行者のためにシャワーなどの施設もある。主要都市以外の発着場所は、ビジターセンターやガソリンスタンド、長距離バスのチケットを扱う旅行会社前などだ。予約時に発着場所は必ず確認しておこう。バスに乗り込む際にはバックパッキングなどの大きな荷物はバス下部の荷物スペースに預ける。なおバスの発着に合わせて、ほとんどのバックパッカーズホステルが送迎サービスを行っている。

町の中心にあるサーファーズパラダイスのトランジットセンター

●長距離バス移動中のヒント

長距離バスは食事などのため、2 ～ 4 時間に 1 回の割合で休憩時間がある。休憩はほとんどがドライブインを兼ねたガソリンスタンドだ。車内での飲食は基本的に禁じられている（ペットボトル入りの水やジュースなどは認められている)。ドライバーからは休憩に入る前に出発時刻がアナウンスされるので、必ず守ること。人数が揃わなければ出発できなくなるからだ。

途中休憩はこんな雰囲気のガソリンスタンドで行うことが多い

鉄道

贅沢な大陸移動手段

シドニー駅で出発を待つインディアンパシフィック号。連結が多いためふたつのフォームに分かれて停車する

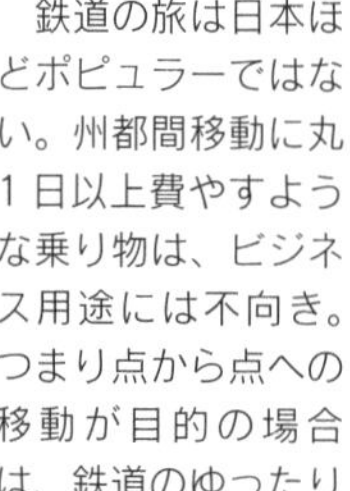
NSW 州内各地とシドニーを結ぶエクスプローラー

鉄道の旅は日本ほどポピュラーではない。州都間移動に丸1日以上費やすような乗り物は、ビジネス用途には不向き。つまり点から点への移動が目的の場合は、鉄道のゆったりしたペースは合わないのだ。しかし線のプロセスを楽しもうという場合は、鉄道旅行がふさわしい。オーストラリア大陸の自然の荒々しさを理解するには一番適した移動手段だ。乗り合わせる人々は、一般の旅行者から枕を抱えたオージーの若者、リタイアしてゆとりのできた老人までさまざま。長時間にわたって同じ空間を共有していれば、自然にコミュニケーションも生まれてくる。また、一部の列車はゆったりした空間と動く応接室ともいえるゴージャスな設備をもっている。そのリッチな雰囲気は、とても飛行機やバスのかなうところではない。

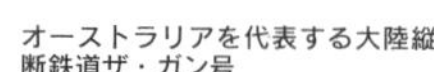
オーストラリアを代表する大陸縦断鉄道ザ・ガン号

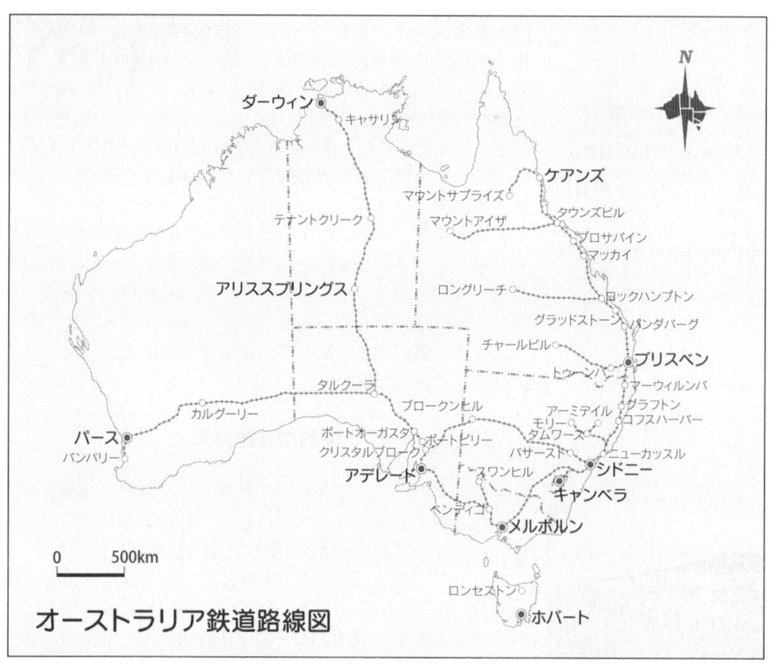

オーストラリア鉄道路線図

■オーストラリア鉄道会社のウェブサイト
●ジャーニービヨンドレイル
URL journeybeyondrail.com.au
●ニューサウスウエールズ・トレインリンク
URL www.transportnsw.info
●Vライン
URL www.vline.com.au
●クイーンズランドレール
URL www.queenslandrail travel.com.au
●トランス・ウエスタンオーストラリア
URL www.transwa.wa.gov.au

ブリスベン～ロックハンプトン間のティルトトレインの車内

■鉄道パス利用時の注意
どのパスを利用する場合でも予約が必須。通常24時間以上前に予約を行い、駅でパスを提示してチケットを受け取る必要がある。また寝台料金は含まれていないので、寝台車利用の場合は別途追加料金を支払う必要がある（列車によって異なる）。

シドニー～メルボルンやシドニー～ブリスベンを結ぶXPT号

オーストラリアの鉄道会社

ブリスベン～ロックハンプトンを結ぶ人気列車ティルトトレイン

オーストラリアの鉄道は、大きく5つの会社によって運営されている。

基本的に州内の列車を運営する会社として、ニューサウスウエールズ州の**ニューサウスウエールズ・トレインリンク** NSW Trainlink、ビクトリア州の**Vライン** V/Line、クイーンズランド州の**クイーンズランドレール** Queensland Rail、西オーストラリア州の**トランス・ウエスタンオーストラリア**（トランスWA）Trans WAがある。このほか、州と州を結ぶインターステイツの列車を運営しているのが**ジャーニービヨンドレイル** Journey Beyond Rail（人気のインディアンパシフィック号、ザ・ガン号はこの会社が運行）。この5つの会社は緊密な関係にあり、**レイルオーストラリア** Rail Australiaというアライアンスを結んでいるため、主要列車の予約は全国どこの駅でも可能だ。

町の中心駅と長距離列車発着駅は必ずしも一致しない

列車はかつて州内を走る乗り物という考えがあった。そのため町の中心にある駅は、10両編成、20両編成といった長距離列車を停車させるだけのスペースを取っていなかった。また1953年の標準軌統一決定まで、州によって軌道の幅が違ったため州間を結ぶ列車はなかった。あのインディアンパシフィック号にしても、最初に走ったのは1970年のことだ。

歴史のあるシドニー中央駅

そのため車両の多い近郊列車や長距離列車の発着は、町の真ん中の駅とはかぎらない。特にアデレードのパークランズターミナル駅、パースのイーストパース駅は市中心部からかなり離れている。シドニーのシドニー中央駅、メルボルンのサザンクロス駅、ブリスベンのローマ・ストリート駅は、ダウンタウンに位置しているが、シドニー中央駅を除き、かつては都市一番の大きな駅とはいえなかったほどだ（現在はその都市を代表する駅となっている）。

便利な鉄道パス

オーストラリアには3種類の鉄道パスがある。残念ながら全土の鉄道に利用できるパスはない。おもに東海岸沿いを鉄道メインで旅しようという人はパス購入を検討してみよう。

ニューサウスウエールズ・トレインリンク全路線乗り放題（シドニー～メルボルン、シドニー～ブリスベンのXPTにも利用可能）な**ディスカバリーパス** Discovery Passはファー

ディスカバリーパス料金例		
有効期間	プレミアム料金	エコノミー料金
14日間	$300	$232
1ヵ月	$350	$275
3ヵ月	$400	$298
6ヵ月	$550	$420

クイーンズランド・エクスプローラーパス料金	
有効期間	料金
1ヵ月	$299
2ヵ月	$389

クイーンズランド・コースタルパス料金	
有効期間	料金
1ヵ月	$209

（パスの大人料金：2024年2月現在）

ストクラス用のプレミアムとエコノミークラス用が用意されている。プレミアムはシドニー〜メルボルンの寝台などを追加料金で利用できる。

クイーンズランド州を鉄道で旅するなら**クイーンズランド・コースタルパス** Queensland Coastal Passがおすすめ。クイーンズランド沿岸を走るティルトトレインのエコノミークラスやスピリット・オブ・クイーンズランド号のプレミアムエコノミーに利用可能。クイーンズランド州の全列車に利用可能な**クイーンズランド・エクスプローラーパス** Queensland Explorer Pass（クイーンズランドレールのすべての長距離列車が利用可能）もある。

なお鉄道パスは基本的にオーストラリア国外居住者向け。購入時にはパスポートの提示が必要となる。ウェブサイトから購入できるほか、オーストラリアではニューサウスウエールズ州、クイーンズランド州の主要鉄道駅でも購入可能。

■各鉄道パスの詳細
●オーストラリアレイルパス（各鉄道パスの説明）
URL www.australiarailpass.com
URL www.acprail.com/rail-passes/rail-australia
●ディスカバリーパス
URL transportnsw.info/tickets-opal/regional-tickets-fares/discovery-pass
●クイーンズランド・コースタルパス＆エクスプローラーパス
URL www.queenslandrailtravel.com.au

列車利用のヒント

●重い荷物は預けてしまおう

飛行機と同じように、必要なものだけを持って、ほかの荷物は預けてしまうことができる。出発時刻45分前までに駅の**ラゲージチェックカウンター** Luggage Check Countreで手続きをする。預けられる荷物はひとりにつき25kgまでの荷物がふたつまで。荷物を引き取るときには預かり証（クレームタグClaim Tag）の提示が必要なので、紛失しないように。

大きな荷物を預けてしまえば、寝台個室を広く利用できる

●移動距離に合わせて慎重に選びたいクラス・座席

長距離列車は、基本的に**ファーストクラス**（ジャーニービヨンドレイルは**ゴールドサービス**）、**エコノミークラス**（グレートサザンレールウェイはジ・オーバーランド号にのみある**レッドサービス**）の2クラス制（宿泊を要する場合、それぞれのクラスに寝台Sleeping Berthが付く）。またクイーンズランド州内を走るティルトトレインの場合は、ビジネスクラスという設定もある。

レッドサービスでも快適の広さだ（オーバーランド号）

寝台車はファーストクラスがひとり用の**ルーメット** Roometteとふたり用の**ツインネット** Twinetteの2種類。どちらにもトイレ、流しなどが付いている。クイーンズランドレールを除いて、ツインネットは専用シャワー付き。ルーメットのシャワーは車両の最後部にある。エコノミークラス寝台は、2〜3人共同で1コンパートメント。各コンパートメント内に簡単な流しも付いている。

ゴールドカンガルーのラウンジカー（グレートサザンレールウェイ）

COLUMN

オーストラリアを代表する２大列車

オーストラリア大陸を東西に横断するインディアンパシフィック号と南北に縦断するザ・ガン号。このふたつは、乗ること自体が旅の目的になるほどの列車で、世界中から「この列車に乗るためにオーストラリアへやってきた」という人がいるほど。優雅に、そしてゆったりとオーストラリア大陸を感じたいという旅人にピッタリの乗り物だ。

真っ赤な先頭車両が印象的なザ・ガン号

スタッフが明るく迎えてくれる

車内設備は基本的に同じ

クイーンアデレード・レストラン

両列車はジャーニービヨンドレイルが運行しており、設備は同じと考えていい。ダブルベッド使用の豪華な寝台プラチナサービス、ゴールドサービス（ふたり部屋／ひとり部屋）の3クラス制。ほかにクイーンアデレード・レストランと名づけられたダイニングカー、アウトバックラウンジカー、マチルダカフェが連結されている。もちろん毎日３度の食事（プリフィックススタイルのコースメニュー）も料金に含まれている。

インディアンパシフィック号 Indian Pacific

太平洋岸のシドニーとインド洋岸のパースを結ぶ。ハイライトは、アデレード～パース間、大陸南西部ナラボー平原 Nullarbor Plain。世界最長といわれる約480km（東京～京都間に相当）に及ぶ平坦な直線を体験できる。列車のトレードマークには大陸内陸部の大空を飛ぶオナガイヌワシが描かれている。

ザ・ガン号 The Ghan

世界で唯一の大陸縦断列車。南オーストラリアの州都アデレードと、ウルル（エアーズロック）への観光拠点となっているアリススプリングス、そしてダーウィンを結ぶルートを走る。列車のトレードマークは、かつて大陸内陸部探検に使われたアフガニスタン人が操るラクダ（この隊列をオーストラリアではかつてアフガンと呼んだ）が描かれている。「ガン」とはアフガンの省略形だ。

左：ゴールドサービスふたり部屋／右：夜間ベッドメイクされたゴールドサービスふたり部屋

料金のカテゴリー　プラチナサービス寝台２人分:PL／ゴールドサービス２人部屋寝台２人分:GT／ゴールドサービス１人部屋寝台:GS／６ヵ月以上前の予約の場合割引設定あり

●インディアンパシフィック号

時 シドニー水 15:55 発→アデレード木 15:40 着、21:20 発→パース土 15:00 着／パース日 10:00 発→アデレード火 7:45 着、10:15 発→シドニー水 12:45 着（ブルーマウンテンズでエクスカージョンに参加する場合は 15:15）

料 シドニー→パース：通常期 PL Ⓦ$6865、GT$3885、GS$3035／ピーク時（9～11 月）PL Ⓦ$7515、GT$4450、GS$3540／シーズンオフ時（6～7 月）PL Ⓦ$5740、GT$3445、GS$2700／パース→シドニー：通常期 PL Ⓦ$6410、GT$3620、GS$2800／ピーク時（9～11 月）PL Ⓦ$7060、GT$4185、GS$3300／シーズンオフ時（6～7 月）PL Ⓦ$5925、GT$3185、GS$2460

●ザ・ガン号（例年 12 月～２月は運休）

時 3～11 月：アデレード日 12:15 発→アリススプリングス月 13:45 着、18:15 発→ダーウィン火 17:30 着もしくはアデレード水 12:10 発→アリススプリングス木 13:45 着、18:15 発→ダーウィン金 19:50 着／ダーウィン発水 10:00→アリススプリングス木 9:10 着、12:45 発→アデレード金 13:00 着◆**<クーバーピディ観光込み３泊４日ザ・ガン・エクスペディション>** 4～10 月：ダーウィン発水 10:00→アリススプリングス木 9:10 着、22:15 発→アデレード土 10:50 着＆ダーウィン土 9:00 発→アリススプリングス日 11:15 着、21:45 発→アデレード火 11:50 着

料 アデレード～ダーウィン（２泊３日）：通常期（3～4 月＆9～11 月）PL Ⓦ$5530、GT$3555、GS$3030／ピーク時（5～8 月）PL Ⓦ$5770、GT$3840、GS$3460／ダーウィン→アデレード（3 泊 4 日）：通常期（4・9・10 月）PL Ⓦ$8030、GT$5165、GS$4525／ピーク時（5～8 月）PL Ⓦ$8515、GT$5020、GS$4850

ホテルの基礎知識
Accommodation

オーストラリアにはさまざまなタイプの宿泊施設がある。どんな宿を選ぶかは、旅の予算や旅のスタイルにもよる。また目的地によっても、快適に過ごせる宿は変わってくる。オーストラリアには、どんなタイプの宿泊施設があるのか認識し、そのうえで自分の旅に一番合った宿を選ぼう。

オーストラリアの宿泊施設

●バックパッカーズホステル＆ユースホステル（YHA）

バックパックで旅する格安旅行者向け宿泊施設が、バックパッカーズホステル＆ユースホステル（YHA: Youth Hostel Association）。部屋は相部屋形式の**ドミトリー** Domitory（**ドーム** Dorm とも呼ばれる）が基本で、多くのホステルでは数は少ないがツインやダブルも用意されている。またトイレ、シャワーなどの設備は共同というのが一般的。自炊用の共同のキッチンも付いている。なおドミトリーは男女一緒というケースも少なくない。抵抗がある人は予約するときに確認しておこう。料金はドミトリー 1 泊が大都市で $70 ～ 100、それ以外の地域で $35 ～ 70、ツイン・ダブルひと部屋 1 泊 $150 ～ 200。バスターミナルや鉄道駅まで無料送迎していることも多い。

●キャラバンパーク＆キャンプ場

日本でいうオートキャンプ場。キャラバンとはキャンピングカーのことで、キャラバンパークはその駐車サイト（パワーサイトと呼ぶ）を提供する場所だ（電気や水道、下水道をキャンピングカーにつなげるようになっている）。共同のシャワーやランドリー設備があるほか、リゾート地などではプールなど設備も充実。パワーサイトは 1 泊 $50 ～ 70（キャンプサイトは $30 ～ 50）。キャビンやロッジスタイルの宿泊施設を併設していることも多く、1 ベッドルーム $150 ～ 200、2 ベッドルーム $180 ～ 250。

●モーテル

車社会ということもあり、各部屋用に駐車施設を完備したモーテルは最も一般的な宿泊施設。部屋の空き状況に関しては、モーテル入口に「VACANCY（空室あり）」「NO VACANCY（満室）」というサインを出していることが多い。なおバスタブ付きの部屋は少なく、ほとんどがシャワーのみだ。料金はツインまたはダブル 1 泊 $130 ～ 250。

●一級以上のホテル＆リゾート

一級以上のホテルやリゾートは、水準が高く設備も万全。世界中にチェーンをもつ豪華ホテル＆リゾートも数多い。

■YHA の情報、予約はインターネットで OK
YHA の各ホステルは、下記ウェブサイトから予約が可能だ。
URL www.yha.com.au

相部屋のドミトリーはこんな感じ

■ウーフ WWOOF って何だ？
有機農家に滞在し、農場仕事を手伝うことで、宿泊費、食費を免除してもらうファームステイのこと。オーストラリア全土に 2200 軒以上の WWOOF 契約農家がある。場所が町から離れているためレンタカー利用がベストだが、農家によっては近くの町まで送迎してくれるところもある。
●ウーフ・オーストラリア
URL www.wwoof.com.au

■エアビーアンドビー Airbnb 利用について
オーストラリアではエアビーアンドビーの利用も一般的。エアビーアンドビーといっても、いわゆる民泊だけではなく、一部のコンドミニアムなども予約可能な宿泊施設に含まれている。利用する場合は、口コミ評価をチェックし、できるだけ評判のいい宿を選ぼう。なお、トラブルが起きた場合は、自分で交渉し解決する必要がある。
URL www.airbnb.jp

キャラバンパークは敷地が広くて快適

一級クラスでツイン1泊$200～300、高級ホテルだと$300～500。シドニーやメルボルンなど大都市では$500以上のホテルも珍しくない。

ゴールドコーストのQ1リゾートの広々としたリビングスペース

●コンドミニアム（ホリデーアパートメント）

リゾート地はもちろん大都市にも数多くあるのが、キッチン完備で1～3ベッドルーム＋リビングダイニングというスタイルのコンドミニアム（オーストラリアではホリデーアパートメントとも呼ばれる）。プールやジムなどの設備があり、高級コンドミニアムとなるとデイスパやレストランなど高級ホテル顔負けの設備となる。料金は1ベッドルームで1泊$180～400、2ベッドルームで$250～500。2泊あるいは3泊以上など最低宿泊日数を設けているところも多い。また週単位の割引レートが出ていることがあるで、長期滞在を考えている人にはおすすめだ。

豪華コンドミニアムリゾートのニラマヤ・ヴィラズ＆スパ・ポートダグラス

■ホテル割引主要予約サイト

●エクスペディア（日本語）
URL www.expedia.co.jp
●ブッキングドットコム（日本語）
URL www.booking.com
●アゴダ（日本語）
URL www.agoda.com/ja-jp
●ウォティフ（英語）
URL www.wotif.com
●ホテルズドットコム（日本語）
URL jp.hotels.com
●ホテリスタ（日本語）
URL hotelista.jp
●JHC（日本語）
URL jhc.co.jp
●楽天トラベル（日本語）
URL travel.rakuten.co.jp/kaigai_hotel
●トリバゴ（日本語）
※各ホテルサイトの料金を比較できるサイト
URL www.trivago.jp

●そのほかの宿泊施設

カントリースタイルの愛らしい建物を利用した、オーストラリア版民宿（朝食付き）が**ベッド＆ブレックファスト**（B&B）。郊外の田舎町などではおすすめの宿泊施設だ（ツインまたはダブル1泊$150～250）。また、よく見かけるのがパブの2階にあるホテル。オーストラリアには昔、宿泊をともなわない客には18:00以後酒を出してはいけないという法律があったため、ほとんどのパブが宿泊施設をもつようになり、一部が現在も営業を続けているというわけだ（ツインまたはダブル1泊$100～200）。

オーストラリアらしい体験ができると評判なのが**ファームステイ**。牧場では乗馬や釣りなどのアクティビティを楽しんだり、野生動物を見たりして、ファームの人たちと過ごすというものだ（滞在中の全食事付き1泊$180～250）。

ホテルの予約について

1～2週間の日程で、行きたい所が決まっている場合は、日本出発前にホテル予約をしておきたい。短期間の旅行の場合、現地でホテルを探すのは大きな時間のロスだ。一級以上

COLUMN

エコノミーな旅を目指すならYHAの会員になろう

オーストラリア最大のバックパッカーズホステルチェーンがユースホステル――YHAだ。しかも一部のYHA非加盟バックパッカーズホステルでも、YHA会員割引を実施していることがあるほど。ホステルを泊まり歩くなら、迷わずユースホステルの会員になろう。会員は宿泊割引以外にも、現地発着ツアーや長距離バス、鉄道などの割引も受けられる。YHAウェブサイトでオンライン登録が可能。出発前に日本ユースホステル協会で会員登録しておくこともできる。

●YHA（Youth Hostel Australia）オンライン登録
URL www.yha.com.au/Membership/
料 会員料金（2年有効）：1人$15
●日本ユースホステル協会
☎(03)5738-0546　URL www.jyh.or.jp
※ウェブ上での会員登録も可能
料 会員料金（1年有効）：4歳～19歳未満1500円（1000円）、19歳以上2500円（2000円）
※カッコ内は更新時の料金

のホテルはもちろん、バックパッカーズ＆ YHA、B&B なども下記ホテル割引予約サイトで予約可能（一級以上のホテルなら日本の旅行会社でも予約可能）。なおほとんどのホテル（バックパッカーズも含む）は、当日であっても直接レセプションで料金を訪ねるよりネット予約をしたほうが安くなる。

●インターネットのホテル割引予約サイトを利用しよう

何といってもインターネットのホテル予約サイトを積極的に活用したい。日本語サイトもある**エクスペディア** Expedia、**ブッキングドットコム** Booking.com、**アゴダ** agoda、**ホテルズドットコム** Hotels.com、オーストラリア最大手の**ウォティフ** Wotif などは、対象が日本人旅行者にかぎらないのでホテル送客数が多く、お得な割引レートを出していることが多い。特にエクスペディア、ブッキングドットコム、アゴダ、ウォティフでは、各ホテルが直前の空室を破格に卸したバーゲンフェアが出ることが多く、利用価値が高い。また格安料金に日本人向けサービスを加えたりして予約を受け付けている**ホテリスタ**、**JHC**、**楽天トラベル**なども要チェックだ。

現地にオフィスを構え、現地でホテルと交渉して格安料金でホテルを仕入れている旅行会社の利用もおすすめ。**ホットホリデー**や**ナビツアー**などは、さまざまなカテゴリーのホテル手配を行っており、現地ツアーの割引予約も一緒にできるので、何かと利用しやすい。

●ホテルのオフィシャルサイトを通じて予約

各ホテルがオフィシャルサイトをもっている場合は、そのサイトから直接予約するのもおすすめだ。特に世界的なチェーンでオーストラリアにもホテルが多い、アコーホテル系列（ソフィテルやノボテル、メルキュール、イビスなど）、インターコンチネンタルホテル系列（インターコンチネンタルやホリディイン、クラウンプラザなど）、マリオット系列（マリオットやシェラトン、ウェスティンなど）、ヒルトン系列（ヒルトンやダブルツリーなど）は直接予約の場合、ホテルで受けられるサービスに違いがあったり、ポイントが付いたりするのでおすすめ。直接予約サイトが「最低金額保証」をする場合もあり、決して高いわけではない。また中小ホテルも直予約の場合は、さまざまな割引を提供していることがある。

いずれにせよホテル割引予約サイトとオフィシャルサイトの料金を比べ、よりお得に、そしてよりよいサービスが受けられるほうを選んで予約するのがおすすめだ。

予約なしで快適なホテルを探す

たいていの空港やバスターミナルや鉄道駅にはインフォメーションがあり、ホテル手配も行っている。予算を告げてホテルを紹介してもらうのが一番簡単だ。また一部の空港到着ホールにはホテル直通無料電話が設置されているので、これで直接ホテルに電話を入れるのもいいだろう。

オーストラリア最大級の規模を誇るホテル予約サイト、ウォティフ

■インターネット旅行会社

●ナビツアー
☎(050)5532-7515（日本での予約専用電話／市内通話料金でかけられる）
※ 2024 年 2 月現在、電話問い合わせ休止中。ウェブからのメール問い合わせのみ受け付けている
URL www.navitour.com.au

●ホットホリデー
URL www.hotholiday.jp

YHA やバックパッカーズもホテル割引予約サイトから予約可能

プルマン・メルボルンの豪華な客室

旅の技術

レストランの基礎知識

Restaurant

新鮮なシーフード、肉を使った料理が美味

盛りつけも美しいモダンオーストラリア料理

オーストラリアは世界中から移民が集まった多民族国家だ。それゆえ世界中の料理がこの国では食べられる。しかも広大な大地、豊かな海をもち、あらゆる食材がこの国で手に入るのだ。新鮮な食材を使った世界中の料理。さらに、各国の料理法をミックスして斬新な味を提供するモダンオーストラリア料理。オーストラリアの食事は間違いなくおいしい。

食事と一緒に楽しむお酒について

● BYO とライセンスド

オーストラリアではアルコールの販売はライセンス制。そこで生まれたのが BYO（Bring Your Own の略）。自分でワインやビールを持ち込むシステムだ。BYO のレストランではアルコールを出さない代わりに、持ち込み客のためにグラスを出してくれる。持ち込み料（コルク抜き料という意味でコーケージ Corkage という）としてひとり $5 ～ 10 程度をチャージするのが一般的。BYO であるかどうかは、看板が掲げられているので、予約するときや入る前に確認しておこう。

アルコール販売のライセンスをもっている店はライセンスド・レストラン Licenced Restaurant という。ライセンスド & BYO（ワインのみ持ち込み）としているレストランもある。

●味わってみたいオーストラリアワイン

オーストラリアのワイン造りは、約 220 年前のヨーロッパ人入植とともに始まった。移民とともにブドウの苗木が持ち込まれ、各州の風土に合ったワインが造られるようになった。ワインは単一品種で造られ、ブレンドも 2 種類までが一般的。同品種のブドウを各地から集めて造るワインも多い。原産地の呼称でなく、原料品種による分類表示をしているため、わかりやすい。

●気軽に飲めるオージービール

ワインと並ぶオージーの大好きな飲み物ビール。人気の銘柄は州によってかなり異なる。これは、かつて有名銘柄が州ごとのビールであった時代の名残だ（現在は大手資本によるビール会社買収により、ほとんどの銘柄が全国で飲めるようになっている）。最近ではオーストラリアでもクラフトビールが人気で、しゃれたレストランでは地元産クラフトビールを提供するところも出てきている。

ビールの種類は、生ビールのドラフト draught、苦味が強

■ BYO レストラン近くには酒屋がある

BYO レストランの近くには、必ずといっていいほど酒屋がある。オーストラリアの酒屋には、リカーショップとパブ併設の酒屋のボトルショップ Bottle Shop の 2 種類ある。一般にリカーショップのほうが値段は安いが数は少なく、郊外にあることが多い。車で乗りつけて何ダースかまとめ買いするのによく使われる。

■おもなワインの種類

白ワイン

●ソーヴィニョンブラン Sauvignon Blanc

フランスのボルドー、ロワールで有名な品種。シャープでフルーティなさっぱりとしたドライワイン。

●シャルドネ Chardonnay

フランス・ブルゴーニュの代表的な銘柄シャブリ用の品種。トロピカルフルーツ系の香りの辛口ワイン。

●セミヨン Semillon

フランス・ボルドー地方原産。辛口でさっぱりとしたものからフルーティでやや甘口まで揃う。

●リースリング Riesling

ドイツやフランスのアルザス地方で有名な品種。ドライで酸味が強いものからフルーティでさっぱりとしたものが一般的。

(次ページへ)

いビター bitter、辛口で色の薄いラガー lager、コクがあってアルコール分が高いエール ale がある。通常アルコール分は5%前後で、ライト light はその半分。

レストラン利用術

●予約

少し高級なレストランへ行く場合は、できるだけ予約を入れよう。世界的に知られるような人気店でもないかぎり、食事の２～３時間前に電話を入れればたいてい大丈夫。眺めのいい店で窓際をおさえたければ、数日前に予約を入れて指定するのが望ましい。

●服装

カジュアルなお国柄だけに、ネクタイ、ジャケット着用などという厳しいドレスコードを指定するレストランはほとんどない。スマートカジュアルが基本だ。

●オーダー

メニューはオントレ Entree またはアペタイザー Appetizer（前菜）、メイン Main、デザート Desert などに分かれているが、必ずしもそれぞれ１品ずつ頼む必要はない。おなかのすき具合によっては前菜のみ、あるいはメインのみを頼んでもいいし、前菜を何人かで分け合うのもいい。

●支払い

中級以上のレストランであれば、支払いはテーブルでクレジットカードなどで行うのが一般的。ホールスタッフに勘定書 Bill を持ってきてもらい金額を確認。オーストラリアは基本的にノーチップだが、気持ちのよいサービスを受けたと感じたら勘定書の合計金額欄にチップ分を上乗せした金額を記すといい。料金の 10 ～ 15%が目安だ。最近はカード読み取り用タブレットをテーブルまで持ってきてくれて、タッチパネルでサインすることが多い。なお中級以下のレストランは、自分でキャッシャーへ出向き支払いをする。

おいしいレストランはどこに？

町歩きを楽しみながらフラリと食事をするのなら、レストランの混み具合のチェックを忘れずに。混んでいるレストランは、おいしくて値段も手頃なことが多く、ハズレる可能性は低い。食べたい物が決まっているのなら、インターネットのトリップアドバイザーの口コミなどをチェック。本格的においしいレストランを探すのなら専門誌やインターネットの専門サイトがおすすめ。オーストラリアのミシュラン的存在『Australian good food guide』はレストランをコック帽子の数でランク付け（1 ～３ハット）。ハット付きのレストランは、まず外れがない。

赤ワイン

●カベルネソーヴィニョン Cabernet Sauvignon

ボルドーで有名なブドウ種。タンニン豊かなフルボディ、軽い甘口のライトボディ、ソフトな飲み口でコクもあるミディアムボディまで。なおオージーはカブサブと略して呼ぶことも多い。

●シラーズ Shiraz

フランス・ローヌの品種。重いスパイシーなものから口当たりのよいまろやかなものまで。

●ピノノワール Pinot Noir

ブルゴーニュで有名な品種。フルーツ系の香りが強く、スモーキーで飲みやすいもの、酸味が豊かでクラシック、ライトからミディアムボディまでさまざま。発泡酒用の主要品種。

■ランチタイムはテイクアウエイ

オージーのランチはテイクアウエイ（オーストラリアではテイクアウト、トゥーゴーは使わない）が一般的。昼時には公園のベンチや海辺でテイクアウエイフードを食べるビジネスパーソンの姿をよく目にする。テイクアウエイフードも多民族国家らしく、お決まりのハンバーガー、サンドイッチ、フィッシュ＆チップスから、中華料理、タイ料理、ベトナム料理、インド料理、中近東料理、さらに最近では寿司なども大人気。ほとんどのショッピングセンター内には大きなフードコートがあり、さまざまな料理がテイクアウエイできる。

■おいしいレストランチェックに欠かせないウェブサイト

● Australian good food guide
URL www.agfg.com.au

● best restaurant of australia
アメックス・グッドフード・レストラン賞受賞レストランを中心に、オーストラリア全土の評価の高いレストランを紹介している。
URL www.bestrestaurants.com.au

旅の技術

ショッピングの基礎知識

Shopping

■日本と違い土・日曜はショッピングには不向き

オーストラリアでは、土・日曜は基本的に家族で楽しむ日なので、ほとんどの商店が休みとなる。そのためショッピングは平日のほうが便利だ。シドニー、メルボルン、ブリスベンなど大都市の中心部やケアンズやゴールドコーストなどのリゾート地では土・日曜オープンの店も多いが、営業時間は平日よりも短めだ。

オーストラリアはアグブーツの本場

■主要都市のレイトナイトショッピングデー

オーストラリアでは、ほとんどの商店が夕方には店じまいをしてしまう。しかし主要都市では週に1日だけ21:00頃まで店を開けるレイトナイトショッピングデーを設けている。ちなみに主要都市のレイトナイトショッピングデーは下記のとおり。

- ケアンズ：木曜
- ブリスベン中心部：金曜
- サーファーズパラダイス：木曜
- シドニー中心部：木曜
- メルボルン中心部：木・金曜
- アデレード中心部：金曜
- パース中心部：金曜

■コピー商品の購入は厳禁！

旅行先では、有名ブランドのロゴやデザイン、キャラクターなどを模倣した偽ブランド品や、ゲーム、音楽ソフトを違法に複製した「コピー商品」を、絶対に購入しないように。これらの品物を持って帰国すると、空港の税関で没収されるだけでなく、場合によっては損害賠償請求を受けることも。「知らなかった」では済まされないのだ。

サイズ違いに注意

オーストラリアで衣類や靴を購入する機会も多いはず。カジュアルな衣類はSMLといったサイズ表示だが、ワンピースやスーツ等の婦人服の場合はサイズ表示があるので注意。また靴のサイズも日本とは異なっているので注意が必要。サイズ表を下段に掲載しておくが、あくまでこれは目安。試着は絶対必要だ。

消費税GST10%の還付手続き

オーストラリアでは基本的にすべての商品に、GSTと呼ばれる消費税が10%かかっている（現地では内税形式で値段表示）。旅行者は、30日以内に出国する、手荷物として未使用・未開封で持ち出す、同じ店で合計$300以上購入する、という条件の下、GSTの還付が受けられる。還付手続きは、出国空港の出発フロア内にある**TRS**（Tourist Refund Scheme）ブースで行う。その際、購入した対象商品、$300以上購入したときに店からもらえるタックスインボイスTax Invoice、パスポート、搭乗券を提示する必要がある。購入した商品とタックスインボイスは、飛行機の預託荷物に入れないよう注意（必ず機内持ち込み手荷物とすること）。ただし化粧品や液体ジェルなど機内持ち込み不可となっている物品に関しては、チェックイン前に空港内指定場所でTRS還付手続きを行い、その後、預託荷物に入れることになる。還付金は原則クレジットカードの口座に振り込んでもらうよう手続きする。TRSブースでは、このほかオーストラリアワインを持ち出す場合に、ワインにかかっている**ワイン平衡税**WET（14.5%）の払い戻しも受けられる。こちらも同一店舗で$300以上購入した場合が対象。ワインの還付手続きは、化粧品や液体ジェルなどのTRS還付手続きと同様の方法となる。

免税品は未開封で空港へ

主要都市にある免税店で商品を購入する場合は、パスポートと出国日、出国時のフライトナンバーが必要となる。免税店内の受付でこれらを提示してショッピングカードを作成してもらい、商品購入を行う。購入した商品は厳重にパッキングされ、その上に免税品である旨の税関提出書類が貼られる。免税品は機内持ち込み手荷物とし、各空港の出国審査場を抜けた所にある税関で、パッキングされた免税品を提示して税関提出書類を回収してもらう。それまではパッキングされた免税品を開封してはいけない。

オーストラリアと日本の婦人服サイズ換算表

オーストラリア	8	10	12	14	16	18
日本	7	9	11	13	15	17

オーストラリアと日本の靴のサイズ比較表（女性）

オーストラリア	5.5	6	6.5	7	7.5	8
日本	22	22.5	23	23.5	24	24.5

オーストラリアと日本の靴のサイズ比較表（男性）

オーストラリア		6	6.5		7	7.5
日本	24	24.5	25	25.5	26	26.5

旅の技術

チップとマナー

Tips & Manners

チップについて

オーストラリアには原則、チップの習慣はない。基本的に日本と同じようにしていて問題はない。ただし一部例外もある。

まずは高級レストランで食事をした場合。この場合は会計時に10～15%のチップを置くのが普通だ。クレジットカードでの支払いの場合は、「Tip」の欄にチップ金額を記入するか、「Total」の欄にチップを含めた合計金額を記入して、サインを行う。もちろんレストランでの食事が期待ほどおいしくなかったり、サービスに不満があったりした場合は、チップを支払う必要はない。また高級ホテル利用の場合、ポーターに荷物を運んでもらったら$1～2の硬貨をチップとして渡すのが一般的（自分で荷物を運ぶ人も多い）。タクシーでホテルに到着後、運転手にレセプションまで荷物を運んでもらった場合なども$1～2のチップを渡すといい。

マナーについて

●TPOに合わせた服装を

オーストラリアはカジュアルな国だが、服装は最低限のTPOをわきまえておきたい。特にシドニーやメルボルンなどの大都市では、その傾向が強い。ケアンズやゴールドコーストでは一級程度のレストランならTシャツ、短パン、スニーカーで問題ないが、シドニー、メルボルンでは襟付きシャツ、長ズボンは必須だ。ディナータイムには、靴もスニーカーは好ましくなく、最低でもローファー程度は用意しておきたいところだ。

●列はカウンターごとにではなく一列に

銀行や郵便局、ファストフード店などで列を作る場合は、それぞれのカウンターごとに並ぶのではなく、一列に並んで、順番に開いているカウンターを利用する。トイレも同様だ。

またエスカレーターは左側に寄って立ち、右側を急いでいる人のために空けておくのが基本（「Keep Left」という）。

●飲酒・喫煙について

日本は、花見など屋外で宴会を行うことが多いせいか、飲酒にひじょうに寛大だ。しかしオーストラリアでは飲酒できる場所がかぎられており、どこでもお酒を飲んでいいというわけではない。レストランやホテルの部屋は問題ないが、屋外の場合はBBQ場など飲食することをあらかじめ認めている場所以外では不可と考えたほうがいい。また世界的な禁煙の流れもあり、オーストラリアでも喫煙場所はかぎられている。基本的に空港、ホテルのロビー、ショッピングセンター、レストランなど公共の場所、乗り物の中はすべて禁煙。

■積極的にあいさつをしよう

オーストラリアでは公園やビーチなどを散歩する人が多い。こうした場所ではすれ違う際に、見ず知らずの人でも「Good Morning」とか「Hello」とあいさつするのがオーストラリア流。森の中のウオーキングルートなどでも同様だ。

■自然のなかからは何も持ち帰らない

グレートバリアリーフの無人島の砂やサンゴのかけら、森の中で見つけた花など、「旅の思い出に」に持ち帰りたくなってしまうことがあるかもしれない。しかし自然は自然のままにがオーストラリア流。特に国立公園に指定されている場所では、勝手に何かを持ち帰ってしまうこと自体、法に触れることになる。持ち帰っていいのは「思い出と写真」……このことを肝に銘じておこう。

■タクシーは自動ドアではない

オーストラリアのタクシーは日本と違いドアはすべて手動。後部座席に乗り込んで黙っていてもドアは閉まらない。必ず自分で閉めること。また男性がひとりでタクシーに乗る場合は、助手席に座ると喜ばれる。これは人と人とのつながりを大切にするオーストラリアの伝統「マイトシップ」の表れと見なされている。

タクシーの運転手は話し好きの人が多いので、積極的に話しかけよう

ビーチを散歩する人はとても多い。気軽にあいさつしよう

電話とインターネット、郵便

Phone Call, Internet Access, Post Service

電話とインターネットについて

●オーストラリアの無料 Wi-Fi 事情

旅行にスマートフォンやタブレット、モバイルパソコンなどのインターネット端末を持っていくのが当たり前になってきているが、現地で無料の Wi-Fi スポットが使えなければ、有料の接続を考えなければいけない。オーストラリアでは無料 Wi-Fi スポットが最近になって多くなってきた。

ファストフード店やカフェ、ショッピングセンターなどは時間限定の無料 Wi-Fi を提供しているところが多いし、ホテルもバックパッカーズホステルや一級クラスだとおおむね無料 Wi-Fi が利用可能。高級ホテルは一部で無料あるいはメンバーになれば無料（たいてい登録はその場で無料でできる）というところが多い。ホテルで有料のところは 1 日当たり $5 ～ 30（高級ホテルになればなるほど高い）という料金だ。また SNS への投稿を期待してか、多くのツアー会社のバス車内でも無料 Wi-Fi が使えるようになってきている（回線容量があまりないので動画視聴や音声通話は不可）。

無料 Wi-Fi 接続 OK なら、通話も無料あるいは格安の LINE、Skype、Facebook Messenger、FaceTime（iOS のみ）などが利用可能だ。

●いつでもスマートフォン／携帯電話を使いたい！

無料 Wi-Fi を利用するに越したことはないが、やはり日本にいるときと同じようにいつでもスマートフォンが利用できると便利。町の散策中に Google Map を利用したり、バスや電車の乗り継ぎ時間を調べたり……旅の間利用方法はさまざまだ。

現地でスマートフォンでインターネットの常時接続をする方法としては、特に手続きなしにそのままオーストラリアで利用する方法、日本からモバイル Wi-Fi ルーターをレンタルして接続する方法、日本もしくは現地でプリペイド SIM カード（この場合は SIM ロックフリーのスマートフォンが必要）を購入する方法などが考えられる。それぞれメリット、デメリットがある。

日本で利用しているスマートフォンをそのまま手続きなしに利用する場合は、日本の携帯電話会社が提携している海外ローミングサービスを**海外パケット定額**で利用する方法となる。通常 1 日 980 ～ 2980 円で利用可能だ。

日本でオーストラリアで使える**モバイル Wi-Fi ルーターをレンタル**するのが実は一番一般的。日本でなら成田空港や羽田空港、関西国際空港での当日レンタルにも対応している会社があり（1 日当たり 300 ～ 1900 円程度で容量による）、帰国時に各空港のカウンターで返却するようになっている。

旅慣れた人がよく利用するのが現地プリペイド SIM カード

■インターネットを使うには
「地球の歩き方」ホームページでは、オーストラリアでのスマートフォンなどの利用にあたって、各携帯電話会社の「パケット定額」や海外用モバイル Wi-Fi ルーターのレンタルなどの情報をまとめた特集ページを公開中。
URL prepare.arukikata.co.jp/1_7_1.html

■海外用モバイル Wi-Fi ルーターレンタル会社
●グローバル WiFi（ビジョン）
FREE 0120-510-670
URL townwifi.com
●イモトの Wi-Fi（エクスコムグローバル）
FREE 0120-800-540
URL www.imotonowifi.jp
●ワイホー（テレコムスクエア）
FREE 0120-388-212
URL www.wi-ho.net

■日本での国際電話の問い合わせ先
●NTT コミュニケーションズ
FREE 0120-003300
URL www.ntt.com/
●ソフトバンク
FREE 0088-24-0018
URL www.softbank.jp
●au
☎ 0057
(au の携帯からは FREE 157)
URL www.au.com/
●NTT ドコモ（携帯）
FREE 0120-800-000（NTT ドコモの携帯からは FREE 151）
●ソフトバンク（携帯）
FREE 0800-919-0157（ソフトバンクの携帯からは FREE 157）

シドニー国際空港到着ホールのオプタスとボーダフォンのカウンター

メルボルン空港到着ホールにはSIMカードの自動販売機もある

を購入する方法だ。シドニーやメルボルン、ブリスベン、パースなどでは空港到着ホールにはオーストラリアの通信会社**オプタス** Optus、**ボーダフォン** Vodafone の SIM カード売り場があり、その場で購入可能。SIM の差し替えやアクティベーションなどもスタッフがやってくれるので安心だ（どの都市でも市内に数多くのショップあり）。プランはいろいろあるが、2024 年 2 月現在、オプタスの場合だと人気なのが〈28 日間有効でインターネット 40GB+ オーストラリア国内通話無料 + 日本など 20 ヵ国への国際電話 400 分無料〉で $35 となっている。また日本の Amazon などでもオプタス、ボーダフォンなどのプリペイド SIM カードが販売されているので、購入していくのもアイデアだし、スマートフォンが e-SIM 対応であれば、オーストラリアの通信会社ウェブサイトから日本出発前に購入もできる。なお SIM ロックフリーのスマートフォンでも、機種ごとに利用できるバンド（周波数）に制限がある。日本から持っていく場合は、あらかじめ自分の持っている機種がオーストラリアで利用可能か調べておこう。

●携帯電話以外の電話機について

スマートフォンを利用しない場合、旅行者が利用することになるのは、オーストラリア最大手の電話会社テルストラ Telstra が設置している公衆電話機（現地ではペイホーン Payphone と呼ばれている）、あるいはホテルの部屋に設置された電話機だ。ペイホーンはオーストラリア国内通話が無料で、国際電話をかける場合のみテルストラ・ホーンカード Telstra Phonecard（ほとんどの町にあるテルストラショップで購入可能。$5、10、20 の 3 種類ある）が必要だ。また Wi-Fi のホットスポット機能ももっている場合が多い。

■オーストラリアのおもな通信会社
●テルストラ Telstra
URL www.telstra.com.au
●オプタス Optus
URL www.optus.com.au
●ボーダフォン Vodafone
URL www.vodafone.com.au

■オーストラリアの州外局番
州ごとに日本の市外局番に当たる州外局番が割り振られている。なお同一州内であっても、市外へかける場合は州外局番からダイヤルする。

■日本語オペレーターを介したコクレクとコールの国際電話
● KDDI ジャパンダイレクト
FREE 1800-551-181
FREE 1800-738-181

Wi-Fi ホットスポットを兼ねた公衆電話

オーストラリアから日本への国際電話（ダイレクトコール）

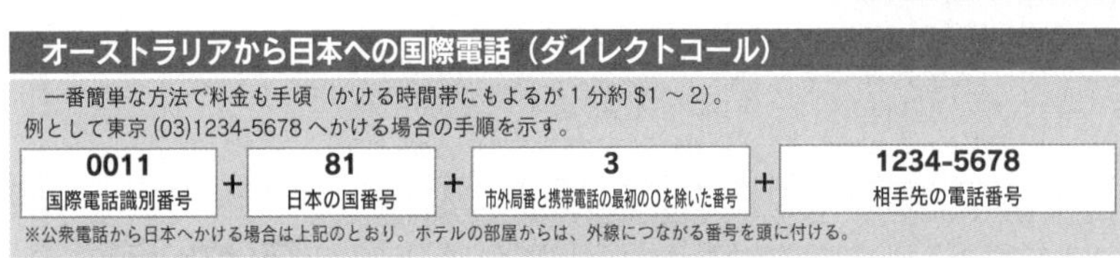

一番簡単な方法で料金も手頃（かける時間帯にもよるが 1 分約 $1 ～ 2）。
例として東京 (03)1234-5678 へかける場合の手順を示す。

0011（国際電話識別番号）＋ 81（日本の国番号）＋ 3（市外局番と携帯電話の最初の 0 を除いた番号）＋ 1234-5678（相手先の電話番号）

※公衆電話から日本へかける場合は上記のとおり。ホテルの部屋からは、外線につながる番号を頭に付ける。

日本からオーストラリアへの国際電話

例としてシドニー (02)1234-5678 へかける場合の手順を示す。

国際電話会社の番号
0033（NTT コミュニケーションズ）
0061（ソフトバンク）
携帯電話の場合は不要

＋ 010※（国際電話識別番号）＋ 61（オーストラリアの国番号）＋ 2（州外局番（頭の 0 は取る））＋ 1234-5678（相手先の電話番号）

※携帯電話の場合は 010 のかわりに「0」を長押しして「+」を表示させると、国番号からかけられる
※ NTT ドコモは、事前に WORLD CALL に登録が必要

■フリーコールについて
基本的に1800から始まる10桁の電話番号は、オーストラリア国内無料のフリーコール。1300で始まる10桁の番号は、無料通話の場合と市内通話料金の場合がある。また13から始まる6桁の番号は市内通話料金だ。こうした番号は、日本からの国際電話では原則つながらないので注意が必要。

ホテルの部屋などからかける国内電話は、市内通話が50¢で時間無制限。市外通話（トランクコール）は時間・距離制で、州外局番からダイヤルする。ホテルの部屋から電話する場合は、かけたい番号の前に外線直通番号（ほとんどの中・高級ホテルが9）をダイヤルする必要がある。

国際電話はダイレクトコールが最も簡単（かけ方は前ページ別表のとおり）。日本の国際電話会社を利用しての国際クレジットカードコールも便利だ。安く国際電話をかけたかったら、スマートフォンのアプリがおすすめ。インターネット接続環境下で、LINEやMessengerなら登録済みの相手へ無料で電話できるし、それ以外の場合でもSkype利用なら直接電話番号指定もできる。日本への国際電話なら固定電話へ1分2.44円、携帯電話へ1分11.67円だ。

オーストラリアから日本への郵便料金　(2024年2月現在)

種類	重量	料金
アエログラム Aerogrammes		$3.00
はがき＆封書（エアメール） Postcard & Airmail Letter	250g以内	$3.10
	250g～500g	$10.60
郵便小包エコノミー（2kgまで） Parcel Post Economy Air	250g以内	$16.25
	250g～500g	$21.95
	500g～1kg	$33.40
	1kg～1.5kg	$44.85
	1.5g～2kg	$56.30
郵便小包スタンダード（20kgまで） Parcel Post Standard Air	250g以内	$18.75
	250g～500g	$24.45
	500g～1kg	$35.90
	1kg～1.5kg	$47.35
	1.5g～2kg	$58.80
	2kg以上0.5kgごとの追加料金	$6.20
郵便小包エクスプレス（20kgまで） Parcel Post Express Air	250g以内	$33.75
	250g～500g	$39.45
	500g～1kg	$50.90
	1kg～1.5kg	$62.35
	1.5g～2kg	$73.80
	2kg以上0.5kgごとの追加料金	$21.20

URL www.auspost.com.au

郵便について

日本までの郵便は原則エアメールで、通常4日～1週間程度で届く。切手、絵はがき、アエログラム、小包用のダンボール箱などはすべて郵便局内にあるショップで手に入る。

INFORMATION

オーストラリアでスマホ、ネットを使うには

スマホ利用やインターネットアクセスをするための方法はいろいろあるが、一番手軽なのはホテルなどのネットサービス（有料または無料）、Wi-Fiスポット（インターネットアクセスポイント。無料）を活用することだろう。主要ホテルや町なかにWi-Fiスポットがあるので、宿泊ホテルでの利用可否やどこにWi-Fiスポットがあるかなどの情報を事前にネットなどで調べておくとよい。ただしWi-Fiスポットでは、通信速度が不安定だったり、繋がらない場合があったり、利用できる場所が限定されたりするというデメリットもある。そのほか契約している携帯電話会社の「パケット定額」を利用したり、現地キャリアに対応したSIMカードを使用したりと選択肢は豊富だが、ストレスなく安心してスマホやネットを使うなら、以下の方法も検討したい。

☆海外用モバイルWi-Fiルーターをレンタル

オーストラリアで利用できる「Wi-Fiルーター」をレンタルする方法がある。定額料金で利用できるもので、「グローバルWiFi（【URL】https://townwifi.com/）」など各社が提供している。Wi-Fiルーターとは、現地でもスマホやタブレット、PCなどでネットを利用するための機器のことをいい、事前に予約しておいて、空港などで受け取る。利用料金が安く、ルーター1台で複数の機器と接続できる（同行者とシェアできる）ほか、いつでもどこでも、移動しながらでも快適にネットを利用できるとして、利用者が増えている。

▼グローバルWiFi

海外旅行先のスマホ接続、ネット利用の詳しい情報は「地球の歩き方」ホームページで確認してほしい。
【URL】http://www.arukikata.co.jp/net/

旅の技術

旅のトラブルと安全対策

Case of travel trouble & Safty Tipps

オーストラリアは安全な国とはいえ、油断は禁物。楽しく旅行するためにも、安全管理、体調管理はしっかりしておきたい。

パスポート紛失の場合

万一パスポート（以下旅券）をなくしたら、まず現地の警察署へ行き、紛失・盗難届出証明書を発行してもらう。次に日本大使館・領事館で旅券の失効手続きをし、新規旅券の発給、または帰国のための渡航書の発給を申請する。

旅券の顔写真があるページと航空券や日程表のコピーがあると手続きが早い。コピーは原本とは別の場所に保管しておこう。

クレジットカード紛失の場合

早急に現地のカード発行金融機関の緊急連絡先に連絡し、カードの失効を申請する。再発行はカード発行会社、カードの種類により数日～1週間はかかる。短い旅行期間であれば、その間に手に入れることは無理。とにかく違法利用を止めることが先決だ。現地の警察に連絡し、証明書をもらっておくこと。

日本語通訳サービス

英語を話せない人のために、オーストラリア連邦政府では**翻訳・通訳サービスTIS**（Translating & Interpreting Service ☎13-14-50）を提供している。年中無休、24時間対応だ。緊急時、病院に連絡が必要なときなどに電話口で「ジャパニーズ、プリーズ」と告げれば、日本語通訳者が対応してくれる。例えば、医師と患者、通訳の3者で通話をし、問診や応急処置を日本語で聞くことができる。

日焼け対策と健康管理

オーストラリアは日差しが強く、正午前後は特に紫外線が強い。ビーチなど屋外で長時間過ごすときには、帽子やサングラス、日焼け止めなど、日焼け対策は万全にしよう。日射病や熱中症になる場合もあるので、水分補給にも気をつけたい。風邪薬や頭痛薬、胃薬など、日本から常備薬を持っていこう。医師による診療費は実費精算となるので、海外旅行保険には必ず加入しておきたい。保険に入っていれば、キャッシュレスでの診療といったサポートが受けられる。

また、オーストラリアの現地ツアーは体力を使うものが多い。ハードなスケジュールのなか、疲れた状態でのアクティビティは危険な場合もあるので、体調管理は怠らずに。

■在オーストラリア日本大使館・領事館
●キャンベラ
☎(02)6273-3244
●ケアンズ ☎(07)4051-5177
●ブリスベン
☎(07)3221-5188
●シドニー ☎(02)9250-1000
●メルボルン
☎(03)9679-4510
●パース ☎(08)9480-1800

■パスポート（旅券）の失効手続きに必要な書類
①紛失一般旅券等届出書1通
②顔写真1葉（縦45mm×横35mm）
④身元確認書類（運転免許証など）

■新規旅券発給・帰国のための渡航書発給に必要な書類
①一般旅券発給申請書もしくは帰国のための渡航書発給申請書1通
②現地警察署発行の紛失・盗難届で証明書
③顔写真1葉（縦45mm×横35mm）
④戸籍謄本1通
④旅行日程が確認できる書類
⑤手数料（現地通貨の現金で支払う）

■外務省ホームページ（パスポートについて）
URL www.mofa.go.jp/mofaj/toko/passport/index.html

■クレジットカード会社連絡先
●アメックス
FREE 1800-553-155
●ダイナースクラブ
☎+81-3-6770-2796（日本へのコレクトコール）
● JCB
FREE 0011-800-00090009
●マスターカード
FREE 1800-120-113
● VISA
☎1800-125-683（三井住友）
☎+1-303-967-1090（グローバル・アシスタントサービスへのコレクトコール）

■外務省海外安全情報
日本の外務省では海外各地の治安情報をアップしている。
URL www.anzen.mofa.go.jp
また外務省の提供する**「たびレジ」**に登録すれば、渡航先の安全情報メールや緊急連絡を無料で受け取ることができる。出発前にぜひ登録しよう。
URL www.ezairyu.mofa.go.jp/index.html

旅の会話

English Conversation

■病気・緊急時の英語

I feel sick.
気分が悪い。

I have a fever.
熱があります。

Can you call a doctor ?
医者を呼んでください。

Help !
助けて！

I've been robbed !
強盗に遭いました。

I've left my purse in the taxi.
タクシーに財布を忘れました。

My bag was stolen.
かばんを盗まれました。

I've lost my passport.
パスポートをなくしました。

A lost theft report, please.
紛失（盗難）証明書をお願いします。

Do you have any Japanese speakers ?
日本語を話せる人はいますか。

Please call the Japanese Embassy.
日本大使館に連絡してください。

■新型コロナ関連の英語

◆基本用語◆

新型コロナウイルス COVID-19
PCR 検査 PCR Test
迅速抗原検査 Rapid Antigen Test (RAT)
陰性 Negative
陽性 Positive
ワクチン接種証明書 Vaccination Certificate
ソーシャルディスタンス Physical distancing
濃厚接触 Close contact

◆隔離関連◆

自主隔離 self-isolate
無症状 no symptom
隔離期間 isolation period quarantine

◆医療用品◆

抗原検査キット RAT Kit
体温計 Thermometer
消毒液 Sanitiser

■ Google 翻訳アプリ

入力した言語を 108 の言語で翻訳してくれるアプリ。特に便利なのはカメラを向けるだけでリアルタイムで画像内のテキストを翻訳してくれるカメラ翻訳。食料品の成分表や商品の説明書きを知りたいときなどに便利。

オーストラリアの都市部で一般的に話される英語は、イギリス英語に近く、使われる単語やスペルも英国式だ。また比較的単語を一つひとつきちんと発音するため、慣れればアメリカ英語よりも聞き取りやすい。さらに移民が多く住むオーストラリアでは相手の発音が下手だからと見下すようなことはなく、何が言いたいのかを理解しようとしてくれる。正しい英語を話そうという気持ちは捨てて、とにかくしゃべってしまおう。

一番簡単で使える英語は、「Thank you.」「Please.」「Excuse me.」。親切にされたら「Thank you.」。お願いするときは「Please.」。お願いするときのきっかけづくりは「Excuse me.」。謝るときは「Sorry.」で。

基本フレーズ集

～ください　■名詞 , please.

とにかく最後に、please を付ける。
（例） Exchange, please.（両替、お願いします）両替所、銀行にて
Receipt, please.（領収書、お願いします）お店で

～したい　■ I would like to 動詞／ I would like 名詞 , please.

動詞の前には to が付く。最後に please を付ければ、よりていねいな感じで印象もよい。
（例） I would like to check-in, please.（チェックインしたいのです）ホテルにて
I would like room service, please.（ルームサービスお願いします）ホテルにて

～してよいか　■ Can I 動詞 ～？

オーストラリアでは、can を使うことが多い。I would like to ～ より少しくだけた感じで、許可を求める言い方。
（例） Can I try this on ?（試着していいですか）お店で
Can I smoke ?（たばこ吸っていいですか）相手がいる場合に

～してください　■ Please 動詞

相手に依頼するとき。最初にプリーズ！そして「～をして」と続ければ OK。
（例） Please go to Marriott Hotel.（マリオットホテルに行ってください）タクシーで
Please give me a discount.（まけてください）マーケットなどで

いつ／どこ／誰／何／どうやって

5W1H を覚えれば、質問もバッチリ。

When　（例）When is the pick-up time ?（ピックアップ時間はいつ）
What time ～も同意味
Where　（例）Where is a toilet ?（トイレはどこ）
Who　（例）Who is the guide ?（ガイドはどなた）
What　（例）What is this ?（これは何です）
Which　（例）Which is the platform for Bondi ?
（ボンダイへ行くプラットホームはどれ）
How　（例）How much is this ?（これいくら）
How can I go to the Rocks ?（ロックスまでどう行くの）

受け答えフレーズ

これをとっさに言えたら、かなり英語慣れしている人のように聞こえる。

No, thanks.　（けっこうです）すすめられて断るとき
Thanks, anyway.　（とにかく、ありがとう）
何かを尋ねたが、相手もわからない、できないとき
No worries !　（心配するなよ）Thank you. に対する「どういたしまして」

緊急時の医療会話

●ホテルで薬をもらう

具合が悪い。
アイ フィール イル
I feel ill.

下痢止めの薬はありますか。
ドゥ ユー ハヴ ア アンティダイリエル メディスン
Do you have a antidiarrheal medicine?

●病院へ行く

近くに病院はありますか。
イズ ゼア ア ホスピタル ニア ヒア
Is there a hospital near here?

日本人のお医者さんはいますか?
アー ゼア エニー ジャパニーズ ドクターズ
Are there any Japanese doctors?

病院へ連れていってください。
クッデュー テイク ミー トゥ ザ ホスピタル
Could you take me to the hospital?

●病院での会話

診察を予約したい。
アイドゥ ライク トゥ メイク アン アポイントメント
I'd like to make an appointment.

グリーンホテルからの紹介で来ました。
グリーン ホテル イントロデュースド ユー トゥ ミー
Green Hotel introduced you to me.

私の名前が呼ばれたら教えてください。
プリーズ レッ ミー ノ ウ ウェン マイ ネイム イズ コールド
Please let me know when my name is called.

●診察室にて

入院する必要がありますか。
ドゥ アイ ハフ トゥ アドミッテド
Do I have to be admitted?

次はいつ来ればいいですか。
ホェン シュッダイ カム ヒア ネクスト
When should I come here next?

通院する必要がありますか。
ドゥ アイ ハフ トゥ ゴー トゥ ホスピタルレギュラリー
Do I have to go to hospital regularly?

ここにはあと2週間滞在する予定です。
アイル ステイ ヒ ア フォー ア ナ ザ ー トゥ ウィークス
I'll stay here for another two weeks.

●診察を終えて

診察代はいくらですか。
ハ ウ マッチ イズ イット フォー ザ ドクターズ フィー
How much is it for the doctor's fee?

保険が使えますか。
ダズ マイ インシュアランス カバー イット
Does my insurance cover it?

クレジットカードでの支払いができますか。
キャナイ ペイ イット ウィズ マイ クレディットカード
Can I pay it with my credit card?

保険の書類にサインをしてください。
プリーズ サイン オン ザ インシュアランス ペーパー
Please sign on the insurance papar.

※該当する症状があれば、チェックをしてお医者さんに見せよう

□吐き気 nausea	□悪寒 chill	□食欲不振 poor appetite
□めまい dizziness	□動悸 palpitation	
□熱 fever	□脇の下で計った armpit	＿＿＿°C／°F
	□口中で計った oral	＿＿＿°C／°F
□下痢 diarrhea	□便秘 constipation	
□水様便 watery stool	□軟便 loose stool	1日に　回　times a day
□ときどき sometimes	□頻繁に frequently	絶え間なく continually
□風邪 common cold		
□鼻詰まり stuffy nose	□鼻水 running nose	□くしゃみ sneeze
□咳 cough	□痰 sputum	□血痰 bloody sputum
□耳鳴り tinnitus	□難聴 loss of hearing	□耳だれ ear discharge
□目やに eye discharge	□目の充血 eye injection	□見えにくい visual disturbance

※下記の単語を指さしてお医者さんに必要なことを伝えましょう

●どんな状態のものを
生の　raw
野生の　wild
油っこい oily
よく火が通っていない
uncooked
調理後時間がたった
a long time after it was cooked

●けがをした
刺された・噛まれた bitten
切った cut
転んだ　fall down
打った　hit
ひねった　twist
落ちた　fall
やけどした　burn

●痛み
ヒリヒリする　buming
刺すように　sharp
鋭く　keen
ひどく　severe

●原因
蚊　mosquito
ハチ　wasp
アブ　gadfly
毒虫　poisonous insect
サソリ　scorpion
くらげ　jellyfish
毒蛇　viper
リス　squirrel
（野）犬　(stray) dog

●何をしているときに
ジャングルに行った
went to the jungle
ダイビングをした
diving
キャンプをした
went camping
登山をした
went hiking (climbling)
川で水浴びをした
swimming in the river

イエローページ

Yellow Page

在オーストラリア日本大使館・領事館

●日本国大使館（キャンベラ）Embassy of Japan
住112 Empire Circuit, Yarralumla, Canberra, ACT 2600 ☎(02)6273-3244

●日本国総領事館ケアンズ出張駐在官事務所（ケアンズ）
Branch Office in Cairns, Consulate-General of Japan at Brisbane
住Lvel 15, Cairns Corporate Tower, 15 Lake St., Cairns, QLD 4870 ☎(07)4051-5177

●日本国総領事館（ブリスベン）
Consulate-General of Japan
住Level 17, Comalco Place, 12 Creek St., Brisbane, QLD 4000 ☎(07)3221-5188

●日本国総領事館（シドニー）
Consulate-General of Japan
住Level 12, 1 O'Connell St., Sydney, NSW 2000
☎(02)9250-1000

●日本国総領事館（メルボルン）
Consulate-General of Japan
住Level 25, 570 Bourke St., Melbourne, VIC 3000
☎(03)9679-4510

●日本国総領事館（パース）
Consulate-General of Japan
住U22/Level 2, 111 Colins St., Perth, WA 6005
☎(08)9480-1800

主要航空会社

●カンタス航空 Qantas Airways	☎13-13-13
●ジェットスター Jetstar	☎13-15-38
●日本航空 Japan Airlines	FREE 1800-047-489
●ANA	FREE 1800-716-823
●ヴァージン・オーストラリア	☎13-67-89
●リージョナルエクスプレス	☎13-17-13

主要レンタカー会社

●ハーツ Hertz	☎13-30-39
●エイビス AVIS	☎13-63-33
●バジェット Budget	☎1300-362-848
●スリフティ Thrifty	☎13-61-39
●ヨーロッパカー Europcar	☎1300-131-390

緊急時

●緊急時連絡先 FREE 000
※ダイヤル後、オペレーターに救急車「アンビュランス」、消防「ファイアー」、警察「ポリス」のいずれかと場所を告げると、最寄りのステーションへ転送される。

日本語の通じる病院

ケアンズ

●ケアンズ 24 時間日本語医療サービス
Cairns 24Hour Medical Service
住Cnr. Florence & Grafton Sts., Cairns, QLD 4870
☎(07)4052-1119

● CTL メディカルサービ CTL Medical Service
住Cairns Corporate Tower, Ground Fl., 15 Lake St., Cairns, QLD 4870 ☎(07)4041-1699

ブリスベン

●セントアンドリュース病院／24 時間日本語医療センター
St Andrew's Memorial Hospital
住North St. Emergency Centre Entrance, Spring Hill, Brisbane, QLD 4001 FREE 1800-666-019

●サクラファミリークリニック Sakura Family Clinic
住Level 11, 116 Adelaide St., Brisbane, QLD 4000
☎(07)3003-0100

● CBD7 デイメディカルセンター
CBD7 Day Medical Centre
住Level 1, 245 Albert St., Brisbane, QLD 4000
☎0410-834-563

ゴールドコースト

●日本語医療センター International Medical Centre
住Shop B002, Lower Level, Australia Fair Shopping Centre, 40 Marine Pde., Southport, QLD 4215
☎(07)5526-3532

●さくらクリニック Sakura Clinic
住Level 1, 62-64 Davenport St., Southport, QLD 4215 ☎0487-119-119

●マーメイドビーチ・メディカルセンター Mermaide Beach Medical Centre
住Shop 23-24, Pacific Square, 2532 Gold Coast Hwy., Mermaide Beach, QLD 4218 ☎(07)5572-1668

シドニー

●日本語医療サービス（タウンホールクリニック）
Japan Medical Service
住Level 4 Town Hall Clinic, 50 York St., Sydney, NSW 2000 FREE 1800-355-855

●ワールドシティ日本語医療・歯科センター
World City Medical
住Level 1&2, 722 George St., Sydney, NSW 2000
☎(02)9281-0348

メルボルン

●ミッドタウン・メディカルクリニック
（日本語医療センター）Midtown Medical Clinic
住Level 4, 250 Collins St., Melbourne, VIC 3000
☎(03)9650-4284

●日本語医療パラマウント・クリニック
Paramount Clinic
住Suite 4-5, Upper Level, The Paramount Centre, 108 Bourke St., Melbourne, VIC 3000
FREE 1800-677-177

パース

●日本語医療センター
Nihongo Iryo Centre - Perth
住Level 1, 713 Hay St., Perth, WA 6000
☎(08)9486-4733

【翻訳・通訳サービス】

☎13-14-50
※英語が話せない人のために、オーストラリア政府が提供する 24 時間対応電話通訳サービス。緊急時に病院へ連絡したいが、日本語が話せる医師がいない場合などに便利。電話をかけ「ジャパニーズ・プリーズ」と告げれば日本語通訳が出る。医師と患者、通訳の 3 者通話が可能だ。

クレジットカード緊急連絡先

●アメリカン・エキスプレス AMEX FREE 1800-553-155
●ダイナースクラブ Diners Club
☎+81-3-6770-2796（コレクトコール）
●ジェイシービー JCB FREE 0011-800-00090009
●マスターカード Mastercard FREE 1800-120-113
●ビザカード VISA ☎+1-303-967-1090（コレクトコール）
FREE 1800-125-683（三井住友カード）

オーストラリアの歴史

メルボルンのフィッツロイガーデンに立つキャプテンクック像

先住民族アボリジナルピープルの世界

オーストラリア大陸に、アボリジナルピープル（オーストラリア先住民）の祖先が住み着いたのは今から約4～5万年前、第4氷河期の中頃と推定されている。当時、海面が今より200mほど低かったことが、この航海を可能にしたと考えられている。しかし、2万年ほど前に解氷期が始まると海面が上昇し、大陸間の移動が困難になりだした。アボリジナルピープルの祖先は、ほかの大陸から完全に孤立。1万年ほど前に世界各地で始まった農耕文化は、オーストラリアに届くことがなかった。アボリジナルピープルはオーストラリア全土で狩猟、採集による生活を続けていた。そして最盛期には25～30万人が静かに暮らしていたのだ。

アボリジナルピープルの静かな時代を破ったのは、まず北部ケープヨークを訪れたパプア系住民アイランダーズ（トレス海峡民）だった。その後、アーネムランドにおいてはインドネシア人との交易も始まり、中国人もオーストラリア近海に現れるようになった。こうして徐々にだがオーストラリアとアボリジナルピープルの存在が世界に知られるようになっていく。

招かれざる訪問者白人到来

歴史上オーストラリアを訪れた最初の白人とされるのが、ポルトガル人メンドーサ。1521～32年に大陸東部を探検しているが、香木など価値ある植物を見つけることができなかったため、ほとんど注目することがなかった。また1606年にはオランダ人ヨンスゾーン、スペイン人トレスがともに、オーストラリアとニューギニアの間（現トレス海峡）を通過している。

白人による本格的な調査は1616年に始まる。東方貿易の起点をバタビア（現インドネシア、ジャワ島）にもっていたオランダが、1616年北西海岸、1619年西海岸、1622年西南海岸を調査しオーストラリアを「ホランディアノバ（新しいオランダ）」と名づける。さらに1641年にはタスマンが、タスマニア島南海岸を確認し、当時のオランダ東インド会社総督の名前を取って「ヴァンディーメンズランド」と名づけたのだ。しかし、オランダもオーストラリアにはあまり興味を示さなかった。肉食の欧州人が必要とした香辛料も黄金もない、と判断したからだった。

英国がオーストラリア領有を宣言

1770年4月29日、エンデバー号に乗ったキャプテンクック一行が、ボタニー湾（現シドニー郊外）に上陸した。その後、東海岸沿いに北上し、トレス海峡のトゥイネード島に上陸し、オーストラリア東岸部の英王室による領有宣言を行った。

英政府は1785年2月6日、クックが領有を宣言した土地をニューサウスウエールズ植民地（NSW）と名づけ、植民開始を決定。1788年1月26日、初代総督アーサー・フィリップ率いる船団（ファーストフリート）がポートジャクソンに錨を下ろし、流刑囚780人、海兵隊およびその家族約1200人を上陸させた。白人による支配の始まりで、この日から先住民アボリジナルピープルは、王室領不法占拠者というレッテルを貼られることになってしまった。

なお、1月26日は現在、建国記念日＝オーストラリアデーとなっている。

広がる英植民地

1802年、フランスがタスマニア島に興味をもち、海岸線の調査を行っていることを知った第3代総督キングは、翌年、タスマニア島の領有も宣言（実際、NSWから分離するのは1825年）。この後、第6代総督ブリスベンの時代（1820年代）にNSWの行政地は北はモートンベイ（現ブリスベン）、南はマレー川近くまで広がる。また、1826年、大陸の反対側西オーストラリアへの入植が始まり、1829年には正式に英植民地として領有が宣言された。さらに1833年、政治家ウエイクフィールドが、流刑植民地ではない、純粋な移住植民地の建設を提案する。これが認められ、1836年にマレー川河口に南オーストラリア植民地が誕生した。

ビクトリア州もこの時期やっと誕生の足がかりを得る。1835年、タスマニアで白人の迫害に苦しむアボリジナルピープルとの友好関係を築いていたバットマンが、先住民との共存を目指して、ポートフィリップ（現メルボルン郊外）に入植を開始したのだ。

各植民地ごとの自治権の獲得

植民地が成熟し、独自の発展を望むようになると、宗主国との間に利害の対立も生まれてくる。英国はその土地生まれの総督を任命したり、限定つきの自治権を与えたりしながら懐柔を図ったが、独立、自治への要求は簡単には収まらなかった。

王様の代理として本国の意思を植民地に押しつける存在でしかなかった総督に、助言を与える議会が誕生するのは1824年、NSWが最初だ。二院制に基づく責任政府が各植民地に許されたのは1855年から1860年にかけてのことだ。

ゴールドラッシュによる社会の混乱

1851年NSWのバサーストで金が見つかったのがきっかけとなり、オーストラリアでのゴールドラッシュが始まる。この時期のオーストラリアは、金に魅せられた大量の移民を受け入れることになる。1850年代初めに40万人余りだった人口が、わずか10年で115万人を数えるまでになったのだ。

ビクトリア州バララットにはゴールドラッシュの町を再現したソブリンヒルがある

ビクトリアでも同じ頃に金が大量に発見された。採金者たちはビクトリアへ大勢流れていった。しかし、最大の金採掘場バララットでは金採掘権・採掘税の不合理さに対しオーストラリア史上最大の武装蜂起、ユーレカ砦の反乱が起きる。さらにあちらこちらで金強奪事件も発生するなど、金をめぐるトラブルが続発した。わずか10年のゴールドラッシュが、オーストラリアの治安と経済を大きく揺り動かしたのだ。

連邦国家建設への気運

ゴールドラッシュ後、各植民地は政治、経済的に徐々に安定を取り戻していく。それにともない、オーストラリアが太平洋圏に覇権を築くべきだと主張する政治家が増えてきた。関税問題、安い労働力としての移民の無統制な流入問題、そしてドイツ、ロシア、フランス、日本など外敵からの防衛問題など、各植民地共通の問題も出てきた。また郵便などの通信業務は、中央政府に任せたほうが安上がりで効率的との意見もあった。こうして、オーストラリア連邦結成への気運が高まっていく。

オーストラリア連邦成立

連邦結成への最初の会議は1891年、シドニーで開かれた。現在の州に当たる6つの植民地の代表のほか、ニュージーランド植民地の代表もこれに加わり、「オーストラレイジア国民協議会」を結成。この会議で、どの植民地も英国型の中央集権政府を嫌い、スイス、カナダ、アメリカなどで採用されている連邦制を採ることが確認された。2回目の会議が開かれるのは1897～1898年のこと。ニュージーランドは独自の道を行くことを決め、この会議には参加していない。

ここで起草された憲法草案は、住民投票にかけられ可決、英国議会で法制化された。ここに現在のような6つの州からなるオーストラリア連邦が誕生。憲法発効は1901年1月1日のことだ。

ふたつの世界大戦がもたらしたもの

1914年、英国がドイツに宣戦布告をし、オーストラリアも否応なしに第1次世界大戦へ参戦することになった。太平洋地域のドイツ植民地の占領を行い、次いでニュージーランド軍とともにアンザック軍団を結成しヨーロッパ戦線へ参戦。オーストラリアは第1次世界大戦に33万人の兵士を投入し、6万人の命を失った。しかしその功績が認められ、国際連盟への加入がかなった。これにより国際社会において、確かな独立国として認められることになったのだ。

第2次世界大戦は、戦死者こそ第1次世界大戦の半分だったが、ダーウィン空爆などオーストラリア本土を日本に攻撃されるという惨事を招いた。そしてこの戦争経験により、国防、経済両面において適正な人口が必要であるということを政府が認識したのだ。

ゴールドラッシュ以後、中国人労働者の移民を制限する目的で連邦政府発足時に発せられた移民制限法＝「白豪主義」だが、第2次世界大戦を契機に、徐々にではあるが多人種に対して開かれてくる。そして今では200近い国と地域からの移民を受け入れる国家となったのだ。

多文化国家としてのオーストラリアへ

先住民族と英国からの移民、そして第2次世界大戦後の新住民。各民族固有の文化やアイデンティティをどのように融和させ、さらに発展させていくのか、オーストラリアが戦後70年以上の間、模索し続けてきたことだ。政府による一方的な文化やアイデンティティの押しつけは、多文化国家として歩んでいるオーストラリアでは成功しない。

いまやオーストラリア国民の4分の1以上は海外生まれといわれる。先住民文化への敬意も強くなってきている。当たり前のことではあるが、先住民も第2次世界大戦後の新移民も、英国系移民同様の権利を有し、ひとつとなって国を発展に導く。オーストラリアは確実に、世界有数の多文化国家としての歩みを続けている。

さくいん

●サ行

●タ行

●ナ行

●ハ行

●マ行

地球の歩き方 関連書籍のご案内

オセアニアに魅せられたなら、他の国へも行ってみよう!

地球の歩き方 ガイドブック

C05 地球の歩き方 タヒチ イースター島 ¥1870

C06 地球の歩き方 フィジー ¥1650

C07 地球の歩き方 ニューカレドニア ¥1650

C10 地球の歩き方 ニュージーランド ¥2200

C11 地球の歩き方 オーストラリア ¥2750

C12 地球の歩き方 ゴールドコースト&ケアンズ ¥2420

C13 地球の歩き方 シドニー&メルボルン ¥1760

地球の歩き方 aruco

25 地球の歩き方 aruco オーストラリア ¥1760

地球の歩き方 Plat

26 地球の歩き方 Plat パース ¥1320

地球の歩き方 BOOKS

LOVELY GREEN NEW ZEALAND ¥1760

※表示価格は定価（税込）です。改訂時に価格が変更になる場合があります。

地球の歩き方 シリーズ一覧

2024年4月現在

＊地球の歩き方ガイドブックは、改訂時に価格が変わることがあります。＊表示価格は定価（税込）です。＊最新情報は、ホームページをご覧ください。www.arukikata.co.jp/guidebook/

地球の歩き方 ガイドブック

A ヨーロッパ

A01	ヨーロッパ	¥1870
A02	イギリス	¥2530
A03	ロンドン	¥1980
A04	湖水地方&スコットランド	¥1870
A05	アイルランド	¥1980
A06	フランス	¥2420
A07	パリ&近郊の町	¥1980
A08	南仏プロヴァンス コート・ダジュール&モナコ	¥1760
A09	イタリア	¥2530
A10	ローマ	¥1760
A11	ミラノ ヴェネツィアと湖水地方	¥1870
A12	フィレンツェとトスカーナ	¥1870
A13	南イタリアとシチリア	¥1870
A14	ドイツ	¥1980
A15	南ドイツ フランクフルト ミュンヘン ロマンチック街道 古城街道	¥2090
A16	ベルリンと北ドイツ ハンブルク ドレスデン ライプツィヒ	¥1870
A17	ウィーンとオーストリア	¥2090
A18	スイス	¥2200
A19	オランダ ベルギー ルクセンブルク	¥2420
A20	スペイン	¥2420
A21	マドリードとアンダルシア	¥1760
A22	バルセロナ&近郊の町 イビサ島／マヨルカ島	¥1760
A23	ポルトガル	¥2200
A24	ギリシアとエーゲ海の島々&キプロス	¥1870
A25	中欧	¥1980
A26	チェコ ポーランド スロヴァキア	¥1870
A27	ハンガリー	¥1870
A28	ブルガリア ルーマニア	¥1980
A29	北欧 デンマーク ノルウェー スウェーデン フィンランド	¥1870
A30	バルトの国々 エストニア ラトヴィア リトアニア	¥1870
A31	ロシア ベラルーシ ウクライナ モルドヴァ コーカサスの国々	¥2090
A32	極東ロシア シベリア サハリン	¥1980
A34	クロアチア スロヴェニア	¥2200

B 南北アメリカ

B01	アメリカ	¥2090
B02	アメリカ西海岸	¥2200
B03	ロスアンゼルス	¥2090
B04	サンフランシスコとシリコンバレー	¥1870
B05	シアトル ポートランド	¥2420
B06	ニューヨーク マンハッタン&ブルックリン	¥2200
B07	ボストン	¥1980
B08	ワシントンDC	¥2420
B09	ラスベガス セドナ&グランドキャニオンと大西部	¥2090
B10	フロリダ	¥2310
B11	シカゴ	¥1870
B12	アメリカ南部	¥1980
B13	アメリカの国立公園	¥2640
B14	ダラス ヒューストン デンバー グランドサークル フェニックス サンタフェ	¥1980
B15	アラスカ	¥1980
B16	カナダ	¥2420
B17	カナダ西部 カナディアン・ロッキーとバンクーバー	¥2090
B18	カナダ東部 ナイアガラ・フォールズ メープル街道 プリンス・エドワード島 トロント オタワ モントリオール ケベック・シティ	¥2090
B19	メキシコ	¥1980
B20	中米	¥2090
B21	ブラジル ベネズエラ	¥2200
B22	アルゼンチン チリ パラグアイ ウルグアイ	¥2200
B23	ペルー ボリビア エクアドル コロンビア	¥2200
B24	キューバ バハマ ジャマイカ カリブの島々	¥2035
B25	アメリカ・ドライブ	¥1980

C 太平洋／インド洋島々

C01	ハワイ オアフ島&ホノルル	¥2200
C02	ハワイ島	¥2200
C03	サイパン ロタ&テニアン	¥1540
C04	グアム	¥1980
C05	タヒチ イースター島	¥1870
C06	フィジー	¥1650
C07	ニューカレドニア	¥1650
C08	モルディブ	¥1870
C10	ニュージーランド	¥2200
C11	オーストラリア	¥2750
C12	ゴールドコースト&ケアンズ	¥2420
C13	シドニー&メルボルン	¥1760

D アジア

D01	中国	¥2090
D02	上海 杭州 蘇州	¥1870
D03	北京	¥1760
D04	大連 瀋陽 ハルビン 中国東北部の自然と文化	¥1980
D05	広州 アモイ 桂林 珠江デルタと華南地方	¥1980
D06	成都 重慶 九寨溝 麗江 四川 雲南	¥1980
D07	西安 敦煌 ウルムチ シルクロードと中国北西部	¥1980
D08	チベット	¥2090
D09	香港 マカオ 深圳	¥2420
D10	台湾	¥2090
D11	台北	¥1980
D13	台南 高雄 屏東&南台湾の町	¥1980
D14	モンゴル	¥2420
D15	中央アジア サマルカンドとシルクロードの国々	¥2090
D16	東南アジア	¥1870
D17	タイ	¥2200
D18	バンコク	¥1980
D19	マレーシア ブルネイ	¥2090
D20	シンガポール	¥1980
D21	ベトナム	¥2090
D22	アンコール・ワットとカンボジア	¥2200
D23	ラオス	¥242
D24	ミャンマー（ビルマ）	¥209
D25	インドネシア	¥242
D26	バリ島	¥220
D27	フィリピン マニラ セブ ボラカイ ボホール エルニド	¥220
D28	インド	¥264
D29	ネパールとヒマラヤトレッキング	¥220
D30	スリランカ	¥187
D31	ブータン	¥198
D33	マカオ	¥176
D34	釜山 慶州	¥154
D35	バングラデシュ	¥209
D37	韓国	¥209
D38	ソウル	¥187

E 中近東 アフリカ

E01	ドバイとアラビア半島の国々	¥209
E02	エジプト	¥198
E03	イスタンブールとトルコの大地	¥209
E04	ペトラ遺跡とヨルダン レバノン	¥209
E05	イスラエル	¥209
E06	イラン ペルシアの旅	¥220
E07	モロッコ	¥198
E08	チュニジア	¥209
E09	東アフリカ ウガンダ エチオピア ケニア タンザニア ルワンダ	¥209
E10	南アフリカ	¥220
E11	リビア	¥220
E12	マダガスカル	¥198

J 国内版

J00	日本	¥330
J01	東京 23区	¥220
J02	東京 多摩地域	¥202
J03	京都	¥220
J04	沖縄	¥220
J05	北海道	¥220
J06	神奈川	¥242
J07	埼玉	¥220
J08	千葉	¥220
J09	札幌・小樽	¥220
J10	愛知	¥220
J11	世田谷区	¥220
J12	四国	¥242
J13	北九州市	¥220
J14	東京の島々	¥264

地球の歩き方 aruco

●海外

1	パリ	¥1650
2	ソウル	¥1650
3	台北	¥1650
4	トルコ	¥1430
5	インド	¥1540
6	ロンドン	¥1650
7	香港	¥1320
9	ニューヨーク	¥1320
10	ホーチミン ダナン ホイアン	¥1650
11	ホノルル	¥1650
12	バリ島	¥1650
13	上海	¥1320
14	モロッコ	¥1540
15	チェコ	¥1320
16	ベルギー	¥1430
17	ウィーン ブダペスト	¥1320
18	イタリア	¥1760
19	スリランカ	¥1540
20	クロアチア スロヴェニア	¥1430
21	スペイン	¥1320
22	シンガポール	¥1650
23	バンコク	¥1650
24	グアム	¥1320
25	オーストラリア	¥1760
26	フィンランド エストニア	¥1430
27	アンコール・ワット	¥1430
28	ドイツ	¥1430
29	ハノイ	¥1650
30	台湾	¥1650
31	カナダ	¥1320
33	サイパン テニアン ロタ	¥1320
34	セブ ボホール エルニド	¥1320
35	ロスアンゼルス	¥1320
36	フランス	¥1430
37	ポルトガル	¥1650
38	ダナン ホイアン フエ	¥1430

●国内

北海道	¥1760
京都	¥1760
沖縄	¥1760
東京	¥1540
東京で楽しむフランス	¥1430
東京で楽しむ韓国	¥1430
東京で楽しむ台湾	¥1430
東京の手みやげ	¥1430
東京おやつさんぽ	¥1430
東京のパン屋さん	¥1430
東京で楽しむ北欧	¥1430
東京のカフェめぐり	¥1480
東京で楽しむハワイ	¥1480
nyaruco 東京ねこさんぽ	¥1480
東京で楽しむイタリア&スペイン	¥1480
東京で楽しむアジアの国々	¥1480
東京ひとりさんぽ	¥1480
東京パワースポットさんぽ	¥1599
東京で楽しむ英国	¥1599

地球の歩き方 Plat

1	パリ	¥1320
2	ニューヨーク	¥1320
3	台北	¥1100
4	ロンドン	¥1320
6	ドイツ	¥1320
7	ホーチミン/ハノイ/ダナン/ホイアン	¥1320
8	スペイン	¥1320
10	シンガポール	¥1100
11	アイスランド	¥1540
14	マルタ	¥1540
15	フィンランド	¥1320
16	クアラルンプール マラッカ	¥1650
17	ウラジオストク/ハバロフスク	¥1430
18	サンクトペテルブルク/モスクワ	¥1540
19	エジプト	¥1320
20	香港	¥1100
22	ブルネイ	¥143
23	ウズベキスタン サマルカンド ブハラ ヒヴァ タシケント	¥165
24	ドバイ	¥132
25	サンフランシスコ	¥132
26	パース/西オーストラリア	¥132
27	ジョージア	¥154
28	台南	¥143

地球の歩き方 リゾートスタイル

R02	ハワイ島	¥165
R03	マウイ島	¥165
R04	カウアイ島	¥187
R05	こどもと行くハワイ	¥154
R06	ハワイ ドライブ・マップ	¥198
R07	ハワイ バスの旅	¥132
R08	グアム	¥143
R09	こどもと行くグアム	¥165
R10	パラオ	¥165
R12	プーケット サムイ島 ピピ島	¥165
R13	ペナン ランカウイ クアラルンプール	¥165
R14	バリ島	¥143
R15	セブ&ボラカイ ボホール シキホール	¥165
R16	テーマパークinオーランド	¥187
R17	カンクン コスメル イスラ・ムヘーレス	¥165
R20	ダナン ホイアン ホーチミン ハノイ	¥165

地球の歩き方 御朱印

1	御朱印でめぐる鎌倉のお寺 三十三観音完全掲載 三訂版	¥1650
2	御朱印でめぐる京都のお寺 改訂版	¥1650
3	御朱印でめぐる奈良の古寺 改訂版	¥1650
4	御朱印でめぐる東京のお寺	¥1650
5	日本全国この御朱印が凄い! 第壱集 増補改訂版	¥1650
6	日本全国この御朱印が凄い! 第弐集 都道府県網羅版	¥1650
7	御朱印でめぐる全国の神社 開運さんぽ	¥1430
8	御朱印でめぐる高野山 改訂版	¥1650
9	御朱印でめぐる関東の神社 週末開運さんぽ	¥1430
10	御朱印でめぐる秩父の寺社 三十四観音完全掲載 改訂版	¥1650
11	御朱印でめぐる関東の百寺 坂東三十三観音と古寺	¥1650
12	御朱印でめぐる関西の神社 週末開運さんぽ	¥1430
13	御朱印でめぐる関西の百寺 西国三十三所と古寺	¥1650
14	御朱印でめぐる東京の神社 週末開運さんぽ 改訂版	¥1540
15	御朱印でめぐる神奈川の神社 週末開運さんぽ 改訂版	¥1540
16	御朱印でめぐる埼玉の神社 週末開運さんぽ 改訂版	¥1540
17	御朱印でめぐる北海道の神社 週末開運さんぽ	¥1430
18	御朱印でめぐる九州の神社 週末開運さんぽ 改訂版	¥1540
19	御朱印でめぐる千葉の神社 週末開運さんぽ 改訂版	¥1540
20	御朱印でめぐる東海の神社 週末開運さんぽ	¥1430
21	御朱印でめぐる京都の神社 週末開運さんぽ 改訂版	¥1540
22	御朱印でめぐる神奈川のお寺	¥1650
23	御朱印でめぐる大阪 兵庫の神社 週末開運さんぽ	¥1430
24	御朱印でめぐる愛知の神社 週末開運さんぽ 改訂版	¥1540
25	御朱印でめぐる栃木 日光の神社 週末開運さんぽ	¥1430
26	御朱印でめぐる福岡の神社 週末開運さんぽ 改訂版	¥1540
27	御朱印でめぐる広島 岡山の神社 週末開運さんぽ	¥1430
28	御朱印でめぐる山陰 山陽の神社 週末開運さんぽ	¥1430
29	御朱印でめぐる埼玉のお寺	¥1650
30	御朱印でめぐる千葉のお寺	¥1650
31	御朱印でめぐる東京の七福神	¥1540
32	御朱印でめぐる東北の神社 週末開運さんぽ 改訂版	¥1540
33	御朱印でめぐる全国の稲荷神社 週末開運さんぽ	¥1430
34	御朱印でめぐる新潟 佐渡の神社 週末開運さんぽ	¥1430
35	御朱印でめぐる静岡 富士 伊豆の神社 週末開運さんぽ 改訂版	¥1540
36	御朱印でめぐる四国の神社 週末開運さんぽ	¥1430
37	御朱印でめぐる中央線沿線の寺社 週末開運さんぽ	¥1540
38	御朱印でめぐる東急線沿線の寺社 週末開運さんぽ	¥1540
39	御朱印でめぐる茨城の神社 週末開運さんぽ	¥1430
40	御朱印でめぐる関東の聖地 週末開運さんぽ	¥1430
41	御朱印でめぐる東海のお寺	¥1650
42	日本全国ねこの御朱印&お守りめぐり 週末開運にゃんさんぽ	¥1760
43	御朱印でめぐる信州 甲州の神社 週末開運さんぽ	¥1430
44	御朱印でめぐる全国の聖地 週末開運さんぽ	¥1430
46	御朱印でめぐる茨城のお寺	¥1650
47	御朱印でめぐる全国のお寺 週末開運さんぽ	¥1540
48	日本全国 日本酒でめぐる 酒蔵&ちょこっと御朱印〈東日本編〉	¥1760
49	日本全国 日本酒でめぐる 酒蔵&ちょこっと御朱印〈西日本編〉	¥1760
50	関東版ねこの御朱印&お守りめぐり 週末開運にゃんさんぽ	¥1760
52	一生に一度は参りたい! 御朱印でめぐる全国の絶景寺社図鑑	¥2479
53	御朱印でめぐる東北のお寺 週末開運さんぽ	¥1650
54	御朱印でめぐる関西のお寺 週末開運さんぽ	¥1760
D51	鉄印帳でめぐる全国の魅力的な鉄道40	¥1650
	御朱印はじめました 関東の神社 週末開運さんぽ	¥1210

地球の歩き方 島旅

1	五島列島 3訂版	¥1650
2	奄美大島 喜界島 加計呂麻島(奄美群島①)4訂版	¥1650
3	与論島 沖永良部島 徳之島(奄美群島②)改訂版	¥1650
4	利尻 礼文 4訂版	¥1650
5	天草 改訂版	¥1760
6	壱岐 4訂版	¥1650
7	種子島 3訂版	¥1650
8	小笠原 父島 母島 3訂版	¥1650
9	隠岐 3訂版	¥1870
10	佐渡 3訂版	¥1650
11	宮古島 伊良部島 下地島 来間島 池間島 多良間島 大神島 改訂版	¥1650
12	久米島 渡名喜島 改訂版	¥1650
13	小豆島~瀬戸内の島々1~ 改訂版	¥1650
14	直島 豊島 女木島 男木島 犬島~瀬戸内の島々2~	¥1650
15	伊豆大島 利島~伊豆諸島1~ 改訂版	¥1650
16	新島 式根島 神津島~伊豆諸島2~ 改訂版	¥1650
17	沖縄本島周辺15離島	¥1650
18	たけとみの島々 竹富島 西表島 波照間島 小浜島 黒島 鳩間島 新城島 由布島 加屋	¥1650
19	淡路島~瀬戸内の島々3~ 改訂版	¥1760
20	石垣島 竹富島 西表島 小浜島 由布島 新城島 波照間島	¥1650
21	対馬	¥1650
22	島旅ねこ にゃんこの島の歩き方	¥1344
23	屋久島	¥1760

地球の歩き方 旅の図鑑

W01	世界244の国と地域	¥1760
W02	世界の指導者図鑑	¥1650
W03	世界の魅力的な奇岩と巨石139選	¥1760
W04	世界246の首都と主要都市	¥1760
W05	世界のすごい島300	¥1760
W06	地球の歩き方的! 世界なんでもランキング	¥1760
W07	世界のグルメ図鑑 116の国と地域の名物料理を食の雑学とともに解説	¥1760
W08	世界のすごい巨像	¥1760
W09	世界のすごい城と宮殿333	¥1760
W10	世界197ヵ国のふしぎな聖地&パワースポット	¥1870
W11	世界の祝祭	¥1760
W12	世界のカレー図鑑	¥1980
W13	世界遺産 絶景でめぐる自然遺産 完全版	¥1980
W15	地球の果ての歩き方	¥1980
W16	世界の中華料理図鑑	¥1980
W17	世界の地元メシ図鑑	¥1980
W18	世界遺産の歩き方 学んで旅する! すごい世界遺産190選	¥1980
W19	世界の魅力的なビーチと湖	¥1980
W20	世界のすごい駅	¥1980
W21	世界のおみやげ図鑑	¥1980
W22	いつか旅してみたい世界の美しい古都	¥1980
W23	世界のすごいホテル	¥1980
W24	日本の凄い神木	¥2200
W25	世界のお菓子図鑑	¥1980
W26	世界の麺図鑑	¥1980
W27	世界のお酒図鑑	¥1980
W28	世界の魅力的な道	¥1980
W29	世界の映画の舞台&ロケ地	¥2090
W30	すごい地球!	¥2200
W31	世界のすごい墓	¥1980
W32	日本のグルメ図鑑	¥1980

地球の歩き方 旅の名言 & 絶景

ALOHAを感じるハワイのことばと絶景100	¥1650
自分らしく生きるフランスのことばと絶景100	¥1650
人生観が変わるインドのことばと絶景100	¥1650
生きる知恵を授かるアラブのことばと絶景100	¥1650
心に寄り添う台湾のことばと絶景100	¥1650
道しるべとなるドイツのことばと絶景100	¥1650
共感と勇気がわく韓国のことばと絶景100	¥1650
人生を楽しみ尽くすイタリアのことばと絶景100	¥1650
今すぐ旅に出たくなる! 地球の歩き方のことばと絶景100	¥1650
悠久の教えをひもとく 中国のことばと絶景100	¥1650

地球の歩き方 旅と健康

地球のなぞり方 旅地図 アメリカ大陸編	¥1430
地球のなぞり方 旅地図 ヨーロッパ編	¥1430
地球のなぞり方 旅地図 アジア編	¥1430
地球のなぞり方 旅地図 日本編	¥1430
脳がどんどん強くなる! すごい地球の歩き方	¥1650

地球の歩き方 旅の読み物

今こそ学びたい日本のこと	¥1760
週末だけで70ヵ国159都市を旅したリーマントラベラーが教える自分の時間の作り方	¥1540
史跡と神話の舞台をホロホロ! ハワイ・カルチャーさんぽ	¥1760

地球の歩き方 BOOKS

御船印でめぐる船旅	¥1870
BRAND NEW HAWAII とびきりリアルな最新ハワイガイド	¥1650
FAMILY TAIWAN TRIP #子連れ台湾	¥1518
GIRL'S GETAWAY TO LOS ANGELES	¥1760
HAWAII RISA'S FAVORITES 大人女子はハワイで美味しく美しく	¥1650
LOVELY GREEN NEW ZEALAND 未来の国を旅するガイドブック	¥1760
MAKI'S DEAREST HAWAII	¥1540
MY TRAVEL, MY LIFE Maki's Family Travel Book	¥1760
いろはに北欧	¥1760
ヴィクトリア朝が教えてくれる英国の魅力	¥1320
ダナン&ホイアン PHOTO TRAVEL GUIDE	¥1650
とっておきのフィンランド	¥1760
フィンランドでかなえる100の夢	¥1760
マレーシア 地元で愛される名物食堂	¥1430
香港 地元で愛される名物食堂	¥1540
最高のハワイの過ごし方	¥1540
子連れで沖縄 旅のアドレス&テクニック117	¥1100
食事作りに手間暇かけないドイツ人、手料理神話にこだわり続ける日本人	¥1100
台北 メトロさんぽ MRTを使って、おいしいとかわいいを巡る旅	¥1518
北欧が好き! フィンランド・スウェーデン・デンマーク・ノルウェーの素敵な町めぐり	¥1210
北欧が好き!2 建築&デザインでめぐるフィンランド・スウェーデン・デンマーク・ノルウェー	¥1210
日本全国 開運神社 このお守りがすごい!	¥1522
地球の歩き方 ディズニーの世界 名作アニメーション映画の舞台	¥2420

地球の歩き方 スペシャルコラボ BOOK

地球の歩き方 ムー	¥2420
地球の歩き方 JOJO ジョジョの奇妙な冒険	¥2420
地球の歩き方 宇宙兄弟 We are Space Travelers!	¥2420
地球の歩き方 ムーJAPAN ~神秘の国の歩き方~	¥2420

あとがき

日本からのオーストラリアへの渡航者も順調に回復してきており、現地を訪れると多くの日本語ツアーが催行を始めていました。いくつかのツアーに同行取材しましたが、参加している旅行者の方たちが「やっと来ることができた！」といって楽しそうに笑顔を見せてくれたのが印象的です。初めてオーストラリアへ旅行する人、久しぶりに再訪する人……多くの皆さんのオーストラリアへの旅に、本書が少しでも手助けになることを願って。

STAFF

制　　作：森本久嗣　Producer：Hisatsugu Morimoto
編集・執筆：(有)伊藤伸平事務所　Editors：Editorial Office ITO
伊藤 伸平　Shimpei Ito
寄　　稿：平山 喜代江　Contributors：Kiyoe Hirayama
地　　図：ムネプロ　Maps：Mune Pro
(有)伊藤伸平事務所　Editorial Office ITO
校　　正：槍楯社　Proofreading：Sojunsha
デザイン：(有)伊藤伸平事務所　Design：Editorial Office ITO
表　　紙：日出嶋 昭男　Cover Design：Akio Hidejima
写真撮影：伊藤 伸平　Photographers：Shimpei Ito

写真協力：ニュー・サウス・ウェールズ州政府観光局 Destination NSW、ビクトリア州政府観光局 Tourism Victoria、西オーストラリア州政府観光局 Tourism Western Australia、小山弘宣 Hironobu Koyama、ボヤージズ・エアーズロックリゾート Voyages Ayers Rock Resort、iStock

SPECIAL THANKS TO: オーストラリア政府観光局、クイーンズランド州政府観光局、ニュー・サウス・ウェールズ州政府観光局、ビクトリア州政府観光局、ノーザンテリトリー政府観光局、西オーストラリア州政府観光局、ケアンズ観光局、ゴールドコースト観光局、South Australian Tourisum Commission、Entrada Travel Group、Doki Doki Tours、The CaPTA Group、Crystalbrook Collection Hotels & Resorts、Australian Attractions、Balloon Aloft Camden、Sydney Zoo、Holiday Inn Darling Harbour、Budj Bim Cultural Landscape、Pan Pacific Melbourne、Crowne Plaza Hobart

本書の内容についてのご意見・ご感想はこちらまで
読者投稿　〒141-8425　東京都品川区西五反田2-11-8
株式会社地球の歩き方
地球の歩き方サービスデスク「オーストラリア編」投稿係
https://www.arukikata.co.jp/guidebook/toukou.html
地球の歩き方ホームページ（海外・国内旅行の総合情報）
https://www.arukikata.co.jp/
ガイドブック『地球の歩き方』公式サイト
https://www.arukikata.co.jp/guidebook/

地球の歩き方 C11
オーストラリア 2024～2025年版

2022年10月4日 初版第1刷発行
2024年4月30日 改訂第2版第1刷発行

Published by Arukikata. Co., Ltd.
2-11-8 Nishigotanda, Shinagawa-ku, Tokyo, 141-8425, Japan

著作編集　地球の歩き方編集室
発行人　新井 邦弘
編集人　由良 暁世
発 行 所　株式会社地球の歩き方
〒141-8425　東京都品川区西五反田2-11-8
発 売 元　株式会社Gakken
〒141-8416　東京都品川区西五反田2-11-8
印刷製本　株式会社ダイヤモンド・グラフィック社

※本書は基本的に2023年11月～2024年2月の取材データに基づいて作られています。
発行後に料金、営業時間、定休日などが変更になる場合がありますのでご了承ください。
更新・訂正情報：https://www.arukikata.co.jp/travel-support/

●この本に関する各種お問い合わせ先
・本の内容については、下記サイトのお問い合わせフォームよりお願いします。
URL ▶ https://www.arukikata.co.jp/guidebook/contact.html
・広告については、右記サイトのお問い合わせフォームよりお願いします。URL ▶ https://www.arukikata.co.jp/ad_contact/
・在庫については　Tel 03-6431-1250（販売部）
・不良品（乱丁、落丁）については　Tel 0570-000577
学研業務センター　〒354-0045　埼玉県入間郡三芳町上富279-1
・上記以外のお問い合わせは　Tel 0570-056-710（学研グループ総合案内）

※本書は株式会社ダイヤモンド・ビッグ社より1983年1月に初版発行したものの最新・改訂版です。

学研グループの書籍・雑誌についての新刊情報・詳細情報は、下記をご覧ください。
学研出版サイト　https://hon.gakken.jp/